# L'AFRIQUE

CHOIX DE LECTURES DE GÉOGRAPHIE

## DU MÊME AUTEUR

### A LA MÊME LIBRAIRIE

**L'Amérique.** Choix de lectures de géographie, accompagnées de résumés, d'analyses, de notes explicatives et bibliographiques, et ornées de 50 vignettes, de 9 cartes tirées en couleur, et de 28 cartes intercalées dans le texte. 1 fort vol. in-12, broché. . . . . . . . . . . . . . . 4 francs.
*Le même*, cartonné. . . . . . . . . . . . 4$^{fr}$,50.

EN PRÉPARATION :

**L'Europe.** 1 vol. in-12, broché. . . . . . . . . » »
**La France.** 1 vol in-12, broché. . . . . . . . » »
**L'Asie et l'Océanie.** 1 vol. in-12, broché. . . . » »
**Géographie générale et régions polaires.**
1 vol. in-12, broché. . . . . . . . . . . » »

---

**Etude historique sur les relations de la France et du royaume de Siam**, de 1662 à 1703, d'après les documents inédits des Archives du ministère de la marine et des colonies, avec le fac-simile d'une carte du temps. 1 vol. in-8°, broché. (Paris, 1883. — LEROUX, 28, rue Bonaparte). 3 francs.

# L'AFRIQUE

CHOIX DE

## LECTURES DE GÉOGRAPHIE

ACCOMPAGNÉES

DE RÉSUMÉS, D'ANALYSES, DE NOTES EXPLICATIVES ET BIBLIOGRAPHIQUES

et ornées de 57 vignettes, de 9 cartes tirées en couleur

et de 33 cartes intercalées dans le texte

PAR

## L. LANIER

AGRÉGÉ DE L'UNIVERSITÉ, PROFESSEUR D'HISTOIRE ET DE GÉOGRAPHIE
AU LYCÉE CONDORCET ET AU COLLÈGE CHAPTAL

PARIS

LIBRAIRIE CLASSIQUE EUGÈNE BELIN

Vve EUGÈNE BELIN ET FILS

RUE DE VAUGIRARD, N° 52

1884

Tout exemplaire de cet ouvrage non revêtu de ma griffe sera réputé contrefait.

SAINT-CLOUD. — IMPRIMERIE Vᵉ EUG. BELIN ET FILS.

# PRÉFACE

Le développement des études géographiques ne s'est pas un instant ralenti en France depuis douze ans. En faut-il d'autres preuves que l'intérêt croissant provoqué par les questions coloniales et les voyages de découvertes; le zèle patriotique de nos explorateurs que rien ne décourage; la réunion de congrès où la France soutient honorablement les épreuves d'une concurrence naguère écrasante; la création de nombreuses sociétés de géographie dans toutes les régions du territoire, et avant tout l'éclatant essor de la grande société de Paris qui, dans les jours d'indifférence, gardait fidèlement le culte d'une science sans crédit, et aujourd'hui, par les explorations qu'elle suscite, les travaux qu'elle publie et les récompenses qu'elle décerne, jouit auprès des savants de tous les pays d'une autorité qui la met au premier rang[1].

Ce progrès si fécond a été particulièrement remarquable en matière d'enseignement. On a compris enfin, sous le coup de cruels revers, qu'il était temps de rendre à la géographie dans les écoles françaises sa

---

[1]. On compte actuellement en France (1883) dix-huit sociétés de géographie: trois ont leur siège à Paris, la Société de géographie de France, la Société de géographie commerciale, la Société de topographie. Les autres sont celles de Marseille, Bordeaux, Rochefort, Lyon, Nancy, Rouen, Alger, Oran, Montpellier, Douai, Lille, Toulouse, Dijon, Lorient, Nantes. Celle de Douai, fondée sous l'énergique impulsion de M. Foncin, alors recteur de l'académie, est une vaste association qui étend son réseau sur toutes les grandes villes du nord, et groupe plus de trois mille adhérents. La plus ancienne de ces sociétés, la doyenne de toutes celles qui existent dans les deux mondes, est la grande société de Paris, qui date de 1821; elle a aujourd'hui 2000 membres. Toutes les sociétés de géographie françaises, citées plus haut, publient un *Bulletin* périodique de leurs travaux.

place légitime. « La supériorité de leurs cartes sur les
» nôtres, écrivait M. l'inspecteur général Rapet, en
» 1862, dans un rapport sur l'Exposition de Londres,
» démontre qu'il s'agit chez les nations étrangères
» d'un enseignement très populaire, tandis que dans
» nos écoles, il semble jouer le rôle d'un parvenu qui
» n'est que toléré. » Toléré était un euphémisme ; en
général, il eût fallu dire proscrit. A quoi bon, pensait-
on, fatiguer sa mémoire à retenir des noms bizarres,
ou d'insipides statistiques? Et la géographie, ainsi définie, était traitée avec le mépris qu'assurément elle
méritait.

Les temps et les programmes sont changés; la
géographie, autrement comprise, a tout d'un coup
reconquis la faveur publique. Les belles cartes qui se
déroulent sur les murs de nos écoles sont là pour instruire et non plus pour orner. Les atlas, les manuels,
les livres de géographie à l'usage des classes ne se
comptent plus. Presque tous, des plus élémentaires aux
plus érudits, témoignent la préoccupation qu'inspire
aux auteurs la nécessité d'enseigner avec méthode et
clarté une science désormais obligatoire.

On ne saurait demander à ces ouvrages tous les développements nécessaires. La plupart sont des mementos
et des abrégés : ils courent au plus pressé, fournissent
des indications sommaires, résument les faits, et
tombent parfois dans la sécheresse à force de concision.
Quant aux aspects divers du sol, à la beauté des sites,
aux mœurs des individus, aux institutions et coutumes
des peuples, au commerce et à l'industrie des États,
aux grands travaux publics, en un mot à tout ce qui
est l'âme et la vie des sociétés, ils sont à peu près muets,
ou s'en tiennent à de vagues aperçus. C'est la part

qu'ils réservent à la leçon du maître, dont la parole commente et anime les données premières, et au travail personnel de l'élève, à ses méditations, à ses recherches. Mais les heures de classe sont courtes, le temps des lectures restreint et leur choix délicat, les meilleures volontés sujettes aux défaillances, et les bibliothèques, là où elles existent, fort incomplètes.

Avant nous, M. Raffy, dans ses *Lectures géographiques*, et M. Richard Cortambert, dans deux beaux ouvrages (*Voyage pittoresque à travers le monde; Mœurs et caractères des peuples*), avaient essayé déjà, avec talent et succès, de combler cette lacune[1]. A leur exemple, mais en agrandissant le cadre et en rajeunissant les textes, nous avons pris pour collaborateurs les voyageurs et les savants eux-mêmes; nous avons emprunté aux uns et aux autres quelques pages agréables et instructives de leurs écrits, et composé, à l'aide de ces fragments signés de leurs noms, une anthologie géographique, dont les éléments sont puisés aux bonnes sources. Les *Bulletins des diverses Sociétés de géographie*, le *Tour du Monde*, la *Revue de Géographie*, la *Revue des Deux-Mondes*, la *Revue scientifique*, la *Revue politique et littéraire*, la *Revue maritime et coloniale*, la *Revue géographique internationale*, la *Revue Britannique*, le *Journal des Economistes*, l'*Economiste français*, l'*Explorateur*, le *Correspondant*, vingt autres recueils cités en leur lieu, outre les ouvrages originaux de librairie, nous ont fourni une ample matière, d'une abondance et d'une variété infinies. Dans le choix de ces

---

1. *Lectures géographiques*, par M. Raffy (Paris, 5 vol. in-18, 1870, Thorin et Durand). — *Voyage pittoresque à travers le monde*, par M. Richard Cortambert (Paris, in-8°, 2° éd. 1878, illustré: Hachette). — *Mœurs et caractères des peuples*, par le même (Paris, 2 in-8°, 1879, illustré, Hachette). — Voir aussi *Lectures sur la Géographie industrielle et commerciale*, par M. Hippolyte Blanc (Paris, in-18, Palmé).

lectures, destinées à être pour l'esprit une récréation et un enseignement tout ensemble, nous nous sommes efforcé de bannir l'ennui, le mauvais goût, le mauvais style, les descriptions imaginaires, les tableaux fantastiques et inexacts, qui cachent sous un certain éclat de la forme la pauvreté ou les mensonges du fond. Nous offrons ici nos remerciements et nos hommages aux auteurs dont nous avons pris la liberté de recueillir les récits; à eux revient le principal mérite de ce livre, et nous croirions avoir acquitté une partie de notre dette si, par une citation heureusement extraite de leur œuvre, nous avions réussi à exciter, chez le lecteur, le désir de connaître l'œuvre tout entière.

Cette publication comprendra six volumes, sans liens nécessaires entre eux, et formant isolément un ensemble complet; en voici les titres : *Géographie générale et régions polaires; — France; — Europe; — Amérique; — Afrique; — Asie et Océanie.* Aux textes tirés des relations les plus récentes et les plus autorisées, nous avons ajouté des notes explicatives, les rapprochements qui nous ont paru curieux, et des analyses propres à lier les lectures et à en compléter le sens, de manière à ne pas dépasser les limites de justes citations. Nous les avons fait précéder d'un résumé contenant des notions sommaires sur la géographie physique, politique et économique des divers États, leurs constitutions, la population, les races, l'immigration, les religions, l'instruction publique, la justice, les productions, les poids, mesures et monnaies, les chemins de fer et télégraphes, la balance du commerce, la dette publique et les budgets, etc. Il est à peine besoin de faire observer que ces détails de toute espèce émanent de documents authentiques et de fraîche date. Cette brève nomenclature sera pour le lecteur un répertoire commode, mais ne le dispensera pas toujours de consulter les traités de géographie techniques, notre dessein ayant été moins de les remplacer que de les compléter[1]. Des gravures choisies avec soin, des plans et des cartes partielles dressées sur une échelle plus grande que celle des atlas usuels, ont été insérés dans le texte et contribueront à l'éclairer.

Nous avons placé, à la fin de chaque chapitre, une *Bibliographie* par ordre alphabétique : 1° des ouvrages les plus recommandables ; 2° des meilleurs articles périodiques, soit écrits, soit traduits en français, soit étrangers, qui ont paru dans les trente dernières années. En préparant les éléments de ce travail de compilation, qui nous a coûté bien des heures, et dont nous ne nous dissimulons pourtant ni les imperfections, ni les lacunes, nous avons pensé moins à nos élèves qu'à nos collègues ; nous voudrions espérer qu'il leur évitera des recherches fastidieuses et trop souvent stériles, et qu'il sera de quelque utilité à quiconque prendra la peine de le consulter. Si l'on demande pourquoi un plus grand nombre de travaux n'a pas été mentionné, nous répondrons que nous n'avons pas prétendu faire une œuvre d'érudition pure, et que d'ailleurs il fallait se borner.

Un dernier mot. Nous avons dû, non sans regret, écarter le plus souvent les détails historiques ; cette exclusion, du moins, n'a pas été absolue. Toutes les fois, par exemple, que nous avons rencontré sur notre route le nom, l'action, le souvenir de la France, nous nous

---

[1] Nous sommes heureux à cette occasion de signaler les excellents *Cours de géographie* de M. Pigeonneau, professeur d'histoire à la Faculté des lettres de Paris, qui ont obtenu un succès si prompt et si mérité. M. Pigeonneau a bien voulu nous aider de ses conseils pour la rédaction du plan de cet ouvrage, et mettre à notre service, avec une obligeance parfaite, sa science de géographe et son expérience de professeur. Qu'il nous permette de lui adresser ici l'expression de notre gratitude.

sommes fait un devoir de nous y arrêter un instant ; ce traces toujours visibles de notre influence se retrouven dans tous les temps et dans tous les pays. Il faut se garder plus que jamais à l'heure présente, de sacrifier aucun parcelle de nos gloires nationales et de laisser s'effacer la saine et forte notion de patriotisme qui nous a faits ce que nous sommes. Sans imiter la ridicule forfanterie de certains livres classiques étrangers, il est bon de rappeler à la jeunesse de nos écoles que le rôle de la France dans le monde a été maintes fois héroïque, et encore plus souvent généreux : elle puisera dans ces souvenirs non une matière à de vaines déclamations, mais de solides leçons contre le découragement et l'indifférence, et de grands exemples à suivre. C'est le propre de la géographie de distinguer les races, les frontières et les drapeaux : par là, elle donne à qui l'enseigne et l'étudie de bonne foi un moyen de servir la vérité et d'honorer la patrie.

L. LANIER.

---

Nous avons cru devoir, dans ce volume qui traite de l'Afrique, réserver une place plus importante aux développements historiques. Les questions coloniales y ont été étudiées avec une attention particulière, celles de l'Algérie et de la Tunisie, de l'Egypte et de Madagascar, aussi bien que celles du Congo et du Niger. Nous avons essayé, par une étude précise du passé et un exposé aussi exact que possible des événements présents, de faire comprendre l'œuvre de conquête, tantôt politique et militaire, tantôt humanitaire et scientifique, de l'Europe dans le continent noir. La France y tient le premier rang, et son action presque ininterrompue en Afrique depuis quatre siècles, y présage et y prépare, si elle le veut, sa prépondérance de demain.

L. L.

# LECTURES ET ANALYSES DE GÉOGRAPHIE

# AFRIQUE

(GÉOGRAPHIE GÉNÉRALE)

## 1º RÉSUMÉ GÉOGRAPHIQUE

### I. — GÉOGRAPHIE PHYSIQUE

**Étendue et limites.** — L'Afrique a, dans son ensemble, la forme d'un triangle dont la base est au nord sur la *Méditerranée*, le sommet au sud au point de jonction de l'océan Atlantique et de la *mer des Indes*. Les points extrêmes sont : le *cap des Aiguilles*, au sud ; le *cap Vert*, à l'ouest ; le *cap Guardafui*, à l'est ; le *cap Blanc*, au nord ; la plus grande longueur, du nord au sud, 8015 kilomètres ; la plus grande largeur, de l'est à l'ouest, 7790. L'Afrique, depuis le percement de l'isthme de Suez, qui la rattachait à l'Asie, est une île : la *Méditerranée* la baigne au nord, depuis le détroit de *Gibraltar* jusqu'à *El-Arich* ; — l'océan *Atlantique* à l'ouest, depuis le *cap Spartel* jusqu'au *cap de Bonne-Espérance* ; — la *mer des Indes* à l'est jusqu'au détroit de *Bab-el-Mandeb* ; — le *golfe Arabique* ou *mer Rouge*, et une ligne parallèle au canal de Suez la séparent au nord-est de la péninsule arabique, en Asie.

**Situation astronomique.** — 37°20′ de lat. N. ; — 34°38′ de lat. S. ; — 20° de long. O. ; — 49° de long. E.

**Littoral ; îles.** — L'Afrique forme une masse compacte : ses côtes, découpées suivant des lignes droites, sont proportionnellement trois fois moins développées que celles de l'Europe. Peu de golfes : au nord, les deux *Syrtes* ou golfes de la *Sidre* et de *Gabès* ; à l'ouest le golfe de *Guinée* ; à l'est, le golfe d'*Aden* et le golfe *Arabique* ; peu de baies commodes et salubres, baies d'*Arguin* (Sahara) ; de *Walwich* (Hottentotie) ; de *Sainte-Hélène*, de la *Table*, *False*, *Algoa*, *Delagoa* (Afrique australe) ; de *Sofala*, d'*Adulis* (Afrique orientale). Les principaux caps sont sur la *Méditerranée* : les caps *Spartel*, *Blanc*, *Bon* ; sur l'océan *Atlantique*, les caps *Cantin*, *Noun*, *Bojador*, *Blanc*, *Vert*, *Palmas*, *Lopez*, *Negro*, *Frio*, *de Bonne-Espérance* ; — sur la mer des *Indes*, les caps des *Aiguilles*, *Colatto*, *Corrientes*, *Delgado*, *Guardafui*. Les îles africaines sont rares, la plupart petites, sans importance, stériles ou insalubres ; les *Zaffarines* (Maroc), *Tabarca*, *Kerkena*, *Djerba* (Tunisie), dans la Méditerranée ; les archipels des *Açores*, *Madère*, les *Canaries*, les îles du *Cap-Vert*, l'îlot de *Gorée*, les *Bissagos*, les îles du golfe de *Guinée*, l'*Ascension*, *Sainte-Hélène*, dans l'Atlantique ; — la grande île de *Madagascar*, le groupe des *Mascareignes*, des *Comores*, des *Amirantes*, des *Seychelles*, *Zanzibar*, *Pemba*, *Socotora*, les îlots *Dhaluc* et *Dessi*, etc., dans la mer des Indes et la mer Rouge.

**Relief du sol.** — Trop de lacunes existent encore dans nos connaissances sur l'orographie du continent pour qu'on en donne une description systématique. On reconnaît toutefois deux grandes catégories de hauteurs orientées d'une façon contraire, quatre parallèles et trois perpendiculaires à l'équateur.

**A. Chaînes parallèles à l'équateur.** — 1° Au nord, la *chaîne de l'Atlas*, dirigée du S.-S.-O. au N.-N.-E., d'Agadir à Tunis, a ses points culminants au mont *Miltsin* (Maroc), 3475 mètres, et au djebel *Cheliah* (Algérie), 2312 mètres, elle se prolonge vers l'est par les plateaux de *Hammada* et de *Barka*. — 2° Au sud, de l'Atlantique à la vallée du Nil, dans la largeur du désert Saharien, se dressent (d'après les informations des voyageurs Barth, Rohlfs, Duveyrier, Nachtigal) des plateaux entrecoupés de vallées; le plateau de *Fezzan* (450 m.); les groupes montagneux d'*Asgar* (1300 m.), d'*Aïr* (1450 m.), d'*Anahef* (1600 m.), et le massif isolé du *Tibesti* qui en est le point culminant (2600 m.). — 3° A l'extrémité méridionale du continent, l'énorme *chaîne du Cap* s'abaisse par une succession de trois terrasses vers le sud; les monts *Lange*, *Outeniqua*, *Zwarte*, le plateau du *Karrou* (1000 m.), les chaînes du *Roggeveld*, du *Nieuweveld*, du *Schneeberg* (1600 m.), en forment la base. Ce système se prolonge à l'est et au nord-est par le *Stormberg* et le *Drakenberg* (monts du *Compas*, 2682 m., des *Sources*, 3000 m., *Cathkin* 3058 m.). — 4° Le plateau ou désert de *Kalahari* entre l'Orange et le Zambèze, a pour contreforts, à l'ouest, le massif d'*Owaherero* (2600 m.), à l'est, celui de *Matoppo* (2200 m.) dans le pays de Matabele. Au nord du Zambèze, se développe l'immense région de plateaux alpestres, sillonnée de cours d'eau et parsemée de lacs, explorée dans tous les sens par Livingstone ; le bassin du Zambèze est fermé au nord par les plateaux de *Lobisa*, de *Muxinga*, (2000 m.), à l'est, le plateau s'abaisse brusquement dans la direction du lac Nyassa ; à l'ouest, il descend lentement par une série de terrasses jusqu'à l'océan Atlantique ; le point culminant est le mont *Mossamba*, dans le Benguela. Cette chaîne transversale est la ligne de partage des eaux de l'Afrique centrale. « L'abondance des sources, dont la plupart forment de
» grandes rivières, est ici extraordinaire ; Livingstone en a compté 32 sur
» une distance de 110 kilomètres. Des voyageurs ont comparé les innom-
» brables mailles de ce réseau hydrographique aux irradiations que la gelée
» trace sur nos fenêtres pendant les nuits d'hiver. » (Émile Banning.)

**B. Chaînes perpendiculaires à l'équateur.** — Le *plateau central* de l'Afrique, qui est encore la partie la plus mal connue et la moins accessible du continent, est coupé ou flanqué par trois grands systèmes de montagnes : 1° A l'est, sur le bord oriental, parallèle à la côte de l'océan Indien, une longue et haute chaîne part du 7° de lat. S., et se prolonge à travers le pays des Gallas et des Somali jusqu'à l'énorme massif *Abyssin*, d'où se détachent au nord les collines *Arabiques*. Ce rempart de montagnes isole les versants des trois mers (des Indes, Méditerranée, Atlantique) et porte les deux pics géants de l'Afrique (*Kénia*, 6095 m. ; *Kilimandjaro*, 6110 m.). — 2° Au centre, une ligne de hauteurs parallèles à la rive occidentale du lac Tanganyka sépare les deux lacs *Victoria* et *Albert* (mont *Mfumbiro*, 3300 m.), forme une succession de plateaux, se rattache à l'ouest aux *montagnes Bleues* de Baker, et tournant au nord-ouest, isole les bassins respectifs du Nil, du lac Tsad, du Niger et de la Bénoué, se redresse au *Mindif* (2000 m.), et à la chaîne du pays de Sokoto. — 3° A l'ouest, plusieurs chaînes parallèles au littoral de l'Atlantique, coupées par les cours d'eau, et sillonnant les provinces de Benguela, Angola, Loango, se détachent au sud du massif de *Mossamba*, et sous les noms de *Sierras de Chella*, *Fria*, *Complida*, aboutissent au nord, au massif de l'*Alantika* (3000 m.), et à la haute chaîne que domine le pic *Cameroun* (3283 m.), au fond de la baie de *Biafra*. — La longue et large traînée des *monts de Kong*, que coupe le Niger, et qui sépare la Guinée du Soudan, peut en être regardée comme le prolongement. A son extrémité nord-ouest s'épanouit le plateau du *Fouta-Djalon*, borne de séparation entre les eaux du Niger, du Sénégal, de la Gambie.

**Cours d'eau. Lacs.** — L'Afrique septentrionale manque d'eau, tandis que l'Afrique centrale en est admirablement pourvue. L'Afrique compte quatre grands fleuves, tributaires des différentes mers qui la baignent : le *Nil*, de la Méditerranée ; le *Niger*, ou *Dhioliba*, et le *Congo* ou *Livingstone*, de l'Atlantique ; le *Zambèze*, de la mer des Indes : tous sont encombrés de cataractes.

1° **Versant de la mer Méditerranée.** — Le *Nil* est le plus grand fleuve du monde : suivant le docteur Schweinfurth, son bassin fluvial s'étend sur 8260000 kilom. car. ; sa longueur, du Victoria-Nyanza à la mer, dépasse 6200 kilom. (l'aire du fleuve des Amazones embrasse 7 millions de kilom. car., l'aire du Mississipi 3). Le *Nil*, dont les sources n'ont pas été déterminées encore d'une façon précise, sort du lac *Ukérewé* ou *Victoria Nyanza* (alt. 1448 m., superf. 84000 kilom. car.), alimenté lui-même par de nombreux cours d'eau venus de l'est ; le fleuve descend par une série de chutes dans un second réservoir, le *M'woutan Nsigé* ou *Albert Nyanza*, (alt. 670 m., longueur 220 kilom., largeur 35 à 90) ; il en sort au nord (largeur 440 m.) sous le nom de *Bahr-el-Abiad* (Nil Blanc), et reçoit d'innombrables affluents ; à gauche, le *Bahr-el-Ghazal* (fleuve des Gazelles) qui se perd dans le lac Noo ; le *Bahr-el-Ersegat*, grossi du *Keilak* ; — à droite l'*Assua*, le *Sobat*, et plus bas, le *Bahr-el-Azrek* (Nil Bleu), l'*Atbara* ou *Takazzé*, tous deux descendus du plateau abyssin, réservoir des pluies diluviennes qui causent les crues périodiques du Nil et fécondent l'Egypte. La dernière cataracte du Nil, qui en forme 20, est à Assouan, à l'entrée de l'Egypte. Le fleuve se divise en aval du Caire et se jette à la mer par plusieurs bras, dont deux principaux : celui de Rosette à l'ouest, — de Damiette à l'est. — Les autres principaux cours d'eau qui se jettent dans la Méditerranée sont : la *Medjerdah* (Tunisie), la *Seybouse*, le *Chéliff*, (Algérie), etc.

2° **Versant de l'Atlantique.** — L'*Omm'-er-Bia* (Maroc) ; le *Sénégal* (1800 kilom.) grossi de la *Falémé* ; la *Gambie* ; le *Rio-Grande*, etc., etc. Le *Niger* ou *Dhioliba* (3600 kilom.) descendu de la colline de Tembi, forme un vaste demi-cercle vers le nord, et perce les monts de Kong pour aller se jeter dans le golfe de Guinée par plusieurs bouches ; il est grossi à gauche de la *Rima* et de la *Bénoué*, — à droite de l'*Ulaba* et de la *Sirba*, etc. ; — le *Gabon* ; — l'*Ogooué* ; — le *Congo* ou *Livingstone* (environ 4800 kilom.) alimenté par les eaux des immenses lacs de l'Afrique centrale (*Tanganika*, *Moëro*, *Bangouelo*) et d'une multitude de rivières, *Loukouga*, *Lualaba*, etc. ; — la *Coanza* ; — la *Cunène* ; — l'*Orange* ou *Gariep* (1800 kilom.) formé du *Vaal* et du *Nu-Gariep*.

3° **Versant de l'océan Indien.** — Le *Limpopo* ; — le *Zambèze* (environ 3000 kilom.) formé par la *Liba* et le *Cuando*, et grossi du *Schiré*, déversoir du grand lac *Nyassa*.

Le lac *N'gami*, dans l'Afrique australe (longueur 60 kilom., largeur 30), grossi du *Tioghé* et du *Mababi* ; — le lac *Tsad*, dans le Soudan (longueur 300 kilom., largeur 200) récipient du Schari et du Yéou, n'ont pas de communication avec la mer.

**Climat** : L'Afrique étant située en grande partie dans la zone torride, le climat général est très chaud et très humide ; les pluies annuelles tropicales, les vents de mer, l'altitude corrigent l'excès de température, et expliquent dans ce continent le contraste de la stérilité et de la fécondité. Il n'y a partout sous les tropiques que *deux saisons* ; celle des *pluies*, celle des *sécheresses*. Les vents qui dessèchent sont l'*harmattan*; le *sirocco* ou *simoun*, dans le nord de l'Afrique. — Les côtes sont partout malsaines et insalubres, sauf au nord, et à l'extrême sud. On peut diviser l'Afrique en trois zones climatologiques : 1° au nord de 33° de lat. N., climat chaud, mais tempéré et relativement sain (température moyenne + 13° à + 22°) ; — 2° entre 33° de lat. N. et 33° de lat. S., zone torride et malsaine (moyenne + 26° à + 35°) ; — 3° au sud de 33° de lat. S., zone tempérée et généralement salubre, (moyenne + 16° à + 19°). — Les maladies les plus fréquentes sont les fièvres de toute espèce, surtout la fièvre jaune, la dysenterie, les maladies du foie, la peste.

**Superficie** : 30 millions de kilom. car. — **Population** : 150 millions d'hab. ?

## II. — GÉOGRAPHIE POLITIQUE

**PREMIÈRE PARTIE**

**Afrique au nord de l'équateur.**

I. *Maghreb ou Berbérie* (Maroc, Algérie, Tunisie).
II. *Région Tripolitaine et Saharienne* (Tripoli, Fezzan, Barka, Ahaggar, Tibesti, etc.).
III. *Région de la Nigritie* (Sénégambie, Soudan, Guinée septentrionale).
IV. *Iles de l'océan Atlantique* (Madère, archipels des Açores, des Canaries, du Cap-Vert, du golfe de Guinée).
V. *Région du Nil* (Egypte et mer Rouge, Nubie, Abyssinie, Territoire des grands lacs coupé par l'équateur).

**DEUXIÈME PARTIE**

**Afrique au sud de l'équateur.**

I. *Plateau central africain et zones littorales* (Côte orientale, Zanzibar ; bassin du Zambèze ; Tanganyka et Congo ; Gabon ; Guinée méridionale ; Iles de l'Ascension et de Sainte-Hélène).
II. *Région de l'Afrique australe* (Hottentotie ; bassin du lac N'gami ; colonie du Cap ; Etat d'Orange ; le Transvaal).
III. *Iles de l'océan Indien* (Madagascar, les Comores, les Mascareignes, les Amirantes, les Seychelles, etc.).

## Colonies européennes d'Afrique

| NOMS DES COLONIES | SUPERFICIE en kilom. car. | POPULATION | Densité par kil. car. |
|---|---|---|---|
| **I. — Possessions Françaises** [1]. | | | |
| Algérie.......................... | 500 000 | 3 000 000 | 7 |
| Tunisie (protectorat)............ | 116 348 | 2 100 000 | 25 |
| Sénégal et dépendances........... | 250 000 | 192 224 | 0,8 |
| Côte d'Or et Gabon............... | 2 800 | 3 000 | 1 |
| Mayotte, Nossi-Bé................ | 659 | 44 000 | 34 |
| Sainte-Marie de Madagascar....... | 174 | 7 135 | 41 |
| Madagascar (protectorat)......... | » | » | » |
| Réunion.......................... | 2 511 | 176 648 | 76 |
| Total........... | 872 492 | 5 490 007 | 16 |
| **II. — Possessions Anglaises.** | | | |
| Gambie........................... | 479 | 14 150 | 79 |
| Sierra-Leone..................... | 2 600 | 60 546 | 23 |
| Côte-d'Or........................ | 38 850 | 408 070 | 72 |
| Lagos............................ | 189 | 75 270 | 398 |
| Cap de Bonne-Espérance et Cafrerie britannique.................. | 517 849 | 780 757 | 1,5 |
| Basoutoland...................... | 25 175 | 128 176 | 5 |
| Griqualand occidental............ | 45 300 | 45 277 | 1 |
| Natal............................ | 48 560 | 413 167 | 8,5 |
| Transvaal........................ | » | » | |
| Iles de l'Atlantique (Ascension, Sainte-Hélène), Tristan da Cuñha...... | 327 | 5 181 | 41 (à St-Hél.) |
| Maurice.......................... | 1 914 | 377 373 | 196 |
| Archipels de l'océan Indien (Seychelles, Amirantes, etc.)......... | 980 | 13 000 | 13 |
| Total........... | 681 923 | 2 320 967 | 3,8 |

[1]. Tableau publié par la Chambre des députés. (*Journal officiel* du 31 juillet 1882.)

## Colonies européennes d'Afrique (suite).

| NOMS DES COLONIES | SUPERFICIE en kilom. car. | POPULATION | Densité par kil. car. |
|---|---|---|---|
| **III. — Possessions Portugaises.** | | | |
| Iles du Cap-Vert.................. | 3 851 | 99 317 | 26 |
| Guinée (Sénégambie, Bissao, Cachéo, Boulama)...................... | 69 ? | 9 282 ? | 135 |
| Ile San-Thomé..................... | 929,19 | 18 372 | 20 |
| Ile du Prince...................... | 151,37 | 2 665 | 18 |
| Ajuda............................. | 35 ? | 4 500 | 129 |
| Angola............................ | 802 400 | 2 000 000 ? | 2,5 |
| Mozambique....................... | 991 150 | 350 000 ? | 0,4 |
| Total............ | 1 805 595,56 | 2 484 100 | 1,4 |
| **IV. — Possessions Espagnoles.** | | | |
| Presidios......................... | 20 | 13 000 | 650 |
| Fernando-Po...................... | 2 071 | 20 000 | 10 |
| Corisco, Elobey................... | 16 | 5 000 | 312 |
| Annobon.......................... | 17 | 4 000 | 235 |
| Cap San-Juan..................... | 100 | 6 000 | 60 |
| Iles Canaries..................... | 7 272 | 283 000 | 39 |
| Total............ | 9 496 | 331 000 | 34 |

**Grandes voies de communication africaines** : Les grandes routes sont très rares en Afrique ; on ne peut citer que celles des caravanes qui font communiquer l'Egypte et le Maghreb avec le Soudan, l'Afrique occidentale et l'Arabie. Nous empruntons au savant ouvrage de M. Bainier les détails qui suivent sur ces voies de communications africaines[1].

---

1. L'*Afrique*, par M. Bainier, 1 vol. gr. in-8°. Belin, 1878. — Nous nous faisons un devoir, dès les premières pages de ce volume, de rendre hommage à la science profonde, à la méthode sûre, au discernement et à la conscience qui ont guidé M. Bainier dans l'exécution de son immense travail, où nous avons puisé tant d'éléments précieux. Nous ne saurions trop recommander à ceux qui s'intéressent aux choses d'Afrique, la lecture et la pratique de cet ouvrage qui reste encore une des encyclopédies les plus riches et les mieux ordonnées dans l'état actuel de nos connaissances. M. Bainier en a fait le plan, et ramassé laborieusement les matériaux durant de longues années d'enseignement, d'abord à la Société industrielle de Mulhouse, puis à l'École supérieure du commerce de Marseille, qu'il n'a abandonnée que pour venir organiser et diriger à Paris la grande école municipale Arago.

I. *Les routes des caravanes du Sahara et du Soudan* : 1° celle qui part de Mourzouk (Fezzan) passe par l'oasis de Syouah, et de là, par un long pli de terrain dans le désert de Libye, arrive à Alexandrie ou au Caire, ou plus au sud à la Petite-Oasis. Ces caravanes du nord, venant de l'Afrique occidentale et centrale, sont nombreuses surtout à l'époque du pèlerinage de la Mecque et apportent du maroquin, des burnous, des tapis grossiers et même des esclaves.

2° *Les routes du Ouaday* (Dar-Zaleh) ou *du Darfour* traversent du sud au nord plusieurs oasis, l'oasis *Selimeh*, la *Grande oasis* (Khardjeh) et aboutissent à *Syout*, ou au *Caire*, par la *Petite oasis* et le *Fayoum*.

3° *Les routes du Darfour et du Kordofan* gagnent le Nil moyen à Khartoum ou dans le Dongolah et de là, suivent le fleuve ou se dirigent sur la *Grande oasis*. Les caravanes qui suivent ces routes amènent des esclaves, commerce clandestin, de l'ivoire, de la gomme, des plumes d'autruche, de l'écaille, tous les produits du haut Nil. Elles remportent en échange des cotonnades, des verroteries de Venise, des parfums, des armes, etc.

4° *Les routes du sud* de Gondokoro à Khartoum, servent au transport de l'ivoire, de la gomme, de l'écaille, des plumes d'autruches et des esclaves.

5° *La route de Bornou à Mourzouk* (Fezzan) et de là à la côte, à Tripoli ou à Bengazi par Audjelah; c'est la route la plus courte : elle part du lac Tchad, passe à Bilma et va en ligne droite à Tripoli. La route qui va de Kano à Ghat ou Rhat par Katschna, Sakatou, l'oasis d'Aïr ou Asben et arrive à *Mourzouk* ou à *Ghadamès*, puis à la côte, est la route la plus fréquentée.

6. *Les routes* partant de *Timbouctou*, principal marché du Soudan occidental, et arrivant par Fez, par In-Salah, et l'oasis du Touat, et par Tafilet, ou en Tunisie, par In-salah, Ouargla, El-Oued, Tunis, ou par In-Salah, Temassinin, Ghadamès, et de là à Tripoli ou à Tunis, ou à El-Oued.

7° *De Timbouctou au Maroc* par In-Salah, Tafilet et Mogador, ou à Tanger. Une route importante est celle que suivent les caravanes qui traversent le Maghreb de l'ouest à l'est; elle passe par le Touat, le Sahara algérien, et va de Maroc à Ghadamès et de là dans le désert libyque pour arriver au Caire. C'est cette route que suit la grande caravane des pèlerins d'Afrique qui vont faire leurs dévotions du Ramadan à la Mecque. *Ghadamès* est le point où se rencontrent et se croisent la plupart des caravanes; c'est le grand marché du désert, et les habitants de cette ville sont les principaux facteurs du commerce du Soudan avec la côte. Ghadamès reçoit 3000 chameaux par an.

Les principales routes entre l'Afrique et l'Asie sont les suivantes :

De *Gondar*, principal marché de l'Abyssinie, par Adouah, à *Massaouah*, île entre les mains des Arabes et des Banians de l'Inde.

De *Khartoum* à l'île de *Souakin*, port de la mer Rouge en communication avec Djeddah (Arabie); de *Keneh* à *Kosseïr*; du *Caire* par l'isthme de Suez, gagnant au nord Damas et la Syrie, et au sud, l'Arabie et la Mecque.

Ces routes conduisent les pèlerins en Arabie ou en Palestine.

**Chemins de fer et télégraphes** : En 1882, le réseau des chemins de fer africains était de 4908 kilomètres ainsi répartis : *Colonie du Cap*, 1456 kilom.; — *Algérie*, 1295; — *Egypte*, 1518; — *Tunisie*, 250; — *Natal*, 163; — *Ile Maurice*, 106; — *Ile de la Réunion*, 120. — Les lignes télégraphiques avaient une longueur de 21 257 kilomètres (7841 en Egypte, 6783 en Algérie, 964 en Tunisie; 441 dans l'état d'Orange; 175 dans le Transwaal; 5053 dans la colonie du Cap.

Les *câbles télégraphiques sous-marins* sont ceux de Bône à Marseille, de

Marseille à Alger, de Bône à Malte, de Malte à Alexandrie, d'Alexandrie à l'île de Candie, et de Suez à Aden. Depuis 1883, un câble est posé entre le Sénégal et la France.

**Les races ; distribution ethnographique** : Les races qui habitent l'Afrique sont nombreuses, encore peu connues, et très mêlées. Toutefois, on y distingue trois types d'origine différente ; au nord et à l'est, la *race blanche* ; — à l'ouest, au centre et au sud, la *race noire* et ses innombrables variétés ; — au sud, la *race cafre*.

1º Au nord (région de l'Atlantique, Sahara), les *Arabes*, les *Juifs*, les *Maures*, les *Berbers*, ou *Imochagh*, subdivisés en tribus indépendantes (*Touâreg* dans le Sahara central ; *Tibbous* dans le Sahara oriental ; *Kabyles* ou *Kebail* en Algérie); les *Coptes* Égyptiens descendants des anciens habitants de l'Egypte; les *Fellahs* issus d'un mélange d'Egyptiens et d'Arabes; leur teint est brun rougeâtre.

2º A l'est et au centre principalement, les nombreuses variétés de la race nègre : la *famille nubienne* (*Funjés*, *Noubas*, *Kenous* ou *Berabras*), les *Abyssins*, *Bedjas*, *Gallas*, *Somalis* au teint cuivré, les *Momboultous*, *Saudehs* ou *Nyam-Nyam* (Afrique orientale et centrale), les tribus du haut Nil, *Nouers*, *Bongos*, *Shilluks*, *Denkas*, *Baris*. Dans la Nigritie, les *Yolofs*, les *Mandingues*, les *Sérères* (Sénégambie), les *Fouls* ou *Pouls* (Niger et Soudan); les *Achantis*, *Fantis*, *Akrims*, *Dahomeyens* (Guinée supérieure) ; — les *Obambas*, *Osyébas*, *Okandas* (Ogôoué); les *Batékés*, *M'Pongoués*, *M'Bengas*, etc. (Congo).

3º Au sud, la race Cafre qui a la chevelure rude et crépue du nègre, mais n'en a pas la peau noire ; les Cafres ont la taille haute, le teint d'un brun jaune. Le mot Cafre vient des Arabes qui ont dénommé ces indigènes *Kafirs*, infidèles. Les ethnologues modernes les nomment *Ba-ntous* ou *Aba-ntous*, comme ils s'appellent eux-mêmes (*Bantous* est le pluriel d'*Oumou-ntou*, homme). Les principaux groupes des tribus Cafres sont les *Betchouanas*, les *Koussas*; la famille *Hottentote* (*Coronas*, *Damaras*, et les plus dégradés de tous, les *Boschimans*); les *Maravi*, les *Macouas*, et les plus braves comme les plus intelligents de la race, les *Amazoulous*.

A Madagascar, les *Malgaches*, aussi bien les *Hovas* que les *Sakalaves*, sont d'origine malaise.

L'Europe a fourni à l'Afrique un grand nombre de colons disséminés dans les villes ou les campagnes de certaines régions littorales : *Portugais*, *Espagnols*, *Français*, *Anglais*, *Hollandais*, *Italiens*, fondateurs de comptoirs ou de colonies.

---

L'ethnographie de l'Afrique n'a pu encore être établie avec certitude. Les matériaux de cette science, recueillis par les explorateurs, et classés par les savants, ne forment pas jusqu'à ce jour un corps de doctrines certaines. Les théoriciens ne s'accordent ni sur l'origine des peuples, ni sur le nombre des races ou des espèces. Les plus célèbres et les plus récents de ces systèmes contradictoires ont été édifiés par les savants allemands. M. Hœckel, professeur de zoologie à l'Université d'Iéna, distingue en Afrique deux grandes classes d'hommes d'après la nature des cheveux : les peuples à chevelure laineuse (*Ulotriques*), et les peuples à chevelure droite (*Lissotriques*). Il subdivise ensuite les Ulotriques en deux catégories : les peuples qui portent les cheveux disposés en touffes (*Lophocomes*), les peuples qui les portent disposés en toison (*Eriocomes*). Les

Lissotriques se divisent aussi en *Euthycomes*, peuples à cheveux droits, et en *Euplocamiens*, peuples à cheveux bouclés.

M. Frédéric Muller, linguiste viennois, cherche surtout à classer les races africaines d'après le langage : il signale en Afrique cinq races distinctes. La race *Hottentote*, à l'extrême sud et sud-ouest ; — la race *Cafre*, qui touche à la précédente et s'étend jusqu'à l'équateur ; — la race *Nègre*, dans le Soudan ; — la race *Fulah*, enclavée dans la région qui est occupée par la race nègre, suivant une ligne dirigée de l'ouest à l'est ; — la race *Méditerranéenne*, au nord et à l'est jusqu'à l'équateur.

M. Théodore Waitz, professeur à l'Université de Marbourg, n'admet comme éléments primitifs des races africaines, et comme races autochthones du continent, que les Hottentots et les nègres ; le reste est d'origine étrangère, et principalement asiatique. M. Waitz distingue nettement de la race nègre les peuples de l'Afrique au sud de l'équateur, à l'exception des Hottentots. Il les groupe sous le nom de *Cafres* et *peuples du Congo* et y comprend les Cafres, les Betschuana, les Damaras, les peuples du Mozambique, les Souaheli, les peuples du Congo, et les M'Pongoué du Gabon et leurs voisins. Il fait une place à part aux peuples de race éthiopienne, qui sont une transition entre les blancs et les noirs.

M. Robert Hartmann, professeur à l'Université de Berlin, reprenant une théorie de l'illustre géographe Karl Ritter, croit à l'existence d'une race africaine unique, infiniment diversifiée, et parle « des liens indissolubles qui unissent entre elles les nations africaines [1]. » M. Hartmann divise pour l'étude des races le continent africain en deux parties que sépare l'équateur. 1° Au sud de l'équateur sont les deux grandes familles des *Hottentots* et des *Buschmans*, et les *Cafres* (A-Bantu, Ama-Xosa, Ama-Zulu, Be-Tsuana, Ova-Herero, Damara). — 2° Au nord de l'équateur s'étendent trois groupes de peuples : le premier, de la mer Rouge à l'Oued-Noun, et de la Méditerranée au Sahara, compte les *Berbers* (Mazigh, Imosagh), les *Retus* (anciens Egyptiens), les *Fellahs* et *Coptes* (nouveaux Egyptiens), les *Maures*, les *Kabyles*, les *Berabra* ou Nubiens (Teda, Nobah). — Le second groupe habite les côtes, les hautes terres de l'Abyssinie, ce sont les Ethiopiens ou *Bejah* (Abyssiniens, Soho, Danakils, Bédouins nomades de la Nubie, etc.). — Le troisième groupe occupe le Soudan tout entier, et toutes les autres régions du continent jusque sur l'équateur et les grands lacs, de la côte de Zanzibar aux bouches du Niger et du Congo. Ce sont les *Nigritiens*. — Comme intermédiaires et peuples de transition entre ces trois groupes, il place les *Teda*, les *Mombuttu*, *Fan*, *Fulan*, les *Somali*, *Gala* ou *Orma* qui ne se rattachent d'une façon décisive à aucun des trois groupes cités plus haut. Ce sont là suivant M. Hartmann, les vrais fils de l'Afrique, autochthones, « nourris de sa sève,
» pénétrés sous son influence de communs caractères que les variétés indi-
» viduelles atténuent à peine sans les effacer. Tout ce qui n'entre pas dans
» ce cadre est adventice, apporté du dehors ; la vie africaine ne l'anime

---

1. Karl Ritter avait écrit : « L'uniformité caractérise la nature africaine. Cette
» ressemblance, cette communauté de formes physiques exerce partout son in-
» fluence dans cette partie du monde ; elle unit comme par un lien commun tous
» les êtres, même les plus développés, l'homme, les peuples, les états. Les parties
» de l'Afrique ne sont nulle part séparées en individualités isolées ; elles nous
» apparaissent au premier coup d'œil comme les membres intimement unis d'un
» seul et même corps. » (L'*Afrique*, vol. Ier, p. 510.)

» pas ; il n'y a pour ces intrus qu'une existence précaire, ils ne font que
» végéter sur le sol africain[1].

« Selon moi, ajoute Hartmann, les Africains forment ethnologiquement un
» tout dont les membres s'enchainent par des traditions infiniment nom-
» breuses. Notre connaissance même incomplète des peuples africains
» fortifie ma conviction. Les caractères physiques, les mœurs et les cou-
» tumes, la langue, etc., etc., me prouvent suffisamment que la population
» africaine n'est pas formée d'éléments hétérogènes, juxtaposés par le hasard,
» mais que le continent africain avec son monde végétal et animal, symé-
» triquement réparti sur d'immenses étendues, avec d'infinies variétés, il
» est vrai, renferme une seule grande souche de la famille humaine,
» diversement démembrée soit par les modifications naturelles, soit par
» des fusions, des guerres, des migrations[2]. »

## 2° EXTRAITS ET ANALYSES

### L'Afrique dans l'antiquité.

« Enveloppée de mers inhospitalières, et doublement défendue par l'étendue de ses déserts et la barbarie de ses habitants, l'Afrique est restée de tout temps difficilement accessible aux étrangers. Si les persévérants efforts de nos voyageurs n'ont pu entamer qu'à grand'peine et d'une manière très limitée ces formidables défenses que l'Afrique oppose à ses explorateurs, on doit bien penser qu'elles furent plus insurmontables encore pour les anciens, qui n'avaient pas comme nous, la multiple et puissante incitation du zèle religieux, de l'ardeur scientifique et de l'intérêt commercial. L'Egypte, qui par sa position géographique, l'origine de ses habitants et le caractère de sa civilisation, appartient plutôt à l'Asie qu'à l'Afrique ; au dessus de l'Egypte, le haut bassin du Nil, d'où l'on tirait alors, comme aujourd'hui, de l'ivoire et des esclaves ; à l'ouest de l'Egypte, la zone littorale du nord, qui appartient à la race berbère, et qui est entrée, de toute antiquité, dans le mouvement historique de la Méditerranée ; une certaine étendue de la côte occidentale sur l'Atlantique, et de la côte orien-

---

1. Voy. une analyse complète et méthodique de ces divers systèmes ethnographiques dans deux articles de M. de Crozals. (*Revue de géographie*, juin, août 1881.)
2. Robert Hartmann, *Les peuples de l'Afrique*, p. 255.

tale sur la mer Érythrée, voilà tout ce que les Grecs et les Romains ont connu du continent africain. Les côtes que les anciens ont pratiquées, et dont ils nous ont laissé des descriptions écrites, représentent dans leur développement du sud-est au nord-ouest au moins la moitié du pourtour du continent, mais ce qu'ils ont connu des contrées intérieures, depuis la région du Haut-Nil jusqu'aux extrémités occidentales de l'Atlas, n'en est qu'une très faible partie par rapport à l'étendue totale. Si faible cependant que soit cette étendue relative, ce n'en est pas moins aux contrées et aux peuples de la région du Nil et de l'Atlas, qui entrent dans la carte de la mappemonde gréco-romaine, que s'attache le plus sérieux intérêt de l'étude de l'Afrique[1]. »   VIVIEN DE SAINT-MARTIN,
*Le nord de l'Afrique dans l'antiquité grecque et romaine;* introduction.
(Paris, in-8°, imprimerie impériale, 1863.)

Les premières notions répandues chez les Grecs sur la géographie et les peuples de l'Afrique leur vinrent de l'Egypte. Dans les plus anciens récits légendaires, on désigne les peuples du Nil sous le nom d'*Ethiopiens* (ou peuples noirs)[2]. Ce terme correspond à l'expression *Kousch*, appliquée par les Sémites aux tribus de l'Arabie méridionale et de l'Euphrate inférieur, et par les Egyptiens aux peuples du Haut-Nil, comme le prouvent les monuments hiéroglyphiques, qui ont permis de compléter ou de rectifier les informations recueillies par Hérodote et ses successeurs. L'empire des Pharaons eut des dynasties éthiopiennes pendant plus de deux siècles. Un de leurs princes, Tahraka, premier successeur de Sévekh ou Sabako, fonda Napata (aujourd'hui Meraoui), sur la rive droite du Nil.

**L'Afrique d'Hérodote.** — Sous Psammétik Ier, successeur de Tahraka, le delta du Nil fut ouvert aux Grecs de l'Ionie (660 av. J.-C.). Deux siècles plus tard (vers 448), Hérodote put visiter l'Egypte, et remonter le Nil jusqu'à Eléphantine sur la frontière éthiopienne. Le voyageur curieux recueillit toutes les informations possibles sur l'origine du Nil, dont les sources inconnues étaient, dit-il, à quatre mois de marche au-dessus de la cataracte de Syène, sur l'Ethiopie et ses habitants, et en général sur tous les peuples alors connus de la Libye. Il a exactement dépeint l'immense

---

1. L'histoire de l'Afrique dans l'antiquité a été depuis le commencement du dernier siècle, l'objet d'un grand nombre de travaux et de discussions critiques. On trouvera l'indication du plus grand nombre dans l'ouvrage de M. Vivien de Saint-Martin, qui les a analysées et discutées à son tour, en y appliquant toutes les ressources de sa science profonde et de sa minutieuse critique. — L'ouvrage de M. Vivien a été couronné par l'Académie des Inscriptions et Belles-Lettres, qui en avait mis le sujet au concours en 1858.

2. Ce mot est d'origine et de signification grecques, αἴθω, brûlé, noirci, ὤψ, visage.

ceinture d'oasis qui enveloppe à l'est et au nord les limites du Grand-Désert, notamment les oasis des *Ammoniens*, et des tribus littorales Libyennes, *Nasamons et Psylles* (pays d'Audjelah); *Garamantes* (Fezzan); *Troglodytes*[1] (Tibbous): *Lotophages*, *Makhlyes* (région du lac Triton ou chott El-Kebir).

**L'Afrique sous les Ptolémées.** — Sous la dynastie des Ptolémées (323-30 av. J.-C.), le mouvement d'explorations et de travaux scientifiques qui étend les notions antérieures est entièrement dirigé vers les hauts pays du Nil et les rivages de la mer Erythrée (océan Indien). Une expédition, dirigée par Ptolémée Philadelphe, ouvrit aux Grecs l'accès de l'Ethiopie; *Eratosthène*, qui écrivait vers 240, au temps du troisième des rois Lagides, résuma les données fournies par les soldats ou les marchands des régions du Haut-Nil, et Strabon nous les a conservées. Il y est question, pour la première fois des *Blémyes* (tribus de Bilma, chez les Tibbous) et des *Nouba* (Kordofan méridional). Des explorations fréquentes, des voyages de commerce entrepris dans les contrées du sud, firent connaître plus nettement le littoral éthiopien, et sous Ptolémée Lathyre (117-107), deux écrivains, *Agatharchide de Cnide* et *Artémidore d'Éphèse*, purent, à quelques années l'un de l'autre, consigner dans une description générale de la mer Erythrée, ou, comme on disait alors, dans un périple, les résultats de leurs observations particulières et des relations antérieures déposées aux archives d'Alexandrie. *Strabon*, *Diodore de Sicile* et *Photius* nous ont transmis de longs extraits de ces deux ouvrages[2].

**L'Afrique sous les Romains.** — La prise de Carthage par les Romains et la réduction de l'Afrique en province romaine provoquèrent de nombreuses expéditions militaires, et étendirent par là même les connaissances géographiques. L'expédition maritime de *Polybe* inaugura cette ère nouvelle. Le grand historien s'était proposé de décrire les diverses contrées du monde avant de raconter l'histoire des peuples. Il voulait combler les lacunes, corriger les erreurs, expliquer les légendes, « apporter aux intérêts » sérieux de la politique et du commerce des notions sérieuses et prati- » ques[3]. « Polybe ne négligea rien pour remplir dignement sa tâche. A l'exemple d'Hérodote, il avait visité la plupart des régions méditerranéennes. Il connaissait l'Egypte, la Cyrénaïque; il assistait au siège de Carthage. La ville prise, Scipion Émilien lui confia le commandement d'une flotte chargée d'explorer la côte occidentale du continent africain. Polybe raconta ce voyage dans son histoire; mais cette partie est malheureusement perdue; il n'en reste qu'un sommaire confus, que Pline en a tiré pour sa description de l'Afrique.

Cent ans après la prise de Carthage, la Numidie fut érigée par César en province romaine. Le vainqueur lui laissa pour gouverneur le célèbre historien *Salluste*, qui put à loisir réunir sur place les matériaux de son histoire de Jugurtha. Il se fit traduire, dit-il lui-même, sur les origines des populations Numides, des ouvrages écrits en langue punique que l'on attribuait au roi Hiempsal, père et prédécesseur de Juba. Le premier, en divisant les peuples de l'Afrique du nord en Gétules et en Libyens, il établit

---

1. Les anciens désignaient, en général, sous le nom de *Troglodytique* la région comprise entre le Nil et la mer Rouge, depuis la frontière d'Égypte jusqu'aux pays d'Axoum.
2. Carl Müller les a réunis avec un savant commentaire dans le 1er volume de ses *Geographi græci minores*.
3. Vivien de St-Martin, p. 102.

la double provenance des peuples Berbères. Un contemporain du grand historien, *Juba le Jeune*, emmené à Rome par César, et élevé dans les sciences romaines, reçut d'Auguste le royaume de Mauritanie (25 av. J.-C.). Sur le trône, il continua à s'adonner aux lettres, et écrivit entre autres ouvrages, un traité sur l'Afrique, que nous n'avons plus, mais où Pline a largement puisé. Il en fut de même du préteur *Suetonius Paulinus* : ce général romain qui vivait sous Claude, fit vers 40 après Jésus-Christ une expédition contre les Gétules, et la raconte dans ses mémoires : ce document a disparu, sauf un extrait recueilli par Pline, où le voyageur mentionne sa marche à travers des « solitudes couvertes d'une poussière noire, d'où surgissent çà et » là des rochers qui semblent noircis par l'action du feu, lieux inhabi- » tables, même en hiver, à cause de l'extrême chaleur. » C'est dans cet extrait qu'il est pour la première fois question d'une rivière que Suetonius atteignit après dix jours de marche et qu'il appelle le *Ger*.

C'est encore à Pline que nous devons les quelques pages qui nous restent de l'expédition accomplie dans l'Atlas oriental par un général romain d'origine africaine, *Cornelius Balbus* (né à Gadès), qui alla châtier les tribus remuantes du pays intérieur au-dessus des Syrtes.

En 74 avant Jésus-Christ, la Cyrénaïque avait été conquise par les Romains, en 30 la monarchie des Ptolémées fut détruite, et l'Egypte devint province romaine. Dès lors la science géographique put s'étendre avec les armes romaines dans toute la longueur du continent septentrional africain. *Strabon* (de 19 à 25 ap. J.-C.) s'est contenté de donner de l'Afrique une description sommaire, comme s'il se défiait des récits des voyageurs et des indigènes africains. On lui doit la fameuse comparaison, tant de fois citée, des plaines sablonneuses de la Libye intérieure, semées çà et là de cantons habités, avec les mouchetures d'une peau de panthère; il rapporte aussi que les Egyptiens donnaient le nom d'oasis à ces cantons fertiles au milieu du désert. *Pomponius Mela* (40 ap. J.-C.) dans son court précis de géographie écrit en latin, imite les périples grecs, et décrit successivement, d'après les données d'Hérodote, et sans s'éloigner de la zone littorale, le circuit intérieur des trois continents autour de la Méditerranée.

**L'Afrique de Pline.** — Vers 70. Pline écrivait son encyclopédie; la description de l'Afrique y tient une place importante. Il y mit le même ordre que Pomponius Mela; il part de la Mauritanie, longe la Méditerranée, décrit la Numidie, les Syrtes, la Cyrénaïque, la Libye maréotide, l'Egypte, puis les contrées asiatiques, rentre en Afrique par la mer Rouge, et décrit l'Ethiopie et la région du Nil au-dessus de Syène, et enfin les îles de la mer éthiopique et les côtes orientales de l'Atlantique. Le style de Pline renferme plus de choses que de mots. « Il condense en notes pressées la » substance de ses vastes lectures; aussi sa nomenclature géographique, » dans un petit nombre de pages, est-elle infiniment plus riche que celle » d'aucun autre auteur de l'antiquité, Ptolémée excepté. » Cette nomenclature est précieuse, et il la fait suivre d'une masse de renseignements de toute nature sur l'histoire politique et géographique, l'organisation des provinces, l'antiquité, les traditions. Son ouvrage est une mine inépuisable. Sans lui, un grand nombre de faits et d'événements géographiques nous seraient restés inconnus : telles sont les expéditions de Polybe, de Suetonius Paulinus, de Cornelius Balbus, de Petronius, et des explorateurs envoyés par Néron dans la haute Ethiopie. Ce Petronius était un préfet d'Egypte qui alla, au temps d'Auguste, conquérir les villes de l'Ethiopie, et saccager leur capitale, *Napata*, dont le voyageur Cailliaud en 1825, a retrouvé les restes sur la rive droite du Nil, au pied du mont

Barkal (*Merdoui*, la *Méroë* d'Hérodote). Petronius ne s'arrêta qu'au confluent de l'Atbara. — Nous parlerons ailleurs[1] de l'importante exploration des tribuns et des prétoriens de Néron, envoyés à la recherche des sources du Nil. — Pline avait recueilli presque tous les noms des peuples de la haute Ethiopie.

Entre l'époque de Pline et celle de Ptolémée se placent trois documents géographiques d'un grand intérêt : 1° Un certain Arrien, d'origine égyptienne, marchand de profession, avait fait pour les affaires de son négoce plusieurs voyages dans la mer Erythrée (mer des Indes), tant sur le littoral indien que sur la côte orientale d'Afrique. Il écrivit d'après son expérience personnelle et les observations antérieures un périple de la mer Erythrée, destiné à servir de guide aux autres voyageurs et commerçants (vers 85 de l'ère chrétienne). Il mentionne comme les deux ports égyptiens d'entrepôt et de transit sur le golfe arabique *Myoshormos* (Mersa Mombarouk, à quelques lieues au sud de Kosséir) et *Bérénice* : il y fait connaître le royaume d'*Axoum* et *Adulis*, le *promontoire des Aromates* (cap Guardafui), la tribu des *Avalitæ* (Habr Aoual, une des tribus Somalis), l'île *Menuthias* (Pemba ou Zanzibar).

2° Vers 86-90, deux expéditions romaines, conduites par *Septimius Flaccus* et par *Julius Maternus*, eurent lieu dans le désert contre les Ethiopiens et aboutirent au pays d'*Agisymba* (oasis d'Asben ou d'Aïr). Le récit de ces voyages est dû au géographe Marin de Tyr, cité par Ptolémée.

3° Une inscription grecque, signalée en 520, par un marchand grec d'Egypte, Cosmos, qui se trouvait à Adulis, fournit de nouvelles indications géographiques sur l'intérieur de l'Ethiopie. M. Vivien de Saint-Martin en fait remonter l'origine aux années 101 à 131 avant Jésus-Christ ; les noms cités par l'inscription sont ceux des régions situées pour la plupart entre la mer Rouge et le Nil, dans l'Abyssinie actuelle (Tigré, Semen, Enderta, Beghamider.)

**L'Afrique de Ptolémée.** — La description de l'Afrique par Ptolémée (vers 140) s'étend bien au-delà des contrées précédemment décrites ; elle dépasse l'équateur. « De grandes rivières intérieures courent dans cet espace, » que remplissent une foule de noms de peuples, de villes et de montagnes. » C'est tout un monde nouveau qui apparaît[2]. » Il importe de ne pas se fier à cette science si abondante ; les erreurs et les exagérations y sont fréquentes, mais des progrès réels s'y font voir. Ptolémée néglige d'indiquer ses sources. C'est dans le quatrième livre de son ouvrage qu'il décrit l'Afrique, en huit chapitres : il parle de la Mauritanie, parcourt de l'ouest à l'est la Numidie, l'Afrique propre, la Cyrénaïque, la Marmarique, la zone libyque, l'Egypte ; décrit la Libye intérieure, la région du haut Nil jusqu'à Syène et la région inconnue qui est au sud de l'Ethiopie et qu'il appelle l'Ethiopie intérieure. Ptolémée, après Strabon, mentionne le port d'*Arsinoé* (station du bassin des lacs Amers) et celui de *Clisma* (Kolzoum sous les Arabes et aujourd'hui *Suez*), situé au fond du golfe où débouchait le fameux canal allant du Nil à la mer Rouge, commencé par Néchao, continué par Darius, terminé par le second roi Ptolémée et réparé par Trajan qui lui donna son nom. Le géographe trace l'itinéraire de la mer Rouge et de la mer des Indes et le prolonge le long de l'Azanie (côte orientale) jusqu'au cap *Prasum* (cap Ponna[3]).

---

1. Voir le chapitre sur la région du Nil.
2. Vivien de St-Martin, p. 237.
3. M. Vivien de St-Martin a tracé pour toutes ces données de la géographie de

**Les périples ; Hannon, Scylax, Eudoxe de Cyzique.** — Aucune notion sur la côte occidentale d'Afrique ne paraît remonter au delà du quatrième siècle avant l'ère chrétienne. Hérodote ne connaît guère que le nom de Carthage et parle en termes vagues du territoire situé à l'ouest des Syrtes. Il mentionne toutefois le fait qu'au-delà des colonnes d'Hercule, il y a un pays habité où les Carthaginois vont faire le commerce, échangeant avec les indigènes leurs marchandises contre une certaine quantité de poudre d'or. Ce trafic carthaginois paraît s'être exercé à la baie d'Arguin.

Vers 570[1], le sénat de Carthage chargea Hannon de reconnaître les côtes africaines de l'océan Atlantique, pour y fonder des colonies : il partit avec une flotte de 60 navires à cinquante rames, montés par 30 000 colons, hommes et femmes, et d'énormes approvisionnements. Plusieurs colonies furent établies. Les navigateurs ne s'arrêtèrent qu'à la *Corne du Midi* (golfe de Cherbro, au sud de Sierra-Leone). Ce voyage mémorable n'a été recommencé que 2 000 ans plus tard, au quinzième siècle), par les navigateurs portugais. Hannon l'avait achevé en une seule campagne, les Portugais y mirent vingt-huit ans. Au retour de l'amiral carthaginois, le sénat, frappé d'admiration, décida, contre son habitude, qu'une inscription commémorative de ce grand voyage serait placée dans un des temples de Carthage. Cette inscription en langue punique et traduite plus tard en langue grecque nous est parvenue sous le titre de *Périple d'Hannon*.

Quant à la circumnavigation de l'Afrique par des marins de Tyr, sous le règne de Néchao, nous n'en avons gardé que le souvenir transmis par Hérodote. L'historien nous apprend (IV, 42) que Néchao avait donné aux navigateurs phéniciens l'ordre de passer à leur retour par les colonnes d'Hercule, et de rentrer en Egypte par la Méditerranée. Leur voyage dura trois ans, mais il a laissé peu de traces[2]. Les comptoirs Carthaginois ne paraissent pas s'être étendus au-delà de l'île de *Cerné*, (Herné, au fond de la baie du Rio-do-Ouro), comme le disent les Périples d'Hannon et celui de Scylax, composés vers le milieu du quatrième siècle avant Jésus-Christ. — Un fragment d'une *Etude sur l'Océan*, par Posidonius d'Apamée, transmis par Strabon, nous apprend qu'un certain Eudoxe de Cyzique (Asie-Mineure), grand voyageur, intrépide aventurier, venu à Alexandrie pour y célébrer les jeux coréens de Proserpine (Coré), y fut chargé sous les règnes de Ptolémée Evergète (110 ans av. J.-C.) et de Ptolémée Lathyre (118-113) de faire un voyage à la recherche des sources du Nil, et deux voyages par mer dans l'Inde. Eudoxe rapporta de son heureuse expédition dans l'Inde une gros-

---

Ptolémée des tableaux de concordance avec la nomenclature d'Agatharchide, d'Artémidore, de Pline, et du Périple.

1. C'est la date adoptée par Bougainville pour le périple d'Hannon ; M. Carl Muller dit 470, Heeren 510, M. Vivien de Saint-Martin admet la date de Bougainville.

2. Bougainville et Humboldt admettent ce voyage comme très vraisemblable. M. Gaffarel discute et adopte la même opinion. (*Eudoxe de Cyzique*, p. 33-42.) L'indication d'Hérodote a fourni à M. Paul Guiraud, professeur d'histoire à la Faculté des lettres de Toulouse, le sujet d'un ingénieux mémoire où il soutient que la circumnavigation eut certainement lieu, qu'on connaissait dès ce temps-là, autrement que par un effort d'imagination, la forme péninsulaire de l'Afrique, et que le voyage des Phéniciens de Néchao suggéra probablement au sénat de Carthage l'idée de l'exploration confiée à Hannon quelques années plus tard. (Voir *Bulletin de la Société de géographie de Toulouse*, mai 1882).

sière épave de naufrage : c'était un éperon de navire en forme de cheval qui lui avait été donné comme le débris d'un navire venu de l'Occident, et transporté à une énorme distance de son point de départ par une tempête ou simplement par la poussée incessante des vagues. Eudoxe s'assura que cet éperon avait appartenu à un vaisseau de Gadès, et que si on l'avait recueilli sur le littoral de la mer Erythrée, c'est qu'il avait fait le tour de l'Afrique, et que le continent inconnu au midi formait une presqu'île qu'on pouvait tourner. Son rêve fut de s'assurer s'il n'existait pas une libre communication entre l'Atlantique et la mer Erythrée : il chercha partout des moyens et des auxiliaires pour mettre son projet à exécution. Parti de Gadès, il se lança résolument vers la mer du sud avec trois navires ; mais l'un d'eux se perdit, Eudoxe revint sur ses pas, et organisa une nouvelle expédition, emmenant avec lui des colons et des ouvriers. On ne sait quel en fut le résultat. « Sans doute, dit M. Vivien de Saint-Martin, il périt » comme tant d'autres, victime de sa persévérance. Peut-être n'a-t-il tenu » qu'à des circonstances accidentelles qu'il ait devancé la gloire de Vasco » de Gama[1]. »

Sur la côte occidentale de l'Afrique, Ptolémée a aussi agrandi les intervalles, et déplacé les positions. Il mentionne au nombre des tribus du littoral africain les *Masices* (Amazigh ou Imochâgh), les *Macanitæ* (Makna, Mekneça, Méquinez), les *Négritæ* (tribus du Nigir), etc.

Le proconsul *Suetonius* avait fait connaître en 41 une rivière appelée *Ger* (Ghir ou Djir), qui descend du massif central de l'Atlas, pour aller se perdre dans les sables du désert ; Juba avait parlé dans son livre d'un fleuve de l'Atlas appelé *Nigris* ou *Niger* ; Ptolémée à son tour mentionne deux cours d'eau, l'un appelé *Nigir* sur les confins de la Gétulie, et il en place les sources dans l'Atlas méridional ; l'autre, appelé *Gir*, sorti du mont Usargala (mont Aurès). D'après M. Vivien de Saint-Martin, ce fleuve ne doit pas du tout être confondu avec le *Niger* du Soudan ; ce *Niger* de Juba et de Ptolémée, qui tantôt coule à la surface du sol et tantôt disparaît sous les sables, et qui se perd dans des lacs, n'est autre que l'*Oued-el-Djedi* qui a ses sources dans le djebel Amour et va se perdre dans les sebkas du sud. *Nigir* et *Gir* désignent le même cours d'eau, et les deux noms sont souvent pris l'un pour l'autre. Les anciens connaissaient d'ailleurs un autre *Gir*, qui est actuellement désigné sous ce nom, et traverse le Sahara marocain[2]. Quant au grand fleuve de la Nigritie, Ptolémée, et après lui les géographes arabes et portugais du moyen âge en font la branche mère du

---

1. M. Paul Gaffarel a reconstitué avec beaucoup de talent la vie et les voyages d'Eudoxe de Cyzique, en rattachant à ses aventures les traditions et les faits historiques qui se rapportaient au périple de l'Afrique dans l'antiquité. Il n'hésite pas à comparer son héros à Colomb et à Vasco de Gama : il n'eut qu'un tort, dit-il, d'avoir été trop hardi pour son époque, et d'avoir vécu seize siècles trop tôt. (Voir *Eudoxe de Cyzique* et le *Périple dans l'antiquité*, in-8°, Paris, Thorin. — Voir sur l'ouvrage de M. Gaffarel un article critique de M. Himly, qui est loin de partager l'enthousiasme de l'auteur pour l'aventurier de Cyzique. (*Bulletin de la Société de géographie de Paris*, octobre 1874.)

2. L'oued Gir ou Ghir, ou Guir, qui jadis allait se perdre dans le *Draa* marocain avec les autres ouadis (*Akâraba, Tedjant, Tirhehert, Teghazert*) descendus du plateau de *Mouydir*, se perd aujourd'hui dans les sables d'*Iyhidi*. Sa vallée inférieure est habitée par la tribu pillarde des Doui-Menia, contre lesquels, en 1870, le général de Wimpfen a dirigé une expédition.

fleuve du Nil, ou du moins admettent qu'il a une source commune ; le *Niger* est pour eux le *Nil des Noirs*, et il en garde le nom[1].

Ptolémée ne sait rien du vaste désert qui s'étend autour des contrées actuelles de l'Ouaday et du Darfour ; entre le pays des Garamantes (Fezzan) et l'Egypte. Ses connaissances ne dépassent guère, au sud, les oasis d'*Augila* (Audjélah) et d'*Ammon* (Siwah).

Dans la région du Haut-Nil, les indications fournies par Ptolémée ont un intérêt particulier. Déjà Eratosthène avait circonscrit l'île de Méroë entre trois rivières : au nord et à l'est, l'*Astaboras* (Atbara) ; à l'ouest, l'*Astapus* (le Nil propre) ; au sud l'*Astasoba* (le Bahr-el-Azrek). Ptolémée applique le nom d'Astapus à l'Astasoba, et le fait sortir du grand lac *Coloe* du pays des Axoumites ; c'est le Bahr-el-Azrek des Arabes ou fleuve Bleu, et l'Abaï des Abyssins, sorti du lac *Tzana* ou *Dembea*. Ptolémée savait aussi par l'ouvrage de Marin de Tyr, que la branche orientale du Nil vient de deux lacs situés dans des montagnes appelées *Monts de la Lune*. Nous verrons ailleurs (chapitre de l'Egypte) que l'expédition française de 1798, et les explorations de Burckhard en 1813, de Cailliaud en 1820, du docteur Rüppel en 1823, de Rusegger en 1836, favorisées ou provoquées par le gouvernement de Mohammed-Ali, et toutes celles qui ont eu lieu depuis, et qui ont résolu le problème des sources du Nil, ont montré ce qu'il y avait de fondé dans les observations du géographe grec.

» Nulle part, les connaissances des anciens n'ont franchi le grand désert et n'ont atteint le Soudan. Sur les côtes de l'Atlantique et de la mer Erythrée, les découvertes des navigateurs s'étaient avancées beaucoup plus loin au midi.

A l'ouest, sur l'Atlantique, Hannon, près de six cents ans avant l'ère chrétienne, était arrivé au golfe de Cherbro (Corne du midi), un peu au sud de la presqu'île de Sierra Leone, entre le 8ᵉ et le 7ᵉ degré de latitude nord, et ce point extrême est aussi celui où Ptolémée s'arrête.

A l'est, sur la mer Erythrée, les Grecs d'Egypte, dans le premier siècle de notre ère, avaient atteint le cap Pouna (promontoire *Prasum*), un peu au sud de Zanzibar, par 7° de latitude australe.

» Dans l'intérieur, la ligne qui marquerait approximativement la limite extrême des notions anciennes partirait des environs du cap Bojador, un peu au sud des îles Canaries, vers le 26ᵉ degré de latitude, et se porterait de là assez régulièrement à l'est jusqu'au Fezzan, laissant au sud les espaces alors

---

[1]. Voir sur ce sujet la thèse latine de M. Berlioux : *Doctrina Ptolemæi ab injuria recentiorum vindicata, sive Nilus superior et Niger verus, hodiernus Eghirrem, ab antiquis explorati.* (Paris, in-8°. 1874, avec deux cartes.)

complètement inconnus du grand désert, et au nord les nombreuses oasis du Sahara marocain et du Sahara algérien. Prenant de là le Fezzan par le sud, la ligne s'élèverait au nord-est vers Aoudjelah et Siwah, pour arriver aux oasis d'Egypte et atteindre près de Syène la vallée du Nil. A partir de Syène, la carte de l'Afrique ancienne embrasse tout le bassin du Nil jusqu'au confluent de ses deux grands bras supérieurs, le fleuve Blanc et le fleuve Bleu. Plus haut, il faut y tracer le cours tout entier du fleuve Blanc jusqu'aux environs de l'équateur où il a ses sources, quoique la partie effectivement reconnue par les anciens n'ait pas dépassé le 9° degré; il faut y comprendre aussi tout le cours du fleuve Bleu et le plateau d'Abyssinie en partie occupé par le royaume d'Axoum. De ce point, la ligne vient se terminer brusquement au golfe Avalitique (au fond du golfe d'Aden), au delà duquel les notions ne dépassaient pas la côte. Il n'y avait de bien connus que les pays directement soumis à l'administration romaine, les deux Mauritanies, l'Afrique propre, la Cyrénaïque et l'Egypte, et de plus la vallée du Nil jusqu'à Méroé; sur le reste on n'avait que des informations souvent très clairsemées et vagues. »   VIVIEN DE SAINT-MARTIN [1],
*Le nord de l'Afrique dans l'antiquité grecque et romaine.*

(Paris, in-8°, imprimerie impériale, 1863.)

---

[1]. M. Vivien de Saint-Martin (Louis), géographe français, né à Saint-Martin de Fontenay (Calvados) en 1802, se fit connaître dès 1823 par la publication d'une carte électorale et administrative et d'un atlas universel (1825). Il fonda en 1828 le *Bibliomappe*, qui contribua à développer en France le goût des études géographiques. Il publia en 1832 une *Géographie de la France*, puis sans délaisser ses études de prédilection, composa un *Cours d'agriculture* (4 vol. in-8°, 1834) une *Histoire générale de la Révolution française de 1788 à 1839* (4 vol. in-8°, 1840-42), une *Histoire de Napoléon* (1843, 2 vol.), refondit le *Dictionnaire français* de Verger et traduisit les *Œuvres de Walter Scott* (25 vol. in-8°, 1836-39). De 1845 à 1854, il rédigea les *Nouvelles annales des voyages*; en 1847, fonda l'*Athénæum français*, et commença l'*Histoire universelle des découvertes géographiques des nations européennes dans les diverses parties du monde* (1845-47, 2 in-8°), œuvre immense qui fut malheureusement interrompue par les événements de 1848. On lui doit encore : *Recherches sur les populations primitives du Caucase* (in-8°, 1847); *Etudes de géographie ancienne et d'ethnographie asiatique* (1850-54, 2 vol. in-8°); *Etude sur la géographie grecque et latine de l'Inde* (1858-60, 2 vol. in-4°); *Le Nord de l'Afrique dans l'antiquité* (1863, in-8°), couronné par l'Institut; *Histoire de la géographie et des découvertes géographiques* avec Atlas (1873, in-8°); les treize premiers volumes de l'*Année géographique* (1863-75) dont MM. Maunoir et Duveyrier

## Les nègres.

« Le nègre est un grand enfant, tout à l'impression du moment et absolument esclave de ses passions. Aussi les contradictions les plus surprenantes se manifestent-elles sans cesse dans sa conduite. Il est léger, inconstant, gai, rieur, amoureux du plaisir avec emportement, fou de danse, de tapage, de parure bizarre et éclatante. Vaniteux à l'excès, il éprouve le besoin de commander, de parler haut, de faire sentir sa supériorité, et cependant il est familier avec tout le monde et n'a point de morgue hautaine. Il est bon et hospitalier, et avec ses compatriotes et ses hôtes il partage volontiers tout ce qu'il possède, ce qui ne l'empêche pas d'avoir une tendance invincible au larcin et à la chicane. Indolent par nature, il ne se réveille que sous l'aiguillon du besoin ou de la passion. Si au fond le nègre n'est pas méchant, il est vindicatif à l'excès, et, comme son amour-propre est immense, il s'offense aisément de la moindre chose. Très superstitieux aussi, la crainte qu'il a des fétiches et de leur colère, si on les outrage ou si on les néglige, le pousse à des actes souvent abominables. Toutefois, il ne montre jamais de cruauté froide, et les crimes qu'on reproche aux noirs d'Afrique ne sont commis la plupart du temps que sous l'influence d'une excitation aussi violente qu'éphémère. Le nègre n'a qu'une prévoyance très restreinte : il est l'homme du moment; le passé ne laisse pas de traces profondes dans sa mémoire, et l'avenir ne le

---

ont continué pendant trois années (jusqu'en 1878) la publication qui parait abandonnée, au grand regret de tous ceux qui s'intéressent aux études de géographie. En 1876, M. de Saint-Martin commença à publier le *Nouveau dictionnaire de géographie universelle*, œuvre magistrale qui se poursuit trop lentement, et un *Atlas général* dont les trois premières livraisons seules ont paru, mais qui, par la grandeur du plan, et la perfection de l'exécution, aurait pu rivaliser avec les plus remarquables travaux de ce genre dus aux géographes de l'Allemagne et de l'Angleterre. Nous ne mentionnerons pas ici les innombrables écrits, mémoires et articles géographiques de moins longue haleine, dus à la plume de l'infatigable travailleur qui a collaboré au *Constitutionnel*, à la *Revue Contemporaine*, à la *Revue Germanique*, au *Bulletin des sciences historiques*, à la *Presse*, qui a été un des plus actifs fondateurs et présidents de la grande *Société de géographie de Paris*, et dont le nom doit être salué avec respect comme celui d'un des rénovateurs les plus savants, les plus laborieux et les plus consciencieux de la science géographique en France au dix-neuvième siècle.

préoccupe point ; aussi n'a-t-il ni histoire, ni chronologie, il ne connaît même jamais exactement son âge. Le courage varie beaucoup dans les races noires : tandis que les Yolofs du Sénégal, par exemple, sont d'une bravoure à toute épreuve et font, sous les ordres de nos officiers, d'excellents soldats, certaines peuplades du Gabon sont lâches au possible et ne font la guerre que par surprises et embuscades.

» ..... Les noirs sont fétichistes, c'est-à-dire qu'à leurs yeux tout est dieu, tout est animé d'une vie et d'une volonté, tout peut exercer une action sur l'univers. Chaque nation a cependant des êtres qui sont plus spécialement l'objet de son adoration ; ici, c'est un arbre, une pierre, un rocher ; ailleurs, c'est un lac, une rivière, la mer, la lune, la voûte céleste. La nature déjà si vivante de l'Afrique est dans la croyance des nègres douée d'une vitalité encore plus puissante ; et au monde des esprits des choses vient encore s'ajouter la foule innombrable des esprits des morts.

» Le culte et la terreur des mânes règnent en maîtres sur les noirs africains. Mais ces mânes, redoutables aux vivants, peuvent et doivent être apaisées et gagnées par des sacrifices. Elles ont d'ailleurs conservé les goûts et les besoins de ce monde, et la vie future semble calquée pour les nègres sur la vie terrestre. Les morts boivent, mangent, ont des jouissances comme les vivants ; aussi leur offre-t-on de la nourriture, des liqueurs, des armes et des meubles, et comme il leur faut des serviteurs et des femmes dans l'autre monde, s'ils ont été chefs et rois dans celui-ci, on égorge une foule de malheureux dont les mânes sont chargées d'accompagner l'âme du défunt. Telle est l'origine de ces massacres effroyables qui ont lieu en Guinée, au Dahomey ou chez les Achantis, et qui sont connus sous le nom de *Grandes coutumes*[1].

» La légèreté, la paresse, la superstition du nègre sont à coup sûr les causes de l'arrêt subi par lui dans l'évolution sociale. De l'état purement sauvage de chasseur, il s'est élevé à un état agricole et pastoral combiné qui est resté assez

---

[1.] Voy. le chapitre de la Guinée septentrionale.

primitif. Il a également su découvrir la métallurgie du fer, fait probablement dû à l'abondance et à la richesse des minerais ferrugineux d'Afrique; mais ses procédés sont demeurés barbares, et quelle que soit l'habileté des forgerons noirs, leur art n'a jamais pu prendre l'extension ni l'importance d'une industrie capable de devenir une cause de rapprochement avec le reste de l'humanité. Il en est de même pour tout ce que sait fabriquer le nègre; ses aptitudes industrielles ne dépassent point le degré nécessaire à la satisfaction de ses besoins peu compliqués et simplifiés encore par le climat et la nature de son pays. Tout ce que l'Afrique peut offrir du fait de ses indigènes consiste en productions naturelles, en matières premières : ivoire, poudre d'or, peaux, épices, graines oléagineuses, etc., toutes choses qu'on n'a eu que la peine de prendre ou de recueillir, et rien de ce qui demande un certain art dans la fabrication.

» C'est pourquoi le nègre est en général si peu fait pour la liberté. Nous condamnons certes de toute notre énergie l'ignoble commerce de chair humaine que les peuples dits civilisés ont fait en Afrique. Rien n'excuse la traite à l'époque moderne de la part des Européens, et c'est même un devoir pour ceux-ci de mettre un terme au trafic abominable des Egyptiens et des Arabes, qui enlèvent encore de malheureux noirs à leur patrie pour approvisionner les marchés de l'Orient. Mais il est impossible de se dissimuler aussi que la plupart des nègres, dans leur propre pays, se laissent soumettre à une tyrannie, à un esclavage, d'une rigueur et d'un poids excessifs. Un grand nombre de peuples noirs possèdent des esclaves, qu'ils se procurent soit par la guerre, soit par l'application d'un code pénal rédigé *ad hoc*. Il faut bien le dire, les peuples qui ont des esclaves en Afrique font preuve par là d'un sentiment relatif d'humanité, car ceux qui n'en font point, ou exterminent sans pitié leurs ennemis sans respect pour le sexe et pour l'âge, ou réservent les prisonniers qu'ils font pour leurs festins de cannibales.

» ..... Les villages nègres consistent dans la réunion de plusieurs groupes d'habitations englobés dans une enceinte tracée par un mur de terre ou une haie. Les fontaines sont à l'extérieur, ainsi que les cimetières, toujours placés dans des sites ombragés et frais. La case du nègre a la forme cylindro-conique d'une ruche. Le toit pointu est de bambous, de roseaux, de chaume ou de feuilles de palmier. Les murs se composent tantôt de pieux de bois plantés les uns près des autres, tantôt de deux rangées concentriques de pieux dont l'intervalle est rempli de terre, parfois d'argile battue et rarement de pierres, comme chez les Mandingues. Le tout n'a pas plus de 10 pieds de diamètre. La porte n'est pas au ras de terre, pour empêcher les reptiles et les insectes de pénétrer dans la maison, et elle est si basse que l'on ne s'y glisse qu'en rampant. La nuit, on la ferme de l'intérieur avec un battant en vannerie. Si petite que soit la case et si étouffée qu'elle soit aussi, car elle manque de fenêtre et de cheminée, on y fait la cuisine, et on y entretient du feu presque sans cesse. Dès qu'une famille est un peu nombreuse, une pareille habitation devient bien vite insuffisante; aussi en voit-on généralement plusieurs réunies en groupe, le tout clos d'une haie, avec une case servant de grenier à grain au milieu.

» Le mobilier est tout à fait rudimentaire; des nattes et des peaux pour se coucher, des tabourets de bois pour poser la tête en dormant, quelques sacs et quelques corbeilles, des plats de bois, des calebasses, des pots de terre mal cuits et quelquefois une marmite de fer. Devant la case se dresse le moulin à bras, tantôt en pierre, tantôt en bois dur.

» Les armes primitives des noirs furent l'arc et les flèches, celles-ci parfois empoisonnées, la sagaie ou lance de fer et la massue. Leurs forgerons, qui jouissent, dans la vallée du Haut-Nil notamment, d'une situation toute spéciale, et qui rappellent un peu celle des sorciers (ailleurs, ils passent pour des loups-garous), fabriquent aussi des couteaux et des coutelas de forme très bizarre : il en est de même des pointes de sagaie, dont les blessures deviennent atroces.

» Le vêtement du nègre pur est absolument nul. Il aime à aller tout nu, oint de graisse et frotté de terre ocreuse. La femme ne porte, et cela partout, qu'un petit tablier qui lui cache le milieu du corps. En revanche, la coiffure est des plus compliquées, et les récents voyageurs en Afrique nous ont rapporté des portraits de noirs dont la chevelure présente les aspects les plus variés et les plus étranges. Le cou, les poignets, les jambes sont chargés de bijoux en cauris, en verroteries, en fer et en cuivre. Les oreilles supportent d'énormes pendants, et souvent la lèvre inférieure est percée pour donner place à un ornement. Le tatouage, signe distinctif de chaque tribu est obtenu par des brûlures qui laissent des nomenclatures pâles régulièrement disposées sur le corps, ou par des incisions dont l'effet est de produire en se cicatrisant des boursoufflures de la peau. C'est enfin une coutume très répandue que celle de s'aiguiser les dents en pointe, ou tout au moins de transformer les incisives en canines.

» Les nègres mangent toute espèce de viandes; ils n'ont de répugnance pour aucune espèce d'animal. Toutefois, ce n'est qu'aux grandes fêtes qu'ils tuent des bœufs, et ils évitent d'abattre les vaches. Un missionnaire fut appelé *la hyène* par les noirs du Nil-Blanc pour avoir fait tuer une génisse. Ils aiment beaucoup le lait, mais leurs vaches leur en donnent peu. Les aliments crus ne sont pas de leur goût; mais tout en faisant rôtir ou bouillir la viande, ils la dévorent à peine cuite. La farine de maïs, de douro, de millet et d'autres graines entre pour beaucoup dans leur alimentation. Ils boivent du vin de palme ou de la bière de grains jusqu'à s'enivrer. Le tabac a aussi pour eux des charmes puissants. Ils ne font qu'un repas, deux au plus par jour, mais assez copieux. » GIRARD DE RIALLE,
*Les peuples de l'Afrique et de l'Amérique*, chap. III.
(Paris, in-18, 1880. Germer-Baillière.)

### Les foires et les marchés, l'organisation commerciale chez les peuples africains.

« Les Africains de diverses nationalités paraissent nés pour le commerce. Les Egyptiens, les Magrebins, les Bedjas, les Abyssiniens, les Nigritiens, réunissent tous la ruse, la persuasion et la ténacité, qualités indispensables pour acquérir l'intelligence des affaires. Le Fellah connaît aussi bien que le Djaali la valeur de l'argent, et le marchand de babouches marocain sait aussi bien éprouver les monnaies européennes que le Souahéli du Zanzibar éprouve les guinées, les roupies et les tomans. Dans beaucoup de pays de l'Afrique, il n'y a point de monnaies, et l'on se sert pour trafiquer d'objets offerts en troc et souvent sans valeur. Mais tous, le Pullo comme le Kanori, le Fiodt, comme le Funjé, le Monyamezi comme le Zoulou, ont l'intelligence de ces sortes d'échanges. Ils sont tous âpres à la possession, escrocs et avides de bénéfices. L'Africain aime à marchander : il se sert de toute son éloquence, il prodigue son temps et ses paroles lorsqu'il s'agit d'engager, de continuer ou de terminer une transaction commerciale. D'ordinaire, les Africains ne commercent qu'en détail; mais il y a aussi parmi eux des marchands en gros, dont le commerce est très étendu et la fortune royale ; on les trouve surtout dans les pays dont les produits, très recherchés sur tous les marchés de l'univers, sont l'or, l'ivoire, l'huile de palmier, la gomme arabique, les plumes d'autruche, les peaux, etc. Dans bien des pays, les chefs sont les premiers et même quelquefois les seuls négociants de la tribu; ils monopolisent complètement certains articles de commerce. Chez d'autres peuples, les marchands forment une classe particulière, dans d'autres tribus encore, tout le monde s'occupe de commerce à son gré. Il n'y a pas à cet égard de règles fixes. Dans certaines localités, on procède avec ordre, dans d'autres, tout est confusion.

» ..... Il y avait dans l'Egypte ancienne de grandes foires annuelles, comme on en voit encore aujourd'hui. D'autres pays de l'Afrique ont aussi leurs marchés et leurs foires. On y remarque la plus grande animation et l'on y trouve tous les articles possibles. Nous avons vu à la foire de mai de Hellet-Idris, principale résidence des Funjés près de la montagne de Gule[1], des minerais de fer, de la poudre d'or, des

---

1. La montagne de Guli ou Gulé, dans le Sennaar, est l'un des principaux centres des Bedjas-Funjés.

parures d'or et d'argent, des anneaux en ivoire, des défenses d'éléphant entières ou en fragments, des défenses d'hippopotame, des morceaux de peau d'éléphant pour servir de boucliers, des morceaux de peau d'hippopotame pour faire des cravaches, des cornes de rhinocéros, de la civette, du musc, de la valériane celtique, du bois de sandal, de l'huile de géranium, du poivre indien et abyssinien, du sel minéral, du café, du carmin, des clous de girofle, des noix muscades, du macis, de l'ingwer, des plantes médicinales (telles que le cousso, la mousse d'Islande, etc.), des plumes d'autruche et de marabout, des substances tinctoriales, telles que l'indigo, la garance, le curcuma, le carthame, le fernambouc, etc.; des bois, tels que le bois d'ébène, l'acacia mellifera, les bambous, des peaux de bœufs abyssiniens tannées en rouge, des cotons d'Amérique, des tobés, des indiennes, des mouchoirs, des colliers de diverses sortes (verre, ébène, résine), des nattes, des paniers, des tabatières renfermant du tabac à priser ou du fard pour les paupières, des miroirs encadrés de papier ou de carton de diverses couleurs, des ouvrages en cuir, des armes, des crochets, des pinces pour épiler les cheveux, etc., du durrah, du dochn, du sésame, de la cire, du miel, du sucre brut, des bestiaux, des montures, des animaux vivants (singes, chats, porcs-épics, hérissons, perroquets).

» Une grande partie de la vie nationale africaine se concentre dans les marchés et dans les foires. Les entreprises commerciales satisfont le désir de voyager, le besoin de changement chez les habitants du continent africain. On voit des négociants Nigritiens, parcourant de vastes étendues pour faire un médiocre commerce, acquérir de nouveaux articles dans le but de les revendre. Les Berbères et les Nigritiens mahométans profitent du *hadj*, c'est-à-dire du pèlerinage à la Mecque, pour faire des spéculations commerciales; le Coran ne le leur défend pas. En première ligne, on voit les Djaalins qui vendent non seulement les objets de la petite industrie mais aussi les drogues et les médicaments.

» ..... Beaucoup de marchés de la Guinée sont richement pourvus : tels sont ceux de Coumassie, Agbomé, Whyda,

Bonny. D'après Kœler, les Bonnys du delta du Niger sont une nation éminemment marchande, à qui le commerce seul permet de subsister sur leur côte aride. Ils servent de marchands expéditeurs aux blancs dont ils transportent les marchandises avec un grand profit à l'intérieur, d'où ils tirent du maïs et des ignames. Bien que la condition matérielle de leur pays les ait forcés de chercher, dans le commerce, leurs moyens de subsistance, on peut dire qu'ils sont parfaitement pliés à cette nécessité qui leur est devenue une douce habitude pratiquée avec amour. Le commerce a éveillé en eux le goût de la spéculation, grâce à laquelle ils sont devenus vifs, actifs et plus doux de mœurs que les tribus voisines. Ils ont appris aussi de cette manière la ruse et la dissimulation qui leur sont si utiles dans leurs rapports avec les blancs, et ils se sont accoutumés au mensonge et à la tromperie. Entre eux, ils trafiquent sans cesse, et le couteau ou le mouchoir qui appartient aujourd'hui à l'un sera demain entre les mains d'un autre qui cherchera à en tirer parti...

» Un commerce tout particulier se développe dans les pays de la côte occidentale ou des bords des fleuves d'où l'on exporte l'huile de palmier. Les marchands européens qui achètent ce corps gras demeurent sur les hulks ou bateaux à huile, navires dégréés de construction européenne qui servent à la fois de marchés et de magasins. Ces factoreries mouvantes sont ordinairement disposées avec quelque confort et préférées aux habitations marécageuses et malsaines de la terre. On comprendra facilement que là se trouvent mille articles de trafic pour les noirs.

« Au sud de l'Afrique, ceux qui voyagent pour le commerce se servent d'immenses chariots à quatre roues qui sont des magasins roulants d'où ils font leur trafic avec les Hottentots, les Cafres et les Betchuans. A l'est du Soudan, les Berabras louent leurs services aux marchands qu'ils accompagnent armés. Ce sont les intelligents intermédiaires avec l'aide desquels l'Egypte a conquis soit pacifiquement, soit par la force, une immense étendue de pays au centre de l'Afrique.

» Dans le nord de l'Afrique, jusqu'au 10e degré de latitude

nord, on fait le commerce par les caravanes et les chameaux. Dans le Soudan oriental, les scheiks des chameaux, c'est-à-dire les chefs des tribus qui élèvent les chameaux, ne conduisent pas volontiers leurs bêtes vers le sud au delà du 13° degré de latitude nord pendant la saison des pluies qui correspond à notre été et où ces bêtes de somme sont exposées aux taons, aux tiques, à l'humidité et à une nourriture malsaine. Sur la côte orientale, on élève le chameau jusqu'au delà de l'équateur, vers les fleuves d'Odzi et de Duna. Dans ces pays, le commerce des caravanes est parfaitement réglé. La direction, la discipline, les impôts, etc., sont soumis à un contrôle sévère, soit par les marchands eux-mêmes, soit par les autorités des pays parcourus par ces expéditions commerciales.

» Au sud de l'Afrique, on se sert, pour le transport, de chariots traînés par un grand nombre de bœufs vigoureux. Dans les autres pays de l'Afrique, on emploie des hommes, appelés à l'est *Pagazi*. On les recrute dans diverses tribus. Ils portent leurs fardeaux sur la tête, et leur charge ordinaire est de 50 livres. Pour protéger ces caravanes, on engage, dans le Soudan oriental et à l'est de l'Afrique, des soldats appelés *asaker* (singulier *askeri*) ou *faruch* (singulier *farcha*). Les tribus les plus propres à ce métier sont les *Berabras*, les *Denkas*, les *Bongos*, les *Niam-Niams* et même les *Beloutchis* indiens.

» Les factoreries des marchands sont, à l'intérieur, entourées de haies et de palissades. On les appelle *Zeriba* dans les pays du Nil. De 1845 à 1868 il s'est établi un commerce infâme dans les Zeribas du Nil Blanc et du fleuve des Gazelles. Son siège principal était Khartoum. Des marchands Européens, Turcs, Arabes, Coptes et Nubiens envoyaient leurs barques remplies d'hommes armés pour voler de l'ivoire et des esclaves qu'ils échangeaient dans d'autres tribus ou même dans les tribus dépouillées par eux. De vastes étendues de pays furent ravagées pour plusieurs générations par le pillage, l'incendie et le meurtre. Diverses maisons européennes participaient à ces actes honteux. Les bandits commettaient des cruautés auxquelles les noirs répondaient par de sanglantes représailles. Ces atrocités attirèrent enfin l'attention des autorités égyptiennes : bien qu'elles n'aient pas entièrement disparu aujourd'hui, elles ont diminué parce qu'un grand nombre des coupables, les *Ghattas*, les *Abdes-Sammat*, les *Bisellis* et d'autres sont morts de la fièvre, ont été massacrés et dévorés par les cannibales Nigritiens, ou bien enchaînés par les Egyptiens.

» M. Magyar nous donne les détails les plus intéressants sur le commerce des caravanes dans les pays d'Angola et de Benguela. « Parmi les grandes caravanes qui arrivent sur
» les côtes, dit notre voyageur, par divers chemins de l'inté-
» rieur, se distingue celle de Bihé, non seulement par son
» nombre et sa force connue, mais aussi par la valeur de ses
» marchandises qui sont l'ivoire, les cornes de rhinocéros, la
» cire. Cette caravane vient ordinairement deux fois par an
» à Benguela où elle échange ses produits contre ceux de
» l'Europe. Elle consiste en 3000 hommes dont la moitié
» sont armés ; comme il n'y a pas là de bêtes de somme,
» toutes les marchandises, même dans les contrées les plus
» éloignées, sont transportées par les hommes. L'avant-
» garde de la caravane arrive ordinairement deux ou trois
» jours à l'avance, pour annoncer aux marchands la venue
» de l'expédition. Alors on se prépare à recevoir les hôtes,
» et l'on rassemble les vivres nécessaires et les articles
» d'échange. La caravane vient par petites troupes plus ou
» moins nombreuses ; les divisions se rendent avec leurs
» marchandises chez leurs connaissances pour y prendre
» leurs quartiers. Ceux qui apportent des marchandises à
» vendre se parent d'habits neufs et passent les premiers
» jours à boire et à manger. Ensuite commence le trafic,
» qui dure six jours ; enfin les marchandises troquées sont
» emballées et réparties entre les porteurs.

» On transporte à l'intérieur beaucoup de marchandises
» diverses ; et il faut beaucoup d'adresse et de routine pour
» les emballer et les répartir également, afin qu'elles ne
» souffrent pas d'un long voyage, et qu'elles ne soient pas

» endommagées par la pluie ni d'autres accidents. Si l'on
» charge trop les porteurs, on risque de les voir succomber
» sous leur fardeau qu'ils laissent dans le désert. Un porteur
» de Bihé a une charge de 64 livres, mais il porte en outre
» ses armes, sa nourriture, sa vaisselle et la natte qui lui sert
» de couche, de sorte que sa charge est de 90 à 95 livres [1]. »

» Une grande quantité de monnaies européennes, américaines et indo-britanniques circulent aujourd'hui dans le nord, le sud et sur les côtes de l'Afrique : plusieurs États mahométans frappent leur monnaie propre. En Abyssinie, l'écu de Marie-Thérèse n'a pas perdu sa valeur, et l'écu espagnol a cours dans le Soudan oriental. En Sennaar et dans la Nubie supérieure, on se sert, en guise de petite monnaie, de grains de durrah, de kauris, de fausses perles, de graines, de pièces d'étoffes et de fers de pioches. Il y a tant d'espèces de perles fausses que leur nomenclature remplirait les pages d'un livre. »            Robert HARTMANN,
(*Les peuples de l'Afrique*, page 135 et suiv.)

(1 vol. illustré, 1880. Paris, Germer-Baillière.)

### L'Afrique nécrologique

Il y a un peu plus d'un siècle que l'écossais James Bruce, de Kinnaird, ayant perdu sa femme, essaya de chercher des distractions à sa douleur dans un voyage à travers les régions jusque-là inconnues de l'Afrique septentrionale. Deux cent soixante-dix ans après Vasco de Gama et Cabral, on n'avait sur le continent africain que les notions fournies par les navigateurs portugais du seizième siècle; nulle découverte nouvelle n'avait été faite; les meilleures cartes de l'Afrique, celles de Guillaume Delisle et de Bourguignon d'Anville, chargées de noms sur le littoral, étaient presque vides à l'intérieur; dans quelques autres, comme celles qu'on imprimait au dix-huitième siècle à Amsterdam dans les éditions du *Discours sur l'histoire universelle* de Bossuet, on voit un Niger fantastique qui s'échappe du lac Tchad pour aller se

---

[1]. M. Magyar, *Voyages dans l'Afrique du sud* (1819-57). Pesth et Leipzig, 1859, t. 1er, p. 265.)

confondre avec l'estuaire du Sénégal; un Sahara bien arrosé par d'importants cours d'eau grossis d'innombrables affluents; des lacs non moins grandioses qu'imaginaires d'où sortent le Nil, le Zaïre et une quantité d'autres rivières sans nom, et qui, par une divination merveilleuse des cartographes de ce temps, supposent découvertes les sources de ces grands fleuves 150 ans avant Speke, Livingstone, Stanley et Cameron !

On n'avait pas alors d'autres guides ; et, quand on avait franchi la zone maritime, on entrait dans l'inconnu. James Bruce était fort riche et d'une intrépidité aventureuse : pendant trois ans, de 1769 à 1771, il parcourut, au milieu de périls de toute sorte, l'Abyssinie, la vallée du Bahr-el-Azrek, ou Nil Bleu, le Sennaar et la Nubie. La relation de ce long et curieux voyage fut publiée seulement en 1788. Les contemporains accueillirent avec enthousiasme ces récits attrayants, exposés sous une forme vive et chaleureuse, où des observations sagaces et des peintures d'une scrupuleuse exactitude se mêlaient à des hypothèses bizarres et à des narrations fabuleuses, trop souvent arrangées pour la satisfaction d'une vanité puérile.

Dans cette même année 1788, se formait à Londres sous le nom d'*African Association*, un club d'hommes riches et de savants, dans le but d'encourager les explorations de l'Afrique intérieure et de combattre l'esclavage dans son principal foyer. Elle rendit un service immense en donnant aux voyages ce qui leur avait manqué jusque-là, une direction scientifique. Elle suscita immédiatement deux voyageurs illustres, l'écossais *Mungo-Park* qui, le premier, dans deux expéditions successives (1795-1805), ouvrit la route du Soudan occidental et la vallée du Niger, et l'allemand *Hornemann*, dont les informations précieuses sur le Fezzan, publiées en 1799, révélèrent aux géographes et aux trafiquants la nature et l'importance de cette grande oasis tripolitaine.

Une ère nouvelle commençait pour les explorations africaines; la route du continent mystérieux ne devait plus être abandonnée : dévoiler tous les secrets de l'Afrique, la conquérir par la science et le commerce, et la faire entrer à son tour dans le monde civilisé, telle sera une des plus bienfaisantes missions du siècle où nous sommes. Ce riche pays, depuis quatre-vingts ans, attire à lui sans trêve les efforts des économistes, des savants, des philanthropes, des missionnaires; la richesse, la science, l'humanité, la religion conspirent dans une même pensée féconde. Mais que de catastrophes depuis quatre-vingts ans! Que de cadavres ont jalonné le chemin! M. Henri Duveyrier, un des plus vaillants explorateurs du Sahara, et qui a étudié cette inhospitalière contrée ailleurs que dans les livres, a dressé en 1874, pour la Société de géographie de Paris, une carte de l'Afrique *nécrologique*. Jetez les yeux sur ce document funèbre : tous les points noirs, toutes les croix dont il est marqueté, désignent les lieux où sont tombés les voyageurs, victimes de la fatigue, de la fièvre, de la peste, de l'insolation, des bêtes féroces, de la trahison des conducteurs, ou de la haine stupide de peuplades fanatisées. M. Duveyrier n'en compte pas moins de cent soixante; encore prend-il soin de nous avertir que la liste est incomplète. Elle s'arrête à l'année 1874; or jamais décade n'a fourni au redoutable continent un tribut de victimes plus effrayant que celle qui vient de finir; jamais non plus les explorateurs n'ont été plus nombreux, mieux disciplinés, mieux armés et plus résolus.

Tant de héros n'ont pas du moins lutté et succombé en vain. Que l'on compare les cartes d'aujourd'hui à celles de l'âge précédent, on pourra juger des progrès accomplis. Des régions fermées naguère sont accessibles; des noms longtemps livrés aux conjectures des savants et à la capricieuse orthographe de tout le monde, sont aujourd'hui topographiquement et grammaticalement fixés; des villes dont on soupçonnait vaguement l'existence, d'autres qu'on ignorait, trafiquent avec l'Europe, et sont devenues des marchés internationaux et d'excellents débouchés. Les marchands ont suivi les explorateurs; le commerce, comme il arrive d'ordinaire, a partagé les bénéfices de la science, et la géographie économique a posé à son tour ses itinéraires, ses voies de communication, ses chiffres, dans ce cadre immense où jadis s'exerçaient l'imagination et la rêverie.

Il serait trop long de faire ici l'exposé, même sommaire, des explorations africaines. On trouvera à leur place, au cours de ces *Lectures*, l'analyse des plus fameuses, avec des détails et des extraits originaux qui les feront connaître. Nous nous contenterons de citer, d'après M. Duveyrier, la liste des noms des voyageurs et des savants qui sont morts sur la terre d'Afrique depuis 1800[1].

---

[1]. Nous abrégeons les notices biographiques fournies par l'éminent géographe, et nous complétons sa liste pour les années 1874-1884.

BASSIN DU NIL ET ÉTHIOPIE

**Burckhardt de Kirschgarten**, *Suisse*, né à Lausanne en 1785, envoyé par l'*Association africaine* anglaise, fit un premier voyage en Nubie en 1813; un second à Chendi et Souakin en 1814, et mourut de la dysenterie au Caire en 1817. — **Gruoc**, *Italien*, géographe de la mission Minutoli, releva les itinéraires d'Alexandrie à Siona; mourut au Caire du typhus en 1824. — **Sœltner**, *Allemand*, naturaliste, de la même mission, mourut de maladie ou tué en 1821, sur la frontière de la Tripolitaine. — **Liman**, *Allemand*, architecte, membre de la même mission, mourut de maladie à Alexandrie, en 1824. — **Hemprich**, *Allemand*, médecin envoyé par l'Académie des sciences de Berlin, attaché à la mission Minutoli, visita la Nubie, le Sahara oriental, la mer Rouge, mourut de maladie épidémique à Moucaw'a, en 1825. — **Brocchi**, *Italien*, géologue, explora le Soudan égyptien, le Sennaar et le Kordofan, pour y étudier les mines; mourut de maladie à Khartoum, en 1832. — **Baumgœrtner**, *Suisse*, officier de l'armée égyptienne, musulman, connu chez les musulmans sous le nom d'Ahmed Qapitân, chargé du commandement des barques envoyées par Mohammed Ali pour remonter le Fleuve-Blanc, mourut de maladie en amont de Khartoum en 1838. — **Lefèvre**, *Français*, ingénieur des mines, chargé par le khédive d'étudier les mines de Fazoglo, mort pendant une épidémie à Mohammed-Ali-Polis (Fazoglo), en 1839. — **Werne** (Joseph), *Allemand*, médecin en chef du Soudan égyptien, voyagea par eau de Khartoum à Damer, et le long de l'Athara; mourut de la fièvre, à Khartoum, en 1841. — **Petit** (Antoine), *Français*, médecin, membre de la mission Lefèvre, pénétra en Abyssinie, à Adoua, à Angola, et chez les Ourouma, se noya dans la rivière Abbaï, en 1841. — **Quartin-Dillon**, *Français*, médecin et botaniste, attaché à la mission Lefèvre, mourut de la fièvre dans le Chiré, en 1841. — **Schœfner** (Jules), *Français*, sous-officier d'artillerie, membre de la mission Lefèvre, mort de la dyssenterie en 1841, à Addi-Hallala. — **Rouget** (Jules), *Français*, naturaliste, voyageur en Ethiopie, mort de dysenterie à Addi-Hallala, en 1841. — **Ryllo**, *Polonais*, missionnaire catholique, mort de maladie, à Khartoum, en 1848. — **Vierthaler** (D$^r$), *Allemand*, explorateur du Fleuve-Bleu, mort de la fièvre, à Khartoum, en 1852. — **Reitz** (D$^r$), *Autrichien*, consul, explorateur de l'Abyssinie, en compagnie de Brehm, puis de Heuglin, mort de la fièvre, à Doka, en 1853. — **Vaudey** (Alexandre), *Savoisien*, consul de Sardaigne à Khartoum, explorateur du Bahr-el-Abiad et du pays des Bari, assassiné, à Gondokoro, par les indigènes, en 1854. — **Vinco**, *Austro-Italien*, missionnaire catholique, évangélisa les Bari et mourut de maladie, à Khartoum, en 1855. — **Dovyak**, *Autrichien*, missionnaire catholique, mourut, à Gondokoro, en 1855. — **Vayssière**, *Français*, voyageur et chasseur, explora l'Ethiopie, le Soudan égyptien, le Haut-Nil; mourut de maladie en 1855. — **Mosgan**, *Autrichien*, missionnaire catholique, fonda la station de Santa-Croce sur le Bahr-el-Abiad, et y mourut de maladie en 1856. — **Brun-Rollet** (Antoine), *Français*, appelé par les musulmans Ya' Quoùb, consul général de Sardaigne à Khartoum, explorateur du bassin supérieur du Nil, mort de maladie, à Khartoum, en 1857. — **Von Neimans**, *Bavarois*, voyageur sur le littoral de la mer Rouge, mort du tétanos, au Caire, en 1858. — **Oliboni**, *Italien*, professeur, accompagna le missionnaire Beltram à Santa-Croce en 1858. — **De Jacobis**, *Italien*, missionnaire apostolique, fonda une mission à Halaï (Ethiopie); il mourut de maladie près de Mouçawa, en 1860. — **De Malzac**, *Français* naturalisé Autrichien, voyageur du Haut-Nil, mort de maladie, à Khartoum, en 1860. — **Von Barnim**, *Allemand*, pénétra sur le Nil-Bleu, dans le Senâr et le Fazoglo, et mourut de la fièvre cérébrale en 1860. — **Lafargue**, *Français*, vétérinaire, voyagea dans le pays du haut Nil-Blanc; mort de la fièvre, à Berber, en 1860. — **Wilke**, *Allemand Prussien*, chasseur, mourut de maladie, dans l'île des Tchir (Nil Blanc), en 1861. — **Peney** (D<sup>r</sup>), *Français*, médecin en chef du Soudan égyptien, mort de maladie, à Gondokoro, en 1861. — **Von Harnier**, *Allemand*, remonta les deux Nils, et mourut à Santa-Croce, tué par un buffle, en 1861. — **Bilharz** (D<sup>r</sup>), *Allemand*, médecin, explora le Samhara et les montagnes de Bogos, et mourut de la fièvre au Caire, en 1862. — **Steudner** (D<sup>r</sup>), *Autrichien*, botaniste, membre de l'expédition de Heuglin, explora l'Abyssinie, le Soudan, le Bahr-el-Ghazal, il mourut de la fièvre à l'île des Rêq, en 1863. — **Tinne** (M<sup>me</sup>), *Hollandaise*, explora le Nil-Blanc, le Sobat, Gondokoro, etc., et mourut de maladie à la Zeriba-Biselli, en 1863. — **Schubert**, *Allemand*, aide-naturaliste de la mission de Heuglin, en Éthiopie, mort de la dysenterie dans les montagnes de Kozanga, en 1863. — **Van Capellen** (baronne), *Hollandaise*, sœur de M<sup>me</sup> Tinne, qu'elle accompagnait, morte d'épuisement à Khartoum, en 1864. — **De Pruyssenaere**, *Hollandais*, géographe, explorateur du Sennaar, mort de maladie en 1864. — **Le Saint**, *Français*, lieutenant d'infanterie, remonta le Fleuve-Blanc, etc., mourut de maladie à Ab-Kouka, en 1868. — **Dufton**, *Anglais*, attaché à la mission française de Guillaume Lejean, en Ethiopie, mort assassiné par les Choho, nomades musulmans, en 1868. — **Ori** (D<sup>r</sup>), *Italien*, médecin en chef du Soudan égyptien, mort de maladie sur le Nil-Bleu, à Abou-Haraz, en 1869. — **Thibaut**, *Français*, négociant, deux fois explorateur du Fleuve-Blanc, mort de maladie à Khartoum, en 1869. — **Miani**, *Italien*, explorateur du Fleuve-Blanc et du pays des Monbouttous, mort de fatigue en 1872. — **Poncet** (Ambroise), *Français*, négociant et voyageur au Soudan égyptien, avec son frère Jules, mourut en 1868, à Alexandrie, des suites de ses explorations. — **Munzinger** (Werner), *Suisse*, voyageur en Nubie et Abyssinie, et consul français à Massaoua, fut tué en 1875 dans une expédition contre le chef abyssin du Tigré. — **Haggenmacher** (Gustave), *Suisse*, négociant et voyageur chez les Comâli, compagnon de Munzinger, mourut d'épuisement après l'expédition du Choa en 1875. — **Linant de Bellefonds** (Ernest), fut tué en 1875 dans une expédition sur le Haut Nil contre le roi d'Ouganda, M'tésa. — Son frère, Ernest **Linant**, mourut en 1874 à Gondokoro. — **Verme** (le comte Ferdinand de), *Italien*, ingénieur des mines, mort à Bagamoyo de la fièvre contractée sur le fleuve Pangani, en 1875. — **De Compiègne**, *Français*, explorateur de la Floride, de l'Ogooué, et secrétaire général de la Société de géographie du Caire, a été tué dans un duel, au Caire, en 1877. — **Lucereau**, *Français*, se proposait de traverser le pays des Gallas; il fut assassiné à Ouarabelly en 1880. — **Gessi**, *Italien*, explorateur du Bahr-el-Ghasal, mourut de fatigues et de la pierre en 1880. — **Giuletti**, *Italien*, chef de l'expédition à la côte occidentale de la mer Rouge, fut égorgé avec tous ses compagnons par les Gallas (1881). — **Antinori**, *Italien*, explorateur du pays des Gallas, mort, des suites d'une blessure, dans le Choa (1881). — **Piaggia**, *Italien*, explorateur du Haut-Nil et de la région des Niam-Niams, mort en 1881. — **Arnoux**, *Français*, chef de l'expédition franco-éthiopienne, assassiné par les Donakils, près d'Obok, en 1881.

## TRIPOLITAINE

**Laval** (Dr), *Français*, médecin-major, explorateur de la Cyrénaïque, mort de la peste à Merdj, en 1877.

## ALGÉRIE

**Couturier**, *Français*, mort de maladie à Berizina, en 1866. — **Geslin**, *Français*, naturaliste, dans le Sahara algérien, mort de dysenterie à Laghouat, en 1856. — **Le Tourneur de la Ferrandière**, *Français*, botaniste et zoologiste, mort à Bougie en 1861. — **Vialla**, *Français*, capitaine d'état-major, collaborateur du capitaine Perrier dans la géodésie de l'Algérie, mort d'une insolation en 1865. — **Bondivenne**, *Français*, capitaine d'état-major, attaché à la mission du capitaine Perrier, mort d'une fièvre cérébrale en 1863. — **Lehaut**, *Français*, sous-lieutenant de spahis, chargé de la direction des forages artésiens, mort de maladie en 1869, à Oughlana.

## MAROC

**Roentgen**, *Allemand*, médecin, essaie d'arriver à Timbouktou par le Maroc, meurt assassiné par ses guides en 1809, près de Mogador. — **Schousboe**, *Danois*, consul à Tanger, explorateur des régions intérieures, mort de maladie à Tanger, en 1832.

## SAHARA

**Ritchie**, *Anglais*, médecin, appelé par les musulmans Yousouf, explorateur de Mourzouk et du Fezzan, mourut de la fièvre à Mourzouk, en 1819. — **Laing** (Alexandre-Gordon), *Anglais*, commandant d'infanterie, dans un premier voyage, partit de Sierra-Leone, visita Falaba, et vit de loin la colline Loma, source principale du Niger; dans un second, partit de Tripoli, et par Ghadamès, atteignit Timbouktou; il fut tué au retour par son guide, en 1826, entre Timbouktou et Araouan. — **Davidson** (Jean), *Anglais*, médecin, essaya d'atteindre Timbouktou par le Sahara marocain, et fut tué à Souékéya, par des cavaliers Aarib, en 1836. — **Macguin**, *Anglais*, caporal du génie, attaché à la mission d'Edouard Vogel, périt dans le désert, assassiné par les Touareg Kel-Owi, en 1857. — **Tinne** (Alexine), *Hollandaise*, fit avec sa mère plusieurs voyages sur le Haut-Nil, et, seule, entreprit l'exploration du lac Tsad: elle fut tuée par des Touareg et des Arabes qui voulaient piller ses bagages (1869). — **Dournaux-Dupéré** (Norbert), *Français*, ancien commis de la marine, fut assassiné entre Ghadamès et Rhat, en 1874. — **Bary** (Dr Edwin), *Allemand*, explorateur du Tasili des Hoggar, mort à Rhat, en 1877. — **Flatters**, lieutenant-colonel, **Masson**, capitaine, **Guiard**, docteur, **Béranger**, **Santin**, **Roche**, ingénieurs, **de Dianous**, lieutenant, **Dennery** et **Pobéguin**, sous-officiers, *Français*, chargés d'étudier le projet de tracé d'un chemin de fer trans-saharien, furent massacrés près de la saline d'Amadghor par les Touareg et les Cha'amba, en 1881. — Les Pères **Richard**, **Morat** et **Pouplart**, *Français*, missionnaires, furent égorgés dans le Sahara, par les Touareg, en 1881.

## DARFOUR ET OUADAÏ

**Vogel** (Édouard), *Allemand*, naturaliste, chargé par le gouvernement anglais d'une mission d'exploration dans l'intérieur de l'Afrique, visita le Fezzan, le Bornou, le Mandara, le Ouadaï, et fut tué à Abéchr en 1856. — **Cuny** (D<sup>r</sup> Charles), *Français*, médecin de la province de Siout, explora le désert de Libye, l'oasis de Gab-el-Kebir, le Kordofan, et mourut de la fièvre, en 1858, à Tendelti. — **Von Beurmann**, *Allemand*, officier prussien, explora le pays entre Souakin et Khartoum, visita Kouka et le Kanem, jusqu'à sa capitale Ma'ou, qu'aucun voyageur européen n'avait vue avant lui. Il fut assassiné près de cette ville par ordre du sultan, en 1863.

## BORNOU ET BASSIN DU TSAD

**Oudney** (D<sup>r</sup>), *Anglais*, médecin et naturaliste, compagnon de Denham et Clapperton, alla de Mourzouk à Bilma, à Kouka, à Birni, etc., et mourut de phthisie à Marmar, près Katigoun, empire oriental des Foulbé, en 1824. — **Toole**, *Anglais*, lieutenant, accompagna Denham à Birni, et mourut de la fièvre à Ngâla, sur le lac Tsad, en 1824. — **Tyrwhit**, *Anglais*, consul, compagnon de Denham, visita Kouka et le lac Tsad, et mourut de la fièvre à Kouka, en 1824. — **Richardson** (Jacques), *Anglais*, agent de sociétés bibliques, alla seul, dans un premier voyage, à Mourzouk, Ghadamès et Rhât; dans un second, associé à Barth et Overweg, il traversa l'oasis d'Aïr, le Damergou, vint à Kouka, et mourut, à Ngouroùtoua (Bornou), d'épuisement et d'insolation, en 1851. — **Overweg**, *Allemand*, géologue et météorologiste, voyageant à ses frais avec Richardson et Barth, visita les pays Haoussa du nord, Kouka, explora en bateau le lac Tsâd et ses affluents du sud, le Kanem, le Mousgou, et mourut à Madouàri (lac Tsâd), à 34 ans, en 1852, d'un accès de fièvre pernicieuse. — **Mateucci**, *Italien*, docteur, traversa, avec M. Massari, l'Afrique depuis l'Egypte jusqu'au golfe de Guinée, et mourut de la fièvre au retour à Liverpool, en 1881. — Le P. **Deniaud**, le P. **Augier**, *Français*, missionnaires, furent assassinés par des nègres, à Bikari, au nord du Tanganyka, en 1881.

## BASSIN DU NIGER; CÔTE DE GUINÉE

**Hornemann**, *Allemand*, envoyé par l'*African Association*, alla du Caire à Sioua, à Mourzouk, au Bornou, et au Noùpé, sur le bas Niger, où il mourut de maladie à Bakkani, en 1801. — **Nicholls**, *Anglais*, envoyé par l'*African Association*, pour reconnaître l'embouchure du Niger, mourut de la fièvre, en 1805, sur la rivière du Vieux-Kalabar. — **Park** (Mungo), *Anglais*, docteur-médecin et botaniste, fit un premier voyage, en 1795, sur le Haut-Niger, au nom de l'*African Association*, et un second, en 1805, au nom du gouvernement anglais, sur le fleuve, depuis Bamakou jusqu'à Boùsa; cette exploration, la première tentée par un Européen sur le Niger, coûta à l'Angleterre 1 250 000 francs. Mungo-Park, attaqué par les soldats du roi de Yaouri, périt tué ou noyé dans le Niger, à Boùsa, en 1806. — **Scott** (Alexandre), *Anglais*, dessinateur, **Anderson**, *Anglais*, chirurgien ; **Martyn**, *Anglais*, lieutenant, compagnons de Mungo-Park, morts dans l'expédition. — **Belzoni**, *Italien*, archéologue, pénétra dans le royaume de Bénin, et mourut de la dysenterie, en 1823, à Agàto. — **Ma-Carthy** (sir Charles), *Anglais*, gouverneur de Sierra-Leone, tué en guerre par les Asanté, à *Essamakaou*, sur la rivière Prah, en 1824. — **Pearce**, *Anglais*, compagnon de Clapperton, mort de la fièvre, à Engwa, en 1825. — **Morrison**, *Anglais*, médecin, compagnon de Clapperton, mort de la fièvre, à Djanna, en 1825. — **Dickson**, *Anglais*, médecin, membre de la mission Clapperton, mort à Char, dans la province de Borgou, en 1826. — **Houtson**, *Anglais*, marchand, attaché à la même mission, mort à Akra, de maladie et de fatigue, en 1826. — **Clapperton** (Hugues), *Anglais*, capitaine de vaisseau, accompagna Oudney et Denham à Kouka, et vit le premier Sokoto. Dans une seconde mission, il revit Sokoto et y mourut de la fièvre en 1827. — Les Anglais, membres de la mission Lander, le capitaine **Harries**, les mécaniciens **Curling**, **Millar**, **Drakeford**, **Dunleary**, le capitaine **Miller**, le docteur **Briggs**, les capitaines **Mitchell** et **Hill**, moururent de la fièvre (1832-33). — **Lander** (Richard), *Anglais*, accompagna Clapperton dans un premier voyage à Boùsa, Kano, Sokoto. Dans un second, avec son frère Jean, il remonta le Niger depuis Badagry jusqu'au confluent du Nou ; dans un troisième, blessé par les indigènes, sur le Nou, il alla mourir à Clarence (Fernando-Po), en 1835. — **Bird-Allen**, *Anglais*, capitaine, membre de la mission dite du Niger, mort au retour en 1841, à Fernando-Po. — **Nightingale**, **Marshall**, **Collman**, **Woodhouse**, *Anglais*, chirurgiens ; **Stenhouse**, *Anglais*, lieutenant de marine ; **Vogel**, *Allemand*, botaniste, tous membres de la mission du Niger, moururent à Fernando-Po en 1841. — **Carr**, *Anglais*, chargé de diriger une ferme modèle, fut fusillé à Bassa, en 1841, par ordre du roi Boy. — **Beecroft**, *Anglais*, capitaine de marine et consul à Fernando-Po, remonta trois fois le Niger, et mourut, à Clarence, des suites du climat, en 1854. — **Schoenlein**, *Allemand*, botaniste, mort de la fièvre au cap Palmas, en 1855. — Les *Anglais* **Barter**, botaniste, **Dolbin** et **Atkinson**, lieutenants de marine, attachés à la mission du docteur Baikie sur le bas Niger, moururent de la fièvre ou noyés, le premier, en 1859, et les deux autres, en 1863. — **Gérard** (Jules), surnommé le tueur de lions, *Français*, chasseur et voyageur, muni des instructions de la Société géographique de Londres, périt noyé dans la rivière Yanga, sur la côte de Guinée, en 1864. — **Baikie**, *Anglais*, docteur-médecin, explorateur du Bénouè, du Niger et du Kano, mourut de fièvre pernicieuse à son retour à Sierra-Leone, en 1864. — **Lühder**, *Allemand*, zoologiste, explora le versant sud des monts Cameroun, et mourut de maladie à l'embouchure de la rivière du Diwalla, en 1873. — **Winwoode Reade**, *Anglais*, explorateur de la côte occidentale d'Afrique, entre le Gabon et le golfe de Guinée, reporter du journal le *Times* dans l'expédition contre les Ashantis, mourut à son retour en Angleterre, des fatigues de ses pénibles voyages, en 1875. — **Hœpfner** (Guillaume), *Allemand*, naturaliste, explora le Kouara, et mourut de la fièvre à Porto-Novo en 1878. — **Lecard**, *Français*, chargé d'une mission scientifique sur le Haut-Niger, succomba, à son retour, à une maladie contractée dans le voyage en 1880. — **Bonnat**, *Français*, explorateur de la côte de Guinée et surtout de la Côte-d'Or, y fit plusieurs voyages et de longs séjours, et succomba à Taquah, en 1881, victime du climat de cette région malsaine. — **D'Agoult** (vicomte), explorateur français du Niger, est mort, en 1881, à Brass-River.

### SÉNÉGAL, GAMBIE

**Peddie**, *Anglais*, commandant d'infanterie, chargé d'une mission sur la côte occidentale, mourut de la fièvre à Robaggo, sur le Rio-Nunez, en 1817. — **Cowdrey**, *Anglais*, chirurgien-major, astronome et naturaliste, adjoint à Peddie, mort de la fièvre à Saint-Louis, en 1815. — **M'Rae**, *Anglais*, lieutenant, mort de la fièvre durant le même voyage, en 1817. — **Campbell**, *Anglais*, capitaine d'infanterie, associé à la mission de Peddie, mort de la fièvre à Robaggo, en 1817. — **Kummer**, *Allemand*, naturaliste, mort de la fièvre pendant la même mission, à Kakandi, en 1817. — **Stokoe**, *Anglais*, lieutenant, mort de la fièvre pendant la même mission, à Sierra-Leone, en 1817. — **Picard**, *Anglais*, même mission, mort de la fièvre à Gondiri, en 1818. — **Burton**, *Anglais*, lieutenant, mort de la fièvre à Samba-Kontaï, près de Bakel, en 1818. — **Nelson**, *Anglais*, lieutenant, même mission, mort, en 1818, à Samba-Kontaï, de fièvre et dysenterie. — **Rouzée**, *Français*, orientaliste, interprète, explorateur du haut Sénégal, mort, en 1820, à Saint-Louis, des atteintes du climat et des fatigues. — **Bowdich**, *Anglais*, voyageur, accompagna James dans son ambassade à Koumassi, visita l'intérieur du Maroc, reconnut la Gambie, et mourut de maladie due au climat, sur la Gambie, en 1824. — **Grout de Beaufort**, *Français*, officier de marine, explora la Gambie, le Sénégal et ses affluents, et mourut de fièvre cérébrale, en 1825, à Bakel. — **Heudelot**, *Français*, botaniste, étudia la flore du Sénégal et de la Gambie; mort de maladie, à Bakel, en 1836. — **Duranton**, *Français*, voyageur, explora le haut Sénégal, et épousa la fille du roi du Khasso; il mourut de maladie, à Medina, en 1843. — **Peyre-Ferry**, *Français*, chirurgien de marine, attaché à la mission d'Anne Raffenel, explora le Sénégal, et mourut de la fièvre, à Bakel, en 1843. — **Huard-Bessinières**, *Français*, pharmacien de marine, membre de la même mission, mort de fatigue, à Saint-Louis, en 1844. — **Thompson**, *Anglais*, missionnaire protestant, mort de maladie, à Timbo, en 1845. — **Pascal**, *Français*, officier de marine, envoyé en mission dans le haut Sénégal, mourut de fièvre au retour, en 1860, à Mbiguem (Kayor). — **Alioun-Sal**, noir sénégalais, *Français*, sous-lieutenant de spahis, essaya, sans succès, d'atteindre Timbouktou, et mourut dans une campagne dans le Kayor. — **Pinet-Laprade**, *Français*, colonel du génie, après vingt ans de combats, d'administration et d'explorations en Afrique, mourut du choléra, en 1869, à Saint-Louis.

### AFRIQUE ORIENTALE ET ÉQUATORIALE

**Maizan**, *Français*, enseigne de vaisseau, projetant de traverser l'Afrique de l'est à l'ouest, atteignit Ndédjé, à trois journées de marche de Bagamoyo, et fut disséqué vivant par l'ordre d'un chef indigène, en 1845. — **Stroyan**, *Anglais*, lieutenant de marine, attaché à la mission Burton et Speke, fut tué par les Cômalis, à Berbera, en 1855. — **Roscher**, *Allemand*, visita, aux frais du roi de Bavière, l'intérieur de l'Afrique, pour vérifier l'exactitude de la carte de Ptolémée; mourut à Kisoungouni, sur le fleuve Loufidji, en 1860, assassiné traîtreusement par les indigènes. — **Thornton**, *Anglais*, géologue et topographe, attaché à l'expédition de Livingstone, releva la carte du Zambèze, accompagna le baron de Decken au Kilima-Ndjaro, puis explora le Pangani, et enfin le Chiré, où il mourut de fièvre et de dysenterie, à Tchibisa, en 1863. — **Koralli**, *Autrichien*, compagnon de Von der Decken, mort à Saint-Denis (Réunion), en 1863, de fièvre et dysenterie contractées pendant le voyage. — **Hitzmann**, *Allemand*, mécanicien, membre de la mission Decken, mort dévoré par un requin, à la barre du Djouba, en 1865. — **Kanter**, *Autrichien*, ingénieur, compagnon de Decken, tué sur le Djouba par les Còmàlis, en 1865. — **Trenn**, *Allemand*, peintre, mort dans le même voyage, tué par un Còmàli, en 1865. — **Von der Decken**, *Allemand*, officier, organisa deux expéditions dans l'Afrique orientale; dans la première, il explora la côte entre la Rovouma et Malindi, et le massif du Kilima-Ndjaro; dans la seconde, il remonta le Djouba jusqu'à Bardèra, où il fut poignardé par surprise par les Còmàlis fanatiques. — **Linck**, *Allemand*, zoologiste, médecin aide-major, compagnon de Decken, tué à Bardèra, en 1865. — **Kinzelbach**, *Allemand*, naturaliste, géographe et mathématicien, attaché à la mission de Heuglin et Munzinger, fut envoyé à la recherche de von der Decken, et mourut, en janvier 1868, à Sigala, pays de Guélédi. — **Brenner**, *Allemand*, compagnon de Decken, mort à Zanzibar en 1874. — **New**, *Anglais*, voyageur et missionnaire, fit l'ascension du Kilima-Ndjaro, et mourut près de Mombaz, en 1875. — **Livingstone** (David), *Anglais*, docteur en médecine et en droit, missionnaire protestant, partit pour l'Afrique en 1840. Son premier grand voyage date de 1849, où il découvrit le lac N'gami. En 1851, il découvre le Zambèze; en 1852, il le remonte et le descend en grande partie, et fait la traversée de l'Afrique australe; en 1855, il explore de nouveau le Zambèze. En 1859, il remonte le Chiré, et découvre les lacs Chirwa, Pamalombé et Nyassa. En 1860, il continue ses explorations sur le Zambèze; en 1861, il reconnaît le cours inférieur du Rovouma; puis revient au Zambèze, au Chiré et au lac Nyassa (1862-64). Il rentre en Europe pour publier un livre sur le Zambèze. En 1866, il reprend ses voyages de découvertes par le fleuve Rovouma et le Haut-Chiré. De cette époque jusqu'en 1873, il découvrit les lacs Moero, Bangouëlo, Kamolondo, reliés par les rivières Louapoula et Loualaba, explora la rive orientale et septentrionale du Tanganyka avec Stanley, envoyé à sa recherche, découvrit le lac Liemba, explora de nouveau les lacs alimentaires du Zaïre, et mourut de fatigue, de fièvre et de dysenterie sur le plateau de Lobisa, à Mouilala, le 4 mai 1873. — **Livingstone** (Charles), *Anglais*, frère du précédent, et son compagnon de voyage sur le Zambèze, mourut, en 1873, sur le paquebot-poste de la côte occidentale d'Afrique. — **Moffat**, *Anglais*, colon à Natal, associé à la mission de Cameron et de Dillon, mourut d'épuisement près de Rehenneko (Afrique orientale), en 1873. — **Morton**, *Anglais*, explorateur du lac Victoria, se suicida à Saadàmi, en 1878. — **Maës** et **Crespel**, *Belges*, envoyés par l'Association internationale africaine, décédés à Zanzibar en 1878. — **Elton**, *Anglais*, capitaine, explorateur du lac Nyassa, mort d'insolation ou de faim, au nord du lac, en 1878. — **Smith** et **O'Neill**, *Anglais*, missionnaires anglicans, tués par les indigènes de l'île d'Oukerewé, au sud-est du lac Victoria, en 1877. — **Debaize**, abbé, *Français*, chef de l'expédition dans l'Afrique centrale, mort de la fièvre et d'une insolation à Oudjiji, en 1879. — **Carter** et **Cadenhead**, *Anglais*, officiers, membres d'une expédition belge de l'Association africaine, tués par une troupe de bandits à la solde du roi Mirambo, à Karema, en 1880. — **Keith Johnston**, *Anglais*, envoyé par la Société de géographie de Londres, mort de la dysenterie à Berobero (région du Nyassa), en 1880. — **Chiarini**, *Italien*, ingénieur, membre de l'expédition Cecchi, envoyée au lac de Nyassa, fut saisi comme espion par la reine de Cheva, état voisin du Choa, et périt dans les tortures, en 1880. — **Deleu**, *Belge*, officier, membre de l'expédition Ramackers, mort de la dysenterie, à Taborah, en 1881. — **Popelin**, *Belge*, capitaine, membre de l'Association internationale africaine, a succombé, en 1881, à Karema, à un accès de fièvre bilieuse et à une maladie du foie. — **Sacconi**, *Italien*, envoyé par la Société de géographie de Milan chez les Còmàlis, fut assassiné en 1883, dans la vallée du Wabi, au pays d'Ogaden.

### AFRIQUE ÉQUATORIALE (CÔTE OUEST)

**Tuckey**, *Anglais*, capitaine de vaisseau, chargé de remonter le Zaïre, mourut des atteintes du climat, aux Grands-Arbres, en 1814. — **Tudor**, *Anglais*, chirurgien; — **Cranch**, *Anglais*, naturaliste; — **Galwey**, *Anglais*, botaniste, attachés à la mission Tuckey, moururent de la fièvre en 1814. — **Smith**, *Norwégien*, botaniste, même mission, mourut de la fièvre à l'embouchure du Zaïre en 1814. — **Eyre**, *Anglais*, mort de la fièvre dans la même mission, en 1814. — **Tams**, *Allemand*, médecin, chargé d'une mission commerciale à Angola, mourut de la fièvre à Saint-Paul-de-Loanda, en 1842. — **Grossbender**, *Allemand*, entomologiste; **Wrede**, *Allemand*, botaniste, compagnons de Tams, moururent de la fièvre, en 1842, à Saint-Paul-de-Loanda. — **Neve**, *Anglais*, ingénieur, compagnon de Stanley sur le Congo, est mort à Issanglia, en 1881, des suites d'une fièvre pernicieuse. — **Barth-Harmating**, *Allemand*, géologue, explora, au nom du gouvernement portugais, l'Angola et le Zaïre, et au nom d'une société allemande, le Coanza, et mourut de la fièvre et de la dysenterie à Saint-Paul de Loanda, en 1876. — **Mohr**, *Allemand*, explora le Zaïre et le bassin du Coanza, et mourut à Malandjé, en 1876. — **Laurens**, *Français*, explora le Kounené, et fut assassiné par ses porteurs noirs en 1876.

### AFRIQUE AUSTRALE

**Cowan**, *Anglais*, explorateur du Limpopo, mourut, sur le fleuve, de fièvres intermittentes, en 1808, avec tous ses compagnons. — **Donovan**, *Anglais*, capitaine, mort dans la mission précédente. — **Kirkpatrick**, *Anglais*, officier de marine, explorateur du Zambèze, mort en 1826, sur ce fleuve, à Choupanga. — **Rider**, *Anglais*, peintre, mort de la fièvre, sur le lac N'gami, en 1849. — **Mahar**, *Anglais*, mort assassiné par les indigènes du lac N'gami, en 1852. — **Wahlberg**, *Suédois*, naturaliste, explorateur du Vaal, du pays des Amazoulous, du Tiogué, du lac N'gami, fut tué à la chasse par un éléphant, en 1856. — **Helmore** (M$^{me}$), *Anglaise*, épouse d'un missionnaire, accompagna son mari à la station de Linyanti, elle mourut de la fièvre en 1857. — **Plant**, *Anglais*, botaniste, voyageur à Natal, mort de maladie en 1858. — **Zeyher**, *Anglais*, botaniste, mort de maladie au Cap (1858). — **Livingstone** (M$^{me}$), *Anglaise*, épouse du célèbre voyageur, et fille du missionnaire protestant Moffat, fit avec son mari le voyage du lac N'gami, et le rejoignit en 1862 sur le Zambèze; elle mourut à Mazaro, de la fièvre, en 1802. — **Mackenzie**, *Anglais*, évêque protestant, chargé de fonder des missions, remonta le Chiré, et mourut de fièvre et de dysenterie en 1862. — **Burrup**, *Anglais*, missionnaire, compagnon de Mackenzie, mourut de dysenterie sur la rivière Magomero.

## 3° BIBLIOGRAPHIE

### TRAVAUX HISTORIQUES

Charton (Edouard). *Voyageurs anciens et modernes.* — (Paris, 4 vol. in-8°, 1853.)

Cherbonneau (A.). *Les géographes arabes au moyen âge.* — (Revue de géographie, février, mars, avril 1881.)

Desborough-Cooley. *Histoire générale des voyages*, traduite par Forgues et Joanne. — (Paris, 3 vol. in-8°.)

El-Bekri. *Description de l'Afrique septentrionale*, trad. de l'arabe en français, par M. de Slane. — (Paris, 1858.)

El-Edrisi. *La Géographie*, trad. de l'arabe en français, par Paul-Amédée Joubert. — (Paris, 1836.)

Estancelin (Louis). *Recherches sur les voyages et découvertes des navigateurs normands en Afrique.* — (Paris, 1823, in-8°.)

Gaffarel (P.). *Eudoxe de Cyzique et le périple de l'Afrique.* — (Paris, 1873, in-8°, Thorin.)

Gravier (G.). *Recherches sur les navigations européennes faites au moyen âge aux côtes occidentales d'Afrique.* — (Exploration, n°s 89, 90, 1878.)

Heeren (Arnold). *Idées sur les relations politiques et commerciales des anciens peuples de l'Afrique* (trad. de l'allemand, par Désaugiers, 1800. 2 vol. in-8°).

Ibn-Haucal. *Description de l'Afrique*, trad. de l'arabe en français, par M. Max Guckin de Slane. — (Paris, 1842.)

Ibn-Khaldoun. *Histoire des Berbères*, trad. en français, par M. de Slane. — (Paris, 1852-56.)

La Barre Duparcq (Ed. de). *L'Afrique depuis quatre siècles*, dépeinte au moyen de huit croquis successifs, avec un texte descriptif. — (Paris, 1873, in-4° et 8 cartes.)

Leyden et Murray. *Histoire complète des voyages et découvertes en Afrique, depuis les siècles les plus reculés jusqu'à nos jours*, trad. de l'anglais, par Cuvillier. — (Paris, 1821, 4 vol. in-8°, avec atlas.)

Leyden (D$^r$ John). *Tableau des découvertes et établissements des Européens dans le nord et dans l'ouest de l'Afrique jusqu'au commencement du dix-huitième siècle*, trad. de l'anglais, par Cuny. — (Paris, 1804, 2 vol. in-8°.)

Marcel (Gabriel). *Les premières navigations françaises à la côte d'Afrique.* — (Revue scientifique, 24 février 1883.)

Mas-Latrie (J.-Marie-J.). *Traités de paix et de commerce et documents divers concernant les relations des chrétiens avec les Arabes de l'Afrique septentrionale au moyen âge.* — (Paris, 1865, in-4°, 2° éd., 1873, in-4°.)

Robiou (F.). *Périples de l'Afrique dans l'antiquité.* — (Revue archéologique, 1861.)

Vivien de Saint-Martin. *Histoire de la géographie.* — (Paris, 1873, in-8°, avec atlas, Hachette.)

Walkenaer (baron Ch.). *Collection de relations de voyages par mer et par terre en différentes parties de l'Afrique, depuis 1400 jusqu'à nos jours.* — (Paris, 1826-31, 21 vol. in-8° parus.)

### TRAVAUX GÉOGRAPHIQUES

Bainier. *L'Afrique; géographie appliquée à la marine, au commerce, à l'agriculture, à l'industrie et à la statistique.* (Paris, 1878, gr. in-8° avec cartes, Eug. Belin.)

Banning (E.). *L'Afrique et la conférence géographique de Bruxelles.* — (Bruxelles, 1877, in-8° avec cartes.)

Berlioux (F.). *La traite orientale; histoire des chasses à l'homme organisées en Afrique.* (Paris, 1870, in-8°.)

Bizemont (de). *Les grandes entreprises géographiques depuis 1870 : Afrique.* — (Paris, 1870, in-8°, Challamel.)

# AFRIQUE (GÉOGRAPHIE GÉNÉRALE).

Cooper (Jos.). *Un continent perdu, ou l'esclavage de la traite en Afrique* (trad. de l'anglais). — (Paris, 1876, in-8°, Hachette.)

Duval (Jules). *Les colonies françaises.* — (Paris, 1860, in-8°. A. Bertrand.)

Gaffarel (Paul). *Les colonies françaises.* — (Paris, G. Baillière, 1880, in-8°.)

Gaffarel (Paul). *Les explorations françaises depuis 1870.* — (Paris, 1882, in-12, Degorce-Cadot.)

Gay. *Bibliographie des ouvrages relatifs à l'Afrique et à l'Arabie.* — (Paris, 1875, in-8°, Maisonneuve.)

Girard de Rialle. *Les peuples de l'Afrique et de l'Amérique.* — (Paris, 1881, in-32, G. Baillière.)

Grant. *A travers l'Afrique.* — (Paris, 1873, in-12, Dillet.) — (Trad. de l'anglais, par M$^{me}$ Rousseau.)

Guillon. *Les colonies françaises.* — (Paris, 1881, in-18, librairie des publications populaires.)

Halévy. *Lettre sur l'origine asiatique des peuples africains.* — (Paris, 1867, in-8°.)

Hartmann. *Les peuples de l'Afrique.* — (Paris, 1879. in-8°, G. Baillière.)

Hœkel (E.). *Histoire de la création des êtres organisés d'après les lois naturelles* (trad. française de Letourneau et Martins. — (Paris, 1874, Reinwald.)

Jackson (James). *Liste provisoire des bibliographies géographiques spéciales.* — (Paris, 1881, in-8°.)

Jedina (de). *Voyage de la frégate autrichienne Helgoland autour de l'Afrique* (trad. de M. Vallée). — (Paris, 1878, in-8°, Dreyfous.)

Maury (Alfred), *La Terre.* — (Paris, in-18, Hachette.)

Müller (Fr.). *Allgemeine Ethnographie.* — (Vienne, 1868.)

Rambosson. *Les colonies françaises.* — (Paris, 1877, 2° éd., in-8°, Delagrave.)

Ternaux-Compans (H.). *Bibliothèque asiatique et africaine des ouvrages relatifs à l'Asie et à l'Afrique, qui ont paru depuis la découverte de l'imprimerie jusqu'en 1700.* — (Paris, 1841-42, 2 parties in-8°.)

Vivien de Saint-Martin. *Le Nord de l'Afrique dans l'antiquité.* — (Paris, 1863, in-8°, imprimerie Impériale.) Cet ouvrage contient, dans les innombrables notes placées au bas des pages, les renseignements bibliographiques les plus complets sur tous les ouvrages de l'antiquité grecque et romaine qui ont traité de l'Afrique.)

Vivien de Saint-Martin. *Histoire des découvertes géographiques des nations européennes dans les diverses parties du monde.* — (Paris, 1845, et années suivantes.) — La 3° partie concernant l'Afrique a 10 volumes.

Vivien de Saint-Martin. *Dictionnaire de géographie universelle.* — (Paris, Hachette, en cours de publication.)

Waitz (Theodor). *Anthropologie der Naturvölker.* — (Leipzig, 6 vol. in-8°, 1860-77.)

---

Barth (D$^r$). *Sur les expéditions scientifiques en Afrique.* — (*Bulletin de la Société de géographie*, 1872, t. II.)

Behm, Niemann, Stein (de). *Almanach de Gotha*, années 1883 et 1884 (120° et 121° années). In-16. — (Gotha, Justus Perthes.)

Berlioux (E.-F.). *Les Atlantes, histoire de l'Atlantis et de l'Atlas primitif.* — (*Annuaire de la Faculté des lettres de Lyon*, 1$^{er}$ fascicule, 1883.)

Bizemont (vicomte de). *La France en Afrique.* — (*Correspondant* : 10 janvier, 25 février, 25 avril 1883.) — (1 vol. in-8°.)

Crozals (J. de). *Les races primitives de l'Afrique.* — (*Revue de géographie*, juin-août 1881.)

Faidherbe (général). *Les dolmens d'Afrique.* — (*Illustration*, 25 octobre 1873.)

Rivoyre (Denis de). *Les Anglais en Afrique.* — (*Correspondant* : février 1869.)

Strauch. *Le mouvement des explorations en Afrique en 1879.* — (*Revue géographique internationale*, 16 juin, 16 juillet 1880, 16 février 1881.)

Taché (Henri). *La traite des noirs et l'esclavage des Africains.* — (*Journal des Économistes*, août 1879.)

# PREMIÈRE PARTIE

# L'AFRIQUE AU NORD DE L'ÉQUATEUR

## LIVRE PREMIER

### EL-MAGHREB OU BERBÉRIE

(RÉGION DE L'ATLAS)

Les Arabes donnent le nom d'*El-Maghreb* (l'Occident) et les Européens celui de Berbérie, ou vulgairement et à tort, celui d'*Etats barbaresques* à la vaste contrée qui se développe, sur une étendue de plus de 4000 kilomètres, depuis le détroit de Gibraltar jusqu'aux frontières d'Egypte, en face de l'Espagne, de la France, de l'Italie, de la Sicile, de la Grèce. Le Maroc, l'Algérie, la Tunisie, Tripoli sont généralement considérés comme les états du Maghreb. Nous les étudierons dans cet ordre, en exceptant toutefois Tripoli, que l'Atlas ne traverse pas comme les trois autres, et qui par la forme et la nature de son sol, la disposition de ses oasis, semble continuer au nord la région du grand désert, et forme comme le débouché maritime du Sahara vers la Méditerranée.

« La terre de l'Atlas est située au débouché de la Méditerranée, en face
» de l'Europe occidentale, sur le prolongement direct de la côte égyptienne,
» à la tête de la ligne la plus courte qui conduit au Nouveau-Monde. Elle
» forme une sorte de continent à part, placé à la limite de l'Europe et de
» l'Afrique, et n'appartenant en réalité ni à l'un ni à l'autre de ces deux
» continents. C'est comme une île comprise entre la Méditerranée et le dé-
» sert, entre la mer des Syrtes et l'Océan, et qui présente un immense qua-
» drilatère. Les quatre angles de cette terre sont marqués par des noms
» qui comptent entre les plus célèbres de l'histoire. Au nord-ouest, c'est
» le détroit auquel les anciens avaient attaché le nom d'Héraclès, un héros
» que se disputent l'Europe et l'Asie, et dont le rôle historique sera mieux
» connu quand l'Atlas nous aura révélé ses secrets. Au nord-est, en face de
» la Sicile, c'est la terre de Carthage, la rivale de Rome, qui s'apprête à
» se relever de ses ruines.

» Au second angle oriental, celui qui regarde la Petite-Syrte, la terre
» de l'Atlas s'arrête sur le lac Triton, dont le nom est redevenu populaire
» à cause des entreprises dont il est l'objet, et dont les rives furent habi-
» tées par Athéné la Tritonide, qui a donné son nom à la cité athénienne.
» Le quatrième angle qui se dresse sur une côte inhospitalière en face de
» l'Océan, est le plus beau de tous, puisqu'il est dominé par la grande
» chaîne qui porta seule le nom d'Atlas. Il a été aussi le plus illustre,
» puisque c'est au pied de ces hauteurs, du côté du midi, qu'était aussi la
» métropole des Atlantes, la grande cité populeuse d'où l'on partait pour
» les terres situées par delà l'Océan. Entre ces quatre promontoires marqués
» par les noms d'Héraclès, de Carthage, de Triton et d'Atlas, s'étend un
» vaste domaine tout couronné de montagnes, qui fut d'une merveilleuse
» richesse dans les vieux âges, et qui compte encore entre les plus beaux
» de l'univers. » (F. BERLIOUX, Les Atlantes, p. 10.)

**L'Atlantis.** — M. Berlioux a cherché à résoudre, après beaucoup d'autres[1], la question de l'Atlantis. D'après une tradition égyptienne recueillie par Solon, et conservée par Platon dans deux de ses dialogues, le *Timée* et le *Critias*, l'Atlantis était le domaine d'une nation puissante et riche, qui avait étendu ses conquêtes sur une grande partie de l'Europe et de l'Afrique; les envahisseurs avaient été exterminés à la suite d'une bataille livrée dans les environs d'Athènes. Suivant la tradition, l'Atlantis était une île plus grande que la Libye et l'Asie réunies, dont les anciens ne connaissaient d'ailleurs qu'une partie fort peu étendue; elle était située non loin des colonnes d'Hercule, dans la mer Atlantique, et ses habitants étaient déjà puissants 9000 ans avant Solon. Cette légende a longtemps dérouté les recherches des savants qui les uns, n'y ont vu qu'un mythe, et les autres une terre ensevelie aujourd'hui au sein de l'Océan.

M. Berlioux, s'appuyant sur le texte de Salluste qui divisait les Africains primitifs en Gétules et Libyens, et sur la présence des monuments mégalithiques (dolmens) découverts dans l'Atlas oriental, voit dans les Libyens des immigrants européens qui occupèrent l'Atlas presque tout entier, et dans les Gétules des Berbères, venus de l'intérieur, qui vainquirent les premiers. L'Atlantis occupait probablement le territoire de l'ancienne Mauritanie; ses habitants, les Atlantes, avaient des relations politiques et commerciales avec toutes les contrées qui entourent la Méditerranée jusque dans l'Asie-Mineure et la Syrie. Outre la route maritime, les Atlantes avaient deux routes littorales qui partaient de leur métropole et suivaient les deux bords de la Méditerranée, et deux autres, dont l'une, celle du lac Triton, reliait Cerné avec la Méditerranée centrale et les pays de la Grèce, et la seconde courait par les oasis du désert septentrional pour aller jusqu'à l'Egypte. On pourra suivre, dans la savante et minutieuse dissertation de M. Berlioux, ces voies africaines et européennes des Atlantes, la place ethnographique et l'œuvre sociale, les guerres et la ruine de ce peuple mystérieux qui a provoqué tant d'hypothèses plus ou moins ingénieuses, et dont l'histoire ne sera peut-être jamais écrite[2].

---

1. M. T.-H. Martin, *Études sur le Timée*, t. Ier, p. 257; de Humboldt, *Cosmos*, V, II, p. 143; d'Arbois de Jubainville, *Les premiers habitants de l'Europe*; P. Gaffarel, *L'Atlantide* (Revue de géographie, mai, juin, juillet 1880.)
2. E.-F. Berlioux, *Les Atlantes, Histoire de l'Atlantis et de l'Atlas primitif.* (Annuaire de la Faculté des lettres de Lyon, 1883, fascicule 1er.)

# CHAPITRE PREMIER

## MAROC (EL-MAGHREB-EL-AKSA[1])

### 1° RÉSUMÉ GÉOGRAPHIQUE

#### I. — GÉOGRAPHIE PHYSIQUE

**Limites.** — Situé à l'angle nord-ouest de l'Afrique, le Maroc (*Gétulie et Mauritanie Tingitane* au temps des Romains), a pour limites au nord : la Méditerranée depuis l'embouchure de l'Adjeroud jusqu'au cap Spartel (390 kilom.) ; à l'ouest, l'océan Atlantique, jusqu'à l'embouchure du Drâa (850 kilom.) ; — au sud, une ligne indécise le sépare du Sahara ; — à l'est, du côté de la province française d'Oran, la limite laisse au Maroc les dix ou douze Ksour (villages) de l'oasis de Figuig, coupe le Chott-el-Gharbi, et les affluents supérieurs de la Moulouïa, et finit à l'ouest de Nemours, à l'embouchure du Kis, dans la baie d'Adjeroud[2].

**Situation astronomique.** — Entre 28° et 36° de lat. N. ; et 4° et 14° de long. O.

**Climat.** — Salubre et tempéré, ciel très pur ; les hautes montagnes, les vents de mer, l'exposition rendent le climat tempéré et uniforme. Chaleur très forte l'été, froid vif l'hiver sur les montagnes souvent couvertes de neiges ; pluies abondantes l'hiver. La peste qui décime les populations provient non du climat, mais de l'extrême misère et de la saleté des habitants. Température moyenne de l'année à Tanger $+18°$ ; à Maroc $+18°$ ; à Mogador, $+20°$.

**Littoral ; îles.** — Les côtes ont un développement d'environ 400 kilomètres sur la Méditerranée, et 900 kilomètres sur l'Atlantique ; le *littoral de la Méditerranée* est escarpé, étroit, resserré entre la mer et les montagnes habitées par les dangereuses tribus des Riffains Berbères (cap *Tres-Forcas*, îles *Zaffarines* ou *Chafarinas*[3]), — le *littoral de l'Océan* est très accidenté (caps *Spartel*, *Blanc*, *Agadir*, *Noun*) ; le phare du cap Spartel, construit

---

1. Ces mots ont le sens de : « Extrémité de l'Occident. »
2. Pour l'analyse détaillée de cette frontière mal déterminée par le traité de 1845, on peut consulter les *Etudes algériennes* de M. Ardouin du Mazet, ch. XV.
3. « Les îles *Djafarin* sont appelées par corruption Zaffarin. Les Espagnols » écrivent *Chafarin* et prononcent *Tchafarin*. Le barbarisme *Zaffarin* rappelle ce » député de l'opposition, sous Louis-Philippe, qui, trompé par l'oreille, crut qu'il » s'agissait d'*îles à farines*, ainsi appelées, pensait-il, de ce qu'elles produisaient » beaucoup de froment. Partant de là, il blâmait le gouvernement de s'être laissé » devancer par les Espagnols dans la prise de possession d'une contrée aussi fer- » tile. » (L.-A. Berbrugger, *Excursions à Tanger*, p. 12.)

par l'empereur Mohammed, et entretenu par les nations commerçantes de l'Europe, éclaire le détroit de Gibraltar.

**Relief du sol.** — Du nord-est au sud-ouest, la chaine de l'Atlas traverse le Maroc dans toute sa longueur, et y forme un large plateau de 70 à 80 kilomètres appuyé au nord sur la chaine de l'*Idrar N'Deren*, couvrant de ramifications la partie septentrionale du pays (*mont Miltsin*, 3475 mètres, sommet culminant); au sud, sur la chaine moins élevée du djebel *Saghrern*. Au nord s'avance le djebel *Zerhoum*; parallèle à la rive court le *Riff*, massif montagneux long de 350 kilomètres, large de 50 à 80, haut en moyenne de 1000 mètres; le djebel *Anna* a 2200 mètres. De là les deux régions du Maroc: au nord, le *Tell*, depuis Ouchda jusqu'à Mogador, montueux, bien arrosé, riche et fertile; au sud, le *Sahara* marocain, région plate, aride et déserte, sauf dans les oasis.

**Cours d'eau.** — Trois versants : 1° **Méditerranée :** la *Moulouïa* (400 kilom.) souvent desséchée l'été ; — l'*Isly*, affluent de la Tafna, arrose le nord-ouest du Maroc, et l'*Oued Kis* sépare le Maroc de l'Algérie. — 2° **Océan Atlantique** : l'*Oued el Kous* ; — le *Sebou* (240 kilom.); — le *Bou Regrag* ; — l'*Omm er Rbia* (mère des herbes), profond et rapide ; — le *Tensift* (320 kilom.); l'*Oued Sous*; — l'*Oued Noun*; — l'*Oued Draa* ou *Chibika*, plus long que le Rhin, mais souvent desséché pendant les sécheresses. — 3° **Versant saharien :** le *Gir*, le *Ziz*, le *Susfana* sont des rivières temporaires qui se perdent dans le désert.

## II. — GÉOGRAPHIE POLITIQUE

**Notions historiques.** — Le Maroc actuel correspond à une partie de l'ancienne Mauritanie Césarienne, à la Mauritanie Tingitane, et à une partie de la Gétulie. Les Carthaginois l'occupèrent; il passa ensuite aux Romains, puis aux Vandales, à qui les généraux de l'empereur d'Orient Justinien l'enlevèrent au sixième siècle. Cent ans plus tard (647), le khalife Othman, troisième successeur de Mahomet, dirigea contre le Maghreb une première expédition qui échoua. Une seconde entreprise, vingt ans après, donna aux Khalifes la province d'Afrique. Un des gouverneurs, Mouça-ebn-Nocaïr, s'empara de Tanger et soumit les Berbères. Son lieutenant, Tarik, franchit le détroit qui porta désormais son nom, Gibraltar (*Djebel-al-Tarik*), fonda Tarifa, et commença la conquête de l'Espagne; Mouça mourut disgracié en 718.

L'histoire du Maroc ne se dégage de l'obscurité qu'à la fin du huitième siècle. En 788, un chef arabe, Edris, proclamé Khalife, fonda la dynastie des Edrissites, et son fils, Edris-ben-Edris, organisa le royaume de Fez. En 885, sous le règne de son cinquième successeur, Yaya III, un aventurier, nommé Abdallah, se faisant passer pour descendant de Fatime, fille du prophète, usurpa le trône. La lutte commença entre les Edrissites et les Fatimites, et dura près de trois siècles.

Vers 1150, un chef de tribu arabe, Marboath, s'empara du pouvoir. Il fut le premier roi de la dynastie des *Almoravides*, qui disparut à son tour devant celle des *Almohades* (1140). Les Almohades régnèrent plus de deux siècles, et furent détrônés par les *Beni-Mérinides* (1269). L'histoire de cette dynastie, qui dura 330 ans, est restée obscure, sauf dans ses derniers jours marqués par la chute de Grenade et l'expulsion des musulmans d'Espagne. Relégués en Afrique, les Mérinites perdirent Ceuta conquise par les Portugais (1415). Le pouvoir passa aux Sarsides, et plus tard, au commencement du seizième siècle, aux chérifs de Tafilet. En 1579, le roi de Portugal, dom Sébastien, fut moins heureux que son prédécesseur dans son expédition contre le Maroc : il périt avec toute son armée à la bataille d'Alcazar-Kébir ou des *Trois Rois*.

Au dix-septième siècle, l'empire des chérifs, affaibli par les discordes et les compétitions dynastiques, fut détruit par Mouley-Ali qui fonda la dynastie des *Alides* ou *Hosieni* : c'est elle qui règne de nos jours. Quatorze princes de cette famille se sont succédé au Maroc : *Mouley-Ismaïl* (1672-1727), le plus puissant de tous, qui reprit Tanger et Larache aux Anglais, envoya un ambassadeur en France pour demander la main de la princesse de Conti, M$^{lle}$ de Blois, fille naturelle de Louis XIV et de M$^{lle}$ de la Vallière. — *Mouley-Soliman* (1796-1822) abolit la piraterie et envoya une ambassade à Napoléon I$^{er}$ ; — *Mouley-Abd-er-Rhaman* s'allia avec Abd-el-Kader et lui fournit une armée, qui fut battue sur l'Isly par Bugeaud, tandis que le prince de Joinville bombardait Mogador et Tanger (août 1844). Le traité de Lalla Maghrnia fixa la frontière de l'Algérie occidentale, mais il fut souvent violé. Le pillage d'un brick français devant Salé, en 1851, amena le bombardement de cette ville. — *Sidi-Mohammed*, fils et successeur de Abd-er-Rhaman (1859-1873), débarrassé des intrigues de ses frères et des révoltes des tribus, eut à lutter contre les revendications des puissances étrangères. L'Espagne lui déclara la guerre et prit Tétouan (1860). Deux traités (1860-61) ont garanti à l'Espagne un tribut de 100 millions et la cession du port de Santa-Cruz de Mar-Perquenna, en face des îles Canaries. Mais une sourde hostilité continue d'exister entre les deux États. Les Marocains, mécontents des privilèges commerciaux concédés aux Européens par le sultan, ont organisé une formidable révolte en 1867. Elle ne fut réprimée qu'après des luttes sanglantes. Une famine horrible la suivit, (1868) et décima la population. Le fils et successeur de Sidi Mohammed, *Mouley-Hassan*, proclamé le 25 septembre 1873, se montra plus favorable aux relations régulières avec l'Europe. Déjà les deux derniers sultans, par des traités signés en 1844 avec la France à Tanger, et en 1856 avec l'Angleterre, avaient accordé aux étrangers le privilège de trafiquer et de résider dans certains ports, d'y louer et construire des maisons, d'y occuper des bâtiments et magasins, en se réservant le droit de prohiber la sortie des marchandises, et de frapper celles qui entraient d'un tarif uniforme. Le nouveau souverain a consenti à admettre auprès de lui des ministres plénipotentiaires ; la France a été la première à jouir de cette faveur : l'Angleterre, l'Allemagne, l'Espagne, l'Autriche, l'Italie, le Portugal ont des résidents au Maroc, sans parler de leurs consuls.

**Constitution : Gouvernement.** — Le gouvernement est une monarchie absolue et héréditaire. Le sultan actuel, *Mouley-Hassan* proclamé le 25 septembre 1873, a succédé à son père Sidi Mohammed ; il est le quatorzième sultan de cette dynastie, et le trente-quatrième descendant en ligne directe d'Ali, oncle et gendre de Mahomet. Il est appelé *vicaire de Dieu sur la terre, iman*, chef suprême de la religion : « il est donc chef spirituel et
» temporel ; il est tout, et plus absolu qu'aucun souverain de la terre.
» A lui seul il est le gouvernement ; il n'a au-dessus ou à côté de lui ni
» loi écrite (en dehors du Coran), ni conseil d'empire, ni ministère. Nulle
» discussion, nulle publicité, nul contrôle, nul rapport ou compte rendu,
» encore moins aucune presse ne le gêne dans son autocratie. C'est le plus
» parfait exemple du pouvoir fait homme[1]. »

---

1. Bainier, *L'Afrique*, ch. IV, p. 455. — Beaumier, *Le Maroc*.

Vue de la ville de Maroc.

Au-dessous du sultan est un *secrétaire des commandements* (Vizir), qui décrète et décide en son nom; un *garde des sceaux*, un *trésorier*, un *échanson*, un *grand-maître des cérémonies*, un *général*. Le sultan est assisté d'un conseil, composé des hauts fonctionnaires. Un agent à Tanger le représente auprès des plénipotentiaires étrangers (*Vizir-el-Ouassitha*), ministre intermédiaire.

Le Maroc est partagé en *provinces*, divisées en *tribus* : les tribus se subdivisent en *douars* dans les plaines, (réunion de tentes), ou en *tchours* (réunion de maisons) dans les montagnes. « Les tribus ont chacune leur
» histoire, leurs traditions et leurs titres de noblesse ; généralement en-
» nemis ou rivales, elles ne s'allient que rarement entre elles et ne se con-
» fondent jamais. Toute province a ses marabouts, ses chëiks et ses
» notables, dont la réunion forme un conseil qui, dans les parties indé-
» pendantes, prend le nom de *Ait-Arbaïn*, l'assemblée des Quarante, et
» gouverne à sa guise, en affectant, néanmoins, de baser ses décisions sur
» les lois du Coran. Dans les Etats du sultan, chaque province est com-
» mandée, selon les circonstances, par un ou plusieurs *Kaïds*, nommés par
» le sultan, qui, généralement aussi, administrent et gouvernent comme
» ils l'entendent, à la condition d'entretenir chez eux la sûreté des routes,
» de fournir, au besoin, le contingent d'hommes et de chevaux qui leur est
» demandé ; de faire payer les impôts, et d'envoyer ou d'apporter eux-
» mêmes au *Dar-el-Mahzen* (maison du gouvernement), à chaque grande
» fête de l'année, le plus d'argent possible pour le trésor, pour l'émir et
» pour les personnages qui l'entourent. Pour remplir ces conditions, les
» Kaïds appliquent rigoureusement le système de la responsabilité et de la
» solidarité des tribus; ils sont assistés par des cheiks choisis par eux et
» qui agissent directement sur les chefs des *douars*, dont les membres n'ont
» plus qu'à obéir[1]. »

Dans les villes, les fonctionnaires sont : le *Kaïd*, ou gouverneur, lieutenant du sultan ; — le *Kadi*, ministre du culte et de la justice; — le *Mohtasseb*, chef de la police des marchés ; — le *Nahder*, conservateur des mosquées; — les *Omena*, administrateurs des douanes et des biens de l'État. Le Maroc a trois capitales : *Fez*, la cité sainte, la plus peuplée, la principale place de commerce et d'industrie; *Méquinez*; et *Maroc*, qui a donné son nom à l'empire. — **Drapeau** : rouge.

### Divisions administratives

| | PROVINCES | VILLES PRINCIPALES |
|---|---|---|
| | Er-Rif. | Tanger (12 000 hab.), Tétuan (20 000 hab.), Badès, Nekour. |
| | El-Rharb. | Larache (5 000 hab.), Ouezzan. |
| 1o. | Beni-Hassen. | Méquinez (20 000 hab.), Rabat (25 000 hab.), Mèbédia, Salé. |
| Au nord | Chaouia. | Casablanca (8 500 hab.), Mansouriah; Mediouha. |
| | Temsna. | Kasbat-Nuchaïla. |
| | Fez. | Fez (100 000 hab.). |
| | Tadla. | Tadla. |

---

1. A. Beaumier, consul de France à Mogador, *le Maroc*. (*Bulletin de la Société de géographie*, juillet 1867.)

## Divisions administratives (suite)

| | | |
|---|---|---|
| 2º Au centre | Doukkala. | Mazagan (5600 hab.), Azamour. |
| | Abda. | Safy (12000 hab.), Cantin. |
| | Chiâdma. | Mogador (20000 hab.). |
| | Haha. | Arin. |
| | Ramna. | Maroc (40000 hab.). |
| 3º Au sud | Sous. | Taroudant (20000 hab.), Agader (350 hab.), Aguilou; Talent (chef-lieu de l'état de Sidi-Hescham); Ifren; Ileg; Tiznit. |
| | Drâa. | Tatta (10000 hab.), Noun (1000 hab.). |
| 4º A l'est | Tafilet (oasis). | Abouan-Er-Bissani (ancienne Sedjelmassa). |
| | Figuig (oasis). | La grande oasis de Figuig se compose de douze ksour reliés par un mur crénelé flanqué de tours élevées : El-Hammam Foukani, El-Hammam-Tahtani (420 fusils); El-Maïz (500); Oulad-Slimane (200); El-Oudarigh (550); El-Abid (150); Mharza (ksar ruiné); Zenaga (ksar principal, 800); Beni-Ounnif (40); Tarla (50); Oulad-Sidi-ben-Aïssa (12); Beni-Haroun (60). Total : 2782 fusils. |

Les oasis du Touat et d'Aïn-Salah se rattachent nominalement à l'empire du Maroc.

L'Espagne possède, sous le nom de *Presides* ou *Presidios*, quatre ports sur la Méditerranée : *Ceuta* chef-lieu, (6500 hab.), *Peñon de Vélez*, *Alhucemas*, *Melilla*, et les petites îles *Zaffarines*.

### III. — GÉOGRAPHIE ÉCONOMIQUE

**Productions.** — **Minéraux** : abondants, mais peu exploités, sur la défense du gouvernement; quelques filons fouillés çà et là à ciel ouvert par les indigènes; *cuivre*, *fer*, *or* et *plomb*, dans les montagnes du Sous, *antimoine* et *plomb argentifère*; *sel gemme* commun dans les provinces centrales; *nitre* abondant près de *Taroudant*; *fer* dans le Rif, près de Milonia; *cuivre* de Tedsi; *granit* et *quartz* entre Maroc et Safy; *marbres blancs* et *améthystes* près de Fez. — **Végétaux** : Le sol très fertile est propre à toutes les cultures, mais le fellah marocain, abruti par le despotisme, travaille le moins possible : le système des irrigations est ingénieux et bien entretenu au moyen de puits à roue et de petits canaux; les alentours de Maroc, Fez et Rabat sont couverts de jardins; il n'est pas de ville importante dans l'empire, à l'exception de Mogador, assise dans les sables, qui ne soit environnée de *huertas*, séparées par des haies d'aloès ou de figuiers de Barbarie (A. Beaumier). Le sol bien arrosé peut produire jusqu'à trois récoltes par an : *Céréales*, *légumes variés*, *lin*, *chanvre*, *vigne*, *olivier*, *jujubier*, *caroubier*, *bananier, safran, tabac, mûrier, cotonnier, amandier, canne à sucre, indigo, palmier, chêne-liège* et *chêne vert, cèdre, pin, thuya, pistachier, gommier.*

**Animaux** : L'art de l'élevage est peu développé, et néanmoins le bétail abonde : *Chevaux, mules, chameaux, moutons, chèvres* (12 millions); *poissons* abondants dans les cours d'eau et sur le littoral. — Les animaux sauvages sont la *panthère*, l'*hyène*, le *chacal*, l'*autruche*, la *gazelle*, le *renard*, l'*antilope*, le *sanglier*, quelques *léopards*, peu de *lions*; le *céraste* ou vipère à cornes, le *buska* ou serpent noir, les *scorpions* abondent. Les *sauterelles* sont un des fléaux du Maroc[1].

**Industrie.** — Elle ne porte guère que sur les *armes, tissus, broderies, cuirs, tapis, poterie, meubles, vêtements* et *bijouterie*, où les Marocains excellent. Les haïks et les bonnets de laine rouge, dits *fez*, les maroquins rouges sortent principalement de Fez; à Mogador, il y a 400 tanneries et 6000 ouvriers, 1500 métiers pour la fabrication des tissus de laine et 3000 ouvriers.

**Commerce** (en 1881). — **Importation** : 21 458 000 francs (coton, sucre, lainages, thé, soie, bougies, fer, acier, argent monnayé). Part de la *Grande-Bretagne :* 13 996 000 francs; — de la *France* 6 922 000; — de l'*Espagne*, 335 000; — de l'*Allemagne* 144 000; — du *Portugal* 7 000. — **Exportation** : 22 414 000 francs (céréales peaux, amandes, laine, chaussures, bœufs, gomme, cire, plumes d'autruche, huile d'olives, etc.). Part de la *Grande-Bretagne*, 10 271 000 francs; — de la *France*, 9 448 000; — de l'*Espagne*, 2 037 000; — de l'*Allemagne*, 11 000; — du *Portugal*, 553 000. — Le commerce maritime de l'Algérie avec le Maroc se fait entre Oran et Tanger; le commerce des marchés frontières a lieu entre Adjeroud, Nedroma, le Khemis, Sebdou et Tlemcen; le commerce des caravanes est surtout aux mains des tribus des Hamyan et des Trafi, entre Sebdou et Tlemcen, et les oasis du Gourara et du Tafilelt. — **Voies de communications** : Pas de chemins de fer, seulement des routes de caravanes, qui nécessitent l'emploi de guides, et sont peu sûres; transports faits à dos de mulets, ou de chameaux; les rivières dépourvues de ponts sont franchies à gué ou en barques. « Le service des correspondances » est fait par des piétons *rekkas*, qui vont avec une vitesse de 40 à 50 kilom. » par jour, et dont le salaire est en moyenne, de 4 francs par 100 kilom. » de marche. Dans chaque ville, les courriers ont leur *amîn* ou chef, ancien » rekkas lui-même, auquel ils payent une remise proportionnelle de 2 1/2 » pour 100 de leurs salaires. Ces *amîns* sont tenus d'avoir toujours sous » la main un nombre d'exprès suffisant pour tous les besoins du service, » et ils sont personnellement responsables des lettres et des dépôts qui » leur sont remis, et qu'ils ne doivent confier qu'à des hommes solides au » moral comme au physique. C'est, on le voit, un rude métier que celui » de rekkas, et pourtant il est fort recherché et considéré comme un des » meilleurs parmi le peuple; c'est qu'un bon courrier, courant en moyenne » vingt jours sur trente, gagne quarante francs par mois, et il est assu- » rément, dans ce pays-ci, bien peu de familles ouvrières qui jouissent » d'une pareille aisance. » A. BEAUMIER, *Le Maroc*. (*Bulletin de la Société de géographie*, juillet 1867, p. 39.) — **Ligne télégraphique** : De Fez à Tétouan et à Tanger. — **Ports ouverts au commerce européen** : *Tétouan, Tanger, Larache, Salé, Rabat, Mazagan, Saffy, Mogador.* — Les autres sont encore interdits à la navigation marchande. — En 1881; navires entrés, 1298 (577 anglais de 163 996 tonnes, 282 français de 178 177 tonnes, 316 espagnols de 13 062 tonnes, 93 portugais de 5453 tonnes; navires sortis, 1289).

---

1. Voir au chapitre du Sahara, les *Sauterelles*.

## IV. — NOTIONS STATISTIQUES

**Superficie** (y compris le Touat) 812 300 kilom. car. (région fertile, montagnes et plaines 197 400 kilom. car., steppes 67 700 ; Sahara 547 500. — **Population** (d'après Rohlfs) 6 140 000 hab. — **Races** : 1° **Berbères** descendants des populations primitives, pasteurs, cultivateurs ou commerçants, mais tous turbulents, guerriers et pirates, peu soumis au sultan, obéissant à leurs marabouts ; on les divise en *Amazirques* et *Riffains*, dans les montagnes du nord et du centre ; en *Schelloks* ou *Schillouks* dans celles du midi ; en *Touâreg*, habitants des oasis sahariennes : 2° **Arabes**, en général pasteurs et nomades, vivant sous la tente, et réunis en un *douar* ou *hameau*. 3° **Maures**, issus du mélange des Berbères et des populations immigrantes, habitants des villes et des plaines, commerçants, industrieux, riches, occupant les hautes fonctions du gouvernement. « Les Maures, dit M. Bainier, sont efféminés, intrigants, rapaces, superstitieux, bigots, fana-
» tiques, perfides, menteurs et adonnés au plaisir. Ils sont paresseux,
» quoique capables d'endurer de grandes fatigues pour de grands intérêts.
» Ils ont un proverbe qui les peint parfaitement :

> Jamais assis quand on peut être couché ;
> Jamais debout quand on peut être assis ;
> Jamais marcher quand on peut être en repos ;
> Jamais courir quand on peut marcher.

4° **Juifs**, qui habitent les villes, y exercent les industries, sont les médiateurs et les agents des étrangers et du gouvernement, font tout le commerce maritime, et ont en main toute l'administration ; ils sont méprisés, mais tolérés, parce qu'ils ont su se rendre nécessaires. — 5° **Nègres**, les uns libres, les autres esclaves ; les premiers admissibles à tous les emplois, les autres traités de même que les autres serviteurs musulmans ; il y a à Maroc un marché aux esclaves. — 6° **Européens** en petit nombre ; Espagnols surtout, dans les villes de commerce.

**Dialectes** ; le *berbère* et l'*arabe* sont les deux langues usuelles. — **Instruction publique**. Les écoles ou *Zaouïas* sont nombreuses, mais les enfants y passent le temps à réciter le Coran. A l'Université de Fez, on apprend quelques notions de droit et de poésie arabes, de théologie et de jurisprudence musulmanes. Ni sciences, ni arts : les grandes bibliothèques de Fez sont à peu près vides ; à Maroc, la bibliothèque depuis longtemps fermée « ne contient plus, dit M. Beaumier, que des vers et de la poussière. » — **Justice** : dans les villes elle est rendue par le *cadi* ; les corps d'état ont un *amin* chargé de veiller à la police de la corporation : les habitants d'un quartier sont solidairement responsables de l'ordre. Les rues sont sans noms, les maisons sans numéros, point d'éclairage, point de gardiens. Les peines infligées sont la prison, les coups de bâton, l'amende, et la peine du talion en matière criminelle. — **Cultes** : Le *mahométisme* est la religion dominante ; les juifs suivent le Talmud ; les étrangers sont pour la plupart catholiques. Les *mosquées*, *zaouïas*, et *koubbas* ou tombeaux des chérifs ou des santons jouissent du droit d'asile. — **Armée** : Il y a une armée permanente, formée par la cavalerie du *Bokhary* ou garde noire (30 000 hommes), et les tribus militaires de Fez (Mekhazni), vouées de tout temps au métier de soldat : elles accompagnent partout le sultan.

Il y a des garnisons à Fez, Maroc, Rabat, Ouchda. Les *Mekhazni* reçoivent de 5 à 6 francs par mois. Il n'y a plus de marine de guerre. — **Monnaies**. Or : *bouthsi* ou *boutaca* = 65 onces ou 10 francs ; *doublon* = 85 francs ; Argent : *drahem* de 10 muzonas = 0$^{fr}$,26 ; — Billon : le *flon* ou *flou* = 0$^{fr}$,01, toutes monnaies équivoques, informes, mal frappées. — **Poids et mesures** : *Quintal* ou *cantar* = 54 kilogr. — *Livre* = 500 grammes. Pour les longueurs : *aune* ou *codo* = 8 tomins ou 0$^m$,57 ; *cala* = 0$^m$,54. — Pour les capacités ; la *fanègue* = 56$^{lit}$,39, est subdivisée en mesures plus petites. — **Revenus** : 1° Les impôts prescrits par le Coran, l'*Achour* (dîme) la *Zekat* (aumône obligatoire) à raison de 2 p. 100 de la valeur des produits ; 2° La *naïba*, ou taille personnelle, très variable et arbitraire, suivant le bon plaisir des Kaïds, pèse sur la population rurale ; l'*edya*, ou présents d'usage ; la *dheyra*, ou amendes ; la capitation, *djezia*, prélevée sur les juifs, les *douanes* et *péages*, telles sont les sources de la fortune du sultan et de ses agents ; il est impossible d'évaluer le budget de l'État marocain.

---

## 2° EXTRAITS ET ANALYSES

### Fez.

« Fez est formé de deux villes, la vieille et la nouvelle. Réunies au Mellah, elles constituent trois immenses enceintes que séparent de beaux jardins et de riches vergers. La cité sainte occupe une superficie considérable. Les rues sont étroites, sinueuses et généralement obscures. Les différents quartiers sont de vrais labyrinthes dont un Européen aurait de la peine à sortir. En dehors des bazars règne un profond silence. C'est à peine si l'oreille est frappée par la voix glapissante du muezzin qui appelle les fidèles à la prière du haut des minarets, ou bien encore par le bruit argentin de la clochette du marchand d'eau. La ville est divisée en de nombreux quartiers qui se ferment la nuit par une grande porte en bois et se gardent ainsi plus sûrement contre les malfaiteurs.

» Située à plus de 400 mètres au-dessus du niveau de la mer, elle court de l'ouest à l'est et commence à l'extrémité d'un vaste plateau. L'oued Fez coule paisiblement jusqu'à ce point : arrivé là, il semble se diviser en deux bras dont l'un, pénétrant dans l'enceinte du palais, en ressort bientôt en cascade bondissante par l'angle d'un bastion écroulé et se répand impétueusement hors des murs de la ville pour y rentrer après un court trajet. L'autre bras qui s'appelle, je crois, l'oued Kant'ra ou la rivière du pont, est canalisé pendant qu'il traverse l'agrandissement du palais; il se dirige ensuite vers la ville nouvelle qui lui ouvre passage sous une arche colossale.

» La rivière se subdivise plus loin en mille et mille ruisseaux qui vont arroser les jardins, alimenter les fontaines publiques, les bains, les bassins des mosquées, les tanneries, faire tourner les moulins, norias, etc. Les deux bras de l'oued Fez, grossis en route par de petits affluents qui tombent de toutes parts des collines voisines, viennent confondre en dessous de la ville leurs eaux noires et infectes, après une course vagabonde et rapide. Le torrent arrive enfin dans la plaine, et plus calme il court se jeter dans le Sebou.

» Pour avoir une idée plus exacte de Fez, il faut aller le contempler du haut d'une colline et faire le tour de son enceinte. Quand, de la citadelle qui le domine au nord, on plonge le regard au fond de la grande vallée dont il suit la pente, on est ravi par l'aspect de ce poétique panorama ainsi vu à vol d'oiseau. La ville, bâtie sur le versant de plusieurs coteaux et descendant avec son torrent, montre à l'œil ébloui l'entassement de ses maisons. L'amoncellement est si épais qu'on ne peut distinguer la trace d'une rue. De ce fouillis confus s'élèvent de nombreux minarets qui dressent dans l'espace leurs flèches surmontées d'une triple boule dorée. La toiture verte et reluisante de la mosquée de Moulaï-Edriss se détache de la blancheur des terrasses, et le Sebou promène ses eaux paisibles dans le lointain.

» Quand on fait le tour de la grande cité, on n'est pas moins surpris par la beauté du paysage. En descendant du fort du nord, on s'enfonce dans des sentiers tortueux taillés à la longue dans le tuf du terrain. Le figuier, la vigne et l'olivier poussent là pêle-mêle, et me rappellent avec plaisir les champs de ma Provence. De nombreuses grottes creusées par la main des hommes se montrent à chaque pas et servent de refuge à quelques Arabes qui dorment ou récitent leurs prières. Un immense cimetière éparpille ses tombes sur le versant de la colline, et des crevasses des marabouts en ruine, on voit sortir de beaux lézards verts et s'envoler l'épervier qui y cache son nid. On arrive de là sur une route pavée et en pente qui suit le cours de l'oued Fez dont les eaux, perdues au milieu d'une végétation puissante, laissent entendre le bruissement de leur écume. D'énormes érables bordent le chemin et lèvent dans l'air leurs bras tourmentés par le fer de l'élagueur. Le bois est si rare dans le pays qu'on en vient à dépouiller ces arbres des pousses de chaque année. Leur tronc, enlacé par des vignes énormes comme par des serpents fabuleux, semble gémir sous cette étreinte.

» Dans ce frais vallon que l'on côtoie s'étendent de jolis jardins d'où montent le parfum des fleurs et le chant du rossignol. Tout à fait dans le bas, un pont fortement arrondi en dos d'âne franchit le torrent qui gronde sous son arche profonde. Le djebel Aït-Yousef, dont les neiges alimentent le Sebou, montre au loin la blancheur de ses cimes. A partir de ce pont, le chemin du cimetière monte à l'ouest parallèlement à celui que nous venons de quitter. A travers les échappées du feuillage apparaissent les remparts dont la ligne onduleuse suit les mouvements du terrain. Ces murailles, qui ne méritent presque plus ce nom, sont construites avec un mélange de terre, de chaux et de galets et s'écroulent tous les jours sous l'action destructive du temps. Le fort du sud que nous laissons à notre gauche domine Fez de ce côté et fait face à celui du nord.

» Fez est considéré aujourd'hui comme la première ville sainte après la Mecque. Son admirable situation, l'abondance de ses eaux qui répandent la fertilité dans les campagnes, l'immense étendue de la plaine à l'extrémité orientale de laquelle elle est bâtie, sa grande couronne de montagnes feraient de cette étrange cité le séjour le plus enchanteur de l'univers, s'il n'y avait un revers à cette ravissante effigie. Le voyageur a beau porter ses pas dans les quartiers les plus reculés de cette capitale, il ne rencontre que rues sales, mal aérées, maisons irrégulières et sans architecture. Pas un monument qui vienne exciter son admiration. Les ruines commencent à s'étendre de toutes parts; beaucoup de minarets abandonnés n'entendent plus la voix du muezzin et ne sont fréquentés que par la cigogne solitaire. Les arabesques des mosquées se détachent des murs et nulle main pieuse ne songe à les rétablir. Les marabouts eux-mêmes, qui recouvrent les ossements vénérés de saints personnages, s'émiettent à la longue et leur nom finit par s'effacer de la mémoire des hommes. Les carrefours et les chemins qui séparent Fez-djedid de Fez-bali (le nouveau Fez du vieux), les environs du Mellah et du palais même du sultan sont encombrés par des cadavres d'animaux qui barrent la voie et dont les émanations putrides offensent l'odorat. Ce lieu d'immondices et de demi-ruines est animé par une foule sale et abjecte où le noir du Soudan à la figure abrutie se mêle aux Berbères sauvages et à l'Arabe fanatique. Les enfants, couverts d'une teigne repoussante, traînent leurs haillons dans la boue, et les femmes, grossièrement enveloppées de leur manteau de laine, ne laissent deviner ni la grâce, ni la beauté de leur sexe. »

Docteur DÉCUGIS [1],
*Relation d'un voyage dans l'intérieur du Maroc,
en mars et avril 1877.*

(*Bulletin de la Société de géographie de Paris*, août 1878.)

## Mogador.

« Quand on entre dans Mogador, on serait tenté de croire sur parole les voyageurs à imagination exaltée qui ont parlé avec enthousiasme de ses places superbes, de ses palais majestueux. On traverse d'abord une vaste place qui s'ouvre sur le port, et qui pourrait soutenir la comparaison avec nos places publiques, n'était que le sol y est fort irrégulier; abso-

---

1. M. le docteur Décugis, médecin de la marine française, a été désigné avec MM. Desportes et François pour accompagner au Maroc l'ambassade de M. de Vernouillet, envoyée en 1876, auprès de l'empereur Muley-Haçan. On doit aussi à M. Décugis une intéressante relation de l'ambassade envoyée dans le royaume de Siam par le gouvernement de la République française. (V. *Bulletin de la Société de géographie de Paris*, 1880.)

lument nu, et jonché de pierres et de débris de toutes sortes. Puis l'on pénètre dans une grande enceinte que notre guide appelle la « cour de la maison de l'empereur. » Nous y rencontrons des vieillards juifs dont la longue barbe blanche, la démarche majestueuse, la robe traînante, nous font songer involontairement aux patriarches. D'étroits corridors resserrés entre de hautes murailles nues nous mènent dans l'enceinte de la douane, que domine l'imposant minaret carré de la grande mosquée. Puis nous enfilons une ruelle étouffée entre deux rangées de maisons blanches, et nous arrivons à l'auberge qui porte le nom espagnol de *Fonda real*. Elle est tenue par un juif qui exerce les fonctions de drogman à la légation d'Espagne. C'est l'unique auberge de Mogador, et c'est aussi la seule que l'on rencontre sur toute la côte du Maroc, depuis Agadir jusqu'à Tanger. Sur les autres points de la côte le voyageur est obligé de coucher à bord ou de demander l'hospitalité à quelque résident européen.

» Dès que nous eûmes pris possession de notre modeste gîte, nous nous mîmes à courir la ville. On est frappé tout d'abord de sa parfaite régularité, qui contraste singulièrement avec l'aspect des autres villes marocaines. Les rues, tirées au cordeau, se coupent à angle droit, exactement comme celles des cités américaines. Qui s'attendrait à voir sévir la contagion de la ligne droite dans le pays du pittoresque! Et qui s'imaginerait qu'une ville arabe qu'on aime à se représenter comme un dédale de ruelles tortueuses, peut être bâtie en damier! Je dirai bientôt le secret de ceci; pour le moment, je me borne à protester contre les villes arabes en damier, où il ne manque que des Arabes en redingote.

» La ville est divisée en trois quartiers d'une physionomie très différente : la *Kasbah*, ou quartier européen, le *Mellah*, ou quartier juif, et la *Medina*, ou quartier arabe. La *Medina* occupe naturellement la plus grande étendue : la population y est exclusivement mauresque à l'exception de trois ou quatre familles européennes qui y vivent non exemptes d'inquiétude, car les Maures ne voient pas de bon œil que les chrétiens osent s'établir au milieu d'eux. C'est dans ce quartier que se trouvent les boutiques et la plupart des industries : là est le bazar, grande place oblongue bordée d'arcades, et occupant à peu près le milieu de la ville.

» Allons au bazar à l'heure du marché. Je renonce à décrire l'encombrement d'hommes et d'animaux, arabes, juifs, nègres, chiens, ânes et chameaux qui s'y pressent en ce moment : on ne peut faire deux pas sans se heurter aux teigneux, aux galeux, aux lépreux, dont personne ici ne semble redouter le voisinage. Beaucoup de ces malheureux portent collés aux tempes un petit morceau de drap noir grand comme une pièce d'un franc, qui est censé les préserver des névralgies et de toutes sortes de maladies. Du sein de cette foule à demi nue s'élève la plus effroyable cacophonie qui ait jamais assourdi mes oreilles. Les marchands proclament tous au plus fort le prix de leurs denrées qu'ils promènent au milieu du public ; les porteurs d'eau agitent avec fureur leurs sonnettes, les enfants se battent, les hommes crient, se querellent, s'injurient, gesticulent comme des insensés à propos d'un demi-sou ; mais rarement ils ont recours aux voies de fait, car ils sont toujours armés, et la plus légère violence amène souvent des luttes sanglantes : mille fois je les ai vus lever une main menaçante, jamais je ne les ai vus frapper. La police du marché est faite par des soldats qui circulent au milieu des groupes : ils veillent à l'observation des ordonnances. Les marchands qui sont surpris à tromper sur le poids ou la mesure sont immédiatement bâtonnés sur place : les soldats les amènent devant un fonctionnaire spécial qui préside à l'exécution et compte les coups sur les grains de son rosaire.

» Nous vîmes saisir un de ces malheureux. Mes compagnons eurent le triste courage d'aller assister à l'exécution. On fit coucher le coupable la face contre terre, après l'avoir dépouillé de ses vêtements ; un aide le maintint par le cou, un autre par les jambes, et deux bourreaux armés de fouets lui appliquèrent sur le dos le nombre de coups assignés. Ce qu'il y a de plus mortifiant pour le patient, c'est qu'il est obligé de payer leur salaire à ceux qui l'ont fustigé : s'il n'a pas d'argent, il doit subir un supplément de coups.

» Quand on quitte la place du Zoco, on rencontre successivement plusieurs enceintes carrées qui ont chacune leur destination spéciale. Ici c'est le marché au charbon, là le marché au blé, ailleurs le marché des viandes ; d'autres enceintes sont réservées à différentes industries : la poterie, la coutellerie, la menuiserie, l'orfèvrerie ont chacune leur lieu déterminé, où les artisans travaillent sous les yeux des passants. L'abattoir occupe aussi son carré ouvert à tout venant : pour y entrer, il faut traverser des ruisseaux de sang où se repaissent des milliers de mouches et des oiseaux de proie. On était en train d'égorger des bœufs. On avait soin, avant de leur enfoncer le couteau dans la gorge, de les tourner du côté de la Mecque, comme pour en faire le sacrifice au prophète. Des nègres presque nus, armés de bâtons, battaient à grands tours de bras les bêtes abattues dans le but de faciliter l'enlèvement du cuir. Aucune des prescriptions de l'hygiène n'était observée dans ce lieu puant, inondé du sang des victimes pantelantes, et exposé à tous les feux du soleil d'Afrique.

» Le quartier des juifs, ou *Mellah*, est une des parties les plus curieuses de Mogador ; mais il faut une certaine dose de courage pour s'y aventurer. C'est un immense fouillis de ruelles étroites, obscures, puantes, où grouille dans l'ordure une population de plus de 7 000 juifs. Ce quartier, que la police ferme la nuit, est entièrement séparé du reste de la ville, et c'est peut-être pour cette raison que la propreté en est entièrement bannie. Les juifs du Maroc sont d'ailleurs les ennemis nés de la propreté, et leurs personnes luttent de saleté avec leurs demeures. Les habitants du Mellah sont administrés par un chef de leur religion et par un gouverneur maure : le premier dépend du second, et celui-ci est lui-même placé sous l'autorité du caïd.

» Les rues du Mellah sont moins infectes encore que l'intérieur des habitations. Nous avons eu l'héroïsme de pénétrer dans ces taudis, qui renferment chacun cinq ou six familles :

le patio qui s'ouvre au milieu de chaque habitation sert de réceptacle aux ordures de tous les ménages qui vivent dans la maison. Sur les escaliers crépis à la chaux qui mènent aux étages on rencontre des charognes, des détritus de toutes sortes, des pourritures qui empoisonnent l'atmosphère, des choses qui ne pourraient se nommer qu'en latin. Nous visitâmes tout cela en marchant sur la pointe des pieds et en nous bouchant le nez. Le Mellah de Mogador est sans doute l'endroit de l'univers où s'étale le *nec plus ultra* de la saleté; il est peu probable que les villes chinoises, ces Babylones d'immondices, atteignent à ce suprême degré de dégoûtante et repoussante dégradation. Les maisons de la ville juive sont toutes semblables. Chacune possède une cour intérieure. On monte à l'étage par un escalier dont les marches sont si étroites, que le pied ne peut se poser qu'en travers. Les différentes pièces sont d'une égale simplicité : une lampe est suspendue au plafond; le parquet est, comme les murs, crépi à la chaux et couvert de nattes de jonc; une bible en caractères hébreux constitue toute la bibliothèque, et les gens couchent bravement sur les matelas déroulés par terre. Quand nous entrions dans ces affreux taudis, nous étions immédiatement entourés de tous les gens de la maison: hommes, femmes, enfants se disputaient la faveur de nous offrir un grand verre de rhum mélangé d'eau : c'étaient des cris sauvages, des sons gutturaux à nous rendre sourds. Il fallait distribuer de la monnaie à tout ce monde.

» Les gens qui habitent ces misérables demeures ne sont pas aussi pauvres qu'on pourrait le croire; mais nulle part les juifs ne redoutent tant d'étaler leurs richesses, de peur d'être dépouillés par le gouvernement. Ils cachent ce qu'ils possèdent, et vivent dans un dénûment simulé [1]. La coquet-

---

1. Cette situation est la même à Fez et dans toutes les villes du Maroc, sauf à Tanger. Le *Mellah* ressemble à l'ancien *Ghetto* d'Italie. « Les Israélites ne peuvent
» porter de souliers que dans le *Mellah*, et, en entrant dans la ville arabe, ils
» doivent aller pieds nus. Ils ne sont pas absolument forcés d'aller toujours pieds
» nus, mais comme ils doivent ôter leurs babouches, quand ils passent dans cer-
» taines rues, devant certaines mosquées, à côté de certaines Koubas, cela finit par
» revenir au même. Et ce n'est pas la seule vexation, ni la plus humiliante, à la-

terie peut seule lutter avec leur avarice. Nous avons vu dans un de ces intérieurs d'une prodigieuse saleté, une jeune fiancée d'une ravissante beauté, couverte du plus riche costume. Un voile de soie verte enveloppait sa magnifique chevelure noire; une ceinture rouge brodée d'or lui serrait la taille; elle portait des boucles d'oreilles d'or et un collier de perles; ses pieds nus et ses mains étaient tatoués d'un dessin compliqué fait avec le henné.

» Outre la *Medina* et le *Mellah*, Mogador possède un troisième quartier appelé la *Kasbah*. C'est là que se trouvait notre auberge; c'est là que résident les marchands européens et les consuls. Les rues de ce quartier sont larges et bien aérées; les maisons sont hautes et offrent un aspect moitié européen.

» Les Européens sont plus nombreux à Mogador que dans toute autre ville du Maroc, et beaucoup y font rapidement fortune. Mogador, en effet, fait un commerce important avec

---

» quelle ils soient soumis. Ils ne sont pas admis à témoigner en justice, et doivent
» se prosterner jusqu'à terre en parlant devant les tribunaux; ils n'ont pas le droit
» de posséder de terrain en dehors de leur quartier, ni d'aller à cheval par la ville;
» ils ne peuvent lever la main sur un musulman, même pour se défendre, excepté
» dans le cas où ils seraient assaillis dans leur propre demeure. Ils doivent se vêtir
» de couleurs obscures et porter leurs morts en courant. Pour se marier, il leur faut
» l'autorisation du sultan. Ils doivent rentrer dans le *Mellah* au coucher du soleil,
» payer le gardien arabe qui veille à la porte de leur quartier, offrir au sultan de
» riches présents aux quatre grandes fêtes de l'islamisme et à l'occasion de chaque
» naissance, de chaque mariage dans la famille impériale. Ils n'en restent pas
» moins dans le pays parce qu'ils s'enrichissent en servant d'intermédiaires pour
» le commerce d'Afrique, et parce que le gouvernement, comprenant de quelle
» importance est leur présence pour la prospérité de l'État, oppose une barrière
» presque infranchissable à l'émigration en interdisant à toute femme juive de
» sortir du Maroc. Ils servent, ils tremblent, ils rampent dans la poussière; mais
» ils ne donneraient pas, pour acquérir la dignité d'homme et la liberté de citoyen,
» les monceaux d'or qu'ils tiennent cachés dans les murailles de leurs sordides de-
» meures. A Fez, ils sont huit mille environ. » (Edm. DE AMICIS, *le Maroc, Tour du Monde*, 2ᵉ sem. 1879, p. 118.) On peut comparer à ces descriptions du quartier des Juifs à Mogador et à Fez celle que donne du *ghetto* juif de Tlemcen l'abbé Bargès : « Imaginez-vous des files de maisons basses et obscures dans lesquelles
» on descend d'abord comme dans une cave, puis un escalier de plusieurs
» marches, des murs lézardés en plusieurs endroits et tombant en ruines, tapissés
» extérieurement de bouses de vache, et percés de deux ou trois trous en guise
» de fenêtres; ajoutez à ce tableau des enfants sales et plus qu'à moitié nus se
» chamaillant dans les cours des maisons ou dans les coins des rues, ou faisant
» aboyer les chiens. Suivez-nous, si vous le pouvez, dans ce dédale de rues et
» d'impasses où l'on ne rencontre ni boutiques, ni hommes, ni bêtes; traversez
» avec nous ces longs passages couverts où pour marcher il faut ôter son chapeau
» et se courber presque jusqu'à terre, si l'on ne veut pas se rompre la tête contre
» les solives et les poutres des maisons superposées, etc., etc. » (*Tlemcen*, p. 97.)

l'intérieur de l'Afrique; c'est de là que s'exportent les principaux articles du pays, les dattes, les amandes, les figues, la gomme, l'huile, les plumes d'autruche, les tapis et surtout les peaux et le cuir connu sous le nom de maroquin. Placé au sud du Maroc, aux portes du désert, ce port est le principal débouché du nord-ouest de l'Afrique : des sentiers de caravanes le mettent en communication avec les villes intérieures, Maroc, Fez et Mequinez, les oasis de Tafilet et d'Aïn-Salah, le Sahara, le sud de la province d'Oran et le Soudan. C'est par ce port que la France et l'Angleterre effectuent presque tout leur commerce avec le Maroc[1]...

» ..... L'étranger débarqué à Mogador ne tarde pas à s'apercevoir que l'atmosphère a un aspect terne, dû à la situation de la ville au milieu d'une plaine de sable : des particules de sable d'une extrême ténuité flottent constamment dans l'air, portées par les vents alizés ; les narines aspirent le sable avec l'air. On a beau clore hermétiquement les appartements, l'ennemi se glisse par les fentes des portes et des fenêtres : rien ne l'arrête, et cette perpétuelle invasion du sable est un des plus sérieux inconvénients du séjour de Mogador.

» Il paraît d'ailleurs que le climat de cette localité est infiniment plus sain qu'on ne serait porté à le croire. Le vent du nord-est y souffle constamment d'avril à octobre, et disperse les miasmes morbifiques qui empoisonnent l'atmosphère. Ce vent rafraîchit à ce point la température, que Mogador, bien que situé à l'extrême sud du Maroc, n'a point de chaleurs torrides. Les hautes montagnes de l'Atlas protègent la ville contre les vents suffoquants du désert. J'aurais peine à croire ce fait qui m'a été certifié, que les étés y sont plus frais que les hivers, si je n'y avais vu au mois d'août des brouillards intenses qui glacent les os. Le thermomètre mar-

---

1. « Le nom européen de Mogador dérive, dit-on, d'un saint Maure, Mugdul
» ou Mogodul. Les habitants qui sont très fiers de leur ville l'appellent Showerah,
» c'est-à-dire carrée; elle a pourtant la forme d'un triangle ; c'est une cité toute
» moderne, car elle ne date que de 1760; elle fut construite par un ingénieur
» français, Cornut, sous le règne de Sidi-Mohammed. » James RICHARDSON. —
Les Français bombardèrent Mogador en 1844 et la prirent facilement.

quait à cette époque de 18 à 20 degrés centigrades : c'est la moitié de la température d'été sous la même latitude en Algérie.

» Les opinions des résidents sont d'ailleurs assez partagées quant au climat de Mogador : les uns le proclament unique au monde, tandis que d'autres le trouvent abominable. Le vice-consul d'Espagne me disait que l'humidité y règne toute l'année avec son cortège de rhumatismes et de névralgies : il n'est aucun Européen, suivant lui, qui n'y contracte l'un ou l'autre mal; mais tout le monde convient que, grâce à l'uniformité de la température, le séjour de Mogador doit être excellent pour les poitrinaires. Le choléra fait souvent apparition ici comme dans le reste de l'empire; mais il ne frappe guère que la population indigène. Grâce à un mépris absolu des préceptes de l'hygiène, les Maures sont d'ailleurs sujets à une foule de maladies, telles que la lèpre, l'éléphantiasis, l'ophthalmie, l'hydrocèle, la teigne. Ils ne font point usage du vaccin, malgré l'exemple que leur donnent les juifs et les chrétiens qui vivent parmi eux. Rien n'est plus fréquent que les inflammations aux yeux, causées par un soleil brûlant dont les Marocains ne peuvent se garantir : l'usage du parasol est, en effet, interdit dans l'empire. Le parasol est le symbole de la souveraineté, et le sultan seul s'en réserve la jouissance. »

Jules LECLERCQ[1],
*De Mogador à Biskra, Maroc et Algérie*, chap. III.
(Paris, 1881, in-18, Challamel.)

### Les Beni-Hassen : description d'un douar.

« Les Beni-Hassen[1] sont le peuple le plus turbulent, le plus audacieux, le plus emporté, le plus voleur de toute la vallée du Sebou. La dernière preuve qu'ils en ont donnée a été une

---

1. On doit à M. Jules Leclercq, qui est un voyageur intrépide, en même temps qu'un observateur sagace, plusieurs intéressants récits, sur lesquels nous reviendrons, notamment le *Voyage aux îles fortunées* (Paris, Plon, 1880); le *Tyrol et le pays des Dolomites* (Paris, Quantin, 1880).
2. La tribu des Beni-Hassen habite la grande plaine qui s'étend entre le littoral de l'Océan et la ville de Fez sur les rives du Sebou.

révolte sanglante qui a éclaté dans l'été de 1873, quand le sultan régnant monta sur le trône, et qui débuta par le pillage de la maison du gouverneur dont ils enlevèrent même les femmes. Le vol est leur principale industrie. Ils se rassemblent en bandes, à cheval, armés, et font des excursions au delà du Sebou et sur les territoires voisins, volant autant qu'ils peuvent emporter ou traîner, et égorgeant, par précaution, tous ceux qu'ils rencontrent. Ils ont cependant une discipline, des chefs, des règlements, des droits reconnus, en un certain sens, même par le gouvernement, qui se sert quelquefois d'eux pour rattraper ce qui lui a été volé.

» Ils volent sous forme d'impôts forcés. Les individus dépouillés, au lieu de perdre leur temps en recherches et en recours, recouvrent leurs biens en payant une somme convenue au chef des bandits. Pour les jeunes garçons, spécialement, il est admis comme la chose la plus naturelle qu'ils doivent tout dérober. S'ils reçoivent une balle dans le dos, ou se font casser la tête d'un coup de pierre, tant pis pour eux. Ils savent bien que personne ne se laisse volontiers dépouiller, et puis il n'y a pas de roses sans épines. Les pères le disent naïvement : un fils de huit ans rend peu, un de douze plus, un de seize beaucoup. Chaque voleur a son genre spécial ; il y a le voleur de bestiaux, le voleur de chevaux, le voleur de marchandises, le voleur de *douar*[1], le voleur de grande route.

» Sur les routes ils attaquent de préférence les juifs, auxquels il est interdit de porter des armes ; mais le vol le plus commun est celui commis au préjudice des douars. En cela ce sont des artistes incomparables, non seulement chez les Beni-Hassen, mais dans tout le Maroc. Ils vont à cheval, et le grand art consiste plus dans la rapidité que dans la prévoyance, plus à ne pas se laisser attraper qu'à ne pas se laisser voir. Ils passent, prennent et disparaissent, sans laisser aux gens le temps de les reconnaître. Ce sont des coups de main rapides comme l'éclair, des jeux de prestidigitation équestre. Ils volent même à pied, et en cela aussi ils sont

---

1. On appelle *douar* un campement d'Arabes.

passés maîtres. Ils s'introduisent dans les douars, nus, parce que les chiens n'aboient pas après les hommes nus, enduits de savon de la tête aux pieds pour glisser entre les mains qui les saisiraient, avec un fagot de branches vertes entre les bras, pour que les chevaux, les prenant pour des broussailles, ne s'effrayent pas. Les chevaux sont la proie préférée; ils les empoignent par le cou, allongent leurs jambes sous le ventre et partent comme une flèche. Leur audace est incroyable. Il n'y a pas un campement de caravane, ou même de pacha et d'ambassade, où ils ne pénètrent malgré la plus attentive surveillance. Ils rampent, glissent, s'aplatissent contre terre, couverts d'herbes, de paille, de feuilles, vêtus de peaux de mouton, sous les déguisements de mendiants, de malades, de fous, de soldats, de saints.

» Ils risquent leur vie pour un poulet et font dix milles pour un écu. Ils sont parvenus à dérober des sacs d'argent sous la tête d'un ambassadeur endormi; et cette nuit même, malgré le cordon de sentinelles, ils ont volé un mouton attaché au lit du cuisinier, qui, le matin, en s'apercevant du vol, resta une demi-heure devant sa tente, avec les bras en croix et le regard fixé sur l'horizon, s'écriant de temps en temps : *Ah, madonna santa, che païs! che païs! che païs!*

» J'ai nommé les *douars*. On ne peut parler du Maroc sans les décrire. Le *douar* est ordinairement formé de dix, quinze ou vingt familles qui, le plus souvent, sont liées entre elles par un lien de parenté; chaque famille a sa tente. Ces tentes sont disposées en deux lignes parallèles, distantes d'une trentaine de pas l'une de l'autre, de manière à former dans le milieu une sorte de place rectangulaire ouverte aux deux extrémités. Elles sont toutes pareilles et consistent en un grand morceau d'étoffe noire ou couleur chocolat, tissée en fibres de palmier nain, en laine de chèvre ou en poil de chameau, soutenue par deux bâtons ou deux gros roseaux unis ensemble par une traverse de bois formant le toit. Cette forme est exactement celle des habitations des Numides de Jugurtha que Salluste comparait à un vaisseau renversé la quille en l'air. En hiver et en automne, la toile est tendue jusqu'à terre et fixée, au moyen de cordes, à des pieux, de manière à ne laisser pénétrer ni l'eau ni le vent. En été, on laisse tout autour, pour la circulation de l'air, une large ouverture protégée par une petite haie de joncs, de roseaux ou de ronces desséchées. Grâce à ce système, les tentes sont plus fraîches en été et mieux closes pendant la saison pluvieuse que les maisons mauresques de la ville, qui n'ont ni portes ni fenêtres. La plus grande hauteur d'une tente est de deux mètres et demi, sa plus grande longueur de dix mètres. Celles qui sont les plus grandes appartiennent à quelque cheik riche et sont rares. Une muraille de joncs divise l'habitation en deux parties ; ici dorment le père et la mère, là les fils et le reste de la famille.

» Une ou deux nattes d'osier, une caisse en bois bariolée d'arabesques où l'on enferme les vêtements, un petit miroir rond de Trieste ou de Venise, un haut trépied de roseaux recouvert d'un haïk sous lequel on se lave, deux pierres pour moudre le grain, un métier de la même forme que du temps d'Abraham, un grossier flambeau de cuivre, quelques vases de terre, quelques peaux de chèvres, quelques plats, une quenouille, une selle, un fusil, un poignard, tels sont les seuls ustensiles de chacune de ces cases. Ajoutez dans un coin une poule et sa couvée, devant l'entrée un fourneau formé de deux briques ; à côté de la tente un petit jardin ; plus loin quelques fossés ronds, revêtus de pierre ou de ciment, dans lesquels on conserve les grains.

» Dans presque tous les grands douars il y a une tente à part pour le maître de l'école, auquel le village donne cinq francs par mois outre beaucoup de provisions. Tous les jeunes garçons viennent là répéter cent mille fois les mêmes versets du Koran et les écrire, quand ils les savent par cœur, sur une tablette en bois. La plupart, quittant l'école avant même de savoir lire, pour aller travailler avec leurs parents, oublient en peu de temps ce qu'ils ont appris. Ceux, en petit nombre, qui ont la volonté et les moyens d'étudier, continuent jusqu'à vingt ans, pour aller ensuite compléter leurs études dans une ville, et devenir *taleb*, c'est-à-dire écrivain ou notaïré, ce qui équivaut à prêtre, car pour les musulmans la loi religieuse et la loi civile ne sont qu'une seule et même chose.

» L'existence que l'on mène dans ces douars est des plus simples. A l'aube tous se lèvent, disent leur prière, traient les vaches, font le beurre et boivent le lait aigre qui reste. Pour boire, ils se servent de coquilles et de patelles[1] qu'ils achètent aux habitants de la côte. Puis les hommes vont travailler dans la campagne et ne reviennent que vers le soir. Les femmes vont puiser de l'eau, chercher du bois, moudre le grain, tissent les étoffes grossières dont elles se vêtent elles et leurs maris, font les cordes des tentes en fibres de palmier nain, portent à manger à leurs hommes et préparent le couscoussou pour le soir.

» Le couscoussou est mélangé avec des fèves, des courges, des oignons et autres légumes; il est quelquefois sucré, poivré ou assaisonné avec du jus de viande; les jours de grand luxe, on le mange avec de la viande. Quand les hommes reviennent, on dîne, et, au coucher du soleil, tout le monde va dormir. Quelquefois, après le repas, un vieillard raconte une histoire au milieu d'un cercle de parents. Pendant la nuit le douar reste plongé dans le silence et les ténèbres; quelques familles seulement tiennent allumé devant leur tente un falot qui sert de guide aux voyageurs égarés.

» Le costume des hommes et des femmes ne consiste qu'en une chemise de toile de coton, un manteau ou haïk grossier. On ne lave le manteau et le haïk que trois ou quatre fois par an, à l'occasion des fêtes solennelles : aussi sont-ils toujours de la même couleur et même plus noirs que la peau qu'ils couvrent. La propreté du corps est plus observée, parce que sans les ablutions prescrites par le Koran ils ne pourraient faire leurs prières. Les femmes se lavent chaque matin tout le corps, en se cachant sous le trépied couvert d'un haïk; mais travaillant comme elles travaillent, dormant comme elles dorment, elles sont toujours sales, bien qu'elles fassent usage, ô miracle! de savon.

---

1. Sorte de coquillages de mer univalves.

» Dans les intervalles de repos, les hommes jouent souvent au ballon, et, quand ils ne jouent pas, un de leurs grands divertissements est de s'étendre par terre sur le dos et de faire sauter leurs enfants. A mesure que ceux-ci deviennent grands cependant, les sentiments de leurs pères pour eux se refroidissent, et il en est de même réciproquement des fils pour leurs parents. Beaucoup de ces enfants des douars arrivent à l'âge de dix et quatorze ans sans avoir jamais vu une maison, et il est curieux d'entendre raconter par les Maures ou les Européens qui les prennent à leur service, la stupeur qu'ils éprouvent en entrant pour la première fois dans une chambre, comment ils palpent les murailles, comme ils marchent sur le pavé, avec quelle émotion ils regardent par les fenêtres et descendent les escaliers.

» Les principaux événements, dans ces villages nomades, sont les mariages. Les parents et les amis de la mariée, avec un grand vacarme de coups de fusils et de cris la conduisent au douar de l'époux, assise sur la croupe d'un chameau et enveloppée dans un manteau blanc ou bleu, toute parfumée, les ongles teints de henné, les sourcils noircis avec du liège brûlé, et engraissée, pour cette circonstance, avec une herbe particulière appelée *ebba*, dont les jeunes filles font grand usage. Le douar de l'époux, de son côté, invite à la fête les douars voisins, d'où accourent souvent cent ou deux cents hommes à cheval, armés de fusils. La mariée descend de son chameau devant la tente de son futur mari, s'asseoit sur une selle ornée de feuillages et de fleurs, et assiste à la fête. Pendant que les hommes font *parler la poudre*, les femmes et les jeunes filles, disposées en cercle devant elle, sautillent au son d'un tambour et d'une flûte, tout autour d'un haïk étendu à terre, dans lequel chaque invité jette, en passant, une pièce de monnaie pour les mariés. Un des musiciens annonce à haute voix l'offrande, en faisant un souhait en faveur du donateur.

» Vers le soir, la danse s'arrête, les fusils se taisent, tout le monde s'asseoit à terre; on prépare d'énormes plats de couscoussou, des poulets rôtis, des moutons à la broche, du thé, des bonbons, des fruits, et le repas se prolonge jusqu'à minuit. Le jour suivant, l'épouse vêtue de blanc, avec une écharpe rouge, serré autour du visage et qui lui cache la bouche avec le capuchon tiré sur les yeux, accompagnée de ses parents et amis, va dans les douars voisins, recueillir encore une fois de l'argent.

» Quand un homme meurt, on recommence les danses. Le parent le plus proche rappelle les vertus du défunt, et les autres, rassemblés autour de lui, dansent avec des gestes et des attitudes de douleur, se couvrent de boue, s'égratignent le visage, s'arrachent les cheveux ; puis on lave le cadavre, on l'enroule dans une toile neuve, on le porte sur une civière au cimetière, et on l'ensevelit, appuyé sur le côté droit, le visage tourné vers l'orient.

» Tels sont leurs usages et coutumes les plus visibles; mais les coutumes intimes, qui les connaît? Qui peut suivre tous les fils dont s'ourdit la trame d'une existence dans un de ces douars? qui peut savoir quelles passions bouillonnent entre ces murailles de toile? qui peut retracer l'origine de leurs superstitions fabuleuses? qui peut éclairer ce bizarre mélange de traditions confuses, moitié païennes et moitié chrétiennes? les croix tatouées sur la peau, la vague croyance aux satyres dont on trouve les vestiges fourchus sous la terre, la poupée portée en triomphe à la première pousse du blé, le nom de Marie invoqué en faveur des accouchées, les danses circulaires qui rappellent les rites des adorateurs du soleil?

» Une seule chose, chez eux, est certaine et évidente : la misère. Ils vivent des maigres produits d'une terre mal cultivée, accablés d'impôts lourds et changeants, recouvrés par le cheik (ou chef du douar) élu par eux et directement subordonné au gouverneur de la province. Ils remettent au gouvernement, en argent ou en nature, la dixième partie de la récolte, et un franc en moyenne pour chaque bête. Ils payent cent francs par an pour chaque espace de terrain correspondant au travail de deux bœufs. Ils font, pour les principales fêtes de l'année, un cadeau obligatoire au sultan, cadeau qui équivaut à peu près à un impôt de cinq francs par tente. Ils déboursent de l'argent et fournissent des vivres au caprice des gouverneurs, quand passent le sultan, un pacha, une ambassade, un corps de troupe. Outre cela, quiconque a de l'argent est exposé aux extorsions des gouverneurs, impudentes, sans excuses, sans prétextes, effrontément violentes. Avoir la réputation d'être aisé est un malheur. Celui qui a un petit pécule, l'enterre, dépense en cachette, simule la misère et la faim. Personne n'accepte en payement un écu noirci même quand il est certain qu'il est bon, parce qu'il peut paraître avoir été tiré de la terre et attirer les soupçons des chercheurs de trésors. Quand un homme aisé meurt, ses parents offrent un cadeau au gouverneur, pour éviter d'être dépouillés de l'héritage. On offre des cadeaux pour obtenir justice, pour prévenir les persécutions, pour n'être pas réduit à mourir de faim.

» Et quand finalement ces hommes souffrent de la faim, et que le désespoir les aveugle, ils plient leurs tentes, empoignent leurs fusil et lancent le cri de la révolte. Qu'arrive-t-il alors? Le sultan lâche trois mille démons à cheval, qui sèment la mort dans le pays rebelle, coupent les têtes, s'emparent des troupeaux, enlèvent les femmes, incendient les moissons, réduisent la terre à l'état de désert couvert de cendres et de sang, et retournent annoncer au palais impérial que la révolte est domptée. Si l'insurrection s'étend et, déjouant les ruses par lesquelles le gouvernement tente d'en démembrer les forces, disperse les armées et reste maîtresse du champ de bataille, quel avantage en tire-t-elle, si ce n'est quelques courtes journées de liberté batailleuse qui coûte des milliers de vies? Ils éliront un autre sultan et provoqueront une guerre dynastique entre provinces et provinces, qui sera suivie d'un despotisme pire encore : c'est ce qui arrive depuis dix siècles. »

Edmondo DE AMICIS[1],
*Le Maroc.*

(*Tour du Monde*, 1er semestre 1879, n° 952.)

---

1. M. de Amicis (Edmondo), littérateur italien, né à Oneglia, élève du collège militaire de Modène, d'où il sortit sous-lieutenant au 3e régiment de ligne, fit la

## Le Riff et les Riffains.

« Les indigènes désignent sous le nom de Riff toute cette partie de la côte d'Afrique qui s'étend entre notre frontière algérienne au nord de la ville de Tetuan. C'est une succession non interrompue de montagnes, formant des chaînes presque parallèles à la côte et se reliant à la chaîne de l'Atlas. La zone riffaine comprend environ cent lieues de côtes, sur une profondeur variant entre quarante et soixante lieues. Cette contrée montagneuse se rattache à la zone comprise entre Cherchell et Tenez que les indigènes désignent aussi sous le nom de Riff, bien que les Algériens la nomment Sahel.

» Melilla, Peñon de Velez, Peñon de Alhucemas, appartenant à l'Espagne, sont situés sur la côte du Riff. Ceuta[1], autre presidio, est sur la côte orientale du Gharb, entre Tétuan et Tanger. Melilla, la plus importante des places espagnoles dans le Riff, paraît avoir été un établissement carthaginois. Elle appartint successivement aux Goths, puis aux Arabes, qui la perdirent au quinzième siècle lors de l'invasion espagnole. Les deux Peñon sont des citadelles bâties sur des rochers élevés. Peñon de Velez domine l'emplacement d'une ancienne ville connue dans l'antiquité sous le nom de Bidis, et qui aurait été fondée aussi par les Carthaginois. Les arabes l'appelaient Ouelis, d'où probablement, le nom de Velez. Si l'on excepte ces trois points, la côte du Riff est absolument inabordable. Ce ne sont que récifs et petites criques rocheuses, bonnes à receler des barques de pirates. Avant que les

---

campagne de 1866 contre l'Autriche, fut en 1867 directeur du journal l'*Italie militaire* à Florence, et quitta le service en 1871 pour donner tout son temps aux lettres et aux voyages. Il visita successivement l'Espagne, la Hollande, l'Angleterre, la France, Constantinople, le Maroc, et publia la relation de ces divers voyages. Ils ont été traduits en français et publiés par la librairie Hachette. Le public a accueilli avec une faveur marquée les récits dus à la plume facile et charmante de ce séduisant conteur.

1. Ceuta, enlevée en 1415 par les Portugais, fut cédée par eux aux Espagnols en 1668. (Traité de Lisbonne.)

Espagnols ne se rendissent maîtres des deux Peñon, les forbans tiraient grand parti de ces places, environnées de montagnes boisées, et très propres à la construction de petits navires.

» ... Les montagnards du Riff sont grands chasseurs, pirates et bandits. Ils cultivent peu leur sol, d'ailleurs assez ingrat. La rapine et le meurtre ont pour eux un singulier attrait. Ils n'ont qu'un respect médiocre pour les chérifs, descendants du prophète, et sauf leur haine pour les chrétiens, se montrent fort mauvais musulmans.

» Ils obéissent à des chefs héréditaires et indépendants, car ce n'est pas être soumis que de disputer sans cesse à main armée ce qu'un pouvoir détesté cherche à emporter par la violence. Leur haine pour les sultans n'est guère moindre que celle qu'ils ont vouée aux chrétiens. S'ils ne sont pas occupés à repousser les troupes qui viennent annuellement lever chez eux les impôts, ils ont les yeux sans cesse dirigés vers une double proie : les *presidios* et les *navires* que le courant entraîne à la côte. Lorsqu'ils voient un bâtiment que le calme a surpris empêché de regagner le large, ils se précipitent en foule vers les rochers qui abritent leurs embarcations et se dirigent à force de rames, quelquefois avec le secours de lambeaux de toile, vers le navire, qu'ils abordent et mettent au pillage. Les femmes, les enfants, les vieillards se pressent sur le rivage et saluent par des cris enthousiastes le retour des bandits. On se partage le butin. Quant aux captifs, on les maltraite, on les torture, à moins qu'on ne juge opportun de les garder comme otages, en prévision de quelques revers. Dans ce cas, on se contente de les insulter. Chaque année, les Riffains pillent ainsi cinq ou six bâtiments marchands sans distinction de pavillon. Il arrive de temps à autre que les assaillants rencontrent un accueil imprévu.

» Maintes fois des capitaines ont laissé dériver vers la côte du Riff leur navire chargé de monde et bien armé. Les pillards accouraient; puis tout à coup criblés de balles et de mitraille, ils se voyaient contraints de regagner leurs retraites,

### CARTE DU DÉTROIT DE GIBRALTAR
#### TANGER, CEUTA, TÉTUAN
Echelle 1/1.500.000

Le détroit de Gibraltar n'a que 14Km,800 dans sa partie la plus resserrée, et 24Km,340 entre Ceuta et Gibraltar. En 1704, les Anglais ont surpris le rocher de Gibraltar : il est devenu entre leurs mains un fort inexpugnable, hérissé de canons, qui ferme une des issues de la Méditerranée, et surveille la grande route du Levant et de l'Inde.

laissant en mer les débris de leur flottille, et des centaines de noyés. Mais ces exemples, trop rarement donnés à ces peuplades inhospitalières, n'ont sur elles d'autre effet que de les rendre plus habiles à guetter leur proie et d'exciter plus ardemment leurs désirs de représailles.

» Les alentours des *presidios* sont pour eux un autre théâtre, où ils peuvent satisfaire à la fois leur rapacité et leurs passions belliqueuses. C'est là qu'on peut appliquer à la lettre le fameux adage : *Con los moros, plomo o plata*. Du plomb et de l'argent, voilà ce qu'ils y viennent chercher. Avec cette singulière aptitude qui distingue les sauvages à se placer sans cesse sans efforts aux situations extrêmes, ils savent être chaque jour pour les Espagnols des marchands inoffensifs et des ennemis pleins de vigilance. Chaque matin ils apportent devant la citadelle des denrées de toutes sortes. Jusqu'à une heure déterminée, les soldats vont et viennent au milieu du marché, débattent avec les montagnards le prix des provisions qu'ils ont choisies. A contempler cette scène animée par les rires, les lazzis, par des incidents quelquefois burlesques, on se croirait sur un terrain où tous les cœurs sont unis par des liens paternels. Il n'y a peut-être pas d'exemple que les indigènes aient jamais trahi la confiance de leurs clients désarmés. Tout à coup le son d'une cloche suspend les transactions. Les Maures empochent leur recette, les Espagnols rentrent dans la citadelle, dont les portes se referment aussitôt. En un clin d'œil les ânes et les mules détalent emportant corbeilles et ballots. Les vieillards en prennent soin. Les hommes et les jeunes gens vont ramasser leurs fusils dans les buissons, et ouvrent contre la place un feu de tirailleurs qui durera, sans trêve ni relâche, jusqu'au marché du lendemain. C'est là depuis des siècles, l'école de tir des jeunes gens du Riff. Rarement l'ennemi se découvre, mais ils espèrent qu'une balle perdue ou déviée ira parfois frapper un Espagnol. Lorsqu'un étranger visite Ceuta, les officiers ne manquent pas, pour lui prouver que la solitude des abords n'est qu'apparente, de renouveler une expérience traditionnelle, ils élèvent au-dessus des murs un shako, et lui impriment au moyen d'un bâton, le mouvement vague de la tête d'un homme en observation. A l'instant, vingt balles viennent en sifflant frapper ce point de mire ardemment épié. Cette vigilance des Riffains rend, sinon impossibles, du moins fort périlleuses les tentatives que pourraient faire les condamnés des *presidios* pour recouvrer leur liberté. Si quelques-uns de ces malheureux réussissent, ils n'échappent à la mort qu'en se faisant circoncire. Quelques centaines de renégats sont ainsi répandus dans l'empire. Leur sort est généralement déplorable. Dès qu'ils ont quitté le *presidio*, il leur faut subir les plus rudes épreuves : la faim, la soif, le chaud, le froid, l'esclavage, les coups de bâton. Ils déclarent qu'ils veulent être musulmans : on brise leurs chaînes, on les revêt d'habits magnifiques, on les gorge de couscoussou, on les mène à la mosquée, on les circoncit, on les promène en triomphe sur un cheval richement orné. Le son des clarinettes, des tambours, et les acclamations de la foule saluent le nouveau croyant. Cet heureux état dure trois jours. Après trois jours personne ne s'intéresse plus au renégat. La défiance, souvent le mépris, le désignent aux vieux croyants. Il mourrait de faim, si cela était possible dans un pays où la vie matérielle ne coûte presque rien. Il essaye alors de tous les métiers clandestins et qu'on ne saurait avouer en Europe, ou il finit par s'enrôler à Fez dans un corps d'artilleurs, entièrement composé de renégats ; à moins que résolu à sortir à tout prix de sa dégradation, il ne prenne le parti extrême de se remettre aux mains des autorités espagnoles, invoquant de nouveaux châtiments ou même le dernier supplice : on l'a vu quelquefois.

» De cette attitude haineuse des Riffains vis-à-vis des Espagnols il ne faudrait pas conclure que tous leurs vœux tendent à détruire les *presidios* et à affranchir leur sol de tout établissement étranger. Ils trouvent au contraire profit à leur maintien, et ils seraient fort désagréablement surpris, si leurs continuelles attaques obtenaient le résultat qu'elles semblent poursuivre. Prendre l'argent des Espagnols et gagner le paradis en les tuant, quand cela est possible, telle est la pensée qui anime tous les Riffains[1]. Leur fanatisme, si grand qu'il soit, ne s'élèvera jamais à la hauteur de leur cupidité. »

Narcisse COTTE[2],
*Le Maroc contemporain*, ch. XIV.
(Paris, 1860, in-18, Charpentier.)

## Tanger.

« Tanger est la résidence du corps diplomatique et consulaire accrédité près l'empereur du Maroc. Elle a des communications régulières avec l'Europe par Gibraltar : deux fois par semaine, un petit bateau à vapeur fait la traversée du détroit. Quand le temps est beau, c'est une des plus charmantes promenades maritimes qui se puissent imaginer. On s'embarque dans la matinée à bord du *Jackal* ou du *Lion belge*, et après avoir été bercé pendant quatre heures sur les

---

[1]. « Vis-à-vis des Riffains, écrit M. Cotte, les moyens de répression directe seraient de nul effet, ou tout au moins insuffisants. Nous n'en voulons d'autre preuve que la mission accomplie par la corvette à vapeur le *Newton*, en 1854. Ce bâtiment de notre marine, commandé par M. Huguetcau de Chaillé, longea toute la côte du Riff à portée de canon, envoya des bombes sur les villages, détruisit bon nombre de barques, en un mot donna aux Riffains une leçon assez sévère pour que plusieurs de leurs chefs vinssent à bord demander la paix et offrir des otages. On amena sur le pont un taureau qui fut égorgé en présence du commandant comme gage des promesses solennelles faites par les Riffains. Quelques mois après cet acte de soumission, deux navires étaient attaqués et pillés dans les mêmes parages où le *Newton* était venu croiser en faisant feu de toutes ses batteries. » (N. COTTE, p. 254.)

« Je sais enfin qui sont ces hommes blonds, à visage de mauvais augure, qui, en passant à côté de moi dans les rues écartées, me jettent un regard où luit comme une tentation d'homicide. Ce sont des Riffains, Berbères de race, qui ne connaissent en fait de loi que leur fusil, et n'admettent l'autorité ni des caïds, ni d'autres magistrats; ces pirates audacieux, ces bandits sanguinaires, ces rebelles éternels qui habitent les montagnes de la côte entre Tétuan et la frontière algérienne, et que n'ont pu réussir à dompter ni les canons des vaisseaux européens, ni les armées du sultan, les habitants enfin de ce Riff fameux où nul étranger ne peut mettre les pieds que sous la sauvegarde des marabouts et des cheïks, sur lequel courent tant de légendes terrifiantes, et dont les populations voisines parlent comme d'un pays lointain et inaccessible. On voit souvent des Riffains à Tanger. Ce sont des hommes grands, robustes, vêtus d'un burnous foncé orné de glands de diverses couleurs, quelques-uns avec le visage marqué de tatouages jaunes; tous armés de longs fusils dont ils portent la gaine de laine rouge entortillée autour du front en guise de turban. Ils vont par groupes, parlant à voix basse, la tête inclinée, les yeux fixes, comme une bande de coupe-jarrets qui cherchent leur victime. A côté d'eux, les Arabes les plus sauvages me paraissent comme des amis d'enfance. » (E. DE AMICIS, *le Maroc; Tanger; Tour du Monde*; 1er semestre 1879.)

[2]. M. Narcisse Cotte a séjourné plusieurs années au Maroc, en qualité d'attaché au consulat français de Mogador.

Vue de Tanger.

vagues bleues où se mêlent les eaux de l'Atlantique et de la Méditerranée, on débarque sur le sable d'Afrique avant que la semelle des souliers ait pu secouer la poussière d'Europe.

» ..... Pendant tout le trajet, je n'eus de regards que pour cette côte marocaine où j'allais aborder. Les montagnes d'Afrique sont plus sévères, plus abruptes que celles qui dominent le détroit sur la rive espagnole. Je me rappelle encore un mont isolé d'une indicible majesté, dont la haute cime se voit des deux extrémités du détroit : c'est la fameuse montagne qui portait autrefois le nom d'*Abila* ou montagne de Dieu. Cette respectable colonne d'Hercule s'appelle aujourd'hui la montagne des Singes [1].

» ..... Le lendemain de mon arrivée à Tanger, je montai à la Kasbah. La Kasbah est l'acropole de Tanger : elle est située sur une hauteur qui domine toute la ville. Dans son enceinte se trouvent le palais du gouverneur, la prison, le tribunal et la citadelle, armée de neuf pièces de canon depuis longtemps hors d'usage..... En sortant de la Kasbah, je m'arrêtai à considérer le panorama de la ville qui se déployait à mes pieds. Ce coup d'œil est celui qu'offre toute cité arabe. Imaginez-vous un entassement confus de petites constructions de formes cubiques, blanches comme la neige, terminées par des terrasses quadrangulaires crépies à la chaux et percées d'une ouverture carrée qui donne l'air et la lumière

---

1. Voici comment s'opère le débarquement d'un Européen à Tanger : « Du pont » du bâtiment, on commençait à apercevoir distinctement les blanches maisons » de Tanger, lorsqu'une dame espagnole s'écria, derrière moi, d'une voix effrayée : « Qu'est-ce que veulent ces gens-là? » Je regardai du côté qu'elle désignait, et je » vis derrière les barques qui s'approchaient pour recueillir les passagers, une » nuée d'Arabes déguenillés, à demi nus, debout dans l'eau jusqu'à mi-cuisse, et » s'avançant vers le bâtiment avec des gestes de possédés, semblables à une » troupe de pirates qui diraient : « Voilà notre proie! » Ne sachant qui ils étaient » ni ce qu'ils voulaient, je descendis un peu inquiet dans un canot avec d'autres » voyageurs. Quand nous fûmes à une vingtaine de pas de la rive, toute cette » horde, couleur de terre cuite, s'élança sur les embarcations, mit la main sur » nous, et commença à vociférer en arabe et en espagnol, jusqu'à ce que nous » eussions compris que, les eaux étant trop basses pour approcher, il nous fallait » achever la traversée sur leurs épaules. Cette nouvelle dissipa notre appréhension » d'être dévalisés, mais éveilla la crainte d'être envahis par la vermine. Les dames » furent portées comme en triomphe sur des chaises; quant à moi, je fis mon » entrée en Afrique à califourchon sur un vieux mulâtre, le menton sur son » crâne et le bout des pieds dans la mer. » (E. DE AMICIS, *Tour du Monde*, 1er sem. 1869.)

au patio; hérissez toutes ces masures crayeuses de petits belvédères, toujours d'une blancheur immaculée, faites surgir du sein de cette ruche compliquée quelques rares palmiers et deux minarets élancés qui indiquent la place des mosquées : enfin enlacez cette agglomération dans une étroite enceinte fermée d'un côté par la mer azurée, de l'autre par une ceinture de murs crénelés qui l'emprisonnent, et vous aurez une vague idée de cette cité arabe située à quelques lieues de l'Europe.

» Mais comment rendre l'éclat chatoyant, aveuglant de cet enchevêtrement de terrasses revêtues de leur centième carapace de badigeon, et dont pas un nuage n'altère la crudité? les champs de neige des Alpes ne sont pas plus éblouissants que Tanger contemplé à la clarté de ce soleil du Maroc dont on n'a aucune idée sous nos cieux blafards. Et puis tout ce blanc tranche sur l'impitoyable bleu de la mer et de la voûte céleste. Qui n'a pas vu Tanger n'a nulle notion ni du bleu ni du blanc.

» La campagne est ravissante. Les figuiers de Barbarie y croissent aussi nombreux que les étoiles du ciel. Çà et là des champs de fèves et de pois, bordés d'aloës et de nopals. Le pays est très accidenté, et partout très pittoresque : l'horizon est borné par des montagnes aux contours graves, qui font au paysage, d'un aspect tout oriental, un cadre d'une merveilleuse beauté[1]. L'air est d'une telle pureté, qu'on se croirait à une portée de fusil de cimes éloignées de plusieurs lieues. De magnifiques échappées s'ouvrent sur la mer, dont la nappe bleue miroite au soleil. Par delà le détroit, s'estompent vaguement les monts lointains d'Espagne. Il me semble que cette vue d'Europe doit donner parfois la nostalgie aux membres de la colonie diplomatique de Tanger, car si Tanger est situé sous le plus beau ciel du monde, c'est, en somme, une abominable résidence pour des Européens.

---

1. « La *Huerta* de Tanger me paraît d'une fertilité admirable. A une demi-lieue
» de la ville, nous visitons le jardin de notre ministre; j'y ai admiré une végéta-
» tion toute tropicale, des magnolias, des dattiers, des bambous, des bananiers,
» des lauriers-roses et une infinité de plantes qui ne se voient chez nous que dans
» des serres chaudes. On me fit goûter de délicieuses tangerines, oranges parfu-
» mées, grosses comme le poing, et d'autres fruits succulents qui se cueillent sous
» ce beau ciel au cœur de l'hiver. » (*Id.*, p. 29.)

» ..... A Tanger, les rues sont absolument dépourvues de noms ; les maisons n'ont pas ombre de numérotage, si bien qu'une fois que l'étranger s'est aventuré dans cet inextricable et capricieux dédale, tracé sans aucun plan, il doit se résoudre à perdre son chemin jusqu'à ce que le hasard veuille bien le reconduire à la place du Zoco qui occupe le centre de la ville. C'est là que se trouvent les boutiques des marchands juifs et arabes. Ces échoppes n'ont pas de vitrines, par la raison que la fabrication du verre est inconnue au Maroc : les carreaux de vitre seraient d'ailleurs un luxe inutile sous un climat aussi délicieux. Le marchand se tient à l'intérieur, accroupi sur ses talons à la façon des tailleurs, et le chaland examine et achète de la rue. Vendeur et acheteur opèrent avec un flegme imperturbable. Régulièrement, le vendeur réclame un prix trois fois trop élevé, et l'acheteur offre un prix trois fois trop bas : mais on finit par tomber d'accord après de mutuelles concessions. Ces échoppes sont sales, pauvres, exiguës, dépourvues de tout mobilier. Le marchand y passe sa journée à fumer le kiff et à priser du tabac.

» Rien n'est plus facile que de surprendre sur le fait l'enseignement primaire à Tanger. On ne peut guère faire un pas sans entendre des voix d'enfants sortir de l'intérieur d'une école. Comme la porte de ces écoles est toujours ouverte, on peut voir de la rue ce qui s'y passe. A l'entrée de la classe sont déposées les babouches des écoliers. Au fond de la pièce, un maître, plongé dans une somnolence rêveuse, est couché tout de son long sur le sol, la tête appuyée sur la main. Autour de lui une douzaine de bambins à tête rasée sont assis sur leurs talons, et apprennent leurs prières en chantonnant avec un balancement uniforme. Pourquoi ce balancement ? Est-ce un préservatif contre le sommeil ou bien une prescription du Coran ? Je n'ai pu le savoir, mais je puis affirmer que du matin au soir ces pauvres enfants se livrent sans cesse à cet exercice. Les écoles sont nombreuses à Tanger : les Marocains savent tous lire. »

Jules LECLERCQ, *Maroc et Algérie*, ch. II.
(Paris, 1881, in-18, Challamel.)

## Le gouvernement et l'administration.

« Le sultan possède en propre non seulement le territoire, mais encore les biens et la personne même de ses sujets. Il s'en trouve qui refusent de se laisser ainsi posséder : ceux-là sont les berbères maudits, la honte de l'islamisme. Les sujets doivent s'estimer heureux quand chaque matin leur tête se retrouve sur leurs épaules ; à plus forte raison s'ils ont encore entre les mains quelque moyen d'existence...

» Chaque ville ou place du territoire est livrée aux griffes d'un kaïd ou gouverneur, qui exerce à peu près sans contrôle sur ses administrés la même autorité que le sultan exerce sur son peuple. Les tribus ont aussi leurs kaïds, et les villages de tentes ou *douars* obéissent à des chérifs, sous l'autorité des kaïds. Les pachas gouvernent des provinces, et ont plusieurs kaïds sous leur dépendance. Enfin, le sultan, au moyen de ses vizirs, s'est réservé la haute direction des seigneurs pachas.

» Ces éléments nous étant connus, expliquons le jeu du pressoir aurifère dans son ensemble et dans ses détails. Le sultan, d'une seule parole, a donné le mouvement. Il a dit à tel pacha : « Il me faut cent mille piastres... le pacha dit à dit à ses kaïds : « Sidna (notre seigneur) veut de l'argent ; » si chacun de vous ne me donne cent mille piastres, chacun » de vous pourrira en prison. » Les kaïds appellent à eux les plus riches, les notables, les négociants : « Sidna veut de l'ar- » gent : celui d'entre vous qui ne m'apportera pas mille » piastres périra sous le bâton. » Si la requête s'adresse à des juifs, elle comporte de légères variantes, et pourrait se formuler à peu près en ces termes : « Si l'un de vous ne me » donne mille piastres, ses biens seront confisqués, sa mai- » son rasée, sa famille périra sous le bâton ; sa tête, coupée » et salée, sera pendue à la porte de la Kasba, où les corbeaux » la couvriront de leurs ordures. »

» Ainsi, l'ordre parti d'en haut se transmet toujours plus menaçant jusqu'aux individus taillables et corvéables à merci.

Bâton, prison, violence de toute sorte venant en aide, l'or finit par jaillir au milieu d'un concert de soupirs et de gémissements... N'oublions pas de rappeler que si l'empereur demande mille piastres, le pacha demande autant de fois mille piastres qu'il a de kaïds sous sa dépendance : les kaïds, autant de fois cette même somme qu'ils ont d'administrés présumés assez riches pour la donner, d'où il résulte que, pour chacun de ses fonctionnaires, l'ordre impérial n'est qu'un prétexte aux exactions particulières. Le sultan sait d'ailleurs que penser là-dessus. Il n'a garde de rien réformer : il trouve plus avantageux de pratiquer la pression à la deuxième puissance ; et cette fois, c'est aux kaïds et aux pachas de dégorger les trésors qu'ils ont engloutis pour leur propre compte.

» L'empereur juge-t-il qu'un de ses pachas ou kaïds s'est approprié, à la faveur des coupes réglées qu'il a effectuées au nom du maître dans les biens de ses sujets, une quantité notable de piastres et de douros, il donne des ordres pour qu'on l'amène à la cour. Un beau matin, le pacha ou kaïd se voit tout à coup saisi par un détachement de la garde noire, qui l'enlève sans mot dire, le jette en travers d'une mule, le sangle ni plus ni moins qu'une botte de fourrage, et lui fait traverser ainsi les plaines qui le séparent de Maroc ou de Fez. J'ai vu plusieurs de ces malheureux, à barbe blanche, vêtus avec distinction, chevaucher de la sorte sous un soleil dévorant, les reins à demi-brisés, les membres inertes sous un réseau de liens tranchants, la tête pendante, la face tournée à la lumière, les yeux injectés de sang. Les brutes à face noire qui les conduisaient n'avaient pour eux que violences et malédictions. Arrivée au terme de son voyage, la victime est jetée dans un cachot, d'où on la tire chaque jour pour la soumettre à la bastonnade, seul moyen d'obtenir la révélation du lieu où sont cachés les trésors convoités. Mais l'avarice rend de bronze la chair des victimes. Il y a quatre ans, le kaïd de Dar-el-Beïda supporta pendant plus d'un mois une torture qui consistait à l'élever entre deux poteaux, puis à le laisser retomber, tout embarrassé de liens, sur un amas de figuiers de Barbarie hérissés de leurs longues épines, meurtrières comme des poignards. On voulait avoir de lui deux ou trois millions. Après chaque torture, il révélait le lieu ou il avait caché quelques milliers de piastres; le plus souvent, il donnait de fausses indications, et la torture redoublait de rigueur. Au bout d'un mois il expirait, mais la terre gardait son trésor : il n'avait pas eu la douleur de voir s'éparpiller entre les mains de soldats goguenards les beaux écus qu'avec tant de soin il avait amassés et enfouis.

» Les moyens de violence prolongés ne sont pas toujours du goût du sultan. Il est rare qu'à la suite de ces sortes d'exécutions extra-judiciaires réservées aux exacteurs, quelqu'un d'entre eux ne passe de vie à trépas. Quand le bâton a fait sortir de leur coffre une somme assez ronde, ils sont renvoyés avec honneur, pour l'ordinaire, et réintégrés dans leurs dignités et leur prérogatives, qu'ils exercent avec la résolution de plus en plus ardente de se créer des ressources pour l'avenir. Les uns s'efforcent de reculer, en offrant au sultan de riches présents, le temps de nouvelles épreuves; les autres attendent et laissent arriver ces temps de rigueurs, sans s'occuper des moyens d'y échapper.

» ..... Tels sont les procédés employés par le sultan pour prélever son budget exceptionnel. Quant aux impôts réguliers, si je ne les ai pas mentionnés en premier lieu, c'est que cette ressource normale du trésor est, dans son mode de perception, commune à tous les états musulmans. Ces impôts sont payés par les tribus avec une fidélité qui se mesure exactement sur le degré de terreur qu'inspire à chacune d'elle la force armée dont le sultan dispose. Celles que leur position inexpugnable dans les montagnes a accoutumées à une farouche indépendance ne payent qu'après avoir épuisé tous les moyens de résistance. Le soin de lever l'impôt dans ces tribus est confié à de véritables armées, et souvent, après de sanglantes défaites, ces armées viennent venger sur les inoffensifs habitants des plaines l'atteinte portée au droit souverain qu'elles n'ont pu faire prévaloir. »  Narcisse Cotte,
*Le Maroc contemporain*, ch. XII
(Paris, 1860, in-12; Charpentier

Le voyageur anglais Drummond-Hay nous fournit un curieux témoignage de cet odieux système de fiscalité et de concussions sans frein. Il avait fait à Tanger, sur les bords du Loucos, une excursion pour chercher un cheval barbe pur sang, digne d'être offert à la reine d'Angleterre. Le pacha de Larache l'adressa au cheik de la tribu d'Ibdoun pour l'achat de sa monture. « Ce
» cheik était un homme âgé, vêtu d'un caftan de belle étoffe
» et d'un haïk de laine indigène d'une éclatante blancheur. Assis
» à l'ombre de son toit de chaume, qui dépassait de quelques
» pieds les murs de sa demeure, il nous regardait approcher
» avec un sang-froid tout musulman, sans s'émouvoir de notre
» visite. A quelque distance de lui, j'arrêtai mon cheval et le
» kaïd ou chef de notre escorte, prit les devants. Ayant respec-
» tueusement salué le cheik, il tira de son sein la dépêche du
» pacha, la baisa et la lui remit.

» Le cheik en examina le sceau et, l'ayant portée préalable-
» ment de ses lèvres à son front, il l'ouvrit. Il s'interrompit plus
» d'une fois dans sa lecture pour jeter de mon côté des regards
» scrutateurs, paraissant réfléchir profondément et se demander
» quelle secrète interprétation il pouvait donner à une pareille
» mission, et quelles affaires de haute politique se cachaient
» sous une si simple requête.

» Dès que je pus le croire au bout de sa lecture et de ses com-
» mentaires, je mis pied à terre et l'accostai avec force *salems*.
» Il se leva en s'écriant : « Sois le bienvenu, ô Nazaréen ! Je
» jure, sur ma tête, de te servir ! Les ordres du pacha mon
» maître m'y obligent ; et puis les Anglais sont des hommes
» honorables, amis des musulmans. Mais je crains bien, jeune
» homme, que tu ne réussisses pas à trouver dans tout le canton
» l'animal que tu cherches. — Et où le trouverai-je donc, ô le
» meilleur de mes amis, répliquai-je, si ce n'est à Ibdoun ? —
» Ecoute et comprends, dit-il. Nous nous sommes vantés de
» nourrir le plus pur sang de tout le pays ; les soins que chaque
» homme de ma tribu avait pour sa cavale égalaient ceux d'une
» mère pour son enfant : jamais il ne la perdait de vue. Mais le
» jour d'affliction est venu ; les seuls témoins qui restent de notre
» ancienne gloire sont quelques maigres juments hors d'âge :
» elles sont indignes de toi. Vois, dit-il, leur progéniture dégé-
» nérée ; regarde ces poulains que mène mon esclave, ce ne sont
» pas des chevaux, ce sont des bêtes de somme. — Pourquoi
» cet abandon de vos intérêts, » lui observai-je. Le vieil éleveur

» regarda notre kaïd, et tous deux secouèrent la tête en sou-
» pirant : « Il n'y a plus de garantie pour la propriété, me répon-
» dit-il. Si un Bédouin possède un beau cheval, et que le sultan
» l'apprenne, l'animal est aussitôt saisi et son propriétaire ne
» reçoit ni payement ni récompense. — Dure condition que la
» vôtre, lui dis-je.

» — Dure ! répondit le Bédouin. Vois ces cicatrices profondes
» à mes chevilles ; vois où le fer est entré dans les chairs. Pendant
» sept longues années j'ai été en prison, et pourquoi ? N'étais-je
» pas renommé pour l'hospitalité dont je faisais preuve à Ibdoun ?
» Ne faisais-je pas de magnifiques présents au kaïd, au basha,
» au sultan ? mais qu'importe tout cela ? J'étais riche, et dans
» ce pays de tyrannie, c'est un crime ! Combien d'autres que
» moi, hélas ! ont souffert pour la même raison. »

» On a recours aux plus horribles tortures pour arracher aux
» gens l'aveu de leurs richesses. Tantôt on met la victime dans
» un four lentement chauffé, tantôt on la tient debout des se-
» maines entières dans d'étroites boîtes de bois ; on lui enfonce
» des chevilles sous les ongles, ou bien on met des chats furieux
» dans ses larges pantalons. On tord le sein des femmes avec
» des tenailles ; souvent de jeunes enfants, serrés dans les bras
» d'un homme vigoureux, ont été étouffés sous les yeux de leurs
» parents. » (DRUMMOND-HAY, *Le Maroc et ses tribus nomades*,
traduit par M<sup>me</sup> Louise Belloc.)

## 3° BIBLIOGRAPHIE

BEAUMIER. *Description sommaire du Maroc.* — (Paris, 1868, in-8°, Challamel.)
BERBRUGGER. *Les colonnes d'Hercule; excursions à Tanger, Gibraltar.* — (Alger, 1863, in-18,)
COHN. *Mœurs de Tétuan, Maroc.* — (Paris, 1866, in-8°, Lévy.)
COTTE. *Le Maroc contemporain.* — (Paris, 1860, in-12, Charpentier.)
DRUMMOND-HAY (J.). *Le Maroc et ses tribus nomades; excursion dans l'intérieur, chasses; détail de mœurs, superstitions, coutumes,* trad. avec notes et introd., par M<sup>me</sup> Louise S.-Belloc. — (Paris, 1844, in-8°.)
FILLIAS (Ach.-Et.). *Le Maroc.* — (Paris, 1854, in-8°.)
GÉRARD. *L'Afrique du Nord; description du Maroc.* — (Paris, 1860, in-12.)
GODARD (Léon). *Description historique du Maroc; géographie et statistique.* — (Paris, 1860, 2 vol. in-8°, avec carte.)
GOLTDAMMER (F.). *Note géographique et commerciale sur l'empire du Maroc.* — (Paris, 1878, in-8°, Pougin.)
HŒFER. *Le Maroc.* — (*Univers pittoresque*, in-8°, Didot.)
JOURDAN. *L'Empire du Maroc.* — (Paris, 1852, in-8°.)
LECLERCQ (J.). *De Mogador à Biskra.* — (Paris, 1881, in-18, Challamel.)
LEMPRIÈRE (George). *Voyage dans l'empire du Maroc et le royaume de Fez,* fait

*pendant les années 1790-91*, traduit de l'anglais, par de Sainte-Suzanne. — (Paris, an IX, in-8°, avec carte.)

Renou. *Recherches géographiques sur le Maroc.* — (Paris, 1846, in-8°, avec carte, Challamel.)

Richardson (John). *Travels in Marocco*, edited by his widow. — (London, 1859, 2 vol. in-8°.)

Rohlfs (G.). *Mein erster Aufenthalt in Marokko, and Reise südlich vom Atlas durch die oasen Dra'a und Tafilet.* — (Bremen, 1872, in-8°.)

Rohlfs Gerhard (Dr). *Aventures in Marocco and journeys through the oases of Dra'a and Tafilet*, edited by Winwood Reade. — (London, 1874, in-8°, avec carte, Sampson.)

Rohlfs (Gerhard). *Reise durch Marokko.* — (Brême, 1869, in-8°, avec carte.)

Thomassy (M.-J.-R.). *Le Maroc et ses caravanes, ou Relations de la France avec cet empire.* — (Paris, 1845, in-8°.)

Tissot (Ch.). *Recherches sur la géographie comparée de la Mauritanie Tingitane.* — (Paris, 1877, in-4°. Imprimerie nationale.)

Yriarte (Ch.). *Sous la tente; Souvenirs du Maroc; récits de guerre et de voyage.* — (Paris, 1862, in-12.)

---

Amicis (E. de). *Le Maroc*, traduction de Belle; *Tour du Monde*, 1879, 1er semestre. — (Paris, 1882, in-8°, illustré, Hachette.)

Balansa (B.). *Voyage de Mogador à Maroc.* — (*Bulletin de la Société de géographie*, avril 1868.)

Barbié du Bocage. *Le Maroc, notice géographique.* — (*Bulletin de la Société de géographie*, 1861, t. Ier et II.)

Beaumier (A.). *Le Maroc.* — (*Bulletin de la Société de géographie*, juillet 1867.)

Beaumier (A.). *Itinéraire de Tanger à Mogador.* — (*Bulletin de la Société de géographie*, 1876, t. Ier.)

Beaumier (A.). *Mogador et son commerce maritime.* — (*Annales du Commerce extérieur.*) — (Paris, 1875, in-8°.)

Beaumier (A.). *Le Maroc; Notes de voyage.* — (*Bulletin de la Société de géographie*, mars 1876.) — (*Explorateur*, 1875, n° 40.)

Beaumier (A.). *Excursion de Mogador à Saffy.* — (*Bulletin de la Société de géographie*, avril 1868.) — (Id., *Revue des cours littéraires*, 31 octobre 1868.)

Cosson (E.). *Note sur la géographie botanique du Maroc.* — (*Bulletin de la Société botanique de France.*) — (Paris, 1873, in-18.)

Craig (J.). *Un aperçu du Maroc.* — (*Bulletin de la Société de géographie*, mars 1870.)

Dastugue. *Quelques mots au sujet de Tafilet et de Sidjilmassa.* — (*Bulletin de la Société de géographie*, avril 1867.)

Décugis (Dr). *Relation d'un voyage dans l'intérieur du Maroc en 1877.* — (*Bulletin de la Société de géographie*, juillet-août 1878.)

Desportes et François. *Itinéraire de Tanger à Fez et Meknès.* — (*Bulletin de la Société de géographie*, mars 1878.)

Didier (Ch.). *Le Maroc, Tanger, Tétouan, Ceuta.* — (*Revue des Deux-Mondes*, 1er août, 1er novembre, 15 décembre 1836, 1er février 1838.)

Duveyrier (H.). *Sculptures antiques de la province marocaine de Sous.* — (*Bulletin de la Société de géographie*, 1876, t. II.)

Gatell (Joachim). *Description du Sous.* — (*Bulletin de la Société de géographie*, 1871, t. Ier.)

Gatell (J.). *L'Ouad-Noun et le Tekna.* — (*Bulletin de la Société de géographie*, octobre 1867.)

Gilbert (J.). *Note sur la province de Chaouya.* — (*Bulletin de la Société de géographie*, juillet 1867.)

Hooker (J.-D.). *Lettres sur le Maroc.* — (*Le globe de Genève*, 1872, n° 1.)

Lambert (Paul). *Notice sur la ville du Maroc.* — (*Bulletin de la Société de géographie*, novembre 1869.)

Leclercq (J.). *Voyage à Tanger et à Mogador.* — (*Revue britannique*, décembre 1878; décembre 1881.)

Lenz (Dr Oscar). *Voyage du Maroc au Sénégal.* — (*Revue de géographie*, mai-juin 1881.)

Mardochée abi Serour. *De Mogador au djebel Tabayoudt.* — (*Bulletin de la Société de géographie*, décembre 1875.)

Mazet (A. du). *La frontière marocaine.* — (*Revue de géographie*, décembre 1881.)

Mercier (E.). *Si Sidjilmassa selon les auteurs arabes.* — (*Revue africaine*, mai-juillet 1867.)

Mouette, Lemprière, Richardson. *Voyages au Maroc*, 1670-1789-1860, abrégés par M. de Lanoye. — *Tour du Monde*, 1er semestre 1860.)

Primaudaie (E. de la). *Les villes maritimes du Maroc.* — (*Revue africaine*, 1872, nos 92-97; 1873, nos 97-100.)

Rohlfs (G.). *Voyage au Maroc.* — (*Revue algérienne*, mai 1863.)

Schikler. *Quelques jours au Maroc.* — (*Tour du Monde*, 1860, 1er semestre.)

# CHAPITRE II

# ALGÉRIE

## 1° RÉSUMÉ GÉOGRAPHIQUE

### I. — GÉOGRAPHIE PHYSIQUE

**Limites.** — Au nord, la Méditerranée, sur une longueur d'environ 1 100 kilomètres; — à l'est, du côté de la Tunisie, une ligne qui part du cap Roux, se dirige au sud jusqu'au djebel Sidi-Abdallah, puis au sud-ouest, longe le djebel Adisa, le djebel Ghorra, suit du nord-ouest au sud-est la vallée de l'oued Bou-Hadjar, passe à Bordj-Kheiroun, coupe le chemin de fer de Constantine à Tunis entre Ouled-Dia et Ouled-Sdira, prend ensuite une direction générale du nord au sud, par Sidi-Yousef, coupe l'oued Mellegue, franchit le djebel Mkhiseh au sud-est de Tebessa, et se perd dans le désert; — au sud, le Sahara; — à l'ouest, du côté du Maroc, la frontière part de la baie d'Adjeroud à 15 kilom. de la Malouïa, remonte l'oued Kiss, coupe l'oued Mouilah et l'oued Isly près de leur confluent, passe à l'est d'Ouchda, franchit le djebel Toumzaït, coupe le chott el Rarbi, laisse au Maroc le pays de Figuig, qu'elle sépare du massif de Ksel et du territoire des Oulad-Sidi-Cheikh, et dessine ensuite un arc de cercle pour aller rejoindre l'oued Bou-Semr'oum, et suivre l'oued Benout. Telle est la ligne de démarcation peu sûre dont la France s'est contentée trop aisément au traité de 1845, après les victoires de Bugeaud et du prince de Joinville[1].

**Situation astronomique.** — 32° et 37° de lat. N.; et 6° 30' de long. E. et 4° 40' de long. O.

---

1. On peut lire dans le recueil des *Etudes algériennes* de M. Ardouin du Mazet, un chapitre très savant et très précis sur le tracé de cette frontière. M. Ardouin écrit : « Au point de vue des races, cette frontière est erronée; au point de vue » de l'histoire, elle est fausse; au point de vue géographique, elle n'a aucune va- » leur. » (Ch. xv, p. 175.)

## ALGÉRIE.

**Climat.** — L'Algérie est située dans la partie centrale de la zone tempérée arctique : son climat est chaud, mais considérablement modifié par la constitution physique du pays ; la température, élevée dans les plaines basses du midi, est modérée sur les plateaux du centre et dans les montagnes du nord. La neige est fréquente et le froid intense l'hiver sur les plateaux. Deux saisons : celle des *pluies*, de novembre à avril, amenées par les vents d'ouest et nord-ouest, irrégulières et variables, déchaînées souvent en averses violentes ; — celle de la *sécheresse*, d'avril à novembre, pendant laquelle la pluie est rare, le vent souffle du nord-est, ou du sud-est ; ce dernier est le vent du désert, le *simoun* (empoisonneur). Température moyenne d'Alger + 20°,63 ; températures extrêmes + 35° à 40° en été, et — 2° à — 3° en hiver. Par le siroco ou simoun, le thermomètre monte à 45° ; on l'a vu à 57°, à 66° et jusqu'à 72° dans les gorges de la Chiffa. A Biskra, la chaleur est souvent de 45°, 48° et même 52° ; — à Touggourt de 51° : en hiver le thermomètre descend dans ces deux oasis à 0° et même à — 5°.

**Littoral ; îles.** — Les côtes ont un développement de 1 100 kilomètres en ligne droite, 1 300 avec les sinuosités ; elles sont en général escarpées et rocheuses, peu découpées, dépourvues de baies et d'îles. La direction générale est légèrement inclinée du sud-ouest au nord-est. (*Mare sævum, littus importuosum*, écrivait Salluste) ; le littoral est en effet incommode et même dangereux, surtout pour les navires à voiles. En allant de l'est à l'ouest : 1° **Département de Constantine** : cap *Roux*, baie de *la Calle*, cap *Rosa* avec phare, baie de *Bône*, cap de *Garde* avec phare, cap de *Fer* avec phare, cap *Filfila*, baies de *Philippeville* et de *Stora*, cap *Srigina* avec phare, cap *Boujarone* ou des *Sept Têtes*, avec phare, baie de *Mers-el-Zeitoun*, bordée de falaises et de roches, baie de *Djidjelli*, cap *El-Afia* avec phare, cap *Cavallo*, golfe de *Bougie*, cap *Carbon* avec phare, cap *Sigli* à l'ouest de la petite île *Pisan* (sup. 500 m., alt. 50). — 2° **Département d'Alger** : cap *Corbelin*, baie de *Mers-el-Fahm*, cap *Tedlès* et *Bengut*, rade de *Dellys*, cap *Djinel* et *Matifou*, où commence la rade d'Alger ; le dernier porte un phare ; pointe *Pescade*, pointe *Cascine* avec phare ; cap aux *Arcades*, presqu'île de *Sidi-Ferruch* ; baie des *Assassins*, baie de *Cherchell*, cap *Tenez* avec phare ; îles *Colombi* et des *Pigeons*. — 3° **Département d'Oran** : cap *Khamis*, baie de *Teddert*, cap *Ivi* avec phare, baie d'*Arzew*, cap *Carbon*, avec deux phares ; cap *Ferrat*, pointe de l'*Aiguille*, golfe d'*Oran*, rade de *Mers-el-Kebir*, cap *Falcon* avec phare, cap *Lindlès* et île *Plane*, caps *Sigala, Figalo, Hassa, Noë, Elkada, Milonia*, îles *Habibas* et *Rachgoun*.

**Relief du sol.** — Les géographes ont adopté longtemps la division des montagnes d'Algérie en trois parties : *petit, moyen, grand Atlas*. Cette division vague et inexacte est aujourd'hui condamnée. L'Algérie est un long plateau, ou plutôt une suite de massifs dirigés dans le sens de la côte, depuis le Maroc jusqu'à la Tunisie, s'abaissant au nord vers la mer, en pentes accidentées, et descendant au sud vers le Sahara, tantôt en pentes allongées, tantôt en terrasses abruptes. 1° Entre la crête septentrionale du plateau et la mer, sont les **montagnes du Tell**, peu étendues et séparées par des plaines ; de l'ouest à l'est se succèdent les monts *Mekkaïdon, Daya*, de *Saïda*, de *Tiaret*, de l'*Ouarensenis* (Œil du monde, 1 991 m.) avec les contreforts du *Teniet-el-Haad*, du djebel *Achéou* (1 814 m.) et du djebel *Taguelsa* (1 731 m.) ; puis les monts de *Boghar*, et à droite du Chéliff, les monts de *Tittery*, des *Bibans*, de *Sétif*, de *Constantine*, d'*Houach* et d'*Aoura*. A ces chaînes se rattachent des lignes de *Sahels*, ou massifs plus ou moins élevés, plus rapprochés de la côte : le massif de **Tlemcen** (pics de *Toum-*

zaït, 1834 m., d'*Ouergla*, 1724 m., djebel *Roumelia*, 1709 m.); le massif de **Traras** (pics de *Fougal* et de *Tadjera*, 1400 m.); le massif de **Tessala** ou d'*Oran* (monts Tessala, 1092 m. et Tafaroni (726 m.); le massif de **Mascara** (pic Cherbeui, 650 m.); le massif d'**Alger** formé du djebel *Dahra* (876 m.), le massif du **Zakkar** (monts Gharbi, 1580 m., Chergui, 1527 m.); les monts de **Blidah** précédés du djebel *Mouzaïa* (1600 m.) et du mont des *Beni-Salah* (1640 m.); l'énorme massif du **Djurjura** kabyle (*mons Ferratus*) entouré comme une île de l'oued Sahel, de l'oued Isser et de ses affluents et dominé par le pic *Lella-Khredidja* (2308 m.), d'*Aboukir* (2250 m.), de *Tizi-Ougoulmin* (2122 m.), du *Tizibert* (1760 m.), etc.; le massif de **Dira**, où naissent les rivières kabyles, avec ses sommets de *Dira* (1813 m.), *Kef-el-Akdar* 1400 m.), *Kef-el-Ausour* (1200 m.); le massif de **Sétif** et **Hodna**, rattaché au précédent par le djebel *Ouennougha* et le djebel *Kleuf*, portant plus de quinze pics hauts de 1200 à 1900 mètres (le *Takoutcht* (1396 m.), le *Bouandur*, le *Tamesguida*, 1630 m., le *Babor* et le *Tababor*, 1900 m., le *Guergour*, 1800 m., etc.); le massif de **Constantine**, avec les sommets de *Filfila*, 700 m., *Elkantour*, 900 m., *Thaya*, 1200 m., *Kaskar*, 1140 m., *Oumselas*, 1310 m.; le massif de l'**Edough**, entre Philippeville et Bône (pics de *Bouzizi* (1004 m.), *Chaïla*, *Bellout*, etc.); le massif de la **frontière tunisienne** (djebel *Ghorra*, 1200 m., monts des *Beni-Salah*, 950 m., monts de *Soukahrras*, 1290 m., djebel *Mahouna*, 1370 mètres.)

2° Entre les plateaux et le Sahara s'étend la chaîne **Saharienne**, plus large, plus massive, et en général plus continue. Elle commence aux monts tourmentés du **Ksel** (*Bou-Derga*, 1950 m.), et se prolonge par le massif crayeux de l'**Amour** (mont *Touïla*, 1957 m.) et les djebels isolés du **Bou-Khaïl** jusqu'à l'imposant massif de l'**Aurès** (*Aurasius mons*) long de 120 kilom., large de 70, entre Biskra et Batna, creusé de profondes gorges, et dominé par les trois cimes du *Touggourt* (2086 m.) couronné de cèdres, du *Mahmel*, 2304 m., du *Cheliah*, 2312 m. — On y rattache les massifs du djebel *Chechar* et de l'*Amar-Khaddou*.

**Cours d'eau; lacs.** — « L'Algérie manque d'eau et ses rivières sont sans
» importance réelle; aucune n'est navigable, si ce n'est vers l'embouchure,
» ni même flottable; un petit nombre peut servir à l'irrigation, et quelques-
» unes seulement ont assez d'eau constante pour être utilisées pour les
» besoins de l'industrie. Elles coulent dans des pays ravinés, sans direction
» régulière, sans lit, contournant péniblement les montagnes qui barrent
» leurs cours, sans embouchures profondes propices à l'établissement de
» ports; elles ont rarement des villes sur leurs bords, et n'appellent ni la
» population, ni la culture, ni la civilisation. En hiver, elles entraînent
» rapidement des masses d'eau considérables qui les rendent très dange-
» reuses; en été, elles sont à sec ou tellement réduites qu'elles ne méritent
» plus le nom de rivières. Leurs bords ne sont pas souvent cultivables, et
» elles ne peuvent servir en rien aux communications qu'elles entravent
» plutôt; lors des sécheresses, elles deviennent toutes guéables à cheval et
» souvent à pied[1]. »

On peut diviser les eaux de l'Algérie en trois versants : 1° **Versant de la Méditerranée ou du Tell**: la *Tafna* (170 kilom.) qui a des eaux abondantes, grossie à droite du *Sebdou* et de l'*Isser* qui reçoit la *Sikkah*; à gauche du *Tafrent* et du *Mouilah* qui reçoit l'*Isly*; — le *Rio Salado*; — la *Mactah* est un des marais où se perdent la *Sig* et l'*Habrah*, qui toutes deux sont

---

[1]. P.-F. Bainier, *L'Afrique, géographie appliquée*, etc., p. 285.

retenues par des barrages : — le *Chéliff*, le plus important des cours d'eau de l'Algérie, venu du djebel Amour par Taguin, Zerguin, les marais de Kseria, Boghari, Orléansville (695 kilom.). Il est large comme la Seine ou la Garonne pendant l'hiver; il a les irrégularités de débit et les bancs de sable de la Loire. — Il reçoit à droite : l'*Hakouin*, le *Boulan*, l'*Ouaran*; à gauche : le *Nahr-Ouassel* (170 kilom.), le *Deurdeur*, retenu par un barrage, le *Fodda*, l'*Isly* (116 kilom.), utilisé pour les irrigations, le *Riou*, la *Mina* (195 kilom.). — Dans la Metidja jadis empestée par ses marais croupissants, aujourd'hui enrichie par ses eaux courantes, coulent : le *Corso*, le *Boudouaou*, la *Reghaïa*, l'*Hamis* retenu par un barrage, l'*Harrach* (75 kilom.), le *Mazafran*, formé par la *Chiffa* et le *Djer*, le *Nador*; — L'*Isser* oriental, grossi du *Zeghrouat*; — le *Sebaou* (95 kilom.), grossi du *Sabeur*, de la *Bougdoura*, etc. — Le *Sahel* (210 kilom.), grossi du *Zaïan*, du *Mahrir*, torrent sorti des Portes de Fer, et du *Bou-Sellam*; — l'*Agrioun*; — le *Djiudjen*; — le *Rummel* (235 kilom.) ou *Oued-el-Kebir* forme les cascades de Sidi-Mécid, et reçoit le *Bou-Merzoug*, le *Hamma*, le *Smendou*, etc.; — le *Sefsaf* (100 kilom.), grossi de la *Zeramna*; — le *Sanendja*; — la *Seybouse* (232 kilom.), navigable à 10 kilom. de son embouchure, grossi de la *Boudjima*, du *Zenati*, rivière d'*Hammam-Meskoutin*; — la *Mafrag*; la *Medjerda* (100 kilom. en Algérie, le reste en Tunisie) grossi de la *Mellègue*.

La *Sebkha* (lac) d'Oran (32 000 hect.) est sans écoulement vers la mer. — Le lac *Fetzara* (province de Constantine), 14 000 hect., est poissonneux mais malsain; les lacs *El-Hout* (2 367 hect.), *El-Oubeira* (2 200 hect.), *Melah* (800 hect.).

2° **Versant des hauts plateaux** : Les cours d'eau de la haute région des steppes vont tous se perdre dans des bassins fermés appelés *chotts* ou *sebkhas*, ou *guerahs*, lagunes salées qui se remplissent à l'époque des pluies. Les principales sont : **Province de Constantine** : le chott de *Tarf*, et les trois petites lagunes d'*El-Guelif*, *Auk-Djemel*, *El-Marsel*, les lacs *Beïda* et *Efraïm*, la sebkha de *Hodna* grossie du *Barika*, du *Ksab*, du *Chellat*, etc. — **Province d'Alger** : le bassin des *Zahrez* (Zahrez-Chergui, Zahrez-Rharbi), région inhabitée et désolée. — **Province d'Oran** : le bassin du chott *El-Chergui* (140 kilom. sur 20) grossi du *Fallet*, de l'*Hammam*, du *Gaesmir*; le chott *El-Rharbi*, qui est à la fois algérien et marocain.

3° **Versant du Sahara** : Les *ouadis* ou rivières sans eau du Sahara, sont « des ravins, des sillons permanents souvent très larges, très pro-
» fonds et d'une grande étendue que le temps a creusés dans le sol sablon-
» neux du désert. Quand il survient des pluies abondantes sur les hau-
» teurs, ces ravins desséchés se remplissent presque instantanément de
» quantités d'eau énormes : mais le sol poreux de ces fonds de sable ne
» tarde pas à tout absorber, et l'eau de ces torrents disparaît presque aussi
» promptement qu'elle est survenue, non pourtant sans laisser après elles
» un principe d'humidité qui couvre temporairement le fond des ouadis
» d'une herbe épaisse que les chameaux recherchent avidement. Les tribus
» sahariennes et les caravanes savent d'ailleurs qu'il suffit souvent de
» creuser de quelques pieds le sol des ouadis pour être assuré d'y trouver
» de l'eau de bonne qualité, ressource précieuse dans le désert. Les rares
» habitants de ces solitudes n'ignorent pas, en effet, que sous le sol incliné
» que sillonnent les ouadis, il existe des nappes d'eau courantes, de véri-

---

1. Dictionnaire de Vivien de Saint-Martin, article *Algérie*. — Sur les puits artésiens, voir les *Lectures*, au chapitre du Sahara.

» tables rivières souterraines à de plus ou moins grandes profondeurs...
» Cette notion, dans une foule de cas, a été mise à profit par nos ingé-
» nieurs pour l'établissement de puits artésiens [1]. » Il existe parfois çà et
là, dans le lit des ouadis, des bassins qui retiennent plus ou moins longtemps les eaux; on les appelle *redirs* (traîtres). Au temps des pluies, coulent dans le Sahara : le *Mzab* et le *Neça*, qui aboutit au chott Sâfioun; le
*Mia*, le *Zergoun*, le *Seggueur*, tributaire du lac *Hamra*, l'*El-Benout* du lac
*Musteïer*; et surtout l'oued *Djeddi* (rivière du chevreau) qui descend du djebel
Amour, arrose Tadjemout et Laghouat, se grossit de la rivière de *Biskra*,
du *Fedala*, de l'*Abdi*, et de l'*Abioud*, et se jette dans la vaste cuvette du
chott *Mel'Rir* (6000 kilom. car.). La dépression du chott *El Mel'Rir* se
continue à l'est jusqu'au golfe de Gabès par les chotts Tofelat et Asloudj,
et en Tunisie par les chotts *Sellem, El-Rarsa, El-Djerid*. La réunion de ces
chotts en un seul par la rupture des isthmes sablonneux qui les séparent,
et leur ouverture du côté de la Méditerranée donnerait naissance, suivant
les plans du commandant Roudaire, à une mer intérieure algérienne [1].

**Régions naturelles.** — La différence d'aspect, de sol, de climat, de productions, d'habitants même a fait diviser l'Algérie en trois régions : le
**Tell** (en arabe, butte, monticule, colline), terre féconde, grenier et cellier
de l'Algérie (150 millions d'hectares); — les **Plateaux** (18 millions d'hectares), pays de l'alfa et du diss, peu habité et infertile; — le **Sahara**,
généralement désert et stérile, çà et là semé de verdoyantes oasis. Voici en
quels termes le général Daumas caractérise les trois aspects différents du
désert : « *Falat*, c'est l'immensité stérile et nue, la mer de sable, dont les
» vagues éternelles, agitées aujourd'hui par le simoun, demain seront amon-
» celées, immobiles, et que parcourent lentement ces flottes appelées cara-
» vanes. *Kifar*, c'est la plaine sablonneuse et aride, mais qui, fécondée un
» moment par les pluies de l'hiver, se couvre d'herbes au printemps, et où
» les tribus nomades, campées ordinairement autour des oasis, vont alors
» faire paître leurs troupeaux. *Fiafi*, c'est l'oasis où la vie s'est concentrée
» autour des sources et des fruits, sous les palmiers et les arbres fruitiers,
» à l'abri du soleil et du simoun. » (*Le Sahara*, p. 3.)

## II. — GÉOGRAPHIE POLITIQUE

**Organisation administrative.** — La colonie algérienne a subi depuis 1830
des transformations administratives nombreuses, trop nombreuses, et le
régime des tâtonnements et des essais ne paraît pas encore près de sa
fin. Au début, on y introduisit les services établis dans la métropole, sous
la direction d'un intendant civil, assisté d'un conseil, le tout subordonné au
général en chef. — En 1832, sont organisés les premiers bureaux arabes,
chargés de la direction politique et administrative, des impôts, de la police,
de la justice, de la conduite des *goums*, ou indigènes auxiliaires. La plupart
rendirent de grands services par leurs procédés rigoureux, mais justes, par
leur vigilance et leur activité. Quelques-uns abusèrent odieusement de leur
toute-puissance. Supprimés en 1834, rétablis en 1837, supprimés de nouveau en 1839, rétablis encore en 1841, les bureaux Arabes reprennent
faveur pendant longtemps. En 1848, le gouvernement de la République fit
prédominer l'élément civil : il déclara l'Algérie territoire français pour la

---

1. Voir sur les projets de mer intérieure, les développements cités plus loin
dans le chapitre de la *Tunisie*.

faire passer du régime des ordonnances à celui des lois, il créa trois préfectures, et partagea la colonie en *territoires civils* avec préfets, sous-préfets, commissaires civils et maires, et en *territoires militaires* avec généraux de division, chefs de subdivision, de cercle et d'annexe, et chefs indigènes. On conserva le gouvernement général, et on donna à l'Algérie trois députés.

Le second empire étendit le pouvoir militaire et restreignit le régime civil : l'Algérie fut alors choisie comme lieu de déportation politique, le rôle de l'armée fut prépondérant, la conquête continua; le bureau arabe redevint une puissance absolue et sans contrôle. « Le chef du bureau arabe vivait au
» milieu d'une véritable cour : les plus grands chefs arabes passaient
» prendre le mot d'ordre auprès de lui, avant de se présenter au commandant
» supérieur, et quand il sortait dans la rue, la tourbe des Bédouins se préci-
» pitait pour baiser sa cuisse ou le pan de son vêtement, et les *chaouchs*, ses
» gardes du corps, écartaient la populace à grands coups de bâton. C'était
» bien lui le vrai commandant supérieur, et ceux qui prétendaient s'adresser
» d'abord à l'autre savaient ce qu'il en coûtait. A l'époque du versement de
» l'impôt, les mulets chargés de douros venaient déposer leur précieuse
» marchandise dans la cour du bureau. Personne ne savait au juste ce qui
» se passait dans cette maison pleine de mystères, et les commentaires
» allaient leur train[1]. » En 1857, le scandale de l'affaire Doineau, directeur du bureau de Tlemcen, qui s'était associé à des brigands indigènes et avait partagé leurs honteux bénéfices, souleva l'indignation publique contre les bureaux arabes. En 1860, fut supprimé le gouverneur général, et un ministère de l'Algérie et des colonies fut institué et confié au prince Napoléon. Le prince ne visita pas sa vice-royauté; il l'administra et la réforma de loin. En 1860, le désordre était général : l'empereur vint en Algérie, le ministère fut supprimé, le gouvernement général rétabli, le régime militaire remis en honneur sous la main de fer du général Pélissier. Le sénatus-consulte de 1863, promulgué après la publication d'une lettre où Napoléon III écrivait que « l'Algérie n'est pas une colonie proprement dite, mais un royaume arabe, » reconnut les tribus propriétaires de leurs territoires : la terrible famine de 1867, provoquée par une invasion de sauterelles, donna lieu à une enquête, dirigée par le comte Lehon; elle concluait, aux applaudissements de l'Algérie, à la substitution de l'administration civile au régime militaire.

La guerre de 1870 retarda un instant ces projets : l'assemblée nationale de 1871 confirma quelques-uns des décrets rendus à la hâte par le gouvernement de la Défense nationale, et supprima les autres. Au lieu d'un commissaire extraordinaire, un gouverneur général *civil* fut nommé, le conseil supérieur rétabli, les territoires civils étendus. En 1881, les décrets dits *de rattachement* ont presque assimilé l'Algérie à la métropole; les différents services relèvent désormais de leurs ministères respectifs; le gouverneur général administre et règle les affaires en vertu de délégations spéciales que lui donne chacun des ministres responsables.

Voici le mécanisme de l'organisation actuelle : L'administration supérieure est confiée à un *gouverneur général civil* assisté d'un *conseil de gouvernement*, composé des *chefs de service* et de 6 *conseillers généraux* par département. — Le commandement des forces de terre et de mer est confié à un général de division. — Chaque département nomme, au suffrage universel, deux députés, et au suffrage restreint un sénateur (3 sénateurs, 6 députés). Chacun a des conseils généraux et municipaux élus, mais pas de conseils d'arrondissement. Les Français jouissent des mêmes droits civils et poli-

---

1. Mercier, *L'Algérie*, p. 50.

1° **Territoire civil: 3 départements** (décembre 1881).

| | ARRONDISSEMENTS | SUPERFICIE en hectares. | POPULATION de l'arrondissement. | POPULATION du chef-lieu. |
|---|---|---|---|---|
| A. **Département d'Alger.** Superficie totale : 2 354 981 hectares. Population : 1 072 762 habitants. | Alger.............. Miliana............ Orléansville........ Tizi-Ouzou........ | 482 152 99 910 53 309 191 456 | 212 641 22 381 16 597 128 516 | 71 000 6 000 3 300 |
| B. **Département de Constantine.** Superficie totale : 2 464 318 hectares. Population: 1 075 355 habitants. | Constantine........ Bône.............. Bougie............ Guelma............ Philippeville....... Sétif............. | 793 953 368 119 46 872 67 257 263 303 358 061 | 155 483 54 369 21 354 18 505 55 317 60 208 | 38 000 22 000 4 000 4 000 15 500 10 000 |
| C. **Département d'Oran.** Superficie totale : 2 564 584 hectares. Population : 674 830 habitants. | Oran.............. Mascara........... Mostaganem....... Sidi-Bel-Abbès..... Tlemcen........... | 597 029 247 698 262 116 292 513 196 107 | 130 834 39 939 62 503 26 440 39 024 | 58 000 10 000 12 600 15 000 19 000 |

*Immigration.* — Le pays ayant reçu 120 397 immigrants et en ayant perdu 102 961, l'excédant des arrivées sur les départs a été, en 1880, de 12 436. — Il était en 1879 de 23 304.

liques que dans la métropole; les indigènes et les étrangers ont dans les conseils municipaux des représentants élus; et les musulmans ont dans les conseils généraux des assesseurs désignés par le gouverneur général[1].

La colonie est divisée en *trois provinces*, comprenant chacune *un territoire civil* et un *territoire militaire*.

Le département d'Alger comprenait, en 1881, 77 *communes* dites de *plein exercice*, c'est-à-dire administrées par un maire assisté d'un conseil municipal, et 26 communes dites *mixtes*, où les colons européens sont encore en petit nombre mêlés à la population indigène, et non organisés. — Le département de Constantine comptait 65 *communes de plein exercice* et 32 *mixtes*; le département d'Oran 54 *communes de plein exercice* et 19 *mixtes*.

Outre les chefs-lieux d'arrondissement cités, les principales villes sont, en territoire civil :

1° **Département d'Alger :** *Cherchell*, port fortifié (6800 hab.); *Blida*, (11000 hab.) centre agricole; *Kolea* (4500 hab.); *Mustapha*, 13550 hab.; *Boufarik* (7000 hab.); *El Arba* (4000 hab.); le *Fondouk* (3600 hab.); *Mouzaïaville* (4500 hab.), centre minier; *Boghar* (2700 hab.), position militaire au coude du Chéliff; *Boghari* (1800 hab.), station de commerce; *Dellys* (11366 hab.) port; *Tenez* (4400 hab.), port; *Teniet-el-Haad* (3200 hab.).

2° **Département de Constantine :** *Milah* (10000 hab.), ville arabe; *Aïn Mokra* (2400 hab.), centre de mines; *La Calle* (6300 hab.), port de pêche du corail; *Collo* (4700 hab.), port; *Soukharras* (3400 hab.), marché; *Djidjelli* (4200 hab.) port.

3° **Département d'Oran :** *Mers-el-Kebir* (2000 hab.) et *Arzew* (6000 hab.), ports; *Saint-Denis du Sig* (10000 hab.), marché agricole; *Relizane* (3800 hab.), au centre des cultures de coton; *Tiaret* (3400 hab.), marché; *Nemours* (2400 hab.), port.

D'après une enquête prescrite par ordre de M. Tirman, gouverneur général de l'Algérie, en 1883, il est question de remanier les divisions départementales de la colonie : on créerait trois départements nouveaux : 1° *Département de la Seybouse*, chef-lieu *Guelma*, villes principales *Bône*, *Aïn-Beida*, *Tébessa*. — 2° *Département de la Kabylie*, chef-lieu *Sétif*, villes principales *Bougie*, *M'sila*, *Bou-Saâda*. — 3° *Département du Chéliff*, chef-lieu *Orléansville*, villes principales *Tenès*, *Tiaret*, *Relizane* et *Mostaganem*.

---

1. Les changements d'administrateurs ont été aussi fréquents dans notre colonie que les changements de systèmes : aussi n'a-t-elle pas vu passer moins de trente-quatre gouverneurs généraux, civils ou militaires, de 1830 à 1884. En voici la liste :

Général comte de Bourmont (juillet-septembre 1830); général Clauzel (septembre 1830 - février 1831); général Berthezène (décembre 1831); général duc de Rovigo (mars 1833); général Avizard, intérimaire (avril 1833); général Voirol, intérimaire (juillet 1834); général Drouet d'Erlon (juillet 1835); maréchal Clauzel (février 1837); général Damremont (octobre 1837); général Négrier, intérimaire (décembre 1837); maréchal Valée (décembre 1840); maréchal Bugeaud (septembre 1847); général duc d'Aumale (février 1848); général Changarnier, intérimaire (mars 1848); général Cavaignac (mai 1848); général Changarnier (juin 1848); général Marey-Monge, intérimaire (septembre 1848); général Charon (octobre 1850); général d'Hautpoul (décembre 1851); maréchal Randon (juin 1858); général Renault, intérimaire (août 1858); général de Mac-Mahon (avril 1859); général Gueswiller (août 1859); général de Martimprey (décembre 1860); maréchal Pélissier (mai 1864); général Morris, intérimaire (juillet 1864); maréchal de Mac-Mahon (juillet 1870); général Durrieu, intérimaire (octobre 1870); Du Bouzet (février 1871); Alexis Lambert (mars 1871); vice-amiral de Gueydon (mars-juin 1873); général Chanzy (10 juin 1873 - 1er février 1879); Albert Grévy (15 mars 1879 - novembre 1881); Tirman (entré en fonction en novembre 1881).

2º **Territoire militaire ou de commandement : 3 divisions (1881).**

| - | SUBDIVISIONS | POPULATION du chef-lieu. | VILLES PRINCIPALES |
|---|---|---|---|
| A. **Territoire d'Alger.** Superficie : 9 690 000 hectares. Population : 178 910 habitants. | Alger............ Fort-National...... Aumale........... Médéa........... Miliana........... | 71 000 hab. 800 — 6 300 — 13 500 — 7 400 — | Bou-Saada (5 600 hab.). Taguin. Djelfa (1 200 hab.). |

Ce territoire comprend 3 communes *mixtes* et 5 communes *indigènes*, c'est-à-dire formées de tribus dans lesquelles l'élément européen n'a pas encore pénétré, et administrées par des commissions dans lesquelles est représenté l'élément arabe. — Au commandement du territoire d'Alger se rattachent les oasis sahariennes des *Ksour*; villes principales : *Laghouat* (6 000 hab.); *Tadgemout*; *Aïn Madhi*, capitale; — de l'**Ouad Mzab**, villes principales : *Guerrara* et *Gardaïa*, peuplées de *Beni-Mzab*; — d'**Ouargla** et de **Goléa**, peuplées de tribus des *Touareg-Chaanba*.

| B. **Territoire de Constantine.** Superficie : 11 000 000 hectares. Population : 216 063 habitants. | Constantine....... Bône............. Batna............ Sétif............. | 38 000 hab. 22 000 — 3 500 — 10 000 — | Tébessa (3 300 hab.). Lambèsse. Biskra (2 700 hab.). El-Kantara. |

Ce territoire ne comprend (au 1er octobre 1881) ni communes *mixtes* ni *indigènes*. On y rattache les oasis sahariennes de *Zaatcha*, *Touggourt*, *Temacin* et *Tamerna*, de l'*Ouad-Souf* et du *Ziban*, capitale *El-Ouad*.

| C. **Territoire d'Oran.** Superficie : 675 000 hectares. Population : 92 492 habitants. | Oran............. Mascara.......... Tlemcen.......... | 58 000 hab. 10 000 — 19 000 — | Ammi-Moussa (2 000 hab.). Saïda (5 400 hab.). Daya (10 400 hab.). Sebdou (1 400 hab.). Nedroma (3 000 hab.). Géryville. |

Ce territoire renferme 3 communes *mixtes* et 3 communes *indigènes*. Le Sahara oranais contient les oasis des *Ouled-Sidi-Cheikh*, villes principales : *Brezina*, *El-Abiod*, *Asla*, *Tyout*.

## III. — GÉOGRAPHIE ÉCONOMIQUE.

**Productions. — Minéraux** : Mines concédées en (1881) :
1° **Département d'Alger.** — Mines de *cuivre, fer, plomb* de l'Oued Allelah, du cap Tenès, de l'O. Taffilès ; — de *cuivre et fer* de l'O. Merdja, de l'O. Kebir; de *cuivre et plomb* de Beni-aquil; de *fer* de Mouzaïa et Soumah ; de *sel* de Djelfa.

2° **Département d'Oran.** — Mines de *plomb argentifère* de Gar-Rouban ; *zinc* et *plomb* de Fillaousen, de Mazis ; *fer* de Beni-Saf et Camerata, Franchetti ; *manganèse* de Pont-Albin ; *mercure* d'Arzeu ; *soufre* d'El-Kebrita ; *sel* d'Arzeu.

3° **Département de Constantine.** — *Plomb* et *cuivre* de Cavallo ; *antimoine* d'Hamimate; *cuivre* de Tadergount, de Kef-Oum-Theboul, d'Aïn-Barbar, de Bou-Hamra, de Karesas, d'Aïn-Mokra, d'Aïn-Sedma, de Filfilah ; *zinc* d'Arko; d'Hammam N' Baïls; *mercure* de Ras-el-Ma. Les gites suivants n'ont pas encore été concédés : *cuivre* de Téliouim Iselan, Kembita, Beni-Amrous, Tagoubah, Mellaha ; *fer* de Takleat, Taguemount, Beni-Caïd, Djebel-Lesoud, Voile-noire, Aïn-Ben-Merouan ; *plomb* d'Ouled-Daoud, Bir-Beni-Salah, etc.; *salpêtre* de Sétif et de Touggourt : dépôts de *sel* dans tous les chotts. — La houille manque à l'Algérie. — Les *eaux minérales* sont abondantes et variées. (Voir la lecture sur Hammam-Meskhoutine.)

Exportation de produits miniers, en 1880 : 5 964 092 quintaux de fer, 149 043 de cuivre, 44 589 de plomb. Les mines ont employé en 1880 3 286 ouvriers. — *Marbres et carrières de pierre, argiles plastiques* dans la Kabylie ; *kaolin* à Médrama ; *pierres meulières* de Bône ; *pierres lithographiques* d'El-Kantara ; *marbres* abondants, *onyx* translucide, blanc, rose, jaune, vert, brun, etc., à Aïn-Tekbalet (nord-est de Tlemcen); à Nedroma, Aïn-Tolba, près Nemours ; gisements magnifiques et variés de Filfila, de Bône, de Mers-el-Kébir, de Lalla-Maghrnia, de Laghouat, etc. ; *pierres à bâtir* du mont Bouzaréah ; le *gypse* est partout ; la *pouzzolane* à Aïn-Temouchent, à Teniet-el-Haad, à Hussein-Dey, à Guelma, etc.[1].

**Végétaux : régime des terres.** — Le sol est très fertile, grâce à l'argile et au calcaire qui le composent, et à l'épaisseur extraordinaire des terrains d'alluvion (de 1 à 20 mètres). L'Algérie fut autrefois un des greniers de Rome. Compromise sous la domination arabe et ruinée sous la domination turque, cette prospérité renaît peu à peu depuis la fin de la grande guerre, grâce aux travaux d'irrigation, d'assainissement, de communication, à l'introduction des capitaux et des colons, et à l'amélioration du régime de la propriété. En 1830, l'Etat ne s'était réservé que 1 500 000 hectares sur 45 millions : on appelait ce domaine le *beylick* ; les tribus jouissaient collectivement de 5 millions, dites terres *arch* ; les Kabyles de 3 millions, les Arabes de 1 500 000 à titre de propriété privée ou *melk* ; les quatre millions restant, forêts, landes, steppes, le *bled-el-is-lam*, appartenaient à tout le monde.

---

1. Le mont Filfila, situé à 8 kilomètres de Philippeville, est un gigantesque bloc de marbre. L'ingénieur Foëx évalue la puissance de cette masse à 20 millions de mètres cubes. Ces carrières ont déjà fourni aux Romains la matière première des statues, colonnes, tombeaux des cités numidiques. MM. Dumont (de l'Institut), Rondelet, Dombrowski, Chevalier, Barbedienne et plusieurs autres ingénieurs, architectes ou spécialistes, qui ont visité ces carrières de marbre, en ont proclamé la supériorité pour l'éclat des couleurs, la finesse du grain, la variété des nuances, et en ont recommandé l'emploi dans la statuaire, l'architecture et la marbrerie.

Les premières concessions de terres faites à des colons sous la protection de nos baïonnettes n'eurent pas de succès. On essaya d'établir des colonies militaires sous Valée et sous Bugeaud; mais les soldats désertèrent vite leurs propriétés. Les pillards indigènes, les ravages de la fièvre, le mauvais état d'un sol qu'il fallait défricher, les mille tracasseries de l'administration jointes aux dures conditions imposées aux concessionnaires, dégoûtèrent longtemps les plus entreprenants colons. En 1848, d'après un plan imaginé par Enfantin, on songea à transporter en Algérie les insurgés des journées de juin, et à fournir à chacun 150 hectares de terrain et de l'argent. Vingt mille colons furent ainsi installés, mais la plupart manquaient des qualités nécessaires à la colonisation, et l'essai échoua. En 1860, on ne concéda plus, on vendit les terrains. La même année, un sénatus-consulte accordait imprudemment aux tribus la propriété définitive et gratuite de tous les terrains qu'elles étaient censées posséder. « C'était en quelque sorte » fermer la porte à la colonisation, immobiliser et stériliser d'immenses » territoires entre les mains d'une population ignorante et paresseuse, ar- » rêter à tout jamais les progrès de l'agriculture. » En 1873 (décret du 26 juillet) on revint heureusement au régime de la propriété individuelle. L'État concéda gratuitement ses terres, avec condition imposée au colon d'y résider et de les mettre en exploitation dans un délai de cinq ans. Le gouverneur général dresse chaque année le programme de la colonisation, crée de nouveaux villages, ou de nouveaux lots, et les répartit entre les immigrants qui en font la demande. Les colons européens se plaignent généralement de l'insuffisance de leurs lots respectifs, protestent contre l'aliénation des terres faite jadis au profit des musulmans, et proposent comme remède unique et souverain l'expropriation des indigènes[1].

Superficie des terres concédées aux colons (1881): 457 120 hectares divisés en 10 780 lots, et 9 761 familles; valeur 41 590 000 francs.

Les cultures sont les suivantes : la plus importante est celle des **céréales** : (*blé tendre, blé dur, seigle, orge, avoine, maïs, fèves, sorgho*, principalement autour d'Alger, Milianah, Oran, Constantine, Bône, Sétif, Batna); puis viennent les **légumineuses** et les *produits* de culture maraîchère, qui s'élèvent pour l'importation en France à plus de deux millions par an. Les **fruits**, surtout les oranges de Blida et de la Métidja (plus de deux millions et demi importés en France chaque année); les *figues, amandes, bananes, dattes,* des *plantes odoriférantes* et *médicinales*, etc.; la **vigne**, jadis cultivée pour le raisin consommé frais ou sec, aujourd'hui pour le vin, et jusqu'ici indemne du phylloxera : les principaux vignobles sont ceux de Mascara, Médéa, Miliana, Bône, Oran, Tlemcen, Mascara, Bel-Abbès, Pélissier, Tiaret, Valmy, Marengo, Fort-National, Tizi-Ouzou, Philippeville, Mondovi, Bougie, Jemmapes, etc.; *production* en 1881, 27 333 hectares cultivés par les Européens et 286 213 hectolitres produits; 1 904 hectares par les indigènes et 2 336 hectolitres produits; le **tabac**, 1 893 hectares cultivés par les Européens et 2 120 260 kilogrammes récoltés; 6 437 hectares cultivés par les indigènes et 2 493 338 kilogrammes récoltés.

**Plantes textiles** : *Coton*, culture aujourd'hui presque abandonnée, sauf dans la province d'Oran (plaines du Sig et de l'Habra, 76 hectares et 385 ki-

---

1. Le gouvernement général, en 1883, a proposé au Parlement d'autoriser un emprunt de 50 millions destiné à racheter les terres indigènes au profit des colons. Le Parlement a rejeté le projet, et condamné par ce vote le système de l'expropriation forcée des indigènes qui a souvent donné lieu aux plus graves abus. (*Séances des 27 et 28 décembre* 1883.)

logrammes en 1881); *lin, agavé, ramie, alfa,* graminée des hauts plateaux qui est devenue par son emploi dans l'industrie une source de richesses ; le *diss,* le *palmier nain ;* **plantes oléagineuses :** *arachide, sésame, colza, œillette, navette, ricin,* etc. ; **plantes tinctoriales :** *garance, henné, carthame ;* **plantes fourragères :** *luzerne, sainfoin,* etc. ; **forêts :** *chêne-liège* (483 700 hectares ; *chênes verts,* 351 600 ; *chênes zéens,* 96 000 ; *pins d'Alep,* 693 830 ; *pin maritime,* 1 530 ; *cèdre,* 35 000 ; *thuya,* 54 000 ; *oliviers sauvages, eucalyptus, pistachiers, caroubiers, genévriers, dattiers,* etc., en tout 2 045 062 hectares ( 458 587, département d'Alger ), ( 486 647, département d'Oran ), (778 444, département de Constantine) soumis à la surveillance de l'administration des forêts[1]. — **Animaux :** Grâce à ses vastes pâturages, à ses prairies naturelles et à ses steppes, l'Algérie est exceptionnellement favorable à l'élève des bœufs et des moutons. Les principaux animaux sont : les *chameaux* à une bosse ou *dromadaires,* les chameaux porteurs ou *meharis* (200 000 environ des deux espèces). « Le chameau sert aux habitants des
» oasis comme bête de transport ; sa chair et le lait des chamelles entrent
» pour une grande part dans l'alimentation : le poil sert aux indigènes à
» confectionner des étoffes de tentes, des sacs et des vêtements, sa peau à
» faire les selles et les chaussures. Des industriels de Sedan ont réussi à
» préparer avec le poil de chameau des tissus de premier ordre, tels que
» des étoffes pour robes, des châles légers, des draps de velours fort chauds,
» pouvant suppléer dans tous les pays à l'usage des fourrures. On tond l'a-
» nimal tous les ans au printemps, et il produit 3 à 4 kilogrammes de poil. »
(BAINIER). Les *chevaux* arabes sont répandus partout, de petite taille, élégants, légers, sobres, dociles, sûrs, infatigables (150 000) ; les *ânes* (160 000) ; les *mulets* (140 000), servent de bêtes de somme ; les *bœufs,* les *moutons* de diverses espèces (10 millions), les *chèvres* (4 millions), les *porcs* (60 000), les *abeilles* sont exploitées surtout en Kabylie, les *vers à soie* dans la province d'Alger. — La faune sauvage algérienne comprend des *lions, panthères, onces, léopards, lynx, ratons, hyènes, chacals*[2], *renards, cerfs, antilopes, gazelles, sangliers, mouflons, lièvres, singes,* etc., des *gibiers* innombrables ; des *vipères, scorpions, caméléons, sauterelles.* Les *autruches* deviennent plus rares dans le pays de Beni-Mzâb, à l'ouest de l'oued Rir ; c'est là que l'Arabe les chasse au plus fort de l'été avec des chevaux dressés tout exprès. Poursuivie à outrance, l'autruche succombe à la chaleur plus qu'à la fatigue, après avoir lassé trois ou quatre relais. On a commencé en Algérie la domestication de l'autruche ; elle pourra faire une sérieuse concurrence à l'industrie du Cap. M<sup>me</sup> Carrière a établi des parcs d'autruches à Kouba, près d'Alger ; d'autres parcs existent à Mazafran, à Miserghin, à Philippeville. Le jardin d'acclimatation d'Alger possède des autruches domestiques et en fournit à tous les jardins zoologiques de l'Europe. M. Louis Say est un de ceux qui ont le plus fait pour développer cette industrie en Algérie. Il s'est installé deux ans à Ouargla, et a pris à son service des Touaregs qui battaient pour lui le grand désert. Une grande autruche a vingt plumes à chaque aile ; on les arrache tous les ans, et elles se vendent 8 à 10 francs

---

1. De 1876 à 1880, l'incendie a ravagé 142 410 hectares de forêts, d'une valeur de 3 845 000 francs ; les amendes infligées aux tribus coupables se sont élevées à 279 887 francs. (Voy. *Statistique algérienne,* 1879-1881.)
2. Le nombre des animaux nuisibles abattus de 1873 à 1881, s'est élevé à 25 920, soit : 96 lions, 78 lionnes, 15 lionceaux, 957 panthères, 107 jeunes panthères, 1547 hyènes, 23 120 chacals ; les primes payées ont été de 24 000 francs (40 à 60 francs par tête de lion, 5 francs par hyène). (Voy. *Statistique algérienne.*)

la pièce, ce qui donne un revenu de 350 à 400 francs par autruche. — Les côtes d'Algérie sont très poissonneuses. Les plus beaux bancs de *corail* sont dans les eaux de la province de Constantine. (Voir aux *Lectures*.)

**Industrie.** — L'industrie est encore fort peu développée : celle des indigènes est en décadence, celle des Européens en voie de formation. — Les industries dérivant du règne minéral sont : les *forges* de Robertville, les *fabriques d'armes* de la Kabylie et de Sétif, les *bijouteries* des grandes villes, les *poteries* kabyles ; — du règne végétal dérivent les *minoteries*, les fabriques de *pâtes alimentaires*, les *moulins à huile*, les *distilleries* pour l'alcool, les préparations de *crin végétal*, du *palmier-nain* pour la pâte à papier, de l'*alfa*, des *lièges* (l'établissement de Philippeville fabrique 100 000 bouchons par jour) ; du règne animal dérivent les *tanneries, cordonneries, conserves*, les *tissages des laines et tapis*, etc.

**Commerce.** — *Importations* (en 1882) : 411 929 315 fr., *Exportations :* 150 032 678 fr. ; part de la *France*, importation : 300 millions, en augmentation de 69 millions sur l'année 1881, exportation : 90 240 937 fr. ; — de l'*Angleterre*, importation : 21 683 482 fr. et 23 052 288 fr. d'exportation ; — de l'*Espagne*, importation 8 607 135 fr. et 11 880 530 fr. exportation ; — de l'*Italie*, importation 6 343 128 fr. et 2 301 064 fr. exportation ; — de l'*Allemagne*, importation 1 340 980 fr. et 191 567 fr. exportation ; — *Belgique*, importation 10 885 624 fr. et 1 332 441 fr. exportation ; — *Suède et Norvège*, importation 1 323 092 fr. et 339 156 fr. exportation ; — de l'*Autriche*, importation 1 040 304 fr. et 170 970 fr. exportation ; — des *États barbaresques*, importation 7 698 821 fr. et 4 331 383 fr. exportation ; — *Turquie*, importation 5 040 003 fr. et 4 075 586 fr. exportation, etc.

**Chemins de fer** exploités en 1882 : *Alger à Oran* (426 kilom.) ; — *Philippeville à Constantine* (87 kilom.) ; — *Constantine à Sétif* (155 kilom.) ; — de la *Maison-Carrée au col des Beni-Aïcha* (103 kilom.) ; de *Bône à Guelma* (88 kilom.) ; — de *Guelma à Kroubs* (114 kilom.) ; — de *Duvivier à Souk-Ahrras* (52 kilom.) ; — de *Sainte-Barbe du Tlélat à Sidi-bel-Abbès* (52 kilom.) ; — d'*Arzeu à Saïda, Kralfallah et Modzbah* (241 kilom.) ; — de *Modzbah au Kreider et à Méchéria* (111 kilom.) ; total : 1 369 kilomètres (?), le projet de chemin de fer trans-saharien est encore un problème. — **Routes nationales** (2 983 kilom.) ; — *Alger à Oran* ; *Alger à la frontière du Maroc* ; — *Alger à Laghouat* ; — *Alger à Constantine* ; — *Stora* à *Biskra* ; — *Mers-el-Kebir* à *Tlemcen*. — **Routes départementales** (1 316 kilom.) ; — **chemins de grande communication** (4 982 kilom.) ; — **chemins d'intérêt commun** (1 298 kilom.). — **Télégraphes** en 1882 : 5 832 kilom. de lignes, et 14 000 kilom. de fils ; 171 stations télégraphiques ; recettes en 1881, 1 758 000 fr.

**Postes** (en 1883) : taxe des lettres, 1 270 501 fr. ; articles d'argent, 141 310 fr. ; 273 bureaux.

**Marine marchande.** — A l'entrée, 5 469 navires et 2 millions de tonnes. (Provenances de la France : 1 300 000 tonnes ; de l'étranger, 715 000 : augmentation sur 1881, 870 navires et 37 000 tonnes). — A la sortie, 5 420 navires et 1 900 000 tonnes. Dans le mouvement général de la navigation, les navires français sont au nombre de 2 260 (1 826 600 tonnes) ; les Anglais, 513 navires et 404 000 tonnes ; les Espagnols, 1 747 bateaux et 137 000 tonnes ; les Italiens, 674 bâtiments et 76 000 tonnes.

## IV. — NOTIONS STATISTIQUES.

**Superficie** : 667 000 kilom. car. — **Population** (en 1882) : 3 310 412 habitants. (233 937 Français ; 35 665 Israélites naturalisés ; 2 415 765 musul-

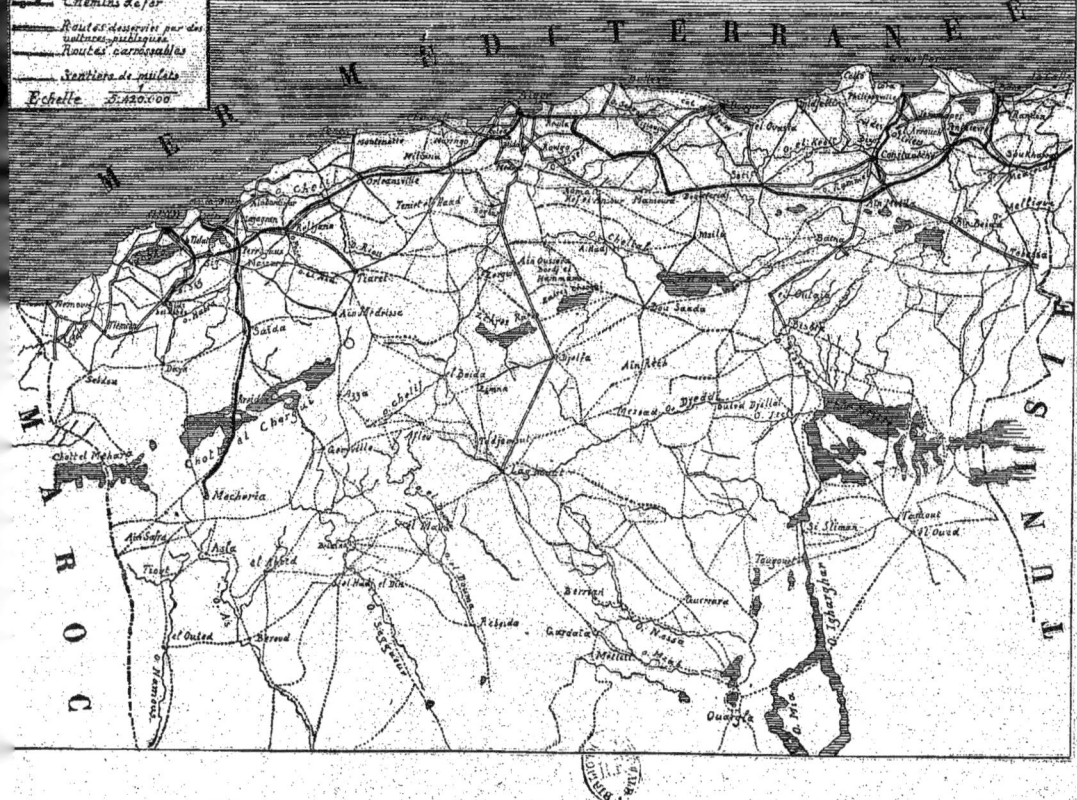

CARTE ROUTIÈRE DE L'ALGÉRIE

mans indigènes sujets français ; 435 403 indigènes des tribus des commandements ; 189,944 étrangers). — **Races** : La population indigène appartient à deux familles distinctes, quelquefois alliées, souvent rivales ou ennemies : les *Berbères* ou *Kabyles* (Kébaïl, confédéré), et les *Arabes*. 1° Les tribus berbères sont dans la **province d'Alger** : les *Zouaoua*, les *Flitta*, les *Guetchoula*, les *Nezliona*, les *Beni-Aïdel*; les *Mouzaïa*, les *Soumata*; les tribus de *Cherchell* et de *Ténès*, celles de l'*Ouanseris* et du *Sersou*; et dans le Sahara, les *Beni-M'zab* et les *Kabyles* d'Ouargla et du Grand-désert. — Dans la **province d'Oran**, les *Beni-Ourar*, les *Flitta*, les *Oulhasa*, les *Trara*, les *Msisda* et les *Beni-Snous*. — Dans la **province de Constantine** : les *Beni-Mehenna*, les *Beni-Tifout*, les tribus du *Ferdjiona*, du *Zerdeza*, du *Zouara*, du *Babor*, de *Guergour*, les *Beni-Abbès*, les *Mzaïa*, les *Toudja*, les *Fenaïa*, les *Aït-Ameur*, les *Chaouïa* (Aurès), les *Zibanaïs*, les *Rouara* (Sahara). En tout environ 1 400 000 Kabyles. — 2° Les tribus arabes principales sont dans la **province de Constantine** : les *Hanencha*, les *Nemencha*, *Haracta*, *Ouled-si-Yahaïa-ben-Taleb*, *Eulma*, *Ameur-Raraba*, *Ouled-Sellem*, *Ouled-sultan*, *Ouled-Ali-ben-Sabor* (Tell), les *Ouled-Naïl*, les *Rahman*, les *Ouled-Zekri*, les *Ouled-Moulat*, les *Ouled-Saïah* (Sahara). — Dans la **province d'Alger : les *Attafs*, *Ouled-Kseir*, *Ouled-Krouidem*, les *Sbeah*, les *Arib*, les *Beni-Djaad*, les *Beni-Sliman*, les *Beni-Krelifa*, les *Krachna*, les *Beni-Moussa*, les *Beni-Hassen*, les *Ouled-Mouktar*, les *Hadjoutes* (Tell); les *Zenakra*, les *Ouled-Chaïb*, les *Rahman*, les *Larba*, les *Arazlia*, les *Laghouatis* et les *Chambaas* (Sahara). — Dans la **province d'Oran** : les *Hachem*, les *Flitta*, les *Sdana*, les *Djafra*, les *Beni-Ameur*, les *Rosel* (Tell); les *Harar*, les *Hamian*, les *Oulad-Sidi-Cheick* (Sahara). En tout environ 1 200 000 Arabes[1].

Les *Kouloughis*, issus de Turcs et de femmes maures, sont aujourd'hui fondus parmi les indigènes (15 à 20 000); — les *Maures*, issus du mélange

---

1. L'*Encyclopédie* de Moll résume ainsi les différentes qualités des populations de l'Algérie : « L'ARABE est laboureur, irrigateur, moissonneur, berger surtout. Le
» BERBÈRE du sud, le KABYLE du nord et le MAROCAIN, leur cousin, sont de vigou-
» reux manœuvres, terrassiers, maçons, défricheurs, piocheurs, moissonneurs,
» portefaix. Le NÈGRE est bon à tout; c'est un des meilleurs ouvriers d'Afrique;
» il est portefaix, vidangeur, blanchisseur de maisons domestiques. Le MAURE et
» le JUIF répugnent au travail de la terre, mais ils se livrent aux petites industries
» des villes; et les Juifs sont en outre colporteurs, marchands, interprètes, liens
» de toutes les classes et de toutes les contrées; les BISKRIS sont portefaix, por-
» teurs d'eau et de charbon, commissionnaires. Parmi les Européens, les aptitudes
» sont encore plus diverses et plus étendues. L'ESPAGNOL, le MALTAIS, le MAHON-
» NAIS sont excellents pionniers, c'est-à-dire défricheurs, piocheurs, jardiniers,
» planteurs de tabac. Les Espagnols viennent principalement de Mahon et de
» l'Andalousie. Les Mahonnaises, coiffées gracieusement d'un foulard, sont bien
» connues à Alger, où elles sont domestiques et nourrices. Les Mahonnais
» s'adonnent à la culture maraîchère. Le Maltais, parlant l'arabe, et baragouinant
» l'anglais, l'italien et le français, réussit presque toujours dans ses entreprises.
» Sobre, économe, intelligent, il s'est fait pêcheur, batelier, chevrier, marchand
» de bestiaux, boucher, cafetier, portefaix surtout. Quelques Maltais ont gagné,
» à Alger, une grande fortune dans la vente des bestiaux ou dans la boucherie. Le
» Maltais est très rarement cultivateur; il n'habite guère que les villes. Le GÉNOIS
» est particulièrement jardinier. L'ITALIEN est surtout tailleur de pierre, maçon,
» briquetier, charpentier, menuisier. Les femmes italiennes et espagnoles four-
» nissent un appoint considérable à la domesticité. Le SUISSE est éleveur de
» bétail, préparateur de fromages. L'ALLEMAND, le BELGE, se prêtent à tous les
» travaux sans spécialité marquée; mais l'Allemand est généralement cultivateur.
» Le FRANÇAIS fait de même tous les métiers, et gouverne tout ce monde comme
» piqueur, conducteur, contre-maître, chef. »

des Berbères avec tous les peuples qui ont occupé l'Algérie (environ 90 000); — les *Juifs*, disséminés partout, et qui ont été déclarés citoyens français par le décret du 24 octobre 1870; — les *Nègres*, venus du Soudan comme esclaves, et affranchis depuis 1848 (environ 4 à 5 000); — les *Européens*. En 1831, il y avait à Alger 3000 Européens; en 1836 dans toute la colonie 14561, dont 5485 Français; — en 1846, 189380, dont 47274 Français; — en 1856, 167640, dont 97538 Français; — en 1866, 217990, dont 112119 Français; — en 1876, 353639, dont 155787 Français; — en 1882, 423881, dont 233937 Français, 112047 Espagnols, 31865 Italiens, 15149 Maltais, 3738 Allemands. (En 1876, il y avait 95510 Espagnols, 25759 Italiens, 14220 Maltais et 5722 Allemands. Le chiffre des Allemands est seul en décroissance[1].

**Dialectes.** — Le *français* est la langue officielle : les colons parlent le *français*, l'*espagnol* et le *maltais*; les Arabes, les Juifs et les Maures l'*arabe*; les Kabyles le *berbère*. — **Instruction publique.** Avant la conquête française, l'instruction était très répandue chez les indigènes d'Algérie. Elle se donnait dans les dépendances de la mosquée, sous les auspices de la religion. L'école primaire portait le nom de *mécid* ou *mekteb*, l'instituteur s'appelait *mouadeb*. Les jeunes musulmans, de 6 à 10 ans, n'apprenaient guère qu'à réciter le Koran, sans le comprendre. Le *moudarés*, dans la *medraça*, sorte d'école secondaire, donnait un enseignement plus élevé : il enseignait la grammaire et commentait le Koran; ses élèves pouvaient prétendre au titre de *thaleb*. Enfin dans les mosquées des villes, les *medraça* enseignaient la législation, la théologie, quelquefois les éléments de l'histoire, de la littérature, l'arithmétique, l'astronomie, l'algèbre; les étudiants des medraça devenaient *oulema*, et aptes aux fonctions de *cadi*, *muphti*, *adel*, *oukil* dans les mosquées, ou professeurs dans les medraça[2].

Après la conquête, la presque totalité des écoles primaires indigènes fut délaissée; medraça et zaouia furent pour la plupart abandonnées. Les musulmans n'envoyèrent pas leurs enfants dans les écoles françaises. En 1836 on créa une école maure française; elle compta à grand'peine 60 élèves, fils des agents indigènes salariés par la Ville ou l'Etat. En 1840, le collège arabe fondé à Paris, à grands frais, dans l'hôtel Marbeuf, dut être fermé faute d'élèves. En 1850, le maréchal Randon, ministre de la guerre, créa les écoles *arabes françaises* ou écoles mixtes; elles se développèrent lentement de 1850 à 1863; elles étaient alors au nombre de 17 avec 566 élèves musulmans, 103 européens, 15 israélites. De 1863 à 1869, il y eut 36 écoles arabes françaises avec 1253 musulmans, 198 européens, 66 israélites. Depuis 1870, elles ont rapidement décliné. Elles n'existent plus dans le département d'Alger, et disparaîtront peu à peu dans les autres, à la suite du décret du 13 février 1883, qui a ramené les écoles algériennes sous la tutelle des lois en vigueur dans la métropole.

**Enseignement primaire.** — L'Algérie possède actuellement 703 *écoles pri-*

---

1. Voy. Ricoux, *Démographie figurée de l'Algérie*. — *Statistique officielle algérienne*. — Mercier, *Le cinquantenaire d'une colonie*.
2. Ces détails et la plupart de ceux qui suivent sont empruntés au substantiel et intéressant mémoire de M. Foncin, l'*Instruction des indigènes en Algérie*, publié dans la *Revue internationale de l'enseignement* du 15 août 1883. On consultera aussi avec fruit le chap. VII de l'ouvrage de M. Mercier, les *Rapports d'inspection générale* de MM. Stanislas et Henri Lebourgeois, la *Notice sur l'instruction publique* insérée dans le volume publié par le congrès d'Alger au nom de l'Association pour l'avancement des sciences.

maires dont 592 publiques et 69 libres. En 1879, 133 étaient dirigées par des congréganistes. Le nombre des élèves était de 53 304, sur lesquels on comptait 11 639 français, 13 334 françaises, 7 336 étrangers, 8 744 étrangères, 7 408 israélites garçons et 2 229 israélites filles, 2 420 musulmans et 194 musulmanes. — Il y a 1 230 instituteurs, 161 salles d'asile peuplées de 21 000 enfants; 170 bibliothèques scolaires, quatre écoles normales primaires (d'institutrices à Miliana, d'instituteurs à Mustapha (Alger), à Constantine et Oran).

**Enseignement secondaire.** — Le collège d'Alger[1], fondé en 1835, érigé en lycée en 1848, renferme plus de 1 000 élèves; il y a un *lycée à Constantine*, des collèges à *Oran* (qui va être pourvu d'un lycée), *Tlemcen, Mostaganem, Blidah, Médéah, Miliana, Bône, Philippeville, Sétif*. Un établissement d'instruc-

---

1. *Le lycée d'Alger.* « Il se distingue par la beauté de son installation matérielle et la composition mixte de ses élèves, partie français et partie indigènes. Fondé en 1835, dans une maison mauresque de la rue des Trois-Couleurs, puis transféré dans les bâtiments d'une ancienne caserne de Janissaires, aujourd'hui remplacée par les riches palais qui longent le côté septentrional du square, ce ne fut qu'au mois d'octobre 1868 qu'il put prendre possession de son local définitif. Ce local, construit à grands frais au bout de la rue Bab-el-Oued, entre le massif de la ville et le jardin Marengo dont il a quelque peu rogné les plates-bandes, forme un vaste quadrilatère de bâtiments et de cours, la plupart entourées de péristyles à l'imitation des cloîtres et des habitations mauresques; de sorte qu'on y peut circuler partout à couvert. La façade principale, avec sa rangée de palmiers, ses galeries à jour et son avant-corps en terrasse, ne manque pas de caractère. L'escalier d'honneur est superbe. Des guitardins, des grévilléas et plusieurs variétés de ficus ombragent les cours. Deux d'entre elles ont vue, d'un côté sur la mer, et de l'autre sur la montagne. Elles jouissent ainsi d'un air agréablement frais et de riantes perspectives. Dans celle de droite surtout, que dominent le palmier et les marabouts de la mosquée Sidi-Abd-er-Rhaman, on ne saurait imaginer plus pittoresque coup d'œil..... Comme pendant au lycée, nous avions autrefois un collège arabe créé par l'administration militaire. Il occupait, sur la place d'Isly, l'hôtel actuel de la Division. Les élèves des deux établissements n'avaient aucun rapport entre eux. En pourraient-ils avoir impunément? On semblait en douter lorsque l'amiral de Gueydon conçut l'idée de les réunir. L'opération était délicate. Elle réussit néanmoins au delà de toute attente. Au jour désigné, les collégiens arabes, vêtus de leurs habits de sortie, calotte rouge à longue floche, veste groseille, culottes bleues, bas blancs et souliers découverts, prirent, sous la conduite de leurs maîtres, le chemin de l'esplanade Bab-el-Oued. A leur approche, annoncée par un roulement de tambour, les élèves du lycée qui s'étaient mis en frais de toilette, descendirent dans la cour d'honneur et s'y rangèrent de manière à figurer les trois côtés d'un carré que complétèrent bientôt leurs nouveaux camarades. Le proviseur, M. Grasset, entrant dans le carré, souhaita aux uns la bienvenue, fit appel aux sentiments hospitaliers des autres, et termina son discours par l'octroi d'un jour de congé. Les rangs se rompirent alors, et ce fut chose admirable que la spontanéité, la franchise, la joie avec lesquelles ces enfants, de mœurs et de types si opposés, s'accueillirent et se mêlèrent. Kabyles aux larges frontaux, Bédouins à la peau bistrée, nègres à la toison crépue, Français, Belges, Anglais au teint clair, aux cheveux blonds, marchaient bras-dessus, bras-dessous, causant, se tutoyant. Quelques jeux, notre marelle et nos barres, alternant avec le sig et le rebel indigènes, terminèrent gaiement ces préludes de vie commune. Aucun des inconvénients redoutés ne s'est produit depuis. On a pu même constater quelques avantages inattendus. Le Français apprend mieux l'arabe, et l'Arabe le français. Certains angles de caractères se sont heureusement émoussés, certaines qualités échangées. Si jamais s'effectue la fusion tant rêvée par les économistes, l'éducation mixte de notre lycée y aura contribué pour sa très large part. » (Ch. DESPREZ, *L'hiver à Alger*, ch. XIII.)

tion secondaire pour les filles a été inauguré à Constantine en 1880 ; des cours du même genre sont organisés à Oran et Philippeville.

**Enseignement supérieur.** — Il est donné à l'*Ecole préparatoire de médecine et de pharmacie d'Alger* (11 professeurs, 50 élèves inscrits) ; à l'*Ecole de droit* (8 cours, 40 auditeurs) ; — à l'*Ecole supérieure des Sciences* (7 cours) à laquelle on rattache l'Observatoire ; — à l'*Ecole supérieure des Lettres* (11 cours), de laquelle dépendent les *trois chaires publiques d'arabe* à Alger, Oran, Constantine ; — et pour les indigènes, aux trois *medraça* d'Alger, Constantine et Tlemcen, dirigées par des maîtres musulmans, sous la surveillance de l'académie et de l'administration (129 élèves) ; on y enseigne la religion, la grammaire et la jurisprudence musulmanes ; et on y forme presque exclusivement le personnel de la justice musulmane. Budget de l'instruction publique (1879), 2 089 310 francs.

**Justice.** — Une *cour d'appel*, à Alger ; quatre *cours d'assises* à Alger, Oran, Constantine et Bône ; seize *tribunaux de première instance* à Alger, Batna, Blida, Bône, Bougie, Constantine, Guelma, Mascara, Mostaganem, Oran, Orléansville, Philippeville, Sétif, Sidi-bel-Abbès, Tizi-Ouzou, Tlemcen ; quatre *tribunaux de commerce* à Alger, Bône, Constantine, Oran ; 99 justices de paix, 118 mehakmas de cadis (les *cadis* assistés des *adel* et *bach-adel*, jugent les affaires civiles entre musulmans et tranchent en dernier ressort les litiges ne dépassant pas 200 francs. On peut appeler de leurs décisions aux *medjilès* consultatives, réunions composées de *muphtis* et de *tolbas*). En territoire militaire, les affaires criminelles sont instruites par les bureaux arabes et jugées en conseil de guerre.

**Cultes.** — La religion catholique est celle de la majorité des colons européens. Depuis 1830, de très nombreuses églises ont été bâties en Algérie. Il y a *un archevêché* à Alger, *deux évêchés* à Oran et Constantine ; des orphelinats catholiques en faveur des indigènes ont été fondés à Misserghin, Saint-Charles, Mustapha et la Maison-Carrée. — On compte en Algérie environ 7 000 protestants. — Les juifs sont nombreux et libres d'exercer en sécurité leur culte ; il y a un consistoire provincial dans chaque département. — Les musulmans ont leurs mosquées, leurs zaouias, qui sont souvent des écoles préparatoires d'insurrection, et leurs confréries religieuses qui couvrent toute l'Afrique du nord d'un dangereux réseau. Les associations dites des *Khouans* (frères) très disciplinées et ennemies implacables des chrétiens, sont en Algérie au nombre de sept : les *Tedjedjeria d'Aïn-Madhi*, les *Sidi-Youssef-Harusali*, l'ordre de *Mahomed-ben-Abderrahman*, celui de *Sidi Abd-el-Kader Djilawi*, celui de *Mouley-Taieb*, les *Aïssaouas* et les *Derkaouas*.

**Armée.** — L'armée d'Afrique forme le 19e corps d'armée et comprend trois divisions : Alger, Oran, Constantine (en tout plus de 50 000 hommes en y comprenant les *goums*, contingents de cavaliers armés réunis par les chefs des tribus.

**Marine militaire.** — Elle est placée sous l'autorité d'un contre-amiral qui a sous ses ordres deux bâtiments, une administration et des ateliers attachés à la station navale.

**Monnaies; poids et mesures.** — Le système métrique est aujourd'hui en usage dans la colonie.

**Budget annuel** en 1879 : Recettes, 37 184 872 fr. dépenses, 35 630 590 fr.
Les recettes proviennent des impôts arabes et des impôts français :

**Impôts français** : *octroi de mer* frappant les marchandises à l'entrée ; *redevance domaniale* de 1 franc par hectare et par an sur les concessions ; *patentes, contributions* et *taxes* municipales ; *droits d'enregistrement* et de *timbre*. — **Impôts arabes** : l'*áchour* ou dîme, perçu sur les grains, selon l'étendue des surfaces cultivées et la qualité de la récolte ; — la *zekkat*, impôt sur chaque tête de bétail ; — la *lezma*, capitation prélevée en Kabylie d'après une division des Kabyles en trois classes, suivant leur richesse présumée ; on donne aussi ce nom à l'impôt frappant les palmiers dans les oasis du sud[1].

## ARCHÉOLOGIE ALGÉRIENNE[2].

Les découvertes qui ont suivi la conquête ont fait connaître quels imposants vestiges d'une domination cinq fois séculaire les Romains avaient laissés sur le sol algérien (Numidie et Mauritanies sétifienne et césarienne). La conquête de l'Afrique s'étant faite de l'est à l'ouest, plus on s'éloigne du golfe de Gabès, et plus les traces de l'occupation romaine deviennent rares.

Nous signalerons, d'après M. O'Mac-Carthy, les principales localités où se trouvent aujourd'hui les ruines les plus remarquables de l'Algérie.

I. **Département de Constantine**. — *Lambèse* (Lambœsis), résidence de la troisième légion Auguste, dont les ruines couvrent 600 hectares ; restes d'un camp, d'un forum, d'un amphithéâtre, de temples d'Esculape et de Minerve, de l'arc de triomphe de Commode, de l'arc Septimien, de thermes, aqueduc, palais, etc. — *Markonna* (Verecunda), à 3 kilomètres au S. de Lambèse, deux arcs de triomphe, forum et un tombeau. — *Timgad* (Thamugas), à 21 kilomètres S. de Lambèse, arc de triomphe, temple de Jupiter, église chrétienne, théâtre, fort byzantin. — *Tébessa* (Theveste), ruines du temple de Minerve, de l'arc de triomphe de Caracalla, d'un cirque, d'une enceinte fortifiée, d'une basilique, d'une koubba, d'un palais, d'aqueducs, etc. — *Zana* (Diana Veteranorum), à 40 kilomètres N.-N.-E. de Batna, trois arcs de triomphe, temple de Diane, basilique chrétienne, thermes. — *Zéraïa* (Zaraï), à 42 kilomètres O. de Zana, citadelle romaine, prætorium, basilique. — *Tobna* (Tubonis), à 60 kilomètres S.-S.-O. de Zeraïa, restes de trois villes romaine, byzantine, arabe. — *Sétif* (Sitifis), citadelle byzantine, nombreuses inscriptions. — *Djemila* (Cuiculum), à 37 kilomètres N.-E. de Sétif, forum, basilique, arc de triomphe. — *Mila* (Mileum), murailles, bassin, etc. — *Constantine* (Cirtha), s'appela la cité des rochers abruptes jusqu'à Constantin ; citadelle, palais, prætorium, forum, tétrapyle, arc de triomphe. — *Announa* (Thibilis), restes de monuments, nombreuses pierres éparses. — *Guelma* (Kalama), citadelle byzantine. — *Philippeville* (Russicada), citernes, théâtre. — *Bône* (Aphrodisium et Hippone) ; — *Djidjelli* (Ijiljilis) ; — *Bougie* (Saldæ), etc., n'ont conservé des monuments d'autrefois que de rares débris.

II. **Département d'Alger**. — *Aumale* (Auzia), a fourni de très nombreuses inscriptions. — *Sour Djouab* (Rapidi), à 30 kilomètres O. d'Aumale, renferme de grandes ruines. — *Amoura* (Sufasar) ; — *Hammam-Righa* (Aquæ calidæ), n'ont plus que des ruines insignifiantes. — Le *Koubeur Roumia* ou

---

1. Voyez sur toutes ces questions de statistique et d'administration, l'excellent ouvrage de M. Mercier déjà cité, tout plein de précieux renseignements puisés aux bonnes sources.

2. Toutes les découvertes archéologiques faites en Algérie ont été signalées et commentées dans les *Annuaires*, *Notices* et *Mémoires* de la *Société archéologique de Constantine*, dans la collection de la *Revue africaine*, dans les *Rapports de la Commission scientifique de l'Algérie*, dans le *Guide* de M. Piesse, dans les *Etudes* de M. O'Mac Carthy, et surtout dans l'imposant *Recueil des inscriptions romaines de l'Algérie* de M. Léon Renier ; le tome 1er ne contient pas moins de trois mille cinq cents inscriptions.

tombeau des rois de Mauritanie est une ruine colossale qui s'élève sur un plateau dominant la Mitidja à 25 kilomètres O. de Koléa. — *Tipasa* (Tipasa), ruines de plusieurs monuments. — *Cherchell* (Cæsarée), débris et inscriptions. — *Dellys* (Rusucurrus); — *Tigzirt* (Iomnium), *Azeffoun* (Rusubezer), ont des ruines intéressantes. — *Alger* (Icosium), dont les antiquités ont été réunies au musée de la Bibliothèque.

III. **Département d'Oran.** — Les édifices antiques sont plus rares : *Arzeu* (Portus divini); *Tlemcen* (Kala); *La Moricière* (Rubræ), *Aïn-Temouchent* (Timici civitas'); *Oran* (Portus magnus), ont fourni seulement d'importantes inscriptions.

## RÉSUMÉ HISTORIQUE[1]

**Les premiers habitants de l'Algérie.** — L'immense région qui s'étend du Soudan à la Méditerranée, et de l'océan Atlantique à la mer Rouge et à la mer des Indes, a été dans les temps les plus reculés le domaine exclusif d'une race autrefois compacte et souveraine, aujourd'hui éparse et déshéritée. « Fille de la terre africaine, en ce sens du moins que » les plus vieilles traditions, que les monuments les plus anciens nous la » montrent dans les mêmes lieux, » la race berbère, toujours vivace, s'est perpétuée jusqu'à nous : fière et belliqueuse, le plus souvent nomade, attachée de tout temps à la vie pastorale, incapable de rapprocher et de resserrer dans une fédération durable ses tribus errantes, elle a été dans tous les temps le jouet des invasions étrangères, et plusieurs des peuples qui la composent, refoulés dans le désert, ou retranchés dans les montagnes, n'ont dû qu'à ces remparts naturels de garder une indépendance que les autres ont perdue par l'isolement et les discordes.

Les débris de la nationalité berbère, disséminés dans le nord de l'Afrique, forment trois groupes principaux, qu'on distingue par des noms différents : au Maroc, les Berbères sont appelés *Chellouh*, ou *Chillas*, ou *Amazigh*; — dans le Sahara, *Touareg*, ou *Imôchagh*; — dans l'Atlas algérien, *Kabyles* ou *Kebaïls*. Notre Algérie a donc été peuplée de Berbères dès la plus haute antiquité : on les considère en général comme les vrais indigènes, les autochthones, c'est-à-dire nés sur le sol qu'ils ont possédé de tout temps. On a fait sur l'origine des Berbères de nombreuses hypothèses, d'après les données de l'histoire, de la géographie, de la philologie. Les uns leur attribuent une origine sémitique, les autres mongolique, les autres aryenne.

Les écrivains de l'antiquité classique n'admettaient pas l'unité de la race berbère : Salluste, l'historien de Jugurtha, officier de César en Afrique, et plus tard gouverneur de la province formée des États du roi numide, Juba, dit que l'Afrique fut occupée à l'origine par les Gétules et les Libyens, peuples incultes et farouches, qui se nourrissaient de la chair des bêtes sauvages, ou, comme les troupeaux, de l'herbe des champs. Il ajoute qu'a-

---

[1]. On trouvera dans la bibliographie l'indication des principaux ouvrages à consulter sur le sujet. Nous signalerons tout particulièrement les *Annales algériennes* de M. Pelissier de Reynaud, l'ouvrage de M. Nettement et les récits de MM. Wahl et Gaffarel dans leurs excellents ouvrages sur l'Algérie. Nous y avons eu fréquemment recours pour la rédaction de ce chapitre.

près la mort d'Hercule en Espagne et la dispersion de son armée, des Mèdes, des Perses et des Arméniens passèrent en Afrique et occupèrent le littoral de la Méditerranée. Les Perses se mêlèrent peu à peu aux Gétules, et prirent dès lors le nom de *Numides*. Quant aux Mèdes, ils se rapprochèrent des Libyens, et formèrent les *Maures*. Sous ces récits légendaires et à travers les détails puérils de l'œuvre de Salluste, on a pu remarquer l'exactitude des grands faits géographiques, ethnographiques et historiques : l'historien latin aurait emprunté, disait-on, les éléments de son tableau à des livres du roi Hiempsal écrits en langue punique. Les écrivains arabes et berbères, et parmi eux le célèbre Ibn Khaldoun[1], ramènent tous les groupes de la famille berbère à deux branches, celle de l'ouest, dans l'Atlas, celle de l'est, du Nil aux Syrtes. Le général Faidherbe et M. Berlioux, frappés de la présence de nombreux hommes blonds, au teint rosé, aux yeux bleus, concluent à une invasion d'Européens entrés en Afrique par l'Espagne et par le détroit. Ce sont les Libyens, par opposition aux Gétules, venus du Sahara. Les Libyens devinrent les Maures, et les Gétules du nord furent les Numides, et plus tard les Berbères, ainsi appelés par les Arabes[2]. A une époque plus rapprochée, arrivèrent les Phéniciens.

**Les premiers colonisateurs de l'Algérie : l'Afrique sous les Carthaginois.** — Partis de Tyr et de Sidon, les hardis navigateurs phéniciens fondèrent sur tous les rivages de la Méditerranée ces comptoirs (*emporia*) qui devinrent autant de villes et de colonies florissantes, *Utique*, *Leptis*, *Sabrata*, *Thapsus*, *Hadrumète*, *Hippone*, *Rusibis*, *Ruscinara*, *Russicada (Philippeville)*, *Sitifis*, *(Sétif)*, *Cirta (Constantine)*, *Capsa*, *Zama*, *Thysdrus*, etc., et plus tard, vers 880, la nouvelle *Kambé* ou *Kard-Hadeth* (Carthage) qui imposa sa suzeraineté à toutes les cités phéniciennes et à toutes les îles de la mer Tyrrhénienne. La puissance carthaginoise ou libyphénicienne s'étendait sur toute la Tunisie actuelle, et sur la partie orientale du pays de Constantine (Cirta) ; le pays était admirablement cultivé et fertile, les habitants actifs et industrieux, la capitale opulente et redoutée. Mais elle n'avait pas d'armée nationale : des Grecs, des Gaulois, des Baléares, des Numides formaient ses troupes mercenaires ; ses sujets, durement traités, détestaient son joug, et ses voisins jaloux convoitaient ses richesses. Les Romains vainquirent après trois guerres acharnées cette république de marchands, affaiblie par les discordes des factions locales ; après sept siècles d'une existence brillante, qui a laissé dans le pays une profonde empreinte, Carthage succomba, et *Scipion Emilien*, qui avait détruit la rivale de Rome, versa des larmes sur ses ruines (149 av. J.-C.).

**L'Afrique sous les Romains.** — Carthage déchue, restait à vaincre les Maures et les Numides. Le puissant roi numide *Massinissa* était mort avant la chute de la grande cité : son successeur, *Micipsa*, fut l'allié complaisant des Romains. Il partagea ses Etats entre ses deux fils, *Hiempsal* et *Adherbal*, et son neveu *Jugurtha*, dont il redoutait l'ambition peu scrupuleuse et l'indomptable courage. Jugurtha assassina Hiempsal, et força Adherbal à aller mendier à Rome l'appui du sénat et des légions. Absous lui-même par des juges qu'il avait gagnés à prix d'or, il recommença la

---

1. Ibn-Khaldoun vivait à la fin du quatorzième siècle. Son *Histoire des Berbers* a été traduite en français par M. de Slane.
2. M. Berlioux, *Les Atlantes, populations primitives de l'Atlas*, p. 19, dit que le terme *Berbère* vient soit du mot *barbare*, soit d'un mot arabe, qui signifie *bredouiller*. Ce mémoire, inséré dans l'*Annuaire de la Faculté des lettres de Lyon* (1883), est plein de vues originales et de discussions solides.

lutte en Afrique, égorgea son cousin dans Cirta, et rompu à toutes les ruses de la guerre dans un pays difficile, ayant appris des Romains eux-mêmes, dans les rangs desquels il avait servi, l'art de les vaincre, achetant ou trompant les centurions et les consuls, il tint dix ans la puissance romaine en échec. *Métellus* et *Marius* en eurent enfin raison, grâce à la trahison de son beau-père *Bocchus*, roi de Mauritanie, et le terrible Numide, traîné captif à Rome, périt de faim dans la prison du Tullianum (104 av. J.-C.).

La Numidie, divisée par Rome entre deux rois, tourna ses armes contre elle-même. Les rivalités des factions éteignirent le sentiment de l'indépendance; les guerres civiles maintinrent vainqueurs et vaincus sous le joug. La Numidie tint pour Sylla et Pompée, *Juba*, fils de Hiempsal II, était un pompéien ardent; la Mauritanie se déclara pour César. Juba, vaincu à Thapsus, se tua. La Numidie fut démembrée; ses dépouilles partagées entre Rome et les rois de Mauritanie. Quand la dynastie de Bocchus fut éteinte, Auguste donna la Mauritanie à *Juba II*. Elevé à Rome, savant et lettré, ce protégé d'Auguste importa dans Césarée (Cherchell), sa capitale, les sciences, les arts, les institutions de Rome; au besoin, les légions romaines prêtaient main-forte à ce vassal docile et souple qui romanisait son royaume. Sous Tibère, un Numide courageux et habile, *Tacfarinas*, voulut émanciper l'Afrique; par une habile tactique, il déjoua longtemps les efforts des généraux romains : vaincu enfin par *Blésus*, il prit la fuite, et se fit tuer près d'Auzia (Aumale), (29 ap. J.-C.). Un peu plus tard, pour aller plus vite, Caligula fit étrangler le dernier roi maure, *Ptolémée;* une tentative de révolte fut réprimée, et l'Afrique devint province romaine depuis la grande Syrte jusqu'aux colonnes d'Hercule.

Sous la domination romaine, l'Afrique traversa une période de prospérité matérielle qu'elle n'avait jamais connue. L'administration impériale fonda ou rebâtit des villes nombreuses, les embellit de monuments, ouvrit des routes, établit des camps et des postes militaires, développa l'agriculture et fit de la Numidie un nouveau grenier de Rome. Notre colonie algérienne, la Tunisie et le Maroc sont couverts de ruines imposantes qui sont le témoignage de cette splendeur passée. On a composé des volumes avec les inscriptions recueillies sur ses monuments, et chaque année, l'archéologie s'enrichit de nouvelles découvertes africaines. « Partout des aqueducs, des
» thermes, des temples, des théâtres, des arcs triomphaux, les travaux
» utiles et les constructions luxueuses, tout ce qui indique l'aisance et les
» loisirs heureux... La carte de l'ancienne Afrique nous montre le pays
» couvert de routes qui la sillonnent dans tous les sens. Sétif, Cirta, Lam-
» bessa, Hippone, étaient autant de riches carrefours où se croisaient les
» communications; dix routes passaient à Sétif, six à Cirta et à Hippone,
» cinq à Lambessa[1]. » La culture intellectuelle était aussi très répandue.
» Cette population composite, dit M. Wahl, formée par le mélange des
» émigrants latins, des débris puniques, des indigènes assimilés, gardait au
» milieu de l'uniformité romaine son caractère distinct et comme une origi-

---

1. Wahl, l'*Algérie*, p. 66; — Gaffarel, l'*Algérie*, p. 7. — « En 483 de notre ère, » dit O'Mac Carthy, on y comptait plus de quatre cents évêchés, représentant » les quatre cents localités principales de cette grande région, centres plus ou » moins importants dont les derniers vestiges se montrent de toutes parts autour » de nous. » Voir, sur ce sujet, le récent ouvrage de M. Boissière, recteur de l'Académie d'Alger, publié sous ce titre : *Esquisses d'une histoire de la conquête et de l'administration romaine dans le nord de l'Afrique;* réimprimé en 2 vol. sous celui de l'*Algérie romaine*, 1883, et couronné par l'Institut.

» nalité de terroir dans la politique, dans la littérature païenne ou reli-
» gieuse; les Africains Septime-Sévère, Fronton, Apulée, Tertullien,
» Augustin, forment une race à part. » Il est vrai d'ajouter que cette civilisation était plus brillante que solide; les riches propriétaires ne formaient qu'une infime minorité. La Mauritanie et les districts montagneux
ne se façonnèrent jamais à l'obéissance aux lois de Rome; les révoltes
étaient continuelles. Après Constantin et l'introduction du christianisme,
les querelles religieuses s'ajoutèrent aux haines sociales; une véritable
jacquerie éclata dans la Kabylie actuelle, sous la direction de *Firmus*, que
Théodose mit trois ans à vaincre (374). La trahison du comte *Boniface* livra
au roi des Vandales, *Genséric*, toute l'Afrique du Nord (429).

**L'Afrique sous les Vandales et les empereurs grecs.** —
Les Vandales y fondèrent un empire redoutable qui dura plus d'un siècle
(429-545) : leur capitale fut Carthage, que les Romains avaient jadis rebâtie
et repeuplée, et qui disputait à Alexandrie le second rang dans l'empire.
Après avoir couvert le pays de ruines, les Vandales, qui étaient moins une
nation qu'une armée, amollis sous le climat de l'Afrique, perdirent peu
à peu leurs vertus militaires, et empruntèrent aux vaincus leurs vices.
*Gélimer* abandonna Carthage à *Bélisaire*, et fut vaincu et pris dans l'Edough.

Justinien réorganisa l'Afrique ; à la tyrannie vandale succéda la domination gréco-byzantine. On travailla à relever les forteresses, à rebâtir les
villes; on y employa pêle-mêle la pierre et le marbre des temples, des
statues, des anciens édifices détruits et gisants. « On peut voir de ces
» étranges bâtisses à Madaure, à Tébessa, à Thamgad. La restauration
» byzantine est là tout entière, reconstruction informe ébauchée avec les
» débris du passé. » (M. Wahl). Mais cette tentative n'était pas viable. Les
tribus nomades de la montagne et du désert détruisirent tous les établissements nouveaux, et usèrent l'une après l'autre, par des incursions
sans cesse répétées, les armées grecques des successeurs de Bélisaire. Le
pays fut effroyablement dévasté, les collecteurs d'impôts complétèrent l'œuvre
des hordes africaines : les populations romaines émigrèrent en masse.
Procope dit que sous le règne de Justinien, l'Afrique perdit 5 millions
d'habitants; un voyageur pouvait marcher des journées entières sans rencontrer personne. Des 690 évêchés de l'époque romaine, 217 seulement
subsistaient encore.

**L'Afrique sous les Arabes.** — Quatre-vingts ans après la mort de
Justinien, en 645, les Arabes, maîtres de l'Egypte, foulaient le sol du
Maghreb. L'empire grec était incapable de défendre ses possessions
lointaines : *Abdallah* vainquit le patrice Grégoire, gouverneur de l'Afrique,
sous les murs de Tripoli, qui capitula (647). En 653, les Arabes étaient
sous Tunis. Le plus fameux de leurs chefs, *Sidi-Okba*, fonda la place de
guerre de Kaïrouan, et s'enfonça dans le désert pour soumettre Ghadamès,
et les oasis du Fezzan et des Ziban. Ce chef, poussé par un fanatisme
sauvage, traversa l'épée à la main tout le Maghreb, et ne s'arrêta que là
où la terre manqua sous les pieds de son cheval. Au retour, il périt dans
la guerre contre les Berbères. Sous ses successeurs, la lutte continua
furieuse entre les indigènes et les envahisseurs. Carthage fut de nouveau
détruite de fond en comble. Les Berbères, qui étaient chrétiens, se convertirent rapidement à l'islamisme; mais dans l'islamisme, les schismes éclatèrent. Le Maghreb se sépara du Khalifat de Cordoue; et la dynastie des
Aglabites établit son siège à Kaïrouan; celle des Edrisites à Fez. L'Afrique
du Nord fut sans cesse en proie aux ambitions et au fanatisme des chefs.
En 1070, la dynastie des Edrisites disparaît, et fait place à celle des Almo-

ravides, fondée par un Berbère, *Youssef-ben-Taschefin*; sa capitale fut Maroc. Les Almoravides, vaincus à leur tour par *Abd-el-Moumen*, font place aux Almohades (1150-1273). L'empire des Almohades se divisa après la mort de Moumen ; les uns, les Beni-Merin Zenata, s'établirent à Fez, les autres, les Beni-Zian, à Tlemcen qui devint alors par ses palais, ses caravansérails, ses parcs et ses jardins délicieux, ses écoles et ses mosquées, son commerce étendu et florissant, et sa population de plus de 100 000 habitants, la première cité du Maghreb[1] ; les autres enfin, les Hafsides, à Tunis. Cette dernière ville, résidence du sultan salué du titre de commandeur des croyants, *emir-al-moumenim*, fut le centre religieux de l'islam, la cité sainte, l'asile de la religion et de la science musulmanes.

**L'Afrique sous les Turcs.** — Ce démembrement favorisa l'anarchie et prépara l'invasion turque. Dans les montagnes de l'intérieur les Berbères nomades continuaient leurs dévastations ; dans les villes de la côte, les Maures réfugiés, après leur expulsion d'Espagne, se rendaient indépendants et organisaient contre les chrétiens le brigandage maritime. Les Espagnols s'emparèrent vainement de Melillah (1497), de Mers-el-Kébir (1505), d'Oran (1509), de Bougie (1510) ; vainement ils obtinrent la soumission de Mostaganem, Tenez, Alger et Tunis. Alors parurent les deux Barberousse, *Aroudj*, et *Khaïr-Eddin*, originaires de Sicile ou de Lesbos, animés contre les chrétiens d'une haine implacable. Ils rallièrent autour d'eux tous les aventuriers du Tell, tous les pirates de la côte, et s'ils ne purent enlever le fort espagnol du *Peñon d'Argel* (rocher d'Alger)[2], ils occupèrent Djidjelli (1514), Cherchell et Alger (1510) et en firent des refuges, des magasins de ravitaillement, des repaires pour cacher leurs prisonniers et leur butin. Ils remplacèrent par des étrangers, et notamment par des Turcs, les Arabes dans leurs emplois, organisèrent une milice d'orientaux musulmans, qui choisit librement ses officiers et leur confia tous les postes. Tel fut le noyau du gouvernement de l'*Odjak*, oligarchie militaire et religieuse fondée sur la haine et pour la destruction des chrétiens. Khaïr-Eddin, aussi habile que cruel, fit hommage de ses Etats au sultan de Constantinople, *Sélim I*er. Son frère ayant péri dans un combat contre les Espagnols, il le vengea en battant Hugues de Moncade devant Alger, et en rasant le fameux fort du Peñon. Avec les matériaux fut construite en partie la jetée qui rattache encore les îlots (*al-djezaïr*) à la Terre-Ferme, et qui ferme le port d'Alger au nord-ouest. Pour récompenser son vassal, Soliman l'appela à Constantinople et lui donna avec le titre de capitan-pacha, le commandement de sa marine. Khaïr-Eddin, au nom du sultan, détrôna en 1534, le roi de Tunis, *Mouley-Hassan*, et prit sa capitale. Il mourut en 1547. L'agha Hassan l'avait remplacé à Alger, et continué ses succès contre Charles-Quint.

**Organisation de l'Odjak.** — C'est dans le même temps que s'acheva l'organisation de l'*Odjak*, qui est restée en vigueur à Alger

---

1. V. *Tlemcen*, par l'abbé Bargès.
2. Alger est bâti sur l'emplacement de l'ancienne ville d'Icosium. Cette ville paraît avoir été de fondation romaine. Vespasien lui accorda le droit latin ; les Vandales la démolirent. Elle fut reconstruite au dixième siècle par un chef berbère, et prit le nom de Djezaïr-beni-Mezghanna. *Al-Djezaïr*, les îles, a formé le nom moderne, Alger. Ces îles réunies plus tard au continent par une jetée, s'étendaient en face de la ville. Malgré ses monuments anciens, ses bazars, sa mosquée, et l'excellence de ses sources que vantent les historiens arabes, elle ne devint vraiment célèbre qu'à partir du seizième siècle. — La construction du Peñon par les Espagnols fut peut-être l'origine de sa brillante fortune.

jusqu'en 1830. Le sultan suzerain était représenté d'abord par un pacha; mais ce personnage fut le jouet de la milice, qui tantôt le chassait et tantôt l'égorgeait. Le vrai souverain était l'*agha*, chef des troupes et de l'assemblée du divan où tous les miliciens étaient admis. L'agha, d'abord élu pour deux mois, puis plus tard à vie, prit dans la suite le nom de *dey* (oncle, patron). La Porte finit par le désigner comme pacha. Il était assisté de quatre ministres : le *Khasnadji*, ou ministre des finances, l'*Agha*, de la guerre, l'*Oukil-el-hardj*, de la marine, le *Khodja*, de l'administration. La milice élisait le dey : de là le tumulte des élections, et l'instabilité du pouvoir. La plupart des deys mouraient de mort violente. Quant au territoire, il était divisé en trois districts ou beyliks, ceux de Constantine, de Titteri, et de l'Ouest. Tous les privilèges étaient réservés à la milice, composée d'aventuriers de toute provenance, mais tous fanatiques musulmans. Elle avait pour auxiliaires certaines tribus qui, moyennant l'exemption de l'impôt, faisaient la police de l'intérieur. Les autres payaient, et si les contributions, livrées à l'incurie ou aux voleries des percepteurs, ne suffisaient pas à l'entretien du dey et à la solde de la milice, on demandait le surplus aux confiscations, aux amendes, aux tributs forcés, à la piraterie. La piraterie fut élevée par les deys, autant par nécessité que par goût, à la hauteur d'une institution. Les vaisseaux capturés s'élevaient chaque année à plusieurs centaines, les prises à des millions. « Les expéditions étaient
» de véritables entreprises commerciales, auxquelles s'intéressaient les
» riches particuliers, souvent le dey lui-même. Tout était réglé avec la
» plus grande précision. Au retour, un secrétaire des prises, assisté de
» chaouchs, de changeurs, de mesureurs, de crieurs, faisait débarquer et
» vendre les marchandises et les esclaves; ensuite il procédait à la répar-
» tition; un droit fixe était prélevé par l'Etat, le reste, les frais déduits,
» partagé par moitié entre l'armateur et l'équipage. Personne à bord ne
» touchait de solde, on naviguait à la part. » Un des principaux produits de la piraterie était la vente des esclaves; on pratiquait en grand à Alger la traite des blancs, les uns destinés aux galères, les autres à la pêche, les autres à la culture.

« Il reste aujourd'hui peu de chose de l'Alger des deys, cependant les ruelles
» étroites de la haute ville peuvent encore en donner une idée. C'étaient
» les mêmes maisons basses, muettes, penchées les unes vers les autres,
» laissant à peine filtrer un rayon de lumière. — Dans cet espace étroit
» grouillait toute une multitude : 100 000 habitants au temps de Haëdo[1],
» 200 000 d'après un résident français du dix-septième siècle, Turcs,
» Coulouglis, Arabes, Maures, Juifs, Kabyles, Biskris, renégats et captifs
» venus des quatre coins de l'Europe, assemblage confus des races les plus
» diverses et des types les plus opposés. L'arabe, le provençal, l'italien,
» l'espagnol, le français, toutes les langues et tous les idiomes se heurtaient
» dans cette Babel. Quand un navire entrait dans la darse, arborant fière-
» ment le pavillon vert semé d'étoiles, tout se ruait vers la marine, c'était
» le moment d'acheter, de vendre, de spéculer. Parfois si l'on avait capturé
» quelque barque espagnole chargée de vin, les pauvres diables d'esclaves

---

1. Fray Diego de Haëdo, historien espagnol, vivait à la fin du seizième et dans les premières années du dix-septième siècle. Chapelain de l'archevêque de Palerme, il avait avec les captifs chrétiens délivrés de l'esclavage des rapports fréquents. On suppose qu'il visita lui-même les Etats berbéresques ; son livre sur *la Topographie et l'histoire générale d'Alger*, a paru à Valladolid, en 1612.

» se grisaient à bon marché; ils avaient aussi leur part de liesse. A de
» certains jours, toute la ville devenait morne; les rues étaient désertes,
» les maisons closes; la milice venait d'égorger le dey, les Coulourlis se
» révoltaient, une escadre européenne lançait à toute volée ses boulets et
» ses bombes; mais l'orage passé, on reprenait avec insouciance la vie
» accoutumée. Telle fut Alger pendant trois siècles, métropole de la pira-
» terie, rendez-vous de tous les forbans, patrie cosmopolite des aventuriers
» sans scrupule, terreur des nations civilisées, qu'elle bravait avec l'audace
» d'une longue impunité. Cette impunité est l'étonnement de l'histoire[1]. »

Soit crainte, soit indifférence, les puissances de l'Europe se contentèrent le plus souvent d'acheter par des tributs le droit de commercer dans la régence d'Alger ou seulement de faire passer sans péril leurs navires dans ses eaux. On ne tenta, après les grandes armadas de Charles-Quint, et notamment celle de 1541 où s'illustrèrent les deux chevaliers de l'ordre de Malte, *Savignac de Balaguer* et *Durand de Villegaignon*, que de rares expéditions contre Alger. L'Espagne en 1783, et en 1784, y échoua.

**Relations de la France et de l'Odjak.** — La France entretint avec l'Odjak des relations diplomatiques qui plus d'une fois aboutirent à des alliances de commerce. Dès 1520, des négociants provençaux obtenaient à prix d'argent le privilège exclusif de la pêche du corail, et de l'exportation des produits algériens[2]. Plusieurs fois ce privilège fut renouvelé et des établissements furent fondés au Bastion de France, à La Calle, au cap Rose, à Collo. Dès 1581, un consulat français fut établi à Alger. Un instant, sous Charles IX, les Algériens pensèrent à se donner à la France[3], on parla de leur envoyer le duc d'Anjou comme dey, mais le projet n'aboutit pas; le triste prince devint roi de Pologne avant de régner sur la France. Les Algériens nous en gardèrent rancune, emprisonnèrent notre consul, capturèrent nos vaisseaux. *Henri IV* protesta auprès du sultan. Par ordre de Sa Hautesse, le dey *Kader* fut étranglé, mais les brigandages continuèrent (1604). Les négociations sans cesse reprises et interrompues aboutirent enfin en 1628 à un traité définitif qui rétablissait la France dans sa situation privilégiée, relevait ses comptoirs, et promettait toute sécurité à ses navigateurs. En échange de ces engagements, les Français payaient à l'Odjak 24 000 doubles. L'heureux négociateur était *Sanson Napollon*; mais le traité ne fut point exécuté, et les déprédations redoublèrent. *Richelieu* envoya des escadres contre Alger, renouvela les conventions; l'Odjak continua de laisser massacrer nos agents, piller nos cargaisons, et remplir les bagnes d'Alger de prisonniers français.

*Louis XIV* résolut d'en finir avec ces humiliations. Le duc de *Beaufort* fut envoyé en Afrique à la tête d'une escadre. Djidjelli fut prise, mais cette conquête resta sans résultat. En 1682, *Duquesne* fut envoyé contre Alger et la bombarda une première fois. L'année suivante, nouveau bombardement. Les Algériens, pour sauver leur ville d'une entière destruction, entament des négociations par l'intermédiaire du vicaire apostolique *Levacher*, consul de France. Duquesne exige comme otages l'amiral *Mezzomorte* et le capitaine *Ali*. Ils sont livrés. Mais tandis qu'on parlemente, Mezzomorte, sous prétexte d'avancer les négociations, demande à aller à terre. On se fie à sa parole : à peine rentré à Alger, il égorge le dey, prend sa place;

---

1. Maurice Wahl, l'*Algérie*, p. 92.
2. Voy., plus loin, la *Pêche du corail* et les négociations qui l'ont autorisée.
3. Voyez, à ce sujet, les *Annales algériennes*, de M. Pélissier de Reynaud.

arbore le drapeau rouge sur les forts, et aussitôt que Duquesne recommence le bombardement, fait attacher le P. Levacher et vingt-deux Français à la bouche de ses canons. L'amiral français, manquant de munitions, dut rentrer à Toulon, et les Algériens se vantèrent de l'avoir fait fuir. Un nouveau traité fut signé par *Tourville* en 1684, sous la menace d'un nouveau bombardement. Il ne fut pas davantage respecté. Quatre ans après, l'amiral *d'Estrées* fit pleuvoir sur Alger dix mille bombes; de dix mille maisons, huit cents restèrent debout. Les Algériens attachèrent le consul et trente-cinq Français à la bouche des canons; d'Estrées usa de représailles, et fit égorger dix-sept prisonniers turcs. Ces effroyables exécutions servirent néanmoins de leçon aux Algériens. Le traité que leur ambassadeur vint négocier à Versailles en 1690, fut mieux observé durant le dix-huitième siècle. En 1764, le chevalier de *Fabry* le renouvela avec le dey *Ali-pacha*. En 1791 et 1793, il fut de nouveau confirmé. Pendant l'expédition d'Égypte, sur un ordre parti de Constantinople, les corsaires algériens ruinèrent les établissements français et mirent aux fers le chargé d'affaires de la République et tous nos nationaux. Le premier consul *Bonaparte* écrivit directement au dey une lettre de menaces. Le dey fit amende honorable. Les musulmans avaient appris à redouter le héros d'Aboukir. Il est vrai qu'après l'anéantissement de notre flotte à Trafalgar, les pirateries recommencèrent[1]. Napoléon n'en prépara pas moins une expédition contre Alger : le capitaine *Boutin* fut envoyé en mission pour explorer le littoral et choisir un lieu de débarquement : il indiqua Sidi-Ferruch, où devaient prendre terre les Français vingt-trois ans plus tard. Napoléon ne donna pas suite à son projet[2].

En 1815, le congrès de Vienne décida qu'il serait mis un terme à l'escla-

---

1. « Une de leurs plus illustres victimes, écrit M. Gaffarel (p. 45), fut le grand
» astronome Arago. En avril 1807, obligé de quitter précipitamment l'île de Ma-
» jorque où il mesurait l'arc du parallèle compris entre le mont Galatzo et Iviça,
» il se rendit à Alger sur une barque de pêcheurs. Accueilli par notre consul,
» Dubois-Thainville, il s'embarqua pour Marseille, mais fut pris en mer par un
» corsaire espagnol. Le dey d'Alger protesta contre cette insulte faite à son pa-
» villon, et obtint qu'on rendrait la liberté à l'équipage. Jeté par la tempête à
» Bougie, et fort maltraité par les indigènes qui le dépouillent et le pillent, il
» n'est sauvé que par un marabout qui le prend sous sa protection, et le conduit
» à Alger couvert du burnous des Arabes; mais il est fort mal reçu par le dey,
» qui le fait inscrire sur la liste des esclaves et l'envoie servir à bord des cor-
» saires de la régence en qualité d'interprète. Arago ne recouvra sa liberté que
» sur les instances du consul de Suède, et ne put rentrer en France qu'en juillet
» 1809. »

2. « A force d'esprit et de fermeté, de courage et de finesse, malgré les obstacles
» de tout genre qu'il rencontra, Boutin réussit au delà de ce que les plus auda-
» cieux auraient cru possible. « J'ai parcouru, écrivait-il au ministre de la ma-
» rine, Decrès, ces parties de la ville où les chapeaux ne paraissent pas, et tout
» autour d'Alger j'ai dépassé de trois à quatre lieues les limites assignées aux
» Européens. » Riche de dessins, de croquis et de notes de toute espèce, il s'em-
» barqua pour Toulon, le 12 juillet; mais le 28, le brick qui le ramenait fut atta-
» qué, à la hauteur de la Spezzia, par une frégate anglaise. Boutin n'eut que le
» temps de jeter à la mer ses dessins et ses papiers les plus importants. Fait
» prisonnier et conduit à Malte, il s'en échappa un mois après, déguisé en mate-
» lot, prit passage pour Constantinople, et revint par terre en France. Telles
» étaient la netteté de ses souvenirs et la justesse de son esprit que, grâce aux
» croquis et aux notes qu'il avait pu sauver, il réussit à faire seize grands dessins
» et à rédiger un mémoire dont le prix n'a été vraiment connu qu'en 1830. »
(Camille ROUSSET, *La conquête d'Alger*, chap. Ier, p. 38.)

vage des chrétiens enlevés par les corsaires d'Alger, de Tunis, de Tripoli. L'Angleterre refusa le concours de la France, et se chargea à elle seule d'exécuter les déclarations du Congrès. En 1816, lord *Exmouth* vint bombarder Alger. La ville avait trois cents canons et lui tint tête. Il lança sur elle trente-quatre mille projectiles et écrasa sa flotte, ses batteries et plusieurs quartiers. Ce fut, malgré tout, une démonstration plus bruyante qu'efficace. Il était réservé à la France, la puissance la plus directement intéressée dans la répression, de mettre un terme à des brigandages qui étaient la plaie des puissances maritimes et la honte des nations civilisées.

**La France et le dey Hussein.** — En 1818, au dey *Ali*, mort de la peste, avait succédé *Hussein-Pacha*. Hussein était un Smyrniote de basse naissance, élève de l'école d'artillerie de Constantinople, où il conquit le titre d'uléma. Son avancement fut assez rapide; mais une faute commise dans le service du sultan le força à s'exiler, et il s'engagea dans la milice de l'Odjak. Il fit successivement le métier de militaire et de négociant, fut secrétaire de la régence, et administrateur des domaines de l'État. A la mort d'Ali-Kodja, il fut proclamé dey. Son administration intérieure fut un mélange de tolérance et de rigueur; il habita la Kasbah pour se ménager une retraite sûre contre les complots. Au dehors, vis-à-vis de la France, il fut moins habile.

Nous avons vu que depuis trois siècles, nous restions les maîtres des *concessions d'Afrique* à condition de payer annuellement des redevances au dey d'Alger et au bey de Constantine. En 1790, le dey *Baba-Mohammed* les avait fixées à 90 000 francs. En 1816, le dey *Omar* exigea 270 000 francs, et en 1817, 300 000 : Notre consul, M. *Deval*, eut la faiblesse d'y consentir ; le successeur d'Omar, *Ali*, plus sympathique à la France, les ramena à 90 000 ; mais *Hussein*, à son avènement, réclama 380 000 francs sur un ton menaçant. Louis XVIII passa outre, et la convention du 24 juillet 1820 régla le taux des redevances à 220 000 francs.

Cette cause de mésintelligence entre le dey et la France n'était pas la seule. A l'époque de la révolution (1794-1796) deux juifs algériens, Bacri et Busnach, avaient vendu au gouvernement français des blés pour une valeur de 2 millions. Ils avaient de plus fourni des approvisionnements à l'armée d'Égypte. Leurs créances n'avaient jamais été payées ; ils sollicitaient un règlement de comptes. Une commission contradictoire fut nommée ; le gouvernement algérien réclamait 14 millions : la commission liquida la dette à 7 millions. Le roi et le dey acceptèrent la transaction. L'article IV de cet acte réservait expressément une somme de 2 500 000 francs, égale au montant des sommes dues par les deux juifs à leurs créanciers français ; elle devait être versée à la Caisse des dépôts et consignations jusqu'à ce que les tribunaux compétents eussent rendu leur arrêt. Hussein réclama le dépôt : on le lui refusa. La rupture avec la France eût peut-être éclaté tout de suite sans un incident qui brouilla le dey avec l'Angleterre, et valut à Alger un nouveau bombardement. L'amiral sir Henri Neale n'eut pas d'ailleurs l'avantage dans les deux attaques qu'il tenta (juillet 1824).

Enorgueilli par ce succès, Hussein se montra plus insolent que jamais. Les corsaires infestèrent la Méditerranée, visitant ou pillant les navires. Le dey renouvela avec insistance ses réclamations relatives à l'affaire Bacri. Le ministre des affaires étrangères de France, M. *de Damas*, ne répondait pas à ses sommations impertinentes. Le dey Hussein, enhardi par les complaisances excessives du consul français, se laissa entraîner à une violente colère. Le 30 avril 1827, M. Deval vint complimenter le dey, suivant l'usage, la veille de la fête du Baïram. Hussein se plaignit de nou-

veau de n'avoir aucune réponse directe du gouvernement français. Le consul répliqua que la réponse avait été transmise par lui en temps et lieu. Le dey s'emporta, se leva de son siège, et frappa le représentant de la France de trois coups de son chasse-mouches « avec le manche[1]. » Le consul se retira, écrivit à son gouvernement, et demanda une réparation exemplaire. Le conseil des ministres résolut de l'exiger immédiate et éclatante : M. Deval reçut l'ordre de quitter Alger; nos nationaux firent de même, et le commandant Collet déclara les négociations rompues. — Nos comptoirs de Bône et de La Calle furent pour la quatrième fois saccagés. Un brillant combat naval fut livré aux corsaires dans les eaux d'Alger par le commandant Collet : mais le dey ne se soumit pas. L'année 1828 se passa en hésitations; tantôt on négociait, tantôt on se battait. Le blocus d'Alger était permanent. En juillet 1829, le successeur de Collet, le capitaine de *la Bretonnière*, monté sur le vaisseau la *Provence*, vint proposer à Hussein un dernier accommodement. Le dey fut plus hautain que jamais. Aux menaces du parlementaire français il répondit : « J'ai aussi de la poudre et des canons, nous ne pou-
» vons nous entendre. Tu peux te retirer. Le sauf-conduit qui a protégé ton
» arrivée protégera ton départ. » Le lendemain, la *Provence*, quittant la rade d'Alger, fut criblée de boulets par les batteries du port. La Bretonnière refusa de riposter : le dey, quelques jours après, déclara que les canonniers avaient agi sans ses ordres. C'en était trop; la politique indécise du gouvernement français prit fin : le ministère Polignac décida une expédition contre Alger. Le pacha d'Égypte, *Méhémet-Ali*, proposa alors à Charles X de soumettre la Régence, en échange de 20 millions et de quatre vaisseaux de ligne. M. de Polignac se laissa un instant séduire par cette offre singulière, et un officier français, le capitaine *Huder*, fut envoyé à Alexandrie. Mais le sultan Mahmoud s'opposa à l'entreprise de son vassal, que d'ailleurs les collègues de Polignac, MM. d'Haussez et de Bourmont, ministres de la marine et de la guerre, désapprouvaient. La France n'avait besoin de personne pour venger les outrages subis et châtier une poignée de forbans.

Une flotte de cent trois bâtiments de guerre, escorta les quatre cents vaisseaux de transports qui portaient une armée de trente-sept mille hommes. Elle débarqua à l'ouest d'Alger, à Sidi-Ferruch, lieu désigné jadis par Boutin pour tourner les défenses militaires d'Alger du côté de la mer. A la tête de la flotte était l'amiral *Duperré*; l'armée était commandée par *Bourmont*. Hussein se prépara à la défense avec une sombre énergie. Il essaya d'intéresser à sa cause Tunis, Tripoli et le Maroc. Ses voisins se contentèrent pour le moment de lui souhaiter bonne chance et d'invoquer Allah en sa faveur. Hussein poussé par les Anglais, qui intriguèrent de leur mieux pour faire échouer l'expédition française, appela à son aide le sultan Mahmoud. Celui-ci envoya en effet à Alger *Tahir-Pacha* pour saisir le dey, le faire étrangler, offrir à la France toutes les satisfactions désirables, et

---

1. Voici le passage le plus intéressant de la lettre où M. Deval rendait compte de la scène à son ministre, le baron de Damas : « Pourquoi votre ministre n'a-t-il
» pas répondu à la lettre que je lui ai écrite? — J'ai eu l'honneur de vous en
» porter la réponse aussitôt que je l'ai reçue. — Pourquoi ne m'a-t-il pas répondu
» directement? Suis-je un manant, un homme de boue, un va-nu-pieds! Mais
» c'est vous qui êtes la cause que je n'ai pas reçu la réponse de votre ministre;
» c'est vous qui lui avez insinué de ne pas m'écrire! Vous êtes un méchant, un
» infidèle, un idolâtre! » Se levant alors de son siège, il me porta, avec le manche
» de son chasse-mouches, trois coups violents sur le corps, et me dit de me reti-
» rer. »

ôter tout prétexte à son intervention. Il était trop tard; Bourmont interdit à tout navire étranger l'entrée du port, et Tahir-Pacha se rendit à Toulon.

**Prise d'Alger.** — Le débarquement avait eu lieu à Sidi-Ferruch, le 15 et le 16 juin, presque sans coup férir. L'aga *Ibrahim*, généralissime de l'armée du dey, attendait les Français du côté de l'est. Il se hâta de venir occuper le plateau de Staouëli, et fut remplacé par le bey de Titteri, *Mustapha-bou-Mezrag*. Après cinq jours de combat (25-29 juin) Staouëli fut enlevé d'assaut, et le mont Bouzaréa escaladé. Le 4 juillet, la clef des défenses d'Alger par terre, *Sultan Kalassi*, le château de l'empereur, jadis construit par Charles-Quint, malgré sa formidable résistance, fut forcé. Les Arabes mirent le feu aux poudres, et la forteresse sauta. Deux obscurs soldats français, Lombard et Dumont, s'élancèrent à travers les ruines fumantes, et allèrent planter le drapeau blanc au sommet du fort. Le dey, enfermé dans la citadelle de la Kasbah, demanda alors à traiter. L'interprète *Bruscewitz* vint lui signifier au nom de Bourmont les conditions de la paix, auxquelles il adhéra publiquement[1]. La capitulation signée, on l'embarqua sur la *Jeanne d'Arc* pour Naples avec sa suite. Il y arriva le 31 juillet, et put apprendre en débarquant que Charles X, son vainqueur, était comme lui sur la route de l'exil. Les janissaires partirent d'Alger le 11 juillet; Bourmont les avait désarmés, mais leur avait fait distribuer généreusement deux mois de solde. L'Odjak fut dissous, et la Méditerranée, grâce à la France, allait être libre.

**L'Algérie sous la domination française.** — Alors commencèrent les difficultés. La monarchie des Bourbons était renversée au moment où elle venait de jeter la base d'une colonie française africaine : le parti libéral avait accueilli avec froideur la nouvelle de la prise d'Alger, et les ordonnances de juillet effacèrent d'abord l'éclat de cette conquête féconde. Les fautes commises par les vainqueurs furent nombreuses et graves. Ils ne connaissaient ni les races, ni le sol de cette Afrique dont ils tenaient la clef. Ils ne distinguaient pas entre les Maures, les Arabes, les Kabyles, les Juifs, les tribus de la plaine et celles de la montagne, les négociants des villes et les chefs de grande tente. L'administration d'Alger fut confiée à une commission municipale composée de Maures et de Juifs; les finances furent livrées à un affreux gaspillage, la police désorganisée. Bourmont trop confiant fit dans les environs de la ville des reconnaissances qui lui donnèrent la mesure des haines des indigènes : celle qui fut dirigée sur Blida commença comme une promenade triomphale et finit par des escar-

---

1. Voici le texte de cette capitulation : « 1° le fort de la Kasbah, tous les autres » forts qui dépendent d'Alger et les portes de la ville seront remis aux troupes » françaises ce matin à dix heures; 2° le général en chef s'engage envers Son » Altesse le dey d'Alger, à lui laisser la libre possession de ses richesses person- » nelles; 3° le dey sera libre de se retirer avec sa famille et ses richesses dans le » lieu qu'il fixera, et, tant qu'il restera à Alger, il sera, lui et sa famille, sous la » protection du général en chef de l'armée française; une garde garantira la » sûreté de sa personne et celle de sa famille; 4° le général en chef assure à tous » les membres de la milice les mêmes avantages et la même protection; 5° l'exer- » cice de la religion mahométane restera libre; la liberté de toutes les classes » d'habitants, leur religion, leurs propriétés, leur commerce et leur industrie ne » recevront aucune atteinte; leurs femmes seront respectées; le général en chef » en prend l'engagement sur l'honneur; 6° l'échange de cette convention sera » fait avant dix heures du matin. »

Le trésor du dey, saisi dans la Kasbah, fut évalué à 48681528 francs. C'est à peu près ce qu'avait coûté l'expédition.

mouches sanglantes, où les Français eurent quinze morts et quarante-cinq blessés. C'est le bey de Titteri, *Mustapha-bou-Mezrag*, rétabli par une solennelle investiture dans son district, qui avait donné à Bourmont cette idée d'excursions à travers le Tell. Quelque temps après, il agissait en maitre de la Régence, battait monnaie, levait des troupes, s'intitulait dey par la grâce du sultan, et sur une sommation de se rendre à Alger, répondait à Bourmont : « Je ne me dérange pas pour peu de chose. J'ai de la » poudre et du plomb pour combattre dix ans. Je ne veux pas avoir d'en- » trevue avec le général en chef... Dans quelques jours je viendrai le » trouver, s'il plait à Dieu, mais avec deux cent mille hommes. » Bourmont n'eut pas le temps de réprimer ces bravades, mais quand le nouveau général en chef, son successeur, *Clauzel*, débarqua à Alger, il avait déjà une première fois fait occuper Oran et Bône, l'une qui commandait les relations commerciales avec l'Espagne, l'autre qui protégeait les pêcheries françaises du littoral.

I. **1re Période : L'occupation restreinte.** — Clauzel avait fait ses preuves dans les guerres de la Révolution et de l'empire. A Alger, il voulut tout réglementer et discipliner, comme Napoléon Ier avait fait en France : justice, finances, administration, il réorganisa tout ou plutôt brouilla tout à coups d'arrêtés. Hors d'Alger, il entendait faire respecter son drapeau, et il se montra résolument partisan du système de l'occupation étendue. Il marcha sur Médéa, capitale de Bou-Mezrag, battit le rebelle au col de Mouzaïa, occupa Blida et Médéa, et installa dans cette ville un nouveau bey, vassal de la France. Mais Médéa fut évacuée; Clauzel ne recevait pas de renforts, et craignait une attaque contre Alger. Il signa avec le bey de Tunis un traité avantageux qui faisait du bey l'allié et le tributaire de la France. Le gouvernement, toujours indécis, le désavoua comme ayant outrepassé ses pouvoirs, et le rappela.

L'armée d'Afrique fut dissoute; on ne laissa dans la Régence qu'une division d'occupation, et le commandement fut confié à **Berthezène** (janvier 1831-janvier 1832). Quoique faiblement secondé, il ne resta pas inactif. Malgré les Hadjoutes, la plaine de la Mitidja fut occupée; Oran, Mostaganem à l'ouest, Bône et Bougie à l'est, furent reprises ou conquises. En France, Casimir Périer arrivait alors au pouvoir. Son premier soin fut de renouveler et d'augmenter l'armée d'Afrique; **Berthezène** fut remplacé par le duc de Rovigo, **Savary**, ancien directeur de la police impériale. Le choix était malheureux. « L'homme de Vincennes et de Bayonne était peu préparé à » une mission qui demandait sans doute de l'énergie, mais où il fallait » surtout de l'intelligence, du tact, et une modération calculée. Savary se » conduisit avec cette brutalité aveugle qui sous l'Empire simplifiait tout : » la politique, la diplomatie et l'administration. » (WAHL.) Il écrasa d'impôts les Algériens, noya dans le sang les moindres tentatives de révolte, comme celle de la tribu des Ouffia, qui fut totalement exterminée, et exaspéra les Arabes en essayant de les terrifier. En même temps, le général Boyer, qui commandait à Oran, adoptait envers les indigènes un système de gouvernement implacable; les soldats eux-mêmes l'avaient surnommé Pierre le Cruel. Les capitaines *d'Armandy* et *Yousouf*, ce dernier, mamelouk de Tunis, récemment entré au service de la France, occupaient Bône.

**Les bureaux arabes : les zouaves.** — C'est alors que le chef d'état-major des troupes, général *Trézel*, organisa le premier *bureau arabe*, et le corps des *zouaves*. Les bureaux arabes, qui concentraient entre les mains de nos officiers la justice, les finances et l'administration, avaient pour but de les mettre en rapports directement avec les indigènes, sans passer par l'intermédiaire d'interprètes pour la plupart étrangers, quelques-uns suspects ou méprisés. Les officiers, chefs des bureaux, apprirent les langues du pays, et s'enquirent par eux-mêmes du caractère, des mœurs, des habitudes, des usages du pays. Le premier chef du bureau arabe fut Lamoricière. « On ne pouvait faire un meilleur choix. Cet officier connaissait déjà assez bien l'arabe pour traiter directement avec les indigènes. » Il était de plus homme de résolution, plein de ressources dans l'esprit, » et animé de la généreuse intention de se distinguer par quelque chose « de grand et d'utile. En se rendant plusieurs fois seul au milieu des » Arabes, il prouva le premier qu'on pouvait traiter avec eux autrement » que la baïonnette au bout du fusil[1]. » (1832.) L'institution des *zouaves* avait précédé celle des bureaux arabes. Bourmont en eut l'idée le premier; mais Clauzel les créa. Il s'agit d'abord d'organiser des bataillons indigènes ; ils furent composés de Zouaouas, Kabyles indépendants de la province de Constantine, habitués au rôle de soldats mercenaires. De Zouaouas nous avons fait zouaves; peu à peu d'ailleurs, l'élément indigène diminua puis disparut presque dans le corps des zouaves : « avec les années, les zouaves » ne gardèrent de leur origine que le nom, l'uniforme indigène, l'esprit qui » présida à leur formation, et qui y attira les caractères ardents et aventureux. » Lamoricière fut aussi un de leurs premiers capitaines, et leur imprima ses allures, son activité, son audace, son impétuosité, sa fermeté[2].

A la routine des premiers jours succéda une administration plus conforme aux nécessités de la situation et au génie des peuples vaincus. Pour les hommes d'état et les officiers les plus intelligents, l'Algérie ne fut plus seulement un champ de bataille héroïque, une école de guerre, une terre conquise à rançonner, mais une colonie à organiser et à féconder; ceux-là défendaient le système de l'assimilation et non du refoulement; mais ils furent longtemps en minorité et impuissants: longtemps les indécisions, les essais continuèrent et paralysèrent le progrès. A Rovigo malade succéda comme intérimaire le général Voirol (avril 1833 - juillet 1834). Son administration fut habile et féconde. Contre les Arabes il établit le système des razzias : *Trézel* enleva Bougie, *Monck d'Uzer* se maintint dans Bône; le cheikh de Tuggurt invoqua l'alliance de la France. Quand Voirol quitta l'Algérie, les caïds lui offrirent des présents, et les Européens une médaille d'honneur, en souvenir de son équité, de sa tolérance et de sa droiture.

II. **Deuxième période : l'occupation étendue; création du gouvernement général.** — Cette même année (1834), le gouvernement de Louis-Philippe avait enfin pris un grand parti, celui de conserver l'Algérie. Une commission envoyée en Afrique en 1833, pour étudier la question

---

1. E. Pélissier de Raynaud, capitaine d'état-major, chef du bureau arabe à Alger en 1832-33; *Annales algériennes*, t. II, p. 72.
2. Lamoricière parcourait les tribus des environs d'Alger, parlait aux Arabes de paix et de justice, de son désir de connaître et de satisfaire leurs besoins. Ses paroles étaient conciliantes; les indigènes confiants approvisionnèrent le camp français et les marchés. Lamoricière se présentait souvent seul aux Arabes, armé seulement d'une canne, dont il savait au besoin se servir pour ne pas recourir aux juges. On l'avait surnommé *Bou-Aroua* (le père du bâton). C'est lui qui fit des zouaves, aventuriers de toute provenance, un corps d'élite, les soldats d'Afrique par excellence, les héros des coups de main difficiles, les fantassins des longues marches, des nuits sans sommeil, et des jours sans eau. Les Arabes caractérisaient son activité ardente en disant qu'il *mâchait de la poudre* depuis l'aube jusqu'au coucher du soleil.

sur place, s'était livrée à une minutieuse enquête. Elle jugea sévèrement l'administration de Savary, mais décida que « l'honneur et l'intérêt de la France lui commandaient de conserver ses possessions sur la côte septentrionale de l'Afrique[1]. » Une ordonnance royale du 22 juillet 1834 confia le commandement général et l'administration à un gouverneur général relevant de la direction du ministre de la guerre : elle subordonna le commandement des troupes à l'autorité du gouverneur général : elle donnait des chefs spéciaux aux divers services ; elle appelait la Régence d'Alger *Possessions françaises dans le nord de l'Afrique.* Il était temps d'en finir avec le système de la politique au jour le jour : malheureusement, le premier gouverneur général choisi manqua de fermeté et d'activité. Ce fut le comte **Drouet d'Erlon**, illustré dans les batailles de l'empire, mais qui avait alors 70 ans. De plus, Abd-el-Kader venait de se lever contre la France.

**Abd-el-Kader.** — Ici s'ouvre la deuxième période de la conquête de l'Algérie ; la lutte contre le plus redoutable ennemi que la France ait rencontré dans l'Afrique. De 1830 à 1834, l'Odjak avait été vaincu et sa domination détruite, mais l'Odjak était d'essence et d'origine turques, et n'avait jamais soumis complètement à son joug ni les Arabes ni les Berbères. Ceux-ci n'admirent pas plus l'obéissance aux généraux français qu'aux pachas orientaux ; ils l'admirent moins encore. La France en effet introduisait chez eux la civilisation chrétienne ; le fanatisme musulman s'arma contre l'évangile, et les haines religieuses doublèrent la résistance des nationalités. Tous les groupes épars des indigènes, familles ou tribus, Berbères ou Kabyles, au nom de la loi du *Djehad* ou guerre sainte, se réunirent contre la France, et le génie d'Abd-el-Kader qui se présentait à eux comme le *Maître de l'Heure,* sut pendant quatorze ans les maintenir fidèles sous son commandement.

**Abd-el-Kader** était né en 1806, près de Mascara. Son père, Sidi-El-Hadj-el-Maheddin, de la tribu des Hachem, descendant des anciens Kalifes fatimites, était un marabout vénéré. Il présenta son fils comme un chef aux tribus livrées à l'anarchie après l'invasion française, et prêcha en même temps la guerre aux chrétiens et la reconstitution d'un grand état arabe. Les tribus de Mascara proclamèrent émir le fils de Maheddin. Il avait fait le pèlerinage de la Mecque, il avait étudié à fond le Coran, il était lettré et éloquent. Sa mâle beauté, la finesse de ses traits, l'éclat de ses yeux, l'élégance de son attitude, la gravité de sa tenue, l'ardeur affectée de sa dévotion, son habileté et sa grâce dans les exercices du corps, sa bravoure et sa fougue souvent calculées dans les combats et les fantasias, furent les qualités par où il séduisit les tribus. Plus d'un chef refusa d'abord de le reconnaître : les jalousies et les rivalités éclatèrent jusque dans sa propre famille. Même aux jours de l'infortune, on vit des conspirations se former contre lui. Il réussit à en triompher, et les Français ne surent pas les mettre à profit. Prophète et capitaine, on a dit de lui avec raison que si sa foi était sincère, son ambition était immense. Il était croyant et politique tout ensemble ; dans les Français, il combattit des chrétiens ennemis de sa foi, et surtout des conquérants rivaux des projets de domination qu'il rêvait. Il mit d'ailleurs au service de sa cause un talent d'organisation admirable, une diplomatie semée de ruses, une activité infatigable, un coup d'œil sûr, et suivant les circonstances, tantôt une courtoisie chevaleresque, une clé-

---

1. Cette commission se composait de MM. le lieutenant-général Bonnet, d'Haubersaërt, de la Pinsonnière, Piscatory, Renard et Laurence.

mence et une modération magnanimes, tantôt des passions violentes, et une impitoyable cruauté.

Nous ne pouvons ici qu'indiquer à grands traits les phases de cette lutte, dans laquelle le fils de Mahéddin tint parfois en échec les généraux les plus vaillants de la France.

**Traité Desmichels.** — En 1833, à *Boyer*, qui commandait dans Oran, succéda *Desmichels*. La France occupait avec Oran, les places d'Arzeu, Mostaganem, Tlemcen. Tout le reste tenait pour Abd-el-Kader. Desmichels, comme emprisonné en pays ennemi, essaya de traiter avec l'émir. Celui-ci, dont l'autorité était encore mal assise, y consentit volontiers: Desmichels le salua du titre de prince des croyants, et en traitant avec lui d'égal à égal au nom de la France, accrut son prestige. L'imprudent négociateur imposait lui-même en quelque sorte notre plus dangereux ennemi comme chef religieux et politique à toutes les tribus musulmanes. Desmichels, fidèle exécuteur du traité du 26 février 1834[1], qui porte son nom, fournit à l'émir des secours pour vaincre ses compétiteurs, parmi lesquels était le chef des Douairs et des Smélas, *Mustapha-ben-Ismaël*. Abd-el-Kader se débarrassa de ses ennemis, organisa son armée et ses finances et se trouva bientôt, grâce à la complicité inconsciente du représentant de la France, prêt à soutenir la lutte contre la France. Le peuple, les cheikhs, les marabouts, se donnèrent à lui comme à l'homme désigné par Dieu. Drouet d'Erlon rappela Desmichels, et le remplaça par *Trézel*.

Le nouveau général ramena à la soumission les Douairs et les Smélas, par la convention du Figuier. Abd-el-Kader revendiqua l'autorité sur ces tribus, et leur donna l'ordre d'aller camper loin d'Oran. Elles en appelèrent à Trézel : celui-ci somma l'émir de renoncer à ses prétentions. Sur son refus, il partit de son camp du Tlélat, en traversant les gorges de l'Habra et de la Macta, et attaqua les Arabes sur le Sig ; le lieu était mal choisi, le chemin bordé de ravins et de marais ; 18 000 Arabes embusqués arrêtèrent les 2 500 soldats de Trézel, qui regagna Oran en désordre, et perdit 500 hommes (26 juin 1835).

Ce désastre de la Macta valut à Abd-el-Kader une grande popularité. Trézel fut rappelé, et Drouet d'Erlon remplacé par **Clauzel**. Le maréchal essaya avant tout de venger l'échec de nos armes. Le fils aîné de Louis-Philippe, le duc d'Orléans, fit avec lui la campagne. Le 3 décembre 1835, l'émir fut battu et mis en fuite sur les bords de l'Habra : sa capitale, Mascara, mise au pillage par ses propres soldats et par son ordre, tomba entre nos mains. Les Français y séjournèrent deux jours et l'incendièrent. Abd-el-Kader vint assiéger Tlemcen : dans une nouvelle campagne, **Clauzel** la sauva et la repeupla. Il partit ensuite pour la France, afin de combattre les funestes propositions de certains hommes politiques qui proposaient de réduire l'armée d'Afrique. En son absence, le général *d'Arlanges*, chargé de tracer une route de Tlemcen à Rachgoun, à l'embouchure de la Tafna, fut

---

[1]. Les Arabes auront la liberté de vendre et acheter de la poudre, des armes et autres munitions de guerre. Le commerce de la Mersa (Arzeu) sera sous le gouvernement du prince des Croyants ; les cargaisons ne se feront pas autre part que dans ce port. Le général rendra les déserteurs enchaînés. Tout musulman pourra retourner chez lui à son gré. La religion et les usages des Musulmans seront respectés. Les prisonniers français seront rendus. Les marchés seront libres. Les Français déserteurs seront rendus. Tout chrétien qui voudra voyager par terre devra être muni d'une permission revêtue du cachet du consul d'Abd-el-Kader et de celui du général.

assailli à l'improviste avec 1800 hommes, près du village de Sidi-Yacoub, par 12000 Arabes sous les ordres de l'émir : 300 Français et 2000 Arabes furent tués, mais Abd-el-Kader avait encore une fois vaincu la France! A sa voix, la province d'Oran tout entière se souleva : «du fond du désert, des
» tribus, dont il ignorait jusqu'au nom, lui envoyèrent leur soumission vo-
» lontaire, et implorèrent l'honneur d'avoir pour chef celui qui venait de
» prouver que « si le jour appartenait quelquefois aux chrétiens, le lende-
» main était toujours aux musulmans [1]. »

**Le général Bugeaud; traité de la Tafna.** — C'est alors que le général **Bugeaud** fut envoyé en Afrique. Résolu, comme il le disait, « à
» sortir de la tanière où l'on se fortifiait depuis deux mois,... à porter ses
» coups à fond, à les porter le premier et toujours, sans en être réduit à
« ne faire que parer et riposter, » il prit hardiment l'offensive, ravitailla Rachgoun et la place de Tlemcen où le commandant Cavaignac et ses 500 hommes étaient réduits à une poignée de riz cuit dans une eau bourbeuse, et à la chair des chevaux tués à l'ennemi; et le 6 juillet 1836, infligea à Abd-el-Kader une sanglante défaite sur les bords de la *Sikkah*, un des affluents de l'Isser. Le succès de Bugeaud fut malheureusement compromis par le désastre de Constantine, les insurrections des Hadjoutes et des Issers, et surtout les témérités du vainqueur lui-même. Le gouverneur général **Denis de Damrémont**, successeur de Clauzel, avait confié à Bugeaud la mission de négocier avec l'émir ou de le réduire à l'impuissance. Bugeaud avait reçu des instructions très vagues; il agit suivant son bon plaisir, comme si son gouvernement lui avait ordonné de traiter quand même, entraîné, d'ailleurs, par ses opinions particulières, peut-être par son intérêt, et dupe des belles promesses de son perfide ennemi.

*Entrevue de la Tafna.* — « A neuf heures du matin, on fit halte dans un vallon du plus riant aspect que baignaient les eaux de la Tafna : là était le lieu du rendez-vous. Mais on n'y rencontrait que la solitude, le silence; pas un cavalier arabe ne se dessinait à l'horizon. Le soldat se sentit humilié. Il fallut attendre, et l'on attendit longtemps. Les vedettes revenaient sans nouvelles. Habile à s'entourer de prestige, Abd-el-Kader avait voulu se donner auprès des siens l'avantage d'une supériorité apparente; et le dédain qu'il affectait à l'égard du chef des infidèles était un calcul de sa politique musulmane. Le jour commençait à baisser, l'émir ne paraissait pas; et pendant que, tourné en gaîté, le mécontentement des troupes s'évaporait de toutes parts en vives saillies, le général Bugeaud avait peine à dissimuler sa colère. Enfin l'approche des Arabes est annoncée. A l'instant même, les tambours rappellent, les faisceaux se rompent, chacun court à son poste. Mais, à une lieue de notre avant-garde, Abd-el-Kader s'était arrêté. Ce fut alors auprès du général une

---

1. Gaffarel, p. 183.

succession de messages ayant pour but de lui apprendre que l'émir était malade, qu'il n'avait pu se mettre en route que fort tard; qu'il serait bon peut-être de renvoyer l'entrevue au lendemain... A bout de patience, et oubliant la dignité de son rang pour n'obéir qu'aux impétueux conseils de son dépit et de son courage, le général Bugeaud laisse au général Laidet le commandement des troupes, et suivi de son état-major, il se porte en avant.

» Presque entièrement composée de cavalerie, l'armée d'Abd-el-Kader figurait un immense triangle, dont les angles mouvants s'appuyaient à trois collines. Arrivé au milieu des avant-postes, le général français vit venir à lui un chef de tribu, qui lui montra un coteau sur lequel était l'émir. « Je trouve « indécent de la part de ton chef, dit le général Bugeaud à « l'Arabe, de me faire attendre si longtemps et venir de si loin. » Et il s'avança résolument. Alors parut l'escorte de l'émir. Jeunes et beaux pour la plupart, les chefs Arabes étalaient avec faste leurs riches costumes et montaient des chevaux magnifiques. Bien différente était celle du général Bugeaud, à laquelle s'étaient réunis plusieurs membres de l'administration civile, coiffés de la casquette modèle, et dans une tenue fort peu militaire. Un cavalier sortit des rangs. Il portait un burnous grossier, la corde de chameau, il ne se distinguait point par son costume du dernier des cavaliers ennemis, mais autour de son cheval noir, qu'il enlevait avec beaucoup d'élégance, des Arabes marchaient, tenant le mors de bride et les étriers. C'était Abd-el-Kader. Le général français lui ayant tendu la main, il la lui serra par deux fois, sauta rapidement à terre et s'assit. Le général prit place auprès de lui, et l'entretien commença.

» L'émir était de petite taille. Il avait le visage sérieux et pâle, les traits délicats et légèrement altérés, l'œil ardent. Ses mains, qui jouaient avec un chapelet suspendu à son cou, étaient fines et d'une distinction parfaite. Il parlait avec douceur, mais il y avait sur ses lèvres et dans l'expression de sa physionomie une certaine affectation de dédain. La conversation porta naturellement sur la paix qui venait d'être conclue; et Abd-el-Kader parla de la cessation des hostilités avec une mensongère et fastueuse indifférence. Le général français lui faisant observer que le traité ne pourrait être mis à exécution qu'après avoir été approuvé, mais que la trêve était favorable aux Arabes, puisque, tant qu'elle durerait, on ne toucherait pas à leurs moissons : « Tu peux dès à présent les détruire, répondit-il, et je t'en donnerai par écrit, si tu veux, l'autorisation. Les Arabes ne manquent pas de grain. »

» L'entretien fini, le général Bugeaud s'était levé, et l'émir restait assis. Blessé au vif, le général français le prit alors par la main, et l'attirant à lui d'un mouvement brusque : « Mais relevez-vous donc! » Les Français furent charmés de cette inspiration d'une âme impérieuse et intrépide, et les Arabes laissèrent percer leur étonnement. Quant à l'émir, saisi d'un trouble involontaire, il se retourna sans proférer une parole, sauta sur son cheval, et regagna les siens. En même temps on entendit une puissante clameur que les échos prolongèrent de colline en colline. Vive le sultan! criaient avec enthousiasme les tribus. Un violent coup de tonnerre vint ajouter à l'effet de cette étrange scène; et, se glissant dans les gorges des montagnes, les Arabes disparurent. (Louis BLANC, *Histoire de dix ans*, tome V, p. 233-5; 10ᵉ éd. Pagnerre.)

Bugeaud fit à Abd-el-Kader des concessions fâcheuses dans le traité conclu à la Tafna[1] (31 mai 1837). Il eut le tort surtout de reconnaître la légitimité des prétentions de l'émir, en partageant l'Algérie avec lui. L'accord de ces deux souverainetés était impossible. « Quelle est d'ailleurs la garantie du traité? » écrivait le gouverneur-général Damrémont à Louis-Philippe; il n'en existe » aucune; Bugeaud le dit lui-même. L'exécution ne repose que sur le carac- » tère religieux et moral de l'émir. C'est la première fois sans doute qu'une » pareille garantie fait partie d'une convention diplomatique. » Malgré les protestations de Damrémont, le soulèvement de l'opinion publique, les hésitations du ministère, le roi approuva le traité. C'était laisser à l'émir le temps de préparer contre nous la dernière et la plus formidable des guerres.

**Les deux sièges de Constantine.** — Dans l'intervalle, la France avait subi un grave échec devant Constantine. Dans cette ville continuait à régner le bey *Ahmed*, ennemi de la France. *Yousouf*, qui commandait à Bône, proposa à **Clauzel** une expédition contre Constantine. Le ministère autorisa l'entreprise en la désapprouvant, et refusa d'envoyer au gouverneur le

---

1. En voici les principales clauses : l'émir Abd-el-Kader reconnaissait la souveraineté de la France en Afrique. La France se réservait dans la province d'Oran, Oran, Mostaganem, Mazagran, Arzeu et leurs territoires avec certaines dépendances déterminées : dans la province d'Alger, Alger, le Sahel, la Metidja, Blida, etc. — L'émir administrerait la province d'Oran, celle de Tittery, une partie de celle d'Alger; il n'aurait aucune autorité sur les Musulmans habitant sur le territoire réservé à la France; mais ceux-ci resteraient libres d'aller vivre sur le territoire de l'émir, et réciproquement. Les Musulmans gardaient le libre exercice de leur culte. L'émir donnerait à l'armée française trente mille fanègues de froment, autant d'orge, et cinq mille bœufs. La France lui cédait Rachgoun, Tlemcen, le Méchouar. Le commerce serait libre entre les Arabes et les Français, la sécurité des personnes et les propriétés garanties de part et d'autre. Le commerce de la régence ne pourrait se faire que dans les ports occupés par la France.

nombre d'hommes nécessaires. Yousouf, désigné comme bey de Constantine, et plein de confiance dans le succès, trompa le gouverneur sur les difficultés de l'expédition. L'armée, partie trop tard de Bône, fut décimée par les fièvres, les pluies torrentielles, la neige, le froid. L'assaut fut vainement donné à la ville du côté de Mansourah et de Koudiat-Aty : Constantine, isolée sur son rocher qu'enveloppent de trois côtés les profonds ravins du Rummel, résista à toutes les attaques. Clauzel, et les chefs de bataillon *Rigaud* et *Changarnier*, dirigèrent avec honneur la retraite. L'année suivante (1837) **Damrémont**, successeur de Clauzel avec une armée de 12000 hommes, organisée avec le plus grand soin, marcha sur Constantine : le khalifa d'Ahmed, *Ben-Aïssa*, défendait la ville, comme l'année précédente. Toutes les brèches avaient été réparées, les portes murées, les remparts couverts de batteries, les rochers eux-mêmes garnis de créneaux. Les assiégeants concentrèrent de nouveau leurs efforts sur Mansourah et le Koudiat-Aty. Aux sommations de Damrémont, Ben-Aïssa répondit fièrement : « Il y a à » Constantine beaucoup de munitions de guerre et de bouche. Si les Fran- » çais en manquent, nous leur en enverrons. Nous ne savons ce que c'est » qu'une brèche, ni une capitulation, nous défendrons à outrance nos villes » et nos maisons, vous ne serez maîtres de Constantine qu'après avoir » égorgé le dernier de ses défenseurs. » L'attaque du 12 octobre coûta la vie à *Damrémont* et au général *Perrégaux :* le 13, *Valée* prit le commandement et emporta la ville d'assaut; les colonels *Lamoricière* et *Combes* furent blessés, le dernier à mort. Ben-Aïssa s'échappa, Ahmed s'enfuit : plus tard, en 1848, il fit sa soumission, fut interné à Alger, et y mourut en 1850. La prise de Constantine avait été chèrement payée, mais elle assurait désormais la domination française dans l'est [1].

**Activité et succès d'Abd-el-Kader.** — Le traité de la Tafna permit à Abd-el-Kader d'étendre son autorité sur les tribus et de se débarrasser de ses derniers rivaux. La France elle-même lui fournit des secours pour vaincre le marabout Tedjini, chef d'une importante confrérie du Sahara. Il distribua à sa manière les tribus, et les obligea à payer régulièrement l'impôt; les tribus récalcitrantes furent dépouillées, massacrées, ou refoulées dans le désert. Il employa toutes ses ressources à organiser son armée. « Il avait 10 000 réguliers dont 3000 fantassins, 2000 cavaliers et » 240 artilleurs avec une vingtaine de pièces ; des poudrières fonction- » naient à Mascara, à Miliana, à Médéa, à Tagdempt; une manufacture » d'armes était installée à Miliana, une fonderie de canons à Tlemcen. Seb- » dou, Saïda, Tagdempt, Boghar, Biskra, formaient de l'ouest à l'est une » ligne de places qu'il avait construites ou réparées; c'étaient autant de » forteresses pour mâter les tribus, de magasins où s'amassaient les appro- » visionnements, de retraites en cas de guerre malheureuse [2]. »

L'émir interprétait à son profit les conditions un peu vagues du traité : il se plaignait des annexions de la France, et excitait sourdement contre nous les tribus. Le maréchal **Valée**, successeur de Damrémont, entama avec

---

1. M. de Gasparin, à la Chambre des pairs, n'en proposa pas moins d'abandonner la place après l'avoir démantelée, en même temps qu'à la Chambre des députés, M. Duvergier de Hauranne qualifiait de funeste et d'impolitique l'expédition de Constantine, et que MM. Jobert et Desjobert demandaient avec plus d'énergie que jamais l'évacuation de l'Algérie. Le duc d'Orléans était mieux inspiré en écrivant à son père que « la conversion de la Barbarie en province européenne mar- » querait son règne d'un des grands événements du siècle. »
2. Maurice Wahl, pages 133-4.

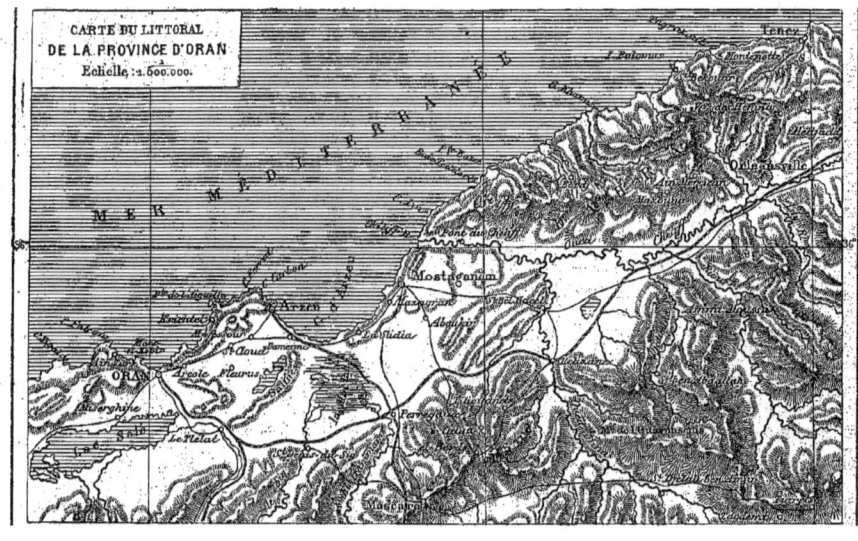

lui de nouvelles négociations qui n'aboutirent pas. Accompagné du duc d'Orléans, il fit alors (octobre 1839) une démonstration militaire de Constantine à Sétif et au Fondouk, en franchissant le fameux défilé des Portes-de-fer. Abd-el-Kader déclara la paix rompue, et saccagea la Metidja. La guerre était rallumée. L'hiver se passa en escarmouches sans importance; mais au printemps, le gouverneur occupa Cherchell, et les colonnes françaises, sous *Duvivier*, *Lamoricière* et *Changarnier*, enlevèrent brillamment à l'arme blanche les retranchements de Médéa. Le frère de l'émir, *El-Hadj Mustapha*, fut battu près de Sétif ; dans l'ouest, l'épisode de la défense de Mazagran est resté un des plus glorieux faits d'armes des guerres d'Afrique.

## La défense de Mazagran.

« Mazagran est une petite ville de la province d'Oran, voisine de Mostaganem, dont elle peut être considérée comme la citadelle. Un fortin la défendait qui avait pour garnison cent vingt-trois hommes de la seizième compagnie du bataillon d'Afrique, commandés par le capitaine Lelièvre et le lieutenant Magnien. Le matériel de guerre se bornait à une pièce de quatre, à quarante mille cartouches et à un baril de poudre. Abd-el-Kader voulait au début des opérations frapper un grand coup et s'emparer d'Oran ; mais il fallait auparavant s'emparer de Mazagran et de Mostaganem, qui en forment en quelque sorte les ouvrages avancés.

» Dès le 1er et le 2 février 1840, on signala les éclaireurs de l'ennemi ; le 3, ils arrivèrent en masse. Quatre-vingt-deux tribus avaient envoyé leurs contingents formant ensemble dix à quinze mille hommes. Leur apparition fut si soudaine, que le lieutenant Magnien, qui n'avait pas eu le temps de rentrer avant la fermeture des portes, fut obligé de se hisser par une corde dans l'intérieur. Les Arabes s'emparèrent, sans peine, de la ville que nous n'avions même pas essayé de défendre, s'installèrent dans les maisons, et placèrent deux pièces de canon sur un plateau, qui faisait face au fort. Le feu s'ouvrit. Bientôt d'épaisses colonnes d'ennemis se précipitent vers l'enceinte. Les cent-vingt-trois Français les reçoivent à bout portant, et en font un terrible carnage. Leur unique pièce, chargée à mitraille, abat des monceaux d'hommes et de chevaux. La fureur des Arabes redouble. Ils se cramponnent aux murs, et s'y font tuer à coups de baïonnettes, mais les morts sont aussitôt remplacés et nos soldats ne cessent de tuer et de tuer encore.

» Sur ces entrefaites la nuit était arrivée. Les chefs Arabes, surpris de la résistance, comprirent qu'ils avaient eu le tort de trop vite escompter la victoire, et renvoyèrent demander des secours aux tribus voisines. Leur appel fut entendu, et l'attaque recommença au point du jour. Le capitaine Lelièvre n'en fut pas ébranlé. Comme plus de la moitié des cartouches avait été consommée dès la première journée, il recommanda, afin de ménager le reste de ses munitions, de ne plus se servir que de la baïonnette pour renverser les assaillants. Plusieurs fois le drapeau tricolore eut sa hampe brisée, mais il fut toujours relevé avec enthousiasme. La nuit sépara de nouveau les combattants. Les Français profitèrent du répit que leur laissaient leurs fanatiques adversaires pour réparer les brèches du fortin.

» Le lendemain 5, la lutte continua sans plus de succès pour les Arabes. Le surlendemain 6, toutes leurs forces étant réunies, deux mille d'entre eux s'élancèrent ensemble à l'assaut. Ils arrivèrent jusqu'à l'enceinte, et allaient y planter leur étendard quant ils furent repoussés en désordre par une décharge générale. A trois reprises différentes de nouvelles colonnes se ruèrent de la plaine à la colline ; les uns dressent de longues poutres contre les murailles, les autres se hissent sur les retranchements avec des perches armées de crocs. Les Français les font tomber à coups de sabres et de baïonnettes, puis, quand les murs sont nettoyés, la mitraille fait de larges trouées parmi les assaillants.

» Depuis quatre jours durait cette lutte inouïe. « On se battit quatre jours et quatre nuits, » dit un Arabe qui rendit compte de ce beau fait d'armes. C'étaient quatre grands jours, car ils ne commençaient ni ne finissaient au son du tambour. C'étaient des jours noirs, car la fumée de la poudre obscurcissait les rayons du soleil, et les nuits étaient des nuits de feu éclairées par les flammes du bivouac et celles des amorces. Quand arriva le soir du quatrième jour, les Arabes découragés cessèrent de combattre. L'infanterie quitte les maisons, les cavaliers ramassent les morts qu'ils enterrent dans les silos, et le 7 au matin, tous les Arabes disparaissent.

» Le chef de bataillon du Barrail, qui commandait à Mostaganem, avait eu la pensée d'envoyer des renforts à Mazagran, mais la faiblesse de la garnison ne le lui avait pas permis. Au moins essaya-t-il de dégager ses compagnons d'armes en opérant chaque jour une diversion. Les Arabes se divisaient en effet, et se précipitaient sur lui dès qu'il paraissait dans la plaine. Du

Barrail se contentait de les tenir en échec, et regagnait Mostaganem, dès que le ralentissement des feux lui avait appris que la garnison de Mazagran n'était plus aussi vivement pressée. La diversion du 6 fut particulièrement brillante. Les Arabes, attachés aux flancs de la petite colonne, réussirent un instant à la couper en tronçons, malgré les feux d'une artillerie bien dirigée. Ils arrivèrent même, pêle-mêle avec nos troupes, jusqu'à l'esplanade de Mostaganem, mais nos canons les firent de nouveau reculer. Le 7 au matin, un profond silence avait succédé aux bruits terribles des jours précédents. Du Barrail fort inquiet s'imagina que l'ennemi s'était emparé de Mazagran. Il sortit aussitôt de Mostaganem pour éclaircir ses doutes. Quelle ne fut pas sa joie en reconnaissant sur les ruines du fortin le drapeau tricolore déchiré, mais debout! On se précipite, on s'aborde, et les soldats des deux garnisons s'embrassent et se félicitent, nous n'avions perdu que trois hommes et seize avaient été blessés. Plusieurs centaines d'Arabes avaient été tués ou blessés. Les cent vingt de Mazagran avaient bien mérité de la patrie. » Paul GAFFAREL, *L'Algérie, histoire, conquêtes et colonisation*[1] (p. 203-5).

**Bugeaud, gouverneur général.** — Le général **Bugeaud**, nommé en remplacement de Valée, arriva en Algérie au mois de février 1841. « Homme d'un esprit original et indépendant, d'une imagination fervente et
» féconde, d'une volonté ardente, il pensait par lui-même et faisait une
» grande place à sa propre pensée en servant le pouvoir de qui il tenait sa
» mission. Ni l'éducation ni l'étude n'avaient, en la développant, réglé sa
» forte nature; jeté de bonne heure dans les rudes épreuves de la vie mi-
» litaire,..... il s'était formé par ses seules observations et sa propre ex-
» périence, selon les instincts d'un bon sens hardi qui manquait parfois de
» mesure et de tact, jamais de justesse ni de puissance[2]. » Il apportait en Afrique un plan nettement conçu : conquérir la région tout entière et la coloniser militairement. Il fut exigeant et rude, trop souvent défiant et ombrageux, mais toujours vigilant et actif, il sut se faire auprès des soldats une réelle popularité. « Le *père Bugeaud*, dit M. Wahl, fut pour l'armée d'Afrique ce qu'avait été pour la grande armée *le petit caporal.* »

**Nouvelle tactique.** — Le nouveau gouverneur adopta une tactique nouvelle. « La grande difficulté n'était pas tant de battre Abd-el-Kader que
» de l'atteindre. Nous étions plus forts que lui, mais il était plus léger que
» nous et passait où nous ne passions pas. Sous le maréchal Clausel, notre
» armée, traînant avec elle les pesants charrois et tout l'attirail des armées
» européennes, était obligée de suivre les grandes voies. Les Arabes savaient
» donc par où ils seraient attaqués, et les tribus nomades qui ne laissaient

---

1. In-8°. Paris, 1883, Didot.
2. Guizot, *Mémoires*.

» point de villes derrière elles et n'offraient point de prise, pouvaient
» quand elles le voulaient, se dérober à une attaque prévue en traversant
» des terrains inaccessibles à nos troupes. Le général **Bugeaud** changea les
» conditions de la guerre. Il importa et développa en Algérie le système
» inauguré en Catalogne, pendant les guerres de l'Empire, par le maréchal
» Gouvion Saint-Cyr, quand celui-ci alla appuyer Macdonald. Il renonça à
» l'artillerie de campagne et fit tout porter à dos de mulets, l'artillerie de
» montagne, les vivres, les munitions. On put donc suivre partout les
» Arabes, les suivre vite, arriver par où l'on voulait, par où l'on n'était
» pas attendu ; trois conditions essentielles pour les atteindre et les sur-
» prendre.

» Un de ses plus brillants lieutenants, le général *Lamoricière*, perfec-
» tionna encore ce système. Les Arabes avaient une dernière supériorité
» sur nous : ils ne portaient pas leurs vivres avec eux. A ceux qui deman-
» dèrent comment nous pourrions vivre sans emporter de vivres, le général
» Lamoricière répondit : « Les Arabes le font bien ; nous ferons comme
» eux. » Les Arabes pouvaient se dispenser d'emporter des vivres parce
» qu'ils trouvaient du grain dans leurs *silos*, greniers souterrains dont ils
» connaissaient l'emplacement. Nous eûmes donc une difficulté de plus à
» vaincre : il fallut découvrir les silos des Arabes. Cette difficulté n'arrêta
» point le général Lamoricière. On le vit partir avec une colonne qui n'avait
» que quatre jours de vivres, et tenir la campagne pendant vingt-deux
» jours. Il fit ajouter seulement au fourniment ces petits moulins à bras en
» usage parmi les Arabes ; nos soldats manutentionnèrent eux-mêmes leur
» galette après avoir découvert le grain. Pour opérer la découverte des
» silos, on formait sur un espace d'une ou deux lieues une chaîne de
» soldats qui s'avançaient en fouillant la terre avec des baguettes de fusils
» et des pointes de sabres, jusqu'à ce qu'on eût rencontré la pierre qui,
» placée presqu'à fleur du sol, recouvre l'entrée des silos. Alors, chacun se
» mettant à l'œuvre avec son moulin, réduisait le grain en farine, et bientôt
» la galette était pétrie. Les silos fournissaient le grain ; la razzia, quand
» on trouvait l'occasion d'en faire une, fournissait la viande ; on n'avait
» plus besoin d'approvisionnement. On vivait moins bien sans doute, mais
» on marchait plus vite et l'on se consolait, en battant les Arabes, des
» mauvais repas qu'on avait faits[1]. »

De 1841 à 1843 les garnisons furent toutes secourues et ravitaillées. Tagdempt, Mascara, Boghar, Thaza, Tlemcen furent occupées ; la ligne de forteresses de l'émir lui fut enlevée, un grand nombre de tribus du Chélif et des monts Ouarensenis demandèrent l'*aman* (pardon). Abd-el-Kader guerroya dès lors en chef de bande, errant avec sa *smala* de douze ou quinze mille personnes. **Bugeaud** disposait de cent mille hommes, et le gouvernement ne lui refusa aucun moyen d'action. Le général et ses lieutenants n'eurent plus qu'un dessein, cerner l'émir et le prendre.

**Prise de la Smala.** — Le 16 mai 1843, le duc *d'Aumale*, accompagné de cinq ou six cents cavaliers, rencontra à Taguin la smala campée au bord d'un ruisseau. *Yousouf* et *Morris* hésitaient à attaquer ; le duc donna hardiment l'ordre de marcher. Surpris et déconcertés, les Arabes furent mis en déroute ; Abd-el-Kader, sa femme et sa mère purent s'enfuir ; mais ses tentes, ses drapeaux, son trésor, sa correspondance, un butin immense et

---

1. Alfred Nettement, *Histoire de la conquête d'Alger* (p. 589). Lecoffre, in-8°, 1856.

trois mille fuyards tombèrent aux mains des vainqueurs. Les Arabes avaient perdu trois cents hommes, les Français neuf. « Pour entrer, disait le colonel « Charras, avec cinq cents hommes au milieu d'une pareille population, il » fallait avoir vingt-deux ans, ne pas savoir ce que c'est que le danger, ou » bien avoir le diable dans le ventre. Les femmes seules n'avaient qu'à tendre » les cordes des tentes sur le chemin des chevaux pour les culbuter, et qu'à » jeter leurs pantoufles à la tête des soldats pour les exterminer tous, » depuis le premier jusqu'au dernier. » La victoire du colonel *Tempoure* près de l'Oued-Melah (11 novembre), les succès de Pélissier et de Bedeau réduisirent Abd-el-Kader à chercher un refuge et un appui dans le Maroc. **Bugeaud** fut nommé maréchal de France, Lamoricière, Changarnier et Aumale généraux de division.

**Intervention et défaite du Maroc.** — Le shérif du Maroc, *Abder-Rhaman*, entraîné par les Khouans de Mouley-Taïeb qui prêchaient la guerre sainte, et par les perfides insinuations d'Abd-el-Kader, ouvrit les hostilités contre la France, à l'occasion d'une délimitation de frontières à la zaouia de Lella-Maghrnia. Lamoricière refoula les Marocains. Ouchda fut occupé. Abd-er-Rhaman, secrètement encouragé par le ministère anglais, jaloux de nos succès en Afrique, continua la lutte. Le *prince de Joinville*, avec une escadre de douze cents hommes, vint bombarder Tanger (6 août 1844) et ruiner Mogador (15 août). La veille du même jour (14), **Bugeaud** remportait sur l'armée marocaine, commandée par le fils de l'empereur Mouley-Mohammed, une éclatante victoire au bord de l'Isly. L'Angleterre s'en montra fort irritée, et un membre des Communes demanda sérieusement une enquête sur les droits de la France à occuper l'Algérie, et sur le préjudice que cette occupation causait aux intérêts britanniques ! Abder-Rhaman signa une convention à Tanger ; on n'exigea de lui aucune indemnité ni concession, mais il dut répudier pour toujours l'alliance de l'émir. Celui-ci, sans se décourager, continua à exciter le fanatisme des tribus. Mais les garnisons françaises lui fermèrent l'entrée du Tell.

**Bou-Maza.** — Au printemps de 1845, un aventurier obscur, une sorte « de mendiant dévot, d'origine inconnue, d'intelligence médiocre, d'ins- » truction nulle, mais tout plein d'une ardeur sauvage, se présentant et se » regardant comme l'envoyé de Dieu[1], » souleva les tribus berbères du Dahra : l'insurrection s'étendit jusqu'à Tenez[2]. Le colonel *Saint-Arnaud* vainquit heureusement Bou-Maza, le faux prophète, à Aïn Méran ; partout la répression fut prompte et énergique, parfois même féroce. *Pélissier*,

---

1. Wahl, p. 149.
2. « Il se disait le sultan, qui, d'après une prédiction de Muley-Taïeb, devait » reconquérir l'Algérie sur les chrétiens. « *Je suis celui qui doit venir à l'heure » indiquée par les prophètes*, » répétait-il sans cesse, « *à l'heure de la délivrance.* » » D'où les Arabes l'appelèrent le *maître de l'heure*, qualification sous laquelle est » désigné le libérateur promis. Le surnom de Bou-Maza lui vint d'une chèvre, » d'autres disent d'une gazelle, qu'il avait apprivoisée, et dont il se servait, comme » Sertorius de sa biche, pour faire croire qu'il recevait, par l'intermédiaire de cet » animal, des avertissements célestes. Cet imposteur, néanmoins, ne comptant pas » exclusivement sur le fanatisme de ses coreligionnaires pour se former un » parti, promit de combler des biens de ce monde ceux qui se rangeraient sous » ses drapeaux ; et comme le pillage des richesses des chrétiens qu'il leur mon- » trait en perspective était chose chanceuse et éloignée, il offrit en outre à leur » cupidité le pillage plus facile et plus assuré des Musulmans qui avaient reconnu » notre autorité et reçu de nous des emplois. » (Pelissier de REYNAUD, *Annales algériennes*, t. III, liv. XXXIX, p. 163.)

chargé de soumettre les Ouled-Riad révoltés, les cerna dans trois grottes où ils s'étaient blottis avec leurs familles et leurs troupeaux, fit accumuler à l'entrée des fagots et de la paille, et y mit le feu. Plus de six cents furent brûlés ou asphyxiés. La fureur des Arabes redoubla ; plusieurs Bou-Maza parurent à la fois, les représailles furent atroces. Abd-el-Kader surprit à son tour, près du marabout de Sidi-Brahim, le colonel de Montaignac et ses quatre cents trente chasseurs : presque tous furent anéantis. La garnison d'Aïn-Temouchent fut contrainte de mettre bas les armes, et après six mois de captivité, l'émir la fit égorger pour n'avoir plus à la nourrir. **Bugeaud** redoubla d'activité et multiplia les poursuites. Abd-el-Kader, de plus en plus resserré entre nos colonnes, abandonné des tribus et sans alliés, essaya de soulever les Kabyles : ceux-ci l'accueillirent mal, redoutant de se donner un maître.

**Abd-el-Kader se rend.** — Il se réfugia au Maroc où Bou-Maza vint le rejoindre (1847). Mais tout nouvel effort était vain : Bou-Maza se rendit à Saint-Arnaud[1] ; Abd-el-Kader, brouillé avec l'empereur du Maroc, essaya de fuir. Mais Lamoricière surveillait ses mouvements. Arrêté par les spahis au col de Kerbous, il remit son épée au colonel Montauban, puis à Lamoricière (23 décembre 1847). Le même jour il fut présenté à Djemma-Gazouat au **duc d'Aumale** qui venait de prendre, à la place de Bugeaud, le gouvernement de l'Algérie. Le prince ratifia les promesses de Lamoricière : à savoir qu'il lui serait permis de se retirer avec sa famille à Alexandrie ou à Saint-Jean-d'Acre. Mais le gouvernement ne les accepta pas : Abd-el-Kader fut interné d'abord au fort Lamalque, à Toulon, puis transféré avec sa smala au château de Pau, plus tard à Amboise. En 1853, l'empereur Napoléon III le visita, lui fit jurer de ne jamais retourner en Algérie, et lui rendit la liberté avec une pension de mille francs par semaine[2], qui lui fut payée exactement jusqu'à sa mort (1883).

---

1. Bou-Maza (l'homme à la chèvre) obtint sa liberté, séjourna à Alger, puis à Paris, où il mena joyeux train, et parut réconcilié avec les roumis. Il prit plus tard du service en Turquie, et mourut en Orient il y a quelques années.

2. Abd-el-Kader est resté fidèle à son serment : il fixa d'abord sa résidence à Brousse, en Anatolie, puis à Damas en Syrie. Il y vécut très à l'écart, retiré dans un quartier de la ville, dont il acheta successivement, pour lui, pour sa famille et pour ses serviteurs toutes les maisons. La plus vaste avait été transformée en mosquée ; les plus petites logeaient les trois ou quatre cents Algériens qui l'avaient accompagné dans l'exil. Abd-el-Kader vivait au milieu d'eux en patriarche et en souverain. En 1860, les Druses musulmans, encouragés par la complicité des autorités turques, se ruèrent sur les Maronites chrétiens, détruisirent leurs villages et égorgèrent les populations. A Damas, six mille chrétiens périrent. Abd-el-Kader et ses fidèles Algériens intervinrent, et réussirent à sauver plusieurs milliers de Maronites. Trois mille se réfugièrent dans sa maison ; il leur donna asile, veilla sur eux, et ne cessa de les protéger que lorsque le gouverneur turc se fut enfin décidé à faire son devoir. L'émir reçut en récompense de sa noble conduite le grand cordon de la Légion d'honneur. En 1870, des émissaires prussiens auraient tenté de le gagner à la cause allemande, et de le ramener en Algérie. L'émir refusa. La nouvelle des défaites de la France le laissa d'abord incrédule, puis le consterna. Vaincu par nous, il n'imaginait pas qu'il fût possible à quiconque de nous vaincre à notre tour. Un correspondant du *Temps* a raconté qu'à cette époque des visiteurs étrangers de passage à Damas, crurent flatter ses rancunes en allant lui narrer avec complaisance les désastres de nos armées. Abd-el-Kader s'excusa d'avoir à sortir quelques instants, et les pria de l'attendre ; il rentra, revêtu des insignes du grand cordon de la Légion d'honneur. Il fit ainsi comprendre à ses visiteurs l'inconvenance de leur langage. En maintes circonstances, l'émir

**III. Période des insurrections.** — La reddition d'Abd-el-Kader assura la domination de la France en Algérie. Restait à soumettre la Kabylie retranchée dans ses montagnes escarpées, et les oasis sahariennes que protégeait le désert. La période qui suit est celle des insurrections allumées et dirigées par des marabouts ou des chefs de bande. L'amour de l'indépendance, le fanatisme religieux, les violences commises armèrent contre nous les tribus; mais les divisions des indigènes et l'héroïsme de nos armées donnèrent à la fin la victoire à la France. Dès 1844, un khalifa, allié de la France, Ahmed-ben-Salem, avait été installé à Laghouat. Le duc d'Aumale s'était avancé jusqu'à Biskra; l'oasis du Ziban ou du Zab, qui s'étend à la limite du désert, au pied de l'Aurès, fut soumise, et l'Aurès entamé. La malheureuse campagne de 1846 dans le Hodna fut réparée l'année suivante par le général *Cavaignac*, qui dans le sud oranais, franchit les chotts, occupa les deux Moghar, Tiout, Sfissifa, et refoula les Sahariens jusqu'aux montagnes de Ksel, tandis que le général *Renault* pénétrait à El-Biod, capitale des Oulad Sidi Cheikh.

**Les insurrections sahariennes : Bou-Zian.** — La révolution de 1848 en France, les injustices commises dans la levée de l'impôt de la *lezma* ou des palmiers, fournirent à un ancien cheikh d'Abd-el-Kader, riche, ambitieux, populaire, l'occasion qu'il cherchait.

Bou-Zian prêcha dans les oasis du Sahara la guerre sainte. Un officier du bureau arabe de Biskra, le capitaine *Seroka*, se rendit à Zaatcha et fit arrêter Bou-Zian. Les indigènes prirent les armes, délivrèrent le prisonnier et l'insurrection gagna tout le sud. Le colonel *Carbuccia* fut battu, le général *Herbillon* avec quatre mille hommes attaqua Zaatcha. La ville, enceinte de bastions et de murs crénelés, était bâtie au milieu d'une forêt de palmiers; ses jardins entourés de murs et de fossés enchevêtrés rendaient les assauts difficiles. Bou-Zian fit égorger ou mutiler tous les prisonniers, et une guerre d'extermination commença. Herbillon ordonna de couper les palmiers de l'oasis, mais ne réussit pas à forcer les retranchements. Le colonel *Canrobert* lui amena des renforts, et Zaatcha fut bloquée. Le siège dura dix jours; le choléra décimait nos colonnes. Enfin le 26 novembre, la ville fut prise, maison par maison. Nos soldats ne firent pas de quartier; personne ne fut épargné, pas même les femmes. Bou-Zian pris fut immédiatement fusillé; un zouave trancha la tête du cadavre et la jeta aux pieds de Canrobert. La ville fut détruite de fond en comble. Cette épouvantable exécution, qui souilla la victoire de la France, terrorisa pour un temps les tribus voisines, mais ne les désarma pas.

Un marabout, jadis allié de la France, *Mohammed-ben-Abdallah*, de retour de la Mecque, secrètement encouragé par la Turquie, souleva plusieurs tribus. Maître d'Ouargla, il réussit à s'emparer de Laghouat. *Yousouf* et *Pélissier* vinrent y mettre le siège, et l'oasis fut, comme celle de Zaatcha, le théâtre d'horribles combats. On peut lire dans le récit du peintre Fromentin qui visita les ruines quelques semaines plus tard, les détails de ces massacres. Mohammed put s'échapper dans l'extrême sud; le chef des Oulad-

---

donna à la France des témoignages non équivoques de sa sympathie. C'est ainsi qu'il écrivait en 1882 à M. de Lesseps au sujet du projet de mer intérieure du commandant Roudaire. Abd-el-Kader a succombé à une maladie de cœur, à Damas, en 1883. En notifiant sa mort à M. Grévy, président de la République, le 26 mai, son fils aîné, Mohammed, affirmait « son attachement bien dévoué au gouvernement français. » La pension allouée à l'émir depuis 1863 continue d'être payée à sa famille.

Sidi-Cheikh, *Si-Hamza*, allié de la France, le poursuivit et lui enleva Ouargla (1852). Huit ans après, Mohammed, réfugié à Insalah, et toujours entouré de fanatiques et d'aventuriers, tenta sur Ouargla un audacieux coup de main : la ville ouvrit ses portes. Mais *Si Bou-Becker*, fils de Si Hamza, accourut ; les Touareg d'Insalah abandonnèrent leur chef, et ses Chambâa furent vaincus : il fit sa soumission. Ouargla fut rendue à la France qui l'a conservée (1860). Touareg et Chambâa n'en continuèrent pas moins leurs incursions vers le nord. En 1872, le général de *Lacroix* les poursuivit dans l'extrême sud, et le général de *Gallifet* avec sept cents hommes, montés sur des dromadaires, vint en sept jours occuper El-Goleah, à 75 lieues d'Ouargla, à 1 100 kilomètres d'Alger. Cette fois les habitants ne résistèrent pas, et le vainqueur se contenta d'un tribut qui fut immédiatement payé. Cette marche rapide et hardie compte parmi les plus heureuses et les plus fécondes expéditions de la France dans le Sahara. Grâce à la vigilance du général, elle ne coûta pas un homme à l'armée. La forteresse d'El-Goleah bâtie sur un cône haut de 70 mètres, au point de rencontre des caravanes, est aujourd'hui la sentinelle la plus avancée de la France dans le désert ; elle marque la première étape de la conquête pacifique du Sahara et du Soudan.

**Les insurrections kabyles.** — En Kabylie, la résistance fut plus continue et plus acharnée. Si les Kabyles, libres dans leurs montagnes, passionnément attachés à leurs coutumes, et impatients de toute domination étrangère, avaient accueilli froidement les avances d'Abd-el-Kader, au temps de sa puissance, ils n'étaient pas restés neutres. Ils ne dissimulaient pas leur sympathie pour nos ennemis, ils leur donnaient asile, leur vendaient de la poudre et des armes, recélaient le butin fait sur nous et inondaient nos marchés de fausse monnaie fabriquée dans leur village d'Aït-el-Arba. En 1844, Bugeaud, qui cherchait partout de nouveaux champs de bataille, prit contre eux l'offensive. Il les somma, dans un manifeste hautain, de se soumettre à la France, sinon il les menaçait d'entrer dans leurs montagnes, de brûler leurs villages et leurs moissons. Les Kabyles répondirent fièrement : « Nous ne donnerons rien, nous ne recevrons aucune investiture ; nous ne » l'avons jamais fait. En notre qualité de Kabyles, nous ne reconnaissons » pour chefs que des Kabyles comme nous, et pour arbitre souverain que » Dieu qui punit l'injuste. » Bugeaud marcha sur Dellys et s'en empara. Les paysans kabyles, mal armés et peu disciplinés, furent battus à Taourga et sur le plateau de l'Ouarez-Eddin. La tribu des Flissas fut presque exterminée. Les tribus demandèrent grâce. L'année suivante, quelques actes de brigandages partiels rallumèrent les hostilités. Bugeaud envahit la Kabylie sur plusieurs points. La guerre fut atroce. Les Kabyles égorgeaient nos traînards et massacraient nos sentinelles ; les Français incendiaient les moissons, les maisons, coupaient les arbres, tuaient les enfants et les femmes[1] ! Une troisième campagne fut entreprise en 1847. Bugeaud battit

---

1. On a cité dans cette campagne certains faits de sauvagerie heureusement exceptionnels : tels que l'emploi de chiens européens dressés à faire la chasse aux indigènes, ou à la mutilation de femmes kabyles à qui on volait les cercles d'argent qu'elles portaient rivés aux bras et aux jambes. A son retour à Alger, en février 1846, le gouverneur général, loin de regretter ces exécutions militaires et ces procédés à la turque, disait aux colons dans une proclamation : « Nous avons » beaucoup incendié, beaucoup détruit. Peut-être on me traitera de barbare, mais » je me place au-dessus des reproches de la presse quand j'ai la conviction d'avoir » accompli une œuvre utile à mon pays. L'armée n'est pas faite pour protéger » les intérêts des colons, mais pour marcher à la conquête de l'Algérie et s'illus- » trer par des victoires. »

et dépouilla à Azrou les Beni-Abbas, tandis que Bedeau occupait Sétif. Les Kabyles, contraints de payer l'impôt, saisirent toutes les occasions de vengeance.

En 1850, un certain *Bou-Bagla* (l'homme à la mule), ancien forçat libéré, se donna pour marabout et souleva la Kabylie. *Pélissier*, *Camou* et *Bosquet* dévastèrent la grande Kabylie, *Saint-Arnaud* la petite, mais sans les dompter. Il fallut recommencer la campagne en 1852, 1853, 1854 contre les tribus Zououas : Bou-Bagla fut tué. En 1857, les Beni-Iraten se soulevèrent de nouveau. Le gouverneur général **Randon** rassembla trente-cinq mille hommes de troupes régulières; et les colonnes, sous les généraux *Mac-Mahon*, *Renault*, *Yousouf*, réunies au pied du Djurjura, en escaladèrent les sommets. La plupart des tribus demandèrent l'aman; celle des Beni-Menguillet, retranchée sur le plateau d'Icheriden, engagea avec la division de Mac-Mahon un sanglant combat. Ce fut une des dernières rencontres. Les Kabyles livrèrent des otages et payèrent la contribution de guerre; on leur laissa leurs institutions municipales; des routes militaires furent ouvertes dans leurs montagnes, et le fort Napoléon (aujourd'hui fort National), bâti en cinq mois sur le plateau de Souk-el-Arba, chez les Beni-Iraten, rendit désormais toute révolte vaine, et acheva de décourager les résistances.

**Les insurrections du sud oranais.** — Mais la France n'en avait fini ni avec la Kabylie, ni avec le sud oranais. Le partage des territoires fixé par le traité de Tanger avait mécontenté les tribus de la frontière marocaine : en 1859, les Angad prirent les armes et opérèrent des razzias sur le territoire français. Le général *Durrieu* les châtia. Les Beni-Guil furent à leur tour rançonnés. Mais bientôt le danger vint des tribus du sud qu'on pouvait croire ralliées à la cause française. Le Khalifa *Si-Hamza*, des Oulad-Sidi-Cheikh, avait été investi du commandement de la région du sud-ouest depuis Géryville jusqu'à Ouargla. Sans cesser ses relations avec les réfugiés marocains, nos ennemis, il ne reprit pas les armes contre nous et se battit dans nos rangs. Son fils aîné et successeur, *Si-Bou-Becker*, servit la France avec fidélité. Mais il mourut bientôt. Son héritage passa au deuxième fils de Si-Hamza, *Si-Sliman*. Celui-ci n'aimait pas les Français; il était fier, ombrageux, vindicatif. Un de ses secrétaires ayant été condamné à la bastonnade par le bureau arabe, Si-Sliman protesta vivement. On le menaça de la même peine, il reçut même un soufflet. Poussé par son oncle *Si-Lala*, il fit défection et marcha sur Géryville. Le colonel *Beauprêtre*, envoyé contre lui, se laissa surprendre à la fontaine d'Aïn-Bou-Becker. Si-Sliman blessa le colonel et fut tué par lui d'un coup de pistolet. Mais Beauprêtre et les cent hommes de son escorte furent massacrés. Le frère de Si-Sliman *Si-Mohammed-Ben-Hamza*, dirigea la révolte. Le maréchal **Pélissier**, alors gouverneur de l'Algérie, organisa une expédition. Déjà l'insurrection s'était répandue dans les tribus du Djebel-Amour et jusque dans le Tell; la belliqueuse tribu des Flittas se joignit aux Oulad-Sidi-Cheikh. Le général *Déligny* détruisit la capitale de cette tribu, le ksar de Stiltten; les Flittas, vaincus aussi, demandèrent l'aman. L'échec du général *Jolivet* à El-Beïda (1864) rendit aux Oulad-Sidi-Cheikh leur audace. Mohammed fut tué dans une rencontre, mais Si-Lala continua la campagne, appuyé par les contingents marocains de la frontière. Le maréchal de **Mac-Mahon**, gouverneur général, après de longs tâtonnements, chargea *Wimpfen* de les poursuivre. Celui-ci, ayant sous ses ordres le général *Chanzy*, les écrasa à El-Bahariat, et dans le ksar d'Aïn-Chair. Les tribus dissidentes mirent bas les armes (avril 1870).

La nouvelle de nos désastres en 1870 leur rendit l'espoir. Ralliés sous les ordres d'un nouveau chef, *Si-Kaddour-Ben-Hamza*, ils osèrent pénétrer dans le Tell, d'où le général *Osmont* les repoussa. A la suite du combat de Mégoub (25 décembre 1871), *Si-Kaddour* et *Si-Lala* s'enfuirent presque seuls et attendirent l'occasion de renouveler la guerre.

**Nouvelle révolte de la Kabylie : El-Mokrani.** — Elle ne tarda pas. A la nouvelle des défaites de la France, et des déchirements de la guerre civile succédant à la guerre étrangère, les Kabyles s'étaient révoltés (avril 1871). Le bach-agha de la Medjana, *El-Mokrani*, jadis comblé des faveurs impériales, commandeur de la Légion d'honneur et pensionné par la France, se mit à leur tête. Il avait à se plaindre de l'insolence des bureaux arabes, qui n'avaient pas assez ménagé son orgueil, et il comptait sur la guerre pour payer ses dettes, gagner une immense fortune et mener la vie de grand seigneur qu'il rêvait. Les insurgés, au nombre de trois mille, saccagèrent Bordj-Bou-Arreridj, investirent les forts de la Kabylie, incendièrent les fermes, massacrèrent les colons. Palestro fut anéanti, ses habitants brûlés vifs. Sans le colonel *Fourchault*, qui avec une poignée de soldats de la ligne, de mobilisés et de francs-tireurs, réussit à les arrêter à l'Alma, la Métidja était dévastée et Alger elle-même bloquée. Le général *Saussier* organisa une colonne dans la province de Constantine, le colonel *Cerez* une autre dans celle d'Alger. Cerez rencontra l'armée de Mokrani près d'Aumale : le bach-agha fut tué d'une balle. L'insurrection fut étouffée dans l'est, grâce aux généraux *Saussier* et de *Lacroix* qui vainquirent *Bou-Mezrag*, frère et successeur d'El-Mokrani, au combat de Bou-Thaleb, et rejetèrent les derniers insurgés dans le désert. La Kabylie eut à payer d'énormes contributions de guerre, elle perdit certains privilèges; une grande partie des terres fut séquestrée et affectée à la colonisation étrangère. Les révoltes partielles d'*El-Amri* en 1876, et de l'Aurès en 1879 furent facilement châtiées.

**Nouvelles révoltes du sud oranais; les Oulad-Sidi-Cheikh.** — Le sud-ouest n'est point encore pacifié. En 1880, un nouveau marabout, *Bou-Amama*, s'est levé contre la France au sud de Géryville; ce personnage, dont le vrai nom est Mohammed-bel-Arbi, est sujet marocain, né à Figuig, en 1840, dans le ksar de Hammam-Fougani. Son bisaïeul, Sidi-Brahim-ben-Tadj, avait la réputation d'un saint et d'un faiseur de miracles. A sa mort, les tribus lui élevèrent une Koubba. Son petit-fils, Bou-Amama, fit valoir cet héritage. Il s'adonna à la pratique de la prestidigitation et de la ventriloquie, et réussit à se faire passer dans les tribus Gharaba comme doué d'une puissance surnaturelle. En 1875, il quitta Figuig et vint s'établir à Moghar-el-Tahtani avec sa famille. Il y fonda une zaouïa, y étendit son influence, favorisa les projets de rébellion contre la France, et provoqua même dans les tribus nomades des insurrections ouvertes. Les lieutenants *de Castries*, en 1880, et *de Banières*, en 1881, signalèrent les progrès dangereux de cette influence hostile et les symptômes du fanatisme musulman prêt à faire explosion. Le signal partait des zaouïas d'Orient, et le sud oranais était désigné comme le premier théâtre de la guerre sainte. Les agents ou *mokkadems* de Bou-Amama parcoururent les tribus soumises à la France et prêchèrent la révolte. Un officier du bureau arabe de Géryville, M. *Weinbrenner*, fut chargé de les saisir : il se mit à leur poursuite et fut massacré le 22 avril avec son escorte presque tout entière. Alors commencèrent les défections de nos tribus indigènes. A Bou-Amama se joignirent les Trafis, les Amour, les Cheurfa, des Beni-Guil, etc., plusieurs goums refusèrent de marcher contre l'ennemi, et passèrent de son côté. Une colonne de huit cents chevaux lancée sur la route de Géryville, sous les ordres de l'agha de Saïda, se débanda et se replia en désordre sous Sfisiffa (27 avril).

Le 14 mai, les insurgés mirent encore en déroute à Chellala nos contingents indigènes conduits par le colonel *Innocenti* et pillèrent leur convoi; le 2 juin, l'escorte de l'inspecteur du télégraphe, *Bringard*, était surprise à Aïn-Défalid et massacrée avec son chef. L'insurrection s'étendit. Une colonne, partie d'Oran, sous le commandement du général *Détrie*, s'avança contre le marabout. Celui-ci, trompant la surveillance de nos officiers, se jeta vers le nord, puis vers l'ouest, soumit les tribus des Oulad-Zian, occupa Frendah (10 juin), envahit les chantiers d'alfa et massacra les ouvriers, pour la plupart Espagnols, qui furent surpris sans défense avec leurs familles, sur les hauts plateaux. Bou-Amama, échappant par la rapidité et l'audace de ses marches à nos colonnes qui devaient lui barrer les passages du Chott, passa à Sfid, puis à Chaïr, et regagna le sud-ouest par Fekarine, à travers nos contingents postés au Kreider. Le général *Détrie* en diverses rencontres n'avait pu qu'enlever les convois des Lagouat et des Oulad-Sidi-el-Nasseur, en leur tuant quelques centaines d'hommes. Les incursions et les pillages de Bou-Amama continuèrent, répandant la terreur parmi les tribus restées fidèles; les Rézaïna firent défection et allèrent dans le Maroc rejoindre *Si-Sliman-ben-Kaddour* dont nous avions obtenu, en 1876, l'internement près de Fez, et qui venait de s'évader. Il trouva dans les confréries religieuses de la Tripolitaine un redoutable appui moral, et chez les peuplades pillardes et belliqueuses du Maroc, toujours prêtes aux razzias, des combattants et des ressources. Plus de la moitié des rebelles, abandonnant Bou-Amama, se rallièrent autour de ce nouveau chef.

Si-Sliman-ben-Kaddour devint alors le véritable meneur de cette guerre religieuse. Ce personnage essaya d'abord de tromper le gouvernement français, en promettant la soumission des dissidents et en nous renvoyant la moitié des tribus des Harrar-Gharaba après les avoir préalablement rançonnées et pillées. L'empereur du Maroc le désavoua, interdit par une lettre circulaire à ses sujets de faire cause commune avec les agitateurs, et nous offrit contre eux son concours qui fut refusé. Le 17 novembre 1881, Sliman-ben-Kaddour tenta un coup de main sur les tribus des Hamian, à quelques kilomètres de nos bataillons de tirailleurs. Il emmena 2500 chameaux, 15 000 moutons, des juments, des poulains, quarante nègres ou négresses, des tentes, des tapis, des bijoux et l'argent trouvé dans les caisses. Mais nos colonnes mirent à l'abri de nouvelles attaques le Sahara oranais. Géryville et Méchéria furent solidement gardés et approvisionnés, ce dernier poste relié à Saïda par une voie ferrée; la région des ksours de Géryville fut visitée par nos goums; dans une de ces expéditions le village d'El-Abiod-Sidi-Cheikh fut incendié et la kouba détruite[1]; le poste d'Aïn-Sefra occupé,

---

1. Ce fut le colonel Négrier qui ordonna la démolition de la Kouba d'El-Abiod. Cet acte regardé comme impolitique en France, fut vivement approuvé par les colons algériens. Le gouvernement essaya, pour en atténuer l'effet, de dégager le côté religieux de la question, et il décida, sur la proposition de M. Albert Grévy, alors gouverneur général, de rebâtir la Kouba sous le canon de Géryville. Toutefois le projet ne fut pas tout d'abord exécuté. Au mois de décembre 1881, M. Tirman, successeur de M. Grévy, essaya de traiter avec les Oulad-Sidi-Cheikh, qui étaient en révolte depuis 1864, et entraînaient dans la défection la plupart des tribus du sud-ouest. Le général Thomassin fut chargé des négociations et reçut de pleins pouvoirs. Il réussit dans sa délicate mission. La tribu redevint notre

le massif montagneux des Amours fouillé et leurs tribus soumises; les alfatiers espagnols furent ramenés à leurs chantiers, et leur sécurité garantie. A la fin de 1881, grâce aux mesures défensives, la frontière était pacifiée. Toutefois, les Oulad-Sidi-Cheikh n'ont pas désarmé : Bou-Amama, Si-Sliman et son allié Si-Kaddour menacent continuellement le sud oranais : l'arrestation récente de l'agha des Harrar, Sarrhaoui, devenu odieux par ses exactions et suspect par ses relations avec les tribus insoumises, montre qu'une vigilance incessante est une nécessité de salut colonial.

## 2° EXTRAITS ET ANALYSES

### Les bains maudits ou de Hammam-Meskhoutine

« Les eaux des Maudits sont situées à 14 kilomètres de Guelma, ville d'origine française, fondée en 1845, entre Bône et Constantine, sur l'emplacement de l'ancienne Suthul de Jugurtha, qui devint plus tard la ville de Calama des Romains. Les Mores, les Vandales, les tremblements de terre détruisirent tour à tour l'antique Calama. C'est avec les ruines de la ville romaine que la citadelle actuelle a été construite ; les débris les plus intéressants ont été réunis dans un musée. Les Romains, si ardents à la découverte des eaux thermales, connaissaient celles-ci ; elles portaient le nom d'*Aquæ thibilitanæ*, du nom de Tibili, actuellement Anouna, ville plus rapprochée des bains que celle de Guelma.

» ..... Quand on quitte Guelma pour aller à Hammam-Meskhoutine, on coupe d'abord le cours de la Seybouse, l'*Ubus* des anciens. Ici elle n'est qu'un torrent; mais vers son embouchure, près de Bône, elle devient une rivière navigable, la seule qui existe en Algérie. On passe la Seybouse à gué, puis l'on entre dans un fertile bassin bien cultivé appelé Médjez-Hamar. C'est là qu'en 1837 le maréchal Clauzel établit

---

alliée ; 4000 tentes rentrèrent sur notre territoire, à condition qu'un des membres de la famille, Si-Hamza, recevrait un commandement, et qu'on restituerait aux Oulad-Sidi-Cheikh la plus grande partie de leurs biens. Le général Thomassin autorisa la reconstruction de la Kouba aux frais des Arabes. Le gouverneur, dans la crainte de voir renaître la guerre sainte dans le sud Oranais, ne crut pas devoir le désavouer.

le camp fortifié d'où partit le corps expéditionnaire qui devait faire tomber les murs de Constantine. Après avoir dépassé les constructions du camp, converties actuellement en exploitation agricole, on entre dans une gorge où l'on traverse sur un pont de bois un affluent de la Seybouse, le Bou-Hamdan, puis on monte vers un plateau entouré de montagnes peu élevées. De loin déjà on reconnaît l'emplacement des eaux aux masses de vapeur qui s'élèvent au-dessus d'elles. Elles surgissent actuellement avec le plus d'abondance à l'extrémité d'un plateau où elles forment dix bouillons, dont l'un s'élevant à quelques décimètres au-dessus du sol. Ces bouillons sont à la température de 95 degrés, c'est-à-dire presque à celle de l'eau bouillante..... Ces eaux exhalent de l'acide carbonique, de l'acide sulfhydrique et de l'azote ; elles tiennent en dissolution du carbonate et du sulfate de chaux (plâtre), du sulfate et du carbonate de magnésie, du sulfate de soude, de la silice, un peu d'arsenic et du sel marin qui se déposent à mesure que le liquide perd de sa température initiale.

» Les eaux fournies par les dix bouillons se trouvant sur le bord d'un petit plateau, descendent immédiatement le long de la pente. Si c'était de l'eau pure, on la verrait simplement couler sur les rochers pour se réunir au ruisseau de Chedakra qui serpente à ses pieds ; mais cette eau contenant en dissolution des sels calcaires blancs qui se déposent à mesure qu'elle se refroidit, construit elle-même la roche sur laquelle elle tombe en cascade. Les formes de ce travertin (c'est le nom que les géologues donnent aux roches formées ainsi par les eaux minérales) sont aussi variées qu'élégantes. Leur blancheur éblouissante ou leur couleur d'un brun rougeâtre donne à l'eau qui les baigne tantôt une teinte d'un bleu clair, quand le fond est blanc, tantôt une coloration brune lorsqu'elle repose sur du travertin coloré par l'oxyde de fer ou des matières tinctoriales employées par les Arabes. Quand la pente n'est pas trop forte, l'eau déposant de tous les côtés les sels dont elle est chargée, il en résulte qu'elle se forme à elle-même de petites digues de quelques centimètres de hauteur. De là des bassins à rebords circulaires plus ou moins ondulés étagés l'un au-dessus de l'autre ; l'eau tombe d'un bassin dans l'autre en faisant autour de petites cascades, ou en glissant sur le travertin déjà formé. C'est en miniature l'aspect de la grande cascade étagée de Saint-Cloud, non plus géométriquement régulière et monotone, mais avec tous les accidents capricieux résultant du dépôt calcaire, qui se fait plus ou moins vite, en un endroit plutôt qu'en un autre, suivant la saison, le vent, la température et l'émission plus ou moins abondante des eaux incrustantes. Après que ces eaux se sont ainsi déversées de bassin en bassin, sur une hauteur de cinq mètres environ, elles arrivent à la paroi presque perpendiculaire du rocher : la formation des cuvettes étagées devenant impossible, l'eau, en glissant sur la pierre, l'enduit d'une couche de travertin représentant des draperies, des surfaces mamelonnées, et quand le rocher surplombe, de véritables stalactites de forme conique, de la pointe desquelles coule sans cesse le filet d'eau générateur. La cascade se divise ensuite en plusieurs ruisseaux qui se jettent dans le Chedakra, dont le fond est tapissé de conferves d'un beau vert, et où vivent, malgré la haute température, de petites grenouilles et des poissons.

» Les eaux produisent d'autres effets quand elles surgissent du sol sur un plan horizontal. Déposant autour d'elle les sels calcaires dont elle est chargée, la source jaillissante élève d'abord un petit cône creux dont les parois sont du travertin ; ..... le cône monte toujours jusqu'à ce que la force ascensionnelle de l'eau ne soit plus assez énergique pour lui permettre d'atteindre l'orifice du sommet et de se déverser sur ses parois. Alors le cône ne s'accroît plus ; l'orifice terminal s'oblitère, et le canal dont il est l'ouverture se remplit de terre. L'eau minérale va chercher d'autres issues.

» Quand on approche des bains d'Hammam-Meskhoutine, on aperçoit au haut du plateau une surface d'un hectare environ de superficie sur laquelle s'élèvent plus de cent de ces cônes. Les uns ont une large base, les autres semblent des aiguilles. Il y en a de toutes grandeurs, depuis quelques décimètres jusqu'à quatre ou cinq mètres ; les uns sont isolés, les autres disposés par groupes, ou même soudés entre eux deux à deux. La végétation s'est emparée de quelques-uns, et souvent au sommet, un petit olivier sauvage ou un pistachier térébinthe pousse comme dans un pot de fleurs. Rien de plus bizarre et de plus inexplicable au premier abord que ces cônes réguliers s'élevant brusquement à la surface du sol, et comme on l'a vu, rien de plus facile à comprendre si on se donne la peine d'analyser le phénomène.....

» ..... Déposant toujours ses sels au fond et sur les côtés, l'eau a construit elle-même le canal dans lequel elle coule ; ce canal une fois formé, elle en élève sans cesse le fond par l'addition de nouvelles couches ; mais elle élève en même temps ses parois. Aussi, au bout d'un certain nombre d'années, l'eau coule au sommet d'un aqueduc qu'elle s'est construit elle-même ; et ces aqueducs ressemblent de loin à des enceintes de murs. Le canal qui règne tout le long de la crête révèle seul l'origine de ce rempart.

» ..... On voit que les eaux incrustantes d'Hammam-Meskhoutine construisent des édifices complètement différents suivant la conformation des lieux où elles apparaissent à la surface du sol. Sur un plan horizontal, des cônes verticaux correspondant chacun à un bouillon ; sur une pente douce, des bassins à formes semi-circulaires étagés les uns au-dessus des autres ; sur une paroi verticale ou presque verticale, des festons, des stalactites rappellent les ornements de Pompéi et de celles de la Renaissance, dont la fontaine de Médicis, au Luxembourg, nous offre le modèle. La source coule-t-elle comme un ruisseau, elle se construit un aqueduc qu'elle élève sans cesse ou qu'elle épaissit en forme de promontoire. L'art pourrait, en guidant ces sources, les forcer à élever les constructions les plus compliquées, et même à mouler des vases, des statues, des bas-reliefs, comme on le fait aux eaux de Saint-Allyre, à Clermont en Auvergne[1]. L'abondance de la

---

[1]. M. de Tchihatchef (p. 391) compare ces sources à celles de Pambouk-Kalessi, en Phrygie, et constate que si l'aspect en est moins grandiose, la température en est plus élevée. Il signale la rapidité extraordinaire avec laquelle se forment à Hammam-Meskoutine les incrustations ; chaque année, la grande cas-

source africaine est un élément qui manque à celles d'Europe; on estime, en effet, son débit à 84000 litres d'eau à l'heure, il peut se comparer à celui des eaux de Louèche en Suisse et d'Aix, en Savoie.

» ..... Les sources d'Hammam-Meskhoutine ont changé de place. Lorsqu'elles sortaient au haut du plateau où elles ont formé les cent cônes dont nous avons parlé, elles n'étaient probablement pas utilisées; mais des piscines et un aqueduc situés à l'est de la cascade montrent que les Romains n'ont pas plus négligé les richesses thermales de la Numidie que celles de la Gaule et de la Germanie. Actuellement il existe près de ces sources un grand hôpital militaire. Plusieurs bouillons situés à l'est et au-dessous de la cascade sont couverts de baraques où l'on prend des bains de vapeur, et l'Arabe même y construit son gourbi de feuillage quand le médecin *roumi* (français) lui persuade qu'il trouvera dans ses eaux un remède aux rhumatismes qu'il contracte en couchant en plein air dans ses haltes nocturnes. »

X., *Magasin pittoresque*.<br>(Juillet 1864.)

Les eaux d'Hammam-Meskhoutine sont particulièrement efficaces contre les paralysies, les entorses, les rétractions musculaires, les douleurs rhumatismales, les névralgies. Elles fournissent 100 000 litres à l'heure. Les sources thermales et minérales abondent d'ailleurs en Algérie. Le docteur E. Bertherand a dressé la carte et le catalogue de toutes ces richesses pour l'Exposition universelle de 1878, à Paris. Il a constaté l'existence de cent quarante de ces sources. Nous citerons les principales avec leurs propriétés :

Des *eaux alcalines*, semblables à celles de Saint-Galmier, Vichy, Vals, Luxeuil, Bourbonne, Plombières, Pougues, se trouvent à *El-Affroun* (près de Blida); à *Hammam-bou-Hanéfia* (près de Mascara); à *Hammam-Gueurgour*, au nord-ouest de Sétif; à *Hammam-sidi-Abdeli* (sur la route de Tlemcen à Oran), avec un débit de 150000 litres à l'heure; à *Salah-Bey* (près de Constantine), même débit.

Des *eaux arsenicales*, semblables à celles de la Bourboule, de Bussang, Cransac, Vichy, Mont-Dore, existent à *Hammam-Rira*, *Hammam-Mélouane*, etc.

Des *eaux ferrugineuses*, comme celles de Bussang, Forges, Spa, Pyr-

---

cade avance environ d'un mètre : en deux mois l'eau des sources, coulant dans une coupure faite à travers un réservoir pour les travaux du chemin de fer, avait déposé un décimètre d'incrustation; ce qui donnerait 0$^m$,60 par an, et 6 mètres en dix ans.

mont, etc., sont celles d'*Aïn-Dahla*, d'*Aïn-Hamza*, de la *Bouzaréa* (près Alger), d'*H. Sieders*, de *Teniet-el-Haad*, etc.

Des *eaux gazeuses*, comme à Seltz, Condillac, Soulzmatt, Chateldon, sont à *Aïn-Sennour*, *Ben-Haroun*, *Mouzaïa-les-Mines*, etc.

Des *eaux salines*, comme à Niederbronn, Hombourg, Kissingen, Louèche, Contréxéville, Sedlitz, Carlsbad, sont celles d'*Aïn-Djerob* (près Alger), *Aïn-el-Hammam* (près Sebdou), *Aïn-el-Hamza* (près de Sétif), *Bain-de-la-Reine* (près d'Oran), *Eau du Frais-Vallon* (près Alger), *Hammam-Beurda* (près Guelma), *H. Bou-Hadjar* (près M'Icta), *H. Bou-Sellam* (sud-ouest de Sétif), *H. Bou-Thaleb* (près Sétif), *Nedromah*; *H. Righa* (près Miliana), *H. Sidi-Cheikh* (près de Lella-Maghrnia), *H. Sidi-Mecid* (près Constantine), *Oued-el-Hammam* (près Mascara), etc., etc.

Des *eaux sulfureuses*, comme celles d'Enghien, Uriage, Aix-en-Savoie, Luchon, Saint-Sauveur, Barèges, Cauterets, Amélie-les-Bains, se trouvent à *Aïn-el-Baroud*, *Aïn-el-Hammam* (près Saïda), *Source des Bibans* (120 000 lit. à l'heure), *H.-el-Salahin* (près Biskra, 150 000 litres à l'heure), *H. Siane*, *H. Tassa*, *Oued-Hamimin*, etc., etc.

## L'Eucalyptus globulus.

C'est le 12 mai 1792 que les deux navires la *Recherche* et l'*Espérance*, envoyés par l'Assemblée nationale constituante à la recherche du navigateur La Pérouse, abordèrent à la terre de Diémen, au fond de la *Baie des Tempêtes*. L'expédition était commandée par le chevalier d'Entrecasteaux, élève du bailli de Suffren ; elle emmenait un groupe de savants, et parmi eux, les botanistes Riche et Labillardière. Le premier succomba aux fatigues de ce long voyage : le second, qui avait déjà exploré la Syrie, rapporta de la Tasmanie les éléments de publications précieuses : c'est à lui que revient l'honneur d'avoir le premier étudié sur place et fait connaître l'*eucalyptus globulus*[1].

---

1. « 12 mai 1792. Je n'avais pu me procurer encore les fleurs d'une nouvelle espèce d'*eucalyptus* remarquable par son fruit, qui ressemble assez à un bouton d'habit (de là le nom de *globulus* donné par l'auteur.) Cet arbre, un des plus élevés de la nature, puisqu'il y en a d'un demi-hectomètre, ne porte des fleurs que vers son extrémité. Le tronc est propre aux constructions navales et pourrait servir à la mâture, quoiqu'il ne soit pas aussi léger ni aussi élastique que le pin. Peut-être serait-il avantageux d'en faire des mâts de plusieurs pièces, et même de creuser ces gros troncs dans toute leur longueur pour leur donner plus de légèreté, en les fortifiant par des cercles de fer... Il nous fallut abattre un de ces arbres pour en avoir des fleurs ; comme il était très penché, il tomba assez vite. Le soleil était alors très brillant, la sève montait avec abondance, et au moment de la chute, elle sortit en grande quantité du milieu de la partie inférieure du tronc. Ce bel arbre, de la famille des myrtes, est recouvert d'une écorce assez lisse ; les branches se contournent un peu en s'élevant ; elles sont garnies à leurs extrémités de feuilles alternes, légèrement arquées, longues d'environ huit décimètres sur un demi de large. L'écorce, les feuilles et les fruits sont des aromates qui pourraient être employés dans les usages économiques à défaut de ceux que les Moluques nous ont longtemps fournis exclusivement. » (LABILLARDIÈRE.)

Cet arbre, pendant près d'un demi-siècle, ne fut guère pour quelques botanistes qu'un objet de curiosité. Dans les serres du Muséum de Paris, dans l'orangerie de M. Demidof à San-Donato, en Angleterre même, on le confondait avec d'autres espèces d'*eucalyptus,* car le genre *eucalyptus* ne renferme pas moins de cent cinquante espèces différentes. C'est dans le jardin botanique fondé par les Anglais à Melbourne que furent révélées les merveilleuses propriétés de l'*eucalyptus globulus,* grâce aux essais et aux études infatigables de deux hommes de bien, l'un allemand d'origine, M. Ferdinand Mueller, directeur du jardin botanique de Melbourne, l'autre français, M. Ramel, qui, venu en Australie en qualité de négociant en 1854, se passionna pour cet arbre admirable de beauté et d'élégance qu'il avait aperçu dans une allée écartée du jardin de Melbourne, s'en fit le patron en France, et l'acclimata en Algérie.

« Presque étranger à la botanique, il ne connaissait, dit-il,
» de cet arbre ni la figure, ni le nom ; mais dès ce moment
» ce fut son arbre, son idée fixe, l'occasion de sa liaison
» intime avec Mueller, de ses relations constantes avec le
» Muséum de Paris, la Société d'acclimatation, les jardins,
» les savants, les amateurs. Il crut à l'eucalyptus comme
» d'autres croient au triomphe du bien sur la terre : il vit
» son arbre bien-aimé couvrant les montagnes de l'Algérie,
» en assainissant les marais, en chassant la fièvre, y remplaçant par des cigarettes odorantes et salutaires les fumigations stupéfiantes du haschisch. Ce rêve d'hier est bien
» près à divers égards d'être la réalité d'aujourd'hui, car,
» cigarettes à part, aucun arbre n'est venu en si peu d'années
» introduire, dans la végétation forestière de l'Algérie, un
» élément aussi pittoresque, aussi utile, aussi plein de promesses pour l'avenir[1]. »

---

1. « Le souvenir de Mueller et de Ramel doit rester lié aux bienfaits de l'*euca-*
» *lyptus* partout où cet arbre prospérera comme une source de richesse et de
» salubrité publiques. Dans l'histoire de la naturalisation lointaine de l'*eucalyptus,*
» M. Mueller, c'est le savant qui calcule sûrement l'avenir de l'arbre, qui lui trace
» son itinéraire et lui prédit sa destinée ; M. Ramel, c'est l'amateur enthousiaste
» qui s'enrôle corps et âme dans une mission de propagande. Tous deux ont la
» foi, mais l'un est le prophète, l'autre l'apôtre, et dans cette noble confraternité
» de services où les rôles se complètent et se confondent, la reconnaissance

Les premières graines d'*eucalyptus globulus* apportées d'Australie par M. Ramel furent semées dans les pépinières du Hamma[1] par les soins du directeur, M. Hardy, au printemps de 1861. Un des colons les plus intrépides de l'Algérie, M. Cordier, possesseur d'un immense domaine de 300 hectares dans la vallée de l'Oued-Harrach, en sema d'autres en 1862 et trouva des imitateurs, au premier rang desquels il convient de citer M. Trottier, maire d'Hussein-dey, qui cultiva et planta l'eucalyptus avec une fiévreuse ardeur, et publia des brochures enthousiastes pour encourager le développement de l'arbre colonisateur[2].

« Diverses espèces d'*eucalyptus* sont dans leur pays natal des arbres véritablement gigantesques. « On a mesuré, dit » M. F. Mueller, un *eucalyptus colossea* de près de 122 mètres » de hauteur, des *eucalyptus amygdalina* de 128 et même » 145 mètres. La taille d'un autre individu de la même espèce » a été estimée à 500 pieds anglais (152 mètres). Comme » termes de comparaison, on peut citer le dôme des Invalides, » haut de 105 mètres, la flèche de la cathédrale de Strasbourg » haute de 142 mètres[3]. »

---

» publique ne voudra pas séparer ces deux noms que l'amitié réunit : on dira » Mueller-Ramel, comme nos soldats de l'armée d'Egypte disaient Monge-Berthol- » let. » (J.-E. PLANCHON.)

1. Sur le Hamma, jardin d'Alger, V. plus loin, même chapitre.

2. Une de ces brochures a pour titre : « *Boisement dans le désert et colonisation* »; une autre porte en épigraphe : « *Le bois de l'eucalyptus sera le grand produit de l'Algérie.* » Les prédictions de M. Trottier ne sont pas encore réalisées; mais déjà c'est par centaines de mille que l'on compte aujourd'hui les eucalyptus dans notre colonie, soit groupés en forêts et en massifs, soit échelonnés le long des routes, des voies ferrées et des maisons, soit isolés dans les cours et les jardins. L'arbre précieux de l'Australie n'a pu, malgré toutes les précautions, et en dépit d'expériences réitérées, être naturalisé en plein air dans le Languedoc et la Provence occidentale. Mais il a trouvé une seconde patrie sur le littoral de la Provence orientale et des Alpes-Maritimes : de Cannes à Monaco, partout il mêle ses rameaux élancés au feuillage pâle des oliviers et aux vastes parasols des pins d'Italie. Il se plaît également et prospère dans la région de Collioure et Port-Vendres.

3. Ils dépassent en hauteur les plus grands *sequoia* ou *wellingtonia* (Californie) qui mesurent 100 mètres environ d'altitude, et atteignent au plus $3^m,36$ de diamètre. Un eucalyptus mesuré en Tasmanie, dit M. Planchon, n'avait pas moins de $9^m,15$ de diamètre près du sol, et $3^m,66$ à la naissance de la première branche, c'est-à-dire à 70 mètres au-dessus du sol; la hauteur totale était de $91^m,50$. M. Mueller parle d'un eucalyptus globulus, mesuré dans une vallée près du mont Wellington (Tasmanie) ayant près de la base $29^m,25$ de circonférence ; à $1^m,60$ au-dessus du sol, 22 mètres ; à $2^m,60$, $20^m,20$ ; à $6^m,80$ du sol, $8^m,20$ ; la hau-

» Sans atteindre en général des proportions aussi vastes, l'*eucalyptus globulus* n'en est pas moins un des plus grands arbres forestiers de l'Australie et du monde. Le tronc peut fournir d'immenses planches dont on a vu des spécimens aux grandes expositions internationales, une par exemple, à l'exposition de Londres de 1862 mesurant 23 mètres de longueur sur 3$^m$,50 de large, avec une épaisseur proportionnée. L'Australie avait voulu envoyer une planche de 54 mètres de long, mais on dut y renoncer faute d'un navire assez grand pour transporter un fardeau si encombrant ; on l'aurait plutôt fait entrer dans la construction même du navire, car la marine anglaise et surtout la marine coloniale de l'Australie commencent à apprécier ce bois au triple point de vue de la solidité, de la ténacité et de la durée. « Les meilleurs baleiniers » qui sillonnent les mers de l'Amérique du Sud, écrit M. Ramel, » sont ceux d'Hobart-Town : on en vante les quilles à toute » épreuve : elles sont faites avec l'*eucalyptus globulus*. »

» Par un privilège aussi rare qu'inattendu, le bois de l'eucalyptus est un de ceux qui combinent la densité de texture avec la rapidité de la croissance. Cette croissance est surtout rapide dans les premières années de la pousse, mais elle conserve assez longtemps ce caractère pour ne s'arrêter dans le sens de la hauteur que vers l'âge de quatre-vingt ans : à partir de ce moment, les troncs, généralement très droits, ne se développent plus qu'en diamètre[1]. Compacte et tenace, le bois

---

teur de l'arbre était d'environ 98 mètres. En calculant par analogie, la tige devait compter huit cents couches ou anneaux concentriques répondant à autant d'années d'âge. (A titre de comparaison avec les sequoias, voir notre volume de *Lectures sur l'Amérique*, p. 148.)

1. L'eucalyptus se plaît particulièrement dans les terres basses, marécageuses et chaudes : il se contente, à la rigueur, de terrains maigres et secs, et brave les sécheresses d'été, à condition de plonger ses racines dans un terrain frais et fertile. En ce cas, comme on l'a vu au jardin du Hamma, sa croissance, au début, peut atteindre, en moyenne, 0$^m$,50 par mois. M. Planchon rapporte qu'un semis d'un an mis en place au mois de mai, atteignait 6 mètres au mois de décembre suivant ; le progrès se ralentit à partir de la troisième année, mais reste encore prodigieux. Des eucalyptus plantés à Hyères en 1857, par MM. Huber frères, avaient 25 mètres de hauteur en 1872. Un de ces arbres, semé en janvier 1873, à Hussein-Dey, par M. Ramel, et planté le 25 mars 1874, s'élevait, le 4 mai 1874, à 4$^m$,20 de hauteur. Un autre, haut de 91 mètres, a pu fournir un poids de 447 000 kilogrammes de bois. Le *Catalogue raisonné des collections exposées par le service*

d'eucalyptus doit à la présence de matières résineuses une sorte d'incorruptibilité qui lui permet de subir longtemps le contact de l'eau même salée. Il dure également bien dans le sol, à la manière du chêne, et on l'emploie avec avantage aux traverses pour les rails de chemin de fer. La dureté de ce bois le fait rechercher pour les carènes des navires, pour la construction de ponts, de jetées, de viaducs; comme bois à pilotis, il ne le cède qu'au chêne blanc du Canada; s'il ne sert pas plus souvent aux ouvrages de charpente dans les maisons particulières, cela tient à la difficulté de le débiter et de le travailler en petits morceaux. » J. E. PLANCHON[1], *L'eucalyptus globulus*.

(Revue des Deux-Mondes, 1er janvier 1875.)

M. Trottier, dans ses estimations très optimistes sur la valeur forestière de l'eucalyptus, affirme qu'un hectare exploité à cinq ans produira 1 200 francs; à quinze ans, 11 798 francs; à vingt ans, 25 366 francs; à vingt-six ans, 33 234 francs, en comptant cinq cents arbres par hectare; M. Cordier n'évalue le rendement d'un hectare au bout de cinq ans qu'à 300 francs, profit déjà considérable.

Au point de vue de la médecine et de l'hygiène, l'*eucalyptus* a également conquis une célébrité désormais hors d'atteinte. A Valence, en Espagne, le peuple lui a donné le nom d'*arbre à la fièvre*; et, en effet, l'eucalyptus possède des propriétés certaines contre les fièvres paludéennes, comme le démontrent les observations faites au cap de Bonne-Espérance, dans les provinces de Cadix, Séville, Cordoue, Valence (Espagne), en Corse et en Algérie; il a des vertus désinfectantes, antiseptiques contre les plaies; il est employé avec succès dans les cas de choléra, notamment pour combattre le froid et les vomissements; les feuilles

---

*des forêts d'Algérie* à l'Exposition universelle de 1878 (Alger, 1878, in-8°, Jourdan), cite un eucalyptus de la forêt domaniale de Saint-Ferdinand, âgé de douze ans, haut de 28 mètres, mesurant 1m,40 de circonférence, d'où on a tiré les objets suivants : une table guéridon; un fauteuil dit Gibraltar (deux cadres très simples croisés en X); deux chaises; un tabouret; une presse pour établi de menuisier; un maillet; un manche pour hache de liégeur.

1. Voy. Planchon, *Revue des Deux-Mondes*, 1er janvier 1875; — Fillias, *Notice sur les forêts de l'Algérie*, Alger, 1878, in-8°; — Trottier, *Notes sur l'eucalyptus*; — Certeux, *Guide du planteur d'eucalyptus*, Alger. 1877; — Clamageran, *L'Algérie, impressions de voyage*, pp. 36-41. (Paris, 1883, in-18, Germer-Baillière.)

fraîches et les branches fournissent de l'huile volatile précieuse comme dissolvant des vernis et des résines, et que la parfumerie utilise avec succès dans ses préparations pour la toilette; enfin on confectionne avec les jeunes feuilles du papier à cigarette, des cigarettes et des cigares, qui paraissent propres à calmer la toux et l'oppression.

Telles sont, sans parler de la production de la résine, commune à tous les arbres du même genre, les propriétés principales de l'*eucalyptus globulus*, le gommier bleu (blue gum), originaire d'Australie. On ne saurait prononcer sur cette essence un jugement définitif, vu sa longévité et son acclimatation encore récente en Algérie; mais à considérer l'élégance, la beauté, la croissance rapide du *bel arbre bleu*, et les services qu'il a déjà rendus à notre colonie, on ne peut qu'applaudir à l'initiative de M. Ramel et de ses heureux imitateurs.

### Les forêts de l'Algérie.

Dans un *Tableau de la situation des établissements français en Algérie*, publié en 1839, on déclarait qu'on ne trouvait dans la colonie ni pierres, ni eau, ni bois. Le gouvernement ne tarda pas à donner un démenti officiel à la dernière de ces affirmations légères ou de mauvaise foi, en prenant des arrêtés pour protéger les forêts, les faire mesurer, et en ménager l'exploitation. Déjà cette richesse de la colonie était fort compromise : la guerre, les nécessités des campements, le gaspillage des bivouacs, l'établissement des télégraphes, la création de magasins, postes militaires, hôpitaux et casernes, les besoins des premiers colons furent autant de causes de rapide destruction. La ville de Sétif a été bâtie avec les cèdres du Bou-Thaleb [1].

L'intervention de l'Etat mit fin de bonne heure à ces exploitations désordonnées et à ces ravages dans le domaine public,

---

1. « La construction du réseau télégraphique n'a pas demandé moins de soixante-dix mille poteaux, et l'entretien en absorbe dix mille environ par année. Pour ces poteaux, il faut des perches droites, d'une belle venue, des arbres d'avenir, en un mot, et la ressource future de la forêt. Pour toutes les lignes situées à portée des ports, on a employé des bois venus de France, des pins des Landes ou du laricio de Corse. Mais dans l'intérieur, on a pris au plus près, on a puisé sans mesure dans les bois situés près des chemins. Ces abattages ont été plus particulièrement funestes dans les rares forêts de la route du Sud. Certaines d'entre elles ont dû à leur situation un épuisement presque complet en jeunes arbres. » (DE METZ-NOBLAT, *les Forêts de l'Algérie*, Correspondant, 10 janvier 1878.)

mais n'arrêta pas le mal dans les forêts concédées aux particuliers ou laissées en toute propriété aux tribus. Si le colon défrichait au profit des cultures, l'indigène le plus souvent arrachait et détruisait dans le seul but de vendre les produits; les défenses administratives étaient ouvertement violées.

Un des plus redoutables ennemis des forêts algériennes est l'incendie. Au pied des grands arbres où les myrtes, les lentisques, les bruyères, le phyllaria, les semis résineux forment d'épaisses futaies, le feu trouve un aliment tout préparé. Ces broussailles, desséchées par un soleil ardent, s'enflamment à la moindre étincelle, et des espaces immenses sont brûlés avant qu'on ait pu tenter un effort contre le fléau dévastateur. En 1860, 10 000 hectares de forêts, en 1863, 4 000, en 1867, 160 000, en 1873, 41 000, en 1878, 60 000, en 1879, 21 000, pour ne citer que les désastres les plus récents, ont été incendiés. Les accidents, les imprudences, la malveillance sont les causes sans cesse renaissantes de ces désastres. Les indigènes mettent le feu aux arbres pour préparer à leurs troupeaux de chèvres et de moutons des pâturages plus riches et plus abondants.

Un autre ennemi est le droit d'usage et de pacage des indigènes dans les forêts de l'Etat. « Les produits qui sont accordés
» aux indigènes pour leur consommation domestique deviennent
» un objet de commerce. Les bois de charrue, les perches, les
» madriers, les écorces, destinés aux tribus, sont par elles vendus
» sur les marchés. Les Arabes prennent plus que leur compte,
» et coupent à tort et à travers sans attendre la délivrance régu-
» lière..... Les troupeaux foulent et dévorent les semis. Les
» chèvres vont les chercher dans les rochers les plus abruptes;
» elles se dressent et détruisent les bourgeons et les jeunes
» pousses jusqu'à une hauteur que ne peuvent atteindre les
» moutons. Parfois le berger coupe les branches hautes des
» arbres pour en donner les feuilles à ses troupeaux. La forêt va
» s'éclaircissant jusqu'à la fin. A la broussaille succède le pâtis.
» Quand le mouton et la chèvre ont dévoré les dernières tiges
» d'herbe, ils grattent la terre du pied pour découvrir les racines.
» Leur piétinement incessant divise la terre, et quand la der-
» nière végétation a disparu, c'est le sol lui-même qui est en-
» traîné, à chaque orage, dans la ruine de la forêt[1]. » (De METZ-NOBLAT, *Les forêts de l'Algérie*.)

---

[1] « Le fer et le feu ne sont rien en comparaison du mouton, dit M. Broilliard,

Un service forestier colonial a été organisé et la surveillance des forêts est secondée par les bureaux arabes. Des mesures de précaution sont prises contre les incendies, des peines rigoureuses infligées aux incendiaires, les tribus rendues collectivement responsables des sinistres; des tranchées ont été creusées dans les massifs, et les sections de forêts ainsi isolées les unes des autres comme par des lignes de défense. Enfin des plantations sont faites; plus de 2 000 hectares ont été reboisés. Malgré tous les dégâts du passé, l'Algérie renferme encore plus de deux millions d'hectares de forêts : les principaux massifs forestiers sont dans les provinces de Constantine et d'Oran, ceux de Batna (195 000 hectares), de Daya (188 000), de Saïda (90 000); Bois d'œuvre et bois de luxe, les uns propres aux constructions navales, les autres à la charpente, les autres à la menuiserie, les autres à l'ébénisterie, à la tabletterie, à la sculpture, etc.; ils contribuent à la richesse de l'Algérie. Aux expositions universelles de 1855, de 1867, de 1878 à Paris, de 1873 à Vienne, de 1883 à Amsterdam, tout le monde a pu admirer l'éblouissante variété de ces bois et les objets de toute espèce, meubles, vases, plateaux, coupes, coffrets, etc., confectionnés avec les thuyas, cèdres, chênes et eucalyptus de notre colonie africaine.

*L'alfa.* — L'importance de l'alfa n'a été révélée à l'Algérie que depuis une vingtaine d'années environ. C'est en 1862 que le premier chargement d'alfa algérien s'est fait à bord d'un navire anglais. Cette plante textile ressemble au jonc par ses feuilles effilées; elle croît spontanément en Espagne, Algérie et Tunisie, et servait depuis les temps les plus anciens à la confection de menus ouvrages d'économie domestique dits de sparterie, tels que paniers, corbeilles, nattes, chaussures, balais, sacs, cordages, etc. Mais l'emploi de l'alfa pour la fabrication des pâtes à papiers et des cartons est d'origine toute moderne et a pris naissance en Angleterre vers 1856. Ce pays consomme des quantités énormes d'alfa; il a presque épuisé les champs d'Espagne, et demande ses approvisionnements à ceux d'Algérie qui couvrent cinq millions d'hectares. L'élévation croissante du prix des chiffons détermina certains industriels français et américains

---

» professeur à l'École forestière; après eux, les bois se reproduisent; après lui, la
» terre est morte. De Madrid à Jérusalem, l'histoire et la géographie répètent :
» Forêts livrées aux moutons, forêts détruites; montagnes sans bois, montagnes
» sans vie. »

à imiter les Anglais, et à faire entrer l'alfa dans la composition de leurs pâtes à papier. Il en résulte que les alfas algériens ont acquis depuis quelques années une valeur considérable, et leur exploitation est devenue une véritable source de fortune[1].

L'alfa se récolte de juin à décembre : cette besogne est faite par des émigrants espagnols et des indigènes; un ouvrier peut récolter environ 25 hectares dans sa saison. La cueillette se fait au moyen de bâtonnets qu'on enroule autour des feuilles et qui les tirent sans trop endommager la gaine d'où elles sortent. Quand l'alfa est sec, on le lie par petites bottes; on les empile, des voitures les emmènent au chemin de fer, et les wagons les conduisent au port d'embarquement. Cette industrie donne lieu à un mouvement très actif à Sidi-Bel-Abbès. M. Jus, le célèbre ingénieur des puits artésiens de la province de Constantine, a réuni à Batna une magnifique collection d'alfa, et a tiré de ce textile, réduit en pâte, de nombreuses applications pratiques[2].

## Les mines d'Aïn-Mokra.

« Si les anciens avaient connu les mines d'Aïn-Mokra telles qu'elles sont aujourd'hui, ils en auraient fait peut-être la huitième merveille du monde, car nulle part au monde on n'a trouvé une masse métallique aussi gigantesque ni d'une

---

1. La compagnie franco-algérienne a construit une voie ferrée d'Arzeu à Saïda (250 kilomètres), en demandant comme garantie de ses capitaux la concession de l'exploitation de l'alfa sur une étendue de 300 000 hectares. Les principaux centres de production et de vente de l'alfa sont Sidi-Bel-Abbès, Tlemcen et le Sig (Oran), Batna (Constantine). La presque totalité de la récolte est exportée en Angleterre ou en Espagne; le reste, en petite quantité (4 %), en France et en Belgique. L'alfa sec se vend à Sidi-Bel-Abbès 7 à 8 francs le quintal, 12 francs au marché d'Oran; en dix ans (1868-1878), l'Algérie a exporté 400 000 tonnes d'alfa, représentant une valeur marchande de 50 millions. (Algérie, *Catalogue officiel de l'Exposition universelle de* 1878.)

2. « M. Jus pense que la pâte d'alfa peut servir à la confection de vêtements
» incombustibles et inattaquables par la vermine; de plus, que les briques fabri-
» quées à l'aide de cette substance se prêteraient à des constructions de tout
» genre et même de maisons d'une solidité à l'épreuve des armes à feu, car il m'a
» assuré que de grosses dalles faites en briques d'alfa, exposées à l'action des
» projectiles, n'ont pu être que difficilement percées par le boulet. C'est à l'avenir
» de décider jusqu'à quel point les espérances de M. Jus se trouveront réalisées,
» et si, même après des essais heureux, la pâte d'alfa ne partagera pas le sort du
» célèbre carton-ardoise, qui, lui aussi, eut la prétention, malheureusement non
» justifiée, de remplacer le fer, la pierre et le bois dans la construction des car-
» rosses, des maisons et des vaisseaux. » (DE TCHIHATCHEF, *Espagne, Algérie, Tunisie*, p. 334.)

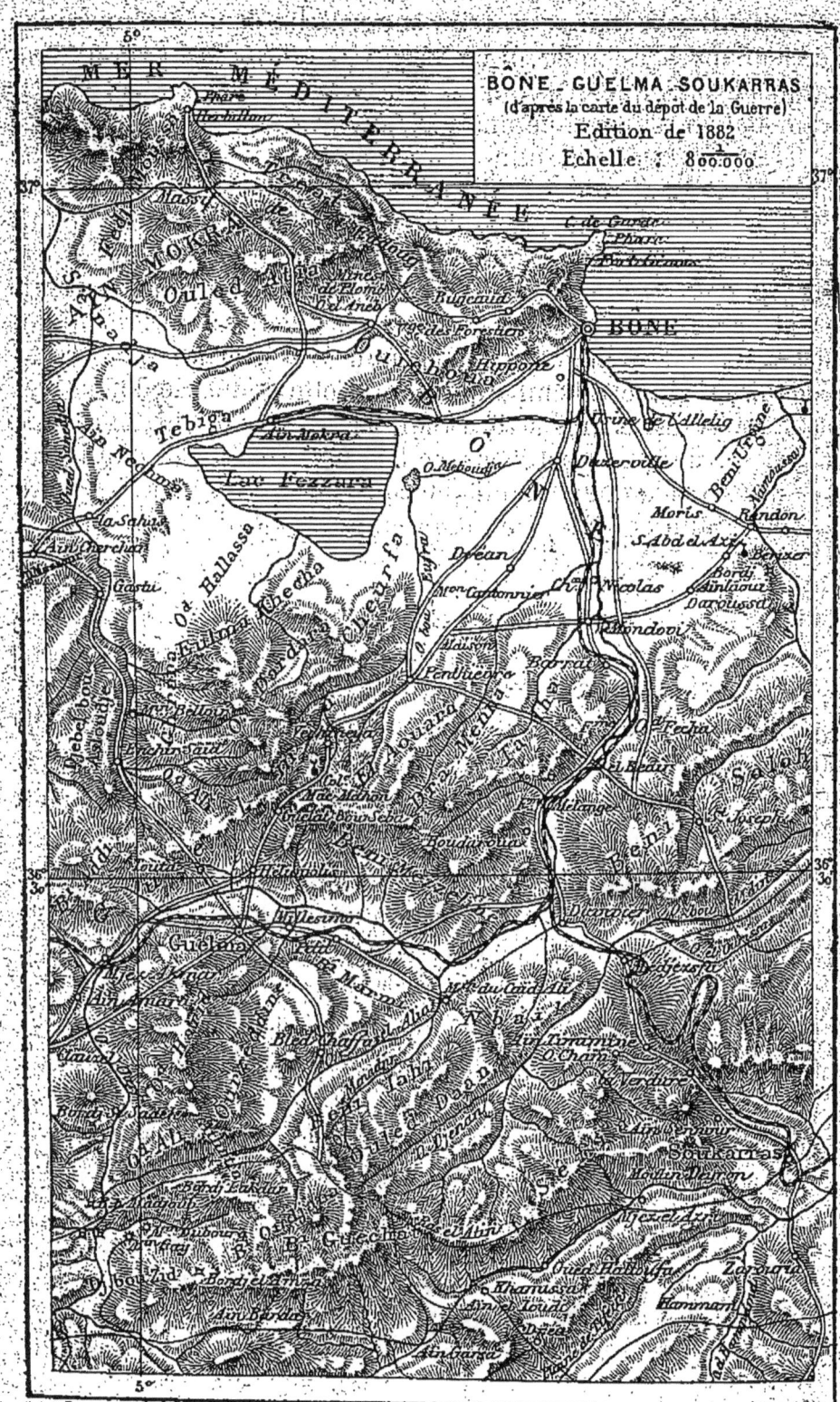

substance aussi pure que cette montagne de fer se dressant à Mokra, et dont on ne connaît même pas encore l'étendue.

» Les gîtes métallifères exploités aujourd'hui à Mokra, ainsi que sur quelques points des montagnes, entre Mokra et Bône, ont été acquis par une société qui les acheta successivement aux propriétaires ou concessionnaires et est constituée sous le nom de société de Mokta-el-Hadid. Elle paye au gouvernement environ 5 pour 100 sur le revenu net de l'exploitation, ce qui procure au fisc à peu près 200 000 francs par an. Cette somme eût pu être considérablement augmentée en raison des énormes bénéfices dont jouit la société, puisque son revenu annuel ne s'élève pas à moins de deux millions de francs. Aussi, les mines seules de Mokra produisent-elles annuellement environ 400 000 tonnes de fer brut. De plus, le gouvernement a concédé à la société la propriété du lac de Fezzara, occupant une surface d'environ 14 000 hectares, dont la société s'est engagé à dessécher 6000 hectares, en rattachant le lac ainsi réduit à la mer par un canal qui aura 15 kilomètres de longueur, opération d'une grande utilité publique, car les émanations de cette large nappe d'eau chargée de débris végétaux en putréfaction engendrent des affections fiévreuses assez graves. L'entreprise sera également profitable à la Société : elle ne tardera pas à rentrer dans ses déboursés que la faible profondeur du lac (2 mètres environ) rendra relativement peu considérables, en faisant valoir le terrain mis à sec, et en obtenant l'avantage d'un transport moins coûteux des minerais. Au lieu de les diriger sur Bône, on pourra les faire passer par le canal dans le golfe de Stora, non loin de Philippeville, et éviter ainsi un long détour par le Cap de Fer. La mine de Mokra se trouve à 8 kilomètres environ au nord du lac Fezzara, sur la chaîne de hauteurs qui s'étend parallèlement au lac jusqu'aux parages de Bône et à l'extrémité sud-est du mont Edough.

» La mine principale est à une altitude moyenne de 23 mètres. La vaste cavité occupée par le minerai successivement enlevé permet d'apprécier les conditions géologiques et la puissance du gisement. Ce minerai est un fer oxydulé manganifère presque pur, dont la masse mise à jour a déjà une étendue, de l'ouest à l'est, de 1 800 mètres, et une puissance de 40 mètres. Le toit et le mur du gîte métallifère sont composés de micaschiste, plus riche dans le toit que dans le mur..... Dans la mine principale, le mur est à 10 mètres au-dessous de la surface du sol et sur certains points il y affleure : mais à cause de son inclinaison, il doit nécessairement s'enfoncer davantage à mesure qu'on se dirige dans le sens de son plongement. Aussi, dans un sondage d'essai fait à 400 mètres au sud-est du grand puits d'épuisement, il a fallu traverser 80 mètres de roches avant d'atteindre le minerai. Il est donc probable que si, comme on a lieu de le présumer, les gîtes métallifères continuent dans toute la longueur de la chaîne jusqu'à Bône, on aura à descendre à des profondeurs de plusieurs centaines de mètres, ce qui exigera des travaux souterrains plus étendus et par conséquent plus dispendieux. Mais le minerai, qu'on atteint aujourd'hui à une profondeur très peu considérable, offre encore un vaste champ d'exploitation, et il est tellement riche, puisqu'il donne de 60 à 70 pour 100 de fer brut, que l'exploitation, même à une grande profondeur, sera toujours fort lucrative.

» C'est à l'état brut que le fer est exporté en France, en Angleterre et même en Amérique, où se fait l'épuration définitive du minerai, parce que la Société ne trouve pas son compte à opérer sur les lieux même les procédés métallurgiques nécessaires... La mine principale est pourvue de puissants appareils d'épuisement pour l'eau ainsi que pour l'extraction du minerai. Cette dernière opération s'effectue par le moyen de charrettes, qui remontent et descendent à l'aide de poids et contre-poids, au fond des excavations très peu profondes. Les charrettes déchargent le minerai dans les wagons du chemin de fer situé tout à côté de la mine, et de cette manière une masse très considérable de minerai est rapidement transportée à Bône. La voie ferrée a été construite par la Société, et le train fonctionnant trois fois par jour est muni d'un certain nombre de wagons commodes et élégants, destinés aux employés comme aux visiteurs que la Société a la courtoisie de transporter gratuitement.

» Le nombre des ouvriers engagés dans les travaux de la mine de Mokra est de 800, chiffre qui est doublé quand on y ajoute ceux qui sont employés dans les différentes mines appartenant à la Société[1]. Les ouvriers de Mokra sont établis à côté de la mine, dans des maisons en pierre, construites par la Société et très proprement tenues. La Société les loue aux ouvriers à raison de cinq ou six francs par mois. Les prix de location sont prélevés sur les salaires qui s'élèvent de 3 à 5 francs par jour. Une nourriture saine et abondante leur est assurée par l'établissement d'une cantine, dont l'entrepreneur s'est engagé à tenir constamment à la disposition des consommateurs à des prix modérés quantité d'aliments requis par la Société qui, de son côté, garantit à l'entrepreneur une recette journalière. Une école, dirigée par des instituteurs expérimentés, est destinée à l'instruction des enfants, et chaque ouvrier est tenu d'y envoyer les siens. Garçons et filles ont des salles séparées bien fournies de tout le mobilier scolaire : banquettes disposées sur plusieurs rangs, cartes géographiques, ardoises suspendues aux murs, tablettes garnies des livres les plus nécessaires. Comme la majorité des ouvriers est composée d'Italiens et de Maltais, leurs enfants sont particulièrement tenus à l'étude du français : les écoliers arabes sont rares... Mokra est exposé aux fièvres paludéennes, particulièrement en été, lorsque la température très élevée fait monter le thermomètre à 45 degrés à l'ombre. Les environs sont assez giboyeux, et même on a vu plus d'un chasseur trouver que le gibier qu'il rencontre quelquefois est trop gros pour sa carnassière, car ici encore, le lion n'est pas rare : on nous apprit que, peu de temps avant notre arrivée, on en avait tué un de taille considérable entre Mokra et Bône ; un autre jour, la diligence faisant le service entre Philippeville et Bône dut faire un détour,

---

[1] La principale est celle de *Karesas*, à 22 kilomètres de Mokra, où l'exploitation du minerai de fer occupe deux cents ouvriers.

parce que, au beau milieu de la route, une lionne était couchée à côté de ses lionceaux, et n'avait pas l'air de vouloir se déranger pour faire place. »

P. de TCHIHATCHEF[1],
*Espagne, Algérie, Tunisie*, lettres à Michel Chevalier,
lett. XVI, p. 366.
(Paris, 1880, in-8°, J.-B. Baillière.)

**Les mines et les carrières.** — Le sol tourmenté de l'Algérie renferme de grandes richesses minérales; chaque année on découvre de nouveaux gisements. Les collections minéralogiques qui figuraient à l'Exposition de Paris en 1867 avaient permis d'apprécier l'importance et la variété des richesses métallifères de l'Algérie; mais à cette époque, l'industrie minière, dépourvue de capitaux et de voies de communication, ne pouvait être considérée que comme une promesse de l'avenir. Il y a en effet, à peine une quinzaine d'années que les capitaux français et anglais se sont sérieusement fixés dans les grandes entreprises minières de notre colonie. On a pu voir à l'Exposition de 1878 les progrès accomplis.

Il existe dans les trois provinces cent quatre-vingt-trois gîtes métallifères reconnus, dont vingt-cinq mines métalliques régulièrement concédées, cent vingt-une non concédées et trente-sept minières de fer. On peut y ajouter soixante-quatre carrières et cinquante-neuf gîtes de sel. Le fer, le plomb, le cuivre, sont les minéraux les plus communs. On rencontre aussi des mines de mercure, de zinc, d'antimoine. Dans l'espace de quatorze ans, de 1859 à 1873, la valeur de la production minérale s'est élevée de 862 000 francs à 5 900 000 francs. Près de quatre mille cinq cents ouvriers travaillaient à l'extraction des minerais en 1876, et l'Algérie extrait par an près de six cent mille tonnes de minerais de fer, plomb, cuivre, zinc. La province de Constantine possède plus de mines que les deux autres.

Les mines de fer priment toutes les autres et sont en ce pays d'une fécondité et qualité exceptionnelles. L'abondance de ce minerai est une source de richesses incalculables. Ces produits sont recherchés par toute l'Europe. Les principales mines de fer exploitées sont celles de l'*Edough*, près de Bône, minerai de fer *magnétique* excellent pour la fabrication de l'acier et des fontes aciéreuses. On compte trois principaux gîtes : *Aïn-Mokra*, *Mokra-el-Hadid* et les *Karesas*, réunis et desservis par un chemin de fer de Mokra à la Seybouze. *Aïn-Mokra* occupe à elle seule mille cinq cents cinquante-cinq ouvriers et produit par an quatre cent mille tonnes. L'exploitation se fait à ciel ouvert, par gradins droits sur les flancs du mamelon de Mokta-el-Hadid. On évalue l'épaisseur du gîte au centre à 50 mètres.

---

1. M. Paul de Tchihatchef, originaire de Russie, correspondant de l'Institut de France, fit en 1879 un voyage scientifique en Espagne, Algérie et Tunisie. Les connaissances étendues, le jugement sûr, l'esprit impartial du voyageur d'ailleurs fort sympathique à la France, sa haute situation qui abaissait devant lui toutes les barrières, lui ont permis de tracer de notre colonie un tableau exact et magistral. On éprouve un vif plaisir à lire sous la plume d'un étranger l'éloge de notre œuvre coloniale que trop de Français s'efforcent de calomnier. M. de Tchihatchef a visité aussi l'Orient et publié deux volumes sur le *Bosphore et Constantinople*, et *Une page sur l'Orient*.

L'Algérie est très riche en carrières de pierres à bâtir et les principales villes trouvent dans leur voisinage tout ce dont elles ont besoin pour élever leurs édifices. Alger prend ses pierres à bâtir dans la montagne de Bouzaréa dont le calcaire lui fournit aussi la chaux la plus estimée des environs. Le plâtre lui vient des fours de Blida qui s'alimentent du gypse de la Chiffa. On trouve partout en abondance de la pierre de taille. La presqu'île de Djerda sur laquelle repose Collo, est entièrement en granit, autrefois exploité par les Romains. Il y a des porphyres au cap de fer, sur le golfe de Stora, des calcaires hydrauliques près de Dellys, de Ténez, des gisements nombreux de gypse à Arzeu, à Christel (Oran), du gypse cristallisé dans les bassins du Chott et du Dayad-Ferd. Les habitants du pays après l'avoir grillé et réduit en poudre, l'emploient à blanchir la laine filée et à détruire les vers qui se développent sur les plaies du chameau produites souvent par le frottement du bât ou la pression de la charge.

Les marbres abondent partout. Le plus remarquable est l'onyx translucide de Aïn-Tekbalet à 4 kilomètres de l'Isser, à 30 kilomètres nord-nord-est de Tlemcen, sur la route d'Oran à Tlemcen, que la richesse de coloration, l'opposition des tons et des couleurs, et la limpidité de la pâte rendent sans égal pour l'art décoratif; la carrière d'Aïn-Tekbalet est le plus puissant dépôt connu d'onyx par son étendue et l'épaisseur des bancs. Des blocs parfaitement sains de 7 mètres de longueur en ont été extraits, mais de nos jours on n'a su faire avec ce marbre onyx translucide, blanc, rose, jaune clair, jaune orange, vert maritime, brun foncé, que des garnitures de cheminées; l'industrie parisienne s'est emparée de ce riche produit depuis vingt-cinq ans. Les Arabes en ont décoré tous les monuments de Tlemcen[1].

Le mont Filfila est situé dans le golfe de Numidie à 8 kilomètres par mer du port de Philippeville; les masses de marbre qui s'y rencontrent ont été longtemps exploitées par les Romains. On estime la puissance du gisement à 18 ou 20 millions de mètres cubes de toute couleur.

---

1. Tlemcen est située sur un plateau de 816 mètres d'altitude au pied des rochers escarpés de Lella-Seti qui la dominent au sud. « Lorsqu'on arrive du Pont-de-l'Isser, l'œil distingue, sur un plateau ménagé aux dernières pentes d'une montagne escarpée, l'antique reine du Maghreb. On la reconnaît facilement à ses blancs minarets, à sa couronne de tours et de créneaux, à ses vieux remparts qui tombent en ruine devant les nouveaux. D'immenses vergers d'oliviers, une forêt de figuiers, de noyers, de térébinthes et d'autres arbres l'environnent de toutes parts et forment autour d'elle une vaste ceinture de verdure. A chaque pas que l'on fait, le panorama se rétrécit; les édifices disparaissent et se cachent dans l'ombre; l'on n'aperçoit plus que les créneaux du minaret de la grande mosquée, qui lève encore sa tête au-dessus de cette vaste enceinte, et qu'on serait tenté de prendre pour un vaste nid d'oiseaux perché sur la cime d'un arbre. » (Abbé Bargès.)

Tlemcen, fondée au septième siècle ap. J.-C., possède ce qui manque à la plupart des villes algériennes, des monuments. Elle forme comme un musée de l'art mauresque. Outre ses portes, ses synagogues, ses églises, ses fontaines, ses édifices militaires, elle renferme soixante et une mosquées, dont la plupart tombent en ruines, dont quelques-unes sont des chefs-d'œuvre d'architecture arabe. La grande mosquée (*Djama-Kebir*), vaste bâtiment carré de 50 mètres, est flanqué d'un minaret rectangulaire, haut de 35 mètres, orné sur ses quatre faces de colonnettes de marbre, et revêtu de mosaïques formées par de petites pièces de terre cuite vernissées de plusieurs couleurs, et découpées de façon à combiner les dessins d'ornement les plus variés. La mosquée de Bou-Médine, dont le minaret avait été copié pour le pavillon de l'Algérie à l'Exposition universelle de 1878, peut, dit M. Bourde, soutenir la comparaison avec n'importe quel chef-d'œuvre. Au temps

Vue de Tlemcen.

## La pêche du corail.

C'est en 1520 que des Provençaux obtinrent pour la première fois de Khaireddin Barberousse le privilège de la pêche du corail depuis l'île de Tabarka jusqu'à Bône. En 1561, deux négociants de Marseille, *Thomas Linchès* et *Charles Didier*, fondèrent, à 12 lieues à l'est de Bône, un comptoir de commerce et une station de pêche sous le nom de *Bastion de France* (près du havre de la Calle). Les Turcs le détruisirent en 1604. *Henri IV*, qui régnait alors, ordonna à ses galères d'user de représailles, et son ambassadeur à Constantinople, *Savary de Brèves*, exigea du sultan la reconstruction du bastion et une indemnité. La Porte rendit les prisonniers et les vaisseaux, paya 6000 sequins aux négociants, garantit leurs privilèges, destitua et exila le pacha de Tunis et fit étrangler celui d'Alger. Savary se déclara satisfait.

Le traité de 1604 fut renouvelé en 1688, par l'ordre de *Richelieu* et par les soins du capitaine corse *Sanson Napollon*; mais les corsaires turcs ruinèrent de nouveau le Bastion en 1637, et l'administrateur du comptoir, un Lyonnais du nom de *Picquet*, ayant fait banqueroute, enleva les marchandises et les pêcheurs de la Calle et alla les vendre à Livourne. Le Bastion de France ne fut relevé qu'en 1670, sous le ministère de Colbert. D'autres calamités survinrent : les *Concessions françaises d'Afrique* furent ravagées par la peste ; en un seul été, sur 400 hommes, il en resta 6. La Compagnie coloniale d'Afrique ne trouvait plus guère à enrôler pour la pêche et le négoce que des aventuriers sans feu ni lieu. D'autre part, les Génois établis dans l'île de Tabarka, alors peuplée de 1500 habitants, faisaient aux Français une désastreuse concurrence. Le Bastion fut délaissé pour la Calle qui devint le siège d'un grand mouvement commercial ; la Compagnie y plaça un gouverneur et une légion de commis et d'ouvriers, protégés par une garnison de 50 hommes, des postes militaires, quatre bastions armés de canons. La Calle renfermait 2000 âmes, de beaux magasins, des quais, une église, une mosquée, un hôpital, un lazaret.

En 1799, les propriétés de la Compagnie d'Afrique furent saisies, la Calle évacuée par ses habitants, et livrée au pillage. Huit ans après, les Anglais, à force d'intrigues, se firent livrer par la Régence d'Alger nos concessions d'Afrique pour une redevance annuelle de 267500 francs et les exploita dix ans. En 1816, on nous les rendit en ruines. La France releva les constructions, rétablit le comptoir, et le monopole du commerce fut concédé à un négociant de Marseille. La guerre d'Algérie, en 1830, fut encore une fois funeste à la Calle. Lorsque le maréchal Clauzel, en 1836, fit réoccuper l'ancienne ville, nos troupes n'y trouvèrent plus que des poutres carbonisées, des murs calcinés, des débris de masures inhabitables. On la rebâtit et elle redevint le centre de la pêche du corail. Deux traités signés le 8 août et le 24 oc-

---

de sa plus haute puissance, Tlemcen avait 125000 habitants : ses relations commerciales s'étendaient aux villes maritimes de la Méditerranée, aux oasis du désert et aux cités du Soudan. Ses rois avaient une cour brillante, une armée aguerrie, des richesses immenses ; ils aimaient les sciences, les arts et les lettres ; leur capitale, décorée de monuments splendides, était, dans l'Afrique du Nord, un foyer de lumières.

tobre 1832 par notre chargé d'affaires, M. de Lesseps, avec Hussein, bey de Tunis, au palais du Bardo, garantissaient à la France, moyennant un fermage de 13 500 piastres, le monopole de la pêche du corail dans les eaux de la Régence. Ces conventions ont été respectées : elles sont aujourd'hui hors d'atteinte. L'histoire des concessions françaises du nord de l'Afrique est un témoignage éclatant de cette persévérance et de cette énergie dont notre pays a donné maintes preuves dans l'œuvre de son développement colonial.

Le corail a été longtemps considéré tantôt comme un minéral, et tantôt comme un végétal. Un médecin marseillais, Peyssonnel, déclara le premier que « la fleur de cette prétendue plante n'était au vrai qu'un insecte sem-
» blable à une petite ortie ou poulpe, dont il voyait remuer les pattes. »
Réaumur et Bernard de Jussieu combattirent cette opinion; mais elle est aujourd'hui admise par la science. « On peut considérer, écrit M. Lacaze-
» Duthiers, une branche de corail vivant comme une agrégation d'animaux
» unis entre eux par un tissu commun dérivant d'un premier être par voie
» de bourgeonnement et jouissant d'une vie propre, quoique participant à
» une vie commune. C'est une famille dont les membres sont unis et
» soudés..... ».

« *Les bateaux corailleurs*. — La pêche du corail n'a d'analogie avec aucune autre; dans les conditions où elle se pratique depuis les temps les plus reculés, sans qu'aucune modification de quelque importance soit venue modifier son outillage ou ses procédés, c'est assurément l'industrie qui, entre toutes, exige la plus grande dépense, on pourrait dire même le plus grand gaspillage des forces physiques.

» Les embarcations qui se livrent à la pêche du corail, viennent presque toutes d'Italie. Elles jaugent de 6 à 16 tonneaux. Bien taillées pour la marche, elles sont très solides et tiennent parfaitement la mer. Leur voilure est considérable et se compose d'une grande voile latine, d'un foc et souvent de quelques voiles supplémentaires de beau ou de mauvais temps. L'arrière est réservé au cabestan ou à la pêche proprement dite, et à l'équipage. L'avant est aménagé pour les besoins du patron. Quand le propriétaire du bateau pêche lui-même, il est le capitaine de sa barque dont l'aménagement est un peu différent : il a une couchette pour lui et une pour son second et aussi un peu plus de confortable.

» Dans le milieu se trouvent l'eau et le biscuit, disposés de manière à permettre à l'équipage de manger et de boire à discrétion, car c'est chose nécessaire..... Le corailleur con-

Vue de La Calle.

somme comme une machine à vapeur; il ne produit qu'autant qu'il consomme, et ses mouvements, ses efforts prodigieux nécessitent une réparation constante de son activité vite épuisée. Aussi la soute à biscuit est-elle toujours ouverte et à proximité du lieu de travail, et le matelot peut en passant, quand il tourne au cabestan, recevoir une galette qu'il mange en continuant la manœuvre, et que lui fournit celui qui, assis au pied du mât, tient la corde de l'engin. Les meilleurs matelots sont payés 500 et 400 francs pour les 6 mois d'été : c'est l'exception; le plus grand nombre est à la solde de 300 et même de 200 francs. Ces mangeurs infatigables ne ruinent pas leurs patrons en nourriture : le coût journalier des rations est évalué à 50 centimes.

» Les embarcations sont lestées avec des pierres, car les filets et les autres objets du bord ne suffisent point à les placer dans de bonnes conditions de navigation. Elles ont une physionomie particulière, et toujours la même, qui tient à la disposition des objets nécessaires à la pêche. Leur avant porte au sommet d'un support assez élevé une grosse boule de bois peinte de couleurs vives et qui invariablement est décorée des figures du Christ, de la Vierge et de quelques saints. On trouve aussi presque toujours, au-dessous du support, deux yeux : « Ils sont là, me disait un armateur, pour indiquer la » clairvoyance du patron dans la recherche des bancs. »

Une coraline a généralement en longueur $15^m,20$, en largeur $3^m,25$, en profondeur $1^m,40$. Armée en pêche, elle coûte en moyenne :

| | |
|---|---|
| Bateau gréé. . . . . . . . . . . . . . . . . | 4 549 francs |
| Solde de l'équipage (6 mois) . . . . . . . . | 4 550 — |
| Valeur des objets consommés pour la pêche. | 3 205 — |
| Nourriture. . . . . . . . . . . . . . . . . | 2 270 — |
| Frais divers . . . . . . . . . . . . . . . . | 509 — |
| | 15 083 — |

Un grand nombre de petits bateaux se livrent aussi à la pêche, mais avec deux ou trois hommes et un mousse; mais ils ne pêchent pas la nuit et reviennent tous les soirs au port. Ils n'ont pas à faire, comme les grandes barques, des provisions pour quinze jours, trois semaines ou un mois.

Il est difficile d'apprécier la quantité de corail pêché par chaque bateau par jour et par saison. Les armateurs ne le divulguent pas et la douane ne peut donner de chiffre précis. Les revenus varient avec les saisons, les chances imprévues, l'habileté du patron. Le bateau qui pêche dans la saison 250 kilogrammes de corail couvre ses frais ; celui qui pêche 300 kilogrammes réalise, suivant la qualité du corail, un bénéfice de 2 000 à 3 000 francs.

*Les engins.* — L'engin de pêche se compose invariablement : 1° d'une *croix* de bois dont les bras varient de longueur suivant la longueur des bateaux, — les coralines de 16 tonneaux ont des engins dont les bras ont 2 mètres de longueur. Au centre de la croix, on attache ordinairement une pierre très pesante qui sert de lest. Quelquefois, surtout depuis quelques années, la pierre est remplacée par une pièce de fer dont la forme est celle d'une croix à bras égaux très courts et creux, et les barres de bois qui forment la croix de l'engin s'y emboîtent. — 2° *de filets* longs de plusieurs brasses et larges d'un mètre environ, tressés avec une ficelle grosse comme le petit doigt et en chanvre à peine tordue. Les mailles ont 10 centimètres de côté et sont lâchement nouées. Une corde passée dans les mailles d'un des côtés peut se serrer, froncer le filet et former ainsi une sorte de bourse, de façon à recevoir le corail. Le nombre de ces bourses, appelées *fauberts*, est généralement de vingt-huit, accrochées le long des bras de la croix. En outre sous la pièce de fer qui sert de lest au centre de la croix, pend une autre série de six à huit fauberts à laquelle les pêcheurs donnent le nom de *queue du purgatoire.*

» L'engin complet vaut 200 francs ; les Espagnols dont les embarcations sont petites manœuvrent à la main un engin dont la croix n'a qu'un mètre de longueur. A l'extrémité de chacun des bras, en dehors des fauberts, ils fixent une casserole de fer sans fond, dont le bord supérieur est dentelé et les parois percées de trous ; ces trous servent les uns à laisser couler l'eau, les autres à ajuster un petit sac de filet à mailles très serrées destiné à recueillir le corail déraciné ou cassé par les dents de fer. Au point de vue du rendement de la pêche, cet engin offre de réels avantages, mais il est destructeur pour les bancs.

» Le corail se fixe et se développe au-dessous des rochers ; il s'attache à tout ce qui est résistant et solide ; il faut donc le chercher au milieu des rochers. Il n'y en a pas sur les fonds sablonneux ou vaseux. Donc il faut connaître la nature du fond : pour cela, une longue corde courbée en anse et lestée dans son milieu est traînée. Lorsqu'elle s'accroche, on lance l'engin. De la connaissance des fonds dépend le résultat de la pêche ; les pêcheurs cachent avec un soin jaloux leurs découvertes. Les patrons possèdent une intuition vraiment admirable pour retrouver par des marques à eux connues la position qu'ils ont une fois explorée.

*Les équipages ; la nourriture.* — » L'armement varie dans la grande et la petite pêche. Dans la première, les bateaux ont de dix à douze hommes d'équipage ; dans la seconde, quatre ou six. L'origine des matelots est très différente. Beaucoup viennent des côtes de la Toscane. Les Génois semblent aujourd'hui diminuer, la plupart sont Napolitains. La réputation du pêcheur de corail n'est pas à l'abri de tout reproche. « Il faut avoir volé ou tué pour être corailleur, » entend-on souvent répéter. Cette appréciation est presque devenue un proverbe..... Les meilleurs matelots sont payés 500 et 400 francs pour les six mois de la saison d'été : le plus grand nombre est à la solde de 300 et même de 200 francs. La nourriture du bord est en rapport avec cette solde : le biscuit (ou *galetta*) et l'eau sont à discrétion le jour et la nuit. Le soir, chaque homme reçoit une jatte de pâtes d'Italie fort simplement accommodées ; quelques armateurs donnent aussi des oignons, mais le plus souvent les matelots achètent eux-mêmes les fruits qu'ils emportent à la mer. La viande n'entre, dit-on, dans le menu du corailleur que deux fois dans la saison : le 15 août et le jour de la Fête-

Dieu ; le vin est à peu près inconnu à bord. Avec une nourriture aussi simple et une solde relativement aussi faible, le travail rendu est cependant considérable et les fatigues prodigieuses. On aurait peine à comprendre comment dans de telles conditions, le corps pourrait produire autant d'efforts, si l'on ne remarquait que la consommation de la galette est énorme. On peut dire, sans exagération, que le corailleur mange constamment. Je n'ai jamais accosté un bateau sans voir quelques-uns des hommes ayant un biscuit à la main.

*La pêche.* — « La pêche dure nuit et jour. Six heures de repos : voilà le temps donné pour refaire les forces. Les relâches sont courtes et le travail ne cesse complètement que pendant les fêtes du 15 août et de la Fête-Dieu, ou quand le temps est mauvais et qu'il est impossible de tenir la mer. Habituellement le bateau ne rentre au port que pour se ravitailler. Quand l'engin est lancé à la mer, le patron fait orienter la voile d'après la fraîcheur du vent de manière à ne pas marcher trop rapidement et à pouvoir accrocher la roche. Quand l'engin est engagé, on ralentit la vitesse afin de ne pas le briser et l'on commence les manœuvres de la pêche. Si l'on est en calme plat, on fait marcher le bateau avec les avirons, et dans ce cas, tout l'équipage rame vigoureusement. Quand la roche est bien accrochée, vient la manœuvre du cabestan que six ou huit hommes accomplissent, et que le patron combine avec les mouvements et la vitesse de l'embarcation..... Le câble de l'engin, souvent jeté à 60 ou 80 brasses (100 ou 140 mètres), s'enroule sur le tambour du cabestan. L'engin rencontrant les inégalités du fond, avance par saccades. L'homme qui tient l'amarre sent aux secousses produites les moindres particularités de l'opération ; tantôt il commande d'activer le travail du cabestan et d'affaiblir l'activité de la voile, ou bien il ordonne une manœuvre inverse...... Quand l'amarre du cabestan se roidit, il crie : *molla !* ce qui revient à l'impératif français : « lâche ! mollis. » Le cabestan cesse son action, la corde se déroule, et l'engin tombe au fond de l'anfractuosité de rochers qu'il a rencontrés.

Alors les fauberts légers flottent et s'éloignent en rayonnant autour de leur point d'attache ; la résistance de l'eau écarte les mailles des filets ; les fibres, fibrilles, cardelettes peu tordues du chanvre s'accrochent à toutes les aspérités, fouillent toutes les cavités, et rapportent tout ce qu'elles rencontrent : l'enchevêtrement est quelquefois tel qu'on doit casser les fibrilles pour en dégager le corail. Ce n'est qu'après avoir répété plusieurs fois cette manœuvre, *soulager* et *replonger l'engin*, qu'on le ramène à la surface. La *calle*[1] est alors finie. Le but de ces relâchements subits de l'amarre est de faire flotter et accrocher les fauberts et de les faire pénétrer en tombant et en s'écartant au-dessous des rochers où se trouve le corail. Quand les trente-quatre fauberts éparpillés dans tous les sens se sont attachés à toutes les aspérités de la roche sous-marine, il faut pour les dégager un effort surhumain.

» Accrocher et décrocher les filets, voilà en quoi se résume la pêche. Les matelots sont presque nus, vêtus d'un caleçon. Leur peau brûlée, noircie par le soleil, leur donne une physionomie rude et étrange ; ils chantent pour s'exciter les uns les autres. Ils s'entraînent réciproquement par un sifflement particulier qui peut se rendre par les syllabes *zi-zi*, sifflées pour ainsi dire avec les dents serrées et tenues comme une longue note de musique. Le matelot qui tient l'amarre, dans les moments où un effort général est nécessaire, chante sur un air lent et monotone des paroles qu'il compose, le plus souvent il psalmodie les noms des saints les plus vénérés, ou bien il chante les choses plaisantes qui lui passent par la tête. C'est une sorte de litanie, dont la réponse est faite par les six ou huit hommes du cabestan qui crient à la fois *carriga-mo* ou *carrigo-lo* (chargeons maintenant ; charge-le), cri accompagné d'un effort simultané de tous les matelots, qu'interrompt de nouveau la voix du chanteur.

» Avec ce sentiment parfait du rythme musical qui carac-

---

1. On appelle ainsi l'ensemble des manœuvres depuis le moment où le filet est jeté à la mer jusqu'à celui où il est retiré.

térise les Italiens, ils s'arc-boutent partout, à toutes les saillies du bateau, ils rejettent leurs têtes et leurs corps en arrière, et se précipitent sur la barre pour ajouter à la puissance des muscles l'impulsion du corps. Alors ces malheureux haletants font peine à voir : la chaleur du soleil qui les brûle fait ruisseler leurs corps de sueur, leurs yeux s'injectent; leur face, malgré sa teinte basanée, rougit vivement; les veines de leur cou, gonflées et saillantes, montrent toute l'énergie de leur action. Enfin, excités par le patron qui les encourage de la parole et du geste, ils font un suprême effort; le filet se dégage, déracine et casse des blocs énormes de rochers. L'équipage, quoique harrassé, commence à plaisanter. Le filet approche, on va enfin connaître le fruit de tant de fatigues. La croix est redressée contre le bord, les filets amenés sur le pont; on recueille le corail. La *calle* est finie, et si la brise est bonne, il y a un moment de repos.

» Le travail de la pêche peut être si heureux, les fauberts si bien accrochés, qu'il devienne impossible de retirer l'engin. On emploie alors deux instruments qui le dégagent vite et bien : le *tortolo* et le *sbiro*. Le *tortolo* est un gros anneau de fonte de fer pesant environ 100 kilos, dont le diamètre extérieur est de $0^m,55$ à $0^m,60$, et le diamètre intérieur de $0^m,25$. On le recouvre d'une corde enroulée en tours serrés autour de lui afin d'éviter son action directe sur l'amarre du filet; on le suspend par une corde et on l'enfile sur l'amarre de l'engin. L'embarcation est mise à pic, c'est-à-dire que hâlant sur le câble, elle est arrimée perpendiculairement au-dessus du rocher qui la retient. Alors le *tortolo* est lâché. Il descend avec rapidité, et en tombant sur les rochers, il les casse et dégage la croix.

» Quelquefois, le *sbiro* peut seul ramener l'engin. Le mot italien *sbiro*, veut dire herse. C'est une pièce de bois cylindrique hérissé de quatre rangées de six gros clous à large tête, enfoncés solidement et inclinés à peu près à 45 degrés. La pièce de bois est percée d'outre en outre aux deux extrémités et dans des directions qui se croisent à angle droit. Dans l'un des trous on passe l'amarre de l'engin qu'il s'agit de retirer ; dans l'autre une corde formant anneau lestée par une grosse pierre et maintenue par un matelot placé sur une autre barque. Le *sbiro* est filé par l'amarre de l'engin jusqu'au fond de l'eau, puis l'autre barque balant sur lui cherche à accrocher les fauberts, tire dans tous les sens, et finit par dégager l'engin.

» Les petites embarcations n'ont pas habituellement ces pièces fort utiles : en ce cas, s'il leur arrive d'engager leur engin, et si, pendant qu'on travaille à le dégager, la mer, devenant grosse, les force à rallier le port, elles sont obligées de l'abandonner et quelquefois de le perdre. »

H. LACAZE-DUTHIERS[1],
*Histoire naturelle du corail.*
(Paris, 1864, in-8°, J.-B. Baillière.)

On a fait plusieurs essais de pêche au scaphandre ; mais l'inégalité des fonds, l'escarpement des roches, la grande profondeur des bancs et la pression de l'eau ont provoqué de si graves accidents parmi les scaphandriers qu'on a dû renoncer à ce genre d'exploitation meurtrière. Il y a du corail de plusieurs couleurs, blanc, noir, rose, rouge plus ou moins foncé. Les plus beaux coraux sont au large de Tabarka, de la Calle et des côtes de Tunis. On en trouvait jadis sur le littoral de Naples et de Livourne et dans les eaux de la Kabylie ; ces derniers gisements paraissent épuisés.

La France, qui par les traités est maîtresse des régions où s'exerce la pêche, n'en a pourtant plus seule les profits. Jadis, en dépit des attaques des corsaires, des traités onéreux, de l'insécurité de la mer, nos pêcheries et nos manufactures de corail de Marseille étaient florissantes ; aujourd'hui que la Barbarie nous obéit, que la mer est sûre, les conditions avantageuses, la pêche est délaissée par nos nationaux et devient presque une charge pour le Trésor ; il semble que la France n'ait dépensé son argent et versé son sang que pour enrichir surtout des Italiens, des Maltais et des Espagnols. Les Italiens sont au nombre de 4000 qui exploitent aujourd'hui, en concurrence avec nous, la pêche, la vente et l'industrie du corail. Un décret du 19 décembre 1876 divise les pêcheurs en deux catégories : les Français indigènes ou naturalisés exonérés de tous droits, et les étrangers payant patente (800 francs par an, sauf les Italiens qui sont privilégiés et ne paient que 400 francs).

---

1. M. Lacaze-Duthiers (Félix-Joseph-Henry de), né en 1821, zoologiste français, membre de l'Institut, officier de la Légion d'honneur, fut chargé, en 1861, par le gouvernement, d'une mission scientifique dans la Méditerranée. Il publia au retour son *Histoire naturelle du corail*. En 1868, il fut nommé professeur à la Faculté des sciences de Paris, et en 1873, établit à Roscoff un laboratoire zoologique, le premier fondé en France à l'instar de ceux de Naples et de New-York.

Acheté, choisi et trié à la Calle, le corail est expédié à Naples, à Tunis, à Alger, à Marseille; il s'en vend dans les bazars africains des quantités assez considérables et ce commerce est presque entièrement entre les mains des Juifs. Les rendements de l'industrie du corail varient singulièrement d'une année à l'autre : en 1845, on comptait 166 bateaux corailleurs, dont un seul français; en 1865, 144 bateaux français et 143 étrangers; en 1876, 164 français et 61 étrangers; en 1880, 135 français et 8 étrangers; 98 français et 41 étrangers.

On voit par ces chiffres que cette industrie tend depuis quelques années à redevenir plus française. En 1865, on a exporté d'Algérie 30 867 kilogrammes de corail brut; en 1874, 40 786 kilogrammes; depuis, la décroissance est sensible; l'exportation qui s'élevait encore en 1876 à 33 028 kilogrammes, n'est plus que de 17 876 en 1879, représentant une valeur de 536 280 francs, et descend en 1880 à 10 791 kilogrammes d'une valeur de 323 730 francs, pour remonter, en 1881, à 20 112 kilogrammes valant 603 360 francs[1].

## Beautés naturelles de l'Algérie; le Châbet-el-Akra.

« A quelques kilomètres de Sétif, la route de Bougie s'engage dans la petite Kabylie. Le pays est toujours nu, mais il est très accidenté. La route court comme une mince entaille sur le flanc d'une montagne dont les nombreux contre-forts lui font décrire mille ondulations. Le sol est noir comme s'il était fait de poussière de charbon, et quand ils sont rafraîchis par la rosée du matin, les chaumes, que les indigènes laissent fort longs, brillent sur ce fond sombre comme autant d'aiguilles d'or. A Takitount, nous descendons dans un ravin où l'on nous montre une source qui s'échappe du rocher par un tuyau de bois. C'est une eau minérale d'un goût agréable qui rappelle certaines sources de Vichy. Un industriel en avait entrepris l'exploitation avant 1871; mais l'insurrection incendia son établissement, qui n'a pas été relevé.....

» ..... A partir de Takitount la route descend rapidement; on marche sur la massive chaîne des Babors; la crête en est

---

[1]. Ces chiffres sont empruntés à l'*Etat de l'Algérie*, publié par M. Tirman, à la *Statistique algérienne officielle*; à la *Notice sur les produits maritimes du littoral algérien*, de M. Ach. Fillias. Il ne faut pas oublier que ces données, qui sont celles que fournissent à la douane les corailleurs eux-mêmes, ne doivent être acceptées que sous toute réserve.

sauvagement découpée. Le village de Kératas est situé au pied, à l'entrée de la gorge du Châbet-el-Akra, le défilé de l'agonie, que l'on regarde comme une des merveilles naturelles du monde..... Le commandant Capdepont reconnut le premier, il y a une quinzaine d'années, ce ravin extraordinaire et conçut l'idée d'y faire passer la route par laquelle on cherchait à relier Sétif à Bougie. Ce fut une œuvre colossale qui demanda sept ans de travaux et ne fut terminée qu'en 1870. On employa 100 000 kilogrammes de poudre à faire sauter des rochers; on déblaya 200 000 mètres cubes de pierre; on utilisa 274 000 journées d'ouvriers et on dépensa 1 630 000 francs. Au milieu du ravin même il fallut construire un pont de sept arches pour franchir l'oued Agrioun, et à quelque distance de l'entrée on a dû couvrir la route d'un tunnel pour la préserver des avalanches de pierres [1].

» Le Châbet-el-Akra a 6 200 mètres de long. Les montagnes qui le surplombent ont en un point jusqu'à 1 600 mètres de haut. Parfois on pourrait se croire au fond d'un puits immense et on ne voit qu'un petit coin du ciel. Les bouleversements géologiques ont accidenté de mille manières les parois de cette gigantesque fissure. Tantôt elles s'élancent en pics aigus, tantôt en tours à demi ruinées; tantôt on dirait une façade polie, tantôt une muraille qui s'écroule. L'oued Agrioun coule au fond au milieu de gros blocs déchaussés que ses eaux torrentueuses ont polis et blanchis. Des broussailles, à travers lesquelles volent des milliers de pigeons, poussent dans les anfractuosités et adoucissent un peu la mine terrible de ces colosses de pierre. En quelques endroits où la pente est moins verticale, elles sont très drues, et des arbres, le pied pris dans des fentes, se penchent au-dessus du gouffre, comme attirés par le vertige. L'air est lourd. Une sorte de majesté redoutable nous oppresse..... Le Châ-

---

1. A l'entrée du Châbet-el-Akra, une pierre porte l'inscription suivante : *Les premiers soldats qui passèrent sur ces rives furent des tirailleurs, commandés par le commandant Desmaisons, 7 avril 1864.* Avant de sortir des gorges, on lit sur le rocher : *Ponts et Chaussées. Setif, Châbet-el-Akra. Travaux exécutés,* 1863-1870. (PIESSE, *Itinéraire de l'Algérie,* p. 370.)

bet est un des endroits d'Algérie où il existe encore des singes. Une troupe de cinq pithèques se montra à nous sur l'autre bord du ravin[1]. »

Paul BOURDE[2],
*A travers l'Algérie.*
(Paris, 1880, in-18, Charpentier.)

### Les cascades du Rummel.

« Une rivière qui change brusquement de niveau n'est pas une chose rare. Les chutes du Rummel, soit à la pointe du sud, à Sidi-Rached, soit à la pointe du nord, au pied de la Casbah, n'ont rien d'exceptionnel, ni par leur élévation ni par le volume des eaux qui se précipitent. Le phénomène vraiment merveilleux consiste dans les voûtes naturelles sous lesquelles la rivière passe. Un pareil phénomène ne se présente pas souvent aux yeux du voyageur. Je ne crois pas que jusqu'ici on l'ait constaté, dans de semblables proportions, autre part qu'à Constantine. Ces voûtes sont au nombre de quatre. Un sentier qu'on prend au-dessous de la cascade du nord conduit à la seconde voûte, qui a 60 mètres de long. Les rochers, dans l'intervalle des voûtes, sont à pic et dominent le lit du torrent d'une hauteur de 30 mètres. On se sent comme perdu dans ces profondeurs ; les fissures des énormes blocs suspendus sur votre tête sont effrayantes. Le bruit des oiseaux qui s'ébattent se mêle au murmure de l'eau ;

---

1. M. de Tchihatchef qui parle « du coup d'œil vraiment prestigieux » des grottes de Châbet, ajoute que « l'originalité en était encore rehaussée par les troupes de singes qui animaient les hauteurs » (p. 245). Dans la description qu'il trace de la gorge pittoresque de l'Isser, près de Palestro, le même auteur écrit : « La pré-
» sence des singes ajoute à la gorge quelque chose d'original ; nous vîmes sur les
» montagnes du bord droit plusieurs de ces animaux prendre leurs ébats ; on nous
» apprit qu'ils se montrent en nombre bien plus considérable lorsque la tempéra-
» ture un peu fraîche les fait descendre plus bas » (p. 226). Les hauteurs qui couronnent le littoral de Bône sont aussi, dit-on, habitées par des singes. Strabon raconte que Posidonius, longeant les côtes de Libye, avait remarqué que les forêts du rivage en étaient remplies.
2. M. Paul Bourde accompagnait, en qualité de correspondant du *Moniteur universel*, la caravane parlementaire, composée de vingt-quatre sénateurs ou députés, qui, en 1879, visita les trois provinces algériennes, et pénétra jusque dans le désert. M. P. Bourde a résumé ses impressions de voyage dans un volume rempli de faits, d'observations exactes, de critiques judicieuses et de descriptions piquantes. On a pu dire avec raison de ce livre, qui fait aimer l'Algérie au lecteur, qu'il est un des meilleurs qu'on ait encore écrits sur notre belle colonie africaine. M. Bourde est actuellement un des rédacteurs du journal *le Temps*.

des éclats de lumière inattendus succèdent à une obscurité

Cascades de Sidi-Mcid.

presque complète, puis l'obscurité recommence et s'épaissit.

» En revenant sur ses pas, on trouve à l'entrée de cette terrible gorge une série de pierres qui permettent de passer si le courant du Rummel n'est pas trop fort ; on monte pendant quelques minutes, au milieu des cactus, des grenadiers, des micocouliers et des caroubiers ; on se retourne de temps en temps pour voir la cascade qu'on a bientôt dépassée : peu à peu la jolie vallée où circule le Rummel devenu paisible se déroule sous les yeux, et l'on ne tarde pas à rencontrer, près d'un mamelon verdoyant, les bains de Sidi-Mécid. Des sources tièdes fournissent l'eau de ces bains. Les piscines et les baignoires ont été taillées, non par la main des hommes, mais par la nature, dans un groupe de rocs rougeâtres, tapissées d'adiantes ; l'une de ces piscines est d'une largeur peu commune : on y peut nager à l'aise, en face d'un riant paysage qui contraste d'une manière délicieuse avec les scènes sombres et grandioses dont on est encore ému. »

J.-J. CLAMAGERAN,
*L'Algérie, impressions de voyage*, p. 129.
(Paris, 1882, 2ᵉ éd., in-18, Germer-Baillière.)

### Le Jurjura : Lella Kredidja.

La Kabylie du Jurjura est un réseau montagneux, aux vallées très encaissées, composé de deux parties que sépare le massif de *Lella Kredidja*, dont le pic (*tamgout*) s'élève à 2 318 mètres.

« Le Jurjura est accessible dans toutes ses parties. Il n'est guère
» de piton, si escarpé qu'il paraisse, où les bergers kabyles ne
» conduisent leurs chèvres en été. Couvert de neige depuis le
» commencement de novembre jusqu'au mois de mai, il est à
» peu près infranchissable en hiver, mais dans la belle saison,
» les bêtes de somme peuvent passer d'un versant à l'autre
» sans trop de difficultés, par un certain nombre de petits cols,
» *Tizi Boulma* (1681 mètres), *Açoual* (1941 mètres), *Thabbourt*
» *Tamellalt* (1628 mètres), *Tizi-n-Takherrat* (1808 mètres), etc.
» Les parties supérieures du Jurjura offrent l'aspect d'énormes
» masses rocheuses, sans autre végétation que des cèdres clair-
» semés. Dans les cols, dans les vallées que séparent les crêtes,
» on rencontre cependant quelques prairies naturelles, qui, après

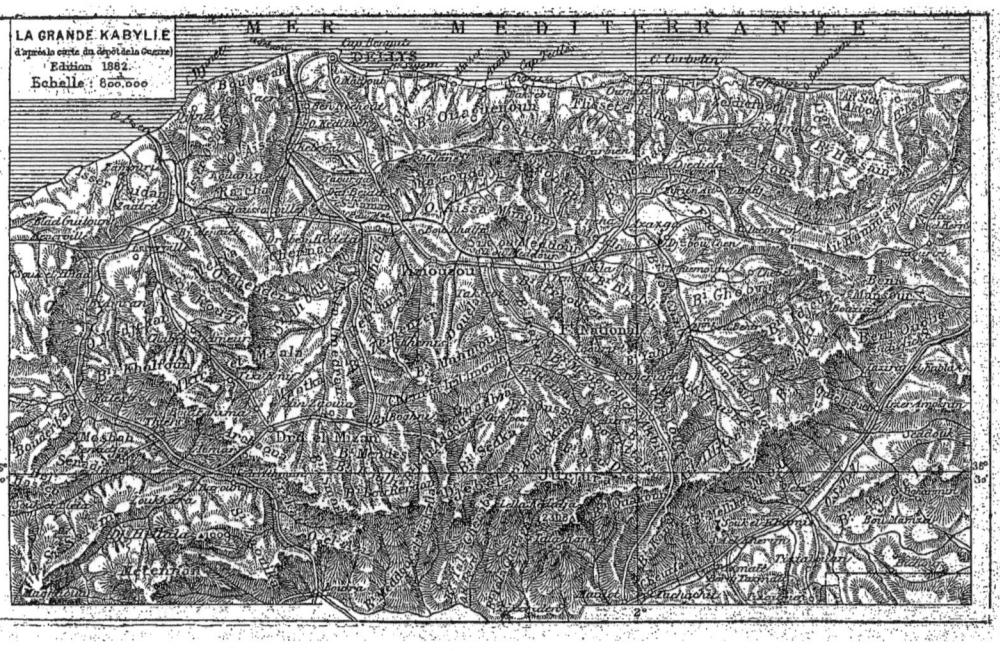

» la fonte des neiges, se couvrent d'une herbe fine et courte, » très recherchée des troupeaux. Les propriétaires de ces prai- » ries y établissent des cabanes en branches ou en pierres sèches » (azib), qui servent d'abri aux bergers pendant l'été[1]. » (Hanoteau et Letourneux.)

Au centre du pâté montagneux compris entre l'oued Sebaou, et son affluent l'oued beni Aïssi, s'élève Fort-National, centre d'une commune mixte, place forte pourvue de vastes casernes et de magasins militaires, construite en 1857 par le maréchal Randon, à 916 mètres sur un plateau qui commande tout le pays. Les communes mixtes d'Azeffoun, du Haut-Sebaou, du Jurjura, sont de création récente, et n'ont encore que de pauvres chefs-lieux, rudiments de centres civilisés où juge de paix, officiers ministériels, gendarmes et colons sont misérablement installés sous des baraquements. « Autour d'eux, les villages » kabyles grossièrement construits en pierres, reliés par des » sentiers de mulet, sont posés comme des nids d'oiseaux sur les » sommets des monts. Partout les crêtes rocheuses, étincelantes » de neige en hiver, ruisselantes de cascades au printemps, et » souvent enveloppées de brume, dominent des talus de verdure, » des jardins accrochés au bord des précipices, des corbeilles » d'oliviers, de frênes, de pampres, de chênes, de lentisques et » d'arbres fruitiers[2]. »

« Une promenade aux environs du Fort-National laisse un souvenir ineffaçable : les perspectives sont d'une infinie

---

1. « L'immense muraille du Jurjura, couverte de neiges pendant six mois de » l'année, que d'Alger l'œil du promeneur aperçoit à l'horizon, et les nombreux » contreforts qui viennent s'y souder, ont longtemps irrité, sans la satisfaire, la » curiosité des géologues. La science y a pénétré à la suite de nos colonnes; elle » a pu facilement constater la constitution de la zone montagneuse inférieure; » mais les hautes cimes avec leurs grandes masses calcaires de composition » presque homogène, leurs failles nombreuses et surtout la rareté de leurs couches » fossilifères, ont souvent trompé les efforts des explorateurs, et ce n'est que peu » à peu qu'elles ont livré les mystères de leur formation. » (Hanoteau et Letourneux.) M. Ville, ingénieur en chef des mines à Alger, a pénétré le premier avec nos soldats dans les hautes régions de la Kabylie; plus tard, M. Paul Marès, une première fois avec M. O. Debeaux, une seconde fois avec M. Letourneux, a parcouru une partie de la chaîne du Jurjura. MM. Nicaise et le capitaine Peron ont fait dans les mêmes régions de minutieuses explorations géologiques. (Voy. *Bulletin de la Société géologique de France*, 2ᵉ série, 1867-1868.) — En 1881 et 1882, MM. Tissot, Pomel et Pouyanne ont publié la carte géologique provisoire au 1/800 000ᵉ de l'Algérie avec un texte explicatif. Ces travaux considérables sont le résumé de vingt ans d'études et d'observations. (Alger, 1881, Jourdan.)

2. P. Foncin, *l'Instruction des indigènes en Algérie*. (*Revue internationale de l'enseignement*, 15 août 1883.)

beauté, surtout vers le sud, où l'œil s'égare sur de verdoyantes vallées dominées par une foule de pitons escarpés que couronnent des villages kabyles.... Nos montagnes d'Europe ne peuvent donner aucune idée de ces formidables masses rocheuses d'apparence inaccessible, dont les crêtes se découpent en châteaux, en clochetons, en tourelles, en murailles verticales. Les crêtes se succèdent comme les vagues de l'Océan, toutes d'une teinte cendrée qui se détache vivement sur un ciel d'un bleu intense. On ne peut s'imaginer les effets atmosphériques que produit cette violente lumière africaine. L'air est d'une telle pureté que cette chaîne, située à vingt-cinq kilomètres en droite ligne, semble n'être qu'à quelques pas. »

M. J. Leclercq fit l'ascension du plus haut pic du Jurjura, le Lella Khredidja. Arrivé au col de Thala Rana, qui s'ouvre entre le Lella Kredidja et le massif du Thalelath, le voyageur fut surpris par un épais brouillard qui le glaçait.

« Pendant que nous prenions notre repas, le voile de brume se déchira partiellement et nous laissa voir le superbe massif du Thalelath, dont les murailles à pic offraient l'aspect d'un château gothique. Nous poussâmes des cris de joie, dans l'espoir d'une prochaine éclaircie. Bientôt le pic de Lella Kredidja se dressa à son tour au-dessus de nos têtes : c'était une grande pyramide jaune, parsemée de taches de verdure que nous prenions pour des bruyères et qui étaient des cèdres plusieurs fois séculaires... La montée était rude, et tout le monde haletait. Ah! les belles montagnes qui se découvraient à mesure que nous nous élevions! Des parois verticales, des pyramides, des tours d'une hauteur prodigieuse, des crêtes tailladées en scie, hérissées de glaives levés vers le ciel, des corniches aériennes suspendues au-dessus d'abîmes vertigineux, voilà les visions fugitives que nous laissaient apercevoir de rapides éclaircies.....

»..... Les cèdres que nous avions pris d'en bas pour des bruyères, offraient l'aspect le plus grandiose : leurs troncs mesuraient à la base cinq ou six mètres de pourtour; leurs branches, qui se ramifiaient à l'infini, couvraient de leur ombre épaisse un immense espace... Lorsqu'on a dépassé cette région, toute végétation disparaît : on ne voit plus que la pierre grise et nue, tachée çà et là d'un lambeau de mousse. L'ascension devient une véritable escalade. Naguère transis par la brume, nous étions maintenant tout en nage, et tourmentés par une soif ardente. A chaque instant, nous pensions voir surgir la cime au-dessus de nos têtes : mais de nouvelles cimes se dressaient sans cesse les unes au-dessus des autres. Pendant deux heures, nous ne cessâmes de côtoyer les précipices : au moindre faux pas nous roulions dans les abîmes dont les brouillards cachaient le fond. Il était midi quand nous atteignîmes le point culminant de la montagne. Un soleil chauffé à blanc dardait au-dessus de nos têtes, mais à nos pieds une brume impénétrable enveloppait toute la nature. Ah! se trouver au sommet de l'Atlas, sur le plus haut pic de la Kabylie, du haut duquel on découvre par un temps clair des centaines de pitons couronnés de villages kabyles, et par delà ces pitons les plaines de la Mitidja et la tache blanche qui indique l'emplacement d'Alger, à quarante lieues à vol d'oiseau, deviner un tel spectacle par l'imagination et ne pouvoir en jouir par les yeux, j'avoue qu'une telle infortune mettait en défaut toute ma philosophie..... Nous attendîmes vainement pendant une heure que le soleil au zénith dispersât les brumes, et nous reprîmes nos bâtons de montagne[1]. »

Jules LECLERCQ,
*De Mogador à Biskra*, ch. IX.
(Paris, 1881, in-18, Challamel.)

---

[1] « La cime de ce massif est un petit plateau absolument inculte, très étroit et long de 15 mètres à peine ; elle est formée de roches feuilletées dont les stratifications sont presque verticales. Au nord-ouest, le pic surplombe un effroyable précipice aux parois dénudées : ce versant est inaccessible. Sur le bord du gouffre, se trouve une petite construction en pierres sèches, sans toiture : c'est un sanctuaire destiné à consacrer le souvenir d'une sainte femme qui vivait autrefois au sommet du pic, s'il faut en croire une vieille tradition. Elle s'appelait Lella Khredidja, et c'est à elle que la montagne doit son nom. Le sommet est considéré par les Kabyles comme un lieu saint ; ils y vont en pèlerinage à certains jours de l'année, comme les Hindous vont au sommet du pic d'Adam, et les Japonais au sommet du Fusi-Yama. » (J. LECLERCQ, p. 213.)

### Le rocher et la ville de Kalaa (Kabylie).

« Au fond d'un amphithéâtre de montagnes rocheuses, Hamet, notre spahi, nous montre une petite ville perchée sur un rocher à pic, et qui, du lieu où nous sommes placés, paraît inaccessible. C'est Kalaa ou Kuelaa, autrefois siège d'un gouvernement d'une certaine importance, et qui n'est plus aujourd'hui qu'une ville de trois mille habitants, divisée en quatre quartiers, qui se font entre eux une guerre incessante. On n'arrive à Kalaa qu'en passant à Boghni, et par un chemin que je décrirai plus loin. Mais avant d'atteindre ce bordj, le voyageur traverse deux pays dont le brusque contraste a quelque chose de singulier. Du côté de la Medjana, il parcourt une vallée riche en culture, des bois d'oliviers, des champs de blé, des prairies même, couvertes d'arbres à fruits. Au village de Djedida, se dresse une porte de rochers gigantesques ; et au delà, par une brusque transition, une nature abrupte, un sol tourmenté, une végétation maigre et triste, ont remplacé la verdure. A mesure que vous gravissez, les arbres d'essences résineuses, les pins apparaissent moins rares, plus vigoureux. Une fontaine, qui sort d'un rocher envahi par les mousses et les plantes parasites, a régénéré le sol ; mais, à partir de ce point, vous ne trouvez plus de terre végétale, et vous grimpez sur la roche nue un escalier immense qui vous conduit, après une heure de rude ascension, sur le plateau de Boghni. Douze kilomètres restent encore à franchir pour arriver à Kalaa, et je ne saurais décrire les difficultés de cette route qui côtoie sans cesse la crête amincie du rocher, avec des précipices à pic à droite et à gauche. C'est à donner le vertige aux plus hardis, car, en certains endroits le chemin n'a pas plus d'un mètre de large. Enfin vous atteignez deux pitons du haut desquels vous apercevez, à quelques cents mètres au-dessous, un plateau de cinq kilomètres de périmètre, relié à la masse du globe par la jetée que je viens de décrire, et qui, produit par quelque soulèvement volcanique des premiers âges de la terre, domine un bassin, en forme d'entonnoir, de sa muraille verticale.

» C'est sur ce plateau, que sont bâtis les quatre quartiers qui forment l'ensemble de Kalaa. Ces quartiers portent les noms de Ouled-Hamadouch, Ouled-Yaya-ben-Daoud, Ouled-Aïrsa et Ouled-Chouarikh. Ce dernier quartier, entièrement abandonné, a été ruiné, il y a quinze ou vingt ans, par une guerre intestine. Cette ville fut bâtie, il y a quatre siècles environ, par un fils de Si-Ahmed-Amokrane, du nom de Abd-el-Aziz, qui se fit proclamer sultan, et fut assassiné par les gens du quartier de Chouarikh. Abd-el-Aziz passe pour avoir construit la Casbah, dont on voit encore les ruines. Ce serait lui aussi qui l'aurait pourvue de canons. Le fait d'avoir monté des pièces d'artillerie dans ce lieu et par ces chemins impraticables paraît invraisemblable, impossible même; il est vrai cependant, et j'ai vu sur la plate-forme, dans un chemin, gisant à terre, deux pièces du calibre de trente-six, portant sur la culasse trois fleurs de lis et un L surmonté de la couronne royale de France. Ces pièces, qui datent de Louis XIV, ont donc appartenu à quelque vaisseau français naufragé sur la côte kabyle. Comment sont-elles là? nul ne le sait; on en est réduit, à ce sujet, aux conjectures[1]. Deux autres pièces, d'origine espagnole, sont à moitié enfouies dans un fossé. Pour ces dernières, la possession des Kabyles s'explique facilement par la prise de Bougie, en 1514, par Baba-Aroudj. Un vieux Kabyle, qui s'approcha de nous pendant que nous contemplions tristement ces épaves de notre marine, nous dit que, dans sa famille, on se souvenait d'avoir vu tirer ces canons. Le plus gros lançait un boulet de trente-six livres, avec six livres de poudre.

» Kalaa est indépendante de tout Çof. Elle a trois amins et trois djemâa qui la gouvernent. Toutefois une alliance existe avec les Beni-Abbès, et les gens de Kalaa sont tenus

---

1. Le guide de Piesse dit que ces pièces de canon viennent de l'expédition du duc de Beaufort, et ont été transportées à Bordj-bou-Areridj par les soins du commandant Payen (p. 149).

Vue de Kalaa (Kabylie). Extr. du livre de M. Ch. Farim. (Libr. Ducrocq.)

de fournir, en temps de guerre, un contingent de combattants. Les habitants passent pour être riches : le luxe de leurs costumes, les vêtements de fine laine des femmes, qui sortent à visage découvert et parées de bijoux, donnent quelque fondement à cette opinion des autres Kabyles. Les maisons sont bien bâties, spacieuses, avec cour intérieure ombragée d'arbres et de plantes qui grimpent aux galeries et forment des berceaux de verdure. Toutes les habitations sont couvertes en tuiles et crépies à la chaux. La mosquée principale est vaste ; un minaret, orné de sculptures mauresques, la domine, et deux peupliers, d'une belle venue, en décorent l'entrée.

» La ville est propre, ce qui est rare en Kabylie ; les habitants sont bien vêtus, chose plus rare encore ; ils affectent même, dans leur tenue, une recherche particulière. Les femmes riches qui, comme les Mauresques d'Alger, ne sortent jamais de leurs maisons, et que nous avons pu apercevoir par les portes entr'ouvertes, étaient vêtues de gandouras lamées de soie, de haïks brodés, et couvertes de bijoux d'or et d'argent. Les gens de Kalaa ont une réputation de probité proverbiale dans toute la Kabylie. C'est à Kalaa, en effet, qu'à toutes les époques d'invasion les personnages considérables du pays sont venus chercher un refuge pour eux, pour leurs familles et leurs trésors. Ils confiaient leur fortune, leurs objets les plus précieux à des habitants qui les enfouissaient dans quelque cachette ignorée de leurs maisons, pour les restituer quand le péril était passé. On ne cite pas un exemple de dépôt nié. Les habitants de Kalaa s'enrichissent par le commerce. C'est là que se fabriquent les burnous de laine fine, ces gandouras de forme si gracieuse, lamées de fils d'or, tramées de soie, frangées de liserés éclatants. Les femmes tissent les étoffes ; les hommes taillent, cousent, montent les vêtements, et vont les vendre en Tunisie, dans toutes nos possessions, et jusque dans le Maroc.

» Ce plateau de formation calcaire, et sur lequel la terre végétale qui s'y trouve a dû être rapportée, n'a point d'eau ; ni puits, ni citernes, ni sources ; à cent mètres environ de la ville, et dans une anfractuosité de rocher, on a creusé trois bassins où les habitants viennent puiser l'eau provenant des pluies ou de la fonte des neiges. L'été, les bassins se tarissent rapidement; alors il faut descendre dans le ravin, par les sentiers les plus dangereux, pour aller s'approvisionner à l'oued Hamadouch qui coule au fond de la vallée, et, du matin au soir, c'est une procession de petits ânes grimpant ou descendant ces casse-cou avec de grandes cruches enfermées dans des couffins de sparterie. La rivière est à près de trois kilomètres de la ville. Mais l'oued Hamadouch lui-même n'a souvent, dans les grandes chaleurs, qu'un mince filet d'eau facilement tari par les besoins d'une population de trois mille âmes, et les gens de Kalaa mourraient de soif, sans la prévoyance d'un marabout célèbre à qui le hasard fit découvrir, au pied du rocher sur lequel est bâtie la ville, une source cachée dans une anfractuosité et produite par de nombreux suintements. A l'aide de quêtes chez les riches, de touizas (corvées) chez les indigents, il fit construire une fontaine adossée au rocher, et fermant le bassin de la source. Le petit monument est dans le style mauresque; deux piliers de pierre soutiennent une arcade ogivale. Au centre est incrustée une inscription qui défend d'user de la fontaine tant que l'oued n'a pas donné sa dernière goutte d'eau. Du reste, pour éviter toute infraction à la défense, la fontaine est fermée et ne s'ouvre que de l'avis des trois amins; on enlève alors les chaînes qui retenaient le mécanisme et, à l'aide de poignées qui soulèvent de petites portes de fer, les canaux s'ouvrent et donnent passage à l'eau.

» Au moment de notre visite, la fontaine, qui porte le nom du marabout, Aïn-Yousef-ben-Khouïa, était entourée d'une foule de bourricots aux museaux blancs, qui, immobiles, les yeux à demi fermés, essayaient d'oublier, dans un calme philosophique, les fatigues, les misères, les horions qui pleuvent sur eux du matin au soir, tandis que leurs turbulents conducteurs se disputaient ou se gourmaient.

» Nous avions dû, pour monter à Kalaa, laisser nos chevaux à Bordj-Boghni, et escalader les pics pendant plus de

trois heures; aussi étions-nous excédés de fatigue; mais l'aspect fantastique de ce gigantesque pain de sucre émergeant de cet entonnoir, sur lequel est bâtie une ville blanche et gracieuse d'aspect, nous fit oublier tous les périls du voyage, et, pour ma part, je serais resté en admiration devant ce panorama merveilleux, si notre guide n'avait hâté notre marche afin d'arriver dans la ville avant la nuit. »   Ch. FARINE[1],
*Kabyles et Kroumirs.*
(Paris, 1882, in-8°, Ducrocq).

### Le jardin d'essai du Hamma, à Alger.

« Entre Mustapha et la Kouba, à 5 kilomètres d'Alger, se trouve le jardin d'essai du Hamma, une merveille qui, à elle seule, vaut le voyage. Commencé par le gouvernement français, en 1832, sur un terrain marécageux, ce jardin, qui comprend 80 hectares, a été cédé, en décembre 1867, à la Compagnie générale algérienne. C'est à la fois une promenade, une pépinière, un jardin d'acclimatation et un jardin botanique. De grands eucalyptus[2] annoncent l'entrée du jardin. On s'arrête sur une petite place pleine d'ombre et de fraîcheur; à droite, on remarque un café maure et un café français, avec une fontaine au fond, puis un chemin qui monte et conduit à une annexe du jardin, annexe moitié sauvage, moitié cultivée, convenant aux plantes qui aiment les hauteurs; à gauche, s'étend la partie plane du jardin, le *hamma* proprement dit, l'ancien marais transformé par quarante années d'études et de travail. On entre et l'on fait d'abord quelques pas sous une voûte de magnifiques platanes, qu'on admirerait davantage si l'on n'était pas impatient de voir les arbres des régions tropicales. Un léger bruissement se fait entendre. On dresse l'oreille, on regarde autour de soi, on se trouve dans la grande allée de bambous qui croise l'avenue de platanes; on s'y engage; au bout de quelques minutes, on

---

1. M. Ch. Farine, conseiller de préfecture de la Gironde, a raconté dans cet ouvrage ses impressions de voyage en Algérie. Il est mort en 1883, peu de mois après avoir publié l'intéressant livre dont nous citons un extrait.
2. Sur l'*Eucalyptus globulus*, voy. page 143.

pourrait se croire dans la Chine méridionale ou dans l'Inde. Les tiges de ces vigoureuses graminées s'élancent jusqu'à une hauteur de 15 ou 20 mètres, elles se pressent drues et serrées l'une contre l'autre; elles vous isolent entre leurs rangs; la moindre brise agite leurs longues feuilles et fait résonner le creux qui se forme chez elles aux dépens de la moelle intérieure; le sol est jonché de leurs larges écailles vernissées; leur couleur, tantôt ombrée ou bleuâtre, tantôt d'un vert tendre, parfois d'un noir d'ébène, caresse l'œil; leur contact n'est pas moins doux que leur aspect.

» Après avoir suivi quelque temps l'allée des bambous, on trouve une avenue parallèle à celle des platanes. Elle se prolonge jusqu'à la mer, dont le bleu se montre au bout, et se compose de palmiers-dattiers alternant avec des lataniers et des dragonniers. Ceux-ci ont une physionomie sauvage qui fait ressortir d'autant plus les formes élégantes et majestueuses des palmiers; leur tronc est trapu; leurs feuilles se tordent autour de leur tête comme des serpents; au mois de mai, d'énormes grappes de fleurs blanchâtres poussent sous ces feuilles, une sève sanguinolente transperce l'écorce et se fige à la surface.

» Si l'on poursuit la promenade sur la droite, dans la direction sud-est, on peut prendre l'allée des *Chamærops excelsa* qui coupe le jardin en deux parties à peu près égales; le *Chamærops excelsa* ressemble au palmier nain (*Chamærops humilis*) par son feuillage en éventail, mais il en diffère par la force et la hauteur de sa tige; puis on rencontre l'allée des *Ficus* parmi lesquels on remarque le *Ficus elastica* (l'arbre à caoutchouc), non pas faible et délicat, comme dans nos serres, mais plein de vigueur, déployant à l'aise ses branches fermes et saines, d'un vert si riche; parmi ces figuiers d'espèces diverses, plusieurs ont des racines adventives qui pendent en l'air, s'inclinent vers le sol et s'y enfoncent. Un peu plus loin, à l'extrême limite du Hamma, se trouve un lac où le splendide *nelumbium* brille à côté des papyrus qui secouent sur le bord les touffes de leur chevelure. En hiver et jusqu'à la fin de mars, la surface du lac est couverte d'une petite fleur blanche très gracieuse et très odorante qu'on appelle d'un nom un peu rébarbatif pour elle, l'*Aponogeton dystachium*.

Allée des palmiers au jardin d'essai du Hamma (près d'Alger).

» Entre les allées de platanes, de bambous, de dattiers, de

chamœrops et de figuiers, comme autour du lac, des centaines d'arbres ou de plantes arborescentes arrêtent à chaque pas le voyageur européen surpris de leurs formes étranges, ou les retrouvant avec joie dans son souvenir, s'il a eu la bonne fortune de visiter l'Egypte, l'Inde, la Chine, l'Océanie, l'Afrique australe et l'Amérique. Le *Jacaranda mimosæfolia* montre ses fleurs bleues à côté des fleurs rouges vermillon des érythrèmes du Brésil. L'*acacia coccinea* dresse ses aigrettes roses tout près des aigrettes blanches et plumeuses du *Calliandra quadrangularis*. Les *Stulizia* d'Australie accumulés en bordures exhibent, au milieu de leurs larges feuilles, des fleurs bizarres, capricieusement découpées avec des ailes couleur d'orange et un grand éperon bleu. Derrière les *Stulizia* on aperçoit l'arbre du voyageur qui donne un fruit crémeux et renferme dans ses bractées un petit réservoir d'eau. L'avocatier mûrit dans une pénombre tiède ses fruits en forme de poire, si recherchés de nos créoles aux Antilles et à l'île de la Réunion. Plus loin on ramasse les petites graines brunes de l'arbre à suif, et celles de l'arbre à savon fournissant, les unes une matière grasse, les autres une substance mousseuse propre au blanchissage. Des *Yuccas* gigantesques semblent, par l'exubérance de leur végétation, avoir retrouvé leur sol natal. Des *Cycas* bien développés font l'effet d'amples corbeilles finement dessinées, remplies à l'intérieur d'une pulpe jaunâtre où s'enchevêtrent une multitude de graines rouges. Le *Cocos flexuosa* se balance gracieusement dans le voisinage du *Chorisia*, dont le tronc roide et conique se hérisse de pointes comme le collier d'un dogue. J'allongerais indéfiniment cette liste si je voulais la rendre complète, mais je ne puis passer sous silence un arbre originaire de la Havane que les botanistes appellent *Oreodoxa regia*, la gloire des montagnes. Le jardin d'essai en possède plusieurs exemplaires qui forment un groupe admirable. C'est un type d'une beauté achevée. Le tronc lisse, nuancé gris-perlé, sensiblement renflé au milieu, ressemble à une colonne mauresque taillée dans le plus fin granit d'Egypte. Il est surmonté d'une colonnette d'un vert tendre, haute de 2 ou 3 mètres, qui se gonfle aussi au milieu et d'où s'échappe, comme d'une gaine, un superbe panache de feuilles. L'*Oreodoxa* appartient à la famille des palmiers ; son bourgeon terminal est comestible, on le désigne sous le nom de chou-palmiste.

» Les parties les plus découvertes du jardin sont spécialement consacrées à la culture des plantes alimentaires. Entretenus avec soin, les goyaviers des Antilles et les chérimoliers du Pérou donnent des fruits savoureux. Les bananiers occupent un espace considérable. On peut faire une véritable étude de leurs espèces diverses. L'espèce ordinaire, introduite en Algérie par l'ancien directeur du Hamma, s'est répandue peu à peu dans les trois provinces. Au commencement du printemps, on voit entre ses larges feuilles déchirées pendre à la fois les longs régimes de bananes jaunies qui achèvent de mûrir et les grosses fleurs d'un grenat foncé qui préparent pour le mois de mai une nouvelle récolte. Les autres espèces sont pour la plupart purement ornementales ; parmi elles, je ne puis m'empêcher de citer le *Musa rosacea*, plante délicate dont les fleurs sont entourées d'une spathe rose et le *Musa ensete* découvert par Bruce en Abyssinie, qui prend au contraire des proportions énormes ; ses feuilles ont 3 ou 4 mètres de long ; les vents d'hiver ne les entament pas ; soutenues par de fortes nervures rouges, elles résistent fièrement aux intempéries des saisons.

» Il me reste à signaler au bas du jardin, tout près de la mer, l'allée des *Grevilea robusta*, arbres australiens très élégants de port et de feuillage, qui se couvrent au mois de mai de grappes de fleurs d'un jaune orangé, pourvues d'un pistil curieusement infléchi au milieu des étamines ; non loin des grevilea, les nopals à cochenille ; au bout de l'allée des chamærops, à l'extrémité sud-ouest, un parc d'autruches mâles et femelles, nées dans le jardin[1] ; à divers endroits, les norias ou puits d'arrosements, les abris ingénieux imaginés pour les jeunes plantes, enfin près de l'entrée principale, autour de la maison du directeur, les serres, les collections

---

1. Sur les autruches d'Algérie, voir le résumé géographique, p. 97.

de petites plantes en pots, les salles où l'on prépare les exemplaires vendus qu'on expédie non seulement en Algérie, mais en Europe, et dans d'autres pays encore, pour l'ornement des jardins publics et privés. » J.-J. CLAMAGERAN [1],

L'*Algérie*, impressions de voyages, II, p. 18 et suiv.
(Paris, 1874, 1re éd.; — 1883, 2e éd. augmentée, in-18, Germer-Baillière.)

### Le vent du sud en Algérie, sirocco ou simoun.

« Le vent du sud, appelé *corruption* par les écrivains sacrés, *poison* par les Arabes, *chamiel* en Syrie, *khamsin* en Egypte, *simoun* dans le désert, *guebli* à Tunis et *sirocco* en Italie, a trop d'importance à Alger pour que je n'en parle pas un peu longuement : voici comment j'ai fait connaissance avec lui.

» C'était vers la fin de septembre. Je feuilletais un livre à la bibliothèque du cercle. Le demi-jour qui filtrait par les lames des persiennes, d'abord très suffisant, baissa peu à peu et finit par devenir tellement obscur que, n'y voyant plus clair, je me levai pour ouvrir. A peine ai-je tourné l'espagnolette, que les battants de la fenêtre m'échappent des mains, et qu'un vent brûlant fond sur moi, m'enveloppe, me repousse. Quelque incendie, pensai-je. J'allais crier au feu. « C'est le sirocco, » dit un membre du cercle. Vous n'ignorez sans doute point la sensation qu'on éprouve en passant devant la bouche d'un four ou d'une locomotive. Le sirocco produit exactement le même effet. « Il ne faut pas sortir, » ajouta mon collègue. Ne pas sortir ! laisserais-je passer, sans l'étudier, un phénomène si nouveau pour moi. Je descends l'escalier quatre à quatre et me voilà dans la rue. Ce n'était plus de l'air qu'on respirait, mais de la poussière, une poussière fine comme du brouillard et chaude comme un bain de vapeur. Les rayons du soleil, engagés dans ce milieu réfractaire, y

---

1. M. Clamageran (Jean-Jules), né à la Nouvelle-Orléans (Louisiane) en 1827, jurisconsulte et économiste français, ancien adjoint à la mairie de Paris en 1870-1871, ancien conseiller municipal de Paris, et conseiller d'état depuis 1879, est l'auteur de nombreux et importants travaux de droit, d'économie politique et d'administration. Nous citerons, outre son ouvrage sur l'*Algérie*, écrit au retour d'une visite dans la colonie, son *Histoire de l'impôt en France* (1867-76, t. I à III).

produisaient un nimbe immense dont le ton rutilant, plus encore que l'éclat, vous abîmait les yeux. Sur la mer, d'un gris roussâtre et d'un horizon raccourci, s'entrechoquaient des vagues énormes, frangées d'écumes jaunes, et paraissant obéir moins à l'impulsion du vent qu'à des caprices neptuniens. Les collines du Sahel, voilées d'un embrun safrané, semblaient reculées de 10 lieues. Quant à l'Atlas, il avait disparu.

» L'invasion du fléau s'étant faite à l'improviste et ne remontant guère à plus de vingt minutes, les rues étroites, les impasses et les arcades avaient gardé leur air tiède de l'aube, mais sur les places et les quais la température était stupéfiante. Elle dépassait celle du corps humain. On soufflait dans ses doigts, on relevait le col de son habit, non pour se réchauffer, mais pour conserver sa fraîcheur individuelle. Les Arabes s'enveloppaient de leur burnous comme en hiver. Les feuilles des platanes se fanaient et rôtissaient à vue d'œil; il semblait qu'on les entendît crépiter. Lourde à vous écraser, l'atmosphère était çà et là traversée par des rafales qui vous atterraient. Des nuages ou plutôt des bancs de sable volant éclipsèrent bientôt le disque déjà fort obscurci du soleil, et les multiples nuances de jaune, cuivre, citron, soufre, nankin, orange, que, suivant sa distance ou son coloris, chaque objet empruntait à la poudre ambiante, se fondirent en un seul ton mixte, neutre, indéfinissable. Des passants arrêtés devant un magasin poussaient des exclamations de surprise. Voulant en savoir le motif, je m'approche : c'était un thermomètre. Il marquait 51 degrés à l'ombre..... Bien que les domestiques eussent pris soin de fermer les volets et les fenêtres de ma chambre, le sirocco ne l'avait pas non plus épargnée. Une cendre ténue comme le pollen des fleurs en saupoudrait le parquet et les meubles. Mes cahiers, mes albums se roulaient, se tordaient, se recroquevillaient.

» ..... Le vent continua toute la soirée. Il n'empêcha pas cependant la musique. Intrépides sont nos soldats, qu'ils brandissent la baïonnette ou qu'ils embouchent le trombone. Comme j'écoutais leur concert, je me sentis brûler la main.

Quelque fumeur distrait, me dis-je. C'était la poignée d'un sabre. Tous les objets bons conducteurs, métaux ou minéraux, causaient du reste la même impression. On évitait de s'asseoir sur les bancs. Les pavés de la rue vous rôtissaient les pieds à travers souliers et chaussettes. Aux premières ombres du crépuscule l'horizon s'enflamma de clartés rougeâtres. Les pentes de l'Atlas en étaient constellées. On aurait dit des feux de la Saint-Jean. Autant d'incendies, m'apprit-on, quelques-uns allumés pour l'incinération des broussailles; mais le plus grand nombre causés par la seule chaleur de l'air..... Le vent tourna pendant la nuit, et le lendemain, il ne restait plus du phénomène que le souvenir. D'ailleurs, de pareils siroccos ne soufflent tout au plus que tous les quarts de siècle et seulement en automne. Ceux d'hiver sont bénins, jamais ils ne dépassent 27 à 28 degrés, et s'ils fatiguent l'Algérien, l'étranger, loin d'en souffrir, les accueille avec délices. »  Charles DESPREZ,
*L'hiver à Alger*,
(Alger, 1879, 4º éd., in-18, Jourdan.)

### Les mahara ou chameaux coureurs.

« Le mahari est beaucoup plus svelte dans ses formes que le chameau vulgaire (*djemel*); il a les oreilles élégantes de la gazelle, la souple encolure de l'autruche, le ventre évidé du *slougui* (lévrier); sa tête est sèche et gracieusement attachée à son cou; ses yeux sont noirs, beaux et saillants; ses lèvres longues et fermes cachent bien ses dents; sa bosse est petite, mais la partie de sa poitrine qui doit porter à terre lorsqu'il s'accroupit, est forte et protubérante; le tronçon de sa queue est court; ses membres, très secs dans leur partie inférieure, sont bien fournis de muscles à partir du jarret et du genou jusqu'au tronc; la face plantaire de ses pieds n'est pas large et n'est point empâtée; enfin ses crins sont rares sur l'encolure, et ses poils, toujours fauves, sont fins comme ceux de la gerboise [1].

---

1. Tous les voyageurs ne sont pas aussi favorables au chameau que le général Daumas; témoin cette plaisante boutade de M. P. Bourde: « Avec son profil fuyant,

» Le mahari supporte mieux que le djemel la faim et la soif. Si l'herbe est abondante, il passera l'hiver et le printemps sans boire ; en automne, il ne boira que deux fois par mois ; en été, il peut, même en voyage, ne boire que tous les cinq jours. Dans une course de razzia, jamais on ne lui donne d'orge ; un peu d'herbe fraîche au bivouac et les buissons qu'il aura broutés en route, c'est là tout ce qu'il faut à sa chair ; mais au retour à la tente, on le rafraîchira souvent avec du lait de chamelle dans lequel on aura broyé des dattes.

» Si le djemel est pris de frayeur ou s'il est blessé, ses beuglements plaintifs ou saccadés fatiguent incessamment l'oreille de son maître. Le mahari, plus patient et plus courageux, ne trahit jamais sa douleur, et ne dénonce point à l'ennemi le lieu de l'embuscade..... Le mahari est au djemel ce que le *djiend* (noble) est au *kheddim* (serviteur).

» On dit dans le Tell que les mahara font en un jour dix fois la marche d'une caravane (100 lieues) ; mais les meilleurs et les mieux dressés, du soleil à la nuit, ne vont pas au-delà de 35 à 40 lieues ; s'ils allaient à cent, pas un de ceux qui les montent ne pourrait résister à la fatigue de deux courses, bien que le cavalier des mahari se soutienne par deux ceintures très serrées, l'une autour des reins et du ventre, l'autre sous les aisselles. Dans le Sahara algérien, après les montagnes des Ouled-sidi-Cheikh, les chevaux sont rares, les chameaux porteurs innombrables, et les mahara de plus en plus nombreux jusqu'au Djebel-Hoggar.

» .....Le jeune mahari a sa place dans la tente ; les enfants jouent avec lui, il est de la famille ; l'habitude et la reconnaissance l'attachent à ses maîtres, qu'il devine être ses amis.

---

» ses petites oreilles dressées comme des houppes de poils, son nez camard, ses
» longues babines qu'il semble vouloir pincer avec malice, ses grandes dents, son
» dandinement perpétuel, le chameau a l'air d'une bêtise si prodigieuse qu'on ne
» s'y accoutume point ; ses gros yeux sont toujours en proie à l'ahurissement ; à
» chaque instant, il dresse la tête comme pour demander de quoi il s'agit. Et il a
» l'humeur quinteuse et grognonne des imbéciles prétentieux. Quand l'ordonnance
» qui veillait sur notre convoi allait en avant pour faire ranger les caravanes,
» nous entendions les chameaux crier avec colère, parce qu'on les dérangeait. Ce
» cri rappelle le son qu'on obtient lorsqu'on souffle avec vigueur dans un tuyau de
» terre cuite. J'en demande pardon aux cent quatre-vingt mille chameaux de
» l'Algérie, mais ils m'ont paru des animaux peu aimables. » (*A travers l'Afrique*, p. 117.)

Au printemps, on coupe tous ses poils et on lui donne alors le nom de *bou-kuetaâ* (le père du coupement). Pendant toute une année, le bou-kuetaâ tette autant qu'il veut; il suit sa mère à son caprice ; on ne le fatigue point encore par des essais d'éducation ; il est libre comme s'il était sauvage. Le jour de son sevrage arrivé, on perce de part en part une de ses narines avec un morceau de bois pointu qu'on laisse dans la plaie : lorsqu'il voudra teter, il piquera sa mère qui le repoussera par des ruades, et il abandonnera bientôt la mamelle pour l'herbe fraîche de la saison.

» Au printemps de cette année on le tond de nouveau, et il quitte son nom de *bou-kuetaâ* pour prendre celui de *heug* (raisonnable). A deux ans accomplis son éducation commence ; pour première leçon on lui met un licou dont la longe vient entraver un de ses pieds : on le maintient immobile du geste et de la voix d'abord, de la voix seulement ensuite ; on détache alors le pied entravé ; mais s'il fait un pas, on l'entrave encore ; il a compris enfin ce qu'on veut de lui, et ces leçons n'auront de fin que s'il reste un jour tout entier, sa longe traînante, à la place où l'aura mis son maître.

» Ce premier résultat obtenu, le heug est soumis à d'autres épreuves. On rive à sa narine droite un anneau de fer qu'il gardera jusqu'à la mort, et dans lequel est attachée la rêne en poil de chameau qui viendra se réunir sur son garrot, en passant de droite à gauche, avec la longe du licou, qui passera de gauche à droite. On lui ajuste la *rahhala*, sorte de selle dont l'assiette est concave, le dossier large et haut, le pommeau élevé, mais échancré de sa base à son sommet ; le cavalier est assis dans la rahhala comme dans une tasse, le dos appuyé, les jambes croisées sur le cou du mahari et assurées par leur pression même dans les échancrures du pommeau. Le moindre mouvement de la rêne sur la narine imprime à l'animal une douleur si vive qu'il obéit passivement ; il oblique à gauche, il oblique à droite, il recule, il avance, et s'il est tenté par un buisson et qu'il se baisse pour y toucher, une saccade un peu rude l'oblige à prendre une haute encolure. Qu'un chameau porteur broute sur la route, l'inconvénient n'est pas grand, il a le temps d'arriver; mais un mahari doit aller vite, c'est là sa qualité première.

» Pour apprendre au heug à s'accroupir dès que son cavalier lui crie *ch ch ch!*.... on se fait aider par un camarade qui frappe avec un bâton l'animal au genou au moment où le cri part, et jusqu'à ce que le cri seul obtienne obéissance. Pour le faire enfin aussi rapide que possible, celui qui le monte lui frappe alternativement les flancs avec un fouet en l'excitant par un cri aigu. Le jeune mahari chérit beaucoup sa chair, il part au galop, la douleur le suit, il la fuit plus vite; il passe comme une autruche, ses jambes sont des ailes; mais pour ne pas le fatiguer, on l'arrête de loin en loin en tirant sur la rêne. Si le heug enfin sait s'arrêter, quelque vitesse qu'il ait prise, quand son cavalier tombe ou saute de la rahhala, s'il sait tracer un cercle étroit autour de la lance que son cavalier plante en terre et reprendre le galop dès qu'elle est enlevée, son éducation est complète, il peut servir aux courses; ce n'est plus un *heug*, c'est un *mahari*. Un bon mahari vaut de deux cents à trois cents boudjoux[1] (370 à 560 francs), quelques-uns même sont estimés jusqu'à plus de quatre cents. Un djemel n'en vaut jamais plus de soixante à quatre-vingts.

» Si les chameaux ne sont pas aussi nobles que les mahara, ils n'en sont pas moins utiles. Sans les chameaux, point de relations possibles entre les peuples du Sahara, le Soudan serait inconnu; les Arabes n'auraient point d'esclaves et les croyants ne pourraient point aller visiter la chambre de Dieu; avec eux, le désert n'a pas d'espace, ce sont les *vaisseaux de la terre : Gouareb el beurr*. Dieu l'a voulu, et il les a multipliés à l'infini.

» Vivant ou mort, le chameau est la fortune de son maître. Vivant, il porte les tentes et les provisions, il fait la guerre et le commerce; pour qu'il fût patient, Dieu l'a créé sans fiel[2]; il ne craint ni la faim, ni la soif, ni la chaleur; son poil

---

1. Le boudjou est une monnaie d'argent berbère valant 1fr,86.
2. Les Arabes disent que le chameau n'a pas de fiel, et que de là vient sa patience.

fait nos tentes et nos burnous ; le lait de sa femelle nourrit le riche et le pauvre, il rafraîchit la datte, engraisse les chevaux ; c'est la source qui ne tarit point. Mort, toute sa chair est bonne ; sa bosse (*deroua*) est la tête de la *diffa*[1], sa peau fait des outres (*mezade*) où l'eau n'est jamais bue par le vent ni par le soleil ; des chaussures qui peuvent sans danger marcher sur la vipère, et qui sauvent du *haffa* (brûlures produites par le sable) les pieds du voyageur ; dénuée de ses poils, mouillée ensuite, et simplement appliquée sur le bois d'une selle, sans chevilles et sans clous, elle y fait adhérence, comme l'écorce avec l'arbre, et donne à l'ensemble une solidité qui défiera la guerre, la chasse et la fantasia.

» Ce qui fait la supériorité du mahari, c'est qu'à toutes les qualités qui sont de lui, il réunit toutes celles du djemel. Ce qui fait son infériorité, c'est que son éducation difficile *mange* pendant plus d'un an tout le temps du maître, et que ceux de sa race ne sont pas nombreux. La beauté ne voyage pas par caravanes[2]. »
          Général E. DAUMAS,
*Mœurs et coutumes de l'Algérie, Tell, Kabylie, Sahara.*
          (Paris, 1858, in-18, 3ᵉ éd., Hachette.)

---

1. C'est le mets le plus recherché que l'hospitalité puisse offrir à des hôtes de distinction.
2. « *L'El-heirie* ou *Erragual*, plus élégant, plus léger en sa forme que le cha» meau de charge, franchit en peu de jours le grand désert d'Afrique. Il est au » chameau ordinaire ce que le cheval de course est au cheval de trait. Une cour» roie passée dans l'anneau qui traverse sa lèvre supérieure, lui sert de bride ; sa » selle est semblable à celle qu'emploient les montagnards de l'Andalousie ; pour » exprimer la vélocité de sa course, l'Arabe vous dira : « Quand tu rencontres » *El-Heirie*, hâte-toi de crier à son cavalier : *salem alick;* avant qu'il t'ait répondu » *alick salem*, tes yeux auront cessé de le voir ; car sa monture fuit comme le » vent. » On assure que le heirie fait aisément 80 lieues en vingt-quatre heures, » marchant sans boire, manger ou s'arrêter. L'Arabe qui le monte doit ceindre » ses reins, sa poitrine, ses oreilles, pour que dans son rapide passage, l'air en» flammé qu'il traverse comme une flèche, ne le suffoque pas, ne l'étourdisse point. » L'homme sobre et patient peut seul supporter la violente allure de ce dromadaire. » Muni d'un *bakull* (peau de chèvre), d'une cruche d'eau en argile poreuse, de » quelques dattes, d'une poignée d'orge moulu, ne nourrissant qu'une fois son » heirie dans le désert, car au besoin l'animal peut passer sept jours sans passer » de boire et de manger, l'Arabe va en une semaine de Tombouctou à Tafilet, » tandis que, pour franchir la même distance, il faut à une caravane cinquante » jours de marche et deux mois et demi de repos. Un heirie s'est rendu en sept » jours du fort Saint-Joseph, sur le Sénégal, à l'établissement français de MM. Ca» bane et Depras à Mogador. » (Drummond-Hay, trad. par Mᵐᵉ H. Belloc, *le Maroc et ses tribus nomades*, chap. XVIII, pp. 224-225.)

## Constantine.

« Cet âpre pays numide, si sauvage, si nu, si triste, et qui fit jadis une race si forte, a pour capitale une ville dont le farouche escarpement convient singulièrement à sa rude physionomie. Le Rummel a découpé dans la montagne un bloc de roche autour duquel il a creusé un ravin de sept à huit cents pieds de profondeur. C'est sur ce gigantesque piédestal que Constantine est perchée comme un nid d'aigle. Elle n'est reliée au territoire qui l'environne que par un isthme étroit. Mais la nature, comme si elle s'était plu à la rendre absolument inaccessible, a dressé sur cet isthme le mont Koudiat-Aty. C'est comme un nœud qui serre la ville à la gorge et l'emprisonne sur son rocher. Une compagnie anglaise avait proposé, il y a quelques années, de raser cette barrière, à condition qu'on lui concéderait la propriété de l'emplacement dégagé; le projet ne fut pas agréé. Aujourd'hui, pour que Constantine s'agrandît, il lui faudrait ou escalader la montagne ou sauter son ravin, deux choses également impossibles. La situation qui fait sa force arrête aussi son essor, l'espace lui est inflexiblement mesuré.

» Et il n'est pas grand, cet espace! Le rocher mesure dans la plus grande diagonale un kilomètre, et dans la moindre 700 mètres. A peine a-t-on fait quelques pas dans les rues qu'on est arrêté par un parapet; on se penche et on voit l'abîme.... Une partie du plateau est à peu près plane; les Européens s'en sont emparés, y ont aligné des rues et construit de hautes maisons; mais l'espace où trois indigènes sont à l'aise suffit à peine à deux Européens, et, à mesure que le nombre de ceux-ci augmente, le chiffre total de la population diminue.

» L'autre partie du plateau de Constantine, fortement inclinée, a l'air de dégringoler vers le Rummel; on l'a laissée aux indigènes, qui peuvent seuls s'accommoder de ces rues en escalier, dont se fatiguerait le pied des chèvres. On a toutefois percé au travers la rue Nationale, qui relie la porte d'El-Kantara à la porte Valée, les seules par lesquelles les voitures puissent pénétrer dans la ville. D'un côté de la rue est le quartier marchand, et de l'autre la ville arabe proprement dite. Pour s'initier aux menus détails de la vie indigène, rien ne vaut une visite au quartier marchand. Chaque profession a une ou plusieurs rues spéciales. Les cordonniers tiennent le plus de place. Ils sont, dit-on, au nombre de cinq cents, et fournissent toute la province de Constantine de ces lourdes babouches que l'on chausse soit les pieds nus, soit par-dessus la botte, et qui ressemblent beaucoup plus à des sabots qu'à la gracieuse petite chaussure à laquelle

Vue de Constantine.

leur nom fait songer. Ces boutiques sont fort curieuses; on dirait de grands placards coupés horizontalement au milieu par quelques planches, ce qui fait deux étages qui ne sont souvent ni l'un ni l'autre assez élevés pour qu'on puisse s'y tenir debout. Deux ou trois ouvriers et quelquefois cinq ou six travaillent sans se gêner, accroupis dans ces petites niches. Un maillet pour battre le cuir et aplatir les coutures, un marteau pour enfoncer les clous, une ou deux alênes, un couteau qui tient lieu de tranchet, voilà tout leur outillage.

» Les murs noircis et le bruit des marteaux annoncent de

loin les forgerons ; ils font surtout des étriers, des éperons et des socs de charrue ; ces derniers ressemblent exactement à la semelle d'un soulier à pointe, et feraient sourire nos paysans habitués aux labours profonds ; cette lame de fer plate ne saurait entrer dans le sol, ni retourner un sillon. On y ajoute un manche en bois fort léger qui se tient d'une seule main ; de l'autre, l'Arabe fouette son cheval, qu'on voit parfois trotter, et cette charrue primitive, passant à la course, entame à peine l'écorce du champ et laisse, entre chacune des petites rigoles qu'elle trace, des bandes de terre qui ne sont pas même remuées.

» Beaucoup d'industries sont spéciales à la civilisation indigène. La fabrication des tissus de laine est, de toutes, celle qui occupe le plus d'ouvriers. Ceux-ci tissent des burnous ; ceux-là des haïks, d'autres des tellis, ces besaces rayées de couleurs diverses qu'on jette sur le dos des mulets et qui servent de selle quand ils sont vides et de sacs à transport quand on les remplit. Ici, on tresse des bordures de burnous à l'aide d'un petit métier fort ingénieux ; là, on brode des selles, orgueil du cavalier arabe ; dans une rue on fait des couffins d'alfa, dans une autre des tamis sur lesquels on sèche les grains du couscous[1]. C'est, dit-on, dans ce monde ouvrier que l'on rencontre le plus d'hostilité sourde contre les Français. Avec nos procédés de fabrication perfectionnés, nous faisons une concurrence désastreuse à beaucoup de leurs métiers. Pour les indigènes, le bon marché passe avant le patriotisme, ils se servent chez nous. En Algérie, comme partout ailleurs, la machine ruine le travail à la main.

» Plusieurs rues sont consacrées aux objets d'alimentation. Les bouchers ont tendu les leurs de toiles pour défendre leurs viandes contre le soleil : ces enfilades de baraques noires et sales, où l'air lourd est chargé d'odeurs fades, où pendent

---

1. Le couscoussou ou couscous, plat traditionnel des peuples de l'Afrique du Nord, est fait avec du grain réduit à la grosseur de la semoule, cuit à la vapeur et assaisonné de lait et de bouillon. On le mélange avec des fèves, des courges, des oignons et autres légumes ; il est quelquefois sucré, poivré ou assaisonné avec du jus de viande ; les jours de grand luxe, on le mange avec de la viande. (V. sur le couscoussou, un article de M. Cherbonneau, dans la *Revue de géographie*, année 1879.)

des animaux écorchés, des lambeaux de chair sanglants, où tourbillonnent sans cesse d'effroyables essaims de mouches, sont d'une horreur inoubliable. Aux abords se prépare une cuisine dont des sorcières ne voudraient pas ; des têtes de moutons écorchées et entières, montrant toutes leurs dents blanches dans le rire de la mort, cuisent entassées dans un fourneau de faïence ; un vieil Arabe, à longue barbe, enfile sur une petite brochette de bois des grillades où les morceaux de foie alternent avec les morceaux de graisse, et les fait rôtir sur des charbons ; un autre remue des choses sans nom au fond d'une grande marmite ; des tripes rissolent sur des brasiers ; une âcre odeur vous prend à la gorge ; il faut pour y tenir la résolution d'un curieux déterminé. D'autres endroits sont plus accessibles ; on trouve sur les bancs qui forment la devanture des boutiques des piments cuits, des gâteaux frits dans l'huile, du lait et des fruits généralement fort beaux. Souvent un rideau vous cache le fond, vous le soulevez et vous ne voyez qu'une chambre absolument vide. Le marchand n'en dérobait pas moins son intérieur aux regards étrangers. Pour trois ou quatre sous un indigène fait un repas copieux dans ce marché. Pour un sou il a un pain rond de fort bonne mine ; une grillade de foie ne lui coûtera pas davantage, et pour un troisième sou il aura des piments cuits à l'eau et une grappe de raisin. Il ira boire une gorgée d'eau à la fontaine, et, dépensant un quatrième sou, il prendra une tasse d'excellent café dans un café maure. Après quoi, s'il fait beau et s'il n'a pas de domicile, il cherchera un endroit convenable, se roulera dans son burnous et s'endormira repus et content, en rêvant qu'il a trouvé le « Sésame ouvre-toi » qui le fera entrer dans la caverne d'Ali-Baba.

» A Alger, la douceur du climat, la mollesse des mœurs, les habitudes d'une capitale, un cosmopolitisme très ancien, ont donné à la ville arabe je ne sais quel air trop joli qui sent l'opéra comique. A Constantine, elle a gardé un plus grand caractère. Autant le calme est saisissant une fois qu'on est dans l'intérieur, autant est grand le fourmillement des gens aux approches des rues qui y conduisent. Il faut avoir vu ces

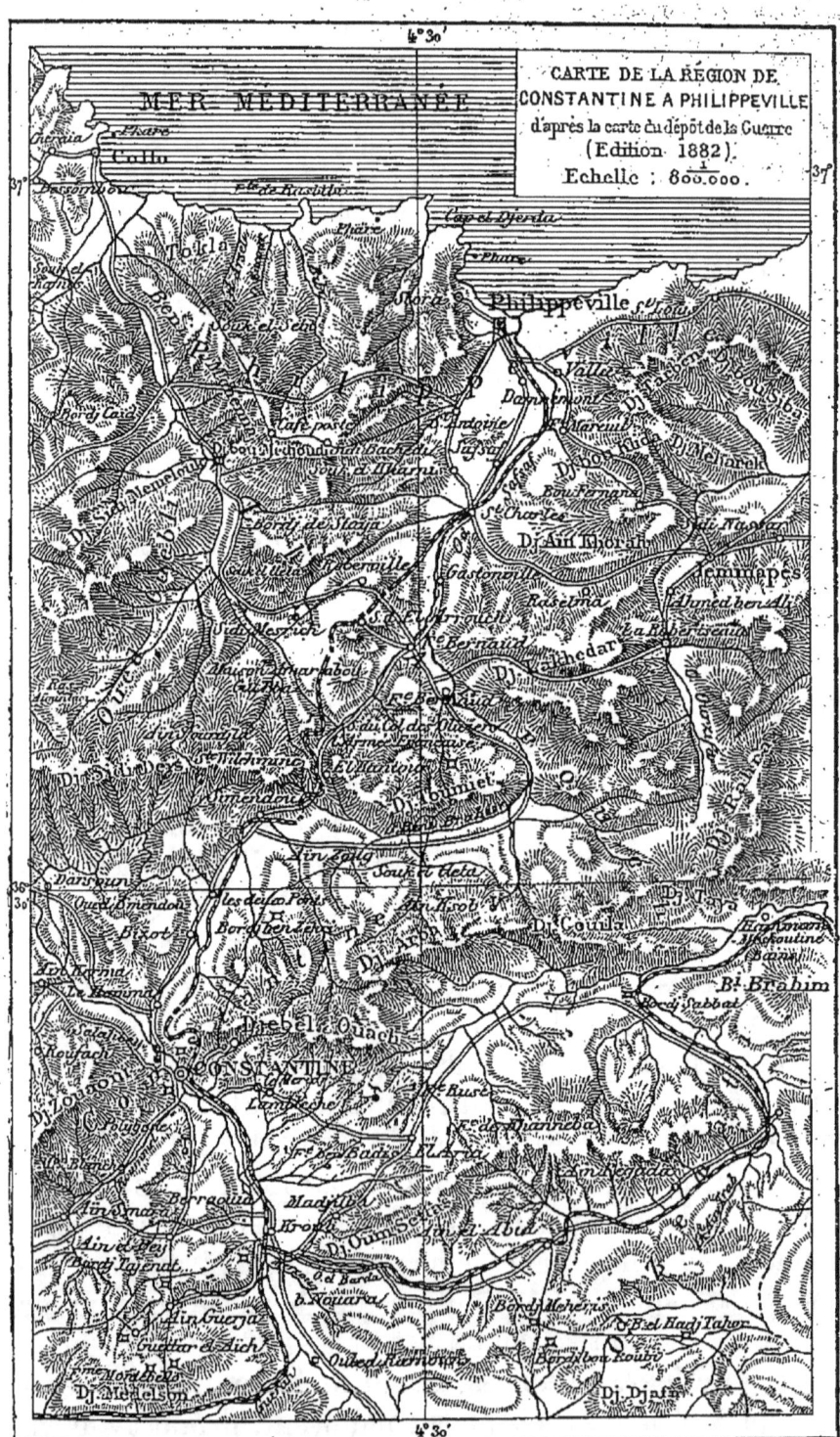

petites chambres aux dalles inégales, aux murs blanchis à la chaux, aux fenêtres en meurtrières, où il serait quelquefois aussi impossible de se tenir debout que de se coucher de tout son long, et où trois ou quatre personnes vivent, pour se faire une idée de la population que peut contenir un quartier arabe. Au besoin, l'aspect d'un café maure suffirait pour montrer combien il faut peu de place à un indigène. La porte par laquelle la lumière entre obliquement est presque toujours si basse, qu'il faut se baisser pour y passer; la pièce n'a souvent que quatre ou cinq mètres de long sur trois de large, les murs sont soigneusement blanchis, quelquefois un artiste naïf y peint à la détrempe des animaux d'un dessin chimérique et des plantes dont M. de Candolle n'aurait pas deviné l'espèce. Dans un coin, des tasses brillent sur une tablette et le cafedji s'y tient auprès du réchaud. Tout le long des murs court un banc de maçonnerie; dans les cafés qui se piquent de luxe il est couvert de nattes ainsi que le sol. Sept, huit, dix indigènes trouvent le moyen de s'installer dans cet étroit réduit, assis, accroupis ou plus volontiers couchés. Rarement ils discutent, rarement ils causent avec animation. L'un d'eux parle, les autres écoutent en fumant lentement leur chibouque, ou semblent sommeiller les yeux à demi clos. Pour nous, Européens, qui faisons de l'activité l'un des premiers mérites de l'homme, il nous vient malgré nous une impression de mépris à voir, à l'heure où nous travaillons, ces grands corps allongés, immobiles dans leurs vêtements blancs. Si l'un de nous se hasardait parmi eux, je ne lui donnerais pas cinq minutes pour commettre une inconvenance par la vivacité de ses mouvements. Ou il pocherait un œil d'un coup de coude, où il allongerait un coup de pied à son voisin. Les indigènes graves, posés, sobres de gestes, restent des journées entassés les uns par-dessus les autres sans se gêner[1].

---

1. « Qui ne l'a pas vu ne peut imaginer jusqu'à quel degré s'élève, chez les
» Arabes, l'art de s'étendre. Dans les recoins où nous serions embarrassés de
» caser un sac de chiffons ou une botte de paille, eux trouvent moyen de s'étaler
» comme sur un lit de plumes. Ils se moulent sur toutes les saillies, pénètrent
» dans toutes les cavités, se collent aux murs comme des bas-reliefs, s'allongent

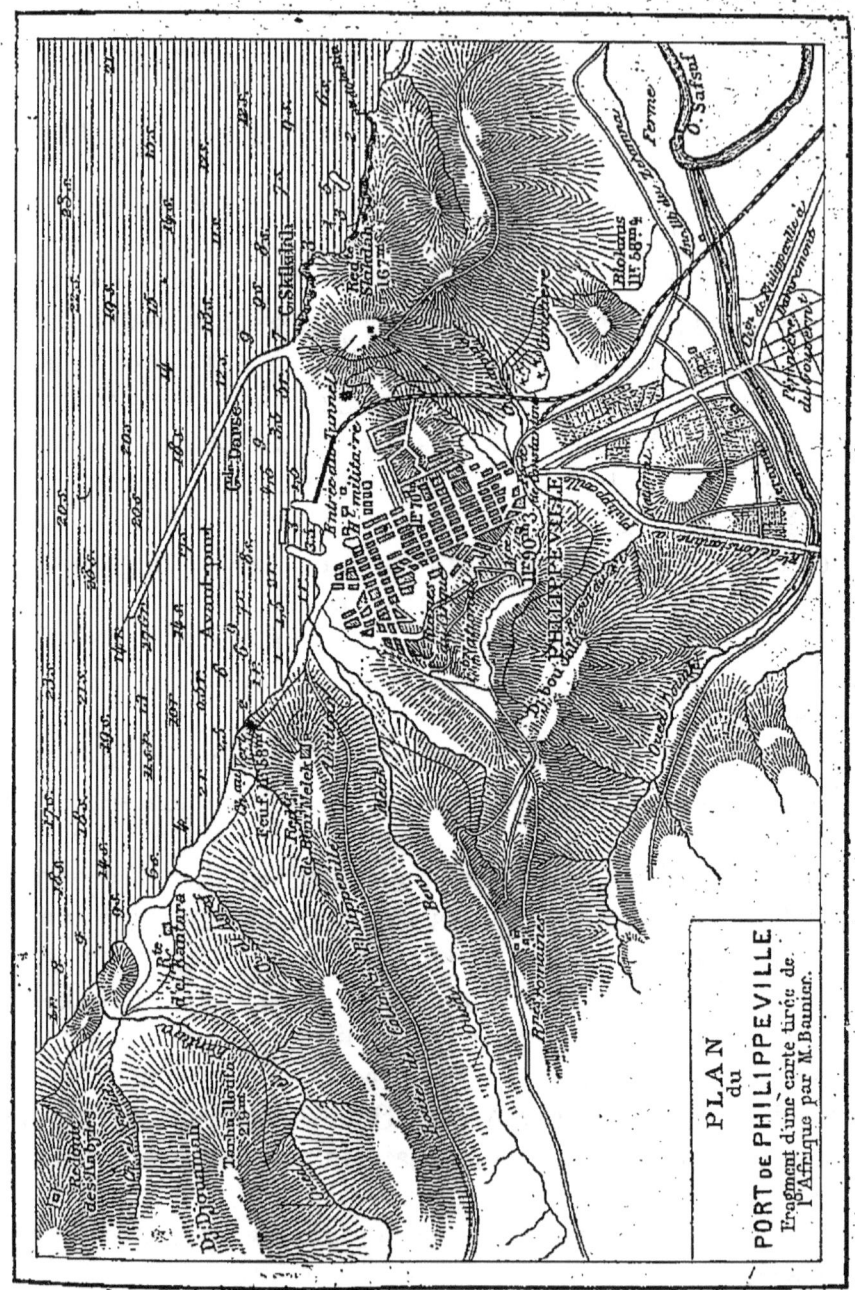

» Je n'ai pas laissé passer un seul jour sans aller me prome-

» et s'aplatissent sur le sol à ne plus paraître que des manteaux blancs étendus
» là pour sécher; ils se recroquevillent, prennent la forme de boules, de cubes,

ner dans la ville arabe. Je ne pouvais m'en rassasier. Première impression de nouveauté et la plus saisissante : une ville sans voitures. Où est le tumulte de nos cités, cette rumeur faite de mille bruits que la nuit apaise à peine pendant quelques heures ? Ici, le propriétaire s'étend devant sa maison, assuré du repos; les murs ont la blancheur du suaire; les rues ont le silence de la tombe; l'absence de fenêtres, les portes toujours closes accentuent cet air de mort. Dans les endroits où il n'y a ni boutiques ni cafés pour donner quelque animation, on pourrait se croire dans une ville abandonnée. Rien ne décèle la vie. Et quelle étrangeté d'aspects ! Comment décrire ce plan plus confus que celui du labyrinthe; ces rues qui narguent toute géométrie; ces descentes pareilles à un lit de torrent; ces escaliers qui ont l'air de plonger dans un abîme; ces couloirs si étroits, que le frottement des burnous en use les murs; ces étages en surplomb; ces pignons qui semblent vouloir vous barrer le passage; ces façades aveugles où il n'y a pas d'autre baie que la porte inhospitalière, bardée de fer et qui ouvre d'un air défiant un œil grillé sur ceux qui passent; ces boutiques dont la saleté est mal dissimulée par les vives couleurs des poires rouges, des tomates, des aubergines, des oignons et des pastèques; ces tables couvertes de figues de Barbarie dont les tons jaunâtres, violacés ou rouges, font songer aux couleurs livides d'un œil poché depuis trois jours; ces marchands couchés devant leur boutique comme pour inspirer aux clients l'idée de passer leur chemin; cette population solennelle; ces poses recueillies; ces groupes accroupis dans les coins; ces regards où se trahit la secrète antipathie ? Les femmes ne sont point aussi rares qu'on le croirait. Elles sont empaquetées dans un haïk bleu quadrillé de minces raies blanches. C'est le costume le plus affreux que j'aie vu en Algérie. Parfois une nichée de lambins en chemise s'envole d'une porte basse en poussant

---

» de monstres sans bras, sans jambes, sans tête; tellement que les rues et les
» places de la ville semblent jonchées de cadavres et de troncs humains, comme
» après un massacre. » (E. DE AMICIS, *le Maroc, Tour du Monde*, 1ᵉʳ sem. 1879,
p. 152.)

des cris gutturaux, ou bien un cavalier grave et fier, bien droit sur sa selle, débouche brusquement d'une rue latérale,

Philippeville, port de Constantine.

et il vous semble que le vent du désert sort des plis de son burnous. Sur les derniers gradins du roc dont le Rummel ronge le pied se sont établis des tanneurs. Avec les peaux qui sèchent au soleil, les cuves de chaux où les peaux perdent le poil, les cuves de tan d'où elles ressortent à l'état de cuir, la teinte sanguinolente que le tan donne à toute la tannerie, les planches rongées de leurs enclos, les corbeaux et les vautours qui tournoient sur le flanc du rocher et le gouffre ouvert à quelques pas comme un trou noir sans fond, leurs installations ont une belle horreur pittoresque qui nous séduisait vivement. Ils nous laissaient entrer sans rien dire et nous regardaient, gênés. Je sentais qu'ils devaient soupirer de satisfaction quand nous nous en allions. »

Paul Bourde,<br>
A travers l'Algérie, p. 64-74.<br>
(Paris, 1880, in-18, Charpentier.)

### Une fête indigène à Alger : les sacrifices de Bab-el-Oued.

« Vous venez de voir les blancs en fête ; au tour des noirs maintenant. Vous escaladez, à la suite de votre guide, les rues du Vent, du Chat, de la Girafe, Sabat-el-Zih, Akermimouth et autres glissoires destinées moins à des hommes qu'à des écureuils. Vous traversez un sombre vestibule et tout à coup vous vous trouvez comme transporté par enchantement au fin fond de la Nigritie, car à part douze ou quinze descendants de Sem et de Japhet, indigènes ou touristes attirés comme vous par la curiosité, tous les assistants, peints des plus obscures nuances, depuis le marron jusqu'au noir d'ivoire, entre le chocolat et l'ébène, appartiennent à la lignée de Cham. On n'a, pour tout siège, que la marche d'un escalier ou le rebord d'un puits à vous offrir. Orchestre nombreux : trois rangs de musiciens, les uns frappant, à les effondrer, des caisses de tous les calibres, d'autres tapotant des tambours de basque, les derniers s'escrimant avec de grosses castagnettes de fer accouplées deux à deux comme des boulets ramés. Un vacarme inimaginable.

» Au fond de la cour, sur un vieux fauteuil en bois sculpté du style de la Renaissance, stalle vermoulue de quelque église italienne pillée jadis par les corsaires de Barberousse, trône la maîtresse de la maison, puissante Soudanienne au teint de cirage verni, aux formes éléphantoïdes. Un foulard de soie lamé d'or flotte sur ses cheveux crêpus. De larges manches en gaze claire, un corsage de la nuance des pommes acides ou des coquelicots, et une espèce de pallium en mousseline brodée complètent son costume. Les bras nus ainsi que les mains, mais à tous les doigts des écus de six livres et des bouchons de carafe pour bagues.

» A ses côtés, sur des fauteuils moins hauts siègent les dames invitées. Autant d'échantillons de races éthiopiques. Leurs vêtements, pour la coupe et pour les nuances, semblent rivaliser d'étrangeté et d'éclat avec celui de l'amphitryonne. Tous les tons du spectre solaire, les plus doux comme les plus violents, le lilas avec l'écarlate, le rose auprès de l'indigo, s'y contrarient, s'y lient, s'y heurtent, s'y marient avec tant de souplesse et d'audace à la fois qu'il en résulte comme une discordance harmonieuse à laquelle l'œil, effarouché d'abord, finit par s'habituer et se plaire. Des colliers de verre, des bracelets d'étain, des couronnes de fleurs brochent sur le tout. Vos regards rencontrent bientôt, en examinant les autres détails de la scène, une chambre dont la porte ouverte laisse entrevoir des poules, des moutons, des chèvres, un jeune taureau. Les jolies bêtes gloussent, bêlent, broutent, ruminent avec un air de sécurité complète et, parfois même, franchissant le seuil de leur réduit, elles viennent se mêler au public qui les caresse. C'est la provision de victimes.

» Cependant la maîtresse de la maison, ajoutant la difformité d'un sourire à la laideur de sa majesté, descend solennellement de son trône. Elle prend par la main ses plus proches voisines et fait un léger signe aux autres. Toutes alors se lèvent, la suivent au milieu de la cour, et s'y rangeant, se mettent à marcher avec les piétinements, les balancements, les déhanchements et les minauderies qui caractérisent la danse orientale. Une douzaine de nègres se joignent à la sarabande, mais, au lieu d'en imiter la lente et monotone allure, ils sautent, ploient, se relèvent, tournent, bondissent...

» Après trois heures et plus de ces furibonds exercices, et quand chacun suant, haletant, a repris sa place, un mouvement de curiosité se manifeste dans l'assistance. Les hommes se haussent en allongeant le cou, les dames grimpent sur leurs sièges et bientôt l'on voit apparaître marchant deux par deux et solennelles comme une procession de fantômes, des négresses enveloppées dans de grands pagnes de Guinée. Elles portent chacune, sur un plateau d'alfa, quelques instruments de sacrifice, ici les couteaux, là le linge, ensuite la crème, l'encens et vingt autres objets dont on ne saurait tout d'abord s'expliquer l'usage. Les hideuses canéphores ne se sont pas plutôt rangées en bataille devant la chambre des victimes, que d'autres les suivent tenant des réchauds remplis de braise. La présidente y jette quelques pincées d'une résine préalablement sanctifiée par diverses pratiques, et d'épais tourbillons parfument l'enceinte.

» Alors s'avance, l'air farouche et en guenilles, le sacrificateur. Il s'incline par trois fois devant le thuribulum, par trois fois étend au-dessus, comme pour la purifier, une espèce de toge blanche dont il se couvre ensuite avec pompe. Un bonnet consacré remplace, sur son chef, la calotte profane, et ses reins s'enveloppent d'un large tablier. Puis, prenant sur l'un des plateaux l'arme affilée des hécatombes, il la brandit au milieu de l'encens. Plusieurs poulets attachés par les pattes lui sont aussitôt livrés. Il les tient d'abord quelque temps en l'air, palpitants et battant des ailes; il les soumet ensuite à la fumée des fourneaux, décrit, en les balançant avec dextérité, de grands cercles dans l'espace : après quoi, les ayant déliés, il couche l'un d'eux par terre, l'y fixe par les pattes avec son pied gauche et d'un coup de couteau magistral il termine par une saignée ce premier acte du drame. La pauvre bête, un instant surexcitée par les transes de l'agonie, se relève, court au hasard et va tomber expirante

# PLAN DU PORT D'ALGER ET DE SES ENVIRONS

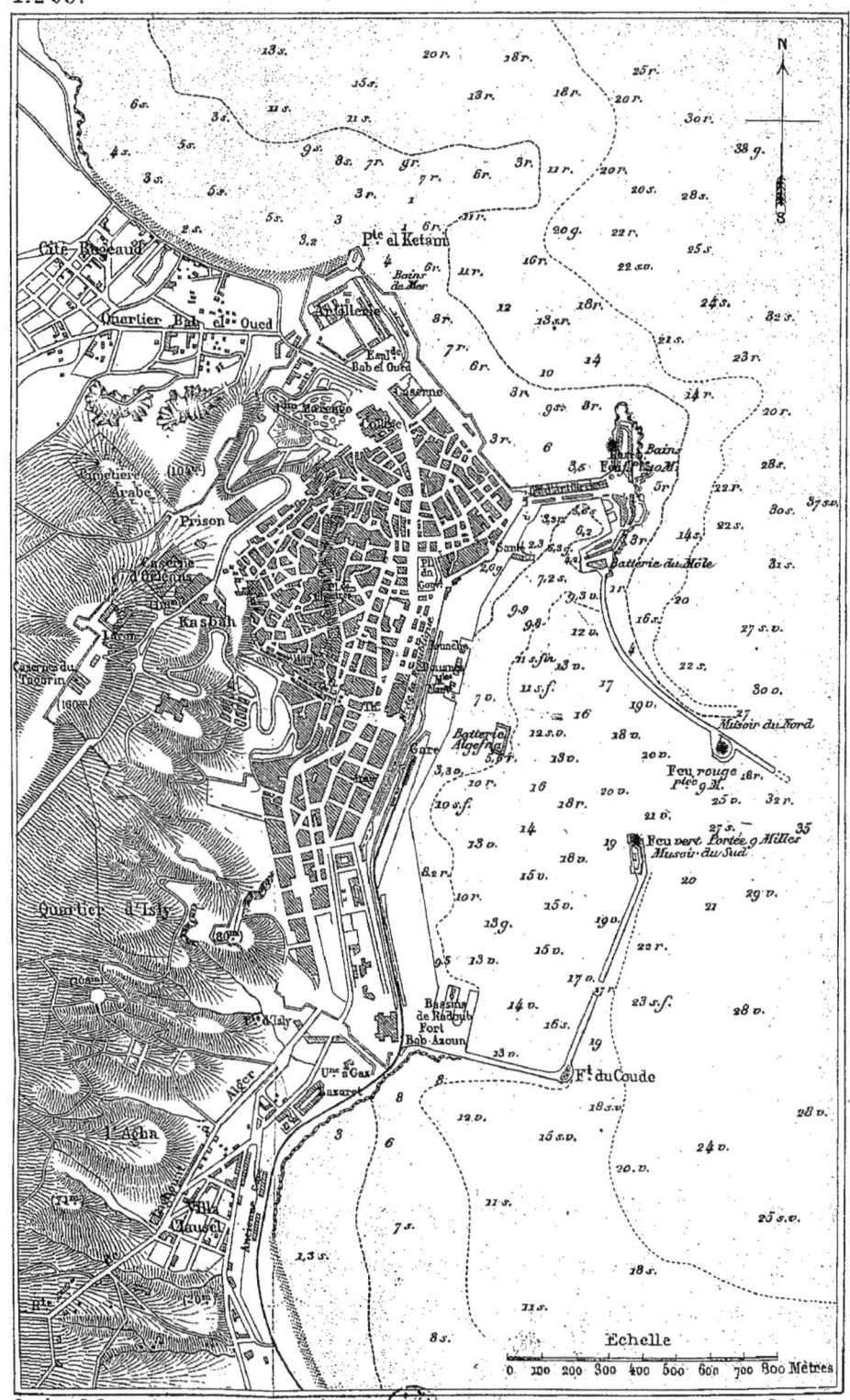

aux pieds de quelque invité. Ses consorts ont la même fin et bientôt vingt, trente, quarante victimes maculées de sang gisent au milieu de la cour.

» Des moutons, des chevreaux sont ensuite amenés. Les négresses en pagne bleu leur font avaler à chacun trois cuillerées de crème. Le sacrificateur les renverse, les égorge et d'un bras vigoureux les lance pantelants sur le monceau de bipèdes. La fête se termine par l'égorgement du taureau. Des flots de sang inondent la salle, jaillissent sur les spectateurs, et la dentelle, et le brocard, et le visage de ces dames en sont, à leur grande jubilation, mouchetés et souillés. Bien mieux, comme pour ne rien perdre des souffrances de l'agonisant, elles se rapprochent de lui, l'entourent, et se mettent à lui roucouler je ne sais quelles cantilènes en les accompagnant de leurs plus aimables singeries et de leurs plus sympathiques grimaces. Bénis, semblent-elles dire, bénis l'heureux destin qui t'a choisi parmi tous tes pareils pour figurer dans nos rites sacrés ! Ta chair, purifiée par l'encens et le couteau des sacrifices, aura l'insigne honneur d'être religieusement dévorée par nous ce soir, et ton âme régénérée s'envolera tout droit dans le paradis des taureaux. »

Charles DESPREZ,<br>
*L'Hiver à Alger*, ch. XI.<br>
(Alger, 1879, 4° éd., in-18, Jourdan.)

### Alger; la ville française et la ville arabe; le peuple arabe.

« Il y a deux villes dans Alger; la ville française, ou, pour mieux dire européenne, qui occupe les bas quartiers et se prolonge aujourd'hui sans interruption jusqu'au faubourg de l'Agha; la ville arabe, qui n'a pas dépassé la limite des murailles turques, et se presse comme autrefois autour de la Kasbah, où les zouaves ont remplacé les janissaires.

» La France a pris de la vieille enceinte tout ce qui lui convenait, tout ce qui touchait à la marine ou commandait les portes, tout ce qui était à peu près horizontal, facile à dégager, d'un accès commode ; elle a pris la Djenina, qu'elle a rasée, et l'ancien palais des pachas, dont elle a fait la maison

Vue panoramique d'Alger et de la rade.

de ses gouverneurs ; elle a détruit les bagnes, réparé les forts, transformé le môle, agrandi le port; elle a créé une petite rue de Rivoli avec les rues Bab-Azoun et Bab-el-Oued, et l'a peuplée, comme elle a pu, de contrefaçons parisiennes; elle a fait un choix dans les mosquées, laissant les unes au Coran, donnant les autres à l'Evangile. Tout ce qui était administration civile et religieuse, la magistrature et le haut clergé, elle l'a maintenu sous ses yeux et dans sa main, garantissant à chacun la liberté de sa foi religieuse et morale; elle a voulu que les tribunaux et les cultes fussent mitoyens, et, pour mieux exprimer par un petit fait l'idée qui préside à sa politique, elle a permis à ses prêtres catholiques de porter la longue barbe virile des ulémas et des rabbins. Elle a coupé en deux, mais par nécessité seulement, les escaliers qui font communiquer la basse ville avec la haute; elle a conservé les bazars au milieu des nouvelles rues marchandes, afin de mêler les industries par le contact, et pour que l'exemple du travail en commun servît à tous. Des places ont été créées, comme autant de centres de fusion pour les deux races; la porte Bab-Azoun, où l'on suspendait à côté de leurs têtes les corps décapités, a été détruite; les remparts sont tombés; le marché au savon, où se donnaient rendez-vous tous les mendiants de la ville, est devenu la place du théâtre; ce théâtre existe, et, pour le construire, nos ingénieurs ont transformé en terrasse l'énorme rampe qui formait le glacis escarpé du rempart turc. Les anciennes limites une fois franchies, l'œuvre s'est continuée du côté de l'est, la mer lui faisant obstacle à l'ouest et au nord. De vastes faubourgs relient Alger au *Jardin d'essai*. Enfin la porte Neuve (Bab-el-Djeddid), celle-là même par laquelle l'armée de 1830 est entrée, reportée quelques cents mètres plus loin, se nomme *porte d'Isly*, et la statue du maréchal agronome est placée là comme un emblème définitif de victoire et de possession.

» Voilà pour la ville française. L'autre, on l'oublie; ne pouvant supprimer le peuple qui l'habite, nous lui laissons tout juste de quoi se loger, c'est-à-dire le belvédère élevé des anciens pirates. Il y diminue lui-même, se serrant encore instinctivement contre son palladium inutile, et regardant avec un regret inconsolable la mer qui n'est plus à lui.

» Entre ces deux villes si distinctes, il n'y a d'autres barrières, après tant d'années, que ce qui subsiste entre les races de défiance et d'antipathies : cela suffit pour les séparer. Elles se touchent, elles se tiennent dans le plus étroit voisinage, sans pour cela se confondre ni correspondre autrement que par ce qu'elles ont de pire, la boue de leurs ruisseaux et leurs vices. En bas, le peuple algérien est chez nous; en haut, nous pouvons croire encore, à l'heure qu'il est, que nous sommes chez les Algériens. Ici, on parle toutes les langues de l'Europe; là, on ne parle que la langue insociable de l'Orient. De l'une à l'autre, et comme à moitié chemin des deux villes, circule un idiome international et barbare, appelé de ce nom de *sabir*, qui lui-même est figuratif et veut dire « comprendre. » Se comprend-on? se comprendra-t-on jamais? Je ne le crois pas.....

» ..... Au fond, les Arabes, nos voisins du moins, ceux que nous appelons les nôtres, demandent peu de chose ; par malheur, ce peu de chose, nous ne saurions le leur accorder. Ils demandent l'intégrité et la tranquillité de leur dernier asile, où qu'il soit, et si petit qu'il soit, dans les villes comme dans les campagnes, même à la condition d'en payer le loyer, comme ils ont fait depuis trois siècles, et tant bien que mal, entre les mains des Turcs, qui ne nous valaient pas comme propriétaires. Ils voudraient n'être pas gênés, coudoyés, surveillés, vivre à leur guise, se conduire à leur fantaisie, faire en tout ce que faisaient leurs pères, posséder sans qu'on cadastre leurs terres, bâtir sans qu'on aligne leurs rues, voyager sans qu'on observe leurs démarches, naître sans qu'on les enregistre, grandir sans qu'on les vaccine, et mourir sans formalités. Comme indemnité de ce que la civilisation leur a pris, ils revendiquent le droit d'être nus, d'être indigents, de mendier aux portes, de coucher à la belle étoile, de déserter les marchés, de laisser les champs en friche, de mépriser le sol dont on les a dépossédés, et de fuir une terre qui ne les a pas protégés. Ceux qui possèdent cachent et thésaurisent; ceux qui n'ont plus rien se réfugient dans leur misère, et de tous les droits qu'ils ont perdus, celui qui leur tient le plus au cœur peut-être, c'est le droit de se résigner et l'indépendance de leur pauvreté.

» Je me souviens, un soir, pendant un séjour que je fis à Blida, d'avoir rencontré, près de la porte d'Alger, un Arabe qui faisait ses dispositions pour passer la nuit. Il était vieux, fort misérable, mal couvert de haillons qui le cachaient à

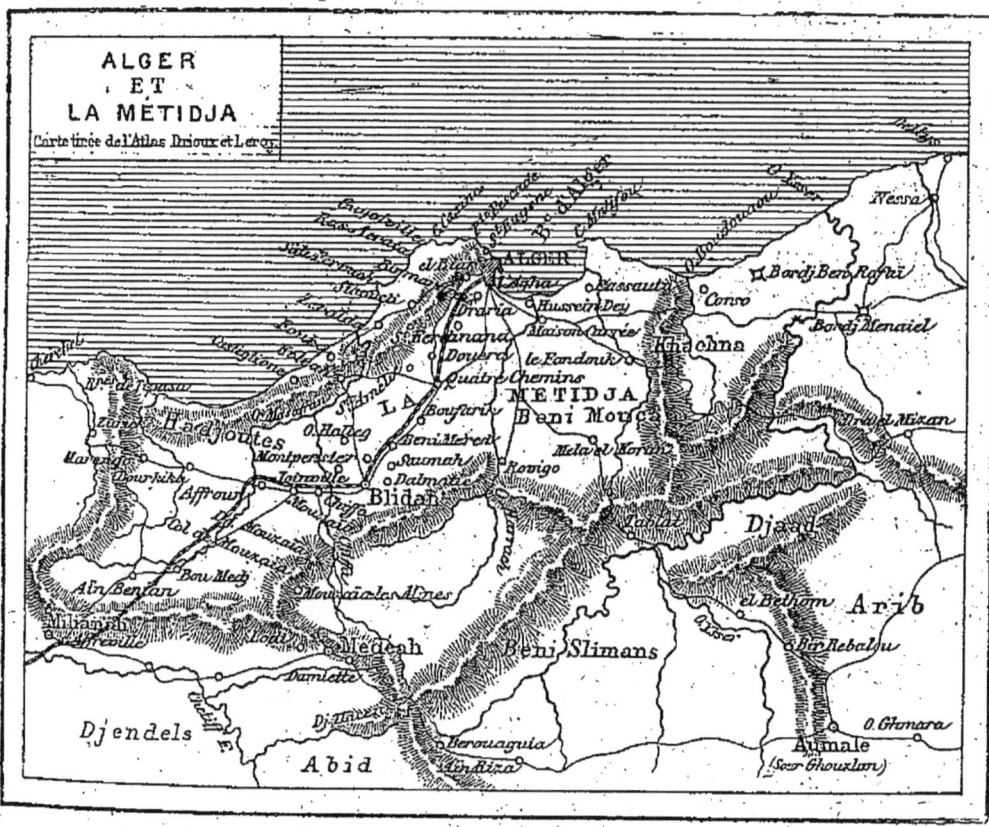

peine, harassé comme s'il eût fait une longue étape; il rôdait autour du rempart, évitant d'être vu par les sentinelles, et cherchant parmi les cailloux de la route un petit coin pour s'y coucher. Dès qu'il m'aperçut, il se leva et me demanda comme une aumône la permission de rester là. — Tu ferais mieux d'entrer dans la ville, lui dis-je, et d'aller loger au Fondouk. — Il me regarda sans me répondre, prit son bâton, qu'il avait déjà posé par terre, renoua sa sacoche autour de ses reins, et s'éloigna dans un silence farouche. Je le rappelai, mais en vain ; il refusait une hospitalité offerte dans nos murs, et ma pitié le faisait fuir.

» Ce que ces proscrits volontaires détestent en nous, car ils nous détestent, ce n'est donc pas notre administration, plus équitable que celle des Turcs, notre religion tolérante envers la leur ; ce n'est pas notre industrie, dont ils pourraient profiter, notre commerce, qui leur offre des moyens d'échange ; ce n'est pas non plus l'autorité, car ils ont la longue habitude de la soumission, la force ne leur a jamais déplu, et comme les enfants, ils accepteraient l'obéissance, sauf à désobéir souvent. Ce qu'ils détestent, c'est notre voisinage, c'est-à-dire nous-mêmes ; ce sont nos allures, nos coutumes, notre caractère, notre génie. Ils redoutent jusqu'à nos bienfaits. Ne pouvant nous exterminer, ils nous subissent ; ne pouvant nous fuir, ils nous évitent. Leur principe, leur maxime, leur méthode est de se taire, de disparaître le plus possible et de se faire oublier.

» ..... Ce peuple a pour lui un privilège unique, et qui, malgré tout, le grandit ; c'est qu'il échappe au ridicule. Il est pauvre sans être indigent, il est sordide sans trivialité. Sa malpropreté touche au grandiose ; ses mendiants sont devenus épiques ; il y a toujours en lui du Lazare et du Job. Il est grave, il est violent ; jamais il n'est bête, ni grossier. Toujours pittoresque dans le bon sens du mot, artiste sans en donner la preuve autrement que par sa retenue, naturellement, et je ne sais par quel instinct supérieur, il relève jusqu'à ses défauts et prête à ses petitesses l'énergie des difformités ; ses passions, qui sont à peu près les nôtres, ont un tour plus grand qui les rend presque intéressantes, même quand elles sont coupables.

» Il a la dignité naturelle du corps, le sérieux du langage, la solennité du salut, le courage absolu dans sa dévotion ; il est sauvage, inculte, ignorant ; mais en revanche il touche aux deux extrêmes de l'esprit humain, l'enfance et le génie, par une faculté sans pareille, l'amour du merveilleux. Enfin ses dons extérieurs font de lui un type accompli de la beauté humaine, et pour des yeux exigeants, c'est bien quelque chose.

» Tous ces attributs, il les garde, toutes ces qualités, il les conserve sans en rien perdre, avec une force de résistance ou d'inertie qui de toutes les forces est la plus invincible. Il a tout retenu comme au premier jour, ses usages, ses superstitions, son costume, et la mise en scène à peu près complète de cette existence opiniâtre dans la religion du passé. On pourra le déposséder entièrement, l'expulser de son dernier refuge, sans obtenir de lui quoi que ce soit qui ressemble à l'abandon de lui-même. On l'anéantira plutôt que de le faire abdiquer.

» En attendant, cerné de toutes parts, rebelle à tout progrès, indifférent même aux destinées qu'on lui prépare, aussi libre néanmoins que peut l'être un peuple exproprié, sans commerce, presque sans industrie, il subsiste en vertu de son immobilité même et dans un état voisin de la ruine, sans qu'on puisse imaginer s'il désespère ou s'il attend. Quel que soit le sentiment vrai qui se cache sous la profonde impassibilité de ces quelques milliers d'hommes isolés désormais parmi nous, désarmés, il leur reste encore un moyen de défense insaisissable : ils sont patients, et la patience arabe est une arme de trempe extraordinaire dont le secret leur appartient, comme celui de leur acier. Ils sont donc là, tels qu'on les a vus de tout temps, dans leurs rues sombres, fuyant le soleil, tenant plus que jamais leurs maisons closes, négligeant le trafic, économisant leurs besoins, s'environnant de solitude par précaution contre la foule, se prémunissant par le silence contre les envahissements d'un fléau aussi grand pour eux que tous les autres, les importuns.

» Leur ville, dont la construction même est le plus significatif des emblèmes, leur *ville blanche* les abrite, à peu près comme le burnous national les habille, d'une enveloppe uniforme et grossière. Des rues en forme de défilés, obscures et fréquemment voûtées ; des maisons sans fenêtres, des portes basses ; des échoppes de la plus pauvre apparence ;

des marchandises empilées pêle-mêle, comme si le marchand avait peur de les montrer; des industries presque sans outils,

Blida et ses environs.

certains petits commerces risibles, quelquefois des richesses au fond d'un chausson; pas de jardins, pas de verdure, à peine un pied mourant de vigne ou de figuier qui croupit dans les décombres des carrefours; des mosquées qu'on ne voit pas, des bains où l'on va mystérieusement, une seule masse compacte et confuse de maçonnerie, bâtie comme un sépulcre, où la vie se dérobe, où la gaieté craindrait de se faire entendre; telle est l'étrange cité où vit, où s'éteint plutôt un peuple qui ne fut jamais aussi grand qu'on l'a cru, mais qui fut riche, actif, entreprenant.

» ..... On sait à quoi se réduit ce qu'on aperçoit de sa vie publique, ce qui s'appelle par analogie son industrie ou son commerce; la statistique est ici des plus simples : des brodeurs sur étoffes, des cordonniers, des marchands de chaux, des bijoutiers du dernier ordre, des grainetiers vendant à la fois des épices et du tabac; des fruitiers approvisionnés, suivant la saison, d'oranges ou de pastèques, de bananes ou d'artichauts; quelques laiteries, des barbiers surtout, des boulangeries banales et des cafés. Cette énumération, qui n'est pas même complète, donne au moins la mesure assez exacte des besoins; elle définit mieux que toutes les redites les causes matérielles de cette tranquillité sans exemple où ce peuple se complaît.

» Quant à la vie privée, elle est, comme dans tout l'Orient, protégée par des murs impénétrables. Il en est des maisons particulières comme des boutiques, même apparence discrète et même incurie à l'extérieur. Les portes ne s'ouvrent jamais qu'à demi, et retombent d'elles-mêmes par leur propre poids. Tout est ombrageux dans ces constructions singulières admirablement complices des cachoteries du maître; les fenêtres ont des barreaux, et toutes sortes de précautions sont prises aussi bien contre les indiscrétions du dehors que contre les curiosités du dedans. Derrière ces clôtures taciturnes, ces portes massives comme des portes de citadelles, ces guichets barricadés avec du fer, il y a des choses qu'on ignore, il y a les deux grands mystères de ce pays-ci, la fortune mobilière et les femmes. De l'une et des autres, on ne connaît presque rien. L'argent circule à peine, les femmes sortent peu. L'argent ne se montre guère que pour passer d'une main arabe dans une main arabe, pour se convertir en petite consommation ou en bijoux. Les femmes ne sortent que voilées, et leur rendez-vous le plus habituel est un lieu d'asile inviolable : ce sont les bains..... Il est bien convenu que délicieuse ou non pour ceux qui l'habitent, luxueuse ou pauvre, une maison d'Arabe est une prison à forte serrure et fermée comme un coffre-fort. Le maître avare en a la clef; il y renferme ensemble tous ses secrets, et nul ne sait, nul ne peut dire ce qu'il possède, ni combien, ni quel en est le prix. »

Eugène FROMENTIN[1],<br>
Une année dans le Sahel.<br>
(Paris, 1877, 4° éd., in-18, Plon.)

### Les Arabes nomades.

« L'Arabe pur sang est grand, mince, élancé, musculeux; il offre un mélange remarquable d'élégance et de vigueur; les extrémités sont fines, les membres allongés, souples et forts. La figure est d'un ovale un peu tiré avec des traits réguliers : le nez aquilin, l'œil vif, les dents éclatantes; seul le front, étroit et fuyant, manque de noblesse. Le grand air, la poussière, le soleil tannent la peau et lui donnent cette belle teinte bronzée qui se marie si bien au dessin énergique du visage. C'est surtout parmi les nomades, dans l'aristocratie saharienne, que ce type se retrouve dans toute sa beauté; on voit réellement un magnifique spécimen de l'espèce quand un homme de grande tente apparaît drapé dans ses burnous; le vêtement aux larges plis, sans gêner l'aisance des mouvements, les enveloppe d'une ampleur majestueuse; le haïk

---

[1] M. Fromentin (Eugène, peintre français, né à la Rochelle en 1820, a fait de 1842 à 1846 un voyage en Orient : l'Algérie lui fournit principalement la matière de ses desseins et de ses notes. Recueillies et complétées, ses impressions ont été publiées dans deux volumes où le génie de l'écrivain égale presque en mouvement et en éclat celui de l'artiste : *Un été dans le Sahara*, *Un été dans le Sahel*, 2 vol. in-18, 1857-59. Ils ont été réunis, en 1879, en un seul volume illustré à l'aide des croquis de l'auteur lui-même, empruntés à ses albums ou à ses tableaux.

blanc, serré par la corde en poil de chameau, encadre le visage et en fait ressortir la chaude coloration. Ce n'est pas à dire que tous les Arabes ressemblent aux superbes cavaliers de Fromentin. La race est le plus souvent altérée par des mélanges ou abâtardie par la misère et le vice[1]. Il est rare cependant qu'elle n'ait pas conservé ses qualités physiques, sa vigueur, son étonnante agilité. On a beaucoup vanté les cavaliers arabes : mais les piétons, il faut les voir sur quelque route poudreuse, en plein soleil, marcher de leur pas allongé, égal, infatigable. Ils supportent les privations et les peines avec une force de résistance qu'on ne trouve chez aucun autre peuple ; enfants, on les a laissés à eux-mêmes, exposés tout nus au chaud, au froid, au vent, au soleil, à la pluie ; la sélection s'est faite toute seule ; ce qui était mal venu,

---

[1]. Nous complétons ces portraits, si vivement dessinés, par la brillante page qui suit, tirée du livre de M. Paul Bourde, où nous avons tant puisé : « La race » bien mélangée : il en est peu qui répugne moins aux alliances étrangères. Un » musulman vaut un autre musulman, quelles que soient son origine et la cou- » leur de sa peau. Pendant huit siècles, les marchands ont amené librement du » Soudan des caravanes de négresses qui ont laissé de fortes traces dans les géné- » rations actuelles. Un masque élargi, un gros nez, des pommettes saillantes, un » profil prognathe, des lèvres épaisses, ne sont point rares, et décèlent le métis. » Mais souvent on aperçoit le pur type sémite, un des plus intéressants que je » connaisse. Il séduit et repousse à la fois. Il séduit nos goûts artistiques par sa » beauté, et repousse notre sympathie par je ne sais quel air de ruse qui inspire » la défiance. Toute la personne est maigre et allongée, le visage ovale, le nez » aquilin, les narines ouvertes par le souffle de la passion, les yeux d'une profon- » deur qui saisit et d'un orbite très grand ; l'intervalle qui les sépare, fort rétréci, » et qui est, je crois, la principale cause de l'expression de ruse dont je viens de » parler. Les lèvres sont minces ; la bouche est parfois démesurée et montre des » dents qui effraient ; une barbe noire, longtemps assez rare et terminant le men- » ton en pointe, l'encadre virilement. La physionomie donne l'idée d'une intelli- » gence très subtile et très attentive ; elle aide singulièrement à comprendre ce » peuple grammairien et ergoteur qui a poussé plus loin qu'aucun autre l'art de » couper un cheveu en quatre. Souvent elle atteint une extrême intensité d'ex- » pression ; cet œil cave et sombre, cette mine émaciée vous révèlent l'enthousiaste » qui finira peut-être un jour en fanatique ; ce regard faux, cette bouche cruelle, » ce maigre corps de bandit, drapé dans ses guenilles, vous font souhaiter de » n'en pas rencontrer le propriétaire au tournant d'une route de désert. Il arrive » aussi que l'expression tourne à la douceur, et je hasarde le mot, elle devient » sublime. — Fourbes ou fanatiques, voleurs ou prophètes, tous ont, du reste, une » chose qui portera toujours notre imagination à se laisser duper en les appré- » ciant ; c'est la noblesse biblique de l'attitude et des gestes. Ils ont les membres » longs, ce qui donne de l'ampleur à leurs mouvements ; et la vie au grand air, les » exercices constants, la conviction que le musulman est le premier des hommes, » les habituent à une aisance de manières dont nos vieilles sociétés ont oublié » jusqu'au souvenir. Si jamais nos artistes perdaient la notion de la mâle élé- » gance, celle qui résulte d'un corps harmonieux et vigoureux, ils pourraient la » retrouver en regardant le dernier des goujats arabes. » (P. BOURDE, *A travers l'Algérie*, pp. 81-83.)

imparfaitement constitué, a succombé; les survivants sont comme l'acier trempé. Même la maladie ne peut les terrasser. Les affections cutanées, les maux d'yeux, les rhumatismes, produits par la mauvaise hygiène et la malpropreté, sont des compagnons incommodes, mais qu'on accepte assez gaillardement : quand viennent les épidémies, fièvre, variole, typhus, ils n'essayent pas de se préserver ou de se défendre, ils meurent par milliers avec plus d'indifférence encore que de résignation.

» Parmi les Arabes et les Berbères assimilés, l'élément nomade est le plus nombreux. Ils sont nomades par disposition héréditaire, mais surtout parce que la nature du pays leur impose ce genre d'existence. En l'état actuel, la plus grande partie du Sahara et de la région des plateaux n'est pas susceptible d'une culture régulière. Ces grands espaces nus et brûlés pendant la saison sèche, couverts après les pluies d'une belle végétation, forment des pâturages intermittents, des terrains de parcours. La richesse des nomades consiste dans leurs troupeaux; il faut qu'ils leur trouvent de la nourriture et de l'eau : de là les migrations régulières du sud au nord et du nord au sud concordant avec le mouvement des saisons. Aux approches de l'été, les caravanes se mettent en route vers le Tell; elles y arriveront après la moisson faite ; les bêtes trouveront encore leur pâturage dans les champs dépouillés. A l'automne, quand tombent les premières pluies, on revient sur les hauts plateaux et dans le Sahara. C'est un curieux spectacle que celui d'une tribu en marche : les chameaux s'avancent gravement, en file, portant les provisions, les tentes, les ustensiles de ménage; puis viennent quelques bœufs ou vaches maigres, les chèvres et la masse serrée des moutons qu'entoure un nuage de poussière; les femmes, leurs enfants sur le dos, cheminent à pied ; seules les grandes dames du désert prennent place dans l'*attatouch*, le palanquin installé sur le chameau. Les hommes, le fusil au poing, sont en avant pour éclairer la route ou en arrière pour la protéger, d'autres courent sur les flancs de la longue colonne, surveillant les bêtes, les empêchant de s'égarer ou d'être volées. Le soir, on s'arrête et l'on campe.

» La demeure du nomade, c'est la tente : un grand poteau et deux perches, quelques pieux fichés en terre supportent ou assujettissent la grande pièce d'étoffe formée de *felidj* cousus ensemble. Le *felidj* est une longue bande de laine et de poil de chameau que les femmes tissent dans les journées où l'on n'est pas en marche. La tente, si belle qu'elle soit, est un médiocre abri ; elle défend mal ses habitants contre le soleil, la pluie, la neige, mais elle est portative et légère. Elle leur suffit, et ils l'aiment ; le nomade repose mal sous un toit, il a horreur de nos maisons de pierre. Un jour, un général en tournée dans le sud engagea quelques chefs à se construire des maisons : ils obéirent à un conseil qu'ils considéraient comme un ordre ; quand le général passa de nouveau, les maisons étaient bâties, mais leurs propriétaires campaient à côté. L'ameublement d'une tente est d'une simplicité rudimentaire : deux pierres pour former le foyer, des tellis où sont les provisions, des peaux de bouc goudronnées pour l'eau, une marmite en terre, quelques plats en bois ou en alfa, des nattes grossières, et chez les riches un tapis. On a vu des caïds s'offrir le luxe d'une table avec des couverts, mais chez les nomades on peut compter ces sybarites. La nourriture habituelle est le couscous, sorte de gruau que les femmes fabriquent elles-mêmes avec de la farine d'orge ou de froment ; des galettes légères assez semblables à nos crêpes tiennent lieu de pain. Le lait, le miel et les dattes figurent pour une grande part dans l'alimentation. Rarement on mange de la viande ; il faut pour cela une grande occasion, une fête religieuse, une cérémonie familiale, une diffa offerte à des étrangers. Alors on égorge un mouton, on le dépouille, on le traverse d'une sorte de broche et on le fait tourner doucement devant un feu de broussailles en l'arrosant de beurre fondu : c'est le mets le plus succulent de la cuisine indigène.

» Les nomades cultivent peu, l'élevage est leur grande affaire ; le mouton leur donne de la viande ; la chèvre, la vache, la chamelle leur fournissent du lait. Avec la laine ou le poil de ces animaux ils ont la matière première de leurs vêtement et de leurs tentes. Le commerce leur est aussi de quelque secours; ils échangent des dattes récoltées dans les oasis du sud contre les céréales du Tell; ils vendent pour l'exploitation une partie de leurs troupeaux; ils n'achètent guère que des grains, quelques armes et des bijoux pour leurs femmes. En somme, ils ont peu de besoins et savent presque toujours y suffire eux-mêmes.

» L'instinct nomade se retrouve chez les sédentaires du Tell, ils se meuvent dans un rayon moins étendu, mais ils se déplacent facilement; en été, la plupart habitent sous la tente; l'hiver, le froid les oblige à se fabriquer des gourbis, les murs sont en terre ou en sable grossièrement maçonné, la toiture en diss ou en alfa. Ni portes, ni fenêtres, ni cheminées; le sol n'est pas même battu. Bêtes et gens s'entassent pêle-mêle dans cet abri moins léger que la tente, mais plus malpropre et plus malsain. Avec ses tentes ou ses gourbis rangés en cercle, à l'écart des routes et des chemins fréquentés, gardé contre les fauves et les intrus par ses chiens maigres toujours grondants, le douar a moins l'air d'un village que d'un campement. Les chefs, plus sensibles aux avantages du confort, se bâtissent, quand ils le peuvent, de vraies maisons où il y a des portes, des fenêtres, des murs solides soigneusement blanchis à la chaux; l'installation est celle d'une ferme très simple; on utilise presque toutes les chambres comme magasins à grains et à fourrage; quelques meubles français, tout dépaysés, se mêlent aux nattes, aux tapis et aux coffres indigènes. »

Maurice WAHL[1],
L'*Algérie*, liv. IV, ch. 1<sup>er</sup>.

(Paris, 1882, in-8°, Germer-Baillière.)

---

1. M. Maurice Wahl, ancien professeur d'histoire au lycée d'Alger, aujourd'hui au lycée de Lyon, a publié en 1882, sur l'Algérie qu'il connaît à fonds, un des ouvrages de vulgarisation les plus complets et les plus méthodiques qui aient encore paru sur la matière. Nous signalons avec plaisir cet excellent livre où les vues originales abondent, et où la solidité de la science est heureusement unie à la vigoureuse netteté de la forme.

## Les Kabyles : habitations, costumes, aliments.

« Le peuple kabyle, confiné dans d'étroites limites territoriales, s'est fixé résolument au sol qu'il devait défendre, pendant une série de siècles, contre les efforts envahissants des races conquérantes. La vie pastorale et errante des Arabes était impossible aux Kabyles, en raison du blocus auxquels les soumettaient des voisins hostiles et vigilants. Ils se sont donc solidement retranchés dans leurs montagnes, et y sont devenus essentiellement agriculteurs, industriels et commerçants. Sollicités d'ailleurs par les intempéries du climat, ils ont construit des habitations, et les ont agglomérées dans un but de mutuelle assistance.

» Le voyageur qui traverse la Kabylie est frappé par la situation pittoresque des villages, qui couronnent la plupart des saillies anguleuses des contre-forts du Jurjura. Le blanc minaret d'une mosquée domine souvent des maisons de pierre, recouvertes de tuiles. Les villages ont nécessairement la configuration des crêtes sur lesquelles ils sont construits; ils sont généralement longs et étroits. Les maisons sont rangées assez régulièrement suivant une voie principale, à laquelle aboutissent des ruelles strictement assez larges pour livrer passage à un mulet chargé. La situation des villages sur les crêtes avait sa raison, avant l'occupation française, dans la nécessité, pour chaque tribu ou chaque fraction de tribu, de repousser facilement les attaques ordinairement fréquentes de voisins querelleurs. Chaque hameau, chaque village était une petite place de guerre. La mosquée, crénelée et barricadée, servait de réduit aux derniers et plus vaillants défenseurs. La position des villages a encore un autre motif : la terre cultivable, suffisant à peine aux besoins d'une nombreuse population, est ménagée autant que possible ; les crêtes dénudées, rocheuses, inutiles à l'agriculture, sont réservées à l'assiette des habitations, pour peu qu'elles soient abordables par des sentiers muletiers...

« ..... Dans la plus grande partie de la Kabylie, les centres

Vue de Bougie (Kabylie).

de population se présentent sous un aspect pittoresque et riant; mais cette apparence d'un bien-être décevant est loin de s'offrir partout aux yeux de l'étranger. On trouve souvent de grossières huttes de pierre et de boue, recouvertes d'une charpente primitive, revêtue elle-même de plaques de liège irrégulièrement assemblées ; dans certaines vallées du littoral, on voit des gourbis de branches entrelacées et réunies entre elles par un mortier de terre et d'excréments animaux.

» Dans les beaux villages, les maisons, construites en pierres et en mortier de terre, sont réunies à angle droit par deux ou trois, de façon à ménager entre elles une cour intérieure. Dans chaque corps de logis habitent non seulement les membres d'une famille humaine, composée en moyenne de trois ou quatre individus, mais encore toute la domesticité animale ; l'âne ou le mulet, la vache, la chèvre ou le bouc. Tout ce monde vit, respire, au moins pendant la nuit, dans un espace que l'on peut à peine évaluer à 60 mètres cubes, et dans lequel le renouvellement de l'atmosphère semble soigneusement prévenu. La quantité d'air contenue dans cet espace suffirait à peine à alimenter la respiration d'un adulte pendant dix heures, en admettant avec Pictet que le volume d'air à fournir dans les habitations doit être égal à 6 mètres cubes par individu et par heure.

» L'intérieur de la maison kabyle est invariablement distribué de la manière suivante. La porte, seule ouverture capable de donner au réduit de l'air et de la lumière, est assez basse pour qu'un homme de moyenne taille soit obligé de se baisser pour y passer : elle se trouve à peu près au milieu d'une des longues faces du corps de logis. L'unique pièce d'habitation est divisée en deux parties inégales par un petit mùr (*bank*), qui s'élève à un demi-mètre au-dessus du sol. La portion la plus vaste est habitée par la famille ; son étendue est égale à peu près aux deux tiers de la capacité de la chambre ; elle est un peu élevée au-dessus du sol extérieur par un pavé de maçonnerie. La portion la plus étroite est réservée aux bestiaux ; c'est une écurie assez mal tenue, dans laquelle s'entasse une litière malpropre et où séjournent les déjections animales. Sur le mur qui sépare ces deux compartiments sont rangées de grandes jarres de terre, où on

Le berger kabyle.

conservé les provisions de fruits secs, de grains et de farine. Au-dessus de l'écurie se trouve une sorte de soupente (*thakenna*), sur laquelle sont emmagasinés la provende des bêtes et les ustensiles de toute espèce. Dans l'espace réservé

Femmes kabyles : moulin à olives.

à la famille se rangent des nattes et des tapis, que l'on transforme en lits, en les étendant le soir sur le sol, des coffres et des vases culinaires. A une distance de 0$^m$,30 ou 0$^m$,40 de la muraille et au fond de la chambre, une cavité circulaire de quelques centimètres de profondeur à son centre est creusée dans le sol: c'est le foyer domestique (*kanoun*).

» Le kabyle est donc placé, dans son habitation, au milieu des conditions les plus défavorables à la conservation de la santé. Les vapeurs ammoniacales de l'écurie, se mêlant à la fumée du foyer, qui ne s'échappe que lentement par les interstices de la toiture, constituent une atmosphère des plus infectes et des moins propres à la respiration. Si l'on joint à ces circonstances le renouvellement insuffisant de l'air, l'absence de la lumière, l'humidité, l'encombrement, on complétera la liste des causes les mieux reconnues de la détérioration des constitutions les plus robustes, du développement de certaines affections générales, telles que l'anémie, la scrofule; d'accidents locaux, comme les ophthalmies; enfin de l'origine et de la transmission de maladies infectieuses, telles que le typhus et la fièvre typhoïde.

» Quelques villages sont assez proprement tenus, ce sont les plus rares : dans le plus grand nombre, les rues sont encombrées par les dépôts d'immondices, et reçoivent directement les liquides qui s'écoulent des écuries par un petit chenal. Les fumiers, les débris de toute espèce s'amoncellent autour du village, et y constituent, à la longue, un humus fertile. Le rocher disparaît bientôt sous ces amas, dont la végétation s'empare. Des figuiers, des frênes, des pampres encadrent alors coquettement les habitations et leur donnent par une fraîche verdure un air d'aisance et de gaieté. Le voyageur qui s'engage dans ces riantes oasis en est bientôt repoussé par une foule de sensations désagréables[1].

---

[1]. « Tifikount est sur un dos d'âne, des jardins l'entourent, et la déclivité est
» si forte de chaque côté qu'il nous semblait que si nous avions détaché de sa
» tige une des innombrables courges que nous apercevions dans les potagers,
» elle aurait roulé jusqu'au fond du ravin. Comme je l'ai dit, la plupart des vil-
» lages kabyles sont bâtis dans des sites pareils. A une courte distance, ceux que
» nous avons visités étaient encore jolis : les murs étaient blancs; sur tous les
» toits rouges, des figues séchaient sur des claies de roseaux; les jardins, avec
» leurs courges, leurs maïs, leurs tomates, leurs bosquets de grenadiers, de pru-
» niers et d'abricotiers, leurs haies vertes, avaient un air d'aisance qui faisait
» plaisir. Mais sitôt qu'on s'engage dans les ruelles intérieures, l'impression

» Quelle que soit l'altitude qu'il habite, et malgré les variations de température, le Kabyle est uniformément vêtu, et pour ainsi dire à demi nu. Les hommes portent une large chemise de cotonnade ou de laine grossière; par dessus cette chemise, un ou deux burnous. Leur tête est couverte d'une ou plusieurs calottes de laine tricotée; leurs bras, leur cou, leurs jambes sont nues.

» La chaussure confectionnée est un objet de luxe en Kabylie : les gens les plus riches portent des babouches, comme les Arabes ; les pauvres, lorsqu'ils ont à faire de longues routes, enveloppent leurs pieds dans un morceau de cuir quadrilatère et oblong, dont les angles, repliés derrière le talon et sur les orteils, sont fixés par des cordes de sparterie, qui s'entre-croisent sur le cou-de-pied. Dans la saison des pluies ou de la neige, le kabyle chausse le *kobkab*, espèce de patin de bois d'une seule pièce. Ce patin consiste en une semelle ovale et plane, de la face intérieure de laquelle se détachent deux tasseaux verticaux, d'une hauteur de 0$^m$,5 à 0$^m$,10; par cette disposition, la semelle est complètement isolée du sol et préservée de l'humidité.

» ..... Les femmes ne sont pas vêtues d'une façon plus hygiénique que les hommes. Une grande pièce d'étoffe de laine ou de coton fait, le plus souvent, tous les frais de leur habillement : pliée en deux suivant la longueur, elle se dédouble sur l'un des côtés du corps; les deux chefs sont réunis sur les épaules par deux fortes broches de fer ou d'argent, et serrés autour de la taille par une ceinture de soie ou de laine. Les bras passent par des échancrures ménagées dans les plis de ce vêtement, qui a quelque analogie, par la façon dont il est drapé, avec la tunique de la statuaire grecque. La coiffure des femmes est un capuchon de lin ou de soie, serré autour de

---

» change complètement. Le Kabyle est sale, et sa maison est aussi noire au-de-
» dans qu'elle est blanche au dehors. Aucun soin d'hygiène, aucun souci du con-
» fort. Les ordures s'étalent devant les portes, les portes sont trop basses, les
» appartements sont trop petits, il n'y a point de fenêtres, l'écurie pleine de puan-
» teurs ammoniacales, touche au logis de la famille ; bêtes et gens, les hommes,
» les ânes, les chèvres, les bœufs vivent dans une dégoûtante promiscuité. Ce
» sont nos paysans, mais nos paysans d'il y a un siècle. » (Paul BOURDE, *À travers l'Algérie*, p. 217.)

la tête par des mouchoirs et flottant en arrière du cou et sur les épaules.

» ..... Les vêtements des hommes et des femmes kabyles, lorsqu'ils sont propres et convenablement ajustés, présentent à l'œil un ensemble original, qui ne manque pas d'une certaine grâce; mais, le plus souvent, les déchirures, la crasse et la boue leur font subir une transformation défavorable à leur élégance. Les Kabyles portent leurs vêtements jusqu'à une usure avancée sans les passer au savon ni à la lessive; les plus riches seuls mettent quelque vanité à se revêtir d'un burnous blanc les jours de grandes fêtes ou de démarches officielles.

» ..... Le couscous est en Kabylie, comme en pays arabe, la base de l'alimentation; il y porte le nom de *zeksou* ou de *taâm*. Le taâm n'est autre chose que de la farine granulée. Placée dans un vase en terre dont le fond est criblé de trous, elle subit une sorte de coction par la vapeur qui se dégage d'un récipient inférieur qui contient de l'eau, de la viande, des légumes et des plantes aromatiques. Les individus qui sont dans l'aisance mangent le *taâm* fabriqué avec la farine de froment; les pauvres le *taâm* de farine d'orge, de sorgho ou de glands. Lorsque la pâte est arrivée à un degré de cuisson convenable, on la renverse sur un grand plat de terre vernissée; la viande est mise par dessus; chaque convive creuse dans la pâte avec sa cuiller une cavité dans laquelle on verse le bouillon. Ce bouillon, très relevé en goût par une assez forte proportion de poivre et de piment, coloré en rouge par de la poudre de tomates, constitue la sauce du taâm ou la *merkâa*. Tous les convives sont rangés autour du même plat, comme nos soldats à la gamelle. La viande que l'on met à la marmite pour la préparation du couscous est tantôt la chair du mouton (*aksoum*), tantôt celle du bœuf (*aksoum bouzgueur*). Malheureusement, la viande n'est pas, pour un grand nombre de kabyles, la nourriture la plus habituelle; beaucoup n'en mangent qu'une fois par semaine, le jour du marché; les plus pauvres, seulement lorsqu'un événement important devient l'occasion d'une *timecheret* ou distribution, à laquelle participent tous les membres du village, riches ou indigents. Le lait est versé dans presque tous les repas. Les principaux légumes qui entrent abondamment dans l'alimentation sont l'artichaut, les pois, haricots, fèves, auxquelles il faut joindre le gland doux. Le pain, préparé avec des farines imparfaitement blutées, a un aspect assez grossier. Les fruits abondent en Kabylie... Le figuier est cultivé partout où la nature du sol le permet; ses fruits, séchés pour être conservés pendant l'hiver, sont, par la grande abondance de leur production et par leur prix peu élevé, une grande ressource pour les gens nécessiteux. Un colporteur kabyle quelconque part pour Alger en n'emportant, comme provisions de bouche pour l'aller et le retour, que deux ou trois galettes de son pain le plus noir et à peine un kilogramme de figues sèches. Les fruits du *cactus opuntia*, que nous appelons *figues de Barbarie*, et que les Kabyles appellent, par opposition, *figues de chrétiens*, sont aussi très communes; ils se donnent plutôt qu'ils ne se vendent. Les jardins fournissent aussi presque tous nos fruits européens : du raisin délicieux, des poires, des pommes, des melons, des pastèques, etc. »

HANOTEAU et LETOURNEUX[1],
*La Kabylie et les coutumes Kabyles.*
(Paris, 1873, 3 vol. in-8°, Imprimerie Nationale.)

**Les anciennes institutions kabyles.** — La grande Kabylie est restée indépendante jusqu'en 1857. MM. Hanoteau et Letourneux ont fait connaître dans tous leurs détails ses mœurs et ses institutions, telles qu'elles étaient avant la conquête, qui les a en beaucoup de points modifiées. Les Kabyles n'admettent aucune forme de monarchie, ni féodale, ni absolue, ni de droit divin, ni constitutionnelle; ils rejettent toute unité gouvernementale, toute centralisation de pouvoir. L'élément essentiel de leur organisation, c'est le village. Tous les hommes majeurs d'un village forment

---

[1]. Hanoteau (Louis-Joseph), général et orientaliste français, né en 1814, a conquis presque tous ses grades militaires en Algérie. Il a été commandant supérieur du Fort-Napoléon et adjoint au bureau des affaires politiques. Ses remarquables travaux sur les idiomes et les mœurs de la Kabylie le firent élire membre correspondant de l'Académie des Inscriptions et Belles-lettres en 1873. Il est commandeur de la Légion d'honneur, et en retraite à Guéret. Il a publié un *Essai de grammaire kabyle* (1858, in-8°); un *Essai de grammaire de la langue tamachek* (1860, in-8°); *Poésies populaires de la Kabylie du Djurjura* (1867, in-8°); et en collaboration avec M. Letourneux, conseiller à la cour d'appel d'Alger, le grand ouvrage sur la *Kabylie et les coutumes kabyles* (1873, 3 vol. in-8°).

l'assemblée ou *djemâa* qui conserve, modifie ou annule les coutumes, fixe et perçoit les impôts, en règle l'emploi, décide de la paix ou de la guerre, rend la justice, et souvent même exécute elle-même ses propres jugements. Les villages kabyles sont ainsi autant de républiques souveraines isolées, qu'aucun lien fédératif ne réunit, si ce n'est dans des circonstances particulières, et pour un temps déterminé.

Toutefois l'autorité de la *djemâa* a des limites; elle est contenue ou entravée par certains privilèges ou traditions. 1° *Par le droit de l'individu et le droit de la famille :* une famille peut venger elle-même son honneur outragé ou le meurtre d'un de ses membres; un individu a le droit, à titre de représailles, de saisir un objet appartenant à celui qui lui a causé un dommage, et même le retenir en otage. Le second de ces droits s'appelle *ousiga*, le premier *rebka*. La *rebka* est un droit sauvage et atroce, et peut s'exercer même pour venger un homicide par imprudence, même contre un fou, un idiot, un enfant, etc.

2° *Par le droit de l'ânaia.* « L'ânaia, dit M. Clamageran, est en quelque sorte la fleur de la civilisation kabyle; la *rebka* en est le venin. » On donne ce nom à la protection promise à une ou plusieurs personnes par un simple particulier, par un village ou une communauté quelconque. Sous peine d'infamie, le Kabyle qui a promis l'ânaia doit tenir sa promesse, quels que soient les sacrifices à faire. « L'ânaia, dit un poète kabyle, est une montagne de feu, mais c'est sur elle qu'est notre honneur. » Cette institution chevaleresque a été bienfaisante, et, comme le droit d'asile au moyen âge, a empêché bien des meurtres et des spoliations.

3° *Par le droit d'association.* L'association est fort pratiquée en Kabylie, soit entre familles qui mettent en commun leurs terres, maisons, biens, capitaux, travail, et en partagent les revenus; soit entre propriétaires pour la culture de leurs domaines; soit entre cultivateurs, soit entre artisans, forgerons et menuisiers, mécaniciens et meuniers, soit entre les femmes pour l'élevage des volailles, soit même entre les enfants pour la chasse aux gluaux. L'association s'étend même aux affaires politiques, administratives et judiciaires, et peut devenir un danger pour la djemâa. Ces ligues particulières prennent le nom de *çofs*; elles ont leur hiérarchie, leurs chefs, leurs cadres, leur budget. Les adhérents peuvent être étrangers au village, et passer librement d'un çof à un autre.

4° *Par la juridiction des marchés.* Elle appartient aux chefs des familles puissantes, qui font partie d'un çof important. Le *grand* du marché préside aux transactions, juge les délits et fait saisir les coupables. Le plus souvent on leur applique la loi de Lynch[1], ils sont lapidés sans autre forme de procès.

5° *Par l'autorité religieuse.* Indépendante du pouvoir civil, l'aristocratie des marabouts se compose de quelques familles qui vivent dans les zaouïas et se transmettent de génération en génération le privilège exclusif du culte et le monopole de l'instruction. Les marabouts trouvent un appui énergique dans le fanatisme des confréries religieuses des Khouans.

L'assistance publique est poussée aussi loin que possible : le malheur d'un individu pèse sur toute la communauté : la solidarité, la charité, l'hospitalité sont imposées, sous peine d'amende, à tous les habitants. Avec le produit des amendes, on fait des achats de viande, et le partage en est fait également entre tous les habitants du village. Cette distribution en commun porte le nom de *timecheret*.

---

1. Sur le sens et l'étymologie de ce mot, V. nos *Lectures sur l'Amérique*, p. 195.

## Les Biskris.

« J'ai fait, pour la première fois à Bône, connaissance avec une honorable corporation qui infeste toutes les villes algériennes : celle des Biskris. Biskri, à proprement parler, veut dire natif de Biskrá, mais, comme on les compte par milliers en Algérie, il faut croire qu'ils se recrutent un peu partout[1]. Tous les porteurs d'eau de Paris ne sont pas non plus Auvergnats. Le Biskri a généralement de huit à douze ans, il a pour tout costume une chechia rouge et une gandourah. La chechia est une simple calotte et la gandourah est une simple chemise taillée sur un patron primitif. Représentez-vous un sac et trois trous, un pour la tête et deux pour les bras. Les colons prétendent que le musulman a une horreur instinctive pour l'eau, et la gandourah est blanche juste le jour où on la met pour la première fois. Le Biskri n'a pour toute fortune qu'une petite boîte où il loge deux brosses et une boîte à cirage. Armé de cet engin, il vous guette au coin de la rue. A peine êtes-vous sorti de votre chambre le matin, que vous entendez le cri : « Cirer, m'sieu? » et, quand vous avez fait cinquante pas dans la rue, vous avez à vos trousses douze galopins qui vous montrent leur boîte en répétant : « Cirer, m'sieu? » Si vous faites un geste d'acquiescement, c'est une lutte homérique; chacun veut avoir le m'sieu, et vous prenez deux cireurs pour faire au moins deux heureux. Aussitôt que le brillant de vos bottes se ternira un peu, le cri recommencera. Je ne crois pas, pendant tout le voyage, être

---

1. « Je sais tels Biskris qui, l'esprit orné, la tenue française, — gibus, gants, souliers vernis, — égalent en distinction et politesse la fleur de nos compatriotes. Rare exception cependant. La profession de portefaix étant généralement exercée par des oasiens du Zab, capitale Biskra, le nom de Biskri, à Alger, est devenu synonyme de portefaix. Ces indigènes, aux traits durs, aux jambes nues et fortement musclées, n'ayant pour vêtement qu'un large seroual, une blouse grossière, un mouchoir à tabac noué autour de la calotte rouge, et que vous rencontrerez déchargeant des navires, tirant des charrettes à bras, portant de l'eau dans des cruches de cuivre, voilà le commun des Biskris. Ils forment à Alger une corporation d'un millier d'individus, groupés en douze sections, ayant chacune son quartier, son lieu de stationnement spécial, place du Gouvernement, rue Kléber, porte Bab-Azoun. » (Charles DESPREZ, l'*Hiver à Alger*. Alger, 1872, in-12, Jourdan.)

arrivé à me faire cirer moins de trois fois par jour. Le Biskri a une autre ressource. Il s'aperçoit tout à coup que vous avez un objet à la main; si menu qu'il soit, il s'élance : « Porter, m'sieu? » Et il vous l'arrache et galope derrière vous. Enfin, s'il n'a aucun moyen décent de vous extraire un sou, il le mendie carrément, il tend la main : « Un sou, m'sieu? » Pour l'avoir il s'improvisera saltimbanque; il nouera les pans de sa chemise entre ses cuisses, et tous les tours que vous admirez chez nos acrobates, il vous les fera. Ce jeune corps, un peu grêle, mais en général admirablement fait, a la souplesse de l'osier et l'élasticité de l'acier. Pour cinquante centimes, vous pouvez exécuter une entrée sur une place avec un cortège faisant la roue. Je me souviens qu'à Miliana, nous étions sur la terrasse qui surplombe la pente du Zaccar d'au moins 15 mètres; Lemay dit en riant à un Biskri qui le harcelait : « Jette-toi en bas. » Il regarda l'abîme, en mesura la profondeur, et répondit sans sourciller : « Combien donnes-tu? » D'abord, la familiarité du gamin choque, son insistance importune, mais on s'y habitue. Il n'y a rien de laid ni de déplaisant dans la pure lumière de l'Afrique. La physionomie du petit Biskri est presque toujours charmante, sa tête rasée a des rondeurs bouffonnes, ses yeux noirs pétillent d'intelligence, il ignore la mauvaise humeur, et un sourire épanouit éternellement ses grosses lèvres; avec cela, il est leste et infatigable. Vous vous surprenez quelquefois à jouer avec cette nuée de moucherons dont la turbulence quémandeuse finit par amuser. »
Paul BOURDE,
*A travers l'Algérie*, p. 17.
(Paris, 1880, in-18, Charpentier.)

### Les Aïssaouas [1].

« Ne quittez pas Alger sans avoir vu les Aïssaouas, » me disait-on. Aussi, un certain vendredi, je montais les étroites

---

1. « Aïssa était un marabout fameux, originaire de Meknès, qui vivait il y a
» plusieurs centaines d'années... Sa réputation de sainteté lui valut de nombreux
» disciples dont le zèle ne demeura pas sans récompense. Un jour, aux fêtes du

rues qui conduisent à la salle où ces fanatiques offrent le spectacle de leurs singuliers exercices... Le soleil était d'or, le ciel était bleu quand j'arrivai sur les hauteurs de la vieille ville, près des ruines de l'antique Kasbah. Assis à terre, quatre musiciens arabes frappaient à coups redoublés leurs tambourins dont le son violent et sourd était dominé par les notes aigrelettes d'une petite flûte.

» Près d'eux se trouvait un misérable dont le torse, à moitié nu, étincelait de reflets bronzés. Il dansait et criait. Autour s'étaient groupés Arabes graves et dignes, enfants déguenillés avec le fez rouge, turcos à la mine cuivrée, européens curieux, formant un large cercle où l'Aïssaoua allait pouvoir prélever une abondante recette. Il suivait le rythme étrange de la musique du désert et s'enfonçait de temps à autre une vulgaire aiguille à tricoter dans le gras du bras. Puis il sortit d'un sac quelques misérables serpents dont il parut exciter la torpeur, faisant appel aux gros sous qui commencèrent à pleuvoir. Je m'éloignai bientôt, riant du saltimbanque, écoutant les mélodies des tambouriniers arabes, tandis que mes regards ravis s'arrêtaient encore sur cette foule aux costumes éclatants dont les chaudes couleurs égayaient les ruines de la vieille citadelle...

» ..... A quelques jours de là, je me trouvais à Constantine, c'était un vendredi et on parla d'aller voir les Aïssaouas. Ce fut sans enthousiasme que j'accompagnai mes amis à travers les rues désertes de la ville arabe, qu'éclairaient de loin en loin de pâles réverbères. A peine sommes-nous entrés dans la mosquée que j'oublie les rires de nos amis d'Alger et le saltimbanque de la Kasbah. La salle est éclairée par quelques lampes dont la lumière éclatante est réfléchie par les parois blanches comme neige. La mosquée est remplie d'Arabes

---

» Baïram, Aïssa déclara qu'il avait obtenu de Dieu cette faveur particulière, que
» tous les frères *Khouan* qui « prendraient sa rose », en d'autres termes, suivraient
» sa doctrine, deviendraient invulnérables. Et depuis ce moment, les *aïssaoua*, ou
» *aïssaouas* (pluriel francisé d'*aïssaoui*, disciples d'Aïssa), défient non seulement
» la malignité des démons, mais encore les piqûres, morsures, foulures, brûlures
» et blessures de toute sorte auxquelles est exposé le commun des fidèles. »
(Ch. Desprez.)

assis, les jambes croisées sur des tapis ; un seul côté reste libre. Près de nous se tient le marabout, beau vieillard à barbe blanche, égrenant sans s'arrêter son chapelet. Dans le centre trois tambouriniers commencent à faire résonner leurs instruments, quelques Arabes se lèvent et, baisant la main du marabout, vont se placer à l'extrémité de la salle. Les chants se font entendre et le nombre de ceux qui vont prendre part aux exercices augmente ; bientôt ils sont environ quarante. Serrés les uns contre les autres, ils s'entraînent dans une danse bizarre, aux mouvements rythmiques, tantôt se penchant à terre, tantôt se relevant. Avec surprise nous voyons se joindre à eux des jeunes garçons, des enfants même, qui s'unissent à cette chaîne infernale dont les secousses vont toujours grandissant.

» Mais l'heure des épreuves a sonné. Près du marabout se tient un homme à l'encolure puissante, vrai type de bourreau. Sur son ordre, le mouvement de la musique s'accentue, et alors de ces poitrines d'inspirés sort par trois fois un rugissement de fauve qui évoque les sombres terreurs des forêts africaines. Désormais la musique ne s'arrêtera plus. De la chaîne se détache un Arabe qui arrive près du marabout. Le bourreau le saisit, dépouille sa tête du turban, d'un geste brusque la rejette en arrière et, rapide comme l'éclair, enfonce dans ses joues les longues épingles sans qu'un cri sorte des lèvres du patient. Ils se succèdent ainsi, présentant leurs joues au bourreau qui, avec une merveilleuse sûreté de main, les transperce sans que jamais le sang jaillisse. Un sentiment d'indicible pitié s'empare de moi alors que je vois un Arabe s'avancer, portant dans ses bras un bel enfant de cinq ans, qui lui aussi présente sa joue rose et tendre que perfore bientôt l'aiguille du bourreau.

» Mais ces exercices puérils prennent fin, et devant nous se présente un Arabe qui saisit un fort poinçon emmanché dans un grossier morceau de bois. Il cherche à s'étourdir en précipitant les pas de la danse mystique, puis soudain il s'arrête et avec rage s'enfonce le poinçon dans le côté. Il est là, devant moi, les lèvres fermées, les yeux étincelants, inondé de sueur, pendant que le bourreau avec un maillet force les chairs à pénétrer les masses charnues. Et quand la blessure est faite, l'exécuteur, de sa voix vibrante, fait entendre une invocation à laquelle répondent les hurlements féroces des Aïssaouas. Avec orgueil, le patient montre la plaie, d'un geste rapide enlève le fer, tandis qu'un jeune Arabe se jette sur la blessure et la baise.

» Je ne peux détacher mes regards de cette longue file d'illuminés, entraînés dans un mouvement féroce qui bientôt les transportera hors d'eux-mêmes. Celui-ci est l'ascète du désert, à la figure hâve et noire, au corps zébré de blessures, furieux des voluptés de la douleur : à son tour il saisit le terrible poinçon et l'enfonce dans sa paupière jusqu'à ce que l'œil, horrible à voir, sorte de son orbite. Celui-là, le torse nu, s'empare d'un sabre et avec une incroyable rapidité, s'applique cent coups répétés sur une poitrine cicatrisée mille fois. Ce n'est pas assez, il place contre le creux de l'estomac la pointe du sabre et le force à se courber. Ce n'est pas assez encore. Deux acolytes de l'exécuteur tiennent le sabre sur le tranchant duquel il reste suspendu, plié en deux, pendant que le bourreau saute sur son dos et jette encore une fois à la foule l'invocation sacrée que saluent de nouveaux rugissements...

» ..... Là bas, dans les accès de l'idiotisme hystérique, ne voyais-je pas un malheureux léchant une pelle dont le rouge sombre se détachait sanglant sur sa face noirâtre? Ceux-ci n'arrivaient-ils pas près de moi, éperdus, affolés, la tête lancée en avant, implorant le morceau de verre qui disparaissait brisé entre leurs puissantes mâchoires? Et je vois encore l'un d'eux, le dernier, à genoux devant le bourreau, la bouche rugissante de volupté féroce, ne se lassant pas de dévorer le verre. Par huit fois il fallut tenter d'apaiser sa rage; une sueur froide coulait le long de ses membres; sa forte poitrine montait et descendait comme torturée par un feu intérieur, et, quand il dut s'arrêter, il tomba près d'une colonne, ivre de torpeur et de folie. En ce moment même, secoué comme une feuille, tremblait dans une terrible crise nerveuse, un jeune Arabe étendu aux pieds du marabout qui le calmait en murmurant à son oreille des paroles d'apaisement. Mais, sur l'ordre du vieillard, les tambours s'arrêtent, la danse cesse; nous sortons lentement, jetant un dernier regard sur cette étrange assemblée et nous demandant si c'est bien dans notre belle Algérie, dans cette terre française, que peuvent se produire publiquement des spectacles aussi odieux. »

Franck PUAUX,<br>
*Les Aïssaouas d'Algérie.*

(*Revue politique et littéraire*, 21 mai 1881.)

M. Ch. Desprez (*L'hiver à Alger*, ch. XII) décrit les mêmes atrocités. Il termine son récit par les lignes suivantes :

« Lors de la grande Exposition de 1867, nos Khouans, leur *mokkadem* (chef ou directeur) en tête et leurs accessoires en poche, se rendirent à Paris[1]. Une espèce de hangar fort peu levantin leur fut affecté dans le champ-de-Mars. Des affiches détaillées annoncèrent, comme pour une farce des Funambules ou une opérette des Folies-Bergères, leurs sacro-saints exercices. La foule s'y porta d'abord. On avait tant parlé d'eux! mais le goût de nos Parisiens et de leurs hôtes étrangers, Kalmouks, Chinois ou Kamschadales, se révolta devant ces sauvages exhibitions. Les dames fermaient les yeux, se bouchaient les oreilles. Les hommes criaient : « Assez! » Et prenant ces *assez* pour autant de bravos, nos jongleurs redoublaient de férocité, de

---

[1]. On a revu des Aïssaouas à Paris dans l'été de 1883, étalant chaque soir sous les yeux de la foule le spectacle de leurs grimaces et de leurs contorsions; cette fois on leur avait fait les honneurs d'un vrai théâtre. Quelques assistants ont prétendu qu'il y avait dans le jeu de ces inspirés à gages plus de charlatanisme que d'extase.

M. Drummond-Hay a rencontré à Larache (Maroc), une bande d'eissowiés ou charmeurs de serpents, et raconte qu'un de ces enchanteurs tira de son panier plusieurs reptiles des espèces les plus dangereuses (cobra-capello, haje, leffah), se fit mordre par eux, suça les blessures et termina ses danses effrénées et ses jongleries en mangeant à pleines dents une des couleuvres, tandis que les autres enroulées autour de ses bras et de ses jambes continuaient à le mordre avec rage et que le sang ruisselait de son corps demi-nu. (V. *le Maroc et ses tribus nomades*, trad. de M<sup>me</sup> Belloc, chap. XVI, p. 192-198). On peut comparer aux descriptions qui précèdent un curieux récit de M. Amicis, sur un Aïssaoua, charmeur de serpents à Tanger. (*Tour du Monde*, 1<sup>er</sup> semestre 1879), et les chapitres où MM. G. Charmes (*Cinq mois au Caire*), et Ebers (l'*Égypte*, p. 125, t. II), ont parlé des derviches hurleurs.

fureur. Chacun alors de fuir, et la salle était vide bien avant la fin du spectacle.

» Nombreux dans la province de Constantine, les Aïssaouas n'ont, dans celle d'Alger, que peu d'adeptes. Nul doute qu'à Alger même, leur prestige ne soit singulièrement amoindri. Ce n'est plus guère, en effet, par fanatisme, mais par intérêt qu'ils s'y montrent. Les curieux abondent-ils, on organise une soirée d'Aïssaouas comme on ferait pour des ombres chinoises. La fréquence des épreuves en a depuis longtemps éventé le mystère, et le moindre yaouled sait à quoi s'en tenir sur l'alène, les scorpions et la pelle rougie au feu. »

M. Dick de Lonlay, rédacteur du *Moniteur universel*, raconte ainsi une scène de la confrérie des Aïssaouas de Kairouan, à laquelle il assista en compagnie du colonel Moullin, vice-gouverneur français de la ville, et de plusieurs officiers.

» Devant une assemblée de plusieurs centaines de spectateurs, un certain nombre d'Aïssaouas les plus expérimentés s'infligèrent d'une façon violente les diverses tortures dont les traces sont familières au voyageur en Algérie. Un cercle de musiciens groupés autour du cheick commence à jouer un air lent et monotone sur de petits tambours et tambourins en poterie, augmentant graduellement la cadence, jusqu'à ce que les plus dévots commencèrent à incliner la tête et à hurler une sorte de chœur. Une longue ligne d'hommes et de jeunes garçons se forma bientôt en travers de la salle, balançant leur corps et accompagnant la musique en cadence.

» Soudainement ils commencèrent à agir l'un après l'autre, à rejeter leurs vêtements et à imiter les cris et les mouvements des animaux sauvages. Puis un soldat tunisien saisit un sabre et commença à se porter rapidement des coups à la poitrine dont le sang jaillit abondamment. Un second se plaça sur le flanc une longue fourchette de fer qu'un des assistants du cheick enfonça dans la chair à coups de maillet. Un autre se passa une brochette de fer à travers la joue, tandis qu'un quatrième se perforait la chair des épaules avec des poignards. Une grande bouteille de verre fut brisée et les morceaux dévorés ; des douzaines de clous de fer furent avalés avec avidité, tandis que trois branches de figuier d'Inde couvertes d'épines étaient mangées en autant de minutes par une vingtaine de prétendus chameaux. A mesure que la frénésie des Aïssaouas augmentait, il fallait parfois quatre hommes pour contenir un disciple dont l'exaltation dépassait les bornes et il ne reprenait conscience qu'après que le cheick lui avait imposé les mains sur le front, et prononcé certaine formule à son oreille. Au bout d'une heure, un mouton vivant fut jeté au milieu de la salle. Il fut écorché, déchiré en pièces, et sa chair encore pantelante fut dévorée en moins de dix minutes. Certains des spectateurs français avaient vu les rites de l'Aisawi en Algérie, mais aucun d'eux n'était préparé aux horreurs additionnelles du spectacle à Kairouan, et je ne pense pas qu'aucun d'eux veuille le revoir. » (Dick de Lonlay, *En Tunisie, souvenirs de sept mois de campagne.* Paris, 1882, in-18, Dentu.)

### La gorge et l'oasis d'El-Kantara.

« La chaîne du grand Atlas se franchit aujourd'hui par trois routes de diligence qui conduisent respectivement d'Oran, d'Alger et de Constantine aux oasis de Géryville, d'El-Aghouat et de Biskra. Mais comme le grand Atlas, au lieu de suivre parallèlement le rivage, infléchit un peu du nord-est au sud-ouest, Biskra, située dans l'Algérie orientale, est naturellement plus rapprochée du littoral que les autres oasis de la lisière saharienne. Il faut presque une semaine pour se rendre à Géryville et même à El-Aghouat, tandis que Biskra se trouve aujourd'hui à vingt-six heures de Constantine, et, le chemin de fer aidant, à trente heures de la Méditerranée. C'est en outre la plus remarquable des trois grandes oasis habitées par une population européenne, et la route qui y conduit à travers les monts Aurès est sans contredit la plus pittoresque de toute l'Algérie. Aussi est-ce généralement à Biskra que les visiteurs de la colonie vont chercher une impression du désert et des oasis.

» De Constantine à Batna, la diligence marche pendant la nuit. Heureusement c'est la partie la moins intéressante du trajet. La route, quittant la vallée du Rummel, traverse la région des steppes qui s'étend entre le petit et le grand Atlas. Ce sont, comme j'en pus juger à mon retour, des bassins irréguliers que séparent des crêtes ondulantes d'une hauteur médiocre. Les villages sont rares; de maigres broussailles déguisent mal une roche aride et terne. Partout surgissent les ruines décharnées de monuments romains, numides, peut-être même carthaginois, qui renferment à la fois un encouragement et une menace pour les colonisateurs modernes de l'Algérie.....

» ..... A l'aube, nous étions sous les murs de Batna. Assise à mille mètres d'altitude, dans une sorte de dépression que dominent d'un côté les premiers contre-forts de l'Aurès, de l'autre les pics boisés du djebel Chellata, Batna reste néanmoins une ville des plus vulgaires et des plus maussades. Elle justifie, en quelque sorte, la raillerie que certains esprits caustiques adressaient autrefois à toute la colonie, quand ils l'appelaient un camp doublé de cantines. Ici, le quartier militaire ne renferme, à part l'hôtel du général, que des casernes et des magasins; le quartier civil, des cafés, des boutiques et des maisons d'employés uniformément alignées sur des rues tirées au cordeau, autour d'une place rectangulaire ornée d'une église. Quant au quartier indigène, situé hors des murs, sous le nom de *village nègre*, il consiste simplement en un amas de gourbis groupés autour d'une mosquée fort ordinaire.....

» A quatre heures du matin, je m'installai sur l'impériale de la lourde patache qui fait le service du désert. La route suit d'abord une vallée ou plutôt une large dépression qui coupe transversalement toute la crête du djebel Aurès, si bien que le voyageur franchit, sans s'en apercevoir, la ligne de partage entre le versant du Sahara et la région des lacs intérieurs. Mais, à mesure qu'on redescend vers le sud, on voit les sites changer de caractère. Ce sont désormais de petits bassins rocailleux qu'arrose l'oued Feddala dans sa course rapide vers les plaines du Ziban. Aux steppes légèrement ondulées et mouchetées de broussailles qui caractérisent les hauts plateaux, a succédé par intervalles un vrai désert de roche vive, aux tons rougeâtres et aux contours déchiquetés, qui rachète, par la bizarrerie des lignes, l'austère désolation du tableau. Parfois, à travers de longues gorges ravinées, se découvrent dans le lointain des pics escarpés et des pyramides neigeuses : ce sont les cimes de l'Aurès. Ici encore, le pays est jonché de ruines ; mais, cette fois, ce ne sont plus les vestiges d'antiques civilisations partout tombées en poussière, ce sont les témoignages bien plus émouvants de la récente insurrection qui a porté le fer et le feu dans la province...... 

» ..... Cependant la vallée de l'oued Feddala, d'abord large et irrégulière, devient de plus en plus étroite et encaissée. Nous finissons même par nous heurter en quelque sorte à un vaste rempart de calcaire qui semble barrer tout passage. Mais le torrent s'est creusé une issue par une échancrure dont les parois uniformes servent de support à la route. Nous sommes à la gorge d'El-Kantara, que les Arabes ont surnommée avec raison la Bouche du Désert, *Foum-es-Sahara*. Jusqu'ici l'horizon était brumeux, l'air vif et piquant. On sentait que la brise du sud avait effleuré les neiges fondantes de l'Aurès. Mais à peine avons-nous pénétré dans le défilé, que nous passons sans transition d'une glacière dans une fournaise. Le ciel, se dégageant des nuées qu'un obstacle invisible semble enchaîner derrière nous, revêt son azur le plus pur et le plus éblouissant. Le soleil nous brûle de ses rayons réverbérés par les facettes polies du calcaire, et le vent nous jette au visage les premières bouffées du désert. Tout à coup, comme nous venions de traverser le vieux pont romain qui donne son nom à la gorge, les parois de la brèche se replièrent brusquement sur elles-mêmes pour découvrir dans toute sa magnificence un tableau qui eût arraché au plus indifférent des voyageurs un cri de surprise et d'admiration : c'étaient les palmiers d'El-Kantara, l'oasis la plus septentrionale de l'Afrique [1].

---

[1]. « Quelque vive que soit l'impression éprouvée en entrant de plain-pied du
» désert aride dans la pittoresque et verdoyante gorge de Kantara, le voyageur
» n'est nullement préparé au coup d'œil prestigieux qui l'attend, lorsque, après
» avoir quitté l'auberge de Kantara, il arrive au beau pont en pierre jeté par-des-
» sus la gorge, et uniquement destiné à mettre en communication ses deux bords,
» car la route, ne pouvant suivre que le bord gauche, ne fait pas suite au pont, et
» passe à côté. Le pont porte l'inscription suivante : « 1862. Restauré par le génie
» militaire, Napoléon III, empereur, le duc de Malakoff, gouverneur-général de

» Je dois avouer que cette première apparition du paysage saharien dépassa non seulement l'idée que je m'étais faite d'une oasis, mais encore toutes les descriptions que j'en avais lues. Je m'attendais à trouver des jardins, je trouvais une forêt; et quelle forêt! Que de grâce dans les lignes! que de vigueur dans les teintes! que de charmes dans le contraste de ces énormes palmiers au tronc écailleux, au feuillage finement dentelé, alignés comme les avenues d'une pépinière, et cependant compactes comme le fouillis d'une forêt vierge, avec les perspectives âpres et rigides de plaines sans ombre et de montagnes sans verdure, éternellement brûlées par l'implacable soleil du désert! Il n'y a pas jusqu'aux haies de cactus et aux bouquets de bananiers qui n'empruntent à ce cadre austère de roches rougeâtres un redoublement d'originalité et de fraîcheur.....

» ..... A partir d'El-Kantara, la route, ou plutôt les ornières fantaisistes qui en indiquent le tracé, s'allongent à travers des plaines de cailloux roulés jusqu'aux approches d'El-Outaia, petite bourgade d'origine récente, entourée d'un territoire extrêmement fertile; mais dévasté par les derniers troubles. Quittant ici la rivière d'El-Kantara, qui décrit un long circuit vers l'est pour se réunir à l'oued Abdi, nous franchissons au col de Sfa la dernière rangée de collines qui nous dérobe la vue du désert. On raconte qu'en 1844 les troupes françaises, parvenues pour la première fois au sommet du col, laissèrent échapper ce cri: « la mer! la mer! » Il est de fait que le tableau se prête étrangement à une

---

» l'Algérie. » A peine est-on arrivé dans ces parages, que l'on se trouve en pré-
» sence d'un spectacle vraiment merveilleux. Comme par un coup de baguette
» magique, la gorge s'ouvre et laisse voir une forêt de palmiers se balançant au
» milieu d'une plaine à contours vaporeux. Le coup d'œil est tellement inattendu
» et saisissant, qu'on éprouve quelque chose de l'entraînement passionné qui
» soulève les spectateurs d'un théâtre à l'apparition soudaine d'une décoration
» féerique saluée par l'explosion puissante de l'orchestre. C'est dans ce passage
» enchanteur qu'on débouche de la gorge. Au milieu des dattiers, dont on porte
» le nombre à environ dix-huit mille, se trouvent disséminées ou suspendues sur
» des rochers les nombreuses huttes en limon du village de Kantara. Cependant
» ce magnifique paysage n'est encore qu'une perle étincelante au milieu du désert;
» Kantara constitue seulement une oasis. » (De TCHIHATCHEF, *Espagne, Algérie,
Tunisie*, lettre XIV, p. 281.)

pareille illusion, surtout à l'approche du soir, quand le soleil

rase de ses rayons empourprés l'immensité de la plaine saharienne. Aussi loin que la vue peut s'étendre, une surface plane et nue, d'un gris clair uniforme, se confond avec la ligne circulaire de l'horizon, sans autre repoussoir que les sombres bigarrures des oasis simulant des îles en pleine mer. Quelques lignes de mamelons jaunâtres, se détachant des contre-forts abrupts qui forment la marge septentrionale du bassin, viennent graduellement expirer sur le seuil caillouteux du désert, comme des chaînes de dunes sur un rivage couvert de galets. Mais, mieux encore que la vue de l'Océan, la contemplation de ces solitudes illimitées éveille dans l'homme le sentiment de l'infini, peut-être parce qu'à l'absence de bornes visibles vient se joindre ici l'absence complète de bruit et de mouvement. Une heure plus tard, nous franchissions les portes de Biskra, ou plutôt du fort Saint-Germain, qui comprend dans sa vaste enceinte les établissements militaires et le quartier chrétien. On s'y reconnaît bien au dernier avant-poste de la civilisation sur les confins du Sahara. Des avenues de cyprès mènent aux plantations de l'oasis. Des essais de culture européenne forment des clairières ou des palmiers. Dans les rues, des réverbères sortent de bouquets de bananiers, et les poteaux décharnés du télégraphe se détachent sur l'ombrage touffu des palmiers. Le mercier arabe fait vis-à-vis à l'épicier européen, et le café maure s'adosse à l'hôtel français. Le son des tambourins qui retentissent dans un bouge indigène se heurte aux notes d'un piano qui s'échappent d'une fenêtre entr'ouverte, et dans les groupes, le haïk soyeux du cheikh à la démarche majestueuse côtoie les vêtements légers du colon, ou l'uniforme sévère du chasseur d'Afrique. Madère et Biskra sont assurément les deux points de notre hémisphère où la température varie le moins du jour à la nuit. Mais l'île de Madère possède en outre le rare privilège d'avoir à peu près la même température en été qu'en hiver; tandis qu'à Biskra la chaleur, fort supportable de novembre en avril, atteint pendant les mois d'été 40° centigrades le jour, 30 à 35° la nuit. Alors tout appétit disparaît, le sommeil se perd, et s'il vient à souffler un simoun de quelque durée, la mortalité se développe dans d'effrayantes proportions. Les malheureux Européens, exilés sous ce ciel de feu, en arrivent bientôt à envier l'intérieur même du Sahara, où du moins la fraîcheur relative de la nuit compense l'extrême ardeur du jour[1]. »

     Comte GOBLET D'ALVIELLA[2], 1re partie, ch. 1er,
     *Sahara et Laponie.*

        (Paris, 1876, in-18, Plon.)

### Le Mezâb.

« Comme nous allions sortir de Laghouat pour entrer dans le désert, nous dirigeant vers le Mezâb, mes compagnons mozabites me firent pénétrer avec eux dans une maison où une petite assemblée les attendait. Tous les visages étaient très graves. On fit circuler un plateau de dattes et un vase plein d'eau, auquel chacun but en échangeant un souhait fraternel, puis le chef de la troupe récita à haute voix la *fatiha* : « Louange à Dieu, Seigneur des deux mondes, le miséricordieux, maître souverain le jour du payement..... » On se bénit mutuellement et on sortit en silence. Le lendemain, nous suivîmes la chaîne des Dayat de l'ouâd Nili, remplies d'une herbe fine comme de la soie. Là, des betoum (pistachiers) énormes, dont les basses branches horizontales formaient comme un dais, nous couvrirent de leur ombre pendant nos haltes. La nuit, étendus sur une nappe de sable,

---

 1. M. Paul Bourde, dans son ouvrage *A travers l'Algérie* (p. 134), dit que le 6 octobre 1879, le thermomètre, à Biskra, marquait 31 degrés à l'ombre, qu'au fort de l'été, il monte jusqu'à 48, et que l'hiver, la moyenne est encore de 18 à 20. Ces variations et ces extrêmes de température ne l'empêchent pas de décrire avec enthousiasme les charmes du nouveau Biskra : « O Biskra ! qui pourrait t'oublier
» après t'avoir vue ? Quand un chemin de fer te reliera à Philippeville, tu seras à
» trois jours de Paris, et tu deviendras la grande station de plaisance où tous les
» riches oisifs de l'Europe, chassés de leur pays par les rigueurs de l'hiver, iront
» chercher un climat plus doux. Ton charme sauvage séduira ces imaginations
» blasées : ils déserteront et Nice, et l'Italie, et Alger, pour l'ombre de tes pal-
» miers. L'hiver chez toi est à la fois un automne et un printemps ; c'est alors que
» mûrissent tes dattes plus succulentes que le miel le plus fin, et que tes grena-
» diers et tes orangers se courbent sous le poids des fruits. Ton soleil est toujours
» chaud, ton air est toujours tiède ; la vie ni la sève ne s'arrêtent jamais dans tes
» jardins, et l'eau de tes mille canaux y murmure sans cesse sous une verdure
» éternelle. »

 2. M. le comte Goblet d'Alviella, député du parlement de Belgique, outre l'ouvrage cité plus haut, a publié, sous le titre *Inde et Himalaya* (Paris, 1880, in-18, Plon), le brillant récit des excursions qu'il fit dans l'Hindoustan à la suite du prince de Galles, en 1876.

les yeux fixés sur un ciel noir semé d'étoiles étincelantes, nous causâmes longtemps de nos seigneurs les Iazzaben, prêtres-juges de l'Ouâd-Mezâb : il me sembla que j'allais arriver dans une Thébaïde. Le troisième jour, nous nous engageâmes dans la chebka, un entrelacs de collines pierreuses, horriblement sèches et grises. Mes amis ne se tenaient plus de joie. D'un bout à l'autre de la file, on se répétait : *Ourlan, Ourlan*. C'est un des noms secrets du Mezâb. Vers midi, des palmiers nous apparurent, et, en moins d'un quart d'heure, nous touchions aux premiers jardins d'une oasis dont rien ne nous faisait deviner la profondeur. Alors nous nous arrêtâmes dans le lit d'un large torrent sec, près d'une pierre conique de 2 mètres environ, plantée droit dans le gravier. Nous formâmes un cercle tout autour. L'homme qui avait récité la fatiha au départ éleva ses mains renversées à la hauteur des épaules et prononça une courte action de grâces. Nous étions en terre sainte, dans la *Rahba* de Ghardaïa.

» C'est là que commencerait pour un touriste la promenade la plus surprenante qui se puisse imaginer. Le torrent dont je viens de parler se courbe à travers une forêt immense. Des milliers de palmiers, d'espèce plus fine que ceux de Laghouat ou de Biskra, s'élèvent à une hauteur prodigieuse. Leurs colonnes grises, presque toutes égales, supportent un dôme continu de palmes entrecroisées, au-dessus d'un bois sombre de pêchers, d'abricotiers, de figuiers, de grenadiers. Des vignes géantes les parent de leurs festons. L'eau court à leurs pieds dans une infinité de rigoles. Le sol est percé comme un crible par des puits innombrables. De toutes parts on entend le grincement des poulies; on aperçoit partout des travailleurs vêtus d'une chemise longue ceinte autour des reins. Le torrent se suit pendant trois quarts d'heure peut-être. Tout à coup la végétation cesse. Une petite plaine nue s'étend devant les yeux, et dans le fond s'élève une grosse ville conique, grisâtre, parsemée de taches blanches, surmontée d'une citadelle, entourée d'un mur qui comprend un quartier bas sur la droite.....

» ..... Entrons à Gardaïa. On nous fait tourner à droite

Les maisons sont basses, à terrasses; les rues extrêmement propres. On nous regarde peu. Si une femme nous aperçoit, elle se réfugie dans la première maison venue. Nous ne surprenons que des petites filles vêtues de bleu. Leurs cheveux, très noirs, sont relevés à la chinoise et piqués d'épingles d'or. On nous montre un marché intérieur, puis on nous demande si nous voulons voir les juifs. Il y faut aller, ne serait-ce que pour se rendre compte d'un des plus gros embarras que va nous susciter notre occupation du Mezâb. Nous avançons toujours sur la droite, dans un *ghetto*. Les ruelles sont encore assez propres : mais une odeur nauséabonde s'échappe des portes entr'ouvertes. Des êtres sordides essayent de nous aborder. Ils sont fabricants de bijoux vrais ou faux, débitent en secret du tabac et une espèce de liqueur forte, font toutes sortes de vilains métiers. Les Mozabites les traitent un peu durement, et n'ont pas tort.

» Je suis sûr qu'après cela vous voudrez monter dans la haute ville. Si vous insistez, on vous fera peut-être gravir une rue fort inclinée où les portes deviennent de plus en plus rares. C'est comme un chemin couvert dans un fort. Les murailles s'élèvent des deux côtés, absolument lisses, et vous donnez enfin dans une impasse. Quant à visiter la mosquée, que l'on appelle ici *Tamesguida*, il n'y faut pas songer, à moins de recommandations spéciales.

» Il suffit de sortir de Ghardaïa pour apercevoir trois autres villes saintes : Beni-Sgen, Melika, Bou-Noura. Beni-Sgen est Alger, dit un proverbe mozabite, et, en effet, elle en rappelle le gracieux profil; mais, autant Alger est mélangé, autant Beni-Sgen est pure. La muraille qui l'enveloppe, refaite récemment, avec ses tours carrées, fait peur aux Arabes, et est bien le plus joli joujou du monde. La partie haute de la ville consiste en une ancienne citadelle ruinée qui se nomme Tafilelt; mais tout le reste est admirablement balayé, lavé, blanchi à la chaux. L'oasis, qui l'alimente, située derrière elle, dans un ravin latéral, est une merveille. Les Arabes ne peuvent pas séjourner à Beni-Sgen; il faut qu'ils en sortent à la tombée de la nuit.....

» ..... Reste El-Atef, qui complète le groupe des cinq villes essentielles du Mezâb. Il faut une bonne heure pour y parvenir, en suivant le torrent pierreux qui se trace un lit de plus en plus large, à partir de Bou-Noura dans la direction de l'Est. Paysage désolé : des deux côtés, des collines de pierre; devant soi, des puits inactifs, quelques bouquets de palmiers sans force. La ville paraît à droite, presque noire, étagée sur un mamelon, avec ses deux minarets, carrés à la base, pointus au sommet. Cela signifie deux villes dans une, mille disputes anciennes, des batailles et des vendettas. Je ne sais si mon impression est juste, mais c'est là un triste séjour. Les clercs y sont ignorants et revêches, très pauvres d'ailleurs; les laïques sont occupés presque uniquement du commerce extérieur, et nourrissent une haine ardente contre Ghardaïa. Suivant eux, Ghardaïa, plus récente qu'El-Atef, n'avait pas le droit de s'établir au-dessus d'elle et de capter à son profit toutes les eaux de l'ouâd.

» Ghardaïa compte 11 000 habitants; Beni-Sgen, 5 500; Bou-Noura, 1 500; Melika, 1 200; El-Atef, 2 500; peu de chose en somme, mais c'est un prodige que ce peu vive dans un tel pays. Comment la chebka du Mezâb, qui d'elle-même nourrirait à peine une troupe de gazelles, peut-elle alimenter 20 000 hommes? Je ne sais pas de preuve plus décisive de l'énergie et de l'activité de nos indigènes. Choisissez, parmi nos paysans de l'Auvergne ou des Pyrénées-Orientales, les plus durs, les plus sobres, ceux qui enlèvent pierre à pierre la lave de leurs champs maigres, et ceux qui bâtissent des terrasses pour retenir la poussière de leurs collines, et ceux qui défoncent leurs rocs à coups de barre à mine, puis proposez-leur ce qu'ont fait les Beni-Mezâb. Aucun d'eux n'acceptera.

» Sachez d'abord, comme disent nos conteurs, que, tous les deux ou trois ans, il tombe une forte pluie dans cette partie du Sahara. La moitié des eaux sauvages roule sur les cailloux de l'ouâd, et va s'étaler dans d'immenses bas-fonds au nord d'Ouargla. Le reste s'infiltre à travers des terrains perméables, et s'arrête sur un lit d'argile, à environ 25 mètres de profondeur. Il ne s'agit pas là de la nappe artésienne qu'on ne rencontre que loin du Mezâb, dans l'ouâd Righ, par exemple, où elle tressaute sur un écueil souterrain. Dans cet ouâd Righ, il suffit de percer 60 mètres pour découvrir une dalle de grès sous laquelle on entend comme un grondement de vagues entrechoquées. C'est la mer du déluge, disent les indigènes. Avant l'introduction de nos machines, un homme hardi, ceint d'une corde dont le bout était bien tenu par ses camarades, brisait cette dalle avec une masse de fer. L'eau jaillissait avec tant de force qu'on le remontait à moitié noyé, et, en un clin d'œil, une gerbe énorme écumeuse, bondissait hors du puits, projetant des flots de boue et des poissons sans yeux. Au Mezâb, nous n'avons affaire qu'à une mince nappe de cristal, parallèle au lit de l'ouâd sur lequel les Arabes ignorants meurent de chaleur et de soif; mais nos Mozabites l'exploitent avec un art merveilleux.

» Ils ont d'abord percé des puits innombrables. Les moyens dont ils disposaient étaient rudimentaires : une pioche, une barre aciérée, un ciseau, un marteau. Tous les jours on revenait arracher un morceau de roche, et on le jetait au dehors. Une famille y épuisait pendant deux ans son temps et ses ressources. Enfin on touchait à l'eau. Si Dieu l'avait voulu, elle montait jusqu'à la moitié du puits; sinon, on allait recommencer ailleurs, plus haut ou plus bas dans l'ouâd. Quelquefois le puits, rempli la première année, tarissait la seconde ou la troisième. Cet épuisement concordait avec les années de sécheresse ou semblait provenir de la multiplication des forages. Ce dernier fait se produit aujourd'hui même dans l'ouâd Righ. Alors nos Mozabites prirent un parti héroïque. Puisque la nappe s'épuisait, il fallait la nourrir en retenant les eaux pluviales sur le sol le plus longtemps possible afin qu'elles remplissent toutes les cavités souterraines au-dessus de leur lit d'argile, et par conséquent élever des digues en travers de tous les ouâdis que l'on voulait cultiver, des digues énormes, capables de supporter le choc d'une rivière torrentielle accourant de loin avec une force terrible. Ils bâtirent ces digues. Celle qui traverse la rahba de Beni-Sgen est, de toutes, la plus surprenante. C'est une crête tendue d'un bord à l'autre de la petite vallée à la hauteur des têtes des palmiers. Les talus en sont raides; elle est soutenue vers le milieu par un contrefort puissant. Toute la ville se réunit là au moment où la rivière est annoncée comme le mascaret sur la basse Seine. L'eau vient en tourbillonnant suivant son lit, tumultueuse, érodant ses berges; elle donne contre la digue, reflue, se répand de toutes parts dans les jardins supérieurs, monte vite en grondant, submerge tout, abricotiers, pêchers, grenadiers. Les palmiers seuls dominent l'abîme comme des piliers; puis eux-mêmes disparaissent. Alors la petite mer passe par-dessus la digue, déborde en cataracte, et le flot s'enfuit, laissant derrière lui une masse énorme d'eau emprisonnée. Cette eau disparaît lentement par les bouches d'une centaine de puits dans les réservoirs naturels.

» Tout cela ne suffit pas. Il faut faire des jardins, bêcher, planter, tracer des rigoles intérieures, surtout répartir cette eau qui paraît tout au plus dans les puits à 5 ou 6 mètres du sol. Ici encore nos Mozabites ont trouvé ce que nos mathématiciens appellent une solution élégante. On connaît la noria, que les Espagnols ont héritée des Arabes. Qui n'a vu cette roue dentée, munie de petits pots d'argile qui se remplissent et se vident sans cesse, tandis qu'un mulet, les yeux bandés, met en mouvement une longue barre transversale? Il était impossible d'installer des norias au Mezâb à cause de la profondeur de l'eau et du manque d'engrenages. Or, voici ce qu'ils ont imaginé : sur les deux côtés de chaque puits sont bâtis deux piliers. Ces piliers sont reliés en haut par deux petites traverses de bois de palmier. Entre ces traverses est une roue verticale. Sur cette roue passe une corde. A cette corde est suspendu un seau de cuir. Rien de plus simple jusqu'ici; mais considérez la forme du seau : il ressemble à un gros calice et se prolonge par le bas en un tube souple toujours ouvert. Une cordelette secondaire est attachée d'une part à l'extrémité de ce tube, et de l'autre à la corde maîtresse en un point tellement bien choisi que le seau remonte plein, parce que le tube est alors relevé, et qu'il se vide de lui-même dès qu'il est sorti du puits, parce que le tube s'abaisse à ce moment. La petite machine est mise en mouvement par une traction droite. On y attelle un mulet ou un chameau, mais souvent aussi c'est un homme, un Mozabite, qui, la corde sur l'épaule, arrose ainsi son jardin. L'eau tombe en effet du seau dans un bassin maçonné pourvu de quelques trous. Autant de trous, autant de propriétaires, dont chacun a droit à l'eau pendant un certain nombre d'heures.

» C'est ainsi qu'El-Atef, Beni-Sgen, Bou-Noura et Ghardaïa ont fait pousser des forêts d'arbres fruitiers sur du sable et de la pierre. La propriété est tellement artificielle dans le Mezâb que la terre n'y a pas de prix. L'eau ramenée sous le ciel par le seul génie de l'homme, les palmiers plantés par son industrie, y ont seuls une valeur marchande qui d'ailleurs est considérable. Les beaux palmiers du Mezâb se vendent 600 francs et rapportent un revenu net de 10 %. En admettant, ce qui peut être au-dessous de la vérité, que Ghardaïa, Beni-Sgen, Bou-Noura, Melika, El-Atef, possèdent en somme cent mille palmiers en rapport, c'est donc une rente de un million que les Beni-Mezâb tireraient de la région la plus ingrate du monde. Quoi de plus respectable ?

» Le labeur séculaire, dont une telle création est le résultat, suppose des qualités bien éminentes ou une singulière discipline. On a conté que les Mozabites faisaient cultiver leurs jardins par des esclaves qu'ils achetaient sur les marchés des Châanba. J'ai vu quelques nègres travailler au Mezâb; mais il est difficile de distinguer un esclave d'un domestique chez les musulmans, et ce ne sont certes pas des noirs, tous ces hommes de Ghardaïa, Beni-Sgen, Bou-Noura, El-Atef, qui piochaient la terre sous mes yeux, tiraient l'eau des puits, foulaient l'orge sur leurs aires. Un Mozabite a toujours mieux aimé acheter deux palmiers qu'un nègre. J'imagine même qu'ils ne voudraient laisser à personne le soin de leurs cultures. Tous ces boutiquiers que nous voyons dans nos villes d'Algérie, vêtus d'une étole rayée de rouge et de bleu, vendre du charbon, de la viande, de l'épicerie et du calicot, sous la surveillance secrète d'un délégué des Iazzâben, n'ont qu'un rêve, gagner assez d'argent pour retourner là-bas, jeter la livrée du mercenaire, et s'en aller tous les matins au jardin, en chemise blanche, avec quelqu'un de leurs enfants. On n'ignore pas que tous les codes mahométans, schismatiques comme orthodoxes, admettent l'esclavage; je sais même que c'est un ancêtre religieux des Mozabites qui a introduit la traite dans l'Afrique septentrionale; mais je rapporte ici ce que j'ai constaté : j'ai vu très peu de nègres travailler au Mezâb.

» En revanche, ce que j'ai vu chez ce petit peuple, c'est un amour du travail, une sobriété, une pureté de mœurs exemplaires. J'ai touché en passant à ses divisions intestines, et j'y reviendrai malgré moi; c'est par là qu'il périt : mais je ne saurais assez louer ses belles qualités. Sur les petits bancs des places publiques, ils sont assis côte à côte, pauvres et riches, respectant les vieillards et s'appelant « frères ». Il n'y a pas de mendiants au Mezâb. Vous serez aussi surpris d'y trouver des lois rigoureuses qui protègent le faible avec une délicatesse touchante, non seulement contre les violences, mais encore contre le manque d'égards des puissants. Les lois somptuaires de la Rome des Fabricius y sont en vigueur, et les assemblées populaires qui les ont édictées sous la présidence des clercs ont pris soin de noter qu'elles voulaient éviter aux pauvres, aux souffrants, le spectacle affligeant de la richesse et du bonheur. Voilà pourquoi sans doute mes amis d'un jour répétaient : *Ourlan, Ourlan*, en traversant la chebka, avec l'accent d'une passion si vive. »

E. MASQUERAY[1].

(*Journal des Débats*, 9 décembre 1882.)

---

[1]. M. Masqueray, directeur de l'École supérieure des lettres d'Alger, s'est donné la tâche difficile et même périlleuse d'éclaircir le mystère qui enveloppait jusqu'ici les origines et l'histoire du peuple mozabite. « Après un voyage pénible, dit M. Bourde, des fatigues sans nombre, des dangers sur lesquels il passe modestement, M. Masqueray a obtenu des Mozabites communication de leurs livres. Il en a déjà publié un, la *Chronique d'Abou-Zakaria*, les autres vont suivre, et, histoire et doctrines, nous connaîtrons tout du Mezâb. »

La confédération du Mezâb ou Mzâb occupe la région montagneuse dite Chebka du Mzâb, située au sud-ouest de Laghouat. Elle comprend un groupe de cinq oasis juxtaposées : Ghardaïa, Beni-Sgen, El-Ateuf, Melika, Bou-Noura, situées à l'extrémité sud de la Chebka, et deux oasis isolées, celles de Berrian et de Guerrara aux extrémités nord-ouest et nord-est. La population totale est d'environ 40 000 habitants, cultivant 200 000 palmiers.

A la suite d'une convention conclue en 1853 par le gouverneur général de l'Algérie avec les Mozabites, ceux-ci se reconnurent tributaires de la France, à laquelle ils promirent obéissance et payement d'un tribut annuel (*lezma*) de 45 000 francs. En échange, le gouvernement français s'engageait à ne pas intervenir dans leur administration intérieure, et à les laisser se régir suivant leurs us et coutumes, en continuant à jouir de leurs franchises commerciales, sous la condition que l'ordre serait maintenu dans leur pays, et qu'ils ne pactiseraient point avec les fauteurs de troubles extérieurs.

Les Mozabites sont un faible débris de la grande secte des Ibadites qui couvrait autrefois de ses adhérents tous les Etats berberesques, et s'était répandue jusqu'à l'Oman et à Zanzibar. Les quelques milliers d'Ibadites qui ont survécu aux persécutions de l'islamisme orthodoxe se sont perpétués au djebel Nefousa dans la Tripolitaine, à l'île Djerba dans la Tunisie, et dans les oasis du Mzâb. Leur lieu de pèlerinage est dans l'Oman.

Les Mozabites ne s'en tiennent pas à la lettre du Koran ; ils entendent qu'on se conforme à l'esprit de la loi. Ces puritains ont une ferveur religieuse soigneusement entretenue, des mœurs austères, leurs prêtres sont tout-puissants. Il est interdit aux Mozabites d'épouser une femme étrangère : ceux qui émigrent dans les villes algériennes sont placés sous la surveillance incessante d'inspecteurs ecclésiastiques. La confession existe chez eux ; quiconque a commis une faute grave est exclu de la communauté, et ne peut être admis à y rentrer qu'après s'être soumis à une expiation publique.

En 1864, après l'insurrection des Ouled-Sidi-Cheikh, la région située au sud et à l'ouest du Mzâb devint le pays le plus dangereux du Sahara algérien. Entouré d'une ceinture de crêtes rocheuses qui émergent au milieu du Sahara et en font une sorte de camp retranché, le Mzâb était accessible aux tribus dissidentes par le plateau de Noumerat, et les insurgés, tournant le Mzâb au sud, venaient impunément razzier les tribus restées fidèles. Il devint nécessaire d'occuper le poste de Metlili, clef du plateau de Noumerat, situé à 30 kilom. de Ghardaïa, et point de jonction des routes de Goléa et d'Oûargla.

Dans un rapport adressé le 21 décembre 1882 au président de la République par les ministres de l'Intérieur et de la Guerre, on signale le régime de liberté illimitée du Mzâb comme du plus mauvais exemple pour les remuantes populations arabes qui l'environnent. « Les dissensions intes-
» tines, dit le rapport, y sont à peu près continuelles, et elles ont géné-
» ralement pour résultat des massacres et des tueries dont nous ne pou-
» vons maintenant rester les spectateurs indifférents, sans compromettre
» gravement notre autorité vis-à-vis de nos autres administrés : en outre,
» les immunités commerciales dont nous avons laissé la jouissance au Mzâb
» n'ont abouti qu'à faire de cette contrée un entrepôt de contrebande et
» surtout un vaste atelier de fabrication de poudre de guerre. »

Le gouvernement résolut de faire rentrer les Mozabites dans la règle commune. Le général de la Tour d'Auvergne, commandant la subdivision de Médéa, avait pris possession du Mzâb sans coup férir (novembre 1882). Ghardaïa devint le chef-lieu d'un nouveau cercle militaire, administré par un commandant supérieur et un bureau arabe, relevant de Laghouat, et comprenant les sept villes du Mzâb, l'Aghalik d'Ouargla, les Chanbâa de Metlili et les Chanbâa d'El-Goléa.

## Les immigrants d'Alsace-Lorraine en Algérie.

Au lendemain de la désastreuse guerre de 1870-71 qui démembra la patrie, des milliers de nos compatriotes de l'Alsace et de la Lorraine, ruinés par l'invasion, s'arrachèrent, pour rester Français, à la terre natale qu'occupait un brutal vainqueur, et vinrent demander à la France des secours et un asile. Le pays tout entier s'émut à leur appel : « des comités se for-
» mèrent, des souscriptions s'ouvrirent : l'argent, les dons en
» nature, affluèrent de toutes parts ; dans les villes de l'est, le
» long de la frontière, et du nord au midi, à Lunéville, à Nancy,
» à Belfort, à Dijon, à Saint-Etienne, à Lyon, les émigrants
» étaient accueillis, habillés, nourris. Les municipalités elles-
» mêmes votaient des fonds de secours. Il semblait que la France
» mutilée voulût protester ainsi contre le traité que lui imposait
» la victoire et montrer que pour elle ceux qu'on lui avait ravis
» étaient encore ses enfants[1]. »

Parmi les nombreuses sociétés qui se chargèrent tout de suite de centraliser les souscriptions et de distribuer les secours, la plus importante fut la *Société de protection des Alsaciens-Lorrains demeurés Français*; elle avait pour président un Lorrain, qui descendait d'une des plus anciennes familles du pays, et qui avait récemment raconté dans un beau livre l'histoire de la vaillante province. M. le comte d'Haussonville intéressa à son œuvre les pauvres et les riches; le gouvernement de la République et l'Assemblée nationale le secondèrent avec ardeur. On mit à la disposition du gouverneur général de l'Algérie un million pour faire face aux dépenses occasionnées par l'émigration, et on décida que 100 000 hectares de terre en Algérie seraient spécialement concédés aux Alsaciens-Lorrains expatriés.

Aussitôt des centaines de familles passèrent la mer. Mais ces débuts d'une colonisation trop brusque et incohérente furent rudes, et découragèrent les volontés les plus résolues. Nos compatriotes se trouvaient à leur arrivée dans le plus complet dénûment, et rien n'avait été préparé pour les recevoir. En attendant

---

[1]. L. Lande, *Les Alsaciens-Lorrains en Algérie*.

que l'administration militaire leur eût construit des habitations provisoires, on les abrita comme on put, les uns sous la tente, les autres dans les gourbis. « Des vêtements réformés, capotes
» de mobiles ou autres, dont par bonheur après la guerre il
» existait une énorme quantité dans les magasins de l'armée,
» leur furent distribués, et successivement des terres, des se-
» mences, des bœufs, des instruments aratoires : ils touchaient
» régulièrement des rations de vivres comme les soldats. Encore
» s'ils avaient pu s'aider eux-mêmes, profiter de tout ce qu'on
» faisait en leur faveur ; mais, une fois maîtres d'une concession
» et libres de l'exploiter, ils se trouvaient fort embarrassés : ces
» immigrants pour la plupart n'étaient pas des cultivateurs ;
» simples ouvriers des villes ou habitants des contrées forestières,
» ils n'avaient de leur vie conduit une charrue : plus d'une fois
» on dut s'adresser aux indigènes eux-mêmes pour les tirer de
» peine et leur apprendre à labourer. Dans la précipitation du
» premier moment, on avait disséminé les nouveaux colons un
» peu au hasard, par groupes plus ou moins nombreux, sur
» toute l'étendue de la colonie, là où des terres étaient dispo-
» nibles ; plusieurs centres même avaient été créés dans des
» endroits dépourvus de routes ou imparfaitement assainis. A
» leur incapacité, à leur dénûment s'ajoutaient pour ces hommes
» du nord les dangers trop réels du changement de climat ; mal
» défendus par une installation hâtive et incomplète contre les
» variations de la température, ignorants des plus simples pré-
» cautions à prendre sous le ciel brûlant de l'Afrique, ils n'a-
» vaient pas tardé à payer leur tribut aux fièvres et aux mala-
» dies ; une assez forte mortalité s'était déclarée parmi eux, chez
» les petits enfants surtout ; le découragement bientôt avait suivi.
» Plusieurs déjà quittaient leurs concessions, retournaient à
» Alger, erraient sur les places publiques et dans les rues, fai-
» sant étalage de leur misère et laissant échapper mille critiques
» passionnées contre les autorités du pays. »

Le gouvernement colonial dépensa une nouvelle somme de 700 000 francs pour subvenir aux besoins toujours croissants de l'émigration, et la société de protection des Alsaciens-Lorrains leur vota une première allocation de 100 000 francs ; enfin la souscription dite des « Dames de France, » organisée par l'initiative privée pour aider à payer la rançon de la guerre, ayant produit 6 254 000 francs, déposés au Trésor et restés sans emploi : le ministère de l'intérieur alloua plus du tiers de cette somme aux immigrants algériens. Près de six cents maisons furent construites ; on les munit d'un matériel nécessaire à la culture, on fournit aux colons les objets de premier établissement et les vivres, et chaque famille reçut un lot de terre qui s'étendait à 25 ou 30 hectares environ pour cinq personnes.

Les premiers territoires choisis furent ceux d'*Azib-Zamoun* et du *Camp-du-Maréchal* dans la province d'Alger, et d'*Aïn-Tinn* dans celle de Constantine. Un décret du mois de mars 1875 les abandonna définitivement et à titre gratuit à la société de protection, avec le droit d'en transférer l'entière propriété à ses colons, sous les conditions imposées par la loi.

» Le territoire d'Azib-Zamoun est situé à 82 kilomètres à l'est d'Alger, à l'embranchement des routes d'Alger à Dellys et d'Alger à Tizi-Ouzou et à Fort-National ; les routes qui le traversent dans toute son étendue sont excellentes, bien entretenues, et desservies journellement par des voitures publiques ; c'est un lieu de bivouac pour les troupes et un point stratégique important. Le gouvernement y avait autrefois fait construire un caravansérail pouvant servir à la fois d'abri pour les voyageurs et de refuge en cas d'attaque. Autour du caravansérail s'étaient groupées quelques fermes ; les eaux sont abondantes et de bonne qualité, le pays a toujours passé pour extrêmement salubre. Les terres qui proviennent du séquestre opéré sur les indigènes sont toutes défrichées et pour la plupart très fertiles ; elles produisent surtout des céréales, et embrassent une superficie de plus de 2 000 hectares. Quant au village lui-même, l'emplacement choisi domine tout le territoire, et offre ainsi pour les habitants une nouvelle garantie de salubrité. Avant de quitter Alger, M. le comte d'Haussonville s'était entendu avec l'ingénieur des ponts et chaussées chargé des travaux publics du futur centre, et avait obtenu de lui qu'il voulût bien dresser aussi le plan des maisons à construire et en surveiller ensuite l'exécution. On se mit à l'œuvre, et en quatre mois quarante habitations se trouvaient prêtes ; ce chiffre a été augmenté plus tard d'une vingtaine jusqu'à permettre l'installation totale de soixante familles : c'est tout ce que comporte l'étendue du territoire d'Azib-Zamoun. Les maisons sont bâties solidement, en bonne maçonnerie, avec couverture en tuiles; le type en est

Type d'une maison d'Alsaciens-Lorrains en Algérie.

unique, comprenant cave souterraine, rez-de-chaussée de

deux pièces, grenier et appentis pour le bétail : elles sont carrelées et plafonnées, l'intérieur est blanchi à la chaux. Quelques-unes, occupées par les familles les plus nombreuses, possèdent un étage avec une ou deux pièces de plus ; les autres peuvent en cas de besoin être agrandies de même façon, et l'épaisseur et la solidité des murs ont été calculées en conséquence. Le prix moyen de revient, assez élevé encore, est de 2 500 francs pour les maisons à deux pièces, de 3 000 pour les maisons à trois pièces, et de 3 500 pour les maisons à étage complet. En effet, si l'installation est des plus modestes, si, en ceci comme en tout le reste, la société s'est fait un devoir d'agir avec une sage économie, on a pris soin qu'une famille de travailleurs établie dans son nouveau domicile pût s'y plaire et s'y bien porter, deux conditions qui font en somme pour une bonne part l'énergie et la moralité du colon.

» Toutes les maisons sont réunies sur un même point et se touchent presque les unes les autres ; il serait facile au moindre danger de les entourer d'un mur unique qui suffirait à tenir en échec les forces insurrectionnelles des indigènes. Dans certains villages créés par le gouvernement, les habitations sont placées à 45 mètres de la rue, qui elle-même a 16 mètres de largeur ; cette disposition permet à chaque colon d'avoir son jardin près de sa maison, avantage à considérer, mais il en résulte un isolement qui rendra plus faciles les vols de nuit, pour lesquels les Arabes sont d'une habileté et d'une audace sans pareilles.

» Pendant que s'achevaient les maisons, l'administration avec une égale activité faisait exécuter ceux des travaux à sa charge qui étaient indiqués comme les plus urgents : les rues, les fontaines et l'abreuvoir ; en même temps on plantait des deux côtés, au long des chaussées, un grand nombre d'arbres à haute tige choisis parmi les essences les plus diverses, et tout autour du village, sur une épaisseur de 50 mètres, une vaste ceinture d'eucalyptus.

» ..... Il fallait aussi, pour éviter toute complication, procéder au lotissement des terres avant l'arrivée des immigrants. Voici la méthode qu'on a suivie : la zone la plus rapprochée du village a été divisée en lots d'une contenance moyenne de 10 hectares qui leur ont été distribués tout d'abord ; après l'installation, un second lot plus éloigné a complété pour chaque famille une concession d'environ 25 hectares.. Le territoire d'Azib-Zamoun n'est pas concentrique autour du village, lequel, dans l'intérêt de la santé générale, a été bâti à un point extrême ; si tous les lots eussent été compactes, les uns se fussent trouvés à proximité des habitations et les autres à une distance relativement considérable, au grand désavantage de leurs possesseurs. Outre ces 25 hectares, qui forment à peu près l'étendue nécessaire à la subsistance d'une famille ordinaire, chacune d'elle a reçu auprès du village un hectare de vignes, aujourd'hui planté, et 30 ares de jardin, sans compter le lot urbain, sur lequel est bâtie la maison. La société se réserve de donner ultérieurement aux familles nombreuses et laborieuses un supplément de terre. Le surplus du territoire, comprenant les crêtes impropres à la culture, sera laissé comme communaux en pâturage pour le bétail.....

» ..... Par les soins de la société, des marchés furent passés avec des fournisseurs d'Alger qui s'engageaient à livrer à époque fixe, d'après des types acceptés par une commission locale et à un prix déterminé d'avance, le matériel complet destiné aux familles : objets de literie, mobilier, ustensiles de ménage, herses, charrues et autres instruments de culture. Tout cela fut pris neuf et de bonne qualité ; du reste il devait être permis aux immigrants d'apporter avec eux le plus d'ustensiles et de mobilier possible, et la société leur en assurait le transport gratuit : on aurait ainsi l'avantage moral d'acclimater plus vite les nouveaux venus en les entourant d'objets auxquels ils attachent une valeur d'affection. D'Alger également on fit venir les plantes maraîchères et les arbres fruitiers qui convenaient le mieux à la nature du sol et promettaient de réussir dans les jardins ; on réunit de fortes provisions de semences en blé, seigle, orge, sorgho et pommes de terre ; enfin l'agent de la société s'occupa d'acheter sur les marchés voisins un grand nombre de bœufs de labour dont une paire devait être donnée dès l'arrivée à chacun des colons afin qu'ils pussent se mettre au travail sans tarder et ensemencer leurs terres.

» Quatre mois avaient suffi pour tous ces préparatifs ; comme d'un coup de baguette, par la volonté de quelques hommes de cœur, en plein pays arabe, un grand village était sorti de terre avec ses maisons, ses rues, ses allées d'arbres, ses jardins et jusqu'à ses troupeaux. »

L. Louis LANDE,
*Les Alsaciens-Lorrains en Algérie.*

(*Revue des Deux-Mondes*, 1er septembre 1875.)

Les colons furent choisis par l'intermédiaire des comités de Nancy, Lunéville et Belfort : on les dirigea sur Marseille par groupes de douze ou quinze ; le comité de Marseille prenait soin de les embarquer sur le paquebot des Messageries, où le transport gratuit leur était accordé par l'État. A Alger, l'agent de la société les attendait, et les dirigeait sur Azib-Zamoun. Au village, tout était prêt pour les recevoir ; ils pouvaient prendre sur l'heure possession du domicile qui leur était assigné. Les premières années, malgré la sollicitude de l'État et de la Société, n'ont pas été sans embarras, ni sans complications : tel colon vendait les bœufs et les meubles à lui confiés, et il fallait l'expulser du village ; tantôt les pluies ou les sauterelles détruisaient les récoltes ; tantôt une épidémie s'abattait sur les habitants ; ou bien les indigènes coupaient les jeunes arbres, ou faisaient dévorer par leurs troupeaux les moissons en herbe. Malgré tout, grâce à l'énergie des colons, le village d'Azib-Zamoun prospéra.

Le territoire d'Aïn-Tinn, coupé de montagnes et de ravins et dépourvu de routes, fut échangé par le gouvernement colonial contre celui de *Boukhalfa*, que M. Dollfus, ancien maire de Mulhouse, avait déjà entrepris de coloniser. Le nouveau village fut bâti sur un plateau au pied du massif de Bellona, près de la route d'Alger à Tizi-Ouzou, dans une contrée fertile et en partie boisée. Le territoire du *Camp-du-Maréchal*, qui tire son nom du maréchal Bugeaud, qui y séjourna avec ses troupes, contient 1 800 hectares de terrain dont la fertilité est proverbiale dans le pays : certaines parties marécageuses en rendaient le séjour peu salubre, mais par des canaux et des plantations on les assainit. A ces territoires la société reçut l'autorisation d'ajouter ceux de Chabet-el-Amour, ou de Taourga et de Dra-ben-Kedda; mais elle se borna d'abord aux trois emplacements occupés, et d'ailleurs le mouvement de l'émigration alsacienne ne tarda pas à se ralentir.

La société n'a pas cessé un instant de veiller sur son œuvre, et de solliciter pour elle les sympathies de l'opinion publique. Dès la première année, le total des souscriptions recueillies en sa faveur s'était élevé au chiffre énorme de 250 000 francs, provenant de dons volontaires, de subventions départementales ou municipales, de représentations théâtrales, d'expositions artistiques, de loteries, de concerts, de bals[1], etc. Environ deux mille deux cents familles d'Alsaciens-Lorrains représentant environ dix mille cinq cents personnes, s'établirent en Algérie. Un assez grand nombre y séjournèrent peu d'années : mais presque tous ceux qui continuèrent à travailler et qui surent attendre, réussirent, et forment aujourd'hui, dans les domaines qu'ils ont transformés, un peuple de cultivateurs bien fixés au sol. La situation des trois villages de Boukhalfa, du Camp-du-Maréchal et d'Azib-Zamoun qui, par un hommage légitime rendu au plus zélé de ses fondateurs, porte aujourd'hui le nom d'Haussonviller, continue d'être prospère. Ils comptent aujourd'hui cent trente maisons ou fermes, peuplées de six cent cinquante colons; plusieurs se sont entièrement libérés des avances qui leur avaient été faites, et sont devenus définitivement propriétaires.

### Les Oulad-Sidi-Cheikh.

« Depuis 1864, les Oulad-Sidi-Cheikh jouent un rôle considérable en Algérie. Toujours poursuivis par nous, subissant de temps à autre de grands revers, ils n'en continuent pas moins leurs attaques imprévues contre nos établissements avancés, leurs courses rapides contre celles de nos tribus qui refusent d'embrasser leur cause. En présence de leur persé-

---

1. « L'Université surtout, écrit M. Lande, s'est fait remarquer par la fréquence et l'importance de ses dons; en 1875, le vice-recteur de l'académie de Paris faisait effectuer à la caisse de la Société un nouveau versement de plus de 10 000 fr. »

vérance obstinée à rester en état de rébellion, et des graves désordres qu'ils provoquent non seulement dans le sud, mais encore dans le Tell chaque fois qu'ils s'agitent, on comprend l'importance qu'il y a pour nous à posséder une connaissance approfondie de leur origine, de leur histoire, de leur organisation, de leurs moyens d'action et du genre d'influence qu'ils exercent sur les populations sahariennes et telliennes.

» Les Oulad-Sidi-Cheikh sont les descendants d'un saint homme qui portait le nom d'Abd-el-Kader-ben-Mohamed et les surnoms de Cheikh et de Bou-Amama (l'homme au turban). Selon la version la plus accréditée, ce personnage aurait vécu plus de cent ans et serait mort dans les premières années du dix-septième siècle. La koubba ou chapelle qui abrite sa dépouille mortelle se trouve à El-Abied, au sud-ouest de Géryville...... De son temps Sidi-Cheikh avait de très nombreux adeptes ou *khoddam* qui le comblaient d'offrandes destinées à entretenir les nécessiteux du pays, à encourager l'étude du Coran, à propager l'enseignement des pratiques religieuses et des connaissances de jurisprudence. Lui-même était le serviteur d'un autre saint. Son patron était Sidi-Abd-er-Rahman Moul-es-Souhoul (l'homme au caractère doux). Un jour Sidi-Cheikh lui fit don de trois esclaves noirs. Sidi-Abd-er-Rahman les accepta, puis les affranchit et les lui rendit à condition qu'ils seraient chargés de l'administration des biens de la Zaouïa.

» Telle est l'origine des nègres qui vivent avec les Oulad-Sidi-Cheikh et qui, soit comme administrateurs de leurs biens, soit comme soldats, les servent avec un dévouement absolu et sans bornes, se faisant tuer sous leurs yeux sans reculer d'une semelle. Il est juste de dire que si les nègres sont dévoués à leurs maîtres, ceux-ci les paient de retour. Dans la campagne que fit M. le général de Wimpffen à l'oued Guir, en 1870, il était accompagné par Si-Sliman-ben-Kaddour suivi de son goum et de ses nègres. Le général lui ordonna de faire une reconnaissance au delà de l'oued Guir, grossi par une crue subite provenant de la fonte des neiges qui recouvrent les hautes montagnes du sud marocain, semblables au

Mont Blanc. En traversant le fleuve, le cheval que montait un nègre de Si-Sliman s'abattit et projeta son cavalier près d'un gouffre où le courant très rapide de l'eau l'emporta en le faisant tourbillonner. Le nègre ne savait pas nager : il allait infailliblement se noyer, car pas un des cavaliers du goum n'osait le secourir. Si-Sliman n'hésita pas un instant à se jeter à l'eau et ramena sur la berge le malheureux nègre qui avait déjà perdu connaissance, et qui, grâce au dévouement de son maître, fut sauvé. Les faits de ce genre ne sont point rares.

» Aujourd'hui les descendants de Sidi-Cheikh sont encore les serviteurs des descendants de Sidi-Abd-er-Rahman. Ceux-ci viennent tous les ans recevoir à titre de ziara un tapis, un chameau, une négresse en commémoration de pareil cadeau fait jadis par Sidi-Cheikh à son vénérable patron.

» Les Oulad-Sidi-Cheikh font remonter leur généalogie jusqu'à Bou-Beker-es-Saddik, l'ami fidèle du prophète et son successeur. Cette prétention n'est appuyée sur aucune preuve sérieuse. Toutefois il paraît hors de doute qu'ils sont originaires de l'Arabie et qu'ils faisaient partie de la seconde invasion arabe dans l'Afrique septentrionale (onzième siècle ap. J.-C.). Toutes les fractions de cette famille, plus ou moins compactes, dans le Tell algérien, dans la Tunisie, aux environs de Tanger et de Nefta, deux villes importantes qui renferment leurs magasins de grains, dans la vallée de l'oued Guir, chez les Beni-Guil, à Goléa, au Gourara, au Tidikelt, entretiennent des relations constantes. Elles obéissent à l'impulsion politique qui leur est donnée par les chefs des branches rivales. Leur centre d'action se trouve à El-Abied[1] ou sur les points où campent les chefs, et leur influence rayonne sur d'immenses espaces : l'introduction et l'accroissement incessant des Oulad-Sidi-Cheikh dans toutes les régions font que les indigènes, dans leur style imagé, comparent cette famille à un superbe palmier dont les racines et le tronc sont

---

1. M. Gourgeot prétend qu'il faut dire El-Abied, et non El-Abiad, sous-entendu El-Hassi, le puits blanc. — El-Abied est la réunion de cinq ksour ou villages; son nom lui vient d'un puits blanc qui y fut creusé du vivant de Sidi-Cheikh, et qui existe encore.

fixés au désert, mais dont les rameaux magnifiques s'étendent majestueusement sur le Tell. Partout leur activité se fait sentir; partout leur ascendant autoritaire est incontestable et incontesté.

» Les Oulad-Sidi-Cheikh occupent un rang unique qui, en décuplant leurs forces, leur facilite les moyens d'imposer leur autorité aux populations ignorantes du désert. Ils joignent la noblesse d'épée à la noblesse religieuse, supériorité que l'on ne rencontre chez aucune autre famille au même degré. « Dieu, disent les indigènes, leur a donné la *Baraka* et la *Haraka*. » C'est-à-dire qu'il leur a accordé la puissance religieuse et militaire, autrement dit, le pouvoir temporel et le pouvoir spirituel. En réalité, ils sont *Djouad* ou nobles d'origine, parce que leurs aïeux sont venus d'Arabie au onzième siècle. La marque distinctive de leur noblesse est un bouquet de plumes d'autruche noires qui surmonte le sommet de leurs tentes. De plus, leur ancêtre Sidi-Abd-el-Kader-ben-Mohamed leur a procuré l'ascendant religieux en fondant la confrérie dont ils sont les chefs. Leur puissance militaire s'appuie sur une intrépidité individuelle que nul ne met en doute, sur une connaissance parfaite du Sahara et du Tell, et sur des esclaves nègres qui sont d'une bravoure hors ligne, d'un dévouement à toute épreuve. Tous sont armés de fusils à deux coups, de longs pistolets, et de sabres marocains excessivement acérés.

» Leur puissance spirituelle se manifeste par des imprécations lancées contre leurs ennemis ou par des invocations faites en faveur de leurs fidèles. Tels sont leurs moyens d'action sur des peuplades ignorantes et superstitieuses. L'indigène que nous croyons le plus civilisé, celui que des relations constantes avec nous ont le plus façonné à nos mœurs, est profondément convaincu qu'il lui arrivera malheur s'il est l'objet de la colère d'un membre de cette famille, et qu'au contraire, ses biens, sa personne, sa famille prospéreront s'il est l'objet d'une invocation favorable de sa part. »

L'auteur cite plusieurs exemples pour démontrer combien est

grande la foi que les indigènes professent pour le pouvoir religieux des marabouts, et comment ils expliquent les principaux événements de l'histoire. Nous lui empruntons les deux qui suivent :

» Il y a plusieurs années, l'empereur du Maroc, sur la demande du gouvernement français, avait fait arrêter El-Hadj-el-Arbi, fils de Sidi-Cheikh-ben-el-Taïeb. Il le retint en otage à Oudjeda afin de l'empêcher de prendre part aux incursions des Cheraga sur notre territoire. On raconte qu'un jour El-Hadj-el-Arbi, attristé de se voir retenu prisonnier, monta sur le minaret de la mosquée qui domine le vaste pays d'Angad. Parvenu au faîte de l'édifice, il se découvrit et promenant ses regards inondés de larmes sur la plaine qui s'étendait à ses pieds, il lança l'imprécation suivante : « Pays » d'Angad, malgré ma jeunesse, tu fais blanchir mes che- » veux : puisse Dieu ne t'accorder ni blé ni orge ! Puisse-t-il » empêcher chameaux et chamelles de se repaître de tes » herbes ! » Depuis cette époque, au dire des indigènes, une sécheresse persistante désole cette malheureuse contrée.

» La tribu des Hamian, pour n'être pas restée dévouée aux Oulad-Sidi-Cheikh, a encouru de Kaddour-ben-Hamza l'imprécation suivante :

» Allez, ô Hamian, que Dieu abrutisse vos enfants !
» Qu'il fasse perdre l'esprit à vos vieillards !
» Vous serez le tronc et je serai la scie qui vous coupera ;
» Que Dieu vous rende pareils à une chamelle égarée qui ne sait pas de quel côté se diriger !
» Que la misère soit constamment sur vous !
» Que chaque tribu auprès de laquelle vous passerez dévore un de vos quartiers !

» Depuis ce moment, la tribu des Hamian a subi des pertes considérables. Razziée tantôt par les Français, tantôt par les Oulad-Sidi-Cheikh, tantôt par les BeniGuil, elle a vu décroître sa population et ses richesses dans d'énormes proportions. Partout, pour fuir la colère de Kaddour-ben-Hamza, les Hamian sont obligés de se réfugier chez les tribus de la lisière des Hauts-Plateaux. Leur entrée dans les bois du Tell leur coûte toujours des milliers de moutons que leur mangent les chacals ou leur enlèvent les maraudeurs.

» Les exemples que j'ai cités suffisent pour expliquer la terreur que les Oulad-Sidi-Cheikh inspirent aux populations et pour préciser le genre d'ascendant qu'ils exercent.

Le grand marabout Sidi-Cheikh eut dix-huit garçons. Les deux premiers, El-Hadj-Bahout et El-Hadj Abd-el-Hakem se brouillèrent à l'occasion du partage des immenses richesses provenant des offrandes des fidèles. Leurs fils se firent la guerre et la scission fut irrévocable : il y eut dès lors deux factions rivales chez les Oulad-Sidi-Cheikh, les *Cheraga* ou orientaux, et les *Gharaba* ou occidentaux. Ceux-ci vaincus furent contraints de se réfugier dans l'oasis de Figuig[1]. Les Cheraga continuèrent à habiter les cinq *ksour* ou villages d'El-Abied. Toutefois dans les arrangements survenus plus tard entre les familles ennemies, il fut convenu que les offrandes et revenus de la grande zaouïa[2]

---

1. Le traité du 18 mars 1845, signé entre la France et le Maroc, a fait des Gharaba des sujets marocains, et des Cheraga des sujets français. De là les perpétuelles insurrections ourdies contre le Tell français dans les ksour marocains, qui ont été le foyer de la récente attaque de Bou-Amama. Les Cheraga comprennent les tribus des *Oulad-Sidi-Mamar*, des *Oulad-Sidi-Tahar*, des *Oulad-Sidi-ben-Ed-Din*, des *Oulad-Sidi-El-Azerem*, des *Oulad-Sidi-El-Arbi*. — Les Gharaba se composent des *Oulad-Sidi-Sliman*, des *Oulad-Sidi-Brahim*, des *Oulad-Sidi-Abd-el-Hakem*, des *Oulad-Sidi-El-Hadj Ahmed*, des *Oulad-Sidi-Mohammed Abd-Allah*, des *Oulad-Sidi-ben-Aïssa*, des *Oulad-Sidi-Tadj*.

2. Les Zaouïas. — M. de Neveu donne la définition suivante de la Zaouïa : « La » Zaouïa est un établissement qui n'a aucune analogie dans les États d'Occident. » C'est à la fois une *chapelle* qui sert de lieu de sépulture à la famille qui a fondé » l'établissement, et où tous les serviteurs alliés ou amis de la famille viennent en » pèlerinage à des époques fixes ; une *mosquée* où se réunissent les musulmans » des tribus voisines pour faire leur prière en commun ; une *école* où toutes les » sciences sont enseignées : lecture, écriture, arithmétique, géographie, histoire, » alchimie, magie, philosophie et théologie, et où les enfants, pendant toute l'an» née, les étudiants (*thaleb*), pendant certaines saisons, les savants (*euleina*), à des » époques fixes, se réunissent, soit pour apprendre ce qu'ils ignorent, soit pour » former des conciles et discuter certaines questions de droit, d'histoire ou de » théologie ; un *lieu d'asile*, où tous les hommes poursuivis par la loi ou persécu» tés par un ennemi, trouvent un refuge inviolable ; un *hôpital*, une *hôtellerie*, où » tous les voyageurs, les pèlerins, les malades, les infirmes et les incurables » trouvent un gîte, des secours, des vêtements, de la nourriture ; un *office de pu*» *blicité*, un *bureau d'esprit public*, où s'échangent les nouvelles, où l'on écrit » l'histoire des temps présents ; enfin une *bibliothèque*, qui s'accroît tous les jours » par les travaux des hommes qui y sont attachés, et où l'on conserve la tradition » écrite des faits passés.

« Généralement, les Zaouïas possèdent de grands biens provenant de dotations « (*habous*) ou d'aumônes (*zekkat*) affectées par la charité publique à l'entretien de » l'établissement. Un chef, avec le titre de *cheikh*, quand il appartient à la famille » propriétaire de la Zaouïa, avec le titre de *mokaddem* (gardien), ou d'*oukil* (fondé

de Sidi-Cheikh seraient partagés entre les Cheraga et les Gharaba, mais que les offrandes et revenus de la zaouïa dissidente resteraient exclusivement aux Cheraga, qui percevraient ainsi les deux tiers des revenus.

— » J'ai dit, en parlant de Sidi-Cheikh, qu'il avait fait don de trois esclaves noirs à son patron Sidi-Abd-er-Rahman Moul-es-Souhoul et que celui-ci les affranchit, puis les lui rendit à condition qu'ils seraient chargés de l'administration de la zaouïa. Ces trois affranchis ont été les tiges d'une vingtaine de familles qui entourent aujourd'hui les chefs des branches rivales. Elles forment diverses catégories selon qu'elles habitent le ksar ou qu'elles campent avec leurs seigneurs, selon qu'elles sont au service des zaouïa ou à celui de certains maîtres. Les nègres qui desservent les zaouïa se rendent périodiquement dans les tribus du Sud et du Tell où se trouvent les Khoddam ou serviteurs de l'ordre pour y percevoir leurs redevances et leurs offrandes. La redevance de chaque famille de serviteurs, à laquelle elle ne saurait ni ne voudrait se soustraire, se compose d'un mouton adulte destiné à la grande zaouïa, et nommé en arabe Chat-Sidi-Cheikh (mouton de Sidi-Cheikh), et d'un agneau destiné à la zaouïa d'El-Hadj-Bahout[1]. Si la famille est riche, elle donne plusieurs moutons, plusieurs agneaux, une chamelle avec son petit. Quelquefois plusieurs

---

« de pouvoirs), quand il est étranger à cette famille, dirige l'établissement. De
» nombreux serviteurs (khoddam) sont attachés à chaque Zaouïa, soit pour cultiver
» les terres qui en dépendent, soit pour servir le nombreux personnel d'écoliers,
» de marabouts, d'infirmes et de voyageurs fréquentant l'établissement.
» Une Zaouïa est quelquefois un village de vingt à trente maisons, comme celle
» des Mouley-Taïeb chez les Trara ; quelquefois un bourg considérable composé
» d'une centaine de maisons, cabanes ou tentes, comme la Zaouïa de Sidi-Mahi-
» ed-Din, sur l'oued el-Hamma ; d'autres fois, une réunion plus ou moins considé-
» rable de tentes, comme la Zaouïa de Sidi-Mohammed-ben-Aïssa, chez les Flitta.
» Toujours il y a dans la Zaouïa un lieu d'assemblée, de réunion, djirma (mos-
» quée). Zaouïa et Guetma sont synonymes.
» On peut affirmer que l'Algérie est à peu près divisée en circonscriptions de
» zaouïas, comme chez nous le pays est divisé en circonscriptions religieuses,
» paroisses, évêchés et archevêchés, et comme la Zaouïa est également une école,
» le ressort de cet établissement correspond aussi à un ressort académique. Sous
» ce double rapport, les Zaouïa méritent une surveillance et une attention toute
» particulières. » (Colonel de Neveu, les Khouan.)

1. El-Hadj-Bahout, petit-fils de Sidi-Cheikh, est considéré comme le chef des Gharaba.

familles se cotisent pour acheter une chamelle. Si la famille est pauvre, et ne possède ni moutons ni chameaux, elle fait sa redevance en argent, les animaux étant estimés au prix du cours. Les offrandes se composent de tout ce que les indigènes donnent volontairement de très bon cœur, en sus de la redevance. C'est de l'argent, des grains, du beurre, de la laine, des tapis, des étoffes de soie pour orner l'intérieur des koubbas où reposent les personnages les plus illustres de la famille des Sidi-Cheikh. »   F. GOURGEOT,
Ex-interprète principal de l'armée d'Afrique.
*Situation politique de l'Algérie.*
(Paris, 1881, in-8°, Challamel.)

### La confrérie religieuse de Sidi-Es-Senoûsi et son extension géographique[1].

Les musulmans ont deux manières de faire la guerre à la France : par les armes et par la propagande religieuse ; la seconde est la plus redoutable. Les surprises, les assassinats, les embuscades, les razzias ne sont rien, comparés à la guerre occulte, prêchée par des milliers d'émissaires qui vont partout, d'un bout à l'autre de l'Afrique et jusqu'en Asie, surexciter le fanatisme. Les tribus vaincues fuient et se cachent dans les profondeurs inaccessibles du désert ; les oasis les plus reculées leur servent d'asile, et ils y préparent à loisir et impunément contre les *roumis* (chrétiens) insurrections sur insurrections. Tous les explorateurs africains, tous les administrateurs vigilants de notre colonie algérienne ont signalé ce péril sans cesse menaçant. La force de l'ennemi réside surtout dans l'immense développement de terrain où s'étendent ces propagandes et ces intrigues : châtiée ou étouffée sur un point, l'insurrection renaît sur un autre ; les vaincus se résignent, mais ne désarment pas : les prophètes prêchent la vengeance, et les tribus attendent le signal que donneront les *maîtres de l'heure*.

» Le cheik Mohammed Ben 'Ali Es-Senoûsi est né chez les Mehadja des environs de Mostaganem vers la fin du siècle

---

1. Cette importante notice a été lue par M. Duveyrier au *Congrès des Sociétés savantes de la Sorbonne*. (Avril 1883.)

dernier, c'est-à-dire sous la domination turque. Tel était son zèle pour la religion qu'il trouva les Turcs de mauvais musulmans, et qu'il commença bientôt une œuvre de réforme religieuse. Persécuté par les maîtres de l'Algérie, il quitta son pays et séjourna successivement au Maroc, dans le Sahara algérien, la Tripolitaine, l'Egypte et l'Arabie, cherchant partout, trouvant parfois, comme à Boulaq sous le règne d'Abbas-pacha, des auditeurs et des partisans.

» A la Mecque, en 1835 ou 1836, il est affilié aux Derkâwa par le chef de l'ordre, Sidi-Ahmed-ben-Edrîs, qui le choisit pour son successeur. Il commença alors des voyages en Arabie, dans un but de propagande; persécuté à la Mecque, il part pour la Cyrénaïque qui devient le berceau de l'ordre des Derkâwa réformés connu sous le nom de confrérie de Sidi-es-Senoûsi. Bientôt la conquête de l'Algérie vient donner un nouvel aliment aux ardeurs fanatiques d'Es-Senoûsi, qui tourne tous les efforts de son œuvre contre les chrétiens, et en particulier contre les Français, mais sans oublier la négation originale du pouvoir civil et militaire, témoin la rivalité des lieutenants de Sidi-es-Senoûsi et d'Abd-El-Kader[1]. La confrérie montra pour la première fois son hostilité contre nous lors des révoltes de Mohammed ben 'Abd-Allah, qui amenèrent le siège de Laghouat et la prise de Tougourt et de Ouargla, c'est-à-dire l'extension actuelle de la domination française dans le Sahara.

» La propagande des Senoûsi est intéressante à étudier. Son mode de procéder est différent suivant les cas. Généralement l'instruction secondaire ou primaire en est le véhicule. Un missionnaire de la confrérie arrive dans un pays déjà musulman, obéissant à un gouvernement musulman régulier; il ouvre des cours que fréquentent les étudiants déjà quelque peu lettrés, et où il leur donne un enseigne-

---

1. « Les Derkâwa ont toujours été d'austères puritains. Ils professent le renon-
» cement au monde et nient absolument le pouvoir séculier, même quand il est
» entre les mains d'un musulman. Le droit de gouverner est une délégation de
» la divinité, le roi doit être en même temps prêtre, ou il n'est pas roi. Le culte
» doit être ramené à la plus extrême simplicité. Le nom de Dieu, par exemple,
» suffit pour toute prière. » (H. Duveyrier.)

ment théologique et juridique basé sur les commentaires de Sidi-Mohammed-ben-'Ali-es-Senoûsi. Ses élèves, grâce à leur naissance et à l'instruction qu'ils reçoivent, deviennent bientôt la classe dirigeante du pays, et on devine de quelle teinte est alors l'opinion des habitants. In-Çâlah, Rhât, dans le Sahara, les villes de Ben-Ghâzi, Derna, Tôqra, dans la Cyrénaïque, sont des exemples de ce qui précède. En pareil cas le missionnaire modère ses exigences; il affecte de travailler tout à fait pour la gloire de Dieu et de se désintéresser de considérations de lucre.

» S'agit-il au contraire des parties reculées d'un même territoire, des oasis qui sont comme les annexes de l'Égypte et de la Tripolitaine, où les habitants sont arriérés et dont l'esprit est par conséquent plus facile à dominer, le missionnaire se présentera comme un humble maître d'école. Il captera la confiance des parents, leur en imposera par sa pitié, sa stricte observance des devoirs de musulman et de frère de l'ordre. La crédulité le transformera bientôt en intermédiaire nécessaire entre les humains et la divinité, et, pour rendre cet intermédiaire favorable, les présents afflueront. Le maître d'école sera possesseur de jardins de dattiers et il trouvera le moyen de faire construire un couvent pour abriter avec lui ses adeptes les plus dévoués.

» Là où ne domine plus la race blanche, on changera de tactique. Chez les Toubou, par exemple, le missionnaire ne cherchera pas à former un noyau d'élèves du sexe masculin; il attirera à lui les jeunes filles parce que la position et les goûts de la femme, chez les Toubou, sont l'opposé de ce qu'ils sont chez les Arabes[1]. Aborde-t-on la Nigritie proprement dite, où existent de grands États soumis à un gouvernement despotique, on visera, avant tout, la conversion du souverain sans laquelle toute propagande dans le peuple pourrait être entravée. C'est ainsi que les Senoûsiya ont procédé au Wâdaï. Chez les peuples païens, comme étaient les Wanyanga

---

1. Sur les mœurs des Toubou et l'influence des marabouts dans le Tibesti, voir Nachtigal, *Sahara et Soudan*. t. Ier.

268  LECTURES ET ANALYSES DE GÉOGRAPHIE.

et l'Ennedi avant la prédication des Senoûsiya, on donne l'assurance que le fait de la conversion et de la soumission à

L'oasis d'Ouargla.

la règle sera, grâce à la puissance supérieure du grand maître, un palladium infaillible contre toute agression des vieux ennemis musulmans. Devant des nomades, plus sensibles à la poésie et à l'idéal, parce qu'ils sont détachés des soucis inséparables de la culture, et parce qu'ils ont sans cesse sous les yeux les spectacles grandioses du désert, on fera briller la gloire des armes au service de la religion. Si bien que de tous côtés on recueille des adhésions, et toute adhésion implique une cotisation annuelle de deux et demi pour cent sur le capital en argent ou en nature possédé par le nouvel adepte.

» En résumé, voici, d'après mes recherches, quelle est l'extension géographique de la confrérie de Sîdi Mohammed Ben-'Alî-Es-Senoûsi. Elle aurait des adhérents dans la Mésopotamie, et la propagande commencerait à se faire sentir dans le Sahara sénégalien, à 57° plus à l'ouest. Sous le 41° de latitude nord, à Constantinople, elle a une agence auprès du sultan des Osmanli; elle a pénétré dans le Wâdâï jusque vers le 13° de latitude, c'est-à-dire 28° plus au sud. Il est difficile d'évaluer le nombre exact de ses adhérents, et cela se comprend, étant donnée la dissimulation qui est dans l'esprit de la confrérie; mais ce chiffre n'est certainement pas inférieur à un million et il est probable qu'il n'atteint pas encore trois millions d'individus. Voilà les résultats obtenus en quarante-trois ans.

» Un aperçu rapide des couvents et autres centres de propagande permettra de voir dans quelles parties du monde musulman les frères sont répandus par groupes plus ou moins nombreux.

» Dans la Turquie d'Europe, l'agence de Constantinople est le seul centre de propagande connu. L'Égypte compte huit couvents, dont un seul, celui de Boulaq, est dans la vallée du Nil, et les sept autres dans les oasis du désert de Libye. Dans la Turquie d'Asie deux centres furent fondés; un seul reste, celui de la Mecque. La Tripolitaine en a compté trente-neuf; il en reste trente-six ou trente-sept. La Tunisie en a eu sept et en a encore six. L'Algérie en a eu six et en a encore trois ou quatre. Le Maroc en possède quatre, le Sahara indépendant deux, et les parties indépendantes du désert de Libye, six. Cela fait soixante-seize noyaux d'établissements de propagande jetés en quarante-trois ans et, en résumé, soixante-dix couvents ou succursales existant à l'heure actuelle. On trouve des groupes de frères en Mésopotamie, à Constantinople, dans les oasis de l'est de l'Égypte; toute la population du liva de Ben-Ghâzi est affiliée, ainsi que celle des oasis du désert de Libye, du Fezzan, du Tou ou Tibesti, du Wanyanga, de l'Ennedi et du Borgou presque tout entière. Si les renseignements les plus récents sont exacts, le Wâdâï tout entier ne formerait qu'une seule communauté des Senoûsiya, qui aurait aussi la direction de l'opinion dans le Fêdé, le Kânem et le Kawâr. En Tunisie, on signale cinq zaouïas en activité et deux abandonnées. En Algérie, deux seulement, sur les quatre fondées, existeraient encore. Au Maroc, il y en aurait quatre et dans le Sahara indépendant deux autres.

» J'ai pensé que cet épisode de l'histoire de l'islam méritait d'être signalé dans ses conséquences géographiques. Je ne crois pas qu'on puisse trouver dans l'histoire d'une autre religion un développement aussi rapide d'une secte religieuse austère et radicale. Et j'ajouterai incidemment, en terminant, ce que vous aurez tous compris, c'est que l'histoire que je viens d'esquisser est celle d'une ennemie de la France. »

H. DUVEYRIER.

(Cité dans la *Revue scientifique*, 14 avril 1883.)

## L'œuvre de la France en Algérie.

L'œuvre accomplie par la France en Algérie pendant le petit nombre d'années de paix qui ont suivi la conquête, provoque, quand on prend la peine de l'examiner de près, et sans parti pris, un sentiment d'admiration et de légitime fierté. La sollicitude bienfaisante de la métropole a pourvu à des besoins urgents, aplani de sérieux obstacles, prévenu de redoutables périls, fondé des institutions durables, en un mot, amélioré dans tous les sens un immense domaine de tout temps fécond, mais depuis des siècles ruiné, épuisé ou laissé en friche. Il fallait tout créer ou tout remettre debout; rien n'a été négligé dans ce travail de reconstruction : défrichement, reboisement, irrigation, assainissement, acclimatation de cultures nouvelles ou d'espèces inconnues, exploitations de mines, créations d'industries locales, de voies de communication, de ports, de villes, de marchés, travaux publics d'utilité, de charité et même de luxe, organisation des indigènes, émancipation des colons, l'œuvre coloniale s'est poursuivie, lente peut-être, sujette parfois aux tâtonnements et aux erreurs, mais continue et souvent couronnée de succès. Elle est loin encore d'être achevée; mais l'heure des grands sacrifices est passée, et celle de la moisson est proche.

Après avoir exposé le récit de ses excursions à travers notre belle colonie, comme pouvait le faire un étranger qui est en même temps un voyageur éclairé, sagace et sympathique à la France, sans cesser d'être un observateur impartial, M. de Tchihatchef résume, dans une dernière lettre élogieuse, l'ensemble des ressources de l'Algérie, le développement ininterrompu de ses richesses naturelles, la fécondité de ses produits de tout genre, le progrès constant de son industrie; il compare à l'organisation des riches colonies des Indes britanniques celle de la France africaine et n'hésite pas à mettre celle-ci au premier rang, en lui prédisant un magnifique avenir. Voici comment cet étranger, plus juste envers la métropole que certains Français aveugles ou malintentionnés, apprécie l'œuvre de colonisation de la France en Algérie.

« La marche constamment progressive que présentent en Algérie toutes les branches de l'industrie nationale[1], doit nécessairement faire supposer un développement analogue des travaux d'utilité publique et des mesures tutélaires du gouvernement; car de tels progrès dans le mouvement indus-

---

1. Les tableaux, placés par M. Guy dans son ouvrage si complet et si exact sur l'Algérie, sont fort intéressants à consulter. On y voit, par exemple, que de 1840 à 1875, l'exportation de tous les articles a décuplé; l'accroissement a été pour quelques-uns de un à vingt. Le général Chanzy constatait lui-même devant le Sénat ces progrès extraordinaires, et les résumait ainsi dans son discours (séance du 19 mars 1878) : « En 1850, l'exportation moyenne était de 3 millions de francs; » de 1850 à 1870, elle s'est élevée à 50 millions; de 1870 à 1876, elle a atteint » 150 millions; en 1876, l'exportation a été de 166 500 000 francs, et l'importation de » 213; le total des transactions est donc de 380 millions. Enfin, pour vous fixer par » un chiffre d'ensemble qui vous frappera, de 1840 à 1877, les transactions entre » la France et l'Algérie se sont élevées à 7 milliards 232 millions. » Le recensement de 1883 porte le chiffre du commerce total à 562 millions pour un an.

triel sont impossibles sans voies de communication, sécurité, garanties de l'indépendance individuelle, multiplication de

Plaine du Sig.

centres de population européenne, et enfin organisation de

l'instruction publique. Or, c'est en effet ce qui a lieu, car sous tous ces rapports, l'Algérie marche à pas de géant. Au reste, pour le prouver, il suffirait de rappeler le vaste réseau de routes et de ponts embrassant la surface du pays, les nombreuses voitures publiques qui le traversent en sens divers, la parfaite sécurité qui y règne partout et pourrait servir de modèle à bien des pays de l'Europe, tels que l'Italie, l'Espagne et la Grèce, l'application impartiale des lois aux populations de toute race et de toute croyance, enfin le remarquable esprit de tolérance religieuse bien plus largement et plus rigoureusement exercé que dans la plupart des États européens les plus civilisés. Aussi, sans revenir sur ce sujet, me contenterai-je de reproduire ici quelques chiffres relatifs aux principaux travaux publics exécutés en Algérie par le gouvernement français :

1531 kilomètres de chemins de fer en exploitation ; 100 kilomètres en construction ; 200 kilomètres proposés par la commission ; 2983 kilomètres de routes et chemins de grande communication livrés à la circulation[1]. Réseau télégraphique de 5832 kilomètres desservi par 154 stations ; quinze ponts construits ou en construction ; quarante-trois phares allumés de Rachgoun à la Calle ; irrigations pratiquées ou en voie d'organisation sur une superficie de plus de 50 000 hectares ; puits artésiens forés dans le Sahara, faisant jaillir du sol plus de 25 000 mètres cubes d'eau par jour ; plus de 5 000 000 et demi de francs consacrés à l'assainissement des parties marécageuses du territoire ; fondation de plusieurs villes particulièrement florissantes, telles que Philippeville, Boufarik, Sidi-Bel-Abbès, Fort-National ; construction de plus de cinq cents villages peuplés de colons européens[2].

---

[1]. Les chiffres cités par M. de Tchihatchef en 1880 ayant vieilli, nous leur avons substitué ceux qui nous sont fournis par les derniers documents officiels.

[2]. En 1881, les dépenses de travaux nouveaux se sont élevées à 3 631 000 francs, et les travaux d'entretien (routes et ponts, dessèchements et irrigations, ports, phares et fanaux, bâtiments civils), à 4 736 000 francs. — Les ports, quais, débarcadères, môles ou warfs de La Calle, de Bône, de Philippeville, de Stora, de Collo, de Djidjelli, de Bougie, de Dellys, de Tipasa, de Ténès, de Mostaganem, d'Arzeu, d'Oran, de Mers-el-Kébir et de Nemours ont coûté à eux seuls plus de 100 millions. — Plusieurs de ces travaux sont de véritables œuvres d'art tout à fait grandioses : tels sont les barrages-réservoirs, destinés à garder en réserve l'eau des rivières et à la distribuer aux plaines voisines à l'époque des sécheresses. Les plus considérables sont ceux de l'Habra, du Sig, du Tlélat, de la Djidouia, dans le département d'Oran ; celui du Hamiz, dans le département d'Alger, qui doit contenir 14 millions de mètres cubes, et dont les murailles, construites en maçonnerie hydraulique, s'élèveront à 35 mètres de hauteur, suivant M. Neveu-Dérotrie. « Le
» barrage du Sig, écrit M. de Tchihatchef, s'aperçoit de loin. C'est une muraille en
» belles pierres de taille, d'environ 9 mètres de hauteur. Les eaux du Sig, retenues
» et élevées de cette manière, sont distribuées par des canaux latéraux de 30 kilo-
» mètres de développement. Les aqueducs construits dans l'intérieur de la maçon-

Comme le constatait déjà avec fierté devant le sénat le général Chanzy, l'Algérie occupe par l'organisation de l'instruction publique un des premiers rangs parmi les nations les plus avancées de l'Europe[1]. La population européenne fournit à elle seule un chiffre de plus de soixante-dix mille écoliers : c'est une proportion d'environ 17 pour 100. L'accroissement de la population suit une marche ascendante ; les progrès sont rapides et continus. De 1872 à 1876, les recensements accusaient une augmentation de 445 700 individus et un total de 2 868 977 habitants, dont 353 639 Européens. En 1881, l'augmentation est de 441 435, et le total de 3 310 412 habitants.

» L'ébauche que je viens de tracer de l'état actuel de l'Algérie suffit pour faire apprécier l'importance présentée par cette contrée sous le double rapport des intérêts de la France en particulier et de la question humanitaire en général. En présence de faits aussi péremptoires, s'évanouissent les doutes et les appréhensions que l'ignorance ou la malveillance s'étaient plu pendant si longtemps à jeter sur l'avenir de ce beau pays ; désormais les plus opiniâtres détracteurs de la France n'oseront plus lui adresser le reproche de ne point posséder l'esprit colonisateur, reproche qui, malheureusement, a été répété plus souvent par les Français que par les étrangers, peut-être parce que les premiers parlaient souvent de ce qu'ils n'avaient pas vu, tandis que les derniers se donnaient au moins la peine d'observer le pays sur les lieux mêmes. Ainsi j'ai mentionné les études consciencieuses faites il y a bien longtemps déjà, à Alger, par le D$^r$ Schneider, et l'on pourrait citer parmi les visiteurs étrangers récents, le

---

» noria permettent de vider le bassin en amont de cette muraille. Le Sig, insigni-
» fiant en été, reçoit dans la saison des pluies une masse énorme d'eau que son lit
» ne peut contenir, et qui, abandonnées à elles-mêmes, exerçaient de grands
» ravages dans toute la contrée limitrophe ; d'innombrables quantités de gros blocs
» de sable et d'argile dont son lit est hérissé, attestent la violence de ses eaux tor-
» rentielles. Or, maintenant, il ne reçoit que la quantité d'eau voulue, et l'excé-
» dant devient une source de fertilité et de bienfaits pour le pays. Cette œuvre
» splendide du génie de l'homme, respirant l'élégance d'un édifice ornemental,
» contraste singulièrement avec la physionomie triste et silencieuse du pays au
» milieu duquel elle se dresse isolément : la nature semble humiliée par ce monu-
» ment, preuve de sa défaite et du triomphe du vainqueur. »

1. Voy. les chiffres, au *Résumé géographique*, page 100.

célèbre explorateur allemand Rohlfs, déclarant que « qui-
» conque a pu voir comme lui les prodigieux travaux exé-
» cutés par les Français en Algérie, n'éprouvera qu'un sen-
» timent de pitié pour ceux qui, en présence de toutes ces
» œuvres admirables, oseraient encore prétendre que les
» Français ne savent pas coloniser[1]. » Contrairement à
l'opinion fréquemment produite, je crois avoir démontré, par
des preuves irrécusables, que sous le rapport de la colonisation
la France n'a rien à envier aux nations les plus privilégiées,
et que l'œuvre accomplie dans l'Algérie n'a été surpassée
nulle part, et très rarement égalée. »

P. DE TCHIHATCHEF,<br>
Espagne, Algérie, Tunisie.<br>
(Paris, 1880, in-8° avec carte, J.-B. Baillière.)

### 3° BIBLIOGRAPHIE[2]

#### DOCUMENTS HISTORIQUES

BAUDICOUR (Louis de). *Histoire de la colonisation de l'Algérie.* — (1860, 3 vol. in-8°, Challamel.)

BEAUVOIS (E.). *En colonne dans la Grande-Kabylie : Souvenirs de l'insurrection de 1871.* — (Paris, 1872, in-18.)

BELLEMARE. *Abd-el-Kader. Sa vie politique et militaire.* — (Paris, in-18, Challamel.)

BERBRUGGER. *Les époques militaires de la Grande-Kabylie.* — (Alger, in-18.)

BERBRUGGER. *Le Pegnon d'Alger, ou les origines du gouvernement turc.* — (Alger, in-8°.)

BERBRUGGER. *Relation de l'expédition de Mascara.* — (Paris, 1836, in-8°.)

BERBRUGGER. *La régence d'Alger sous le consulat et l'empire.* — (*Revue africaine*, 1871.)

BERLIOUX (F.). *Les Atlantes, histoire de l'Atlantis et de l'Atlas primitif.* — (*Annuaire de la Faculté des lettres de Lyon*. 1er fascicule 1883.)

BERTHEZENE (baron de). *Dix-huit mois à Alger.* — (Montpellier, 1834, in-8°.)

BOISSIÈRE. *L'Algérie romaine.* — (Paris, 1883, 2 vol. in-8°, Hachette.)

CARREY (E.). *Récits de Kabylie, campagne de 1857.* — (Paris, 1858, in-12, 1 carte.)

CHERBONNEAU. *Les écrivains de l'Algérie au moyen âge.* — (*Revue africaine*, 1870.)

---

1. *Mittheilungen de Petermann*, 1876, t. XXII, p. 250.
2. Les ouvrages de tout genre qui ont été écrits sur l'Algérie, surtout dans les cinquante dernières années, sont innombrables. Nous n'avons pas la prétention, dans ce livre, qui n'est point une œuvre d'érudition, d'en donner une liste complète. Nous voulons indiquer surtout les plus considérables et les plus récents, en renvoyant le lecteur à l'ouvrage de Gay, au catalogue de l'éditeur Challamel, et à la bibliographie très exacte et très bien faite que M. Gaffarel a placée à la fin de son beau livre sur l'Algérie.

Delord (Taxile). *Histoire du second empire.* — (Paris, 1873, le t. IV comprend l'Algérie, ch. 1er.)
El-Bekri. *Description de l'Afrique septentrionale.* — Trad. de Slane, (1842.)
Faidherbe (général). *Collection complète des inscriptions numidiques.*
Féraud. *Histoire des villes de la province de Constantine.* — (1870, in-8°.)
Ibn Khaldoun. *Histoire des Berbères*, trad. de Slane. — (Paris, 1852-1856, 2 vol. in-8°.)
Ideville (H. d'). *La première campagne du maréchal Bugeaud en Afrique.* — (*Correspondant* du 10 janvier 1882.)
Ideville (H. d'). *Correspondance du maréchal Bugeaud.* — (Paris, 1882, 3 vol. in-8°.)
Lacour (A.). *La marine de la régence d'Alger avant la conquête.* — (*Revue maritime et coloniale*, mars 1883.)
Muller (H.). *Numismatique de l'ancienne Afrique.* — (Paris, 1860.)
Nettement. *Histoire de la conquête d'Alger.* — (Paris, 1856, in-8°, Lecoffre.)
Nodier (Ch.). *Journal de l'expédition des Portes-de-Fer*, d'après les notes du duc d'Orléans. — (Paris, 1844, in-8°, imprimerie Royale.)
Orléans (Ferd., duc d'). *Campagnes de l'armée d'Afrique.* — (Paris, 1870, in-8°, 1 carte.)
Pein (colonel). *Souvenirs de l'Algérie et des guerres d'Afrique*, nouvelle édition. — (Paris, 1873, in-18.)
Pellissier de Reinaud. *Mémoires historiques et géographiques sur l'Algérie* (dans la collection de l'*Exploration scientifique de l'Algérie*, t. VI). — (Paris, 1844, in-8°.)
Pingaud. *Un captif à Alger au dix-huitième siècle.* — (*Revue historique*, 1880.)
Plée (Léon). *Abd-el-Kader, nos soldats, nos généraux, nos victoires en Afrique.* — (Paris, 1854, in-8°.)
Raban. *Histoire privée, politique et militaire d'Abd-el-Kader, depuis sa naissance jusqu'à sa soumission et son arrivée en France.* — (Paris, 1848, in-18, Bourquelot.)
Renier (Léon). *Inscriptions romaines de l'Algérie.* — (Paris, 1855-1880, 1 vol. in-4°.)
Rousset (Camille). *La conquête d'Alger.* — (Paris, 1879, in-18, Didier.)
Savary de Brèves. *Relation de ses voyages en Grèce, en Terre-Sainte, en Égypte, aux royaumes de Tunis, Alger.* — (Paris, 1628, in-4°.)
Trumelet (colonel). *Les saints de l'Islam.* — (Paris, 1881, in-18, Didier.)
Vivien de Saint-Martin. *Le Nord de l'Afrique dans l'antiquité.* — (Paris, 1862, in-8°, imprimerie impériale.)
Wumpfen (de). *L'expédition de l'Oued-Guir.* — (*Bulletin de la Société de géographie*, janvier 1872.) — (V. Kessler, *Bulletin de la Société de géographie*, avril 1872.)

---

## TRAVAUX GÉOGRAPHIQUES

Accardo. *Répertoire alphabétique des tribus et douars de l'Algérie.* — (Alger, 1879, Jourdan.)
Ardouin du Mazet. *Etudes algériennes.* — (Paris, 1882, in-8°, Guillaumin.)
Aucapitaine (Henri). *Etudes sur le passé et l'avenir des Kabyles.* — (Paris, 1864, in-12.)
Barbier. *Itinéraire historique et descriptif de l'Algérie.* — (Paris, 1855, in-18.)
Bargès (l'abbé). *Tlemcen, sa topographie, son histoire, description de ses principaux monuments.* — (Paris, 1859, in-8°, Challamel.)
Bastide (L.). *L'alfa, végétation, exploitation, commerce, industrie, papeterie.* — (Oran, 1876, in-8°, Perrier.)
Bertherand (Dr E.-L.). *L'eucalyptus au point de vue de l'hygiène en Algérie.* — (Alger, 1876, in-8°.)
Bertherand (Dr A.). *Etudes sur les eaux minérales de l'Algérie.* — (Alger, 1878, in-8°.)
Bourde (Paul). *A travers l'Algérie.* — (Paris, 1879, in-18, Charpentier.)

Bourdon (G.). *Etude géographique sur le Dahra.* — (*Bulletin de la Société de géographie.* 1871, t. I<sup>er</sup>; 1872, t. I<sup>er</sup>.)

Bourquelot. *En Algérie, souvenirs d'un Provinois.* — (Paris, 1881, in-18, Challamel.)

Boutin (Vincent-Yves). *Aperçu historique, statistique et topographique sur l'état d'Alger, avec plans, vues et costumes,* publié par ordre du ministre de la guerre. — (Paris, 1830, in-12.)

Brosselard. *Les Khouan.* — (Alger, 1859, in-8°.)

Bugeaud (maréchal). *Histoire de l'Algérie.* — (Paris, 1850, 3 vol. in-8°.)

Burzet (abbé). *Histoire des désastres de l'Algérie, 1866, 1867, 1868; sauterelles, tremblements de terre, choléra, famine.* — (Alger, 1869, in-8°.)

Carette, Pellissier, Rémusat, Rendu, Périer, Lucas, Deshayes, Fournel, Delamarre, Ravoisier. *Exploration scientifique de l'Algérie (histoire, géographie, médecine, physique, géologie, botanique, zoologie, histoire naturelle, archéologie, beaux-arts),* publiée par ordre du gouvernement. — (Paris, 1844-1854, imprimerie royale, 29 vol. in-8° et in-4°.)

Cherbonneau (Aug.). *Constantine et ses antiquités.* (Paris, 1857, in-8°.)

Choisy. *Le Sahara; souvenir d'une mission à Goleah.* — (Paris, 1881, in-18, Plon.)

Cibot. *Souvenirs du Sahara, excursion dans les monts Aurès.* — (1870.)

Clamageran (J.-J.). *L'Algérie, impressions de voyage.* — (Paris, 1883, 2<sup>e</sup> édition, in-18, Germer Baillière.)

Colomb (général de). *Exploration des Ksours du Sahara de la province d'Oran.* — (Paris, 1858.)

Colomb (général de). *Notice sur le Sahara et les oasis qui y conduisent.* (In-8° avec carte.)

Coyne. *Le Mzab.*

Dalles (Ed.). *Alger, Bou-Farik, Blida et leurs environs, guide géographique, historique et pittoresque, avec plan d'Alger et carte.* — (Alger, 1876, in-18, Jourdan.)

Daumas. *La vie arabe et la société musulmane.* — (Paris, 1869, in-8°.)

Daumas et Fabar. *Mœurs et coutumes de l'Algérie, Tell, Kabylie et Sahara.* — (Paris, 1858, 2<sup>e</sup> éd., in-12.)

Devaux (C.). *Les Kébailes du Djerdjéra.* — (Marseille, 1859, in-8°.)

Desprez (Charles). *L'hiver à Alger.* — (Alger, 1879, 4<sup>e</sup> édition, in-12, Jourdan.)

Dugas (J.). *La Kabylie et le peuple kabyle.* — (Paris et Lyon, 1878, gravures et carte, in-12, Lecoffre.)

Dumont (H.). *Alger, ville d'hiver, notes de voyage.* — (Paris, 1878, in-18, Berger-Levrault.)

Duval (Jules). *L'Algérie, tableau historique, descriptif et statistique de la colonie.* — (Paris, 1854-59.)

Faidherbe (général). *Collection complète des inscriptions numidiques.* — (Lille, 1870, in-8°.)

Farine (Ch.). *A travers la Kabylie.* — (Paris, in-8°, 1883, Ducrocq.)

Féraud (L.-C.). *Notices historiques sur les tribus de la province de Constantine.* — (In-8°.)

Fillias (Ach.). *Histoire de la conquête et de la colonisation de l'Algérie, 1830-60.* — (Paris, 1860, in-8°.)

Fillias (Ach.). *Géographie physique et politique de l'Algérie; description, divisions naturelles et culturales.* — (Paris, 1873, 2<sup>e</sup> édition.)

Fontanes (J. de). *Deux touristes en Algérie.* — (Paris, 1879, in-18, C. Lévy.)

Fournel (H.). *Les Berbers, étude sur la conquête de l'Afrique sur les Arabes.* — (Paris, 1881, t. II, in-4°, Leroux.)

Fournel (H.). *Richesse minérale de l'Algérie,* public. du ministère de la guerre. — (Paris, 1854, in-4°.)

Fromentin (E.). *Une année dans le Sahel.* — (Paris, 1881, 5<sup>e</sup> édition, in-18, Plon.)

Gaffarel (P.). *L'Algérie, histoire, conquête, colonisation.* — (Paris, 1883, in-8° illustrations et cartes, F. Didot.)

Gavoy (D<sup>r</sup>). *Notice sur Tizi-Ouzou.* — (Alger, 1878, in-8°, Aillaud.)

Gourgeot (F.). *Situation politique de l'Algérie.* — (Paris, 1881, in-8°, Challamel.)

Guimet (Ern.). *Arabes et Kabyles, pasteurs et agriculteurs.* — Lyon, 1873, in-8°.)

Guy. *L'Algérie, agriculture, industrie, commerce.* — (Alger, 1876, in-8°.)

H. V. *Sept mois d'expédition dans la Kabylie orientale et dans le Hodna.* — (Angoulême, 1874, in-8°.)

Hanoteau et Letourneux. *La Kabylie et les coutumes kabyles.* — (Paris, 1872-76, 3 vol. in-8°, imprimerie nationale.)

Herbert (lady). *L'Algérie contemporaine illustrée.* — (Paris, 1862, in-8°, Palmé.)

Hun (Félix). *Excursion dans la Haute-Kabylie et ascension au Tamgout de Lella Khedidja.* — (Bastide, 1859, in-8°.)

Jaubert (D.). *Les incendies des Maures.* — (Toulon, 1869, in-8°.)

Jus (H.). *Forages artésiens de la province de Constantine.* — (Paris, 1878, in-8°, imprimerie Nationale.)

Jus (H.). *Les oasis de l'oued Rhir en 1876 et 1879.* — (1879.)

Kaltbrunner (D.). *Recherches sur l'origine des Kabyles.* — (Genève, 1871, in-8°.)

Lacaze-Duthiers. *Histoire naturelle du corail; organisation, reproduction, industrie, commerce, etc.* — (Paris, 1864, in-8°, J.-B. Baillière.)

Lambert (Ernest). *Eucalyptus, culture, exploitation et produits, son rôle en Algérie.* — (Paris, 1874, in-8°.)

Largeau. *Le pays de Rirha-Ouargla.* — (Paris, 1879, in-18, Hachette.)

Leclerc. *Les oasis de la province d'Oran.* — (1858, in-8°, Alger.)

Leclercq (J.). *De Mogador à Biskra.* — (Paris, 1881, in-18, Challamel.)

Mac-Carthy. *Géographie physique, économique et politique de l'Algérie.* - (Paris, 1858-75.)

Marguerite (général). *Les chasses en Algérie et notes sur les Arabes du Sud.* — (Alger, 1869, in-8°.)

Martin (H.-E.-Victor). *Histoire statistique de la colonisation algérienne.* — (Paris, 1851, in-8°.)

Martin (Félix). *L'eucalyptus et ses applications industrielles.* — (Paris, 1877, in-8°, Dunod.)

Martin-Raget. *L'Algérie conquise, ou les religions juive, chrétienne et musulmane comparées entre elles au point de vue civilisateur.* — (Paris, 1877, in-12.)

Mercier (E.). *Le cinquantenaire d'une colonie; l'Algérie en 1880.* — (Paris, 1880, in-8°, Challamel.)

Mercier (Ernest). *Études sur la confrérie des Khouan de Sidi Abd-el-Kader-el-Djilani.* — (1871, in-8°.)

Neveu (colonel de). *Les Khouan; ordre religieux chez les Musulmans de l'Algérie.* — (Paris, in-8°, 1846, Guyot.)

Niel (O.). *Géographie de l'Algérie.* — (Paris, 1878, 2 vol. in-8°, Challamel.)

Noëltat (colonel). *L'Algérie en 1882.* — (Paris, 1882, in-8°, Dumaine.)

Oudot. *Le fermage des autruches en Algérie.* — (Paris, 1879.)

Payen. *Les Bibans, ou Portes-de-Fer, récit d'une excursion.* — (Paris, in-8°, Challamel.)

Piesse (L.). *Itinéraire de l'Algérie, de Tunis et de Tanger.* — (Paris, 1881, in-12, Hachette.)

Régis (Louis). *Constantine.* — (Paris, 1880, in-8°, C. Lévy.)

Reynar (J.). *Restauration des forêts et des pâturages au sud de l'Algérie.* — (Alger, 1880, broch. in-8°.)

Rolland (G.). *Mission trans-saharienne de Laghouat-el-Goleah-Ouargla-Biskra.* — (Extr. des Annales des Mines.) — (Paris, 1880, in-8°.)

Soleillet (P.). *L'Afrique occidentale, Algérie, Mzab, Tidikelt.* — (Paris, 1877, in-8°, Challamel,)

Tchihatchef (P. de). *Espagne, Algérie, Tunisie.* — (Paris, 1880, in-8°, J.-B. Baillière.)

Thierry-Mieg. *Six semaines en Afrique.* — (Paris, in-8°, 1862.)

Vernes d'Arlande (Th.). *En Algérie, à travers l'Espagne et le Maroc.* — (Paris, 1881, in-18, C. Lévy.)

Vigneral (Ch. de). *Ruines de l'Algérie, Kabylie, du Djurjura.* — (Paris, 1868, in-8°.)

Vilbort (J.). *En Kabylie, voyage d'une Parisienne au Djurjura.* — (Paris, 1875, in-18, Charpentier.)

Villot (capitaine). *Mœurs, coutumes, institutions des indigènes de l'Algérie.* — (Constantine, 1871, in-8°. Paris, Challamel.)

Virlet d'Aoust. *Notes sur la géographie ancienne, et sur la dépression probable de l'Afrique septentrionale, celle du lac Melghigh.* — (Paris, 1845, in-8°.)

Wahl (Maurice). *L'Algérie.* — (Paris, 1882, in-8°, G. Baillière; voy. aussi Revue politique et littéraire, 1882.)

X. *Les oasis de l'Oued-Rir' en 1856 et 1880.* — (Paris, 1881, in-8°, Challamel.)

---

Bibesco (prince). *Les Kabyles du Djurjura.* — (Revue des Deux-Mondes, 1er et 15 avril, 15 décembre 1865, 1er mars 1866.)

Bourdon. *Le Dahra.* — (Bulletin de la Société de géographie de Paris, 1871.)

*Bulletin de la Société algérienne de climatologie.* — (Format in-18. Paraît tous les deux mois, Challamel.)

Cavelier de Cuverville. *La pêche du corail sur les côtes de l'Algérie.* — (Revue maritime et coloniale, XLV, 1875-1877.)

Cherbonneau (Aug.). *Kouko, ancienne capitale du Djurjura.* — (Revue de géographie.)

Cherbonneau (Aug.). *Légende territoriale de l'Algérie.* — (Revue de géographie, 1882-83-84.)

Cherbonneau. *Le couscoussou, mets national des Algériens.* — (Revue de géographie, juin 1879.)

Cochut (A.). *La culture et le commerce du coton en Algérie.* — (Revue des Deux-Mondes, 15 août 1853.)

Colonieu (V.). *Voyage de Géryville à Ouargla.* — (Tour du Monde, 1863, 2e semestre.)

Coudreau. *Le pays de Wargla*, avec carte. — (Revue géographique internationale, juin, juillet, août, octobre 1880.)

Dastugue (général). *Hauts plateaux et Sahara de l'Algérie occidentale.* — (Bulletin de la Société de géographie de Paris, 1874.)

Derrécagaix. *Le Sud de la province d'Oran.* — (Bulletin de la Société de géographie de Paris, 1873, t. Ier.)

Dibos (E.). *Les puits artésiens en Algérie.* — (Revue maritime et coloniale, XLII, 1874.)

Duhousset (commandant). *Excursion dans la Grande-Kabylie.* — (Tour du Monde, 1867, 2e semestre.)

Duhousset (commandant). *Les races algériennes, les Kabyles du Djurjura.* — (Revue des cours scientifiques, 11 avril 1868.)

Duval (Jules). *Les puits artésiens du Sahara.* — (Bulletin de la Société de géographie, février 1867.)

Duveyrier (H.). *Histoire des explorations au sud et au sud-ouest de Géryville.* — Bulletin de la Société de géographie, septembre 1872.)

Duveyrier (H.). *Voyage dans le pays des Beni-M'zab.* — (Tour du Monde, 1861, 2e semestre.)

Féraud (Ch.). *Visite au palais de Constantine.* — (Tour du Monde, 1877, 1er semestre.)

Guy de Maupassant. *Au soleil : Algérie.* — (Revue politique et littéraire, 17 novembre, 1er, 15 décembre 1883, 5 janvier 1884.)

H. B. *Pêche du corail.* — (Revue maritime, 1872, t. XXV.)

Héricourt. *Hygiène du voyageur en Algérie.* — (Revue scientifique, 9 avril 1861.)

Issel. *Études sur le corail.* — (Revue maritime et coloniale, LIII, 1877.)

Lacombe (F. de). *Une excursion aux mines de Mouzaïa.* — (Revue contemporaine, 15 janvier 1870.)

Lande (L.-L.). *Les Alsaciens-Lorrains en Algérie.* — (Revue des Deux-Mondes, 1er septembre 1875.)

Lavigne (G.). *Le climat de l'Algérie.* — (Revue politique et littéraire, 24 avril 1875.)

Legoyt (A.). *Statistique de l'Algérie.* — (*Revue scientifique*, 2 avril 1881.)
Leingre. *L'Eucalyptus globulus.* — (*Revue maritime et coloniale*, XLVI, 1875.)
Leroy-Beaulieu (Paul). *Les progrès de la colonisation en Algérie.* — (*Revue politique et littéraire*, 5 février 1881.)
Lorral (de). *Tlemcen.* — (*Tour du Monde*, XXIX, 1875.)
Manouvrier. *Anthropologie de l'Algérie.* — (*Revue scientifique*, 9 avril 1881.)
Masqueray. *Voyage dans l'Aouras.* — (*Bulletin de la Société de géographie*, 1876, t. II.)
Masqueray. *Les M'zabites.* — (*Société de géographie de Rouen*, 1880.)
Mazet (A. du). *Les Ouled Sidi Cheikh.* — (*Revue de géographie*, juin 1881.)
Metz-Noblat (de). *Les forêts de l'Algérie.* — (*Correspondant*, 10 janvier 1878.)
Monin (H.). *Jonction géodésique de l'Algérie avec l'Espagne.* — (*Revue de géographie*, août 1881.)
Ney (Napoléon). *Les dernières explorations en Algérie.* — (*Revue des Deux-Mondes*, 1er avril 1875.)
Parisot. *La région entre Ouargla et El-Goléah.* — (*Bulletin de la Société de géographie*, 1876, t. II.)
Picard (A.). *La caravane parlementaire en Algérie.* — (*Revue de géographie*, décembre 1879.)
Planchon. *L'eucalyptus globulus.* — (*Revue des Deux-Mondes*, février 1875.)
Pomel. *La géologie de l'Afrique septentrionale.* — (*Revue géographique internationale*, 16 avril 1881.)
Puaux (Franck). *Les Aïssaouas d'Algérie.* — (*Revue politique et littéraire*, 21 mai 1881.)
Radau. *Situation des Alsaciens-Lorrains en Algérie.* — (*Revue des Deux-Mondes*, 15 avril 1873.)
Renan (E.). *La Société berbère en Algérie.* — (*Revue des Deux-Mondes*, 1er septembre 1873.)
Reybaud (L.). *La culture du coton en Algérie.* — (*Revue des Deux-Mondes*, 1er août 1864.)
Richet (C.). *Une excursion dans l'Oued-Rhir.* — (*Revue des Deux-Mondes*, mai 1882.)
Rivoyre (de). *Les marchés libres de l'Algérie.* — (*Société des études coloniales*, 1881.)
Roussel (Ch.). *Condition et naturalisation des étrangers en Algérie.* — (*Revue des Deux-Mondes*, 1er juin 1875.)
Saint-Marc-Girardin. *De la domination des Carthaginois et des Romains en Afrique, comparée avec la domination française.* — (*Revue des Deux-Mondes*, 1er mai 1841.)
Say (Louis). *Les autruches en Algérie.* — (*Revue géographique internationale*, juin 1879.)
Sériziat (Dr). *Ouargla et l'extrême sud du Sahara algérien.* — (*Revue scientifique*, 20 mars 1880.)
Sévestre (H.). *D'Alger à Tripoli, mission de l'aviso le Kléber.* — (*Revue maritime et coloniale*, décembre 1874.)
Tartara (J.). *Étude sur le corail.* — (*Revue maritime et coloniale*, LIII, 1877.)
Trabut (L.). *Botanique de l'Algérie.* — (*Revue scientifique*, 9 avril 1881.)
Trépied (Ch.). *Les progrès de la colonisation en Algérie.* — (*Revue scientifique*, 9 avril 1881.)
Vacherot (O.). *L'Algérie sous l'empire.* — (*Revue des Deux-Mondes*, 1er septembre 1869.)
Vélain (Ch.). *L'Algérie et le pays des Kroumirs.* — (*Revue scientifique*, 30 avril 1881.)
Verne (H.). *L'Algérie.* — (*Correspondant*, 25 octobre, 10 novembre 1873, 25 septembre, 10 octobre 1876.)
X. *Une excursion à Biskra.* — (*Revue des Deux-Mondes*, 15 avril 1879.)
X. *Les foires du sud algérien.* — (*Explorateur*, IV, 198, 1876.)

# CHAPITRE III

## TUNISIE

### 1° RÉSUMÉ GÉOGRAPHIQUE [1]

#### I. — GÉOGRAPHIE PHYSIQUE

**Limites.** — A l'ouest, du côté de l'Algérie, la frontière tunisienne part du cap Roux, passe par les sommets du djebel *Ghorra* et du djebel *Dir*, s'enfonce à l'ouest jusqu'à la vallée de l'oued *Bou-Hadjar*, reprend sa direction sud-est et sud, laissant à l'Algérie *Bekkariya et Brisgán*, et pénètre dans le désert par le défilé de *Khanguet Foumm en-Nas*, à l'est de l'oasis de *Negrin* et des ruines romaines de *Besseriani*; — au sud, dans le territoire du désert, elle laisse à l'Algérie le chott *El-Rharsa*, passe entre *Nefta* et le puits de *Moui-Soultan*, longe le chott *El-Djerid*, l'extrémité sud-est du *Nefzawá*; et du côté de la Tripolitaine, franchit les montagnes de *Douïrat*, au nord de l'oasis de *Remada*, les plaines d'*El-Djefara*, et aboutit au golfe et au fortin d'*El-Biban*, sur la Méditerranée; — à l'est et au nord, la Méditerranée l'enveloppe.

**Situation astronomique.** — 35° et 37°15′ de lat. N. — 5°30′ et 9° de long. E.

**Climat.** — Il participe en général du climat méridional de l'Europe, et du climat saharien. La région du nord et de l'est subit l'influence bienfaisante du voisinage de la Méditerranée, qui se fait sentir dans le Sahara tunisien. Les vents d'est et de sud-est, qui n'apportent pas de fraîcheur en Algérie, laissent tomber dans le Sahara tunisien une rosée assez abondante pour l'alimentation de certaines plantes inconnues au Sahara algérien. « Aussi les ruines
» romaines, ces enseignements du passé, s'avancent-elles dans le Nefzawa
» à presque un degré de latitude au sud de leur limite extrême sud dans
» le département de Constantine. Aussi les historiens du moyen âge, El-
» Bekri, par exemple, vantent-ils les plantations de canne à sucre de l'oasis
» de Gabès, où cette plante précieuse n'existe même plus comme curio-
» sité. » (H. Duveyrier.) Les gelées sont rares; les pluies intermittentes entre octobre et avril; la chaleur insupportable en juillet et août (+ 37° à + 47° centigrades, à l'ombre).

**Littoral; îles.** — Le littoral a deux directions, séparées par le cap Bon qui marque la limite entre le bassin oriental et le bassin occidental de la Méditerranée : 1° Du sud-ouest au nord-est, on trouve l'île de *Tabarca*, et en face le *Bordj-Djedid*; la côte sablonneuse, peu accessible (cap *Serrat*, ras *El-Keroum*), s'ouvre à Bizerte, au sud de laquelle s'étendent le vaste lac

---

[1]. Nous avons mis fréquemment à profit, pour ce résumé géographique, la savante étude de M. Duveyrier sur la Tunisie. (Paris, 1881, in-8°, Hachette.)

*Tindja*, dont l'entrée est malheureusement ensablée, et le lac *Echkheul*, rattaché au premier par l'oued Tindja. Entre le cap *Farina* (ras Sidi-Ali-Mekki) et le cap *Bon* (ras Addâr) s'étend le golfe de Tunis, et la lagune d'*El-Bahira*, au fond de laquelle est Tunis. De Tunis le rivage s'avance au nord et forme une presqu'île : cette côte ou Sahel, fertile, riche et peuplée, possède les ports d'*Hammam* et *Sousse*, *Monastir*, *Mehedia*, *Sidi-Mansour*, *Sfax*, *Gabès* (Tacapa), et les îles *Kerkena* et *Djerba* (ancienne île des Lotophages). « Djerba est une île qui aurait de l'importance si le débarquement en était
» plus facile ; mais on court risque de tirer des bordées pendant plusieurs
» heures soit pour l'atteindre, soit pour en revenir, et cette perspective
» n'est pas encourageante. L'île occupée par trois cents hommes de garni-
» son française, contient 30 000 âmes. Elle forme un gouvernement parti-
» culier. Les dattes sont médiocres ; mais elle produit des légumes, des
» pêches, de bons abricots. Les habitants fabriquent des haïcks, des tapis,
» des couvertures très estimés qu'on trouve dans les bazars de Tunis. »
(Léon JOURNAULT, *La Tunisie en* 1883.)

**Relief du sol.** — La Tunisie est la prolongation naturelle de l'Algérie, l'extrémité orientale du Maghreb. Ses montagnes, coupées à l'ouest par une vague frontière artificielle, continuent les chaînes de l'Atlas qui sillonnent la province de Constantine. L'expédition française de 1881 a fait connaître déjà l'ensemble de ces plateaux, dont le plus considérable s'étend entre la côte (du cap Roux au cap Blanc) et l'oued Medjerda. C'est le pays des Khroumirs, hérissé de sommets escarpés, hauts de 1 500 à 2 000 mètres, dont les versants se terminent brusquement au nord sur la Méditerranée (djebel *Merkenah*, djebel *Ahmar*, djebel *Mograd*), et s'ouvrent au sud par des vallées secondaires vers la Medjerda. Ces plateaux sont couverts de forêts presque impénétrables de chênes-lièges. Leur structure, leur formation géologique et leurs populations rappellent les massifs de la Kabylie. — A droite de la Medjerda, le djebel *Bel-Akhmesa* et le djebel *Kora*, entre Kef et Teboursouk, le djebel *Safra*, forment le rebord méridional du Tell tunisien. — Un second plateau se dresse entre Tunis et Kaïrouan, et se prolonge au nord-est dans la presqu'île *Dakhela* jusqu'au ras Addar (cap Bon) ; il est dominé par le djebel *Ousar*, le djebel *Zaghouan*, et la chaîne du djebel *Sidi-Abder-Rhaman*; les Romains les appelaient *mons Zeugitanus* (de là le nom de Zeugitane, donné au pays). — Les montagnes du sud, qui sont des ramifications du djebel Aurès, et des monts de Tebessa, ne sont encore qu'imparfaitement connues (djebel *Schambi*, djebel *Semmema*, djebel *Touïla*, djebel *Madjoura*) ; elles enveloppent la région des chotts et vont se rattacher par le djebel *Oum-el-Dhebbou* et le djebel *Tarfaoui* au Hammada tripolitain.

**Cours d'eau.** — 1º **Versant de la Méditerranée :** L'oued *El-Kebir* (Tusca) finit presque en face de l'île de Tabarca ; — l'oued *Zouara*; l'oued *Sedjnan*, l'oued *Djoumen*, l'oued *Tin*, se réunissent dans la lagune de Bizerte ; l'oued *Khaled*; l'oued *Medjerda* (Bagradas) qui reçoit à gauche l'oued *Ghaghaï*, à droite l'oued *Mellègue*, vient d'Algérie, et enrichit le sol de la vallée de ses alluvions ; ses rives sont couvertes de ruines romaines : « La
« Medjerda ne tarit jamais ; elle serait un vrai fleuve si elle était navigable ;
» elle est le cours d'eau le plus important du Maghreb. La vallée qu'elle
» arrose est magnifique, au point de vue pittoresque. La route est tantôt à
» mi-côte, tantôt au fond de la vallée. Au point de vue de la culture, l'es-
» pace est trop restreint, pour que la production puisse être abondante ; il
» n'y a guère de céréales que pour les besoins des rares habitants. Ce sont
» surtout des prairies. Les montagnes au nord et au sud sont peu élevées,

» garnies de broussailles, de lentisques ; on y voit quelques oliviers. Le
» long du fleuve, ce sont des ormes, des frênes, des peupliers blancs, une
» charmante végétation d'un vert pâle[1]. » L'oued *Meliana* coule au
sud de Tunis, dans le golfe de ce nom. — 2° **Bassins fermés des
chotts et sebkhas :** la sebkha *Kourzia*, à l'ouest de Zaghouan; la sebkha
*Sidi-Hassi* où tombent l'oued *Marguelil* et l'oued *Zeroud* ; la sebkha de
*Djeriba* unie au lac *Kelbia* par l'oued *Manfez* ; la sebkha *El-Melah* ; la
sebkha *Manzouna* ; et dans le Sahara tunisien, la ligne des chotts qui se
relient à ceux de la province de Constantine ; chotts *Sellem, Bedjeloud, Sidi-
Radouan* (ancien lac Triton), *Tofellat, Asloudj* ; sebkhas *Rharsa, Djerid* et
*Fedjej*.

## II. — GÉOGRAPHIE POLITIQUE

**Notice historique.** — La Tunisie a été, dans l'antiquité, le principal siège
de la puissance phénicienne. L'an 814 ou 813 avant Jésus-Christ paraît
être la date la plus vraisemblable de la fondation de *Byrsa* (tour, forteresse[2]), bâtie sur une colline escarpée, autour de laquelle, comme sous la
protection d'une acropole, s'établirent les maisons, les comptoirs, les ports.
Après quelques siècles, Byrsa et son faubourg *Megara* avaient 7 à 8 lieues
de tour, et prirent le nom de *Kart-Ladascht*, ville nouvelle, nom que les
Grecs transcrivent *Carchedon*, et les Romains *Carthago*.

En 146, à la fin de la troisième guerre Punique, *Scipion Emilien* livra au
pillage de ses légions la ville incendiée, et les dix commissaires du sénat
romain la détruisirent méthodiquement ; mais dans les décombres qui ne
furent pas, comme le dit Paul Orose, réduits en poussière, tous les habitants
des villes voisines vinrent chercher des pierres et des matériaux de construction. Carthage elle-même fut rebâtie sous César et sous Auguste. — Les
*Vandales* l'occupèrent et en firent la capitale de leur royaume (439-533).
Bélisaire s'en empara ensuite au nom de Justinien et en releva les fortifications. En 697, Hassan, gouverneur arabe de l'Egypte, chassa les Byzantins
de Carthage, et rasa la ville. La capitale de l'Afrique fut pour la seconde
fois effacée du monde. « Qui peut dire, écrivait M. Beulé en 1860, qu'elle
» ne se relèvera pas un jour et qu'un peuple civilisé, qui comprendra tous
» les avantages de sa situation, n'imitera pas l'exemple des Romains ? »
C'est de cette époque que date l'importance de Tunis. Toutefois, Kaïrouan,
fondée par *Okba*, fut la capitale du royaume arabe (670).

La dynastie des *Gassanides*, puis celles des *Aglabites* et des *Fatimites*,
celles des *Almohades* et des *Hafsides* étendirent leur empire sur la Tunisie,
la Tripolitaine et l'Algérie orientale. En 1270, commence la dynastie des
*Mérinides*. Cette même année, *saint Louis* dirige une croisade contre Tunis,
occupe et fortifie le plateau de Byrsa, et meurt de la peste devant la ville[3].

---

1. Léon JOURNAULT, *la Tunisie en* 1883. (*Revue politique et littéraire*, 23 juin
1883, p. 770.)
2. M. Beulé rejette la fable de la peau de bœuf découpée en lanières pour déterminer le sol cédé par les Africains, et trouve « détestable » l'étymologie de
Byrsa, venant du grec βύρσα, cuir.
3. Le plateau de Byrsa a été concédé à Louis-Philippe par le bey de Tunis pour
y ériger une chapelle et un monument au saint roi. « Il est d'un heureux augure
» que la France ait pris pied sur cette petite colline, qui a été le berceau de la
» puissance carthaginoise, et qu'ont habitée les proconsuls romains, les rois van-

En 1390, Charles VI entreprit avec les Génois contre le roi de Tunis une expédition qui échoua.

Au seizième siècle, à la domination arabe se substitua la domination turque. Le corsaire *Khaïr-Eddin Barberousse* conquit Tunis sur *Muley-Hassan* (1554). Charles-Quint le rétablit. En 1574, les *Turcs* renversèrent définitivement la dynastie Hafside, et la Porte envoya à Tunis un pacha qui gouvernait de concert avec les deys, devenus vassaux du sultan. Le divan ou conseil du vice-roi était composé des principaux officiers de la milice des janissaires. De même qu'à Alger, cette milice brutale s'empara du pouvoir. Les pachas furent chassés, les beys usurpèrent toute l'autorité. Nulle période n'est moins féconde en événements intéressants que celle des beys électifs, qui pour la plupart périrent égorgés ou étranglés. Le dix-huitième siècle est rempli des luttes continuelles qui éclatèrent entre les deys d'Alger ou de Constantine et les beys de Tunis. Pourtant, en 1685, la France obtint du bey de Tunis, *Mohammed,* un traité de commerce sous le nom de *capitulation*.

*Ibrahim-bey*, ayant été fait prisonnier dans un combat contre les Algériens, *Hassan-ben-Ali* s'empara du pouvoir et fonda la dynastie des Hassenides qui règne encore aujourd'hui. En 1770, sous Louis XV, la flotte française, à la suite d'actes de piraterie, bombarda Porto-Farina, Bizerte et Monastir; en 1800, *Hamouda-bey* conclut avec la France un nouveau traité. Onze ans après, ce prince s'émancipait de la souveraineté ottomane et écrasait une révolte des milices. En 1816, *Mahmoud* abolit l'esclavage des chrétiens; en 1842, *Ahmed* décréta qu'à l'avenir tout enfant né de parents esclaves serait libre, abolit ensuite entièrement l'esclavage, émancipa les juifs, et fit en 1846 un voyage en France. En 1855, *Mohammed* mit à la disposition du sultan des secours importants contre les Russes. En 1859, son successeur *Mohammed-Sadok* octroya à la Tunisie une constitution et un code administratif et politique. Un firman du sultan a consacré définitivement (25 oct. 1871) l'émancipation de la Tunisie : la Porte abdiqua alors sa suzeraineté nominale sur ce pays en renonçant au tribut qu'elle en tirait, et le sultan ne conserva d'autre autorité sur les sujets du bey que celle de chef spirituel de l'islam. En 1873, le même bey signa avec l'Angleterre un traité resté sans effet par lequel il plaçait la Tunisie sous le protectorat anglais, autorisait le gouvernement britannique à créer à Tunis une banque d'État, à éclairer au gaz toute la Régence et à construire un chemin de fer de la Goulette à la frontière d'Algérie. Depuis ce temps, la Tunisie a été le théâtre de rivalités et d'intrigues entre les puissances maritimes qui s'y disputaient l'influence, et particulièrement la France dont l'action était dès longtemps prépondérante dans la Régence, l'Italie qui y envoyait de nom-

---

» dales, les grands généraux de Justinien. Les Arabes eux-mêmes ont traîné la
» statue de saint Louis, œuvre de M. Seurre, jusqu'au sommet de la colline. Un
» bataillon de nizams s'est attelé au char que les chevaux du pays tiraient en dé-
» sordre, et l'a conduit comme un char de triomphe. Il faut dire que le souvenir
» de saint Louis est populaire dans le pays, et que le fanatisme musulman l'a
» consacré à sa manière. Au-dessus de Carthage est enterré un marabout vénéré
» pour sa sainteté; il s'appelait Bou-Saïd, et a donné son nom au village de Sidi-
» Bou-Saïd, qui domine tout le golfe. Les Arabes le confondent avec saint Louis :
» ils prétendent que le roi de France s'est fait musulman avant de mourir, et
» qu'il a changé de nom en embrassant la religion de Mahomet. Bou-Saïd signifie
» le *Père du Bonheur*. Ceux qui connaissent les Orientaux savent ce que cette
» fable cache de respect et d'admiration. » (BEULÉ, *Fouilles à Carthage*, in-folio, 1861, p. 17.)

breux émigrants, et l'Angleterre qui convoitait la possession de ce territoire opulent, posté au centre de la Méditerranée, sur la route du Levant et de l'Inde. Le voisinage de notre grande colonie algérienne établissait entre l'État tunisien et la province de Constantine un courant continuel de relations et attirait trop souvent sur nos colons et nos tribus les bandes insoumises des frontières de l'est.

**Expédition française.** — Au commencement de l'année 1881, l'attitude des tribus tunisiennes de la frontière devint plus hostile. Les actes de brigandage se multipliaient. Des conférences périodiques avaient eu lieu entre les autorités françaises et tunisiennes; mais si elles avaient amené la réparation de certains dommages, elles n'avaient pas rétabli l'ordre; les Khroumirs, les Ouchteta en étaient venus, grâce à une longue impunité, à exécuter sur notre territoire de véritables razzias[1]. Les agents tunisiens, soit impuissance, soit connivence, laissaient faire. Le 15 et le 16 février, dans le douar des Aouaoucha algériens, des Khroumirs vinrent piller nos gens pour venger un des leurs, tué en flagrant délit de vol.

Un bataillon de zouaves fut envoyé au Tarf, et une compagnie de ligne dirigée sur Roum-el-Souk pour protéger nos tribus. Le 30 mars, cinq cents Khroumirs envahirent le territoire de La Calle, et furent repoussés par les indigènes après deux heures de combat. Les conférences ouvertes à Dra-Kheroum furent rompues par le rappel du commandant Vivensang, négociateur français. En même temps, notre ministre plénipotentiaire à Tunis voyait ses revendications méconnues par le cabinet du Bardo plus puissant que le bey lui-même, et livré à la merci d'influences étrangères ouvertement hostiles à la France; le chemin de fer français de Ghardimaou était menacé par ordre du bey, les travaux du chemin de fer français de Tunis à Sousse étaient arrêtés, sous le prétexte que la ligne passait par Rbadès et faisait concurrence à la ligne italienne de la Goulette; la Société marseillaise, propriétaire du vaste domaine de l'Enfida, acheté à Khérédine-Pacha, était en butte à la malveillance des ministres tunisiens et aux réclamations perfides d'un sieur Joseph Lévy, sujet anglais, qui essayait de faire de la question de l'Enfida un conflit international; les caïds tunisiens envoyaient aux caïds algériens des lettres menaçantes; l'effervescence grandissait dans les tribus du sud.

Le gouvernement de la République épuisa toutes les voies de conciliation pour obtenir satisfaction du cabinet du Bardo, et se décida enfin à châtier le brigandage des tribus tunisiennes, non comme ennemi, mais

---

1. Ces actes de banditisme réitérés avaient lieu sur le littoral aussi bien que sur les frontières de terre. En voici un exemple entre cent autres, signalé par M. de Tchihatchef, qui le tenait de la bouche même de M. Cubisol, consul de France à la Goulette. Le 25 janvier 1878, un gros bateau à vapeur français, de la compagnie Talabot, s'échoua sur la côte tunisienne, près du fort Bordj-Djedid, à 12 kilomètres de la frontière française. Des essaims d'Arabes se ruèrent sur le bâtiment et le dévalisèrent. Le consul général de France, M. Roustan, protesta avec énergie auprès du bey, qui dépêcha aussitôt quatre cents hommes au secours du vaisseau. Pendant ce temps, des milliers de pillards s'étaient joints aux premiers; les soldats tunisiens assistèrent en spectateurs impassibles au pillage. M. Cubisol, qui était présent, vit se consommer cette piraterie effrénée. Il ne put obtenir qu'une chose des brigands, c'est qu'on laisserait à l'équipage la vie sauve. La vie, et ce fut tout : car les malheureux passagers, dépouillés même de leurs vêtements, durent gagner Tunis dans un état de nudité presque complète. Il eût suffi de quelques coups de canon tirés du fort voisin de Bordj-Djedid, pour mettre les Arabes en fuite : mais l'artillerie du bey resta muette.

comme allié et auxiliaire du bey. On poussa le scrupule jusqu'à inviter le bey à coopérer à la répression. Mohammed-es-Sadok répondit à cette proposition par un refus, se réclamant tout à coup de la suzeraineté du sultan, qu'il avait rejetée depuis dix ans, protesta contre l'entrée des troupes françaises sur son territoire, et adressa un appel aux puissances de l'Europe. En même temps, il déclarait ne pas répondre des désordres qui pourraient se produire. Le consul général de France, M. Roustan, prit une attitude énergique: il répondit que le gouvernement français n'hésiterait pas à rendre le bey et ses ministres responsables de tout désordre et de tout attentat du fanatisme musulman. Le commandement en chef de l'expédition fut confié au général de division *Forgemol de Bostquénard*, ayant sous ses ordres les divisions *Delebecque* et *Logerot*. La première pénétra le 26 avril dans le pays Khroumir, occupa le 8 mai le marabout de Si-Abdallah-ben-Djemel, campa le 13 à Aïn-Draham, et reçut le 29 mai la soumission des dernières tribus rebelles. La seconde quitta Souk-Ahras le 21 avril, occupa le Kef le 16, se porta sur le Souk-el-Arba, livra quelques engagements, et prit possession de Beja. Un corps de troupes, protégé par la flotte, avait débarqué dans l'île de Tabarka, un autre, sous le général Bréart, occupa Bizerte; le bey *Mohammed-es-Sadok*, encouragé par la Porte, continua à protester contre l'entrée des Français sur le territoire tunisien, et à faire appel aux puissances étrangères. Nos troupes se portèrent sur Tunis. Le bey dut signer, le 12 mai, le traité de Kasr-el-Saïd, qui plaçait la Tunisie sous le protectorat de la France. Le corps expéditionnaire fut dissous le 14, et les troupes d'Afrique regagnèrent leurs garnisons.

Toutefois des détachements furent placés à Collo, Djidjelli, Jemmapes, El-Kseur, Aïn-Beida pour prévenir les incendies de forêts dans la province de Constantine. Malgré les précautions prises et la présence de nos troupes circulant à travers les massifs forestiers, les incendies éclatèrent de tous côtés au mois d'août. Les dégâts furent considérables. Des bruits de révolte circulèrent; l'inquiétude s'empara des colons. Des colonnes volantes parcoururent le territoire des tribus, théâtre des incendies.

En même temps, de nouvelles troupes d'infanterie, venues de France, partirent de Tunis et de Sousse, sous le commandement direct du général en chef *Saussier*, et marchèrent sur Kaïrouan, la ville sainte. Une troisième colonne, partie de Tebessa, devait soutenir l'attaque. Cette colonne rencontra les tribus Fraichiches, Hammama, et les Ouled-Madjeur, et leur livra des combats à *Enchir-Rouhaïa* et à *Koudiat-el-Halfa*. Lorsqu'elle arriva le 28 octobre à Kaïrouan, la ville était déjà au pouvoir des Français. Le mois de novembre fut employé à des expéditions sur Gafsa, Nefta et Tozer, à la poursuite des Hammama en fuite. Les Fraichiches se soumirent les premiers, et les Ouled-Saad furent battus à El-Aïacha. Le 14 décembre, la colonne rentra à Tébessa où elle fut dissoute; Kaïrouan reçut une garnison sous les ordres du général *Etienne*. Les principaux centres tunisiens furent occupés par des garnisons.

Des expéditions partielles furent plusieurs fois dirigées dans l'intérieur pour réprimer les tentatives de révolte ou en prévenir le retour. La plupart des tribus ont demandé l'*aman* qui n'a été refusé à aucune, sous certaines conditions et garanties. Quelques-unes ont cherché un asile sur le territoire tripolitain, où elles guettent l'occasion de reprendre les armes.

Les puissances de l'Europe ont accepté le fait accompli[1]: l'Italie seule,

---

1. L'émotion fut grande d'abord en Angleterre et en Italie, lorsqu'on vit la

qui convoitait pour elle-même cette colonie fertile et admirablement située, annexe naturelle de l'Algérie, fit de vains efforts pour entraver l'action de la France. Le consul Maccio, qui en toute occasion s'était montré notre ennemi déclaré, dut quitter la Tunisie, et à la suite du traité du Bardo, le ministère Cairoli, mis en minorité à la chambre des députés d'Italie, tomba.

« Jamais et nulle part, écrivait en 1880 M. de Tchihatchef, la nature ne
» paraît avoir réuni plus intimement deux contrées (Algérie et Tunisie),
» que le caprice des hommes a séparées, en restituant l'une à la civili-
» sation et l'autre à la barbarie. Ainsi, Bône située près de la frontière des
» deux pays, si semblables sous le rapport de leur configuration physique
» et de leur population indigène, paraît marquer la limite entre deux
» mondes complètement différents. D'un côté, des campagnes florissantes
» parsemées de villes et de villages européens, traversées par des routes
» qui pénètrent bien avant dans le désert, et le long de ces routes, partout
» des maisons hospitalières, destinées exclusivement à l'usage des voya-
» geurs; tandis que de l'autre côté, des solitudes arides et déboisées,
» accessibles pendant la saison des pluies seulement au cavalier et au
» piéton; nulle part le moindre refuge pour l'étranger tant soit peu habitué
» aux exigences de la vie civilisée; en un mot, quelques heures de marche
» sur le même littoral africain suffisent pour entrer de plain-pied dans
» l'immobile Orient des siècles passés, après avoir franchi le seuil de cet

---

conduite énergique de la France. Le ministre des affaires étrangères de Turquie, Assim-Pacha, crut devoir adresser une note de protestation aux puissances, en revendiquant le « droit de souveraineté de S. M. le sultan sur la Tunisie, ainsi » que son droit exclusif de défendre seul les privilèges centenaires de cette pro- » vince : » on ne tint pas compte de cette réclamation platonique. La Porte ayant manifesté l'intention d'envoyer quelques navires à la Goulette, notre ambassadeur à Constantinople, M. Tissot, déclara que la France verrait dans cet acte un cas de guerre, et que la flotte française de la Méditerranée avait ordre de s'opposer par la force au passage de tout navire de guerre ottoman à destination de Tunis. La presse anglaise exprima avec aigreur son mécontentement ; l'opinion italienne se déchaîna sans mesure contre la France. On se borna de part et d'autre à d'inutiles menaces et à de vaines explosions de dépit : les hommes d'État étaient plus calmes. Dès le 7 août 1878, au congrès de Berlin, dans une note remise à notre plénipotentiaire, M. Waddington, le marquis de Salisbury, alors ministre des affaires étrangères en Angleterre, s'exprimait ainsi : « L'Angleterre n'a dans » cette partie du monde (Tunisie) aucun intérêt spécial qui puisse d'une manière » quelconque l'induire à regarder avec méfiance l'accroissement légitime de l'in- » fluence française, influence qui procède de sa domination en Algérie, des forces » militaires considérables qu'elle y maintient, et de l'œuvre civilisatrice qu'elle ac- » complit en Afrique à la grande admiration du gouvernement anglais. Lors même » que le gouvernement du bey viendrait à tomber, l'attitude de l'Angleterre n'en » serait nullement modifiée. Cette puissance n'a pas d'intérêts engagés à Tunis, et » elle ne fera dans ce cas rien pour troubler l'harmonie qui existe entre elle et la » France. » Le cabinet Gladstone se regarda comme lié par les promesses du ca- binet Beaconsfield, et dans la séance de la chambre des Communes du 16 mai 1881, M. Gladstone, répondant à une interpellation hostile à la France, disait avec au- tant de franchise que d'esprit : « Si l'honorable M. Guest (nom de l'interpellant) » est disposé à aller jusqu'au bout dans ses assertions relatives aux mesures que » nous devrions prendre, parce que nous avons reconnu la suzeraineté de la Porte » sur Tunis, tandis que la France ne l'a pas reconnue, il sentira que nous » sommes exposés à ce qu'on nous demande si nous avons nous-même agi tou- » jours suivant les principes que nous devrions, à son gré, poser pour les » autres. »

» autre Orient moderne, orné de tous les prodiges de la civilisation euro-
» péenne. Sans doute, le temps ne peut manquer de faire justice de cette
» choquante anomalie, et la Tunisie, qui sous tous les rapports, n'est
» guère que la continuation et même le complément nécessaire de l'Al-
» gérie, doit être un jour rattachée à cette dernière en réparant ainsi les
» profondes blessures que lui a infligées cette séparation contre nature.
» C'est une question d'humanité, mais c'est aussi une question d'intérêts
» français[1]. »

La France avait pour ainsi dire pris possession de la Tunisie par son industrie, ses échanges, ses grands travaux publics avant de l'occuper militairement. Faut-il rappeler les privilèges du commerce et de la pêche que les beys avaient depuis longtemps concédés à notre nation? « Dès 1847,
» nous établissions en Tunisie le service de la poste; en 1859 et 1861, le
» service des télégraphes; en 1877 et 1878, un chemin de fer de cinquante
» lieues de long de la frontière algérienne à Tunis : nous lui cons-
» truisons en ce moment deux chemins de fer nouveaux; un qui reliera
» Tunis à Bizerte, au nord, de vingt lieues de long : l'autre qui reliera
» Tunis à Sousse, au sud; nous allons prochainement commencer le travail
» plus difficile d'un port à Tunis même, qui permettra aux navires d'ar-
» river de la rade et de la Goulette jusqu'à la capitale. Dans la dette tuni-
» sienne, les fonds français entrent pour plus des trois cinquièmes. Le
» magnifique aqueduc d'Adrien, qui amenait des eaux excellentes à Tunis,
» a été restauré par un ingénieur français[2]. »

Les populations tunisiennes, naguère livrées sans défense aux caprices des beys et à la brutale avidité de fonctionnaires sans conscience et sans contrôle, sentiront désormais partout la main bienfaisante de la France, qui rendra aux provinces avec l'ordre, la sécurité et des lois justes, leurs richesses et leur prospérité d'autrefois.

**Constitution.** — Le gouvernement est une monarchie absolue et héréditaire appelée *beylik :* c'est toujours l'aîné de la famille qui succède au *bey* défunt, fils, frère, neveu ou cousin, pourvu qu'il soit prince du sang. L'héritier présomptif se nomme *bey du camp*, parce qu'il commande les expéditions du camp qui ont lieu deux fois par an pour aller recevoir l'impôt auquel sont soumises les tribus de l'intérieur. — Les ministres du *bey* sont : le *Khasnadar* (gardien du trésor), le *Saheb-el-Zaghaïa* (porteur de zagaie, ministre de la guerre), le *Saheb-el-Djebira* (porteur du portefeuille, garde des sceaux), le *Bachi-Kasak* (gardien de la garde-robe, interprète). Aujourd'hui le ministère des *affaires étrangères* est entre les mains du résident français; la souveraineté sur Tunis, devenue purement nominale entre les mains de la Turquie, est passée à la France qui la rendra effective.

Le bey Mohammed avait doté la Régence d'un *pacte fondamental* promulgué le 20 moharrem 1274 (1857). Ce pacte renferme onze articles qui garantissent la sécurité aux sujets et habitants des États tunisiens, soumettent les sujets à l'impôt existant aujourd'hui ou qui pourra être établi plus tard, proclament l'égalité devant la loi, la tolérance et la liberté des cultes, règlent la situation de l'armée, promettent l'établissement d'un tribunal international de commerce, la liberté et la protection du com-

---

1. *Espagne, Algérie, Tunisie*, pp. 554-5.
2. Ces lignes sont tirées d'une circulaire en date du 9 mai 1881, adressée aux agents diplomatiques du gouvernement de la République française par M. Barthélemy-Saint-Hilaire, ministre des affaires étrangères.

merce et de l'industrie, autorisent l'achat de propriétés par les étrangers[1]. Une *loi organique* ou code politique et administratif de la Régence, divisée en cent quatorze articles, réglait la situation des princes hassenides, l'organisation des services publics, des tribunaux, des finances, etc. La nouvelle administration tunisienne dirigée par les soins de la France apportera sans doute à ces lois des modifications importantes. Déjà la France a pris en main le service des finances et garanti la dette; elle poursuit auprès des puissances étrangères l'abolition des *capitulations* au bénéfice desquelles l'Angleterre, l'Autriche, la Belgique ont renoncé (1884). Bientôt les juridictions françaises établies dans la Tunisie, par décret du 5 mai 1883, s'étendront à tous les sujets des puissances amies.

**Divisions administratives.** — Le territoire tunisien est divisé en vingt-deux caïdats ou *gouvernorats* dont dix-huit ont une population mixte, c'est-à-dire des habitants fixés au sol et des nomades, et quatre une population sédentaire. Il faut y joindre trente-deux tribus nomades environ, arabes ou berbères, disséminées dans le pays, ayant des caïds indépendants, et ne relevant que de l'autorité militaire[1]. — **Drapeau.** Rouge avec croissant et étoile dans un cercle blanc.

| GOUVERNORATS ET POPULATION | CHEFS-LIEUX ET POPULATION | VILLES IMPORTANTES ET TRIBUS |
|---|---|---|
| Tunis (140 000). | Tunis (125 000). | |
| Sidi-bou-Saïd (20 000). | La Goulette (Hàly-el-Ouàd). | Population nomade de 4000 âmes. |
| Benzert ou Bizerte (34 000). | Bizerte (5 000). | Porto-Farina (700). La tribu nomade des Terabelnya renferme 10 000 âmes. |
| Mater ou Mokhtar (21 800) | Mater (3500). | |
| Tabarka (8300). | | |
| Badja ou Beja (22 500). | Beja (4000). | Tribus nomades : les Rakba, les Derid et les Oulad-Sidi-Abid. |
| El-Kef (35 000). | El-Kef (7 000). | Tribus des Ferachich, des O. Bou-Ghanim, des O. Yagoub, des Wartan, des O. Ayar, des Charen et des Ragha. |

1. On trouve le texte du *Pacte fondamental* et de la *Loi organique* dans l'ouvrage de M. des Godins de Souhesmes.

2. SOUVERAINS DE TUNISIE DEPUIS 1705 (dynastie des Hassenides).

Hassan, 1706.  Hamoudah, 1782.  Mustapha, 1835.
Ali-Pacha, 1735.  Othman, 1814.  Ahmed, 1837.
Mohammed, 1756.  Mahmoud, 1814.  Mohammed, 1855.
Ali-Bey, 1759.  Hussein, 1824.  Mohammed-es-Sadok, 1857.

Mohammed-es-Sadok, qui avait signé avec la France le traité du Bardo (12 mai 1881) et celui de Kasr-el-Saïd (11 juillet), mourut le 28 octobre 1882. En vertu de l'article 3 du traité de Kasr-el-Saïd qui garantit la succession beylicale dans cette famille, le frère de Mohammed-es-Sadok, Sidi-Ali, âgé de soixante-cinq ans, frère du bey défunt, a été proclamé son successeur, et immédiatement reconnu par la France.

LECT. ET AN. DE GÉOG.                    17

| GOUVERNORATS ET POPULATION | CHEFS-LIEUX ET POPULATION | VILLES IMPORTANTES ET TRIBUS |
|---|---|---|
| Mohammedia et Mornakia (7 000). | Mohammedia (300). | Zaghouán (3 000); tribus des Chilin et des Raçfâna. |
| Hammam-el-Enf (3 000). | Hammam-el-Enf. (500). | |
| Selimàn (34 000). | Selimàn (2 000). | Kalibiya (2 500); Nabel (4 800); Hammamat (2 000); Hammam-Korbès (3 000). |
| Teboursouk (13 000). | Teboursouk (2 300). | Tribus arabes des Ghorin et des Oulad-Aou. |
| Tastour (16 000). | Medjaz-el-Bab (1 800). | Tastour (2 500). |
| Tebourba (11 200). | Tebourba (2 000). | Manouba. |
| Sahel et Sousse (52 000). | Sousse (*Hadrumetum*, 7 000). | Hergla (1 500); Mesaken (10 000); Djemal (6 000); Kalaa-Kebira (7 000); tribu arabe des Oulad-Saïd-ben-Waar (6 000). |
| Monastir (41 000). | Monastir (6 000). | Teboulba (4 000); Bokalta (2 000). |
| Mahdiya (22 000). | El-Mahdiya (9 000). | |
| Sfax (24 000) et Iles Kerkena (10 000). | Sfax (10 000). Mellita, dans Djeziret-el-Gharbi. | Port de Mahrez (700); tribus arabes des Methalith (20 000 âmes); des Nefath (8 000); des Mehádeba (6 000). Neuf villages dans Djeziret-el-Chargui. |
| Kairouan (22 000). | Kairouan (12 000). | Tribus arabes des Gouàsem (400); des Zélas (27 000); des Sendasin (14 000); des Oulad-Iddir (7 000); des Oulad-Khalifa, des Kaoub-Ou-Kouazin (8 000); des Souasa (4 500); des Oulad-Yahiya (3 000); des Madjer (8 000). |
| Gafsa (14 400). | Gafsa (5 000). | Oasis de Feriana, El-Kis, Sidi-Mansour, Kessar, Lala, El-Guettar, etc., tous tributaires des Hammama (30 000); les Oulad-Sidi-Ahmed-el-Telily (6 000); Oulad-Sidi-Abid (5 000). |
| Tozer ou Djerid (53 000). | Tozer. | Oasis de Nefta (10 000); Chebika, Tamerza, Midas; oasis d'El-Hamma (2 000); Nemlat, Mehàreth, etc.; oasis de Taguious (3 000); Degách, Zorgan, Keriz, Sedada, El-Arab, Kriz. — Oasis du Nefzaoua (15 000) avec 40 villages, et les tribus arabes des Merazig, des Ghorib, des Es-Solaa, etc. |
| El-Aarad (51 000). | Gabès, oasis, avec les deux villes de Djara (4 000), et El-Menzel (3 500). | Oasis de Chemma, de Ghannoudj, d'El-Maya, de Matouya, d'Ouderef, de Zarzis, d'El-Hamma; tribus des Mehàdeba, des Beni-Zid, des El-Akkara, des Ourghamma (31 000), des Touazin, des Djelidat, des Oudarna, etc. |
| El-Djerba (45 000). | Houmet-es-Souk (3 000) | Houmet *ou village* Souk; Houmet-Sedrien, Sedouikech, H. Galala, H. Adjimi, etc. Mouillages de Marsa-es-Souk, de Marsa Aghir, Bordj-Djerib, etc. |

## III. — GÉOGRAPHIE ÉCONOMIQUE

**Productions.** — **Minéraux :** *Plomb* de Djebba, dans le djebel Ressas, mal exploité, et aussi à Tabarca, Beja, Kef ; *cuivre* de Teboursouk, *fer* de Djerad, Meridja et dans presque toutes les montagnes de la frontière de l'ouest ; *plâtre* abondant partout, exploité à Zeremdine, entre Sousse et Sfax, carrières de Feriana, *marbres* de Chemtou, dont les produits étaient employés par les Césars romains à la décoration des grands édifices et des monuments sacrés ; — *sel* abondant des sebkhas ; *soufre* et *tripoli* du Kef.
— **Végétaux :** *Céréales* abondantes et variées (orge, blé, maïs, millet, fèves, pois), *plantes textiles* (lin, chanvre, coton, safran, tabac, pavot, mûrier) ; *plantes tinctoriales* (carthame, garance, indigo, henné du Sahel ; *légumes* de toute espèce ; *arbres fruitiers* (olivier, amandier, pistachier, figuier, grenadier, palmier, abricotier, pêcher, jujubier, oranger, citronnier, vignes, etc., etc.) ; — *Alfa*, forêts de *gommiers*, de *thuyas* (celle de Zaghouan a d'un seul tenant 40 000 hectares), d'*oliviers*, d'arbres *résineux* ; — oasis de *palmiers*, surtout celles du Djerid (Gafsa, Nefzaoua, Tozer). —
**Animaux :** *chevaux, chameaux, mulets, ânes, bœufs, moutons, abeilles* ; le gibier pullule ; les côtes sont très poissonneuses : les *éponges* et les *polypes* abondent au large de Sfax et des îles Kerkena.
**Industrie.** — Presque nulle actuellement, sauf celles des tissus de laine du Djerid, des étoffes de laine et de soie de l'île Djerba, des broderies de Tunis, des nattes, tapis, babouches, bottes, des brides et des selles, et des fabriques de parfums.
**Commerce.** — *Importation*, en 1880, 20 896 781 piastres ; en 1882, 43 906 547 piastres. — *Exportation*, en 1880, 9 411 691 piastres ; en 1882, 18 997 339 piastres. — La part de la France et de l'Algérie y entre pour plus de moitié. Mouvement du port de Tunis : 644 navires entrés, 656 sortis, et pour tous les ports de la Régence, 1 961 navires de 505 355 tonneaux.
**Marine marchande.** — 300 navires, chacun de 50 à 150 tonnes. — **Chemins de fer exploités** (1er janvier 1883) : lignes de la Goulette à Tunis, de Tunis au Bardo, de la Goulette à Marsa, de Marsa à Tunis, ligne de la Medjerda se reliant par Ghardimaou et Soukharras aux chemins algériens ; ligne de Tunis à Sousse, qui sera prolongée vers Sfax (environ 350 kilom.). — **Télégraphes :** Tunis est relié par des lignes télégraphiques françaises avec Kef, Beja, Bizerte, la Goulette, Kelibia, Nabel, Hammamet, Sousse, Monastir, Mehedia, Sfax, Gabès, Djerba, avec l'Algérie par Souk-Ahrras (plus de 1000 kilom.). — Tunis a un bureau de poste français et un italien et trente-deux autres bureaux. — Les voies de communication vont être continuées et largement développées par les soins de la France.

## IV. — NOTIONS STATISTIQUES

**Superficie.** — 80 000 kilom. car. suivant Cubisol ; 116 348 kilom. car. suivant Behm ; 150 000 kilom. car. suivant Dunant ; 118 000 kilom. car. suivant Duveyrier. — **Population :** 2 100 000 hab., suivant Behm, 17 par kilom. car., 1 007 200 hab., d'après les évaluations officielles tunisiennes : **Races :** Maures ou *Hadars*, Arabes, Berbères ; *Juifs*, 45 000 ; *Kouloughs, Turcs, Nègres ; Européens*, 25 000.
**Dialectes.** — Le principal est l'arabe ; le français est la langue officielle ; l'italien est employé par la nation italienne et maltaise.

**Instruction publique**[1]. 1° **Enseignement musulman.** — Il est donné à Tunis dans l'*Université* installée dans la mosquée de l'Olivier (*Djâma-ez-Zitouna*) par quarante-quatre professeurs, et quarante postulants ou répétiteurs à quatre cent cinquante élèves : on y enseigne le droit, la rhétorique, la poésie, la grammaire, l'histoire naturelle : la bibliothèque renferme une riche collection de manuscrits.

**Collège Sadiki.** — Au *collège Sadiki*, fondé à Tunis en 1875 par le général Khérédine, alors premier ministre du bey Mohammed-es-Sadok, l'enseignement est divisé en trois sections : deux musulmanes, une européenne. Les deux premières comprennent chacune quatre années d'études et emploient onze professeurs; on apprend dans la première le Coran, l'écriture arabe, et quelques morceaux d'ouvrages classiques arabes : dans la deuxième, l'arithmétique simple, la grammaire, le commentaire du Coran, la jurisprudence, la logique, la littérature, l'histoire, « le tout en arabe, d'après les auteurs arabes et suivant les méthodes arabes. » Des examens trimestriels passés devant les professeurs et le directeur, des examens annuels publics sont imposés aux élèves; des certificats d'aptitude sont délivrés à la fin des cours de chaque section, un diplôme définitif après l'achèvement des études. Quant à la section européenne, les professeurs sont pour la plupart français, le directeur français ; l'étude du français, de l'italien ou du turc, y est facultative ; celle des mathématiques, des sciences physiques et naturelles, de la géographie, du dessin graphique, obligatoire.

« Le régime et l'installation du collège méritent d'être connus. C'est une
» vaste maison mauresque située dans le quartier de Sidi-el-Mordjani.
» Elle se compose d'une cour quadrangulaire autour de laquelle sont rangés
» deux étages de galeries et de salles blanchies à la chaux et dallées de
» faïences. Les bancs et les tables ne sont en usage qu'au réfectoire et
» dans les classes de la section européenne. Des nattes et des planchettes
» suffisent aux écoliers musulmans. Bien qu'il faille très peu de place à
» un Oriental pour s'asseoir, l'établissement ne peut contenir que cent
» cinquante élèves, cinquante internes et cent « demi-pensionnaires » (pour
» employer le langage de l'Occident). Ceux-ci arrivent au collège, l'hiver,
» à huit heures du matin, pour en sortir à quatre heures de l'après-midi.
» L'été, ils s'y rendent à sept heures et s'en vont à six heures du soir. Tous
» prennent le soir, et en commun, un repas qui est à la charge du collège.
» Les internes ont aussi le souper. Ce que nous appelons « les fourni-
» tures » papier, plumes, encre, instruments de mathématiques, livres,
» cahiers, tout est fourni par l'établissement. Les internes sont habillés et
» entretenus : ce sont de véritables « boursiers. » Les repas sont servis « à
» l'européenne, » dans des assiettes; les élèves ont des couteaux, des
» cuillers, des fourchettes, des verres. Les lits se composent de matelas
» simples posés à terre sur des nattes, mais garnis de draps et de couver-
» tures de laine. Un jeune médecin indigène, qui a fait ses études à Alger,
» M. Kaddour, est attaché à la maison. Quand on connait les habitudes
» arabes, on ne peut qu'être frappé de l'esprit novateur qui a présidé à
» l'organisation du collège Sadiki.

» Les revenus d'une grande partie des propriétés du Kasnadar, prédé-
» cesseur de Khérédine, ont été affectés à la fondation et à l'entretien de
» la maison : ils en constituent la dotation. Naguère encore ces biens pro-

---

1. Tous les détails qui suivent sont empruntés au mémoire de M. Foncin, publié par la *Revue internationale de l'enseignement* (novembre 1882.)

» duisaient une rente annuelle de 200 à 230 000 piastres (124 à 142 000 fr.).
» Malheureusement ils ont été en grande partie dilapidés avant l'établis-
» sement du protectorat français[1]. » (P. FONCIN, *L'enseignement en Tunisie*, page 405).

Les écoles du Coran de la Régence sont au nombre d'environ 521, peuplées de 13 816 élèves. « On sait, dit encore M. Foncin, quelle est la
» valeur de cet enseignement. Sous la direction d'un vieillard impassible
» armé d'une longue baguette, des enfants accroupis presque tout le jour
» dans une chambre basse crient à tue-tête ; c'est un vacarme assourdissant,
» chacun d'eux a sur les genoux une planchette sur laquelle sont inscrits
» des versets du Coran ; il s'époumonne à les répéter, sans en comprendre
» un mot, jusqu'à ce qu'il les sache imperturbablement par cœur. Ce genre
» d'étude n'appartient à aucune classification connue ; il n'offre aucun danger
» politique, mais il est aussi contraire à l'hygiène qu'abêtissant. »

2° **Enseignement français.** — L'*École de l'Alliance israélite univer-selle* fondée en 1878 sous les auspices du consul français, et placée sous le patronage de la France, a un budget de 100 000 francs, et compte près de mille élèves, tous externes, dont une centaine payants, douze professeurs, dont huit pour le français, deux pour l'arabe, deux pour l'hébreu. Une salle d'asile annexée à l'école recueille les enfants de quatre à sept ans, et les prépare à entrer à l'école où ils apprennent jusqu'à quinze ans à devenir des hommes et des amis de la France[2]. L'Alliance israélite universelle a fondé en 1882 une *école de filles* à Tunis. — Les *Frères des écoles chrétiennes* ont une école à Tunis, fondée en 1859, par Mgr Sutter. Elle avait, en 1882, quatre cent dix élèves. L'enseignement, qui est élémentaire, se donne en français. — Les Sœurs de *Saint-Joseph de l'Apparition* ont une école à Tunis depuis 1840, avec trois cent trente-deux élèves, dont cinquante-cinq françaises, cent soixante-dix-sept italiennes, quatre-vingt-dix maltaises (deux cent soixante-douze catholiques, cinquante-cinq israélites, cinq grecques) ; la tolérance réciproque entre les cultes y est parfaite. Il y a à Tunis deux institutions laïques libres qui donnent un enseignement français : l'une pour les garçons, ouverte en 1881, avait en 1882, cinquante élèves ; l'autre pour les filles, ouverte en 1881, en avait vingt à vingt-cinq.

Mgr Lavigerie, cardinal-archevêque d'Alger et Tunis, a ouvert en 1880 le *Collège Saint-Louis de Carthage*, qui d'abord établi près de la Goulette, sur l'emplacement de l'ancienne Byrsa, a été transféré en 1882, à Tunis. Il est dirigé par les Pères Blancs, missionnaires d'Alger, et renferme déjà cent cinquante élèves, parmi lesquels l'élément italien domine. On y enseigne les matières de l'enseignement classique et spécial de l'Université de France. Il admet des internes et des externes.

Les Français ont à la Goulette et à Sousse une *école de garçons* dirigée par les Frères ; à Sousse, une *école de filles* dirigée par les Sœurs de Saint-Joseph. — Le résident français, M. Cambon, a ouvert des écoles à Bizerte, Monastir, Mehedia, Sfax... M. Machuel, inspecteur général de l'instruction publique, a été chargé de réorganiser l'enseignement en Tunisie.

---

1. Voir sur le collège Sadiki, un article de M. de Crozals. (*Revue de géographie*, mai 1882.)

2. En 1880, les Italiens essayèrent de faire nommer directeur de l'école un sujet italien. Leur tentative échoua. A la suite de cet insuccès, cent soixante israélites d'origine italienne, élèves de l'école, la quittèrent pour former une école à part.

3° **Enseignement italien.** — Un collège italien pour les garçons, appelé *école nationale* a été fondé en 1864, par le gouvernement italien sur un terrain donné par le bey. Il est subventionné par l'Italie. Il a deux cent quatre-vingts élèves, onze professeurs; on y enseigne l'italien, le français, l'arabe, la géographie, l'histoire, l'arithmétique, l'algèbre, la géométrie, la tenue des livres, le dessin. Tous les professeurs sont italiens. — On a organisé pour les filles un collège dans les mêmes conditions. Il a deux cent cinquante élèves. — Les Italiens ont encore à Tunis une école, nationale des arts et métiers (cent vingt élèves), subventionné par le gouvernement de la nation italienne de Tunis. Elle est gratuite et donne un enseignement pratique. Les professeurs sont exclusivement italiens. Elle fonctionne d'octobre à avril. Enfin les Italiens ont à la Goulette une école nationale et laïque subventionnée (quatre-vingt-quatre élèves). — A Sousse, une école nationale laïque de garçons et une école nationale de filles (cent élèves); — à Sfax, deux écoles (filles et garçons) ,subventionnées comme les précédentes (cent cinquante élèves). En résumé deux mille deux cent soixante-dix-sept élèves français, neuf cent neuf italiens, six cents musulmans (sans parler des treize mille huit cent seize élèves des écoles de » Koran). « La France aura les plus grands efforts à faire pour maintenir » son influence intellectuelle dans le pays et pour la défendre contre les » rapides progrès d'une nation entreprenante qui profite habilement de » toutes nos hésitations et de toutes nos lenteurs administratives. » (P. Foncin, page 418.)

**Justice.** — Elle était rendue par des tribunaux indigènes, et par les consuls étrangers, suivant les *capitulations*. — Les puissances étrangères ont successivement renoncé aux juridictions consulaires, et une loi votée en 1883 par le Parlement français a autorisé le gouvernement à introduire en Tunisie le régime judiciaire en vigueur en France.

**Cultes.** — Le principal est l'islamisme: mais tous les cultes sont libres, et le culte des catholiques, des israélites, des Grecs est exercé dans des églises, des synagogues, des écoles. Les catholiques de Tunisie relèvent de l'archevêque d'Alger. — **Armée:** 1° Armée *régulière* composée de cinq régiments d'infanterie, un d'artillerie, un corps de cavalerie de deux à trois mille hommes; 2° armée *irrégulière* qui compte dix mille hommes dont trois mille Karouglis, descendants des janissaires turcs, cinq mille zouaves à pied, mille cinq cents spahis à cheval, cinq cents agents de police. L'équipement et l'armement de cette armée sont dans un état déplorable. L'armée française occupe la Régence et y maintient l'ordre.

**Marine.** — Deux navires, un aviso de trois canons jaugeant cinq cents tonnes, un transport de quatre cents tonnes. — **Monnaies:** *Or*: Boukhemsa $= 3^{fr},25$; bouachera $= 6^{fr},50$; acherin $= 16^{fr},25$; boukhemsin $= 32^{fr},50$, boumiat $= 65$ francs. — *Argent*; pièces de deux piastres $= 1^{fr},24$; de cinq piastres, de dix, de vingt-cinq, de cinquante et cent piastres. — *Cuivre*: piastre, réal, ou bouréal $= 0^{fr},62$. — **Poids et mesures:** de longueur, *draa-endazeh* $= 0^m,673$; de capacité, *meter* $= 24$ litres à Sousse, 20 à Tunis; le *capis* $= 640$ litres : Le *rotel* $= 506^{gr},88$ pour les métaux, 568 pour les viandes et huiles, 639 grammes pour les légumes; le *cantaro* $= 50$ kilogrammes. Le système des poids et mesures usité en France ne tardera pas sans doute à être introduit en Tunisie, pour le bien général. — **Dette extérieure** $= 125$ millions garantis par la France. — **Budget de recettes:** 6 832 000 francs. — *Dépenses*, 6 300 000 francs.

TUNIS, LE BARDO
LA GOULETTE
ET LEURS ENVIRONS.
Échelle : 1/100.000
D'après la carte du dépôt de la guerre.

## 2° EXTRAITS ET ANALYSES

### Tunis.

« Il n'est peut-être pas dans le monde entier un paysage maritime d'un aspect plus grandiose que celui du golfe de Tunis. La magnificence de la nature, la grandeur des souvenirs, tout concourt à lui assurer un rang unique. Lorsque par une mer tranquille et sous un ciel pur, le navire qui a suivi la côte est arrivé à la hauteur de Ras-Sidi-Ali-el-Mekki, un merveilleux spectacle se découvre. A gauche, vers le nord, s'arrondit comme un dos liquide, scintillant sous les feux du soleil, la mer sans limites; devant la proue du navire, dans le lointain, une grande île rocheuse, l'ancienne Œginure, paraît être la gardienne avancée du golfe du côté souvent menacé de la Sicile; à quelques encâblures du vaisseau, à l'extrémité opposée, vers la côte occidentale, l'île Plane, l'antique Korsura, lui répond. Entre le Ras-Sidi-Ali-el-Mekki et le Ras-Addar, s'ouvre le golfe. Près de soixante-dix kilomètres séparent ses deux points extrêmes, promontoires fameux, consacrés par le souvenir des dieux : les anciens avaient mis le premier sous la garde d'Apollon, le second sous celle de Mercure. La distance qui sépare les deux bras du golfe, l'arc immense de sa courbure, sa profondeur semblent être exactement celles que le regard humain, dans sa portée extrême, peut embrasser. Plus ouvert, l'œil n'en saisirait plus les lignes; il n'en mesurerait plus l'enfoncement. Le spectacle est grandiose, mais il reste dans les limites où la petitesse humaine peut encore le comprendre et en jouir. Les hauteurs qui forment la corne orientale du golfe, le Djebel-Hamil, le Bou-Kournein, apparaissent d'abord dans le lointain comme de grandes îles rocheuses jetées en regard de la côte; peu à peu on voit émerger de l'horizon les terres qui les soutiennent et les relient; le profil du littoral se dessine; le massif puissant du Zaghouan ferme le paysage vers le sud, et tandis que l'œil suit les jeux de la lumière sur les flancs du mont et contemple les arêtes vives de son sommet découpé en forme de croissant, l'esprit se reporte au temps où cette même montagne, le *mons Zeugitanus*, encore aujourd'hui riche en sources, versait un fleuve aux citernes de Carthage.....

» Le trajet est long du paquebot à la côte. Il faut confier son bagage et sa personne à de petits bateaux manœuvrés à grands cris par des façons de pirates maltais ou maures. On vantait autrefois, comme une scène d'un pittoresque achevé, la prise d'assaut du navire à son entrée dans le port d'Alger par les Maures et les Biskris. Les choses ont déjà bien changé à Alger ; la police s'en mêle et le pittoresque est en déroute devant elle. A la Goulette, la police beylicale ne met rien en fuite et se ferait scrupule de gêner quelqu'un. Il faut voir ce mouvement tumultueux de canots manœuvrant autour de l'échelle du bord, pour happer au passage le voyageur trop pressé. Entre bateliers la concurrence la plus déloyale est ici la règle ; c'est un tumulte inimaginable ; clameurs dans toutes les langues, sons gutturaux et âpres ; l'oreille en est déchirée. Le voyageur est la proie promise à ces descendants de forbans. Il est là sur la plate-forme de l'échelle, à un demi-mètre au-dessus de la vague : avance-t-il le pied pour s'embarquer? Le canot glisse sous lui et soudain s'écarte, vigoureusement repoussé par la main d'un batelier rival qui s'avance en hurlant de joie ; retour offensif du premier ; les yeux s'animent ; les gestes deviennent furieux ; on croit à un massacre, et, comme il convient entre Italiens et Maures, tout finit par d'étonnants jurons, des vociférations assourdissantes ; ils s'en poursuivent jusqu'au quai. Là, ces hommes, dont la colère semblait défier tout apaisement, se calment soudain ; rien ne reste de leur fureur, pas même un frémissement de surface. Ils ont satisfait à leur instinct, au besoin de vomir l'injure ; la bête est contente. Bien prend au voyageur de ne pas lâcher la chaîne du bord avant d'avoir enfin trouvé un canot fixé sous lui ; s'il tombait à l'eau, le moins qu'il eût à craindre serait d'être écartelé par ses sauveteurs.

» A mesure que l'on approche de la Goulette, toute idée de grandeur s'évanouit, et au choc de la réalité, l'atmosphère d'impressions graves dans laquelle on s'était complu se dissipe entièrement. Ce port de Tunis, dont le nom féminin et coquet flatte l'oreille, n'est, en vérité, vu de la mer, qu'un village dont les batteries avancées et le fort de Charles-Quint cachent mal l'insignifiance. Il se développe des deux côtés de l'étroit canal qui relie la mer au lac de Tunis. Ce canal fut peut-être l'œuvre de Carthage; mal entretenu depuis l'antiquité, jamais élargi, il n'a pas plus de vingt-cinq mètres de largeur; quand deux balancelles sont amarrées de chaque côté du quai, il ne reste guère que le passage suffisant pour un canot. L'embouchure du canal sur la mer est à peine moins étroite; elle mérite bien le nom que les Arabes lui ont donné, *Ilalk-el-Oued*, le gosier du canal; les Italiens, dont la langue est une charmeuse, en ont fait *la Goletta*.

» Tout le mouvement et toute la vie semblent avoir abandonné le bord méridional du canal pour se concentrer sur le groupe septentrional, à l'extrémité de la langue de terre qui tient aux ruines de Carthage. Une rue animée et plantée d'arbres (c'est une gaieté de plus sur ces rivages par un soleil de juin), conduit du canal à la gare italienne de Tunis, elle est bordée de cabarets, de misérables auberges, de pauvres boutiques; çà et là, une construction qui accuse l'influence européenne, une maison précédée d'un jardin où la végétation africaine déploie sa splendeur. Quelques rues perpendiculaires à cette avenue principale et se développant parallèlement au quai vers l'ouest, reliées entre elles par d'étroites ruelles, constituent le bourg de la Goulette. Les Italiens y sont en grand nombre; ils fraternisent avec les Maltais, race hybride et de nationalité douteuse, se réclamant de l'Angleterre quand leur intérêt les y invite, Italiens par l'irascibilité et le bavardage, Arabes par l'âpreté de leur langage et leur type nerveux et hâlé, ils font penser à ce qu'un grand écrivain dit de leur patrie, quand il l'appelle « une hôtellerie » où toutes les races méditerranéennes, depuis les Phéniciens jusqu'aux Anglais, se sont croisés et confondus.....

» ..... Je ne sais s'il existe à Tunis quelque chose qui ressemble à un service de voirie, mais les résultats n'en sont pas visibles. Rien de hideux et de nauséabond comme les boutiques où se débite la viande ; cette viande noirâtre que le soleil décompose si vite et qui semble faite pour des repas de cannibales. L'arrière-boutique sert d'égorgeoir et devant le seuil s'élèvent des pyramides de têtes de moutons coupées, les yeux tournés, la langue prise aux dents et verdie au bout, qui fermentent au soleil. Des nuées de mouches s'abattent sur ces débris, et si on les trouble, s'élèvent en tourbillons irrités, bourdonnants et tenaces. Les viandes abattues de la veille ou de l'avant-veille noircissent à l'étal, et, même pour ceux que le mal de mer a épargnés, ce n'est pas une entreprise sans péril que de passer à jeun devant ces officines empestées. On se demande par quelle faveur du sort des épidémies de toute sorte et le charbon ne déciment pas cette population. Les antres, où se fait une sorte de cuisine publique, ne sont guère d'un aspect plus engageant. Il faut y joindre une intolérable chaleur en plus. Dans une sorte de réduit voûté de plain-pied avec la rue, sans cheminée, sans aération, un nègre entretient au charbon quatre ou cinq fourneaux à la flamme ardente : là cuisent, dans des flots d'huile grossière, des foies de moutons, des courges coupées en morceaux, des piments rouges, des gâteaux de farine. Chacun s'approvisionne et emporte son morceau dans une feuille de figuier. Ce sont les heureux, les favorisés du sort. Pour le menu peuple, des négresses accroupies au coin des rues fabriquent une sorte de polenta grossière, ou font cuire à gros bouillon, dans une ancienne boîte à pétrole, des fèves sèches. Toutes ces odeurs de viandes mal cuites, de fourneaux graisseux, d'huile surchauffée, se répandent dans les rues et les empestent. Nul n'en paraît gêné et la vie orientale poursuit son cours uniforme dans cette atmosphère alourdie sans renouvellement, sans courant d'air, sans élément purifiant. Faut-il parler des animaux abandonnés dont les cadavres se décomposent dans les recoins écartés, que nul ne songe à enlever, qui ne gênent personne, que nul n'évite. On parle des chiens de Constantinople : à Tunis, les chats sont les maîtres de la rue, vivants et morts ; bêtes malheureuses, pelées et sauvages, qui s'enfuient au bruit des pas, ou que l'on voit pelotonnées au coin d'une borne, derrière un tas d'ordures. Il n'y a, hélas! aucune fantaisie dans cette peinture, et quiconque a vu Tunis en reconnaîtra tous les traits[1].

» On peut s'engager au hasard dans ce dédale de rues; après avoir longtemps erré, glissé, pataugé, on ne peut manquer d'atteindre au quartier des bazars, aux Souks. Ils occupent, en effet, un vaste espace à peu près au centre de la ville, à égale distance de la porte de la mer à la Kasbah. Les Souks! Ce nom seul, quand on parle de Tunis, résume tout ce qu'on peut imaginer de splendeur, de richesses accumulées, d'objets désirables, de convoitises à assouvir. « Ne revenez pas sans voir les Souks! » telle est la recommandation suprême, quand, au moment du départ, on prend conseil des rares personnes qui ont vu Tunis. « Allez-y, revenez-y, vivez-y! » C'est assurément une des plus curieuses choses qui se puissent voir. Imaginez un ensemble de galeries se succédant, mais sans ordre, sous les angles les plus divers, au hasard de la fantaisie la plus déréglée; juxtaposées, mises bout à bout, s'entre-croisant, hautes et basses, voûtées ou plafonnées, complètement recouvertes ou laissant voir le ciel par endroits, en contre-bas avec le sol environnant ou en saillie, en bois ou en pierre, mais toutes délabrées, sales et d'un piteux aspect. Dans l'épaisseur des murs s'ouvrent, par une large baie cintrée, les boutiques; elles sont toutes sur le même plan et dans les mêmes proportions. On n'y a pas facilement accès, car elles s'ouvrent à 75 centimètres ou 1 mètre au-dessus du sol; mais l'acheteur n'y pénètre pas : il est comme au balcon pour voir les marchandises qu'on lui présente. Tout autour de cette sorte de caveau, des rayons ménagés dans l'épaisseur des murs servent de dépôt; quelquefois, dans le fond, s'ouvre une arrière-boutique, qui prend le jour par le haut en dehors du souk et qui verse un flot de lumière blanche et crue jusque vers le milieu de la voûte. En

---

1. Encore quelques années, et sous l'action administrative de la France, il ne restera plus de ce pittoresque tableau qu'un curieux souvenir.

avant des boutiques règne une sorte de marche-pied en pierre qui en facilite l'accès au propriétaire et aux familiers. Les dalles en sont usées et luisantes ; recouvertes de nattes, elles servent de bancs à la population oisive qui remplit les souks dès le matin. Le visiteur défile donc entre deux galeries de boutiques et une double haie de curieux accroupis, assoupis, attentifs pourtant, qui jouent avec leur pipe vidée ou avec l'ombre de leur chapelet, les jambes repliées, leurs sandales à terre devant eux. Tous les souks ne sont pas voûtés : quelques-uns sont recouverts d'une sorte de toiture en planches. Ce sont les plus misérables. Il manque une planche sur deux ou trois, et de ces hauteurs pendent de larges toiles d'araignées comme on n'en voit en France que dans les antiques étables des hameaux perdus. L'effet en est bizarre : le soleil, jouant dans ces lambeaux grisâtres, les colore de reflets inattendus et leur prête un éclat singulier ; quand la brise les agite, on dirait des drapeaux qui frémissent. On n'est qu'à demi rassuré sous cette décoration : une de ces toiles se détachant suffirait à envelopper un homme. Le pittoresque, il est partout. Le pavé des Souks est plus irrégulier encore que celui de la rue. Comme on ne remplace pas les pierres qui s'ébranlent et sont enlevées, il y a par endroits presque autant de crevasses que de traces de chaussée ; on marche sur la terre battue, qui devient, à la première pluie, un vrai bourbier. Bêtes et gens traversent les souks, en battent le sol, en pétrissent la fange.

» C'est dans ce milieu cependant que sont accumulées les principales richesses de l'industrie tunisienne. Chaque souk a une destination particulière ; les marchands d'étoffes en occupent plusieurs, les chapeliers et les fabricants de chechias en ont une autre ; les bijoutiers et les marchands d'essences forment l'aristocratie marchande et sont établis au centre ; les armuriers vivent avec eux en bons voisins. Les cuirs et les ouvrages de sellerie ont leur quartier à part. Il y a aussi les tourneurs, les fabricants de petits mobiliers, et, çà et là, sur la lisière de ce monde à part, quelque moulin à blé ou à huile que met en mouvement dans une cave sombre un mulet aux yeux bandés. Il n'y a de vraies richesses, à notre sens, que dans les souks réservés aux étoffes et aux soieries. Les Juifs règnent en maîtres dans ce monde du commerce; c'est naturellement dans leurs boutiques que s'entassent les plus riches tissus. On reconnaît de loin la boutique juive, à l'empressement affairé du vendeur qui va au-devant du client, le presse, l'enlace, en fait sa chose. Il faut n'être plus novice pour échapper de ses mains sans être allégé de quelques piastres. Aussi bien la tentation est-elle forte souvent; les soieries de Tunis sont célèbres et elles valent leur renommée. Il y a beaucoup de soie de Lyon dans le nombre; cependant l'industrie indigène produit encore, et ses tissus se reconnaissent à leur éclat. Ce sont des burnous, des haïks, des blouses de femmes juives aux vives couleurs, aux larges raies d'un très bel effet, des couvertures de laine de Djerba et du Djerid. La broderie d'or et d'argent formant le complément obligé de tout vêtement oriental, les ateliers de broderie ne sont pas éloignés des magasins où se fait la vente. Ce sont les hommes qui brodent. Ils manient l'aiguille avec une dextérité admirable. Quand ils défont un écheveau de soie dont ils retiennent l'extrémité avec le gros orteil de leur pied nu, c'est plaisir de voir l'agilité de leurs doigts et leur jeu insaisissable. De leurs mains sortent ces lourdes et riches broderies qui revêtent comme d'une cuirasse la veste d'intérieur des femmes arabes, la trame d'or qui enrichit leur toque. Le goût n'en est pas toujours parfait; c'est trop surchargé, c'est épais pour notre délicatesse française. Il y a là néanmoins un art indigène qui mérite d'être loué.

» Il y a plus d'originalité dans le travail des cuirs et la fabrication des ouvrages de sellerie; c'est l'industrie vraiment africaine; on la retrouve partout, depuis le littoral jusque dans le Soudan, et elle est bien représentée à Tunis. La visite au souk des cuirs est assurément l'une des plus intéressantes. On y trouve tous les objets de harnachement, ces sacs en cuirs de différentes couleurs, avec plusieurs poches, qui font partie intégrante du mobilier arabe.

» L'activité s'éveille assez tard dans les souks; avant sept heures et demie ou huit heures on trouve portes closes. Les industries qui de près ou de loin tiennent à l'or affirment leur aristocratie en retardant; les enchères où se vendent les métaux précieux et les pierres fines ne s'ouvrent pas avant dix heures. On n'a rien vu des souks si on n'y est pas revenu plus d'une fois vers le milieu du jour, de midi à trois heures. C'est alors, dans ces étroits couloirs, un entassement et une cohue inima-

Une Tunisienne.

ginables. On est vraiment payé de sa fatigue par le régal d'un spectacle sans pareil. Le pavé disparaît sous la multitude des pas; l'éclat, la variété des costumes étonne et charme le regard. Maures, Juifs, Arabes du désert, Nègres à la peau luisante, à la jambe sèche et nue, Négresses flétries et ridées, femmes arabes empaquetées sous leurs voiles, Juives en maillot; tout se donne rendez-vous sous ces voûtes. L'activité commerciale allumée par les Beni-Israël donne à cette population un mouvement, un air de fièvre qu'on ne lui connaît pas. On se presse, on se coudoie, on se bouscule; les courtiers juifs enlèvent au passage l'acheteur européen qui se présente; la foule curieuse le suit. On fait cercle autour de lui; les marchands rivaux font bonne garde. On est en partie sauvé des griffes d'Aaron, qui veut 50 francs, par la générosité intéressée d'Ahmed qui laisse à 30. Survient Ismaël qui offre à 20; enfin grâce aux bons soins de ce nez de vautour, qui vante sa propre probité, on a pour 10 francs l'objet en litige.

» N'oublions pas, pour laisser au tableau tout son caractère, que même à cette heure d'encombrement, bêtes, chariots et portefaix ont toujours droit de passage. On se figure le remous que produit dans ce flot humain l'arrivée d'un cavalier. Recouvert de son large chapeau de paille rehaussé de garnitures en cuir, orné de pompons, de ce chapeau qui n'a pas moins de 1 mètre 10 d'envergure, l'homme campé sur ses larges étriers, le fusil jeté en travers de la selle, domine la foule d'un air superbe. Le cheval choisit ses pas, lentement, l'œil étonné. Le courant humain se divise, frôle les flancs de la bête et se reforme derrière sa croupe. On y met plus d'empressement quand un Maure passe sur sa mule qui va l'amble. On ne saurait rien voir de plus gracieux que la mule tunisienne : c'est la fleur du règne animal dans cette contrée. Mais elle se sait belle, elle a ses caprices, il faut se ranger à son approche. Le petit âne passe inaperçu ; on se sent un peu poussé par un être minuscule ; c'est un bourricot qui s'ouvre un passage, un grand nègre le suit et cogne sans pitié. Le spectacle de cette activité variée, multicolore, bruyante est chose tout à fait nouvelle pour l'Européen : il doit en rassasier ses yeux ; car sans doute, nulle part ailleurs, il ne retrouvera rien de semblable, et ce flot humain s'écoule rapidement. Vers quatre heures, tout reprend l'aspect calme et languissant de la matinée. Il faut bien entendre que cette cohue ne se produit pas dans tous les souks ; la population de Tunis n'y suffirait pas. Les souks de la soierie et de l'or sont surtout fréquentés ; le mouvement est moins intense dans les autres. Il en est même qui ne perdent jamais leur physionomie de ruelle écartée de village. »   J. DE CROZALS[1], *Tunis.*

(*Revue politique et littéraire*, 27 août 1881.)

---

1. M. de Crozals, docteur ès lettres, aujourd'hui professeur d'histoire à la Faculté des lettres de Grenoble, a professé longtemps à l'Ecole supérieure d'Alger. Il a publié récemment un important ouvrage sur les Peulhs. (V. au chap. du *Soudan*.)

## L'aqueduc de Zaghouan et les travaux hydrauliques.

» L'objet de notre excursion à Zaghouan, village situé à 40 kilomètres environ au sud de Tunis, était non seulement de voir le magnifique aqueduc construit par l'empereur Adrien pour conduire à Carthage l'eau des sources situées dans le massif du Zaghouan, mais encore de visiter ces sources mêmes. Nous louâmes une voiture légère, attelée de trois chevaux vigoureux; après une heure et demie de marche à travers une plaine ondulée, çà et là revêtue de taillis d'oliviers, nous passâmes à côté d'un groupe d'édifices ruinés, restes de l'ancien palais construit sous le nom de *Mohammedia* par Ahmed-Bey, qui au prix d'énormes sacrifices, s'était efforcé d'orner sa somptueuse demeure de tous les trésors de l'art. Cette création, aussi fantastique que dispendieuse, date seulement d'une cinquantaine d'années et déjà tout a disparu, à l'exception d'informes pans de murs à moitié ensevelis dans des monceaux de décombres. A côté de cette scène de désolation se dressent majestueusement les voûtes des aqueducs d'Adrien, que les efforts combinés du temps et des hommes ne sont pas parvenus à abattre au bout de dix-sept siècles! Il est impossible de placer l'un à côté de l'autre des exemples plus frappants de la solidité des constructions anciennes, et de la fragilité des nôtres, surtout lorsqu'elles sont l'œuvre des Orientaux.

» A peu de distance des ruines de Mohammedia apparaît la première série des arcs du magnifique aqueduc romain, qui se déploie dans toute sa splendeur aussitôt après la traversée de l'oued Melian. Rien de plus grandiose et de plus pittoresque que le coup d'œil présenté par cette longue ligne d'arcades découpant l'horizon en autant de losanges gracieux à fond d'un bleu foncé, tandis que les sommets des arcs sont colorés en vert par les végétaux qui s'y sont développés depuis des siècles..... Nous laissâmes à notre gauche la longue série des arcs de l'aqueduc subsistant encore sur une ligne de plus de 30 kilomètres, mais qui du temps des Romains, devait avoir l'énorme développement de 132 kilomètres depuis les sources du Zaghouan jusqu'à Carthage.....

» ..... Bien que la majeure partie de l'ancien aqueduc ait disparu, notamment celle comprise entre la rivière Melian et l'emplacement de Carthage, on est frappé d'étonnement de voir subsister encore tant de restes splendides de ce gigantesque monument, malgré tous les efforts réunis pour l'anéantir, depuis Gelimer, roi des Vandales, qui commença l'œuvre de destruction, jusqu'aux Espagnols qui y mirent la dernière main. Ce qui a survécu à tant de catastrophes est encore considérable, et lorsque, après avoir franchi l'oued Melian, nous longeâmes la longue série d'arcades alignées dans la plaine, je pus compter une série de 341 arcs encore parfaitement intacts. Cependant, il y a environ trois ans, le colonel Playfair en compta 344, et il est probable que si la Tunisie continue à rester sous le régime actuel, le jour viendra où ce splendide monument aura enfin terminé sa longue existence. La mort sera lente sans doute, mais elle s'avance d'un pas à chaque coup de marteau et de pioche qui détache une pierre : nous vîmes plusieurs Arabes occupés à ce travail, et transportant dans leurs villages le précieux butin chargé sur des charrettes[1].

» ..... La petite ville de Zaghouan, se compose d'une centaine de maisons aussi misérables que pittoresquement situées. On y jouit d'une vue magnifique : au sud se dresse le beau massif montagneux du Zaghouan, dont l'altitude est de 1343 mètres, tandis qu'au sud-ouest se déploie une plaine vivement coloriée en vert par d'épais taillis d'oliviers..... Pour aller visiter les sources, nous gravîmes puis longeâmes le versant ouest-sud-ouest du djebel Zaghouan,

---

[1]. Depuis que ces lignes ont été écrites, le régime a changé ; la France gouverne à Tunis, si elle n'y règne pas, et l'on sait qu'elle a pris les monuments historiques, aussi bien que le territoire et les tribus, sous son protectorat. (V. p. 336.)

en suivant le conduit d'eau alimenté par la piscine. Nous traversâmes pendant une demi-heure de beaux taillis de thuya articulé, qu'on voyait s'étendre bien avant dans la campagne située plus bas, le long du pied septentrional du djebel Zaghouan, où cette essence constitue des forêts considérables, occupant plus de 30 000 hectares. Le pittoresque sentier que nous suivîmes à travers cette belle contrée forestière était revêtu de vigoureux buissons de lauriers-roses, chamarrés de fleurs rouges et blanches.....

» ..... Nous atteignîmes enfin le splendide monument romain qui encadre la piscine, où se réunissent les eaux des sources situées dans le massif du Zaghouan [1]. La piscine dont l'altitude est d'environ 300 mètres, est ombragée par de vigoureux caroubiers et mûriers, tandis que de nombreuses plantes poussent dans les fissures des dalles et des murs de l'édifice romain. « Cette œuvre magnifique, indépendam-
» ment des monuments construits au-dessus des grandes
» sources, et qui amenaient 32 millions de litres d'eau par
» jour, soit 320 litres par seconde, se composait d'un aque-
» duc principal ayant 124 kilomètres de longueur, dont
» 17 kilomètres étaient supportés au-dessus du sol des plaines
» par des arcs construits sur de gigantesques piliers; les
» aqueducs secondaires présentaient une longueur totale
» de 8 kilomètres; il en résulte que l'œuvre romaine avait
» en totalité 132 kilomètres. »

» En 1859, M. Colin, ingénieur civil, fut chargé par le bey de rétablir l'aqueduc romain, en tant qu'on pourrait l'utiliser, pour amener les eaux des sources principales du Zaghouan et du Djouggar à Tunis: une somme de 7 800 000 francs fut allouée pour ce travail qui fut terminé en moins de trois années, en 1862. L'aqueduc actuel, plus connu sous le nom de canal des eaux du Zaghouan et du Djouggar, est composé de deux parties très distinctes, exécutées l'une en maçonnerie,

---

1. Ce monument, que les Arabes appellent El-Kasba ou Fort, a été décrit par le colonel Playfair (*Handbook for travellers in Algeria and Tunis*) et par l'ingénieur français Caillat. (*Notice sur l'ancien aqueduc de Carthage et sa restauration.*)

l'autre en tuyaux de tôle bitumés. La branche descendant directement de la source du Djouggar, la plus éloignée de Tunis, a une longueur totale de 33 692 mètres, dont 33 011 mètres construits en maçonnerie et 350 en tuyaux, ayant 45 centimètres de diamètre intérieur et formant ce que l'on nomme le siphon du Djouggar, établi dans les berges d'un ravin qu'il traverse. De ce canal maçonné, 24 143 mètres ont les voûtes hors du sol et longent à mi-côte les flancs escarpés des montagnes; 9 198 mètres sont sous le sol, 900 mètres entre autres, après l'oued Esrack, traversent un col, à une profondeur de 30 mètres. Cette branche du canal passe au-dessus de soixante-quatre cours d'eau qui ont nécessité la construction de quarante ponceaux de 1 à 4 mètres d'ouverture, et vingt-quatre ponts sur les ravins. La branche descendant de la source qui sort de la montagne du Zaghouan a une longueur de 6 141 mètres dont 3 993 mètres hors du sol et 2 148 sous le sol.

» Ces deux branches des sources du Zaghouan et du Djouggar se réunissent en un lieu dit l'*embranchement*, dans une grande construction circulaire, où se trouve l'origine du canal commun aux eaux des sources réunies, ainsi que des vannes pour arrêter les eaux, des canaux de décharge pour les détourner séparément, enfin des déversoirs avec leurs échelles graduées, pour connaître le jaugeage des eaux, constater les différences qui pourraient se produire dans les deux branches d'arrivée, et savoir exactement le volume d'eau se rendant du côté de Tunis pour y être distribué. Dans tout le parcours du canal jusqu'à Tunis, on a suivi les travaux des Romains, sauf sur la branche du Djouggar. L'œuvre accomplie par M. Colin en moins de trois années se résume par la construction de 87 899 mètres d'aqueduc maçonné et 43 070 mètres de tuyaux posés sous terre, soit un développement total de 130 969 mètres, comprenant 40 ponts, 79 ponceaux, 162 passages en dessus à niveau, 7 constructions renfermant les appareils nécessaires pour régler les eaux des siphons, 6 canaux de décharge et 7 déversoirs avec échelle de jauge. Les eaux parcourent 101 873 mètres pour se rendre à Tunis,

103 337 mètres au Bardo et 124 958 mètres pour aller à la Goulette[1]. »

P. DE TCHIHATCHEF, *Espagne, Algérie, Tunisie*,<br>Lettres à Michel Chevalier, lettre xx.<br>(Paris, 1880, gr. in-8°, J.-B. Baillière.)

### La ville de Sousse.

« Vue de la haute mer par laquelle j'y arrivais, Sousse apparaît comme un diminutif d'Alger. Echelonnée du rivage méditerranéen au flanc et jusqu'au faîte d'un coteau, elle produit l'effet d'une vaste carrière de pierres de taille, bornée à l'est et à l'ouest par des massifs de verdure. Plus près, l'aspect se transforme, tout change. On distingue l'enceinte fortifiée de murs de défense, crénelés et renforcés de tours de distance en distance comme les forteresses du moyen âge; la Casbah, occupant un vaste emplacement sur la hauteur, ses donjons, les minarets des mosquées, les maisons en gradins avec leurs terrasses, et, points de repère charmants et malheureusement trop rares, des palmiers légers dont le tronc svelte, le panache aérien rompent l'éclatante monotonie de tous ces blancs trop crus que le ciel, d'un bleu profond, fait briller davantage. On aperçoit les vergers d'oliviers qui côtoient de chaque côté la ville et l'encadrent, de la mer au sommet de la colline, et l'on s'imagine que l'on va pénétrer dans une oasis, sinon dans un Eden.

» Mais quel désenchantement succède à cette illusion!

---

1. L'auteur ajoute, à propos des dépenses de l'aqueduc, que « toute une légion » de fonctionnaires tunisiens demandaient ou extorquaient des pots-de-vin ou » *bakchich*, » ce qui donna lieu à un effroyable gaspillage. L'ingénieur montra aussi une confiance exagérée à l'égard de certains agents européens chargés des travaux : « Il en résulte que beaucoup de ces travaux furent très mal exécutés, » tels, entre autres, plusieurs conduits, qui, au lieu d'être en maçonnerie, ont été » façonnés en argile ou terre glaise : toutes ces regrettables défectuosités donnent » lieu à des réparations fréquentes dont les frais se monteraient à 60 000 francs » par an. Les dépenses exorbitantes, causées au bey par l'exécution du grand tra- » vail hydraulique, ont sans doute contribué beaucoup à ébranler les finances du » pays, réduites actuellement à de fâcheuses conditions. »

D'abord, si l'on s'est embarqué sur un navire d'un fort tonnage, il faut, grâce aux bas-fonds de la côte, stopper au large, bien loin du port envahi par les sables, se jeter en chaloupe et franchir ainsi plusieurs kilomètres avant d'arriver à quai. Port et quai sont des mots bien ambitieux ; le premier pour désigner l'espace restreint qui en tient lieu, à l'abri d'une jetée rudimentaire ornée de vieux canons démontés, aussi inoffensifs que les épouvantails à moineaux de nos jardins, et juxtaposée à l'antique môle romain, qui la dépasse de beaucoup et dont on voit sous l'eau, par un temps calme, les vestiges encore respectables. Quant au quai, il n'est figuré que par un mur de soutènement fort délabré et longeant le rempart à une distance que j'évaluai à 80 mètres environ. Au point de jonction de ce quai avec la jetée, il y avait, lors de mon arrivée à Sousse, une tour aussi illusoire pour la défense que tout l'armement de la place, dont la partie la mieux fortifiée, qui n'eût point résisté cependant à une volée d'artillerie, était le Ksar-el-Ribat, ou château de la plage, non loin de la porte de la mer. Ce château carré avec ses trois tours avait un aspect qui me séduisit tout d'abord ; mais quand je le visitai plus tard, ses dégradations intérieures me choquèrent ! En Tunisie, tout tombe en ruines[1].

« ..... Il serait difficile de trouver dans toute l'Europe un hameau aussi dénué de ressources que Sousse ; elle ne possède ni un hôtel, ni un restaurant[2], pas même un boulanger. Les galettes des négresses y tiennent lieu de pain, et encore

---

[1]. « Les rues qui serpentent tortueusement à travers le quartier juif ou le » quartier musulman sont aussi sales que possible. Chacun y dépose ses immon- » dices. On ne se donne même pas la peine d'enlever les animaux morts ; ils » arrivent à se dessécher peu à peu au grand soleil. Les jours de pluie, impossible » de circuler sans bottes. Un âne est le moyen de locomotion généralement » adopté pour franchir ces mers de boue. Il est à constater que, pour la malpro- » preté, c'est au quartier juif qu'il faudrait donner la prime. Les rues du quartier » musulman sont plus larges et mieux tenues. Depuis l'occupation, l'autorité fran- » çaise a entrepris la tâche difficile de rendre praticables les principales rues. On » pourrait lui conseiller de leur donner des noms français, car quelques mercantis, » pour les besoins de leur commerce, commencent à les affubler de noms ita- » liens. » (L. BERTHOLON, *Sousse et le Sahel tunisien*, *Revue de géographie*, septembre 1882, p. 164.)

[2]. « La ville possède déjà deux hôtels, commencement de civilisation. Ces » hôtels sont installés dans des maisons moins rudimentaires que celles des » Arabes. » (L. BERTHOLON, *ibid.*)

ne les vendent-elles qu'à des heures réglementaires et dans certaines stations qu'il faut connaître. Il n'y existe que des boucheries indigènes, où la viande de mouton, d'agneau, de chèvre et de chevreau — on n'y voit jamais ni bœuf ni veau, — est débitée en petits morceaux peu engageants, mal découpés et enfilés en grains de chapelet à des lanières de feuilles de palmier. Elle se vend à la corde, et non au poids.

» Les magasins ferment tous à dix heures du matin; les personnes qui ne sont point approvisionnées avant cette heure-là sont condamnées à jeûner jusqu'au lendemain. La chaleur est telle que tout trafic et tout négoce n'ont lieu que dans la matinée. De midi à six heures du soir, les rues demeurent aussi désertes que le Sahara, et la ville ne reprend quelque animation qu'au coucher du soleil.

» Sousse est dépourvue d'eau potable, les puits que l'on y creuserait ne s'alimenteraient que d'eau saumâtre comme celle de la fontaine. Chaque maison a sa citerne pour recevoir la pluie, et, tous les hivers n'étant point également pluvieux, on ménage parcimonieusement sa provision. Ces citernes sont une des curiosités du pays; elles affectent, en réduction, la forme de silos, étroites à l'orifice et plus larges à la base. Leur épaisse margelle, à hauteur d'appui, est forée, au centre, d'une ouverture hermétiquement close, afin d'éviter l'évaporation, et qui a tout juste la largeur du seau, long et étroit, servant à y puiser [1].

---

1. « Dans un pays où l'eau est la question vitale, l'art des irrigations n'avait
» pas été négligé par les anciens. Au niveau du môle septentrional et dans
» l'intérieur de la ville, existent de gigantesques citernes dues aux Romains. Elles
» servent encore aujourd'hui aux besoins de la population. Il y avait aussi de
» grands réservoirs, en partie effondrés, au sud-ouest de la ville. Hors de la ville,
» tous les puits qui servent aujourd'hui sont d'origine romaine. Tous sont con-
» struits sur le même type. Chacun est muni d'un réservoir destiné à irriguer et
» aussi à faire boire les bestiaux. On se sert de chevaux pour faire monter l'eau.
» Des canaux servaient à assurer l'irrigation et aussi à amener l'eau en ville. Au
» nord-ouest du cimetière musulman, on peut retrouver un de ces aqueducs. Il est
» situé à une profondeur de 5 ou 6 mètres environ. De loin en loin, sont de grands
» puits; chaque cinquante pas environ, existe un orifice étroit, juste suffisant
» pour descendre un seau. J'ai compté sur une longueur de 4 kilomètres, huit
» puits et cinquante-quatre orifices. Au nord de Sousse, on retrouve également les
» traces d'un autre aqueduc... Enfin, les eaux des petits torrents qui existent soit
» au nord, soit au sud, étaient retenues par des barrages. Leurs restes sont encore
» très visibles. A nous de restaurer tous ces anciens ouvrages. Notre devoir est

» La population de Sousse pouvait, il y a une dizaine d'années, être évaluée à huit ou dix mille âmes, dont huit cents Européens et deux mille Juifs. Le culte mahométan est desservi par douze mosquées et une innombrable quantité de koubas et de marabouts. Les chrétiens ne possèdent qu'une humble chapelle, sans aucun signe extérieur et sans cloche, dont un père capucin italien est à la fois curé et vicaire. Une communauté de religieuses françaises, de l'ordre de Saint-Joseph, est depuis longtemps établie à Sousse, y vivant misérablement d'aumônes. La supérieure cumule, depuis au moins quarante ans, les fonctions de médecin et de pharmacien, à la satisfaction générale. Les Sœurs de Saint-Joseph ont une école où sont admises les petites filles de toutes les nations; elle est très fréquentée par les demoiselles arabes et israélites[1]. Les israélites ont une synagogue. De même dans toutes les villes de l'Islam, les musulmans habitent le haut de la cité; le quartier bas est réservé aux Européens et aux Juifs placés sous le protectorat du pavillon français. Cette colonie juive n'est pas la moins intéressante de la population de Sousse : à elle appartiennent le grand commerce et les plus importantes transactions commerciales.

« ..... Sousse, par son commerce, est le centre le plus important du Sahel; c'est de son port que s'exportent annuellement les plus grandes quantités d'huile d'olives, de dattes, de laines, de peaux et de savons, productions principales de la contrée; mais la richesse par excellence, pour Sousse et pour les gros bourgs environnants, est le produit des oliviers, peut-être millénaires, que renferme cette partie du Sahel. Presque tous les villages ont des moulins à huile où chacun apporte sa récolte, vendue d'avance, à forfait, à quelques trafiquants juifs ou à des négociants génois ou marseillais.

---

» d'en ajouter de nouveaux, si nous voulons que cette région couverte de villes, » alors que la Gaule était inculte, reprenne son ancienne prospérité. » (L. BERTHOLON, *ibid.*)

1. M. Bertholon dit que la seule langue européenne parlée à Sousse avant l'expédition française de 1881, était l'italien. Les religieuses françaises n'enseignaient que cette langue à leurs élèves. Depuis l'occupation de Sousse, elles enseignent le français à côté de l'italien.

Ces moulins primitifs sont tout ce qu'il y a de moins compliqué ; de grandes aires bétonnées, percées au centre d'un trou, où l'on fait passer un madrier tournant adapté à un morceau de colonne antique ramassée sur le sol et primitivement destinée à un plus noble, sinon plus utile usage, constituent tout le mécanisme de la chose. Les olives sont jetées sur l'aire ; un chameau met, par le tirage, la machine en mouvement ; les olives sont broyées entre l'aire et la meule, et l'huile, par une rigole, tombe noirâtre et dégoûtante dans des récipients. Ce procédé est aussi élémentaire que défectueux, et il en résulte un déchet énorme ; mais dans cette contrée de routine, de paresse et d'incurie, on préfère suivre les errements tracés qu'innover, et personne ne s'avise de faire venir d'Europe des moulins mécaniques qui donneraient des rendements supérieurs. Des récipients, les huiles passent dans de vastes citernes, dans le genre des silos à blé, d'où elles ne sont extraites que pour être exportées en Europe, où elles subissent des épurations successives pour être rendues comestibles. La plus grande partie est écoulée pour l'industrie. Lorsque la récolte a été bonne, le trafic des huiles donne lieu à un mouvement d'affaires de plusieurs millions. La cueillette des olives est pleine d'animation et de gaieté ; tout le monde y gagne. Les Arabes de l'intérieur, hommes, femmes, enfants envahissent le Sahel pour y prendre part en qualité de tâcherons, comme les Kabyles algériens descendent de leurs montagnes pour aider à faire les moissons dans le Tell. »

M$^{me}$ Anna DE VOISINS, *Pierre Cœur*.

(*Revue politique et littéraire*, 1$^{er}$ octobre 1881.)

Les habitants du Sahel tunisien habitent des villes et des villages, et ne vivent pas sous la tente comme les Arabes d'Algérie. « Ils ne sont pas insensibles au gain, écrit M. Bertholon, et
» perfectionneraient leurs méthodes de culture si la crainte d'un
» impôt mal réparti et écrasant ne venait les arrêter. Faisons-
» leur connaître les bienfaits d'une administration honnête, et
» ce jour-là, leur activité augmentera. Avec l'aisance, viendra
» la transformation de leurs habitations, et leur situation de-
» viendra comparable à celle de la moyenne des cultivateurs

» français, alors qu'aujourd'hui ils sont au-dessous des plus
» déshérités d'entre eux, quoique dans un pays riche….. La
» Tunisie orientale sera francisée, si on le veut, bien avant et
» plus facilement que la majeure partie de l'Algérie. » Ajoutons
que le climat de Sousse est un des plus sains de la Tunisie, qu'il
jouit, comme toute la côte orientale, d'une grande salubrité, et
que les Européens réussissent aisément à s'y acclimater. C'est
dans cette région que les Romains, dit-on, « ne mouraient que
de » vieillesse [1]. »

## Kaïrouan.

La capitale religieuse de la Tunisie est Kaïrouan, comme
Tunis en est la capitale politique et commerciale. Fondée par
le chef arabe Okba l'an 55 de l'hégire (675 ap. J.-C.), elle a
gardé aux yeux des musulmans un prestige sacré qu'aucun autre
sanctuaire n'a osé lui disputer en Afrique.

« C'est la cité sainte par excellence, c'est la véritable
métropole du culte, métropole où le croissant domine sans
partage. Là jamais le muezzin, en annonçant la prière du
haut des minarets, n'a rencontré sous son regard aucun
autre symbole religieux arboré sur un sanctuaire rival où le
nom de Mahomet ne fût point invoqué ; là, depuis douze siècles,
l'iman, interprète et apôtre du Coran, n'a jamais vu paraître
en sa présence le ministre de l'Évangile. Kaïrouan, en effet,
a toujours été une ville rigoureusement interdite à ceux qui
ne professent pas l'islamisme. Ce n'est que par exception
qu'un petit nombre de voyageurs chrétiens ont pu y pénétrer…..

» ….. Située au centre d'une grande plaine en partie

---

[1]. M. Perroud, aujourd'hui recteur de l'académie de Toulouse, a publié sous ce titre *Coup d'œil sur la Tunisie ancienne* (*Bulletin de l'Union géographique du Nord*, 2º année, nº 14, 1881) une remarquable conférence où il oppose à la misère et à la ruine actuelle de la Régence sa prospérité et ses richesses d'autrefois. Il s'attache à démontrer qu'il ne tient qu'à la France de ranimer l'agriculture, l'industrie et le commerce de la Tunisie carthaginoise et romaine, et de rouvrir sur le littoral de Gabès ces *emporia syrtica*, comptoirs et ports marchands puniques où affluaient de toutes parts les denrées apportées par les caravanes et les navires. Ces ports, aujourd'hui ruinés, « nids de corsaires depuis trois siècles, étaient jadis les greniers qui approvisionnaient de blé la capitale des Césars. »

Vue de Kairouan.

marécageuse, à 50 kilomètres à l'ouest de Sousse et à 140 environ au sud de Tunis, elle s'élève solitaire dans un véritable désert presque entièrement dépourvu d'arbres et même d'arbustes. Dans les années pluvieuses, ce désert néanmoins s'anime, tant est féconde alors cette terre d'Afrique sous les rayons de son soleil vivifiant, et de beaux pâturages y attirent de nombreux troupeaux conduits par des tribus nomades d'Arabes qui continuent à vivre maintenant comme vivaient les Numides de l'antiquité.

» ..... Avant d'entrer dans la ville, on remarque plusieurs zaouias ou chapelles consacrées à des santons différents : quelques-unes d'entre elles sont environnées de tombes, les musulmans ayant l'habitude de placer leurs dernières demeures près de celles des scheiks dont ils vénèrent la mémoire. Sept faubourgs qui forment autant de quartiers distincts précèdent en outre la cité sainte : celle-ci est enfermée dans une enceinte crénelée et flanquée de distance en distance de tours soit rondes, soit carrées, à demi engagées dans la muraille. Comme les pierres manquent dans la vaste plaine de Kaïrouan et qu'il faut aller les chercher fort loin, cette enceinte est aux trois quarts construite en briques. Il en est de même de la plupart des maisons de la ville. Quatre portes principales donnent entrée dans la place.....

» La ville a des marchés assez bien fournis, bien qu'autour d'elle règne au loin un désert inculte, elle voit chaque jour entrer dans ses murs des caravanes qui l'alimentent incessamment. Ses bazars sont, comme tous ceux des autres villes musulmanes, divisés en plusieurs quartiers distincts. Le commerce consiste principalement en pelleteries ; un grand nombre d'ouvriers fabriquent des brides, des selles et surtout des babouches à la mode du pays. Ces babouches en maroquin jaune obtiennent par l'art de la préparation une couleur de safran d'une nuance très remarquable et pour laquelle les artisans de cette cité sont sans rivaux dans tout le reste de la Régence.

» Kaïrouan n'a aucune fontaine dans cette enceinte. Chaque mosquée, chaque établissement public ou privé, chaque maison a sa citerne. Pour obvier à la pénurie d'eau dans les années de sécheresse, de grands réservoirs, appelés par les Arabes *fesguia*, avaient été jadis creusés et construits près de la ville[1].

» ..... Ce qui distingue surtout Kaïrouan, c'est le caractère sacré dont elle est revêtue, et qu'elle doit à son origine, à la sainteté de sa mosquée principale, au grand nombre de ses zaouïas et de ses marabouts, et à l'inviolabilité de son propre territoire[2]. Aucun chrétien n'a jamais eu le droit, je ne dis pas de s'y fixer, mais d'y pénétrer à moins d'une faveur toute particulière; les Juifs, qui partout ont su se rendre nécessaires aux musulmans, lesquels les méprisent, mais ne peuvent s'en passer, n'ont jamais pu franchir ses portes. De là l'espèce de sainte et mystérieuse auréole dont la foi musulmane l'entoure : les caravanes qui s'y rendent constamment de tous les points de la Tunisie viennent s'y retremper en quelque sorte dans l'islamisme; sa grande mosquée dont toutes les pierres, suivant une tradition populaire que les imans entretiennent dans les masses, seraient venues miraculeusement se poser d'elles-mêmes à la place qu'elles occupent, est sans cesse visitée avec un profond respect par les adeptes du Coran. »  Victor GUÉRIN,
*Kaïrouan.*

(*Bulletin de la Société de géographie de Paris*, décembre 1860.)

L'expédition de Tunisie de 1881 a ouvert toutes grandes aux chrétiens les portes de la cité sainte. Une garnison française campe dans ses murs, et le général qui y représente la France accorde aux voyageurs, sous sa protection, le privilège de voir à leur aise ces monuments et ces mosquées où M. Victor Guérin n'avait pu pénétrer, même muni de l'aman du bey. Au mois de

---

1. L'écrivain arabe El-Bekri mentionne ce vaste système de réservoirs, et parle de quinze citernes bâties aux portes de la ville, et de bassins construits avec une telle magnificence, que les monuments de l'Orient, dit-il, ne pouvaient leur être comparés.

2. Kaïrouan, aujourd'hui ville déchue, renferme environ 12 000 habitants. Elle était beaucoup plus peuplée et plus vaste aux onzième, douzième et treizième siècles; autour d'elle s'élevaient, comme autant de cités vassales, plusieurs villes maintenant détruites, comme les magnifiques villas construites par les princes Aglabites et Fatimites.

juin 1882, M. Foncin visitait Kairouan. Il venait de Sousse par le chemin de fer encore très élémentaire construit pour les besoins de l'armée, d'après le système Decauville. La *Revue politique et littéraire* a publié le très intéressant récit de cette excursion, qui nous a fourni sur la ville mystérieuse des informations nouvelles. Nous en détachons les passages suivants sur les mosquées de la cité sainte :

« La mosquée « du Barbier » s'élève hors des murs, à un kilomètre de la porte de la kasbah. On entre d'abord dans un parvis carré dominé par un minaret, et de là dans une cour cloîtrée sur laquelle s'ouvrent de petites chambres réservées au tolba. Un escalier mène ensuite à une salle revêtue de faïences et surmontée d'une coupole ouvragée, dentelée, fouillée avec une recherche infinie ; des fenêtres bizarrement découpées, parées de vitraux éclatants, y projettent une lumière multicolore. Cette salle communique, à droite, avec une cour rectangulaire également ornée de faïences et garnie de sièges en bois ; à gauche, avec une cour de même style, mais beaucoup plus vaste, dont les colonnes et les dalles sont de marbre. On arrive enfin à la chapelle mortuaire où repose le saint personnage qui eut jadis l'honneur de raser Mahomet. Les murailles, faïencées jusqu'à trois mètres environ du sol, sont peintes plus haut d'arabesques grossières se détachant en noir sur un fond blanchi à la chaux. Le tombeau, comme celui de tous les marabouts, est couvert de tentures ; des drapeaux l'abritent de leurs plis soyeux ; une grille le protège, surchargée d'amulettes et d'œufs d'autruche ; tout autour sont étendus de riches tapis. Le luxe de ce sanctuaire, le silence absolu, le demi-jour qui y règnent sont bien faits pour inspirer un pieux recueillement aux pèlerins.

» La grande mosquée ou « Djama Kebir », située dans l'angle nord-est de la ville, a un tout autre caractère. Elle m'a paru mériter son nom de « grande ». Une immense cour la précède, bordée à droite et à gauche de vastes galeries à deux nefs. D'un côté s'élève la tour carrée du minaret ; à l'autre bout s'étend la mosquée elle-même

Mosquée d'Okba.

avec ses quatre coupoles, dont deux grandes au centre et deux autres, de dimensions plus modestes, aux extrémités. La porte, très haute, cintrée en fer à cheval et flanquée de deux portes du même style, mais plus petites, ouvre ses deux battants en bois admirablement sculptés, invitant les fidèles à la prière, tandis qu'une ligne de créneaux qui la domine, comme dans plusieurs de nos cathédrales romanes, semble de loin jeter une menace à l'ennemi. L'intérieur, de forme rectangulaire, divisé en huit nefs, vaguement éclairé par quelques baies étroites, étonne par le nombre des colonnes de toutes formes et de toutes nuances, inégalement groupées, dont la forêt se perd dans une pénombre qui en recule et en double les dimensions. On a compté, paraît-il, dans tout l'édifice, y compris le péristyle, jusqu'à six cent onze colonnes, toutes empruntées à d'anciens monuments romains. Le mihrab, en forme de niche, sculpté dans du plâtre bariolé, est encadré de deux colonnettes de marbre rouge veiné de blanc. La chaire, sorte de grand fauteuil auquel l'iman accède par un escalier droit d'une douzaine de marches, est formée de plaquettes de bois merveilleusement fouillées et retenues par des agrafes de cuivre. Il a fallu remplacer une de ces plaquettes, récemment soustraite par un visiteur peu délicat qui n'est pas demeuré tout à fait inconnu. On montre près de là, dans une enceinte obscure couverte de nattes et de tapis et dont la porte est ornée de sculptures en stuc imitant la faïence, le tombeau où reposa, dit-on, le farouche Okba, le fondateur de Kairouan, avant que son corps ne fût transporté dans le Sahara algérien, près de l'oasis de Biskra. Au plafond pend un beau lustre de cristal dont les facettes étincellent. D'autres lustres, de forme hexagonale, supportent jusqu'à douze étages de légères galeries en bois dont les trous peuvent être garnis de cierges.

» Dans la cour, nous remarquons un cadran solaire horizontal en marbre, un puits vénérable dont la margelle a été usée par la corde de plusieurs générations de seaux, enfin l'orifice d'une citerne à laquelle aboutissent par des collecteurs, des pentes savamment ménagées et de petits escaliers en fer à cheval, toutes les eaux des pluies que Mahomet déverse sur les toits sacrés. Nous arrivons ainsi au pied de la tour carrée qui sert de minaret. Elle a été construite avec des matériaux antiques, car plusieurs larges pierres portant des inscriptions romaines contribuent à en assurer la base. A l'intérieur on distingue encore sur une dalle la figure de Jupiter lançant la foudre.

» Nous montons. Des fenêtres étroites et carrées éclairent l'escalier jusqu'à la galerie crénelée du premier étage. Les murs sont épais, comme il convient à une forteresse. Un second étage, percé de larges ouvertures, mais couronné également de créneaux, s'élève en retraite sur le précédent. Le troisième, de dimensions beaucoup plus étroites que le second, regarde le ciel à travers un double rang de fenêtres et de lucarnes, et il est coiffé d'une calotte que surmonte elle-même un croissant triomphal. On a, de la dernière terrasse de l'édifice, une vue aussi vaste qu'instructive. Le tour d'horizon forme un cercle parfait. A peine si au nord et à l'ouest le massif de Zaghouan et la chaîne de l'Atlas tellien viennent en rompre la monotonie. Ces profils lointains qu'on dirait émergés au-dessus d'une mer immobile ne font que mieux valoir l'horizontalité de la plaine. La ville forme un rectangle régulier, presque exactement orienté; les murailles, de brique, sont flanquées de distance en distance de tours rondes ou carrées; entre les murailles s'étalent les terrasses plates et blanches, semblables à un large bloc de craie criblé de larges trous obscurs qui sont les cours des maisons, et strié de fentes qui sont les rues. Çà et là se dressent des minarets ou des coupoles. Hors des murs, près de la mosquée « du Barbier », brille un étang artificiel, entouré de parapets croulants et dont l'eau croupie a pris une teinte verdâtre. C'est l'une des *fesguias* ou réservoirs que les anciens maîtres de Kairouan avaient creusés autour de la ville pour l'alimenter d'eau. Il sera nécessaire un jour ou l'autre de réparer ces précieux bassins et d'en rétablir la canalisation, car il n'y a ici ni source ni rivière, et il faut se résigner à boire l'eau des citernes. Au sud, près de la gare, se dresse un monticule que nous avions déjà remarqué en arrivant : on nous explique qu'il s'est exhaussé lentement depuis des siècles par l'amoncellement des ordures et des débris de toute sorte jetés hors de la cité. Il y a ainsi autour de Kairouan plusieurs de ces collines factices dont la formation ajoute un nouvel étage aux couches géologiques déjà connues.

» C'étaient autant de fortins, d'ouvrages avancés protégeant la place. Ils n'ont point su pourtant la préserver du contact des armées infidèles ; ils ont assisté impuissants à l'entrée de nos troupes. Il n'y eut alors ni bataille, ni coups de fusil, ni même simulacre de résistance. Devant l'attitude énergique du général Étienne, les notables s'empressèrent d'apporter les clefs de la ville sainte. De notre observatoire on s'aperçoit aisément qu'elle est bien gardée, que l'occupation est sérieuse et imposante. Des soldats nombreux vont et viennent le long des remparts ; des chevaux piaffent, attachés en files profondes à des piquets fichés en terre ; les tentes forment de divers côtés de blanches oasis ; le clairon sonne... Est-ce illusion ou effet d'éloignement ? Au lieu d'éclater joyeusement et d'éveiller les échos, sa voix grêle se perd, s'évapore dans l'espace. Vue ainsi de haut, nue et aride, sous un soleil implacable, au centre et comme au fond d'un steppe dont les bords se relèvent au loin vers le ciel, cette ville est morne ; une grande tristesse pèse sur elle, une immobilité silencieuse l'enveloppe, sa blancheur aveuglante ressemble à un linceul ; on croirait que notre armée monte la garde autour d'une nécropole. »  P. FONCIN[1],
*De Sousse à Kairouan.*

(*Revue politique et littéraire*, 10 mars 1883.)

---

1. M. FONCIN (Pierre), né à Limoges, en 1841, ancien recteur de l'académie de Douai, directeur honoraire de l'enseignement secondaire, inspecteur général de l'instruction publique, a été chargé d'une mission spéciale pour l'inspection de l'enseignement en Algérie et Tunisie en 1882. Il en a fait connaître les résultats dans deux mémoires que nous avons cités (p. 100 et 292). M. Foncin, dans ses cours de géographie à la Faculté des lettres de Bordeaux, dans ses écrits et conférences publiques, dans sa collaboration aux travaux des Sociétés géographiques de Bordeaux et du Nord de la France, dont il a été le fondateur et l'auxiliaire assidu, a fait de nos colonies africaines et en général du développement colonial de la France, l'objet de ses études de prédilection. C'est dans le même but qu'il a

## L'oasis de Gafsa.

« Au temps de Jugurtha, Gafsa était une ville forte et puissante, et ce fut là que le roi de Numidie se renferma avec ses femmes et ses trésors, pour tenter une dernière résistance. Si, de nos jours, la ville a perdu de son importance, le sol reste toujours d'une merveilleuse fécondité, et aujourd'hui encore l'oasis de Gafsa est la plus riche et la plus belle de tout le Djerid. Nous ne voulons pas ici décrire les merveilles de sa forêt de palmiers. Aucune description ne peut donner une idée de cette gigantesque serre chaude dont la toiture de palmes verdoyantes protège, à cent pieds de hauteur, les cultures les plus diverses.

» Le palmier-dattier (nakhla) représente, pour le Saharien, à la fois le bananier et le bambou des régions tropicales. Il donne, outre son fruit nommé *themer*, si précieux dans les longs voyages des nomades, ses palmes (*djerid*) servant à fabriquer des clayonnages, des nattes, des paniers, des sacs, des cordes exécutées dans le nord avec l'alfa. Sa tige sert à faire les planches et les poutres entrant dans la construction des maisons et des puits. Il convient d'ajouter le bourre des feuilles radicales et du tronc (*saaf*) destinée à rembourrer les bâts, ou à tisser des étoffes grossières, la sève des vieux palmiers décapités (*lâgmi*) représentant un coco douceâtre quand elle est fraîche, et une bière médiocre quand elle est fermentée (vin de palmier), et les noyaux réservés pour les chevaux ou les chameaux.

» Les dattes de Gafsa sont succulentes et rivalisent avec celles de Nefta, réputées les meilleures de l'Afrique. Elles s'exportent au loin, même en Égypte, et représentent un

---

contribué à la création de l'*Alliance française* pour l'expansion de notre langue et l'encouragement de nos explorateurs et missionnaires à l'étranger, ligue patriotique propre à rallier toutes les bonnes volontés au service d'une œuvre féconde et devenue nécessaire. M. Foncin a publié des *Textes et Récits d'histoire de France* (1872, in-18), un *Cours de géographie* en quatre années (Paris, in-4°, 4 vol., Colin), et un *Essai sur le ministère de Turgot* (Paris, 1876, in-8°, G. Baillière); qui lui valut, avec le titre de docteur, le prix Thérouanne à l'Académie française.

commerce considérable. Elles n'ont rien de commun avec les fruits cueillis avant maturité dans les Zibans ou le Souf pour être expédiés en Europe, ou avec les fruits, qui ne mûrissent jamais, des dattiers de Gabès et de l'île de Djerba, abandonnés aux animaux par les Arabes eux-mêmes, peu délicats pourtant en fait de nourriture. Il est inutile d'ajouter que tout changement dans la climatologie de cette région amènerait la perte de cette source presque unique de revenus et d'alimentation et serait la ruine des oasis de Gafsa, de Tozzeur et de Nefta. Les dattiers auraient bien encore les pieds dans l'eau, mais leur tête ne serait plus dans le feu, et, si l'on en croit le proverbe saharien, comme si l'on veut observer les faits, les voyageurs de l'avenir qui arriveraient dans les oasis, à travers la mer intérieure future, n'auraient à admirer que des palmiers semblables à ceux de Sfakès ou de Gabès, arbres d'ornement aux fruits amers.....

» ..... Sous l'ombre protectrice de ces palmiers, la plupart des arbres fruitiers de l'Europe méridionale peuvent atteindre des proportions gigantesques, la vigne s'élance au sommet des oliviers et donne des raisins destinés plus tard à entrer comme condiment dans le couscoussou de luxe; l'amandier, le pêcher, l'abricotier, le prunier, le pommier, le cognassier, croissent à côté des figuiers, des jujubiers, des grenadiers et des orangers. En mars et en avril, la plupart de ces arbres sont en fleurs et des senteurs délicieuses s'épanchent de tous côtés, dans une atmosphère à lumière tamisée, à travers les palmes ondoyantes. Pendant la nuit, les clartés diffuses d'un ciel d'une pureté incomparable et les rayons de la lune viennent prêter à ces bosquets des teintes fantastiques, et on comprend les accès d'enthousiasme de tous ceux qui ont pénétré dans les oasis du Sahara et particulièrement dans celle de Gafsa. Le sol sablonneux peut tout produire, à condition de recevoir une quantité suffisante d'eau. Ici elle est d'une abondance extrême et le système d'irrigation d'une simplicité particulière. Le terrain est partagé en petits carrés bordés de petites digues formant des canaux avec les digues voisines. De temps à autre on inonde le terrain tout entier en faisant une coupure à la digue. L'eau coule à la surface du sol; il n'est pas besoin de puits artésiens, comme dans l'Ouad-Righ et de barrages comme dans l'Ouad-Mzab, de puits à galeries souterraines comme dans le Fezzân, le Touât et l'oasis voisine d'El-Guettar. Aussi les cultures se succèdent-elles avec une rapidité merveilleuse, sans jamais laisser reposer la terre, et l'art des assolements a été poussé très loin par les jardiniers arabes, à la suite d'expériences séculaires. Le henné, le tabac, le piment, les fèves, le meloûkhia, les pois, le melon, le concombre, le potiron, la citrouille, les pastèques, les pourpiers, la tomate, l'aubergine, la bette, le cumin, le coriandre, l'orge et le blé, etc., sont les principales de ces cultures et servent à l'alimentation des habitants ou au commerce extérieur. Outre sa richesse agricole, Gafsa est encore un véritable centre industriel. Les immenses troupeaux des Hammema, qui occupent la région environnante, lui fournissent amplement la matière première, et c'est à Gafsa que se tissent la plupart des couvertures et des burnous vendus à Tunis. On y fait principalement l'article courant en laine quelque peu grossière : les pièces les plus luxueuses en soie légère tramée avec de la laine très fine, dont se parent les riches mauresques, se font surtout à l'île de Djerba. A Gafsa un bon burnous vaut 45 à 50 francs; quant à ces immenses couvertures aux vives couleurs, unique luxe de la literie maure, elles varient de 50 à 160 francs, suivant la grandeur. Ces prix ont déjà doublé à Tunis.....

» ..... Trois sources d'eaux thermales à 31 ou 32 degrés centigrades, légèrement minéralisées, forment, en jaillissant, une véritable rivière au milieu de Gafsa. Les anciens, si fort amateurs de balnéothérapie, n'ont eu garde de les négliger, et des restes bien conservés, dont profitent aujourd'hui les habitants du pays, prouvent l'existence d'établissements thermaux importants. Le plus grand de ces établissements, situé au milieu de la ville, porte le nom de Thermyle-el-Bey. Ce ne sont pas des thermes à proprement parler, mais deux grands bassins ouverts, de 10 mètres de côté chacun, sans voûte ni toit, protégés seulement par des murs élevés contre les regards indiscrets. Ils communiquent entre eux par une voûte supportant un pont. Les parois sont bien conservées et portent plusieurs inscriptions. Aujourd'hui ces deux magnifiques piscines ont encore les noms de Bains des hommes et Bains des dames, et servent aux habitants à laver leur linge et à faire leurs ablutions. La nuit venue, nous étions seuls à en jouir, et c'était vraiment plaisir d'oublier dans ces eaux tièdes et limpides la chaleur et la poussière de la journée, compliquées de la malpropreté musulmane [1]..... »

Drs REBATEL et TIRANT [2],
*Voyage dans la régence de Tunis.*
(*Tour du Monde*, 1er semestre 1875.)

### Le Belad-el-Djerid; Tozeur et Nefta.

« On désigne en Tunisie sous le nom de Belad-el-Djerid ou simplement de Djerid la contrée sablonneuse parsemée de grandes et fertiles oasis, qui, au nord et à l'ouest de la sebkha Faraoun, confine au Sahara ou au Djerid algérien, et qui doit la dénomination qu'elle porte aux magnifiques forêts de palmiers qui y croissent. Le mot *djerid* signifie en effet une palme, une branche de palmier, et par extension un palmier. Belad-el-Djerid veut donc dire le pays des palmiers.

» ..... Le cheik de Kris me conduit à la distance d'un kilomètre du village, vers un endroit appelé dans le pays *Guelbah*, ou *Takianous*. Les ruines de Takianous ou Taguious sont éparses au milieu de beaux jardins plantés de superbes pal-

---

1. Outre les thermes, des ruines nombreuses attestent l'importance de l'ancienne colonie romaine de Gafsa. « La plupart des maisons sont construites » avec des débris anciens et l'on rencontre à chaque pas des portes, des pans de » murs et des portions de maisons romaines assez bien conservées. Gafsa a beau- » coup perdu de sa splendeur telle que l'a décrite l'auteur arabe El-Bekri. Une » partie de ses maisons tombent en ruines; et de ses nombreuses mosquées une » demi-douzaine à peine restent debout, dont trois seulement méritent l'at- » tention. »

2. MM. les docteurs Rebatel et Tirant, de Lyon, avaient reçu de M. Cosson, au nom de l'Académie des sciences, la mission de continuer l'œuvre botanique de Desfontaines, du suédois Wahl et de Kralik. Leur excursion scientifique se fit avec un plein succès, sous les auspices du vicomte de Vallat, ministre plénipotentiaire de France à Tunis, et avec la protection du gouvernement beylical.

miers qu'entremêlent des oliviers, des figuiers, des amandiers et grenadiers. Je remarque d'abord, le long d'un oued, de nombreuses pierres antiques de grande dimension. Cet oued est divisé en plusieurs bras, jadis bordés, comme le canal principal, de blocs bien équarris qui ont été en partie enlevés. Plusieurs petits ponts, jetés d'une rive à l'autre, ont été construits avec de belles dalles encore en place. Ce qui ensuite frappe le plus mon attention, ce sont deux magnifiques pans de mur, dont le premier est long de cinquante-cinq pas, et le second de trente-cinq. Ils sont construits l'un et l'autre avec des blocs puissants et appartiennent très probablement à l'ancienne enceinte de la ville... Au-delà, je distingue plusieurs rues. Les plantations de palmiers n'ont pas fait disparaître complètement les vestiges d'un certain nombre de maisons ; les unes étaient construites en belles pierres de taille, les autres avec des matériaux plus petits et mêlés de briques. Ces ruines sont dominées par celles d'une tour carrée dont la base seule subsiste encore.....

» Je me fais conduire sur la montagne connue sous le nom de Djebel Ras-el-Aïn Breian, haute d'environ 250 mètres. Du haut du mont j'embrasse du regard une grande partie de la sebkha Faraoun, ainsi que des montagnes qui en suivent les contours. De distance en distance, des forêts de palmiers forment le long de cet immense bassin, à la surface toute blanchissante de sel, une lisière verdoyante et cultivée qui charme et repose la vue ; au delà et principalement vers le sud, c'est le désert dans sa majestueuse et triste nudité. Sans les rafales d'un vent impétueux qui balayait alors la cime où j'étais placé, j'y serais resté longtemps à contempler cette double mer de sel et de sable qui s'étendait au loin autour de moi, toute miroitante sous les rayons du soleil, et çà et là, au milieu de cet océan embrasé, ces fraîches et délicieuses oasis semées par intervalle, comme des îles de verdure, où la nature semblait vouloir contraster par le luxe de sa plus riche végétation avec la stérilité environnante.....

» ..... Tozeur est le véritable chef-lieu du Djerid. C'est un assemblage de plusieurs villages dont voici les noms: Sahraoui, Zebda, Oulad-el-Hadif, Zaouïet-el-Debabsa, Oussoua Zaouïa-Sidi-Abid, Guetna, Mesrhouna, Cheurfa. Ces villages constituent par leur agglomération les différents quartiers d'une même cité. Celle-ci est mieux construite que la plupart des villes de la Tunisie. Sans doute, là comme partout ailleurs dans cette contrée, beaucoup de maisons tombent en ruines. Dans quelques rues principalement, tous les sens sont péniblement affectés à la fois par le spectacle de la misère et de la saleté; mais par contre, d'autres offrent un certain nombre d'habitations moins grossièrement bâties et moins délabrées que dans les trois quarts de la Régence. Les maisons sont presque toutes à un seul étage et en briques cuites ou seulement séchées au soleil. Ces briques sont quelquefois agencées entre elles de manière à figurer extérieurement certains dessins; ordinairement elles simulent de petits frontons au-dessus des portes. Cinq ou six mosquées et plusieurs zaouias sont bâties moitié en pierres et moitié en briques. Je remarque dans les soubassements et les assises inférieures de quelques-unes d'entre elles de gros blocs enlevés à des édifices antiques, ainsi que des tronçons de colonnes, des fragments d'entablements, des parties de chapiteaux et même des débris de sculptures encastrés pêle-mêle au milieu de matériaux plus modernes.

» ..... A l'époque où vivait l'historien El-Bekri, Tozeur avait une enceinte murée aujourd'hui détruite... Toute déchue qu'elle est, elle n'en conserve pas moins l'un des premiers rangs parmi les villes de la Régence. Ses jardins, grâce à l'oued intarissable qui les féconde, sont toujours d'une admirable fertilité. Assiégés de tous côtés par les sables, ils étalent sous ce ciel torride toutes les richesses de la plus splendide végétation. On y compte, m'a-t-on dit, plus de 250 000 pieds de palmiers, les plus beaux qu'on puisse voir. Sous la couronne éternellement verte qui surmonte leurs tiges élancées et d'où pendent, à l'automne, en longs régimes, les dattes les plus savoureuses du Sahara, croissent un grand nombre d'arbres fruitiers, tels que des orangers, des citronniers, des grenadiers, des figuiers, des oliviers, des jujubiers et des abricotiers. Ces arbres mêlent ensemble leur feuillage, leurs fleurs et leurs fruits divers. A leurs pieds sont disposés en petits carrés soit des planches de légumes, soit des semailles de blé et d'orge. Une eau vivifiante circule chaque jour en mille sens dans ces vergers, et sa vertu, jointe à celle d'un soleil tropical, y entretient une fertilité que rien n'épuise.

» La population totale de l'oasis se monte à 10 000 âmes. Outre la culture du sol qui occupe beaucoup de bras et qui est la principale richesse du pays, la fabrication de tissus de laine justement renommés, tels que burnous, haïks, couvertures, etc., constitue pour ce chef-lieu du Djerid une branche d'industrie assez importante, qui augmente les ressources de ses habitants.

» ..... Je me dirige vers Nefta. Les villages[1] de cette oasis, bâtis sur des collines sablonneuses qui se touchent les unes les autres, renferment une population totale d'environ 8 000 âmes, la plupart des maisons sont construites en briques. Les habitants se livrent à la fois à la culture du sol et à la confection d'étoffes de laine qui ont un grand débit dans la Régence. Même après les jardins de Tozeur, ceux de Nefta méritent une mention particulière. Ils sont arrosés par un oued qu'alimentent deux sources principales. Cet oued serpente à travers une véritable forêt de palmiers mêlés d'orangers, de citronniers et de grenadiers. Ces arbres, déjà en fleur, embaument l'air de leurs parfums. Çà et là des vignes capricieuses, aux ceps gigantesques, grimpent le long des dattiers, s'enroulent autour de leurs troncs ou courent en guirlandes d'un arbre à l'autre. D'innombrables petits compartiments ensemencés d'orge ou de blé, ou plantés de légumes sont arrosés chaque jour par l'eau qui dérive de l'oued. Cette eau est tiède comme dans la plupart des oasis : je lui ai trouvé une température de 28 degrés centigrades.

» Le soleil, près de s'éteindre, dorait déjà de ses feux

---

1. Ils sont au nombre de neuf : *Oum-Mada, Cheurfa, Zaouïet-Sidi-Salem, Beni-Aly, Zaouïet-Gueddilah, Ouled-Cherif, Alymah, Zebda, Souk.* Tous ces villages bordent, à droite et à gauche, les berges de l'oued qui féconde l'oasis tout entière.

mourants la verte cime des palmiers, que j'errais encore de jardin en jardin, savourant le charme de ces soirées enchantées dans cette sorte de paradis terrestre que les sables malheureusement envahissent de plus en plus et qu'ils engloutiraient même complètement, si l'homme ne luttait avec énergie pour repousser leurs vagues mobiles et progressives, de jour en jour plus menaçantes. Qu'on ne se figure pas, du reste, que cet Eden, embelli par la nature, secondé du travail de l'homme, soit le séjour de la félicité et du bonheur. Non, là, comme partout et plus qu'ailleurs peut-être, faute d'une administration éclairée et équitable, la misère et les dissensions habitent. Des impôts très lourds pèsent sur le cultivateur du sol, et pendant les quelques heures que j'ai passées à Nefta, j'ai entendu bien des plaintes sortir de la bouche des indigènes. »   Victor GUÉRIN [1],
*Voyage archéologique dans la Régence de Tunis,*

(Paris, 1862, 2 vol. in-8°, Plon.)

### Antiquités tunisiennes : les ruines de Carthage.

« L'enceinte de Carthage, telle que nous la connaissons par le récit des écrivains anciens, était l'une des plus remarquables de l'antiquité par le périmètre immense, la hauteur, l'épaisseur et la construction particulière des murs qui environnaient cette vaste cité. Les murs de Byrsa, comme étant ceux de la citadelle, devaient être plus formidables encore [2]. »

M. Beulé fit exécuter sous sa direction des fouilles à Byrsa, qui a été l'Acropole de l'ancienne Carthage. Il rencontra d'abord, sous les premières couches du sol, les fortifications qui avaient été construites à l'approche des Vandales, sous Théodose II, l'an 424. « Elles étaient renversées par pans « énormes, couchées à terre dans toute leur longueur. » Après avoir traversé une épaisseur prodigieuse de débris divers ensevelis dans une poussière jaunâtre qui n'était autre chose que du tuf broyé, M. Beulé parvint enfin aux restes des constructions phéniciennes, et atteignit cinq mètres plus bas le sol de grès argileux, et avec lui la base des fortifications.

Les autres fouilles pratiquées par M. Beulé, sur le plateau de l'Acropole

---

[1]. M. Guérin, ancien membre de l'école française d'Athènes, docteur ès lettres et membre de l'Institut, fut chargé, en 1860, par le ministre de l'instruction publique et par le duc de Luynes « qui, avec sa munificence habituelle, voulut faire lui-même les frais de la mission, » de recueillir en Tunisie toutes les inscriptions qu'il y pourrait découvrir. M. Guérin en rapporta cinq cent soixante-huit, latines, puniques, coufiques et une berbère, qui, pour la plupart, étaient encore inédites. On doit à M. Guérin un voyage analogue fait en Palestine.

[2]. V. GUÉRIN, *Voyage archéologique dans la régence de Tunis*, p. 53, t. I<sup>er</sup>.

ont démontré que la chapelle actuelle de Saint-Louis avait été construite sur une partie de l'emplacement du fameux temple d'Esculape, qui était le sanctuaire le plus inviolable de la religion et de la nationalité phéniciennes. Il y avait à Carthage un grand nombre d'autres temples païens ou de basiliques chrétiennes. Dureau de la Malle en comptait vingt-un. M. Beulé explora aussi les deux ports de Carthage, leurs quais, leurs magasins, leurs cales, et malgré les difficultés contre lesquelles il avait à lutter, put décrire d'une manière définitive les principales ruines qui ont survécu à la grande destruction générale et aux diverses destructions partielles que la vieille cité a subies jusqu'à nos jours[1].

» La croisade de saint Louis eut pour résultat de faire abandonner par les Arabes la ville qu'ils essayaient de relever. Les ruines ne furent plus visitées que pour être détruites : on y venait faire provision de colonnes et de marbres précieux. On reprit donc les constantes dévastations que l'historien Edrisi mentionnait dès le douzième siècle. « Depuis l'époque de la chute de Carthage » jusqu'à nos jours, dit-il, on a continuellement pratiqué des » fouilles dans ses débris, et jusque dans ses fondements ; ces » fouilles ne discontinuent pas ; on ne cesse d'extraire et de » transporter au loin une incroyable quantité de matériaux de » diverses espèces. »

» Non seulement les habitants de Tunis et des environs, mais les peuples les plus lointains s'enrichissaient de ces dépouilles magnifiques. Les Pisans prétendent que leur cathédrale a été construite avec des marbres tirés de Carthage ; les Génois

---

[1]. « Le port militaire de Carthage a gardé sa forme, excepté du côté du rivage, » où le vent pousse chaque jour le sable que le soleil a séché. Mais le port mar- » chand a disparu en grande partie, et les murs qui en défendaient l'entrée sont » ensevelis sous un sol qui ne cesse pas de s'exhausser. C'est au point que les » Arabes ont planté des vignes et des pépinières là où se balançaient jadis, bien » assurés sur leurs amarres, les navires venus de tous les points du monde ancien. » Le premier ministre du bey de Tunis, Sidi-Mustapha Khasnadar, qui possède l'em- » placement même des ports, a fait bâtir au bord de la mer une maison de plai- » sance. Le général Khaïr-Ed-Din, ministre de la marine, en a construit une autre » 200 mètres plus loin. Des clôtures ont été établies, des fossés creusés, des che- » mins remblayés, des trous comblés, des jardins dessinés. On juge combien les » fouilles sont devenues difficiles au milieu de ces obstacles qu'il faut respecter. » Cependant Sidi-Mustapha et le général Khaïr-Ed-Din, à la prière de notre con- » sul général et chargé d'affaires, M. Léon Rocher, m'accordèrent généreusement » l'autorisation de bouleverser toute leur propriété, à la condition qu'avant mon » départ les tranchées seraient remplies de nouveau et les choses remises dans le » premier état. Rien n'était plus juste, quoique j'eusse le regret de ne point » laisser apparentes les découvertes que je pourrais faire. Mais ce regret était » diminué par le souvenir de ce qui s'était passé à Byrsa. Pendant mon absence, » une partie des murailles que j'avais fait reparaître au jour avait été démolie la » nuit et emportée par les Maltais ou les Arabes, malgré les ordres du bey, mal- » gré la surveillance du gardien de Saint-Louis. » (BEULÉ, *Fouilles à Carthage*, in-4°, p. 97.)

imitèrent leur exemple, lorsque André Doria, amiral de Charles-Quint, se fut emparé de la Goulette (1535). La plupart des bâtiments de commerce, après avoir déchargé leur cargaison, prenaient sur la rive de Carthage un lest qu'ils vendaient avantageusement dans leur patrie. Marmol, compagnon de Charles-Quint, vit quelques ruines de superbes bâtiments et de palais de marbre blanc démolis. Les travaux de fortification entrepris par l'ordre de Charles-Quint contribuèrent à diminuer le nombre de ces précieux débris. Byrsa fut moins épargnée que tout le reste parce que ses monuments étaient plus somptueux et qu'il était aisé de laisser rouler jusque dans la plaine les fûts de colonne et les blocs de marbre. Lorsque Chateaubriand visita l'Acropole de Carthage, déjà elle n'offrait plus « qu'un terrain uni semé de » petits morceaux de marbre. » Quelques années après cependant, Ahmed-bey, le dernier bey de Constantine, faisait déterrer encore des richesses nouvelles pour décorer le vaste palais qu'il construisait dans sa capitale, et qui ne devait servir qu'à nos gouverneurs français. L'architecte qui a creusé les fondations de l'église de Saint-Louis a découvert également de belles colonnes de marbre; il en a fait dresser quelques-unes pour l'ornement du jardin, mais la plupart ont été sciées.

» Un consul anglais, sir Thomas Read, n'a pas eu plus de ménagements. Il a fait fouiller une basilique bâtie par Thrasamond, roi vandale, et emporter en Angleterre les colonnes de marbre veiné qu'il y a trouvées. Il n'a laissé dans l'intérieur de la basilique que quelques fûts brisés; deux autres fûts, acheminés vers l'exil, ont été abandonnés sur la grève, où le flot les ronge chaque jour. Tous les étrangers qui ont entrepris des recherches sur le sol de Carthage, qu'ont-ils fait autre chose que détruire? Les mosaïques ont été défoncées et transportées, les tombeaux bouleversés. L'accès est facile, et les Africains nous laissent, avec autant d'indifférence que les musulmans d'Asie, le droit de dépouiller les cadavres des cités tombées. J'en vois une preuve à Tripoli également, où l'on accorde à Louis XIV, par un traité, la faculté de faire enlever de la ville de Leptis tous les objets que ses agents désigneront.

» Faut-il s'étonner après cela si les souverains arabes suivent notre exemple et ne voient dans Carthage qu'une carrière à exploiter? En visitant les palais d'été que fait agrandir le bey de Tunis, le Bardo, dans l'intérieur des terres, et l'Abdélïa, au bord de la mer, j'ai remarqué que presque tous les matériaux venaient de Carthage, les pierres aussi bien que les marbres. Dans une cour du Bardo, on commençait à scier une énorme colonne de granit qui avait deux mètres de diamètre. Pour l'amener, on avait ajusté à chaque extrémité de la colonne un boulon en fer; on l'avait transformée par là en rouleau auquel il était aisé d'atteler des chevaux et des hommes en nombre suffisant... Bien plus, lorsque j'ai commencé mes travaux à Byrsa, une colonne de granit, la dernière qui fût apparente, était couchée sur le bord du plateau. Il faut dire que le plateau proprement dit appartient seul à la France; au moment où la pente commence, notre territoire cesse, et l'on entre dans le domaine du bey. La colonne était précisément sur cette limite, à demi engagée dans les terres du plateau, à demi suspendue sur les flancs de la colline. Etait-elle à saint Louis? Etait-elle à Mahomet? Je ne pensais guère à soulever cette question, lorsque le bey la trancha en envoyant un soir cinquante hommes de corvée avec des cordes. Le lendemain, en m'acheminant vers Byrsa, je trouvai, gisant sur mon chemin, la colonne qu'il n'était plus temps de sauver et qui allait rejoindre ses sœurs. Le bey s'était défié de moi, et comment l'en blâmer? Il me supposait, comme aux autres Européens, des vues intéressées, et prenait de l'avance [1]...

» Quelquefois je m'arrêtais devant un Arabe qui détruisait un tombeau pour faire de la chaux. Je lui disais que ceux dont il violait le dernier asile étaient de la même race que lui, peut-être ses ancêtres. Il s'arrêtait, me regardait indécis, réfléchissait, puis me demandait si ces *pères de ses pères* connaissaient Mahomet et le vrai Dieu. Quand j'avais répondu qu'ils ne les connaissaient pas, il faisait entendre une exclamation gutturale, reprenait sa pioche, et continuait, d'un cœur tranquille, son œuvre de destruction. » BEULÉ [1], *Fouilles à Carthage*, p. 17 et 143. (Paris, 1861, in-4°. Imprimerie impériale.)

---

1. BEULÉ (Charles-Ernest), archéologue et homme politique français, membre de l'Institut, né à Saumur en 1826, mort à Paris en 1874, fit d'importantes découvertes en recherchant les propylées de l'acropole d'Athènes, et dirigea à ses frais les fouilles sur l'emplacement de l'ancienne Carthage. En 1862, il fut élu secrétaire perpétuel de l'Académie des Beaux-Arts; en 1860, membre de l'Académie des Inscriptions. En 1871, il entra dans la vie politique, fut député de Maine-et-Loire, et ministre de l'intérieur le 24 mai 1873, et le 24 novembre, donna sa démission. M. Beulé a laissé de nombreux ouvrages, principalement: l'*Acropole d'Athènes* (2 vol. in-8°, 1854); *Études sur le Péloponèse* (in-8°, 1855); *Histoire de la sculpture avant Phidias* (in-8°, 1864); *Procès des Césars* (1868-70, 4 vol. in-8°); *Histoire de l'art grec avant Périclès* (1870, in-8°).

## Les ruines de Thysdrus, à El-Djem.

L'expédition française de Tunisie (1881) a ouvert aux géographes des régions et révélé aux archéologues des ruines sur lesquelles la science n'avait que des données incomplètes ou incertaines. Les anciens « pays inexplorés » entre le pic de Zaghouan et la frontière tripolitaine ont été sillonnés en tous sens par nos colonnes; nos soldats ont passé ou campé au milieu des ruines de villes romaines entre Sfax, Hammamet et Kairouan. Au nombre des plus imposantes sont celles de Thysdrus, aujourd'hui El-Djem. El-Djem est un village arabe du Sahel, peuplé de 1200 âmes, à 70 kilomètres au sud de Sousse, à 15 de la mer, au point de croisement des routes les plus importantes du sud de la Régence, celles de Sousse, de Méhédiah, de Sfax, de Kairouan. MM. Victor Guérin et Henri de Maltzan ont donné du colossal amphithéâtre de Thysdrus de savantes descriptions historiques et architectoniques. MM. Rebatel et Tirant en parlent comme « d'une véritable merveille, qui peut être mise en paral-
» lèle avec les antiquités les plus renommées de l'Italie, les
» Colysées de Rome, de Vérone et de Pola. Son effet est d'autant
» plus saisissant qu'il s'élève seul au milieu d'un vaste désert,
» dominant au loin l'horizon et écrasant de sa masse les taupi-
» nières faites de pierres arrachées à ses flancs qui servent d'ha-
» bitation à la population arabe d'El-Djem. Quand on a dépassé
» les épaisses haies de cactus, on découvre peu à peu le colosse
» en entier et on peut admirer l'harmonie de son ensemble et la
» finesse de ses détails[1]. »

Une excursion plus récente a été faite aux ruines de Thysdrus par M. le Dr Rouire, médecin militaire du corps d'occupation de la Tunisie : nous lui empruntons le passage suivant :

« De toutes les routes qui conduisent à El-Djem, on peut apercevoir l'amphithéâtre à la distance de 11 ou 12 kilomètres. On dirait alors un fort dominant toute la contrée. Cette masse ne paraît point grandir à mesure qu'on se rapproche, et même à 2 kilomètres d'El-Djem, elle disparaît tout à coup

---

1. *Tour du Monde*, 1ᵉʳ semestre 1875, p. 297. — On trouvera, dans cette 348ᵉ livraison du recueil, plusieurs très belles gravures représentant l'amphithéâtre sous ses diverses faces.

sous une ceinture de cactus et d'oliviers qui entourent le village, à tel point que si l'on ne suit pas la route, ou si l'on n'est pas orienté, on court risque de passer à côté sans l'apercevoir. Si l'on a pris la voie de Sousse, on entre dans le village par une belle route bordée de cactus, qui fut autrefois la voie romaine d'Hadrumetum à Thysdrus... Les jardins de cactus et les plantations d'oliviers rendent les abords d'El-Djem gais et pittoresques ; mais l'intérieur du village est des plus tristes et des plus misérables. Sur les ruines de la vieille cité de Thysdrus grouille une population de malheureux, habitant dans des gourbis ou dans les excavations même de l'amphithéâtre. Celui-ci est sans contredit un des plus beaux monuments que nous ait légués l'antiquité. Par ses dimensions, par ses proportions gigantesques, il vient immédiatement après le Colysée, laissant derrière lui les amphithéâtres de Nîmes et de Pouzzoles qu'on croyait plus vastes que celui d'El-Djem.

» Jusqu'à ce jour on était mal renseigné sur les dimensions exactes de cet édifice... Le pourtour de l'amphithéâtre ne décrit pas une circonférence, mais une ellipse. Le grand axe extérieur de l'ellipse mesure 162 mètres ; le petit axe extérieur, 118 mètres ; l'épaisseur de la maçonnerie entre dans ces chiffres pour 54 mètres.

» ..... L'état de conservation du cirque laisse malheureusement à désirer. Du côté de l'ouest, une brèche de 30 mètres a été pratiquée à ciel ouvert. Cet acte d'odieux vandalisme fut exécuté sous le prédécesseur du bey actuel, il y a une trentaine d'années [1]. Les tribus nomades des environs s'étant révoltées se réfugièrent dans l'amphithéâtre, et de là bravèrent pendant plusieurs jours les troupes beylicales qui étaient venues les assiéger. Voulant à l'avenir enlever ce refuge aux rebelles, le bey Ahmed fit alors pratiquer cette grande coupure. Ce n'était point la première fois que le cirque

---

1. Ces lignes ont été écrites en 1882, quelques mois avant la mort de Mohammed-es-Sadok ; il s'agit donc ici de l'un de ses prédécesseurs, et non de Mohammed lui-même.

jouait un rôle dans les guerres du pays. Dès les premiers temps de la conquête arabe, une reine d'Afrique, Kahina, battue par Sidi-Okba, le conquérant de l'Afrique du nord, s'enferma dans l'amphithéâtre et y résista trois ans à tous les efforts du conquérant musulman ou de ses lieutenants. C'est ce que l'on entend même encore aujourd'hui raconter aux Arabes d'El-Djem, et en ce point l'histoire confirme leur dire. Sous la domination des Turcs, plusieurs fois aussi le cirque devint la forteresse où les Arabes mettaient à l'abri leurs approvisionnements et se réfugiaient en cas de détresse.

» Ces causes politiques de destruction, venant se joindre à l'action lente du temps, et surtout aux déprédations des Arabes, ont mis le cirque dans le triste état où nous le voyons aujourd'hui. El-Djem tout entier est construit avec des pierres enlevées à l'amphithéâtre ou provenant des ruines de Thysdrus. Dans le sud de la Régence, les Arabes ont la coutume singulière de ne jamais relever les maisons qui menacent ruine. En général, ces maisons, grossièrement construites, et dont les pierres sont liées par le mauvais ciment arabe, ont une existence fort courte. Dès que les Arabes voient que les murs suffisamment délabrés ne peuvent plus tenir lieu d'abri, ils vont s'installer ailleurs, et édifier une maison nouvelle de toutes pièces, avec des matériaux pris aux ruines environnantes ; aussi ne doit-on pas s'étonner de rencontrer un grand nombre de maisons inhabitées ou en ruines, précédant presque toujours l'entrée d'un village ou même d'une ville arabe, ainsi que cela peut se voir aux abords de Kaïrouan.

» La partie de l'édifice qui regarde le nord est aussi fort délabrée ; de ce côté il ne reste guère que deux étages de gradins et la galerie du premier étage ; la partie est et sud est presque entièrement conservée. En somme, prise dans son ensemble, la partie encore debout représente à peu près les trois cinquièmes de l'édifice. Si l'on pénètre dans l'enceinte, il est facile de voir que le cirque se composait de cinq étages de gradins. Le premier est complètement enfoui sur tout son pourtour ; le deuxième existe presque tout entier, mais fort délabré, et présentant d'énormes crevasses; le troisième est le mieux conservé de tous, et le quatrième est dans un état à peu près semblable. Quant au cinquième, il ne reste guère que la partie du mur extérieur auquel était adossé le gradin. A tous les étages, les gradins sont nus, et il ne reste nulle part trace de stalle quelconque…. Les escaliers intérieurs sont en si mauvais état que l'ascension d'une galerie à l'autre est des plus difficiles. On ne peut guère se hisser qu'en s'aidant des pieds et des mains ou d'une corde[1]. »

Dr ROUIRE,
*Les ruines de Thysdrus et le village d'El-Djem*,
(*Revue de géographie*, n° de mai 1882.)

## La mer intérieure.

**Les chotts.** — A l'est de la plaine de Chegga, s'ouvre une vaste dépression qui s'étend de l'ouest à l'est dans la province de Constantine et dans la Tunisie méridionale, jusqu'au fond du golfe de Gabès, sur une longueur de 375 kilom. Le fond de cette dépression est formé de surfaces planes, ou légèrement inclinées, nivelées par l'action des eaux. Ces bas-fonds, que les Arabes désignent sous les synonymes de *chotts* ou *sebkhas*, sont souvent à sec; ils sont alors couverts de sel cristallin, et ressemblent, à s'y méprendre, à d'immenses plaines couvertes de neige ou de gelée blanche. Quand on s'aventure dans l'intérieur des chotts, on y éprouve une chaleur lourde et accablante. Les yeux sont éblouis par la réverbération des rayons du soleil sur les petits cristaux de magnésie qui tapissent le sol; les objets placés sur le bord y sont réfléchis avec autant de fidélité que dans les eaux les plus transparentes. L'illusion est complète; on se croirait sur un îlot au milieu d'un lac véritable[2].

Les principaux de ces chotts sont ceux de *Melrir*, situé à 70 kilom. au sud de Biskra, occupant une superficie d'environ 6 000 kilom. car.; celui de *Sellem* avec lequel il communique à l'est; celui de *Rharsa* placé sur la frontière tunisienne; celui d'*El-Djerid*, en Tunisie, et distant de la Méditerranée d'environ 18 kilom. M. Roudaire dit qu'en 1873, le lit du chott Melrir était tout à fait à sec quand il le parcourut; on y voyait de nom-

---

1. Le gouvernement français, d'accord avec le gouvernement beylical, a pris, en 1883, les mesures nécessaires pour conserver les objets d'art et d'antiquité, les ruines de constructions antiques, les statues, fragments de colonnes, inscriptions historiques, etc. Un musée a été créé à Tunis, où les principaux monuments seront réunis. Il est défendu de détruire ou dégrader les objets cités plus haut, même dans les propriétés privées, et le transport à l'étranger en est interdit sans une autorisation formelle du bey. Les Arabes cesseront sans doute d'habiter les caveaux des galeries d'El-Djem, et d'y installer, comme naguère, le grand café, où ils viennent boire le faoua en fumant du tabac ou du hachich.
2. ROUDAIRE, *Revue des Deux-Mondes* (15 mai 1874).

LES CHOTTS DE LA TUNISIE
ET DE LA PROVINCE DE CONSTANTINE
Régions de Gafsa et du Djebel Aurès.

Echelle : 1 / 3.500.000

breuses empreintes de gazelles. « Le sol était assez solide; en quelques endroits seulement, nous enfoncions jusqu'à la cheville. Il serait imprudent de s'y risquer sans guide. Il y a des trous de vase très difficiles à distinguer, dans lesquels on disparaîtrait entièrement. Les indigènes les appellent *marmites* (chriats). Le chott Melrir est beaucoup moins dangereux cependant que le chott Sellem et le chott El-Djerid. Ce dernier est traversé par la route très fréquentée qui conduit de Nefzaoua à Tozeur. C'est une ligne longue et droite, sur laquelle on ne peut s'avancer que un à un. A certains moments de l'année, celui qui se hasarde à droite ou à gauche s'expose à être submergé dans la boue. » Moula-Ahmed raconte qu'une caravane de mille chameaux traversait le chott El-Djerid, lorsqu'un de ces animaux s'écarta un peu du chemin; tous les autres le suivirent et disparurent successivement dans la vase. Il ajoute qu'à l'époque où il y passa lui-même, un terrain de cent coudées s'enfonça tout à coup engloutissant les hommes et les animaux qui s'y trouvaient. « Il est un fait constant sur le chott El-Djerid, c'est qu'en y creusant un trou, quelle que soit la hauteur absolue de l'endroit choisi, ce trou se remplit jusqu'au bord d'une eau entièrement limpide, mais aussi salée, ou plus salée que celle de la mer. Plus à l'ouest, sur le chemin de l'oasis de Degâch au Nefzaoua, M. Tissot avait fait, en 1857, des observations analogues. Arrivant à un trou béant dans la croûte saline, il avait improvisé une sonde avec un sac à balles, mais toutes les cordes de tente et autres, dont il pouvait disposer, n'avaient pas donné une longueur suffisante pour trouver le fond du gouffre. Quelque temps avant le passage de M. Tissot, un cavalier de Tozeur ayant disparu dans un autre gouffre, ses compagnons attachèrent bout à bout vingt baguettes de leurs longs fusils (ce qui faisait une sonde de 20 à 21 mètres) et ils ne purent atteindre le lit du chott où leur camarade agonisait[1]. »

**Explorations de la région des chotts.** — Depuis une quarantaine d'années déjà, ces chotts avaient attiré l'attention des savants, et dès 1845, M. Virlet d'Aoust établissait qu'un des plus importants de ces bas-fonds, le chott Melrir, qui est situé entièrement en Algérie, était au-dessous du niveau de la Méditerranée, et que la mer avait jadis baigné une partie, sinon la totalité de la base méridionale de la grande chaîne de l'Aurès. Plus tard, des observations barométriques faites par MM. Vuillemot, Marès, Dubocq, Ville, avaient également donné des altitudes inférieures au niveau de la mer. Mais les résultats divers présentaient entre eux d'assez grandes discordances; et M. Ville, ingénieur en chef des ponts et chaussées, écrivait en 1868 que de toutes les données recueillies jusqu'alors, il n'était pas permis de conclure avec certitude que le chott Melrir était réellement au-dessous de la Méditerranée.

**Les missions et les projets de M. Roudaire.** — A plusieurs reprises, cette question avait préoccupé les officiers d'état-major chargés de travaux géodésiques en Algérie. — En 1872, le ministre de la guerre chargea le capitaine Roudaire et le capitaine de Villars d'exécuter les opérations géodésiques de la méridienne de Biskra. Le nivellement trigonométrique fait en 1873, 1874 et 1875 fournit la preuve que le fond des chotts Melrir, Sellem et la partie du chott Rharsa située en Algérie était à 24 mètres en moyenne au-dessous du niveau de la mer.

Restait à vérifier le fait pour la partie tunisienne du chott Rharsa et pour

---

1. MAUNOIR et DUVEYRIER, *Année géographique* (1877, p. 301).

le chott El-Djerid, situé en Tunisie. Tel fut l'objet de la mission que M. Roudaire reçut en 1876. Sur l'avis conforme de l'Académie des sciences et de la Société de géographie de Paris, le ministre de l'Instruction publique obtint de l'Assemblée nationale un crédit de 25000 francs pour l'exploration des chotts tunisiens. M. Roudaire en a exposé les résultats dans un rapport adressé au ministre de l'Instruction publique (Arch. des missions, 1877).

M. Roudaire conçut la pensée et acquit la certitude qu'il serait possible, « d'introduire les eaux de la Méditerranée dans la région des chotts, c'est-
» à-dire de faire pénétrer la fertilité, le commerce, la vie, jusqu'au cœur du
» Sahara algérien, en transformant en mer intérieure des lagunes aussi
» dangereuses et insalubres. » Il s'appliqua à établir l'identité du bassin des chotts avec la baie de Triton des anciens[1], donna un aperçu des terras-

---

1. Hérodote, au IV<sup>e</sup> livre de ses *Histoires*: Scyllax, dans son *Périple* de la Méditerranée, au deuxième siècle avant notre ère, mentionnent un lac, une baie, un golfe *Triton*, au fond des Syrtes. Vers l'an 43 ap. J.-C., le géographe Pomponius Mela parle d'un lac et d'une rivière *Triton* se perdant au fond du golfe de la Syrte (Gabès), et il écrit : « On assure qu'à une assez grande distance du rivage, vers
» l'intérieur du pays, il y a des campagnes stériles où l'on trouve des arêtes de
» poissons, des coquillages, des écailles d'huîtres, des pierres polies telles qu'on en
» tire communément de la mer, des ancres qui tiennent aux rochers, et autres
» marques et indices semblables qui prouvent que la mer s'étendait autrefois
» jusque dans ces lieux. » Ptolémée et Pline parlent du fleuve *Gir* qui va former le *lac des Tortues*. Le voyageur Shaw, MM. Vivien de Saint-Martin et Duveyrier n'hésitent pas à reconnaître dans le Gir l'oued Djeddi qui passe à Laghouat, et va finir dans le chott Melrir. Ce chott serait donc le lac des Tortues dont parle le géographe alexandrin. C'est une opinion généralement répandue parmi les populations de l'oued Rir, du Souf, du Djerid et du Nefzaoua, que la mer a recouvert ces bas-fonds à une époque qu'elles ne peuvent préciser, mais antérieure à la naissance du prophète. On objecte, il est vrai, que ce bassin ne renferme aucun fossile marin. M. Roudaire répond que ces vestiges ont dû être enfouis sous les alluvions et sous les couches de sable.

Dans une communication faite à l'Académie des Inscriptions et Belles-Lettres, le 18 janvier 1884, M. le docteur Rouire, médecin de l'armée en Tunisie, a signalé une découverte géographique importante. Un grand cours d'eau, descendu du massif de Tébessa, traverse toute la Tunisie centrale, et au nord-est de Kaïrouan, se jette dans le lac Kelbiah. Ce lac, omis jusqu'à ce jour sur la plupart des cartes, représenté sur quelques autres avec des proportions minuscules, a un circuit de plus de 50 kilomètres; il est le plus considérable de l'Afrique du nord, renferme de l'eau en toute saison, et peut porter de grosses barques de pêche. A l'époque des pluies, le niveau du lac s'élève, et un chenal sans berges, l'oued Manfez, unit le lac Kelbiah à la sebkha Djeriba, voisine de la mer. Celle-ci déborde à son tour, et par des fissures de la zone littorale, envoie le trop plein de ses eaux au golfe de Hammamet. M. Rouire voit dans l'oued Manfez et le lac Kelbiah la rivière et le lac Triton des anciens. Suivant lui, toutes les indications fournies par Hérodote et Ptolémée concordent avec son système. Ptolémée fait venir le fleuve Triton du mont *Ousaleton*, et dit qu'il traverse trois lacs : le lac de Pallas, le lac de Libye, le lac de Triton, avant de se jeter dans la mer. Sur le parcours de l'oued Marguelil s'échelonnent en effet trois sebkhas : celles de Bagla, de Kelbiah, de Djeriba. Hérodote décrit le pays situé sur la rive gauche du Triton comme une région boisée, accidentée, habitée par des agriculteurs sédentaires, et contrastant avec la rive droite, pays de plaines dénudées où errent les nomades de la Syrte. Le contraste a persisté, dit M. Rouire, et l'oued Marguelil délimite avec précision les régions que séparait le fleuve Triton. D'après ces observations, il faudrait regarder comme fausse l'opinion généralement admise, qui place la baie de Triton au sud, vers Gabès, dans le pays des chotts.

sements à exécuter, signala les conséquences de cette submersion, et s'efforça de réfuter les objections que son projet avait soulevées.

La première est celle des difficultés à vaincre pour transformer cet emplacement marécageux en mer intérieure. Il comprend trois bassins distincts : 1° *Bassin du chott Melrir*, superficie 6 700 kilom. car. 2° *Bassin du chott Rharsa*, superficie 1 350 kilom. car. 3° *Bassin du chott El-Djerid*, superficie 5 000 kilom. car. (Aire totale, 23 050 kilom. car. à immerger.)

Le bassin du chott Djerid étant occupé par un lac, recouvert d'une croûte solide dont le niveau est plus élevé que la mer, il faudrait, pour le rendre accessible aux eaux de la Méditerranée, déverser préalablement ce lac dans le chott Rharsa, ce qui se ferait par le percement du seuil de Kris ou de Tozeur qui sépare les deux chotts. Ce seuil une fois percé, et le lac du Djerid vidé dans le Rharsa, on ménagerait des tranchées dans le seuil d'Asloudj qui sépare ce dernier chott du Melrir. Enfin les trois bassins se trouvant prêts à recevoir les eaux de la Méditerranée, on s'occuperait de faire arriver les eaux dans le chott Melrir, par le percement du seuil Melah qui s'interpose entre ce chott et la mer. M. Roudaire estimait d'abord à 30 millions de mètres cubes environ le total des terres à déplacer pour le percement des tranchées, et à 30 millions les dépenses probables.

M. Roudaire affirme que la création de la mer intérieure exercerait sur le climat une influence bienfaisante, à l'exemple du canal de Suez, auquel M. de Lesseps attribue les pluies qui y tombent actuellement et qui entretiennent la verdure dans le bassin des lacs Amers. Les vents du sud et du sud-est porteraient les vapeurs d'eau sur les sommets de l'Aurès où elles se condenseraient en nuages, et s'épancheraient en pluies régulières capables de féconder le désert, d'irriguer un sol stérile et de multiplier les oasis.

La mer intérieure serait en outre une barrière contre les sauterelles, et contre le sable envahissant des dunes. — Elle ferait sentir sa bienfaisante action sur le Tell en neutralisant les effets désastreux du sirocco, qui cesserait d'être un vent desséchant. — Elle ouvrirait à travers des contrées presque inaccessibles une route de commerce maritime commode et peu coûteuse, où s'établiraient des comptoirs et des marchés pour les échanges avec les caravanes de l'Afrique centrale. — Elle améliorerait les conditions hygiéniques de la contrée. — Elle assurerait enfin la sécurité complète de l'Algérie, en permettant à nos troupes de débarquer au sud de Biskra.

Ces promesses séduisantes furent vivement contestées. Une des premières objections fut formulée par la Société de géographie de Rome qui avait chargé une commission italienne d'explorer le seuil de Gabès. Elle soutenait que ce seuil était à une altitude de 68 mètres, et que la submersion des chotts inonderait et détruirait les oasis du Djerid. M. Roudaire démontra par de nouveaux nivellements que la commission italienne commettait une erreur de 22 mètres, et que les parties les plus basses des oasis désignées seraient à 20 mètres au moins au-dessus du niveau de la future mer intérieure.

L'explorateur rencontra des contradictions plus graves. M. Cosson, de l'Institut, exprima avec force devant l'Académie des sciences la crainte de voir les puits artésiens envahis par les eaux de la mer, les oasis du Rir submergées, les dattiers détruits par les infiltrations souterraines et les modifications possibles du climat. M. Houyvet déclara que, la mer intérieure une fois établie, il paraissait impossible de la maintenir, à cause de l'évaporation, et qu'elle finirait par se transformer en une immense saline. Cette crainte, il est vrai, ne s'est pas réalisée pour les lagunes du canal de Suez; mais M. Naudin nia l'assimilation entre la région des chotts et la basse Égypte, et essaya de démontrer qu'en remplissant d'eau de mer les bassins des chotts, on ne réussirait « qu'à établir de main d'hommes et à » coups de millions, un immense foyer pestilentiel bien autrement dange- » reux que les maremmes de la Toscane ou les marais Pontins. » D'autres académiciens répliquèrent que la circulation des eaux étant établie par les courants marins, cette cause d'infection serait évitée.

MM. Fuchs, ingénieur des mines, et Pomel, directeur de l'Ecole supérieure des sciences d'Alger, se sont montrés adversaires non moins redoutables du projet de mer intérieure. L'un et l'autre nient l'existence dans l'antiquité d'une communication directe entre la Méditerranée et les chotts, et assimilent ceux-ci à tous les autres chotts disséminés en Algérie et Tunisie; ils refusent de croire à la modification probable du climat de l'Algérie; ils estiment la dépense nécessaire pour déplacer 100 millions de mètres cubes de roche dure ou de sable à 300 millions de francs. M. Fuchs conclut ainsi : « La grandeur des sacrifices et la complexité des résultats » nous amènent à conclure qu'au point de vue technique aussi bien qu'au » point de vue économique, ce vaste projet, si séduisant en apparence, doit » être impitoyablement écarté. » D'autres objections sérieuses ont été faites par MM. Dumas, Daubrée, Ch. Martins et Desor, et par des savants étrangers. Il est juste d'ajouter que le projet a trouvé de chauds défenseurs dans MM. les amiraux Jurien de la Gravière et Paris, le général Favé, Yvon-Villarceau, Duveyrier, de Lesseps.

En 1882, une commission, composée de spécialistes et de savants, fut chargée par le gouvernement d'examiner le projet de M. Roudaire. Elle déclara dans son rapport que des trois chotts, deux seulement étaient au-dessous du niveau de la mer, que le canal de communication, long de 173 kilom., exigerait un déblai de 652 millions de mètres cubes et une dépense de 1 300 millions; 2° que la mer intérieure aurait des effets favorables sur la salubrité du climat du pays voisin et sur la fertilité du sol environnant; 3° qu'elle ne présenterait qu'un faible intérêt pour la défense militaire de l'Algérie et de la Tunisie; qu'on ne pouvait espérer qu'elle devînt le centre d'un commerce étendu. La Commission termina ses travaux en votant l'ordre du jour suivant :

La Commission, tout en rendant hommage aux intéressants travaux de M. le commandant Roudaire, ainsi qu'au courage et à la persévérance qu'il a déployés dans les difficiles études qu'il a poursuivies, au cours de ces dernières années, dans le sud de l'Algérie et de la Tunisie; considérant que les dépenses de l'établissement de la mer intérieure seraient hors de proportion avec les résultats qu'on peut en espérer; est d'avis qu'il n'y a pas lieu, pour le gouvernement français, d'encourager cette entreprise [1].

---

1. Il ne nous appartient pas d'émettre un avis dans cette question délicate dont nous avons essayé de résumer impartialement les termes contradictoires. Nous pouvons ajouter que M. de Lesseps s'est fait le promoteur de l'entreprise de la mer intérieure, et adresse de chaleureux appels à l'initiative privée pour en préparer l'exécution. Le commandant (aujourd'hui lieutenant-colonel) Roudaire, avec une infatigable ténacité, a combattu toutes les objections, et réussi à intéresser à ses vues les corps savants et l'opinion publique. Il a obtenu du bey l'autorisation d'entreprendre le percement de la mer intérieure. Quel que soit l'avenir du projet qui a divisé l'Académie des sciences et soulevé des discussions passionnées, il n'en fait pas moins honneur à son auteur dont les travaux géodésiques et topographiques, exécutés avec une rare intrépidité sous un ciel de feu, resteront du moins comme des titres scientifiques incontestés.

## 3° BIBLIOGRAPHIE

Beulé. *Fouilles à Carthage.* — (Paris, 1860, in-8°, imprimerie impériale.)
Bourguignat (J.-R.). *Histoire malacologique de la régence de Tunis.* — (Paris, 1867, in-18.)
Brandin. *Considérations sur le royaume de Tunis, dans ses rapports avec l'Algérie.* — (Alger, 1846, in-8°.)
Bricard (sieur de). *Relation des voyages faits à Thunis.* — (Archives curieuses de l'Histoire de France. 2° série, t. X. Paris, 1839.)
Clarin de la Rive. *Histoire générale de la Tunisie.* — (Paris, 1883, in-8°, Challamel.)
Cubisol (Ch.). *Notice abrégée sur la régence de Tunis.* — (Paris, 1867, in-18, Challamel.)
Daumas (C.-Ph.). *Quatre ans à Tunis.* — (Alger, 1857, in-8°.)
Daux (A.). *Recherches sur l'origine et l'emplacement des emporia phéniciens.* — (Paris, 1869, in-8°, imprimerie impériale.)
Desfossés (E.). *La question tunisienne et l'Afrique septentrionale.* — (Paris, 1881, in-8°, Challamel.)
Des Godins de Souhesmes. *Tunis, histoire, mœurs, gouvernement, administration, climat, production, industrie, commerce, religion.* — (Paris, 1875, in-12, Guérin.)
Dunant (Henri). *Notice sur la régence de Tunis.* — (Genève, 1858, in-8°.)
Duveyrier (H.). *La Tunisie.* — (Paris, 1881, in-8°, Hachette.)
Falbe (T.). *Recherches sur l'emplacement de Carthage.* — (Paris, in-8°, 1883.)
Flaux (A. de). *La régence de Tunis au dix-neuvième siècle.* — (Paris, 1865, in-8°, Challamel.)
Frank. *Tunisie.* — (Collection de l'*Univers pittoresque*, t. XLVII, 1850, in-8°.)
Gay (Oscar). *La Tunisie*, notice historique. — (Mai 1861, in-8°.)
Guérin (V.). *Voyage archéologique dans la régence de Tunis*, exécuté et publié sous les auspices et aux frais du duc de Luynes. — (Paris, 1862, 2 vol. in-8°, avec une carte de la régence.) — (L'avant-propos renferme une bibliographie d'ouvrages anciens et modernes sur la Tunisie.)
Guyon (D$^r$ J.-L.-G.). *Étude sur les eaux thermales de la Tunisie.* — (Paris, 1864, in-8°.)
Juillet-Saint-Lager. *La régence de Tunis, description générale, gouvernement, administration, finances.* — (Alger, 1875, in-8°.)
Kersanté. *Impressions de voyage, la Tunisie.* — (Dinan, 1872, in-8°, Bazonge.)
La Berge (A. de). *La Tunisie, récit de l'expédition française.* — (Paris, 1881, in-18, avec carte, Didot.)
Legrand (Ad.). *La Tunisie, étude historique.* — (Paris, 1873, in-8°, Claye.)
Livet de Barville. *La Tunisie, ses eaux et ses forêts.* — (Paris, 1880, in-8°, Tolmer.)
Maltzan (von). *Reise in den Regenschaften von Tunis und Tripoli.* — (Leipzig, 1870.)
Mannert. *Géographie ancienne des États barbaresques*, trad. de l'allemand par Marcus et Duesberg. — (1842, in-8°.)
Marsy (A. de). *Essai de bibliographie tunisienne*, précédée d'une description de cette régence, par le docteur Louis Franck. — (Paris, 1851, in-18, avec planches.)
Michel (Léon). *Tunis, l'Orient africain, Arabes, Maures, Kabyles, etc.* — (Paris, 1867, in-8°.)
Oualid. *Documents pour servir à l'histoire de la Tunisie.* — (Alger, 1874, in-4°, Leroux.)
Pellissier. *Exploration scientifique de l'Algérie et de la Tunisie.* — (1853, t. XVI, in-8°.)
Perroud (C.) *De Syrticis emporiis.* — (Paris, 1881, in-8°.)
Peyssonnel et Desfontaines. *Voyages dans les régences de Tunis et d'Alger*, publiés par Dureau de la Malle. — (Paris, 1838, 2 vol. in-8°.)

PIESSE. *Guide de l'Algérie*. (La 2º édition, Paris, 1873, renferme un guide de Tunis et des environs avec une carte.)
ROCCA. *Observations à propos d'un livre récent sur la Tunisie*. — (Paris, 1866, in-8º, Salmon.)
ROUSSEAU (Alph.). *Annales tunisiennes, 1535-1830*. — (Alger, 1864, in-8º.)
SCHAW. *Voyage dans plusieurs provinces de la Barbarie et du Levant*. — (1743, 2 vol. in-4º.)
SCHWAB (M.). *Mémoire sur l'ethnographie de la Tunisie*. — (Nancy, 1869, in-8º.)
ZACCONE (P.). *Notes sur la régence de Tunis*. — (Paris, 1875, in-8º, Tanera.)
X. *Etat des royaumes de Barbarie, Tripoli, Tunis et Alger*. — (La Haye, 1704, in-12.)

---

ANGEL (F.-P.). *Les frères des écoles chrétiennes à Tunis*. — (*Œuvre des Ecoles d'Orient*, novembre 1871 et janvier 1873.)
ARÈNE (Paul). *Vingt jours en Tunisie*. — (*Nouvelle Revue*, 15 septembre, 1ᵉʳ, 15 octobre 1883.)
BAYOT. *Mer Méditerranée, côtes de Tunis*. — (Paris, 1876, in 8º.)
BERTHOLON (H.). *Sousse et le Sahel tunisien*. — (*Revue de géographie*, septembre 1882.)
BONAPARTE-WYSE (L.-N.). *Excursion en Tunisie*. — (*Bulletin de la Société de géographie*, mai 1874.)
CAT (H.). *Une excursion d'Alger à Tunis*. — (*Revue de géographie*, décembre 1882.)
CHARENCEY (H. de). *La régence de Tunis*. — (*Revue orientale et africaine*, t. Iᵉʳ et II.)
CHAUVEY. *La ville de Sfak's et les îles Kerkena*. — (*Explorateur*, 1876, nº 80.)
CHERBONNEAU. *Les Kroumirs de Fath-Allah et les Troglodytes de Zeuthan*. — (*Revue de géographie*, juillet 1881.)
CHERBONNEAU (A.). *Kroumirs et Ouchtetas*. — (*Revue de géographie*, mai 1881.)
CHEVARRIER (Ph.). *Voyage de Gabès au Zaghouan*. — (*Archives des missions*, 3º série, t. V. Paris, 1878.)
CRAPELET (Amable). *Voyage à Tunis, 1859*. — (*Tour du Monde*, 2º semestre 1864; 1865, 1ᵉʳ semestre.)
CROZALS (J. de). *Bizerte, son passé, son présent, son avenir*. — (*Revue de géographie*, septembre-octobre 1881.)
CROZALS (J. de). *Tunis*. — (*Revue politique et littéraire*, 3 septembre 1881.)
CROZALS (J. de). *Le collège Sadiki à Tunis*. — (*Revue de géographie*, mai 1882.)
DAUX (A.). *Voyages et recherches en Tunisie*. — (*Tour du Monde*, avril 1872.)
DAUX (A.). *Etudes sur Utique et ses environs*. — (*Comptes rendus de l'Académie des inscriptions*, avril 1868.)
DEPPING (Guillaume). *Tunisie, les tribus frontières, avec une bibliographie*. — (*Journal officiel*, 24 avril 1881.)
DESFOSSÉS (Edm.). *Les Kroumirs*. — (*Revue politique et littéraire*, 9 avril 1881.)
DESFOSSÉS. *Etudes sur la Tunisie : les Kroumirs*. — (*Revue de géographie*, février-août 1879, avec carte.)
DULOUP (G.). *Géographie tunisienne*. — (*Revue géographique internationale*, janvier-février 1881.)
FÉRAUD (L.-Ch.). *Note sur un voyage en Tunisie et Tripolitaine*. — (*Revue africaine*, 1876, nᵒˢ 119, 120, Alger.)
FONCIN (P.). *De Sousse à Kairouan*. — (*Revue politique et littéraire*, 10 mars 1883.)
FONCIN (P.). *L'enseignement en Tunisie*. — (*Revue internationale de l'enseignement*; 15 novembre 1882.)
FOUQUIER (A.). *En Tunisie, anecdotes de voyage*. — (Paris, 1879, in-8º, Jouaust.)
GIRARD (B.). *Souvenirs de l'expédition de Tunisie*. — (*Revue maritime et coloniale*, mai 1882.)

Guérin (V.). *Kairouan*. — (*Bulletin de la Société de géographie*, 1860, t. II.)

Journault (Léon). *Le protectorat tunisien*. — (*Revue politique et littéraire*, 19 novembre 1881.)

Journault (L.). *La Tunisie en 1883*. — (*Revue politique et littéraire*, 23 juin, 21 juillet, 4 et 11 août 1883.)

Mouchez (capitaine). *Exploration des golfes des deux Syrtes*. — (*Comptes rendus des séances de l'Académie des sciences*, 8-15 janvier 1879.)

Moulin. *Notice sur le pays des Kroumirs*. — (*Bulletin de la Société de géographie*, 1865, t. II.)

Pavie (Th.). *La Régence de Tunis*. — (*Revue des Deux-Mondes*, 15 mars 1858.)

Pellissier de Reynaud (E.). *La régence de Tunis, le gouvernement des beys, et la société tunisienne*. — (*Revue des Deux-Mondes*, 1er mai 1856.)

Perroud. *Coup d'œil sur la Tunisie ancienne*. — (*Bulletin de l'Union géographique du Nord*, 1881, n° 14.)

Reclus (E.). *Un voyage dans la Tunisie, par M. V. Guérin*. — (*Revue des Deux-Mondes*, 1er mars 1863.)

Reinach (J.). *Le traité du Bardo*. — (*Revue politique et littéraire*, 21 mai 1881.)

Rouire (Dr). *Les ruines de Thysdrus et le village d'El-Djem*. — (*Revue de géographie*, mai 1882.)

Rouire (Dr). — *Le littoral tunisien, le Sahel, le pays de Sfax*. — (*Revue de géographie*, septembre 1883, janvier 1884.)

Sainte-Marie (de). *Géographie de la Tunisie ancienne*. — (*Revue géographique internationale*, novembre 1881.)

Sainte-Marie (de). *Les ruines de Carthage*. — (*Explorateur*, nos 51, 52, 53.)

Sombrun. *Notes sur la Tunisie*. — (*Bulletin de la Société de géographie de Bordeaux*, 1878, nos 2 et 10.)

Tirant et Rebatel. *Voyage dans la régence de Tunis*, 1874. — (*Bulletin de la Société de géographie de Lyon*; — *Tour du Monde*, xxx, 1875.)

Tissot (C.). *Notice sur le chott El-Djérid, avec carte*. — (*Bulletin de la Société de géographie*, 1879, t. II.)

Tissot (Ch.). *Géographie comparée du golfe de Carthage*. — (*Revue africaine*, juillet 1866.)

Tissot (Ch.). *La Tunisie*. — (*Revue africaine*, 1866, n° 58.)

Variot. *L'hôpital arabe de Tunis*. — (*Revue scientifique*, 23 avril 1881.)

Voisins (Mme de). *Un Français chez les Kroumirs*. — (*Revue politique et littéraire*, 10 et 17 septembre 1881.)

Voisins (Mme de). *Sousse*. — *Kairouan*. — (*Revue politique et littéraire*, 1er et 15 octobre 1881.)

X. *Valeur comparative des monnaies, poids et mesures en Tunisie*. — (*Revue de géographie*, septembre 1881.)

---

## MER INTÉRIEURE

Armand (P.). *Le projet de mer intérieure du commandant Roudaire*. — (*Bulletin de la Société de géographie de Marseille*, 1881.)

Brunialti. *Il mare Saharico et la spedizione italiana en Tunesia*, rapport inséré dans la *Biblioteca di viaggi*, xxxvii. Milano, 1876.)

Cosson (E.). *Note sur le projet d'établissement d'une mer intérieure en Algérie*. — (*Comptes rendus de l'Académie des sciences*, 17 août 1874; — *Bulletin de la Société de géographie*, janvier 1880; — *Revue scientifique*, 21 juin 1879.)

Delestre (E.). *A propos de la mer intérieure*. — (Alger, 1874, in-8°.)

Duveyrier (H.). *Une mer intérieure en Algérie*. — (*Bulletin de la Société de géographie*, mai 1874.)

Duveyrier. — *Lettre sur sa mission aux chotts*. — (*Bulletin de la Société de géographie*, janvier, mars, mai 1875.)

FONTPERTUIS (F. de) et MANGIN. *La mer intérieure d'Afrique.* — (*Economiste français,* 23-30 juin 1877, 13 mai 1882.)

FUCHS (E.). *Note sur l'isthme de Gabès.* — (*Comptes rendus de l'Académie des sciences,* 10 août 1874; — *Bulletin de la Société de géographie,* septembre 1877.)

GIRARD DE RIALLE. *La mer intérieure du Sahara.* — (*Revue scientifique,* 28 octobre 1876.)

LE CHATELIER. *La mer saharienne.* — (*Revue scientifique,* 6 janvier 1877.)

LESSEPS (F. de). *Observations sur le projet d'établissement d'une mer intérieure.* — (*Comptes rendus de l'Académie des sciences,* 13 juillet 1874; — *Revue scientifique,* t. X, 1876.)

LESSEPS (F. de). *La mer intérieure de Gabès.* — (*Revue scientifique,* 21 avril 1883.)

MARTINS (Ch.) et DESOR. *Observations sur le projet de la création d'une mer intérieure dans le Sahara oriental.* — (*Comptes rendus de l'Académie des sciences,* 10 février 1879.)

NAUDIN. *Lettre à M. Daubrée, à propos de la mer intérieure du Sahara.* — (*Comptes rendus de l'Académie des sciences,* 1877.)

POMEL. *Sur la prétendue mer saharienne.* — (*Comptes rendus de l'Académie des sciences,* 5 octobre 1874, 31 mai 1875; — *Revue géographique internationale,* mars-juin 1878; — *Revue scientifique,* 10 novembre 1877.)

ROUDAIRE (capitaine). *Note sur les chotts situés au sud de Biskra.* — (*Bulletin de la Société de géographie,* mars 1874.)

ROUDAIRE (capitaine). *Une mer intérieure en Algérie.* — (*Revue des Deux-Mondes,* 15 mai 1874.)

ROUDAIRE. *La méridienne de Biskra à Alger.* — (*Comptes rendus de l'Académie des sciences,* 29 juin 1874.)

ROUDAIRE. *Note sur la mer intérieure d'Algérie.* — (*Comptes rendus de l'Académie des sciences,* 24 août 1874, 22 juin 1875.)

ROUDAIRE. *La mission des chotts du Sahara de Constantine.* — (*Bulletin de la Société de géographie,* août 1875, décembre 1875; — *Explorateur,* n° 73.)

ROUDAIRE. *Rapport au ministre de l'instruction publique sur la mission des chotts.* — (Paris, 1877, imprimerie nationale.)

YVON-VILLARCEAU et FAVÉ. *Rapport sur les travaux géodésiques et topographiques de Roudaire.* — (*Comptes rendus de l'Académie des sciences,* 7, 21, 28 mai 1877.)

# LIVRE II

## RÉGION TRIPOLITAINE ET SAHARIENNE

Au sud et au sud-est des plateaux de l'Atlas, qui se développent de l'oued Noun marocain au littoral tunisien du golfe de Gabès, s'étend l'immense région à laquelle on a donné le nom de Sahara ou Grand-Désert. De l'Atlantique aux berges du Nil, ses solitudes infécondes isolent le Maghreb du Soudan ; au delà de l'étroite vallée du Nil, le désert se prolonge en Asie, et une zone de terres désolées, à travers l'Arabie, la Perse, l'empire Chinois et la Sibérie, coupe transversalement le continent asiatique jusqu'aux volcans du Kamtchatka. Le Sahara africain n'est pas d'ailleurs partout infertile et inhabité : des groupes d'oasis s'y rencontrent, et marquent les grandes étapes des caravanes qui y entretiennent la vie commerciale. Du côté du nord-nord-est, la région saharienne s'ouvre sur la Méditerranée ; les oasis qui forment ensemble l'État tripolitain, et dont l'une, celle du Fezzan, pénètre comme une enclave à l'intérieur du désert, peuvent être considérées physiquement comme la zone littorale du Sahara sur les deux Syrtes. Pour nous conformer à l'usage, nous les étudierons successivement.

## CHAPITRE PREMIER

### TRIPOLITAINE

#### 1° RÉSUMÉ GÉOGRAPHIQUE

##### I. — GÉOGRAPHIE PHYSIQUE

**Limites ; littoral.** — Il est presque impossible de tracer la frontière exacte de la Tripolitaine au sud et à l'est : elle se dirige au sud du golfe de Gabès entre Kasr-beni-Barka et el-Aioun, entre Temassinin et Ghadamès, entre Rhât et Mourzouk, laisse à droite les oasis de Koufarah et celles de Siouah, et finit sur la Méditerranée entre Tobrouk et Kasr-Mesdja (Egypte). Au nord, elle est baignée par la Méditerranée, sur une longueur de 1 500 kilom. — Le littoral est semé de récifs et de bas-fonds, et peu favorable à la navigation, sauf aux mouillages de *Tripoli* et *Benghazy*. Les autres refuges ou abris sont : *Misrata*, *Dernah*, les îles *Folfelli*, l'île de *Bomba* et *Tobrouk* : côte basse près de Tripoli, rocheuse au cap *Tajoura*, semée de sables et de lagunes sur le golfe de la Sidre (caps *Charra*, *Tejones*, *Razat*, *Ras-el-Tin*.)

**Situation astronomique.** — 6° et 22° de long. E.; 27° et 33° de lat. N.

**Climat.** — Il varie dans les diverses oasis et sur les côtes; en général il est chaud et sec. Dans la plaine de Barka, il est salubre et sain ; dans le Fezzan et à Ghadamès, brûlant l'été, froid l'hiver, sujet aux variations brusques, insupportable quand souffle le sirocco, en automne. Pluies rares et peu abondantes entre octobre et mai; ouragans fréquents.

**Relief du sol.** — La Tripolitaine est comme le vestibule du Sahara par ses déserts de sable, ses plateaux rocailleux, ses oasis, seules parties habitées. Au nord-ouest, la chaîne des monts *Ghârian* (1 000 à 1 200 m.) rejoint par des collines de sable le massif de l'Atlas, et se rattache à l'est aux deux chaînes parallèles des *Haroudj*, noir au nord, blanc au sud, traversant le *Hamada* pierreux; une autre chaîne se dresse plus escarpée dans les oasis d'Audjilah, et contourne le haut plateau de *Barka* (Cyrénaïque) dominé par le massif du djebel *Akhdar* (Montagne verte, 400 m.).

**Cours d'eau.** — L'absence de cours d'eau est un fléau pour le pays ; les sources sont rares ; l'eau est fournie par 8000 puits environ ou par de vastes citernes où l'eau des pluies est conservée.

## II. — GÉOGRAPHIE POLITIQUE

**Notions historiques.** — 1. Tripolitaine : La région tripolitaine formait autrefois la partie orientale du territoire de Carthage (*regio syrtica*); les Grecs lui donnèrent le nom de *Tripolis* à cause des trois principales villes qu'on y trouvait, Œa, *Sabrata*, *Leptis*. Après la seconde guerre punique (201 av. J.-C.), les Romains l'abandonnèrent aux rois de Numidie, et quand ceux-ci disparurent, la réunirent à la province romaine d'Afrique. Sous l'empire, elle forma une province à part sous le nom de *Tripolitana provincia*.

Au septième siècle, le littoral tripolitain tomba au pouvoir des Arabes et subit les mêmes destinées que les États voisins. Après la chute des Almohades, Tripoli fut gouvernée par les Beni-Amer, puis conquise par Abou-Farez, roi de Tunis. Les Espagnols s'en emparèrent en 1510; Charles-Quint la céda en 1530 aux chevaliers de Saint-Jean de Jérusalem qui la gardèrent jusqu'en 1551 ; les Turcs, sous le pirate Dragut, la leur enlevèrent à cette époque, et elle devint dès lors un pachalik de l'empire ottoman. Cette soumission fut plus apparente que réelle ; et tout en restant tributaire de la Porte, la régence de Tunis eut le plus souvent une existence indépendante. C'est ainsi que fut fondée la dynastie héréditaire des *Caramanlis* sous Ahmed, qui gouverna Tripoli pendant plus d'un siècle. Les révoltes, les assassinats, les supplices au dedans, la piraterie au dehors, tels sont les faits ordinaires de l'histoire de Tripoli pendant plusieurs siècles. Duquesne châtia leurs corsaires en 1683; d'Estrées bombarda Tripoli en 1685, délivra les esclaves chrétiens et fit payer à la ville une contribution de 500 000 fr. Le traité ne fut pas respecté par les Tripolitains qui emprisonnèrent notre consul. Il fallut les châtier encore en 1693 et leur imposer de nouvelles conditions, renouvelées en 1720. Huit ans après, M. de Grandpré bombarda de nouveau Tripoli ; la Régence capitula et dut signer la paix de 1729. Les pirates tripolitains n'en continuèrent pas moins leurs déprédations durant tout le dix-huitième siècle. En 1835, la Porte Ottomane se décida enfin à intervenir. Une flotte turque vint mouiller devant Tripoli : les troupes du sultan occupèrent les forts sans résistance ; le pacha Sidi-Ali fut destitué et exilé à Constantinople; Mustapha-Nedjil-Pacha, envoyé par le sultan, prit sa place et remit la Régence sous l'autorité plus directe de la Turquie.

Depuis cette époque, l'État tripolitain, jadis indépendant, n'est plus qu'une province ou vilayet de l'empire ottoman.

2. **Cyrénaïque** (*plateau de Barka*). — La Cyrénaïque tirait son nom de sa capitale *Cyrène*, fondée, suivant Hérodote, en l'an 90 de Rome, par Battus, chef de colons grecs venus de Théra. Cyrène fut, à l'époque la plus brillante de la colonisation grecque, la capitale de la *Cyrénaïque*, qui fut appelée *Pentapole* à cause de ses cinq principales cités, *Bérénice* ou *Hesperis*, *Barce*, *Teucyre*, *Apollonie*, *Cyrène*. Tandis que Carthage régnait sur un territoire de 1000 lieues d'étendue, depuis les colonnes d'Hercule jusqu'à la grande Syrte, l'État de Cyrène, confinant à l'Égypte, vit prospérer ses villes; sa nombreuse population, son commerce actif, les richesses de ses habitants, les arts, les sciences qui s'y développèrent en faisaient comme une seconde Grèce. Rivale de l'Égypte et de Carthage, avec qui elle partageait le littoral et les terres de l'intérieur, Cyrène fut conquise par Cambyse, et plus tard par Alexandre, et par Ptolémée. En 96 avant Jésus-Christ, elle passa aux Romains, et continua de disputer la suprématie commerciale à Alexandrie, sa seule rivale depuis la chute de Carthage. Cyrène ne disparut de l'histoire qu'avec l'invasion arabe.

**Constitution : Gouvernement.** — L'ancienne *Régence* de Tripoli, jadis état souverain sous la dynastie des Caramanlis, a été, en 1835, annexée à l'empire ottoman, et forme un *vilayet* ou *beylik*, à la tête duquel est placé un *vali* ou gouverneur général ou *bey*[1]. Ce haut fonctionnaire administre la province avec le concours de cinq gouverneurs particuliers (*mutessarifs*), vingt-trois sous-gouverneurs (*caïmakans*), et dix-huit *moudirs* ou administrateurs de cantons. — A côté du *vali* sont les fonctionnaires suivants : le *defterdar*, chargé du contrôle général des finances; le *mollah*, président tous les tribunaux supérieurs; le *mouavin*, chargé des relations avec les agents étrangers; le *liva*, ou général de brigade, commandant les troupes; le *nazir*, ou directeur des contributions indirectes. — Les chefs-lieux d'arrondissement et de canton sont administrés par des fonctionnaires subalternes. — Le gouvernement est absolu, héréditaire dans la famille des descendants de Hamid-Bey.

La régence de Tripoli[1] se divise en cinq parties ou régions : **Tripolitaine** et **Barka**, au nord; — **Fezzan**, au sud; — **Ghadamès**, au sud-ouest; — **Audjilah**, au sud-est.

**Tripolitaine**. — Administrativement, le pays est divisé en trois provinces : **Tripoli, Mesurata, Barka**. 1° **Tripoli de Barbarie** (*Œta*), capitale, 25000 hab. (dont 4 à 5000 Européens, presque tous Maltais); 2° **Misrata**, chef-lieu, ou **Mesurata**, petit port à 17 kilom. de Tripoli; 3° **Barka**, chef-lieu, *Benghazy* ou *Bernik* (anc. *Bérénice*, 6000 hab.), port médiocre, commerce surtout avec Marseille, Venise, Tripoli, Malte; villes principales *Dernah* avec une rade; *Bombah* dans une île, avec un port de relâche; *Tobrouk* ou *Toubrouk*, port accessible, tête de route directe vers le Ouadaï.

**Oasis de Ghadamès.** — Située au sud-ouest de Tripoli et des monts Ghârian, sur un plateau haut de 350 mèt.; longue d'environ 1200 à 1500 mèt., large de 1000; 5000 habitants, *Berbères Touareg* et *Nègres*. Elle constitue comme une république marchande tributaire du pacha de Tripoli (50000 fr. par an). Elle est surtout une ville de transit entre Tripoli, Tunis, le Souf,

---

1. Le titre de *Régence*, que les géographes continuent de donner au territoire tripolitain, est aujourd'hui inexact.

In-Çalah, Maroc, Rhât, le Touat et le Soudan. Le sultan est représenté par un *moudir*, qui perçoit l'impôt et maintient l'ordre; la ville se gouverne elle-même; elle a un maire, *cheik-el-bled*, et un conseil de notables composé d'un *cadi* qui préside en l'absence du moudir, d'un *muphti*, suppléant du cadi, et de quatre notables choisis par leurs pairs et agréés par le pacha de Tripoli. Lorsqu'il s'agit de régler une affaire d'intérêts communs, les hommes les plus considérés de chaque quartier se concertent avec le cheik-el-bled.

**Oasis du Fezzan.** — Elles sont arides et sablonneuses, et situées sur deux plateaux: au nord, le *Hamada*, au sud, *Mourzouk :* le premier pierreux, sans eau ni végétation, traversé par les deux *Haroudj*; le second, mieux cultivé et plus fertile; longueur de l'est à l'ouest, 600 kilom.; largeur 450. Population, 50 à 60 000 habitants, *Touareg*, *Fezzanis* ou métis de Berbères et de nègres, *nègres esclaves*. — La ville principale est Mourzouk, 6 000 habitants, à 530 kilom. sud-est de Tripoli, résidence du cheik, tributaire du pacha de Tripoli, grand marché d'esclaves, rendez-vous des caravanes du Caire, Tripoli, Tunis, Ghadamès, Rhât, Bornou, le Ouadaï, Timbouktou.

» La ville de Mourzouk n'a qu'un circuit d'un peu moins de deux milles
» anglais. Les murailles en sont faites d'argile qui brille partout d'incrus-
» tations salines, et sont pourvues de bastions ronds ou carrés, en partie
» mal conservés. L'aspect extérieur de la ville n'est pas désagréable et a
» même quelque chose de pittoresque. Par contre, la sécheresse extrême de
» la localité en rend le séjour des plus incommodes. Mourzouk gît dans un
» *hofrah* ou bas-fond du plateau, entouré d'une pente sablonneuse légère-
» ment inclinée. Cette situation particulière enlève à la ville toute circu-
» lation d'air salubre; le sol, humecté de pluies rares et de peu de durée,
» remplit parfois l'air de grains de sable qui rendent encore plus insup-
» portable l'ardeur des rayons du soleil. D'autre part, le côté nord de la
» cité est empesté par les salines où les eaux s'amassent, stagnantes,
» et remplissent l'air, en croupissant, de miasmes pernicieux. L'homme ne
» peut y fuir l'accablante chaleur du climat qu'en se retirant dans l'ombre
» des habitations. L'usage excessif que l'on y fait du vin de palmier contri-
» bue puissamment peut-être à produire les fièvres qui règnent à Mourzouk.
» Les plantations qui entourent la ville irrégulièrement et sans symétrie,
» présentent le même caractère d'ardente sécheresse; sauf de rares endroits,
» ombragés de dattiers touffus, il ne s'y trouve guère d'arbres fruitiers,
» tels que grenadiers, figuiers ou poiriers; à part les oignons, les légumes
» y sont extrêmement rares. Quant au lait, si ce n'est à l'exception d'une très
» petite quantité de lait de chèvre, il constitue un article de luxe. » (Henri
» BARTH, trad. Ithier, t. I$^{er}$, p. 97.)

**Oasis d'Audjilah** ou **Audjelah**, à 350 kilom. au sud de Benghazi, sur la route de l'Ouadaï, et de l'Egypte au Fezzan, villes principales, *Audjilah*, *Modared*, *Djalo* (10 000 hab.), tributaires de Tripoli. Ces oasis ne sont pas encore ouvertes au commerce européen, et les roumis qui s'y aventurent courent les plus grands dangers.

« En décembre 1878, une expédition admirablement préparée et dirigée par un voyageur des plus expérimentés, le docteur Gehrard Rohlfs, partait de Tripoli, avec la mission ambitieuse de résoudre les derniers grands problèmes géographiques d'une partie de l'Afrique septentrionale. Par Sôkna, Djalo, Zella et les oasis jusque-là inconnues d'Abou-Naïm et Djibbena, à travers un désert de gravier, sans arbrisseau ni plante, elle s'est avancée hardiment dans le sud. Mais l'oasis de Djalo, bien que placée nominalement sous la suzeraineté du sultan de Constantinople, est surtout soumise à l'autorité de la confrérie musulmane d'Es-Senôusi, ennemie implacable des peuples chrétiens. M. Rohlfs crut qu'il triompherait de ce fanatisme. Des intrigues se formèrent contre lui; on essaya de le lapider. Il revint demander justice à Benghazy, et obtint le remplacement du gouverneur. Le nouveau favorisa la mission allemande, qui repartit d'Audjelah le 28 juillet, pour atteindre Abèchi, capitale du Ouadaï. Arrivée dans l'oasis de Koufara, la caravane fut attaquée et pillée, et Rohlfs revint encore à Benghazy pour obtenir justice contre ses agresseurs. » (MAUNOIR, *Rapport annuel à la Société de géographie*, 1881.)

### III. — GÉOGRAPHIE ÉCONOMIQUE ET STATISTIQUE

**Productions: Minéraux.** — La plaine de Benghazy fournit par an 15 millions de kilogrammes de *sel marin;* on trouve du *sel* à Bréga près de Tripoli, du *sel* et du *natron* à la surface des lacs Natron et Mendrah, au nord-ouest de Mourzouk. — **Végétaux**: sol peu fertile et aride; on cultive dans les oasis le *blé*, l'*orge*, le *maïs*, le *henné*, le *safran* et la *garance;* des *légumes* divers; des *dattiers, orangers, figuiers, citronniers, amandiers, oliviers, pêchers,* la *vigne*. — **Animaux**: *moutons* à laine rude et courte; *chèvres, ânes, chameaux, volaille* abondante, peu de *lions* et de *panthères;* beaucoup de *chacals*, de *serpents*, de *flamants, vautours, cigognes, outardes, cailles, perdrix*. La mer fournit aux pêcheurs du littoral des *rougets, thons*, et beaucoup d'*éponges* au large de Benghazy, que les pêcheurs des îles de l'Archipel viennent exploiter tous les ans en été, moyennant une redevance à l'État, qui varie de 50 à 75 francs par bateau pêcheur.

**Industrie.** — Elle se borne aux objets de première nécessité: *nattes, tissus de laine; tapis* du Fezzan, *cuirs* de Ghadamès, *essences et parfums* de Tripoli.

**Commerce.** — Le commerce maritime est presque entièrement entre les mains des Européens, (Anglais, Français, Italiens), et se fait par les deux ports de *Tripoli* et *Benghazy*. Il s'élève à 27 ou 30 millions par an au total. — Tripoli reçoit 1 800 navires de 400 000 tonnes; **Importations**: (*cotonnades, quincaillerie, fers, aciers, peaux*); part de l'Angleterre 3 millions de francs, de la France, 2 millions; — de l'Italie, 1 million: — **Exportations**: (*alfa, plumes d'autruche, ivoire, huile, poudre d'or, encens, natron* qui sert à la fabrication des savons); part de l'Angleterre, 8 millions, de la France, 4 millions.

**Voies commerciales.** — Tripoli est le principal port qui met l'Afrique centrale en communication avec la Méditerranée. Deux routes importantes en partent pour aboutir au Soudan.

La première passe à Sokna, traverse par Mourzouk les oasis du Fezzan, et descend sur Bilma pour arriver à Kouka, la principale ville du Bornou. La seconde atteint d'abord Ghadamès, c'est-à-dire les confins nord-est du pays des Touareg du Nord, de la tribu des Azdjer; elle passe à Rhat et de là descend également au Bornou, ou bien, obliquant à l'ouest, touche à la ville d'Agadès, située dans le pays d'Asben, au sud du puits d'Asiou, où la mission Flatters a été anéantie, et aboutit à Sokoto et à Kano, villes du pays de Haoussa. Le commerce de Tripoli dépend surtout de ses relations avec le Soudan. Jadis tous les produits de l'intérieur étaient expédiés de Ghadamès, où de riches propriétaires avaient concentré le commerce entre leurs mains, et servaient d'intermédiaires entre les peuplades africaines et les négociants tripolitains. Depuis 1873, les négociants israélites de Tripoli se sont affranchis du monopole des Ghadamésiens : n'osant point s'aventurer dans un pays où leur qualité d'étrangers et surtout leur religion ne leur assuraient aucune sécurité, ils ont intéressé dans leurs affaires et admis au partage de leurs bénéfices des conducteurs de caravanes arabes qu'ils envoient directement au Soudan. Tripoli est ainsi devenue le centre le plus considérable du commerce du Soudan central, de même que Khartoum est le centre du Soudan oriental.

« On ne saurait se faire une idée des difficultés que présente le commerce transsaharien, non seulement à cause de l'énormité des distances, qui varient entre 350 et 400 lieues, dont plus des trois quarts à travers le désert, mais aussi à cause des dangers auxquels les caravanes sont exposées. Dans bien des tribus de l'intérieur, les Arabes en sont encore à ces haines de voisinage des temps de notre féodalité. La politique des gouverneurs musulmans consiste à ne pas les éteindre; ils aiment mieux voir les tribus se battre entre elles que s'unir contre eux. Cependant les caravanes de la Tripolitaine voyagent dans une sécurité relative à cause du grand nombre de chameliers qui les composent. Il ne part, en effet, chaque année, de Tripoli pour le Soudan, que six ou huit grandes caravanes, qui comptent de 1 000 à 3 000 chameaux, conduits par plusieurs centaines d'Arabes, tous armés.

» Pour organiser une caravane, plusieurs négociants s'associent entre eux, à cause des risques à courir; ils réunissent leurs marchandises et les répartissent par charges. Chaque négociant a dressé l'état et la valeur des marchandises qu'il désire échanger contre des produits de l'intérieur; l'un n'a engagé que 5000 francs dans le voyage; un autre, 50 000; celui-ci, 20 000; cet autre, 30 000, etc. Bref, les marchandises peuvent représenter une valeur de 200 000 francs, sans compter quelques petits sacs de pièces de 20 francs ou de thalers, à l'effigie de Marie-Thérèse.

» J'ajoute à l'effigie de Marie-Thérèse, parce que ces pièces sont surtout connues au Soudan depuis plus d'un siècle et qu'elles ne donnent lieu à aucune contestation; aussi la Monnaie de Vienne en frappe-t-elle de temps à autre un certain nombre spécialement destinées au Soudan. Cet argent servira à l'achat des marchandises, en dehors des opérations d'échanges. Les négociants ont confié le soin de leurs intérêts à un caravanier arabe, vieux routier du désert, qu'ils intéressent de moitié dans les bénéfices de l'entreprise, tous les frais de transport à sa charge, et qui possède toutes les qualités requises de prudence, de courage, d'honnêteté et de connaissances en affaires pour mener à bien un voyage dont la durée est en moyenne de *deux années*. Car si les caravanes mettent de deux à trois mois pour aller au Soudan, le caravanier, après qu'il a franchi le désert, promène ses marchandises de villes en villes et de marchés en marchés, soit au Ouadaï, soit au Baghirmi, au Kanem, au Bornou ou au Haoussa, pour échanger ses marchandises ou procéder à des achats. Et c'est ainsi que ces déplacements à l'intérieur, avec des arrêts plus ou moins longs dans les principaux centres, exigent toujours plus d'une année avant les derniers trocs et les préparatifs du retour.

» Toutes ces opérations terminées, la caravane reprend la direction du littoral, chargée de nouveaux produits, et ne se sent réellement en sécurité qu'après avoir atteint Ghadamès ou Sokna. Alors elle s'allonge indéfiniment et revient par groupes, tandis que de rapides courriers, montés sur des méharas, sont détachés en avant pour annoncer l'heureux retour sans razzia. Dans les oasis, les femmes poussent de retentissants *youyou*

» pour manifester la joie qu'elles éprouvent plus ou moins de revoir leurs
» époux, et, à Tripoli, les négociants intéressés se congratulent et songent
» à écouler le plus cher possible en Europe les produits du Soudan. »
(Gaston LEMAY, *Temps*, mai 1883.)

**Superficie** : 1 033 350 kilom. car. — Population, 1 010 000 hab. (1 par kilom. car.). — **Races** : Arabes, Berbères, Maures, Koulouglis, Juifs, Nègres, Turcs, Maltais. — **Religion** : Musulmane. — **Monnaies** : La piastre turque vaut 0fr,22. — Revenus du beylik de Tripoli, 8 millions. Les produits des douanes et des ventes du sel sont envoyés à Constantinople.

## 2° EXTRAITS ET ANALYSES

### Tripoli.

« Par une de ces matinées très claires de l'Orient où l'air a une transparence telle que la vue discerne les moindres objets, même aux distances les plus éloignées, Tripoli m'est apparue sortant toute blanche de la mer bleue....... Lorsque le bateau, ayant tourné la ligne des récifs, arrive en face de la ville, on peut juger des avantages naturels d'un port dont l'incurie des Turcs ne sait tirer aucun parti[1]. Plût au ciel que nous eussions le pareil sur un point de la côte qui va de Tunis à Zarzis ! Un grand bassin, assez profond pour contenir les plus gros navires, s'étend au pied de la ville ; il est borné au nord-est par les rochers dont je viens de parler, et au sud-ouest par la plage tripolitaine et la belle oasis de Meschija, dont les palmiers verts font un heureux contraste avec le sable jaune du désert. On y entre par une ouverture étroite qu'indiquent deux bouées. La vue de la ville est assez séduisante, quoique fort inférieure à celle

---

1. Dans la nuit du 13 au 14 janvier 1880, huit bâtiments ont fait naufrage sur ces rochers. Les paquebots-poste étaient obligés souvent d'attendre, pour entrer dans le port, que le soleil eût dissipé les brouillards. Enfin, sur les instances de notre consul général, M. Féraud, le gouverneur a eu le bon esprit de faire construire, au sommet de la citadelle, un phare qui projette ses feux à 18 milles en mer. Ce phare a été inauguré le 15 novembre 1880 : M. Charmes dit que ce phare est fort impopulaire parmi les Turcs ; c'est l'œuvre des *roumis* qui doit fournir un jour les signaux à l'armée d'invasion dont ils redoutent la venue ! Il convient d'ajouter que, grâce à ses démarches actives et à son influence bienfaisante, M. Féraud a pu encore obtenir la création des phares de Benghazy, de Derna, de Khoms et de Misrata.

des petites villes de la côte tunisienne : Sousse, Mehédia, Monastir, etc. Des maisons blanches, surmontées de terrasses et de belvédères, où les habitants vont chercher l'air et la brise marine, descendent par une pente douce jusqu'à la mer; quelques minarets, dans le quartier turc, se dressent, de ci de là, au-dessus d'elles. Deux énormes constructions semblent écraser toutes les autres : d'un côté, c'est le fort avec son phare, ses murs plus ou moins délabrés et ses batteries neuves; de l'autre, c'est le château du Pacha, énorme bâtisse sans goût, sans élégance, rappelant de très loin les charmantes kasbas de Tunisie. L'oasis que l'on voit à sa gauche, en s'avançant dans le port, plaît beaucoup plus que la ville.

» Lorsqu'on débarque à Tripoli, on éprouve cette éternelle déception que causent les villes orientales. Le beau décor tombe; une réalité assez vulgaire apparaît. Néanmoins Tripoli ne manque ni d'originalité ni de quelque beauté. Tout près du port s'élève un arc de triomphe romain construit par un questeur en l'honneur des empereurs Marc-Aurèle et Lucius Ælius Vérus; les sculptures en sont lourdes, mais il est fort bien conservé. Un Maltais l'a transformé en magasin de tabac et en entrepôt d'épicerie; des barils d'huile, des paquets d'épices, des caisses de fruits secs en remplissent l'intérieur. Autour de l'arc de triomphe romain s'étend un quartier à demi européen où dominent les Italiens et les Maltais, c'est-à-dire la population ordinaire des Échelles du Levant. A mesure qu'on entre dans la ville, le caractère en devient plus oriental. Une belle rue recouverte d'arcades, qui vont du sommet d'une maison à l'autre, est complètement peinte en bleu, nuance fort heureuse dans une contrée où l'éclat de la lumière brûle les yeux; elle conduit au consulat français. La porte de ce consulat est gardée par de magnifiques cawas arabes et nègres, portant le costume des tirailleurs algériens, ce qui leur donne un air martial très convenable à Tripoli. Les autres rues sont moins élégantes. Plus propres peut-être qu'en Tunisie, elles laissent pourtant encore sous ce rapport beaucoup à désirer; du côté de l'oasis, d'assez grands boulevards, bordés de maisons ornées d'arcades, sont remplis d'une poussière aveuglante ; ils conduisent à la plage, qui sert de promenade au beau monde de Tripoli. Là, les femmes et les filles des consuls peuvent aller admirer les flots bleus de la mer. La plupart des maisons consulaires sont situées dans une longue rue qui part de cette plage et remonte dans la ville en suivant le mur d'enceinte. Elles sont riches et vulgaires comme tout ce que les Européens font en Orient. L'intérieur de la ville arabe et le quartier juif attirent bien autrement l'attention : on y rencontre de fraîches ruelles ensevelies sous les arcades, des maisons absolument closes, des constructions bizarres et pittoresques.

» Le point principal de la ville est le quartier du commerce où sont établis des bazars couverts semblables à ceux qu'on rencontre dans tout l'Orient. Mais, si les bazars de Tripoli ne diffèrent pas, comme construction, de la plupart des autres, en revanche, ils sont très remarquables par la variété de physionomies des marchands et des acheteurs. C'est même là, à tous égards, le mérite propre, l'originalité de Tripoli. J'ai beaucoup voyagé en Orient ; nulle part, ni au Caire, ni à Damas, ni à Constantinople, je n'ai observé une telle diversité de types, de couleurs et de costumes. « Tripoli, a dit le
» docteur Nachtigal, est le grand entrepôt commercial des
» habitants de Ghadamès, qui commandent, par leur trafic,
» le désert de l'Ouest, sont les correspondants d'affaires
» des Touareg, possèdent des comptoirs dans les états
» d'Haoussa, et vont, par Touat, jusqu'à Timbouktou. Les
» négociants locaux eux-mêmes, ainsi que ceux de la Cyré-
» naïque, les habitants du Ghârian et des oasis du Fezzan
» partagent leur activité commerciale entre les Etats
» d'Haoussa et le Bornou ; ils se sont aussi mis, dans ces
» derniers temps, à aller jusqu'à l'Ouadaï ; réciproquement,
» on trouve à côté de ces négociants leurs correspondants
» de toutes les régions de l'Afrique centrale, depuis le riche
» Ghadâmesien, porteur de burnous et d'escarpins, jusqu'au
» Touareg à la face voilée, depuis le Fezzanais jusqu'au nègre
» du Bornou et d'Haoussa, et au Toubou à la taille

20

» élancée[1]. » Le spectacle des bazars et des rues de Tripoli ressemble donc à une immense exposition ethnographique où tous les spécimens de l'humanité africaine seraient représentés. Je ne sais si cela tient aux circonstances actuelles; mais ces spécimens m'ont paru avoir un aspect assez sauvage. Ces Arabes aux figures bronzées par le soleil, ces riches négociants du désert couverts de costumes sous lesquels ils semblent enfouis, surtout ces Touareg dont la barbe est enfermée dans une sorte de sac et le front revêtu d'un voile qui laisse à peine passer les yeux ont quelque chose de sombre, de mystérieux, dont l'impression est assez vive. J'ai quelque peu frissonné, j'en conviens, à la vue du premier Touareg que j'ai rencontré. Le cawas du consulat, qui me conduisait, me l'a montré en me disant : « Voilà un des assassins du » colonel Flatters! » Cette manière de présenter les gens n'est guère faite pour les rendre agréables. D'ailleurs, toute cette population mêlée de Tripoli n'a point l'air de bonne humeur, de douceur ou d'indifférence fataliste des Arabes du Caire, de Damas et de Tunis. C'est du centre de l'Afrique, c'est de ce foyer presque inconnu de barbarie, où le soleil a des ardeurs sans pareilles, où la nature imprime aux hommes sa rudesse et sa sauvagerie, que viennent les passants que l'on coudoie dans les ruelles sombres de Tripoli. Ils ne se dérangent pas pour vous laisser la place, et Dieu vous préserve de les bousculer, comme vous pouvez le faire sans inconvénient en Egypte, en Syrie ou en Tunisie! Ici, on est en pays ennemi, fanatique; la haine ou le dédain brille sur tous les visages. On ne saurait faire un pas sans croiser des marabouts portant d'immenses drapeaux et prêchant la guerre sainte contre les infidèles. Ils pullulent partout, et souvent ils marchent accompagnés d'une foule qui pousse des cris autour d'eux. Les Turcs, les Asiatiques, assez nombreux à Tripoli, n'ont pas une mine plus rassurante que les Africains. Cette ville est une sorte de lieu d'exil et de déportation où

---

1. *Sahara et Soudan*, par le docteur NACHTIGAL, traduction de Jules GOURDAULT, pp. 16 et 17.

l'on expédie les esprits remuants, les hommes dangereux de l'empire ottoman, les employés civils et militaires dont on veut se défaire, les Kurdes aventureux, les Circassiens intraitables, les vauriens, les malfaiteurs qui n'ont point commis de crimes nettement punissables, mais qu'on redoute de laisser chez eux.

» Je ne veux pas dire cependant que toute la population de Tripoli ait l'apparence rébarbative que j'attribue aux soldats et aux habitants du centre de l'Afrique. Les vrais indigènes ressemblent à tous les Arabes des côtes, sont fort doux et, sans aimer les Européens, — aucun musulman ne les aime, — n'ont pas pour eux de mauvais sentiments. Tripoli compte environ 25 000 habitants : 15 000 musulmans (Arabes, Berbères, Maures, Kourouglis), 6 000 Juifs, 3 000 Maltais, 900 Italiens et 100 Européens de nationalités diverses. Les Arabes, Berbères, Maures, Kourouglis disparaissent presque devant les étrangers : l'afflux de ces derniers les a fait se retirer de préférence dans les jardins de la ville, qui forment une localité à part tout près de celle-ci. Ces jardins ornent la belle oasis de la Meschija et sont d'une grande richesse. Il y a là de nombreuses maisons et quelques villages importants. On remarque aussi dans l'oasis les tombes des sultans karamanlis et le marabout à douze dômes de Si Hamouda. La Meschija est donc un prolongement et comme un faubourg de Tripoli. A côté des Arabes et des Berbères y vit la race croisée des Kourouglis, descendants de Turcs qui ont épousé des femmes indigènes. Ils ont la prétention de former l'aristocratie du pays, mais, en somme, ils ne jouissent d'aucune considération, d'aucune influence. Ce sont les Turcs pur sang qui dominent à Tripoli, soit dans le gouvernement, soit dans les administrations publiques. Quant au commerce, il est surtout entre les mains des Arabes du centre de l'Afrique, des Juifs et des Maltais qui jouent à Tripoli le même rôle que dans les autres Échelles du Levant. « Au Hâra (quartier juif), dit le » docteur Nachtigal, confine la partie de la ville où les » Maltais ont élu domicile et où l'on retrouve partout leur

Vue des monts Gharian (Tripoli).

» empreinte caractéristique. Dans toutes les cités côtières de
» la Tripolitaine, de la Tunisie et de l'Algérie (le docteur
» Nachtigal aurait pu ajouter : de l'Egypte), cet élément mé-
» diterranéen est abondamment représenté ; il a des relations
» très étroites avec la population mahométane ; il est d'une
» activité infatigable, merveilleusement entendu en affaires,
» extraordinairement économe, doué d'une énergie vitale et
» d'une élasticité par lesquelles il influe beaucoup sur le dé-
» veloppement de la prospérité collective. A Tripoli, presque
» tous les Maltais sont négociants, et une chose vraiment
» incroyable, c'est la diversité des objets dont ils trafiquent,
» et l'exiguïté de l'espace où ils savent les loger : bière
» anglaise, vin, tabac turc, cigarettes exécrables, mou-
» choirs de poche, tasses, tchibouks, pantalons de confec-
» tion, café, thé, cierges, allumettes, chemises, couteaux,
» oranges, tout se trouve chez ces prodigieux représentants,
» sortes d'intermédiaires entre l'Africain et l'Européen.
» Les musulmans, tout en ayant du mépris pour eux, ne
» laissent pas que de les tolérer; c'est une croyance popu-
» laire, dans toute la région du nord de l'Afrique, que les
» Maltais sont des Arabes mâtinés de sang chrétien[1]. » Les
Italiens ne diffèrent pas beaucoup des Maltais ; en général,
ce sont d'assez pauvres diables, doués de beaucoup d'énergie,
d'entregent et d'activité, ne partageant en rien les passions
anti-françaises de leurs compatriotes de la péninsule. Il y a
parmi eux un ou deux hommes remuants qui font beaucoup
de bruit, mais la masse est des plus paisibles. Catholiques
avant tout, Maltais et Italiens regardent notre consul, lequel,
vous le savez, exerce le protectorat catholique, comme le
vrai, l'unique consul. Lorsqu'on parle à Tripoli du consul
d'une autre puissance, on dit : le consul anglais, le consul
italien, le consul allemand; mais, lorsqu'on parle du consul

---

[1] On trouve aussi à Tripoli des nègres amenés du Soudan comme esclaves; suivant M. Nachtigal, les grands personnages de Tunis achètent à des prix élevés des domestiques noirs, eunuques ou femmes de service, à Tripoli. La traite, à vrai dire, est interdite d'une façon sévère dans cette dernière ville, et elle a certainement beaucoup diminué; mais cela n'empêche pas qu'il ne s'y fasse encore un commerce clandestin de denrée noire.

français, on dit : le consul. Cela tient à l'importance toute particulière du rôle que nous avons joué durant des siècles en Orient, et dont il ne nous reste plus, comme dernier vestige, que le monopole du protectorat catholique. »

Gabriel CHARMES,
*Tripoli et la Tripolitaine.*
(*Journal des Débats* du 10 septembre 1882.)

### Ghadamès.

« Ghadamès, l'ancienne Cydamus, est une oasis située à 520 kilomètres sud-ouest du port de Tripoli. Sa surface totale, comprise entre les remparts et calculée sur le plan qui a été levé par M. de Polignac, est de cent hectares, y compris les palmeraies. On évalue à 60 hectares l'espace occupé par les ruines contiguës à la ville. La population, qui est divisée, comme dans tous les ksours, en plusieurs fractions, s'élève à 6000 habitants. Il y a deux quartiers distincts, avec leurs mosquées et leurs écoles : celui des Beni-Oulid et celui des Beni-Ouazit; mais la muraille de délimitation est noyée presque entièrement dans le massif des habitations. Toutefois, sur la place du marché, qui est commune aux deux fractions, restent debout et bien conservés deux fortins se faisant face l'un à l'autre, à 25 mètres de distance seulement, sans que les citoyens se rappellent qu'ils ont servi autrefois à défendre les principales communications des deux parties de la ville. Ce qui peut donner une idée de la tolérance des Ghadamésiens, c'est la présence au milieu d'eux d'une caste formée par les nègres affranchis et qui portent le nom d'*atria*. Les atria sont ouvriers ou domestiques libres, mais ils ne jouissent pas de la plénitude des droits politiques. De même que chez les Beni-M'zab, à Ouargla et à Goléa, le fond de la population est resté berbère, malgré les mélanges qui se sont opérés. Ce sont des Amazigh.

» A l'intérieur, les rues étroites, couvertes sur presque toute leur longueur, et par suite fort obscures, offrent l'aspect d'un souterrain percé de galeries. Sur quelques points où l'interruption des voûtes permet à la lumière de descendre dans la rue; des boutiques de deux ou trois mètres de capacité sont ménagées dans l'épaisseur des maisons pour les articles d'épicerie, de mercerie et de menue quincaillerie : elles alternent avec des petits ateliers où des artisans fabriquent de la chaussure, de la ferblanterie ou quelques menus objets de serrurerie. Le vendredi, après la prière solennelle de midi, le marché a lieu : les ventes s'y font aux enchères.

» Les maisons de Ghadamès sont construites d'après le type mauresque, excepté celles qui sont destinées à servir de magasins. Elles n'ont qu'un étage, qui est recouvert par une terrasse, au milieu de laquelle est ménagé un regard rectangulaire. C'est par cette ouverture que la lumière du jour pénètre dans les chambres, les habitations n'ayant point de cour à ciel ouvert, comme dans les villes du nord de l'Afrique. Au rez-de-chaussée sont posées ou accrochées les cruches et les peaux de bouc, où se rafraîchit la provision d'eau de la journée, précaution qu'exige la température élevée de l'eau à la source (28 degrés). Voici la disposition de l'étage, qui sert de logement à la famille : au centre, une longue chambre éclairée et aérée par le regard ouvert dans la terrasse ; dans un angle de cette salle se dessine une sorte d'alcôve, et de l'angle opposé part l'escalier qui mène à la terrasse. Plusieurs niches, prises dans l'épaisseur de la maçonnerie, reçoivent quelques poteries et des ustensiles de ménage ! Tout est d'une simplicité qui rappelle les premiers âges. Le sol est couvert de nattes ou de tapis, sur lesquels on pose un matelas et des coussins.

» ..... A part deux petites casbas qui se dressent sur le marché, Ghadamès ne possède, en fait d'édifices publics, que des chapelles et des mosquées, dont l'architecture répond aux constructions particulières. Les deux mosquées principales sont surmontées d'un minaret de forme carrée, qui s'élève en s'amincissant : du haut de ces tours, on peut observer l'arrivée des caravanes, espoir de ces marchands. A chacune des maisons de prière est annexée une école primaire : on tient à ce que les enfants apprennent à lire, à écrire et à compter :

cependant les exercices de lecture sont empruntés au Koran, livre peu fait pour développer l'intelligence. Nous nous sommes laissé dire qu'il y a peu de gens à Ghadamès qui ne soient capables de faire leur correspondance et de tenir leurs registres de commerce. Il est pourvu à l'entretien de tous les établissements publics au moyen de nombreux *habous* ou fondations pieuses, qu'administre un comptable (*oukil*) nommé par le conseil municipal.

» Ghadamès doit son existence à une source jaillissante qui seule fournit l'eau potable : l'irrigation est entretenue par plusieurs puits, dont deux produisent de l'eau chaude. Le bassin ou réservoir de la source principale est l'œuvre des Romains. On croit généralement qu'elle a une origine artésienne ; mais son niveau peu élevé ne permettant que l'arrosage d'une petite quantité de terrain, il a fallu recourir au travail de l'homme pour favoriser l'écoulement destiné aux cultures. Il y a une réglementation du droit à l'eau, droit qui s'achète fort cher [1]. L'administration emploie le procédé suivant :

» L'un des canaux (*seguia*) passe sous la place du marché, et, à l'endroit où l'eau débouche, se dresse une petite niche dans laquelle est installée une clepsydre que surveille un enfant. Une tasse de fer battu, appelée *gadous* (κάδος), et percée d'un petit trou au fond, est remplie d'eau et suspendue au-dessus du canal. Quand elle s'est vidée, l'enfant la remplit de nouveau et cela indéfiniment, de jour comme de nuit, en faisant à chaque fois un nœud à une cordelette de filaments de palmier. Au centième nœud, il met de côté la cordelette, afin de la présenter au syndic (amin-el-ma), puis il en prend une autre. La tasse se vide ainsi cinq cents fois par vingt-quatre heures, ce qui donne une durée d'un peu plus de trois minutes pour l'opération. Il est bien entendu que l'enfant est relevé plusieurs fois par jour. C'est ainsi que se mesure le droit à l'irrigation.

---

1. M. de POLIGNAC a fait connaître cette réglementation dans sa *Notice sur l'oasis*. (*Mission de Ghadamès*, p. 109.)

» Aux nègres incombe le travail de la terre, et ils ont en outre à préserver les cultures contre l'envahissement continuel des sables. Ils excellent à soigner les palmiers ; mais ils ne mettent aucun zèle à les multiplier, tandis qu'il a été constaté par des explorateurs tels que Laing, Richardson, Barth, Duveyrier, Bonnemain et Mircher, qu'il est facile d'étendre la surface des jardins autour du ksar. La misère qui en résulte pèse sur les gens de la classe inférieure, obligés de faire venir, à des prix relativement élevés, les denrées indispensables à la vie, notamment l'orge, qui est la base de la nourriture. Ils tirent ces objets du Djebel.

» .... Au point de vue du négoce, l'oasis de Ghadamès est depuis bien des siècles l'entrepôt des marchandises venues de Tripoli ou du Soudan, le rendez-vous des caravanes, une halte pour les pèlerins. Toutefois il s'agit de préciser les choses, quand on parle du commerce soudanien. Sans la vente des nègres, il n'y eût eu que de bien faibles bénéfices à tirer du trafic de la poudre d'or, de l'ivoire, des armes, de l'indigo, du safran, des gommes, des dépouilles d'autruche, etc.; le commerce des esclaves a toujours tenu la première place dans les opérations de ces négociants si pieux et si consciencieux, et l'abolition de la traite par les Turcs explique parfaitement la ruine du pays. Aujourd'hui les affaires languissent ; on ne s'occupe que du nécessaire. En résumé, si quelques individus possèdent de l'argent, la majorité des habitants ne se soutient que par une sobriété poussée à l'extrême. A cette cause de l'appauvrissement de l'oasis vient se joindre la concurrence qui lui est faite par Mourzouk, si avantageusement située sur la route qui va de l'Egypte aux provinces de Bornou et d'Haoussa. C'est par ce côté, pour ne parler que de l'est, que voyagent les marchands, afin d'être plus sûrs d'échapper aux Touâreg, terreur du désert... Sur le marché de Ghadamès, il y a liberté et franchise absolue pour toutes les marchandises ou denrées, quelles qu'en soient la provenance et la destination. C'est au commerce extérieur que cette oasis doit sa fortune, en sorte que l'on n'y remarque de l'animation qu'à l'époque de la formation des caravanes qui vont chercher des marchandises à Tripoli, pour les transporter à Ghât, au Touat et dans les villes principales de la Nigritie, ou bien au moment où ces mêmes caravanes reviennent avec les produits soudaniens obtenus en échange des marchandises... Les progrès du Koran et la conversion toujours progressive des peuplades noires à la religion de Mahomet ont ouvert aux habitants de Ghadamès la route du Niger : il est certain que leur génie commercial autant que leur activité leur y ont assuré une véritable influence. Profitant de l'accès facile que leur garantissait la communauté de foi, ils y font des voyages continuels, et ont acquis presque partout droit de cité. Ils ont même à Timbouktou un quartier réservé qu'ils occupent depuis le quinzième siècle, et les plus belles maisons de Kano leur appartiennent. »

Auguste CHERBONNEAU,
*Ghadamès et le commerce soudanien.*
(Revue de géographie, juin 1881.)

### 3° BIBLIOGRAPHIE

BARTH (trad. ITHIER). *Voyages et découvertes dans l'Afrique septentrionale et centrale.* — (Paris, 1863, t. I$^{er}$, Didier.)

BEULÉ. *Découvertes à Cyrène.* — (Journal des savants, mai 1868.)

CHERBONNEAU (A.). *Ghadamès et le commerce soudanien.* — (Revue de géographie, juin 1881.)

ERWIN VON BARY (D$^r$). *Voyage dans le Djébel tripolitain.* — (Explorateur, n° 75, 1876.)

FÉRAUD (Ch.) *Note sur un voyage en Tunisie et Tripolitaine.* — (Revue africaine, 1876.)

FONTPERTUIS (de). *La Tripolitaine, le Fezzan, le Tibesti.* — (Revue scientifique, 27 juin 1882.)

HORNEMANN (Fréd.-Conrad). *Voyage dans l'Afrique septentrionale, depuis le Caire jusqu'à Mourzouk*, trad. de l'anglais, par Griffet de la Baume. — (Paris, 1803, 2 vol. in-8°, fig.)

KRAFFT (baron de). *Promenades dans la Tripolitaine.* — (Tour du Monde, 1$^{er}$ sem. 1860.)

LARGEAU (V.). *Voyage à Ghadamès.* — (Bulletin de la Société de géographie, novembre 1875.)

LARGEAU (V.). *Voyage à Ghadamès.* — (Explorateur, n°$^s$ 5 et suivants, 1875; — Congrès international des sciences géographiques, t. I$^{er}$.)

LETRONNE. *Notice sur l'oasis de Ghadamès et de ses antiquités.* — (Revue archéologique, t. IV, p. 301.)

MALTE-BRUN. *Description de Ghadamès.* — (Bulletin de la Société de géographie, 1857, t. II.)

NACHTIGAL (G.) *Sahara et Soudan*, trad. par GOURDAULT. — (Paris, 1881, in-18, t. I$^{er}$, Hachette.)

Pasqua (Dʳ). *Notes sur le commerce, l'agriculture, le climat de Benghazi.* — (*Revue de géographie,* février 1881.)

Pellissier de Reynaud (E.). *La régence de Tripoli.* — (*Revue des Deux-Mondes,* 1ᵉʳ octobre 1855.)

Polignac (de). *Mission de Ghadamès.* — (In-8°, 1862.)

Primaudaie (Elie de). *Le littoral de la Tripolitaine, commerce, navigation, géographie comparée.* — (*Nouvelles Annales des voyages,* juillet-septembre 1865.)

Rohlfs (Gerhard). — *Rapport sur le voyage de Bengazi à l'oasis de Jupiter Ammon, par les oasis d'Audjila et Djalo.* — (*Bulletin de la Société de géographie,* juin 1869. — *Id.*, septembre 1880.)

Vivien de Saint-Martin. *Sur les anciens sites de la Tripolitaine.* — (*Revue archéologique,* décembre 1861.)

Wiet (E.). *La Tripolitaine.* — (*Bulletin de la Société de géographie,* décembre 1870.)

---

# CHAPITRE II

## LE SAHARA

### 1° RÉSUMÉ GÉOGRAPHIQUE

#### I. — GÉOGRAPHIE PHYSIQUE

On a cru longtemps qu'au-delà du plateau de l'Atlas et des chaînes côtières qui s'y rattachent du côté de la Tripolitaine, s'étendait sur une longueur de 2 000 kilomètres, une plaine de sable, ancien fond de mer desséché, et située au-dessous du niveau de l'Océan[1]. « La vérité est que le Sahara, pris dans » son ensemble, est notablement au-dessus de l'Océan ; ce n'est pas le sable » qui y domine, c'est un sol cailloutèux et dur, et au lieu d'une surface » plane, nous avons une variété inattendue de hauteurs et de vallées. »

**Limites ; superficie.** — Au nord, les derniers versants de l'Atlas ; le plateau de Hamada, le Haroudj, le plateau de Barka ; — au sud, les vallées du Sénégal et du Niger, le bassin du lac Tsad, les pays du Ouadaï, du Darfour, du Kordofan ; — à l'ouest, l'océan Atlantique, de l'Ouad-Noun au pays des Trarza ; — à l'est, la vallée du Nil. Longueur du nord au sud, 1 800 kilomètres ; largeur de l'est à l'ouest, 4 500 ; superficie, 6 millions et demi de kilomètres carrés.

**Littoral.** — Le Sahara est presque inaccessible par mer : littoral bordé

---

1. MM. Charles Martins et Desor, ont voulu établir, en prenant pour indices la présence de lacs salés et la rencontre de quelques coquilles d'un mollusque qui vit dans la Méditerranée, que le Sahara était une mer intérieure, peu profonde, dont les eaux s'étaient évaporées sous l'influence d'un soleil ardent ; les sables, les argiles, les cailloux roulés en auraient élevé peu à peu le fond. Mais les recherches de M. Pomel prouvent que les restes organiques trouvés dans le Sahara sont des débris de coquilles terrestres ou fluviales. Il n'y a là absolument rien qui vienne de la mer. De plus, l'élévation moyenne du Sahara est de 500 mètres au-dessus du niveau de la Méditerranée.

de dunes, stérile et sauvage, mer semée d'écueils et sans profondeur; cap *Bojador*, cap *Blanc*, baie du *Lévrier*, baie et île d'*Arguin*; les comptoirs d'Arguin et de Portendick appartiennent à la France et dépendent du Sénégal[1].

**Nature et relief du sol.** — On distingue, en dehors des montagnes, trois natures de sol particulières au Sahara : la *Hamada*, l'*Erg* ou les *Ahreg*, la *Sebkha* ou *Chott*. — La *Hamada* est le vrai désert, sol dur par excellence, comme l'indique le mot Sahara, de nature rocheuse ou terreuse, presque totalement dépourvu d'eau, de végétations et d'animaux, désolé, inhospitalier. Elle occupe les plus grandes surfaces du Sahara, surtout au midi. Sa stérilité est due au climat : la chaleur varie entre 40 et 50 degrés. L'insalubrité y résulte surtout de la différence de température du jour et de la nuit. — L'*Erg* ou les *Ahreg* sont la région du sable ou des dunes. Ce n'est point, contrairement aux idées reçues, la partie essentiellement aride du désert. C'est le passage préféré des caravanes : on y trouve des nappes d'eau stagnante peu profondes, on y creuse des puits instantanés, les chameaux y rencontrent quelque végétation. — La *Sebkha* ou chott ne constitue pas une région particulière : c'est un accident au Sahara. Il y a des chotts à toute altitude, temporairement inondés ou toujours à sec.

Le Sahara est un pays analogue aux autres par sa constitution physique : il a, comme eux, des montagnes, des plateaux, des vallées, des fleuves, des rivières, dont les lits presque constamment à sec n'en appartiennent pas moins à des bassins parfaitement définis.

La longue chaîne des montagnes côtières de l'Afrique du nord a été brusquement interrompue par l'échancrure des deux *Syrtes*; mais les monts de la Tripolitaine (altitude moyenne 700 m.; *Douira*, *Nefousa*, *Ghârian*, *Tarhouna*) procèdent du même soulèvement que les chaînes occidentales de l'Atlas : ils se composent surtout de roches calcaires. Sur le versant sud de ces plateaux (*hamadas*) commence le désert proprement dit, la région des plaines plus ou moins élevées appelées *serirs*, que dominent au sud, et de l'est à l'ouest, d'autres reliefs isolés, ceux du *Tibesti*, du *Hogghar*, d'*Aïr*. « On entre d'abord sur de hautes plaines pourvues d'excellents pâtis qu'in-
» terrompent d'innombrables et spacieuses vallées, avec des lits de cours
» d'eau presque toujours à sec (*ouadis*), et où le sol fertile se prête de
» place en place à la culture des céréales; puis, à mesure que les plaines
» se font plus rares, l'humus, le sable et l'argile diminuent; ce qui prédo-
» mine, c'est un fond rocheux, que parsèment des cailloux de toute sorte,
» ou un terrain calcaire nu; les vallées fluviales sont moins profondément
» entaillées et plus infécondes; les nombreuses collines de plus en plus
» glabres. Enfin l'on atteint la région des serirs, dont la surface de gravier
» dur s'étend au loin à perte de vue, et qui constituent la partie la plus
» désolée du désert (Nachtigal, p. 84). »

1° A l'ouest, l'oasis d'*Adrar*, est formée de montagnes rocheuses assez

---

1. Le vaisseau *la Méduse*, qui portait les fonctionnaires et les troupes chargés de reprendre possession du Sénégal en 1817, fit naufrage sur le banc d'Arguin par l'incapacité de son capitaine, qui se sauva dans une chaloupe, abandonnant une partie de son équipage. Cent cinquante malheureux, réfugiés sur un radeau, moururent de faim presque tous; treize seulement purent être recueillis vivants par un navire étranger. On sait que cette dramatique aventure a inspiré au peintre français Géricault son admirable tableau, le *Radeau de la Méduse*, qui est au musée du Louvre.

élevées; l'oasis de *Tiris* est une région granitique qui s'étend jusqu'à l'Atlantique (mont *Idjil*, 80 m.).

2° Au centre, entre les 22° et 27° degrés de lat. N. et les 1er et 6° degrés de long. E., se trouve le massif du *Hogghar* ou *Ahagghar*, véritable Suisse africaine, qui forme l'ossature principale du désert. Les points culminants de ce plateau central, où nul voyageur n'a encore pénétré, passent pour être élevés de 2 500 à 3 000 mètres. Selon M. Duveyrier, le plateau a en largeur et longueur 400 kilom. Quant au climat, les indigènes assurent que certains sommets, les monts *Ouâdan* et *Ouâtellen*, y sont parfois couverts de neige. Les terrasses principales sont celles de *Mouydir*, *Tassili*, *Eguiri*, *Tinghert*, hautes de 500 à 1 000 mètres, souvent dépourvues d'eau, sujettes à des sécheresses qui se prolongent parfois des dizaines d'années et sont suivies d'averses diluviennes qui, pour quelques heures, transforment en fleuves torrentiels les lits d'écoulement des innombrables vallées de la région.

Presque toutes les vallées qui descendent du Hogghar et du Mouydir se réunissent dans trois grandes rivières à sec qui vont se perdre : l'*Igharghar*, au nord, dans le chott Melrir; le *Tâfasâsset*, au sud, dans le Niger par le *Balloul-Basso* qui passe à l'ouest de la ville de Sokoto; le *Tirhchèrt*, à l'ouest. La topographie de l'immense surface de terres occupée par ces trois bassins est presque aussi peu connue que celle du relief qui en forme le nœud.

3° Au sud-est du Hogghar, le djebel *Aïr*, sur la route du Soudan, est une région coupée de hautes montagnes de granit, de basalte et de grès (12 à 1 500 m.); l'oasis de *Damerghou* est un plateau calcaire voisin du Soudan. — A l'est, un autre plateau porte l'oasis de *Kaouâr*, *Bilma*; — le pays des *Toubous* (*Tibbous*), ou *Tibesti*, est traversée par une chaîne de montagnes et de rochers d'origine volcanique.

**Le massif du Tibesti.** — « Le relief Tibestien, écrit M. Nachtigal, peut
» être considéré comme une annexe du système Touâreg, qui, sous le nom
» de Hogghâr, se dresse à la partie est du Sahara occidental, et qui va
» s'abaissant en forme de terrasses vers le haut plateau sud oriental qui
» confine au pays des Toubous. Ce plateau, à l'endroit où le traverse la
» route du Fezzan au Bornou, a une élévation de 600 à 700 mètres, et le
» plan régulièrement dégradé qui s'étend sur un espace de 500 kilom.
» environ, entre la région de Ghât et les monts *Tummo* présente des chaînes
» rocheuses qui bien qu'interrompues par endroits, ne s'en rattachent pas
» moins au massif Touareg septentrional. » Le plateau d'*Alaota-Kiou*
et les monts *Tummo* se relient au district d'*Afâfi*, qui fait partie du système Tibestien. Là commence la grande chaîne des monts du Tibesti qui se prolongent au sud-est jusqu'à la dépression du pays de *Wanjanga* (entre 22° et 18° de lat. N., et par 15° et 21° de long. E.). Le point culminant, au nord, est le nœud du *Tarso*, épais de 80 à 100 kilom., que M. Nachtigal a franchi à l'altitude de 2 200 mètres. Du Tarso rayonnent une multitude de chaînes : à l'ouest, l'*Asebûta*, le *Nanagamma*, le *Mini*; — au sud, le *Toadê*, l'*Emi-Bomo*; au nord, le *Timi*, et le principal de tous ces massifs, le *Toussidde*. — Au sud-est, s'élèvent le *Tasserterri* et l'*Emi-Koussi* qui est, au dire des habitants, aussi élevé que l'*Emi-Toussidde*. Le Koussi est le nœud de chaînes secondaires très variées d'aspect et de hauteur; la plus considérable est le massif du *Gummer*. Entre 16° et 18° de lat. N. se développent du sud-ouest au nord-est, les montagnes du pays d'*Ennêdi* (mont *Gouro*).

La chaîne Tibestienne sépare deux versants : à l'ouest des monts Afâfi

se creusent les vallées de l'*enneri* (ou oued) *Lolemmo*, du *Moammo*, etc.; à l'ouest du Tarso, les vallées du *Tao* et du *Zouar*; à l'est, celle de l'enneri *Ouddêno* (rivière des gazelles), qui vient aboutir à l'enneri Bardaï. « L'en-
» neri Ouddêno s'est frayé avec peine un chemin tortueux au travers des
» rochers, dans la direction du nord-est. Des parois à pic, de 30 à
» 50 mètres de hauteur, en forment l'encaissement, et le lit en est sou-
» vent obstrué par d'énormes éboulis de blocs de grès » (NACHTIGAL). —
Du massif du Koussi descendent à l'ouest l'enneri *Miski*; l'enneri *Tukki*, tributaires du *Domar*, etc. Au pied de l'enneri Koussi jaillit une source d'eau thermale (*jériké*); et au pied du Tousside, s'ouvre un vaste cratère, arrondi en forme d'entonnoir, ayant plus de 50 mètres de profondeur, le *trou au Natron*. (V. Nachtigal, p. 176 et 236.)

Au nord des montagnes d'Ennédi ou pays des Baelé s'ouvrent les vallées *Duggero*, *Tebi*, *Murdo*, etc.; au sud l'enneri *Boró* et l'enneri *Billia*: cette dernière vallée est le centre du trafic des Baelé entre eux et avec leurs voisins les Zoghàwa.

Entre le Tibesti méridional et l'Ouadaï s'étendent les régions du Borkou et du Bodelé, dont l'entrée est marquée au nord par la source de *Galakka*. Nachtigal a démontré que le *Bahr-el-Ghâzal*, tributaire des plaines de Bodelé et d'Eguei, que Barth et Overweg regardaient comme un affluent du lac Tsad, était au contraire un émissaire dudit lac, « un écouloir desséché de la lagune bornouane. » Le pays d'*Eguei*, de *Bodelé*, du *Toró* au Borkou, est généralement inférieur au niveau du lac Tsad.

## II. — GÉOGRAPHIE POLITIQUE

1º **Sahara occidental ou Sahel.** — Il est traversé par les caravanes qui vont du Maroc au Soudan. Les oasis principales sont:

**Adrar**, à 400 kilom. du Sénégal et du cap Blanc, centres principaux: *Chinguetí*, (800 maisons) *Atar* (500), *Ouadan*, *Oudjeft*.

**Tiris**, au nord-ouest de l'Adrar, région de pâturages fréquentée d'octobre à mai par les troupeaux des Oulad-Delim; au nord-est se trouve la grande sebkha d'*Idjil*, possession de la tribu des marabouts Kountah, qui fournit du sel à toute la contrée.

Au mois de février 1860, le gouverneur du Sénégal, M. Faidherbe, ayant obtenu du roi des Maures Trarza sa protection pour les voyageurs qui iraient explorer l'Adrar, dans le Sahara occidental, le capitaine d'état-major Vincent fut chargé d'une mission. Il partit avec trois spahis, un interprète et un domestique. Des guides Trarza les accompagnèrent dans le pays d'Eguidi, dans le Dahar, à l'escale de Portendick, à la baie d'Arguin et dans le Tiris.

« C'est entre le Tiris et l'Adrar occidental que se trouve la grande sebkha
» d'Ijil, véritable mine inépuisable de sel gemme, qui a une longueur de
» 25 à 30 kilomètres sur une largeur de 10 à 12. Les couches de sel cris-
» tallin y sont au nombre de quatre, variant de 5 à 20 centimètres
» d'épaisseur. L'extraction du sel coûte peu à cause de la faible profondeur
» à laquelle il faut atteindre pour rencontrer la première couche : on coupe
» avec de petites haches le sel par planches de 1 mètre de long sur 40 cen-
» timètres de large, et on les entasse en amas assez considérables pour
» pouvoir suffire aux demandes des caravanes qui viennent pendant ou
» après la saison des pluies, quand l'eau de la sebkha ne permet pas
» l'exploitation. Les Kountah, propriétaires de la sebkha, se font payer en

» chameaux le prix de l'extraction, et par charge un droit fixe de sortie.
« Le sel est exporté non seulement dans l'Adrar, mais encore au Tagant,
» à Tichit, à Oualata, au Kaarta, au pays des Bambaras, au Ségou et au
» Macina, où il acquiert une valeur considérable. On évalue à plus de
» vingt mille charges de chameau le produit annuel moyen de la sebkha,
» ce qui, en portant la charge à 200 kilogrammes, ferait un total de
» 4 millions de kilogrammes. »

**Tagant**, au sud-est de l'Adrar, à 80 lieues de Bakel, ville principale *Tichit*, région dominée par les Maures Douaïch, et riche en sel gemme.

**Oualata, El-Hodh,** au sud-est de Tagant, villes principales *Kassambara*. Ces diverses oasis sont habitées par des *Maures* (*Trarza, Brakna, Oulad-Delim, Douaïch*).

2º **Sahara central.** — L'oasis de **Rhât** ou **Ghât**, séparée du Souf algérien et de l'oasis de Ghadamès par une région de rochers calcaires et de dunes de sable où se trouvent quelques sources, comme celle d'El-Biod, est à 1200 kilom. de Laghouat, villes principales *Ghât, Barket, Djanet*; à l'est, se dresse la chaîne des monts *Akak-Rous* (660 m.), dernière ramification du Hogghar.

**Hogghar** ou **Ahagghar**, oasis bien arrosées, centre des tribus Touareg (200 000), villes principales, *Idelés, Tadent, Temassinin*. (V. plus loin aux lectures.)

**Touât**, groupe d'oasis long de 300 kilom., large de 160, situé à 700 kilom. sud-ouest de Laghouat, et à mi-chemin de Timbouktou et d'Alger (1100 kilom.). On les divise en trois parties : le *Gourara*, au nord, ville principale *Timimoun* : — Le *Touât*, au centre, ville principale *Adrar*; — le *Tidikelt* au sud, ville principale *In-Çàlah* ou *Aïn-Salah* et *Agably*. Le Touât arrosé par le *Zaoura* et ses affluents, habité par des Berbères, mélangés d'Arabes, et par des nègres esclaves, est une confédération indépendante, gouvernée par une djemâa ou assemblée de notables. Elle reconnaît la suprématie religieuse de l'empereur du Maroc. — Le Touât est le point de rencontre des caravanes du Maroc, de l'Algérie, de Tunis et de Tripoli. Les Français n'ont pu encore obtenir des habitants le trafic direct et libre avec ces oasis.

M. Soleillet, chargé d'une mission d'exploration par la Chambre de commerce d'Alger, a essayé vainement en 1874 de pénétrer, suivi d'une faible escorte, dans cette région inconnue qui n'avait été explorée avant lui que par deux Européens : en 1825, par le major anglais Gordon Laing ; en 1864, par le docteur allemand Gerhard Rohlfs.

« Au lever du jour, écrit M. Soleillet, nous apercevons au fond d'un
» vallon, à demi environné de montagnes aux pentes très rapides, une
» oasis couverte de jardins, de palmiers et de verdure : plusieurs séguias
» déversent leurs eaux le long des jardins qui se succèdent du nord au sud
» au premier plan, et à l'est se détache un *Kçar* ou Kasr, situé environ
» à 7 kilom. de nous : c'est l'oasis d'In-Çàlah. Située entre des collines
» élevées de 100 à 110 mètres, elle occupe une moyenne de 13 à 1 400 mètres ;
» elle renferme cinq kçours ou villages complètement distincts les uns des
» autres, et souvent habités par des populations d'origine différente. La
» population nègre y est assez nombreuse.

» Les cinq kçours composant In-Çàlah s'étendent du pied d'El-Ghâba
» jusqu'à une forêt de palmiers qui ferme l'horizon au sud sur une longueur
» de 10 kilom. environ. Le kçar El Ar'b, le plus important de tous, renferme une population de 17 à 1 800 habitants. Les autres sont beaucoup
» moins peuplés, et le chiffre des sédentaires peut s'élever à 4 000 habi-

»tants environ. Beaucoup de gens d'In-Çâlah vivent en nomades, sous la
» tente; ils ne reviennent dans les divers kçours que pour la récolte des
» dattes, époque à laquelle le chiffre de la population doit se trouver porté
» à 10 ou 11 000 habitants. Tout le terrain de l'oasis est bien cultivé: on y
» récolte des dattes, du séné, du blé, de l'orge, des légumes, des courges;
» j'ai remarqué dans les jardins plusieurs espèces d'arbres fruitiers, entre
» autres des grenadiers, des abricotiers, et une espèce de cédratier.

» In-Çâlah est un centre de transit commercial très important. Des cara-
» vanes nombreuses venant du Bornou, de Timbouktou et du Haoussa, y
» apportent de l'indigo, de l'ivoire, de la gomme, de la poudre d'or, des
» plumes d'autruche, des parfums, des armes, et surtout des esclaves. »

M. Soleillet était parvenu au terme de son voyage; il ne restait plus qu'à pénétrer dans l'oasis. Il écrivit en termes pressants au cheik pour lui demander une entrevue; il invoqua l'intérêt commun de l'Algérie et des indigènes; le cheik El-Hadj-Abd-el-Kader, en son nom et au nom des anciens de la tribu, répondit « qu'ils étaient sujets de l'empereur du Maroc; qu'ils ne pouvaient recevoir le voyageur et rien faire avec lui sans y être autorisés par leur souverain, qui, trois fois déjà cette année, avait envoyé ses goums dans le pays, et seul dirigeait les affaires. Ils engageaient donc l'envoyé à quitter le pays et à revenir sur ses pas, pour éviter les complications que pourrait amener, pour les uns et pour les autres, sa présence sur leur territoire [1]. »

Après M. Soleillet, M. Largeau, à trois reprises différentes, avec des ressources modestes, mais avec une intrépidité qui lui fait honneur et qui a illustré son nom, reprit le chemin d'In-Çâlah. La première fois (1874), aidé des recommandations de l'agha de Touggourt, Ben-Driss, il dut se contenter de visiter Ghadamès et y signa avec les principaux négociants un traité de commerce, dont les clauses avantageuses n'ont pas reçu d'applications; la seconde fois, en 1875, accompagné de MM. Louis Say, Lemay et Faucheux, M. Largeau offrit son concours aux Ghadamésiens contre les pillards Chambaa et Touareg qui infestaient les routes du désert, livra à ceux-ci un sanglant combat, mais dut quitter Ghadamès, indigné de la mauvaise foi des habitants, et persuadé que cette ville ne pouvait fournir aux caravanes un point d'appui entre l'Afrique et le Soudan. — En 1876, dans un troisième voyage, M. Largeau visita le pays de Rirha, mais avant d'arriver à In-Çâlah, une lettre de l'émir l'avertit que l'oasis était fermée à tous les chrétiens. Une tentative de MM. Louis Say, Caillol et Foureau au-delà d'Ouargla, dans l'oasis de Temassinin, en face des tribus Chambaa révoltées, échoua de même, et faillit coûter la vie aux explorateurs.

**Aïr** ou **Asben**, (entre 15 et 20° de lat. N.), est la plus grande oasis du désert, habitée par 60 000 *Touareg-Kelowi*, conducteurs de caravanes, marchands et pillards, chef-lieu *Agadès*, villes principales *Tin-Telloust*, *Assoudi*, *Agalgo*.

« Agadès n'est plus que l'ombre de ce qu'elle était autrefois; j'évalue à
» six ou sept cents les maisons encore habitées, et à environ 7 000 âmes
» l'ensemble de la population, y compris naturellement les esclaves. —
» L'élévation du plateau sur lequel est bâtie cette ville, peut être évaluée
» à 2 500 pieds. Le grès semble y être saturé de sel jusqu'à une certaine
» profondeur, à ce qu'indiquent non seulement les étangs, mais encore les
» puits; on est obligé d'aller chercher l'eau potable à des puits situés en

---

1. P. SOLEILLET, *Algérie, M'zab, Tidikelt*. (Paris, 1877, Challamel.)

» dehors de la ville. — L'aspect actuel d'Agadès, dans l'ensemble, est celui
» d'une ville abandonnée, partout on y retrouve les vestiges d'une splen-
» deur évanouie. Au centre même de la ville, les maisons sont pour la
» plupart en ruines, et des mosquées autrefois nombreuses il n'en reste
» plus que fort peu. Tout autour du marché, au-dessus des murailles
» chancelantes, sont perchés des vautours affamés, épiant le moment de
» fondre sur quelques débris. Dans les commencements, ce spectacle ne
» fut pour moi qu'une image plus complète de l'abandon et de la solitude,
» mais plus tard, j'observai que ces oiseaux carnassiers sont les hôtes
» permanents de tous les marchés, non seulement à Agadès, mais dans
» toutes les villes de l'intérieur. » (D$^r$ BARTH, t. I$^{er}$, ch. VI, p. 250-252.)

**Damerghou** (entre 14 et 15° de lat. N.), sur la route de l'Aïr au Soudan, ville principale *Taghelel*.

**Araouan, Azaouad, Malbrouk, Taoudény**, sont des oasis situées au nord de Timbouktou.

3° Sahara oriental ou région des **Toubous ou Tibbous**.

**Kawâr ou Kaouâr** (entre 18 et 19° de lat. N.), oasis située à mi-chemin entre Mourzouk et le lac Tsad, a 80 kilom. de long sur 10 de large, habitée par les Tedà, qui l'appellent *Enneri Tougué* (vallée rocheuse), renferme onze localités, (6 000 hab.) visitées par Rohlfs et Nachtigal, villes principales *Dirki*, résidence du souverain temporel, *Schimmedrou*, résidence du chef spirituel et de la confrérie des Senousi, *Aschenoumma, Anaï, Anikoumma, Digornani*. Les autres oasis sont : *Djebàdo* et *Agram*. La culture des céréales est nulle ; le sol fournit des dattes, et surtout le sel de la saline de *Bilma*. « La présence de salines, dit Nachtigal, et la situation favorable
» de l'oasis entre le Bornou, le Fezzan, Aïr et Ghât, ont porté les Kawâ-
» riens à se faire de préférence négociants. Sans cesse ils sont par les
» chemins à véhiculer les denrées du Soudan. »

**Tibesti ou Tou**, (entre 18 et 21° de lat. N., et entre 14 et 16° de long. E.). ville principale *Bardaï*, principale localité du nord-est, *Zouï, Doudoui, Serdegaï, Sougra, Mouska*, etc., oasis habités par les Toubous ou Tédà. Leur nation se divise en deux classes ; les nobles (*maïnas*) et le peuple. A la tête de la communauté est le prince ou *Dardaï*, choisi tour à tour dans une des familles de la tribu des *Tomagheras*. « Le Dardaï préside
» l'assemblée des nobles, qui discute et tranche les questions d'intérêt public.
» Il assiste toujours au conseil et a le droit de nommer le chef des expé-
» ditions militaires ou razzias. Sa voix, en toute occurrence, pèse d'un grand
» poids, mais n'est jamais à elle seule décisive : il peut même arriver que
» l'on agisse contre son avis. En revanche, il ne peut jamais se passer de
» l'assentiment des nobles ; l'administration même de la justice n'est pas
» un attribut sans réserve de sa dignité. A part sa haute position, ce chef
» ne jouit pas de bien grands avantages matériels. A son avènement, il
» reçoit, à titre de don national, une tente, un tapis et un tarbousch tuni-
» sien avec le turban, insigne princier par excellence. De liste civile, point ;
» de caisse d'État, pas davantage. Les Tibestiens jouissent du bonheur de
» ne payer aucun impôt. Si le Dardaï ne sait point faire sa pelote par lui-
» même, il reste, malgré son haut emploi, dans une pauvreté lamentable.
» En fait d'émoluments spéciaux, le Dardaï, conformément à une vieille
» coutume, ne touche qu'un tantième des taxes levées sur les caravanes de
» passage, et une part du butin fait à la guerre. » (NACHTIGAL, p. 253, t. I$^{er}$.)
Le menu peuple n'a ni droits, ni obligations ; il est à la merci des nobles.

Les Tèdà sont fanatiques musulmans, bien que traités de chiens par les Arabes qui les traquent. Leur zèle religieux est excité sans cesse par les Senousis qui ont fondé des zaouias à Wau (Tibesti) et dans l'oasis de Kawar.

**Le Borkou** est au sud-sud-est du Tibesti, sur la route de Mourzouk au Ouadaï; les principales oasis sont: *Jin*, *Kirdi*, *Ngourr*, *Elleboë*, *Woun*, la plus grande du Borkou, *Tiggi*, *Jarda*, *Oro*. Les *Amu-Borkou* (gens du Borkou) ont le renom d'individus sans foi, poltrons, cruels et rusés : on peut les assimiler aux Tedâ. Les tribus nomades vivent isolément, obéissant à des chefs; la population sédentaire a des chefs à turban héréditaires.

Au sud de Benghazi, sur la route de la grande Syrte au Ouadaï, se trouve l'oasis de **Koufarah**, villes principales *Arbat* et *Kebabo*. C'est la route la plus pénible du désert, la moins riche en aiguades. Gerhard Rohlfs qui a essayé de faire le trajet en 1879, n'a pu dépasser l'oasis.

### III. — GÉOGRAPHIE ÉCONOMIQUE

**Productions: Minéraux.** — La principale production minérale est le sel, qui manque au Soudan; de là l'importante exportation qui se fait par les tribus des Touareg : 20 à 80000 chameaux sont annuellement chargés dans les salines du Sahara; et le sel coûte de 2$^{fr}$,50 à 3 francs le kilog. Il y a quatre principaux centres d'exportation du sel :

Saline d'*Ijil*, près de l'Océan, visitée et décrite par M. le capitaine Vincent, sorte de sebkha desséchée, de 25 à 30 kilom. de longueur, sur 12 de largeur, où l'on trouve le sel à de faibles profondeurs sous les sables, en couches de 5 à 20 centimètres d'épaisseur. On l'exporte à destination du haut Sénégal et du haut Niger. (V. page 366.)

Saline de *Taodény*, décrite par Caillié et Barth, qui alimente le haut Niger et le Soudan central.

Saline d'*Amadghor*, dans le massif du Hogghar, moins connue et peu fréquentée, à cause des rapines et des exigences des Touareg.

Saline de *Bilma*, où s'alimentent le Bornou et une partie du Haoussa, sources salées d'où le sel est extrait par évaporation. Leur produit annuel s'élève à plus de 30000 charges de 150 à 200 kilogrammes en moyenne, soit 5 à 6000 tonnes.

**Végétaux.** — Au nord du désert, sur les plateaux, croissent diverses espèces de *thyms*, d'*artémisias* et d'*harmales*, de *tamarix* et de *retemm*, et dans les déclivités sablonneuses, de petits *acacias*, et quelques herbes fourragères bonnes pour les chameaux, comme l'*akoul* et le *trèfle*: flore pauvre et à laquelle les habitants des oasis doivent suppléer par des cultures. « Pour six chameaux que j'ai tenus pendant quelque temps au vert » près de Mourzouk, écrit M. Nachtigal, il m'a fallu acheter par jour, à » titre de supplément de réconfort, pour un mark de sorgho (1$^{fr}$,25). » L'arbre de culture et de rapport par excellence au désert est le *dattier* (nachla, en arabe); puis le *blé*, quelques légumes, des *melons*, *courges*, *concombres*, des *citronniers*, *orangers*, de la *vigne*, de très rares *pommiers*, *amandiers*, *abricotiers*, *grenadiers*, un peu de *tabac*, de *lin*, de *coton*, tous produits insuffisants pour la consommation locale. — **Animaux**: La vie animale est presque toute bornée aux oasis : la faune est aussi pauvre que la flore. Parmi les animaux sauvages, dans le nord, vit l'*autruche*; dans les vallées et sur les pentes le *mouton à crinière* (wadân), la *gazelle* (ghazâl), le *chacal* (dib), la *hyène* tachetée ou rayée, le *renard du désert*, l'*antilope* (fenek), le *mulot* (fâr). Le lion ne vit pas au désert. Les oiseaux principaux sont : les *pigeons*, les *corbeaux*, les *hibous*; les reptiles sont:

les *lézards*, *vipères*, *scorpions* surtout; les insectes abondent : *mouches*, *moucherons*, *moustiques*, *puces* et *sauterelles*, etc. Les animaux domestiques sont: les *bœufs*, de petite taille et d'aspect malingre, les *chevaux*, les *moutons* et les *chèvres* de diverses espèces, à poil long et à poil court; les *chiens* et surtout les *chameaux*, les *poules* et *pigeons*, principale nourriture des habitants. La classe la plus pauvre dans certains districts vit de vers et crustacés (*dired*) trouvés dans les eaux des sebkhas, et pétris avec des dattes et des algues.

**Industrie.** — Elle est peu développée; elle consiste surtout dans la fabrication des étriers, brides, selles, nattes, sabres, poignards, lances, ustensiles de ménage (V. Nachtigal, *sur les Toubous*, p. 256). Certains orfèvres façonnent avec adresse des chaînes, bracelets, filigranes, anneaux d'or; des tisserands fabriquent des étoffes de poil de chèvre et de chameau; des tribus utilisent les peaux d'animaux sauvages, les dents d'éléphants et les cornes de rhinocéros.

**Commerce.** — Le Sahara est sillonné de routes bien connues des indigènes. Nous empruntons à M. Bainier la description des principales voies de communication du désert.

« La route de *Mourzouk au Bornou*, par Ghât et Bilma, à travers le territoire occupé par les Tibbous; la route de *Ghadamès à Kano*, au cœur du Soudan, par Ghât, Idelès et l'Aïr; la route de *Ghât à Timbouktou*, par In-Çalah; la route de *Timbouktou à Tafilet* par Araouan et *Taodeny* (route suivie par René Caillé, en 1827); la route de *Tafilet* et du *Touât à Kano*, par Idelès et l'Aïr, ou par l'Aïr en laissant Idelès à l'est; les routes de l'*Azaouad à Aghadès* et d'*Aghadès à Bilma*; les routes du *Touât au Souf*, du *Souf à Ghât*; du *Touât à Ghât*, et de l'oasis des *Beni-Mzab* au *Touât*. Tunis et Tripoli communiquent avec le pays des noirs par la route de Ghadamès. Tripoli a une route plus directe sur le Bornou par Mourzouk.

» Une route part de l'*Oued-Noun* au sud du Maroc, côtoie l'océan Atlantique sans s'en écarter beaucoup, et aboutit aux abords d'*Arguin*, d'où l'on se rend facilement à *Saint-Louis*. Mais généralement les caravanes de l'*Oued-Noun* vont à la sebkha d'*Ijil* et de là dans l'*Adrar*.

» La route de l'*Adrar à Timbouktou*, passant par le *Tagant* ou par *Tichit* et *Oualata*, est très fréquentée, parce que la sebkha d'*Ijil* fournit à la vallée du *Niger* moyen une grande partie du sel qu'elle consomme.

» Les caravanes du Maroc arrivent ordinairement à Timbouktou vers le commencement de novembre et retournent en décembre ou janvier; les grandes sont d'un millier de chameaux. C'est donc par les oasis du Touât, de Ghât, d'Aghadès, de Bilma, que passent les grandes routes commerciales qui unissent le Soudan aux ports du Maroc, de l'Algérie, de la Tunisie et de la Tripolitaine.

» Le commerce du Sahara se fait au moyen de caravanes dont les points de départ sont au nord, Maroc, Alger, Tunis, Tripoli; et au sud, le Soudan. Une caravane est une réunion de chameaux et de leurs conducteurs voyageant sous la direction d'un chef ou guide. « Les caravanes, dit Jules Duval,
» comptent jusqu'à 2 000 personnes. Elles reconnaissent un chef appelé
» *Khébir* dont elles acceptent la direction; ce chef commande en maître
» absolu; il a sous lui des serviteurs pour exécuter ses ordres, des éclai-
» reurs pour reconnaître le pays, un écrivain pour présider aux transac-
» tions, les régulariser, en écrire les conventions, souvent un crieur public
» pour faire les annonces, un autre pour appeler à la prière, un *iman*
» pour la réciter aux fidèles. La caravane accepte tous ceux qui se pré-
» sentent sans leur demander d'où ils viennent ni où ils vont. La longueur

» normale de l'étape est de 30 à 35 kilom., mais elle s'étend jusqu'à 60 dans
» les pays dépourvus d'eau ou exploités par des coupeurs de route. » Les
caravanes sont obligées d'emporter des vivres pour la traversée du désert;
elles sont en outre munies de peaux de boucs ou de bœufs, afin de faire
des provisions d'eau pour plusieurs jours, quand elles rencontrent des
mares ou des puits. Elles payent des tributs aux bandes pillardes des
Touareg pour passer en sécurité. Les nomades du Sahara connaissent
assez la position des constellations pour se diriger au moyen des étoiles :
aussi préfèrent-ils marcher pendant les nuits, plutôt que d'affronter pendant
le jour l'ardeur du soleil[1]. »

La foire de *Ghât* (de septembre à décembre) est considérable ; on y
compte plus de 30 000 chameaux venus de toutes les contrées voisines,
apportant tous les produits des oasis, du Soudan et du Maghreb : les produits
européens, surtout de provenance anglaise (calicots, mousselines,
soieries, velours, draps, verroterie, quincaillerie, armes, miroirs, bracelets,
etc.), détournés d'Alger et de Tlemcen, y viennent par Fez, Tunis et
Tripoli. On vend encore sur ce marché *trois à quatre mille esclaves* par an.
Les autres marchés importants sont ceux d'*Aghadès* (8 000 hab.), de
*Timimoun*, d'*In-Çalah*. — Il est à peu près impossible d'évaluer le commerce
extérieur du Sahara, et le mouvement de transit entre les États du
Soudan et le littoral méditerranéen par les routes du désert. — La **Monnaie**
qui sert de base pour les échanges est nommée **talgliât** : elle vaut
5 piastres de Tunis (5$^{fr}$,30).

---

## 2° EXTRAITS ET ANALYSES

### Aspect du Sahara.

« Le Sahara, est, je crois, le pays du monde dont notre
imagination altère le plus étrangement les contours et les
couleurs : nous l'entrevoyons de si loin, qu'il nous apparaît
comme ces silhouettes confuses qui bordent l'horizon, où les
proportions se faussent, les détails s'effacent, les nuances se
mêlent. Chacun, selon son tour d'esprit, rêve dans ce lointain
un pays de poésie et de lumière, peuplé d'êtres bizarres, tels
qu'il n'en existe que dans les contes. Chacun a son Sahara :
le mien était une grande plaine brûlante, couverte de sable
mouvant que le simoun agite, qui retentit au loin du rugissement
des lions, et que traversent des bandes d'Arabes
montés sur leurs chevaux sauvages. Ce Sahara des légendes

---

1. Bainier, *l'Afrique*, p. 474.

m'avait charmé tout enfant; je lui conservais ce bon et crédule souvenir que l'on aime à garder pour de vieilles illusions; mais à part moi je n'étais qu'à demi convaincu, et plus d'une fois je m'étais pris à me demander s'il est bien vrai que le désert existe, lorsque, pour dissiper mes doutes, le chemin de fer transsaharien vint fort à propos me transporter en plein Sahara. Trois mois entiers je dus vivre de la vie de caravane, sans cesse entouré d'Arabes du Sud, sans autre perspective que des horizons vides. Toute une révolution s'opéra dans mes idées en ces trois mois. Le Sahara, pays plat? Quels beaux ravins à pic j'y ai gravis! — Un ciel de feu? On gèle rien qu'en songeant à certaines nuits du désert. — Du sable? J'ai marché de longues journées sans en trouver de quoi sécher une lettre. — Au reste, il y a désert et désert : désert plat et désert raviné; il y a même désert de sable. Quant au désert des lions et des chevaux sauvages, faites-en le sacrifice; les lions boivent, les chevaux aussi, et il faut renoncer à les voir animer un pays qui ne serait pas le désert s'il possédait de l'eau.

» Il existe au Sahara plus d'hommes que de lions, ce qui ne veut pas dire que le Sahara soit fort peuplé; mais les hommes qui l'habitent ne nous ressemblent guère plus que leur pays au nôtre. Graves, impassibles, solennels comme le désert même, on dirait que l'isolement a fait d'eux des êtres à part, avec des principes de conduite qu'ils ne partagent avec personne. Leur tempérament moral se prête aux contradictions les plus étranges : tour à tour infatigables et apathiques, honnêtes et pillards, bienveillants et féroces, ils ont le secret d'associer à chacune de leurs qualités le défaut opposé; dans leur conscience comme dans leurs actes, tout se concilie et s'accommode. Comment? je l'ignore, mais tout s'arrange, et l'impression finale qui nous reste est en somme de la sympathie.....»   Auguste Choisy[1],
*Le Sahara, souvenirs d'une mission à Goléah.*
(Paris, 1881, in-18, Plon.)

---

[1]. M. l'ingénieur Choisy fut chargé en 1880 de diriger l'une des trois missions qui devaient faire les études préliminaires du chemin de fer trans-saharien.

### Le dattier : le lakbi.

« Peu de gens ont une idée des mille qualités précieuses de cet arbre étonnant, et des incomparables services qu'il rend aux habitants du désert. Pour le voyageur, qui, exténué de sa longue marche à travers les solitudes pierreuses et les fastidieux monticules de dunes, aperçoit enfin à l'horizon la ligne verte tant souhaitée de la plantation ou *Rhâba*, le dattier est l'espérance et la joie. Avec quelle avidité le regard se repaît de cette coloration d'où rayonnent le reconfort et la vie! La ligne va s'élargissant de plus en plus, et peu à peu se développent toutes les parties de la rhâba dont la vue vous emplit l'âme d'une allégresse sans pareille. Bientôt on distingue les délicieuses couronnes de feuillage qui se balancent doucement de droite et de gauche sur leurs hauts fûts élancés : d'un œil interrogateur, on va scrutant l'un après l'autre chaque groupe de verdure qui déploie là-bas sa grâce enchanteresse, et l'on cherche, pour y placer son campement, l'endroit le plus beau et le mieux couvert. Du mouvement de vie que cache et abrite ce massif bocager, le pèlerin ne sait rien encore ; il ne pense qu'aux douceurs matérielles qui l'y attendent ; il est, corps et âme, sous le charme de la séduisante frondaison en laquelle tient l'oasis tout entière.

» Otez le dattier, qu'est-ce que l'oasis ? Un pâtis solitaire avec une maigre végétation, qui, sans l'ombre rafraîchissante que lui procure l'arbre tutélaire, se verrait, après une courte existence, dépérir hâtivement dans ses germes. C'est au Fezzan surtout que la précieuse essence joue un rôle important : consolation des malheureux, elle est pour tous l'assistance et le salut. Plongeant toujours, à ce qu'il semble, jusqu'à la couche d'eau, elle n'a besoin, pour atteindre à son plein épanouissement, d'aucun arrosage artificiel ; elle constitue l'unique bienfait de l'avare nature en cette région déshéritée de la terre. Mais aussi quelle largesse dans le don! Bien qu'en ce pays les céréales soient la base principale d'alimentation, il y a nombre de gens aux yeux desquels le fruit du dattier occupe une place encore supérieure, et la plupart le mettent, à ce point de vue, au même rang que le blé. Toutes les parties de l'arbre ont du reste une valeur inestimable. Le tronc qu'on appelle par excellence *bois de construction*, fournit les solives des maisons, des piliers et poteaux, des charpentes de puits, des ais de portes et de fenêtres, et remplace, de toutes les façons, le bois d'œuvre des pays les plus favorisés. Du branchage (*djerid*) pris dans ses divers éléments, on fait des huttes, des haies de clôture, des bâtons de voyage, des sandales, des corbeilles, et même on tire de quoi suppléer au manque de charbon. Avec le tissu fibreux que donnent les pétioles on fabrique les cordes les plus solides ; enfin, la sève abondante livre à l'amateur le doux nectar ou, au choix, le breuvage capiteux, le *lakbi*.

» Les dattiers se plantent d'ordinaire en scions, à l'automne, plutôt qu'en pépins. Si les jeunes pousses ne se trouvent point tout près de la tige-mère, elles ont besoin d'un arrosage de trois mois au moins avant de pouvoir se soutenir d'elles-mêmes. Vers l'âge de trois ou de cinq ans, selon la qualité du terrain, le rejeton est assez avancé dans son développement pour pouvoir être fécondé. La récolte des dattes se fait à l'automne, plus ou moins tôt, vu les nombreuses variétés de l'essence. Celles qui sont destinées, par exemple, à emplir les magasins, se cueillent avant la pleine maturité, et on les étend au soleil pour qu'elles achèvent de mûrir en séchant. Il y a des arbres privilégiés, en très petit nombre, qui donnent en fruits la charge d'un chameau, c'est-à-dire environ quatre quintaux. La qualité du produit est fort différente, suivant l'espèce. Le Fezzan a pour lui la multiplicité des espèces ; mais ses dattes ne valent pas en général celles que fournissent le Beled-el-Djerid de Tunis et du Dongola égyptien.

» La datte constitue un aliment qui passe pour être extraordinairement sain ; seulement, pris à l'exclusion de tout autre, il ne suffit pas à nourrir l'homme. Le pauvre même a besoin d'y joindre un peu de céréales, et le nomade, de temps à autre, de la viande ou du lait de chameau. L'inconvénient est

Cueillette des dattes.

que, mangé en grande quantité, ce fruit est très pernicieux pour les dents; nulle part au monde la carie n'est aussi fréquente que dans les pays où il forme l'alimentation dominante, et souvent même on y rencontre des personnes toutes jeunes qui n'y possèdent pas une mâchoire intacte.....

» ..... On obtient le *lakbi*, ou jus de dattier fermenté, en faisant un trou dans le *djoummar* ou jeune bois de l'arbre, et en y insérant un tuyau par lequel le liquide s'écoule abondamment dans le vase placé au-dessous. Tous les dattiers ne se prêtent pas à cette opération : la quantité et la qualité du produit varient avec l'espèce et aussi avec l'âge des troncs; on ne choisit à cet effet ni des arbres de bon rapport, attendu que c'est une cueillette perdue pour l'avenir, ni des sujets tout à fait vieux, parce que ceux-ci ne donnent que peu de sève. Comme il est, on le sait, défendu aux musulmans de faire usage de boissons enivrantes, les bons croyants ne boivent le lakbi qu'à l'état frais, avant que la fermentation l'ait changé en un véritable alcool. Le jus nouvellement tiré offre une couleur bleue blanchâtre et une saveur douceâtre qui rebute; mais le principe sucré cède très vite, et dès le second jour on a un breuvage riche en alcool, surtout si l'on a soin d'aider à la fermentation au moyen de vases non nettoyés et n'ayant jamais servi qu'à cet usage.

» Quelques jours plus tard, la fermentation acide est déjà déclarée, et il commence à se former un vinaigre excessivement désagréable au goût. Grâce à la rapidité avec laquelle s'accomplit cette succession de phénomènes, c'est une chose assez malaisée que de contrôler le degré d'orthodoxie d'un sectateur du Prophète : plus d'un austère croyant, sous prétexte de s'ingurgiter du simple moût de dattier, se stimule et se stupéfie la cervelle au moyen de lakbi pur. On sait d'ailleurs que les Mahométans poussent on ne peut plus loin l'art de s'étourdir la conscience et de se donner le change à eux-mêmes et aux autres. L'un prétend que la bière est une boisson permise, lorsqu'elle est faite d'orge et de houblon; un autre enseigne à ses ignorants coreligionnaires que l'eau-de-vie, une fois distillée au moyen du feu, se trouve de cette façon purifiée et ne rentre pas dans la catégorie des boissons illicites ; d'autres encore, à table avec des Européens, avalent le vin sans scrupule, en ayant soin seulement d'y ajouter chaque fois un peu d'eau, et si des infidèles s'en étonnent, ils leur expliquent comme quoi, par cette addition d'eau, ils anéantissent le principe défendu. »

D<sup>r</sup> Gustave NACHTIGAL,

*Sahara et Soudan*, tome I<sup>er</sup>, chap. II, p. 56, chap. IV, p. 91, trad. par J. GOURDAULT.

(Paris, in-8° illustré, Hachette.)

### Les sauterelles du Sahara.

26 juillet 1877. — « Ce matin, des chants d'allégresse ont salué le vent du nord ; ce soir, des cris de détresse retentissent de toutes parts. Je bondis sur ma terrasse, armé de mes jumelles, et je sonde toutes les parties de l'horizon. Rien. Les cris de détresse redoublent.... J'interroge les profondeurs du firmament... Un nuage gris, semé de points brillants comme des myriades de petites étoiles, cache à ma vue l'azur du ciel. Ce nuage vient du sud, et il s'avance lentement vers le nord. Et les cris de détresse partant des terrasses, des rues, des jardins, s'unissent en une clameur qui n'a plus rien d'humain. Des foules d'hommes, de femmes, d'enfants, sortant de la ville, se précipitent dans l'oasis, armés de marmites, de vieilles casseroles, de morceaux de cuirs secs. Bientôt de tous côtés, c'est un vacarme indescriptible, un infernal charivari ; aux cris de la multitude se mêle le fracas de tous ces instruments improvisés, sur lesquels on frappe à tour de bras.

» Ce nuage gris qui s'avance, c'est l'un des fléaux les plus redoutés des oasis du Sahara qui, renfermées dans d'étroites limites et entourées d'immenses déserts, n'ont pas à leur portée, comme les centres du Tell, de nombreuses ressources contre la famine. Ce nuage gris, ce sont des sauterelles ; ces points brillants, ce sont des orthoptères dont les rayons obliques du soleil couchant illuminent les ailes, et qui se détachent de la masse pour s'abattre sur l'oasis. Le nuage est très épais; sa queue se perd dans la pénombre du sud; il paraît être poussé vers le nord par un courant aérien supérieur; les sauterelles qui tombent sont celles de la partie basse du nuage : saisies par le vent des régions basses, elles ne peuvent suivre le gros de l'armée. Et elles tombent comme les grosses gouttes d'une pluie d'orage, après les chaudes journées d'été.

» 27 juillet ..... Toute la nuit les cris de détresse ont retenti, et toute la nuit, il a plu des sauterelles. Le sol en est couvert, l'air en est encombré, les palmes se rompent sous le poids de leurs essaims. Délicieuse nuit pourtant, toute scintillante d'étoiles, toute pleine de fraîcheur, toute humide de rosée. Que d'espérances déçues! Que de gens, depuis longtemps affamés, endureront longtemps encore la misère et la privation! Combien de petits enfants rendront le dernier soupir sur le sein tari de leurs mères!.....

» Aujourd'hui encore le nuage continue sa marche lente et désastreuse; les grosses gouttes dorées s'abattent toujours sur la verdure qui disparaît sous leurs couches épaisses et qui ne reparaîtra plus, quand le fléau aura passé. Les tiges encore tendres, par lesquelles les dattes sont retenues aux rameaux qui forment le régime, sont les premières rongées, et les fruits, dont la couleur d'un jaune pâle annonce l'imparfaite maturité, jonchent le sol au-dessous des palmiers. La luzerne, destinée aux chèvres dont le lait nourrit les enfants, les pastèques succulentes dont la fraîcheur est si bienfaisante pendant les chaudes journées du sâmma, tout est dévoré par l'insecte maudit.

» A midi, le nuage s'éclaircit et livre enfin passage aux rayons du soleil. Le soir, plus de sauterelles, et l'on comprend l'étendue du désastre en voyant les pétioles des palmiers, dépouillés de leurs feuilles et allégés de leur poids, se redresser librement vers le ciel, comme les branches des arbres de nos climats après qu'elles ont été effeuillées par le vent d'automne. Des régimes pendent encore, çà et là, au-dessous des palmes dénudées : c'est tout ce qui reste d'une récolte sur laquelle reposait l'espoir de tant de malheureuses familles.

» Le désespoir se lit sur tous les visages des nègres de l'oasis, tandis que les nomades, dont la paresse et l'orgueil ont créé des déserts, font retentir de leurs cris de joie les plaines d'alentour. Que leur importent les plantations? Ils n'en ont pas! Les dattes de l'oasis, ils s'en consolent, les quelques troncs de palmiers qui leur appartiennent, plantés pêle-mêle dans la vallée, sans culture et sans arrosage, ne produisent que de rares et maigres régimes, dattes coriaces, à peine bonnes pour leurs chameaux. Leur fortune, à eux, elle est dans leurs troupeaux, et leurs champs de pâturages sont immenses comme le désert. Avec leurs troupeaux ils ont du lait, de la viande, des tissus et de l'argent pour se procurer les grains du Tell et les dattes des oasis ; si l'argent leur manque pour acheter du grain (ce qui leur arrive souvent), ils ont le *loûl*, ou graine du halfa qu'ils réduisent en farine ; les grosses truffes blanches du Sahara appelées *terfas*, et la racine tubérifère d'une plante parasite très commune dans les sables ; et ces trois plantes, ils les pétrissent ensemble pour en faire des galettes agréables au goût ; enfin le gibier, très abondant dans l'erg ou massif des dunes, leur permet de ménager leurs troupeaux. La sauterelle, qu'ils mangent, est pour eux une bonne fortune, elle leur apporte un surcroît de provisions inattendu. Aussi voit-on leurs femmes, leurs enfants, leurs esclaves, courir sus aux sauterelles, emplissant des sacs, des tellis, des paniers, des burnous, etc.... La chasse terminée, on fait bouillir les insectes dans l'eau salée, on les fait sécher au soleil, et on les entasse dans des sacs en peaux de bouc, où l'on puisera plus tard au fur et à mesure des besoins[1]. »

V. LARGEAU,
*Le pays de Rirha*, chap. XIII.
(Paris, 1879, in-18, Hachette.)

---

1. « Le véritable fléau du pays, ce sont les sauterelles. Ce fléau, du reste, sévit
» dans toute l'Algérie, mais plus particulièrement autour de Miliana, de Médéa
» et de Blida. Les colons qui ont assisté à une invasion de sauterelles en parlent
» avec horreur. On est ému soi-même quand on les entend décrire les ravages dont
» ils ont été témoins. L'invasion se produit sous deux formes différentes : tantôt

Nous rapprochons des pages précédentes la saisissante peinture que trace M. de Amicis des ravages des sauterelles au Maroc :

« Je me rappelle avoir vu de loin un champ qui semblait se mouvoir, et cette impression était produite par un nombre immense de sauterelles vertes qui s'avançaient vers nous en sautant. Sélim (soldat de la légation italienne) me fit une description admirablement pittoresque des invasions de ces insectes redoutables; je me la rappelle mot pour mot, mais comment rendre son geste, son regard, le son de sa voix, plus expressif encore que les mots ? « C'est épouvantable, monsieur ! Elles viennent de là (il désignait le sud). C'est un nuage noir; on entend le bruit de loin. Elles s'avancent, s'avancent, et ont leur sultan,

---

» ce sont des nuées épaisses qui obscurcissent le ciel avant de s'abattre sur les champs, nuées vivantes composées de myriades d'insectes ailés; tantôt ce sont des armées de larves sans ailes qui s'avancent par masses profondes à ras de terre, avec une vitesse toujours croissante; qu'il s'agisse d'insectes adultes ou de larves, de sauterelles proprement dites ou de criquets, que l'ennemi vole ou marche, la région qu'il occupe est promptement dévastée; à part quelques rares exceptions telles que les lauriers-roses et les eucalyptus, tout ce qui verdit est dévoré; les arbustes et les arbres sont atteints comme les plantes herbacées; les plus belles récoltes disparaissent en un c'in d'œil. Heureusement, il existe des moyens préventifs et répressifs qui permettent, non de supprimer le mal, mais de l'atténuer.

» Les sauterelles les plus vivaces, et par suite les plus dangereuses, viennent du Sahara et se posent après un vol plus ou moins prolongé sur les hauts plateaux; là, les femelles enfouissent leurs œufs à quelques centimètres de profondeur; les capsules qui renferment les œufs, quoique petites, sont reconnaissables, et on sait à l'avance à peu près où elles doivent se rencontrer; on convoque en temps opportun des bandes de travailleurs, on fouille la terre avec des couteaux, on en extrait les œufs, on les entasse et on les brûle. Les indigènes, avertis par la terrible expérience de 1866, se prêtent volontiers à ces corvées pénibles, mais amplement rémunératrices. Les œufs qui n'ont pas été détruits donnent naissance à des larves qui se portent sur le versant septentrional de l'Atlas, sur les plaines et les montagnes du Tell. Ces larves ou criquets deviennent à leur tour sauterelles et se reproduisent : mais à chaque génération, la puissance de reproduction et la vitalité diminuent. On arrête les criquets en creusant sur leur passage des fossés où ils s'accumulent; pour empêcher qu'ils ne dévient, on a imaginé de les diriger sur ces fossés au moyen de toiles cirées tendues sur les flancs de la colonne; ce procédé perfectionné, emprunté aux pratiques de l'île de Chypre, ne réussit que dans un pays plat et avec le concours de travailleurs intelligents. Quand on ne peut arrêter l'armée envahissante, on la coupe, on cerne certains groupes, on les renverse avec des balais et on les écrase sous les pieds. Parfois on a recours à l'incendie, remède extrême qui ne convient guère qu'aux Arabes. Contre les sauterelles ailées, la défense est plus difficile encore. Il faut les surprendre le matin quand elles sont encore engourdies par la fraîcheur nocturne, les attaquer vivement et les mettre en sac. La recherche des œufs est, par excellence, la mesure préservatrice; si on la néglige, les récoltes seront, quoi qu'on fasse, bien compromises. » (CLAMAGERAN, l'Algérie, v, p. 56.) — Comparer avec ces récits sur les sauterelles d'Afrique, la description de MARTIN DE MOUSSY, sur les sauterelles d'Amérique, dans notre Choix de lectures sur l'Amérique (p. 384, in-18, Belin).

le sultan Ieraad, qui les dirige. Elles couvrent les routes, les champs, les maisons, les douars, les bois. La nuée croît, croît, va, va, va, dévore, dévore, dévore, passe à travers les fleurs, les fossés, les murs, le feu, détruit l'herbe, les fleurs, les feuilles, les fruits, les grains, l'écorce des arbres, et va, va toujours. Personne ne peut l'arrêter, ni les tribus avec l'incendie, ni le sultan avec son armée, ni tout le peuple marocain réuni. Des entassements de sauterelles mortes, en avant les sauterelles qui survivent. En meurt-il dix, il en naît cent. En meurt-il cent, il en naît mille..... Je les ai vues à Tanger : routes couvertes, jardins couverts, rivages de la mer couverts, mer couverte, tout vert, tout en mouvement; vivantes, mortes, pourries, infection, peste, disette, malédiction du ciel! »

» C'est en effet ce qui arrive. L'infection causée par ces myriades de sauterelles mortes produit parfois des fièvres contagieuses, et pour citer un exemple, l'effroyable peste qui décima, en 1799, les villes et les campagnes de Barbarie, éclata après une de leurs invasions les plus considérables.

» Quand l'avant-garde de l'armée dévastatrice se présente, les Arabes se portent à sa rencontre par quatre ou cinq cents hommes de front, avec des bâtons et des torches; mais ils ne réussissent qu'à les faire un peu dévier de leur chemin, et il arrive souvent que, une tribu les chassant vers le territoire d'une tribu voisine, la guerre aux sauterelles se change en guerre civile. La seule puissance qui puisse délivrer le pays de ce fléau est un vent favorable qui les pousse dans la mer où elles se noient. Ensuite, pendant plusieurs jours, elles sont rejetées en monceaux sur la plage : la seule consolation qui reste aux habitants quand le vent favorable ne souffle pas, c'est de manger leurs ennemies, bouillies et assaisonnées de sel, de poivre et de vinaigre. Elles ont la saveur des crevettes, et on en peut manger jusqu'à quatre cents en un jour. » E. DE AMICIS, (*Le Maroc, Tour du monde,* 1er sem. 1879.)

### Les oasis et les puits artésiens.

« ..... Des sommets du mont Aurès, en jetant les yeux sur l'espace qui s'étend dans la direction du sud, on a devant soi le Sahara. Aussi loin que la vue peut atteindre se déroule une plaine jaunâtre, dont la ligne d'horizon se confond avec celle du ciel. Au nord de cette région des sables, dans les Ziban, les oasis et les forêts de dattiers apparaissent comme des groupes de taches noires, se découpant en relief sur le fond des plaines dont ils rompent la monotonie. Cette perspective éblouit, comme le plus surprenant des mirages, le voyageur qui débouche au pont romain d'El-Kantara, au cœur du mont Aurès, et encore mieux au col de Sfa qui est le seuil des Ziban[1]. Ces taches noires, ce sont les oasis créées par les eaux d'irrigation, dont les unes proviennent de barrages destinés à retenir les eaux superficielles, les autres sont fournies par des puits jaillissants faits de main d'homme. »

De tout temps, les indigènes ont fait jaillir l'eau à la surface du sol par des forages. Jusqu'à l'arrivée des Français, les procédés employés par les Sahariens étaient des plus rudimentaires; le contraste était curieux entre la grossièreté des moyens et la grandeur des résultats. Voici un aperçu de la méthode suivie par les indigènes.

» Le travail se compose de trois opérations : le *forage*, le *boisage* et le *curage*, et demande le concours des puisatiers pour les travaux en terre, d'un maître foreur pour percer la pierre qui retient l'eau captive, de plongeurs pour dégager le puits des sables que les eaux entraînent sans les rejeter au dehors.

» Le forage commence par une grande excavation provisoire, dont le diamètre exagéré est destiné à recevoir les éboulements des premières couches : ce premier déblai s'exécute par une main-d'œuvre amiable entre voisins qui, à l'occasion, se rendront le même service. Au-dessous des terrains meubles, l'excavation se continue à travers des couches plus consistantes, pour lesquelles le trou est réduit à ses dimensions normales, de 70 centimètres à 1 mètre carré.

» Toutes les parties sujettes à éboulement sont garnies

---

[1]. Le groupe des *Ziban* (au singulier Zab) a pour centre *Biskra*. Les autres oasis, à 50 lieues au sud, forment le groupe de l'*Oued-Rir*, dont *Touggourt* est le chef-lieu. Dans le cadre saharien de la province de Constantine, sont compris les territoires du *Hodna*, au nord-ouest; de *Souf*, au sud-ouest; d'*Ouargla*, au sud.

d'un boisage, à l'aide de palmiers refendus longitudinalement, et coupés en tronçons assez semblables aux bûches de notre bois de chauffage..... Etrangers aux arts mécaniques, c'est à bras d'hommes que les indigènes creusent leurs puits. A cet effet, deux montants de palmier, hauts de 2 mètres et liés par une traverse, sont dressés au-dessus de l'ouverture, et deux cordes y sont attachées. L'une, enroulée autour de la traverse, est destinée à monter et descendre un seau en peau de chèvre, rempli des déblais; l'autre, fixée à l'un des montants, sera passée autour du corps du mineur pour l'aider à se glisser le long du puits, et lui servira aussi pour les signaux. A tour de rôle, les ouvriers se succèdent, attaquent le sol au moyen d'une petite pioche à manche court, remplissent le seau : par une secousse imprimée à la corde, ils avertissent qu'il est plein, et les manœuvres du dehors tirent la charge. Les puisatiers se relaient d'heure en heure, durée qui paraîtra longue, si l'on pense à la fatigue que doivent éprouver des gens travaillant repliés sur une surface de moins de 1 mètre carré, à une profondeur qui atteint et quelquefois dépasse 50 mètres, au milieu des suintements de l'eau et des périls des éboulements, par une chaleur de 20 à 25 degrés au moins.

» Le moment critique arrive quand le mineur atteint une pierre dure et épaisse, au-dessous de laquelle il entend gronder « la mer souterraine. » C'est le maître foreur, ordinairement un personnage renommé pour son habileté, qui doit donner le dernier coup de pioche, coup périlleux, car il peut entraîner l'asphyxie du mineur, sous une double pluie d'eau jaillissante et de sable. L'ouvrier n'opère pas avec sûreté s'il ne s'élance rapidement vers le jour. Les accidents mortels ne sont pas rares : aussi les maîtres foreurs qui comptent de nombreux succès acquièrent-ils dans le désert une réputation lointaine et méritée, qui fait rechercher leur concours et bien payer leurs talents. Quand ils ont réussi, et qu'ils apparaissent au jour, l'admiration publique les entoure, les chants et les cris exaltent leur gloire, pendant qu'ils réchauffent leurs membres autour d'un grand feu, bourrant leur pipe de hachich, et avalant quelques gorgées d'eau-de-vie de palmier : fiers de leurs succès, ils oublient vite les dangers qu'ils ont courus.

Puits artésien d'Ourlana.

» Cependant l'œuvre est loin d'être achevée. En jaillissant, la source souterraine entraîne beaucoup de sable qui retient la colonne ascendante et obstrue le puits. Enlever ce sable est l'affaire des plongeurs, dont la besogne est encore plus rude que celle des mineurs. Au jour convenu, ces plongeurs se rendent triomphalement sur le lieu du forage, montés sur des ânes dont le propriétaire du puits paye la location et la nourriture. Avant de commencer leur tâche, ils réchauffent fortement tous leurs membres autour d'un grand feu, se bouchent les oreilles avec du coton imprégné de graisse de chèvre, se dépouillent de tous leurs habits, sauf un très étroit caleçon, et se groupent autour de l'abîme. Plus de chants, plus de cris joyeux, la scène est devenue solennelle. L'ouvrier qui doit inaugurer le travail s'approche lentement du puits, dépose des charbons ardents sur la margelle formée par le bord du châssis supérieur, et y jette de l'encens. Quand la fumée commence à s'élever vers le ciel, il frappe quelques coups, avec la paume de la main, sur le boisage. C'est un appel adressé aux génies de la mer inférieure, pour qu'ils soient bien informés qu'on vient leur rendre l'hommage qui leur est dû[1]. Après ce cérémonial religieux, le plongeur descend et entre dans l'eau jusqu'aux épaules. Assujetti dans cette position au moyen des pieds qu'il fixe au boisage, il fait ses ablutions, invoque Allah, puis tousse, crache, éternue, se mouche, amène ses lèvres au niveau de l'eau, fait une série d'aspirations, et d'expirations, pour bien s'assurer du jeu libre des poumons, et enfin, après tous ces préparatifs qui durent bien une dizaine de minutes, il se laisse glisser le long de la corde jusqu'au fond ; là il remplit d'une main le panier qui l'y a précédé et qui contient 10 litres environ de sable. L'opération terminée, il ressaisit la corde des deux mains et remonte. Son séjour dans l'eau dure deux à six minutes. La journée comporte pour chacun d'eux quatre voyages, soit donc 40 litres, au maximum, de sable extrait. On voit combien il faut de travailleurs pour désobstruer un puits, et quelle rude et longue besogne leur est demandée.

» Exposés à tant de périls, les puisatiers de l'Ouad-Rir

---

1. BERBRUGGER, *Les puits artésiens des oasis méridionales de l'Algérie*. (Alger, 1862, 2º éd., in-8º.)

forment, sous le nom de *R'tassin*, une corporation respectée et entourée de sympathie, car ils sont condamnés à une mort précoce par l'effet des accidents ou de la phthisie. Ils ont vu cependant avec inquiétude arriver les machines qui devaient les délivrer de la maladie, mais en menaçant leur travail et leur gain. Par un juste sentiment d'équité, on leur a conservé le privilège de toutes les tâches qu'ils pouvaient encore exécuter.....

» ..... Si hardie que soit une entreprise achevée par de pareils procédés, elle ne peut être qu'impuissante contre une multitude d'obstacles ou d'accidents. Tantôt ce sont des eaux parasites, ascendantes et non jaillissantes, qui envahissent la partie supérieure des travaux, sans qu'on parvienne à les épuiser ; tantôt la roche du fond est trop épaisse pour être percée à bras d'homme. Au delà d'une profondeur de 60 à 80 mètres, les moyens d'action sont vaincus par les difficultés. Enfin, plus fréquemment encore, au bout de quinze à vingt ans, les boisages s'effondrent, les terres s'éboulent, le sable des environs, entraîné par les tourbillons de vent, s'engouffre dans les puits. Contre ces accidents l'homme lutte avec énergie, mais devant les forces supérieures de la nature, plus d'une fois il succombe.... Le puits qui vivait est mort, et avec lui morte aussi l'oasis qu'il vivifiait. N'étant plus arrosées, les plantations de palmiers périssent bientôt ; les cultures que ces arbres protégeaient de leur ombre se dessèchent ; le centre de population s'éteint. Menacés de la misère, les oasiens tentent de creuser un nouveau puits ; et s'ils n'ont pas la chance heureuse, privés alors de nourriture et de boisson, ils se dispersent ; leurs chaumières tombent en ruines que le vent recouvre bientôt d'un morne et mobile linceul de sable. Ainsi ont été ensevelies sous la poussière des déserts, comme des caravanes surprises par le simoun, bien des cités célèbres : Ninive, Babylone, Palmyre, Balbeck, et autour de leurs débris se sont reformées les hordes vagabondes. En Afrique plus encore qu'en Asie, tôt ou tard, le désert reprend possession du domaine que le labeur du barbare lui avait enlevé ; à moins que le génie bienfaisant de l'Européen, servi par la science et les machines, plus puissant et plus persévérant, ne vienne au secours du Saharien. »

Jules DUVAL[1],
Les puits artésiens du Sahara.
(*Bulletin de la Société de géographie*, février 1867.)

» C'est au colonel Desvaux, qui, au mois de novembre 1854, pénétra au sud de Biskra, dans l'Oued-Rir et à Touggourt, que revient l'honneur d'avoir le premier entrepris la création des puits artésiens en Algérie. Un an et demi à peine après que l'armée française fut entrée dans la ville principale de l'Oued-Rir, un puits avait été creusé. C'est dans l'oasis de Tamerna que le premier puits artésien français a été établi, et c'est à la date mémorable du 17 juin 1856, que pour la première fois, l'eau d'un puits français a fécondé une des oasis du Sahara.

» Mais ce n'était que le commencement d'une grande œuvre. Depuis cette époque, grâce au zèle persévérant de quelques officiers, M. Lehaut, M. Zickel, M. Auer, M. Lillo, M. Bourotte, M. Genvot et bien d'autres encore, grâce à l'activité de M. Jus, ingénieur civil, qui, depuis 1856, a été le directeur de la plupart des sondages effectués, il y a maintenant, dans tout l'Oued-Rir, quantité de puits artésiens qui débitent des masses d'eau considérables, et qui par conséquent y apportent la fécondité... L'homme a pu, par sa science et sa patience, donner la vie au désert, créer des oasis et des forêts, là où il n'existait que le sable.

» Que de journées de travail, que de labeurs, que d'efforts, souvent stériles en apparence, ont été nécessaires ! Ceux-là seuls qui ont dirigé de pareils travaux peuvent le savoir. Tantôt c'est le sable qui, retombant sans

---

1. Sur M. Jules Duval, voir le volume de *Lectures sur l'Amérique*, page 56. — Le mémoire, dont nous citons un extrait, est accompagné de six notes très longues et très savantes : la première renferme une bibliographie du Sahara et des puits et forages artésiens.

Au lieu des procédés meurtriers qui sont en usage au désert, au lieu des corporations de r'tassin et de meallem, les officiers et ingénieurs français emploient pour les sondages et les forages des outils, des trépans et des machines. Le résultat est plus prompt et moins coûteux. Les forages artésiens ont plus fait que bien des victoires pour la pacification des indigènes, en dépit du fanatisme musulman. Les rapports de nos officiers constatent avec quelle joie et au milieu de quelles clameurs enthousiastes les tribus saluent chaque création d'un nouveau puits. Les cheiks et les tolbas émus bénissent le nom de la France, les femmes dansent et s'embrassent, les goums exécutent autour du bassin de brillantes fantasias. En 1857, les succès obtenus à Chegga, en plein Sahara, inspirèrent à un barde du pays, le marabout Si-Mohammed-bel-Kadi, un hymne de reconnaissance dont nous citerons quelques passages : « Louange à Dieu seul maître de l'univers ! — Je
» vous annonce des choses merveilleuses — l'eau a jailli du sein des sables ! —
» Dieu a donné l'eau au Sahara, — par l'intermédiaire de celui qui gouverne actuel-
» lement le pays. — Ce pays, jadis désolé — va enfin renaître, et sera rendu habi-
» » table. — Le général Desvaux a accompli cette résurrection — l'ingénieur
» Jus l'a secondé. — Tamelhat, la stérile, est aujourd'hui productive. — La po-
» pulation jouit de l'abondance et de la paix — parce que celui qui la gouverne
» est juste — chacun fait son éloge et exalte ses bienfaits. — La justice donne
» la prospérité, — tandis que l'iniquité ruine et tue, etc. » (V. *Les forages artésiens*, 1856-1878, par M. Jus. Paris, imprimerie nationale, 1878).

cesse, comble le puits à mesure qu'il est formé, tantôt c'est une roche qui, par sa résistance, n'est que difficilement entamée par les appareils forateurs. Et si quelque instrument est brisé ou mis hors d'usage, il faut attendre longtemps, par suite des distances énormes et des difficultés de transport, pour qu'il soit remplacé par un appareil nouveau envoyé de la métropole.

» Quelques chiffres [1] indiquent les progrès qui ont été réalisés. En 1856, il y avait, dans l'Oued-Rir, 282 puits artésiens arabes. En 1880, il y avait 434 puits artésiens arabes et 59 puits artésiens français. Les puits artésiens de 1855 donnaient 250 hectolitres d'eau à la minute, tandis que la totalité des puits de 1880 donnait 1 770 hectolitres.

» En même temps que l'eau, on voit se développer des plantations de palmiers. En 1856, il y avait 360 000 palmiers dans l'Oued-Rir; il y en avait 518 000 en 1880... Comme la moyenne de la production annuelle d'un dattier est d'environ 15 kilogrammes de dattes, on voit que le fait de la création des puits artésiens a porté la production annuelle des dattes de l'Oued-Rir de 5 400 000 kilogrammes en 1856 à près de 8 millions en 1880. » (Charles RICHET, *Une excursion dans l'Oued-Rir*, Revue des Deux-Mondes 15 mai 1882.)

### La caravane au sel de Bilma : l'aïri.

« Quand le vieux chef Annour [2] fut arrivé, conduisant vigoureusement son chameau par la bride, les groupes bigarrés de la longue caravane se mirent en mouvement. C'était toute une tribu en marche, les hommes à pied ou montés sur des chameaux, les femmes sur des bœufs ou des ânes, portant avec elles non seulement leurs ustensiles de ménage, mais encore tout l'attirail des légères habitations indigènes; de sorte que nattes, perches, boîtes, pots, assiettes, vases à boire, pendaient pêle-mêle suspendus aux flancs des bêtes de somme. Deux troupeaux, l'un de bétail, l'autre de chèvres laitières, couraient, ainsi qu'une quantité de jeunes chameaux, à côté de la caravane; et ces derniers, dans leurs capricieux ébats, mettaient souvent le désordre dans la file des chameaux de charge, tous attachés les uns aux autres. Ce spectacle était plein de vie et d'animation.

» Le mot *aïri* est le nom indigène, officiel pour ainsi dire, de la caravane au sel. Le départ de cette dernière, chaque

---

1. Ils sont empruntés à un mémoire intitulé : *Les oasis de l'Oued-Rir en 1856 et 1880.* (Paris, 1880, Challamel.)
2. Annour était l'un des principaux personnages de la caravane que suivait le docteur Barth; il était parent du puissant chef des Touâreg Kel-Owi.

matin, avait quelque chose d'imposant et de solennel. Au signal donné par tous les tambours répondait un sauvage cri d'enthousiasme retentissant dans tout le camp; puis arrivaient successivement, en ordre de bataille, les divers contingents de la caravane, conduits par leurs *madogou*, c'est-à-dire premiers serviteurs des chefs respectifs. Tous marchaient ainsi en cortège long et paisible, traversant les vallées et les plateaux des montagnes. Le soir, avaient lieu des jeux et des danses dans toute l'étendue du camp. Ces scènes vives et animées, dans un site entrecoupé de masses de rochers sauvages et éclairé de vastes feux, pouvaient faire oublier les mauvais côtés de la vie du désert.

» Ce qui frappe surtout le voyageur c'est de voir que cette grande émigration d'une tribu errante n'a pour but que l'exploitation d'un seul objet de commerce. La nature féconde s'est plu à créer dans la région la plus nue et la plus aride du désert, dans le Tebou, près de Bilma, ce riche gisement de sel, tandis qu'elle a complètement refusé à de vastes et fertiles contrées de l'intérieur ce minéral devenu indispensable à la nourriture de l'homme. Ce ne sont cependant ni les Tebou, ni les Haoussa, c'est-à-dire ni les producteurs, ni les consommateurs, qui se livrent à ce grand trafic, mais c'est un tiers qui, s'interposant, pourvoit aux besoins de ces derniers en se créant à lui-même des moyens d'existence. Ce tiers est l'indigène des régions inhospitalières qui s'étendent entre le nord et le midi. Parcourant des espaces immenses, il se rend aux mines de sel, charge de leur produit ses centaines et ses milliers de chameaux, et, faisant des trajets qui durent des mois entiers, se rend aux contrées fertiles, où les habitants lui prennent volontiers son sel en l'échangeant contre du blé ou des produits de leur industrie.

» Le sel se recueille à Bilma à l'état liquide; on le coule ensuite dans des formes de bois où il prend la forme d'une espèce de chapiteau. Ce cylindre de sel s'appelle alors *kantou*, et dix de ceux-ci forment une bonne charge de chameau. Un *kantou* équivaut à cinq pièces de moindre dimension, nommées *asserim*, qui se subdivisent encore en quatre *fotou*; un *kantou* vaut donc vingt *fotou*. Ces pains de sel sont renfermés dans des sacs de feuilles de palmier, que l'on appelle *takroufa*. Le cours, à Bilma, est de deux *sekka* de sarrasin pour trois *kantou* de sel. Il existe encore un autre sel plus fin qui s'expédie en poudre et qui est le seul que puissent employer les Européens, car le sel ordinaire de Bilma est fort amer pour des étrangers, et leur gâte le goût de tout aliment. Ce sel fin coûte trois fois plus cher que l'autre.

» Pendant notre marche, je m'efforçai sans cesse d'évaluer approximativement la grandeur de la caravane pour pouvoir apprécier l'importance de cette vaste entreprise nationale et commerciale. Calcul difficile, l'*aïri* se composant d'un grand nombre de subdivisions appartenant à des communautés ou à des chefs différents... Je crois toutefois ne pas être loin de la vérité en évaluant, en cette circonstance, l'importance de la caravane au sel de Kel-Owi à trois mille cinq cents charges de chameaux, sans compter les jeunes bêtes sans emploi. La valeur totale du sel transporté pouvait s'élever à 150 millions de coquillages ou *kourdi* (cauris), soit 60 000 ducats d'Espagne. De cette quantité, un millier de charges allaient à Sinder ; une couple de cents étaient destinés à Tessaoua et à tous les marchés de la contrée jusqu'à Gober : le reste devait être transporté à Kano, le centre d'affaires le plus important du Soudan central. La partie orientale du Bornou reçoit le sien directement de Bilma, tandis qu'il n'en arrive que fort peu dans la région du Niger, qui possède d'autres sources et d'autres voies de relations commerciales. »

D<sup>r</sup> Henri BARTH,<br>
*Voyages et découvertes dans l'Afrique septentrionale<br>
et centrale*, tome I<sup>er</sup>, chap. VII, p. 277 et suiv.,<br>
trad. de Paul ITHIER.<br>
(Paris, 1860, 4 vol. in-8°, Bohné.)

### Les Touâreg du Hogghar.

« Le peuple que les Arabes appellent Touâreg et qui, lui, se donne le nom d'Imôhagh ; ce peuple à la face voilée, que son costume, sa langue et ses mœurs rendent un objet de curiosité pour les autres nations musulmanes, appartient à la race berbère, parente elle-même des anciens Egyptiens. Politiquement, les Touâreg se divisent en quatre grands groupes confédérés qui ont chacun pour patrie et pour foyer de leur indépendance propre un massif distinct de montagnes ; le Tassîli pour les *Azdjer* ; le Ahagghâr pour les *Hôgghar* ; l'Azben ou Aïr pour les *Kêl-Owi* ; l'Adghagh pour les *Aouélimmiden*. Sous le rapport social, les Touâreg de chaque confédération se divisent en trois castes fondamentales : les nobles (Ihaggâren) ; les serfs (Imrhâd) ; les esclaves, qui sont des nègres amenés de la Nigritie.

» Il resterait encore à mentionner deux divisions des Touâreg, qui ne peuvent pas rentrer dans les trois castes fondamentales. Je veux parler des tribus de marabouts *Inislimin* et d'autres tribus dont le rang est intermédiaire entre l'état de noble et celui de serf, et que j'appellerai les tributaires. Autrefois ces tribus menaient une vie sédentaire, et quelques-unes ont conservé cette existence jusqu'à ce jour. Je dirai quelques mots de chacune de ces castes.

*Nobles.* La noblesse Touâreg, comme la noblesse chez nous au moyen âge, est une caste militaire. C'est par la force des armes qu'elle s'est créé des privilèges, et c'est par la force des armes, unie à une grande activité pour veiller à tout ce qui se passe à l'intérieur et à l'extérieur, qu'elle les maintient encore aujourd'hui. Sa première fonction dans la société touâreg est la politique, embrassant la leur propre et celle de leurs voisins. En général, les nobles ont un goût prononcé pour ces réunions où chacun parle à son tour, peut expliquer son opinion dans un long discours et faire triompher ses idées contre celles de ses rivaux. De temps en temps ils s'occupent d'opérations d'échanges, soit pour augmenter leurs richesses, soit pour assurer leurs approvisionnements au moment et en lieu opportuns. Propriétaires de chameaux que gardent leurs esclaves, ils conservent les chamelles aux pâturages pour se nourrir de leur lait, et envoient le reste sur les routes commerciales de l'intérieur pour faire des transports de marchandises. Indépendamment des chameaux, ils possèdent d'autres troupeaux de chèvres et de moutons, et ce sont les besoins de ces troupeaux qui le plus souvent gouvernent leur existence nomade. Ordinairement, au printemps et en été, ils parcourent les parties basses du Sahara où la pluie a développé la végétation. En hiver, ils se retirent volontiers dans les vallées abritées de montagnes, où ils trouvent des bois de *Tamarix ethel* et de *Salvadora persica* qui les protègent contre le froid et contre l'action des grands vents. Cependant, dès que les pâturages commencent à manquer dans leurs campements habituels, ils n'hésitent pas à sacrifier leurs aises pour le salut de leurs troupeaux, et à abandonner les lieux où ils trouvent un abri pour aller camper dans des contrées plus découvertes, mais où du moins les pâturages sont intacts. Il n'y a qu'une seule exception à cette règle générale, c'est le cas constaté du danger d'attaque de la part de leurs voisins : alors dans chaque confédération, on voit les tribus se réfugier dans les vallées encaissées de leurs montagnes, et, plus le danger est sérieux, plus les Touâreg remontent dans le haut des plateaux où les vallées, en se resserrant, rendent plus facile la défense de ces sortes de citadelles formées par la nature. La surveillance des routes, le protectorat que les nobles Touâreg doivent à leurs clients, les occupent aussi beaucoup et les obligent souvent à de longues absences loin de leurs familles. Mais quand ils sont dans leurs campements, leur temps se trouve partagé entre la direction des soins à donner aux troupeaux, aux hommes et à la politique. On ne saurait croire combien d'heures de discussion amène le moindre incident survenu dans le voisinage des chefs.

» Aucun noble, homme ou femme, ne se livre au travail manuel, réputé servile parmi eux. Les esclaves nègres pourvoient à tout. Le temps des femmes, après les soins réclamés par les enfants, dont elles dirigent l'éducation, est consacré à la lecture, à l'écriture, à la broderie, mais surtout à la musique. Chaque soir, elles se réunissent pour se livrer au plaisir de concerts donnés en plein vent et auxquels les hommes assistent en silence. Un instrument à archet appelé *amzad* ou *temâhaq* (*rebaza* en arabe), et la voix des femmes, sont les seuls instruments de ces concerts.

» La noblesse ne danse jamais : ce divertissement est ré-

Un Touâreg.

servé aux serfs et aux nègres. Les nobles ont un caractère fin, des manières solennelles, la démarche lente. Sobres de paroles dans les circonstances ordinaires, ils réservent toutes les ressources de leur éloquence pour les réunions officielles. Leur stature est généralement haute, leurs membres maigres, mais musculeux; leur teint est blanc, mais plus ou moins basané par le soleil, suivant le genre de vie menée. Leurs vêtements consistent en étoffes de coton fabriquées au Soudan, teintes à l'indigo et lustrées, ce qui, de loin, donne aux Touâreg l'apparence de fantômes noirs. Les chefs seulement, et dans les grandes occasions, portent par-dessus les vêtements de coton, des burnous de drap rouge, bleu ou noir. Quelquefois, outre le vêtement national, toujours de couleur foncée, les plus fashionables portent le *haïk* blanc, en laine, des Arabes. Les formes de leurs vêtements sont celles de la longue blouse, de l'ancien pantalon gaulois descendant jusqu'à la cheville. Le voile, *tiguêlmoust*, est une longue bande de coton, également teinte à l'indigo, lustrée au moyen du battage pendant la dessiccation de l'étoffe, et roulée autour de la tête et de la face, de manière à former à la fois un turban, une visière et un voile. La raison première de cette pratique est incontestablement hygiénique, car les voyageurs étrangers qui traversent le désert adoptent le voile contre la réverbération solaire, la sécheresse de l'atmosphère et l'action pénétrante des sables. Chez les Touâreg, l'usage du *tiguêlmoust* est devenu une seconde nature; ils ne le quittent jamais, ni pour manger, ni pour dormir, et un homme qui se respecte croirait manquer aux convenances en laissant tomber son voile.

» Les femmes nobles portent de longues chemises blanches, et par-dessus, de longues blouses bleues attachées au moyen d'une ceinture; le tout est recouvert, à la manière arabe, du haïk blanc qui passe sur la tête en laissant la figure découverte; car, contrairement à l'usage des autres peuples musulmans, les hommes sont voilés et les femmes ne le sont pas.

» La monture de guerre et de voyage du noble touâreg est le dromadaire (*méhari*), qui se distingue facilement du chameau de bât, par ses formes élancées et plus nobles. Presque tous les *méhara* ont le pelage d'un ton clair, blanc ou fauve. Quelques-uns ont des taches noires à la tête. La selle est attachée en avant de la bosse par une simple courroie en cuir tressé qui passe sous le poitrail du dromadaire. Cette selle est en bois, non rembourrée, et ornées de dessins en cuir et en cuivre. La bride sans mors, est passée dans la tête de l'animal. Un instrument de métal, qui y est attaché et qui porte sur une des joues, sert à tenir la monture en éveil et à l'exciter à la marche. Le cavalier, placé sur sa selle, croise ses pieds sur le cou du dromadaire. Sa position est celle d'un homme assis[1].

» L'armement du noble comprend : un sabre droit à deux tranchants, un poignard, constamment attaché au bras, une longue lance en fer et un grand bouclier carré en peau d'antilope. Les armes à feu sont rares ; cependant, les Ifôghas, voisins de l'Algérie, et les Tin-Alkoum répandus dans le Fezzân, commencent à les adopter, parce qu'ils ont plus de facilités que les autres tribus à s'en procurer[2].

» L'armement ordinaire des Touâreg suppose un certain courage militaire, car pour en faire usage, il faut combattre de près, corps à corps. Les Touâreg sont en effet très braves, et l'effroi dont ils sont l'objet en est la preuve. Toutefois on

---

[1]. « Le Targui dirige son mehari par la pression de ses doigts de pieds sur le
» cou de l'animal. Assis sur la selle, le dos appuyé au troussequin, les jambes
» croisées autour d'une sorte de pommeau en forme de croix, il agit avec ses pieds
» nus sur le cou de l'animal, qui, dressé dès son jeune âge à cette manœuvre, et
» doué d'une très grande sensibilité nerveuse, obéit à leur pression avec une pré-
» cision admirable : ce qui permet au cavalier de garder l'usage de ses deux mains,
» pour manier sa longue lance ou son formidable sabre, sans être gêné dans ses
» mouvements par le soin de diriger sa monture. Aussi, dans le combat, l'effort
» du Targui consiste-t-il toujours à couper les pieds de son ennemi, et c'est tou-
» jours vers cette partie du corps qu'il dirige ses coups. » (Henri BROSSELARD, *Voyage de la mission Flatters au pays des Touâreg Azdjer*, p. 163. Paris, 1883, in-18, Jouvet.)

[2]. « C'est un spectacle fort curieux que des Touareg en grand costume exécu-
» tant une sorte de fantasia au trot et au galop sur de hauts meharis, qu'ils ma-
» nient à merveille, accroupis sur une selle spéciale, la rahla placée à l'avant de
» la bosse de l'animal, les jambes croisées sur l'encolure, le pantalon descendant
» jusqu'à la cheville, la tunique de couleur éclatante serrée à la taille par une
» ceinture de soie, quelques-uns portant par dessus le burnous écarlate ; le voile
» noir jusqu'au-dessous des yeux, sur le visage ; le haïk, pièce d'étoffe de couleur
» sombre enveloppant la haute chachia tunisienne, faisant visière en avant au-
» dessus du voile, et retombant sur les épaules. Quelques-uns possèdent des fusils
» qu'ils suspendent à l'arçon de la rahla. Tous portent, à la selle, le sabre en
» forme de glaive romain, la poignée en croix. Ils ont la lance de fer qu'ils portent
» toujours à la main, même quand ils ne sont pas montés, le poignard passé au
» bras gauche par un anneau de cuir adapté au fourreau, le bouclier de peau d'an-
» tilope pendant sur le flanc du mehari. » (Colonel FLATTERS, *Mission d'exploration dans le Sahara central*, conférence faite à la Société de géographie d'Amiens, 7 juillet 1880.)

serait dans l'erreur si l'on croyait que les Touâreg ne vivent que du butin conquis sur leurs ennemis ou sur les caravanes. Les nobles, les guerriers par excellence, ont, indépendamment du produit de leurs troupeaux, encore d'autres ressources, qui consistent en droits féodaux perçus sur les serfs et en droits de passage, *rhefer*, payés chaque année par les maisons de commerce dont les caravanes sillonnent les pays Touâreg. Le *rhefer*, que nous pouvons traduire par coutume, droit coutumal, n'est pas une institution arbitraire, spoliatrice; c'est, au contraire, un droit protecteur pour le commerce qui le paye, et pour celui qui le perçoit la récompense de la sécurité qu'il donne aux routes. Plus la paix et l'ordre règnent dans une confédération, plus considérable est le revenu que perçoivent les nobles des mains de leurs tributaires, de leurs serfs et de leurs clients voyageurs [1].

» *Marabouts*. — Les principaux marabouts touâreg prétendent descendre, par le sang de leurs mères, de la famille régnante du Maroc, et par elle ils auraient des droits au titre de chérifs ou descendants du prophète. Cette prétention est légitime; ainsi qu'on le verra plus loin, dans la société targuie, c'est le rang de la mère et non celui du père qui donne à l'enfant sa condition sociale. Mais les marabouts touâreg sont recommandables à d'autres titres. En leurs personnes sont

---

[1]. Il est intéressant d'opposer à ce tableau de M. Duveyrier le témoignage moins favorable aux Touâreg du général Daumas. On verra aussi plus loin, en lisant le massacre de la mission Flatters, de quelles trahisons ces gardiens du désert sont capables.

« Sous les tentes du Tell, on parle des Touâreg comme autrefois, chez nous, » on parlait du Turc. Il n'y a du reste qu'une voix sur leur compte : « Quels sont » leurs ennemis? demandions-nous à un habitant du Touat. — Ils n'ont pas » d'amis, nous répondit-il. » Un autre nous disait : « Je n'ai rien vu de bon chez » eux que leur beauté et leurs chameaux. Braves, rusés, patients, comme tous » les animaux de proie, ne vous fiez jamais à eux; ils sont de mauvaise parole. » Si vous recevez l'hospitalité chez l'un d'eux, vous n'avez rien à craindre de lui, » sous sa tente ni quand vous serez parti : mais il préviendra ses amis qui vous » tueront, et ils partageront vos dépouilles. » On trouve partout chez ces peuplades, ajoute M. Daumas, des vertus de famille qui révèlent de grandes qualités instinctives. Ainsi la polygamie y est très rare et tout à fait exceptionnelle; » la dignité de la race s'y perpétue sans mélange d'alliances étrangères, même » avec les Arabes que les Touâreg méprisent et dont ils se disent les seigneurs. » Le deuil des morts aimés ou vénérés se porte religieusement et longtemps..... » Concluons-en que là, comme partout, le bien est à côté du mal, et que la nécessité seule, peut-être, a compromis une nature sûrement meilleure que ne » le disent les Arabes. » (Général Daumas, *Revue de l'Orient*, février 1846.)

confondues les attributions du prêtre, du magistrat judiciaire, du maître de l'enseignement public. Quand de telles fonctions sont héréditaires dans les familles, et que ces familles sont à la hauteur de leur mission, leur influence doit être grande et féconde [1].

» *Tributaires*. — Deux mots seulement sur cette classe de Touâreg. Moyennant de faibles redevances aux nobles, ces tribus jouissent de la même liberté que les nobles eux-mêmes. Intermédiaires entre la noblesse et les serfs, elles correspondent aux raïas des autres sociétés musulmanes. La plupart des tribus touâreg du Fezzân, appartiennent à cette classe. Les tributaires n'ont rien dans leur costume, dans leur armement, qui les distingue sérieusement des nobles, si ce n'est un peu moins de luxe.

» *Serfs* (Imrhâd). — Comme les nobles, les serfs sont divisés en tribus, presque tous sont blancs; mais il y en a aussi de noirs (mulâtres) qui portent le nom spécial d'Ikelân. L'origine du servage est antérieure à l'époque de la conversion des Touâreg à l'islamisme, et les marabouts qui tiennent à honneur de suivre leur religion n'ont pas d'Imrhâd.

» Pour la majorité, l'inféodation a dû être volontaire. Dans les grandes révolutions qu'a subies la nation berbère, plus d'une famille faible a dû spontanément offrir sa liberté aux tribus plus guerrières, comme unique moyen d'échapper aux dangers de toute nature qui la menaçaient. Cependant la tradition conserve la mémoire de quelques tribus réduites au servage par la conquête, notamment de celles qui sont d'ori-

---

1. M. Duveyrier cite à l'appui quelques exemples de protection accordés aux Européens : le marabout Sidi-Othman avait servi de guide au major Laing en 1826 et l'avait protégé jusqu'à Tombouktou; le même Sidi-Othman avait dirigé M. Duveyrier dans le désert et l'avait recommandé aux chefs politiques de son pays. Il vint en 1862 à Paris pour préparer un traité de paix et de commerce. C'est aussi par un marabout de Timbouctou que le docteur Barth fut défendu contre le fanatisme des Fellatah du Niger. On trouvera peut-être que ces exemples ne suffisent pas à démontrer la tolérance des marabouts sahariens. Le 1er août 1869, malgré les promesses et les recommandations du chef Touâreg Ikhenoukhen, la comtesse Alexandrina Tinné, célèbre par ses intrépides et fastueuses explorations sur le haut Nil, fut assassinée avec ses serviteurs hollandais dans le Fezzan, à cinq journées à l'ouest de Mourzouk, par une bande d'Arabes et de Touâreg qui formaient son escorte et qui convoitaient ses richesses. (V. le récit du docteur Nachtigal, *Bulletin de la Société de géographie de Paris*, 1879, t. XIX.)

gine arabe. Le serf n'est pas, comme l'esclave, la chose de son maître, il ne peut être vendu sur le marché ni séparé de sa famille: il a même le droit de posséder des esclaves. Cepen-

Un guerrier touareg.

dant il est transmis par héritage et donné en dot. Dans la pratique, la douceur des mœurs a beaucoup mitigé la rigidité du droit, et le plus souvent les serfs se bornent à donner annuellement à leurs maîtres quelques agneaux ou chevreaux, un petit chameau et du lait à discrétion pendant toute la durée du printemps. Ceux qui se livrent au commerce ou qui exécutent des transports, donnent de même une partie de leurs bénéfices à leurs seigneurs. Comme les serfs sont beaucoup plus nombreux que les nobles, ces redevances, minimes pour chaque contribuable, font un total important pour les bénéficiaires. La plus grande partie des Imrhâd ont des territoires qui leur sont assignés. Beaucoup d'entre eux sont sédentaires, habitent des cabanes en roseaux ou en branchages, et se livrent à de petites cultures quand les pluies ont rafraîchi le sol. D'autres, exclusivement pasteurs ou nomades, conduisent leurs troupeaux et ceux de leurs maîtres partout où il y a de l'herbe à brouter. Dans leurs migrations, ceux qui sont nomades suivent certaines règles déterminées par la périodicité des saisons. Ces derniers habitent des tentes en cuir tanné, luxe que n'ont pas toujours leurs maîtres les nobles, car, dans leurs voyages, ces derniers couchent souvent à la belle étoile. Il n'est pas rare de voir des serfs plus riches que les nobles, jouir de plus de confortable dans leur intérieur et mieux se nourrir. Cela tient à ce que, débarrassés des soucis de la police du pays, de sa défense, ils peuvent consacrer plus de temps aux soins qu'exige la vie de famille. De plus, ils ne se croient pas déshonorés en travaillant. On en trouve qui sont d'habiles artisans. Un forgeron targui a su me fabriquer une clef pour mon chronomètre. Tous ces détails démontrent que le servage n'est pas bien dur, et ce qui le prouve mieux encore, c'est que les plus riches vont faire le pèlerinage de la Mecque, et reviennent volontairement se placer sous le joug de la servitude. Les Imrhâd ont le caractère plus souple et plus communicatif que leurs maîtres. On les voit rire souvent, tandis que les nobles sont d'un sérieux imperturbable.

» *Des femmes.* — Si, dans la constitution sociale des Touâreg quelque chose surprend l'observateur européen, c'est le rang distingué qu'y occupe la femme et le rôle prépondérant qu'elle y joue. D'abord elle est l'égale de son mari. Ensuite elle dispose de sa fortune personnelle, et dans les villes, par l'addition des intérêts au capital, elle arrive à posséder presque toute la richesse. C'est ainsi qu'à Rhât, une grande partie des maisons, des jardins, des sources, du capital du commerce de la place appartient aux femmes. Enfin, chez les Touâreg, c'est le rang de la mère et non celui du père qui assigne aux enfants leur position dans la société. Ainsi pendant que chez nous, il n'y a pas longtemps, le fils d'un bourgeois et d'une marquise naissait sans titre, chez les Touâreg, le fils d'un serf né d'une femme noble est reconnu noble, et le fils d'un noble et d'une femme serve ou esclave, reste serf ou esclave. De cette loi curieuse découle une autre loi plus exceptionnelle encore : ce n'est pas le fils du chef, du souverain, qui succède à son père; c'est le fils aîné de la sœur aînée du chef qui prend sa place.

» Mais voici un témoignage encore plus grand qui indique la puissance de la femme. Les Touâreg sont musulmans et l'islamisme autorise la polygamie; cependant les Touâreg sont, sans exception, tous monogames [1].

L'historien arabe Ebn-Khaldoûn nous apprend que les Touâreg, après avoir embrassé l'islamisme, ont renié quatorze fois la religion nouvelle, d'où leur est venu leur nom arabe de *Touâreg*, c'est-à-dire *apostats* [2]. Inutile de dire que ce nom est rejeté par eux, et qu'ils n'acceptent comme leur étant propre que le titre d'Imôhagh. En se demandant le motif de si nombreuses apostasies, et en constatant encore aujourd'hui l'interdiction de la polygamie aux Touâreg, n'est-on pas auto-

---

[1]. « Les femmes, dont la condition est tout autre que chez les Arabes, accompagnent leurs maris, ou vont seules à leur gré. Elles ont leurs meharis à elles, et sauf une grande pièce d'étoffe qui les enveloppe le plus souvent de la tête aux pieds, quand elles sortent de leur tente, leur costume est à peu près le même que celui des hommes; mais elles ne portent pas de voile; elles remplacent les armes par la rebaza, ou violon à une corde, sur lequel quelques-unes ont un véritable talent, au dire des appréciateurs de la monotone musique orientale. Elles nous ont donné plus d'une représentation. Un fait assez curieux que j'ai pu vérifier, c'est qu'il y a des lettrées parmi elles, tandis qu'il est assez rare de rencontrer un homme sachant à peu près lire, soit en arabe, soit en berbère. » (Colonel FLATTERS, *Mission d'exploration dans le Sahara central*; — Bulletin de l'Union géographique du Nord, 1880.)

[2]. Suivant M. Cherbonneau, le mot Touâreg, qui s'écrit grammaticalement *Thaouarek*, est le pluriel de Tharik, participe présent du verbe *Tharaka* « attaquer la nuit, faire une incursion de nuit, et non de *Taraca*, laisser, abandonner. On doit donc traduire Touâreg par *pillards nocturnes*, *brigands de nuit*.

risé à conclure que les femmes ont forcé leurs maris, leurs frères et leurs enfants à n'accepter de l'islamisme que ce qui ne les concernait pas ?

» En effet, quand, en deçà de la région des dunes de l'Erg, on voit la femme arabe telle que l'islamisme l'a faite, et, au delà de cette simple barrière de sable, la femme touâreg, telle qu'elle a voulu rester, on reconnaît dans cette dernière la femme du christianisme. La femme touâreg, comme génie conservateur, se révèle à la science par un autre fait intéressant. Au milieu des révolutions qui ont successivement transporté leurs tribus errantes du désert de Barka dans la Cyrénaïque, l'un des berceaux du christianisme en Afrique, jusqu'aux rives de l'océan Atlantique et jusqu'au Niger, on retrouve encore aujourd'hui, chez les femmes touâreg, la tradition de l'écriture berbère, perdue pour les autres groupes de cette grande et ancienne famille. Tandis que dans tous les Etats barbaresques une femme sachant lire et écrire est une exception très rare, presque toutes les femmes touâreg lisent et écrivent le berbère, et quelques-unes lisent et écrivent aussi l'arabe. J'ajouterai un détail pour terminer [1]. Généralement les femmes ne se marient pas avant vingt ans, et les hommes avant vingt-cinq ou trente ans. La majorité politique, celle qui donne accès dans les conseils des anciens, n'est guère octroyée avant quarante ans, mais aussi faut-il

---

[1]. « S'il est un point par lequel la société berbère diffère de la société arabe, » c'est par le mariage, c'est par le contraste de la position qu'y occupe la femme, » comparée à l'état d'infériorité de la femme arabe. La monogamie a fait de la » femme l'égale de l'homme : elle prend part à la gestion des biens et mange » en compagnie de son mari, ce qui est contraire à la coutume des autres musul- » mans. Comme les esclaves sont chargés de moudre le blé et d'approvisionner » la tente d'eau et de bois, les femmes se livrent à des occupations moins rudes, » par exemple, le tissage des vêtements, la confection des tapis. Mais c'est une » erreur de prétendre qu'elles consacrent du temps à la lecture et à l'écriture. » Ce qu'il y a de vrai, c'est qu'elles s'appliquent tantôt à dessiner des amulettes, » tantôt à chanter, au son des instruments, des mélopées guerrières, dont le » thème invariable est l'encouragement à la razzia. « Honneur aux porteurs de » voile ! Leur lance n'attendra pas sa proie. Ils savent surprendre le voyageur » couché dans ses moëlleux lainages et dont le ventre est bourré de viande et de » blé. Ils lui arrachent l'âme sous sa tente orgueilleuse. Victorieux, ils enlèvent » ses gras troupeaux et le fruit de son négoce ; car l'espace des sables est l'em- » pire des guerriers voilés. » (A. CHERBONNEAU, *Les peuplades voilées de l'Afrique*, *Revue de géographie*, mai 1881.)

dire que la vieillesse, avec la conservation des facultés, se prolonge beaucoup chez les Touâreg, et que l'on rencontre des centenaires parmi eux. »   Henri DUVEYRIER[1].
*Notes sur les Touâreg et leur pays.*
(*Bulletin de la Société de géographie de Paris*, février 1863.)

## Notice historique sur les rapports de la France et du Sahara.

L'Algérie a longtemps servi d'intermédiaire pour le trafic entre l'Europe et l'Afrique. Des caravanes nombreuses parties de Tlemcen, de Géryville, d'Alger, de Constantine, établissaient des relations constantes avec les oasis d'In-Çalah, du Touat, d'Ouargla, de Ghât, d'Aghadès, de Kaouar, et de là gagnaient à travers le désert Timbouktou et les rives du Niger, Kouka et le bassin du lac Tchad. Alors Tlemcen et Ouargla[2] renfermaient chacune 100 000 habitants, l'oasis d'El-Golea 70 villages riches et peuplés, Timbouktou avait 40 000 âmes sans compter les esclaves. Le Sahara était une route de commerce très fréquentée, malgré les périls du voyage ; les oasis

---

[1]. M. Duveyrier (Henri), né en 1840, a conquis, par ses études et ses voyages, la réputation justement méritée d'un des plus savants géographes et des plus hardis explorateurs de l'Afrique septentrionale au dix-neuvième siècle. Après avoir visité l'Algérie, il entreprit, en 1859, un voyage dans le Sahara central. Grâce à la protection des chefs touareg, et surtout à son énergie et à son sang-froid, il réussit à explorer pendant deux ans la région des Ahagghar, jusque-là inaccessible aux Européens, et en révéla les secrets dans son beau livre, *les Touareg du Nord* (1864, in-8°, Challamel). M. Duveyrier est resté un des collaborateurs les plus actifs et les plus compétents de la *Société de géographie de Paris*; il en a été longtemps l'un des secrétaires, il en est aujourd'hui (1884) l'un des vice-présidents. Le *Bulletin de la Société* renferme un grand nombre de mémoires ou communications signés de son nom, et dont plusieurs ont été publiés à part. — Nous signalerons en outre la publication de l'*Année géographique*, vaillamment dirigée pendant quatorze ans par M. Vivien de Saint-Martin, et reprise en 1875 par M. Duveyrier, en collaboration avec son très savant collègue, M. Maunoir, secrétaire général de la Société de géographie. Nous exprimons de nouveau le regret, partagé par tous les amis de la géographie, de l'abandon de cette publication si bien conçue et si utile ; le dernier volume paru s'est arrêté en 1878.

[2]. Les historiens musulmans Ibn-Khaldoun (au quatorzième siècle) et Léon l'Africain (au seizième), nous entretiennent de l'activité de ces relations commerciales. Le premier raconte qu'il rencontra à Biskra un ambassadeur du roi de Takkeda, ville aujourd'hui disparue de l'Aïr, avec laquelle Ouargla faisait un grand commerce. Le second nous apprend que Ouargla était la tête d'une route importante, très fréquentée par les marchands de Constantine et de Tunis, qui, à cette époque, faisaient eux-mêmes leurs affaires dans les Etats du Soudan. (Voy. H. DUVEYRIER, *Le Commerce de l'Algérie avec la Nigritie*, Congrès international des sciences géographiques de 1875, t. I<sup>er</sup>, p. 516.)

en marquaient les étapes, et les produits variés de l'Afrique centrale, or, ivoire, gommes, aromates, peaux, plumes d'autruche, etc., se vendaient sur les marchés du Tell. Cette prospérité tomba avec la domination arabe. Au seizième siècle, quand les Turcs et les Maures conquirent la Berbérie, le despotisme capricieux de leur gouvernement et les brigandages sans fin de leurs corsaires éloignèrent les caravanes. Au dix-neuvième, quand les Français se rendirent maîtres du sol, une guerre acharnée et sans trêve suscita d'aveugles défiances et d'implacables haines, alimentées par le fanatisme musulman; les dernières caravanes se détournèrent, à l'orient du côté de la Tripolitaine, à l'occident vers le Maroc : Alger fut dépouillé au profit de Malte et de Gibraltar, et les Anglais recueillirent la meilleure part des bénéfices de cette révolution commerciale, conséquence immédiate et inévitable des révolutions politiques.

Ce n'était pas qu'on eût renoncé pour jamais à l'espoir de reconquérir l'influence perdue : plusieurs tentatives furent faites dans le but de rouvrir aux caravanes les chemins du Tell algérien ; mais l'incurie des gouvernements ou les résistances des indigènes ont découragé les énergies les plus tenaces. Rappellerons-nous qu'en 1840, un ingénieur français résidant à Mourzouk, M. Sutil, proposa à Louis-Philippe de la part du sultan Abd-el-Djelil l'offre de diriger vers Constantine les caravanes à destination de Tripoli et de l'Égypte, que l'offre fut accueillie avec empressement et oubliée de même? Qu'en 1856, le capitaine Bonnemain, qui connaissait à merveille la langue des indigènes et la topographie de la contrée, parvint à Ghadamès sous un costume arabe, et en rapporta de magnifiques promesses, auxquelles ses compatriotes n'ajoutèrent pas foi? En 1858, Ismaël Bou-Derba, jeune interprète au bureau arabe de Laghouat, conduisit à R'hat une petite caravane française, à qui l'entrée de la ville fut, il est vrai, interdite, mais qui réussit à vendre ses marchandises dans d'excellentes conditions. De 1858 à 1861, M. Henri Duveyrier, sans pouvoir séjourner dans le Touât, visita Ghadamès sous la protection d'un chef de Touâreg, explora le Fezzan et le Hogghar et revint à Alger par Mourzouk et Tunis.

En 1860, le commandant Colonieu et le lieutenant Burin firent, sous la protection des Ouled-Sidi-Cheik, un voyage au Gourara, une des oasis du Touât, mais ils ne purent atteindre Timimoun. Ils envoyèrent un message aux habitants, ils offrirent de se rendre seuls et désarmés dans l'assemblée de la Djemmâa pour expliquer le but de leur voyage; toutes leurs instances furent vaines; on les prit pour des espions qui venaient étudier le pays avant d'en entreprendre la conquête : « *Jamais chrétien n'avait mis le pied dans le kçar, et n'y entrerait que par force ou par surprise;* » telle fut la réponse hautaine des chefs de la tribu. Enfin en 1862, l'occasion parut favorable pour renouer avec les trafiquants arabes, et rouvrir à nos nationaux l'accès des marchés du Soudan. L'année précédente, un chef Targui accompagné d'une nombreuse escorte avait visité Alger et Paris. Ce fut un événement dans la capitale que la présence de ces cheiks redoutés que l'on voyait passer sur nos boulevards le visage couvert de voiles noirs : le gouvernement obtint d'eux la promesse d'un traité de commerce. Le maréchal Pélissier, alors gouverneur général de l'Algérie, envoya à Ghadamès, lieu fixé pour l'entrevue, le chef d'escadron Mircher, le capitaine d'état-major de Polignac et l'ingénieur des mines Vatonne. Le 26 novembre 1862, la convention de Ghadamès fut signée. Les deux premiers articles étaient ainsi conçus :

« I. Il y aura amitié et échange mutuel de bons offices entre les autorités françaises et indigènes de l'Algérie ou leurs représentants, et les chefs des différentes fractions de la nation des Touâreg. — II. Les Touâreg pourront venir commercer librement des différentes denrées et produits du Soudan et de leur pays sur tous les marchés de l'Algérie, sans autre condition que d'y acquitter les droits de vente que paient les produits semblables du territoire français... »

On crut un instant que le grand courant commercial du moyen âge allait être ramené vers notre colonie; les chambres de commerce de Lyon et de Marseille offrirent leur concours aux explorateurs. Tout à coup éclate l'insurrection du sud, le maréchal Pélissier meurt, le traité n'est point exécuté, et les Ghadamésiens le considèrent comme lettre morte.

Huit ans après (1871), à la suite de la guerre franco-allemande, une terrible révolte des tribus du sud amène nos troupes aux confins du Sahara; le général de Lacroix dans le pays d'Ouargla, le général de Gallifet à El-Goléa châtient les rebelles, et les tribus du Touât effrayées envoient des délégués qui expriment le désir de vivre en bonne intelligence avec les Français.

Le succès de ces deux expéditions ranima le goût des explorations; on se souvint du traité de Ghadamès : peut-être n'était-il pas trop tard pour en réclamer l'exécution. En 1873, deux voyageurs français s'offrirent : leur intention était de pénétrer dans les oasis jusque-là si obstinément fermées. L'un était M. Norbert Dournaux-Dupéré, ancien commissaire de la marine : soutenu par le patronage et les subsides de la Société de géographie de Paris, du Ministère du commerce, et de la Chambre de commerce d'Alger, il tenta de se rendre à Tombouktou par Touggourt et le plateau du Hogghar, mais fut assassiné entre Ghadamès et le Touât, avec son compagnon de route M. Joubert, et son domestique arabe, par une bande de rôdeurs de la tribu des Chaamba.

On a vu plus haut l'insuccès des efforts de MM. Soleillet, Largeau, Say pour pénétrer dans les oasis du Touât. On verra plus loin la désastreuse issue de la mission toute pacifique du colonel Flatters. Il semble que la « grande traversée » soit devenue plus impraticable que jamais. Tant d'échecs et de désastres paraissent faits pour décourager les partisans des expéditions trans-sahariennes, pour donner raison à ceux qui voient dans le Sénégal la véritable voie de pénétration sur le Niger, et soutiennent avec M. le général Faidherbe qu'il y « aura toujours un affreux désert de 4 à 500 lieues entre le Tell et le Soudan [1]. »

## Les projets de chemins de fer trans-sahariens.

Ouvrir à la France et à l'Algérie une route de commerce sûre vers les opulentes et populeuses contrées du Soudan, jusque-là isolées du monde civilisé, telle est l'idée qui a présidé au projet d'établissement d'une voie ferrée à travers le désert. Cette entreprise, qui paraît étrange à première vue, semble avoir été conçue par M. Soleillet le premier, lors de son infructueuse exploration à In-Çalah. Elle fut reprise avec éclat par M. l'ingénieur Duponchel, qui s'en fit le champion passionné dans un grand ouvrage publié en 1879. Enhardi par ses observations personnelles, par l'exemple des ingénieurs des Etats-Unis qui ont construit à travers les Montagnes Rocheuses une voie ferrée au milieu de rochers inaccessibles et dans un pays désert, M. Duponchel réfuta à sa manière toutes les objections tirées de la température, du manque d'eau, de la mobilité du sol, de l'hostilité des populations, de l'insuffisance du trafic, et intéressa vivement l'opinion publique à ses plans [2].

Une commission officielle étudia la question : deux tracés de chemins de fer furent proposés en 1880 : l'un à l'ouest, partant de Méchéria (province

---

1. Voir général Faidherbe, *Avenir du Sahara et du Soudan*. — John Manuel, *le Soudan et ses rapports avec le commerce européen*. (*Bulletin de la Société de géographie*, 1871.)

2. Voy. l'ouvrage de M. Duponchel, qui est le plus chaleureux et le plus intéressant des plaidoyers. (*Le chemin de fer transsaharien*. Paris, 1879, in-8°, Hachette.)

d'Oran) fut étudié par M. Pouyanne, ingénieur des mines, assisté de MM. Chavenard et Bailli : arrivés à Tiout, à 460 kilomètres de la côte, les explorateurs, menacés par des tribus marocaines, durent rebrousser chemin. L'autre tracé, à l'orient, fut étudié par deux missions distinctes : celle de M. Choisy, ingénieur des ponts et chaussées, et celle du colonel Flatters. M. Choisy, accompagné de deux ingénieurs, d'un médecin, de plusieurs agents et d'un membre de la famille des Ouled-sidi-Cheikh, compara les deux itinéraires de Laghouat à El-Goléa, et de Biskra à Ouargla. Le second fut trouvé préférable, et recommandé comme tête de ligne du futur chemin de fer trans-saharien. L'expédition de M. Choisy réussit à merveille ; il avait parcouru 1250 kilomètress en 97 jours, et ramena tous ses hommes sains et saufs. La seconde mission n'eut pas le même bonheur.

## La première mission Flatters.

Le 7 novembre 1879, M. de Freycinet, ministre des travaux publics, confiait au lieutenant-colonel Flatters la mission : « de diriger une explo-
» ration avec escorte indigène pour rechercher un tracé de chemin de fer
» devant aboutir dans le Soudan, entre le Niger et le lac Tchad. » Il devait
« se mettre en relation avec les chefs Touâreg, chercher à obtenir leur
» appui, et conserver à l'expédition un caractère essentiellement pacifique. »
» Nul mieux que le colonel Flatters, a écrit un membre de la mission,
» n'était capable de mener à bien cette difficile et périlleuse entreprise :
» énergique et prudent, d'un grand savoir, il joignait à ces mérites une
» connaissance parfaite de la langue et du caractère des Arabes, acquise
» durant son long séjour en Algérie, où il avait occupé le poste de com-
» mandant supérieur du cercle de Laghouat[1]. »
A la fin de décembre 1879, la mission Flatters était constituée. Le colonel s'était adjoint les capitaines *Masson* et *Bernard*, les sous-lieutenants *Le Chatelier* et *Brosselard* pour les relations politiques et les cartes, MM. *Béringer*, ingénieur de l'Etat, *Cabaillot* et *Rabourdin* pour le service géodésique et météréologique, M. *Roche*, ingénieur des mines, pour la géologie et l'hydrologie, et M. le docteur *Guiard*, médecin du 2ᵉ régiment de zouaves. Les explorateurs quittèrent Paris le 7 janvier 1880, passèrent à Alger le 12, et le 31 à Biskra où ils organisèrent leur caravane. Elle se compléta à Ouargla, et se composa, outre les dix membres de la mission, de quatre-vingt-quinze hommes de service, ordonnances, guides et chameliers. « Toute la tribu des Chambaa, caïd en tête, était venue offrir ses
» services. Armés de pied en cap, ils arrivaient convaincus que l'expédition
» projetée n'avait pour but que de diriger contre les Touâreg une immense
» ghazia, et leurs vieilles rancunes se réveillant à l'idée du pillage, tous
» sollicitaient la faveur d'y prendre part. Nous eûmes les plus grandes
» peines à leur faire comprendre que la mission avait un tout autre objet,
» qu'il ne s'agissaient ni de guerre ni de pillage, que la visite qu'elle se
» proposait de rendre aux Touâreg était toute amicale et pacifique, et que

---

[1]. H. BROSSELARD, *Voyage de la mission Flatters au pays des Touareg Azdjer*, p. 3.

» le colonel demandait non des soldats, mais seulement des guides et des sokhrars[1]. »

La caravane s'enfonça au sud d'Ouargla, dans la région des *gours*, « formés de roches friables qui se pulvérisent peu à peu, et dont les parties les plus dures survivent comme les témoins d'un plateau primitif. » Après un parcours de 225 kilomètres, elle arriva à la mare d'Aïn-Taïba, où elle put abreuver les chameaux, et continua sa route à travers les grandes dunes et le *gassi* ou lit pierreux de l'oued Igharghar. Elle arriva à la dépression d'El-Biodh, le 25 mars, s'y reposa deux jours, et put y faire provision d'eau; elle passa par l'oasis de Temassinin, sans y rencontrer les Touareg, puis par les sources d'Aïn-Tebalbalet et d'El-Hadjadj. Le 16 avril, après un pénible trajet dans la vallée des Ighargharen et la région aride et désolée de l'erg, elle atteignit le lac Menghough.

*Le lac Menghough*. — Cette nappe d'eau, claire et brillante, est enfermée dans une sorte de cirque entouré de hautes dunes que contourne le thalweg de l'oued Tidjoudjelt, affluent de l'Igharghar. Le lac, long d'un kilomètre, large de 100 à 200 mètres, a une profondeur moyenne de 4 mètres. A l'entrée, vers l'ouest, s'est formé un îlot, couvert de plantes et d'arbustes, et refuge de bandes de hérons et de pigeons. Le colonel Flatters chargea M. Brosselard d'en opérer le sondage. « J'essayai
» d'abord, raconte-t-il plaisamment, de fabriquer un radeau à
» l'aide des arbres du voisinage; mais la densité de leur bois
» se trouva supérieure à celle de l'eau du lac; je parvins néan-
» moins à l'alléger au moyen de quelques tonnelets vides, et je
» commençai un voyage de circumnavigation autour du lac, que
» l'insuffisance de mes talents nautiques rendit fertile en inci-
» dents comiques. Après plusieurs efforts impuissants pour diri-
» ger mon embarcation, je pris le parti de me mettre à la nage,
» et de la remorquer; quand j'étais arrivé au point où je me
» proposais de jeter la sonde, je remontais sur mon radeau et
» procédais à l'opération, puis je me remettais à l'eau, et trans-
» portais mes appareils sur un autre point. J'eus ainsi l'occasion
» de reconnaître que la température du lac était relativement
» peu élevée surtout vers le centre, où doivent se trouver les
» sources qui alimentent le lac..... Nous pêchâmes ce jour-là
» d'énormes poissons, qui varièrent avantageusement le menu
» de notre dîner; détail assez curieux, ceux que nous prîmes,

---

1. H. BROSSELARD, *Voyage de la mission Flatters*, p. 63. — Chaque groupe de vingt à vingt-cinq chameaux est placé sous la conduite de quatre à cinq sokhrars, qui courent perpétuellement de l'un à l'autre pour les exciter de la voix et du geste, leur prodiguant les paroles d'encouragement et les coups de bâton.

» appartenaient tous aux espèces qui se rencontrent dans les eaux
» du Nil ou celles du Niger. Nous avions apporté avec nous
» quelques hameçons de forte taille; mais aucun d'eux n'était
» assez puissant pour une semblable pêche. Le maréchal-ferrant
» nous en forgea en réunissant trois clous de caisses à biscuit;
» ces hameçons-là furent seuls assez forts pour nous permettre
» d'enlever les énormes poissons du lac[1]. »

La mission n'était plus qu'à 120 kilomètres de Ghât; les Touareg, qui avaient enfin paru, avaient négocié avec le colonel le passage au prix de 3 000 francs, huit fusils et quelques cadeaux supplémentaires, mais il fallait obtenir une réponse favorable du vieux marabout Hadj-Ikbenoukhen, principal chef des Touareg-Azdjer, alors presque centenaire. La réponse ne vint pas. Le colonel apprit que le chef Touareg avait cru devoir soumettre aux agents du gouvernement turc à Tripoli ses propositions : il était impossible d'attendre dans le désert le bon plaisir de la Porte ottomane, en face d'hôtes incommodes qui épiaient l'occasion de devenir des ennemis déclarés, qui chaque jour, exploitaient la caravane, et comme « des maraudeurs voraces,
» vivaient à ses dépens. Il fallait passer outre et livrer bataille, ou revenir sur
» ses pas. La saison était très avancée, les provisions s'épuisaient; le colonel
» après avoir délibéré avec ses compagnons de voyage, jugea prudent de
» revenir en Algérie, et d'ajourner l'entreprise à l'hiver suivant. En sortant
» du conseil, écrit M. Brosselard, nous pleurions des larmes de rage. »
Le 21 avril, avant le jour, le colonel donna l'ordre du départ; le convoi descendit sans bruit les contreforts de la dune; le capitaine Masson, le lieutenant Brosselard et les hommes du bataillon d'Afrique gardaient l'entrée du défilé et protégeaient la retraite. Les Touareg, voyant le camp vide, s'agitèrent en désordre, irrités, et attendant de leurs chefs l'ordre d'attaquer l'arrière-garde et de poursuivre la caravane. Les chefs avaient disparu.
« Pendant les conférences qu'il avait eues la veille avec les chefs Azdjer,
» le colonel, devinant à leurs propos, qu'une attaque de leur part était
» inévitable et imminente, et désespérant d'obtenir leur concours, s'était
» décidé à acheter leur neutralité; c'est pour cela que, le lendemain matin,
» quand les Touareg, en voyant filer la caravane, cherchèrent autour d'eux
» tous ceux qui devaient leur donner le signal de l'attaque, ceux-ci ne s'y
» trouvèrent plus; ils avaient profité de la nuit pour s'éloigner, emportant
» dans le désert le prix de leur trahison. » (BROSSELARD.) Le 17 mai, la mission rentrait à Ouargla, rapportant une riche moisson d'observations de toutes sortes et de précieuses données pour la future campagne.

## La deuxième mission Flatters.

Au mois d'octobre 1880, conformément au désir exprimé par la commission supérieure du Trans-saharien, M. Flatters quittait de nouveau la France, avec un personnel renouvelé, pour se rendre

---

1. *Voyage de la mission Flatters* (pp. 161-162).

à Laghouat, où il devait retrouver une partie de ses chameaux, et attendre le matériel qu'on lui avait expédié d'Alger. A Laghouat, le lieutenant-colonel reçut trois lettres peu favorables d'Ahitârhen[1], chef des Hogghar, et d'autres plus rassurantes d'Ikhenoukhen, chef des Azdjer. A Ouargla, la mission fut au complet. Elle se composait de MM. le lieutenant-colonel *Flatters*, chef de la mission, *Masson*, capitaine du service d'état-major, commandant en second, chargé de l'organisation et de la marche, et de la rédaction de la carte; *Béringer*, ingénieur de l'État, chef du service des observations astronomiques, géodésiques, météorologiques; *Roche*, ingénieur des mines, chef du service géologique et minéralogique; *Guiard*, médecin militaire, chef du service médical, anthropologie, zoologie, botanique, photographie; tous avaient fait partie de la première mission. Les nouveaux membres étaient MM. le lieutenant d'infanterie *de Dianous*, et *Santin*, ingénieur civil. A la mission étaient adjoints deux sous-officiers, MM. *Dennery* et *Pobéguin*, maréchaux des logis, l'un au 3ᵉ chasseurs, et l'autre au 3ᵉ spahis. La caravane comptait en outre quatorze ordonnances et trente-six chameliers, sept guides Chaamba et un mokkaddem de l'ordre de Tidjani, sans parler des quatre Touareg qui l'accompagnèrent à partir d'Ouargla, et des cinq ou six autres qui plus tard se joignirent à elle. Elle emmenait quatre-vingt-dix-sept chameaux de monture pour le personnel, et cent quatre-vingt chameaux de charge, emportant quatre mois de vivres, huit jours de provision d'eau, les bagages, instruments et autres objets.

L'organisation et les ressources de l'expédition paraissaient irréprochables, les espérances bien fondées. Toutefois, au moment de quitter Ouargla, M. Flatters apprit par l'intermédiaire de notre consul général à Tripoli, M. Féraud, que le chef des Toua-

---

1. Le 7 mai 1880, Ahitârhen écrivait au *cheik* Flatters : « Nous avons reçu votre
» lettre, nous l'avons lue et comprise; vous nous avez dit de vous ouvrir la
» route, nous ne vous l'ouvrirons pas... Vous nous avez écrit que vous voulez
» venir chez nous par la route d'Amadghor, et vous êtes reparti, cela vaut mieux
» pour vous... » — Le 29 juillet, il écrit : « Les hommes ne peuvent être gagnés
» que par beaucoup d'argent, car ils sont comme des chiens; si vous leur donnez
» quelque chose, ils viennent; si vous ne leur donnez rien, ils vous mordent. Cette
» chose est difficile (ouvrir la route du Soudan), car personne ne l'a encore faite,
» et rien ne me pousse à la faire que la promesse de beaucoup d'argent. » —
» Le 2 septembre : « Nous ne pouvons pas vous y faire aller (au Soudan) ni
» parler en votre faveur; si vous voulez y aller par une route quelconque, nous ne
» vous en empêcherons pas... Ouvrez la route, et s'il arrive quelque chose, vous
» le saurez... Nous ne pouvons y aller; restez chez vous, cela vous vaudra
» mieux. »

reg Hogghar, Ahitârhen, se montrait mal disposé; qu'il s'était rendu auprès du vieux chef des Touareg Azdjer, Ikhenoukhen, et lui avait vivement reproché d'avoir engagé la mission à revenir. M. Féraud présageait des troubles prochains chez les Touareg.

M. Flatters, confiant dans les lettres équivoques d'Ahitârhen, attribua ces rumeurs aux intrigues des marchands du Touât, de Rhât ou de Ghadamès, hostiles au développement de l'influence commerciale de la France, et crut devoir passer outre. Le 4 décembre, la mission quitta Ouargla, et choisit un itinéraire jusque-là inconnu. Elle entra dans le lit de l'oued Mia, et s'avança par Hassi-Inifel, Hassi-Messeguem, Amguid, Inzelman-Tikhsin, près de la saline ou sebkha d'Amadghor où elle arrivait le 29 janvier. (par 25°30′ de latitude nord). Telles ont été ses principales étapes : c'est de là qu'étaient datées les nouvelles qu'ils envoyèrent. D'Hassi-Inifel, à 120 kilomètres au sud de Goléa, le colonel écrivit le 17 décembre à Mᵐᵉ Flatters : « Nous avons fait
» 650 kilomètres en caravane depuis Laghouat et nous sommes à
» la limite extrême sud de l'Algérie, si même nous ne l'avons pas
» dépassée, car dans le Sahara, il est bien difficile de déter-
» miner les limites, à cent kilomètres près. L'exploration marche
» bien, et elle s'exerce depuis 200 kilomètres environ sur un
» pays qui n'a encore été visité par aucun Européen. Mais quel
» affreux pays! Sept à huit jours sans eau! Et quand on arrive
» à un puits, il faut le déboucher et y travailler pendant des
» heures pour parvenir à faire boire bêtes et gens..... Il fait
» un froid de loup la nuit, le thermomètre descendant jusqu'à
» 4 et 5 degrés au-dessous de zéro. Le jour, la température
» monte à 24 ou 25 degrés. Les pauvres chameaux trouvent bien
» encore des pâturages; mais c'est sec au possible, attendu qu'il
» n'a pas plu depuis deux ans d'une façon quelque peu appré-
» ciable. Une bonne pluie nous ferait grand bien et nous éviterait
» bien des corvées; mais c'est une chance, et, en somme, tout
» en ne conseillant à personne de voyager dans le Sahara, uni-
» quement pour son plaisir, on s'en tire tout de même. »

Malgré la température souvent extrême, le manque d'eau, les fatigues de toute espèce, la mission marche en avant sans défaillance, observant le pays, faisant des relevés topographiques, recueillant auprès des caravanes qu'elle rencontre de précieux renseignements sur les dispositions des Touareg, et sur l'étendue du commerce dans ces régions. « Tout le monde va bien dans la mis-
» sion, écrit Flatters d'Amguid le 18 janvier, quoique la fatigue

» soit grande, mais nous supportons la fatigue. La température
» monte, nous avons des journées de 25 et 26 degrés de cha-
» leur; les nuits ne descendent pas au-dessous de 10 à 12 degrés.
» Cela nous change de ces jours derniers où nous avons eu de
» la gelée blanche le matin. Nous sommes pour le moment au
» pied d'une montagne de rochers énormes, avec une coupure
» dans laquelle coule un ruisseau, la première eau vive que
» nous ayons rencontrée dans le Sahara! Il y a des poissons
» dans le ruisseau! »

Quelques jours plus tard, le chef de la mission était fort contrarié par le manque d'eau; il avait dû s'écarter du Sahara central pour se rejeter vers l'est. Il partit avec MM. Beringer et Roche pour explorer les alentours; le capitaine Masson resta au camp à Amguid avec le reste de la caravane. Arrivé à Inzelman-Tikhsin, M. Flatters envoya, par des cavaliers d'Ouargla, qu'il avait emmenés avec lui, les dernières lettres qu'on ait reçues de sa main. Il remontait alors l'Igharghar, pour traverser la sebkha d'Amadghor et aboutir au puits d'Asiou. La sebkha d'Amadghor est située entre le Tassili des Azdjer et le Hogghar sur la route qui de Ouargla et de Ghât conduit aux pays Haoussa (Soudan). Cette route passe sur le territoire de trois des confédérations Touareg, les Azdjer à l'est, les Hogghar à l'ouest, les Kel-Owi ou Touareg de l'Aïr, au sud. Sauf celle des Azdjer, dont la bienveillance était même douteuse, aucune de ces trois confédérations ne pouvait passer pour amie de la France; celle des Hogghar avait donné asile à plusieurs membres de la famille des Oulad-sidi-Cheikh, fuyant devant nos armes, et chassés du sud-Oranais.

« Ahitârhen, le chef des Touareg du Hogghar avait bien, comme il l'avait annoncé à Ikhenoûkhen, envoyé son parent Chillâd et d'autres Touâreg au colonel Flatters, pour lui servir de guides dans la dernière partie de ce qu'il convenait alors à Ahitârhen de reconnaître comme étant son territoire. Les chameliers de la mission étaient des Arabes du Sahara algérien, parmi lesquels beaucoup de Chaamba, serviteurs religieux de la famille des Oulad-Sidi-Cheïk; le colonel avait emmené un certain nombre de tirailleurs algériens qui formaient son escorte. En outre des guides Touâreg, ou plutôt des guides envoyés par Ahitârhen, le colonel avait, dès le début, deux guides Chaamba[1].

» ... L'attaque sur la mission a dû avoir lieu vers le 16 février, en un point situé à huit marches au nord du pays d'Aïr... D'après les calculs du colonel, la mission devait arriver à Asiou le 23. Si c'est bien le 16 qu'elle a été attaquée, elle se trouvait alors à sept journées de marche dans le nord-ouest du puits d'Asiou, qui est sur la frontière du territoire de la confédération des Kêl-Owi.

» On fit une étape : le colonel demande au guide targui où est l'eau, pour camper auprès. Ce guide répond qu'il s'est trompé et qu'on a dépassé le puits, mais qu'il vaut mieux camper où l'on est, et envoyer chercher l'eau nécessaire aux besoins de la caravane. Le colonel veut faire rebrousser chemin ; le guide insiste, et répond qu'en marche il est le maître. Tout surprenant que ceci paraisse, il n'y a pourtant là rien que de très naturel. Partout dans le Sahara central l'autorité du guide est absolue dans toutes les questions de marche et de campement. On campe donc. A onze heures, le colonel Flatters, le capitaine Masson, le docteur Guiard et MM. Béringer et Roche veulent aller examiner le puits. Avant qu'ils ne s'éloignent du camp, le guide Chaamba Cegheïr-Ben-Cheïkh aurait recommandé à son frère El Alâ et à deux autres de ses compagnons de voyage, de ne pas

---

[1]. « Ces Chaamba ou Chambâa forment trois agglomérations séparées se mou-
» vant sur une grande bande de territoire limitée au nord-ouest par l'Oued-
» Seggueur, au sud-est par les dunes de Ghadamès, et elles y gravitent autour
» de trois oasis : Mettili, Goléa et Ouargla, qui ont donné respectivement leurs
» noms à chacun des groupes de Chambâa dont elles sont, pour ainsi dire, la
» capitale ; elles portent aussi le nom de Chambâa-Berasga, Mouadhi, Bou-
» Rouba. Les Chambâa sont traditionnellement les serviteurs religieux de la
» puissante famille des Oulad-Sidi-Cheikh dont la défection, en 1864, a entraîné la
» révolte de toutes les tribus du sud de l'Algérie. Les Chambâa sont depuis long-
» temps rentrés dans le devoir ; ils paient leurs impôts et subissent notre action
» politique sans résistance, au moins apparente... Placés dans un pays des plus
» ingrats où ils errent avec leurs grands troupeaux de chameaux, ils durent, pour
» conserver leur indépendance, se faire craindre de leurs voisins. Audacieux et
» rusés, amis des aventures, ils ont toujours profité des désordres qui se sont
» produits dans le Sahara pour s'abandonner à leurs instincts pillards dont la sa-
» tisfaction leur semble des plus naturelles. La *ghazzia* (razzia) est leur élément
» et ils avouent naïvement que le pillage est un moyen d'existence tout aussi ho-
» norable, à leurs yeux, que le commerce. » (Capitaine A. COYNE, *Une ghazzia
dans le Grand-Sahara*, p. 6. Alger, 1881, in-8°, Jourdan.)

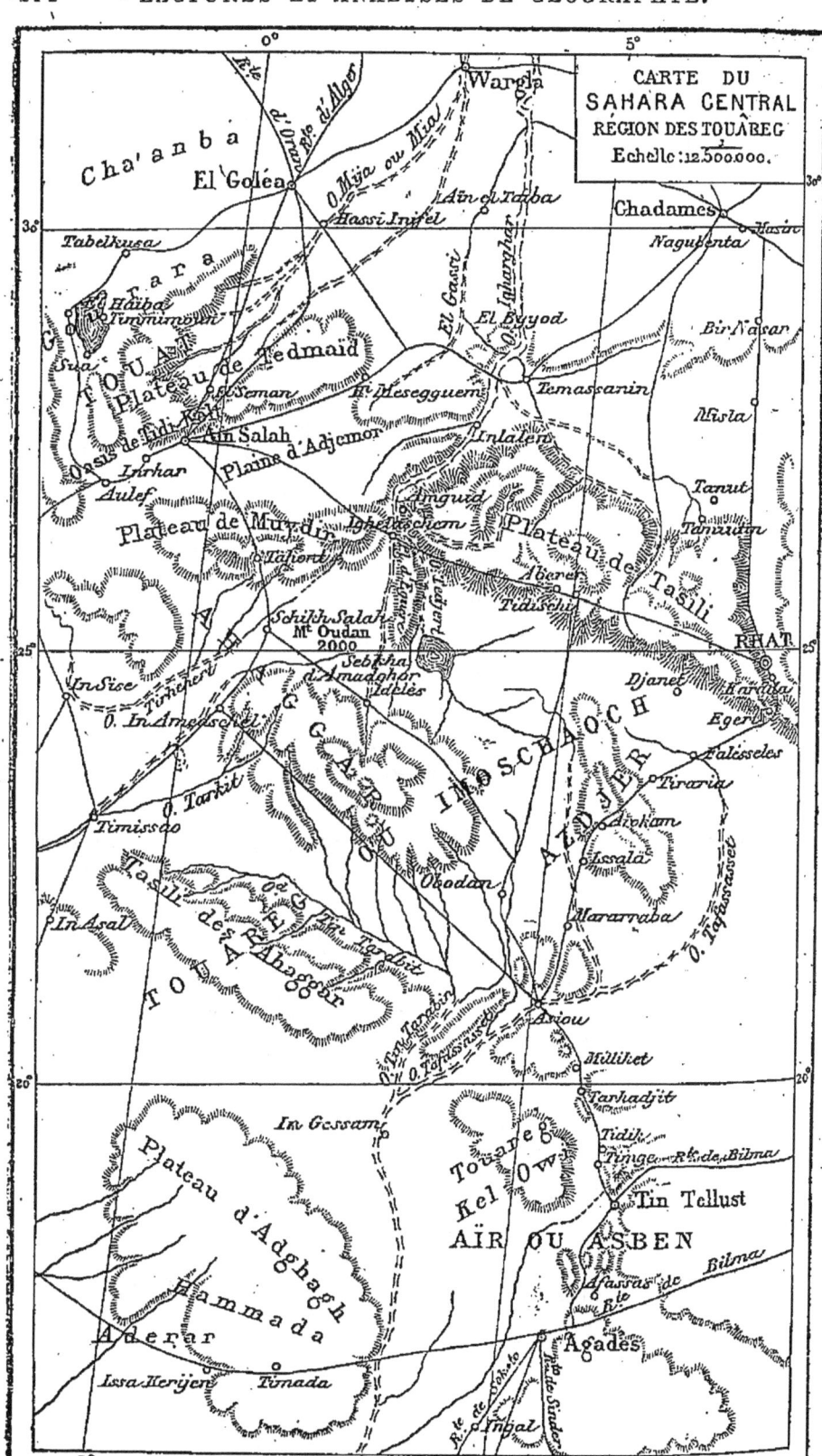

décharger leurs chameaux, mais de suivre de loin ceux de la mission. En arrivant à l'eau, M. Béringer et M. Roche s'engagent dans un ravin de la montagne, sans doute pour y faire des observations géologiques; le colonel Flatters, le capitaine Masson et le docteur Guiard examinent le puits, qui est situé dans une vallée, entre des montagnes noires et ravinées. Tout à coup, Cheïkh-Ben-Boû-Djemâ se précipite vers ces messieurs en criant : « Colonel, tu es trahi ! Que viens-tu faire ici ? » Le colonel n'attache pas tout d'abord grande attention à cet avis ; il croit que c'est une fausse alerte, comme il en avait vu déjà parmi les Chaamba. Il avait à ses deux côtés deux Touâreg, le guide envoyé par Ahitârhen et Cegheïr-Ben-Cheïkh. Bientôt, se retournant, les membres de la mission voient arriver de tous côtés des masses d'hommes. Le colonel les salue, mais, s'apercevant que ces hommes ont leurs sabres tirés hors du fourreau, les trois Français courent à leurs montures. Le guide du Ahagghâr tenait le cheval du capitaine Masson, Cegheïr-Ben-Cheïkh celui du colonel Flatters. Le colonel met le pied dans l'étrier et reçoit au même moment un coup de sabre de Cegheïr-Ben-Cheïkh. Il lâche l'étrier, prend son revolver et en décharge les six coups. Un deuxième coup de sabre l'atteint à l'épaule, un troisième lui coupe les jarrets et il tombe. Alors les Touâreg transpercent son corps à coups de lances pour s'assurer qu'il est bien mort. Le capitaine Masson ne put arriver jusqu'à son cheval, que le guide avait enfourché. Comme il tire son revolver, et se défend bravement, un coup de sabre lui fend le crâne, un autre lui coupe les jambes, et il tombe aussi. Le maréchal des logis, Dennery, met le revolver à la main et tire sur les Touâreg en courant vers la montagne, mais à bout de forces, et ayant brûlé sa dernière cartouche, il est mis hors de combat par un coup de sabre qui lui fend l'épaule. Quatre chameliers des Chaamba et des Oulad-Naïl et un tirailleur étaient morts en défendant le colonel. Dix autres tirailleurs et six chameliers avaient également péri en défendant les chameaux. Quatre Chaamba avaient déchargé leurs armes sur l'ennemi et pris la fuite. Trois Chaamba et un homme d'In-Çâlah avaient passé à l'ennemi. Ajoutons que les agresseurs avaient débouché précisément par le ravin ou s'étaient engagés MM. Béringer et Roche. Il est malheureusement bien probable que ceux-ci avaient déjà été tués au moment où le colonel Flatters fut averti.

» A une heure, un tirailleur atteint le camp en criant : Aux armes! Le capitaine Dianous et l'ingénieur Santin partent au secours du colonel avec vingt hommes, laissant vingt hommes et le maréchal des logis Pobéguin pour garder les bagages. A quatre heures ils arrivent au puits. Voyant tous les ravins remplis de six cents à sept cents Touâreg, sans compter Cegheïr-Ben-Cheïkh, qui est monté sur la jument du colonel, et le guide Targui sur celle du capitaine Masson, ils comprennent l'impossibilité de secourir le colonel, et le capitaine Dianous se préoccupe de sauver les débris de l'expédition. Il revient au camp, où il compte encore soixante-trois hommes. Pensant bien qu'on ne tardera pas à venir l'attaquer à son tour, le capitaine Dianous fait fortifier le camp au moyen d'un mur crénelé, formé avec les bagages, mais un instant de réflexion lui fait choisir une marche désespérée sur Ouarglâ, avec chance de sauver au moins quelques hommes, plutôt que d'attendre, là où il est, une mort assurée par la soif. Il brise les caisses, y prend des vivres et l'argent de la mission, et part le 16 février dans la soirée. Cette fuite a dû être un prodige, car en douze jours on refit les dix-neuf ou vingt dernières marches. On prit, le 21, quatre chameaux appartenant aux Touâreg et on mangea les quatre lévriers de la mission. Le 26 au soir, les provisions étaient épuisées. Le 27, un des Chaamba fut enlevé par l'ennemi, qui poursuivait sans relâche le capitaine Dianous. Le 1er mars, on arriva à Inrhelmân-Tikhsin où Pobéguin et deux tirailleurs tuèrent trois onagres. Les huit jours suivants, on voit les Touâreg empêcher les soldats de faire provision d'eau, et d'autres chercher à reprendre des chameaux qu'ils ont vendus et dont ils ont touché un prix exorbitant.

» Le 8, des Tédjéhi-Mellen viennent offrir de vendre des dattes, des moutons et des chevaux, et de donner des hommes qui serviraient de guides jusqu'à Ouarglâ. Cependant les jours suivants ils se comportent d'une manière moins amicale, et dans la nuit du 9 au 10 mars, une fois Ain-El-Kerma dépassée, ils apportèrent des dattes réduites en poussière, dont tout le monde mangea[1]. Ces dattes étaient mêlées à de la poussière des feuilles d'une plante que les Arabes, surtout ceux de l'Azaouâd, appellent el-bethîna et qui n'est autre qu'une espèce de jusquiame extrêmement vénéneuse, et l'une de nos rares découvertes botaniques. Chacun subit les effets du poison, qui produit tantôt (nous l'avons éprouvé nous-mêmes), un refroidissement et des défaillances, tantôt une folie furieuse. Six tirailleurs, sous l'action de cette jusquiame prirent la fuite. Le capitaine Dianous tirait des coups de fusil sur ses hommes[2].

» A peine remis, on continua la fuite désespérée; deux hommes envoyés pour acheter des moutons, furent tués sous les yeux de leurs compagnons impuissants à les sauver.

» Le 20 mars, à Amdjid (Amguid), il fallut livrer un combat aux Touâreg qui gardaient le puits. Le capitaine Dianous tomba mort[3]; l'ingénieur Santin succombait au même mo-

---

1. « A l'exception des Chaamba qui avaient peur qu'elles ne fussent empoisonnées » (*Rapport officiel*). et qui avaient sans doute de bonnes raisons pour en avoir peur, étant les complices de la trahison des Touareg.

2. « Bientôt on vit tous ceux qui avaient pris de cette nourriture comme frap-
» pés de vertige : quelques-uns tombaient sans pouvoir se relever, d'autres atteints
» d'une sorte d'ivresse, parcouraient le camp en prononçant des paroles incohé-
» rentes; beaucoup étaient frappés de folie et n'avaient plus conscience de leurs
» actes; ils tiraient des coups de fusil en l'air. L'officier et tous les Européens,
» qui avaient absorbé la plus grande quantité de cet aliment, après l'avoir fait
» cuire dans l'eau, ressentirent les effets les plus violents. M. de Dianous parcou-
» rait le camp prononçant des paroles sans suite en français; on fut obligé de
» lui arracher son fusil. Le maréchal-des-logis fut très malade; il jeta ses effets,
» courut aux environs en gandoura et se fit au pied une blessure profonde en
» marchant sur un caillou tranchant. Toutefois les Français eurent encore assez
» de présence d'esprit pour boire de l'eau tiède qui leur fit rejeter la plus grande
» partie du poison, mais l'effet produit persista, le plus grand désordre régnait
» dans le camp. » (*Deuxième mission Flatters, historique et rapport officiel rédigé au service central des affaires indigènes, avec documents à l'appui et une carte dressée par le capitaine Bernard.* (Alger, 1882, in-8°, Jourdan.)

3. Ce combat désespéré à Amguid, où nos tirailleurs et leurs chefs, Dianous et Pobéguin, se conduisirent en héros, est raconté avec toutes ses péripéties dans le *Rapport officiel*, d'après les interrogatoires des survivants de la mission. « Les
» Touareg qui s'étaient divisés en deux groupes, dont l'un marchait en avant, et
» l'autre en arrière de notre colonne, se réunissent et vont prendre position en
» haut du ravin qui conduit à l'eau. Leurs méhara ont été placés à l'abri, dans
» l'intérieur du cirque. Pendant que l'officier et Pobéguin sont laissés en arrière

ment des suites du poison de la veille. Un Français, Brame, ordonnance du colonel, recevait une balle en pleine poitrine. C'étaient les fusils Gras, enlevés à la mission, qui servaient à l'ennemi; celui-ci perdit trente-trois hommes. Enfin, le 11, on s'arrêta à une source appelée par les Arabes Aïn-Saba, et qui est au fond d'une vaste cavité dans le roc. C'est là que les premiers émissaires arrivés à Ouarglâ, proposèrent au maréchal des logis Pobéguin d'être détachés pour aller demander du secours. »
Henri Duveyrier,<br>
*Le désastre de la mission Flatters.*

(*Bulletin de la Société de géographie de Paris*, avril 1881.)

Mohammed-ben-Abd-el-Kader, soldat au 1er Tirailleurs, et homme de confiance de Pobéguin, obtient l'autorisation de partir, mais seul. Il trompe son chef, et à minuit, quitte le camp en rampant, suivi de trois autres hommes[1]. Alors commencent les discordes; l'égoïsme, l'instinct féroce de la conservation se manifestent. Le camp se partage en deux factions: les Ouled-Naïl et les tirailleurs; la voix de Pobéguin n'est plus écoutée. On

---

» avec les hommes qui, comme eux, sont hors d'état de combattre, les autres,
» connaissant la disposition des lieux, s'avancent divisés en deux groupes contre
» les Touareg dissimulés derrière les rochers qui couvrent les deux pentes du ravin.
» La colonne fait un feu d'ensemble sur les Touareg qui sortent de leurs abris et
» se précipitent contre les nôtres en s'excitant de la voix. Une nouvelle décharge
» fait des vides dans leurs rangs et ils se couchent, mais reviennent ainsi trois fois
» de suite avec le plus grand acharnement, et éprouvent chaque fois des pertes
» sensibles. Voyant que cette tactique ne leur réussit pas, ils se cachent de nou-
» veau dans les rochers, bien décidés à ne pas livrer passage. Alors commence un
» combat d'un nouveau genre, une vraie chasse à l'homme... Les Touareg, vers la
» fin du combat, qui dura depuis le milieu du jour jusqu'au coucher du soleil,
» manquant de munitions, se battent à coups de pierres... Cependant M. de Dia-
» nous et Pobéguin ont repris un peu leur sens : ce bruit continu de la fusillade
» semble leur faire recouvrer leurs forces. Aussitôt M. de Dianous, malgré les
» efforts faits pour le retenir, marche en chancelant vers le lieu du combat. Il se
» mêle aux combattants et tire pendant quelques instants debout, malgré les avis
» des hommes qui l'entourent, et reçoit une blessure légère : il n'en continue pas
» moins à se battre. A ce moment, le soleil est sur le point de disparaître à l'ho-
» rizon, et il faut songer à la retraite. M. de Dianous se prodigue, et, pendant que
» l'on se retire en terrain découvert, il est atteint mortellement d'une balle au
» sein droit. Les hommes le soutiennent, et il est ramené quelques pas en arrière,
» mais les forces l'abandonnent, et il tombe mort. De son côté, Pobéguin s'est fait
» porter sur le lieu du combat; il y prend une faible part, et on le ramène en
» battant en retraite. » (Pages 125-7.)

1. Cet Abd-el-Kader était originaire de la tribu des Ouled-Naïl qui formaient la majorité des hommes échappés au massacre, et avaient pris dans la colonne une situation prépondérante. D'après les témoignages recueillis, le maréchal-des-logis se serait opposé au départ de Mohammed, et aurait versé des larmes le lendemain en apprenant sa désertion. Il paraît parfaitement avéré que ces mêmes Ouled-Naïl, qui obéirent toujours fort mal aux ordres donnés, ont détruit le journal de route que tenait M. de Dianous, et après lui Pobéguin, de façon à faire disparaître toutes traces de leur mauvaise conduite.

égorge plusieurs chameaux, les hommes cherchent à voler des morceaux : le chameau sur lequel est monté Pobéguin, dont les pieds ensanglantés ne peuvent plus supporter la marche, lui est enlevé. Le 15 mars, un des tirailleurs, Dendani, porteur d'une grande quantité d'or, est assassiné par deux de ses compagnons qui le dépouillent. Le 17, la provision d'eau est presque épuisée, les vivres font complètement défaut. Ici nous laissons la parole au rapport officiel, composé d'après les renseignements recueillis par les bureaux arabes auprès des hommes qui ont échappé à la destruction de la mission. C'est l'épilogue navrant de cet effroyable drame :

« *Vendredi* 28 *mars*. On trouve le cadavre d'un chameau dont la peau n'est pas tout à fait corrompue, des hommes font griller cette peau, la pilent et en font leur nourriture. Les os de ce chameau qui sont intacts, sont brisés, pilés et mangés. Un homme trouve une vipère à corne, il la dépouille en cachette et la mange.

» *Samedi*, 19. ..... Chacun ne songe plus qu'à soi, le désordre est général..... On égorge un des deux chameaux ; des hommes veulent se précipiter sur la viande du chameau avant qu'elle soit distribuée. Belkacem-Ben-Zebla, qui remplit l'office de boucher et dépèce l'animal avec le sabre du colonel, se sert de cette arme pour éloigner les plus affamés. Un homme vole la part de viande de Pobéguin.

» *Lundi*, 21 *mars*. Il ne reste plus qu'un chameau ; deux tirailleurs le dérobent et s'enfuient ; Pobéguin envoie les deux hommes les moins fatigués à leur poursuite avec ordre de tuer les coupables et de ramener le chameau.

» *Mardi* 22. Les deux hommes ne peuvent rejoindre leurs camarades, le plus profond désespoir saisit tout le monde en voyant cette dernière ressource disparaître. Le tirailleur Abdesselam demande à aller à El-Messeguem pour ramener du secours. Pobéguin consent à le laisser partir seul. Une heure après son départ, on entend des coups de feu : plusieurs hommes avaient quitté le puits pour aller, disaient-ils, à la chasse. On les vit de loin allumer un grand feu. Quand ils revinrent, ils apportèrent de la chair qu'ils offrirent à Pobéguin en lui disant que c'était de la viande de moufflon. Le maréchal des logis vit que ce qu'on lui présentait était de la chair humaine et la repoussa..... Tout le monde est dans un état de faiblesse extrême. Quelques hommes se dispersent pour chasser, ils ne trouvent guère que des insectes, des lézards, qu'ils dévorent avec avidité; d'autres vont à l'ancien camp de la mission et ramassent des os, des débris de peau. Les plus faibles mangent du ktaff et du drinn.

» *Samedi*, 26 *mars*. Deux hommes se dirigent vers le puits pour reconnaître la cause des coups de fusil entendus pendant la nuit précédente : au retour ils racontent que le nommé Djedid-ben-Mohammed, avait eu une discussion avec ses camarades, qu'il en avait tué deux, Mohamed-ben-Ahmed et Ben-Aouda-ben-Braham et qu'il s'était enfui. Les autres hommes restés au puits avaient mangé, disaient-ils, de la chair de leurs camarades, et eux-mêmes avaient pris de cette nourriture. Deux hommes étaient morts de faim pendant la nuit. A ces nouvelles, Belkacem-ben-Rebih, Amar-ben-Belkhéir, Farhat-ben-Omar retournent au puits dans la soirée. A peine y étaient-ils arrivés qu'on entend des coups de feu. Belkacem-ben-Zebla tue Ahmed-ben-Zanoun qui lui est désigné par les autres comme ayant été complice de la mort des deux premiers : il dépouille le cadavre, découpe la chair, en fait un repas avec ses camarades, et en apporte à la colonie le lendemain matin.

» *Dimanche*, 27 *mars*. Les quatre hommes partis la veille rentrent dans la matinée. On présente de la chair humaine à Pobéguin qui manifeste d'abord la plus grande répugnance, puis en mange comme tous les autres..... Six hommes partent au puits pour rapporter de l'eau. Des coups de feu retentissent encore, et deux hommes sont tués à coups de revolver. Les autres font un repas de leur chair qu'ils font rôtir, quelques-uns même la mangent toute saignante.

» *Lundi*, 28 *mars*. Départ le matin de bonne heure. Vers 10 heures du matin on rencontre Djedid-ben-Mohammed qui s'étant enfui du puits avait devancé la colonne; il est décharné et presque mourant. Cet homme était accusé d'avoir tué deux de ses camarades : on décide qu'on le tuera à son tour. Quelques hommes veulent l'égorger pour faire cuire son sang; Pobéguin s'y oppose et demande qui veut se charger de le fusiller. Personne ne répond. Un instant après, un coup de feu retentit et Djedid-ben-Mohammed tombe. Il est aussitôt dépecé et découpé, ses os broyés et mangés. Sur sa demande, le foi et le cœur sont réservés à Pobéguin. Au milieu du jour, tempête de sable affreuse, les outres se dessèchent, les hommes, pour se soustraire à l'action du vent brûlant qui souffle toute la journée, se couvrent le corps de sable. Dans le courant de la nuit, Ben-Chohra-ben-Maïleb est tué et mangé.

» *Mardi,* 29 *mars*. Les hommes envoyés au puits ne reviennent pas. La provision d'eau est complètement épuisée; plusieurs boivent leur urine : Pobéguin déclare qu'il lui est impossible de marcher; il reste à l'endroit où il se trouve et recommande aux hommes de lui envoyer de l'eau dès qu'ils pourront. ..... Deux hommes ont été tués au puits par Mohammed-ben-Mohammed et par Belkacem-ben-Zebla. Les malheureux rapportent une partie de la chair de ces deux hommes et sont chargés d'argent. Belkacem-Ben-Zebla inspire une grande terreur à tout le monde, c'est le boucher de la colonne et il s'acquitte de ces tristes fonctions avec un cynisme révoltant.

» *Mercredi* 30, *jeudi* 31 *mars*. On envoie encore trois hommes au puits pour rapporter de l'eau. ..... Au retour, ils ne retrouvent pas Pobéguin. Celui-ci voyant qu'ils tardaient à revenir, avait pris le parti de se traîner jusqu'au puits et avait pris un chemin différent de la colonne. Quand les trois hommes le trouvent, il est presque mourant de soif et parle avec peine. Belkacem-ben-Zebla communique à Mohammed-ben-Mohammed son projet de tuer Pobéguin. Mohammed s'y oppose; il s'ensuit une discussion à la suite de laquelle Belkacem-ben-Zebla tire un coup de revolver à Mohammed, mais ne l'atteint qu'au bras; puis il décharge les cinq autres sur Pobéguin, qui est couché sous un retem. Après cela, il découpe la chair de Pobéguin, et tous trois repartent. »

MASSOUTIER et BERNARD,
Officiers du service central des affaires indigènes.

Deuxième mission FLATTERS, *Historique et rapport*.

(Alger, 1882, in-8°, Jourdan.)

Les survivants arrivèrent enfin à El-Messeguem, où ils furent recueillis par Radja. Aux premières nouvelles du désastre, M. Belin, chef de bataillon, commandant supérieur du cercle de Laghouat, avait immédiatement invité les caïds des Chaamba à réunir leurs forces pour se porter au-devant des débris de la mission du colonel Flatters. De son côté M. Féraud, consul général de France à Tripoli, dépêcha des émissaires chargés de délivrer ceux des survivants qu'on disait prisonniers des Touâreg, ou tout au moins de rapporter les effets de Flatters et de ses compagnons d'infortune. Tous les efforts ont échoué. L'anéantissement de l'expédition trans-saharienne, trahie par les guides Chaamba et massacrée par les Touâreg Hogghar, a porté un coup terrible au prestige du nom français dans toute l'Algérie orientale. En attendant que la mort de nos malheureux compatriotes soit vengée, c'est du côté du Sénégal, on le verra plus loin, que se sont portés nos efforts pour l'établissement d'une route commerciale de Saint-Louis au Niger.

## 3° BIBLIOGRAPHIE

Abd-El-Hamid Bey (Du Couret). *Mémoire à Napoléon III sur le Sahara.* — (Paris, 1853, in-4°.)

Bargès (abbé). *Le Sahara et le Soudan.* — (Paris, 1853, in-8°.)

Bernard (capitaine). *Deuxième mission Flatters, historique et rapport rédigé au service central des affaires indigènes, avec documents à l'appui et une carte.* — (Alger, 1882, in-8°, Jourde.)

Bernard (F.). *Quatre mois dans le Sahara, journal d'un voyage chez les Touareg.* — (Paris, 1881, in-12, avec carte, Delagrave.)

Brosselard. *La première mission Flatters.* — (Paris, 1883, in-18, Jouvet.)

Choisy (Aug.). *Le Sahara, souvenirs d'une mission à Goléah.* — (Paris, 1881, in-18, Plon.)

Clapperton, Denham et Oudney. *Voyages et découvertes dans le nord et dans les parties centrales de l'Afrique, au travers du grand désert, et depuis Kouka jusqu'à Sackátou, etc.*, trad. de l'anglais, par MM. Eyriès et de la Renaudière. — (Paris, 1826, 3 vol. in-8° et atlas in-4°.)

Colonieu. *Le tracé central du chemin de fer trans-saharien.* — (Langres, 1880, in-8°, avec carte, Lhuillier.)

Daumas (général). *Le Sahara algérien.* — (Paris, 1845, in-8°, avec atlas, 1873.)

Daumas (général). *Le grand désert, ou itinéraire d'une caravane du Sahara au pays des nègres.* — (Paris, 1856, in-8°.)

Daumas. *Les chevaux du Sahara et les mœurs du désert.* — (Paris, 1857, in-8°, M. Lévy.)

Derrien (J.). *Le chemin de fer trans-saharien d'Oran au Touat.* — (Oran, 1880, in-8°, Perrier.)

Duponchel (A.). *Le chemin de fer trans-saharien.* — (Paris, 1879, in-8°, Hachette.)

Duveyrier (H.). *Exploration du Sahara, les Touareg du Nord.* — (Paris, 1864, 1 carte et 31 pl. in-4°, Challamel.)

Fromentin. *Un été dans le Sahara.* — (Paris, 1857 et 1879, in-18, M. Lévy.)

Goblet d'Alviella. *Sahara et Laponie.* — (Paris, 1876, in-18, Plon.)

Laurent (Ch.-Aug.). *Voyage au Sahara oriental.* — (Paris, 1859, in-8°, avec cartes et figures.)
Laurent (Ch.). *Mémoire sur le Sahara oriental.* — (Paris, 1857, in-8°, Guiraudet et Jouaust.)
Lubomirski (Prince J.). *La côte barbaresque et le Sahara.* — (Paris, 1881, in-18, Dentu.).
Martins (Ch.-Fréd.). *Du Spitzberg au Sahara, étapes d'un naturaliste... en Égypte, en Algérie.* — (Paris, 1865, in-8°.)
Nachtigal (D$^r$). *Sahara et Soudan.* — (Paris, 1881, in-8° illustré, Hachette.)
Pomel (A.). *Le Sahara, géologie et géographie.* — (Alger, 1873, in-8°.)
Richardson (J.). *Travels in the great desert of Sahara, in 1845-1846, including a description of the oases and cities of Ghat, Ghadames and Mourzuk.* — (London, 1848, 2 vol. in-8°, cartes et figures.)
Trumelet (colonel). *Les Français dans le désert.* — (Paris, 1863, in-18, Garnier.)
Ville. *Voyage d'exploration dans les bassins du Sahara et du Hodna.* — (Paris, 1869, in-4°, avec cartes et plans, imprimerie impériale.)

---

Bernard (F.). *La sebkha d'Amadghòr et le massacre de la mission Flatters.* — (*Bulletin de la Société de géographie*, 2° trimestre.)
Cherbonneau (Aug.). *Les peuplades voilées de l'Afrique, Touareg.* — (*Revue de géographie*, mai 1881.)
Cherbonneau. *Route de Touggourt à Timbouctou.* — (*Revue de géographie*, janvier-avril 1880.)
Colomb (lieutenant-colonel de). *Notice sur les oasis du Sahara et les grandes routes qui y conduisent.* — (*Nouvelles annales des voyages*, juillet 1860.)
Derrécagaix (lieutenant-colonel). *Exploration du Sahara, les deux missions du lieutenant-colonel Flatters.* — (*Bulletin de la Société de géographie*, 1$^{er}$ trimestre 1882.)
Desor (E.). *Le Sahara, les formes du désert, les oasis.* — (*Bibliothèque universelle et Revue suisse*, mai, juin, juillet 1869.)
Duponchel (A.). *Les oasis et la culture du dattier dans le Sahara.* — (*Revue des Deux-Mondes*, 18 mai 1881.)
Duval (Jules). *Les puits artésiens du Sahara.* — (*Bulletin de la Société de géographie*, 1867, t. I$^{er}$.)
Duveyrier (H.). *La confrérie religieuse musulmane de Sidi-el-Sénoussi et son extension géographique.* — (*Revue scientifique*, 14 avril 1883. — 1 vol. in-18, avec carte, 1884, Challamel.)
D'Escayrac de Lauture. *Mémoire sur le râgle ou hallucination du désert.* — (*Bulletin de la Société de géographie*, 1855, t. I$^{er}$.)
Faidherbe. *L'avenir du Sahara et du Soudan.* — (*Revue maritime et coloniale*, juin 1863.)
Foucher de Careil. *L'Algérie et les explorations du Sahara.* — (*Revue politique et littéraire*, 4 novembre 1876.)
Flatters (lieutenant-colonel). *Mission d'exploration dans le Sahara central.* — (*Bulletin de l'Union géographique du Nord*, 1880, n° 1.)
Grad (Ch.). *Considérations sur la géologie et la région des eaux du Sahara algérien.* — (*Bulletin de la Société de géographie*, 1872, t. II.)
Largeau (V.). *Le Sahara algérien.* — (*Tour du Monde*, 2° semestre 1881.)
Largeau (V.). *Voyage dans le Sahara et à Rhadamès.* — (*Bulletin de la Société de géographie*, 1877, t. I$^{er}$. — Paris, 1877, in-8°, Martinet.)
Martins (Ch.). *Le Sahara.* — (*Revue des Deux-Mondes*, 15 juillet, août 1864.)
Martins (Ch.). *Du Spitzberg au Sahara.* — (*Bulletin de la Société de géographie*, 1862, t. II.)
Pasca (D$^r$). *La confrérie musulmane des Snoussi.* — (*Revue de géographie*, avril 1880.)
Richardson (James). *Routes et itinéraires du Sahara.* — (*Bulletin de la Société de géographie*, 1850, t. II.)
Say (Louis). *Projet de voie trans-saharienne de Wargla à Lagos.* — (*Revue géographique internationale*, juillet 1870.)

Rolland (G.). *Les grandes dunes de sable du Sahara.* — (Revue scientifique, 14 mai 1881.)

Souchy (l'abbé J.-B.). *Discours sur les Psylles, peuple d'Afrique.* — (Académie des inscriptions, 1733.)

Tissot (C.). *Itinéraire de Tanger à Rhat.* — (Bulletin de la Société de géographie, 1876, t. Ier.)

Vincent (capitaine). *Extrait d'un voyage dans le Sahara occidental.* — (Bulletin de la Société de géographie, 1861, t. Ier.)

X. *Le dernier récit sur le massacre de la mission Flatters.* — (Revue de géographie, octobre 1881.)

X. *Comptes rendus des séances de la commission du trans-saharien.* — (Revue géographique internationale, août, novembre 1880, mars, avril, novembre 1881.)

X. *Les projets français dans le Sahara jugés par les Allemands.* — (Revue scientifique, 17 avril 1880.)

# LIVRE III

## RÉGION DE LA NIGRITIE

On donne le nom de *Nigritie* (pays des nègres) à l'immense contrée qui s'étend entre le Sahara au nord, l'océan Atlantique à l'ouest et au sud-ouest, les terres inconnues de l'Afrique centrale au sud, et la région du Haut-Nil à l'est (largeur 7 à 800 kilom.; longueur de l'est à l'ouest 4680; superficie 2 750 000 kilom. car.). La Nigritie, appelée *Soudan* par les Arabes, et *Takrour* par les indigènes, embrasse un très grand nombre d'Etats distincts. La longue et large chaîne des monts de *Kong*, prolongée à l'ouest par le massif du *Fouta-Djallon*, et coupée à l'est par le Niger, au-delà duquel se dressent les plateaux de l'*Adamaoua* et du *Mendif*, isole le *Soudan* proprement dit, au nord et à l'est, des régions maritimes, la *Sénégambie* à l'occident, et le littoral allongé de la *Guinée septentrionale*.

# CHAPITRE PREMIER
## SOUDAN

### 1° RÉSUMÉ GÉOGRAPHIQUE

#### I. — GÉOGRAPHIE PHYSIQUE

**Limites.** — Au nord, du côté du Sahara, aucune frontière déterminée n'existe ; — à l'ouest, du côté de la Sénégambie, le massif du *Fouta-Djallon*, le cours supérieur de la *Gambie*, de la *Falémé*, du *Bafing*, du *Sénégal* ; — au sud du côté du littoral de la Guinée, les monts de *Kong*, et sur la gauche de la Benoué, une zone inconnue qui s'étend du 5° degré jusqu'à l'équateur ; — à l'est, le *Nil Blanc*, dans le bassin duquel sont le Darfour et le Kordofan.

**Situation astronomique.** — Entre 18° et 6° de lat. N. ; — et 12° de long. O. et 30° de long. E.

**Climat.** — Très chaud ; à Kouka + 45°, en avril : saison des pluies malsaine, de juillet à octobre, dans le Darfour, plus longue dans le Bornou ; à Nango, la plus haute température observée en 1880 par la mission Galliéni a été + 39° ; la plus basse + 8°.

**Relief du sol.** — Le Soudan est un pays de plaines peu accidentées au nord, d'une altitude moyenne de 3 à 400 mètres ; à l'ouest, il est flanqué du massif montagneux du *Fouta-Djallon* ; au sud, longé par la chaîne des monts de *Kong*, dont les ramifications s'avancent jusqu'à la rive droite du Niger ; à l'est, la chaîne du *Mandara*, s'étend entre le lac Tsad et la Benoué (monts *Delabéda* et *Mindif*), et les monts *Alantika* (3 000 m.), à gauche de la Bénoué, paraissent se prolonger vers le sud à la rencontre des monts *Cameroun*.

**Cours d'eau : Trois versants.** — 1° **Versant oriental ou du Nil Blanc :** dans le fleuve tombent le *Bahr-el-Arab*, grossi à gauche du *Keilak* (Darfour, Kordofan), et à droite de nombreux affluents, le *Borou*, le *Bahr-el-Gazal*, etc. ; — 2° **Versant central ou des lacs intérieurs :** le lac *Fittri* (Ouadaï), récipient du Batha ; le lac *Tsad* ou *Tchad*, la Caspienne du Soudan, long de 320 kilom., large de 200 du nord au sud ; altitude 276 mètres, profond de 5 mètres en moyenne, (37 440 kilom. car.). Il est alimenté par le *Chari* venu du sud, à travers le Baghirmi, grossi du *Logone* ; et par le *Yéou*, large comme le Nil, qui vient de l'est à travers les Etats Haoussa et le Bornou. — Le lac Tsad est couvert d'îles basses et sablonneuses, dans la partie occidentale, habitées par des nègres *Bildoumas*, grands, robustes, intelligents, et exerçant la piraterie sur les peuples riverains.

3° **Versant occidental ou du Niger** (*Djoliba, Kouara*). Le Niger naît dans les monts Loma, colline du Tembi, coule au nord vers *Farannah*, tourne à l'ouest jusqu'au *Ouassoulou*, reprend la direction du nord, où il se heurte aux montagnes du *Manding*, puis du nord-est jusqu'à *Kabra* ou *Kabara*, port de *Tombouktou*. De Kabara, il décrit un grand arc, s'infléchit vers le sud jusqu'au golfe de *Guinée* où il se jette par un immense delta et plusieurs bouches. La longueur approximative du fleuve est de 3 500 kilomètres. Mungo-Park l'a suivi entre *Bamako* et *Boussa* ; Caillé entre *Moptit* et *Kabara*, dans une région où il se divise en plusieurs bras ; Barth l'a traversé en trois endroits ; Mage, Soleillet, la mission Galliéni en ont exploré la vallée supérieure jusqu'à *Ségou*; ZWEIFEL et MOUSTIER en ont découvert les sources. On peut diviser ce vaste bassin en trois régions distinctes ; la première s'étend des sources aux roches de *Sotuba* à 10 kilom. en aval de Bamako, — la deuxième, des roches de *Sotuba* aux chutes de *Boussa*, la moins connue, est la contrée du *Mariná*, fertile, peuplée, centre d'un grand commerce d'esclaves, de bétail, de grains, d'or, de tissus, etc.; — la troisième, de *Boussa à la mer*. — 1° Dans la première région, le Niger des montagnes a pour affluents principaux : à droite, les rivières de *Mafou*, *Niama*, *Milo*, *Soussa*, *Fandoubé*, et surtout le *Mahel-Balével*, moins large, mais plus profond que le Niger, rempli d'hippopotames et de caïmans, et grossi de nombreux cours d'eau, descendus comme lui des montagnes qui rattachent le Fouta-Djallon au mont de Kong; — à gauche, le *Falico*, le *Tombali*, le *Sissi*, le *Koba*, le *Niando*, le *Diamba*, le *Kodosa*, le *Ba N'-Diégué*, le *Tinkisso*, grossi lui-même de nombreux ruisseaux. — 2° Dans la deuxième région, les affluents de droite sont le *Sarano*, l'*Ulaba*, la *Sirba*; à gauche la *Rima* ou *Fadamla*, grossi du *Sokoto*. — 3° Dans la troisième région, la *Kaduna*, le *Gurara*, et surtout la magnifique *Tchadda* ou *Bénoué*, profonde et navigable, grossie du *Faro* et du *Mayo-Beli* à gauche; de la *Gongola*, de la *Kaddera*, du *Sungo* à droite; son origine est encore inconnue.

*Navigabilité du Niger*. — « La partie du Haut-Niger, que nous
» avons vue, est certainement navigable. Le large lit du fleuve
» est parsemé d'îles plus ou moins étendues, mais entre les-
» quelles circulent des canaux où de fortes embarcations trou-
» veraient aisément un passage. Toutefois, il existe des passages
» que les cavaliers toucouleurs de la rive droite franchissent pour
» aller razzier les Malinkès de la rive gauche ; mais lorsqu'on
» connaît la hardiesse des pillards toucouleurs, on ne peut pas
» conclure que ces passages seraient autant d'obstacles à la
» navigation. Nous citerons à ce propos l'affirmation de mar-
» chands venus de Kaukan, qui nous racontaient que l'on pou-
» vait venir en pirogue de leur ville jusqu'à Sotuba sans quitter
» le fleuve. Il serait imprudent de certifier la parfaite naviga-
» bilité du bief supérieur du Niger avant une reconnaissance
» hydrographique détaillée, mais d'après nos renseignements,
» nous avons acquis la conviction que, de Kaukan ou de Tiguibir
» jusqu'aux roches de Sotuba, il sera possible de circuler avec
» un petit vapeur à faible tirant d'eau.

» A 10 kilomètres environ en aval de Bamako, les rochers de
» Sotuba barrent le fleuve, et nous entrons dans le Niger moyen.
» La mission n'ayant pu visiter ces roches, nous devons nous
» en tenir à la description que Mungo-Park en a donnée. L'il-
» lustre voyageur assure qu'il existe sur la rive droite du fleuve
» un canal naturel qui permet, avec quelques difficultés, il est
» vrai, le passage des pirogues, et par suite la communication

» entre les deux biefs. Les renseignements recueillis par M. Pietri, qui ignorait alors ce détail, sont venus confirmer l'assertion du voyageur anglais. Il est donc permis d'espérer que des travaux, peut-être peu-importants, ouvriraient un passage entre le haut Niger et le Niger moyen. Au-dessous des roches de Sotuba et jusqu'à Sansandig, le Niger est navigable même à la maigre, mais pour un petit vapeur seulement. En effet, par les passages de Koulikoro, de Nyamina, de Ségou-Koro et de Sansandig, pour ne citer que les plus importants, les piétons peuvent franchir le fleuve avec de l'eau jusqu'au-dessous de la ceinture, ce qui suppose une hauteur de $0^m,80$ environ. Après Sansandig, la navigation rencontrera moins d'obstacles. Vers Diafarabé, le Niger se divise en deux branches principales; l'une, étroite et profonde, remonte par Diaka vers le lac Deboë et Kabara; l'autre, plus large, mais moins profonde, poursuit vers Moptit, en étalant ses eaux dans les plaines du Macina. La première de ces branches est bonne pour la navigation; déjà les indigènes l'utilisent pour des pirogues de grandes dimensions, munies de voiles. Ces pirogues ont des bords assez élevés pour obliger les mariniers à employer une corde et un seau s'ils veulent puiser l'eau dans le fleuve. Nos chalands et nos petits remorqueurs sont donc certains d'y circuler librement.

» Le moyen Niger s'arrête aux chutes de Boussa, considérées jusqu'à présent comme infranchissables. L'avenir dira si des travaux appropriés ne permettront pas de supprimer cet obstacle. Quant à présent, il faut considérer que la navigation sur le Niger moyen est d'une grande importance pour les projets de la race blanche dans le Soudan. De Bamako à Boussa, le parcours est immense; les pays riverains sont fertiles et peuplés; il y existe déjà un commerce assez actif, indiquant les aptitudes de ces populations pour les opérations commerciales.

» Nous n'avons rien à dire du bas Niger : il est déjà remonté à d'assez grandes distances par des vapeurs de commerce, qui y font de bonnes opérations d'échange. — En résumé, la navigabilité est probable dans le haut Niger, certaine dans le Niger moyen, et connue dans le Niger inférieur. De plus, on est en droit de penser que la mise en communication des trois bassins est réalisable. » Commandant GALLIENI, *Mission dans le Haut-Niger*. (*Bulletin de la Société de géographie de Paris*, 3e trimestre 1882.)

## II. — GÉOGRAPHIE POLITIQUE. — 1° SOUDAN OCCIDENTAL.

| | NOMS DES PAYS | POPULATION | VILLES PRINCIPALES | RACES |
|---|---|---|---|---|
| Territoires des Soninkés et Malinkés. | Makadougou; Béléadougou; Farimboula (*entre Bafoulabé et le confluent du Baoulé et du Bakhoy*). | 6 000 hab. (11 villages). | Kalé; Soukoutaly; Badumbé (*poste français, 1883*). | Soninkés et Malinkés. |
| | Fouladougou (*entre le Bakhoy et le Baoulé*)......... | 3 000 hab. (5 villages). | Goniokori; Koundou (*poste occupé par la France, 1883*). | Malinkés en majorité; quelques Peuls. |
| | Kita (*entre le Fouladougou et le Manding*)............ | 5 000 hab. (17 villages). | Makadiambougou (*où la France a bâti un fort, 1881*). | Malinkés. |
| | Birgo (*rive droite du Bakhoy*).... | 3 500 hab. (16 villages). | Mourgoula (*poste occupé par la France en 1883*); Goubanko. | Les habitants sont issus d'un mélange de Peuls et de Malinkés. |
| | Manding (*sur les deux versants de la ligne de partage des eaux du Sénégal et du Niger*)............ | 10 000 hab. (15 villages). | Kangaba. | Malinkés. |
| | Bouré (*rive gauche du Tinkisso*).. | 6 000 hab. (10 villages). | Didi; Sétiguia; Balato. | Diallonkés. |
| | Dialloukadougou; Goro; Nabou; Baniakadougou; Gadougou (*entre le Bafing et le Bakhoy*)............ | » | Dinguiray; Tamba (2 000 hab.); Kollou; Galé; Koundian. | Malinkés soumis aux Talibés du sultan Ahmadou, qui possède la place de Tamba. |
| | Bambougou (*au sud de Koundian*). | 3 000 hab. (6 villages). | Kama; Gagué. | Malinkés, indépendants et ennemis des Toucouleurs. |
| | Diabédougou (*au-dessus de Koundian*)................. | » | Kassama. | Id. |
| | Koukadougou (*au sud de Koundian*)................. | » | Tombé. | Id. |
| | Soulloun (*entre Koundian et Tamba*)................. | » | Diogorokomé. | Id. |
| | Gomou; Gangaran (*montagnes du haut Sénégal*)............ | » | Gomou; Medina-Kouta; Fatafi. | Id. |
| | Koullou (*rive droite du Bafing*).. | 4 000 hab. | Kabeleya; Gondamea. | Id. |

| | NOMS DES PAYS | POPULATION | VILLES PRINCIPALES | RACES |
|---|---|---|---|---|
| Territoires des Bambaras. | Kaarta (*entre le Koulou, le Bakhoy, le Baoulé, l'état de Bakhounou et le désert*) .................... | » | Nioro; Kouniakary. | Bambaras et Toucouleurs, sujets du sultan Ahmadou. |
| | Bélédougou .................... | 50 000 hab. (200 villages). | Daba; Dio; Guinina. | Bambaras indépendants, en révolte continuelle contre Ahmadou. |
| | Bamako (*rive gauche et rive droite du Niger, entre le Mandiny et le Ségou*) ............ | » | Bamako (700 hab.), ville déchue (*fort français bâti en 1883*). | Bambaras hostiles aux Toucouleurs. |
| | Ouassoulou (*rive droite du haut Niger*) .................... | » | Diakourou. | Bambaras et Peuls mêlés, formant trois états en guerre continuelle, les uns contre les autres. |
| | Sankaran (*aux sources mêmes du Niger*) .................... | » | Farannah. | Bambaras et Peuls. |
| | Morébélédougou (*entre le Tinkisso et le Niger*) ................ | » | Dongourou (capitale du chef Samory). | Bambaras. |
| | Batédougou (*sur les rives du Milo*) | 6 000 hab. (8 villages). | Kankan (grand marché d'esclaves), 2 000 hab., a des relations fréquentes avec les comptoirs anglais de Sierra-Leone. | Bambaras et Soninkés. |
| | Bélimana; Amana; Baléya; Djoliba; Dioumo (*sur les rives du Tinkisso, du Niger, du Milo*) ........ | » | Amana; Tiguibiri (1000 hab.); Djoliba; Damoussa (2000 hab.). (Ces pays jadis peuplés et enrichis par l'agriculture, traversés par les routes qui relient Sierra-Leone, la Mellacorée, Timbo et le haut Niger, ont été dévastés et ruinés par Samory). | Bambaras et Soninkés. |

## SOUDAN OCCIDENTAL (Suite)

| | NOMS DES PAYS | POPULATION | VILLES PRINCIPALES | RACES |
|---|---|---|---|---|
| Territoires des Bambaras. | Kéniéradougou (rive droite du Niger)........................ | 4 ou 5 villages. | Kéniéra (un des plus importants marchés d'esclaves du haut Niger. | Malinkés ayant pour principale occupation la guerre et les razzias. |
| | Kéléyadougou................. | » | Kankaré. | Malinkés batailleurs et cultivateurs. |
| | Tiakadougou................. | » | Tenetou. | Bambaras et Malinkés. |
| | Banandougou................. | » | Tadiana (forteresse d'Ahmadou). | Bambaras soumis aux Toucouleurs. |
| | Baninko ; Miniankala ; Bendougou, etc.................. | » | Contrées encore inconnues, habitées par des populations barbares, dont quelques-unes, dit-on, sont anthropophages en temps de guerre ; foyers de la traite. | » |
| Empire Toucouleur. | Guéniékalari ; Ségou (rive droite du Niger)................ | 100 000 hab. (200 villages). | Koumaléra ; Ségou-Sikoro, capitale de l'empire toucouleur ; Boghé ; Dougassou ; Koghé ; Yamina ; Nango. | Toucouleurs ou Peuls ; Bambaras et Soninkés. |

L'empire Toucouleur fondé par le prophète El-Hadj-Omar est aujourd'hui en pleine dissolution. Il n'est plus formé que des débris des vastes conquêtes du redoutable chef noir, sur lesquels son fils et successeur, le sultan Ahmadou, est impuissant à maintenir son autorité. Cet empire forme trois groupes de possessions : 1° Les *possessions de la rive droite du Niger* (*Guéniékalari* et *Ségou*) qui s'étendent entre le fleuve et son affluent le Mahel-Balevel, depuis Sansandig, marché sarracolet indépendant jusqu'à Kangaba, village malinké qui refuse tout tribut ; — 2° Les *dépendances de l'ouest*, groupées autour des forteresses de *Nioro*, *Kouniakary* et *Diala* (Kaarta), et toujours prêtes à la révolte ; — 3° Les possessions qui entourent la place forte de *Dinguiray* (Diallonkadougou). L'occupation récente du Kita par la France, l'expulsion de l'almamy toucouleur de Mourgoula, et la transformation du Birgo en un état libre placé sous notre protectorat, a déjà soustrait les populations de cette région à l'absolutisme et aux dévastations des Toucouleurs.

| | NOMS DES PAYS | VILLES PRINCIPALES | RACES |
|---|---|---|---|
| États nègres indépendants. | Etats HAOUSSA (*entre la Rima, le Niger et la Bénoué*), Kebbi, Zanfara, Katsena, Kano, Katagoum, Kalam, Yakoba, Bauchi, Hamaroua, Zaria, Noupé, Yaouri, Gando, Dendina, etc......... | Au nord : SOKOTO, capitale (20 000 hab.); Wourno, résidence du sultan; Kano, principal marché (30 000 hab.); Katsena, ancienne capitale; — à l'est : Katagoum; Sokkouva; Hamaroua; — au sud : Toto ; Bida ; — à l'ouest : Yaouri; Guari; Koubbi; Gando. | Peuls. |
| | ADAMAOUA OU FUMBINA (*sur la Bénoué supérieure, au sud du lac Tchad*). | YOLA, capitale (12 000 hab.); Binder; Gurin; Baya. | » |
| | BORGOU....................... | Boussa; Kubly. | Peuls. |
| | MASSINA (*rives du Niger central*)... | Timbouktou et Kabara; Joaru, Tenenkou; Djenné. | Peuls et Touareg. |
| | Etat des SONRHAY (*sur les deux rives du Niger entre Timbouktou et Say*)... | Gagho ; Fagona. | Les nègres Sonrhay ont réussi à conserver leur indépendance, mais leur pays est sans cesse en proie aux razzias des Touareg-Aoulimmiden et des Peuls. |
| | Etat de GOBER (*au nord de Katsena*). | Gober (*sur la route d'Agadès à Sokoto*). | |
| | Etat de MARADI................. | Maradi (*sur la route d'Agadès à Syrmi et Kano*). | |
| | Etat de DAMERGHOU............. | Taghelel (*sur la route d'Agadès à Sinder*). | |
| | BORNOU (*arrosé par l'Yéou, bassin occidental du lac Tsad*) et ses provinces tributaires, le Marghi, le Mandara, le Loggone. | KOUKA, capitale ; Birni (ancienne capitale); Ngornou; Nouveau-Birni; Oudje-Mabani; Dikoa; Sinder au nord, station des caravanes sahariennes. | Nègres Kanouri, gouvernés par une famille arabe, descendant du cheik Amin - el - Kanémi; en 1874, M. Nachtigal porta au cheik Omar les présents du roi de Prusse. |
| | MOUSGOU (*arrosé par le Chari et le Serbenel*)..................... | Pays dévasté par les razzias et la traite des esclaves. | » |
| | KANEM (*côte orientale du lac Tsad*). | Mao. | Nègres sans cesse attaqués par les tribus des Tibbous et du Ouadaï. |
| | BAGHIRMI (*côte méridionale du lac Tsad; pays arrosé par le Chari et son affluent de gauche, le Serbenel*). | Massenja ou Masena ; Bousso. | Nègres et Arabes, qui payent un tribut au Ouadaï. |

## 3º SOUDAN ORIENTAL

| NOMS DES PAYS | VILLES PRINCIPALES | RACES |
| --- | --- | --- |
| OUADAÏ (*bassin du lac Fittri*). | Ouara, marché principal (avec Tripoli, l'Egypte et le Bornou); Abêchi, résidence du roi; Yao, à l'entrée du Batha dans le lac. | Nègres et Arabes féroces et fanatiques, ennemis implacables des Européens; vivent surtout de la guerre et du pillage. Population probable : 2 500 000 hab. |
| DAR-FOUR (*en partie dans le bassin du Nil, contrée dominée par le massif montagneux du Marra*). | Kobe, centre du commerce; Fascher, capitale politique; Tendelti. | Nègres et Arabes; au nombre de 4 millions environ. |

La partie orientale du Darfour et le Kordofan qui le borne à l'est étaient tributaires du khédive d'Egypte jusqu'à l'insurrection du Madhi en 1883.

### III. — GÉOGRAPHIE ÉCONOMIQUE

**Productions : Minéraux.** — Fer dans le Bornou et le Borgou, dans les montagnes du Mandara; *cuivre* dans le Darfour, à Hofrat-en-Nahas; *plomb, cuivre, antimoine, alun* dans le Haoussa oriental; *argent* dans le Baghirmi; *or* dans le Ouassoulou, le Bouré, le Sonrhay, à Gagho, dans le Haoussa; *natron et sel gemme* dans le Bornou et le Borgou; le sel manque partout ailleurs, et vient de Taodény (Sahara) par les caravanes des Touareg. — **Végétaux** : Terre très fertile, sol riche et généreux, mais culture très médiocre; les nègres sont paresseux ou découragés par les guerres permanentes. Le sol produit du *millet*, du *dourah*, du *sorgho*, du *maïs*, du *blé*, du *riz*, des *patates*, des *pastèques*; des *oignons*, des *fèves* et autres *légumineuses*, des *arachides*, du *poivre*, du *tabac*, du *coton*, de l'*indigo*, la *noix de gouro*, châtaigne employée en guise de café; forêts magnifiques de *baobabs, tamariniers, bananiers, figuiers, dattiers, papayers, ébéniers, acacias à gomme, karités* ou *arbres à beurre, gommiers*. Le règne végétal est particulièrement riche dans le Bornou et le Haoussa. — **Animaux** : *moutons* à poils ras, *chèvres* et *bœufs*; *chevaux* du Ouadaï et du Bornou; *chameaux* et *dromadaires* du Darfour; *porcs* du Logone; le *miel* et les *volailles* abondent partout. Les animaux sauvages ou malfaisants sont : les *éléphants, hippopotames, buffles, sangliers, girafes, antilopes, rhinocéros, léopards, panthères, lions, crocodiles, autruches*; les *fourmis, termites, vers noirs, sauterelles*.

**Industrie.** — Elle est fort peu développée; les principales industries sont celles des forgerons, joailliers, tisseurs, tanneurs, teinturiers; on fabrique de grossières étoffes de laine, des toiles de coton, des cuirs, des pipes en cuivre, des bagues d'or, d'argent et de cuivre, des bracelets; le Bornou a des graveurs en pierres fines.

**Commerce.** — Les transactions commerciales se font toutes par voies d'échange ; l'unité monétaire est, pour les petites affaires, représentée par des *cauris* ou coquillages (1000 cauris = 0$^{fr}$,75 ou 1 franc), des carrés de toile, ou des bandes de coton, ou des fers de bêche ; et pour les grandes, par un esclave ou un bœuf. A Timbouktou, on emploie le *kantar*, pièce d'or qui vaut 10 francs. — Les principaux centres du commerce soudanien sont *Ségou*, sur le Niger, *Djenné* dans une ile du Niger ; — *Timbouktou*, et son port sur le Niger, *Kabra*; *Yaouri* et *Niffé* sur la rive gauche du grand fleuve ; — *Sokoto*, *Kano* et *Gando*, grands marchés de l'Afrique centrale (dans le Haoussa) et rendez-vous des caravanes qui s'y rendent de toutes les parties du continent : la vente des esclaves s'y étale avec toutes ses horreurs ; — *Kouka* (la ville aux baobabs), *Dikoua*, *Sinder* dans le Bornou ; — *Ouara* (dans le Ouadaï), qui vend à Tripoli et à l'Egypte des esclaves, de l'ivoire, des plumes d'autruche, des cornes de rhinocéros, de la gomme, de la cire, des peaux ; et qui leur achète des perles, des verroteries, du corail, des draps, des indiennes, des parfums, des épices, du sucre, du cuivre, du soufre, des tabatières, des aiguilles, rasoirs, livres musulmans, du papier, etc. ; — *Kobé* (Darfour) exporte et importe les mêmes denrées ; son commerce est aux mains des négociants coptes de Syout ; les caravanes qui y arrivent se composent de trois à quatre mille chameaux et de mille cinq cents à deux mille individus.

Le commerce extérieur du Soudan est déjà considérable, mais il est encore fermé aux Européens. « Les caravanes, dit M. Bainier, sont dirigées » par les Maures, les Touareg et les Tibbous, qui traversent le Sahara en » cinquante ou soixante jours. On peut évaluer le prix du transport de » Ghadamès à Ghât à 11$^{fr}$,25 par 150 kilogrammes (3 cantars) de charge » de chameau, à 120 francs de Ghât à Kano, et à 190 francs de Touât à » Timbouktou. Le transport de 150 kilogrammes de marchandises d'Alger » à Timbouktou (2400 kilom.), coûterait environ 380 francs, soit 250 francs » par 100 kilogrammes[1]. »

### EXPLORATIONS DU SOUDAN

Le premier voyageur européen qui ait ouvert à l'ouest la route du Soudan, et exploré le grand fleuve intérieur, le Djoliba ou Niger, fut l'Ecossais Mungo-Park. Envoyé par l'*African Association*, il fit trois expéditions sur le fleuve de 1795 à 1806, les deux premières à Bamako et Segou, la troisième de Sansandig à Bousa, sur une longueur de 2000 kilom. sans descendre à terre. Les Touareg attaquèrent l'expédition à plusieurs reprises. A la hauteur de Yaouri, Mungo-Park fit remettre au chef d'un village bâti sur la rive du fleuve des présents pour lui et pour son suzerain, le roi de Yaouri. Le chef garda tout. Le roi, furieux de ne pas recevoir l'hommage du voyageur blanc, envoya une armée contre lui. Elle s'embusqua à Bousa, point où le Niger, encaissé entre des rochers, est très rapide, et quand les Anglais parurent, les écrasa sous une grêle de traits. Mungo-Park, voyant tomber ses compagnons et ses esclaves noirs les uns après les autres, et ne pouvant plus gouverner son bateau, essaya de gagner la rive à la nage. Il se noya dans les rapides. Tels sont les détails que Barth recueillit à Bousa de la bouche d'un vieux Touareg, qui avait assisté au combat.

---

[1]. L'*Afrique*, p. 497.

Le major *Denham*, le docteur *Oudney*, le lieutenant *Clapperton* partis de Mourzouk en 1822, entrèrent en 1823 à Kouka, dans la capitale du Bornou. Le sultan les accueillit bien, non toutefois sans une certaine défiance. Denham explora le lac Tsad. Clapperton visita Kano et Sokoto ; Oudney et Clapperton moururent près de cette dernière ville. John et Richard Lander, compagnons de Clapperton, explorèrent le bas Niger ou Kouara, et en reconnurent les embouchures dans le golfe de Bénin (1830).

Une autre expédition anglaise, celle de la *Pléiade*, sous la conduite du docteur Baïkie, compléta l'œuvre des frères Lander (juillet-septembre 1854) ; elle explora le grand affluent du Niger, la Benoué, et reconnut le cours inférieur du Kouara et son delta.

En 1849, un ministre protestant, ardent abolitionniste, *James Richardson*, proposa au gouvernement anglais un vaste projet d'expédition scientifique et commerciale dans l'Afrique saharienne et les grands Etats du Soudan. Un premier voyage l'avait conduit de Tripoli à Ghadamès, et de là à Ghât et au Fezzan. Le ministère anglais et la Société britannique pour l'abolition de l'esclavage approuvèrent ses plans. Il vint à Paris pour s'associer comme compagnons de route quelques compatriotes de Caillé, mais ses démarches n'aboutirent pas. Il s'adressa à l'Allemagne, et deux jeunes savants de Hambourg, *Adolphe Overweg* et *Henri Barth*, consentirent avec enthousiasme à le suivre : Barth qui se rendit le plus célèbre des trois, avait sur eux l'avantage d'une force athlétique et d'une santé de fer. L'expédition réunie en mars 1850, à Tripoli, acheva de s'organiser à Mourzouk en juin, et s'achemina vers les régions Haoussa, par l'oasis d'Aïr. *Richardson* mourut d'épuisement dans le Bornou, à Ngouroutoua, à la fin du mois de février 1851 ; *Overweg* explora le lac Tsad, et succomba à la fièvre sur ses bords à la fin de septembre 1852 ; *Barth* rendit à tous les deux les derniers devoirs, et continua sa route vers l'ouest, par Sinder et Sokoto ; il franchit le Niger à Say, puis son affluent de droite, la Sirba, et par le pays des Sonrhay, remontant vers le nord, arriva à Kabra, puis à Timbouktou, le 7 septembre 1853. A l'exemple de Caillé, *Barth* se fit passer pour un arabe, et s'attribua même le titre de schérif. Protégé par le puissant cheik *El-Bakay*, qui imagina de le présenter au peuple comme un envoyé du grand sultan de Stamboul, grâce surtout à son sang-froid et à sa circonspection, il échappa aux périls qui ne cessèrent de le menacer. Il fit, malgré lui, un séjour de sept mois dans la ville, où une fièvre pernicieuse le saisit. Il en sortit le 20 mars 1854, escorté par cent cavaliers Touareg, qui veillèrent sur lui jusqu'à Gao (Niger), et reprit la route du Haoussa. Il rencontra dans une forêt, avant d'atteindre Kouka, le voyageur prussien *Vogel*, envoyé pour remplacer Richardson, et tous deux séjournèrent à Kouka. *Barth* rentra à Tripoli le 27 août 1855. La Société de géographie de Paris décerna à l'illustre voyageur sa grande médaille d'or.

Vogel essaya de pénétrer dans l'Ouadaï et fut assassiné à Abéchi, capitale du pays, en 1856. On était sans nouvelles du voyageur depuis quatre ans, lorsqu'une commission scientifique formée à Gotha organisa une expédition pour aller à sa recherche. On en confia la direction à M. *de Heuglin*, explorateur éprouvé par un long séjour dans le Soudan égyptien. Tandis que Heuglin et ses compagnons devaient gagner le Darfour et l'Ouadaï par la mer Rouge, Massaouah et Khartoum, un autre allemand, *Moritz de Beurmann*, avait offert de les rejoindre par le Fezzan et le Sahara, en reprenant l'itinéraire de Vogel. Beurmann vit le lac Tsad et Kouka, mais fut malheureusement assassiné comme son compatriote dans l'Ouadaï en 1861 : quant à l'expédition principale, elle dépassa à peine Khartoum, et fut dissoute à la suite de fâcheux désaccords survenus entre le comité et le chef de la mission.

En 1868, le roi Guillaume résolut d'envoyer au sultan du Bornou, le cheik Omar, des présents comme témoignage de reconnaissance pour l'appui qu'il avait généreusement prêté aux voyageurs allemands Barth, Vogel, Beurmann et Gerhard Rohlfs. Ce dernier fut chargé de les faire parvenir à Kouka. En passant à Tunis, il y rencontra un de ses compatriotes, le docteur Nachtigal, de Hambourg, ancien médecin militaire que le mauvais état de sa santé avait obligé de bonne heure à quitter le service, et qui séjournait depuis plusieurs années dans la Régence. « Il me manquait l'expérience des » voyages, écrit M. Nachtigal, néanmoins je résolus de saisir l'occasion qui » s'offrait à moi de faire, en mettant les choses au pis, une excursion au » moins riche en souvenirs. Je crus de mon devoir, si quelque personne » plus apte que moi ne se présentait point, de tirer profit de la circon- » stance, ma qualité de médecin, la connaissance que j'avais de la langue » arabe et des mœurs mahométanes promettant de me faciliter la mission. »

Les présents du roi Guillaume furent chargés sur huit chameaux; le plus robuste portait, d'un côté, l'énorme coffre contenant le trône en velours cramoisi, au dossier et aux pieds richement dorés, qui était destiné au souverain du Bornou, et de l'autre, les portraits de grandeur naturelle du roi Guillaume, de la reine Augusta et du prince héritier Frédéric. D'autres chameaux portaient une pendule de bronze, une montre et une chaîne d'or, une grande lorgnette, une demi-douzaine de montres en argent, un double service à thé argenté, des étoffes de soie et de velours, des parfums, des bracelets, des colliers de corail, des rosaires, douze burnous de velours, des pièces de drap, des tarbouches tunisiens, et un harmonium, le tout accompagné d'une lettre royale.

Le docteur Nachtigal quitta Tripoli en février 1869, séjourna à Mourzouk, dans le Fezzan, où il rencontra l'intrépide voyageuse, M$^{lle}$ Tinné, et par Gatroun, entra dans le pays des Tibbous, qu'aucun Européen n'avait encore visité. Il explora au péril de sa vie cette région montueuse et aride, dont les habitants sont des commerçants aussi industrieux que perfides. Il revint passer l'hiver à Mourzouk, et en 1870 partit pour le Bornou. Il explora le lac Tsad, fut reçu à Kouka par le vieux cheik nègre Omar, et lui remit les présents du roi Guillaume, dont la splendeur l'émerveilla, malgré les avaries inévitables d'un long et pénible voyage. Nachtigal traversa ensuite le Kanem et le Bornou, puis en 1872 le Baghirmi, remonta le fleuve Chari, visita le roi du Sonrhaï, fut réduit pendant quatre mois à mener l'effroyable vie de chasseur d'esclaves avec les tribus qui le retenaient captif, et au mois d'avril 1873, arriva à Abéchi, résidence du roi de l'Ouadaï. Il pénétra dans le Darfour en 1874 et rentra en Europe par l'Egypte. Par ce voyage de quatre années, accompli au milieu de difficultés de toute sorte, de fatigues inouïes et de périls sans nombre, le docteur a fait connaître la partie orientale du Soudan encore inconnue. En 1875, il publia en Allemagne le récit de ses voyages, et en 1876, il vint recevoir à Paris la grande médaille d'or de la Société de géographie, récompense qu'elle avait décernée déjà à son illustre compatriote Henri Barth. M. le docteur Nachtigal occupe aujourd'hui à Tunis le poste de consul de l'empire d'Allemagne (1884).

## 2° EXTRAITS ET ANALYSES

### La découverte des sources du Niger.

Un grand négociant de Marseille, M. C. A. Verminck, désireux de joindre ses efforts à ceux qui sont tentés de toutes parts pour pénétrer dans l'intérieur du continent africain inconnu, porta son attention sur la vallée du haut Niger, et en particulier sur la région des sources. Ceux qui s'en étaient le plus approchés, le major Laing en 1822, M. Winwood Reade en 1869, et le docteur Blyden en 1874 [1], n'avaient pu dépasser la ville forte de Falaba, capitale du Solimania. La principale cause de leur insuccès avait été le triste privilège dont jouit depuis des siècles le Koranko, pays voisin des sources du Niger, de fournir des esclaves aux marchands de l'intérieur et aux agriculteurs de la côte.

M. Verminck mit à la tête de l'expédition qu'il projetait le chef hardi d'une de ses factoreries les plus rapprochées des sources du Djoliba, M. Josué Zweifel, directeur de la factorerie de Rotombo, sur la Rokelle. Celui-ci agréa pour compagnon de route M. Marius Moustier, directeur du comptoir de Boké, sur le rio Nunez, qui parlait couramment les deux langues répandues dans ces contrées : le Sousou et le Foulah. Le 8 juillet 1879, les deux voyageurs, suivis de leurs guides, interprètes et porteurs, partaient de Rotombo. Ils passèrent par Port-Lokko, Mellacorée, Matamba, traversant le pays Timné, dont ils ont, dans leur relation, décrit les usages, mœurs et cultures. Le 24 juillet, ils étaient à Big-Boumba, dans le Limba, où le roi Seloki, qui ne sait ni lire ni écrire, mais parle six langues, leur donna de belles cases et des présents de bœufs, de manioc et de mil. Le voyage devint dès lors plus difficile : tantôt il fallait traverser des montagnes, tantôt marcher à travers des terrains détrempés, glissants, parsemés d'ornières et de torrents; le nombre des malades augmentait, les porteurs désertaient, et les populations devenaient hostiles.

Le 16 août, ils entrèrent à Falaba. Le roi Sewa leur fit bon accueil; son cousin Filah leur parla de Reade et de Blyden, et leur promit de leur faire voir les sources du Djoliba, mais les invita à n'en parler au roi qu'en sa présence. Sewa leur donna des *kolas* blancs en signe d'amitié et un anneau d'or [2].

A Falaba, les voyageurs virent des ambassadeurs Korankos et apprirent d'eux quelques renseignements sur les sources du Djoliba. Après douze jours de séjour dans cette ville, où ils se convainquirent de l'exactitude parfaite de la description qu'en avait donnée Reade, ils partirent pleins d'espoir pour le Koranko et les sources de la grande rivière. Ils découvrirent en passant la source de la Rokelle, franchirent le Tamincono et le Falico qui, réunis à Liah au Tembi, forment le fleuve Djoliba. Le 9 sep-

---

1. Le docteur BLYDEN était un professeur nègre, originaire de Libéria. Il tomba malade à Falaba, et dut renoncer à aller plus loin. Un de ses interprètes, Joseph Reader, natif du Rio-Pongo, qui avait déjà accompagné M. Reade dans ses deux voyages à Falaba et au Bouré, et qui connaissait un grand nombre de dialectes africains, fut engagé par M. Zweifel, et fut pour lui un précieux auxiliaire.
2. Sur le *Kolah africain et son rôle*, voy. plus loin (p. 454).

tembre, ils entraient à Socora, capitale des Korankos. La guerre était déclarée entre les Korankos, les Haoussas et les Bambaras. Les Korankos furent heureusement vainqueurs, et le vieux roi de Socora, Chimiti Foreh, âgé de quatre-vingts ans, reçut bien les explorateurs et les laissa passer. On arrivait aux dernières étapes du voyage : le dernier roi auquel Zweifel et Moustier eurent affaire fut Foreh Woleh. Ce chef de Tantafara, vivement travaillé par des influences hostiles, et notamment par les trafiquants nomades, Mandingues, Foulahs et Soussous, qui ont accaparé le monopole des échanges dans l'intérieur, et redoutent la concurrence commerciale des blancs, remettait toujours au lendemain l'exécution de ses promesses, et imaginait à chaque entrevue quelque difficulté nouvelle.

### Séjour à Koulako : le Tembi-Coundou.

« 25 septembre. — Nous allons chez le roi pour lui rappeler sa promesse de la veille ; à notre grand mécontentement, nous le trouvons de nouveau hésitant, sous l'influence des conseils perfides de son entourage. Nous mettons en œuvre toutes les ressources de notre éloquence pour avoir raison de ses tergiversations. Il nous arrête tout à coup au milieu de notre harangue quelque peu acerbe et nous dit : « N'ajoutez pas un mot de plus ; le roi Foreh Woleh va vous prouver qu'il n'est pas un menteur. J'ai l'obligation de rester ici, mais mon fils vous accompagnera. Tenez-vous prêts à partir dans deux heures. »

» Par une attention aimable, Foreh Woleh avait fait nettoyer le chemin et nous avancions rapidement. Après trois quarts d'heure de marche, nous arrivâmes au pied du pic Koula, sur le plateau d'une colline d'où la vue s'étend sans entraves sur plusieurs chaînes de montagnes. Dans cette admirable position, nous pouvions distinguer dans la direction de l'ouest-nord-ouest, le mont Yenkina, qui est au milieu de la chaîne Loma. La distance qui nous en sépare peut être évaluée à 60 ou 70 kilomètres. En regardant dans la direction du nord-est, on aperçoit le mont Couronnoro situé dans la chaîne de montagnes qui sépare le Kissi du Koranko et du Langara. Cette chaîne de montagnes court de l'ouest à l'est, et se trouve à une distance de 35 à 40 kilomètres. — Nous apercevons dans l'est et dans le sud des plaines ondulées, c'est le pays de Kissi. Au sud-ouest, à environ 40 ou 50 kilomètres, se dresse le mont Daro; il occupe le point culminant de la chaîne de Kong, qui se dirige de l'ouest vers le sud-est et qui sert de ligne de démarcation entre la province de Koranko et celle de Kono. Dans la direction du mont Daro, mais plus rapprochées de nous, s'élèvent trois collines de granit. La plus petite et la plus rapprochée se nomme le mont Tembi, c'est la colline sacrée des flancs de laquelle jaillit le Tembi, et qui porte le nom de Tembi-Coundou (la tête du Tembi), suivant l'expression des indigènes.

» Du plateau où nous sommes jusqu'à la tête du Tembi, l'œil évalue approximativement une distance de 20 à 30 kilomètres. Au moment où le guide nous désignait la tête du Tembi, la colline sacrée, qui recèle dans son sein les premiers murmures de la source mystérieuse du Niger, nous fûmes saisis d'un sentiment de joie inexprimable. En promenant nos regards sur ce splendide panorama, nous éprouvions des sensations heureuses et fortifiantes. Nous avions là, devant nous, le lieu autour duquel gravitait tout notre voyage. Nous considérions avec une joie indescriptible ce coin de terre d'Afrique non foulé encore par le pas de l'Européen! Et la vue de ce monticule à l'apparence modeste faisait naître dans nos cœurs un vif enthousiasme que nous ne pûmes nous défendre de faire éclater aux yeux de nos compagnons.

» Notre allégresse les gagna sans peine, et sous la bienfaisante impression qui nous dominait, leurs cris, qui quelques instants auparavant nous semblaient détestables, ne nous choquaient plus. Ils improvisèrent aussitôt des chants en l'honneur des blancs, à la gloire du généreux roi Foreh Woleh et exaltèrent les merveilles du Tembi-Coundou. Nos fatigues disparaissaient comme par enchantement; nous renaissions à ce moment-là, plus ardents et plus vigoureux pour affronter de nouveaux dangers. Les obstacles qui nous avaient assaillis durant notre voyage, les tracasseries sans nombre que nous avaient fait éprouver les rois auxquels nous avions rendu visite, la lutte incessante avec les difficultés matérielles, les trop fréquentes défaillances de nos

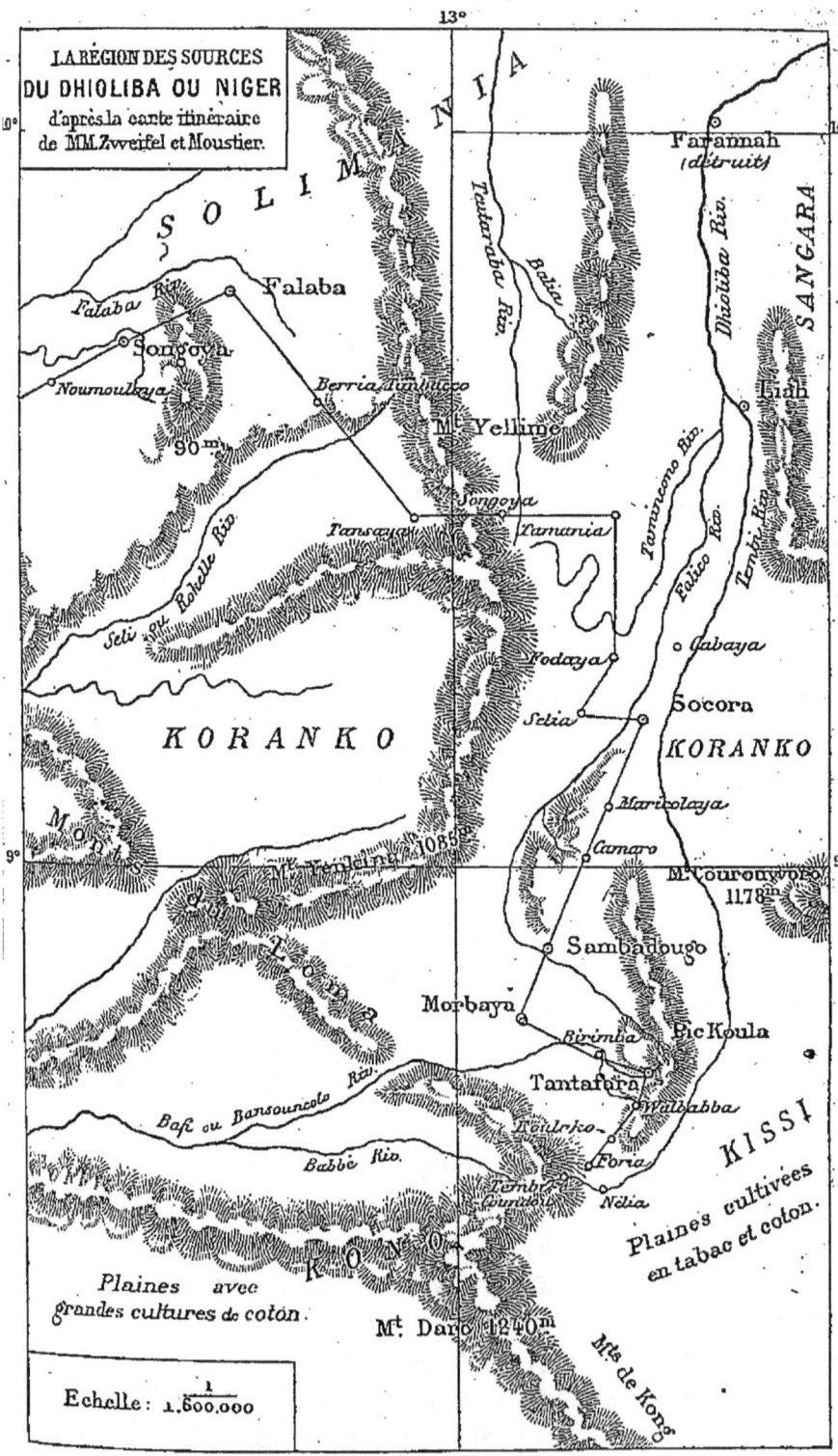

hommes, leurs maladies, la traversée si dangereuse du Falico sorti de son lit, et surtout le manque d'aliments pour nos gens et pour nous, tout s'évanouissait. Nous étions au lendemain d'un mauvais rêve, nous apercevions le but et notre satisfaction dominait tout.

» Nous restâmes plus d'une heure devant ce magnifique spectacle. Nos hommes nous firent sagement observer que les heures s'envolaient et qu'il fallait avancer encore. Lorsque nous quittâmes le plateau, le fils de Foreh Woleh nous dit qu'il ne faudrait pas plus de trois heures de marche pour arriver à la source, mais que, sur l'ordre de son père, nous nous arrêterions à Walbabba. Ce petit village fut bientôt atteint. Il est situé, comme Tantafara, au milieu d'une colline, mais à une moindre hauteur. Tout près de Walbabba se trouvent les sources de l'Ivi, qui se jette dans le Bansouncolo, près de Birimba. Nous avons visité la source principale de l'Ivi; elle était large de six mètres et jaillissait d'un souterrain recouvert d'un pont naturel.

» Nous passâmes la nuit à Walbabba. Le lendemain, 26 septembre, Foreh Woleh arrive de bonne heure, suivis de ses ministres et principaux chefs. Nous nous mettons en route pour Koulako où nous faisons notre entrée avant midi.

» Ce village est bâti au milieu d'une petite vallée, de laquelle nous n'apercevons plus la colline de Tantafara, qui est restée visible à nos yeux, pendant toute la durée de la marche. A Koulako, la réception qu'on nous fit ne différa pas de celle que nous avions trouvée à Tantafara; des simulacres de combat, des clameurs assourdissantes, et une foule curieuse, peu sympathique, nous dévorant des yeux, et suivant le moindre de nos mouvements avec une attention anxieuse et méfiante. Notre Soussou de Socora et Reader nous recommandèrent d'être plus circonspects que jamais et de ne pas donner la moindre prise au fanatisme de ces sauvages. Depuis longtemps déjà nous ne pouvions plus faire usage de nos instruments qu'à la dérobée, de peur d'être soupçonnés de maléfices et maltraités. Mais à Tantafara et surtout dans Koulako, la superstition farouche des indigènes était poussée à un tel point que nous aurions couru les plus grands risques d'être massacrés si nous avions seulement fait mine de nous servir de notre longue-vue. — Jusque bien avant dans la nuit, cette foule hurlante et curieuse ne nous laissa pas un instant tranquilles. Il nous fallut une grande dose de sang-froid et de patience pour supporter leur fatigante présence. »

Foreh Woleh demanda aux chefs de Koulako un guide pour conduire les voyageurs au Tembi-Coundou. On répondit qu'il fallait obtenir l'autorisation du chef Tembi. Des messagers lui furent envoyés, et rapportèrent la réponse suivante : « Le roi
» Demba de Tembi-Coundou, le grand prêtre de Tembi-Seli et
» les autres prêtres de la source sacrée vous font dire que ni
» leurs pères, ni leurs grands frères n'ont jamais vu de blancs
» et qu'eux-mêmes ne se soucient pas d'en voir. Ils vous font
» dire que des hommes comme ces blancs qui apportent des
» présents et de l'argent, mais qui ne veulent pas acheter des
» esclaves ni des bandes de coton du pays, ne peuvent avoir
» que de mauvaises intentions. D'autres rois les ont laissé
» passer, cela est vrai; mais ces rois sont jaloux de notre source
» et certainement ils veulent se joindre aux blancs pour la dé-
» truire. »

Foreh Woleh eut beau s'emporter; la sentence était implacable. MM. Zweifel et Moustier passèrent encore deux jours à Koulako, chassant, observant, interrogeant les indigènes, épiant une occasion de pénétrer le mystère des sources du Djoliba.

» Le 1er octobre, la journée s'écoula sans que les gens de Tembi-Coundou fissent la moindre démarche pour nous inviter à passer chez eux. Dans l'après-midi, nous eûmes la visite d'un Soussou venant de Kono qui nous fit une communication importante.

« Je regrette de vous dire la vérité, mais je ne puis pas
» souffrir qu'on vous trompe plus longtemps. Vous ne
» verrez pas la source sacrée, car le prêtre Tembi-Seli a
» refusé nettement de vous recevoir, et personne ne pourra
» changer sa résolution, que ce soit Foreh Woleh, le chef de
» Koulako, ou même son frère Demba, roi de Tembi-Coun-
» dou. C'est le diable, ou, si vous préférez, c'est Dieu qui

» s'oppose à ce que vous avanciez davantage. » Puis il ajouta : « J'étais dans le village quand Tembi-Seli a eu, à propos de » vous, un « palabre » avec les anciens du pays. Tembi-Seli » leur a dit qu'il savait depuis longtemps que les blancs » venaient pour le voir, mais que l'Esprit de la source ne » voulait pas de leur argent. Aussi leur a-t-il déclaré qu'il » resterait sous l'eau avec l'Esprit jusqu'à ce que vous » soyez partis, et en effet, le même jour il a disparu dans » l'eau et ne reparaîtra que lorsque vous aurez quitté Kou- » lako. »

» Cette dernière affirmation nous fit rire et nous demandâmes au Soussou si le prêtre Tembi-Seli a la nature d'un poisson pour rester et vivre plusieurs jours sous l'eau. « Il n'y a pas de quoi rire », nous répond notre homme, et sur notre insistance, il nous donna sur la source sacrée les explications qui suivent presque textuellement.

» La même colline donne naissance au Tembi et au Babbé ; c'est celle que nous avons en vue depuis Tantafara. Le Tembi jaillit du sein d'une roche, et forme un milieu large de deux pieds qui traverse la forêt, dont nous avons pu apercevoir les arbres de Foria. Avant de sortir de la forêt, le ruisseau se jette dans un petit lac au milieu duquel se trouve un îlot rocheux. Sur cette petite île, s'élève un grand arbre qui est creux. La rive du lac la plus rapprochée de l'arbre creux est entourée d'une haute et forte palissade. Quand le prêtre s'absente du village, il se rend au bord du lac avec les cheveux en désordre, puis il plonge dans l'eau, et se cache, soit dans les rochers, soit dans l'arbre creux. Il disparaît ainsi pendant plusieurs jours, et quand il revient, il ressort de l'eau bien coiffé. Quoique petit et maigre, Tembi-Seli est un homme puissant. — Quand il prédit la famine aux gens du Serradougou, on est sûr de voir arriver des milliers d'oiseaux qui en deux ou trois jours dévorent toute la récolte. Quand un roi du voisinage fait la guerre sans avoir consulté Tembi-Seli, il risque fort de rester sur le champ de bataille ; aussi est-il bien rare qu'on se mette en campagne avant d'avoir rendu visite à Tembi-Seli, et d'avoir fait les sacrifices de rigueur, qui consistent notamment dans l'immolation de quelques bœufs.

» Les rois qui veulent vivre longtemps ont, dans leur entourage, un prêtre de Tembi-Coundou, c'est-à-dire un écolier de Tembi-Seli. C'est à cause de cette circonstance que la renommée du Tembi-Coundou s'est étendue si loin; car les disciples de Tembi-Seli se trouvent partout; à Falaba, à Songoya, dans le Sangara, dans le Kono et dans le Kissi. Ils racontent à qui veut les entendre les merveilles de la source sacrée, parmi lesquelles figure, en première ligne, une maison pleine d'or qui se trouve au fond du lac et qui sert d'habitation à Tembi-Seli pendant ses absences. Ils disent qu'on entend le bruit que fait Tembi-Seli lorsqu'il ouvre ou ferme la porte de cette habitation mystérieuse.

» En somme, on parle beaucoup de la source du Tembi-Coundou, mais peu de personnes l'ont visitée; car il est bien avéré partout que tout guerrier ou tout homme ayant versé le sang doit mourir s'il approche de l'Eau sacrée. Au sortir du lac, le Tembi-Coundou coule encore quelque temps dans la forêt, puis il traverse le village nommé Tembi-Coundou. De là, il se dirige vers le village de Nélia, s'engouffre pendant cinq minutes dans un souterrain, et ressort de l'autre côté du village, qui est entièrement bâti sur le terrain qui recouvre le Tembi. C'est à Nélia qu'on fait les sacrifices dont Reade a entendu parler. — On tue un bœuf et on enlève la viande, à l'exception de la tête et des jambes qui restent intactes, on recoud la peau avec soin après l'avoir empaillée plus ou moins bien, et, à l'entrée du village, on jette ce bœuf dans le Tembi. Il disparaît d'un côté du souterrain et reparaît de l'autre côté, dressant fièrement la tête aux acclamations de la foule; puis il plonge et se relève à plusieurs reprises et finit par sombrer, entraîné par le courant.

» Le récit du Soussou ne nous laisse plus aucun doute sur les intentions de Tembi-Seli : nous ne verrons pas le Tembi-Coundou. »

J. ZWEIFEL et M. MOUSTIER,
*Voyage aux sources du Niger.*
(*Bulletin de la Société de géographie de Marseille*, 1880.)

Avant de quitter le village de Foria, les voyageurs, pour laisser une trace quelque peu durable de leur approche du lieu sacré, gravèrent profondément sur un des plus beaux arbres de la forêt voisine l'inscription suivante :

---

C. A. V. (C. A. VERMINCK).
NIGER EXPÉDITION.
3 X. 1879.
J. ZWEIFEL. — M. MOUSTIER.

---

Le 3 octobre, ils reprirent le chemin de la côte, et le 6 novembre, ils rentraient à Port Lokkoh. Ils avaient, entre le littoral et Falaba, parcouru des pays qu'avant eux les deux Anglais Laing et Reade avaient déjà traversés; mais de Falaba à Koulako, ils avaient franchi des territoires entièrement inexplorés, et s'ils n'avaient pas pu voir le Djoliba à sa source la plus reculée, ils avaient découvert les premiers et les principaux affluents du Niger, et parmi eux le Falico et le Tembi. — Partis au nombre de 75, à la plus malsaine époque de l'année, ils revinrent au complet. Cette expédition, pendant laquelle les voyageurs ont conquis l'amitié et la confiance des chefs et des sujets africains à force de patience, de douceur et de justice, en respectant scrupuleusement leurs usages et en les considérant non comme des êtres dégradés, mais comme des hommes, honore à la fois le négociant généreux qui en a été le promoteur, et les deux vaillants chefs de comptoirs qui l'ont conduite et menée à bonne fin[1].

## Timbouktou. — Voyages de René Caillé et d'Oscar Lenz.

Le premier Européen qui soit entré dans Timbouktou est un Français, un pauvre matelot des Sables d'Olonne, Paul Imbert. Pris par les Maures à la

---

1. Cette entreprise a été dignement récompensée. La Société de géographie de Marseille, associant dans un hommage commun le promoteur et les exécuteurs de l'exploration des sources du Niger, a décerné, dans sa séance du 1er octobre 1880, sa grande médaille d'or et des diplômes d'honneur collectivement et individuellement à MM. Verminck, Zweifel et Moustier. La Société de géographie de Paris leur a aussi donné une médaille, et le ministre de l'Instruction publique les palmes académiques.

suite d'un naufrage, il devint esclave, et fut emmené dans une caravane jusqu'à la ville inconnue, que les navigateurs et conquérants Portugais ne connaissaient que de nom, comme la métropole du commerce des régions du Djoliba ou Niger. Paul Imbert n'a pas laissé de relation de son voyage. La mission du commandeur de Razilly en 1632, ne put lui faire rendre la liberté : il mourut esclave au Maroc.

Près de deux siècles plus tard, en 1826, un officier anglais, Alexandre Gordon Laing, parti de Tripoli, se mit bravement en route pour Timbouktou, en passant par Ghadamès et In-Câlah. Il fut presque tué en chemin par les Touareg Ahagghar; la tribu des Oulâd Ech-Cheikh Sidi-El-Moukhtâr, recueillit le voyageur à El-Hillé, dans l'Azaouâd, et lui donna le moyen de voir Timbouktou. Au retour, des ennemis le guettaient, et avec la complicité de son guide, l'assassinèrent près d'Arawan. Tous ses papiers ont été perdus[1].

Le premier voyageur qui ait laissé de Timbouktou une description exacte est un Français, René Caillé, né à Mauzé, près Niort (Deux-Sèvres). René Caillé avait fait son premier voyage à seize ans au Sénégal, et franchi à pied, pour rejoindre l'expédition du major Gray, les 160 lieues de déserts et de contrées alors hostiles qui séparent Saint-Louis de Bakel. Une grave maladie le força de rentrer en France; mais à peine guéri, sa passion pour les voyages le ramena au Sénégal. Il y rentra en 1824, avec une petite pacotille. Il obtint, non sans peine, du gouverneur Roger, quelques secours pour se rendre chez les Maures Brakna; il y apprit la langue arabe, les pratiques de l'islamisme, et pendant un an, se prépara de toutes les manières à vivre dans le désert. A son retour à Saint-Louis, il exposa ses projets aux agents du gouvernement. On le traita d'aventurier et de charlatan; les plus charitables le tinrent pour fou; au vaillant explorateur qui proposait de pénétrer dans Timbouktou, de traverser le Sahara, de renouveler les explorations de Mungo-Park et de Laing, on offrit au choix une place de jardinier, ou un emploi d'empailleur d'oiseaux. Rien de plus navrant que le récit des déceptions du voyageur honni et calomnié; rien qui démontre mieux sa force d'âme et l'énergie de sa volonté.

« Alors, écrit-il, je changeai mes plans; je ne demandai plus rien qu'une somme de cent francs, qui depuis longtemps m'était due, que j'avais jusque-là dédaigné de réclamer, mais que la misère et l'abandon dans lequel on me laissait me rendaient indispensable, puis, secouant la poussière de ma chaussure arabe sur le sol de Saint-Louis, je quittai cette île inhospitalière, je me fis conduire en canot dans le Cayor, et seul, à pied, sans passeport, sans lettres de recommandation, n'ayant d'autre ressource

---

[1]. « Tous les effets de ce malheureux voyageur, ses vêtements, ses livres, les » flacons de médicaments, deux bouteilles de vin et quarante-cinq pièces de » cinq francs, seraient conservés aujourd'hui encore à Arawân. A l'appui de ce » qui précède, j'appris que le commandant Laing n'avait pas été tué par des » coupeurs de route, pour le piller, mais que d'autres motifs avaient armé les » bras de ses meurtriers. Cependant, malgré tous mes efforts, on refusa de me » montrer ses effets. Le grand cheikh des Berêbich était absent, et son fils n'osa » pas satisfaire ma curiosité sans le consentement de son père. » (Oscar LENZ, *Voyage du Maroc au Sénégal*, 1880.)

que mes cent francs, je m'acheminai vers Gorée. Dès 1817 j'avais suivi la même route, pauvre, découragé, sans appui dans le monde. Huit ans s'étaient écoulés, je n'étais pas plus riche, mais j'étais soutenu par l'ardeur, l'énergie d'un âge plus avancé, et j'étais bien résolu, ne fût-ce que par fierté, à entreprendre ce qu'on ne me croyait pas capable d'achever. »

Caillé se rendit dans la colonie anglaise de Sierra-Leone, où le gouverneur Turner, instruit de ses projets, chercha à le fixer, en le nommant directeur d'une fabrique d'indigo, avec un traitement de 3 600 francs. Il fit en un an sur ses appointements 2 000 francs d'économie. « Cette somme, dit-il, me paraît suffisante pour aller au bout du monde. » Il se démit de son emploi, acheta une pacotille, et se mit en relation avec des caravanes de l'intérieur.

« J'obtins leur confiance, et j'en profitai pour les interroger sur les contrées que j'avais l'intention de parcourir. Afin de gagner tout à fait leur amitié, je leur fis quelques légers cadeaux, puis un jour, d'un air très mystérieux, je leur révélai, sous le sceau du secret, que j'étais né en Égypte de parents arabes, et que j'avais été emmené en Europe, dès mon plus bas âge, par des Français faisant partie de l'armée qui avait conquis l'Égypte; que depuis j'avais été conduit au Sénégal pour y faire les affaires commerciales de mon maître, qui, satisfait de mes services, m'avait affranchi. Maintenant, ajoutai-je, libre d'aller où je veux, je désire naturellement retourner en Égypte pour y retrouver ma famille et reprendre la religion musulmane. Si, au premier abord, mes auditeurs purent nourrir quelques doutes à l'égard de mon histoire et de mon zèle religieux, ils n'en conservèrent aucun dès qu'ils m'eurent entendu réciter par cœur plusieurs passages du Coran, et qu'ils m'eurent vu, chaque soir, faire le salam avec eux. Ils finirent par se dire l'un à l'autre que j'étais un bon musulman. C'est cette fable, répétée chaque fois que j'en ai eu besoin, qui m'a servi de passe-port de Kacundy à Timé, de Timé à Temboctou, et de là à Tanger. »

Caillé partit le 14 avril 1827 de Kacundy avec une caravane de Mandingues, et trois mois après, par la vallée du Rio-Nuñez et les plateaux du Fouta Djallon, arriva à Timé déjà à bout de forces et de ressources. Il y tomba malade et séjourna plus de cinq mois dans la case d'une vieille négresse qui prit pitié du blanc, le soigna de son mieux, le guérit de ses plaies et du scorbut, et lui permit de continuer son voyage. Il s'embarqua à Djenné sur le Niger, traversa le lac Débou, et arriva à Kabra, port du fleuve situé à 8 milles environ au sud de Timbouktou[1]. Caillé, muni de lettres du shérif de Djenné pour un des notables de la ville, y entra à la suite d'une caravane de marchands Maures le 20 avril 1827.

« ...... Je ne trouvai la ville ni aussi grande ni aussi peuplée que je m'y étais attendu. Sa population ne dépassait pas à l'époque de mon passage douze mille âmes. Son commerce est bien moins considérable que ne le publie la renommée, et l'on n'y voit pas, comme à Djenné, ce grand concours d'étrangers, accourus de toutes les parties du Soudan. Des chameaux venant de Cabra avec les denrées de la flottille, quelques groupes d'habitants assis par terre sur des nattes, devant leur porte, pour faire la conversation ou la sieste, et un petit nombre de marchands de noix de kolah criant leur marchandise, animaient seuls de loin en loin les rues de Temboctou, sur lesquelles semblaient planer le sommeil, l'inertie, la tristesse des déserts environnants.

» La plus grande partie de la population de Temboctou est composée de nègres Sonrays. Les Maures qui sont établis dans la ville et en occupent les plus belles maisons, peuvent se comparer aux Européens qui vont dans les colonies dans l'espoir d'y faire fortune. Recevant en consignation des marchandises d'Europe, envoyés par leurs compatriotes du Maroc, de Tafilet, de Touât, et même des villes du littoral méditerranéen, ayant entre les mains le monopole du sel des mines de Taoudeny, dans le désert, ils réalisent promptement de grands bénéfices, et presque tous, après quelques années de séjour, regagnent leurs foyers avec une jolie fortune en numéraire et surtout en esclaves.

» La ville de Temboctou a la forme d'un triangle dont les trois côtés réunis peuvent avoir un peu plus d'une lieue de développement. Les maisons sont grandes et peu élevées, n'offrant pour la plupart qu'un rez-de-chaussée. Dans quelques-unes seulement on a élevé une petite pièce au-dessus de la porte d'entrée. Toutes sont uniformément construites en briques de forme ronde, roulées dans les mains et séchées au soleil.

Les portes dont les vantaux sont en planches assemblées par

---

[1]. Suivant Caillé et le docteur Barth, Kabra est une petite ville de 400 maisons ou cases; sa situation, comme débouché fluvial de Timbouktou, a acquis une assez grande célébrité. Le Niger n'est navigable devant Kabra que cinq mois par an, à l'époque des crues. La crique de Kabra est étroite et peu profonde; quand Barth y débarqua, les bateliers descendirent dans la rivière pour hâler son embarcation: ils avaient à peine de l'eau jusqu'aux genoux.

des barres et des clous venant du Tafilet, sont bien faites et solides ; on les ferme au moyen de serrures fabriquées dans le pays, et où il n'entre pas de fer ; la clef même est en bois ainsi que cela se pratiqua longtemps dans nos campagnes et se pratique encore en Egypte et en Nubie. Les toits des maisons, toujours en terrasses formées de nattes, couvertes en terre battue, reposent sur des charpentes tirées du ronier, arbre qui croît sur les bords du fleuve à une hauteur prodigieuse, j'en ai vu dont la cime atteignait à plus de 120 pieds. Chaque habitation forme un carré contenant deux cours intérieures, autour desquelles sont disposées des cellules longues, étroites, sans cheminées, sans fenêtres, ne recevant le jour que par la porte et servant en même temps de magasin et de chambre à coucher. Etouffantes en été, ces demeures sont des amas de boue froide et humide pendant les mois de septembre et d'octobre, époque où les vents d'est amènent sur la ville des torrents de pluie et de violents orages.

» Les mosquées, qui au nombre de sept, forment les seuls monuments publics de cette cité, ne sont pas construites en meilleurs matériaux que les habitations particulières, bien que l'une d'elles, la grande mosquée de l'ouest, conserve dans ses murailles salpêtrées et crevassées les vestiges d'une époque moins grossière et d'un art moins rudimentaire que l'art et l'époque d'aujourd'hui. Sa tour, haute de 50 à 60 pieds, est surmontée d'une plate-forme, d'où je pus embrasser l'ensemble de la ville et son cadre immense de sable blanc se perdant dans l'horizon ; spectacle qui n'est ni sans intérêt, ni sans grandeur. Ce point élevé, où l'on ne parvient que par un escalier à moitié démoli, étant peu fréquenté, j'y revins plusieurs fois pour écrire mes notes et fixer mes souvenirs. Dans le cours de mon long voyage, j'ai toujours dû me cacher pour écrire, afin de ne pas éveiller l'attention soupçonneuse des musulmans; c'était toujours dans les bois ou à l'abri d'un buisson ou d'un rocher que je mettais en écrit tout ce qui me paraissait digne de remarques, et encore avais-je toujours soin de tenir sur mes genoux des feuilles du Coran, que j'étais censé étudier et copier. » René CAILLÉ, *Journal d'un voyage à Temboctou et Djenné dans l'Afrique centrale*, etc. (Paris, 1830, 3 vol. in-8°, 1 carte et planches.)

---

Caillé séjourna à Timbouktou du 20 avril au 4 mai 1827 ; une caravane allait partir pour le Maroc ; il l'accompagna, sous le même travestissement.

La caravane passa par El-Araouan, les puits de Mourat et les oasis du Tafilet, et atteignit le Maroc trois mois après. René Caillé, épuisé de fatigues et de privations, vêtu de loques, se faisant passer pour un derviche mendiant, reçut l'hospitalité chez le consul français de Tanger, M. Delaporte, et put rentrer en France. Cette fois, ses concitoyens accueillirent avec honneur l'explorateur audacieux qui, seul, sans appui, sans fortune, se plaçait au premier rang des grands découvreurs de l'Afrique inconnue. Mais les savants étrangers, allemands et anglais, contestèrent à Caillé le mérite et l'authenticité de ses découvertes, en dépit des récompenses officielles décernées à Caillé par le gouvernement et les sociétés savantes de son pays. Aujourd'hui la mémoire de Caillé est suffisamment vengée de ces injustices; un des plus éminents explorateurs de l'Allemagne, le docteur Henri Barth, le quatrième européen qui ait vu Timbouktou, et le second qui ait eu la bonne fortune d'en revenir, écrivait en 1856 au président de la Société de géographie de Paris les lignes suivantes qui honorent leur auteur : « C'est un vrai bonheur pour moi de rendre justice à un
» voyageur qui a bien dû souffrir des attaques incessantes dirigées contre
» son caractère et sa véracité, et qui est mort avant d'avoir fait taire la
» malveillance et la calomnie. Je regarde comme un devoir de proclamer
» ici sans scrupule, sans arrière-pensée, René Caillé comme un des plus
» véridiques explorateurs de l'Afrique. Il ne fut certes pas un savant;
» mais, dépourvu d'instruments et réduit aux moyens les plus infimes, il
» a fait plus que n'aurait pu faire, dans les mêmes circonstances, aucun
» autre voyageur[1]. »

En 1879, la Société africaine d'Allemagne chargea M. Oscar Lenz d'un voyage au Maroc pour l'exploration géologique de la chaîne de l'Atlas. Il fit des excursions aux environs de Tétuan, puis étendit son voyage à l'intérieur, visita Fez, Méquinez, Maroc, et de là, déguisé en médecin major turc, sous le nom de Hakim-Omar-Ben-Ali, il s'enfonça dans le Sahara par l'Ouad-Sous, Taroudant, Tizgui, Tendouf et Araouan[2]. M. Lenz ne voya-

---

1. Dans une lettre publiée par le *Bulletin de la Société de géographie* (2me trimestre 1882), M. Bax, chirurgien de marine en retraite, raconte qu'il eut l'occasion de voir Caillé à son passage à Gorée en 1825. Il était déguisé en Maure, couvert du manteau du pèlerin musulman, accroupi dans un angle de la cour d'une maison, dans la posture des mendiants fanatiques. L'hôtesse de Caillé le fit connaître à M. Bax ; tous deux eurent en secret des entrevues. M. Bax lui fit don de douze doses de sulfate de quinine, fébrifuge d'origine toute nouvelle alors. M. Bax fait remarquer que les Anglais de ce temps avaient promis 40000 livres sterling à l'Européen qui, le premier, entrerait à Timbouktou. Non seulement cette récompense ne fut pas accordée à notre compatriote, mais on insinua en Angleterre que Caillé était un imposteur qui s'était procuré les papiers du major Laing. M. Bax retrouva en 1829, à Paris, René Caillé, de retour de Timbouktou : pour vivre, il avait dû accepter un modeste emploi dans un ministère.
2. Un rabbin, originaire du Maroc, Mardochée Aby Serour, né à Akka, ville du Draa, qui avait parcouru le Maghreb, visité l'Orient, professé plusieurs années l'hébreu à Alger, et s'était avancé dans le désert jusqu'à In-Calah, résolut avec son frère de pénétrer dans Timbouktou en 1866. Ils partirent montés sur des chameaux et munis d'une pacotille qu'ils se proposaient d'échanger au Soudan. Grâce à leur connaissance du Coran, à l'abandon de la moitié de leurs marchandises, ils purent entrer dans la ville, mais ils souffrirent mille avanies, furent mis aux fers, et n'échappèrent à la mort que grâce à l'appui de deux Arabes qui les firent évader. Sans se décourager, Mardochée vint solliciter du sultan du

geait que la nuit, de six heures du soir à sept heures du matin, et faisait halte tout le jour. La température s'éleva en moyenne de 35 à 40 degrés; on était au mois de juin. Le 1ᵉʳ juillet 1880, le voyageur entrait à Timbouktou.

» Cette ville n'est plus aujourd'hui que l'ombre de ce qu'elle a dû être jadis. Avant d'y pénétrer, on passe une large ceinture de terrains déserts, où des ruines de vieilles murailles, permettent de juger de l'étendue du Timbouktou d'autrefois. J'estime que le nombre des habitants ne dépasse pas 20 000, mais à l'époque de l'arrivée des caravanes, ce chiffre s'accroît de celui de la population flottante. Les habitants sont ou des Arabes ou des nègres Sonrhaï, parmi lesquels se trouvent mêlés des indigènes de presque toutes les parties de l'Afrique. Il n'y a pas de roi ou de sultan à Timbouktou; cette ville n'est qu'une agglomération de maisons et de tentes, un entrepôt des marchandises du nord et des produits du sud. Un maire (kahia), l'administre; ses fonctions sont héréditaires dans la grande famille des Râmi.

» Actuellement, ni l'industrie, ni le commerce ne prospèrent à Timbouktou. C'est une conséquence des guerres interminables qui ont sévi entre les Touâreg au nord, et les Foulbé du Masina au sud. Pendant mon séjour à Timbouktou, la guerre menaçait de se rallumer. Les esclaves forment toujours le principal article dans les exportations; on les tire des pays Bambara, et on les expédie sur le Maroc, sur Tunis et sur Tripoli. Aux esclaves viennent s'ajouter des plumes d'autruche, un peu de gomme arabique, de l'ivoire et de l'or en très petite quantité. Quand aux articles d'importation, ce sont : le sel de la mine de Taodeni, des cotonnades teintes en bleu, du corail, du sucre, du thé, de la farine, etc.

---

pays, la permission de rentrer à Timbouktou, l'obtint, et y reparut escorté de quatre autres juifs, ses parents, avec de nouvelles marchandises, à la grande colère des négociants marocains, irrités de cette concurrence inattendue. Malheureusement, le rabbin commit la maladresse de vouloir se soustraire aux droits exorbitants qu'exigent les caravanes. Ses marchandises furent pillées par les brigands du Maroc et du Soudan, sans qu'il pût obtenir justice. A son retour, il vint à Paris, et fournit à la Société de géographie d'intéressants renseignements sur les objets que le commerce français pourrait écouler vers le Soudan.

» L'unité de monnaie est le mithgâl d'or qui équivaut maintenant à Timbouktou à 11 ou 12 francs; mais on règle aussi de nombreuses transactions avec les coquillages appelés *kaouri*. Généralement on me changeait une pièce de cinq francs pour 4500 kaouris, et lorsque, par exemple, on fait un achat de la valeur de cinquante francs, on est forcé de compter réellement quarante-cinq mille kaouris[1]. Un pareil système n'est praticable que dans les contrées où la valeur du temps est inconnue. Il y a plusieurs écoles à Timbouktou, et même des bibliothèques, ou plutôt des collections de manuscrits. Journellement, nous recevions dans notre maison la visite des savants, qui engageaient avec mon interprète des discussions sans fin dont le Coran formait le sujet. Ainsi que je l'ai dit tout à l'heure, je voyageais comme un médecin turc. Les classes élevées de la population de Timbouktou ne peuvent pas avoir cru que je fusse un musulman, mais on feignait d'ignorer, ou bien même on approuvait mon idée de voyager sous ce masque. Tous les jours je donnais des consultations médicales qui devinrent pour moi un ennui presque intolérable. La plupart des malades avaient des affections des yeux, mais on m'amena aussi des blessés et des personnes atteintes de maladies des organes intérieurs. Il est très difficile de donner des soins à ces clients-là, car si le médicament avait des suites fâcheuses, on ne manquerait pas de rendre le médecin responsable. Je me bornais presque toujours à administrer des remèdes inoffensifs, principalement des sels anglais.

C'est un fait géographique connu que Timbouktou n'est pas situé sur le Niger, mais bien à une petite journée de marche plus au nord. Dans l'intérieur même de la ville, se trouvent

---

1. « Le *cauri* est une coquille univalve des mers de l'Inde, servant de monnaie » sur la rive droite du Niger, depuis ses sources jusqu'à Timbouktou. Sa valeur » est d'environ 3 à 5 francs d'argent les 5000 ou plutôt les 4000, car le système » de numération a 8 pour base, ce qui fait qu'on compte 80 pour 100, 800 pour » 1000, 8000 pour 10000, etc. Les indigènes comptent par 5 cauris à la fois, qu'ils » ramassent avec une dextérité et une promptitude tout à fait remarquables; » quand ils ont seize tas de cinq, ils font un gros tas de quatre-vingts, qu'ils » appellent cent. Quand ils ont cinq de ces tas, ils les réunissent encore, en font » cinq autres, réunissent le tout, c'est mille. » (GALLIÉNI, *Mission dans le haut Niger*.)

de petits étangs, ou *dhâya*, qui communiquent avec le Niger pendant la saison des pluies. L'eau de ces étangs est remarquablement croupie, mais elle n'est pas malsaine. Pendant les dix-huit jours que nous passâmes à Timbouktou, nous eûmes plusieurs forts orages, accompagnés de pluies abondantes.

» Il est très digne de remarque que les Arabes de Timbouktou appellent le Niger, Nil. Les anciennes traditions des auteurs grecs et latins se sont conservées jusqu'à nos jours et, comme le Niger de Timbouktou coule à l'est, c'est-à-dire dans la direction de l'Egypte et du Nil, on persiste à croire aujourd'hui que le Nil et le Niger sont identiquement le même cours d'eau. Je n'ai pas éprouvé la moindre difficulté à Timbouktou; tout au contraire, on nous y témoigna beaucoup de respect et, le 17 juillet 1880, jour de notre départ, plusieurs milliers d'individus nous firent la conduite. Le grand chef touareg Fandagoumu lui-même, entouré d'un cortège d'apparat, vint en personne nous faire ses adieux. »

Oscar LENZ,<br>
*Voyage du Maroc au Sénégal.*<br>
(Bulletin de la Société de géographie, mars 1881.)

Le docteur Lenz atteignit Basikounnou après soixante-dix jours de marche, fut attaqué par une bande de cavaliers des Oulâd Alouch qui pillèrent ses tentes, traversa Sokolo et Goumbou, grande ville de 30 000 habitants, et entra dans le Kaarta, sur les terres du sultan Ahmadou. A Nioro, on lui prit ses derniers bagages, à titre de *cadeau*; il partit de Kouniakary le 31 octobre et arriva le 2 novembre à Médine, qui était alors encore le poste français le plus avancé sur le haut Sénégal. Il y revit après onze mois de voyage « le premier Européen bien élevé » dans la personne de l'officier français qui commandait ce poste, et qui lui fit l'accueil le plus cordial.

### Les forêts du Soudan; l'arbre à beurre.

« Les forêts couvrent la région dans toutes les parties qui ne sont pas
» cultivées ou occupées par des hauteurs, généralement dépourvues de
» végétation. S'il existe des plateaux arides et dénudés, on rencontre aussi
» de très belles forêts d'arbres de hautes futaies, notamment dans les so-
» litudes du Natiaga, du Barinta, du Bétéadougou et du Manding. Là, sur
» de grandes étendues de terrain, le sol est couvert d'une végétation exces-
» sivement touffue, dont les détritus ont formé une sorte de terreau très
» fertile, gras, profond, d'une ressource et d'une fécondité étonnante.»

(Galliéni). Ces essences forestières sont très variées : parmi les principales espèces, M. Galliéni cite le *nérétou*, le *citronnier*, le *berre*, le *dimb*, le *dingoutou*, le *tiamanoï*, etc., dont les fruits ou les grains fournissent une nourriture excellente ; — le *gonatier*, la *cailcédrat*, le *khor*, le *ronier*, propres aux constructions de navires et aux charpentes de toutes natures ; — le *rhat*, bois de teinture ; — le *baobab*, le *dondoul*, le *tamarinier* qui servent, par leurs fruits ou leurs feuilles à la fabrication de boissons alcooliques ou rafraîchissantes ; le *fromager*, arbre énorme utilisé pour la confection des pilons et des mortiers ; — le *khel* et le *doubalet* sorte de fleur dont l'immense ombrage peut abriter une caravane entière ; — des *acacias* et des *gommiers* de plusieurs espèces ; et enfin, le plus précieux peut-être de tous ces arbres soudaniens, le *karité* ou arbre à beurre (Bassia Parkii) qui mérite une mention spéciale comme produit commercial d'un avenir immense, dès que la voie de communication projetée aura dépassé Bafoulabé. « Le karité est très
» commun dans la vallée du haut Niger et dans celle du Bakhoy et du Baoulé,
» on en rencontre d'immenses forêts dans le Fouladougou, le Manding et le
» Guéniékalari ; c'est un bel arbre à feuilles oblongues et frisées ; son fruit
» est de la grosseur d'une noix ordinaire, enveloppé d'une coque assez mince,
» recouverte d'une chair savoureuse et excellente au goût. La noix, de forme
» ovoïde, présente une chair blanche compacte, servant à la confection du
» beurre végétal. La récolte commence à la fin de mai et finit aux derniers
» jours de septembre. Les femmes, les enfants vont alors journellement dans
» la forêt, surtout après les fréquents orages ou tornades de l'hivernage et
» rapportent au village de grands paniers ou calebasses, remplis des fruits
» que le vent a fait tomber. On les verse dans de grands trous cylindriques
» creusés çà et là dans les villages indigènes, au milieu même des rues et
» des places. Dans ces trous, les fruits perdent leur chair qui pourrit, on les y
» laisse généralement plusieurs mois, souvent même pendant toute la saison
» de l'hivernage. Les noix sont ensuite placées dans une sorte de four vertical
» en terre d'argile, disposé dans l'intérieur des cases. Elles sont ainsi séchées
» au feu et même légèrement grillées. Dès qu'elles sont bien sèches, on casse
» les enveloppes, on écrase la chair blanche intérieure, de manière à en
» former une pâte homogène. On la met dans l'eau froide et, après l'avoir
» battue vivement, on la tasse et l'enveloppe, pour la conserver, dans des
» feuilles d'arbre. Toutes ces opérations, très longues avec les moyens rudi-
» mentaires des nègres, se font ordinairement pendant la saison sèche. Le
» beurre de karité est d'un usage constant parmi les populations bambaras et
» malinkés du haut Sénégal et du haut Niger ; il sert pour la cuisine, pour
» les grossières lampes du pays, pour la préparation du savon, pour le pan-
» sement des plaies, etc. Les Diulas en exportent une petite quantité vers les
» rivières du sud, surtout vers les rivières anglaises. Nous croyons que ce
» produit pourrait trouver un large emploi en Europe, non moins que l'ara-
» chide dont nos bâtiments transportent de si gros chargements dans nos
» ports de Marseille et Bordeaux. Il pourrait, croyons-nous, servir non seu-
» lement à la confection des savons, mais encore à celle des bougies. Tou-
» jours est-il qu'il existe, sur les deux rives du Niger, d'immenses forêts de
» karités, qui n'attendent qu'une exploitation facile et commode pour être
» mises en œuvre et fournir un objet d'échange, peut-être plus précieux
» encore que l'arachide. » Commandant GALLIÉNI, *Mission dans le haut Niger et à Ségou*. (Bulletin de la Société de géographie, 4ᵉ trimestre 1883.)

## Le kola africain.

« Parmi les végétaux dont le sol africain, jusqu'ici avare envers la vieille Europe civilisée, nous promet la conquête et une assimilation prochaine, il n'en est peut-être pas de plus intéressant et de plus précieux que celui qui sous les noms de : kola, gourou, ombéné, nangoué, kokkorokou, est consommé dans toute l'étendue de l'Afrique tropicale équatoriale à l'égal du thé, du café, du maté et de la coca, dont il tient la place auprès des peuplades indigènes de ce continent.

» ..... Le *kola acuminata* est un bel arbre de 10 à 20 mètres de haut, ayant le port et l'aspect de notre châtaignier, dont il dépasse de beaucoup la taille. Son tronc est cylindrique, droit, à écorce épaisse, grisâtre, fendillée quand le végétal est adulte. Ses rameaux sont serrés, cylindriques, lisses et pendants au point de toucher jusqu'à terre, ce qui facilite beaucoup la récolte des fruits.

» Le kola commence à donner une récolte vers l'âge de quatre ou cinq ans, mais elle est peu abondante ; c'est seulement vers l'âge de dix ans que l'arbre est en plein rapport. Alors un seul pied peut donner dans une année moyenne 120 livres anglaises ($44^{Kgr},760$) de graine par récolte. Il y a deux récoltes et une floraison à peu près continuelle à partir de l'âge adulte (dix ans), si bien que ce grand arbre donne en même temps des fleurs et des fruits. La floraison de juin porte les gousses en octobre et novembre, celle de décembre et novembre, aux mois de mai et de juin. Quand les fruits sont mûrs, ils prennent une couleur jaune brunâtre ; à ce moment ils commencent à s'ouvrir et montrent leurs graines rouges ou blanches dans la même coque. C'est alors que s'opère la récolte.

» Cette opération se pratique avec de grandes précautions de la part des nègres ou mieux des négresses, car ce sont les femmes qui, sur toute la côte, se livrent principalement à ce genre de commerce. On enlève les graines à leurs gousses, et on les dépouille de leur enveloppe. Il importe pour leur conserver toute leur valeur commerciale auprès des nègres africains, qui en sont les seuls consommateurs jusqu'ici, de maintenir ces graines à l'état frais. Le seul procédé de conservation qui soit employé fructueusement consiste à en faire un assortiment soigneux en rejetant tous les kolas endommagés ou piqués par les vers, puis à les placer dans de grands paniers spéciaux au pays, faits d'écorces d'arbres, et tapissés à l'intérieur avec des feuilles de bab. On forme, avec les kolas, un dôme au-dessus du panier ainsi parfaitement rempli, et on recouvre le tout de la même feuille de bab, qui, par son épaisseur, sa résistance et ses dimensions ne contribue pas peu à cette conservation, en préservant les noix de kola fraîches du contact de l'air sec. Dans cet état, on peut expédier les paniers très loin. Leur contenu supporte très bien, sans moisir, des voyages d'un mois environ durant lesquels il n'est pas nécessaire de le soumettre à une manipulation quelconque pour le conserver frais. Il suffit de maintenir la feuille de bab à l'état humide. C'est ainsi que j'ai pu recevoir, à Marseille, venant de Sierra-Leone, des paniers de kola parfaitement frais; ils peuvent même arriver dans cet état jusqu'en Angleterre. Mais quand le kola doit être conservé plus d'un mois, il faut, tous les trente jours au moins, que la manipulation de l'assortiment se fasse à nouveau. On lave alors les graines dans de l'eau fraîche, on remplace les premières feuilles de bab par des nouvelles, et on refait le panier dont la contenance habituelle est de trois mesures, soit trois fois 112 livres anglaises (132 kilogrammes).

» Ainsi emballés, les kolas sont expédiés en Gambie et à Gorée où se fait le commerce principal de ces graines. En Gambie, les traitants les montent dans le haut de la rivière et les vendent, autant que possible à l'état frais, aux caravanes qui descendent de l'intérieur chargées de produits. Dès que les kolas ainsi vendus commencent à se rider et à se dessécher, les marchands de la caravane en achèvent la dessiccation au soleil et les réduisent, par mouture, en une poudre fine qui est encore très recherchée par les peuplades de l'intérieur. Celles-ci, après l'avoir mêlée au lait et au miel, en forment un breuvage alimentaire et excitant très agréable. C'est sous cet état de poudre que le kola continue généralement son voyage au cœur de l'Afrique. Cependant, il arrive le plus souvent à l'état frais à Sokoto et à Kouka (Soudan), et même à Timbouktou où se tiennent de grands marchés de cette graine. De Sokoto ou de Kouka, les caravanes le dirigent ensuite sur Tripoli où il est vendu à l'état sec et très cher. De Timbouktou, il est emporté, en remontant par le Niger, jusque dans le Maroc, à Fez et à Méquinez. Au centre de l'Afrique, ce sont surtout les peuplades riveraines du Niger qui le consomment à l'état sec et en poudre.

» Le kola est l'excitant par excellence chez les nègres, et, à ce titre, comme le café chez les Orientaux, il est servi à tout propos. Dans les tribus où le kola n'est pas spontané, aucune transaction, de quelque nature qu'elle soit, ne peut se faire sans que ses graines interviennent, soit comme cadeau, soit pour être mâchées séance tenante [1]. S'agit-il d'une alliance entre tribus? Les chefs échangent des kolas blancs, cette couleur étant chez les Africains, comme peuples civilisés, le signe de la paix et de la bienvenue. Au contraire, faut-il déclarer la guerre? on donne à l'ennemi des kolas rouges. Toute demande en mariage est accompagnée de l'envoi d'un kola blanc fait par le prétendant à la mère de la jeune fille. Si la réponse est envoyée sous forme d'un kola de même couleur, c'est que la jeune fille est libre; s'il est rouge, c'est un refus.... Telle est la valeur accordée à ce produit que, dans l'intérieur, l'offre de quelques-unes de ces noix, ou même d'une seule, est considérée comme une grande politesse, et lorsqu'elle est faite par un chef à un voyageur blanc, elle prend le caractère d'une assurance de bienvenue, d'amitié et de protection, à la condition que la couleur en soit blanche. Dans l'ordre religieux et judiciaire l'importance du rôle du

---

1. M. Galliéni a pu constater au Soudan l'importance commerciale de la noix de kola. « Nous avions fini par rechercher beaucoup ces fruits, dit-il, et nous les mangions en route pendant nos longues étapes de nuit. »

kola n'est pas moindre. Tous les serments se prêtent sur ces graines, le nègre étend la main sur elles, jure, et les mange ensuite.

» Le féticheur compte ou feint de compter spécialement sur l'attrait de cette précieuse graine comme sur une offrande propre à apaiser le courroux du mauvais dieu de la terre, et il l'exige pour éloigner la maladie et l'infortune, assurer le bonheur et une moisson abondante. A la mort d'un ami, l'ami place pieusement quelques kolas sur son corps pour lui permettre sans doute de *faire le voyage ;* aucune route un peu longue n'est entreprise, en effet, par un Africain sans une provision de ces graines, qui peuvent dispenser le voyageur de toute autre nourriture. Enfin, pour clore cette nomenclature des croyances et des superstitions qui entourent le kola, disons que les mahométans n'hésitent pas à affirmer aux croyants que c'est un fruit d'origine divine apporté par le prophète lui-même. »

Edouard HECKEL,
*Des kolas africains.*

(Bulletin de la Société de géographie de Marseille, avril-juin 1883.)

## Les fourmis et les termites du Soudan.

« Dans aucun des pays du Soudan que je visitai, je ne rencontrai d'effroyables multitudes de vers et d'insectes comme au Baghirmi. Il s'y trouve des myriades de grands vers noirs, nommés *hallou ouendi*, longs comme les plus grandes chenilles, mais beaucoup plus gros, qui dévorent une partie considérable des produits du sol. Un autre insecte plus petit, mais non moins vorace, est le *koundjoungdjoudou*, scarabée jaune, long de un demi-pouce environ, dont les pauvres habitants se vengent de la même manière que d'autres le font des sauterelles, c'est-à-dire en le mangeant lorsqu'il est devenu gros à leurs dépens. Un autre fléau, ce sont les fourmis noires et blanches, contre lesquelles j'eus moi-même à soutenir une lutte aussi vaine qu'acharnée. Ayant vu que ces voraces insectes menaçaient de détruire complètement mon lit, je le posai sur plusieurs pieux solides et très élevés ; mais il ne fallut qu'une couple de jours à l'ennemi pour prendre également cette position, après avoir rongé deux fortes nattes tressées du jonc le plus grossier, dévoré une grande partie de mon tapis turc et détruit plusieurs autres objets. Ce ne fut qu'avec la plus grande peine du monde que je parvins, pendant la suite de mon séjour au Baghirmi, à préserver d'une destruction complète tout ce que je possédais, car leur avidité et leur faculté destructrice semblent augmenter au commencement de la saison des pluies, qui approchait rapidement alors[1]. » Docteur BARTH, *Voyages et découvertes dans l'Afrique septentrionale et centrale*, traduction de M. Ithier, tome III, chapitre II, p. 99. (Paris, 4 volumes in-4°, Didot, 1863.)

Le docteur Nachtigal mentionne également le fléau des termites et des fourmis qui sont, dit-il, le cauchemar éternel du voyageur dans le Baghirmi, les uns hors des villes, les autres dans les maisons.

« Parmi les termites, il y a surtout deux espèces qui étonnent par leur façon de travailler. La plus répandue est un névroptère, de taille moyenne, au corps blanc ou grisâtre, à tête brune, qui exécute de grandes constructions mesurant parfois une hauteur de trois à cinq mètres. La construction consiste en un ensemble de cônes et de pyramides irrégulièrement juxtaposés et communiquant les uns aux autres; à l'intérieur, se trouve ménagé un labyrinthe de corridors et d'excavations. Une autre sorte de termite plus grosse et de couleur brunâtre se bâtit de petites coupoles, des dômes, n'excédant pas quelques pieds de hauteur, et qui, dans leur coupe transversale, présentent une sorte de crible analogue à une éponge. Cette dernière espèce, qu'on ne voit guère de jour, travaille en revanche la nuit avec une activité inouïe. Veut-on camper en plein air, on commence, si on en a le loisir, par regarder avec soin s'il ne se trouve pas de termites à la place choisie, et, alors même qu'il n'y en a pas trace, on dispose, s'il est possible, tout autour du campement, de petits tas de bois ou certains branchages que l'insecte ne peut sentir. Faute de prendre cette pré-

---

1. Ailleurs (t. II, ch. IV), le docteur Barth écrit : « La proximité du fleuve
» Bénoué me fut révélée d'abord par un grand nombre de fourmilières, d'une
» élévation et d'une étendue telles qu'elles n'en atteignent que dans le voisinage
» des rivières. Au lieu d'affecter, comme ailleurs, la forme de petits édifices de
» style gothique, elles consistaient ici en éminences pyramidées, hautes de trente
» pieds et d'un diamètre allant jusqu'au double. Ces fourmilières étaient placées
» en rangées parallèles et évidemment reliées entre elles par des couloirs souter-
» rains, formant ainsi des chaînes de construction systématiques. »

caution, on s'expose souvent à voir, en une seule nuit, les caisses et les boîtes gravement avariées, et il arrive même qu'en une demi-heure le sac usuel en peau de chameau, se trouve percé de part en part. » (*Du Bornou au Baghirmi, Tour du Monde*, 2ᵐᵉ semestre 1880, page 371.)

### Le lac Tchad ou Tsad.

Le lac Tsad a été exploré par Denham, Richardson et Barth; Overweg en a traversé l'archipel en canot, Vogel a passé une année entière sur ses bords, Rohlfs l'a visité, Nachtigal en a parcouru le littoral du nord et du sud. Le nom de Tsad, en langue kanouri, a le sens de grand amas d'eau. Le lac est à 278 mètres d'altitude : il reçoit les eaux du Bornou, du Baghirmi, de l'Ouadaï du sud, d'une partie du Darfour. « C'est une vasque plate, dit Nachtigal, aux rebords très irréguliers et formant des berges plus ou moins inclinées. » Sa superficie est d'environ 27 000 kilomètres carrés, à peu près l'étendue de la Sicile. » Cette surface n'est pas toute en eau ; un tiers en est pris par de nombreuses îles formant archipel et essaimant surtout dans la partie orientale. A l'ouest même, la nappe liquide est loin de se présenter d'ensemble : presque partout le regard s'y heurte à des traînées d'îlots nus ou garnis de végétation, ou bien se perd sur des marécages couverts de roseaux. » Le lac est alimenté par le *komodougou* ou fleuve Yéou, à l'ouest (long de 600 kilom., large de 80 à son embouchure), par le Mboulou, le Gambarou et surtout par le Chari, au sud, auquel Nachtigal donne 800 mètres de largeur à 70 kilomètres de son embouchure et une vitesse d'un mètre à la seconde. Le lac Tsad est un lac d'eau douce : cette Caspienne africaine, dont les rives et îles sont riches en natron et en sel, ne devient jamais salée. L'archipel intérieur est peuplé de Bouddouma, ou Yedina, peuple formé de tribus diverses qui ont fui devant les invasions ; la plus peuplée des îles compte à peine 1000 habitants ; plusieurs sont inhabitées ; les insulaires sont environ 12 ou 15000. Quelques-uns sont cultivateurs : la plupart vivent du produit de leurs bestiaux. Ils sont en majorité musulmans.

« Le lac Tsad n'a pas une eau pure et belle ; son apparence est marécageuse, et ses rives sont infectées de moustiques, véritable fléau pour les hommes et les chevaux. Je suis obligé de dormir près du lac dans une hutte de chaume toute remplie de fumée, car il me faut y entretenir du feu la nuit entière pour chasser ces insectes. Kouka, située à sept milles anglais à l'ouest du lac, a moins de cousins, mais les mouches y sont innombrables ; il est vrai que la nature paraît avoir pourvu à la destruction de ces diptères par l'existence de deux petites espèces de lézards, qui courent par milliers sur les murs avec une incroyable rapidité, et dévorent les insectes avec une extrême promptitude. Les arbres sont couverts de caméléons. Les scarabées et les papillons sont fort rares ; je n'ai pu me procurer que deux espèces des premiers ; et, parmi les derniers, je n'en ai récueilli que dix ou douze, dont une seule grande. En revanche, les fourmis et les termites sont innombrables; ces insectes dévorent toutes les étoffes, si l'on n'a pas la précaution de les fermer avec le plus grand soin. Ils ont malheureusement pénétré dans un paquet de plantes du désert dont j'avais fait une collection, et les ont anéanties. Il y a enfin une grande quantité de serpents venimeux et de scorpions, ainsi que de crapauds, dont plusieurs ont quatre ou cinq pouces de diamètre. Les éléphants et les hippopotames sont très communs vers le lac ; j'ai souvent vu ensemble vingt ou trente de ces derniers pachydermes. Les lions et les léopards sont plus rares ; je n'ai pas vu de lions, mais j'ai entendu leurs rugissements, et j'ai rencontré tout récemment un beau type de léopard. J'allais le tirer à trente ou quarante pas, lorsqu'il m'aperçut et se sauva dans un impénétrable fourré d'acacias. Les sangliers sont très nombreux et se creusent des terriers dans les bois. Il y a aussi beaucoup d'antilopes et particulièrement de gazelles. Les buffles sauvages fréquentent les bords marécageux du lac, et sont très recherchés pour leur chair et leur peau ; mais la chasse en est dangereuse. Un buffle que j'avais blessé avec une balle, revint sur nous tout à coup, attaqua mon monde qui déjà se félicitait de la victoire, tua deux chevaux et blessa un de mes hommes très grièvement ; un autre, que nous rencontrâmes sur la route, à environ cinquante milles de là, se jeta à travers la caravane, et, voyant sa marche arrêtée par la longue file des chameaux, se précipita sur l'un d'eux, le renversa, et le blessa si dangereusement que nous fûmes obligés d'abattre ce pauvre animal le lendemain.

« Les dames noires de ce pays arrangent leurs cheveux en tresses innombrables, employant pour cela une quantité incroyable de beurre, et elles rassemblent le tout au milieu de la tête, au moyen d'un peigne, ce qui donne à leur coif-

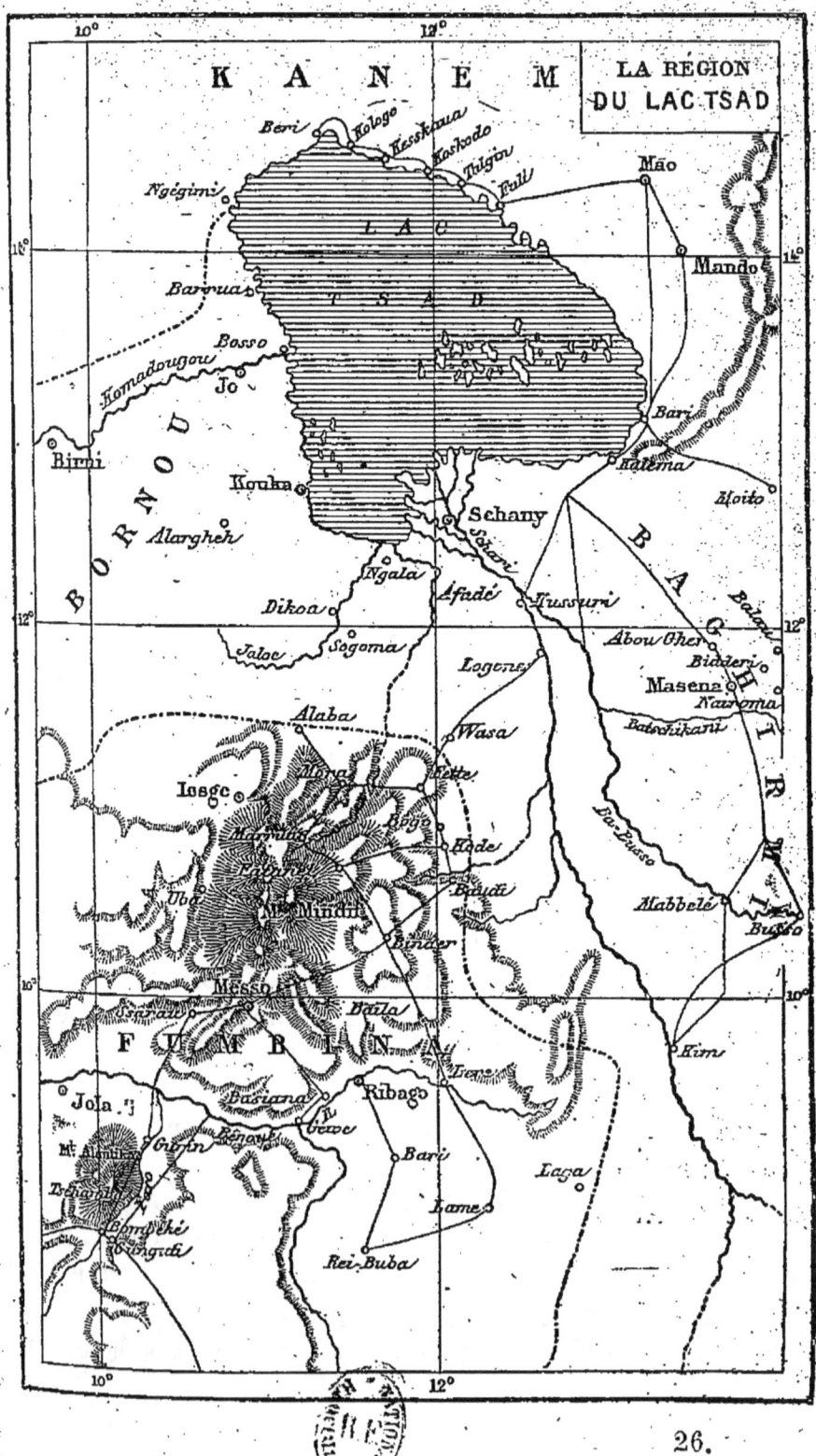

LA RÉGION DU LAC TSAD

fure l'apparence d'un casque de dragon. Quelquefois elles disposent leur chevelure en petites boucles autour de la tête, de manière à imiter assez bien la forme, la dimension et même, par suite de la graisse qu'elles y mettent, la consistance de nos copeaux de menuiserie[1]. Elles peignent leurs dents de devant en rouge, leurs dents canines en noir; en sorte que leur bouche ouverte offre presque l'aspect d'un échiquier. Elles se teignent le corps, et jusqu'aux bras et à la figure, avec de l'indigo, et offrent ainsi dans tout leur être, une teinte bleue très extraordinaire. »   Docteur VOGEL,
*Lettre sur l'histoire naturelle de l'Afrique centale*,
traduite de l'anglais, par M. Cortambert.
(*Bulletin de la Société de géographie de Paris*, juillet 1854.)

### Kouka, capitale du Bornou.

« L'ancienne Kouka ayant été détruite, il y a une trentaine d'années, par Mohammed Cherif, roi de l'Ouadaï, le cheik Omar l'a fait reconstruire en deux moitiés séparées, l'une, la ville de l'Est, habitée par lui et ses fonctionnaires; l'autre, la ville de l'Ouest, affectée surtout au menu peuple et aux étrangers. Ce n'est que du côté nord que la banlieue a un aspect désert; encore, près de la porte qui s'ouvre dans cette direction, le chemin présente-t-il une bordure de hameaux et de maisons champêtres qu'enveloppent des bosquets tout grouillants d'oiseaux. Vers les autres points cardinaux, la nature offre les attraits les plus riants. Le sol, sous une couche superficielle de sable, recèle de l'argile, puis une terre sablonneuse mêlée de calcaire, au delà de laquelle on rencontre l'eau à 12 ou 16 mètres de profondeur.

» Des deux villes dont Kouka se compose, la plus grande est celle de l'ouest, qui forme une sorte de quadrilatère de deux kilomètres environ de côté, avec une porte au milieu

---

1. « Les coiffures sont très variées : tantôt les cheveux sont relevés en forme » de cimier de casque, comme chez les Khassonkaises, tantôt ils sont réunis en » tresses et ornés d'anneaux d'or et de verroteries, comme chez les Peules. » (GALLIÉNI, *Mission dans le haut Niger*, p. 506.)

de chaque face. Elle est séparée en deux moitiés, nord et sud, par la principale artère commerçante (*dendal*), à l'extrémité de laquelle est la place du marché (*dourriâ*). Les maisons en bordure, basses et de peu d'apparence, occupent souvent en revanche une énorme surface. Au tiers du Dendal, en se dirigeant vers l'est, se trouve un élargissement de la voie, où s'élèvent, d'un côté, confinant à une mosquée, la résidence du cheik dans ce quartier de la ville, et, de l'autre, l'habitation de mon hôte Ahmed-Ben-Brahim. En dehors de cette chaussée centrale, il n'existe que peu de voies régulières. Les nombreuses artères de négoce sont plutôt des sentiers tortueux, un fouillis de maisons campées au hasard, qui ne laissent pas toutefois que d'avoir leur charme aux yeux de l'étranger.

» La ville de l'Est, séparée de l'autre par un espace de terrain d'un kilomètre environ d'étendue, que sillonnent plusieurs larges chemins le long desquels essaiment des groupes désordonnés de maisons, offre à peu près le même caractère ; elle est seulement un peu plus étirée en longueur, et a six portes; deux à l'ouest, deux à l'est, et deux au midi. Le dendal, beaucoup plus large, au lieu de traverser toute la ville, se termine, aux deux tiers à peu près de son développement, par le palais du roi et la mosquée qui lui fait face. Les habitations, la plupart en terre, avec des murs nus et gris manquant de fenêtres, ont une monotonie que corrige cependant çà et là quelque gauchissement de la rue, qui va s'évidant tout à coup pour laisser place soit à une ample ficoïde à la verdure sombre, soit à un kourna élancé, soit à un gigantesque calebassier ou à un hedjilidj branchu.

» La vie publique se concentre principalement sur le dendal; la place du Marché qui est à l'un des bouts de cette artère, est le rendez-vous de la partie affairée de la population, tandis que l'extrémité opposée, où est le palais, attire surtout les oisifs, les ambitieux, les spéculateurs. C'était pour moi une distraction toujours nouvelle que de me promener à cheval par cette voie, tant la foule y était variée et intéressante, sans parler des scènes curieuses d'intérieur que, du haut de ma selle, je découvrais à droite et à gauche. Là défilent, devant l'étranger, tous les types de la population bornouane, depuis le kanouri ou le kânemma aisé, à pied ou à cheval, qui plie sous le poids d'un accoutrement que ne justifie guère la température locale, et dont l'ampleur prodigieuse lui donne l'air d'une machine colossale, jusqu'au vieux noble, représentant de l'ancienne aristocratie, qui chemine, tout de blanc vêtu, la tête rasée, portant à la main le lourd bâton à pomme en forme d'olive, qui est son attribut historique et traditionnel. A côté, voici le marchand tripolitain, qui chevauche fièrement, en costume arabe, et le rouge tarbouch sur le chef; voici également l'habitant du désert, reconnaissable au *litham* qui lui enveloppe le nez et la bouche. Puis, ce sont des femmes et des jeunes filles désœuvrées qui flânent par la rue, drapées dans le châle bornouan, dont une longue traîne balaie le sol entre leurs deux pieds, ou portant une chemisette blanche ou bleue, à broderies de soie. Un appendice d'argent en forme de demi-lune couronne les innombrables et courtes nattes de leur chevelure, et un petit morceau d'isil leur agrémente l'aile droite du nez.

» Parmi les coquettes et les oisifs va et vient le menu peuple des travailleurs. Les fontaines, entourées d'une clôture d'épines, sont assiégées par des groupes babillards de femmes et de jeunes filles qui, tout en échangeant des nouvelles, remplissent leurs grandes cruches d'argile, pour les remporter ensuite sur leurs têtes. Et il faut voir avec quelle vigueur et quelle adresse des fillettes de dix à douze ans balancent parfois une charge de vingt litres ! Regardez aussi ces esclaves, vêtus tout bonnement d'un tablier de cuir, travailler, sous l'œil d'un architecte ou d'un surveillant, à la réparation ou à la construction d'une maison. Mais, qu'aperçois-je ici sous le vestibule d'une habitation? C'est un instituteur primaire (*Magarendi*) qui a installé céans son école, et s'égosille à inculquer à ses élèves les versets du saint livre. Ailleurs, c'est un lettré qui, lisant à demi-voix des feuillets jaunis, tout en tournant machinalement les grains d'un rosaire entre ses doigts, travaille du même coup à son instruction et à son salut, ou bien s'en va arpentant les rues, sans interrompre ses exercices, avec l'ostentation d'un Pharisien. Ici c'est un atelier de teinturerie, tout retentissant des bruits de foulage et de martelage; là, c'est une officine de forgeron; plus loin, devant cette porte, voici une fileuse étirant à la main le coton blanchi que le tisserand retravaillera à sa mode, et dont le tailleur ou « homme de l'aiguille » (Librâma) confectionnera ensuite des *tobes*; plus loin encore, voici un nattier qui besogne, sous son vestibule, au milieu des faisceaux de branchage et d'écorce, teints en rouge, en jaune ou en noir, que son art utilise.

» En un endroit bien sec de la rue, une marchande a improvisé au moyen d'une natte sur quatre bâtons une échoppe où elle vend des pois, des dattes, des gâteaux, du miel; autant en a fait le peaussier, pour débiter les produits de son travail. Enfin, par la porte ouverte d'une cour, nous pouvons en passant jeter un coup d'œil sur le train d'un atelier de menuiserie, ou, au bord d'une glaisière, près de laquelle il a installé sa demeure, voir un potier façonner ses pots.

» Tous ces artisans travaillent sur place et à domicile. Ce barbier parcourt la ville, en jouant de la flûte, pour prévenir les chalands. Qui a besoin de lui le convie à entrer; au besoin, il exerce son métier en plein air. Accroupi au milieu de la rue, il vous rase hommes et femmes agenouillés devant lui, taillade, selon les règles de l'art, les nécessiteux, et, par surcroît, applique des ventouses. Ajoutez les laitières, qui cheminent, leur vase sur la tête, criant leur denrée d'une voix inintelligible, comme font en tout pays les laitières : *kiâm! kiâm! kiâm kili* (lait frais)! *Foula* (beurre frais)! Et ces maquignons, qui s'en vont caracolant par les rues, de manière à bien faire valoir leurs bêtes! Et les petites caravanes de chevaux de bât, d'ânes et de bœufs, qui défilent portant des poissons secs du lac Tsad, des noix de gouro, des vêtements et cuirs de Kano, des tobes teintes, du sel, du natron, ou des objets manufacturés de la capitale à destination des provinces bornouanes! Et les troupes de chameaux, appartenant aux gros bonnets de la ville, qui s'en reviennent de la campagne, chargés des céréales de leurs maîtres ! Et les députations des tribus et des diverses localités du Bornou, qui affluent vers le palais du cheik, pour verser leurs prestations en nature ! Et, enfin, au coucher du soleil, les audiences données en plein vent par les grands, qui, entourés de leurs clients, de leurs hommes de service, de leurs esclaves, disent en commun, avec tout ce monde, et *coram populo,* la prière du soir !

» Ce n'est qu'à l'heure du souper que chacun rentre dans sa maison : puis, un peu plus tard, la jeunesse se rassemble par les rues et les places pour danser, chanter, et il est rare que ce concert monotone, accompagné de battements de mains rythmées, cesse avant minuit.

» Ce qui fait ombre à ce tableau joyeux de la vie quotidienne à Kouka, c'est le nombre incroyable d'aveugles, demi-nus, presque mourants de faim, qui encombrent la voie, en sollicitant d'une voix criarde la pitié des passants, ou qui, par files de dix et plus, sous la conduite du plus expert, s'en vont tâtonnant à la queue leu leu au travers des rues les plus fréquentées, en hurlant leurs malheurs sur un mode plaintif. Une autre plaie de la chaussée, ce sont les écoliers mendiants, qui, venus de tous les pays voisins pour étudier dans la capitale du Bornou, cherchent à se procurer leur pain quotidien. Leurs visées, en fait de science, ne sont pas de haut vol. Dès qu'ils sont capables de lire le Coran d'un bout à l'autre, ils retournent chez eux, en qualité de Moallemins ou de Foukahas, réclamer le respect des leurs, pour le privilège qu'ils ont désormais de savoir déchiffrer tant bien que mal une lettre, et la provision de formules médicatrices et de talismans protecteurs qu'ils rapportent avec eux.

» Tous ces étudiants ont le même costume et les mêmes attributs : une peau d'hyène, de léopard ou de chèvre, qui, nouée sur une épaule ou une hanche, ne couvre que tout juste leur nudité ; dans une main, un long bâton avec une calebasse où ils mettent les dons gracieux auxquels ils ont droit : dans l'autre main, ou pendues au flanc gauche par un cordon, des tablettes de bois, avec un encrier de terre ou un petit flacon dans lequel est fichée une plume grossière. Quelques-uns sont logés dans les vestibules des notables, nourris et instruits avec les fils de la maison ; d'autres sont réduits à mendier ou à gagner leur subsistance en s'acquittant, le jour, de menus services. Dans ce cas, la nuit seule leur reste pour étudier. Il va sans dire qu'avec un tel genre de vie beaucoup atteignent un âge respectable avant d'avoir terminé leurs « cours » ; quelques-uns même, après avoir mendié tout petits, continuent de mendier en cheveux blancs : ceux-là forment, parmi les étudiants de Kouka, ce que nous appellerions le clan des « vieux de la vieille. » D<sup>r</sup> Gustave NACHTIGAL,

*Sahara et Soudan*, traduction de Jules Gourdault, avec illustrations et carte, tome I<sup>er</sup>, chapitre III, p. 323.

(Paris, 1883, in-8°, Hachette.)

**Le docteur Nachtigal dans le Baghirmi.** — Ayant remis au cheik Omar, sultan du Bornou, les présents du roi de Prusse, M. Nachtigal résolut de gagner l'Ouadaï ; mais on lui apprit que le roi de ce pays était en guerre avec l'Etat de Baghirmi, et il dut ajourner son projet. En attendant, il visita avec une caravane d'Arabes de la tribu des Ouled-Soliman le Kanem et le Borkou, au printemps de 1871, et pendant neuf mois il mena « une existence misérable au milieu de cette tribu de malandrins. »

En 1872, il partit pour le Baghirmi, où régnait le sultan Mohammedou. Le cheik Omar lui remit des lettres de recommandation pour son vassal le roi de Logone, avec ordre d'ouvrir au voyageur et à son escorte la route du Baghirmi par son territoire. Marouf, c'était le nom du vassal, n'accueillit le docteur qu'avec défiance et terreur en sa triple qualité de chrétien, d'étranger et d'Européen, malgré les cadeaux qu'il apportait. Il lui fit attendre plusieurs jours une audience, et après l'avoir accordée, il s'efforça de le retenir dans sa capitale. L'explorateur profita de ces retards pour étudier les usages, les mœurs et la manière de vivre des Logoniens, et il a donné de leur pays populeux et fertile, arrosé par un beau fleuve large de 250 mètres, couvert de belles forêts, une description précise et saisissante. En dépit de toutes les objurgations et prédictions sinistres de Marouf, M. Nachtigal franchit le Logone et atteignit le Chari à Miskin. Les habitants le prirent pour un ambassadeur du grand seigneur de Stamboul, qui venait rétablir sur son trône Mohammedou renversé naguère par l'usurpateur Abd-er-Rhaman, allié du sultan du Ouadaï. Il remonta le Chari, large de 250 à 300 mètres en cet endroit, et encaissé à l'ouest par des berges hautes de 10 mètres, traversa des villages déserts ou ruinés : la guerre civile avait passé là, et les habitants réfugiés dans les îlots du fleuve mouraient presque de faim au cœur de la région la plus opulente de l'Afrique centrale [1].

Enfin le voyageur arriva au camp du *Mbang* ou chef suprême fugitif, dans le pays de Somray. Mohammedou, satisfait des présents du chrétien, poudre, fusils, étoffes, noix de Gouro, flatté surtout par ses discours élogieux, lui promit sa protection, lui fit l'honneur de se montrer revêtu de son burnous blanc « piqué des vers, » et lui donna le spectacle d'une revue militaire. Mohammedou s'occupait alors à dépêcher partout des émissaires pour amener les localités rebelles à se soumettre sans combat, et parfois, entre deux négociations infructueuses, il dirigeait contre les villages ennemis des attaques sanglantes, suivies de razzias et d'incendies. Le docteur Nachtigal fut souvent, malgré lui, le témoin oculaire, navré et impuissant de ces hideuses scènes de carnage; en voici quelques épisodes extraits de ses récits.

### Scènes de guerre civile : un siège aérien.

« Près de Broto se trouvait une localité dont les habitants s'étaient réfugiés sur des cotonniers [2], et qui refusaient de prêter l'oreille aux belles paroles des Baghirmiens. Le jour même de mon arrivée, le roi m'avait fait appeler pour me demander ce qu'il convenait de faire contre ces émigrés en l'air. J'avoue que d'abord je ne m'expliquais pas cette impuissance à l'égard de gens qui étaient simplement montés sur des arbres; mais je ne tardai pas à avoir le mot de l'énigme. La bourgade en question, qui s'appelait Kimré, était à une demi-journée au sud-est. Une expédition décisive fut entreprise contre cette population réfractaire. Après quatre heures de marche environ, nous atteignîmes la forêt de Kimré. Des colonnes de fumée s'en élevaient çà et là, en manière de signaux d'alarme. Les huttes du village essai-

---

1. Le docteur Barth avait déjà visité le Baghirmi, séjourné à Logone et à Masena, exploré le fleuve Chari, et vanté la luxuriante végétation de toute cette contrée dévastée par la traite, épuisée par le caprice de ses tyrans et les horreurs de la guerre civile. (V. son récit, au tome III, chap. II et III.)

2. « Le cotonnier, arbre d'une ampleur grandiose, s'élance généralement droit, et pousse de puissants rameaux presque horizontaux, dont le feuillage s'harmonise bien avec son bois. Il doit son nom à son fruit fusiforme, long d'un pied, dont la coque jaunâtre et rugueuse s'ouvre à l'époque de la maturité comme le fruit du gossampin, et laisse voir un contenu blanc, duveté, luisant, à la façon de la soie et à brin court. Cette matière cotonneuse sert, dans les états d'Haoussa, au Bornou, au Baghirmi, dans l'Ouadaï et le Darfour, à rembourrer coussins et matelas; elle fournit aussi une ouate excellente pour les cottes de guerre, que l'on pique à la façon de nos courtes-pointes. » (*Texte de l'auteur.*)

maient au loin, sous le couvert protecteur d'une futaie magnifique, qui faisait de cette contrée une des plus belles que j'eusse jamais vues. Les maisons, la plupart coquettes, avec des fenils exhaussés sur un soubassement de terre, étaient depuis longtemps désertées, et le feu en avait détruit un grand nombre. Leurs propriétaires vivaient, je l'ai dit, juchés sur des cotonniers, lesquels, par leur taille et leur branchage, ressemblaient à de vraies citadelles. Ce n'était qu'à la hauteur de 4 ou 5 mètres que le tronc massif de ces arbres projetait ses premiers rameaux ; ceux-ci étaient encore trop près du sol pour servir de refuge ; mais à l'étage immédiatement supérieur, c'est-à-dire à quelques mètres plus haut, c'était différent : là, sur deux branches géantes presque horizontales, et reliées à l'aide de traverses, on pouvait établir de solides entrelacs de paille, installer sur cette base une petite cabane, ou bien en faire un lieu de refuge pour les chèvres ou les chiens, et dans ce cas, placer plus haut, contre le tronc, en manière de hune, une forte plate-forme en clayonnage, capable de recevoir un ou plusieurs hommes.

» Dans la petite hutte se trouvaient tous les ustensiles de ménage nécessaires, le grand mortier à piler le grain et la cruche de terre à contenir l'eau ; sur la hune on resserrait les armes. Parfois même, à l'étage encore supérieur, était improvisé un logis semblable, de sorte que plusieurs familles habitaient le même arbre, chacune ayant avec elle ses petits objets mobiliers et même son menu bétail, si celui-ci n'était pas trop nombreux. La nuit, quand ils croyaient n'avoir rien à craindre, ces gens descendaient de leurs perchoirs, à l'aide d'échelles de cordes, pour aller s'approvisionner d'eau et chercher du grain à la masse cachée par eux, soit en terre, soit dans des fourrés presque inaccessibles. Du haut de leur refuge, ils lançaient d'abord, le cas échéant, sur l'ennemi qui se présentait au-dessous d'eux, leurs flèches de roseau habituelles, engins assez inoffensifs, aiguisés à un bout, comme nos plumes à écrire, et alourdis à l'autre par une masse d'argile fuselée ; ce n'était que lorsque l'adversaire s'offrait d'une manière sûre à leurs coups qu'ils avaient recours à leurs javelots; enfin l'assaillant faisait-il mine de grimper à l'arbre, la lance entrait en jeu à son tour.

» Notre troupe, à nous, se composait de toute la cavalerie de Mohammedou, quatre-vingts chevaux environ, d'une douzaine d'esclaves armés de fusils, de cinq cents Baghirmiens munis de javelots et de lances, auxquels s'ajoutaient les auxiliaires païens (Brotos, Bouas, Ndames, Toummoks), en tout deux mille hommes.

» Une fois dans la forêt, ces gens, se couvrant de boucliers, de morceaux de nattes, ou de fragments de clayonnage empruntés aux huttes kimréiennes à demi détruites, commencèrent de faire un branle-bas d'attaque contre les nichées de rebelles. Une centaine de personnes au plus se mirent contre un arbre; mais nul n'avait le courage d'en tenter l'escalade. Quant à scier les troncs, on manquait pour cela d'outils, et les armes dont on disposait n'étaient guère efficaces contre les indigènes domiciliés dans leurs hauts branchages. On avait bien quelques fusils ; mais les esclaves qui en étaient porteurs ne savaient ni épauler, ni ajuster, ni tirer au but. Au moyen de longues perches, où étaient fixés des fascicules de paille enflammée, on essaya d'incendier plusieurs de ces nids. Mais les assiégés réussissaient toujours, soit à rendre la tentative inutile, soit à éteindre immédiatement le feu.

» A mon grand chagrin, l'honneur de la journée revint à mes gens, qui, à l'aide de ma poudre et de mon plomb, abattirent ces pauvres gens ainsi que des moineaux, si bien que beaucoup d'entre eux se virent contraints de mettre pied à terre. Alors commença une véritable chasse à l'homme. On eût dit des traqueurs s'éparpillant sous bois, chacun à la poursuite de sa pièce de gibier : de combat il n'y en eut pas l'ombre. Mes deux serviteurs, qui à tout autre égard étaient de braves gens, n'avaient aucun scrupule de descendre ces *Kirdis* (païens) comme de simples perdrix : que dis-je, ils s'en faisaient même un point d'honneur ; tant il est vrai que le fanatisme religieux excelle à transformer l'homme en brute! Pour moi, sur qui les Baghirmiens avaient fondé en secret de si belles espérances, je ne gagnai à cette expédition que le renom de n'être bon à rien.

» ..... Je me souviens que sur le premier tronc ainsi investi se tenait un jeune homme de haute taille, qui, se couvrant de son bouclier, et encouragé par les cris des femmes qui étaient avec lui, décochait contre nous ses traits inoffensifs, puis, après chaque coup, s'effaçait derrière sa gabionnade en osier, ou bien, se dressant triomphalement et à découvert de toute sa hauteur, serrait le poing d'un air de défi en menaçant les agresseurs. Ce fut une des premières victimes. Un second indigène, qui se trouvait dans le branchage, atteint à son tour, se cramponna un instant aux rameaux, puis vint s'abattre sur le sol d'une hauteur de 20 mètres. Incontinent toute la meute fondit sur lui, et, en un clin d'œil, il fut littéralement dépecé. Un troisième, blessé aussi, se réfugia avec les siens à l'étage supérieur du cotonnier, en laissant couler de longs filets de sang du tronc jusqu'à terre. Ce malheureux était le dernier habitant adulte de l'arbre. Aussi les assiégeants, pris d'un accès de bravoure, se décidèrent-ils à faire l'escalade. Un instant après, chiens, poules, chèvres, tout dégringolait; le blessé était également jeté en bas pour qu'on l'achevât, et femmes et enfants étaient violemment tirés de leur refuge; pas un cri, pas une plainte ne sortit des lèvres de ces malheureux, qui se laissèrent lier en faisceau, pour s'en aller en esclavage, l'âme brisée par la mort des leurs et l'anéantissement de leur liberté. Le cotonnier dont on eut le plus de peine à faire la conquête était occupé par un homme seul, qui, renonçant à toute espérance, avait commencé par se réfugier dans sa hutte. Celle-ci ayant pris feu, il se retira vers la cime de l'arbre, laissant ainsi les assiégeants libres de grimper à l'échelle flottante. Enfin il fut blessé et tomba. Immédiatement on le mit en pièces. Mais à ce moment on aperçut deux jeunes garçons, à peine adolescents, qui battaient en retraite à leur tour vers les hauteurs extrêmes du cotonnier. Ils restèrent là jusqu'à ce que les vainqueurs vinssent à eux : puis, sitôt que ceux-ci approchèrent, avec l'héroïsme du désespoir, ils se précipitèrent en bas. La mort leur avait paru préférable à la servitude. En les voyant rouler de branche en branche, je ne pus m'empêcher de fermer les yeux devant l'horreur de ce spectacle ; une minute après, les deux pauvrets n'étaient plus que des masses informes gisant à nos pieds, la tête coupée, et les entrailles arrachées du corps.

» On découvrit enfin l'arbre où était posté le chef du village. Il était juché avec deux femmes et quatre petits enfants au point d'intersection de trois grosses branches, et de là, il décochait ses traits. Tout ce qui nous restait de poudre et de plomb fut employé contre cet arbre. L'homme finit par être atteint sur sa hune, de sorte qu'il dut se replier plus haut, et laisser les assiégeants s'avancer de leur côté d'un étage. Le blessé, qui avait deux femmes et quatre enfants à traîner avec lui au milieu des coups de fusil qu'on tirait d'en bas, déploya dans ce mouvement de retraite un sang-froid et une intrépidité incroyables. Les marmots étaient si petits que ce ne fut que l'un après l'autre, et la mère aidant, qu'ils purent être amenés à la cime du tronc. Pendant ce temps, le chef, à grand renfort de projectiles et de coups de lance, défendait la position. Heureusement pour ce brave, que les Baghirmiens vinrent à manquer de poudre et de plomb, et que nos gens, satisfaits d'une série de succès auxquels ils n'étaient pas accoutumés, prirent le parti de se retirer. Il était midi quand on fit trêve à cette chasse, qui n'avait été, Dieu merci, que toute partielle, pour retourner à Broto, où l'on arriva vers le soir. Résultat de l'expédition, une cinquantaine de captifs. Quant aux gens de Kimré, on leur avait détruit leurs foyers, mais on ne les avait pas soumis. Ils en furent quittes pour se replier vers Kariatou, bourgade située un peu plus loin au sud-ouest, et entourée d'un rempart de terre. »

Docteur G. NACHTIGAL,<br>
*Voyage du Bornou au Baghirmi*, traduit sur le<br>
manuscrit par M. Jules Gourdault.<br>
(*Tour du Monde*, 1880, 2me semestre, p. 391-394, Hachette.)

Le docteur Nachtigal fut réduit à assister à d'autres expéditions du même genre, où, malgré son rôle passif, il courut parfois les plus grands dangers. Quand vint la saison des pluies, le sultan du Baghirmi se dirigea vers le nord, traînant à la suite de son armée le butin de ses razzias, des troupeaux de bêtes et des troupeaux d'esclaves.

### Les esclaves dans le Baghirmi.

« Notre camp était rempli d'une quantité toujours croissante d'esclaves qu'il fallait, coûte que coûte, nourrir, et dont la valeur marchande diminuait au fur et à mesure que leur nombre augmentait. Les sujets d'un âge avancé ne représentaient pas plus de trois thalers Marie-Thérèse (15 francs) au marché de Kouka; les vieilles femmes, plus aptes au travail et généralement plus gouvernables que les hommes, atteignaient le prix de cinq thalers; les jeunes filles étaient plus chères; quant aux petits enfants, dont beaucoup semblaient à peine capables de marcher, on les donnait presque pour rien, vu le manque de véhicules de transport; un garçon de six à huit ans, par exemple, s'acquérait moyennant une chemise baghirmienne ou bornouane de qualité ordinaire, tarifée un thaler à Kouka[1].

» Cette agglomération d'individus sur un petit espace, où non seulement ils n'avaient point de vivres, mais où ils restaient sans aucun abri, exposés aux rayons du soleil, et, pour surcroît, aux pluies tropicales, en une saison où ces malheureux avaient l'habitude, dans leurs huttes solides et proprettes, d'entretenir un feu permanent, pour se garantir de l'humidité, tout cela et surtout le chagrin de la patrie et de la famille perdues, la mélancolique perspective de la servitude, et l'idée d'un pénible voyage vers un but inconnu, amenèrent parmi eux des maladies qui les décimèrent d'une

---

1. « La plupart des esclaves exposés sur le marché de Kouka proviennent des » contrées païennes, situées au sud du Soudan. L'article qui se débite le mieux, ce » sont les *sedâsis*, sujet mesurant six empans de haut, de la cheville du pied à la » pointe de l'oreille, et ayant de douze à quinze ans d'âge. Leur prix détermine » tout le cours de la marchandise, de sorte que lorsqu'un trafiquant étranger veut » connaître la valeur vénale des esclaves d'un pays, il se borne à demander : » Combien le *sedâsi* ! et de la réponse, il déduit l'échelle entière des tarifs. » (*Texte de l'auteur.*)

façon terrible. Sitôt qu'un de ces pauvrets était mort, on se contentait de le tirer par les pieds hors du périmètre du camp, et de le laisser là, à la merci des intempéries et des animaux de la forêt. Aussi l'air, tout autour de nous, était-il empesté. Une moitié des esclaves était malade, et l'autre moitié mourait de faim. Beaucoup de nos compagnons m'assurèrent même que, depuis des semaines, on n'avait pu donner pour toute nourriture quotidienne à ces malheureux qu'un peu de bouillie, et je n'avais pas de peine à le croire, car moi-même, à plusieurs reprises, j'avais dû diminuer les rations de mon monde.

» ..... Bien que Kouka soit au nord-ouest de Goundi, nous prîmes d'abord un peu à l'est, pour éviter les terrains marécageux situés plus à gauche, et profiter du chemin sablonneux qui côtoie le Chari. Bientôt les habitations éparses disparurent pour faire place à des bourgs fermés, dont les demeures entourées de cultures alternaient avec des bois et des prés. A midi, le premier jour, nous étions au village de Voulik; là les forces manquèrent à un certain nombre d'esclaves de la caravane; ni coups de bâton, ni coups de fouet à lanière en peau d'hippopotame, ne purent les faire avancer plus loin : il fallut les abandonner sur place. J'étais presque tenté de m'en réjouir tout bas pour ces pauvres êtres, à qui, de la sorte, il restait peut-être une chance d'en revenir, tandis qu'en continuant de marcher, ils eussent été assurés de périr.

» Comme je faisais part de ce sentiment à mon domestique marocain Hamou, celui-ci se moqua de mon ignorance, et m'éclaira en me disant (ici je sens trébucher ma plume!) que ces infortunés étaient autant de victimes que l'on allait incontinent tuer sur place pour l'avertissement de leurs camarades. Je pouvais et j'osais à peine y croire, je savais bien que les caravanes d'esclaves qui se rendaient au nord, venant du Bornou, étaient obligées très souvent, vu l'insuffisance de chameaux de transport par cette route, d'abandonner sur le sol aride du désert ceux de leurs membres dont les forces défaillaient, et que ces délaissés succombaient alors désespérément aux tortures de la faim, de la soif, et sous les rayons torrides du soleil; mais que, de sang-froid, comme on ferait d'une chèvre, ou d'une poule, un homme égorgeât, achevât son semblable, cela ne pouvait m'entrer dans l'esprit, et pourtant c'était la vérité pure.

» Quand, malgré les coups de gourdin, un esclave mâle ou femelle ne pouvait décidément plus avancer, et se laissait choir d'un air résigné, sans que nulle violence le remît sur pied, son maître, le plus décemment du monde, restait alors un peu en arrière, puis, tirant tranquillement son couteau, il coupait la gorge au traînard, et lui ouvrait les artères. La première fois que je fus témoin de cette horrible exécution, ce fut par le fait du Bornouan que le cheik Omar, au départ de Kouka, m'avait donné comme escorte officielle; j'arrivai juste au moment où cet homme, qui du reste n'était point méchant, essuyait son coutelas ensanglanté, en constatant mélancoliquement cette chose regrettable, qu'avec ces païens, gens sans foi ni loi, il n'y a absolument rien à gagner et qu'ils vous glissent sans cesse dans les mains! Par la suite, j'en devais voir bien d'autres, car ces scènes se renouvelaient presque journellement, et je ne sais rien de plus cruel que l'obligation d'assister, sans mot dire, à de pareils spectacles[1]. »   D<sup>r</sup> G. NACHTIGAL, *Voyage du Bornou*, etc.
(*Tour du Monde*, 1880, 2<sup>e</sup> semestre, p. 391-394, Hachette.)

---

[1]. L'esclavage s'exerce ouvertement dans toutes les contrées du haut Niger, particulièrement dans le Ouassoulou. Pendant son excursion dans le Birgo et le Manding, en 1880, M. le lieutenant Valière rencontra une caravane de captifs, conduite par un chef Diula. « Les malheureux captifs, comprenant surtout des » femmes et des enfants, se traînaient péniblement, attachés les uns aux autres, » tandis que deux ou trois indigènes, qui semblaient les domestiques du Diula, » couraient le long du convoi, frappant avec de longs fouets les pauvres gens » qu'ils étaient chargés de conduire. » Les habitants de ces contrées se font, sans distinction de nationalité, une guerre perpétuelle, dont le seul objet est de s'enlever des femmes, des jeunes hommes et des enfants pour aller les vendre dans les marchés du bas Niger ou du Sahara. « Ces moyens de s'enrichir sont si bien » entrés dans les mœurs qu'on les voit employés par toutes les classes de la so- » ciété. Les chefs, pour renouveler leurs provisions de fusils et de poudre et » s'acheter de beaux ornements, vendent leurs propres sujets. Lorsque les villages » ont terminé les récoltes, les jeunes gens se réunissent en bandes armées, et » vont chez les voisins chercher *à gagner un peu de bien*. Dans les moments de » disette, les faits deviennent plus monstrueux : ce sont alors les pères de famille » qui conduisent sur les marchés leurs propres enfants. Enfin pour compléter ce » lamentable tableau, le Diula m'avoua avoir acheté l'une des petites filles de sa » caravane à son frère; celui-ci l'avait traîtreusement éloignée de la case pater- » nelle pour la vendre ensuite à vil prix. » (VALIÈRE, *Exploration dans le Birgo et le Manding*, Tour du Monde, 1883, 1<sup>er</sup> semestre.)

## Un épisode de la dernière campagne française au Soudan[2].

« Ce fut le 7 janvier 1883 qu'après trois semaines de séjour à Kita, la petite colonne expéditionnaire chargée de faire flotter pour la première fois le drapeau de la France sur les bords du Niger, se mit en route pour Bamako, où elle devait construire un fort. Il y a près de 300 lieues entre la capitale de notre colonie du Sénégal et Kita, il y en a 50 de Kita à Bamako et au Niger. On n'en était plus à compter ses pas. Le colonel Borgnis-Desbordes, commandant supérieur du haut fleuve, avait dit à son monde : « Cette année, nous irons au Niger. » On y allait.

» Comme l'avaient dit les sages, l'entreprise était aussi périlleuse que malaisée. Un climat funeste à l'Européen, l'anémie, les fièvres, un soleil qui tue, de longues marches sur des plateaux de grès et d'argile, souvent ferrugineux, dont l'ardente chaleur perce au travers des semelles trop minces et cause parfois des brûlures du second degré ; ces plateaux sillonnés de coupures profondes, interrompus par des marigots escarpés et vaseux ; un pays dévasté par des conquérants et sur lequel on ne peut vivre, des chemins qui ne sont que des sentiers mal tracés, où tous les transports doivent se faire à dos d'âne ou de mulet, l'éternel souci des approvisionnements, — que d'obstacles à surmonter, que de hasards à courir ! Ajoutez à la résistance des choses celle des hommes, les fâcheuses et inévitables rencontres, des populations soupçonneuses ou hostiles, qui aiment beaucoup à se servir de leurs fusils à silex, la nécessité de s'expliquer sans cesse avec elles, d'engager avec leurs chefs de fatigants *palabres* ou de recourir malgré soi à la force pour faire entendre raison à leurs entêtements africains. Le colonel lui-même, quand il considérait la poignée d'hommes confiés à sa garde, se prenait à songer au peu de figure qu'elle faisait dans l'immensité du Soudan et aux conséquences fatales du moindre échec. L'Africain n'est pas tendre, il fait mourir dix fois ses prisonniers. Cependant on s'était tiré d'affaire à force de discipline, de vigilance et de gaieté, et, après être allé à Kita on allait à Bamako. Ne perdons pas notre gaieté, elle est la moitié de notre courage.

---

1. Pour l'intelligence de cette lecture, voir au chapitre suivant, *Sénégambie*, la notice historique.

» Le général Faidherbe, ce souverain juge des choses du Sénégal, n'a pas craint de comparer l'expédition hardie de notre colonne aux prouesses de Fernand Cortez, à cela près que Fernand Cortez déshonora sa gloire par ses brigandages et que nos soldats allaient accomplir au Soudan une œuvre de paix et d'humanité. Ils étaient chargés de préparer la construction de la voie commerciale qui reliera notre colonie au centre de l'Afrique, et d'établir à cet effet, du haut Sénégal au Niger, une ligne de postes fortifiés. Leur chef avait l'ordre de s'aboucher avec les populations pour les gagner à nos projets, de conclure avec elles des traités, de leur persuader que le commerce enrichit plus sûrement que la guerre, de protéger les caravanes, de venir en aide aux honnêtes gens qui veulent travailler, de dégoûter de leurs entreprises les larrons et les pillards. C'était à peu près la mission d'un bon gendarme, et, si le métier de gendarme n'est pas toujours commode en Europe, il l'est bien moins encore en Afrique.

» Avant de partir de Kita, le colonel avait envoyé en avant-garde l'un de ses officiers les plus braves et les plus intelligents, M. le capitaine Pietri, accompagné de quelques tirailleurs et d'ouvriers du pays. Le capitaine devait organiser le service des vivres, améliorer les chemins, modifier les rampes d'accès de plus d'un marigot et les rendre praticables à nos petites pièces rayées de montagne. Il était en route depuis trois semaines quand la colonne s'ébranla. Forte d'un demi-bataillon ou de près de cinq cents combattants, elle marchait en file indienne, seul ordre de marche possible en ce pays. Un peloton de spahis, composé de seize blancs et de dix-sept noirs, la précédait en éclaireur, suivi à 100 mètres de distance par les ouvriers auxiliaires d'artillerie. Puis venaient le colonel, son état-major et son clairon, un détachement d'infanterie de marine, la batterie, une compagnie de tirailleurs indigènes commandés par des officiers français, les deux trains de mulets du convoi régimentaire et du convoi général, les mulets de cacolets, les cantines médicales. Une seconde compagnie de tirailleurs formait l'arrière-garde, que suivait le troupeau de bœufs, conduit par les bergers, les boulangers et les bouchers.....

» ..... Le colonel s'était bercé de l'espoir qu'il pourrait traverser le Petit-Bélédougou et atteindre Bamako sans brûler une amorce. Il n'était pas allé au Soudan pour s'y battre, mais pour tenir en respect les batailleurs. A son vif regret, les nouvelles alarmantes qu'il reçut dissipèrent son illusion. Il n'en pouvait plus douter, les Bambaras du Bélédougou se disposaient à lui barrer le passage, il était obligé ou de s'ouvrir un chemin de vive force ou de prévenir l'ennemi en l'attaquant chez lui, et, ce qui l'affligeait davantage, il fallait en découdre avec des gens qui sont nos amis, nos alliés naturels.

» On ne choisit pas toujours ses amis, surtout en Afrique, et ceux que nous avons au Soudan laissent beaucoup à désirer. Le noir est un enfant vaniteux, tapageur et pillard. La guerre lui offre l'occasion désirée de revêtir un costume de couleurs voyantes, de faire beaucoup de bruit, et c'est en se battant avec ses voisins qu'il se procure des captifs. Or, le captif est le capital roulant, le billet de banque du Soudan.

» Ajoutons que leur religion est fort rudimentaire ou plutôt qu'ils n'en ont point. Leurs seuls prêtres sont leurs sorciers; leurs seuls dieux sont leurs fétiches, dont la figure est souvent étrange. Une chose prouve plus que tout le reste combien leur intelligence est bornée, c'est qu'ils n'ont pas même la faculté de l'étonnement, qui est le commencement de la science. Le télégraphe électrique que notre colonne établissait partout sur sa route ne leur faisait point ouvrir de grands yeux, ils écoutaient d'un air insouciant les explications qu'on leur donnait, ils disaient par forme de conclusion : « Eh quoi ! c'est la parole qui marche le long d'un fil. Les blancs savent faire cela. » Ceux d'entre eux qui sont venus à Paris n'y ont rien trouvé d'admirable. Je me trompe : de retour dans leur village, ils ont raconté d'une voix émue qu'un soir ils avaient vu une femme court vêtue, qui galopait en rond, debout sur un cheval. La seule merveille qui eût triomphé de leur indifférence était une écuyère de cirque.

» Cependant il ne faut pas les calomnier. S'ils ont des défauts, ils ont bien leurs qualités. S'ils aiment trop la guerre, ils n'ignorent pas les arts de la paix, et leurs cultures, leurs maisons, leurs outils, font honneur à leur industrie naturelle. Mais, ce qui leur vaut surtout notre bienveillance et ce qui nous attire leur sympathie, c'est que nous avons de communs ennemis. Ainsi que nous, les Bambaras fétichistes ont à se défendre contre les sultans toucouleurs, contre les insolents mépris de ces conquérants musulmans, au cœur superbe et avare, célèbres par leurs massacres, qui ont juré de convertir, le sabre au poing, toute l'Afrique centrale à la loi de l'Islam, contre ces insatiables exploiteurs du Soudan, qui tiennent les peuples à la gorge et dont on a dit que partout où ils avaient passé, le coup de balai était si bien donné, que cinquante ans après, la place était encore nette. En Afrique comme en d'autres endroits, nos alliés naturels sont les vaincus et les opprimés. C'est une glorieuse fatalité qui pèse sur nous.

» Malheureusement les Bambaras fétichistes du Petit-Bélédougou avaient été un peu légers dans leurs procédés à notre égard. Au mois de mai 1880, ils s'étaient permis d'attaquer traîtreusement le commandant Gallieni, chargé par le gouverneur du Sénégal d'une mission toute pacifique, et ils avaient pillé sans vergogne le riche convoi qu'il traînait après lui. Au Soudan, si bienveillant, si débonnaire qu'on soit, il est dangereux de laisser une offense impunie. L'Africain considère le pardon comme un aveu de faiblesse. Le colonel se proposait, en traversant le Bélédougou, de représenter leurs torts aux chefs des villages les plus compromis dans l'attentat contre la mission Gallieni et de leur imposer pour pénitence la restitution du bien volé, accompagné d'une légère amende en mil ou en moutons. Il ne doutait pas que les coupables ne se prêtassent à cet arrangement.

» Il n'en fut rien. Le vieux Naba, chef du bourg fortifié de Daba, avait été le principal instigateur du pillage. Appartenant à une très ancienne famille du pays, ce chef, dont on redoutait à dix lieues à la ronde la main lourde et l'intraitable orgueil, avait dix-sept villages sous son commandement immédiat. Il était resté sourd aux propositions d'accommodement que lui avait fait transmettre le capitaine Pietri. Il entendait nous braver, nous barrer le chemin, nous contraindre à une humiliante retraite. C'était un fâcheux incident. En cas d'échec, tout le pays se fût levé contre nous. En Afrique encore plus qu'ailleurs, l'homme qui recule devant un gros chien a bientôt à ses trousses cent roquets qui lui montrent les dents, échauffés par l'espoir d'une riche et facile curée.

» Le colonel arrivait le 12 janvier au marigot de Boconi, quand il reçut du chef de son avant-garde campé sur le Baoulé une dépêche ainsi conçue : « Daba s'est décidé. Il ne veut pas de nous et se prépare à la guerre. Ses préparatifs prendront au plus trois jours, et, si on ne l'attaque pas, le 15 probablement il sera sur le Baoulé. » Le colonel répondit sur-le-champ : « J'avoue que j'espérais n'avoir pas à recourir aux armes. Si vos renseignements sont exacts, nous nous trouvons en face d'une résistance qui s'étend du Baoulé à Dio. C'est une complication dont je n'avais pas besoin. Quoi qu'il en soit, il n'y a plus qu'à tomber le plus rapidement possible sur le chef de Daba et à faire un exemple qui arrête court toute extension de la révolte. Je n'ai ni les hommes ni les munitions nécessaires pour faire la conquête du Bélédougou village par village. Je hâte ma marche, malgré la fatigue de tous. »

» Le lendemain, la colonne rejoignait l'avant-garde sur les bords du Baoulé, et, quittant la route de Bamako, on faisait une pointe au nord-est pour atteindre Daba en trois étapes. On marchait depuis dix jours, on était las, mais il n'y paraissait point; il n'y avait pas un traînard. En approchant du village, on dut cheminer quelque temps à travers la brousse, dont les herbes étaient si hautes, que les spahis et leurs chevaux y disparaissaient tout entiers. Le 16 janvier, au matin, l'avant-garde déboucha à 130 mètres de Daba. Une fois encore le capitaine Pietri essaye de parlementer. Des coups de fusils lui répondent; le tirailleur qui lui sert d'interprète tombe mortellement blessé. Le peloton exécute quelques feux de salve, se replie en bon ordre et attend la colonne.

» Contrairement à l'usage général au Soudan de bâtir les villages dans des fonds, Daba est situé sur un léger renflement de terrain, et le regard n'y pouvait plonger. Ce qu'on en voyait n'était pas rassurant. Le bourg était entouré de toutes parts d'un vaste *tata* en quadrilatère, c'est-à-dire d'une de ces murailles d'argile construites successivement par assises horizontales de 15 à 20 centimètres de haut, qu'on laisse sécher durant vingt-quatre heures avant de continuer l'ouvrage. Le mur de défense de Daba avait plus d'un mètre d'épaisseur. Les maisons, également en argile, ne laissaient paraître que leurs toits, mais on pouvait s'assurer qu'elles étaient couvertes en terre et non en paille, qu'il n'y avait aucune chance de les incendier. Plus tard on s'apercevra que chacune de ces maisons est une vraie casemate, environnée de petits *tatas* qui se relient les uns aux autres avec des flanquements, ne laissant pour la circulation que des ruelles étroites, tortueuses, qu'enfilent les feux de nombreux redans crénelés.

» Se croyant invincibles derrière leurs murs et méprisant notre petit nombre, les défenseurs s'apprêtaient à résister bravement. Ils avaient accompli toutes les cérémonies qui accompagnent une déclaration de guerre et dans lesquelles le rôle principal est rempli par leurs *griots*. Les *griots* du Soudan sont de singuliers personnages. A la fois parasites de cour, bouffons, musiciens, poètes, ils jouissent d'un grand crédit auprès des chefs de villages ou de royaumes, qui les caressent, les adulent, les enrichissent et les méprisent. Ils vivent des cadeaux qu'ils reçoivent, des contributions qu'ils prélèvent sur l'humaine vanité. Moyennant rémunération, ils se chargent de faire votre éloge, de publier votre gloire dans tout le Soudan. Ils ont leur tarif, et, en vendant leurs hyperboles, ils ne font jamais de rabais; il faut y mettre le prix. Si vous donnez beaucoup, vous êtes un grand homme et vos aïeux furent au moins des rois; si vous donnez peu, vous n'êtes qu'un homme ordinaire; si vous ne donnez rien, vous êtes un drôle et peut-être avez-vous tué votre père. Ils gagnent beaucoup à ce métier, qui n'est pas absolument inconnu en Europe; mais ils n'y gagnent pas la considération, et, après leur mort, on a soin de les enterrer à part. Toutefois, dans certaines circonstances, leur rôle grandit, ces parasites se transforment en troubadours, leur musique souffle dans les cœurs une folie de colère et d'espérance. Durant toute la nuit qui précède un combat, ils racontent avec emphase les exploits des ancêtres, en s'accompagnant de leur bruyant tam-tam, et, quand le jour paraît, ils entonnent des chants de guerre qui apprennent à mépriser la mort. Ceux de Daba n'avaient pas perdu leurs peines, ils avaient su chauffer leur monde. Dans tous les temps, la jactance fut un vice africain. Les Bambaras croyaient déjà tenir la victoire. Debout sur leurs murailles, ils invectivaient nos soldats, leur prédisaient une fuite honteuse.

» Le colonel avait pris position sur un terrain découvert à l'est du village et rangé sa petite troupe en bataille à 250 mètres du *tata*. L'artillerie reçut l'ordre de désorganiser la défense en couvrant Daba de projectiles. Avant qu'elle commençât le feu, on entendait les chants aigus et perçants des *griots*, qui s'époumonnaient comme des coqs. A la première détonation, leur voix trembla et ils baissèrent la note; après la seconde, il se fit un grand silence. Les Bambaras étaient émus, mais ils ne faiblissaient pas. Les ouvertures que pratiquaient nos artilleurs dans leurs murailles leur servaient de meurtrières; chaque fois qu'un obus avait fait son trou, on y voyait paraître un visage noir et le canon d'un fusil. Nos quatre petites pièces de montagne concentrèrent leur tir, et bientôt une brèche de 9 à 10 mètres fut ouverte dans le *tata*. A dix heures un quart, on forma la colonne d'assaut. En ce moment solennel et critique, le colonel avisa sur sa gauche, en arrière de la ligne de bataille, une troupe d'irréguliers qui lui avaient offert leurs services, et que commandait Mary Ciré, prince de la famille royale du Kaarta. Les chefs, tous à cheval, la tête enturbannée, le visage à demi caché sous un voile qui ne laissait apercevoir que le nez et les yeux, le fusil haut, reposant sur l'arçon de la selle, avaient une attitude imposante et martiale. Derrière eux se tenaient en bon ordre et l'arme au pied leurs fantassins, heureux de montrer à des Français leurs sabres à fourreau ornementé, leurs splendides *boubous* de guerre, l'abondance de leurs gris-gris. Mary Ciré était l'homme des conseils hasardeux, téméraires; rien ne lui semblait ni difficile ni dangereux; c'était un vrai casse-cou, je veux dire qu'il encourageait volontiers les autres à se casser le cou. Pour le mettre à l'épreuve ou pour lui donner une leçon, le colonel lui dépêcha un lieutenant de son état-major, qui lui dit : « Mary Ciré, le colonel te fait demander si toi et tes guerriers vous êtes assez braves pour donner l'assaut, auquel cas il te fait le grand honneur de vous permettre de marcher les premiers. » Le bouillant Mary Ciré ne prit pas le temps de la réflexion et il répondit avec une franchise tout africaine : « Va dire au colonel que nous ne sommes pas assez braves. » On assure que de ce jour Mary Ciré est devenu plus circonspect dans ses conseils et qu'on le désoblige en lui parlant de Daba.

» Cependant la colonne d'assaut s'était mise en mouvement; les tirailleurs marchaient en tête, l'infanterie de marine les soutenait. Le capitaine Combes, qui a pris le commandement, s'introduit le premier par la brèche avec l'audace tranquille d'un homme qui ne croit pas au danger, et par miracle il ne reçoit pas une égratignure. Les défenseurs, écartés un instant par nos obus, se reportent en avant, ils ouvrent un feu meurtrier, qui ralentit l'attaque sans l'arrêter. On pénètre au cœur du village, on s'y établit. Mais chaque case est comme une petite citadelle, qu'il faut prendre d'assaut. Malgré l'intensité de la fusillade et la grêle de balles qui sifflaient autour de lui, le capitaine Combes, aujourd'hui chef de bataillon, écrivait au colonel de petits billets pour le tenir au courant de ce qui se passait, et la netteté de son écriture témoignait de son parfait sang-froid. Quelques hommes grimpent sur les terrasses les plus élevées et font feu sur les points où se concentre la résistance. A son tour, la 3ᵉ compagnie d'infanterie entre en action, et le colonel ne garde en réserve auprès de lui qu'une compagnie de tirailleurs et les canonniers ouvriers. De ruelle en ruelle, de maison en maison, on arrive au bout du village. A midi, le *tata* était complètement occupé, Daba était à nous.

» Les Bambaras avaient justifié leur vieille réputation de vaillance, et nos pertes étaient cruelles. La guerre des rues fait hésiter les courages les plus résolus; pour enlever leurs soldats, capitaines et lieutenants avaient dû s'exposer beaucoup. On les avait vus marchant, le sabre haut, à plusieurs pas en avant de la troupe. Nos tirailleurs, très éprouvés, avaient eu leurs quatre officiers blessés, dont l'un, M. Picard, ne survécut que quelques heures. La 41e compagnie d'infanterie avait perdu un sous-officier, et le cinquième de son effectif était hors de combat. Les pertes de l'ennemi étaient plus importantes par la qualité que par le nombre. Au premier coup de canon, les captifs s'étaient enfuis, mais les hommes libres avaient fait leur devoir jusqu'au bout. Le vieux chef Naba, dont l'orgueil entêté était une vertu autant qu'un défaut, avait vendu chèrement sa vie. Avec lui périrent vingt-trois membres de sa famille. L'un de ses frères, sorti sain et sauf de cette sanglante bagarre, disait plus tard au colonel : « Nous étions résolus à nous défendre longtemps, nos dispositions étaient bien prises, mais il n'y a rien à faire avec toi, tu ne mets qu'une demi-journée à tout casser. »

» Quelques heures plus tard, quand on fit l'inventaire des maigres richesses que renfermait le village et parmi lesquelles figuraient quatre fétiches semblables à des trompettes de Jéricho, dieux impuissants qui n'avaient pas sauvé Daba, le colonel fut bien étonné de voir sortir d'une cachette où un Bambara l'avait précieusement serrée, — quoi donc? — une poupée rose et blonde, une charmante et authentique poupée de Paris dans toute la fraîcheur de ses grâces. Comment cette poupée se trouvait-elle là? Par quelle aventure était-elle arrivée à Daba? On n'a pu éclaircir ce mystère. Elle était peut-être en voie de passer fétiche, elle a dû en vouloir à nos soldats de l'avoir enlevée si brusquement à ses hautes destinées[1].

---

1. M. le lieutenant Valière, arrivant à Sibi, dans le Manding, par une journée brûlante, chercha un abri contre le soleil sous l'ombre opaque d'un magnifique fromager à la porte du village. L'arbre était sacré, et cachait un fétiche, aussi l'acte sacrilège du blanc mit-il en émoi toute la population qui célébrait alors le *komou*, fête religieuse qui précède les semailles. « Les Mandingues comme les » Bambaras du haut Niger sont fétichistes, écrit-il dans sa relation; chaque vil- » lage a dans son voisinage un bouquet d'arbres vénérés où l'on ne peut péné- » trer que par un étroit sentier embarrassé de branches épineuses. Là, dans

» Un jour que le colonel racontait ces divers incidents que je vous raconte à mon tour, je lui demandai ce qu'il avait fait du corps du vieux chef Naba, qui me semblait une façon de héros, quoique un peu voleur, et s'il lui avait rendu les honneurs militaires. Le colonel devint pensif et fit un aveu qui lui coûtait. Dieu me garde de rien dire de désagréable à nos chers et illustres confrères de l'Académie des sciences! Mais ils reconnaîtront eux-mêmes que la curiosité des savants ne respecte rien. Un docteur intrépide, attaché à l'expédition du Soudan, eut la bonne fortune de découvrir le cadavre de Naba. Sa tête lui parut si remarquable, si intéressante, qu'il conçut aussitôt le projet d'en faire hommage à la Société d'anthropologie de Paris. Il la coupa clandestinement, la prépara, l'enveloppa de serviettes, l'enfouit au fond d'un panier couvert. Comme il tenait beaucoup à ce qu'on ne sût pas ce qu'il y avait dans son panier, il imagina d'en confier la garde à un prisonnier aveugle, à qui il n'avait pas besoin de recommander la discrétion. Par malheur, cet aveugle y voyait assez pour se conduire. Ne doutant pas que le mystérieux panier ne contînt un trésor, il profita de la première occasion pour déguerpir avec son butin. On ne l'a plus revu; personne ne saura jamais ce qu'ont bien pu devenir et la tête du vieux chef Naba et le faux aveugle qui la portait. Dans cette histoire, je vois une tête coupée et deux hommes volés; c'est ce qui en fait la moralité.

» Après avoir donné tous ses soins à ses blessés, dont les uns furent transportés à dos de mulet, les autres dans des litières, le colonel mobilisa trois petites colonnes pour parcourir tout le pays environnant et recevoir la soumission des villages. Les officiers ne rencontrèrent nulle part de résistance. Le colonel, que rien ne retenait plus dans le Bélédougou, se disposa à poursuivre sa marche sur Bamako et le Niger. A quelques jours de là, nos

---

» l'ombre et le mystère, se tient le dieu terrible, maître des destinées du village
» et de ses habitants. Le village ne doit jamais se hasarder dans une entreprise
» sans consulter ses volontés. S'agit-il de faire la guerre? On immole dans le
» temple quelque jeune chèvre dont le sang est répandu sur les pierres consa-
» crées, et à certains signes, le sacrificateur reconnaît les décisions du fétiche. On
» marche alors au combat avec confiance ou l'on renonce à toute attaque. De
» même, à l'époque des semailles, on sacrifie au dieu pour obtenir la bonne ger-
» mination du grain; ensuite vient la fête qui doit assurer la maturité complète
» des récoltes, et enfin, les greniers étant bien remplis, une nouvelle visite au
» bois sacré vient donner l'assurance que les ennemis n'auront aucune part des
» moissons de l'année. L'influence de cet être tout puissant s'étend également sur
» les simples particuliers, et les jeunes filles désirant un bon mari n'hésitent pas
» à aller déposer à l'entrée du temple des œufs, une poignée de mil ou toute
» autre offrande agréable au grand dispensateur de tous biens. »

soldats pouvaient enfin contempler le grand fleuve qu'ils étaient venus chercher de si loin.

» Le 7 février de cette année, sans que personne réussît à nous déranger dans nos travaux de maçonnerie, nous posions la première pierre de notre fort de Bamako, et, dans le discours qu'il prononça en posant cette pierre, le colonel disait à ses braves compagnons : « Nous allons tirer onze coups de canon pour saluer les couleurs françaises flottant pour la première fois et pour toujours sur les bords du Niger. Le bruit que feront nos petites bouches à feu ne dépassera pas les montagnes qui nous entourent, et cependant, soyez-en convaincus, l'écho en retentira bien au-delà du Sénégal. » Les petites bouches à feu firent gronder leur tonnerre, le drapeau tricolore fut hissé, et, malgré tant de souffrances endurées et celles qu'on prévoyait encore, tous les cœurs étaient en fête. Ce drapeau qui flottait sur le Niger, c'était la France. On l'avait apportée avec soi ; elle était là, on la voyait. » (Victor CHERBULIEZ [1], *Lecture faite dans la séance publique annuelle des cinq Académies, le 25 octobre 1883.*)

## 3° BIBLIOGRAPHIE

BARTH. *Voyages et découvertes dans l'Afrique septentrionale et centrale*, trad. par Ithier. — (Paris, 1863, 4 vol. Didot.)

BURDO (A.). *Niger et Bénué.* — (Paris, 1879, in-18, Plon.)

CROZALS (de). *Les Peulhs, étude d'ethnologie africaine.* — (Paris, in-18, 1883, Maisonneuve.)

ESCAYRAC DE LAUTURE. *Le désert et le Soudan.* — (Paris, 1853, in-8°, avec planches et cartes.)

ESCAYRAC DE LAUTURE. *Géographie naturelle et politique, histoire et ethnographie, mœurs et institutions de l'Empire des Fellatas.* — (Paris, 1855-56, in-8°.)

HEUGLIN (Th. de). *Reisen in nord-est Afrika.* — (Gotha, 1857, in-8°.)

LANDER (Richard et John). *Narrative of the adventures and sufferings of John and Richard Lander, on their Journey to discover the termination of the Niger.* — (London, 1832, 3 vol. in-18, avec figures, cartes et portraits.)

ID. *Journal d'une expédition entreprise dans le but d'explorer le cours et l'embouchure du Niger*, traduit de l'anglais, par M<sup>me</sup> Louise Belloc. — (Paris, 1832-3 vol. in-8° et 1 carte.)

LANOYE (F. de). *Le Niger et les explorations de l'Afrique centrale, depuis Mungo-Park jusqu'au D<sup>r</sup> Barth.* — (Paris, 1858, in-18, Hachette.)

---

1. M. Cherbuliez (Victor), littérateur français, né en Suisse en 1828, membre de l'Académie française, a écrit de nombreux romans qui, pour la plupart, ont été publiés d'abord dans la *Revue des Deux-Mondes* et ont obtenu le plus brillant succès. M. Cherbuliez est aussi un critique d'art et un publiciste politique de grand talent, comme le prouvent ses *Études sur l'Allemagne et l'Espagne politique* (2 vol. in-8°, 1870 et 1874), et les articles pleins de sens, de finesse et d'esprit sur la politique étrangère qu'il continue à publier dans la *Revue des Deux-Mondes* sous le pseudonyme de G. Valbert.

Mage (E.). *Voyage dans le Soudan occidental.* — (Paris, in-8°, 1868 et 1878, illustré avec cartes et plans, Hachette.)

Malte-Brun. *L'Exploration de Gehrard Rohlfs.* — (Paris, 1866, in-8°, Challamel.)

Trémaux (P.). *Voyage dans la Nigritie, au Soudan oriental et dans l'Afrique septentrionale;* grand atlas de 51 planches in-8°, avec tracés, cartes, etc. — (Paris, 1852, Hachette). (Paris, 1863, 3 vol. in-8°.)

Walkenaer (baron Ch.). *Recherches géographiques sur l'intérieur de l'Afrique septentrionale, comprenant l'histoire des voyages entrepris ou exécutés jusqu'à ce jour, pour pénétrer dans l'intérieur du Soudan; l'exposition des systèmes géographiques qu'on a formés sur cette contrée, etc., etc., avec carte.* — (Paris, 1821, in-8°.)

---

Bayol (D$^r$ J.). *La mission du Haut-Niger.* — (Revue scientifique, 25 décembre 1880, 5 mars 1881.)

Beaumier (A). *Premier établissement des israélites à Timbouktou.* — (Bulletin de la Société de géographie, 1870, t. I$^{er}$.)

Blyden (Ed. W.). *Report on the expedition to Falaba.* — (The Proceedings of the Roy. Géogr. soc., 1872, t. XVII.)

Bourde (P.). *La France au Soudan.* — (Revue des deux Mondes, 1$^{er}$ décembre 1880.)

Desbordes. *Pénétration au Soudan, Sénégal et Niger.* — (Revue maritime et coloniale, janvier-mars 1882.)

Drapeyron (L.). *Une nouvelle carte du Niger inférieur.* — (Revue de géographie, décembre 1879.)

Escayrac de Lauture (d'). *Notice sur le Darfour et sur le voyage du D$^r$ Cuny.* — (Bulletin de la Société de géographie, 1859, t. I$^{er}$.)

Escayrac de Lauture (d'). *Mémoire sur le commerce du Soudan oriental.* — (Bulletin de la Société de géographie, 1850, t. II; 1855, t. II; 1856, t. I$^{er}$.)

Faidherbe. *Note sur le voyage de Mage et Quintin.* — (Revue maritime et coloniale, novembre 1866.)

Fresnel (Fulgence). *Mémoire sur le Waday.* — (Bulletin de la Société de géographie, janvier et février 1849, janvier 1850.)

Galliéni. *Une expédition française au Niger.* — (Revue scientifique, 6 mai 1882.)

Galliéni. *Exploration du Haut-Niger.* — (Tour du Monde, 2$^{me}$ semestre 1882.)

Galliéni. *Mission dans le haut Niger et à Ségou.* — (Bulletin de la société de géographie, 1882, 3$^e$ et 4$^e$ trimestres. — 1883, 3$^e$ et 4$^e$ trimestres.)

Lejean (G). *Voyage au Kordofan.* — (Tour du Monde, 1863, 1$^{er}$ semestre.)

Mage (E.). *Note sur le voyage de Mage et Quintin au Ségou.* — (Bulletin de la Société de géographie, octobre 1866.)

Mage (E.). *Relation d'un voyage d'exploration au Soudan.* — (Revue maritime et coloniale, mai 1867, avril-juillet 1868.)

Mage (E). *Voyage au Tagant.* — (Revue algérienne, t. III, 1860.)

Grad (Ch.). *Résultats scientifiques de la mission allemande au Soudan oriental à la recherche de Vogel.* — (Bulletin de la Société de géographie, 1865, t. I$^{er}$.)

Jomard. *René Caillié et le D$^r$ Barth à Tombouctou.* — (Bulletin de la Société de géographie, 1854, t. I$^{er}$.)

Mage. *Voyage dans le Soudan occidental.* — (Tour du Monde, 1868, 1$^{er}$ semestre.)

Manuel (John). *Le Soudan.* — (Bulletin de la Société de géographie, 1871, t. II.)

Nachtigal (D$^r$ Gustave). *Voyage du Bornou au Baguirmi*, trad. de J. Gourdault. — (Tour du Monde, 2$^{me}$ semestre 1880.)

Nachtigal (D$^r$ G.). *Deux mois au Tibesti.* — (Tour du Monde, 2$^{me}$ semestre 1880.)

Pasqua (D$^r$). *Le D$^r$ Gehrard Rohlfs et l'expédition allemande en Afrique.* — (Revue de géographie, septembre 1880.)

Peney. *Études sur l'ethnographie, la physiologie, l'anatomie, et les maladies des races du Soudan.* — (Bulletin de la Société de géographie, 1859, t. I$^{er}$.)

Peney (Dr A. G.). *Le djebel Tagala dans le Kordofan*. — (*Bulletin de la Société de géographie*, août 1864.)

Trémaux (d'après le colonel Kovalewski). *Note sur la localité où sont situées les principales mines d'or du Soudan oriental*. — (*Bulletin de la Société de géographie*, 1850, t. Ier.)

Trémaux. *Voyage au Soudan oriental*. — (*Tour du Monde*, 1866, 2me semestre. Paris, 1862, in-8°, Hachette.)

Trémaux. *Quelques détails sur les prétendus hommes à queue*. — (*Bulletin de la Société de géographie*, 1855, t. II.)

Trémaux. *Épisode d'un voyage au Soudan oriental et remarques sur l'esclavage*. — (*Bulletin de la Société de géographie*, 1856, t. Ier.)

X... *Le rabbin Mardochée et le commerce marocain dans le Soudan*. — (*Revue politique et littéraire*, 27 juin 1874.)

# CHAPITRE II

## SÉNÉGAMBIE

### 1° RÉSUMÉ GÉOGRAPHIQUE

#### I. — GÉOGRAPHIE PHYSIQUE

**Relief du sol.** — La chaîne de montagnes d'où descendent tous les fleuves qui coulent à l'océan Atlantique depuis Saint-Louis jusqu'aux bouches du Niger se termine à son extrémité occidentale par un massif puissant dont les rameaux se prolongent à l'ouest et au sud jusqu'à la mer. C'est le nœud du *Fouta-Djallon* (monts Pellat, Colima, Sere), d'où s'échappent au nord le Sénégal, la Gambie et leurs affluents ; à l'ouest, le rio Grande, le rio Nuñez, le roi Pongo, la Mellacorée ; au nord-est, les premiers affluents du Djoliba. C'est la région des tribus Djallonkés, nègres d'origine mandingue, la population la plus forte et la mieux douée de l'Afrique occidentale, subjuguée au dix-huitième siècle, par les conquérants Peulhs ou Foulahs.

**Cours d'eau.** — Le *Sénégal* (Mayo-Reo des Toucouleurs), se forme à Bafoulabé par la réunion du *Bafing* et du *Bakhoy*. Le *Bafing* (ou fleuve noir), large en moyenne de 450 mètres, descend du Fouta-Djallon, près de Timbo ; il est grossi à gauche du *Kéniémako*, du *Fatagran*, du *Galamagui* ; — à droite, du *Balé*, du *Boki*, etc.[1]. — Le *Bakhoy*, (largeur moyenne 250 mètres), coule à l'est dans la partie la plus basse du bassin ; il a ses sources dans la mare de *Saréani* (Bouré), et se grossit à gauche du *Komeissang* ; à droite, du *Kokoro* et de ses affluents. Plus bas, se jette le *Baoulé*, grossi du *Bandingho*, descendu des monts du Manding, près de Bamako, non loin du Niger. — En aval de Bafoulabé, tombe à gauche la *Falémé* venue du Fouta-Djallon ; — à droite, le marigot de *Koulou*, issu des monts du Kaarta, et grossi de nombreux ruisseaux qui « entretiennent la verdure et la fertilité dans cette région, l'une des plus chaudes du globe. » (Galliéni.)

---

[1]. M. Galliéni remarque que ces rivières sont désignées souvent par plusieurs noms : « Selon que le voyageur s'adresse à un Poul, à un Bambara ou à un Ma-
» linké, il fixe sur son carnet tel ou tel nom : de là une grande confusion dans
» les renseignements sur les cours d'eau situés un peu loin de son itinéraire. »

Le Sénégal, en aval de Saldé, tourne à l'ouest, et se partage en plusieurs bras ou *marigots*; le marigot de Doué forme l'île à *Morfil* (ou des Eléphants); un autre rattache le fleuve, à droite, au lac *Cayor*; à gauche, au lac *Panié-Foul*; le Sénégal finit en aval de l'île où est située Saint-Louis, capitale de la colonie française.

*Navigabilité du Sénégal.* — « Les lits du Sénégal et de ses affluents, au lieu d'être ouverts au courant, sont, à des distances variables, coupés par des bancs de roches plus ou moins élevés, formant, parfois, comme au Félou, à Gouina, à Bily, de véritables cataractes. En arrière de ces barrages naturels se sont créés des biefs à eaux profondes et sans courant sensible. Ce fait étant connu, il est facile de se rendre compte du phénomène qui survient au moment des pluies torrentielles de l'hivernage. L'énorme quantité d'eau qui tombe en quelques jours étant peu absorbée par les flancs dénudés des vallées d'érosion, fait rapidement déborder les biefs; les barrages sont submergés, les cascades recouvertes, et de grandes masses liquides se précipitent dans les biefs inférieurs, qui s'emplissent à leur tour. Le mouvement se continue ainsi jusqu'aux plaines du bas Sénégal, qui ne tardent pas à se changer en immenses marais. De là les crues subites et périodiques, qui rappellent, par leur régularité, celles du Nil.

» Dès que les pluies cessent, les sources étant seules à fournir le débit, les barrages supérieurs se découvrent, puis les barrages inférieurs, et peu à peu, le torrent s'étant écoulé vers la mer, le fleuve n'est plus alimenté que par les minces filets d'eau qui s'échappent des fissures des cataractes; mais en arrière d'elles, il reste de vastes réservoirs pleins d'eau. Ces réservoirs, dans les hautes régions, sont préservés contre l'évaporation par l'épaisse végétation qui borde les rives de presque tous les cours d'eau et forme au-dessus de leurs lits une voûte de verdure interceptant les rayons du soleil, et maintenant, pendant la saison sèche, une certaine fraîcheur aux abords.

» La navigation permanente du Sénégal pour nos avisos à vapeur s'arrête à Mafou. Elle peut s'effectuer pendant trois mois jusqu'à Bakel et pendant quatre mois jusqu'aux Kayes, en aval du rapide des Kippes. En dehors de ces courtes périodes, la navigation entre Mafou et Médine n'est pas possible aux avisos et devient même précaire pour les chalands d'un tirant d'eau de plus de 40 centimètres. Pour donner une idée des difficultés de la navigation du Haut-Sénégal en basses eaux, nous dirons

» qu'entre Bakel et Médine, sur un parcours de 80 milles, on ne
» rencontre pas moins de vingt-sept passages, parmi lesquels ceux
» de Moussala, de Diancadapé, de Tambo Kané et des Kayes
» sont difficiles ; celui des Kippes est à peu près infranchissable
» pour un chaland chargé. En revanche, entre chacun de ces
» passages, il existe de beaux et larges biefs, présentant des
» profondeurs suffisantes pour la grande navigation.

» En raison de la difficulté du rapide des Kippes on a fixé la
» limite de la navigation aux hautes eaux en aval du village
» des Kayes, et c'est de ce dernier point que part la voie ferrée
» en construction entre le Haut-Sénégal et le Niger.

» En amont de Médine, on rencontre la chute du Félou,
» élevée de 9 à 10 mètres au-dessus du bief inférieur ; mais,
» en amont du Félou, s'étend le magnifique bief du Logo, d'une
» longeur de près de 40 kilomètres et navigable aux petits va-
» peurs. Ce bief pourra être utilisé avantageusement pour les
» transports entre Lontou et Boukaria ; mais, à partir de ce der-
» nier point jusqu'à Bafoulabé, il serait dangereux de compter sur
» le secours du fleuve pour le service des transports. L'expérience
» en a été faite en décembre 1879, et nous la considérons comme
» décisive : des pirogues ont mis vingt jours pour se rendre
» à Bafoulabé, et leurs chargements, débarqués et rembarqués
» un grand nombre de fois, sont arrivés entièrement avariés à
» destination.

» A Bafoulabé, point de jonction du Bakhoy et du Bafing,
» on peut encore se servir d'embarcations sur ces deux rivières
» larges et profondes ; mais cette navigation, en ce qui concerne
» le Bakhoy, s'arrête à quelques kilomètres et ne peut guère se
» prolonger dans le Bafing, car les indigènes signalent des bar-
» rages non loin du confluent.

» En résumé, en dehors d'une navigation locale dans des
» biefs plus ou moins longs et sans communication facile entre
» eux, il est impossible, au moins dans l'état actuel, de se
» servir du Sénégal et de ses affluents en amont de Boukaria.
» Ces barrages successifs arrêtent pendant toute l'année
» l'eau des crues ; puis aux premières pluies, les biefs débordent
» de nouveau. La destruction de ces digues naturelles aurait
» pour effet de vider le Sénégal pendant la saison sèche ; aussi
» est-ce avec la plus grande circonspection qu'il faudra toucher
» à leur régime. » Commandant GALLIÉNI (*Bulletin de la Société de géographie de Paris*; 4ᵉ trimestre 1882.)

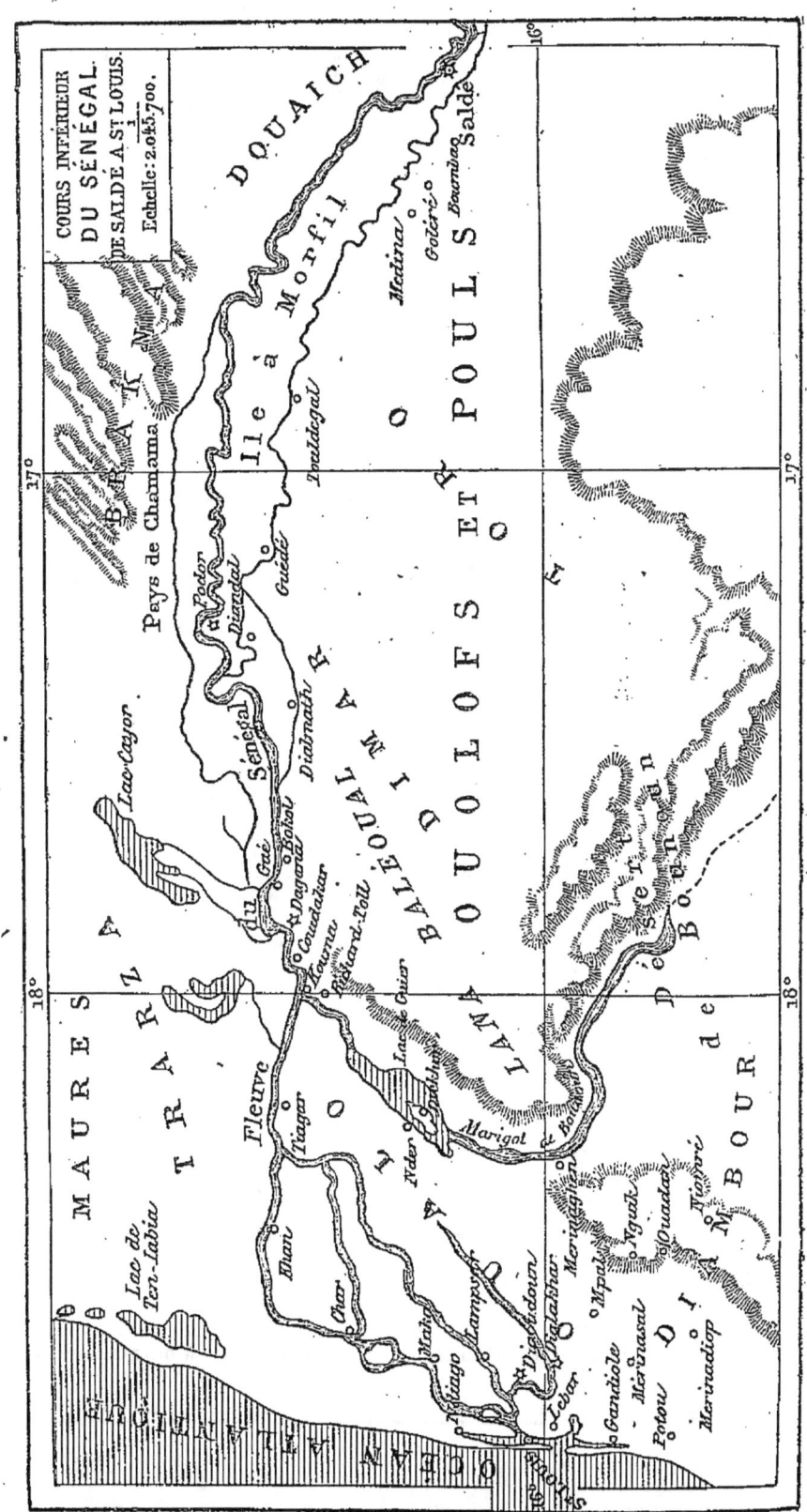

# SÉNÉGAMBIE.    491

Au sud du Sénégal jusqu'à Freetown, un grand nombre de rivières se jettent dans la mer; les principales sont: le *Saloum*, qui a trois embouchures; la *Gambie*; la *Casamance*; le *Cacheo* ou *Santo-Domingo*; la *Géba*; le *Rio-Grande*; le *Cassini*; la *Company*; le rio *Nunez*; le rio *Pongo*; la *Mellacorée*; les deux *Scarcies*. — Sur les deux rives du rio Nunez sont établies de nombreuses factoreries françaises. Le poste de Boké les protège.

**Climat.** — Deux saisons bien distinctes: saison sèche (décembre à mai) où les nuits sont fraîches, les journées excessivement chaudes, l'atmosphère desséchée; le thermomètre marque à l'ombre + 12° à 25°, et par le vent d'est jusqu'à 42°. — Saison des pluies ou hivernage (mai à décembre), + 27° à 32° à l'ombre. L'îlot de Gorée est soumis à des conditions de température particulières.

## II. — GÉOGRAPHIE POLITIQUE

### 1° Colonies françaises.

| RÉGIONS | TERRITOIRES | VILLES ET POSTES FRANÇAIS |
|---|---|---|
| 1° Côte septentrionale | Littoral saharien. | Cap Blanc; île d'Arguin; Portendick. |
| 2° Sénégal | Île de Saint-Louis. | Saint-Louis (15750 hab.). |
| | Oualo. | Merinaghen (300 hab.); Richard-Toll (340 hab.). |
| | Dimar. | Dagana (2400 hab.). |
| | Toro. | Podor (1000 hab.); île à Morfil. |
| | Fouta. | Saldé (415 hab.). |
| | Damga. | Matam (260 hab.). |
| | Gadiaga ou Galam. | Bakel (2500 hab.). |
| | Bondou. | Sénoudébou; Bolébané. |
| | Bambouk. | Kéniéba. |
| | Kasso. | Médiné (200 hab.). |
| | Kaarta. | Bafoulabé. |
| | Cayor. | Lompoul; M'boro; M'bidgem. |
| | Gandiole. | |
| | Djolof. | État indépendant. |
| 3° Sénégambie | Île de Gorée. | Gorée (2800 hab.); Dakar (3500 hab.). |
| | Diander. | Rufisque (5300 hab.). |
| | Baol. | Portudal (1300 hab.). |
| | Sine. | Joal (2600 hab.). |
| | Saloum. | Kaolakh (530 hab.); Pointe de Sangomar. |
| | Île de Carabane. | Carabane (550 hab.); Sedhiou sur la Casamance (1900 hab.). |
| 4° Rivières du sud | Sur le rio Nunez. | Boké ou Kakondy; Victoria. |
| | Sur le rio Pongo. | Bangalang. |
| | Sur la Mellacorée. | Benty. |
| 5° Sur les hauts plateaux et sur le Niger | Pays des Bambaras et des Malinkés. | Makamdianbougou; Badoumbé; Koundou; Mourgoula; Bamako sur le Niger. |

**Administration et gouvernement.** — L'administration est entre les mains d'un *gouverneur* assisté : d'un *directeur de l'intérieur*, d'un *chef du service judiciaire*, d'un *commandant supérieur des troupes*, d'un *commandant de la marine*, d'un *chef du service de santé*, d'un *trésorier-payeur*, d'un *inspecteur des services administratifs et financiers*. — Le Sénégal est représenté à la Chambre par un *député*. — A la tête des territoires des rivières du sud, est un lieutenant-gouverneur résidant à Benty, et relevant du gouverneur de Saint-Louis. — Un *conseil privé* est placé à côté du gouverneur qui le préside, il se compose des chefs d'administration et de deux *notables* nommés par le gouverneur. — Un *conseil général* de seize membres élus par le suffrage universel (dix à Saint-Louis, six à Gorée), est investi des mêmes attributions qu'en France. — Il n'y a que trois *communes* au Sénégal ; Saint-Louis, Gorée-Dakar, Rufisque.

### 2° Colonies anglaises.

Les Anglais sont établis sur la Gambie. — **Superficie**, 179 kilom. car. — Chef-lieu *Sainte-Marie de Bathurst* (7 000 hab.), située sur l'île de Sainte-Marie à l'embouchure de la Gambie, par 13° 28' de lat. N. — Les autres comptoirs sont : *Fort-James*, *Albreda*, ancien comptoir français cédé à l'Angleterre en 1857, en échange de Portendick ; — *Fort-Georges*, îles *Matacong* et *Cortima*. (Pour l'administration, V. chap. de la Guinée.)

### 3° Colonies portugaises.

Les Portugais possèdent les comptoirs de *Zighinchor*, sur la Casamance, de *Cacheo* (2 000 hab.) et *Farim* (800 hab), sur le rio Cachéo ; — de *Bissao*, sur le rio Geba : *Boulama* dans l'île de ce nom (4 000 hab.).

### III. — GÉOGRAPHIE ÉCONOMIQUE.

**Productions. Minéraux** : il y a de riches mines d'or dans le Bambouk et le Tambaoura ; on le trouve dans les terrains d'alluvions formés de sable, de cailloux quartzeux et d'argile schisteuse. Le gouvernement en a fait commencer l'exploitation et a dû y renoncer à cause de l'insalubrité du climat. Les noirs la continuent à leur façon, mais sans grand profit. — **Végétaux.** Depuis 1874 une société d'agriculture a été fondée et s'efforce de développer et de ranimer l'agriculture en souffrance. Les progrès sont lents, mais continus : *arachides, café, huile et amandes de palme, plantes oléagineuses, gomme, caoutchouc, poivre, piment, coton, henné, dourah, riz, tabac, canne à sucre, forêts de baobabs, tamariniers, palmiers, arbres à beurre, bois de constructions ou de teinture*. **Animaux domestiques** : *bœufs, chèvres, moutons, abeilles* : **Animaux sauvages**, *crocodiles, hippopotames, lions, léopards, éléphants, chacals, hyènes, sangliers, singes, gazelles, autruches, perroquets, marabouts, fourmis, termites, reptiles peu nombreux, poissons abondants sur les côtes*.

**Industrie.** — Les indigènes méprisent les professions industrielles qui sont, à leurs yeux, déshonorantes. Les seules fabriques sont quelques briqueteries et fours à chaux dans les environs de Saint-Louis. Certains indigènes sont maçons, calfats, tisserands, forgerons, orfèvres, bijoutiers, et quelques-uns très habiles dans leur art.

**Commerce.** — Il se fait notamment par les ports de *Saint-Louis*, *Gorée*, *Dakar*, *Rufisque*, et les comptoirs des rivières du sud. — **Importation**: en 1879, 12172944 francs, en 1880, 16488000 francs dont en France 10 millions environ. (*Guinée* ou toile bleue de l'Inde, *étoffes françaises, fer, eau-de-vie, armes à feu, munitions de guerre, corail, ambre, verroteries, tabac, comestibles.*) — **Exportation** (V. les art. indiqués plus haut) : en 1879, 14678000 francs, en 1880, 25349000 francs, (dont 21 millions provenant de *France*). — **Mouvement de la navigation** : en 1880, entrés : 112 navires français de 52000 tonnes venant de France ; — 618 navires français et étrangers de 30000 tonnes, venant des colonies françaises, et 42 bateaux venant de pays étrangers ; sortis : 769 vaisseaux, dont la plupart français. — **Voies de communications et travaux publics** : chemin de fer de *Dakar à Saint-Louis* par Rufisque et le Cayor (sera achevé en 1885), longueur 259 kilom. ; — *ligne de Kayes à Bafoulabé et à Bamako*, 520 kilom. (80 kilom. achevés en 1884). Ligne projetée : de M'Pal à Médine (580 kilom.).

La colonie dépense par an 1200000 francs aux travaux publics, hospices, casernes, quais et ponts, conduites d'eau pour alimenter Saint-Louis ; la métropole s'est chargée des dépenses des voies ferrées.

— Le Sénégal possède deux lignes régulières de paquebots-postes. La première a des départs toutes les trois semaines de Liverpool le samedi, depuis le 6 janvier 1883. — La seconde est celle des messageries maritimes ; deux départs réguliers par mois de Bordeaux, les 5 et 21.

**Bureaux de poste**, à *Saint-Louis*, *Dakar*, *Gorée*, *Rufisque*. — Service hebdomadaire par piéton entre Saint-Louis, Rufisque, Dakar, Gorée. — De Dakar à Gorée, canots réguliers deux fois par jour. Depuis 1881, deux avisos font un service postal mensuel avec les postes français du sud et les comptoirs étrangers du Boffo, Benty, Freetown. Un télégraphe est établi entre Saint-Louis et la métropole par les Canaries et le cap Vert. Des lignes fonctionnent entre Saint-Louis et Dakar, Saint-Louis et Saldé, Bakel et Bamako.

## IV. — NOTIONS STATISTIQUES.

**Superficie** : 250000 kilom. car. — **Population** (en 1880) : 192924 hab. sans compter 2135 individus de population flottante (0,8 par kilom. car.); décès, 1567, naissances 1405. — **Races** : 1° **Européens blancs**, 300. 2° **Maures**, sur la rive droite du Sénégal, mélangés de mulâtres arabes et berbères, divisés en trois grandes peuplades subdivisées en une infinité de tribus, qui pratiquent l'islamisme, Maures *Trarza*, *Brakna*, *Douaïch*. Ni par les traits, ni par la couleur de la peau, les Maures ne ressemblent à leurs voisins ; le fleuve Sénégal sépare nettement la Mauritanie de la Nigritie [1].

---

[1]. « Suivant le général Faidherbe, le mot *Sénégal* a pour étymologie le mot » *Zenaga* altéré. Les *Berbères Zénaga* désignent les diverses tribus maures ber- » bères, Brakna, Trarza, Douaïch, qui habitent la rive droite du fleuve. A partir » de Bakel, cette rive droite n'appartient plus aux Maures, du moins sur le bord » même du fleuve ; elle appartient à Ségou, et forme dans cet empire la province » de Guidimakka, habitée par des Sarracolais. A mesure qu'on s'avance dans » l'est, vers Nioro, la race noire s'avance plus vers le nord, et les Maures sont

— 3° Les **tribus noires** qui se divisent en races diverses, ou familles variées d'une même race par la couleur plus ou moins foncée, par les formes et le degré d'intelligence. Les principales peuplades noires sont les **Peuhls** ou **Peuls**, ou **Fellatahs**, dans le *Fouta*, le *Damga*, le *Bondou*, le *Fouta-Djallon*, d'un brun rougeâtre, aux cheveux plats, aux traits européens. Leur mélange avec la race noire a produit les **Toucouleurs**, race fanatique et belliqueuse, disséminée dans les provinces voisines de nos colonies, gouvernée par les rois de Ségou, et qui est pour nous la plus dangereuse de toutes. — Les **Malinkés**, **Soninkés**, **Mandingues** et **Sarracolets** ou **Sarracolais**[1] noirs de haute taille, sont guerriers, les premiers surtout, et très commerçants. Les Mandingues sont très avides et ombrageux, pas du tout fanatiques, et détestent les Européens en qui ils devinent des rivaux dangereux pour leurs bénéfices. Les Sarracolets sont des musulmans dévots.

— Les **Ouolofs** et les **Séréres** du *Cayor*, du *Oualo*, du *Djolof*, des pays de *Baol* et de *Sine*, sont particulièrement remarquables pour leur beauté et leur force. — Les **Diulas** ont une constitution, une langue et des coutumes différentes des autres tribus nègres ; ils sont plus laids, plus grossiers, plus dégradés que leurs congénères ; ils se tatouent le corps, et sont fétichistes. — Les **Bambaras** sont originaires du haut Niger ; la conquête les a conduits jusqu'aux rives du Sénégal dans le Kasso, le Kaarta et les hautes vallées ; moins noirs que les Ouolofs, et plus foncés que les Peuls, ils ont la peau couleur bronze rougeâtre, et les cheveux laineux[2]. Les Bambaras sont passionnés pour la musique et la chasse. Ils font un grand commerce d'ivoire. —

Les **Laobés**, race qui se retrouve dans toute la Nigritie, sont les Bohémiens de l'Afrique. Les Laobés vivent à l'aventure, sans lien politique, sans orga-
» nisation sociale. Partout on les méprise et on les supporte ; ils sont in-
» dustrieux, travaillent les bois durs et font ces calebasses dans lesquelles
» les indigènes mangent le couscous. Ils fabriquent les pilons, les mortiers
» et quantité d'ouvrages de même nature. Ces hommes font du négoce et se
» retrouvent partout, colporteurs infatigables et marchands sans scrupules.
» C'est par une exception qui causait aux indigènes une grande surprise
» que, dans la province de Pakao, les Laobés sont cultivateurs et qu'ils
» élèvent une grande quantité de bestiaux. On les voit aller de village en
» village, montés sur les ânes chargés de leurs outils. Quand ils campent, ils
» élèvent des huttes de branchages. Ils s'établissent d'ordinaire sur la
» lisière d'un bois et achètent des chefs du pays le droit de séjourner. Nulle
» part ils ne connaissent ou on ne leur permet l'usage de la propriété fon-
» cière. Il y a autour des hommes de cette race comme une barrière ; ils ne
» se marient qu'entre eux, et même un captif musulman regarderait comme
» un déshonneur d'épouser une de leurs filles. Ils ne pratiquent aucune

---

» rejetés de plus en plus loin de la rive droite du Sénégal. De plus, c'est à partir
» de Bakel que l'aspect physique du pays prend un caractère particulier. »
(D$^r$ COLIN, médecin de la marine, *le Soudan occidental*, *Revue maritime*, juillet 1883.)

1. Un écrivain nègre, M. Horton, dit que *Soninkés* désigne les Mandingues païens, et le voyageur Hecquard prétend que ce mot signifie buveur ; MM. Mage et Faidherbe en font un nom de race, la race de *Soni*.

2. « Les Bambaras, dit M. Galliéni, sont industrieux, très sobres et très éco-
» nomes ; le général Faidherbe les appelle les Auvergnats de la Sénégambie. De
» plus, leur répugnance à se soumettre aux lois de l'Islam, et leur haine contre
» les successeurs d'El-Hadj-Omar doivent nous les faire considérer comme nos
» alliés naturels dans notre entreprise vers le Niger et le Soudan central. »

» religion déterminée et font profession de dire la bonne aventure. » (De CROZALS, *Peulhs et Foulahs*, p. 336.)

**Justice**. — Cour *d'appel* à Saint-Louis ; *tribunaux de première instance* à Saint-Louis et à Gorée ; *cour d'assises* à Saint-Louis. — **Instruction publique** : Ecoles congréganistes à Saint-Louis, Dakar, Gorée, Joal ; écoles laïques à Rufisque (802 garçons et 18 instituteurs, 324 filles et 17 institutrices). Saint-Louis a une école *des fils de chefs* (indigènes) fondée par le gouverneur Faidherbe, et une *d'apprentis* pour les bois et les métaux. — **Cultes** : Catholique sous la direction d'un préfet apostolique, évêque *in partibus*. Le plus grand nombre des noirs est converti à l'islamisme, et poussé par ses marabouts au fanatisme et à la superstition. — **Finances**. Le budget colonial de l'Etat s'élève en dépenses à 3 640 900 francs par an. — Le budget local (recettes et dépenses) est de 2 698 263 francs. — **Monnaies**. La seule légale est la française ; on emploie pour le troc la pièce d'étoffe dite *guinée*. (La pièce d'étoffe ou *guinée* de 15 mètres vaut à Saint-Louis environ 12 francs en détail.) — **Armée**. Garnison composée de cinq compagnies d'infanterie de marine, deux batteries d'artillerie, une compagnie d'ouvriers, un escadron de spahis, un de conducteurs sénégalais, deux bataillons de tirailleurs sénégalais : *hôpitaux militaires* à Saint-Louis et à Gorée.

## RÉSUMÉ HISTORIQUE

**Les débuts de la colonie**. — Le Sénégal est la plus vieille colonie de la France. Dès l'année 1368, les hardis marins dieppois, qui disputaient aux navigateurs portugais l'honneur et les profits des découvertes sur une côte inconnue, abordèrent dans la baie de Dakar : la richesse du sol, la facilité et les gros bénéfices du commerce les y retinrent ; ils établirent une suite de comptoirs depuis le cap Vert jusqu'au fond du golfe de Guinée. « Leurs
» affaires prospérèrent ; en échange d'objets de valeur minime, ils obte-
» naient des peuplades sauvages, la gomme, le poivre, l'indigo, l'encens,
» l'or, l'ivoire, toutes marchandises de haut prix. C'est de cette époque que
» date l'industrie de l'ivoire sculpté qui fait encore aujourd'hui la fortune
» de Dieppe[1]. »

Les désastres de la guerre de Cent ans, et les guerres civiles arrêtèrent

---

1. J. ANCELLE, *les Français au Sénégal* (*Revue de géographie*, mars 1883). — Nous signalons avec plaisir cet excellent travail, où abondent les informations précises. Nous avons consulté aussi avec profit, pour la rédaction de cette notice historique, l'*Histoire de la colonie française du Sénégal*, par M. Ernest FALLOT, qui renferme une étude très complète et très bien faite des événements contemporains (*Bulletin de la Société de géographie de Marseille*, 1882-3), et l'intéressant chapitre sur le Sénégal, de M. GAFFAREL (*Colonies françaises*, 1880, in-8°). Enfin nous avons le devoir de rendre hommage, pour tout ce qui concerne André Brüe, à la science et aux recherches profondes de M. BERLIOUX, professeur à la Faculté des lettres de Lyon, dont la thèse si originale et si consciencieuse a révélé le héros inconnu qui fut sous Louis XIV, avec Cavelier de la Salle, le plus illustre fondateur de la puissance coloniale de la France. (*André Brüe*, 1874, in-8°, Paris.)

l'essor normand; les Portugais et les Hollandais occupèrent les comptoirs abandonnés, et continuèrent le trafic avec succès. Les Français reparurent à la fin du seizième siècle. En 1582, une Compagnie rouennaise fonda un établissement dans un îlot, à l'embouchure du Sénégal. Avec Richelieu (1626), cette Compagnie reçut une consécration officielle; sous la protection de l'escadre du maréchal de Rasilly, la ville de Saint-Louis du Sénégal, fut fondée; le premier directeur de la Compagnie fut Thomas Lombart. De 1633 à 1635, trois Compagnies privilégiées, une dieppoise et rouennaise, une malouine, une parisienne, s'organisèrent pour le commerce : 1º du cap Vert, du Sénégal et de la Gambie; 2º de la Guinée, entre Sierra-Leone et le cap Lopez; 3º des côtes entre le cap Blanc et Sierra-Leone. Le cardinal, désireux d'assurer à la France la prépondérance maritime, leur accorda des chartes privilégiées, les plaça sous son patronage, s'y fit admettre comme associé[1]. En 1664, l'association des marchands de Dieppe et de Rouen céda ses établissements, moyennant 150 000 livres tournois, à la Compagnie des Indes-Occidentales. Elle se ruina (1672), et fut remplacée par une autre, qui disparut à son tour. Jusqu'en 1758, on n'en compte pas moins de sept : « lamentables énumérations de fautes et d'imprudences, de faillites et de banqueroutes. »

**L'administration d'André Brüe.** — C'est dans cet intervalle pourtant que se place l'administration du plus habile directeur que la colonie ait eu avant le général Faidherbe, nous voulons dire ANDRÉ BRUE. Avant lui, de 1626 à 1694, quatorze directeurs avaient passé au Sénégal, et quatre Compagnies s'y étaient succédé, luttant contre les Hollandais qui occupèrent un instant les postes fortifiés d'Arguin et de Gorée, et contre les Anglais établis sur la Gambie. La Compagnie française avait même rencontré sur la côte un ennemi tout à fait inattendu. Le pavillon des Hohenzollern flottait, à la fin du dix-septième siècle, sur les mers et les rivages africains. Frédéric Guillaume, le Grand-Electeur, qui possédait à peine quelques lieues de côtes désertes sur les bords de la Baltique, essayait de créer une flotte, nommait des capitaines de vaisseau, et établissait une compagnie d'Afrique. Il achetait des navires, des matelots, des officiers, profitait des querelles des Etats de Frise avec la duchesse Christine-Charlotte pour occuper Emden (1683) et faisait de ce port de la mer du Nord le siège de la Compagnie brandebourgeoise. En Afrique, son principal établissement était le port de Frédériksbourg, sur la côte d'Or, mais on vit flotter le drapeau prussien sur la station fortifiée d'Arguin, et les Français saisirent en 1685, non loin du cap Blanc, le bâtiment le *Morian*, qui lui appartenait.

Le 4 juin 1697, Brüe nommé directeur général de la Compagnie, abordait à l'île de Saint-Louis. « Rien, écrit M. Berlioux (p. 43), n'était plus misé-

---

1. M. Jules Duval compare au régime de compression imaginé par Colbert, le régime de liberté bien entendue et féconde sous lequel Richelieu laissait vivre les colonies nouvellement fondées. Parmi les principales faveurs octroyées dans les chartes de concession, le cardinal avait inscrit le *privilège de la navigation; le monopole perpétuel ou temporel du commerce; la participation de la noblesse sans dérogation; l'anoblissement de certains associés; le concours pécuniaire de la cour; la protection royale; le droit de maîtrise en France à tout ouvrier qui aurait séjourné pendant six ans dans les colonies; la franchise d'impôts dans les ports et villes des compagnies; l'entrée sans frais en France des produits naturels et manufacturés des colonies; l'admission des étrangers; la naturalisation des descendants des colons français et des sauvages convertis au christianisme*, etc.

» rable que ce poste. L'île, de nature sablonneuse, manquait d'eau potable
» et n'avait d'autre verdure qu'un bouquet de palétuviers. Le fort consistait
» en quatre tours construites autrefois par les Normands et reliées entre
» elles par une muraille; une enceinte en bois, quatre bastions et trente
» canons en complétaient les défenses. Tout autour, quelques huttes ser-
» vaient d'habitation aux serviteurs et aux employés de la Compagnie; mais
» on n'y voyait rien qui ressemblât à une ville, ni même à un village. » L'île
était sans ressources, et renfermait cent ou deux cents habitants. La Compagnie ne possédait ni territoire, ni villages, ni sujets; autour de Saint-Louis,
les royaumes indigènes de Oualo, Cayor et Djolof se faisaient payer des redevances ou *coutumes*, et fournissaient à la Compagnie des marchandises, des
serviteurs, des soldats et des matelots (les *laptots*) pour la navigation du
Sénégal. Les chefs nègres étaient donc souverains, et les Français locataires
de leurs établissements. Les *coutumes* de la vallée du Sénégal n'ont été
supprimées qu'en 1855.

André Brüe entra sans tarder en relations avec les princes indigènes,
recevant leurs visites, ou allant les trouver chez eux, leur distribuant des
présents, ranimant partout le commerce éteint, et notant dans son journal
de voyage les coutumes, les mœurs et l'état social des tribus, la faune et
la flore des régions qu'il traversait. Dès l'année 1697, il pénétrait dans
l'empire des Fouls, gardiens de la vallée du Sénégal, et y préparait un
accès au commerce français. Le P. Labat raconte[1] qu'il eut à Guiorel et à
Goumel des entrevues amicales avec le *siratik* ou empereur des Fouls, son
fils et ses officiers. Brüe gagna les bonnes grâces du siratik en lui offrant en
sus des *coutumes*, à titre de présents personnels, des épées montées en argent,
une paire de pistolets, des lunettes et des verres ardents. Le siratik lui
présenta les princesses royales, et lui offrit d'en faire son gendre. Brüe
s'excusa, et se contenta de signer un traité de commerce et d'amitié, qui
accordait à la Compagnie l'autorisation d'établir des comptoirs et des forts
dans toute l'étendue des domaines du siratik. C'est alors que le *comalingue*
ou premier officier lui apprit que les Maures approvisionnaient les Fouls, et
leur fournissaient le coton, les maroquins, la quincaillerie, en échange
de l'or et de l'ivoire. Il résolut d'enlever aux Maures ce riche marché,
et de le donner à la Compagnie française. Malheureusement, comme le
remarque M. Berlioux, les marchands introduisirent en même temps dans
le pays les liqueurs alcooliques; et les gros bénéfices de cette vente, toujours
assurée, effacèrent à leurs yeux l'immoralité d'un pareil commerce.

Nous ne pouvons que résumer l'œuvre considérable accomplie ou préparée par cet administrateur de premier ordre, le vrai fondateur de la
colonie française du Sénégal, et le précurseur des grands projets qui sont
actuellement en cours d'exécution. En 1697, Brüe arma et approvisionna les
deux forts de Gorée, et prépara la soumission du Cayor. Les indigènes
de cette côte étaient vicieux, méchants et paresseux, et gouvernés par
d'odieux tyrans. L'un d'eux, le *damel* ou roi de Cayor et de Baol, Latir-fal-
Soukabé, d'abord ami de Brüe, se montrait d'une insupportable exigence.
« Tantôt, dit M. Berlioux, il rampait comme un esclave, tantôt il s'empor-

---

1. LABAT, *Nouvelle relation de l'Afrique occidentale*, t. III, p. 211. — Le Père
Labat est un dominicain, grand amateur de géographie, qui vivait au temps de
Brüe, et qui a composé son ouvrage avec les notes et mémoires de Brüe lui-même,
et les journaux et rapports d'autres voyageurs que la Compagnie des Indes occidentales avait dû lui communiquer. (V. BERLIOUX, p. 8.)

» tait comme une bête furieuse ; un moment il mendiait auprès des Français,
» et quelques instants après, il les insultait. Nous le verrons s'enivrer pen-
» dant des journées entières, massacrer dans son entourage tous ceux qui
» effrayaient sa politique ombrageuse, et dévaster ses propres villages pour
» grossir le nombre des captifs[1]. »

En 1698, Brüe entreprit une grande expédition vers le haut Sénégal. Il revit le siratik, renouvela avec lui son alliance, et détruisit l'influence hollandaise que les marchands d'Arguin essayaient d'étendre. Il pénétra dans le Galam, pays de mines d'or, au confluent du Sénégal et de la Falémé, rencontra les Sarracolets et les Mandingues, peuple actif et industrieux qui faisait alors tout le commerce de l'Afrique occidentale. Il visita les cataractes de Félou, et forma alors le projet qui l'occupa pendant toute la durée de son administration, et qu'il a exécuté en partie, d'échelonner une ligne de postes fortifiés le long du Sénégal, pour assurer une protection constante aux voyageurs et aux marchandises. Il songeait aussi à ouvrir

---

[1]. M. le général FAIDHERBE, grand chancelier de la Légion d'honneur, a publié dans le *Bulletin de la Société de géographie* (4º trimestre 1883), une *Notice historique sur le Cayor*, composée à l'aide de documents à lui fournis par Ioro-Dio, élève de l'Ecole des fils de chefs, fondée à Saint-Louis, en 1855. Ces annales, si brèves qu'elles soient, sont fort curieuses. Elles vont de 1549 à nos jours. Suivant M. Faidherbe, il y a eu, pendant cette période, vingt-neuf damels dans le Cayor, et il en trace le tableau généalogique. Il donne l'étymologie suivante du mot *damel*. Il y a quatre siècles, le Cayor était une province du Djolof. Le gouverneur ou *laman* du Cayor se révolta contre son souverain, et le vainquit. « Il
» réunit immédiatement ses *diambours*, ou hommes libres du pays qui formaient
» son conseil, leur annonça la grande nouvelle, et leur déclara que le lien qui les
» attachait au Djolof étant rompu, il prenait le titre de *Damel* (de *dame*, casser,
» rompre). » Ce premier damel était Délié-Fou-Ndiogou, de la famille Fal.

Parmi les damels, il en est plus d'un qui ressemble à Latir-fal-Soukabé par les vices, l'extravagance ou la cruauté. Nous en citerons un exemple pris au dix-septième siècle, celui de Daou-Demba, sixième damel, qui régna sept ans, et sous le règne duquel Jacques Fumechon fut directeur de la Compagnie du Sénégal.

« Daou-Demba, écrit le général Faidherbe, vexa ses sujets de toutes les ma-
» nières possibles, chassa les vieillards de sa présence, empêcha les noirs de se
» marier, de porter des culottes, de mettre du sel dans leur couscous, disant que
» tout cela était bon pour les rois et les princes, mais n'était nullement fait pour
» les sujets. Enfin il s'entoura d'enfants de seize à dix-sept ans, sans la moindre
» expérience des affaires du pays. Un jour, dans une promenade, il vit un bœuf
» dont il trouva la peau si jolie, qu'il la voulut immédiatement pour s'en faire un
» *boubou* (sorte de grande chemise sans manches, qui est le vêtement ordinaire
» des nègres du Soudan). On la lui donna, et il s'en vêtit pendant qu'elle était en-
» core toute fraîche. Il alla ensuite boire du sibakh (boisson fermentée faite avec
» du miel et d'autres substances) ; sa débauche dura plusieurs jours, et, un beau
» matin, il se réveilla tellement serré dans son boubou qui s'était rétréci en sé-
» chant, qu'il lui fut impossible de faire le moindre mouvement.

» Parmi tous les enfants qui l'entouraient et qui ne trouvaient aucun moyen
» de lui venir en aide, un seul osa parler des anciens qu'il avait chassés et lui
» proposa de faire venir son père dont l'expérience était connue, et qui pourrait
» peut-être le soulager. Daou-Demba accepta ; le vieillard vint et demanda un
» grand *lambara* (grand *canari* en terre évasé), le fit remplir d'eau et y plongea
» le Damel, en lui laissant seulement la tête hors de l'eau. La peau devint humide,
» et Daou-Demba put alors être facilement débarrassé de son vêtement incom-
» mode. Ce Damel fut déposé par les Diambours et se retira dans le Walo où
» il mourut peu de temps après. » (Voyez plus loin, les détails sur le damel Biraïma.)

une route commerciale jusqu'au Niger. Ce second projet n'a été repris qu'en 1863 ; on verra plus loin qu'il ne tardera pas à être accompli.

Le directeur entra ensuite en relation avec les voisins de la colonie française, les Anglais et les Portugais. En 1700, il explora les contrées méridionales, la région de la Gambie, où une Compagnie anglaise rivale avait installé ses comptoirs, tandis qu'il envoyait un Frère Augustin, Apollinaire, dans la région du Bambouk, sur le haut Sénégal. Brüe se rendit lui-même à Albreda, et aux îles Bissagos, et fonda un comptoir dans l'île Bissao, à l'embouchure de la rivière Geba ; il visita le Saloum, la Casamance, et donna au commerce français un essor inouï. Mais ses agents le trahirent, les Anglais irrités et jaloux excitèrent contre lui le damel du Cayor, Latir, qui, sous prétexte de négociation, attira Brüe à Rufisque, et le fit prisonnier. Délivré moyennant une forte rançon, Brüe rentra à Saint-Louis, et reçut tout à coup de France un ordre de rappel (1702). Il était nommé directeur général du bureau central de la Compagnie. Sous ses successeurs au Sénégal, Le Maître, de La Combe, Mustellier et de Richebourg, ses grands desseins furent abandonnés, et son œuvre compromise. La Compagnie de Paris fit faillite, et vendit son privilège à la Compagnie de Rouen.

En 1714, Brüe, sur les instances des actionnaires, se décida à revenir en Afrique. Il renoua ses relations avec les chefs indigènes, fit une expédition au lac Cayor, où plus de cinq cents marchands nègres et maures lui apportèrent leurs marchandises, et pénétrant plus avant chez les Maures Trarza, il développa le commerce des gommes, provenant des forêts de Sahel, d'El-Hebiar et d'El-Fatak. En 1716, il envoya à la recherche des mines d'or du Bambouk le sieur Compagnon, qui signala l'existence d'importants gisements aurifères dans le bassin de la Falémé, et traça la carte de tous les pays visités par lui[1]. L'année suivante, le gouverneur du Sénégal signa avec les Maures Trarza un traité de commerce, et fit la chasse aux bâtiments interlopes anglais ou hollandais qui faisaient la contrebande sur le fleuve. C'est alors qu'on commença à dresser la carte du Sénégal : une expédition scientifique, composée d'ingénieurs, pénétra pour la première fois dans l'intérieur du continent africain ; en même temps, les officiers de la Compagnie française relevaient les côtes depuis le cap Blanc jusqu'à Sierra-Leone. Les renseignements ainsi recueillis furent remis par les soins de Brüe au géographe d'Anville, et trois cartes nouvelles furent dessinées.

La Compagnie de Rouen fut dissoute en 1719. Son privilège passa à la Compagnie d'Occident, fondée par Law : elle confirma les pouvoirs d'André Brüe. Les mines du Bambouk tentaient l'avidité des actionnaires, mais tant que vécut le directeur du Sénégal, les trésors bien réels de l'Afrique sénégalaise ne firent aucune dupe parmi tant de souscripteurs avides qui s'arrachaient alors aux guichets de la rue Quincampoix les folles valeurs de l'Eldorado mississipien. Brüe ne cessa pas d'ailleurs de faire explorer le haut Sénégal et de chercher le chemin du Niger. En 1720, Brüe

---

[1]. « La limite extrême de la course de Compagnon sur les bords de la Falémé, » fut Dhialakel, qu'il nomme Guiagalel, en sorte qu'il est allé un peu moins loin, » dans cette direction, que M. le lieutenant Pascal qui a revu ce pays de nos jours. » Mais outre que l'exploration de 1860 a donné moins de renseignements sur les » mines d'or que celle de 1716, elle a encore laissé de côté une grande portion » des contrées parcourues par le commis de Brüe. » (BERLIOUX, p. 241.)

résigna ses fonctions et revint en France, mais il continua à diriger les affaires de la colonie, et en 1723, il y reparut pour la troisième fois. Pendant cette dernière période, il fit la conquête d'Arguin « qui donna à la

Vue de Saint-Louis (Sénégal).

Compagnie l'exploitation exclusive du commerce des gommes et la domination du littoral compris entre Saint-Louis et le cap Blanc ». Le poste d'Arguin avait appartenu au Brandebourg, puis à la Prusse de 1688 à 1711; à cette date, les Hollandais l'occupèrent; en réalité, « il était, dit encore

M. Berlioux, un entrepôt et un refuge pour les interlopes qui faisaient de la contrebande au détriment de la Compagnie du Sénégal. » Après une guerre assez longue et difficile, les Français restèrent maîtres d'Arguin et de Portendick, les deux seuls ports de la côte du Sahara occidental qui permettent aux indigènes de communiquer avec les marchands européens, et qui pouvaient, à l'occasion, servir de points d'attaque contre le Sénégal, soit aux Européens, soit aux Maures.

André Brüe rentra en France au mois de juillet 1723, et quitta définitivement l'administration de la Compagnie. Il avait droit d'être fier de son œuvre. En 1677, la France ne possédait sur la côte occidentale d'Afrique que les deux forts de Saint-Louis et Gorée. En 1724, elle avait cinq forts : Saint-Louis, Arguin, Saint-Joseph, Saint-Pierre et Gorée ; et six comptoirs, Portendik, Joal, Albreda, Bintan, Gérèges, Bissao. Son influence s'étendait en outre sur les contrées riveraines du fleuve, et si elle n'avait encore ni territoire, ni sujets, ni colons, si le total des bénéfices de la Compagnie ne s'élevait qu'au faible chiffre de 300 000 livres, ses achats atteignant seulement un million[1], du moins elle était la première établie à l'embouchure d'un beau fleuve, et elle tenait la véritable clef du Soudan.

On doit à Brüe la première description complète du Sénégal ; le premier il a fait connaître les Fouls, les Sarracolets, les Mandingues, et tracé des plans de colonisation qui n'ont pas été dépassés. On peut regretter que cet homme éminent n'ait pas réagi contre le trafic des esclaves, et l'introduction en Afrique des liqueurs alcooliques. En cela, il était de son temps. Toutefois, « si on le compare aux autres administrateurs que les puissances » maritimes ont mis à la tête de leurs possessions africaines, pendant toute » la période qui s'est écoulée jusqu'à l'interdiction de la traite, il mérite » sans contredit le premier rang par son intelligence, ses découvertes, ses » études, et pour trouver dans l'histoire de ce pays un personnage qui » puisse rivaliser avec lui, il faut descendre jusqu'à nos contemporains, ou » remonter jusqu'aux premiers explorateurs envoyés par le Portugal[2]. » Ce rival de gloire contemporain, c'est le général Faidherbe.

**Le Sénégal de 1724 à 1854.** — Durant le dix-huitième siècle, rien de grand ne se fit au Sénégal. Le fort de Podor y fut construit en 1743. Les Anglais, pendant la guerre de Sept ans, s'emparèrent de Gorée et de Saint-Louis (1758). Au traité de Paris (1763), la France ne recouvra que Gorée. Le duc de Lauzun reconquit le Sénégal en 1770, et le traité de Versailles (1783) nous rendit définitivement notre colonie. Quatre ans après, le damel de Cayor nous cédait le cap Vert et les terres voisines, depuis la pointe des Mamelles jusqu'au cap Bernard, avec le village de Dakar. C'est à partir de 1784 que la colonie fut administrée par un gouverneur nommé par le roi.

L'Assemblée nationale constituante décréta en 1791 la dissolution de la Compagnie du Sénégal ; le commerce fut déclaré libre. Mais alors éclatent les longues guerres de la Révolution et de l'Empire. Les Anglais prennent

---

1. M. Berlioux donne, dans son ouvrage, le tableau des marchandises exportées alors de la Sénégambie, (p. 531) : 80 000 cuirs verts, 4000 ou 4500 esclaves, 2500 quintaux de cire, 2500 d'ivoire, 500 marcs d'or, 14 000 quintaux de gomme, 1000 pagnes, de l'ambre, des plumes, et autres provisions en quantité indéterminée. Un esclave de premier choix se vendait 30 barres ou 45 livres.
2. E.-F. BERLIOUX, *André Brüe* (pp. 338-339).

Gorée en 1800, et la perdent en 1804. Ils occupent la colonie tout entière en 1809, et la restituent en 1817, conformément au traité de Paris de 1814.

Des conventions, conclues en 1819 avec les chefs du Oualo, cédèrent à la France la propriété de toutes les îles et terres de cette contrée qu'elle voudrait cultiver : alors furent construits, sur la rive gauche du fleuve, les forts de Richard-Toll et Dagana ; peu après, on éleva celui de Bakel. En 1824, l'exploitation du commerce de la haute Sénégambie fut concédée à la *Compagnie commerciale et agricole de Galam et du Oualo*. Mais la colonie languit de 1825 à 1854. On tenta la culture du coton et celle de l'indigo : l'échec fut complet. Il fallut à plusieurs reprises (1826, 1830, 1832, 1843) repousser les attaques des chefs maures qui essayaient de s'établir sur la rive gauche du fleuve. En 1848, le privilège de la Compagnie fut supprimé ; et six ans plus tard, le gouvernement, harcelé par les pétitions que les commerçants de Bordeaux et du Sénégal lui adressaient, résolut d'en finir avec les chefs maures qui outrageaient ses fonctionnaires, arrêtaient et pillaient ses marchands. Un programme de réformes énergiques fut préparé par le ministre de la marine, sur les plans proposés par le capitaine Bouët-Willaumez, et l'exécution en fut confiée au commandant du génie Faidherbe, déjà populaire dans la colonie par son expérience, sa droiture, et sa compétence particulière dans les affaires indigènes.

**L'administration du gouverneur Faidherbe** (1854-1865). — De cette époque date la régénération du Sénégal. M. Faidherbe a tracé en ces termes le tableau de la colonie en 1854 :

« Le peu d'Européens qui l'habitaient, une centaine au plus, y vivaient
» ramassés sur un îlot de sable sans terre végétale, sans gazon, sans ver-
» dure, mal protégés contre les ardeurs d'un soleil brûlant par de petites
» habitations mal construites. Les deux ou trois fortins que nous possédions
» le long du fleuve n'étaient que d'anciens bazars d'esclaves transformés en
» marchés pour les gommes du Sahara. Aucun terrain ne nous appartenait
» en droit et d'une manière définitive, puisqu'il y avait toujours une rede-
» vance annuelle à payer pour tout point occupé par nous. Partout où l'on
» voulait faire du commerce, il fallait d'abord payer, sous le nom de *cou-*
» *tumes*, des droits aux chefs indigènes, avant même de savoir si l'on ferait
» des affaires ; le gouvernement, de son côté, payait un tribut à tous les
» chefs indigènes et aux princes maures de la rive droite du fleuve pour
» acheter leur bon vouloir, ce qui n'empêchait pas nos commerçants d'être
» journellement en butte aux vols et aux violences de toutes sortes. La
» population indigène était plus malheureuse encore, depuis le jour où les
» Maures Trarza s'étaient rendus maîtres de la rive gauche du Sénégal. Il
» n'est sorte d'exactions, de pillages, de meurtres auxquels les nègres
» qui habitaient ces contrées, ne fussent soumis ; cent cinquante bourgs
» qu'habitait une nombreuse population nègre, dans le Oualo, avaient dis-
» paru en moins d'un siècle. »

**Lutte contre les Maures.** — Le plus pressé était de nettoyer la rive gauche du fleuve des Maures qui l'infestaient, et de dégager les environs de Saint-Louis. Trois ans et demi de suite, presque sans trêve, les colonnes expéditionnaires, envoyées ou conduites par le gouverneur, firent la chasse aux pillards maures. Le Oualo, le Cayor, le Djolof furent délivrés, les forts de Podor, Saldé, Matam, construits sur le fleuve, et les passages fermés aux bandits. Ils furent même traqués sur leur propre territoire, à droite du fleuve. « En 1858, dit M. Ancelle, les Maures Trarza, Brakna et
» Douaïch, battus dans toutes les rencontres, épuisés par ces luttes inces-
» santes, ruinés par les razzias, lassés par cette persévérance infatigable,

» déposèrent les armes et conclurent avec la France des traités qu'ils ont
» toujours respectés[1]. »

**Le marabout El-Hadj.** — Le péril le plus redoutable vint du haut fleuve. Un marabout toucouleur, originaire du Fouta sénégalais, Omar, surnommé El-Hâdj (le pèlerin), parce qu'il venait d'accomplir le pèlerinage de la Mecque, forma le projet de fonder un vaste empire musulman, de Timbouktou à Saint-Louis. Il avait entendu parler de l'émir Abd-el-Kader et de ses victoires; il résolut de l'imiter. Il se déclara l'envoyé du prophète, chargé d'une mission divine; il enseigna le Coran, catéchisa les nègres Toucouleurs, fanatisa les tribus du Fouta, les disciplina, les enrôla dans une grande armée, et prêcha la guerre sainte contre les infidèles. Quiconque ne se soumit pas, fut massacré. Les hordes féroces d'El-Hadj dévastèrent le Bambouk, et les pays du haut Niger, le Kaarta et le Khasso. Pas un village ne resta debout; tout fut rasé ou brûlé, et les populations égorgées ou vendues comme esclaves.

Le prophète se tourna alors du côté des établissements français. Le gouverneur Faidherbe le prévint : tandis qu'El-Hadj achevait la dévastation du Kaarta, il arriva à Médine, à 160 kilomètres en amont du dernier poste français, Bakel, et à 1 000 kilomètres de Saint-Louis. Il acheta au roi du Khasso, Sambala, un terrain, mit en chantier les nombreux ouvriers qu'il avait amenés, et en vingt-deux jours, le fort de Médine s'élevait au bord du fleuve, bien approvisionné, et pourvu de quatre canons et d'une petite garnison comprenant huit soldats blancs et quarante noirs, sous le commandement d'un homme énergique et intelligent, le traitant mulâtre Paul Holl.

### Défense de Médine. — Paul Holl.

« Le fort avait été fondé dans une admirable position, à une
» lieue en aval de la grande cataracte du Félou. C'était à la fois

---

[1]. Les résultats obtenus par ces mesures politiques et militaires furent : 1° la suppression de toutes les coutumes; 2° l'annexion complète du Oualo et du Dimar au territoire colonial et leur soumission à la loi française; 3° la population de ces territoires élevée en deux ans de 17 000 à 34 000 habitants; 4° la suzeraineté de la France s'étendant graduellement sur le million de noirs qui habitent le sol du Fouta-Toro, du Bondou, du Khasso, du Bambouk.

Le vingt-cinquième damel du Cayor fut Biraïma, qui régna de 1855 à 1859. Un compétiteur, Amady-Ngay, soutenu par les *diambours* (conseillers du damel) et par le *tègne* (roi) du Baol, essaya de le renverser. Les diambours furent battus, et leur chef tué. Quant à Biraïma, il mourut en 1859, à vingt-quatre ans, des suites de ses débauches. « Adonné à l'ivrognerie, il passait ses journées à composer des
» mélanges alcooliques, et à les boire avec ses femmes. Un jour, ayant rempli une
» grande chope d'absinthe et d'eau de Cologne, il trouva ce breuvage délicieux,
» et se plaignant qu'on lui eût laissé ignorer cette recette pendant si longtemps,
» il avala d'un trait tout le contenu de la chope : il tomba foudroyé. » (FAIDHERBE, art. cité, p. 554.)

C'est sous le règne de cet étrange ivrogne que M. Faidherbe supprima l'ancienne coutume arbitraire payée par le gouvernement français, et la remplaça par un droit de sortie fixe et régulier perçu par un agent du damel, sur la frontière du nord, du côté de Saint-Louis, et sur celle du sud, du côté de Gorée. Biraïma accorda aussi au gouverneur du Sénégal l'autorisation d'établir, à travers ses États, une ligne télégraphique électrique entre Saint-Louis et Gorée.

Vue de Médine.

» un poste de défense et un poste d'observation. A l'abri de nos
» canons, plusieurs milliers de malheureux Africains, échappés
» aux massacres du prophète, avaient bâti un village et un *tata*,
» sorte de citadelle en pierre et en terre. Le commandant de
» Médine, Paul Holl, prévoyant l'orage qui allait fondre sur lui,
» avait relié le fort au tata par un double terrassement. Il s'était
» assuré du concours des indigènes, qui avaient réclamé sa pro-
» tection, et le chef de ces derniers, un certain Sambala, lui
» avait promis de mourir à ses côtés plutôt que de se rendre.
» La garnison régulière se composait de soixante-quatre per-
» sonnes dont onze Européens seulement, mais elle était brave
» et résolue. Le 19 avril 1857, paraissait l'avant-garde d'El-
» Hadj. Le marabout avait confié les échelles d'assaut aux plus
» fanatiques de sa troupe et ne leur avait épargné ni les encou-
» ragements ni les promesses. C'était pour lui une partie déci-
» sive. Vainqueur des chrétiens, il pouvait tout attendre de
» l'avenir; vaincu au contraire, la croyance à son apostolat
» était sinon détruite, au moins fort ébranlée. Aussi était-il
» résolu aux derniers sacrifices pour s'emparer de Médine. Le
» lendemain 20 avril, vingt mille musulmans se ruaient à la
» fois contre le fort de Médine et le tata de Sambala. Contraire-
» ment à l'habitude africaine, ils s'avançaient silencieusement
» et en masses profondes. Le prophète ne leur avait-il pas an-
» noncé que les canons des blancs ne partiraient pas ! Pendant
» plusieurs heures, le feu de nos soldats ouvrit de larges trouées
» dans leurs rangs; mais ils ne reculaient pas. Ils bravaient la
» mort, le sourire aux lèvres. L'attaque, commencée au point du
» jour, ne se termina que vers les onze heures, et encore les
» El-Hadjistes cédèrent-ils plutôt à la fatigue qu'au décourage-
» ment.

» Pendant le combat, El-Hadj, entouré de ses femmes, était
» resté en vue du fort, attendant la prise pour y faire son entrée
» solennelle. On raconte qu'il pleura de rage, quand ses soldats
» l'entraînèrent avec lui dans leur retraite. Telle était sa fureur,
» qu'il essaya de renouveler l'assaut de la place, bien que con-
» vaincu de l'inutilité d'une attaque de vive force. Deux fois
» repoussé avec des pertes énormes, il se décida enfin à convertir
» le siège en blocus, espérant que la famine ou le manque de
» munitions auraient bientôt raison des défenseurs de la place.
» Cette tactique était la meilleure. Notre commandant, qui en
» connaissait tous les dangers, avait expédié des ouvriers à tou-

» les postes ; il avait également écrit pour demander des appro-
» visionnements, mais aucun secours ne lui était annoncé. Les
» assiégeants avaient resserré leurs lignes d'investissement et
» coupaient toute communication avec le dehors. Dès la fin de
» mai, les vivres étaient rares à Médine, et la nombreuse popu-
» lation du tata commençait à souffrir de la faim. Holl mit
» en commun toutes les subsistances et réduisit tout le monde
» à la ration. Les arachides constituaient la principale ressource;
» mais, comme le bois manquait, au lieu de les brûler, il fallait
» se résigner à les manger pilées et mouillées. Depuis longtemps,
» le vin et l'eau-de-vie avaient disparu, la farine et le biscuit
» étaient avariés. Chaque jour, les assiégeants se rapprochaient
» des murs et s'efforçaient, par leurs promesses et leurs menaces,
» de décourager les intrépides défenseurs du fort. Ils cherchaient
» aussi à semer la division et la défiance, en promettant la vie
» sauve à tous, sauf à Paul Holl, aux Européens et à Sambala.
» Ce n'étaient pas de vaines menaces. On connaissait, pour
» l'avoir éprouvée, la férocité des El-Hadjistes, et, pour peu que
» les renforts espérés tardassent davantage, Médine succombe-
» rait fatalement.

» La poudre manqua bientôt. On s'en procura de fort mau-
» vaise en vidant un certain nombre d'obus. Les soldats étaient
» pour la plupart réduits à un seul coup. Les volontaires et
» Sambala lui-même venaient fréquemment demander des mu-
» nitions à Holl, et le commandant se contentait de leur
» répondre : « J'ai là, dans ce magasin, beaucoup de poudre;
» mais n'avons-nous pas tué assez d'ennemis ? L'air en est em-
» pesté. Attendez le jour du combat, et n'ayez peur; la déli-
» vrance approche. » Cependant, à part lui, notre commandant
» reconnaissait que le fort, dépourvu de vivres et de munitions,
» ne tiendrait plus longtemps. Déjà ses hommes ne pouvaient
» plus supporter les gardes et les veilles, et près de six mille
» Africains, entassés dans le tata, mouraient de faim et de
» misère. Déterminé à ne pas capituler, Holl fit part de sa réso-
» lution au sergent Desplat, et tous deux convinrent de mettre
» le feu aux dernières munitions, quand ils verraient l'ennemi
» pénétrer dans la place.

» Le 18 juillet, il n'y avait plus à Médine de vivres que pour
» quelques heures, et quels vivres ! lorsque de sourdes déto-
» nations retentirent au loin. La petite garnison courut aux
» murs, tout enfiévrée d'espoir. Bientôt on croit voir des cos-

» tumes européens. Plus de doute. Ce sont les libérateurs.
» C'étaient eux en effet, et Faidherbe à leur tête. Le général, à
» la première nouvelle de l'investissement, avait donné ordre au
» vapeur le *Guet-Ndar*, de porter à Médine des renforts et des
» munitions; mais les eaux du fleuve étaient basses, et le navire
» ne pouvait avancer. Faidherbe réunit alors deux à trois cents
» hommes, quitte Saint-Louis sur le *Basilic*, rallie, en passant,
» le *Guet-Ndar* et court à Médine. Par bonheur, les eaux avaient
» monté, et les paquebots passèrent. C'était un acte singulière-
» ment hardi que de se heurter ainsi avec une poignée d'hommes
» contre toute une armée, que les calculs les plus modérés por-
» taient au moins à vingt-cinq mille hommes. En aval de
» Médine, face à face, sur les deux rives du fleuve, se dressent
» deux gigantesques rochers, les Kippes, qui semblent comme
» une écluse, dans l'ouverture béante de laquelle le fleuve se
» précipite avec rapidité. El-Hadj avait fait occuper ces roches
» par un corps nombreux, dont les feux plongeants arrêteraient
» tout navire en marche. Tenter de forcer ces deux redoutes
» naturelles était bien dangereux. Faidherbe imagina de débar-
» quer tout son monde sur la rive droite et d'attaquer le Kippe
» de cette rive. Les El-Hadjistes, qui ne s'attendaient pas à
» cette attaque audacieuse, s'enfuirent en désordre. Aussitôt
» le général installe un obusier, dont les coups bien dirigés
» vont frapper le Kippe de la rive gauche et en chassent l'en-
» nemi.

» Au même moment, le *Basilic* forçait le passage, et à la vue
» de nos soldats, Holl et Sambala ordonnaient une sortie géné-
» rale. « De la poudre ! De la poudre ! réclame le chef nègre.
» — Il y a longtemps que je n'en ai plus, réplique le commandant
» de Médine. — Et ce magasin qui en était plein ? — Qu'aurais-tu
» fait si je t'avais avoué ma pénurie ? — Les blancs sont habiles;
» tu as bien fait. Je te remercie. » Quelques instants après, les
» assiégeants, pris entre les baïonnettes des assiégés et les balles
» de l'armée libératrice, se débandaient dans toutes les direc-
» tions, et Faidherbe, pénétrant dans le fort, s'assurait par lui-
» même de ce qu'il avait fallu d'énergie aux défenseurs de la
» place pour résister quatre-vingt-quinze jours, du 19 avril au
» 18 juillet, à un ennemi si déterminé. Le prestige d'El-Hadj
» était à tout jamais détruit. Celui de la France, au contraire,
» ne cessa pas de grandir. Ce siège et cette résistance héroïque
» avaient fondé la puissance de la France dans ces lointains

» parages. » (Paul GAFFAREL[1], *Les Colonies françaises*. Paris, 1880, in-8°, G. Baillière.)

Quelques jours après, l'armée du prophète était détruite dans un sanglant combat; il essaya vainement l'année suivante de s'attaquer à nos postes solidement organisés et bien défendus. Dès lors il renonça à lutter contre la France, et fit la conquête du royaume de Ségou. Il périt en 1864, dans le Macina, et ses fils se partagèrent son empire.

**Traités avec les Etats nègres.** — Pendant les années 1858, 1859 et 1860, des traités d'alliance ou de protectorat furent signés avec les Etats nègres du Sénégal et de la Gambie. Le lieutenant-colonel FARON détruisit, près de Bakel, le village fortifié de *Guémou*, construit par El-Hadj; le *Fouta* fut démembré en trois Etats indépendants, dont deux, le *Damga* et le *Toro*, furent annexés à la colonie (1859). Du côté de la mer, les succès ne furent pas moins grands. Les royaumes de *Baol*, *Sine* et *Saloum* visités par nos colonnes signèrent des traités, et la France s'établit à *Rufisque*, *Portudal*, *Joal* et *Kaolakh* (1859). En 1860, 1861 et 1862, le *Cayor* dut accepter notre suzeraineté, et un traité nous céda toute la côte entre Saint-Louis et Gorée, sur une profondeur de trois lieues; la province du *Gandiole*, voisine de Saint-Louis, celle du *Diander*, en face de Gorée, furent également annexées. Dans le courant de l'année 1862, des troubles éclatèrent dans le Fouta central; des populations amies ayant été pillées par les Toucouleurs, trois expéditions furent entreprises contre ces fanatiques (juillet-septembre 1862, janvier 1863). Vaincues et dispersées, les populations du *Fouta-Toro* demandèrent la paix.

**Les réformes administratives.** — La pacification étant achevée, l'œuvre de réforme administrative commença. « Tout était à créer, tout fut
» entrepris et exécuté. Trois ponts furent construits pour relier Saint-
» Louis à la terre ferme, et permirent à nos troupes de se porter rapidement
» dans le Oualo et le Cayor, en même temps qu'ils facilitèrent les tran-
» sactions commerciales. Des routes, des lignes télégraphiques relièrent le
» chef-lieu de la colonie avec les postes les plus voisins. Le magnifique
» port de *Dakar* aménagé, doté de trois phares, dut à cette transformation
» complète d'être choisi, quelques années plus tard, comme point de relâche
» des transatlantiques. Des écoles, des casernes, des établissements publics
» de toutes sortes furent construits à Saint-Louis, en même temps que
» furent créés une banque, un musée, une imprimerie, un journal (*Moni-
» teur du Sénégal*) et une *école des otages* où les fils des chefs nègres étaient
» élevés aux frais du gouvernement français. Cette dernière institution
» devait rendre de grands services à la colonie : apprendre notre langue
» à ces nègres appelés à commander plus tard dans leurs petits Etats, les
» initier à nos mœurs, à nos coutumes, à notre civilisation, n'était-ce pas
» nous les attacher, nous préparer pour l'avenir de précieux alliés et faire
» ainsi œuvre de colonisation intelligente ! Cette école fut, à tort, supprimée

---

1. Nous avons déjà eu plusieurs fois l'occasion de citer les études de M. Gaffarel (V. notamment dans ce volume la page 124, et dans nos *Lectures sur l'Amérique* la page 490). Les travaux originaux et les ouvrages de vulgarisation du savant et très actif doyen de la Faculté des lettres de Dijon ont largement contribué aux progrès de la géographie de notre temps. On sait que la Société de géographie de Paris lui a décerné en 1880 le prix Jomard.

» quelques années plus tard. Des essais de culture du coton et de l'indigo
» furent entrepris; la culture des arachides encouragée prit des dévelop-
» pements considérables; l'exportation de cette graine entre aujourd'hui,
» pour la plus large part, dans le commerce de la colonie[1]. »

Dès 1859, sur l'initiative du gouverneur Faidherbe, commencèrent les voyages d'exploration dans l'intérieur. Le capitaine d'état-major VINCENT fut envoyé dans l'Adrar; BOU-EL-MOGHDAD de Saint-Louis à Mogador; l'enseigne de vaisseau BOURREL dans le pays des Maures Brakna; le sous-lieutenant indigène de spahis, ALIOUN-SAL, à Tombouktou, où il ne put arriver; les sous-lieutenants d'infanterie de marine, PASCAL et LAMBERT, dans le Bambouk et le Fouta-Djallon. La plus fameuse de ces explorations, la plus périlleuse, et celle qui donna les résultats les plus féconds, fut celle du lieutenant de vaisseau MAGE et du docteur QUINTIN. Ils étaient chargés de se rendre auprès d'El-Hadj, de signer avec lui un traité d'alliance, et d'obtenir de l'ancien ennemi de la France l'autorisation d'établir des comptoirs de commerce entre Médine et le Niger. Les deux voyageurs furent retenus deux ans en captivité à Ségou, et après mille dramatiques aventures, rapportèrent un traité de commerce, signé par Ahmadou. C'était la première tentative sérieuse faite pour ouvrir au Sénégal français l'accès du Soudan occidental. On verra plus loin les conséquences de ce voyage.

Telle fut l'œuvre féconde du gouverneur FAIDHERBE pendant les onze années qu'il passa au Sénégal (1854-1865), sauf des absences momentanées. Il avait assis solidement notre domination, donné des terres à nos colons, assuré le trafic de nos marchands, imposé à des indigènes insolents le respect de la France, et préparé la conquête commerciale du Soudan pour un avenir prochain. Depuis André Brüe, aucun administrateur ne saurait lui être comparé.

**Les dernières années; les chemins de fer; la pénétration au Soudan.** — Onze ans se passèrent (1865-1876) pendant lesquels la colonisation française demeura stationnaire. Quelques attaques furent réprimées, quelques postes intermédiaires construits, quelques comptoirs créés, mais on parut oublier les plans magnifiques du gouverneur Faidherbe; la métropole avait malheureusement d'autres sujets de préoccupation plus directs. Le réveil se fit en 1876, avec l'arrivée au Sénégal du colonel BRIÈRE DE L'ISLE. Il eut le mérite de comprendre que l'avenir de la colonie était dans l'ouverture d'une voie commerciale vers le Niger, et l'honneur d'attacher son nom à la direction des premiers travaux. En 1879, une commission convoquée par M. de Freycinet, ministre des travaux publics, proposa de pénétrer au Soudan et par l'Algérie et par le Sénégal. Le massacre de la mission Flatters ramena plus exclusivement l'attention vers le Sénégal. Sur les avis de M. Legros, inspecteur général des travaux maritimes, M. Brière de l'Isle proposa la construction de trois lignes de chemins de fer, et l'amiral Jauréguiberry, ministre de la marine, ancien gouverneur du Sénégal, se fit auprès du gouvernement et du Parlement, le champion des grands projets conçus autrefois par le général Faidherbe, qui donnaient non l'Algérie, mais les postes du haut Sénégal, comme têtes de lignes aux routes commerciales du Soudan. Les Chambres votèrent d'abord (1879) un crédit de 500 000 francs pour frais d'études préliminaires et pour la construction d'un fort à Bafou-

---

[1]. Capitaine J. ANCELLE, *lès Français au Sénégal*. (*Revue de géographie*, mars 1883.)

labé, au confluent du Baling et du Bakhoy. La première ligne de chemin de fer, de Dakar à Saint-Louis par le Cayor, fut concédée à la Compagnie industrielle des Batignolles[1]; le 10 septembre 1879, Lat-Dior, damel du Cayor, par un traité signé avec Bou-el-Moghdad, représentant du gouverneur de Saint-Louis, accordait l'autorisation nécessaire[2]. La deuxième ligne, de M'pal à Médine, a été ajournée; le Sénégal, étant navigable quatre à cinq mois par an jusqu'à Médine, suffira au commerce actuel. La troisième ligne, longue d'environ 520 kilomètres, doit rattacher Médine au Niger, près de Bamako. Cette ligne sera construite par l'Etat.

### La mission Galliéni.

Le gouverneur, avant de commencer les travaux, envoya auprès du roi de Ségou, Ahmadou, un des fils d'El-Hadj, une mission commandée par le capitaine Galliéni, pour obtenir de lui les concessions nécessaires (janvier 1880-mars 1881). Le capitaine Galliéni, directeur des affaires indigènes à Saint-Louis, préparé par un long séjour dans la colonie à la pénible et délicate mission qui lui était confiée, fit entre Médine et Bafoulabé, une reconnaissance préliminaire, et se concilia l'appui des populations Malinké, ennemies des Toucouleurs, qui consentirent même à fournir des guides à l'expédition. En 1880, le capitaine Galliéni, les lieutenants Vallière et Piétri, les docteurs Toutain et Bayol, avec une escorte de trente tirailleurs et spahis indigènes, et quelques laptots sénégalais partirent, suivis d'un convoi de trois cents bêtes de somme qui portaient les présents destinés au roi Ahmadou et aux grands chefs indigènes. Le voyage jusqu'au plateau de Kita ne fut signalé par aucun incident fâcheux; les tribus, heureuses de penser que le protectorat français les

---

1. La construction de ce chemin de fer commença presque immédiatement. En 1884, la section de Dakar à Rufisque fut livrée à l'exploitation. La ligne entière, longue de 260 kilomètres, doit être achevée en 1885.
2. Les études du chemin de fer étaient à peine commencées que Lat-Dior, changeant d'avis, refusa de laisser continuer les reconnaissances. Rappelé à l'exécution du traité, il dit n'en avoir pas compris le sens, ne s'être pas douté de ce que pouvaient être des navires à vapeur allant sur la terre. Il essaya de soulever contre nous le Djolof, les Trarza, et l'almamy du Fouta : une colonne, sous le colonel Wendling, pénétra dans le Cayor (décembre 1882), mais Lat-Dior s'enfuit dans le Baol. Le gouverneur du Sénégal, M. Servatius, le déclara déchu, ainsi que Samba-Laobe qui s'était compromis en protestant contre les travaux du chemin de fer. Son neveu, Samba-Yaye, fut proclamé damel sous le nom de Amady-Ngoué-Fal II, et par un traité signé le 16 janvier 1883, plaça le Cayor sous le protectorat de la France. Le nouveau roi, rompant avec les traditions et les superstitions de son pays suivant lesquelles un damel ne pouvait voir la mer sans mourir, vint à Saint-Louis, pour rendre hommage au gouverneur et faire acte de soumission à la France. Lat-Dior et son neveu Samba-Laobé, à la tête de leurs partisans, envahirent le Cayor; trois colonnes volantes, sous le chef de bataillon Dodds et le capitaine des spahis Dupré, les cernèrent habilement, et forcèrent Samba-Laobé à se rendre sans conditions avec tous ses guerriers, dont les armes et les chevaux furent confisqués. Lat-Dior s'enfuit, et *les tiédo* désarmés furent réduits à l'impuissance.

Le 15 mai 1883, M. René Servatius, gouverneur général, autorisa Samba-Laobé à retourner dans le Cayor, sur sa promesse d'y vivre en simple particulier, et d'y rester fidèle à la France. Mais la popularité dont jouissait Samba auprès de ses compatriotes, et le mépris des habitants du Cayor pour le damel Amady qu'on leur avait imposé, décidèrent le gouverneur à proclamer damel Samba-Laobé (septembre 1883). Les indigènes et les commerçants étrangers ont accueilli avec joie ce changement : mais Lat-Dior n'a pas posé les armes ; allié du roi de Diolof, Alboury, il guette l'occasion de reconquérir son trône.

mettrait désormais à l'abri des brigandages des Toucouleurs, signaient des traités. Le pays de Kita nous fut ouvert. Kita, point de croisement des routes de caravanes entre le haut Sénégal, le haut Niger et le Sahara, fut désigné pour recevoir une forteresse française.

Mais lorsque la mission traversa le Bélédougou, contrée inconnue, située entre le massif de Kita et le Niger, dans le bassin du Baoulé, les habitants, de race bambara, les sauvages Béléris, l'accueillirent avec défiance. Les ballots du convoi allumèrent leurs convoitises. Le 16 mai, près du village de Dio, la mission, trahie par son guide, tomba dans une embuscade, où deux mille nègres hurlant l'environnèrent. Le convoi fut mis au pillage, mais les tirailleurs et les spahis, serrés autour de leurs officiers, firent dans cette foule une trouée sanglante, et purent, trainant leurs blessés et brûlant leurs dernières cartouches, atteindre le Niger près de Bamako. Le lieutenant Vallière, détaché de la mission pour explorer la haute vallée du Bakhoy, avait traversé sans péril le Birgo et le Manding et il rejoignit ses compagnons à Bamako. Galliéni donna hardiment l'ordre de franchir le Niger, et de s'avancer sur les terres de Ségou. Arrivée à Nango, à quelques kilomètres de la capitale, la mission dut attendre le bon plaisir du sultan.

« Alors commença une véritable captivité qui dura dix mois. Ne pouvant
» être admis à voir Ahmadou, obligé de correspondre avec lui par messa-
» gers ou de traiter verbalement avec ses ministres, le capitaine Galliéni
» dut déployer toutes les ruses et les subtilités de la diplomatie africaine.
» On se demande par quel prodige d'habileté il parvint à faire reconnaître
» par le fils d'El-Hadj-Omar le protectorat de la France sur le Niger.
» Enfin, le 21 mars 1881, la mission put quitter Nango, emportant le
» traité si difficilement arraché aux méfiances du sultan toucouleur.
» Elle avait pu constater dans quel état de profonde décadence est tombé
» cet empire, qui a été un moment le plus puissant de l'Afrique occiden-
» tale, et recueillir les plaintes et les cris de haine des populations
» vaincues, qui n'attendent qu'une occasion pour reconquérir leur indé-
» pendance. Elle rapportait, en outre, les beaux levés topographiques
» du lieutenant Vallière, qui embrassent l'itinéraire complet de la mission
» depuis Bafoulafé jusqu'à Nango. Au point de vue géographique, ses
» observations ont une importance considérable. L'exploration complète
» des vallées du Bakhoy et du Baoulé, et l'étude de la ligne de partage des
» eaux entre les bassins du Sénégal et du Niger, permettent d'affirmer
» qu'aucun obstacle naturel considérable ne s'oppose à l'exécution du che-
» min de fer projeté. Les résultats scientifiques autant que politiques de la
» mission Galliéni la placent au premier rang parmi les explorations con-
» temporaines[1]. »

Les trois campagnes du colonel Borgnis-Desbordes (1880-1883). — Au retour, la mission rencontra sur le plateau de Kita une colonne française qui bâtissait un fort. Tandis qu'elle séjournait à Nango, le ministère avait envoyé une colonne expéditionnaire, accompagnée d'un personnel de travailleurs et d'un matériel considérable, sous les ordres du lieutenant-colonel d'artillerie de marine, M. Borgnis-Desbordes. Malgré une épidémie de fièvre typhoïde qui décima sa troupe, malgré les négligences et les retards fâcheux de l'administration qui compromirent un instant le succès de la campagne, malgré le mauvais vouloir de certains partis indi-

---

1. E. FALLOT, *Histoire de la colonie française du Sénégal*. (*Bulletin de la Société de géographie de Marseille*, juillet 1883.)

gènes, le colonel, à force d'activité, de sang-froid et d'énergie, suffit à sa tâche. Les Peuls, Mandingues et Bambaras qui terrorisaient les populations par leurs brigandages, et menaçaient de couper aux ouvriers du fort les vivres et la retraite, furent taillés en pièces; leur quartier général, Goubanko, enlevé d'assaut, après une défense acharnée (11 février 1881). Le fort fut continué sans obstacle. La première pierre fut posée le 25[1]. Au mois de mai, les travaux étaient terminés.

Une garnison fut laissée dans la nouvelle forteresse; une mission topographique, sous les ordres du commandant Derrien, dressa une excellente carte de la région du haut Sénégal; une brigade télégraphique, dirigée par un employé indigène d'une grande intelligence, M. Mademba, établit un fil électrique de Médine au Kita. Tels furent les merveilleux résultats, à la fois politiques, militaires et scientifiques, conquis dans une campagne de quelques mois.

Une deuxième expédition fut préparée avec plus de soin et de promptitude que la première; elle devait consolider les postes de Bafoulabé et du Kita, y établir des magasins, bâtir un fort intermédiaire à Badoumbé, et commencer un chemin de fer des Khayes (à 12 kilomètres en aval de Médine) au Kita. Le Parlement avait voté à cet effet une somme de 8 550 000 francs. Le colonel Borgnis-Desbordes arriva à Badoumbé le 1er janvier 1882; il gagna aussitôt le Kita. C'est alors qu'il se heurta à la résistance inattendue d'un chef nègre des plus redoutables, le marabout Samory, de race malinké, prêcheur de guerre sainte, prophète influent et capitaine brave et habile. Samory était la terreur des populations de la rive droite du haut Niger. Maître du Bissadougou, du Baleya et du Kourbaridougou, il dévastait les contrées d'alentour, saccageait et incendiait les villages, massacrait ou vendait comme esclaves les habitants. Le capitaine Monségur, commandant du fort du Kita, lui fit adresser des remontrances par un de ses officiers indigènes de la garnison; Samory emprisonna l'ambassadeur et s'empara de Kéniéra qu'il détruisit. C'est à ce moment qu'arrivait le colonel Desbordes; il vengea cette insulte, battit le marabout, brûla son camp et dispersa son armée. Les travaux du chemin de fer furent continués; mais les difficultés étaient immenses dans un pays presque désert, éloigné de 1 000 kilomètres de Saint-Louis, et où toutes les ressources manquaient. Une épidémie de fièvre jaune décima les coolies chinois et les terrassiers marocains amenés à grands frais; les employés européens furent malades ou moururent pour la plupart; l'ingénieur des travaux, atteint à son tour, dut repartir pour la France. Les dépenses furent énormes, les résultats médiocres, le succès compromis.

La campagne de 1882-83 releva heureusement la fortune de la France au

---

1. « Ce fut une cérémonie émouvante, raconte un des témoins, le commandant » Derrien, chef de la mission topographique du Haut-Sénégal: l'aspect de la co- » lonne expéditionnaire, qui défila devant son chef, disait les souffrances endu- » rées par les vaillants qui venaient planter le drapeau tricolore dans ces régions » lointaines. Le climat avait fait son œuvre. Les soldats blancs, aux traits hâves, » exténués, défaits, amaigris, avaient l'air de fantômes ambulants. Mais si le so- » leil et les fièvres avaient ruiné leurs forces physiques, le cœur et le moral » restaient intacts, et un éclair d'orgueil et d'énergie brilla dans tous les yeux, » lorsque les couleurs nationales, hissées au haut d'un mât, furent saluées par une » salve de huit coups de canon. » (*Bulletin de la Société de géographie et d'archéologie d'Oran*, 1882, n° 12.)

Soudan. Nous avons cité ailleurs[1] le brillant récit de cette troisième expédition du vaillant colonel Borgnis-Desbordes. La citadelle de Mourgoula fut occupée, le Bélédougou envahi et le village de Daba pris d'assaut, les villages nègres payèrent la rançon du pillage de la mission Galliéni ; le 31 janvier 1883, le colonel entrait à Bamako, et le 5 février, prenait solennellement possession du haut Niger au nom de la France, en posant au bord du grand fleuve soudanien, la première pierre de la forteresse, sur laquelle flotta le drapeau aux trois couleurs[2]. Le marabout Samory essaya de prendre sa revanche et de ruiner l'établissement naissant. Il surprit dans le Bélédougou la brigade de télégraphistes qui, sous les ordres de M. Mademba, reliait Bamako à Kita, mais la brigade prit les armes et repoussa les cavaliers noirs. Quelques jours après, le capitaine Piétri battait et rançonnait un parti de Malinkés sur la route du Kita, tandis que le colonel Desbordes, avec cent cinquante fantassins, dix-huit spahis et deux canons, livrait près de Bamako à Samory et à ses deux mille guerriers, un héroïque combat. Les noirs, poursuivis, durent repasser le Niger, et pendant ce temps le fort fut achevé et rendu imprenable. Les travaux du chemin de fer furent poursuivis ; le 19 décembre 1882, un premier train circula sur la ligne au grand ébahissement des populations indigènes : à la fin de la campagne, 20 kilomètres de voie ferrée étaient construits ; cinquante furent achevés en 1884.

En même temps, le docteur Bayol, qui avait accompagné la mission Galliéni, et qui, en 1881, avait visité le Fouta-Djallon et conclu un traité avec l'almamy de Timbo, était chargé d'explorer le pays inconnu, situé entre le Kaarta et le Niger, au nord de Bamako. Grâce à la haine qu'inspire la tyrannie d'Ahmadou, grâce aussi au prestige de nos armes et au sang-froid du diplomate, il pénétrait jusqu'à Segala, à six journées de marche de Timbouktou, et rapportait des traités librement consentis qui mettaient sous le protectorat de la France les divers États qu'il avait visités. La France est donc aujourd'hui maîtresse des clefs du Soudan, du côté du Sénégal. Il faut souhaiter à notre politique coloniale l'esprit de suite, la prudence et la persévérance qui lui ont trop souvent fait défaut. « *Je maintiendrai*, cette devise » d'un peuple dont les colonies peuvent servir de modèle à toutes les na- » tions maritimes, écrit le contre-amiral Aube, doit être en Sénégambie la » devise de la France[3]. »

---

1. Voy. p. 476, au chapitre du Soudan.
2. Il est juste de rappeler que le drapeau français fut arboré pour la première fois sur le Niger en 1879 par M. Paul Soleillet qui fit, au nom de la *Société des études maritimes et coloniales*, un voyage d'exploration dans le Kaarta et au Soudan. M. Soleillet voyageait muni des recommandations du gouverneur du Sénégal, en qualité de *thaleb*. Il atteignit le Djoliba à Yamina, et descendit le fleuve jusqu'à Ségou-Sikoro, dans une pirogue à l'arrière de laquelle flottait un pavillon tricolore fait de trois lambeaux d'étoffe. Le sultan Ahmadou l'accueillit bien, fit saluer son drapeau par ses troupes, le logea dans son palais, et le gratifia d'un cheval, d'un bœuf, de deux moutons, d'une barre de sel, etc. Mais quand le voyageur voulut reprendre son voyage sur le fleuve pour descendre vers Kabra et Timbouktou, le sultan s'opposa à son projet. M. Soleillet dut rebrousser chemin et rentrer à Saint-Louis. Il fit connaître à son retour les résultats de son expédition dans de nombreuses conférences faites à Bordeaux, Toulouse, Montpellier, Marseille, Lyon, Paris, Rouen, Amiens, etc.
3. LES GOUVERNEURS DU SÉNÉGAL DEPUIS 1830. — On s'est plaint souvent, et non sans raison, de la fréquence des changements dans l'administration supérieure et le gouvernement de nos colonies ; le Sénégal est une de celles qui ont

## 2° EXTRAITS ET ANALYSES

### Les peuplades du Sénégal.

« En remontant le Sénégal jusqu'à Médine, on trouve sur la rive gauche les Yoloffs, puis les Toucouleurs, les Sarracolets et enfin les Kassonkais : les trois premières peuplades appartiennent essentiellement à la race noire, leur peau est noire, ils ont les cheveux crépus, le nez plus ou moins aplati et les lèvres épaisses ; la quatrième a dû, à une époque plus ou moins reculée, être mélangée avec une autre race, peut-être même la race maure ; leurs cheveux sont crépus, mais ils ont en général la peau cuivrée, et parmi eux se rencontrent d'assez beaux types qui ne tiennent nullement du nègre. Tous ces indigènes, hommes et femmes, sont de taille moyenne et bien proportionnés.

» Quoique depuis bien des années en contact avec les

---

le plus souffert de cette instabilité. Depuis 1831 jusqu'en 1884, on ne voit pas moins de quarante gouverneurs s'y succéder. Voici leurs noms :

MM. Renault de Saint-Germain, chef de bataillon d'infanterie de marine (1831) ; Cadéot, sous-commissaire de la marine, intérimaire (1833) ; Quernel, capitaine de frégate, intérimaire (1833) ; Pujol, capitaine de frégate (1834) ; Malavois, lieutenant de vaisseau (1836) ; Guillet, sous-commissaire de la marine, intérimaire (1836) ; Soret, capitaine de corvette (1837) ; Charmasson, capitaine de vaisseau (1839) ; Montagniès de la Roque, capitaine de vaisseau (1841) ; Pageot des Noutières, commissaire de la marine, intérimaire (1842) ; Bouët-Willaumez, capitaine de corvette (1843) ; Laborel, chef de bataillon d'infanterie de marine, intérimaire (1844) ; Thomas, commissaire de la marine, intérimaire (1844) ; Ollivier, capitaine de vaisseau (1845) ; Houbé, chef de bataillon d'infanterie de marine, intérimaire (1846) ; comte Bourdon de Gramont, capitaine de corvette (1846) ; Caille, lieutenant-colonel, intérimaire (1847) ; Bertin du Château, chef de bataillon, intérimaire (1847) ; Baudin, capitaine de vaisseau, commissaire de la République (1848) ; Aumont, capitaine de frégate, gouverneur intérimaire (1850) ; Protet, capitaine de vaisseau (1850) ; Aumont, capitaine de frégate, intérimaire (1852) ; Vérand, commissaire de la marine, intérimaire (1854) ; Protet, capitaine de vaisseau (1854) ; Faidherbe, chef de bataillon du génie (1854) ; Morel, chef de bataillon d'infanterie de marine, intérimaire (1856) ; Faidherbe, lieutenant-colonel du génie (1856) ; Robin, capitaine de frégate, commandant supérieur de la marine, intérimaire (1858) ; Faidherbe, colonel du génie (1859) ; Stéphan, commissaire-ordonnateur, intérimaire (1861) ; Jauréguiberry, capitaine de vaisseau (1861) ; Pinet-Laprade, lieutenant-colonel du génie, intérimaire (1863) ; Faidherbe, général de brigade (1863) ; Valière, colonel d'infanterie de marine (octobre 1869, juin 1876) ; Brière de Lisle, colonel d'infanterie de marine (mars 1881) ; de Lanneau, capitaine de vaisseau (août 1881) ; Canard, colonel de spahis (mai 1882) ; Vallon, capitaine de vaisseau (1882) ; René Servatius, (juin 1883) ; colonel Bourdiaux, intérimaire (1883) ; Seignac, commandant de marine, nommé en juillet 1883.

Européens, ils ont jusqu'à présent conservé leurs mœurs et leurs coutumes primitives, avec leurs dialectes différant tous les uns des autres. Ils sont orgueilleux, fourbes, astucieux et paresseux au superlatif; leur vie est celle de l'animal; pour eux, le suprême bonheur, l'idéal de l'existence est de manger et de dormir. Ils n'ont aucune industrie et cultivent juste à peu près ce qu'il faut pour subvenir aux besoins de l'année; complètement insouciants de l'avenir, ils vivent au jour le jour, plongés dans une apathie dont ils ne sortiront jamais que par la force; plongés aussi dans une ignorance tout à fait sauvage, les conseils, les stimulants, les encouragements, tout échoue auprès d'eux, de fortes rémunérations même ne parviennent pas souvent à les tirer de leur indolence; ils sont attachés à leur pays, ne s'en expatrient que difficilement, mais ils en ignorent complètement l'histoire; chose même plus étonnante, aucun d'eux ne connaît son âge.....

» ..... Toutes ces peuplades ont pour les Européens une répulsion mêlée de mépris; elles nous détestent profondément. Imbues des préjugés de la religion musulmane qui a envahi presque toutes ces contrées, elles seraient heureuses de voir la race blanche disparaître de leurs territoires; les Kassonkais, les Bambaras, sont pour ainsi dire les seuls qui, jusqu'à présent, aient résisté à l'entraînement général.....

» ..... L'esclavage existe dans toutes ces contrées; dès qu'on est un peu au courant des mœurs indigènes, on distingue tout de suite deux classes différentes de captifs. La première comprend le captif de case, l'ami plutôt que l'esclave du maître, dont il a même très souvent la confiance; il n'est jamais vendu, sauf dans les cas de force majeure; en un mot, il est considéré comme faisant presque partie de la famille. Dans cette classe doivent être compris ce qu'on appelle les captifs de la couronne, qui, bien qu'esclaves, jouissent d'une influence et pèsent d'un certain poids dans la balance lors de l'élection d'un chef. Parmi eux se trouvent les grillotes (ou griots), les tisserands, les forgerons. Les grillotes ne sont que les baladins des temps anciens. Le maître, dont ils sont l'ombre, jamais ils ne le quittent; ils le suivent dans toutes ses courses ou promenades, causant avec lui ou chantant, c'est-à-dire criant ses louanges ou celles de ses ancêtres en s'accompagnant d'une espèce de guitare à deux ou trois cordes, ou cherchant dans leur répertoire quelque sujet qui puisse égayer le maître ; puis le soir c'est encore à eux que revient le soin de distraire la société, soit par des romances, soit par des récits de leur invention. Plus le griot a le talent de se rendre amusant, plus il est choyé, et certains d'entre eux finissent par avoir une véritable renommée.

» Les tisserands travaillent le coton une fois que les femmes ont préparé le fil ; ils font une étoffe épaisse et assez solide, d'une largeur de 20 à 25 centimètres, grossièrement tissée, qui sert à la confection de leurs vêtements ; les hommes les cousent eux-mêmes, et vont jusqu'à les broder avec des soies de différentes couleurs qu'ils se procurent dans nos comptoirs, car en dehors de l'indigo qu'ils ne manient que d'une façon très primitive, ils n'ont aucune notion des teintures.

» Les forgerons comprennent aussi les bijoutiers qui travaillent l'or et l'argent, ils sont rares, mais ne manquent pas d'habileté. Leurs bijoux sont massifs ou soufflés et repoussés, ils consistent en bracelets, colliers et boucles d'oreilles à l'usage des femmes ; ils font en outre des applications sur corne et des incrustations sur de l'ébène. Avec les simples outils dont ils disposent, on est réellement étonné des résultats qu'ils obtiennent et tous leurs ouvrages sont empreints d'une certaine originalité. Le forgeron proprement dit fabrique les instruments aratoires ou plutôt l'instrument aratoire en usage, les hameçons pour la pêche, les dards pour harponner le poisson, etc. ; mais là il n'y a ni grande adresse ni grand talent à déployer. Tout le fer en général dont ils se servent provient des comptoirs européens. La pioche est le seul instrument qu'ils emploient, et ils l'installent de façon à se fatiguer le moins possible. Figurez-vous une petite pelle plate avec un manche droit d'environ $0^m,50$ de long, auquel on en adapte un second de $1^m,50$ à peu près, formant avec le premier un angle presque droit, et reliés l'un à l'autre par une entre-toise, servant à les assujettir et à maintenir l'écartement; ils peuvent piocher, si l'on peut appeler ainsi leurs manières de gratter la terre, presque debout, sans beaucoup de fatigues.....

» ..... Quant aux captifs ordinaires, ceux-là sont plus à plaindre, car ils sont parfois soumis à des traitements rigoureux. Appartenant aujourd'hui à celui-ci, demain à celui-là, ils sont vendus suivant les caprices du maître. La captivité leur est d'autant plus à charge que bien souvent ils étaient libres dans leur pays. Ils ont été pris, garrottés, puis vendus au loin sans plus de formalités; d'autres, faits prisonniers dans une guerre, sont conduits dans de grands centres comme Ségou, livrés à des marchands d'esclaves pour de l'or, du sel ou autre marchandise; ceux-là sont revendus dans des tribus assez éloignées pour rendre toute fuite impossible.....

» ..... Les noirs vivent dans des cases groupées en village, grossièrement faites, basses et sans la moindre aération; leurs formes sont cylindriques, surmontées d'un toit en cône; quelques-unes dans le bas fleuve, presque toutes chez les Sarracolets et les Kassonkais, ont la partie cylindrique formée de pieux et de branches recouvertes de terre argileuse; tout le reste est en paille. Là-dedans grouillent hommes, femmes, enfants, voire même certains animaux domestiques; on y couche, on y fait la cuisine, on y mange, tout cela dans un espace restreint et non aéré; les odeurs s'y accumulent, s'y concentrent; du poisson, de la viande séchée, ramassés quelquefois dans un coin, contribuent encore à rendre l'accès d'une case insupportable pour tout Européen. En dehors des nattes sur lesquelles ils couchent, du misérable coffre en bois dans lequel ils ramassent les vêtements, et de leurs calebasses qui, on peut le dire, servent à tous les usages, la case est complètement nue; le sol est aplati et uni, un espace vide plus ou moins grand est réservé devant l'entrée; quelquefois même un petit jardin y est attenant : on y cultive quelques légumes, comme giraumons, yombos ou patates douces, mais jamais on n'y voit de fleurs, non plus que d'arbres fruitiers. Tous ces villages sont généralement d'une saleté repoussante; ils n'offrent aucune symétrie, les cases sont construites les unes près des autres, se touchant même quelquefois, sans ordre ; de petites ruelles étroites, malpropres, où se répandent les odeurs des cases, permettent de circuler d'un endroit à l'autre du village, en faisant mille tours et détours.

» Leurs costumes sont primitifs, ils se composent d'un pantalon ou *toubé* dont la ceinture est à coulisse, descendant à peu près jusqu'au genou, et d'un *boubou*, morceau d'étoffe qui va jusqu'aux chevilles, au milieu duquel on ménage un trou pour passer la tête ; puis cousu de chaque côté, il laisse des ouvertures pour les bras. Le vêtement des femmes diffère peu ; seulement le toubé est remplacé par le *pagne*, morceau d'étoffe dont elles s'entourent et qui est fixé à la ceinture. Les Sarracolets et les Kassonkais ont de plus un bonnet rond orné de deux pointes placées de chaque côté et pouvant se rabattre sur les oreilles. Toutes ces peuplades ayant le même costume, sauf les Kassonkais, sont difficiles à distinguer les unes des autres à première vue ; seule la manière de porter les cheveux peut vous guider. Les Yoloffs et les Toucouleurs portent la tête complètement rasée ; un couteau, un morceau de bouteille cassée leur suffit pour cette opération. Même ainsi, sans avoir rien sur la tête qui les garantisse, ils affrontent les plus forts rayons du soleil. Les Sarracolets, les Kassonkais portent sensiblement les cheveux de la même manière, séparées en plusieurs mèches tressées ; ils apportent un grand soin à leur coiffure, mais une fois installée, ils restent quinze jours ou trois semaines sans y toucher.

» Les femmes n'y mettent pas moins d'amour-propre, et si les coiffeurs ont besoin de patience, la personne qu'on coiffe ne doit pas en manquer. Lorsqu'une femme se fait coiffer, elle s'étend par terre tout de son long, la face contre le sol ; la coiffeuse s'assied à la hauteur de la tête et commence le démêlage avec un outil que, sans exagérer, on peut appeler un râteau ; pour faciliter l'opération et rendre les cheveux plus souples, on les enduit soit d'huile, soit de beurre ; ce travail terminé, — et il ne dure pas moins de plusieurs heures, — les cheveux sont séparés en petites mèches, enroulées successivement chacune autour d'une paille ; toutes ces pailles sont ensuite ramenées derrière la tête et liées ensemble. Là s'arrête la première séance, et ce n'est qu'un jour ou deux après, lorsque les cheveux ont pu assez prendre le pli, qu'on enlève les pailles pour donner le dernier lissage.....

» ..... Toute la rive droite du fleuve est habitée par les tribus maures. Ce qui, chez elles, frappe surtout l'Européen au premier abord, c'est leur malpropreté repoussante. Les Maures sont d'une taille moyenne, leurs membres sont grêles et nerveux, leur chevelure complètement inculte tombe presque sur leurs épaules, et la barbe leur fait généralement défaut; ils ont le teint cuivré, presque blanc parfois; leur type ne manque pas de finesse; leur costume est le même que celui des noirs.

» Ils se divisent en tribus parlant toutes des dialectes différents. D'un naturel assez guerrier, plus rusés que les noirs, dont ils ont tous les défauts au superlatif, ils regardent ces derniers comme leur étant de beaucoup inférieurs. Tous sont musulmans, mais ils ne pratiquent cette religion que très imparfaitement. Ils sont essentiellement nomades et pasteurs; chaque tribu est divisée en plusieurs camps se déplaçant sur leur territoire, suivant les pâturages; ils vivent sous des tentes faites de poils de chameau, d'un tissu épais et serré qui les garantit aussi bien des pluies que des rayons du soleil. Lorsque l'hivernage commence, ils s'éloignent des bords du fleuve pour éviter les crues et ne s'en rapprochent que lorsque le fleuve est complètement rentré dans son lit. Leur nourriture diffère peu de celle des noirs, sauf que le lait et la viande entrent en plus grande quantité dans leur consommation. Ils supportent facilement la faim et la soif, et font des courses de plusieurs jours, n'ayant pour toute nourriture qu'un peu de grain de mil ou de riz sauvage qu'ils mâchent de temps à autre. L'esclavage est admis chez ces tribus, mais la majorité de leurs captifs sont des nègres; chaque camp a son chef, et les chefs obéissent tous au roi de la tribu.....

» ..... Plus habiles que les noirs, les Maures ont quelques petites industries dont ils vendent les produits aux Européens ou aux noirs. Leurs forgerons, assez adroits, fabriquent des bijoux, des poignards, des sabres ; d'autres travaillent les peaux dont ils font des sandales, des sachets, des couvertures de selle, même des tapis, etc. Ce sont les Maures qui récoltent les gommes qui alimentent le commerce de notre colonie. Ils viennent les échanger dans nos comptoirs contre des produits européens, ainsi que les plumes d'autruche, et les défenses d'éléphants ; ils apportent même souvent de jeunes animaux en vie, tels qu'autruches, lions, lynx, panthères. »

L. Muiron d'Arcenant,<br>
Notice sur le Sénégal.

(*Bulletin de la Société de géographie*, 1877, t. I<sup>er</sup>.)

### L'île de Gorée.

La petite île de Gorée est située dans la baie que forme au sud la presqu'île du Cap-Vert, entre le cap Manuel et le cap Rouge. Cette baie, large de 16 milles, est la plus sûre, la plus vaste et la meilleure de la côte occidentale d'Afrique. L'île est distante de 4 200 mètres du cap Manuel, de 2 500 mètres environ du cap Dakar, de 3 300 du cap Bel-Air, de 1 500 de Rufisque, de 28 000 du cap Rouge.

Elle est un rocher de forme oblongue (800 m. de long, 320 dans sa plus grande largeur, 365 000 m. car. en superficie). — « Le sol, de production volcanique, est formé surtout de basaltes noirs que surmontent ou avoisinent, suivant les endroits, une roche ferrugineuse rouge assez abondante et de petites portions d'un dépôt crayeux jaunâtre très analogue au tripoli. » (Bérenger-Féraud.)

La partie du nord de l'île est plate et à peine élevée de 2 mètres au-dessus du niveau de la mer ; la partie du sud, à une altitude de 60 mètres, est couronnée par le fort du *Castel*, qu'occupe la garnison. Le littoral sud et ouest, bordé de rochers de basalte, est inaccessible. A l'est, une crique à courbe régulière, munie de trois appontements ou *wharfs* qui s'avancent à 40 mètres dans la mer, facilite le débarquement.

Gorée ne produit rien ; la terre ferme, la mer environnante et quelques pays étrangers approvisionnent son marché. La rade est très poissonneuse, les pêcheurs nombreux : les *homards*, *langoustes*, *crevettes*, *huîtres*, *patelles*, *donaces*, *murex*, etc., abondent. Les légumes frais viennent de Lisbonne.

L'île est soumise à deux saisons : l'une sèche de novembre à juin, l'autre humide ou saison chaude ou hivernage de juin à novembre. Les *tornades* ou bourrasques de courte durée ont lieu surtout pendant l'hivernage ; les *ras de marée* surtout de novembre à juillet.

« L'espace étant très limité dans l'île, les constructions n'ont rien de confortable. Les rues sont étroites, très droites en général et leur sol est formé par un sable mêlé de gravier assez meuble. — La propreté des rues est assurée par la police ; des prisonniers noirs armés de balais et de brouettes vont, matin et soir, sous la conduite de surveillants, nettoyant et balayant partout; il est cependant difficile d'obtenir un état de propreté satisfaisant, les noirs ayant l'habitude de vivre beaucoup dans la rue, et ne songeant aux soins de propreté que sous la pression incessante de l'autorité.

» Le commandant supérieur de l'île a eu une excellente idée en prescrivant l'arrosage journalier des rues après le balayage ; on arrivera peut-être à obtenir ainsi une pureté suffisante du sol. Dès à présent, cet arrosage donne une fraîcheur agréable quoique passagère et bien insuffisante, et empêchant pendant quelques heures la station des noirs dans les rues, où ils ont l'habitude de faire leur sieste et leur toilette en temps ordinaire, il diminue d'autant le dépôt de mille immondices.

» Les maisons de Gorée sont généralement bâties en pierre; le basalte de l'île a fourni les matériaux ; elles sont élevées d'un premier étage sur le rez-de-chaussée, et très souvent couvertes d'une terrasse; on peut dire même que la couverture en tuile est l'exception. Ces terrasses ont pour but de recueillir l'eau de la pluie qui est reçue dans les gouttières disposées de manière à la conduire dans les citernes. Quelquefois elles servent aussi de promenade aux habitants de la maison qui viennent à certaines heures y respirer plus librement. Chaque maison a généralement une cour intérieure, et le rez-de-chaussée est employé soit à l'entrepôt des marchandises, soit aux logements des noirs qui vivent entassés dans des chambres malpropres, faisant la cuisine dans l'endroit où ils couchent et vivant dans un état de promiscuité révoltant, non seulement entre membres de la même famille, mais encore avec les volailles et les chèvres qui sont en assez grande quantité partout.

» ..... Un fâcheux désir d'économie a fait que dans le plus grand nombre des habitations de Gorée on n'a pas recou-

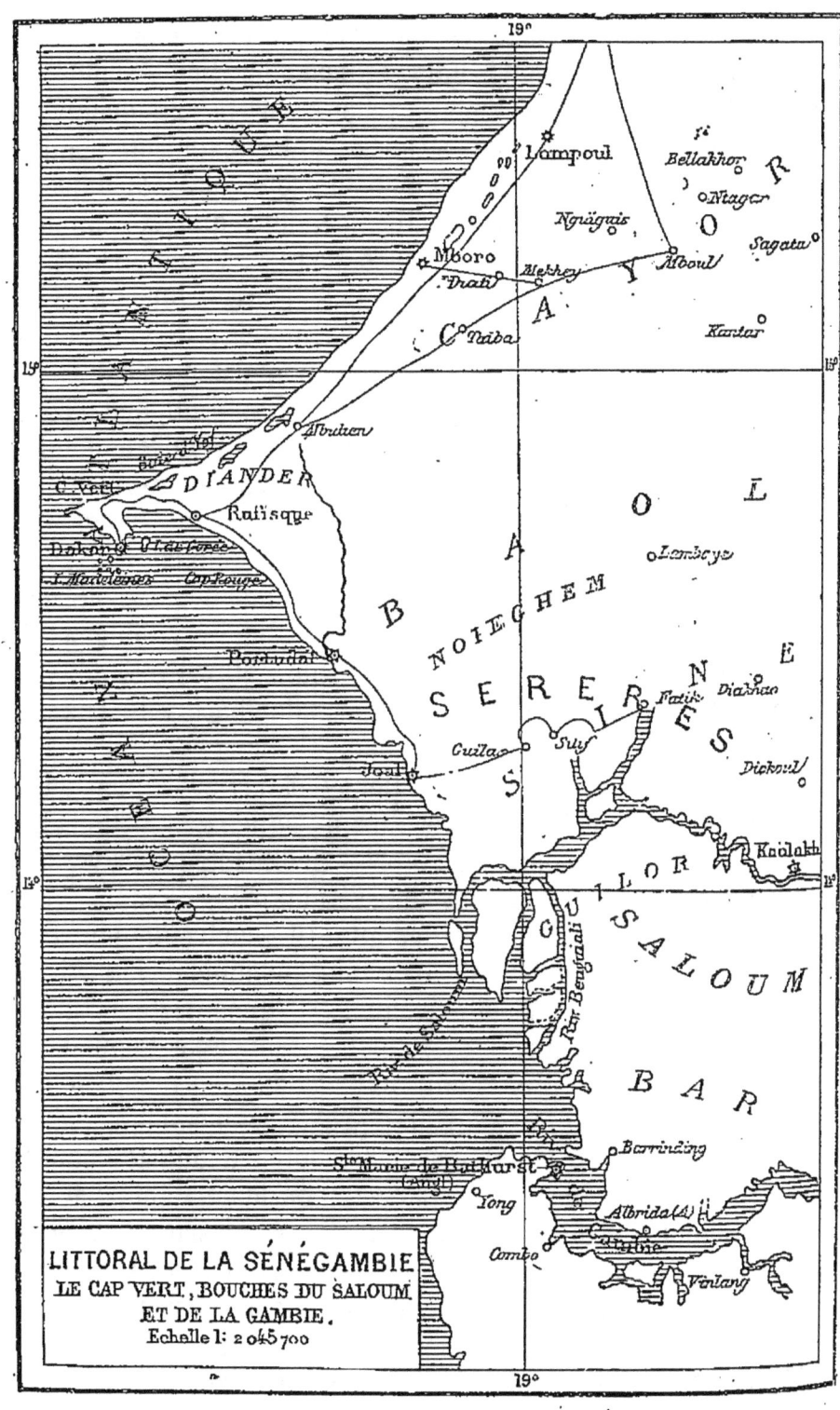

vert les murs d'un crépissage, de sorte que les rues sont souvent bordées de maisons qui paraissent bâties en pierres sèches; le crépissage est à peine réservé aux parties occupées par les blancs, et cette disposition créant partout des petits repaires pour les animaux d'ordre inférieur qui se plaisent dans le voisinage des hommes, il en résulte que la quantité de mouches, de cancrelats, de souris, de rats, de scolopendres, de ravets, de lézards, est extrême à Gorée; on y trouve même des scorpions et un petit serpent dont les noirs ont très grande peur. Ajoutons à ce tableau que le noir est aussi maladroit que paresseux; que les ouvriers indigènes sont aussi ignorants que maladroits, et nous comprendrons facilement qu'on ne trouve pas dans toute l'île, excepté dans les bâtiments de l'Etat, une porte qui ferme bien, une fenêtre garnie de jalousies solides, un plancher sans fissures, un escalier sans brèches, un mur sans lézardes. Une maison n'est jamais réparée une fois bâtie, et on la laisse tomber en ruines peu à peu; d'autre part l'extrême humidité de l'atmosphère oxyde et ronge tout métal, pourrit tout bois des bâtisses dans un temps extraordinairement court.

» ..... Gorée manque absolument d'eau; il y a bien dans les roches de la partie sud de l'île quelques excavations où aboutissent les eaux pluviales après avoir filtré à travers la colline sur laquelle est abrité le Castel; mais elles ne fournissent plus aujourd'hui que des quantités extrêmement faibles de liquide, et pendant trois mois à peine de la saison sèche. On a creusé çà et là dans l'île quelques puits qui donnent de l'eau saumâtre, bonne à peine pour laver la vaisselle et que les animaux répugnent eux-mêmes à boire; de sorte, on le voit, qu'il faut faire à Gorée provision d'eau pour satisfaire aux besoins de l'existence; on y boit surtout de l'eau de citerne qui est généralement assez bonne. La plupart des établissements publics sont pourvus de ces citernes, et beaucoup de maisons en possèdent; celles qui sont assez anciennes sont les plus estimées parce qu'elles laissent dissoudre dans l'eau qu'elles contiennent moins de substances calcaires ou chlorurées. Aujourd'hui la multiplication des citernes dans l'île et la création d'abondantes aiguades à Dakar permettent aux habitants de Gorée d'avoir une eau salubre pendant toute l'année sans exception. » BÉRENGER-FÉRAUD,

Médecin principal de la marine, chef du service de santé de Gorée.

(Revue maritime et coloniale, 1873, t. XXXVI.)

## 3° BIBLIOGRAPHIE

AUBE (Th.). *Entre deux campagnes, notes d'un marin*. — (Paris, 1881, in-12, Berger-Levrault.)

BERLIOUX (E.-F.). *André Brüe, ou les origines de la colonie française du Sénégal*. — (Lyon, 1874, in-8°.)

BOILAT (abbé). *Esquisses sénégalaises : physionomie du pays, peuplades, commerce, religions, passé et avenir*. — (Paris, 1853, in-8°, 3 cartes et 24 planches.)

BORIUS (Dr). *Recherches sur le climat du Sénégal*. — (Versailles, in-18, 1874.)

BRÜE (André) et LABAT (P.). *Nouvelle relation de l'Afrique occidentale, contenant une description exacte du Sénégal et des pays situés entre le Cap-Blanc et la rivière de Sierra-Leone, jusqu'à plus de 300 lieues en avant dans les terres, etc., d'après les Mémoires d'André Brüe, avec l'état ancien et présent des Compagnies.* — (Paris, 1728-29, 5 vol. in-12, cartes, planches et figures.)

CARRIÈRE (Fréd.) et HOLLE (Paul). *De la Sénégambie française*. — (Paris, 1855, in-8°.)

DAGUERRE (J.). *Vingt mois au Sénégal (septembre 1879-mai 1881)*. — (Bayonne, 1881, in-16.)

FAIDHERBE (général). *Chapitre de géographie sur le nord-ouest de l'Afrique, avec carte*. — (Saint-Louis, 1865, in-8°.)

FAIDHERBE. *Essai sur la langue Poul*. — (Paris, 1874, in-8°.)

MAGE. *Du Sénégal au Niger*. — (Paris, 1867, in-8°, Dupont.)

MOLLIEN (M.-Gaspard). *Voyage dans l'intérieur de l'Afrique, aux sources du Sénégal et de la Gambie, fait en 1818 par ordre du gouvernement français.* — (Paris, 1880, 2 vol. in-8°, fig. et carte.)

RICARD (D.-F.). *Le Sénégal*. — (Paris, 1865, in-12, Challamel.)

ROBERT. *Du Sénégal au Niger*. — (Paris, 1878, in-8°, Challamel.)

RAFFENEL (Anne). *Voyage dans l'Afrique occidentale, comprenant l'exploration du Sénégal, depuis Saint-Louis jusqu'à la Falémé, etc., etc.* — (Paris, 1846, in-8°, avec atlas et fig., A. Bertrand.)

SANDERVAL (Olivier de). *De l'Atlantique au Niger, par le Fouta-Djallon.* — (Paris, 1882, in-8°, Ducrocq.)

---

AUBE (Th.). *Trois mois de campagne au Sénégal*. — (*Revue des Deux-Mondes*, 1er février 1863.)

AUBE (Th.). *Le fleuve du Sénégal*. — (*Annales maritimes et coloniales*, avec carte, octobre 1864.)

AZAN (F.). *Notice sur les Oualo*. — (*Annales maritimes et coloniales*, novembre et décembre 1863, février, mars 1864.)

BARTHÉLEMY (Ed. de). *Le Sénégal*. — (*Revue britannique*, décembre 1882.)

BAYOL (Dr). *La Sénégambie*. — (*Revue scientifique*, 2 avril 1881 ; — *Revue de géographie*, mai 1881.)

## SÉNÉGAMBIE.

Bérenger-Féraud. *Description topographique de l'île de Gorée.* — (*Revue maritime*, XXXVI, 1873.)

Bérenger-Féraud (D$^r$). *Le Sénégal, 1817-74.* — (*Revue maritime et coloniale*, janvier 1875.)

Bérenger-Féraud (D$^r$). *Étude sur les populations de la Casamance.* — (*Revue anthropologique*, 1874, n° 3.)

Bertholon. *Sénégambie et Éthiopie.* — (*Revue de géographie*, décembre 1879, janvier 1880.)

Bizemont (vicomte de). *La France au Sénégal.* — (*Correspondant*, 25 mars 1882.)

Bourrel. *Voyage dans le pays des Maures Brakna.* — (*Revue maritime et coloniale*, 1861.)

Carlus (J.). *Les Sérères de Sénégambie.* — (*Revue de géographie*, juin, juillet, août 1880.)

Crozals (de). *Peulhs et Foulahs.* — (*Revue de géographie*, février et novembre 1882.)

Dournaux-Duperré. *La Sénégambie française.* — (*Bulletin de la Société de géographie*, juillet 1871.)

Faidherbe. *Les Berbères et les Arabes des bords du Sénégal.* — (*Bulletin de la Société de géographie*, 1854, t. I$^{er}$.)

Faidherbe. *Populations noires des bassins du Sénégal et du Haut-Niger.* — (*Bulletin de la Société de géographie*, 1856, t. I$^{er}$.)

Faidherbe. *Notice historique sur le Cayor.* — (*Bulletin de la Société de géographie*, 4$^e$ trimestre 1883.)

Faidherbe. *L'avenir du Sahara et du Soudan.* — (*Revue maritime et coloniale*, juin 1863.)

Fallot (Ernest). *Histoire de la colonie française du Sénégal.* — (*Bulletin de la Société de géographie de Marseille*, 1882-1883.)

Foncin (P.). *Le Sénégal.* — (*Explorateur*, 1875.)

Hanrigot. *Quinze mois en Sénégambie.* — (*Annales des voyages*, janvier 1869.)

Galliéni. *Une mission au Sénégal.* — (*Revue de géographie*, juillet 1881.)

Lambert. *Voyage dans le Fouta-Djallon.* — (*Tour du Monde*, 1860, 1$^{er}$ semestre.)

Mage (E.). *Les rivières de Sine et Saloum.* — (*Revue maritime et coloniale*, avril 1863.)

Muiron d'Arcenant. *Notice sur le Sénégal.* — (*Bulletin de la Société de géographie*, février 1877.)

Panet (L.). *Relation d'un voyage du Sénégal à Soueïra (Mogador).* — (*Revue coloniale*, t. V, 1850.)

Pascal (S.-L.). *Voyage au Bambouk et retour à Bakel.* — (*Tour du Monde*, 1860, 1$^{er}$ semestre.)

Pichard. *La Gambie.* — (*Revue maritime et coloniale*, avec carte, juin 1865.)

Pinet-Laprade. *Notice sur les Sérères.* — (*Revue maritime*, mars-avril 1865.)

Pingaud (L.). *Le chevalier de Boufflers au Sénégal.* — (*Revue des questions historiques*, 1$^{er}$ janvier 1880.)

Quesnel (L.). *Le Sénégal.* — (*Revue politique et littéraire*, 9 juillet 1881.)

Renaud (G.). *L'or au Sénégal.* — (*Revue géographique internationale*, mars, mai, décembre 1878.)

Rey (D$^r$). *Notes sur la géographie médicale de la côte occidentale d'Afrique.* — (*Bulletin de la Société de géographie*, janvier, février, mars 1878.)

Schwab. *Sénégal et Sahara.* — (*Revue de géographie*, janvier 1881.)

Si-Bou-Moghdad. *Voyage entre le Sénégal et le Maroc.* — (*Revue maritime et coloniale*, avec carte, mai 1861.)

Simon (Eug.). *La Cazamance et les habitants de ses bords.* — (*Bulletin de la Société de géographie*, 1859, t. II.)

Thaly (D$^r$ F.). *Étude sur les habitants du Haut-Sénégal.* — (*Archives de médecine navale*, mars, mai, novembre 1866.)

Vallon (A.). *Renseignements topographiques et commerciaux sur quelques rivières de la côte occidentale d'Afrique.* — (*Bulletin de la Société de géographie*, 1860, t. I$^{er}$. — *Revue maritime*, 1863.)

Vincent. *Voyage dans l'Adrar et retour à Saint-Louis.* — (*Tour du Monde*, 1860, 1er semestre.)

Schwab (Moïse). *Le Sénégal et le Sahara.* — (*Revue de géographie*, janvier 1881.)

X. *L'expédition du Cayor.* — (*Revue maritime*, XLV, 1875.)

X. *Excursion militaire dans les pays de Sine et Saloum.* — (*Tour du Monde*, 1860, 1er semestre.)

X. *Voyages et expéditions au Sénégal, 1447-1860.* — (*Tour du Monde*, 1860, 1er semestre.)

# CHAPITRE III

## GUINÉE SEPTENTRIONALE (OUANKARAH)

### 1° RÉSUMÉ GÉOGRAPHIQUE

La Guinée septentrionale s'étend de la rivière Scarcies à l'Equateur, et même au cap Lopez, le long de la côte de l'océan Atlantique, sur une longueur de 3500 kilomètres environ. Les limites sont : au nord la chaîne des *monts de Kong*, au sud, la région du *Gabon*. L'Océan forme au sud le profond golfe de *Guinée*, que le delta du Niger divise à l'est en golfes de *Bénin* et de *Biafra*; on y trouve les îles portugaises du *Prince* et de *Saint-Thomas*; les îles espagnoles de *Fernando-Pô* et *Annobon*. Le littoral, presque droit, est bas, marécageux, bordé de lagunes, inhospitalier et insalubre (Caps *Mesurado, Palmas*, des *Trois-Pointes*, de *Saint-Paul*, de *Formose*, de *Lopez*). Le climat, chaud, humide, malsain pour les Européens (température moyenne de janvier, le mois le plus chaud + 30°; de juin, le plus humide + 24°). L'harmattan, vent du nord-est très sec, souffle en décembre, janvier et février; les tempêtes ou *tornades* éclatent en juin; les pluies diluviennes en octobre et novembre.

On donne aux côtes les noms de *Sierra-Leone*; du *Poivre* ou des *Graines* (entre Freetown et le cap Palmas); d'*Ivoire* ou des *Dents* (entre les caps Palmas et Assinie); d'*Or*, des *Esclaves*, de *Bénin*, de *Calabar* et du *Gabon*.

A trois ou quatre cents kilomètres du littoral, se dresse la chaîne des monts de *Kong*, encore peu connus; au fond du golfe de Biafra, le massif de *Cameroun*, de formation volcanique (pic de 4200 mètres).

Les principaux cours d'eau de la Guinée sont : la *Rokelle* ou *Sierra-Leone* (400 kilomètres); le *Saint-Paul*, le *Mesurado*, le *Cavally*, l'*Assinie*, le *Prah*, le *Volta*, le *Lagos*, le *Niger* dont le delta est large et boisé, et qui se divise en bras nombreux dont les principaux sont le *Bénin*, le *Ouaré*, le *Noun*, le *Brass*, le *Saint-Nicolas*, le *Nouveau-Calabar*, le *Bonny*. Les autres rivières de l'est sont le *Vieux-Calabar*, le *Gross-River*, le *Cameroun* et enfin le *Gabon*. Tous ces cours d'eau sont obstrués de rochers, de rapides ou de barres.

Les Etats politiques compris dans la Guinée septentrionale, sont les suivants :

| ÉTATS | SUPERFICIE | POPULATION | CHEFS-LIEUX |
|---|---|---|---|
| | Kilom. car. | | |
| Sierra-Leone (colonie anglaise)........ | 1 212 | 55 300 hab. (46 p. kilom. c.) | Freetown (4 000 hab.). |
| Liberia 1 (république indépendante)...... | 24 780 | 770 000 hab. (29 p. kilom. c.) | Monrovia (3 000 hab.). |
| Maryland (colonie libre)............... | » | » | Harper. |
| Achanti (royaume nègre)............... | 27 500 | 1 000 000 hab. (36 p. kilom. c.) | Coumassie (15 000 hab.). |
| Dahomey (royaume nègre)............... | 10 350 | 180 000 hab. (17 p. kilom. c.) | Abomeh-Whydah (20 000 hab.). |
| Yorouba (royaume nègre)............... | 48 180 | 3 000 000 hab. | Abeokouta (100 000 hab.)? |
| Porto-Novo (protectorat français)....... | » | » | Porto-Novo (20 000 hab.). |
| Lagos (protectorat anglais)........... | 180 | 75 000 hab. (98 p. kilom. c.) | Lagos; Palma; Badugny. |
| Côte-d'Or (protectorat anglais)........ | 38 850 | 408 070 hab. (10 p. kilom. c.) | Cap-Coast. |
| Popos (indépendants). | » | » | Porto-Seguro (1 000); Petit-Popo (3 000); Gridjil (2 000). |
| Autres états (indépendants)............. | 579 000 | 20 405 000 hab. | Bénin; Calabar; Cameroun; Biafra, etc., etc. |

## A. COLONIES ANGLAISES

### 1° Etablissements de la côte occidentale d'Afrique
(*West-African Settlements*).

Une charte royale du 19 février 1866 a réuni sous ce nom les colonies de *Sierra-Leone* et de la *Gambie*. Le *gouverneur* réside à Free-Town, un *sous-gouverneur* à Sainte-Marie de Bathurst.

#### I. — GÉOGRAPHIE PHYSIQUE

1° **Gambie**[2]. — La rivière de *Gambie*, *Dima* ou *Bâ Dima*, est une des plus considérables de l'Afrique occidentale. Trois Européens seulement ont

---

1. La république de Libéria a été fondée en 1821 par une société américaine de colonisation, en faveur des nègres affranchis; elle est devenue indépendante en 1847; celle de Maryland, fondée près du cap Palmas par une société américaine de Baltimore, en 1835, admet tout nègre qui renonce à l'usage des liqueurs fortes. Le sol est riche et bien cultivé; mais les affaires politiques, dans ces républiques dotées de constitutions, sont dans un déplorable état; les essais d'autonomie, appliqués aux nègres, ne paraissent pas avoir réussi. M. Plauchut raconte qu'en 1871, le président de Libéria vint à Londres pour y négocier un emprunt. De retour à Monrovia, ce gentleman noir partagea les sommes empruntées avec deux ou trois de ses intimes; mais son peuple eut vent de l'affaire et mit en prison le président et son conseil de ministres. La malheureuse république est devenue un repaire de brigands.

2. Physiquement, ce cours d'eau et son territoire dépendent de la région que

jusqu'à ce jour visité ses sources, *Mollien* en 1818, *Hecquart* en 1850, *Lambert* en 1860; elles sont situées dans la Fouta-Djallon, près du village de Labé (3 ou 4 000 mètres d'attitude). Le cours supérieur de la Gambie est encore inconnu; il a été exploré depuis *Barracounda*, à 350 kilomètres de la mer, en ligne directe. Le fleuve quitte à cet endroit les montagnes, pénètre par des chutes dans des plaines fertiles ou il décrit de vastes méandres. A 280 kilomètres de l'embouchure, à l'île *Mac-Carthy*, il a une largeur de 400 mètres et devient navigable; puis il va s'élargissant; il a 6 500 mètres de largeur devant *Albreda*, et 11 mètres de profondeur; son estuaire a 15 kilomètres près de l'île aux *Oiseaux*, et se resserre à l'embouchure, entre la pointe de *Bar* et *Bathurst* (3 500 mètres). La baie où il débouche a 50 kilomètres d'ouverture. Ses eaux, très poissonneuses, nourrissent des crocodiles et des hippopotames.

## II. — GÉOGRAPHIE POLITIQUE ET HISTORIQUE

Les Anglais ont fondé sur cette rivière, huit à dix comptoirs qui trafiquent avec les indigènes. L'ensemble est appelé *Gambia*. Les principaux de ces établissements sont : l'*île de Sainte-Marie*, banc de sable situé à 10 milles de l'embouchure de la Gambie, long de 3 milles et demi, large d'un mille et quart, séparé du continent par un étroit canal, la *crique aux huîtres*. Les marais de l'île rendent le climat malsain. Dans cette île est bâtie la ville de BATHURST, résidence du sous-gouverneur, par 13° 28' de lat. N. et 18° 55'24" de long. O., fondée en 1816. « Bathurst, dit M. Marche (ch. 1er,
» p. 45), avec sa plage bordée de grands arbres, est la plus jolie ville de
» cette partie de la côte. Derrière ces arbres, les magasins font face au
» fleuve; presque tous ont un étage avec de grandes vérandahs où l'on
» vient le soir respirer l'air frais. Les grandes maisons de commerce ont
» toutes devant leurs magasins un appontement où les trois-mâts peuvent
» venir charger et décharger. Il y a ici huit maisons principales : quatre
» anglaises et quatre françaises; ces dernières font à elles seules les deux
» tiers des affaires qui se traitent dans le fleuve. Ce commerce est presque
» exclusivement celui des arachides; on les paye moitié en gourdes (pièces
» de cinq francs), moitié en marchandises. Chaque maison a ces traitants
» dans l'intérieur. Ce sont généralement des noirs de Saint-Louis qui,
» ayant appris à lire et à écrire, peuvent tenir une comptabilité élémen-
» taire. » La ville renferme environ 6 138 habitants.

Les autres comptoirs s'échelonnent jusqu'au fort *Saint-Georges*, dans l'île *Mac-Carthy*. Les principaux sont : le *Combo anglais* (3 057 habitants), *Bar-Point* (4 047 habitants), vis-à-vis de Bathurst; *Albreda*, ancien comptoir français, établi en 1698 par Brüe, et cédé par échange à l'Angleterre en 1857; *Fort Saint-James*, sur un îlot, à 17 milles de Sainte-Marie; l'*île de l'Eléphant*, à 100 milles, et l'*île Mac-Carthy* (908 habitants), à 150 milles.

Les navigateurs Français débarquèrent avant tous les autres Européens dans la Gambie, au quatorzième siècle. Les Portugais y parurent en 1456; les Hollandais et les Anglais au seizième siècle. Ceux-ci formèrent en 1588, une Compagnie commerciale, autorisée par lettres patentes d'Elisabeth. Cette Compagnie renouvelée en 1618, 1631, 1673, signa en 1713 avec l'Espagne

---

domine le Fouta-Djallon; politiquement, ils doivent être rattachés au chapitre de la Guinée.

une convention sous le nom d'*Asiento contract*, en vertu de laquelle elle obtenait le triste monopole de la fourniture des esclaves, et partageait avec l'Espagne les honteux profits de ce trafic. En 1821, les établissements de la Gambie cessèrent d'appartenir à la Compagnie, et le gouvernement les administra. Il a été question d'échanger cette colonie contre les comptoirs français de la côte d'Or. La logique, la géographie et les intérêts de la France et de l'Angleterre, commandent cet échange. Mais jusqu'à ce jour, les missionnaires protestants de la Gambie, dans un intérêt de secte, l'ont fait échouer. — **Constitution**. De 1821 à 1843, la Gambie fut une dépendance de Sierra-Leone; en 1843, elle fut constituée en colonie indépendante avec un gouverneur, un Conseil exécutif et un Conseil législatif. Par une charte du 19 février 1866, elle a été englobée dans les *Etablissements de la côte occidentale d'Afrique*, capitale Freetown. Le *pouvoir exécutif* est exercé par un *administrateur* ou sous-gouverneur, représentant le gouverneur général ; le *pouvoir législatif* par un *Conseil*, composé de quatre membres, désignés par la couronne.

### III. — NOTIONS STATISTIQUES

**Population** en 1881 : 14150 habitants, dont 200 blancs. — **Instruction** : 9 écoles et 740 élèves, les deux tiers protestants. — **Cultes** : Majorité musulmane, en outre 1400 méthodistes, 500 catholiques, 200 anglicans. — **Justice** : un *magistrat chef*, un *shérif*, un *greffier*, un *coroner*, un *inspecteur de police*. — **Budget** : Revenus en 1880, 24553 livres sterling. Dépenses, 19926 livres sterling. Pas de dette publique. — **Armée** : La garnison a été retirée en 1871 ; la police intérieure est faite par une milice indigène de 50 hommes. — **Commerce** et **productions** : Les principaux produits sont : l'*arachide*, les *peaux brutes*, la *cire*, les *cornes d'animaux*, le *riz*, le *maïs*, le *coton*, le *blé Kous*, de l'*indigo* et de l'*ivoire*. — **Importations** en 1880 : 191580 livres sterling (cotonnades, tabacs, spiritueux, armes à feu, poudre de guerre, riz, etc.). — **Exportations** : 110594 livres sterling (principalement des *arachides* qui sont pour la plupart expédiées en France; de la *cire jaune*, qui est vendue sur le marché de Londres; du *cuir* exporté en Amérique). — **Mouvement des navires** : Entrés, 243, de 79903 tonnes; sortis, 251, de 80593 tonnes. — **Climat** : C'est peut-être le plus insalubre de toute la côte occidentale ; jadis, les garnisons anglaises y étaient anéanties pendant les épidémies. Le nombre des Européens va toujours en diminuant; 191 en 1851, 50 en 1871, 20 en 1874.

2° **Sierra-Leone** (montagne des lions). — Cette presqu'île de la côte occidentale d'Afrique, terminée par un cap du même nom, est limitée au nord par le fleuve de Sierra-Leone. — **Superficie** : 468 milles carrés, longueur 18 milles, largeur 12 milles. Le sol est fertile, mais le climat très insalubre pour les blancs. — **Population** en 1881, 60546 habitants, dont 271 blancs. Elle se compose des descendants des nègres envoyés en 1787; des réfugiés ou déserteurs noirs, et d'Africains échappés aux négriers. L'entretien de ces Africains est à la charge de l'Angleterre qui les introduit dans ses colonies des Indes occidentales. La capitale est FREETOWN ou *Saint-George*, sur une anse de la baie, nommé jadis *baie des Français*, non loin de l'embouchure d'un petit fleuve côtier, formé par la réunion des rivières Waterloo, Rokelle et Port-Loko. Elle est munie d'un phare. Les

missionnaires protestants anglais y ont placé leur quartier général. — **Population** : 30 000 habitants. « C'est une des villes les plus malsaines de
» la côte occidentale d'Afrique ; les germes morbides s'y développent spon-
» tanément ; et dans la ville comme dans la colonie, la mortalité est très
» grande. Située à la limite des vents alizés, elle éprouve les calmes pério-
» diques qui précèdent et suivent les changements des vents, lesquels
» alternent dans ces parages. Ces calmes favorisent l'incubation des plus
» terribles épidémies ; des pluies diluviennes détrempent le sol pendant
» neuf mois de l'année. » (Vice-amiral FLEURIOT DE LANGLE.)

Voici le tableau que M. Marche trace de la ville :

« Freetown s'élève sur un amphithéâtre de collines que le mont Heidel
» domine à l'arrière-plan de ses croupes boisées. Auprès de la mer, bor-
» dant la plage, s'alignent les maisons des négociants blancs, régulière-
» ment bâties et de belle apparence ; çà et là se dressent de grands
» édifices, temples, églises, qui donnent à Freetown une physionomie
» quasi-européenne ; en arrière, les noirs qui ont fait fortune et se sont
» établis, font bâtir à leur tour ; enfin, tout cela est entouré d'une multi-
» tude de cases analogues à celles des noirs du Sénégal, remplies d'une
» foule misérable et grouillante. Sur l'une des collines s'élève le palais du
» gouverneur ; sur l'autre, les casernes, vastes bâtiments aujourd'hui
» presque inhabités. Sierra-Leone n'est plus aujourd'hui que l'ombre de
» ce qu'elle fut, il y a quelques années. C'était alors une ville brillante et
» peuplée ; la société blanche y était nombreuse, et menait la vie animée
» et luxueuse des villes anglaises de l'Inde ; tout cela a disparu ; mainte-
» nant, les épidémies ont ravagé le pays, la garnison est repartie pour
» l'Hindoustan ; beaucoup de maisons de commerce ont émigré ; Sierra-
» Leone est une ville morte. On rencontre de temps en temps un carrosse,
» reste de ce temps de splendeur, qui s'en va lentement le long des rues
» désertes, traîné par des noirs. Les plus aisés de ceux-ci, comme à
» Bathurst, s'habillent à l'européenne, et singent les modes de Londres.
» Le gouvernement leur a accordé une liberté dont ils ne savent se servir
» que pour en abuser, et se rendre insupportables de toutes les manières. »
(Alfred MARCHE, *Trois voyages dans l'Afrique occidentale*, chap. 1$^{er}$, p. 93.)

**Constitution.** — Le *gouverneur* est assisté d'un *Conseil exécutif* où siègent le secrétaire colonial trésorier, le chef de la justice, le comman-dant militaire. Le Conseil exécutif fait aussi les lois, et s'adjoint alors deux membres nommés par la couronne. — **Justice** : Elle est rendue par le *chef de la justice*, le *maître de la Cour suprême*, le *shérif*, le *coroner*, deux *greffiers* et un *magistrat de police*. La police est faite par un *inspecteur* général, un *ins-pecteur*, un *sous-inspecteur*, et deux cent quatre-vingt-cinq *agents de police*. La colonie est divisée en quatre districts ruraux, administrés chacun par un commissaire civil. Les îles Sherboro et Loos ont un commandant civil. — **Instruction et cultes** : Il y a un collège à Freetown, qui relève de l'Uni-versité anglaise de Durham, et quelques écoles publiques gratuites. — Les cultes sont libres. — **Armée** : Le chiffre des troupes varie suivant les circonstances ; en général, la métropole entretient à Sierra-Leone 400 hommes tirés des régiments noirs des Indes occidentales.

**Finances.** — Recettes en 1880, 72 559 livres sterling ; dépenses, 68 129 livres sterling. La dette publique qui s'élevait en 1878 à 104 000 livres est descendue en 1880 à 83 000. La métropole fournit au gouverneur un traitement de 2 500 livres (62 500 francs). — **Commerce** : Valeur géné-rale en 1880, 821 344 livres sterling, dont 445 358 à l'importation et 375 486 à l'exportation (on importe *boissons, tabac, armes, poudre, vête-*

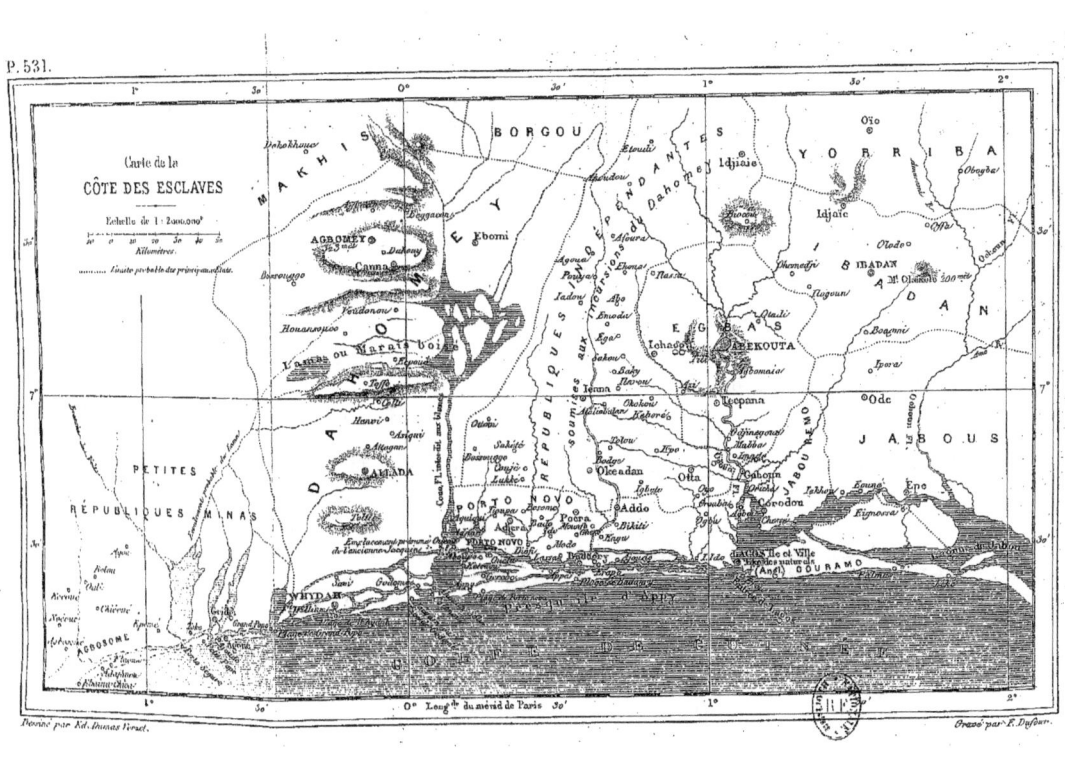

ments, *objets alimentaires, ameublements, porcelaines, verres, bijouterie, huile, savon, livres, papiers, fers,* etc.; — on exporte *sésame, arachides, noix de colas, gomme-copal, peaux de bœufs, noix et huile de palme, gingembre, caoutchouc*). Les articles importés sont admis en franchise, sauf les boissons, le tabac, les munitions de guerre et les armes. — **Mouvement des navires en 1880** : Entrés, 399, de 199 500 tonnes; sortis, 411, de 201 700 tonnes. Tous les samedis, un paquebot anglais part de Liverpool pour Freetown avec escale à Madère; une fois sur trois, il touche à Gorée et Sainte-Marie de Bathurst.

## 2º Etablissements de la Côte d'Or (*Côte d'Or et Lagos*).

1º **Côte d'Or.** — **Géographie physique.** — La côte d'Or s'étend depuis la rivière d'Assinie jusqu'à la rivière Volta, entre 5º et 1º 40′ de long. O. Tout le pays jusqu'au royaume des Achantis au nord, dépend de l'Angleterre. Les forts et établissements sont ceux d'*Axim, Discove, Secondee, Elmina, Cap-Coast-Castle, Anamaboe, Winnebah, Accra, Addah, Quitta.*

**Constitution.** — Par une charte royale du 24 juillet 1874, la côte d'Or et Lagos forment une colonie spéciale. Le *pouvoir exécutif* est exercé par un *gouverneur*, assisté d'un *Conseil* de cinq membres. Le *pouvoir législatif* est confié aux mêmes, qui prescrivent les ordonnances nécessaires. — **Justice** : *cour supérieure* créée en 1876, composée du chef de la justice, de trois juges et d'un avocat de la couronne. A la tête de chacun des douze districts de la colonie, est placé un *commissaire civil* qui cumule les fonctions judiciaires et administratives. — **Armée** : Garnison de 200 hommes noirs d'infanterie (dépenses annuelles, 200 000 francs); milices locales de 1 000 hommes, recrutés parmi les Haoussa et les Fantis, et commandés par des inspecteurs européens. Ces forces sont réparties dans les forts et les redoutes du littoral. — **Budget** : Recettes en 1880, 119 500 livres sterling; dépenses : 86 957 livres sterling. Les finances coloniales sont dans un état florissant. — **Commerce** : *Importations* en 1879, 323 039 livres sterling (spiritueux, tabac, cotonnades, armes, poudre, verroterie, approvisionnements). *Exportations* : 428 811 livres sterling (poudre d'or, huile, amandes de palme, cuirs, gomme-copal). Le commerce a lieu avec l'Angleterre, les Etats-Unis, la France et la Hollande. Droit fixe de 4 % perçu sur toutes les marchandises qui entrent, indistinctement. — **Mouvement des navires** (en 1879) : 89 bâtiments à voiles de 24 000 tonnes; 69 à vapeur de 74 000 tonnes. Un paquebot, subventionné par la métropole, rattache Liverpool à Cap-Coast; départ, une fois par mois.

**Population** (en 1880). 500 000 individus. — *Elmina*, 3 000 habitants; *Cap-Coast*, 16 000; *Anamaboe*, 4 200; *Winnebah*, 3 000; *Accra*, 10 000; *Addah*, 8 000.

**Instruction.** — Le gouvernement a fondé à Accra une école publique en 1874. Les églises réformées anglaises et allemandes entretiennent des missions dans les divers établissements (en 1879, environ 4 000 élèves indigènes). L'esclavage subsiste encore dans ces régions, et le gouvernement anglais n'a pas réussi à le supprimer entièrement. Le Conseil législatif de la colonie en 1879 a interdit *l'introduction, l'achat, la vente et la mise en gages des esclaves dans les Etats du protectorat.*

## NOTICE HISTORIQUE

Les Français ont précédé sur cette côte de Guinée tous les autres peuples[1]. Dès 1339, trois navires de Dieppe avaient fait une expédition sur la côte occidentale d'Afrique; en 1364, des navigateurs dieppois fondèrent des comptoirs de commerce depuis l'embouchure du Sénégal jusqu'au delta du Niger. Les principaux furent *Petit-Dieppe*, *Petit-Paris*, la *Mine d'or*, sur la côte de Guinée. Les Portugais vinrent à leur tour quarante ans plus tard. Ils fondèrent en 1610 un établissement au Cap-Coast, en furent dépossédés en 1641 par les Hollandais, qui durent eux-mêmes le céder aux Anglais en 1667 (traité de Bréda). Cinq ans après, la Compagnie royale africaine britannique construisit les forts *Dixcove*, *Secondee*, *Commendah*, *Anamaboe*, *Winnebah*, *Accra*. Elle céda ses privilèges en 1750 à une Société de riches marchands anglais, autorisée et subventionnée par le Parlement. La Compagnie fut dissoute en 1821; ses forts furent pour la plupart abandonnés; ceux que conserva le gouvernement furent placés sous l'autorité du gouverneur de Sierra-Leone. Les missionnaires catholiques et protestants déployaient un zèle ardent pour essayer d'arracher les peuplades nègres à leur grossier fétichisme, à leurs superstitions féroces et à leurs mœurs sanguinaires. Une mission conduite en 1817 par Edouard Bowdich avait pu, après vingt-huit jours de marche pénible, aller de Cap-Coast à Coumassie, séjourner dans cette ville, y signer un traité de commerce, et assister aux cruelles cérémonies du peuple des Achantis[2]. En 1824, le gouverneur Mac-Carthy provoqua une lutte entre les Fantis, alliés de l'Angleterre, et leurs ennemis les Achantis. Mac-Carthy intervint en personne, dirigea les hostilités, et fut tué dans un combat; ses troupes furent mises en déroute. Quelques mois plus tard, les Achantis vaincus signèrent avec les Anglais et les Fantis un traité de paix (1831).

Alors les Anglais prirent le parti de développer cette colonie jadis presque abandonnée. Une compagnie commerciale nouvelle fut fondée avec subven-

---

1. De vives discussions se sont engagées entre les savants français et étrangers, les Portugais surtout, sur la priorité des découvertes européennes à la côte occidentale d'Afrique. En 1842, le vicomte de Santarem, savant géographe portugais, revendiqua avec énergie cette priorité en faveur de ses compatriotes; M. d'Avezac réfuta victorieusement les arguments de son adversaire. Plus récemment, en 1872, l'Anglais Henry Major, essaya à son tour de nier ou d'amoindrir les découvertes de nos marins. MM. Codine, Gravier et Gabriel Marcel, dont la compétence et l'érudition sont de premier ordre, ont pu, avec une conscience et une sagacité parfaites, en remontant aux sources (relations historiques et géographiques, portulans et cartes anciennes), rétablir la vérité, et rendre à nos marins normands la part de gloire qu'un chauvinisme aveugle ou un dépit jaloux leur contestent. (Voir à la *Bibliographie*, l'indication de leurs travaux, qui contiennent toutes les pièces de cet intéressant procès.)

2. M. Edouard Bowdich raconte que sur la route, la mission fut témoin d'un horrible spectacle. Un malheureux subissait la torture avant d'être conduit au sacrifice. Il avait les mains liées derrière le dos, un couteau passé à travers chacune de ses joues; une de ses oreilles, déjà coupée, était portée devant lui; l'autre pendait de sa tête; son dos était sillonné de blessures, dans chacune de ses épaules était enfoncé un couteau. Des bourreaux, la tête enveloppée d'immenses bonnets noirs à poils de singe, le conduisaient à l'aide une corde passée à travers le nez.

tions et privilèges ; mais elle excita les défiances de la métropole en favorisant clandestinement la traite des noirs. Elle fut supprimée en 1847. La côte d'Or anglaise fut replacée dans la dépendance de Sierra-Leone. En 1850, le Danemark vendit à l'Angleterre pour 250 000 francs Quitta et Accra. En 1867, des conventions et des échanges faits avec les Pays-Bas attribuèrent aux Hollandais tout le territoire occidental, aux Anglais tout le territoire oriental de la rivière Sweet, près d'Elmina. Enfin en 1871, la Hollande renonça, au profit de la Grande-Bretagne, à toutes ses possessions de la côte d'Or ; l'Angleterre lui céda en échange ses droits sur l'île de Sumatra, et permit l'introduction de coolies indiens à Surinam. L'Angleterre n'avait à payer que le prix du matériel de guerre cédé, soit une somme qui ne devait pas dépasser 24 000 liv. sterling (600 000 fr.), et le nombre de ses sujets s'augmentait de 120 000. Le traité fut signé et ratifié par le Parlement hollandais malgré les protestations de la presse et de l'opinion publique qui blâmaient « l'aliénation du patrimoine colonial acquis aux temps héroïques de la Hollande, » malgré les plaintes des populations cédées qui avaient dépêché à La Haye un agent, David Mill Graves.

**Guerre des Achantis.** — Deux guerres sortirent de ces conventions : le sultan d'Atchin tint plusieurs années en échec les armées hollandaises dans le nord de Sumatra ; le peuple guerrier des Achantis prit les armes contre les Anglais. Aussi bien ne cessaient-ils pas depuis de longues années de diriger des expéditions contre les tribus du littoral, de piller leurs villages, et à l'occasion de détruire les missions et d'emmener en captivité les missionnaires et les voyageurs qu'ils maltraitaient et flagellaient. C'est ainsi qu'en 1869, l'Allemand Kühne, M. et Mme Ramseyer, Suisses habitant la ville d'Anum sur le Volta, avaient été enlevés et emmenés à Coumassie, où l'explorateur français Bonnat[1] partagea bientôt leur captivité. Les insurgés bloquèrent Elmina, et firent au commodore Commerell une guerre d'embuscade sanglante dans les fourrés de la rivière Prah. La ville de Cap-Coast fut menacée. L'Angleterre, émue de ces échecs répétés, envoya en Afrique une armée sous les ordres de sir Garnet Wolseley (octobre 1873). Non seulement l'arsenal de Woolwich fournit à l'expédition des munitions et des vivres ; mais les soldats qui allaient faire la guerre dans la contrée la plus malsaine de l'Afrique, furent munis de tous les préservatifs nécessaires avec un luxe que jamais armée n'avait connu. « Les officiers, écrit M. Plauchut, furent tenus d'emporter sur eux du sul» fate de quinine, un filtre de poche, un voile pour se préserver les yeux : » il leur fut également recommandé de boire beaucoup de café et de s'as» perger de temps en temps le visage et les mains de paraffine pour éloi» gner les mosquitos. Quant aux soldats, un navire emporta pour eux » 5000 uniformes de rechange, 5000 chemises en caoutchouc qui leur

---

[1]. L'explorateur français Bonnat a fait quatre voyages au pays des Achantis : dans le premier, il fut pris par les Achantis, et resta cinq ans captif à Coumassie jusqu'à l'arrivée des Anglais. Dans un second voyage, d'abord prisonnier du roi de Juabin, il fut délivré et explora le fleuve Volta. Il visita le premier parmi les Européens la ville de Salaga et y fonda un comptoir (1876). Dans une troisième expédition, M. Bonnat se fit accorder une nouvelle concession sur la rivière Ancobra, mais en 1880 sa santé l'obligea à rentrer en France. Rappelé en Guinée, il y mourut la même année âgé de trente-six ans, victime du climat qu'il bravait depuis dix ans avec une énergie au-dessus de tout éloge. (Pour plus de détails, V. Bainier, p. 104, et les articles de M. Gros dans l'*Explorateur*.)

» permirent de s'étendre sans danger la nuit sur le sol fangeux,
» 5,000 couvertures de laine, pareilles quantités de bouilloires et de mou-
» lins à moudre, enfin un nombre considérable de flacons contenant des
» vinaigres aromatiques, avec lesquels les sentinelles durent se mouiller
» l'intérieur des oreilles et des narines. »

Des renforts furent envoyés de Sierra-Leone et de Lagos et réunis aux expéditionnaires : sir Garnet Wolseley n'oublia aucun détail, ne dédaigna aucun auxiliaire, qu'il fût blanc ou noir, homme ou femme, pour mener vite et bien cette difficile campagne, qui devait fonder sa réputation militaire. « Une bande de deux cents noirs, enrôlés à Lagos par un sergent-
» major des Haoussa, surnommé le *vieux Jacoban*, et transportés à Accra,
» y fut reçue par le capitaine Glover, surnommé le *père des Haoussas*,
» qui leur adressa dans leur langue un fougueux discours. Les paroles
» guerrières du capitaine anglais excitèrent un enthousiasme frénétique.
» Les recrues brandirent leurs longs couteaux, exécutèrent une danse de
» guerre accompagnée de cris sauvages, jurant d'exterminer les Achantis et
» de mourir pour leur bon ami Glover. Ils voulurent même porter le capi-
» taine en triomphe jusqu'à leur camp; mais celui-ci ayant décliné cet
» honneur, ils s'emparèrent de leur vieux Jacoban, qu'ils entraînèrent chez
» eux dans l'ivresse de la joie. De son côté, sir Garnet, sachant que les
» femmes noires font un mauvais parti aux hommes valides qui restent chez
» eux en temps de guerre, fit mander chez lui toutes les dames des environs.
» Elles vinrent en toute hâte chez le gouverneur, en grande toilette, cou-
» vertes d'anneaux et de bracelets, et promirent avec joie de corriger
» d'importance leurs maris s'il leur arrivait de faillir. Un autre détail
» curieux, c'est que le train de l'armée d'expédition fut en grande partie
» formé par des femmes qui marchaient lestement au son du tambour en
» portant sur leurs têtes de lourdes caisses de munitions, et au côté, dans
» des sacs, leurs nourrissons qu'elles allaitaient sans interrompre leur
» marche[1]. »

Le général en chef fit construire une route large et commode pour transporter les canons, et l'on marcha sur Coumassie, à travers les forêts vierges, les plaines marécageuses et les hauts plateaux couverts de lianes et de broussailles. Les Achantis avaient détruit tous les villages du parcours, *Prah-Su, Yan-Kumasi, Sutah, Dunquah*. On déblaya les ruines, et les ingénieurs anglais y établirent des camps, des postes fortifiés, et des dépôts de munitions et de vivres, biscuits, riz, lait, pommes de terre de conserve, boîtes de soupes et de viandes, thé, sucre, caisses de vin de Bordeaux. Chaque station eut son intendant et son médecin; Mansu et Dunquah furent pourvus d'un bureau de poste et d'un télégraphe communiquant avec Cap-Coast et la tête de colonne. Malgré toutes ces précautions, les fièvres et la dysenterie décimèrent l'armée.

Les premiers villages des Achantis, *Quisah* et *Fomana*, furent abandonnés par leurs habitants. Le roi *Kalkalli*, menacé dans sa capitale, réunit les chefs et jura qu'il ne laisserait pas prendre Coumassie. En même temps, il faisait secrètement rendre la liberté aux prisonniers européens retenus depuis quatre ans, et chargeait l'un des missionnaires captifs, Kühne, de négocier la paix. Kalkalli ne voulait que gagner du temps : son général, le

---

1. Edmond Plauchut. *La guerre des Achantis.* — (*Revue des Deux-Mondes*, 15 décembre 1873.)

fameux *Aquamantia*, faisait alors une levée en masse, et la position d'Amoaful, en avant de Coumassie, se couvrait de redoutes. Sir Garnet, un moment trompé par la perfidie du despote africain, rompit les négociations, et marcha sur Amoaful. La prise de cette forteresse, défendue avec acharnement, coûta aux Anglais cent cinq hommes (30 janvier 1874). Les escarmouches continuèrent jusqu'au 5 février : ce jour-là, l'armée arrivait devant Coumassie. Dans la matinée, le roi assis sur un trône d'or, abrité sous un dais de soie et de velours cramoisi, avait, en présence des hauts fonctionnaires de son royaume, déclaré qu'il ferait trancher la tête à quiconque parlerait de fuir. Quelques heures plus tard, quand les premières balles anglaises sifflèrent à ses oreilles, Sa Majesté Kalkalli se troubla, et se hâta de mettre sa vaillance en sûreté à Aminihia, son palais d'été. La capitale fut prise ; les Anglais trouvèrent dans la résidence royale, dont la façade était en pierre, de style mauresque, et bordée d'un trottoir, un grand nombre de livres français, anglais, espagnols et hollandais, des verres de Bohême, de l'argenterie, des tapis de Perse, des peaux de mouton, des gravures, des selles en maroquin rouge, des parasols, un berceau où Kalkalli se faisait porter sur la tête de ses esclaves, enfin une épée jadis offerte au roi des Achantis par la reine Victoria.

Le lendemain, les Anglais évacuaient la ville, et opéraient leur retraite, après avoir fait sauter le palais royal ; Coumassie et Amoaful furent incendiées. Pour sauver sa seconde ville, Juabin, menacée par la colonne du capitaine Glover, Kalkalli se décida à signer le traité de Fomanah. Il s'engageait à payer aux Anglais une indemnité de 50 000 onces d'or, à renoncer au profit de l'Angleterre à tous ses droits sur les royaumes de Denkera, Assin, Akim et Adousi, à ses prétentions sur Elmina et les autres stations de la côte ; il promettait la libre entrée dans Coumassie des marchandises anglaises, et l'ouverture et l'entretien d'une route large de 15 pieds entre Coumassie et la rivière Prah. Le 19 février 1854, sir Garnet Wolseley entra dans Cap-Coast en triomphateur sous des arcs de verdure ; l'enthousiasme fut sans bornes dans la colonie, et les indigènes célébrèrent le triomphe en avalant force rasades de rhum. A Londres et dans toute l'Angleterre, on fit aux vainqueurs le plus chaleureux accueil, et le jeune général en chef fut comblé d'honneurs. — L'expédition avait coûté aux Anglais 22 500 000 fr.

Depuis ce temps, le pays des Achantis, troublé par des discordes intérieures, n'a pas cherché à se soustraire à l'influence britannique. Les Anglais ont occupé récemment toute la partie de la côte comprise entre Sierra-Leone et Liberia, et en 1883, une flottille anglaise envoyée sous le capitaine Brooke pour châtier certains chefs nègres indigènes, qui avaient maltraité des sujets anglais, remonta le Niger et bombarda les villes d'Aboh et d'Ijah.

2° **Lagos.** — La rivière de *Lagos* est un bassin où tombent de nombreux cours d'eau et qui communique avec la mer par un canal large de 1000 mètres, long de 10 000. Au sud de cette lagune se trouve l'île et l'établissement de *Lagos* limité au nord par le pays d'*Egba*, au sud par le golfe de *Bénin*, à l'est par le pays de *Jebu*, à l'ouest par le *Dahomey*. A l'établissement de Lagos sont rattachées les villes de *Badagry* à l'ouest, celles de *Palma* et *Leckie* à l'est. L'Angleterre étend son protectorat nominal sur tous les territoires voisins.

L'origine de la domination anglaise sur le Lagos a été le traité de 1852 conclu avec le roi de ce pays au sujet de la traite des noirs. Ce roi s'était engagé à abolir l'esclavage dans son Etat, à l'ouvrir au commerce européen, et à y admettre des missions religieuses. Il ne put tenir ses engagements, et sous prétexte de protéger ses nationaux, l'Angleterre substitua à son protectorat une souveraineté effective. — Le roi *Docemo* dut signer, le 6 août 1861, un traité par lequel, en échange d'une pension de 25 000 francs, montant de son revenu annuel, il s'engageait à céder aux Anglais la lagune et l'île de Lagos, et ses droits sur les pays d'alentour. En 1862, les établissements de Lagos furent annexés à la colonie de Sierra-Leone; et en 1874, placés sous l'autorité du gouverneur général de la côte d'Or.

**Superficie.** — 73 milles carrés. — **Population** : en 1880, 75 270 habitants dont environ 100 Européens. — **Instruction publique et cultes** : L'Eglise anglicane a 10 écoles et 1 300 élèves; l'Eglise wesleyenne, 8 écoles et 600 élèves; l'Eglise catholique, 2 écoles et 316 élèves. On compte environ 11 000 musulmans. — **Constitution** : Un *lieutenant-gouverneur*, représentant le gouverneur général de la côte d'Or, a le *pouvoir exécutif*. Les lois et règlements locaux sont faits par le *Conseil législatif* de la côte d'Or, siégeant à Accra. — **Justice** : Elle est rendue par un des juges de la *Cour suprême* qui tient ses sessions à Lagos; dans le district de Palma et de Leckie, et dans celui de Badagry, les fonctions judiciaires et administratives sont exercées par un commandant civil. — **Budget** : en 1880 : *Revenus*, 47 987 liv. sterling; *Dépenses*, 55 475. — **Armée** : Plus de garnison depuis 1870. La défense est confiée à 204 miliciens Haoussa; une canonnière, armée de trois canons, croise dans la lagune. — **Commerce** : Il subit une décroissance : en 1877, les importations étaient de 614 359 liv. sterl.; en 1880, de 407 370. — En 1877, les exportations de 734 708 liv. sterling; en 1877, 576 510. (On importe des cotonnades anglaises, du tabac, des spiritueux, du vin, de la poudre, des armes, etc.; — on exporte des amandes et de l'huile de palme : part de l'*Angleterre*, 245 322 liv. sterling; de l'*Allemagne*, 163 817; de la *France*, 57 100; du *Brésil*, 13 132). Mouvement des navires en 1880 : Entrés, 366 navires de 190 040 tonneaux; sortis 368 de 143 618 tonneaux.

## B. COLONIES FRANÇAISES

#### NOTICE HISTORIQUE [1]

Les mêmes navires qui, en 1366, étaient venus mouiller au cap Vert, vis-à-vis du rio Fresco dans une baie qui portait encore en 1667, alors que Villault de Bellefond la visita, le nom de *Baie de France*, descendirent, cherchant l'ivoire et l'ambre gris, jusqu'à Boulombel ou Sierra-Leone, et au rio

---

[1]. Voir plus haut, page 532. De précieux renseignements sur les expéditions françaises à la côte occidentale d'Afrique nous ont été transmis par Villault de Bellefond. Il avait été chargé par Seignelai, en 1666, d'une mission sur le littoral de Guinée, et il adressa au ministre, dès son retour, le résultat de son enquête. « La plus commune opinion a donné jusque à présent cet avantage (la priorité » des découvertes) aux Portugais, d'avoir paru les premiers, qui aient découvert « et habité ces côtes, mais c'est une vieille erreur qui a pris sa naissance et son » accroissement dans la longue possession qu'ils en ont eue et le grand pouvoir » qu'ils s'étaient donné parmi ces peuples. Cette gloire est due aux Français et » surtout aux Dieppois qui y ont navigué plus de soixante ans avant que les » Portugais en eussent eu la connaissance. » (*Relation des côtes d'Afrique appelées Guinée.*)

Sestos près d'un village auquel les marins dieppois donnèrent le nom de *Petit-Dieppe*, à cause de sa ressemblance avec cette ville, et où ils achetèrent du poivre (*malaguette*). L'année suivante, quatre autres bâtiments normands parurent sur les mêmes côtes; deux s'arrêtèrent au Petit-Dieppe; un autre au Grand-Sestos, à qui on donna le nom de *Petit-Paris*, le quatrième arriva à la côte d'Or, et reçut des indigènes un fort mauvais accueil. En 1380, la *Notre-Dame de Bon-Voyage* vint à la côte d'Or, en ramena une riche cargaison de poudre d'or, et en 1381, trois autres bâtiments firent escale à la *Mine*, à *Moura* et à *Accara*. En 1383, on vit arriver à la Mine trois vaisseaux chargés du matériel nécessaire, armes, munitions, pour occuper militairement la côte. La Mine fut pendant quelques années un comptoir commercial français de quelque importance. Peu à peu les guerres civiles qui ensanglantaient la France ralentirent ce trafic : la Mine fut délaissée, les Portugais s'en emparèrent (1433), mais les naturels, comparant leur brutalité à la douceur et à la souplesse normandes, les massacrèrent, et détruisirent les forts (1476).

En 1492, les Normands recommencèrent leurs courses, et voulurent reprendre possession de la Mine. Des contestations éclatèrent entre eux et les Portugais; des navires furent capturés de part et d'autre. Au temps de Charles IX, les Dieppois, toujours infatigables, s'établirent à Accra, Cormentin et Takoray (1576) malgré les Portugais jaloux, qui coulaient ou brûlaient leurs bâtiments. Ils finirent par céder la place à leurs adversaires. Ce n'est qu'en 1664, sous Colbert, que la Compagnie du Sénégal envoya le commissaire de la marine d'Elbée pour chercher sur la côte de Guinée une station favorable au trafic des esclaves. D'Elbée s'arrêta près de Whydah, dans le royaume d'Ardra, choisit un territoire, et à cette occasion le roi d'Ardra expédia à Louis XIV un ambassadeur qui fut reçu par la cour en 1670. Les mésaventures des Compagnies qui se succédèrent rendirent ces traités inutiles. Dans le cours du dix-huitième siècle, quelques démonstrations militaires furent faites sur les côtes de Guinée; le marquis de Vaudreuil, en 1775, y détruisit quelques comptoirs anglais. En même temps nos officiers hydrographes commencèrent à dresser la carte des côtes. Sous la République, les escarmouches continuèrent, mais sans suite et sans résultat.

En 1838, M. de Péronne, commandant de l'escadre chargée de surveiller la traite des nègres, visita les ruines du fort de Whydah, et retrouva intactes les archives dans une armoire de fer. Le commandant Montagniès de la Roque en 1834, le commandant Bouët-Willaumez en 1840, châtièrent les indigènes coupables de pillage sur nos bâtiments de commerce. Le Petit-Dieppe est aujourd'hui appelé *Bassa des Pêcheurs;* il est situé à 50 milles du cap *Monte*, ancien port normand. Aux environs sont plusieurs villages appelés petits et grands *Bassas*. « Tous ces Bassas, dit M. Bouët-
» Willaumez dans sa *Description nautique des côtes occidentales d'Afrique*,
» ont été autrefois des établissements normands, comme l'indiquent d'ail-
» leurs les appellations données par ces hardis navigateurs et qui subsistent
» encore sur toute la côte. Aussi les vieux souvenirs de la France m'ont
» rendu facile l'acquisition des terres de la rivière et de l'anse des Pêcheurs
» que j'ai faite en 1842, en vue d'un dépôt de combustible ou de ravi-
» taillement. »

Les vestiges du passage des Français sur tout ce littoral se rencontrent fréquemment. A l'embouchure du rio de *Grand-Sestos* ou *Grands-Butteaux*, était un port normand; à 20 milles plus haut se trouvaient le *Grand* et le *Petit-Paris;* il reste quelques ruines du fort de *Takoray*, bâti sous Charles IX; du fort de la Mine fondé en 1383, de *Cormantin*, créé en 1377, d'*Amokou* et d'*Akara*. Les restes du fort d'Ardra, établi en 1669, flanqué de tours, et armé de vingt-deux canons, avec chapelle, jardins, magasins, sont encore très visibles ; il en reste une chapelle avec son clocher. En 1841, le gouvernement loua ce bâtiment à la maison Régis de Marseille, pour y établir un comptoir d'huile de palme. Près de là, est le village de Porto-Nuovo, qui appartient à la France. — Au rio Bénin, le capitaine Landolphe, jeté par un naufrage sur la côte, avait obtenu (1782) du roi d'Owhiéré, la cession de l'île Borado. Il y avait élevé un fort flanqué de quatre bastions et muni de trente-deux canons. La guerre éclata avec l'Angleterre ; Landolphe qui ignorait les événements de France et n'était pas sur ses gardes, fut attaqué à l'improviste par les Anglais (1792). Il se défendit avec courage, mais le fort fut mis au pillage, et les Anglais le firent sauter. — En 1838, à la suite d'un rapport très favorable du comte Bouët-Willaumez, et des tentatives anglaises d'occupation du fleuve Niger, le gouvernement français résolut de faire installer des forts au Gabon, à Assinie, à Garrovay. Le commandant Fleuriot de Langle obtint du roi Amatifory la cession absolue d'*Assinie;* le Gabon fut également occupé, et on remplaça Garrovay par le fort de Grand-Bassam. Les comptoirs français actuels de la côte d'Or sont ceux de *Grand-Bassam, Dabou, Assinie.* Le protectorat français est en outre établi sur certaines portions du rivage, à *Porto-Nuovo, Porto-Seguro, Petit-Popo, Agoué, Grand-Popo, Whydah, Kotonou.* Dans tous ces pays qui forment autant de petites républiques indépendantes, les Français commercent librement, en vertu d'anciens traités. Les Anglais jaloux convoitent ces établissements, et leurs troqueurs et leurs missionnaires y font à l'influence française une redoutable concurrence qui inquiète les indigènes.

**Grand-Bassam et Dabou.** — Le comptoir du Grand-Bassam est établi sur la rive droite de la lagune d'*Ebrié*, longue de 110 milles, profonde de 6. L'entrée de la lagune est basse, sablonneuse, couverte de mangliers. Elle reçoit les deux rivières principales de l'*Ackba* et du *Potou*, larges et profondes, dont les sources encore inconnues paraissent être dans les montagnes de Kong. Leurs vallées paraissent riches et fertiles, elles sont couvertes de beaux palmiers. Le village de **Grand-Bassam** est près de l'embouchure de l'Ackba, à 4 kilomètres de la mer, et relié par une route au poste militaire. — Le poste de **Dabou** est construit dans la lagune, sur un terrain dominant ; il se compose d'un fort et d'une enceinte bastionnée ; il est en communication par des routes avec les villages environnants ; à l'est, *Bouba* et *Abobo*, au nord, *Kataéré* et *Débrimou*. Les plateaux voisins sont couverts de pâturages et de forêts, la région est totalement inconnue, on la dit très riche en palmiers, — sur la baie de Dabou sont les villages d'*Ilaf* et de *Daboitier*.

**Assinie.** — A 30 milles environ de Grand-Bassam, sur la rive droite de l'Assinie est situé le poste d'Assinie, à l'entrée du grand lac d'Ahy, formé par la rivière. La barre est dangereuse, mais au delà la navigation facile.

**Productions et commerce.** — Tous les comptoirs de la côte d'Or exportent l'*huile de palme*, la *poudre d'or*, l'*ivoire*, les *bois de teinture*, les *peaux de singe*, la *gomme*, la *résine*. — Les objets d'échanges sont en retour les *étoffes*, la *poudre*, les *fusils*, le *tafia*, le *tabac*, les *objets en fer ouvré*, les *armes blanches*, les *ustensiles*, les *fausses perles*, etc.

**Administration.** — La France avait retiré, en 1870, la petite garnison qu'elle entretenait depuis 1843 sur la côte d'Or : sur les observations réitérées des commandants de nos forces navales dans l'Atlantique, et sur les réclamations instantes de nos commerçants dont les comptoirs chaque année plus florissants exigent plus de sécurité, un décret du Président de la

République, rendu en janvier 1884, a placé les établissements français de la côte d'Or sous l'autorité du commandant du Gabon, qui aura désormais le titre de commandant supérieur des établissements français du golfe de Guinée. Un commandant particulier, qui remplit les fonctions de juge de paix, réside à Assinie et tient des audiences foraines à Grand-Bassam et à Pabou.

## 2° EXTRAITS ET ANALYSES

### Les indigènes et le gouvernement du Dahomey.

M. le capitaine de frégate Serval fut chargé en 1878 d'une mission au Dahomey. Il devait proposer au roi Gléglé un traité. Il manda au port français de Whydah les trois principales autorités de la ville, le *Yavoghan*, ou gouverneur, le grand *Cabeceire Chaudatou*, préposé à la surveillance du commerce extérieur, et en particulier à la protection des Français, et le *Chacha*, chef des blancs et des mulâtres du royaume. On leur lut le projet de traité avec force commentaires. Un employé noir de la maison française Régis le porta à Abomey, capitale du royaume, et le lut et le traduisit en portugais devant le roi et son ministre, le *méhon*. Le texte fut approuvé. L'échange des signatures se fit à Whydah; le yavoghan et le chaudatou firent lire et relire, écrire et traduire devant eux et les principaux noirs de la ville chacun des articles sur le texte même qui avait passé sous les yeux du roi, et après ce minutieux examen, ils se décidèrent à apposer une croix sur le papier en guise de signatures.

« Au contraire de ce qu'on croit d'ordinaire, les habitants du Dahomey sont, en général, laborieux et obéissants. Jamais on n'entend parler d'assassinats ou même de coups; les enfants et les femmes ne sont pas frappés, les esclaves rarement et plus rarement encore ils le sont avec cruauté. Le sentiment de la famille, le respect des morts sont très développés. Mais en même temps ils sont extrêmement attachés à une religion dont les rites sanguinaires et odieux ne sauraient être tolérés par un gouvernement européen. Nulle part au monde on ne rencontre autant de marques de la dévotion publique. A chaque coin de rue dans les villages, au pied de chaque arbre dans la campagne, dans les cours et dans les appartements des maisons, s'élèvent de petits monticules de terre couverts de poteries pour les offrandes; jamais les gâteaux de manioc ou de maïs et l'huile de palme n'y font défaut. Les féticheurs sont répandus dans toutes les familles, parmi les femmes comme parmi les hommes; les pratiques du culte se mêlent à tous les actes de la vie. Il semble vraiment que ces malheureux se réfugient dans la religion pour oublier l'épouvantable despotisme qui pèse sur eux. Le roi entretient une cour et une armée qui sont tout à fait hors de proportion avec les ressources du pays. Pour subvenir à ses dépenses, les impositions régulières ne suffisent pas; ses receveurs ont recours aux moyens les moins avouables. Tantôt ils entourent quelques maisons et ils font main basse sur le bétail, sur les vivres et sur la volaille; tantôt ils arrêtent les marchandises dans les rues ou sur les chemins. A Whydah même, pour emporter chez eux des étoffes achetées aux factoreries, les habitants sont obligés d'aposter des gens de confiance qui les avertissent si la route est libre de gens du roi. Tout essai de résistance, si légitime qu'elle soit, le moindre signe de mécontentement, sont considérés comme crime de rébellion; celui qui s'en est rendu coupable sera mené au roi; dépouillé probablement d'une partie de ses biens ou condamné à servir comme soldat. Pour la même raison, l'homme qui s'enrichit est en butte à toutes les délations; on cherche à le prendre en défaut pour avoir le prétexte de le frapper d'amendes ruineuses. Aussi règne-t-il une misère profonde dont on cherche à peine à sortir. Le roi ne s'en inquiète pas. Au printemps, il emmène une partie de la population à la guerre, quand les bras seraient nécessaires à la récolte de l'huile de palme; les régimes pourrissent en partie sur les arbres ou, cueillis tardivement, ne fournissent qu'une huile de qualité inférieure. A quoi bon alors donner des soins aux palmiers? Quel intérêt aurait-on à les débarrasser, comme il serait facile, des broussailles qui les étouffent? Un moment, on avait voulu introduire sur les terrains qui bordent les lagunes et dans des conditions tout à fait exceptionnelles de réussite, la culture des arachides. Le roi a défendu de les exporter afin de ne pas priver son peuple d'un des éléments habituels de sa nourriture. » SERVAL.

(*Revue maritime et coloniale*, 1878, 1. LIX.)

## Dahomey : les massacres de la Grande Coutume.

« La fête de la *Grande Coutume* se célèbre dans des circonstances graves, mais elle ne prend son entier et épouvantable développement qu'à la mort du roi. Dès qu'un roi de Dahomey est mort, on lui érige un cénotaphe au milieu duquel se dresse un cercueil en terre pétri dans le sang d'une centaine de captifs sacrifiés pour servir, dans l'autre monde, de gardes au souverain. Le corps du défunt est placé dans le cercueil, la tête sur les crânes des rois qu'il a vaincus. Dans le cénotaphe, on entasse le plus d'ossements possible, puis on y fait entrer huit danseuses de la cour et cinquante soldats volontaires. Ces victimes des deux sexes s'offrent volontairement en sacrifice aux mânes du roi mort, elles considèrent comme un honneur d'accompagner leur souverain dans le royaume des ombres. Durant dix-huit mois, le prince héritier gouverne en qualité de régent. Ce terme expiré, il se rend publiquement au caveau funéraire de son prédécesseur, le fait ouvrir, découvre le cercueil, prend le crâne du roi d'une main, de l'autre élève une petite hache et annonce au peuple que le roi est mort, que lui, régent, n'a jusqu'à ce moment gouverné qu'au nom du défunt. Puis déposant crâne et hache, il tire son épée et se proclame roi. Aussitôt le peuple marque son enthousiasme par des cris, des chants, des danses; les grands et les Européens des factoreries manifestent leur joie en offrant des présents au nouveau monarque. Dès ce moment une soif de sang indicible s'empare de toute la population dahomyenne. Des milliers de victimes humaines, destinées à porter au feu roi la nouvelle du couronnement de son successeur, sont immolées, pendant qu'avec de l'argile pétrie dans le sang des victimes, on modèle un grand vase, de forme bizarre, dans lequel le crâne et les os du feu roi sont définitivement enfermés et scellés.

» Cette cérémonie terminée, les massacres commencent dans tout le royaume. A Whydah, un marin est précipité dans la mer, en même temps que les deux gardiens des portes du port; ces victimes sont destinées à ouvrir au roi défunt les portes du port, quand il lui plaira d'aller prendre un bain de mer. A Dahomey, quatre hommes accompagnés d'un daim, d'un singe et d'un gros oiseau sont amenés devant la tombe

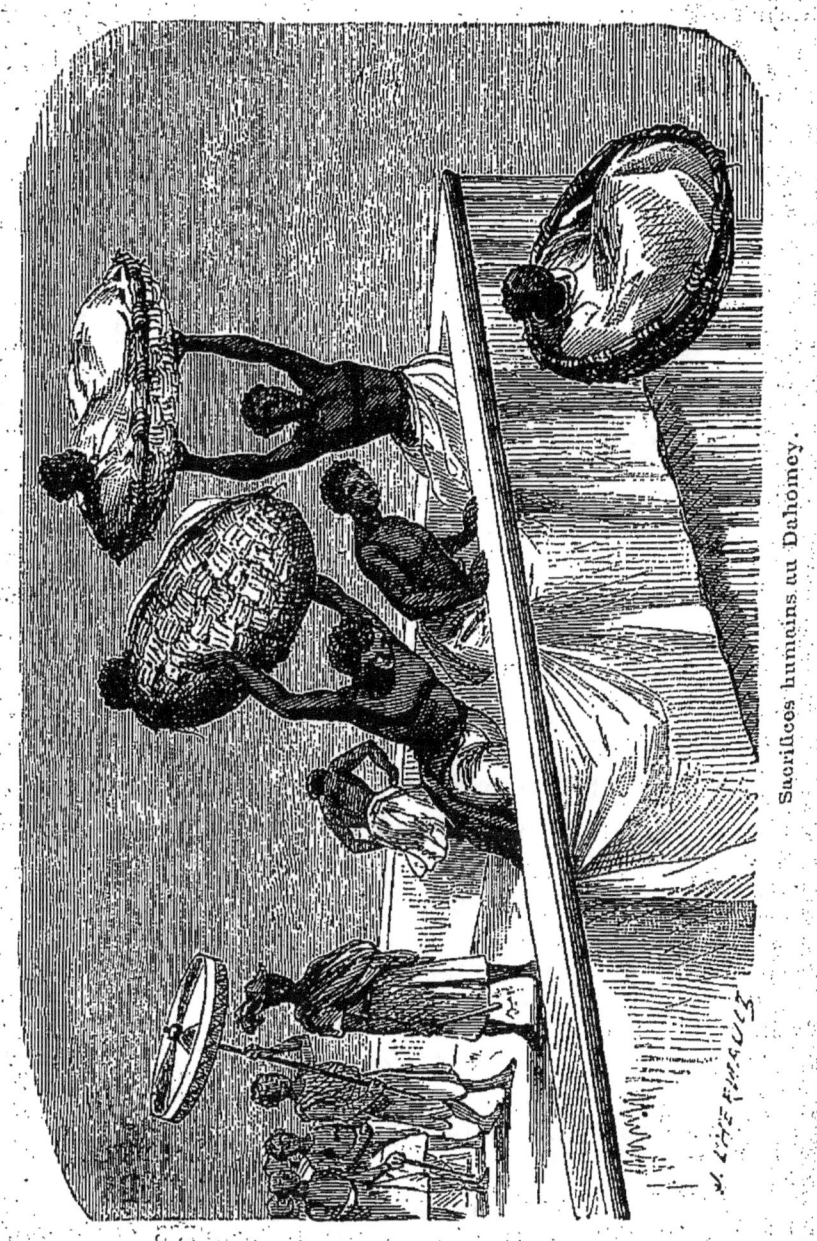

Sacrifices humains au Dahomey.

du roi. Ces créatures, moins l'oiseau, ont la tête tranchée sur-le-champ, avec mission d'aller annoncer aux esprits ce que le roi se prépare à faire en l'honneur du défunt. Un des hommes doit aller le raconter aux esprits qui fréquentent les marchés du pays, le second aux animaux qui vivent dans les eaux, le troisième aux esprits qui voyagent sur les grandes routes, et le quatrième aux habitants du firmament. Le daim doit s'acquitter de la même mission auprès des quadrupèdes qui parcourent les forêts, et le singe grimper jusqu'au sommet des arbres pour en instruire ses pareils. Quant à l'oiseau, plus heureux que ses compagnons, on lui rend la liberté, afin que, s'élevant dans les airs, il raconte les mêmes choses aux êtres qui les habitent.

» Ces sacrifices, qui sont le prologue de la fête, une fois accomplis, le roi fait battre le gong pour annoncer que la *Grande Coutume* va commencer. Le lendemain, au point du jour, cent hommes et cent femmes sont mis à mort dans l'intérieur du palais. Le roi sort de sa demeure au bruit de la mousqueterie, et quatre-vingt-dix officiers, cent vingt princes ou princesses viennent le saluer en lui offrant chacun quatre esclaves destinés aux sacrifices, puis des bœufs, des moutons, des chèvres, de l'argent et du rhum. Le roi se rend ensuite au sépulcre royal, dans lequel on ensevelit soixante hommes vivants, cinquante moutons, cinquante chèvres, quarante coqs et une grande quantité de cauris. Il se dirige vers son palais, dont il fait le tour ; arrivé devant la porte, on met à mort en sa présence et en son honneur cinquante esclaves. Cette hécatombe faite, le monarque s'établit sur une haute plate-forme construite devant son palais. De là, il adresse à son peuple un prêche de guerre, lui promettant beaucoup d'esclaves, et fait distribuer des cauris, des vêtements, du rhum. Vis-à-vis de la plate-forme et dans toute la longueur de la place sont alignées des rangées de têtes humaines, fraîches saignantes. Le roi fait approcher trois chefs ischaggans, spécialement chargés par lui d'aller apprendre à son prédécesseur que les *Coutumes* seront désormais mieux observées. Chacun de ces malheureux reçoit de la main du roi une bouteille de rhum, une filière de cauris..... puis est immédiatement décapité. On apporte ensuite vingt-quatre mannes ou corbeilles contenant chacune un homme vivant dont la tête seule sort. On aligne ces corbeilles devant le roi, puis elles sont précipitées sur le sol de la place, où une multitude ivre de sang se dispute les victimes. Tout Dahomyen assez favorisé pour saisir une victime et lui scier le cou peut aller échanger à l'instant même ce trophée contre une filière de cauris (environ $2^{fr},50$). Le roi ne se retire que lorsque la dernière victime est décapitée et quand deux piles sanglantes, l'une de têtes, l'autre de troncs mutilés, sont élevées aux deux bouts de la place. Pendant dix jours, il y a suspension de massacres, mais le jour seulement, car la nuit ils continuent pour recommencer le dernier jour de la *Grande Coutume*. Ce dernier jour a une certaine solennité. Deux hautes plates-formes se dressent de chaque côté de la porte d'honneur du palais du roi et une troisième s'élève au milieu de la cour principale. Sur chaque construction il y a seize captifs, quatre chevaux et un alligator. Les captifs sont placés autour de trois tables, une pour chaque groupe, ayant devant eux un verre de rhum. Le roi monte sur la plate-forme la plus élevée, adore solennellement les fétiches nationaux et s'incline devant les captifs; ceux-ci, dont le bras droit vient d'être délié, boivent à la santé du monarque qui les voue à la mort. On porte en procession les vêtements du feu roi, et la revue des troupes dahomyennes commence. Dès que le défilé est terminé, les captifs des trois groupes ont la tête tranchée ou plutôt sciée avec des couteaux ébréchés. Les chevaux et l'alligator sont égorgés en même temps, et les sacrificateurs apportent un soin minutieux à mêler leur sang à celui des victimes humaines. Les *Grandes Coutumes* sont terminées[1]. »

(*Revue de géographie*, janvier 1879, p. 64-66.)

---

[1]. « Les naturels croient à une autre vie se déroulant sans fin dans un monde
» quelconque; aussi se figurent-ils qu'il faut envoyer des femmes et des esclaves
» aux défunts; c'est là l'origine de ces sacrifices humains qui déshonorent ces
» contrées. On donne aux victimes une bouteille de tafia, et, de plus, quelques
» cauris pour les frais du grand voyage; on les charge de commissions et de
» messages pour celui qui n'est plus. Ces sanglantes coutumes ne se font plus
» guère aujourd'hui qu'à Abomey; elles sont très rares à Porto-Novo et n'existent sur aucun point du littoral. Il est certain que pendant mon année de
» séjour dans cette région, le cruel monarque du Dahomey a fait répandre le
» sang de plusieurs centaines d'innocents à propos du deuxième ou troisième
» anniversaire des funérailles de sa mère. » Bazile Féris, *la Côte des esclaves*.
(*Revue scientifique*, 9 juin 1883.)

## 3° BIBLIOGRAPHIE

Avezac (d'). *Notice des découvertes faites au moyen-âge dans l'océan Atlantique.* — (In-8°, 1845.)

Forbes (F.-E.). *Le Dahomey et les Dahomiens, Journal des Missions chez le roi de Dahomey,* 1849-50. — (Londres, 1851, 2 vol. in-8°.)

Henty (G.-A.). *Notice sur le pays des Achantis; marche sur Coumassie,* en anglais. — (Londres, in-8°, 1874.)

Holley. *Voyage à Abéokouta.* — (Lyon 1881, in-8°, Mougin-Rusand.)

Laffitte (abbé). *Le Dahomé, souvenirs de voyage et de mission.* — (Tours, in-8°, 1873, Mame.)

Plauchut (E.). *Les quatre campagnes militaires de 1874.* — (Paris, 1875, in-18, M. Lévy.)

Reade (Winwood). *The African Sketch Book.* — (London, 1873, 2 vol. — *Excursions faites à la côte d'Or et dans le pays Mandingue,* de 1868 à 1870.)

Santarem (Emm. de Barros y Souza, vicomte de). *Recherches sur la priorité de la découverte des pays situés sur la côte occidentale d'Afrique, au-delà du cap Bojador, et sur les progrès de la science géographique, après les navigations des Portugais, au quinzième siècle.* — (Paris, 1842, in-8° et atlas.)

Tournafond (P.). *Un Eldorado africain et les explorations de M. J. Bonnat sur la côte de Guinée.* — (Paris, 1878, in-8°, carte.)

West Coast of Africa. *Correspondence relative to the cession by the Netherlands government to the British government of the dutch settlements on the west coast of Africa.* — (London, 1873, Parliamentary Papers, in-4°, avec carte.)

Aube (T.). *La nouvelle colonie anglaise de la côte d'Or.* — (*Revue maritime et coloniale,* XLVI, 1875.)

Béraud. *Notes sur le Dahomé.* — (*Bulletin de la Société de géographie,* 1866, t. II.)

Bonnat. *Première reconnaissance du cours de Volta.* — (*Explorateur,* 1875.)

Bonnat. *Bonnat chez les Achantis.* — (*Explorateur,* 1875, 1876.)

Borghero (abbé). *Lettre sur la côte des esclaves,* avec carte. — (*Bulletin de la Société de géographie,* 1866, t. II.)

Borghero (abbé). *Note sur le delta du Niger, le Kouara.* — (*Bulletin de la Société de géographie,* juillet 1865.)

Bouche (abbé). *Le Dahomey.* — (*Bulletin de la Société de géographie,* juin 1874.)

Bouche (abbé). *Notes sur les républiques Minas.* — (*Bulletin de la Société de géographie,* juillet 1875. *Explorateur,* 1876. *Revue de France,* 1876.)

Codine (J.). Compte rendu de l'ouvrage *The Life of prince Henry of Portugal,* by Richard Henry Mayor. — (*Bulletin de la Société de géographie de Paris,* 1873.)

Desnouy. *Les établissements français de la côte d'Or.* — (*Revue maritime et coloniale,* novembre 1866.)

Féris (Bazile). *La côte des esclaves.* — (*Revue scientifique,* 9 juin 1883.)

Fleuriot de Langle. *Croisières à la côte d'Afrique.* — (*Tour du Monde,* 2e sem. 1876.)

Gravier (Gabriel). *Recherches sur les navigations européennes faites au moyen âge, aux côtes occidentales d'Afrique, en dehors des navigations portugaises du quinzième siècle.* — (Congrès international des sciences géographiques, t. Ier, p. 459.)

Gros (J.). — *Les Achantis,* d'après les relations de Bonnat. — (*Explorateur,* nos 49, 50, 51, 52, 53, 54, 1876.)

Guillevin (lieutenant de vaisseau). *Voyage dans l'intérieur du royaume de Dahomey.* — (*Nouvelles annales des voyages,* juin 1862.)

Marcel (Gabriel). *Les premières navigations françaises à la côte d'Afrique.* — (*Revue scientifique,* 24 février 1883.)

Ménager (abbé). *La Guinée.* — (*Bulletin de la Société de géographie,* août 1878).

Monin. *Premières découvertes portugaises; l'infant Henri.* — (*Revue de géographie,* décembre 1878.)

Répin (Dr). — *Voyage au Dahomey.* — (*Tour du Monde*, 1863.)
Tournafond (P.). *Le Dahomey.* — (*Explorateur*, 1875, n° 81.)
Vallon (A.). *Le royaume de Dahomey.* — (*Revue maritime et coloniale*, août-novembre 1861.)
Winvood Read. *La Côte d'Or.* — (*Bulletin de la Société de géographie*, t. II, 1869.)

# LIVRE IV

## ILES DE L'OCÉAN ATLANTIQUE

(AU NORD DE L'ÉQUATEUR)

### 1° RÉSUMÉ GÉOGRAPHIQUE

#### A. Iles Açores (*possession portugaise*).

Situées entre 36° 50′ et 39° 45′ de lat. N.; et entre 27° 35′ et 33° 27′ de long. O., à 300 kilom. du Portugal, à 850 du Maroc; découvertes en 1432 par le Portugais Gonzalès Cabral, et nommées Açores à cause des milans (*azor*) qu'on y rencontra, elles sont au nombre de neuf : au sud-est *Sainte-Marie*, *San-Miguel* la plus grande (64 kilom. de longueur sur 15 de largeur); au centre, *Terceira*, *Saint-Georges*, *Graciosa*, *Fayal*, *Pico*; au nord-ouest, *Corvo* et *Florès*. Elles forment un gouvernement colonial divisé en trois districts; *Angra*, *Ponta-Delgada*, *Horta*. La résidence du gouverneur est *Porta-Praya* (île San-Miguel).
**Superficie**, 2 388 kilom. car. — **Population** (en 1881), 269 401 habitants (113 par kilom. car.); Portugais, nègres et Flamands, descendants de colons qui se rendaient en Amérique et qu'une tempête fit échouer à Fayal. Émigration active (5 à 600 individus par an, pour le Brésil, les Antilles et la Guyane). — La population est catholique; l'instruction publique est répandue; outre l'espagnol, les deux langues parlées couramment sont le français et l'anglais.
**Climat.** — Tempéré, humide et sain, d'une douceur printanière en toute saison. Température moyenne + 17°,5. Neige et glace rares sur les sommets des montagnes. L'influence du Gulf-Stream s'y fait vivement sentir.
**Relief du sol.** — Les Açores sont montueuses et volcaniques : neuf volcans sont en activité. — **Productions** : *Sources minérales* chaudes et froides : *céréales*, *fruits* et *légumes*, *lin*, *olives*, *vigne*, *canne à sucre*, *orangers*, *citronniers*, *cocotiers* et *ananas*; les *forêts* ont été détruites; grands troupeaux de *bœufs*, *moutons* et *porcs*; *volaille* abondante. — **Commerce.** Chaque année, les îles expédient 120 millions d'oranges en Europe, des grains, vins, eaux-de-vie, bêtes à cornes, etc.

#### B. Iles Madère (*possession portugaise*).

Situées à 700 kilom. du Maroc, par 33° de lat. N.; elles sont deux : *Madère* et *Porto-Santo*, et quelques îlots déserts. — **Superficie**, 315 kilom.

car. — **Population** (en 1881), 132 223 habitants (162 par kilom. car.) de race portugaise, mêlée d'un peu de sang nègre; la religion est le catholicisme. — **Climat** doux, tempéré, toujours égal : température moyenne + 15° à 18°; minimum + 12°, maximum 18° à 24°; exceptionnelle + 30° à 36° : Madère est devenue une station pour les maladies pulmonaires. — **Relief du sol.** Madère est montueuse et volcanique, dominée par le pic *Buivo*, 1 847ᵐ. Jadis elle fut trouvée couverte de forêts par les navigateurs portugais Gonzalès Zurco et Tristan da Texeira; on y mit le feu pour la défricher et la fertiliser; on y planta des vignes apportées de Candie. La capitale, *Funchal* (30 000 hab.), est la résidence du gouverneur et de l'évêque; elle n'a qu'un mauvais port. L'île appartient en toute propriété aux descendants de ceux qui l'ont découverte.

**Productions.** — « Les vignobles de Madère, ravagés à partir de 1852 jusqu'en 1862 par l'oïdium, firent place aux champs de cannes à sucre, de céréales et de patates. En 1851, année qui précéda la maladie, et même pendant bien des années auparavant, la valeur d'une pipe du vin le plus ordinaire et contenant 92 gallons, soit environ 418 litres, se cotait à 625 francs. Voici, depuis cette époque, les prix que ce même vin a atteints par pipe : En 1852, 750 francs; en 1854, 950; en 1856, 1 200; en 1858, 1 500; en 1860, 1 750; en 1862, 1 875; en 1864, 1 625; en 1866, 1 400; en 1868, 1 000; en 1870, 850; en 1872, 700; en 1876, 625[1]. » La récolte qui s'élevait en 1862, à 1 250 pipes; en 1864, à 4 000; en 1866, à 6 000; en 1870, à 10 000; était montée en 1876, à 12 000. Elle s'accroît d'année en année, à cause des nouvelles plantations.

La canne à sucre est largement cultivée dans l'île; les céréales, arbres et fruits des tropiques y sont excellents, mais en quantité médiocre. — Les *animaux domestiques*, importés dans l'île, *bêtes à cornes*, *moutons*, *porcs*, y sont de petite taille.

**Commerce.** — *Importations*, 7 millions environ (dont 4 millions et demi par navires anglais); — *Exportations*, 5 à 6 millions (dont 3 millions et demi par navires anglais).

## C. Archipel des Canaries (*possession espagnole*).

Les îles Canaries (*Las Canarias*) sont situées à 1 200 kilom. de Cadix, entre 27° 30′ et 29° 30′ de lat. N., et entre 15° 37′ et 20° 30′ de long. O. de Paris. Elles forment, de l'est à l'ouest, une chaîne demi-circulaire de 550 kilom. environ de développement; elles sont éloignées de la côte au plus de 300 kilom., au moins de 90. — Elles sont au nombre de sept grandes et de six petites qui sont inhabitées. Les îlots inhabités sont : *Alegranza*, *Graciosa*, *Montana Clara*, *Roque del Oeste*, *Roque del Este* et *Lobos*; les îles habitées : *Lanzarote*, *Fortaventura*, la plus grande; *Gomera*, la plus petite; *Hierro* ou île de Fer, où les Européens ont placé jadis le méridien, parce que l'île de Fer est la plus occidentale de l'archipel; la *grande Canarie*, *Palma*, *Ténériffe* appelée par les premiers colons « *île de l'Enfer*, » à cause de son énorme pic volcanique, le *Teyde* (3 715 m.).

Toutes ces îles sont de formation volcanique. Les cratères éteints ou somnolents y abondent. Les éruptions se sont renouvelées à de longs intervalles. La plus terrible fut celle de 1706, au mont *Famara*, dans l'île de

---

1. Bainier, *l'Afrique*, p. 852.

Lanzarote; la cité la plus florissante de l'archipel, *Garachico*, surnommée le *Puerto-Rico*, fut détruite en quelques heures; ses palais somptueux, ses quais, ses églises furent emportés par les torrents de laves que vomissait la *Montana-Negra*. Garachico, aujourd'hui ville morte, est peuplée de 300 pêcheurs, qui vivent au milieu des ruines.

**Climat.** — Chaud, sain, mais trop sec; le vent du sud-est, le *Levante*, originaire de la zone torride, donne lieu à des ouragans: température moyenne + 20 à 22.

**Superficie**, 7273 kilom. car. — Les Canaries forment une des provinces de la monarchie espagnole. — **Population**, 280 974 habitants (métis de Guanches et d'Espagnols; Espagnols et Français (220). Beaucoup d'habitants émigrent aux Philippines ou au Vénézuéla.

La capitale de l'archipel est *Santa-Cruz de Ténériffe*, dans l'île de Ténériffe (10 000 hab.), port; villes principales *Laguna* (8 500 hab.); *Orotava* (11 000 hab.) dont le port est *Puerto de la Paz*. — Dans la grande Canarie, *las Palmas* (18 000 hab.), port principal; — dans Lanzarote, *Teguise* (16 000 hab.); *Port-Nao* et *Arecife*; dans Fortaventura, *Cabras* (1 100 hab.), port, et *Betencuria*, fondée par Bethencourt; — dans Gomera, *Saint-Sébastien*; dans l'île de Fer, *Valverde*; — dans Palma, *Santa-Cruz* (6 000 hab.).

Des communications régulières sont établies entre les Canaries et l'Europe par la ligne espagnole de Cadix, les paquebots anglais des compagnies d'Afrique, et ceux de la maison Paquet de Marseille.

**Productions: Végétaux.** — On trouve dans les Canaries les plantes tropicales et les plantes européennes échelonnées suivant l'altitude: *orseille*, *vignes de Ténériffe et Lanzarote*, *céréales*, *bananiers*, *papayers*, *cactus*, *coton*, *café*, *tabac*, *canne à sucre*, *oliviers*, et surtout la *cochenille*, introduite en 1831, et qui a été l'origine d'immenses fortunes. — **Animaux**: Les animaux domestiques de toute sorte s'y trouvent. Point d'animaux féroces, ni de reptiles venimeux; mais les *sauterelles*, apportées du Sahara par le vent d'est, y dévastent souvent les îles; les Canaries sont la patrie des *serins*, le poisson abonde dans les eaux de l'archipel. — *L'industrie* est presque nulle.

### NOTICE HISTORIQUE SUR LES CANARIES

La première navigation européenne sur les côtes d'Afrique dont on ait conservé le souvenir fut celle que le Français *Lancelot Maloisel* fit aux Canaries, vers l'an 1275, avec une flotte de guerre. Il donna son nom à l'île *Lanzarote*. Après Maloisel, vinrent les frères *Vivaldi* et d'autres navigateurs génois ou florentins, puis des portugais. De toutes ces tentatives de conquêtes, une des plus intéressantes, à nos yeux, fut celle d'un baron français, messire **Jean de Béthencourt**, au commencement du quinzième siècle. Ce gentilhomme normand, chambellan du roi Charles VI, était de la race de ces audacieux aventuriers, tour à tour pèlerins et corsaires, conquérants et convertisseurs, qui partaient pour la croisade, et en chemin prenaient des villes et fondaient des royaumes. Les Anglais avaient pillé son château et saccagé ses terres: ruiné en Europe, il alla en Afrique refaire sa fortune. Il s'embarqua à la Rochelle avec « le bon et honnête chevalier *Gadifer de la Sale* » et quelques autres chercheurs d'aventures, relâcha en Espagne, aborda dans l'île de Lanzarote, y construisit un fort, visita ensuite Fortaventura, y fonda Betencuria, et laissant le commandement à Gadifer et à Berneval, revint en Espagne demander des secours au roi Henri III. En 1404, il était de retour, avec le titre de *Seigneur des îles Canaries* : il fit baptiser le roi de l'archipel sous le nom de Louis, convertit la plupart des insulaires au christianisme, soumit Palma et Hierro, et résolut d'étendre ses conquêtes jusqu'aux côtes occidentales. Il fit une descente sur le littoral situé au sud du cap Bojador, et y opéra des razzias : mais il ne s'entendit pas avec son compagnon Gadifer : tous deux en appelèrent à Henri III, qui prononça en faveur de Béthencourt. Le *seigneur des Canaries* fit plusieurs fois le voyage de Normandie pour en ramener des ouvriers et des colons, et installa son neveu comme gouverneur de l'archipel. En 1405, il obtint du pape un évêque pour ces îles, et les quitta en 1406. Il mourut à Granville en 1426. Il a eu l'honneur de doubler le cap Bojador vingt-neuf ans avant les Portugais. Les Espagnols reprirent possession des Canaries quelques années plus tard, les colonisèrent vers 1480, et les conservèrent. Elles forment actuellement la 49ᵉ province de la monarchie espagnole.

### D. Iles du Cap-Vert (*possession portugaise*).

Découvertes en 1450 par Antoine Nolli, elles forment un district colonial dont dépendent les établissements portugais de la Sénégambie : elles se composent de dix îles principales et de quatre petits îlots.
**Situation astronomique** : entre 17° 12' et 14° 46' de lat. N.; et entre 25° 1' et 27° 43' de long. O. — **Superficie**, 3851 kilom. car. — **Population**, (en 1880), 99 317 habitants (26 par kilom. car.) (Portugais, Espagnols, mulâtres et nègres). — **Climat**, chaud et malsain; température moyenne d'été + 22°; d'hiver + 18°. Des sécheresses y durent parfois plusieurs années sans une goutte de pluie. Les fièvres *carneiradas* et la dysenterie y sont fréquentes.
Les îles du Cap-Vert sont montueuses et volcaniques, quelques-unes dépouillées d'arbres et grillées par le soleil des tropiques : de là leur aspect généralement aride et désolé. Santiago renferme le *Pico di Antonio* (1350 m.); San-Antonio, le *Pao de Assucar* (pain de sucre, 2500 m.); Fogo, un volcan de 2539 mètres d'altitude; Saint-Nicolas, le cratère éteint du Gordo (1 200 m.).
**Iles.** — *Ile de Sel*; — *Boavista* (5 000 hab.); — *Ile de mai* ou *Mayo* (7 000 hab.); — *Santiago* (22 000 hab.), la plus grande de l'archipel, résidence du gouverneur; chef-lieu *Porto-Praya*, port (2 000 hab.); — *Brava* (8 000 hab.), le séjour le plus riant et le plus agréable de l'archipel; — *Fogo* (6 000 hab.), possède un port; — *Saint-Nicolas* (12 000 hab.) a un port; — *Saint-Vincent* (3 000 hab.), île saine, cap. *Porto-Grande*, relâche importante et point de ravitaillement des paquebots de l'Atlantique, à destination du Cap et du Brésil, dépôt de charbons, station du câble de Lisbonne au Brésil; — *Saint-Antoine* (30 000 hab.) renferme quatre villes, *Ribera-Brava, Coculi, San-Antonio* et *Garera*, mais n'a que de mauvaises rades. — Les îlots de *Razo, Branco, Sainte-Lucie*, sont inhabités; ils fournissent de l'orseille; le dernier renferme des troupeaux de chèvres.
Ces îles servent de lieu de déportation pour les dégrades, qui correspondent à nos condamnés aux travaux forcés. Ils ne portent aucun vêtement ou signe distinctif et travaillent comme le reste de la population. Il en est qui tiennent des magasins.
**Productions.** — **Minéraux.** *Sel* abondant dans l'Ile de Sel; dans Mayo

et Boavista. — **Végétaux**: *orseille, mil, légumes, ricin, coton, indigo, tabac, cochenille, canne à sucre, orangers, citronniers, figuiers, tamariniers, vignes, oliviers, palmiers, aloès, amandiers*, etc. — **Animaux**: *Bestiaux* abondants, mais de petite race, *brebis, porcs, chevaux, ânes, mulets, chèvres*. — Les montagnes sont remplies de *chevreuils, civettes, singes*; les *rats* pullulent partout; les *oiseaux de Guinée*, les *tourterelles, ramiers, perdrix, pintades, poules, canards, vautours*, etc. sont communs. Les *tortues* de terre abondent dans l'Ile de Sel; les côtes sont très poissonneuses.

### E. Archipel des Bissagos ou Bijougas et îles Loos.

**Bissagos.** — L'archipel des îles Bissagos est situé sur la côte occidentale d'Afrique par 10° 10′ et 12° 20′ de lat. N., et 16° 50′ et 19° 10′ de long. O. Il s'étend du cap Roxo au cap Verga, entre la Gambie et la Rokelle ou Sierra-Leone. « Les unes, dit M. Antichan, presque aussi basses
» que la terre ferme dont elles ne sont séparées que par des canaux étroits
» ou des bras de mer, comme *Dietta, Picis, Bissao, Arcas, Boulam* et
» *Manteri*, s'épanouissent aux embouchures des rios Cacheo, Geba, Grande
» et Cassini ou Nalous. Les autres, moins voisines du continent, comme
» *Gallinha, Kanabak, Bawak, Formosa, Corbelha, Carashe, Oul, Orango,*
» *Cavalho, Mel*, et mille encore, surnagent au large et y forment de magni-
» fiques bouquets de verdure[1]. »

L'île de Boulam a été aux dix-septième et dix-huitième siècles le principal marché d'esclaves de la côte occidentale d'Afrique, pour le compte du gouvernement espagnol. Les négriers anglais, en 1713, se firent céder ce lucratif monopole; l'Angleterre se chargea pendant trente ans « d'introduire
» dans l'Amérique espagnole 144 000 pièces d'Inde, des deux sexes, de tout
» âge, soit 4 800 par an, moyennant 33 piastres écus et 113 de piastre par
» tête. » Aujourd'hui cet abominable trafic est relégué dans l'Afrique orientale et centrale. — Boulam est resté un centre commercial important, un lieu d'échange entre les produits indigènes et les produits étrangers. L'île a 34 kilom. de long et 13 de large; un bras de mer de 4 kilom. la sépare du continent. — Son territoire fertile produit le *coton*, le *riz*, le *maïs*, le *millet*, l'*arachide*[2], l'*igname*, la *cassave*, les *bananes*, les *citrons, oranges, cocos* et des pâturages excellents.

Plusieurs essais de colonisation ont été tentés à Boulam, par André Brüe en 1714[3], par l'Anglais Barber, en 1792; les Portugais sont restés les

---

1. *Revue de géographie*, novembre 1881.
2. « L'arachide est une plante oléagineuse qui fleurit en été et qu'on désigne
» vulgairement sous le nom de pistache de terre. L'amande de l'arachide sert à
» différents usages. Les naturels la mangent crue ou cuite. A Paris, certaines
» maisons de confiserie la font entrer dans la composition de leurs friandises,
» notamment dans les dragées; des maisons de parfumerie dans la fabrication
» des savons. Elle vaut surtout par l'huile qu'on en extrait. » (ANTICHAN.)
3. Voir l'ouvrage de M. Berlioux, *André Brüe* (p. 145 et suiv.). Les trois premiers établissements actuels sont ceux de MM. Maurel et Prom, de Bordeaux; Blanchard, de Marseille; Aimé-Olivier de Sanderval et Pastré; viennent ensuite ceux de MM. Menut frères, de M. Gourdeau, français, et ceux des Portugais, MM. Macedo et de Cunho. — La maison Maurel et Prom a des succursales sur les rives de Rio-Grande, elle traite en moyenne par an 300 000 boisseaux d'arachides de 10 kilogrammes pour une valeur de 600 000 francs sur les lieux.

maîtres de l'île. Toutefois les Français y possèdent les plus importants comptoirs, et l'on peut dire que le commerce des Bissagos est entre les mains de la France. Ce sont des navires français qui font les neuf dixièmes des importations et des exportations.

En 1879, un négociant français, M. P.-H. Antichan, directeur d'importantes factoreries du Rio-Grande, eut l'envie de visiter l'archipel. Il débarqua d'abord à *Orango*, la plus importante du groupe. Comme autrefois André Brüe, à son arrivée dans l'île de Casegut, le voyageur fut conduit dans le palais du roi, qui s'élevait au milieu d'une forêt d'orangers. « Ce palais » n'était autre chose qu'une case circulaire, composée d'une palissade de » bambous et surmontée d'un toit en paille. » Le roi Oumpane, despote « à l'air farouche, aux yeux perçants, au nez de vautour, » vêtu d'un pagne à raies bleues et blanches, ayant sur la tête un haut chapeau, et dans la main droite un petit balai en guise de sceptre, accorda un palabre[1] au visiteur, et pour rendre les dieux favorables, ordonna d'immoler un coq. « Sur un signe de lui, le sacrificateur ou grand-prêtre, après quelques » simulacres auxquels je ne compris rien, présenta au ministre de la guerre, » Boumba, un coq des plus haut crêtés. Boumba saisit vigoureusement » l'animal sacré par la tête pendant que Loumbrico, ministre de la justice, » le saisissait par les pattes. Rapide comme l'éclair, le couteau du grand- » prêtre s'abattit sur le cou de la pauvre bête qui tomba décapitée, se » roulant par terre dans les convulsions de l'agonie. Le roi me fit alors » expliquer que si l'animal en se débattant se rapprochait de moi, le sacri- » fice était agréé; qu'autrement, les dieux m'étaient défavorables. — Par » une fatalité déplorable, le maudit coq s'éloigna de moi et alla rendre » l'âme à quelques mètres. Toute l'assistance sembla frappée de stupeur, » et le roi se levant brusquement regagna son palais sans proférer une » syllabe. » (Antichan, *L'archipel des Bissagos*.)

M. Antichan fut incarcéré avec ses compagnons, tandis qu'une bande de Bijougas envahissait sa chaloupe, et faisait main-basse sur ses marchandises. Le captif essaya alors de toucher le cœur du roi par l'offrande d'un foulard madras, d'un couteau, de huit têtes de tabac et de dix gallons d'eau-de-vie (38 litres). Ce dernier présent ravit Sa Majesté, qui fit élargir les prisonniers et ordonna des réjouissances publiques en l'honneur du marchand blanc. Une fête de nuit eut lieu aux sons des balafons[2] et des tam-tam, au chant des griots qui célébraient les splendeurs d'Orango et la puissance d'Oumpane. Le voyageur put faire une excursion dans l'île à travers les champs de maïs, d'ignames et de patates, et dans une belle forêt où s'élevaient les arbres les plus majestueux, goyaviers, bambous, fromagers, palmiers, peuplés d'un monde d'oiseaux éclatants. Après plusieurs jours d'attente, il obtint du roi la permission de partir, sous les conditions d'un traité où on lui promettait beaucoup de gallons d'eau-de-vie. Le grand-prêtre immola de nouveau un coq; mais cette fois le voyageur avait eu soin de se rendre la divinité favorable, en proposant d'avance au sacrificateur dix yards de cotonnade et cinquante têtes de tabac; le coq ne manqua pas de venir s'abattre à ses pieds. Le peuple poussa des cris d'allégresse où le

---

[1]. Le mot *palabre* est d'origine espagnole : il signifiait d'abord, discours long et oiseux; il s'employa ensuite dans le sens de conférence, entretien, discussion.

[2]. Le balafon est une sorte de piano, composé d'une série de calebasses de différentes grandeurs et rendant avec plus ou moins d'exactitude les notes de notre gamme. (Antichan.)

mot *sangara*, eau-de-vie, était sans cesse répété. Le négociant quitta l'île d'Orango prestement, et s'aperçut que les présents livrés par Oumpane se composaient d'arachides qui n'avaient plus que l'enveloppe ; il est vrai qu'il laissait au monarque noir un revolver sans cartouches et trois caisses vides.

**Archipel de Loos.** — Les îles de Loos, situées entre l'archipel des Bissagos et la colonie anglaise de Sierra-Leone (entre 9° 25′ et 9° 32′ de lat. N., et le 10° 14′ de long. O. de Paris), sont séparées par un canal de 5 kilom. environ des côtes basses, marécageuses et bordées d'épaisses forêts de palétuviers du continent africain. Ces îles, d'origine volcanique, sont au nombre de trois : les deux principales sont *Tamara* et *Factory*.

## 2° EXTRAITS ET ANALYSES

### Les Açores : Pico, Fayal.

« L'île de Pico ne possède encore que quelques tronçons de route carrossable, et les anciens chemins n'y sont le plus souvent que des sentiers raboteux ; aussi n'y voit-on circuler ni voitures ni chariots d'aucune espèce. Les bêtes de somme y sont très rares. A chaque pas, on rencontre des hommes et des femmes portant sur la tête de lourds et volumineux fardeaux, et marchant néanmoins d'un pas leste dans les endroits les plus rocailleux.

» Le costume des gens de Pico diffère beaucoup de celui des habitants de Terceire. Le lourd manteau de drap noir des dames de Terceire y est inconnu, et la capuche des hommes est remplacée par un simple chapeau de paille à larges bords. Les femmes sont coiffées d'un chapeau de paille de même forme. Leurs bras sont à demi nus ; autour des reins, elles ont un jupon court de laine bleue, à bordure rouge ou jaune ; à leur côté pend une aumônière bariolée de diverses couleurs. L'habitude de porter des objets pesants en équilibre sur la tête leur développe la poitrine et leur donne une tournure martiale. Elles marchent toujours nu-pieds, tandis que les hommes ont le plus souvent des sandales en peau de chèvre.

» Il n'y a d'auberge dans aucun des villages de Pico ; quand on veut faire le tour de l'île, on doit à l'avance se munir de lettres de recommandation, et quêter l'hospitalité de village en village, suivant le procédé antique. Partout vous trouvez un accueil cordial ; mais la composition du souper qui vous attend varie beaucoup avec le degré d'aisance de l'hôte qui vous reçoit : tantôt on vous sert une poule au pot cachée sous un amas appétissant de riz, tantôt le menu est plus maigre et se compose seulement de fromage et de pain de maïs. Une bonne tasse de thé clôt presque partout le repas, qu'il soit succulent ou frugal. Le coucher n'est pas moins varié que la nourriture : une nuit, vous dormez sur un large lit en bois sculpté, garni de franges et de draperies ; le lendemain, un simple grabat vous procure un sommeil tout aussi profond que celui dont vous aviez joui sous le monumental baldaquin de la veille.

» Pico a 9 lieues de long ; j'en ai fait le tour à pied et à petites journées, pendant le mois de novembre 1867. A cette époque, la population de l'île traversait une crise terrible dont elle commence à peine à se relever. Depuis plusieurs années, sa principale ressource était anéantie. Les ravages causés par l'oïdium avaient été tels qu'on avait arraché presque tous les plants de vigne. En 1852, les vignobles de Pico produisaient 25 000 pipes d'un vin sec ayant quelque analogie avec le madère ; dès l'année suivante, le développement du redoutable champignon parasite avait réduit la récolte au cinquième, et quelques années plus tard la fabrication du vin avait complètement cessé. En 1867, on aurait vainement cherché une grappe de raisin dans l'île. La douceur et l'humidité du climat ont annihilé les remèdes tentés et rendu le fléau irrémédiable. Aujourd'hui on recommence à introduire quelques ceps d'origines diverses ; mais on ne peut encore fonder que de vagues espérances sur ces essais. La destruction de la vigne a été d'autant plus désastreuse à Pico que la nature du sol, dans la plupart des points où elle était plantée, ne permet guère d'autre culture. Elle poussait au milieu des laves, dans des endroits totalement privés de véritable terre végétale. Les racines des ceps s'enfonçaient dans du gravier volcanique dont on remplissait les creux de la roche. Ni graminées, ni légumineuses, ni solanées, ne peuvent donner de récolte passable dans un pareil terrain. On s'est borné, faute de mieux, à y planter des figuiers, surtout des abricotiers, dont les fruits sont employés pour fabriquer de l'eau-de-vie.

» Fayal est une petite île de forme arrondie, où se fait un commerce plus important qu'on ne serait tenté de le penser en ne tenant compte que de la très médiocre étendue de ce coin de terre. C'est un point peu éloigné des grandes voies maritimes les plus fréquentées de l'Atlantique. Le port d'Horta, capitale de l'île, est particulièrement visité par les navires qui retournent en Europe, venant de l'Amérique du Sud ou du cap de Bonne-Espérance, et qui veulent se ravitailler ou réparer des avaries. D'importants dépôts de houille, des magasins remplis d'agrès de toute sorte, d'abondants approvisionnements de vivres, fournissent largement tous les secours dont la navigation a communément besoin. Les baleiniers américains qui se livrent à la capture du cachalot dans la mer avoisinante y viennent aussi chercher des subsistances et déposer les produits de leur pêche. Enfin il s'y fait avec l'Amérique du Nord un commerce d'oranges assez considérable, et tout permet d'espérer que le commerce du vin indigène, naguère florissant, aujourd'hui anéanti par l'effet de la maladie de la vigne, reprendra un jour son essor.

» La ville d'Horta s'étend sur le bord de la mer, dans une position pittoresque en face de l'île de Pico. Des maisons de campagne luxueuses, des métairies entourées de riants jardins et garanties du vent par de hautes murailles de lave, des cabanes proprettes, se voient tout le long du chemin qui suit la côte. Sous le ciel si doux des Açores, cette partie de l'île de Fayal semble encore jouir d'un climat privilégié. Devant la porte de plus d'une chaumière, des palmiers balancent leur élégant panache, et des dragonniers au tronc volumineux dressent leur tête hérissée d'une armure de feuilles épaisses et raides ; des cactus aux formes bizarres, étoilés d'involucres touffus et parés de couleurs éclatantes, des crassulacées groupées en massifs non moins brillamment colorés ou disposées en guirlandes, ornent les plus pauvres jardins et couvrent de verdure les sombres murs des enclos. »

F. Fouqué,<br>
*Voyages géologiques aux Açores*.<br>
(*Revue des Deux-Mondes*, 1ᵉʳ janvier, 1ᵉʳ février 1873.)

Les premiers navigateurs qui abordèrent aux Açores n'y trouvèrent, dit-on, aucun quadrupède. Toutes les races domestiques ou sauvages qu'on y rencontre y ont été importées. Le lapin fut introduit un des premiers, et s'y multiplia au point qu'on dut acclimater aussi des furets. La belette, la souris, le mulot, le rat noir et son ennemi le rat gris ou surmulot, y furent apportés par des navires. Toutes les tentatives faites pour y acclimater le dromadaire et le loup ont échoué. Le crapaud, importé d'Amérique, malgré la douceur et l'humidité du climat, n'a pas tardé à disparaître : plus robustes, les grenouilles portugaises déposées en 1820 dans un lac par un riche propriétaire de San-Miguel ont fait merveille, et le soir, dit M. Fouqué, ces batraciens assourdissent de leurs coassements les bords naguère silencieux des ruisseaux et des nappes d'eau. Les Açores n'ont ni tortue, ni couleuvre, ni vipère, ni reptile d'aucune sorte, sauf de petits lézards. Les poissons connus sont le cyprin et l'anguille commune de nos rivières.

Les Américains ont développé dans ces îles la culture des arbres et des plantes : autour d'Horta, des champs pleins de friches ont été transformés en jardins splendides. Un *araucaria excelsa*, apporté de Boston en 1830 dans un petit vase de grès, avait en 1873 plus de 40 mètres de haut. Les chênes, hêtres, ormes, tilleuls et autres essences forestières d'Europe et d'Amérique, s'élèvent au milieu des palmiers africains, des aralia de la Chine, des pins de l'Himalaya, des cèdres du Liban, des eugenia du Brésil, des anona des Antilles.

Aucune industrie importante n'a pu s'établir aux Açores. La seule fabrication, qui est aux mains des femmes, est celle des dentelles tissées avec du fil d'agave, et celle des petits ouvrages en moelle de figuier, dont elles font « des bouquets d'une finesse exquise, des dessins en relief qui repré» sentent des animaux, des plantes, des navires, des allégories diverses. »

### L'île de Madère.

« Quand, après une traversée de sept jours de Southampton et de six jours de Bordeaux, on arrive dans le port de Madère, des légions de petits canots, chargés des fruits les plus savoureux du monde, accourent au-devant du navire. Longtemps habitant de l'Amérique du Sud et de l'Italie, je n'avais vu nulle part des figues aussi grosses et aussi exquises, de plus excellents ananas. Ces barques qui enfoncent jusqu'au bord sous le poids des oranges, des bananes et des raisins, ressemblent à des cornes d'abondance, glissant sur les eaux. D'autres arrivent pour débarquer les voyageurs, et comme la plage est peu inclinée et qu'on n'a point creusé de criques pour l'abordage, les bateliers se mettent à l'eau quand on approche de la terre. C'est très joli de voir leurs torses bruns et leurs joyeux visages émerger de la mer bleue, pendant qu'ils poussent vigoureusement la barque sur le sable d'or.

Prendre terre à Funchal, capitale de Madère, c'est débarquer dans un jardin. Sauf quelques rues pavées, en pente raide, que l'on abandonne aux gens du pays, Funchal est une agglomération de villas séparées les unes des autres par des parterres toujours fleuris. C'est le paradis des riches anglais et des gros marchands portugais qui font avec eux le commerce du vin, du tabac, de la cire et de ce miel exquis, tant apprécié en Angleterre. Les habitants sans professions sont pour la plupart anglais, et la domination temporaire que leur nation a exercée à Madère de 1807 à 1814 n'a pas peu contribué à introduire dans la capitale ces habitudes d'ordre et de propreté qui lui donnent aujourd'hui l'apparence d'un Brighton transporté sous les tropiques. Aucun lieu dans le monde n'est plus fait pour calmer les angoisses de la maladie et pour enchanter la mort; mais aucun n'est aussi plus propice à la guérison. La moyenne de la chaleur est de 18 à 19 degrés centigrades, et la quantité de pluie annuelle, de 27 pouces. Encore cette pluie tombe-t-elle si vite, qu'elle s'écoule de même, et l'on a calculé que le nombre de jours où il pleut à Madère ne dépasse guère quatre-vingts. Point de maladies endémiques ni épidémiques, à Funchal. Point de fatigue et point de bruit.....

» Comme toutes les îles de formation volcanique, Madère est montagneux au centre, et du sommet des anciens volcans sont descendues des ondes de poussière rouge qui s'étalent jusqu'à la mer. C'est cette poussière féconde qui produit l'admirable végétation de ces îles. A Funchal, elle couvre des pentes moins abruptes que dans les autres parties du pays et forme des couches épaisses protégées par des terrasses. C'est au milieu de ces champs d'abondance que s'élèvent les élégantes *quintas* des Portugais et des Anglais. Elles s'étendent fort au loin dans la campagne; car Funchal, qui compte 15000 habitants, n'en a peut-être pas 4000 agglomérés. Toutes ces maisonnettes blanches, parées de fleurs éblouissantes, et semées sur la terre rouge, auxquelles les coteaux couverts de vignes font un rideau vers le nord et la mer, une ceinture vers le midi, donnent au côté sud-ouest de Madère un air de fête perpétuelle. Une des plus belles *quintas* est l'hôtel Miles, — un hôtel anglais, cela va sans dire, — et pour la très modeste somme de 300 francs par mois, l'étranger est sûr de trouver là une chambre aux meubles simples donnant sur un parterre, un service calme et discret, et d'abondantes tables d'hôtes.

» Madère, qui n'est divisé administrativement qu'en deux capitaineries (Funchal et Machico), l'est, au point de vue topographique, en quatre districts d'un caractère tout à fait différent. Nous avons parlé de celui de Funchal, qui occupe la partie sud-est. C'est la région, par excellence, des vignes et des fleurs. C'est là qu'on fait ce vin exquis, dont les contrefaçons ont compromis la réputation dans le monde. C'est là que les oranges, les citrons et les cédrats roulent, abandonnés, sous le pied des promeneurs. Là, il n'y a pas un pouce de terre qui ne porte un cep ou un arbre chargé de fruits, et les géraniums rouges, aux allures grimpantes, s'insinuent autour des racines, s'attachent aux troncs ou se répandent dans les sentiers. Vient ensuite le district du centre, aux pics arides, dentelés et séparés par des précipices ou par des vallées profondes. Le troisième est la région du nord, moins montagneuse mais verte et encore coupée de ravins boisés. C'est la partie du pays qui appartient exclusivement aux Madériens; elle est parfaitement cultivée et très peuplée de paysans. Enfin, il y a le district du nord-ouest, tout formé de plaines ondoyantes, tout couvert de pâturages et de troupeaux.....

» Revenir à Funchal, après ces excursions, c'est passer tout à coup de la Suisse aux beautés lumineuses du sud de l'Italie. Pour la plupart des visiteurs, Funchal est Madère tout entier, et il faut une santé plus qu'ordinaire pour traverser en tous sens cette petite île où sont accumulées toutes les difficultés possibles des voyages. La position de Funchal, en amphithéâtre au bord d'une baie toujours animée par les bateaux-pêcheurs et par les grands navires qui sillonnent l'Océan et viennent faire des vivres à Madère ; les jolies promenades à cheval sur la route sablée de Caminho-Noro, tout au bord du rivage ; la musique sur les squares ; le club anglais, les salons de lecture, et, par-dessus toutes choses, l'hospitalité des résidents, ces agréments de la vie civilisée dont le charme est doublé quand on se trouve dans une île lointaine, sont pour beaucoup dans le bon souvenir que les malades emportent de leur séjour d'hiver. Comme la traversée est assez chère, — 3 ou 400 francs en moyenne, — Madère n'est la station hivernale que des personnes riches ou aisées. Aussi, toutes les installations y sont-elles confortables ; chacun a son cheval ou son palanquin. Les voitures n'existent guère et serviraient à peine. Mais un palanquin, — un filet, — comme on dit dans le pays, est un véhicule très commode pour les malades et pour les femmes. On le loue, y compris les deux porteurs, qui se tiennent constamment à votre porte et qu'on n'a nul souci de nourrir ou de loger, à raison de 200 francs par mois. Le prix des maisons bien meublées, avec leur jardin très soigné, est de 2 à 4000 francs pour la saison. On n'a guère d'autres dépenses, car les réunions sont peu coûteuses, et conservent la forme aimable et familière de *pick-nick*, de *crockets* et de *lunches*.....

» Quoique les autorités portugaises s'attachent par un sentiment de défiance plutôt traditionnelle que raisonnée à décourager l'établissement des Anglais, ce peuple migrateur, dont le patriotisme est si solide, le caractère national si indélébile, qu'il peut impunément, comme le peuple juif, se répandre par toute la terre, s'est rendu virtuellement propriétaire de Madère. Le commerce y est dans ses mains, les positions les plus délicieuses appartiennent à des Anglais. Ils ont mis et ont bien fait de mettre ce séjour à la mode. Leur exemple est suivi par les Américains du nord, les Russes,

quelquefois même les Espagnols et plus encore par les Allemands. Il ne le sera point sans doute par les Français, qui possèdent dans leur bienheureux pays des échantillons de tous les climats, et, en pareille matière, se contentent de l'à peu près. »
L. QUESNEL,<br>*L'île de Madère.*

(*Correspondant*, 25 février 1876.)

### Ascension du pic de Ténériffe (Canaries).

« L'ascension du pic de Ténériffe passe à Orotava pour une prouesse tout à fait extraordinaire. Quiconque l'entreprend est un héros aux yeux des indigènes.

»...Il y avait à peine une heure et demie que nous étions en route, quand nous atteignîmes la région des nuages. A l'instant même se produisit un changement subit dans la température. Les vapeurs fuyaient autour de nous comme une fumée légère; de petites gouttelettes microscopiques s'attachaient au rebord de mon casque. En même temps, la végétation se transformait à vue d'œil; nous avions passé subitement de la zone torride à la zone tempérée; les cactus et les agaves avaient disparu comme par enchantement pour laisser la place aux fougères et aux cytises. Tout me transportait au cœur des Alpes; des chèvres paissaient dans cette région, agitant les clochettes suspendues à leur cou.

» Au milieu de ces solitudes vivent les bergers de Ténériffe qui ont conservé, dit-on, le type des anciens Guanches[1].

---

1. La race des indigènes Guanches, qui sont d'origine berbère, suivant M. Sabin Berthelot, n'a pas disparu; on peut l'observer chez toutes les populations rurales; les familles de sang mêlé, ou le type des conquérants, n'apparaissent que dans les villes principales de l'archipel : « Chez l'Européen, c'est la fierté » et la noblesse castillane avec sa suffisance et ses prétentions; chez l'indigène » des îles, c'est le Guanche qui reparait avec tous les caractères liby-berbères. » On reconnaît le Guanche, à la coloration claire, et à la teinte rousse ou blonde des cheveux; jadis ce peuple était pastoral, pratiquait l'hospitalité, vénérait la vieillesse, et honorait la famille. Ils ont gardé ces qualités : « elles se sont per» pétuées, dit M. Berthelot, avec le sang pur de la race indigène, car les conqué» rants du quinzième siècle, ces hommes fanatiques, n'auraient pas su inspirer

Ceux que nous rencontrâmes me parurent à demi sauvages; ils étaient vêtus d'un fouché de laine blanche; ils avaient les cheveux incultes, les jambes nues, les pieds chaussés de sandales, et portaient un long bâton à l'aide duquel ils grimpaient à travers les rochers..... Nous étions en marche depuis près de trois heures, quand le soleil nous apparut dans toute sa gloire; à la température de la zone tempérée, succéda immédiatement celle de la zone torride. Etrange phénomène que cette superposition du climat des tropiques au climat des Alpes! Nous planions maintenant au-dessus des nuages, qui se dressaient verticalement derrière nous comme une muraille. La montagne de Carameja se découpait devant nous sur le ciel bleu; à gauche surgissait la *montâna Blanca*.

» Au moment où nous franchissions la crête d'un contrefort, le Teyde nous apparut tout à coup vers la droite. Le noble pic dessinait nettement sa silhouette conique sur un ciel d'un bleu tellement prononcé que je ne puis lui comparer que l'admirable ciel du Colorado. La scène était d'une beauté calme et imposante : devant nous le Teyde, aux lignes simples et graves, noyé dans son éternelle auréole d'azur; derrière nous un chaos de nuages qui nous dérobaient les régions inférieures.

» ..... A une heure, nous voyons se dresser fièrement,

---

» aux vaincus, des sentiments de justice et de sagesse, eux qui leur manquèrent
» de foi, leur donnèrent l'exemple des passions mauvaises. »

Les noms de familles, les danses populaires, les habitudes rustiques, la manière de cultiver, de soigner les bestiaux, etc., sont autant de legs des ancêtres guanches. La petite ville de Tacoronte (île de Ténériffe), possède un curieux musée d'antiquités canariennes, et entre autres, une collection de momies guanches très bien conservées, des poteries, ustensiles, lampes, colliers, timbres, pierres gravées, armes variées, bâtons, javelots, massues, pieux, tissus, etc.

Les anciens Guanches adoraient une divinité supérieure, et une foule de dieux ou génies secondaires enfantés par la terreur ou la reconnaissance populaires. On a découvert dans Hierro et dans Palma, des inscriptions lapidaires qui sont restées jusqu'à ce jour indéchiffrables. MM. Berthelot et Faidherbe les déclarent d'origine libyque, et les attribuent aux *Tamahon* ou *Tamehon*, que M. Faidherbe regarde comme les ancêtres des Kabyles et des Touareg actuels. Ce sont les mêmes, dit-il, qui ont élevé les monuments mégalithiques de l'Afrique septentrionale et qui ont laissé aux Canaries, comme traces de leur présence, ces menhirs ou pierres levées, recouvertes de grandes pierres plates non cimentées, et servant d'asile aux naturels de Fortaventura.

nous dominant de toute sa hauteur, le Pic, que nous avons perdu de vue depuis que nous sommes engagés dans le *barrancos*. Cette fois le cône se dévoile tout entier à nos yeux ; de la base jusqu'à la cime, rien que le soleil n'éclaire de ses éblouissantes clartés. La cime affecte la forme d'un pain de sucre qui se superpose sur le grand cône tronqué, et dont la teinte blanchâtre contraste avec la nuance jaune du Teyde. Le site est sublime dans sa sauvagerie. Autour de nous ce n'est qu'un océan de scories surchauffées par le soleil, ces scories sont tellement brûlantes, que la main ne peut en supporter le contact.

» Déjà nous apercevons au-dessus de nos têtes les crêtes des Cânadas, longues chaînes de rochers qui se dressent comme une suite de bastions défendant l'approche de la montagne. Ces rochers, dont les sommets dentelés, hérissés en scie, semblent taillés à l'emporte-pièce, forment une muraille circulaire de 9 ou 10 lieues de tour. Nous franchissons la muraille par une brèche qui s'ouvre au nord-est, et nous nous trouvons dans cette vaste enceinte, qui n'est autre que l'ancien cratère du volcan. Ce cratère est le plus grand du monde, après celui de Kilaouéa aux îles Sandwich ; Paris y tiendrait à l'aise. Quand on songe à ce que dut renfermer jadis de matières incandescentes cette prodigieuse fournaise, on comprend le nom du Pic de Ténériffe, *Teyde* ou *Echeyde*, qui dans la langue des Guanches signifiait *enfer*.

» Au centre même de ce cratère ancien a surgi le volcan actuel ; il est posé comme un cône au milieu d'une chaudière. Les bords de la chaudière, ce sont les *Cânadas* ; la *Caldera* est le nom donné à la chaudière ; c'est aussi le nom du fameux cratère éteint de l'île Palma, voisine de Ténériffe. Rien ne peut donner une idée des déserts de l'Afrique mieux que l'enceinte des Cânadas. Qu'on s'imagine une immense plaine parfaitement unie, couverte dans toute son étendue de myriades de pierres ponces désagrégées, et parsemée de blocs d'obsidienne. Pas un vestige d'ombre. Les massifs de *retama blanca*, qui atteignent six pieds d'élévation, ne diminuent guère la monotonie de cette plaine saharienne, où je n'ai vu d'autres êtres vivants qu'un milan solitaire et des corbeaux.

» La traversée de la Caldera est pénible, presque désespérante. On marche des heures entières vers le Pic qui se lève gigantesque au milieu de ce désert. Le ciel est d'un bleu inouï, le soleil chauffe comme un boulet rougi à blanc, la pierre ponce brûle sous les pieds, et il n'est ni casque ni ombrelle qui puisse garantir les yeux de l'éclat insoutenable de la lumière solaire renvoyée par le sol miroitant. Quiconque fait l'ascension du Teyde en revient la face empourprée, les yeux atteints d'inflammation, par suite de la réverbération de la Caldera. Cette réverbération cause surtout une douleur cuisante dans les narines, comme si l'on y introduisait du poivre de Cayenne. Mes guides saignaient du nez tout comme moi ; telle était la sécheresse de l'air que nos lèvres se gerçaient et se fendillaient. Au soleil, le thermomètre atteignait près de 55° ; à l'ombre de mon ombrelle, il marquait la moitié.....

» ..... Nous étions convenus de nous remettre en route à deux heures du matin, pour arriver à la cime avant le lever du soleil..... Aidés du bâton ferré, nous abordons une coulée de lave connue sous le nom significatif de *Mal Pais* (mauvais pays). Les blocs vacillent sous nos pieds et donnent dans leur choc un son creux et métallique ; il nous faut sauter de pointe en pointe, d'un pied ferme et sûr, sous peine de nous rompre les os. Nous atteignons au bout d'une heure le plateau de la *Rambleta*, situé à 3569 mètres d'altitude. Je m'arrêtai un instant à considérer un curieux phénomène auquel les guides donnent le nom de *Narices del Pico* (nez du pic). Les parois du rocher sont sillonnées de larges crevasses par lesquelles s'échappent de puissants jets de vapeur d'eau. Humboldt constata que ces vapeurs avaient une température de 50°. Cette température est d'ailleurs fort variable.

» Le dernier cône ou le *Pain de Sucre*, qui n'a guère que 150 mètres de hauteur, est la partie la plus pénible de l'escalade. Il faut grimper sous un angle de 45° à travers des frag-

ments de scories et de pierres ponces qui à chaque pas se dérobent sous les pieds et vous font glisser en arrière ; la raréfaction de l'air nous oblige à des haltes fréquentes. Il est cinq heures du matin quand nous arrivons à la cime..... Après une demi-heure d'attente, nous voyons surgir le soleil du sein de la nappe nuageuse ; presque en même temps l'ombre gigantesque du pic se projette à l'occident sur l'île de la Gomera. Le Pic, dont nous frappons de nos talons le front sublime, surgit comme un immense obélisque du sein de la mer illimitée de nuages qui se déroule à plus de 2000 mètres au-dessous de nos pieds. A mesure que le soleil monte dans le ciel, cette mer prend des teintes différentes ; on voit des zones roses, bleues, blanches ; les nuées supérieures y projettent des ombres azurées qui simulent des îles fantastiques, et les rayons solaires, irisant les myriades de gouttelettes suspendues dans l'atmosphère, produisent des combinaisons de couleurs d'une beauté magique ; j'y vois toutes les nuances du prisme. L'or, le feu, le diamant sont des comparaisons trop opaques pour exprimer la magnificence de ce lumineux océan de vapeur. »  Jules LECLERQ,
*Voyage aux Iles Fortunées.*

(Paris, in-18, Plon, 1880.)

## 3° BIBLIOGRAPHIE

ALCAFORADO (Fr.). *Relation historique de la découverte de l'île de Madère,* trad. du portugais. — (Paris, in-8°, 1869, Renou et Maulde.)
BAUDIN. *Voyage aux îles Ténériffe, la Trinité, etc.* — (Paris, 1836, 2 vol. in-8°, avec carte, A. Bertrand.)
BELCASTEL (G. de). *Les îles Canaries et la vallée d'Orotava au point de vue hygiénique et médical.* — (Paris, 1862.)
BERTHELOT. *Les antiquités canariennes.* — (Paris, in-4°, 1879, Plon.)
BÉTHENCOURT (Jean de). *Le Canarien, livre de la conquête et conversion des Canaries ;* publié d'après le manuscrit original, par G. Gravier. — (Rouen, 1874, in-8°.)
BOUTIER et LE VERRIER. *Histoire de la première découverte et conquête des Canaries.* — (Paris, 1630, in-8°.)
BORY DE SAINT-VINCENT. *Essai sur les îles Fortunées.* — (Paris, in-4°, 1803.)
BUCH (L. de). *Description physique des îles Canaries,* trad. de l'allemand, par Boulanger. — (Paris, 1836.)
CASTILLO (Pedro-Agustin del). *Descripcion historica y geografica de las islas de Canarias.* — (Santa-Cruz, 1848.)

Drouet (H). *Catalogue de la flore des îles Açores, précédé de l'itinéraire d'un voyage dans cet archipel.* — (Paris, 1866, in-8°, J.-B. Baillière.)

Fritsch (K. von) et Reise (W.). *Description géologique et topographique de Ténériffe*, en allemand. — (Winterthur, 1867-1868, 2 vol. in-8°, carte et planches.)

Kehrallet (de) et Le Gras. *Madère, les îles Salvages, les Canaries.* — (Paris, 1868, in-8°.)

Kehrallet (de). *Les îles du Cap Vert.* — (Paris, 1868, in-8°, Bossange.)

Leclercq (J.). *Voyage aux îles Fortunées.* — (Paris, 1880, in-18, Plon.)

Ledru. *Voyage aux îles de Ténériffe, la Trinité*, etc. — (Paris, 1810.)

Mantegazza (Paolo). *Voyage à La Plata et à Ténériffe*, en italien. — (Milan, 2° éd., 1870, in-16.)

Masferrer (D. Ramon). *Sucinta noticia de una excursion al pico de Teide.* — (1879.)

Pardo (de). *L'île Fernando-Pô.* — (*Archives de médecine navale*, juin 1878.)

Sainte-Claire Deville. *Voyage géologique aux Antilles et aux îles de Ténériffe et de Fogo.* — (Paris, 3 vol. in-4°, 1848-1850, Gide et Baudry.)

Smyth (A.). *L'île de Madère.* — (Paris, 1878, in-18, J.-B. Baillière.)

Webb et Berthelot. *Histoire naturelle des îles Canaries.* — (Paris, 2 vol. in-4°, 1836-51, av. atlas.)

X... *Les îles Fortunées ou archipel des Canaries.* — (Bruxelles, 1869, 2 vol. in-8°.)

---

Antichan. *Voyage dans l'archipel des Bissagos.* — (*Revue de géographie*, novembre 1881, avril 1882.)

Aubé (T.). *L'île d'Arguin et les pêcheries de la côte occidentale d'Afrique.* — (*Revue maritime*, XXXIII, 1872.)

Aubé. *Notes sur les îles Canaries.* — (*Revue maritime et coloniale*, 1876, t. L.)

Benedetti. *Les îles espagnoles du golfe de Guinée.* — (*Bulletin de la Société de géographie*, janvier 1869.)

Blaize (C.). *Madère.* — (*Explorateur*, 1876, n° 80.)

Bourdiol (H.). *Les colonies portugaises.* — (*Bulletin de la Société de géographie*, 1866, t. II.)

Capitaine (H.). *L'île Sainte-Hélène.* — (*Explorateur*, 1876, n° 73.)

Drouet (Henri). *Sur terre et sur mer; excursion d'un naturaliste en France, aux Açores, à la Guyane, à Angola.* — (Paris, in-12, 1870.)

Fontpertuis (A.-F. de). *L'archipel des Canaries et ses populations primitives.* — (*Revue de géographie*, juin 1882.)

Fouqué (F.). *Voyage géologique aux Açores.* — (*Revue des Deux-Mondes*, 1er janvier, 1er février, 15 avril 1873.)

Haikel. *Une ascension au pic de Ténériffe*, en allemand. — (*Revue de la Société de géographie de Berlin*, 1870.)

Laffon de Ladébat. *Le port de Ponsa, l'île de Santiago, le cap Vert.* — (*Revue maritime*, 1876, t. LI.)

Lasteyrie (J. de). *Souvenirs des Açores.* — (*Revue des Deux-Mondes*, 1er janvier 1842.)

Lisboa (C.). *Les possessions portugaises en Afrique.* — (*Économiste français*, mars 1879.)

Neveu. *Notes sur les îles de Fayal et Pico.* — (*Revue maritime*, 1876, t. XLVIII et XLIX.)

Oppermann (Eug.). *Les îles de Loos.* — (*Bulletin de la Société de géographie de Marseille*, mai-juin 1878.)

Picqué. *Les îles du Cap-Vert.* — (*Revue maritime*, 1881.)

Quesnel (L.). *L'île de Madère.* — (*Correspondant*, 25 février 1876.)

V. B... (capitaine de navire). *Les îles du Cap-Vert.* — (*Bulletin de la Société de géographie de Marseille*, juillet-août 1878.)

X... *Les îles Canaries, commerce de la cochenille et du tabac.* — (*Revue britannique*, septembre 1875.)

# LIVRE V

## RÉGION DU NIL

Le Nil est un des plus grands fleuves du monde. De la région des grands lacs d'où il s'échappe, à la Méditerranée, où il se jette, il coule sur une longueur de près de 7 000 kilomètres : ses vraies sources, devinées plutôt que découvertes, sont au delà de l'équateur, dans l'hémisphère austral. Il arrose, avant de pénétrer sur la terre d'Egypte, des régions tout récemment explorées et livrées encore pour la plupart à la barbarie, à l'esclavage, aux guerres incessantes, aux razzias. Nous étudierons les contrées qu'il baigne, ou que traversent ses affluents, dans l'ordre suivant : les *Sources du Nil* et les *Grands lacs*; — l'*Abyssinie* et la *mer Rouge*; — le *haut Nil* en amont de l'Egypte (*Soudan du Nil et Nubie*) ; — l'*Egypte*.

## CHAPITRE PREMIER

### LE NIL SUPÉRIEUR ET LES GRANDS LACS

#### 1° RÉSUMÉ GÉOGRAPHIQUE

Au cœur de l'Afrique, entre l'équateur et 15° de lat. S. s'étend un immense plateau central, qui a l'aspect général d'un trapèze; le terrain est incliné d'orient en occident. Ce plateau est traversé par de grandes chaînes, et sillonné de vallées et de dépressions qui renferment des fleuves majestueux et des lacs immenses. Au nord le Nil et ses affluents en descendent. La ceinture du bassin de ce fleuve n'est encore qu'imparfaitement connue. Sur l'équateur l'énorme massif neigeux du *Kénia* (6416 m.) se rattache au *Kilima-Ndjaro* (6095) exploré par le baron de Decken, et l'isole du versant de la mer des Indes; les chaînes secondaires des pays d'*Outatourou*, d'*Ouniamouési*, d'*Ouroundi* le séparent du Tanganyka et du bassin du Congo; — les *montagnes Bleues*, parallèles à la rive occidentale du lac Albert, prolongées jusqu'aux monts du Darfour par les collines et ondulations qui contournent les sources de l'Ouellé et celles du Bahr-el-Gazal et du Bahr-el-Arab à travers les territoires des Akkas, des Mombouttous, des Nyams-Nyams et des Bongos, etc., forment la ligne de partage entre le Nil blanc et les bassins du lac Tsad et du Congo. — A droite, les plateaux du pays des Gallas et du Kaffa vont rejoindre le massif Abyssinien ; à gauche, la vallée du Nil est protégée du côté du désert par la barrière longue et peu élevée des collines de Libye.

La source la plus éloignée du Nil que l'on connaisse jusqu'à ce jour a été explorée par Stanley : elle parait être la *Kadjera* (riv. de Kitangoulé), large de 100 mètres, profonde de 25, grossie de l'*Indjézi*, sortie du lac *Akenyara* ou *Alexandra* : la *Kadjera* va, par une chaîne de dix-sept lacs, lacs Ouhimba, Windermere, etc., se perdre dans le *Victoria-Nyanza* ou *Oukerewé* (rive occidentale), entre les montagnes du *Mouvari* et celles du *Karagoué*. D'après les derniers renseignements, recueillis par Stanley, le lac *Akenyara* ou *Alexandra*, long de 100 kilom. de l'est à l'ouest, et large de 50 du nord au sud, et qui est le réservoir de l'Indjezi, serait relié au sud à un autre lac, le *Kivou*. Du Kivou lui-même sortirait une rivière, appelée *Rouzizi*, qui serait la même que celle qui tombe au nord dans le lac Tanganyka. Il faudrait en conclure que le *Rouzizi* est un trait d'union entre le bassin du Tanganyka et celui du Nil, et qu'il existe une ligne d'eau continue entre la Méditerranée et les sources de la rivière Lougouvou, sous le 10e degré de lat. S., c'est-à-dire sur une longueur de 41° 40', comme celle de Paris à Ispahan. De très hautes montagnes, le *Gambaragara* (4572 m.) découvert par Stanley, le *M'foumbiro*, les monts *Kitwara* (3047 m.), séparent les deux grands réservoirs alimentaires du Nil, le *Victoria* et l'*Albert-Nyanza*. — Le *Victoria-Nyanza* ou lac *Oukerewé*, découvert par Speke et Grant (1857-1860), a une forme triangulaire, la base au nord ; il est traversé par l'équateur, et a 350 à 400 kilom. de longueur et de largeur, et 1267 m. d'altitude ; il se termine au sud par un golfe allongé de l'ouest à l'est, le golfe de *Speke*, et renferme plusieurs grandes îles : *Ousougourou*, *Sessé* en face de la baie Murchison, *Ouginngo*, *Oukara* et celles de *Bambiré* et *Oukéréoué* visitées par Stanley en 1875. Ses eaux sont douces et poissonneuses : il reçoit de nombreux affluents : outre la *Kadjera* citée, le *Chimiyou* au sud, qui est suivant Stanley, une des branches du Nil les plus méridionales, le *Rouvouhou* et la *Katounga*, à l'ouest, le *Gori*, à l'est. Au nord, le Nil s'en échappe sous le nom de *Somerset*, par les chutes de *Ripon* sur une largeur de 800 mètres, traverse les pays d'Ouganda, d'Ounyoro et de Kidi, rejoint le confluent du *Kafour*, puis se précipite par les chutes de *Karouma*, et de cascades en cascades, dont la principale est celle de *Murchison*, haute de 40 mètres, mêle ses eaux à celles du lac *Albert*. — Le lac Albert ou *Louta-Nzigé*, découvert par Samuel Baker (1864), a un littoral découpé par de longues presqu'îles (long. 450 kilom., larg. 100), et entouré de hautes montagnes et de falaises escarpées, d'où se précipitent d'énormes cascades ; Stanley en a visité la partie nord-est, qu'il a appelée *lac Beatrix*, en l'honneur de la fille cadette de la reine d'Angleterre ; Gessi en a presque fait le tour complet en 1876, et a reconnu un de ses affluents, le *Missisi*. La partie du sud-est est couverte d'énormes masses de végétations flottantes qui colorent ses eaux d'une teinte rougeâtre. A Magoungo, les eaux des deux lacs réunis s'écoulent vers le nord, sous le nom de *Nil Blanc* ou *Bahr-el-Abiad* ou *Bahr-el-Gebel*, par le pays de *Madi*, où il se grossit de l'*Asoua*, et par la contrée des *Bari* jusqu'à Gondokoro et à Teufikia. Entre ces deux stations, il reçoit à droite le *Sobat*, desséché l'été, venu du plateau de Kafa ; à gauche, un nombre infini d'affluents qui ruissellent du pays des Nyams-Nyams, et se réunissent dans le *Bahr-el-Ghazal* et le lac *Nô*. Le Bahr-el-Ghazal, exploré par Brun-Rollet, Bolognesi, G. Lejean, Carlo Piaggia, de Heuglin, MM^mes Tinné, Schweinfurth, etc., est grossi du *Bahr-el-Arab*, qui reçoit à droite le *Keilak*, et à gauche les innombrables rivières venues du Dar-Fertit, du pays des Kredis, des Bongos, des Nyams-Nyams, le *Biri*, le *Kourou*, le *Dembo* ou *Pongo*, le *Héré*, le *Djour*, le *Toudj*, le *Dyaou*, etc. (V. plus loin, page 588.) Le Nil descend ensuite vers le nord, reçoit à droite, à Khartoum, le *Bahr-*

el-Azrek ou *Nil Bleu*, et en aval de Damer, l'*Atbara*, *Setit* ou *Takazzé*, tous les deux issus des hautes montagnes de l'Abyssinie. (V. page 604.) Le Nil Blanc coule vers le nord par Berber jusqu'à Abou-Hamed, décrit un cercle immense au nord-ouest, jusqu'à Dongola, puis reprend sa direction normale par Semneh jusqu'à Ouadi-Halfa, où se trouve son avant-dernière cataracte, et la frontière de la Haute-Egypte. De Berber jusqu'à la Méditerranée, il ne reçoit aucun affluent; des sources à Assouan, son lit est barré par vingt cataractes.

**Tribus du Haut-Nil.** — Les peuplades nègres du bassin supérieur du Nil sont fort nombreuses, et ne sont pas toutes connues. Les principales sont celles : de l'*Ouzinnja*, de l'*Ousoui*, du *Touzou* au sud du lac Victoria; du *Karagoué*, de l'*Oudou*, du *Rouanda*, de l'*Ousagara*, de l'*Ounyoro*, entre le Victoria et l'Albert-Nyanza; de l'*Ouganda*, de l'*Ousoga*, au nord du lac Victoria; de l'*Ourouri*, à l'est du Victoria; — des *Obbo*, des *Latouka*, des *Madi*, des *Bari*, à droite du Nil entre Majoungo et Gondokoro-Lado, station des marchands d'ivoire; — des *Momvous*, des *Mombouttous*, des *Nyams-Nyams*, des *Diour*, des *Bongos*, des *Golos*, des *Krédis*, des *Dinka*, des *Nouers*, des *Shillouks*, dans le bassin du Bahr-el-Ghazal, et sur les deux rives du Nil en amont de Faschoda.

**Territoire des Gallas.** — Au nord-est du Victoria-Nyanza, entre le plateau d'Abyssinie au nord et la région des Comalis à l'orient, s'étend l'immense plateau des Gallas. Le nœud de ce plateau, large de 7 à 800 kilom., est le *Kaffa* et l'*Enarea* qui est le prolongement du massif du Choa. Le *Bahr-el-Azrek* longe ce plateau au nord-ouest, et en reçoit plusieurs affluents, *Yebous*, *Roumat*, etc. Le *Sobat* et ses tributaires en descendent vers le nord-ouest, pour aller se jeter dans le Nil Blanc; l'*Asoua* coule plus au sud. — Sur le versant oriental coulent le *Webbi*, le *Godjeh* qui enveloppe d'une vaste spirale le *Kaffa*, et qui est avec le *Ghibé* une des deux principales têtes du *Djoub*.

La race des *Gallas* ou *Orma* est la plus belle de l'Afrique. « Ils ont en
» général une apparence martiale, écrit le missionnaire Krapf. Ils sont
» grands et puissamment bâtis, mais avec des traits sauvages auxquels leur
» longue chevelure qui retombe comme une crinière sur leurs épaules
» donne une expression plus sauvage encore et plus farouche. La plupart
» ont la peau d'une nuance brun-foncé, par quoi ils se distinguent tellement
» à leur avantage, non moins que par leur intelligence et leur éducabilité,
» de tous les autres Africains orientaux, que les esclaves gallas sont très
» recherchés sur les marchés. »

Jusqu'à présent, on n'a guère fait que reconnaître les abords de leur pays. La superficie est d'environ 700 000 kilom. car.; la population de 6 à 7 millions d'habitants. — On cultive dans le *Kaffa* du café; les habitants de l'*Enaréa* fabriquent des étoffes et des armes. — Les centres principaux sont : *Kaffa*, *Bonga*, *Saka*.

**Kordofan.** — C'est un pays de vastes plaines qui s'élèvent, à la gauche du Nil, vers le sud (altitude maximum 600 m.). Pas de grandes montagnes; des collines hautes de 150 mètres au nord, de 240 au sud. Pas de cours d'eau dans les steppes; puits rares et profonds (40 à 50 m.). Au nord-est se trouvent quelques ouadis ou *khor*, qui portent rarement au Nil les eaux pluviales : elles se perdent le plus souvent dans les sables.

Deux saisons: hivernage ou saison des pluies; été ou saison sèche, (+ 32° à 49° à l'ombre); dans certaines années, en 1873 par exemple, une cruche d'eau se vendait un écu à El-Obéïd.

La principale culture est celle du *doukhn*, qui nourrit hommes et bêtes (*bœufs à bosse, chèvres, moutons, ânes, chameaux, autruches*). Le pays produit aussi du *tabac*, de la *sésame*, du *coton* et des légumes; on exporte environ 2 millions de kilogrammes de gomme arabique.

Industrie peu développée; *poterie, corroierie, charbon* et *fer*.

D'après le rapport du colonel de l'état-major égyptien Colston, le Kordofan est pauvre. Sa capitale, EL-OBÉÏD, a cependant un marché très fréquenté, où se rendent journellement 4 et 5 000 vendeurs et acheteurs; le commerce s'exerce sur les bestiaux, grains, bois, foins, gomme arabique, plumes d'autruches; un télégraphe ouvert en 1875 met El-Obéïd en communication avec Alexandrie.

« El-Obéïd qui était déjà la capitale du Kordofan, il y a un siècle, m'a
» paru être une cité de 15 à 18 000 âmes, entièrement bâtie en terre,
» depuis la préfecture et la mosquée, jusqu'aux plus pauvres habitations.
» Ce qui lui donne un certain charme, c'est que l'espace n'y ayant pas été
» ménagé, la surface occupée par des jardins et des terrains vagues
» gazonnés est au moins quintuple de celle des rues, cours et maisons, de
» sorte que la ville, vue à vol d'oiseau, doit ressembler à une sorte de jar-
» din anglais, coupé de massifs grisâtres et traversé par un ruban de sable
» fin : c'est la rivière de l'Obéïd que j'ai vue à sec le matin, gonflée à deux
» heures du soir, presque nulle à sept. » (G. LEJEAN, *Voyage aux deux Nil*, page 4.) Les villes principales du Kordofan, dont les Egyptiens avaient fait les chefs-lieux des districts ou sous-préfectures sont : *Bara, Koursi, Taïara, Abou-Haraz*. — **Population** : 278 740 hab. — **Superficie** : 108 280 kilom. car.

**Darfour** ou **Dar-Fôr**. — Situé à l'est du Kordofan, duquel un désert de deux journées de marche le sépare, le Dar-Fôr touche au désert au nord; au Fertit, au sud; au Ouadaï à l'ouest. — Pays de plaines, sauf une chaîne de montagnes, le djebel *Marra* et le mont *Kerakeri* (12 à 1 300 m.) qui occupe le centre, et donne naissance à plusieurs cours d'eau; ceux du versant oriental se perdent dans le sable et n'arrivent pas au Nil; à l'ouest, au contraire, Nachtigal cite l'oued *Kadja*, l'oued *Tinéat*, le *Bargou*, etc. — Deux saisons; sèche et pluvieuse, celle-ci de juin à septembre.

**Minéraux**. — *Cuivre* de Hofra-en-Nahas; *antimoine* du mont Marra. — **Végétaux** : le *doukhn* ou millet, le *dourah*, le *blé, coton, tabac, arachide, miel, cire, gomme*. — **Animaux** : *âne, cheval, chameau, bœuf, mouton, chèvre, chien, lion, buffle, rhinocéros, hyène, sanglier, girafe, gazelle, autruche*; l'éléphant a presque disparu. — **L'industrie** est presque nulle.

Le Darfour était jadis composé d'Etats distincts, subordonnés à un suzerain féodal commun. Nachtigal le trouva divisé en cinq provinces, dont l'Egypte, après la conquête sur le roi Brahim en 1874, conserva les noms et divisions. La capitale commerciale est KOBE (6 000 hab.), sur la route du nord au sud. « Elle a plus de deux milles anglais de longueur, mais
» elle est très étroite. Chaque maison est entourée d'une vaste enceinte
» de palissades, et ces palissades sont séparées les unes des autres
» par un large espace de terrain en friche. » (Brown.) La capitale politique, résidence du souverain, est FASCHER, autrefois Kinébo, appelé aussi *Tendelti*, à cause de sa situation près de l'étang de ce nom. Fascher est, comme toutes les villes du Darfour, un assemblage de huttes à l'africaine, murs en terre grasse et couverture conique en roseaux. — En 1874, les Egyptiens avaient ajouté au Darfour le territoire de CHEGGA ou CHEKKA (220 000 kilom. car.; 400 000 hab.) enlevé aux Baggaras-Risegât. Chegga est un des marchés les plus importants du haut Nil pour le commerce des esclaves.

La population se compose de *nègres*, *Berbères* et *Arabes*. On y trouve aussi une fraction de *Foulah*. La religion est l'*islamisme*.

Le Darfour est un des grands entrepôts entre l'Afrique centrale et l'Egypte, un des principaux centres commerciaux du Soudan. Tous les ans environ une grande caravane part de Kobe pour Syout et le Caire; on a compté parfois dans l'une jusqu'à 15 000 chameaux.

**Fertit** ou **Dar-Fertit**. — Ce pays est situé au milieu du Darfour, et habité par les nombreuses tribus des *Krédis* (*Ndouggos*, *Golos*, *Sérés*, *Béïas*, etc.). C'est le paradis des marchands d'ivoire et d'esclaves (*djellabas*). Les principaux établissements sont les Zeribas d'*Idris*, de *Ziber-Rahama*, de *Ziber-Adlana*, de *Goudjou* et *Békir*. A la faveur des guerres civiles qui avaient éclaté dans le pays entre les Djellabas, les Khartoumiens et les Nyams-Nyams, les Égyptiens avaient pris possesion du Dar-Fertit (1874). Ils en ont été chassés comme de presque tout le Soudan oriental, par l'insurrection du Mahdi (1882-84).

---

## 2° EXTRAITS ET ANALYSES

### Les sources du Nil : les explorations.

**I. Dans l'antiquité.** — De tout temps, le Nil a excité l'étonnement et la curiosité des hommes. Les anciens ne pouvaient s'expliquer le mystère de ce fleuve extraordinaire qui, après un cours immense, traversant les arides solitudes de l'Ethiopie, sortait de son lit chaque année, à époque fixe, et fertilisait l'Egypte. Les Egyptiens le faisaient descendre du ciel, et l'adoraient comme un dieu. Aux yeux des anciens, le problème de son origine paraissait insoluble : *chercher les sources du Nil*, était un proverbe qui signifiait tenter l'impossible. Hérodote avouait qu'il n'avait rien pu apprendre sur la nature de ce fleuve, ni des prêtres de Memphis, ni d'aucun autre. Il se disait certain toutefois qu'il venait du « couchant. » Un des plus grands géographes de l'antiquité, Eratosthène, cité par Strabon, décrivait déjà la partie supérieure du Nil, et savait que deux fleuves, l'*Astaboras* et l'*Astasoba*, sortis de quelques lacs à l'est, entouraient la grande île de Méroë, et se mêlaient à un troisième, l'*Astapus*, issu également de lacs situés au sud, « et formant le principal affluent du Nil qui coulait en ligne droite, alimenté par les pluies d'été. » L'*Astapus*, c'est le Nil Blanc; l'*Astasoba*, c'est le Sobat, ou le Nil Bleu; l'*Astaboras*, c'est l'Atbara ou Tacazze. — Plus tard, Pline le naturaliste confondait, comme Hérodote, les cours du Nil et du Niger, et plaçait leurs sources communes dans l'Atlas. — Son contemporain, le philosophe Sénèque, nous a transmis le curieux récit d'une expédition envoyée par Néron à la recherche des sources du Nil.

« J'ai entendu raconter aux deux centurions que Néron avait envoyés à
» la découverte de la source du Nil, qu'ils avaient fait un long chemin à
» l'aide des secours que leur avait fournis le roi d'Ethiopie, et des recom-
» mandations qu'il leur avait données pour les rois voisins. Au bout de
» cette course, disent-ils, nous arrivâmes à des marais immenses, dont les
» habitants ne connaissaient point et désespéraient de connaître jamais les
» bornes. Ce sont des herbages entremêlés avec l'eau, qui forment un
» marais si bourbeux et si embarrassé, qu'il est impossible de le traverser

» à pied, ou même en bateau, à moins qu'il ne soit très petit et propre à
» contenir une seule personne. Là, nous avons vu deux rochers d'où tom-
» bait un grand fleuve[1]... » Ce fleuve était bien le Nil en amont du lac
Nô. — Au deuxième siècle après Jésus-Christ, le géographe Ptolémée, muni
de renseignements nouveaux, n'hésitait pas à signaler comme les sources
du fleuve, deux grands lacs situés au delà de l'équateur sur les versants
des montagnes de la Lune, couvertes de neiges éternelles. Ptolémée avait
deviné le problème; restait à en fournir la démonstration géographique.

II. **Dans les temps modernes.** — Les explorations de la vallée du
Nil furent abandonnées jusqu'au seizième siècle. L'infant *don Henri* de Portugal, l'infatigable promoteur des entreprises maritimes portugaises, avait,
pendant quarante-huit ans, de son observatoire du cap Saint-Vincent, dirigé
ses marins sur la route inconnue de l'Inde orientale (1415-1463). En 1499,
tandis que les grands navigateurs portugais doublaient après Vasco de
Gama le cap de Bonne-Espérance, deux de leurs compatriotes, *Covilham* et
de *Paiva*, envoyés dans la mer Rouge par la voie de l'Egypte, essayaient
de pénétrer dans les Etats du prince mystérieux, appelé le prêtre Jean.
Covilham parvint au Choa, y fut comblé de richesses et d'honneurs,
mais ne put ou ne voulut pas en sortir. Des ambassades furent échangées
entre le roi d'Abyssinie et le roi de Portugal : telles furent celle de 1520,
dont *Francisco Alvarez*, secrétaire de l'ambassadeur *Rodriguez de Lima*,
nous a transmis la curieuse relation; celle de *Pedro Paëz*, au commencement
du seizième siècle, qui prétend avoir visité le premier les sources du Nil
en 1618, celle du missionnaire *Jérôme Lobo*, qui vers 1623, sous l'empereur
abyssin Segued, devint supérieur des monastères du Tigré, et traversa le
Nil Bleu près de sa source. En 1698, le médecin français *Poncet*, établi au
Caire, fut mandé en Abyssinie par le souverain malade. Il partit de Siout
avec le jésuite *Brevedent*, visita Dongola, capitale de la Nubie, et Sennaar,
arriva au bout de sept mois à Gondar, réussit à guérir le prince de sa maladie et fut comblé d'honneurs. Mais la mauvaise santé du voyageur l'obligea
à rentrer en Egypte. Il n'eut pas le temps de visiter les sources du Nil
abyssin; il n'en parla que d'après les renseignements qu'il avait pu
recueillir.

Moins d'un siècle plus tard (1769) l'Anglais James Bruce explorait durant
plusieurs années l'Abyssinie, et attribuait au Bahr-el-Azrek (Nil Bleu)
l'importance qu'a seul le Bahr-el-Abiad (Nil Blanc). Le géographe d'Anville
eut beau protester contre l'erreur; elle dura jusqu'au jour où un voyageur
français en fit justice.

III. **Découvertes du dix-neuvième siècle.** — En 1821,
Mohammed-Ali, encore vassal de nom de la Sublime-Porte, conçut l'idée
grandiose d'un vaste empire arabe qui s'étendrait sur les deux rives du
Nil jusqu'à ses sources. Il chargea son fils Ismaïl de les conquérir. Un
Français, *Cailliaud* de Nantes, antiquaire et géologue, explorateur de la
Libye et des côtes de la mer Rouge, fut adjoint à l'expédition en qualité
d'inspecteur des travaux des mines qu'on pourrait découvrir et exploiter.
Sous la protection de l'armée égyptienne, Cailliaud remonta le fleuve,
reconnut entre le Bahr-el-Abiad, le Tacazzé, et le Bahr-el-Azrek la fameuse
île de *Méroë*, démontra l'erreur de Bruce qui avait pris pour les sources du
Nil Blanc, celles du Nil Bleu, compara à loisir les deux rivières et remonta

---

[1] Sénèque, *Questions naturelles*, trad. de la Grange, t. VI, p. 481.

le Bahr-el-Azrek jusqu'aux confins de l'Abyssinie. Pendant ce temps, Ismaïl-Pacha couvrait le pays de ruines, brûlait les récoltes, massacrait les habitants, emmenait les femmes et les enfants en esclavage. Une insurrection générale éclata ; Cailliaud réussit à s'évader du quartier général et rentra en Egypte. A Schendy, tandis qu'Ismaïl et son armée dormaient après une orgie, un des chefs dépossédés, *Mélek Nimr* (le roi léopard), fit accumuler autour de l'enceinte où dormaient les Egyptiens ivres des monceaux de matières inflammables et y mit le feu : tous périrent. Mohammed-Ali vengea son fils, en immolant presque toute la population de Schendy, au nombre de 40 000 individus, hommes, femmes et enfants. Les survivants allèrent rejoindre Nimr dans le désert, et fondèrent sur les rives du Tacazzé, au pied du plateau abyssin, un état indépendant, dont la capitale fut Kakhtia ou Cafta. Les troupes égyptiennes exercèrent pendant de longues années d'effroyables *gazouah* ou chasses à l'homme dans le Kordofan et le Darfour. A la fin, l'Europe s'émut, et les puissances adressèrent à Mohammed-Ali de sévères remontrances ; le khédive prit la résolution d'abolir la traite au Soudan, et entreprit, en 1838, un long et périlleux voyage sur le Haut-Nil. Il emmena avec lui, outre son escorte ordinaire, plusieurs savants égyptiens et européens, remonta la vallée des deux Nils, réunit les cheiks, leur adressa de magnifiques discours, ordonna de beaux plans de réformes, délivra des esclaves, et prohiba formellement la traite des noirs. Mais ces projets ne furent point exécutés.

Un an après le retour du vice-roi, une expédition franco-égyptienne fut organisée pour explorer le cours supérieur du Bahr-el-Abiad et en chercher les sources. La direction scientifique fut confiée à deux ingénieurs français, MM. *Arnaud* et *Sabatier;* un naturaliste allemand, le D$^r$ *Werne*, les accompagnait. La flottille quitta Khartoum le 23 novembre 1840 : elle portait 250 soldats nègres, égyptiens et syriens, et 150 matelots nubiens et soudaniens. Aucune discipline ne fut observée dans cette étrange escorte ; les hommes étaient paresseux, débauchés, féroces ; les chefs valaient les soldats ; un des capitaines était constamment ivre. On traversa les pays des Schillouks, des Dinkas et des Bari jusqu'aux environs de Gondokoro, et au mois d'avril 1841, on revint à Khartoum. La seule relation de ce voyage qui ait été publiée est celle du D$^r$ Werne. Les expéditions postérieures du missionnaire Knoblecher (1848), de Trémaux (1850), de Bolognési (1856), de Brun-Rollet, du D$^r$ Peney (1860), des frères Ambroise et Jules Poncet (1860), de Petherick (1869), de Guillaume Lejean, (1861-1864), du D$^r$ Hartmann et de Barnim (1864), de Heuglin et des dames Tinné[1] (1863), de Baker (1862-1870), de Schweinfurth (1870), de Panagiotes

---

1. Une des plus curieuses explorations du Bahr-el-Gazal fut celle à laquelle MM$^{mes}$ Tinné ont attaché leur nom. « Il n'est assurément pas ordinaire, écrit M. de Saint-Martin, de voir des femmes riches et du plus grand monde se jeter seules dans des courses aventureuses, sans autre mobile que la passion des choses inconnues, sans autre défense que leur courage. » M$^{me}$ Tinné, sa fille, M$^{lle}$ Alexandrina Tinné, sa sœur, la baronne de Capellen, organisèrent à leurs frais une véritable flottille, avec toute une armée de porteurs indigènes ; à eux se joignirent le docteur Steudner, qui mourut presque dès le début, et M. de Heuglin. Les intrépides Hollandaises remontèrent le Bahr-el-Ghazal, puis gagnèrent le lac Rek, immense marécage où leurs barques avançaient lentement, où il fallait à coups de gaules, de haches ou de faux, s'ouvrir un passage à travers les joncs et les roseaux. M$^{me}$ de Capellen était morte de la fièvre à Khartoum ; M$^{me}$ Tinné y succomba le 20 juillet 1863 ; miss Tinné et M. de Heuglin épuisés durent revenir sur leurs pas. M$^{lle}$ Tinné fut assassinée en 1869 dans un voyage au Fezzan.

Potagos (1876), de Junker (1880), se complétant et se contrôlant les uns les autres, ont presque définitivement fixé la géographie et l'ethnographie du Haut-Nil et de ses affluents de la rive occidentale.

## Le lac Victoria.

La plupart de ces expéditions avaient remonté le Nil; leur point de départ était l'Egypte ou la mer Rouge. Un autre courant d'explorations non moins considérable partit de la côte orientale en 1843. La première tentative fut due à un jeune Français, *Maizan*, ancien élève de l'école polytechnique, qui quitta l'île de Zanzibar sous la protection du sultan et du consul anglais, conduit par un négociant, remonta le cours du Pangani jusqu'à Déghéla-Mora, et y fut assassiné par les négriers arabes que sa présence alarmait. — Deux missionnaires anglicans de la station de Rabbaï-M'pia, non loin de Mombas, alliant au zèle évangélique l'ardeur des découvertes, résolurent de franchir la haute région montagneuse qui domine la côte de Zanguebar à douze ou quinze journées de marches de la côte. De 1847 à 1852, le D$^r$ *Lewis-Krapf* et le révérend *Rebmann* firent de hardies excursions dans l'intérieur; leur plus retentissante découverte fut l'existence de deux pics couronnés de neiges éternelles : l'un, au nord du parallèle de Mombas, était le massif de *Kilima-Ndjaro*; l'autre, plus rapproché de l'équateur, était le *Kénia*. Les deux missionnaires ne purent arriver jusqu'aux montagnes mêmes, mais s'en approchèrent assez pour en indiquer l'altitude approximative. — Au mois de juillet 1861, un voyageur allemand, le baron de *Decken*, et un géologue anglais, *Thornton*, voulurent vérifier sur les lieux mêmes les renseignements transmis par Rebmann et Krapf. Partis de Mombas, ils explorèrent la côte orientale sur une longueur de 1 500 kilom., depuis Brava jusqu'à la rivière Rovouma, atteignirent le Kilima-Ndjaro et en tentèrent l'escalade. Ils ne purent atteindre le sommet; les guides, saisis de frayeurs superstitieuses, les abandonnèrent en route, ils durent arrêter leur ascension à la hauteur de 8 000 pieds. Ils reconnurent d'ailleurs les neiges dont le sommet est enveloppé et furent témoins de deux avalanches. Ils mesurèrent la hauteur de cette montagne volcanique qui dépasse 6 500 m., dont 3 000 sont couverts de neiges permanentes. Les eaux du versant occidental de cette chaine, dont plusieurs pics dépassent 6 000 mètres, paraissent se diriger vers les grands lacs du Nil.

L'existence de ces grands lacs intérieurs d'où Ptolémée faisait sortir le fleuve égyptien était toujours problématique. La Société de géographie de Londres eut le mérite de l'initiative qui allait enfin lever tous les doutes. Elle prépara un plan d'explorations, et en confia l'exécution à un officier de l'armée des Indes, le capitaine **Richard Burton**, qui avait lui-même sollicité l'honneur de cette tâche périlleuse. Le choix était excellent : Burton était déjà célèbre par ses voyages dans l'Inde et en Arabie : « En lui, dit
» M. Vivien de Saint-Martin, se trouvaient réunies à un haut degré les
» conditions exigées par une pareille entreprise; l'intrépidité, l'initiative,
» la prudence qui prévoit les obstacles, la ruse et le sang-froid qui les
» détournent ou les dominent, le mépris des fatigues, l'insouciance du péril
» et des privations, les rudes vertus du pionnier, jointes aux qualités
» éminentes de l'observateur scientifique. » Burton s'associa le capitaine
**Speke**, un de ses camarades de l'armée des Indes, dont l'intelligence, la bravoure, la fermeté égalaient les siennes. Tous deux séjournèrent plu-

sieurs mois à Zanzibar, y recueillirent de précieuses informations sur les tribus littorales, y apprirent la langue des Saouahili, et s'enfoncèrent dans l'intérieur au mois de juin 1857[1].

Les voyageurs traversèrent le Zaramo, pays plat et légèrement ondulé entremêlé de savanes, de terrains boisés, de vallées herbeuses, de lagunes vaseuses et couvertes de roseaux, zone maritime large de 60 lieues, infestée de reptiles et de moustiques, pays de fièvres endémiques. Remontant la rive boisée et sinueuse du Pangani, dont l'eau jaune et rapide, resserrée au fond d'un lit qui n'a pas 50 mètres de large, coule « au pied d'énormes berges surchargées d'un fouillis toujours vert, » ils gagnèrent le Khoutou, peuplé de nègres moins hostiles que ceux du Zaramo, et atteignirent à Zangoméro la région montagneuse. La longue chaîne de montagnes, qui se prolonge du nord au sud, est l'escarpement oriental du plateau de l'Afrique intérieure; surmontée de pics, sillonnée de vallées bien arrosées, plus tempérée et plus salubre que la région maritime, cette chaîne s'élève d'étages en étages jusqu'à 1 700 mètres environ, et porte le nom de Sagara. Elle est occupée par les nègres Ouasagara. Au moment de commencer l'escalade du troisième étage de la chaîne, à 1 737 mètres d'altitude, à la passe de Roubého, les voyageurs étaient épuisés de fatigues. « Tremblants de fièvre, saisis de vertige, assourdis par la faiblesse, nous » regardions avec stupeur le sentier perpendiculaire, des racines, des » quartiers de roche, se dressant au milieu d'un fouillis de plantes inextri-« cables, et que nous avions à gravir[2]. »

A la descente de ce col, la caravane avait devant elle le grand plateau africain (haut de 900 à 1 400 m.), suite de plaines largement ondulées, tantôt se perdant à l'horizon en landes brûlées par le soleil, tantôt couvertes d'une épaisse végétation presque impénétrable : au total, ayant plus de forêts vierges que de cultures, plus de déserts que de forêts, moins d'hommes que de bêtes sauvages. Les voyageurs traversèrent de nombreux petits Etats nègres, indépendants les uns des autres, soumis à des chefs particuliers, ayant des coutumes très diverses, généralement barbares. Le plus grand de ces Etats est l'Ounyamouési, ou « pays de la Lune, » dont la capitale est Kazeh, un des principaux marchés de l'Afrique centrale, et des entrepôts de marchands arabes. De Kazeh, le pays s'abaisse à l'ouest d'une façon insensible, mais continue; tout annonçait aux voyageurs une vaste dépression intérieure; le sol était plus fertile et mieux arrosé, le riz, la canne à sucre abondaient. Tout à coup, arrivé au sommet d'un massif escarpé, Burton aperçut une ligne brillante qui se dessinait à travers le feuillage, c'était le lac *Tanganyka*. « La disposition des arbres et le soleil » qui n'éclairait qu'une partie du lac en réduisaient tellement l'étendue » que je me reprochai d'avoir risqué mes jours, sacrifié ma santé pour si » peu de chose, et je maudis l'exagération arabe qui avait encouragé ma » folie. Je m'avançai néanmoins, la scène se déploya tout à coup, et me

---

1. Burton et Speke n'en étaient pas à leur premier voyage en Afrique. « En » 1855, écrit Burton, j'avais conçu le dessein de traverser l'Afrique du nord-est » au sud-ouest, du détroit de Bab-el-Mandeb à l'océan Atlantique, avec trois » collègues, les lieutenants Speke, Herne et Stroyan, mais cette expédition fut » malheureuse; nous ne pûmes pas dépasser le Harar, et, de retour à Berbéra, » dans la nuit du 19 avril, notre camp fut attaqué par des forces si considérables » que Stroyan fut tué, Speke reçut onze blessures, et Herne et moi nous n'échap-» pâmes à la mort que par miracle. »
2. Burton, *Voyage aux grands lacs*, trad. de Belin de Launay, p. 130.

» plongea dans l'extase. Rien de plus saisissant que ce premier aspect du
» Tanganyka mollement couché au sein des montagnes et se chauffant au
» soleil des tropiques. A vos pieds, des gorges sauvages, où le sentier
» rampe et se déroule avec peine; au bas des précipices, une étroite cein-
» ture d'un vert d'émeraude, qui ne se flétrit jamais, et s'incline vers un
» ruban de sable, aux reflets d'or, frangé de roseaux et déchiré par les
» vagues... Ce fut une ivresse pour l'âme et pour les yeux; j'oubliai tout :
» dangers, fatigues, incertitude du retour. J'aurais accepté le double des
» maux que nous avions eu à subir; et chacun partageait mon ravis-
» sement. » Burton s'embarqua sur le lac à Kéhouili, et le traversa
jusqu'à la grande île de Bouéri, rocher de 35 à 40 kilomètres, large de 7
à 9, couvert d'une végétation riche, parsemé de cultures et de collines
boisées qui « abritent une population redoutable, et où chaque fourré
recèle d'âpres chasseurs en quête de proie humaine. » Les voyageurs durent
renoncer à l'exploration de la pointe septentrionale du lac, tous les rameurs
refusant de les conduire. Ils revinrent à Kazeh. Pendant leur séjour dans
cette ville, ils entendirent parler en termes si précis d'un grand lac situé
vers le nord que Speke résolut d'aller à sa recherche. Tandis que Burton se
préparait à repartir pour Zanzibar, Speke marchait vers le nord. Six
semaines après, il était de retour à Kazeh, et annonçait à Burton qu'il avait
vu le réservoir profond du lac *Oukérewé*, désormais nommé *Victoria-
Nyanza*, qu'il en avait exploré le golfe méridional, et n'hésitait pas à le
regarder comme la vraie source du Nil. Burton se moqua de cette suppo-
sition, et accusa presque son compagnon d'imposture. Speke n'eut plus
alors qu'une pensée : démontrer par une nouvelle expédition que le lac
Oukerewé était bien le réservoir du Nil. Il entreprit un troisième voyage,
prit pour compagnon le capitaine **Grant**, son ami et son collègue de l'armée
des Indes, et secondé par un marchand d'ivoire du Haut-Nil, *Petherick*,
partit de Bagamoyo, le 2 octobre 1860, avec une caravane de deux cent
vingt hommes. Il traversa de nouveau le Zaramo, entre les fleuves *Kingani*
et *Loufidji*, revit la contrée montueuse du Sagara, où pullulent les antilopes, zèbres, buffles, girafes, rhinocéros, éléphants, hyènes et lions, mais
où les razzias, la traite des esclaves laissent des traces de dévastation; il
eut à souffrir de la fièvre, de la perfidie des chefs nègres, de la désertion
de ses porteurs, et dut même soutenir des combats contre les indigènes
pour protéger son convoi. Le premier il fit connaître le pays d'Ounyamouési
et le Karagoué; le premier il vit la rivière *Kitangoulé* ou *Kaghera*, affluent
occidental de l'Oukerewé, et séjourna longtemps dans le pays d'Ouganda,
à la cour du puissant roi *Mtesa*[1]. Celui-ci accueillit avec faveur Speke et son
compagnon, accepta avec joie leurs présents, leur en fit à son tour, et toléra
leurs indiscrétions et leurs privautés dans sa cour. Ils profitèrent de cette
indulgence peu habituelle au despote africain pour observer les mœurs de son
peuple, les bizarreries de ses sujets et le mécanisme de son gouvernement.
Speke faisait l'admiration de Mtesa par son adresse; il donnait au monarque
des leçons de tir, se promenait côte à côte avec lui sous le même parasol,
s'asseyait en sa présence, le regardait en face, au grand scandale des officiers indigènes, et gagnait de jour en jour davantage sa faveur, flattant sa
vanité, et déférant à ses caprices, tour à tour courtisan, instructeur et
médecin, posant des vésicatoires à son royal client, et administrant des
pilules à la reine-mère pour guérir ses souffrances du foie et de l'estomac.

---

1. Sur Mtesa, voir plus loin (page 582).

Malgré tant de menées habiles et de réels services, Speke ne put obtenir du roi de l'Ouganda le moyen d'explorer par eau la rive septentrionale du lac Oukérewé, et la région d'où le Nil s'en échappe. Ils rejoignirent par terre le grand fleuve à Rondogani, le remontèrent jusqu'aux chutes de Ripon, et redescendirent son cours à travers le pays d'Ounyoro et le Kidi. A Gondokoro, ils rencontrèrent Baker, qui allait à la recherche du lac Albert, et Speke apprit que la Société de géographie de Londres lui avait décerné sa grande médaille d'or pour avoir découvert, en 1858, le lac Victoria.[1]

## Le lac Albert.

Tandis que Speke et Grant, partis de Zanzibar, parcouraient l'Afrique orientale, et exploraient le lac Victoria, **Samuel Baker** s'embarquait au Caire et remontait le Nil pour en chercher les sources. Sa femme l'accompagnait, et pendant ce terrible voyage de quatre années (1861-1865), « le suivit partout dans le rude sentier de la vie sauvage. » Dans toutes les étapes du haut Nil, il fut accueilli avec défiance ; les trafiquants arabes ne croyaient pas à sa mission géographique, et le regardaient comme un espion et un agent envoyé pour surveiller et entraver le commerce des esclaves. Aussi, outre les maladies et les difficultés naturelles, eut-il à lutter contre les hostilités des indigènes, les mutineries, les complots, les désertions de son escorte. Son énergie, son sang-froid, son audace, le dévouement de sa femme et la fidélité de deux nègres qui furent d'admirables compagnons de route, lui ouvrirent la route. De Gondokoro, les voyageurs gagnèrent le bassin du *Sobat*, par le pays des Bari, traversèrent les contrées montagneuses du Létouka et de l'Obbo, couvertes d'une végétation puissante, peuplées d'éléphants et de girafes, et habitées par des sauvages qui sont les plus beaux noirs de l'Afrique centrale, et des forgerons d'une très grande habileté. Baker atteignit le *Somerset* ou *Nil-Victoria* à la cataracte de Kerouma, remonta son affluent le *Kafour*, et le 14 mars 1864, exténué de fatigue, brisé par la fièvre, traînant avec lui dans une litière M<sup>me</sup> Baker, presque mourante d'une insolation compliquée de fièvre cérébrale, il arriva enfin à Vécovia, sur la rive orientale du lac *Louta-N'zigé*.

« Le jour était magnifique. Quand nous eûmes traversé une profonde vallée entre les collines, nous gravîmes le versant opposé. En toute hâte j'atteignis le sommet, et soudain le prix de nos efforts se déploya devant mes regards. Bien au-dessous de moi, comme une mer de vif argent, s'étendait le lac, bornant l'horizon au sud et au sud-ouest et étincelant

---

[1] A son retour, fêté par l'Angleterre tout entière, félicité par la reine, loué par lord Palmerston à la Chambre des communes, Speke eut pour rival et contradicteur son ancien ami et compagnon Burton. Au moment où tous deux devaient entamer le grand débat des sources du Nil devant l'Association britannique au congrès de Bath, on apprit que Speke venait de mourir à la suite d'un accident de chasse. Burton pleura à cette nouvelle, et témoigna publiquement son admiration « pour l'ardeur et la loyauté de son ancien camarade. »

sous les rayons du soleil de midi. Vers l'ouest, à une distance de 80 à 100 kilomètres, des montagnes bleues semblaient sortir des eaux et s'élever à une hauteur de plus de 2000 mètres. Impossible de décrire les sentiments de triomphe que j'éprouvais. Je voyais la récompense de tous mes travaux, des longues années pendant lesquelles j'avais obstinément poursuivi mes recherches dans l'Afrique centrale. L'Angleterre avait découvert les sources du Nil !

» J'étais à 400 mètres environ au-dessus du niveau du lac. Du haut d'une paroi escarpée de granit, je ne pouvais détourner mes regards des eaux bienfaisantes de ce vaste réservoir qui nourrissait l'Egypte et fécondait le désert, de cette grande source si longtemps cachée aux millions d'êtres humains, pour lesquels elle est un bienfait et une bénédiction. C'est une des merveilles du globe, et je résolus de la baptiser d'un nom illustre. En souvenir impérissable d'un homme dont la mort récente a été déplorée par l'Angleterre tout entière, j'appelai ce grand lac l'Albert-Nyanza. Le sentier en zigzags que nous avions à descendre pour parvenir au bord de l'eau était si escarpé, que nous fûmes forcés de laisser derrière nous nos bœufs, sous la conduite d'un guide. Après une marche laborieuse de deux heures, nous atteignîmes la plaine unie au pied des rochers. Elle avait 1 600 mètres, que nous dûmes traverser sur un sol sableux et parsemé d'arbres et de buissons pour arriver au bord de l'eau. Les vagues s'y brisaient sur un lit de cailloux blancs. Altéré par la chaleur et par les fatigues, je me précipitai dans le lac, et je bus à longs traits, avec un profond sentiment de reconnaissance, aux sources du Nil ! Un village de pêcheurs s'élevait à 400 mètres de là et s'appelait Vécovia. Nous nous y installâmes. Là, tout sentait le poisson, tout faisait songer à la pêche ; non pas la pêche en miniature, telle qu'elle se pratique en Angleterre avec une ligne et une mouche artificielle : des harpons étaient appuyés contre les chaumières ; des lignes aussi épaisses que le petit doigt étaient étendues pour sécher, armées d'hameçons de fer, et donnaient une idée formidable des monstres marins du lac Albert. »

Vécovia est un misérable village dont les habitants vivent surtout du produit de la pêche et du sel qu'ils extraient du sol. La terre en est si saturée que toute culture y est impossible. Le lac est entouré, dans la partie que l'on connaît, de roches abruptes, et barré au sud-ouest et à l'ouest par de grandes chaînes de montagnes, s'élevant à 1500 ou 2000 mètres. Son niveau varie seulement de 1m,20 centimètres entre les plus basses eaux et les plus fortes crues, malgré le grand nombre d'affluents qu'il reçoit. Du haut de la rive orientale, Baker put voir, à l'aide de son télescope, à une distance de 80 à 100 kilomètres, deux cascades énormes qui descendaient sur le versant des montagnes Bleues. Le séjour des voyageurs à Vécovia dura huit jours; Baker put enfin avoir des canots, et sur ces embarcations primitives faites de troncs d'arbres très proprement creusés, longs de 9 à 10 mètres, sur lesquels il installa une cabine à l'aide de roseaux et de peaux de bœuf tannées, il s'embarqua avec sa femme, ses noirs et quelques rameurs[1].

« Pendant le premier jour, le voyage fut délicieux. L'eau était calme, le ciel couvert et le paysage charmant. Quelquefois on ne pouvait distinguer les montagnes de la rive occidentale, et le lac semblait avoir une étendue indéfinie. Nous nous tenions à une centaine de mètres du bord oriental. Tantôt nous longions une plage sablonneuse et boisée formant une zone d'environ 1000 mètres de largeur entre l'eau et la base des falaises; d'autres fois nous passions sous des rochers énormes sortant immédiatement du lac, qu'ils dominaient de près de 500 mètres. Dans ce cas, nous côtoyions le rivage de près et nous accélérions notre navigation en poussant contre la falaise avec des bambous. Ces rocs sont tous de l'époque primitive, fréquemment de granit et de gneiss, mêlés en plusieurs endroits de porphyre rouge. Dans les interstices, croissent des arbustes magnifiques de toute nuance, entre autres des euphorbes gigantesques, et partout où l'on voit scintiller une source ou une cascatelle, à travers le sombre feuillage d'un ravin, on est sûr de voir aussi le gracieux dattier sauvage étaler son panache aérien.

» Des hippopotames en grand nombre reposaient dans l'eau, mais je refusai de tirer sur eux, car la mort d'un de

---

[1]. En 1876, Stanley et Gessi n'ont pas retrouvé le village de Vecovia. Il avait été détruit. Près de là s'en élevait un autre, où s'arrêta Gessi dans son voyage de circumnavigation du lac, et auquel il donna le nom de Choubra, en souvenir du palais du Khédive, au Caire.

ces monstres nous eût fait perdre un jour entier, les bateliers refusant d'en abandonner la chair. Les crocodiles se montraient fréquemment dans le lac ou sur le rivage. Partout où s'élevait quelque chaud banc de sable, on voyait plusieurs de ces monstres étendus au soleil, sans mouvement, comme des troncs d'arbres. Sur le bord de la grève, au-dessus de la marque des crues, poussaient de petits taillis, d'où les crocodiles, effrayés par notre canot, s'élançaient pour se réfugier dans les flots. »

Des pluies effroyables survinrent et noyèrent presque les navigateurs; une effroyable tempête les surprit, des lames énormes secouaient leurs embarcations et les jetèrent sur le sable de la côte, à quelques mètres de falaises abruptes où ils auraient pu être brisés.

« Le dixième jour après notre départ de Vécovia, nous reconnûmes que le paysage s'embellissait. Le lac n'avait plus qu'une cinquantaine de kilomètres en largeur et s'amoindrissait rapidement vers le nord; on pouvait distinguer les arbres sur les montagnes de l'ouest. Un peu plus loin, nous vîmes que la rive occidentale s'avançait en forme de promontoire, réduisant la largeur du lac à près de trente kilomètres. Ce n'était plus cette vaste mer intérieure qui, à Vécovia, m'avait tant frappé, avec sa grève de cailloux blancs. Ici, d'énormes bancs de roseaux, croissant sur une masse de végétation flottante, empêchaient les canots d'aborder. Ces bancs étaient étranges : ils semblaient formés de végétation décomposée sur laquelle les papyrus avaient pris racine : cette espèce de tourbe avait environ un mètre d'épaisseur et était si ferme et si résistante qu'on pouvait y marcher sans courir le risque d'être mouillé beaucoup plus haut que la cheville. La bande végétale recouvrait une eau des plus profondes et s'étendait à environ 800 mètres du rivage.

» ..... Le treizième jour, nous avions terminé notre voyage maritime. A ce point, le lac était large de vingt-quatre à trente-deux kilomètres, et, vers le nord, le pays ressemblait à un delta. L'abord des deux rives était obstrué par d'immenses bancs de roseaux, et pendant que nous longions celui

de l'est, nous ne pouvions trouver le fond, même avec un bambou de 7m,60 de long, quoique la masse flottante elle-même parût aussi solide que la terre ferme. Nous étions au milieu d'un véritable désert de végétation. A l'ouest, on voyait des montagnes s'élevant de près de 1 200 mètres au-dessus du niveau du lac, et faisant suite à la chaîne des montagnes Bleues, observées plus au sud. Elles diminuaient de hauteur vers le nord, et, dans cette direction, le lac avait pour limite une large vallée de roseaux. Nous étions à Magoungo, port d'arrivée pour les gros bateaux, qui, de Melegga, sur le bord occidental, viennent dans le pays des Camresi. »       Sir Samuel W. BAKER [1],
*Le lac Albert, nouveau voyage aux sources du Nil,*
abrégé par J. Belin de Launay.

(Paris, Hachette, 1 vol. in-18, 1860.)

En quittant la rive du lac Albert, à l'endroit où le Somerset, émissaire du lac Victoria, reçoit les eaux de l'Albert-N'yanza, Baker remonta le Somerset. A 30 kilomètres de Magoungo, il arriva à la grande cataracte du Nil. « Des deux côtés du fleuve, s'élevaient à pic des rochers magnifique-
» ment boisés et d'une centaine de mètres de hauteur; des blocs énormes
» sortaient du milieu du feuillage du vert le plus intense, et la rivière,
» précipitant sa masse à travers une échancrure de ce mur naturel, était
» comme étranglée dans une écluse d'à peine 50 mètres de largeur. S'élan-
» çant avec furie dans ce défilé, elle plongeait, d'un seul jet, de 30 à
» 35 mètres de hauteur perpendiculaire, au fond du gouffre creusé au
» dessous. D'une blancheur éblouissante, cette cataracte formait un su-
» perbe contraste avec les noirs rochers qui encaissent le fleuve, tandis que
» les bananiers sauvages et les palmiers gracieux des tropiques ajoutaient
» de nouveaux charmes au paysage. C'est là certainement la plus grande
» cataracte du Nil, et en l'honneur de l'illustre président de la Société
» royale de géographie, je la nommai la cataracte *Murchison*. » Baker quitta le Somerset aux chutes de Karouma, et reprit la route du Nord.

---

[1]. Baker (Sir Samuel-White) est né en 1821. Il fonda avec son frère, le colonel Baker, une ferme modèle dans l'île de Ceylan en 1848, et publia en 1855 sur cette région un ouvrage intitulé *Huit années de pérégrinations*. De 1862 à 1865, il fit son premier voyage sur le haut Nil et découvrit l'Albert-Nyanza. La seconde expédition (1869-1873) fut moins un voyage scientifique qu'une mission politique et humanitaire : Gordon fut chargé de continuer l'œuvre d'émancipation des noirs et de développement de l'empire égyptien commencée par Baker. Celui-ci, récompensé par les Sociétés de géographie de Paris et Londres, a été fait en 1866 chevalier de l'ordre du Bain et de la Légion d'honneur. On verra à la *Bibliographie* le titre de ses publications. Samuel Baker est le frère du colonel Baker Pacha, qui a été vaincu à Sinkat (février 1884) par les bandes d'Osman-Digma, lieutenant du Mahdi.

Il apprit à son retour à Alexandrie, que la grande médaille d'or de la Société de géographie de Londres lui avait été décernée, en récompense de cette exploration qui complétait celle de Speke et de Grant, et au cours de laquelle il n'avait cessé de témoigner son horreur pour le trafic de chair humaine des marchands du Nil Blanc.

**Deuxième voyage de Samuel Baker.** — En 1870, Samuel Baker entreprit son second voyage dans la vallée du haut Nil. Par l'intermédiaire du prince de Galles, il avait obtenu du vice-roi d'Égypte, Ismaïl-Pacha, le commandement d'une grande force militaire, destinée à soumettre le centre de l'Afrique et à détruire le commerce des esclaves[1]. Baker se proposait en outre de relier entre elles les découvertes géographiques récentes, d'explorer de nouveau les grands lacs et leurs émissaires. Revêtu du titre de pacha et de gouverneur général de toutes les provinces qu'il allait conquérir, il était accompagné de sa femme, de son neveu, lieutenant de vaisseau dans la marine britannique, d'un secrétaire, d'un ingénieur, d'un médecin et de six mécaniciens. Il emmenait 1200 hommes armés, Arabes, nègres, Turcs, une batterie d'obusiers et une flottille composée de quatre chaloupes et de trois bateaux à vapeur, gréés avec soin et aménagés avec luxe. M. de Bizemont, lieutenant de vaisseau de la marine française, fut autorisé par le ministre de la marine à suivre l'expédition en qualité d'attaché scientifique.

Baker eut pour principaux adversaires les propres sujets du khédive, les Égyptiens du Soudan, tous plus ou moins intéressés dans la traite des nègres. « Il n'y a pas un sujet du vice-roi dans le Soudan, écrivait-il au » mois de septembre 1872, qui ne soit favorable au commerce des esclaves; » aussi tout le monde a-t-il conspiré pour arrêter les progrès de l'expédi- » tion. »

A Gondokoro, Baker installa une sorte d'administration provisoire, donna à la ville le nom d'Ismaïlia, et somma les tribus voisines de se soumettre au khédive. Les Bari prirent les armes; Baker les vainquit, et fit une audacieuse campagne au sud d'Ismaïlia, contre Fatiko, quartier général des traitants et des chasseurs d'esclaves. « J'arrivai à Fatiko par 3° de lat. N., » à 161 milles de Gondokoro. Il est impossible de concevoir un plus beau » pays; le climat est relativement frais; l'altitude moyenne au dessus du » niveau de la mer est de 1200 mètres, et le paysage représente un vaste

---

1. Ce trafic s'exerçait depuis des siècles dans ces régions lointaines, et il était d'autant plus florissant qu'il ne trouvait plus de débouchés sur les côtes orientales et occidentales d'Afrique. Il était encouragé et exercé par les bandes d'aventuriers arabes ou coptes qui profitaient des désunions des petits rois nègres de l'intérieur. « Le partage des dépouilles était facile : aux indigènes le bétail de » l'ennemi, aux étrangers les jeunes femmes et les jeunes hommes en toute pro- » priété. Quant aux vieillards et aux enfants, comme ils n'étaient bons à rien, » on les massacrait sans pitié. A la campagne suivante, la même bande de » négriers, alliée d'une autre peuplade, faisait subir le même sort à ses amis de » la veille. Il en résultait une dépopulation rapide du centre de l'Afrique. » Les décrets du vice-roi contre la traite restèrent sans effet ; les négriers payaient une livre sterling par tête de nègre au gouvernement égyptien ; c'était là le meilleur revenu du Soudan, et le gouverneur n'entendait pas renoncer à un abus qui rapportait tant d'argent. Baker avait été témoin de ces atrocités dans son premier voyage, il les avait flétries à son retour, et il repartait avec l'appui de l'Angleterre et du khédive pour y mettre un terme. (H. de BIZEMONT.)

» parc doué par la nature de collines rocheuses, d'arbres splendides, de
» fertiles vallées, de claires rivières coupant la route de mille en mille, et
» bouillonnant sur des rochers ombragés d'acacias, et enfin de hautes
» montagnes fermant l'horizon dans le lointain. C'est dans ce paradis ter-
» restre que les chasseurs d'esclaves avaient créé un véritable enfer. Non
» seulement ils occupaient Fatiko en nombre, mais ils avaient établi une
» chaîne de quatre stations bien choisies, à 22 milles l'une de l'autre, d'où
» une garnison de 1100 hommes dominait toute la contrée. Lorsque ces
» gens attaquaient une tribu, c'était toujours par trahison. Généralement,
» ils sont bien reçus par les indigènes, qui leur font des présents de bétail
» et même de jeunes filles; quand ils ont bien capté la confiance des nègres,
» ils attaquent sans provocation les villages au milieu de la nuit, mettant
» le feu partout, massacrant les vieilles femmes et les petits enfants, rédui-
» sant le reste en captivité et ruinant ainsi à fond le plus beau pays du
» monde. » (Samuel BAKER, *Dernière expédition à la recherche du Nil*.)

Il triompha, à force d'énergie et de sang-froid, de la perfidie des chefs indigènes qui tantôt essayaient d'empoisonner son armée, tantôt attaquaient son camp à l'improviste ou coupaient ses communications. Mais il ne put aller jusqu'au lac Albert, et Masindi fut le terme de son expédition. Il se flatta à son retour d'avoir mis fin à la traite; mais la chasse aux nègres continua quand le libérateur eut disparu.

### Gordon-Pacha; Chaillé-Long; Linant de Bellefonds. —

A sir Samuel Baker succéda le colonel anglais, *Gordon-Pacha*, en qualité de gouverneur général des provinces égyptiennes de l'équateur (1874). Il emmenait avec lui un officier américain, *Chaillé-Long*, qui fut son chef d'état-major, et deux jeunes Français, les fils de l'ingénieur *Linant de Bellefonds*, ancien ministre des travaux publics sous Mohammed-Ali. L'expédition fut rejointe par le voyageur autrichien *Ernest Marno*, et le consul d'Autriche à Khartoum, M. *Hansal*. M. Chaillé-Long partit en avant, chargé d'une mission pour M'tésa, roi de l'Ouganda. En cinquante-huit jours (avril 1874), il arriva sans encombre à la résidence dudit roi, sur le lac Victoria, lui remit des présents et fut traité magnifiquement. M. Chaillé-Long raconte que le noble chef M'tésa « qui est roi jusqu'au bout des ongles », n'avait rien trouvé de mieux pour honorer « le petit prince blanc », son hôte, que de faire décapiter devant lui trente de ses sujets à la première audience royale, cérémonie qui se renouvelait presque à chaque visite; « le *petit prince blanc* trouve bien cet honneur un peu excessif, mais
» comme après tout la chose partait d'un bon sentiment, d'un sentiment de
» déférence et d'honneur à l'égard de l'envoyé, la très haute estime que
» celui-ci professe en retour n'en est pas diminuée. » Le colonel Chaillé-Long explora une partie du lac Victoria, descendit le Nil Somerset, s'y battit contre les indigènes Danaglas, sujets du roi d'Ounyoro, découvrit le lac Ibrahim, et rejoignit à Gondokoro Gordon, qui l'envoya reconnaître le pays des Niams-Niams.

Gordon-Pacha de son côté continuait l'organisation des provinces équatoriales égyptiennes. La station de Gondokoro ou Ismaïlia était située sur la rive droite du Bahr-el-Ghebel; mais le fleuve s'étant détourné à l'ouest avait laissé devant la ville un canal d'eaux stagnantes et encombrées de végétation. L'air était empesté, et la station insalubre. Gordon fonda à gauche du fleuve la station de Lado pour remplacer Gondokoro. C'est là qu'était mort de la fièvre, au commencement de l'année 1875, M. Auguste

Linant de Bellefonds. Son frère, M. Ernest Linant, n'en poursuivit pas moins intrépidement son voyage dans les contrées du haut Nil blanc. En quittant la station de Foueïra, il suivit la rive gauche du Nil Somerset, étudia les huit barrières de rapides qui interceptent la navigation, traversa le pays d'Ounyoro, état indépendant de l'Ouganda, et recueillit des données précieuses sur l'histoire de ce royaume, qui appartenait autrefois au vaste empire de Kittara. Au mois d'avril, il était à la cour du farouche M'tésa; voici en quels termes il raconte son entrevue avec le roi de l'Ouganda, qui recevait pour la première fois un Français dans son palais :

### M. Linant de Bellefonds chez le roi M'tésa.

« ..... M'tésa m'a expédié un messager pour m'informer qu'il était prêt à me recevoir. Avis est donné au camp ; chacun endosse ses plus frais costumes. Nous sommes prêts; nos braves Soudaniens sont superbes sous leur jaquette rouge et leur culotte blanche. Je me mets à leur tête, les tambours et les trompettes résonnent; nous suivons une avenue large de quatre-vingts à cent mètres, allant droit du nord au sud et aboutissant à la résidence de M'tésa. Le palais de M'tésa se présente devant nous, bâti sur une colline qui domine ses voisines ; le long de l'avenue, des jardins entourés d'enceintes en roseaux forment les habitations des grands capitaines et hauts fonctionnaires. Au bout de vingt-cinq minutes de marche, nous atteignons la première porte du palais; nous traversons aussi cinq cours, où grouille une population nombreuse de *m'tongali* (musiciens); la dernière cour sert d'habitation aux exécuteurs, dont l'indice consiste en une corde de fibres de bananier parfaitement tressée. En pénétrant dans cette cour, un vacarme épouvantable m'accueille; mille instruments, les uns plus étranges que les autres, font entendre les sons les plus discordants et les plus étourdissants. La garde de M'tésa, armée de fusils, me présente les armes ; le roi est debout à l'entrée de la salle de réception. Je m'approche et le salue à la turque. Il me tend la main que je serre ; j'aperçois à l'instant à la gauche du roi une figure d'Européen basanée. C'est un voyageur; je crois que c'est Cameron. Nous nous observons sans nous adresser la parole.

» M'tésa pénètre dans la salle de réception; nous le sui-

Vue de la capitale de l'Ouganda.

vons. C'est un couloir long de douze mètres et large de quatre, dont le plafond, incliné vers l'entrée, est supporté par une série de colonnes en bois de *doûna*, qui divisent la pièce en deux nefs. La pièce centrale principale est libre et conduit au trône du roi ; les deux nefs sont occupées par les grands dignitaires et les grands officiers. A chaque colonne est adossé un garde du roi, à grand manteau rouge, turban blanc, orné de poils de singe, culotte blanche, blouse noire avec bandes rouges ; tous sont armés de fusils.

» M'tésa prend place sur son trône, qui est une chaise en bois en forme de fauteuil de bureau ; ses pieds reposent sur un coussin, le tout placé sur une peau de léopard, fixée elle-même sur un tapis de Smyrne. Devant le roi, une dent d'éléphant parfaitement polie sert de parade et, à ses pieds, se trouvent deux boîtes contenant des fétiches ; de chaque côté du trône, on remarque une lance, l'une en cuivre, l'autre en fer, maintenues chacune par un garde : ce sont les attributs d'Ouganda. Aux pieds du roi sont accroupis le vizir et deux écrivains.

» M'tésa a beaucoup de dignité et ne manque pas d'une certaine distinction naturelle ; son costume est élégant : un kaftan blanc, terminé par une bande rouge ; bas, babouches, veste en drap noir brodée d'or ; tarbouch avec plaque d'argent au sommet. Il porte un sabre à poignée d'ivoire incrustée d'argent, arme de Zanzibar, et un bâton. J'ai fait l'exhibition de mes présents, que M'tésa a feint de regarder à peine, sa dignité ne lui permettant pas d'être curieux.

» Je m'adresse à l'étranger, qui est assis en face de moi, à la gauche du roi. — « C'est à monsieur Cameron que j'ai
» l'honneur de parler ? » — « Non, monsieur ; monsieur Stan-
» ley. »   Ernest LINANT DE BELLEFONDS[1],
*Voyage fait entre le poste militaire de Fatiko
et la capitale de M'tésa, roi d'Ouganda* (février-juin 1875).

(*Bulletin de la Société khédiviale de géographie du Caire*, n° 1, 1876.)

---

1. M. de Bellefonds, dans son mémoire, explique tous les détails de la vie et

## Stanley sur le lac Victoria.

C'était en effet le célèbre correspondant américain du *New-York-Herald* et du *Daily Telegraph*, que M. Linant rencontrait dans la capitale de l'Ouganda. Stanley, qui dans un premier voyage entrepris à la recherche de Livingstone, avait exploré le bassin du Tanganyka (voir le chapitre Tanganyka et Congo), avait résolu de reconnaître à fond le système géographique du plateau central africain et la distribution des bassins lacustres du Haut-Congo et du Haut-Nil. Après une exploration préalable de la rivière Loufidji, tributaire de la mer des Indes, il était parti de Bagamoyo, accompagné de trois Anglais, *Frédéric Barker*, *Édouard* et *Francis Pocock*, avec une véritable armée de serviteurs, guides, porteurs et combattants, régulièrement équipés et disciplinés, au nombre de plus de 300; il emportait un bateau démonté, la *Lady Alice*, pour naviguer sur les lacs. Cinquante membres de l'expédition avaient déserté avant l'arrivée au Mpouapoua (Ousagara) : les désertions continuèrent quand on traversa l'inhospitalière contrée de l'Ougogo, où les rafales, les pluies diluviennes, les maladies décimèrent la caravane; l'escorte en vint à manger les restes putréfiés des éléphants trouvés dans la forêt. Près de Souna, Edouard Pocock mourut de la fièvre. Déjà plus de cent hommes avaient disparu. Quand on arriva dans l'Itourou, au village de Vinyata, sur la rivière Livoumbou, un des affluents supérieurs du lac Victoria, il fallut soutenir pendant trois jours un combat en règle contre les habitants; Stanley perdit vingt et un des siens ; son escorte était réduite à cent quatre vingt-quatorze hommes. A la fin de février, en descendant la vallée du Chimiyou, on toucha au sud du lac Oukerewé ou Victoria, à l'est du port de Kagéhyi. La barque *Lady Alice* fut armée et mise à flot, et Stanley s'élança avec dix hommes sur le lac. Il longea la rive orientale, explora les golfes, baies, criques, presqu'îles, îles, caps, et arrivé à Oukafou, fit demander à M'tésa une entrevue. Elle fut accordée avec enthousiasme. M'tésa, récemment converti à l'islamisme, parut à Stanley le plus généreux, le plus intelligent et le plus magnanime des monarques africains[1]. On a vu plus haut

---

du gouvernement de l'Ouganda, qui renferme une population de 2 millions d'âmes. M'tésa fit tous ses efforts pour garder notre compatriote auprès de lui. Après son départ, il voulut se venger; il s'entendit avec le roi de l'Ounyoro, Kaba Riga, qui attaqua Linant et ses 40 soldats sur les bords du Kafour avec 8000 hommes. Linant passa le fleuve à la nage sous le feu de l'ennemi, et put rejoindre Gordon. Quelques jours après, dans une reconnaissance faite sur le Nil aux environs de Lado, sa petite troupe fut attaquée par la tribu des Moorzis et massacrée jusqu'au dernier homme avec son chef (26 août 1875). Gordon le vengea, et établit des postes militaires à Regaf, Affudo, Lado, Fatiko, Foueira, M'rooli, à Ourondogani et Magoungo.

1. Dans tout son ouvrage, Stanley témoigne pour ce despote africain la plus grande estime. « M'tésa est de grande taille; il est svelte, il a la peau d'un brun
» rouge et d'une finesse merveilleuse. Sa figure respire l'intelligence ; ses traits,
» qui sont agréables, m'ont rappelé ceux des colosses de Thèbes et des statues
» qu'on voit au musée du Caire. C'est la même plénitude de lèvre, mais relevée
» par l'expression du visage, à la fois affable et digne, et par l'étrange beauté
» de grands yeux étincelants et doux, caractère de la race dont je le crois issu.
» En sortant du conseil, il se défait entièrement de la majesté qu'il porte sur le
» trône, lâche la bride à son humeur joyeuse, et rit de tout son cœur. Le récit
» des merveilles de la civilisation le passionne...

« ... La surprise avec laquelle je trouvais dans le personnage que Speke nous

que Linant de Bellefonds rencontra le voyageur américain à la cour de Dubaga. Ils firent ensemble une excursion dans la baie Murchison, et burent de l'eau du lac en portant des toasts à leurs patries respectives. Après cinq jours d'une vie intime, les deux explorateurs se quittèrent; Linant de Bellefonds descendit vers le nord, et Stanley escorté par une flottille de trente bâtiments fournis par M'tésa, traversa de nouveau le lac Victoria. En passant devant l'île de Bambiré, il voulut acheter des vivres. La *Lady Alice* aborda dans une anse, et fut presque immédiatement cernée par une bande de « deux cents noirs démons, faisant tournoyer » autant de massues à fleur de nos têtes, luttant pour nous insulter de » plus près, et saisir l'occasion de nous transpercer ou de nous assommer. » Ces indigènes s'élançant tous ensemble sur les étrangers, saisirent le bateau et le tirèrent à sec sur le rivage avec tout ce qu'il contenait. Deux fois, Stanley leva ses revolvers pour tuer et mourir ensuite; mais l'équipage le retint. Un des interprètes, Safeni, « les bras croisés, avec le calme d'un » saint, » leur parlant avec douceur, réussit d'abord à calmer la fureur de ces forcenés, mais le désir du pillage l'emporta; après une harangue de leur roi Chekka, ils revinrent plus menaçants. Les agresseurs avaient enlevé les avirons; tandis que Safeni faisait un dernier appel à leur pitié et essayait de les fléchir en leur offrant de l'étoffe et des colliers de perles, les matelots de la barque, descendus dans l'eau, réussirent par un vigoureux effort à la démarrer, et elle glissa sur l'eau comme une flèche.

### Stanley dans l'île Bambiré.

« Saféni s'arrêta au bord de l'eau, son étoffe à la main. Le
» plus rapproché des ennemis était à vingt pas de lui, agitant
» sa lance; un autre le suivait de près; ma balle les traversa
» tous les deux. Les archers s'arrêtèrent pour tendre leurs arcs,
» deux charges de plomb produisirent parmi eux un effet ter-
» rible. Lorsque tous mes gens furent dans le bateau : « Arra-
» chez les planches du fond, leur dis-je, et servez-vous-en comme
» de pagaies. » Deux hippopotames s'avançaient vers nous, la
» gueule ouverte. N'avions-nous échappé à la férocité des
» hommes que pour être broyés par ces monstres? Quand l'un
» d'eux ne fut plus qu'à cinq brasses, je lui traversai le crâne
» d'une balle; puis le second reçut une blessure qui l'empêcha
» de nous attaquer.

---

» avait dépeint, alors avec raison, comme un despote vaniteux, emporté, frivole
» et sanguinaire, la surprise avec laquelle je trouvais dans ce barbare un homme
» calme et digne, était sans doute la principale cause de mon admiration...
» L'empereur d'Ouganda me parut être un homme qui, sous l'influence et avec
» le concours de vertueux philanthropes, ferait plus pour l'Afrique centrale que
» cinquante années de prédication évangélique en dehors d'une autorité comme
» la sienne. » (*A travers le continent mystérieux*, Tour du Monde, 2° semestre 1878.)

» Pendant ce temps les indigènes couraient à leurs canots.
» Deux d'entre eux furent abattus. Les autres persistèrent, et la
» poursuite commença, poursuite ardente à laquelle se joi-
» gnirent deux barques venant de la pointe occidentale de l'île;
» nous étions cernés. Ne pouvant les fuir, nous les attendîmes.
» Cette fois, mon fusil fut chargé avec des balles explosibles;
» quatre coups tuèrent cinq hommes et coulèrent deux bateaux[1].
» La poursuite cessa; nous reprîmes notre pagayage. Des voix
» méprisantes nous crièrent : « Allez, et mourez dans le lac! »
» Des flèches partirent, mais tombèrent à quelques pieds de
» notre poupe; le combat était fini. Il était cinq heures; nous
» avions quatre bananes pour douze hommes affamés. A sept
» heures, le vent qui gonflait notre voile tomba tout à coup; il
» fallut se remettre aux pagaies, c'est-à-dire aux planches trop
» minces qui nous servaient de rames; nous ne faisions pas
» plus de trois quarts de mille par heure. Nous travaillâmes
» toute la nuit, nous encourageant les uns les autres. Le matin
» arriva; pas une terre en vue, rien qu'un cercle d'eau grise,
» cercle sans borne. Le soir nous trouva à sept milles d'un îlot
» situé vers le sud; un vent violent arriva du sud-ouest. Inutile
» de lutter; mes gens pagayaient depuis vingt-cinq heures, sans
» avoir pris la moindre nourriture. Nous nous abandonnâmes
» à la tempête, à la pluie qui tombait en nappe, et nous obli-
» geait à vider le bateau. Vers minuit, le vent se modéra, la
» lune parut, jetant une lumière blafarde sur les flots soulevés
» en longues crêtes écumantes, sur les malheureux accroupis
» dans le bateau, corps épuisés, d'où, par intervalles, sortaient
» des soupirs qui me tordaient le cœur. « Courage, enfants !
» Ne vous tourmentez pas de ce qu'ont dit les gens de Bam-
» biré; la malédiction des méchants porte bonheur. »

» Le jour parut, c'était le 30 avril, et bien que, depuis le
» matin du 27, chacun d'eux n'eût pas eu autre chose que le
» tiers d'une banane et une tasse de café, après soixante-huit
» heures de jeûne et d'extrême fatigue, quand je leur dis de
» reprendre les rames, ils le firent immédiatement avec un
» courage qui gagna mon admiration. » — STANLEY, *A travers
le continent mystérieux*; trad. de M<sup>me</sup> H. Loreau. — (*Tour du
Monde*, 2<sup>e</sup> semestre 1878.)

---

[1]. « C'était, selon moi, écrit Stanley, payer trop cher le vol de huit rames en
» frêne et d'un tambour ; mais tout compte fait, ajoute-t-il aussitôt, ce n'était
» qu'une faible expiation du massacre général qu'ils avaient résolu. »

Enfin, l'équipage atteignit une île déserte, que Stanley appela l'*île du Refuge*. Les hommes firent du feu, découvrirent en abondance des bananes et des racines, tandis que Stanley tuait deux gros canards. Le lendemain, ils fabriquèrent des rames, et après trois jours de navigation, pendant lesquels ils essuyèrent encore une furieuse tempête et une averse d'énormes grêlons, ils rentrèrent à Kagéhyi, où leurs compagnons les accueillirent avec des hourrahs frénétiques. Mais Stanley apprit, en débarquant, la mort de son ami Frédérik Barker, et l'hostilité des rois du sud qui lui fermaient la route. Après quelques jours de repos, il se rendit chez Loukoudjé, chef de l'île d'Oukéréoué, et négocia avec « ce jeune homme de couleur claire et de manières affables », pour en obtenir des canots de transport. Puis il se rendit à l'île de Bambiré pour châtier la trahison des insulaires, fit mettre aux fers leur roi, et dans un combat furieux, leur tua 42 hommes et en blessa plus de 100. Cette exécution n'est pas faite pour faciliter la tâche des explorateurs blancs qui se risqueront dans l'île de Bambiré. Stanley repartit pour le pays d'Ouganda, revit M'tésa et assista aux préparatifs d'une guerre contre les Vouavouma qui refusaient à leur roi le tribut. Son habile intervention, après quatre combats, réussit à ramener la paix. Enfin le voyageur quitta l'Ouganda pour se rendre au lac Albert. M'tésa combla de présents son cher hôte *Stammli*, ordonna à ses sujets de lui ouvrir le chemin de l'ouest, et plus tard lui offrit même 90 000 hommes pour se frayer un passage vers le Louta-Nsigé. Stanley partit d'Oulagalla, traversa la *Katounga*, affluent du lac Victoria, et donna à la plus haute cime des monts du Gambaragara le nom de *Gordon-Bennett*. Le plus haut sommet de cette région montueuse, haut de 4 600 mètres, couvert de neige dans certaines saisons, est un volcan éteint qui renferme un lac, long de 450 mètres, rempli d'une eau transparente comme le cristal; au milieu se dresse, comme une colonne, un énorme rocher; autour du sommet règne une muraille de pierres, à l'intérieur de laquelle sont bâtis plusieurs villages; les habitants, non moins intéressants que la montagne elle-même, n'ont rien de commun avec les races nègres qui les environnent; ils sont de couleur pâle, et ont le teint blanc comme les Européens. « C'est une belle
» race, dit Stanley, et quelques-unes de leurs femmes sont réellement très
» jolies. Ils ont des cheveux crépus de couleur brunâtre. Leurs traits sont
» réguliers, leurs lèvres minces; le nez, quoique bien conformé, est cepen-
» dant un peu épais à la pointe. N'était le caractère négroïde des cheveux,
» on les prendrait pour des Européens ou pour des Syriens. » Ce peuple blanc a pour principale occupation l'élevage des bœufs, et se nourrit surtout de lait et de bananes. Le climat de leur montagne est la meilleure défense des indigènes du Gambaragara; en 1874, le roi M'tésa envoya contre eux une armée de 100 000 hommes; les troupes nègres occupèrent les premières pentes de la montagne et tentèrent d'escalader les repaires des *sorciers blancs*, mais elles furent forcées par le froid, de renoncer à leur poursuite.

Stanley, menacé par l'hostilité des Ousangora, ne put lancer la *Lady Alice* sur le lac Albert; il dut se contenter d'en explorer le littoral au sud de Vekovia. Il constata l'existence, dans la grande péninsule de l'Ousangora, de dépôts salins considérables[1]. Du Mpororo, il passa dans le Karagoué,

---

[1]. Plus heureux que lui, M. Romolo Gessi, envoyé par Gordon-Pacha avec deux bateaux en acier, montés par 18 matelots et 12 soldats, faisait le tour presque complet du lac, sauf sur le littoral méridional. M. Gessi eut à lutter contre les riverains, sujets du roi d'Ounyoro, ennemi de l'Egypte.

où le bon roi Roumanika, fidèle à ses traditions de bienveillance envers les voyageurs européens, non seulement l'autorisa à parcourir ses Etats, mais lui fournit les bateaux nécessaires, et subvint à l'entretien de sa troupe; Stanley put librement compléter la reconnaissance du lac *Windermere*, découvert par Speke, explorer la Kadjera, les lacs Akanyara et Kivou qui forment en quelque sorte le nœud hydrographique des sources du Nil. Il pénétra ensuite dans la région du Tanganyka, qui en est distincte, et où nous le retrouverons.

## Le Bahr-el-Ghazal; explorations de Schweinfurth.

Le docteur G. Schweinfurth, au moment d'entreprendre son grand voyage, connaissait déjà l'Afrique ; il avait fait son apprentissage, dit-il lui-même, dans les champs ensoleillés d'Egypte et de Nubie en 1863, parcouru la mer Rouge et les montagnes inconnues de la côte occidentale, traversé plusieurs fois le pays situé entre la mer Rouge et le Nil. Le docteur adopta l'itinéraire suivant : de Suez il se rendit à Souakin, et prit la route de Singat et de Berber, plus rapide et moins coûteuse que celle d'Assouan et de Korosko. A Khartoum, le gouverneur du Soudan égyptien, Dyafer-Pacha, accueillit bien le voyageur qui arrivait muni de la recommandation de l'Académie des sciences de Berlin. Il remonta le Nil Blanc en barque à voile : le 24 janvier 1869, il arrivait à Fachoda et visitait le pays du Diour. La rive orientale du Nil portait la trace des dévastations de la guerre, des razzias de la traite, et aussi des destructions de forêts ordonnées pour les besoins du vice-roi; la rive occidentale était peuplée et fertile. La tribu des *Chillouks*, établie entre le Nil Blanc et le Nil des gazelles, a trois mille villages de quarante-cinq à deux cents huttes, et environ 1 200 000 habitants; l'agriculture, l'élève du bétail, la chasse et la pêche, tout contribue en cet endroit au développement et à l'entretien d'une vie exubérante. Les Chillouks sont laids; ils ont l'habitude, commune à tous les nègres du Nil, d'enlever à leurs enfants les incisives de la mâchoire inférieure; ils ont un soin tout particulier de leur coiffure qu'ils roidissent et empâtent avec de l'argile, de la gomme et de la bouse de vache. En quittant les derniers villages des Chillouks, Schweinfurth arriva à l'entrée du pays des *Nouers* et des *Dinkas*, dans l'inextricable réseau de rivières qui viennent du sud-ouest se réunir au Nil Blanc.

« A mesure que la barque avançait, la région habitée reculait à nos yeux. Le fleuve se divisait en une multitude de
» canaux qui serpentaient au milieu d'îles sans nombre, un
» véritable labyrinthe. Sur les deux rives, une rangée lointaine
» d'acacias était la seule chose qui indiquait la terre ferme.
» J'étais dans l'admiration de la variété des plantes qui cou-
» vraient la surface de l'eau; spectacle merveilleux pour un
» botaniste, et auquel le papyrus ajoutait son effet magique.
» Il apparaît au regard comme la création d'un autre monde,
» et inspire une sorte de respect. L'obstacle que nous opposait

» cette végétation excessive devint bientôt pour nous un véri-
» table sujet d'inquiétude. Nous étions sans cesse déroutés, non
» seulement par le nombre des canaux, mais par ce tissu d'am-
» batch, de papyrus, de plantes de mille espèces qui couvraient
» le chenal comme un tapis, et dont les trouées n'offraient qu'un
» semblant de passage. Singulier spectacle que celui de nos
» bateaux, plantés dans cette jungle, comme s'ils y avaient pris
» racine, entourés de papyrus d'une hauteur de 15 pieds et
» dont la verdure formait un admirable contraste avec la peau
» nue et bronzée de nos remorqueurs. Les exclamations, les cris
» aigus par lesquels notre bande cherchait à s'encourager,
» devaient s'entendre à plusieurs milles. Inquiets de ce tumulte,
» les hippopotames levaient la tête au-dessus des hauts fonds
» où ils s'étaient cantonnés, et renâclaient de plus en plus fort,
» jusqu'à produire un bruit horrible. A leur tour, craignant
» que par leur choc, ces pesantes créatures ne vinssent à endom-
» mager les bateaux, nos gens donnaient carrière à toute la
» vigueur de leurs poumons. Les clameurs étaient, à vrai dire,
» le seul moyen de défense dont ils pussent disposer. Au milieu
» d'un pareil tohu-bohu, des hommes et des barques dans
» toutes les directions, se servir d'un fusil était impossible[1]. »
— (D$^r$ Schweinfurth, ch. III.)

M. Schweinfurth remonta la rive gauche du Bahr-el-Ghazal, qui sépare les tribus *Nouërs* des *Dinkas*. Les *Nouërs* sont guerriers et redoutés de leurs voisins; les *Dinkas*, cultivateurs et porteurs. Toutes ces contrées admirablement arrosées sont riches en troupeaux, et couvertes d'une végétation splendide. Les *Diours* possèdent du minerai de fer en abondance, qu'ils transforment dans les hauts-fourneaux et les forges de leurs forêts en outils, ustensiles et armes, laissant à leurs femmes la culture des champs. Les *Bongos*, qui habitent un pays grand comme la Belgique, avec une population de 11 à 12 habitants par mille carré, sont essentiellement agriculteurs; ils cultivent surtout le sorgho et le tabac, qu'ils fument avec une véritable passion. « Les Bongos, écrit Schweinfurth (page 260), font du
» tabac un usage non moins constant que beaucoup de peuples du nord,
» et n'abandonnent la pipe sans regret que lorsqu'ils sont tout à fait nar-
» cotisés. J'ai vu l'un d'eux, qui faisait partie de ma suite, fumer au point
» de tomber sans connaissance dans le feu du bivac, n'en rien sentir et se
» brûler si grièvement qu'il fallut le porter sur un brancard pendant le
» reste du voyage. La manière de fumer des Bongos est encore plus dégoû-
» tante que celle des Dinkas; non seulement, comme chez ces derniers, la

---

1. Cette barrière de végétation, appelée *sett*, en aval du confluent du Bahr-el-Ghazal et du Bahr-el-Arab, avait arrêté déjà en 1863 les intrépides voyageuses hollandaises, M$^{mes}$ Tinné. Baker rencontra le même obstacle en 1870; l'emploi des machines n'a pas réussi à en déchirer la masse.

» pipe se passe à la ronde ; mais le tampon de filasse qui intercepte le jus
» du tabac, au lieu d'être logé dans le tuyau de la pipe, se place dans la
» bouche du fumeur, et se transmet d'une personne à l'autre en même
» temps que l'appareil. Ainsi que chez les musulmans de Nubie, l'ha-
» bitude de chiquer se retrouve chez les Bongos. » Ils ont peu d'animaux domestiques, seulement des chiens, des poules et des chèvres ; la chasse et la pêche leur fournissent de précieuses ressources. Leur sol recèle une prodigieuse quantité de fer : aussi tous les Bongos sont-ils forgerons, et fabriquent-ils des lances, anneaux, bracelets, objets d'utilité et de parure de toute sorte qu'ils vendent aux tribus voisines. Ils travaillent aussi bien le bois que le fer, et ont une réelle aptitude pour la sculpture, surtout en matière d'ameublement. Ils sont passionnés pour la musique, ont des instruments variés, cornes, trompes, tambours, composent des orchestres, et donnent des concerts.

« J'ai souvent assisté à ces concerts, et chaque fois, la mu-
» sique des Bongos m'a paru être le fruit de l'instinct d'imi-
» tation. Leurs orgies sonores m'ont toujours semblé n'avoir
» d'autre objet que de rappeler la furie des éléments. Pour
» représenter la rage d'un ouragan des tropiques, un instru-
» ment quelconque n'eût jamais pu suffire : ils ont multiplié
» les tambours, et ils les frappent violemment à coups de mas-
» sue. Pour rivaliser avec les éclats du tonnerre, les rugis-
» sements de la tempête, le ruissellement de la pluie, ils
» forment un chœur où, par centaines, les gosiers les plus puis-
» sants réunissent et combinent leurs efforts. Pour rendre les
» hurlements des animaux terrifiés par l'orage, ils ont recours
» à leurs énormes trompes ; et ils prennent les flûtes et les fifres
» pour imiter le chant des oiseaux. Peut-être les roulements pro-
» fonds du *manyinguy* (grande trompe de bois), qui rappellent
» les grondements du tonnerre, sont-ils ce qu'il y a de plus
» caractéristique dans cette harmonie imitative. L'averse fouet-
» tant le feuillage, et faisant claquer ses larges gouttes sur les
» branches, est représentée par le cliquetis des cailloux secoués
» dans les gourdes, et par le bruit sec des brindilles que les
» femmes et les enfants battent les unes contre les autres. »
(SCHWEINFURTH, chap. VII.)

Des zéribas ou villages Bongo's Schweinfurth passa chez les *Mittous*, dont l'industrie est également fort curieuse, et dont la contrée est un grenier d'abondance. Puis il s'enfonça dans les hautes vallées du Djour, et explora l'immense région inconnue, visitée seulement avant lui par l'Italien Piaggia, et habitée par les *Niams-Niams* ou grands mangeurs.

**Les Niams-Niams.** — Ces peuplades cannibales résident entre le 4º et le 6º degré de lat. N. ; leur pays a environ 90 000 kilom. car.; leur population est de 2 millions d'âmes. Leur territoire se trouve à la fois dans le bassin du

Bahr-el-Ghazal et dans celui de l'Ouellé, fleuve inconnu, que Schweinfurth a eu l'honneur de découvrir, et dont nul Européen n'a encore exploré la vallée tout entière. « Le pays des Niams-Niams, qui, nulle part, n'est à moins
» de 2 000 pieds au-dessus du niveau de la mer, ressemble à une éponge
» dont l'eau ruisselle de partout. C'est un agrégat de sources vives, don-
» nant lieu à des rivières sans nombre, rivières profondément encaissées,
» et que le drainage des terrains supérieurs fait couler en toute saison; de
» là une végétation incomparable. Les plantes qui, au nord de cette con-
» trée, disparaissent au moment de la sécheresse, deviennent ici perma-
» nentes, et s'ajoutent à la flore de l'équateur, d'où résulte une splendeur
» indicible. Pas une vallée, pas un ravin où ne déborde en tout temps le
» luxe des tropiques. C'est l'étonnante richesse de la flore de Guinée et de
» celle du bas Niger; même diversité, même exubérance, même grandeur;
» et néanmoins l'ensemble conserve les traits distinctifs de la région; sur
» les bandes élevées qui séparent les rivières, nous retrouvons l'aspect
» familier du sol rouge, les taillis buissonnants, les arbrisseaux distribués
» comme dans un parc, et les plantes à grands feuillages. » (*Schweinfurth*, chap. XI, page 460.)

Les Niams-Niams ou Zandés ont la tête ronde et large, les cheveux épais et crépus, d'une longueur exceptionnelle, disposés en touffes et en nattes qui leur tombent sur les épaules et la poitrine, les yeux fendus en amande, les sourcils très marqués, le nez carré, la bouche large, les lèvres épaisses, les joues pleines, et dans l'ensemble de la figure une expression de férocité brutale et d'audace guerrière. La couleur de leur peau, comme celle des Bongos, « a la nuance du chocolat en tablette. » Ils se tatouent la poitrine et le haut des bras de dessins variés, mais ne se déforment pas le corps. Les hommes sont chasseurs; les femmes cultivent; le pays produit d'ailleurs spontanément des fruits variés. Ils font des vêtements avec l'écorce du figuier, mais surtout avec des peaux de bêtes. Les hommes passent un temps infini à accommoder de cent façons bizarres leur chevelure; la coiffure des femmes est au contraire simple et modeste. Les Niams-Niams, si passionnés pour la guerre et la chasse, adorent la musique : « Piaggia a dit qu'un Niam-Niam jouerait de son instrument
» pendant vingt-quatre heures sans le quitter d'une seconde, oubliant de
» boire et de manger, et bien que je connaisse la voracité de ce peuple,
» je crois que Piaggia a raison. Il y a chez eux des musiciens de pro-
» fession, chanteurs ambulants; toujours parés d'une manière extravagante,
» coiffés de plumets fantastiques, couverts de morceaux de bois et de
» racines, d'écailles de tortue, de becs d'aigle, de serres d'oiseaux de proie,
» de dents de mainte espèce, de tout ce qui rappelle l'art occulte du ma-
» gicien. »

Ce n'est pas sans raison qu'on a accusé ce peuple de cannibalisme : Piaggia et Schweinfurth affirment que certaines tribus sont anthropophages « complètement et sans réserve, à tout prix et en toute circonstance. » Les guerriers se parent des colliers faits avec les dents de leurs victimes, mangent la chair des vaincus, rapportent leurs crânes comme trophées, et se rassasient de graisse humaine; ils dévorent des individus de tout âge, mais surtout les vieillards, proie plus facile, et aussi ceux de leurs tribus qui meurent sans parents, et dont personne ne réclame le corps. D'autres peuplades se contentent de manger leurs ennemis à la guerre, par haine et vengeance. Tous les Niams-Niams se liment les incisives en pointe, pour mieux saisir les bras de leurs adversaires. L'aspect de leurs villages trahit d'ailleurs des habitudes d'anthropophagie :

« Les hameaux des Niams-Niams ont toujours à leur entrée des poteaux
» et des arbres servant à l'exhibition des trophées de chasse et de guerre.
» A cet usage ma collection ostéologique dut un accroissement considérable.
» Il y avait là des massacres d'antilopes de mainte espèce, des têtes de san-
» gliers, de petits singes, de babouins, de chimpanzés, auxquels s'ajoutaient
» des crânes d'hommes, les uns dans leur entier, les autres par fragments; tout
» cela pendait aux branches comme les étrennes à celles d'un arbre de Noël.
» Enfin témoignage non équivoque d'anthropophagie, on voyait près des
» huttes, dans les débris de cuisine, des os d'hommes qui portaient des
» traces évidentes de la hache ou du couteau; et aux arbres voisins étaient
» accrochés des mains et des pieds à moitié frais qui répandaient une
» odeur révoltante[1]. » (*Schweinfurth*, chap. XII.)

**Les Mombouttous.** — Marchant au sud, Schweinfurth franchit la ligne de partage des eaux entre le bassin du Nil et les vallées intérieures de l'Afrique centrale, et l'Ouellé lui apparut, envoyant vers le couchant ses flots sombres et profonds. Il avait une largeur de 300 pieds, une profondeur de 12 ou 15, une vitesse de 60 pieds par minute, et cependant on était à la saison des plus basses eaux : au moment des crues, ces chiffres doivent être triplés. L'Ouellé, grossi d'importants affluents, comme le Kibali et la Gadda, larges de 160 à 325 pieds, profonds de 3 à 12, appartient au bassin du Chari, où il est un affluent du Congo. La caravane le franchit et pénétra sur le territoire de Mounza, roi des *Mombouttous*, peuplade qui était encore inconnue. Ce pays a 4 000 mètres carrés de superficie, et à en juger par les districts bien cultivés et peuplés, que virent les voyageurs, une population de 1 million d'hommes. Il est divisé en deux royaumes : celui d'Occident avait Mounza pour chef. Au sud habitent les tribus nègres *Môm-vous*, au sud-est les *Mabódés*, *Maoggous* et *Maleggas*. Le territoire des Mombouttous est parfaitement arrosé, le sol riche en minerai de fer, les forêts magnifiques, les fruits et légumes variés (bananes, cannes à sucre, ignames, sésame, patates, sorgho, manioc), le gibier et le poisson abondants. Les hommes, quand ils ne sont pas à la guerre ou à la chasse,

---

1. Le docteur eut à se défendre contre les indigènes sur le territoire d'Ouando : pendant plusieurs jours, il se retrancha derrière un abatis d'arbres avec son escorte. Il put observer de près la manière de combattre de ce peuple. En lançant leurs projectiles, les Nyams-Nyams poussent des cris de guerre sauvages, et vocifèrent le nom de leur chef, qui, par un usage tout à fait étrange, au lieu de prendre part au combat, attend dans les environs l'issue de l'engagement; prêt, si l'affaire tourne mal, à s'enfuir avec ses femmes et ses trésors dans les marais inaccessibles ou les hautes herbes des steppes. Les guerriers injurient leurs ennemis à tue-tête, épuisant contre eux tous les termes de mépris, de défi et de haine que leur vocabulaire fournit. De temps à autre éclatait le cri : « A la marmite, les Turcs, à la marmite! De la viande! De la viande! » Ils assuraient en même temps le docteur qu'ils l'épargneraient : « L'homme blanc, disaient-ils, qui vient
» chez nous pour la première fois, est le seul de tous qui pourra s'en aller, nous
» ne voulons point lui faire de mal. » — MM. Maunoir et Duveyrier disent que le mot Niam-Niam n'est pas un nom de peuple, mais une onomatopée : ce serait l'imitation du cri de l'enfant qui voit de la viande et qui veut en manger : elle est appliquée ordinairement par les Arabes aux peuplades anthropophages. Les voyageurs Elton et Cotterill ont trouvé des Niams-Niams à l'est du Nyassa. — Une amusante légende, popularisée par la plume spirituelle d'Alexandre Dumas, a représenté les Niams-Niams comme des êtres à part, que la nature aurait ornés d'une queue. Schweinfurth et avant lui, G. Lejean et le D$^r$ Peney, ont replacé cette extravagante fantaisie dans le domaine des contes arabes d'où elle a été tirée. (V. *Tour du Monde*, 1861, 1$^{er}$ semestre.)

dorment, causent ou fument ; les femmes cultivent. Ils font un grand commerce d'ivoire. Schweinfurth vante leur « esprit public, leur orgueil national, » leur intelligence et leur jugement, leur habileté industrielle, leur adresse, leur courage, la fidélité de leurs amitiés. Et pourtant le cannibalisme des Mombouttous est sans pareil dans le monde entier.

« De toutes les parties de l'Afrique où l'on a vu pratiquer
» l'anthropophagie, c'est ici qu'elle est la plus prononcée.
» Entourés, au sud, de noires tribus d'un état social inférieur,
» et qu'ils tiennent en profond mépris, les Mombouttous ont
» chez ces peuplades un vaste champ de combat, ou pour mieux
» dire, un terrain de chasse et de pillage, où ils se fournissent
» de bétail et de chair humaine. Les corps de ceux qui tombent
» dans la lutte sont immédiatement répartis, découpés en lon-
» gues tranches, boucanés sur le lieu même et emportés comme
» provisions de bouche. Conduits par bandes, ainsi que des
» troupeaux de moutons, les prisonniers sont égorgés les uns
» après les autres, pour satisfaire l'appétit des vainqueurs. Les
» enfants, d'après tous les rapports qui m'ont été faits, sont
» considérés comme friandise et réservés pour la cuisine du roi.
» Pendant notre séjour chez les Mombouttous, le bruit courait
» que presque tous les matins on tuait un enfant pour la table
» de Mounza. Nous n'avons pas eu l'occasion d'assister à ces
» horribles mangeries, mais une fois, arrivant inaperçu devant
» une case, où, près de la porte, se trouvait un groupe de
» femmes, je vis celles-ci en train d'échauder la partie inférieure
» d'un corps humain, absolument comme chez nous on échaude
» et l'on râcle un porc, après l'avoir fait griller. L'opération avait
» changé le noir de la peau en un gris livide. Quelques jours
» après, je remarquai, dans une maison, un bras d'homme
» qu'on avait suspendu au-dessus du feu, évidemment pour le
» boucaner. » — (Schweinfurth, ch. xv, p. 83.)

L'autorité du roi chez les Mombouttous est absolue et sa personne sacrée : ses gardes du corps, ses courtisans, ses grands officiers, ses eunuques, bouffons, ménestrels, danseurs, forment un cortège pompeux et innombrable ; trois vice-rois, et au-dessous d'eux de nombreux gouverneurs administrent en son nom les provinces et les districts. Il a le monopole de l'ivoire, et perçoit des impôts réguliers sur tous les produits du sol.

### Une visite chez Mounza, roi des Mombouttous.

« Mounza, chez qui nous arrivions, nous attendait : ses magasins regorgaient d'ivoire et il désirait vivement échanger le produit de la chasse de toute l'année contre des objets du nord et contre le rouge métal dont nous allions l'enrichir. J'attendais avec impatience le moment où je serais appelé devant le roi. Il était près de midi lorsqu'on vint me dire que tous les préparatifs étaient achevés et que je pouvais me mettre en marche. Sâmate [1] avait renvoyé sa garde nègre pour me servir d'escorte, et il avait ordonné à sa fanfare de me conduire à la cour en sonnant la diane turque. Je m'étais revêtu pour la circonstance du solennel habit noir, et j'avais pris mes chaussures de montagne, lourdes bottines lacées qui donnaient quelque poids à mon léger personnage. Chaîne et montre avaient été mises de côté, car je ne voulais avoir sur moi aucun ornement de métal.

» Je partis et cheminai le plus gravement possible, accompagné de trois officiers noirs qui portaient mes armes, carabine et revolver, et suivi d'un quatrième qui était chargé de ma chaise de canne. Venaient ensuite mes Nubiens, vêtus de leurs habits de fête d'une blancheur immaculée, saisis d'une crainte respectueuse qui les frappaient de mutisme et tenant à la main les présents que j'apportais de si loin au roi des Mombouttous. Il nous fallut une demi-heure pour nous rendre au palais. Le chemin nous conduisit d'abord dans un fond boisé où coulait un ruisseau; puis il serpenta au milieu des fourrés dont la vallée était pleine, et, gravissant une pente couverte de bananiers, il déboucha dans une vaste cour, fermée par un large demi-cercle d'habitations de formes diverses. Nous avions trouvé dans la partie basse du vallon des troncs d'arbres nouvellement abattus, et composant, sur ce terrain marécageux, une sorte de chaussée qui enjambait le ruisseau, de manière que le passage s'était fait à pied sec. Il ne serait jamais venu à l'esprit du roi d'avoir pour nous cette attention ; elle lui avait été suggérée par Sâmate, qui,

---

1. Mohammed Abd-el-Sâmate était un Nubien conquérant, dont le voyageur avait fait la connaissance à Khartoum. Brave, hardi, entreprenant, ami de la science, il avait voulu lui servir de guide chez ces tribus lointaines. « Ce Nubien magnanime, écrit Schweinfurth, devait avoir sur mon entreprise une énorme influence, et contribua plus à mon succès que tous les satrapes du Soudan. »

sachant combien il me fallait de temps pour ôter et pour remettre mes bottines, avait voulu m'en éviter la peine ; car ces chaussures, d'un prix inestimable dans ce coin du monde, ne devaient être ni crottées, ni mouillées. Tous ces ménagements confirmèrent les indigènes dans l'étrange opinion qu'ils avaient de moi : les uns croyaient que j'avais des pieds de chèvre, d'autres se figuraient que le cuir épais de mes bottines faisait partie intégrante de mon corps. La première idée leur venait sans doute de la comparaison qu'ils avaient établie entre mes cheveux et le poil de la chèvre, et l'obstination avec laquelle je refusai toujours de me déchausser pour leur montrer mes pieds nus fortifia leur croyance.

» A notre approche, les tambours et les trompes firent vacarme ; et la foule, se pressant pour nous voir, ne nous laissa qu'un étroit passage. Nous nous dirigeâmes vers un immense édifice ouvert aux deux extrémités. Sur le seuil m'attendait l'un des dignitaires de la cour, qui devait remplir les fonctions de maître des cérémonies, car je le vis plus tard présider aux divertissements. Cet officier me prit par la main et me conduisit dans l'intérieur de la salle. Je trouvai là des centaines de hauts personnages placés comme pour un concert et d'après le rang qu'ils avaient dans l'état ; chacun d'eux, en grande tenue, c'est-à-dire en armes, occupait un siège à lui qu'il avait fait apporter. A l'autre bout de l'édifice se voyait le banc du roi, qui ne différait en rien des autres, mais qui était posé sur une natte ; une pièce de bois s'élevant d'un trépied, et munie de deux projections parallèles, formait le dossier et les bras du fauteuil ; ce complément du siège royal était constellé de clous et d'anneaux de cuivre. Je demandai qu'on mît une chaise à quelque pas du trône, et j'allai y prendre place, tandis que mes serviteurs et mon escorte se rangeaient derrière moi. La plupart de mes gens avaient des fusils ; toutefois, ne s'étant jamais vus face à face avec un pareil potentat, ils semblaient fort peu à l'aise et avouèrent plus tard qu'ils n'avaient pu s'empêcher de trembler en pensant que Mounza n'aurait eu qu'un signe à faire pour qu'on nous mît tous à la broche.

» J'attendis ainsi pendant longtemps. Le roi, qui avait assisté au marché en petite tenue, était rentré chez lui ; et, voulant paraître à mes yeux dans toute sa splendeur, il était en train de se faire pommader, coiffer et décorer par ses femmes. Un bruit assourdissant et continuel se faisait autour de moi ; tantôt les timbales, tantôt les trompes ébranlaient de leurs sons éclatants la voûte de l'édifice ; et à cette musique infernale se mêlait le bruit de conversations animées, dont j'étais certainement le principal objet. Bien que je tournasse le dos à l'assemblée, je sentais que tous les yeux étaient braqués sur ma personne ; chacun toutefois resta à sa place, et j'eus toute liberté d'écrire mes observations.

» La salle en elle-même était digne de remarque : au moins cent pieds d'un bout à l'autre, sur cinquante de large et quarante de haut. Achevée tout récemment, elle devait à la fraîcheur de ses matériaux, naturellement bruns et lustrés, le brillant que lui aurait donné une couche de vernis. Il y avait à côté une autre salle encore plus vaste, dont la hauteur égalait celle des élaïs les plus élevés du voisinage ; mais bien qu'elle n'eût été construite que cinq ans auparavant, elle commençait déjà à menacer ruine ; d'ailleurs, fermée de toutes parts et ne recevant la lumière que par d'étroites ouvertures, elle convenait moins pour une fête.

» Eu égard au pays où elles se trouvent, ces constructions peuvent être classées, à juste titre, parmi les merveilles du monde. Sauf la baleine, je ne sais pas quels matériaux, ayant à la fois assez de légèreté et de force, nous pourrions employer pour élever des édifices de cette dimension, capables de soutenir le choc d'ouragans tels que ceux des tropiques. Trois longues rangées de piliers faits de troncs d'arbres, parfaitement droits, soutenaient la voûte qui nous abritait et dont la charpente, composée d'une infinité de pièces, était fabriquée avec les pétioles du raphia vinifère. Une couche d'argile rouge, aussi dure et aussi unie que l'asphalte, constituait le parquet. De chaque côté s'élevait une muraille à hauteur d'appui, laissant entre elles et la toiture, qui descendait fort bas, un espace assez large pour permettre à l'air et à la lumière de pénétrer librement. En dehors, une foule énorme, la vile multitude, qui n'avait pu trouver place à l'intérieur, se pressait contre le petit mur et jetait dans la salle des regards avides. Un certain nombre d'agents, armés de gaules, circulaient autour de l'édifice et maintenait l'ordre au milieu de cette canaille, usant largement de leurs bâtons chaque fois qu'ils le jugeaient nécessaire. Tout gamin qui, sans y être invité, se hasardait à mettre le pied dans la salle, recevait un châtiment rigoureux.

» J'étais plongé depuis une heure dans ma contemplation, lorsque le bruit, qui jusque-là n'avait pas cessé, redoubla tout à coup et me fit présumer que c'était le cortège royal. Profonde erreur ! le roi était encore aux mains de ses femmes qui achevaient de le peindre et de le décorer. Une foule compacte s'agitait à l'entrée de la salle où l'on enfonçait, dans la terre, des pieux qui furent ensuite reliés par de longues perches placées horizontalement. Cet échafaudage servit de carcasse à une panoplie de lances et de javelines en cuivre pur, de toutes les formes et de toutes les grandeurs. L'éclat du rouge métal, qui reflétait les rayons d'un soleil ardent, donnait à ces rangées de lances étincelantes l'aspect de torches enflammées, et formait un fond splendide sur lequel se détachait le trône. Ce déploiement de richesses, d'une valeur incalculable, eu égard au pays, était vraiment royal et dépassait toutes mes prévisions. Le trophée est complet. Le roi a quitté sa demeure. Agents de police, hérauts d'armes, maréchaux du palais vont et viennent en courant. Les masses du dehors se précipitent vers la porte ; le silence est réclamé. Des trompettes font vibrer leurs cornets d'ivoire ; des sonneurs agitent leurs énormes cloches ; le cortège s'avance ; et, d'un pas ferme et allongé, ne regardant ni à droite, ni à gauche, l'air sauvage, mais pittoresque dans son attitude et dans sa mise, arrive le brun César, suivi d'une file d'épouses favorites. Sans m'accorder même un regard, il se jette sur son banc et reste immobile, les yeux fixés à terre. Abd-el-Sâmate, qui s'est joint au cortège, s'assied en face de moi, de l'autre côté du trône. Il s'est également paré pour la circonstance et porte l'imposant uniforme d'un chef de corps d'Arnautes.

» Ma curiosité peut enfin se satisfaire : je regarde avidement le fantastique attirail de ce souverain, qui, dit-on, fait sa nourriture de chair humaine. Avec tout le cuivre dont ses bras, ses jambes, sa poitrine et sa tête sont décorés, il brille d'un éclat qui, pour nous, rappelle trop la batterie d'une cuisine opulente ; du reste, son accoutrement a, au plus haut degré, le cachet national. Tout ce qu'il porte est de fabrique indigène : aucun objet de provenance étrangère n'est jugé digne de parer le roi des Mombouttous. Suivant la mode du pays, le chignon royal est surmonté d'un bonnet empanaché, qui s'élève à un pied et demi au-dessus de la tête. Ce bonnet est cylindrique, fait d'un tissu de roseaux très serré, orné de trois rangs de plumes de perroquet, d'un rouge vif, et couronné d'une touffe du même plumage. Une plaque de cuivre, en forme de croissant, est attachée sur le front, d'où elle se projette comme la visière d'un casque. Tout le personnage est enduit d'une pommade qui donne à la peau, naturellement brune et luisante, la couleur du rouge antique des salles de Pompéi. Le vêtement ne se distingue de celui des autres hommes que par une finesse exceptionnelle ; il se compose d'un grand morceau d'écorce de figuier, teinte en rouge, et entoure le corps de plis gracieux, formant à la fois culotte et gilet. Des cordelières rondes en cuir de bœuf, fixées à la taille par un nœud colossal, et terminées par de grosses boules de cuivre, retiennent cette draperie qu'elles attachent solidement. La matière de cet habit est préparée avec tant de soin, qu'elle a tout à fait l'aspect de la moire antique. Autour du cou, le roi porte une rivière de lamelles de cuivre, taillées en pointe, qui s'irradient sur la poitrine. A ses bras nus se voient de singuliers ornements ayant un faux air d'étuis de baguettes de tambour et terminés par un anneau. Des spirales de cuivre enserrent les poignets et les chevilles du monarque. Trois cercles brillants, ressemblant à de la corne, mais taillés dans une peau d'hippopotame et historiés de cuivre, lui entourent l'avant-bras et les jarrets. Enfin, en guise de sceptre, Mounza tient de la main droite le cimeterre national, qui a la forme d'une faucille et qui, dans cette occasion n'étant qu'une arme de luxe, est en cuivre pur. Tel m'apparut, pour le première fois, l'autocrate des Momhouttous, m'offrant le type de ces potentats à demi-fabuleux dont le nom seul est connu des géographes, espèce de Monata-Yanvo ou de Grand-Mokoko, n'ayant sur sa personne, non plus qu'autour de lui, rien d'emprunté aux autres peuples, rien qui rappelât l'industrie européenne ou orientale. »

Dr Georges SCHWEINFURTH [1],
*Au cœur de l'Afrique* (1868-1871), tome II, chap. XIV, trad. de Mme H. Loreau.
(Paris, 1875, 2 in-8°, av. gravures et cartes, Hachette.)

Mounza fit au voyageur un accueil favorable, grâce aux présents qu'il reçut; mais il refusa de lui laisser continuer sa route vers le sud, dans la crainte de perdre son monopole commercial. Pendant son séjour chez les Momhouttous, Schweinfurth put voir et observer à son aise la race des *Akkas*, ces Pygmées de l'Afrique centrale, dont aucun ne mesure plus de 1m,50, et qui sont d'une incroyable agilité. L'Akka qu'il essaya de ramener avec lui en Europe mourut dans le voyage. En 1874, l'italien Miani put en conduire deux au Caire, d'où ils furent amenés à Rome, et élevés à Vérone par les soins du comte Miniscalschi-Erizzo. Ils avaient vu l'un et l'autre leur mère, après un combat, égorgée, rôtie et mangée sous leurs yeux par les sujets de Mounza. Schweinfurth, avant de rentrer à Khartoum, fit une longue excursion dans l'ouest, sur le territoire des *Krédis*, dans le Dar-Fertit, et chez les *Baggaras-Riségates*. Il fut témoin, en traversant le Soudan, de scènes d'esclavage atroces. Il revint au Caire à la fin de septembre 1871, après un voyage de 5000 kilomètres qui avait duré trente-huit mois.

1. Schweinfurth (Georges-Auguste), voyageur et naturaliste allemand, né à Riga (Russie) en 1836, fit ses études à Riga et à Heidelberg, et explora comme botaniste la Russie, la France, l'Italie. En 1863, ayant eu l'occasion d'examiner les collections du baron de Barnim, explorateur du Nil, il forma le projet de visiter l'Afrique centrale. Il se rendit à Khartoum, et en rapporta en 1866 de riches collections d'histoire naturelle. L'Académie des sciences de Berlin lui confia l'exploration botanique des régions équatoriales du Haut-Nil. En 1869, avec la recommandation de Djafer-Pacha, gouverneur du Soudan, il remonta le Nil en amont de Khartoum, et étudia les mœurs de toutes les peuplades. Un incendie dévora en 1870 tous ses bagages, sauf ses collections qu'il avait déjà expédiées en Europe. Il revint en Allemagne en 1871. Deux ans plus tard, il explora l'oasis d'El-Chargeh; le khédive le nomma directeur du musée d'histoire naturelle du Caire. Il fonda dans cette ville une Société de géographie et continua l'exploration entre le Nil et la mer Rouge. Il a été en 1875 un des vice-présidents du Congrès géographique de Paris. Outre ses mémoires de botanique descriptive, M. Schweinfurth a publié l'émouvant récit de ses explorations. (*Au cœur de l'Afrique*, Im herzen von Africa. — Leipzig, 1874, 2 vol., 2e éd. 1878, trad. en français, 1875.)

## 3° BIBLIOGRAPHIE

Baker (S.). *Ismaïlia*, trad. Wattemare. — (Paris, 1875, in-8°, Hachette.)
Baker (sir Samuel). *Voyage à l'Albert-Nyanza*, trad. de Masson. — (Paris, in-8°, 1868, Hachette.)
Bolognesi (A.). *Voyage au fleuve des Gazelles*. — (*Tour du Monde*, juin 1862.)
Brun-Rollet. *Le Nil Blanc et le Soudan*. — (Paris, 1855, in-8°.)
Burton (capitaine). *Voyage aux grands lacs de l'Afrique orientale*, trad. de Mᵐᵉ H. Loreau. — (Paris, in-8°, 1862, Hachette. — *Tour du Monde*, 1860.)
Cuny (Dʳ Ch.). *Journal de voyage de Siout à El-Obéid*, 1857-58. — (Paris, 1863, in-8°, avec carte.)
Chaillé-Long. *Central Africa. Expédition au lac Victoria et sur le fleuve Blanc*, trad. en français par Mᵐᵉ Foussé de Sacy, in-18. — (Paris, 1877, ill. avec carte, in-8°, 1876, Londres.)
Decken (Dʳ). *Voyage dans l'Afrique orientale*, 1859-65. — (Leipzig, 1869, 3 vol. in-8°.)
Heuglin (Théodore de). *Reisen in das Gebiet des weissen Nil und seiner westlichen Zuflüsse. Voyage sur le territoire du Nil blanc et de ses affluents occidentaux, de 1862 à 1864*. — (Leipzig, in-8°, 1869, avec cartes et gravures.)
Junker (Dʳ). *Bericht über eine Fahrt auf dem Sobat*. — (Berlin, 1877.)
Lanoye (F. de). *Le Nil, son bassin et ses sources ; explorations et récits extraits de voyageurs anciens et modernes*. — (Paris, 1870, in-12, gravures et cartes, 2ᵉ éd., 1879, Hachette.)
Lejean (Guillaume). *Voyage aux deux Nils, 1860-64*. — (Paris, 1865, in-4° et atlas. — *Tour du Monde*, 1ᵉʳ semestre 1860.)
Gessi (Romolo). *Exploration du lac Albert-Nyanza*. — (*Bulletin de la Société de géographie*, juin 1876.)
Gordon-Pacha. *Lettres de S. E. Gordon-Pacha sur le cours du Nil dans la région des grands lacs*. — (*Bulletin de la Société de géographie du Caire*, 1876, n° 3.)
Gordon-Pacha. *Voyage sur le Haut Nil*. — (*Bulletin de la Société de géographie*, novembre 1875.)
Gordon-Pacha. *Observations on the Nile between Dufli and Magungo*. — (*Proceedings of the r. géogr. Society*, t. XXI, janvier 1877, Londres.)
Linant de Bellefonds (E.). *Voyage fait entre le poste militaire de Fatiko et la capitale de M'tésa*. — (*Bulletin trimestriel de la Société de géographie du Caire*, n° 1, 1876.)
Miniscalchi-Erizzo. *Les Akkas*. — (*Congrès international de sciences géographiques*, 1878, t. Iᵉʳ.)
Mohammed-ben-Omar-el-Tounsy. *Voyage au Darfour*, trad. de Perron. — (Paris, 1845, in-8°.)
Nachtigal (Dʳ). *Voyage dans l'Afrique centrale, 1869-74*. — (*Bulletin de la Société de géographie*, février-mars 1876. — *Société de géographie du Caire*, avril 1877.)
Peney (Dʳ A.). *Les dernières explorations dans la région du haut fleuve Blanc*. — (Paris, 1863, in-18.)
Pfund. *Reisebriefe aus Kordofan and Darfour*. — (*Bulletin de la Société de géographie de Hambourg*, 1877.)
Poncet (J.). *Le Fleuve Blanc*. — (Paris, in-8°, Bertrand.)
Schweinfurth (Dʳ). *Au cœur de l'Afrique*, trad. de Mᵐᵉ Loreau. — (Paris, 1875, 2 vol. ill. et cartes, Hachette.)
Speke et Grant. *Les sources du Nil*, résumé par Belin de Launay. — (Paris, in-12, 1877, Hachette.)
Speke. *Les sources du Nil, journal de voyage*, trad. de Forgues. — (Paris, in-8°, 1864, ill. et cartes, Hachette.)
Stanley (H.-M.). *Comment j'ai retrouvé Livingstone*, trad. de Mᵐᵉ H. Loreau, ill. et avec cartes. — (Paris, 1876, in-8°, Hachette.)
Stanley (H.-M.). *A travers le continent mystérieux*; trad. de Mᵐᵉ Loreau, avec gravures et cartes. — (Paris, 1878, in-8°.)

## CHAPITRE II

### ABYSSINIE (HABESCH)

#### 1° RÉSUMÉ GÉOGRAPHIQUE

##### I. — GÉOGRAPHIE PHYSIQUE

**Limites.** — L'Abyssinie (*Ethiopie supérieure* des anciens) a la forme d'un triangle dont la base est au sud. Du côté du nord et du nord-est, une chaîne de montagnes la sépare de la mer Rouge et de la province égyptienne de Massaouah; à l'est, cette chaîne, dont les deux versants sont abyssins, longe l'*Afar*, la contrée des *Danakils* et des *Gallas*; au sud, la limite, du côté du *Liben*, est formée par le *Bahr-el-Azrek*; à l'ouest, du côté du *Soudan* oriental, elle coupe obliquement tous les hauts affluents du *Nil Bleu*, de l'*Atbara*, du *Setit* et du *Mareb*.

**Situation astronomique.** — Entre 6° et 15° 30' de lat. N.; et entre 32° et 41° de long. E.

**Climat.** — Malgré la proximité de l'équateur, l'Abyssinie a une température moins chaude que la Nubie et l'Egypte, grâce à l'altitude du sol, à l'abondance des pluies, au grand nombre des rivières. La saison des pluies dure d'avril à septembre. « Pendant toute la saison des pluies estivales, il » pleut régulièrement chaque jour à des heures fixes. Le matin, le ciel est » toujours pur, et le soleil splendide; mais vers midi, les nuages s'amon- » cellent, bientôt le tonnerre gronde, et enfin, vers deux heures, l'orage » éclate avec une violence inouïe, souvent même il tombe de la grêle; puis, » entre cinq et six heures, tout disparaît comme par enchantement, et le » temps redevient beau. » (BAINIER, page 171.) Température moyenne à Ankober (Choa) + 55°; maximum + 69°; minimum + 41°.

**Relief du sol.** — L'Abyssinie est un énorme plateau granitique qui se dresse entre le cours supérieur du Bahr-el-Azrek et le littoral méridional de la mer Rouge. Les *ambas* escarpés et couverts de neiges, les plateaux abrupts, les gorges profondes, les plaines inégales s'y succèdent sans régularité, le sol a été bouleversé par les éruptions volcaniques; on a appelé ce pays *Suisse africaine*. A l'est, « une chaîne raide et aride laisse en » dehors de l'Abyssinie une bande de terre étroite, malsaine, une des plus » chaudes régions du globe, et où sévissent des fièvres mortelles; c'est le » *Samhara*, plaine unie, pierreuse ou sablonneuse, presque déserte, semée » de gommiers et sillonnée de lits de torrents desséchés. » (BAINIER.) Prolongée au sud et au sud-ouest, cette chaîne traverse le Lasta et le Choa, et enveloppe le bassin du Nil Bleu (mont *Tarenta*, 2550 m., monts *Garagorfou*) qu'elle sépare de l'Hawasch. A l'ouest, une chaîne demi-circulaire sépare le Tacazzé du Nil Bleu et porte des ambas de 3 à 4000 mètres (monts *Silké, Madja, Amba-Ras, Abbas-Yared, Déijen* (4623 m.); les monts du *Godjam* s'étendent dans la grande boucle formée par le Nil Bleu.

**Cours d'eau; lacs.** — A l'est des montagnes abyssiniennes, le *Hawasch* grossi du *Melli* se perd dans un lac du pays des Adel. — Les autres cours d'eau sont tributaires des deux Nils. — 1° Au cœur de l'Abyssinie, le lac *Tzana* ou *Dembéa* (400 kilom. de tour, altitude 1750 m.; longueur 120 kilom., largeur moyenne 50), entouré de volcans éteints, est formé par l'*Abaï* qui vient du sud : l'*Abaï* sort du lac à Bahrdar, décrit une énorme sinuosité au sud-est, autour du massif du Godjam, et sous le nom de *Bahr-el-Azrek* (Nil Bleu), traverse le Fazokl et le Sennaar, et va se jeter à Khartoum dans le Bahr-el-Abiad (Nil Blanc). Il reçoit à gauche le *Baschilo* et le *Toumat*; — à droite, le *Bir*, le *Dinder* et le *Rahat*. — Au nord, coule l'*Atbara* (Astapus), originaire des montagnes voisines du lac Tzana, qui traverse la Nubie et se jette dans le Nil Blanc près de Damer, en amont de Berber : ses affluents sont : à droite, le *Takazzé* ou *Setit*, plus considérable que l'Atbara, qui roule dans des gorges profondes de 6 à 700 mètres les eaux limoneuses qui fécondent l'Egypte; le *Mareb* ou *Gasch*, fleuve intermittent.

Les Abyssins distinguent trois régions naturelles, d'après l'altitude, la température, la nature du sol, les productions végétales et les animaux : 1° *Kollas*, ou plaines inférieures (1 000 à 1 600 m.). — Température + 22°, à + 40° — 2° *Ouaïna-Dégas*, terres moyennes (1 600 à 3 000 m.), + 14° à + 27° — 3° *Dégas*, hautes terres (3 000 à 4 600 m.), de 0 degré à + 17°.

## II. — GÉOGRAPHIE POLITIQUE

**Notions historiques.** — Les Grecs appelaient l'Abyssinie *Ethiopie supérieure*; les Egyptiens et les Hébreux *Kousch*; les Arabes appellent les Abyssins *Habeschi*[1] (les mélangés). Les rois Lagides furent les premiers qui dirigèrent des voyages d'exploration sur les côtes de l'Afrique orientale et de la mer Rouge. Les Grecs d'Egypte fondèrent des stations sur le littoral éthiopien, et établirent des relations avec le royaume d'Axoum. Quatre inscriptions nous restent attestant l'existence de cet Etat; celle du voyageur alexandrin Cosmos, trouvée à Adulis, et trois autres découvertes de nos jours à Axoum; deux sont en grec, deux en *ghez*, vieille langue du pays. Le royaume d'Axoum est oublié au moyen âge. Au seizième siècle, les relations renaissent entre le Portugal et l'Ethiopie; des ambassades sont échangées, des missions portugaises établies dans le pays; plusieurs missionnaires écrivent leurs mémoires. En 1681, le savant Ludolf écrit une *Histoire d'Ethiopie*; Bruce visite l'Abyssinie à la fin du dix-huitième siècle; *Henri Salt* y fait deux voyages en 1805 et 1809; *Edouard Rüppell*, naturaliste allemand, la visite en 1833. A partir de 1848, peu de pays ont été plus explorés; la France, avec MM. *Rochet d'Héricourt*, *Th. Lefebvre*, *Ferret* et *Galinier*, *Antoine* et *Arnaud d'Abbadie*, s'est signalée particulièrement dans cette œuvre de découvertes.

**Le négous Théodoros.** — Vers la fin du dix-huitième siècle, la puis-

---

[1] « *Habesch*, en arabe, s'emploie pour qualifier un ramassis de familles d'origines diverses ou bien de généalogie inconnue ou altérée; et parmi les races sémitiques, l'injure la plus mortifiante qu'on puisse faire à un homme ou à un peuple, est de dire qu'il ignore sa généalogie ou qu'elle est entachée de promiscuité. » (A. D'ABBADIE.) — Les Arabes ont donné ce nom injurieux aux Ethiopiens; déformé par les Portugais qui ont rendu le son *ch* par *x*, l'adjectif *Habeschi* est devenu *Abexim*, et les copistes du seizième siècle en ont fait Abessinie et Abyssinie.

Obélisques d'Axoum.

sance des *négous* (empereurs) d'Abyssinie était affaiblie, et les prétentions rivales amenèrent une longue suite de luttes intestines : l'empire fut démembré. A côté du négous, qui résidait à Gondar dans l'*Amhara*, il se forma deux royaumes indépendants, le *Tigré* et le *Choa*. En 1855, le *dedjaz* (duc) du Kouara, *Kassaï*, se révolta, fit périr ses rivaux, et se fit couronner empereur par l'évêque copte, Salama, sous le nom de *Théodoros*. Jeune, vigoureux, énergique et habile, appuyé sur une armée dévouée de cinquante mille hommes, il se posa en réformateur politique et social, et par la promptitude de ses coups, arrêta le morcellement féodal. Il exila les deux évêques catholiques, MM. *Massaya* et *Jacobi*, qui avaient rejeté son alliance, et accorda sa confiance à deux Anglais, *Bell* et *Plowden*, anciens officiers de l'armée des Indes, qui depuis quinze ans étaient établis en Abyssinie, et qui se déclarèrent ses partisans : Plowden avait le titre de consul de Sa Majesté britannique. Bell devint son conseiller intime, son compagnon d'armes; il partageait la tente du négous, et, entre deux campagnes, charmait ses loisirs en lui traduisant les tragédies de Shakespeare.

Mais un chef abyssin, *Négousié*, se révolta dans le Tigré, et obtint les sympathies de la France, à qui il promit une cession de territoire sur la mer, la baie d'Annesley. La guerre éclata; Bell fut tué, Plowden mortellement blessé; Théodoros les vengea en faisant égorger Négousié et ses partisans vaincus. Dès lors sa conduite changea, et il régna comme un tyran capricieux. Ses soldats désertèrent en masse; de cinquante mille hommes, son armée descendit à vingt mille; ses sujets, écrasés d'impôts, fuyaient dans les ravins pour échapper à ses exactions et à ses fureurs. Théodoros tenta la conquête du Soudan; il fut battu par les Egyptiens. En février 1862, arrivait à la cour de Théodoros un nouveau consul anglais, le capitaine *Charles Duncan Cameron*, pour remplacer Plowden. Il apportait au négous de la part de la reine d'Angleterre une carabine et une paire de pistolets, maigres présents, dont le roi eut cependant le bon goût de remercier la souveraine par une lettre où il annonçait le prochain envoi d'une ambassade à Londres. Par une suite de circonstances malencontreuses, cette lettre alla à Aden, puis dans l'Inde, puis en Europe d'où on la renvoya dans l'Inde. L'*India office* la laissa sans réponse. Théodoros s'en montra froissé; Cameron était allé faire une excursion en Nubie : au retour le négous exigea une réponse, et ses défiances étant excitées par des nouvelles venues du dehors, il donna soudain l'ordre d'enchaîner le consul, les gens de sa suite, et presque tous les missionnaires européens présents. Il les fit conduire à dos de mulet, liés deux à deux, dans la forteresse de Magdala.

Le gouvernement anglais fort embarrassé se décida enfin à envoyer à Théodoros une ambassade munie d'une lettre royale et de présents pour fléchir sa colère. Elle fut conduite par *Hormuzd Rassam*, le célèbre explorateur des fouilles d'Assyrie; le docteur *Blanc* et le lieutenant *Prideaux* l'accompagnaient; le colonel *Merewether*, résident politique d'Aden, devait veiller de loin sur l'expédition. Elle arriva à Massaouah au mois d'août 1864.
— Rassam écrivit à Théodoros pour l'informer de son arrivée et l'invita à mettre les captifs en liberté. Le négous ne répondit pas à cette sommation. Plusieurs mois se passèrent en négociations : l'ambassadeur, ayant changé de ton, reçut l'ordre de se rendre au camp royal, et des guides vinrent au-devant de lui. Le despote fit aux envoyés une réception splendide, se plaignit des prétendus méfaits de Cameron et des missionnaires coupables, et consentit à leur pardonner, sur la requête de son alliée la reine Victoria. Il demanda seulement à garder à sa cour Rassam pour négocier avec lui une alliance.

34.

Le départ des Européens était fixé au 13 avril. Théodoros voulut les revoir encore et les manda à Séghié, au sud-ouest du lac Tzana, où il campait à ce moment. Mais la plupart des prisonniers se mirent en route, sans déférer au désir du négous : seuls, Rassam, Blanc et Prideaux obéirent. A leur arrivée à Séghié, ils furent saisis, désarmés et enchaînés, comme coupables d'avoir fait partir leurs compatriotes sans audience de congé. Les anciens prisonniers furent également arrêtés et emprisonnés. On instruisit leur procès ; tous firent appel à la clémence du négous, avouèrent leurs torts : il pardonna de nouveau, mais ne relâcha personne. L'un des missionnaires protestants, *Flad*, fut autorisé à partir seul pour l'Angleterre avec des lettres de Théodoros ; tous les autres Européens au nombre de soixante et un, Anglais, Allemands, Français — parmi ceux-ci se trouvait M. Guillaume Lejean, — furent d'abord gardés dans le camp et traités avec égards, puis ramenés à Debra-Tabor et internés dans la forteresse de Magdala. Flad revint au mois d'octobre 1866. La lettre de la reine qu'il rapportait ne renfermait aucune menace, elle se bornait à rappeler Théodoros au respect dû à ses ambassadeurs. Le gouvernement était d'ailleurs décidé à une rupture, si dans le délai de trois mois, les prisonniers n'étaient pas rentrés à Massaouah. Le colonel Merewether le fit savoir au négous. Celui-ci ne répondit pas, et la guerre fut déclarée à « ce fou couronné. »

Le résultat n'était pas douteux : partout les partisans de Théodoros l'abandonnaient ; les insurrections éclataient de toutes parts, la plus redoutable était celle du Choa, organisée par *Menelick* jadis captif dans Magdala, et petit-fils de *Sahela Sélasie* que Théodoros avait détrôné. La grande difficulté n'était pas de vaincre le négous, mais d'arriver jusqu'à lui. Réduit à quelques milliers de soldats, il n'avait rien perdu de son énergie et se montrait plus entêté que jamais dans la résistance. Au commencement de l'année 1868, une armée de douze mille hommes, dont huit mille Hindous, sous les ordres de sir *Robert Napier*, partit de Zoullah. La marche vers les hauts plateaux, le ravitaillement et en cas de besoin la ligne de retraite des troupes anglaises furent assurés par trois camps retranchés établis à Sénafé, Addigherat et Antalo ; le dedjaz du Tigré avait offert son alliance. Les colonnes s'avancèrent péniblement à travers les ravins du Tacazzé, de la Djidda et du Baschilo ; une route construite par les soins de Théodoros lui-même les amena sur le plateau de Talanta, en face de la fameuse amba de Magdala. Entre les pics de Selassié et de Magdala (3 000 mètres), qu'enveloppe la profonde crevasse du Baschilo, s'étendait le petit plateau de Selagmi, où campait Théodoros ; près de là se dressait la forteresse qui servait de prison d'Etat. Le 10 avril 1868, le combat s'engagea sur les flancs du Selassié. Grâce surtout à leur discipline, et à leurs carabines Snider, les Anglais remportèrent une victoire complète ; sur six mille Abyssins, deux mille trois cents étaient tués ou blessés. Pendant la nuit, le négous fit venir Rassam et Flad, leur avoua sa défaite, et les envoya au camp anglais en qualité de parlementaires. Sir Napier exigea trois conditions : les prisonniers européens seraient immédiatement mis en liberté ; les portes de Magdala seraient ouvertes aux vainqueurs ; Théodoros se rendrait à merci. Le général en chef anglais, en dictant cet ultimatum, oubliait qu'il suffisait d'un signe du négous pour anéantir tous les captifs. Le despote, dans cette crise suprême, sut dominer sa colère et mourir en héros. Après un long entretien avec Rassam, il fit ouvrir les portes de la forteresse, et délivra tous les prisonniers européens le soir même. Le lendemain, jour de Pâques, il envoya au camp anglais mille vaches et cinq cents moutons, en invitant l'armée ennemie à célébrer dignement cette grande fête. Sir

Napier refusa ces présents : le lundi, un régiment anglais s'emparait du pla-

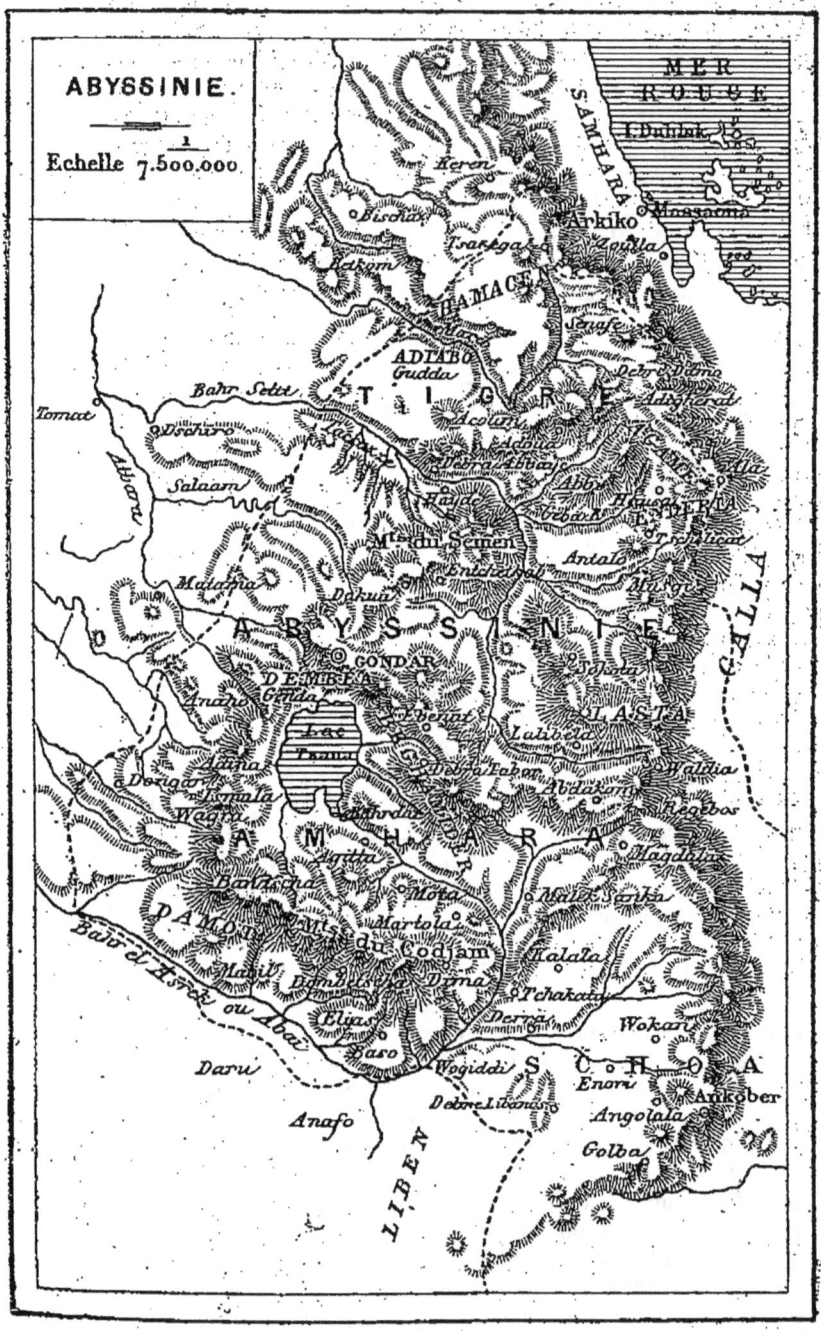

teau de Selagmi. Théodoros, décidé à se défendre jusqu'au bout, s'enferma dans Magdala. De tous ses compagnons d'armes, seize seulement lui étaient restés fidèles. L'artillerie anglaise battit en brèche la forteresse pendant deux heures, et l'enleva d'assaut. A la vue du premier soldat anglais qui escaladait le rempart, le négous mit un pistolet entre ses dents, fit feu et tomba mort. Les Anglais donnèrent aux habitants et aux soldats désarmés l'ordre d'évacuer Magdala, en firent sauter les murailles, et mirent le feu aux édifices. Puis le corps d'armée regagna la baie de Zoulla. Cet acte de vengeance suffit à l'Angleterre : elle ne fit rien pour l'Abyssinie ; elle la laissa livrée à ses divisions intestines, aux attaques des Gallas, aux convoitises des Egyptiens et des Turcs.

La mort de Théodoros replongea l'Abyssinie dans l'anarchie et les guerres civiles. *Ménélick*, roi du Choa ; *Kassaï*, roi du Tigré ; *Gobhésié*, roi de l'Amhara, se disputèrent les débris d'une succession ouverte par les mains de l'Angleterre. — Le fils de Théodoros, *Méchaba*, prit aussi les armes dans le Kouara. *Gobhésié* se fit proclamer empereur à Gondar (1868). Mais après quatre ans de luttes acharnées, Kassaï vainqueur s'empara d'Axoum, capitale religieuse du royaume, et se fit couronner et sacrer *négous* par l'*abouna* ou patriarche d'Ethiopie sous le nom de *Johannos* ou *Jean* (janvier 1872). Cette restauration de l'empire catholique abyssin alarma les Egyptiens musulmans. La Porte Ottomane, qui n'a jamais cessé de se considérer comme suzeraine de l'Abyssinie, et qui dès 1866, à l'instigation de l'ambassadeur anglais Bulwer, avait concédé au khédive le littoral africain de la mer Rouge, autorisa les campagnes des Egyptiens sur le Mareb et dans le Hamasen (1875-1876) : Jean prêcha une croisade et les vainquit deux fois. Mais dans le midi, les Egyptiens réussirent à occuper le pays d'Harar, au sud de la baie de Tadjoura. Maîtresse des deux importants débouchés de Massaouah (mer Rouge) et de l'Harar (golfe d'Aden) l'Egypte pouvait alors regarder l'Abyssinie comme une enclave de son empire.

**Constitution.** — La forme du gouvernement est le régime féodal ; chaque chef envoie plus ou moins régulièrement des présents à son suzerain, et lui doit le service militaire ; pour le reste, il est maître absolu. Le suzerain dominant est le *négous*, chef civil et militaire du pays tout entier. A la tête de chaque province est un *raz* ou gouverneur, presque indépendant ; les *raz* forment la noblesse de cour, résidant auprès du négous, le plus souvent remplacée par les *meslanis* ou sous-gouverneurs, qui ont sous leurs ordres les *choums* ou *kantibas*.

**Divisions administratives.** — La coupure du Tacazzé divise l'Abyssinie en deux parties inégales.

| AU NORD-EST, LE TIGRÉ RENFERMANT LES PROVINCES DE : | Adiabo ; | v. pr. | Guddi. |
|---|---|---|---|
| | Hamacen ; | — | Dabaroa. |
| | Agamé ; | — | Addigherat. |
| | Tigré ; | — | Axoum ; Adouah (8 000 hab.). |
| | Enderta ; | — | Antalo ; Tchelikot. |
| | Lasta ; | — | Lalibela ; Sokota (4 000 hab.). |

| AU SUD-OUEST, L'HAMARA RENFERMANT LES PROVINCES DE : | Semen ; | v. pr. | Entchetkab ; Dobarek. |
|---|---|---|---|
| | Godjam ; | — | Mota ; Dima ; Baso ; Martola. |
| | Damot ; | — | Gadera ; Mabil. |
| | Beghamider ; | — | **Gondar**, capitale religieuse, industrielle et commerciale (12 000 h.) ; Debra-Tabor, Kiratsu, Debra-Mariam. |

AU SUD, LE CHOA, ÉTAT VASSAL : v. pr. **Ankober**, capitale (10 000 hab.); Angolala (3 000 hab.); Aleyou-Amba, en relation d'affaires avec les ports de la côte (Tadjoura et Zeilah); Abderasoul, grand marché d'esclaves.

A cette région appartient la côte occidentale de la mer Rouge où s'échelonnent du nord au sud les ports suivants : *Massaouah*, dans une île, possession égyptienne, débouché de l'Abyssinie vers l'Europe, l'Arabie, l'Inde (5000 hab.); *Arkiko*, au sud, la baie de *Zoulla*, l'île *Dessi*, possessions françaises depuis 1867 : les îles *Dahlak*, possession anglaise, à l'est de Massaouah.

### III. — GÉOGRAPHIE ÉCONOMIQUE

**Productions.** — **Minéraux** : *Or* du Damot et des rives du Tzana; *fer* abondant des mines exploitées du Lasta, du Choa, du Tigré; *houille* des monts du littoral et des rives de l'Atbara; *plomb, cuivre, soufre; sel gemme* abondant dans les plaines de l'est, et les plages au-dessous de Massaouah. Sokota, capitale des Agaos, doit au va-et-vient des *changeurs de sel* une activité commerciale très grande. « C'est dans le pays des Danakils, dit
» M. Bainier, au pied du versant des montagnes de l'Haramat, que se
» trouve, dans un pays brûlant et désert, un lac entouré de solfatares et
» de dépôts de sel gemme. Le monopole de l'exploitation est entre les
» mains des Tattals, tribus fort peu hospitalières, qui habitent au pied des
» montagnes et taillent le sel en pains de 0m,23 de long sur 0m,05 de lar-
» geur, et 0m,04 d'épaisseur, en lui donnant exactement la forme des
» pierres à aiguiser dont se servent les faucheurs de nos campagnes. C'est
» ce sel qui, dans l'Amhara, sert de monnaie. Les Abyssiniens, sans quitter
» leurs montagnes, vont dans l'Haramat à Antalo acheter aux Tattals leurs
» pains de sel, qu'ils vont revendre dans l'Amhara et jusque dans les pays
» Gallas. » — **Végétaux** : Terre fertile qui donne plusieurs récoltes par an dans les plaines inondées; *blé, orge, douro, riz, teff, dagousse; lin, coton* du Damot, *tabac* du Tigré; *canne à sucre* du Choa; *café* du Godjam, où il pousse sans culture; (dans l'Enarea, et le Kaffa, il est sans aucun prix); *vignes* rares, depuis que le roi Théodoros les a fait arracher; *guécho*, arbrisseau dont la feuille sert à faire le tedj ou hydromel; légumes de toute espèce; *orangers, citronniers, pêchers, abricotiers, indigo, salsepareille, quinquina, kolkoual, indot*, ou arbre à savon; *cactus, mimosas, térébinthes, oliviers, baobabs, dattiers, bois d'ébène, tamariniers, myrrhe, poivre rouge*, etc.; ce pays, mieux cultivé, deviendrait, sous un régime civilisé, l'un des greniers d'abondance des nations voisines : mais les trois quarts de la terre restent en friche. — **Animaux** : *bœufs, chevaux, ânes, moutons* blancs et noirs à longue laine, *abeilles; lions, léopards, sangliers, éléphants, rhinocéros, buffles, hippopotames, singes, gazelles, hyènes, girafes, zèbres, civettes porte-musc*. « Les musulmans adonnés au commerce du musc nourrissent la
» civette dans des sortes d'étroits boyaux en planche, de la largeur même
» du corps de l'animal, qui, de cette façon, ne peut se retourner pour
» mordre la main du propriétaire qui se glisse sous son ventre pour en
» retirer, à certaines heures de la journée, la secrétion parfumée dont le
» résidu est le musc. » (BAINIER, page 200.)

**Industrie.** — La principale est celle du *tissage de coton*; puis viennent celles des *métaux* (fondeurs, forgerons, armuriers, orfèvres); des *tanneries* et *teintureries*, des *poteries*, des *pelleteries*. Point d'ouvriers, point de marchands, point de boutiques : chaque famille se suffit à elle-même ; les grands ont des fabricants à domicile.

**Commerce.** — Ni routes, ni voitures, ni cours d'eau navigables. Les transports se font par les ravins à dos de bêtes ou d'hommes ; des caravanes vont de Khartoum et de Massaouah à Gondar et dans l'Amhara. Adulis et Massaouah commandent les routes commerciales du Tigré ; Obok et le golfe d'Aden, celles du Choa et de l'Abyssinie méridionale.

### IV. — NOTIONS STATISTIQUES

**Superficie**, 410200 kilom. car. — **Population**, 300 000 habitants (7 par kilom. car.) — **Races** : *Éthiopiens nègres* en majorité, *Semites* dans le Tigré, *Changallas* à l'ouest ; *Schoho*, métis de Gallas et de Comalis sur la côte. — **Langues** : *Tigraï*, langue savante ; *agaou*, langue du bas peuple ; *amharic*, langue de la cour, de l'armée et des marchands. — **Religion** : Le christianisme a été introduit au quatrième siècle en Abyssinie, rite copte ou grec, mêlé de pratiques païennes et mahométanes ; archevêque (abouna) à Gondar et mission catholique ; les Gallas sont *musulmans* ; les *Félachas* Juifs. M. Raffray a visité à Lalibela (province de Lasta) des églises monolithes extrêmement curieuses, construites au commencement du cinquième siècle par le cinquième négous chrétien de l'Abyssinie, Lalibela. — **Instruction** donnée dans de nombreuses écoles, bornée à la lecture, à la grammaire, à des principes de morale et de piété.

## 2° EXTRAITS ET ANALYSES

### Les deux régions de l'Abyssinie : les productions ; les ambas.

« Il y a en Abyssinie deux zones distinctes, bien connues des indigènes, qui les désignent sous les noms de *dégas* et *kollas*, terres hautes et terres basses. L'altitude des premières varie entre 2 000 et 3 000 mètres ; celle des secondes entre 1 000 et 1 500 mètres. Il y a en outre les hauts sommets, qui sont encore habités jusqu'à une altitude de près de 4 000 mètres ; mais ce ne sont là que des exceptions qui ne modifient point d'ailleurs ces deux grandes divisions. Entre les dégas et les kollas, il n'y a pas seulement une différence de niveau : la température, la nature du sol, les productions végétales, les animaux aussi ne sont plus les mêmes et l'homme lui-même, bien que descendant d'une source commune, a subi à tel point l'influence du climat qu'il présente, tant au moral qu'au physique, des différences marquées.

» ..... Les *dégas* sont des pays que j'ai décrits comme de vastes plateaux couverts de gras pâturages où paissent de nombreux troupeaux de bœufs et de moutons. L'air y est pur et sec, la température modérée, l'eau abondante et de bonne qualité. La végétation y persiste plus longtemps pendant la saison sèche, le climat est sain, les maladies fort rares. Les dégas, dans le règne végétal, sont caractérisées par la présence de l'orge et du blé. C'est dans cette région que sont construites les plus grandes villes. La population plus dense, plus industrielle, se rapproche davantage encore du type européen. C'est là que le voyageur rencontrera le plus souvent des hommes ou des femmes au teint clair; les membres sont plus charnus, la taille plus élevée. L'habitant des dégas est plus riche, moins nomade, plus hospitalier, moins querelleur. Il a plus de dignité, plus de calme; il est plus religieux; mais cela tient peut-être à ce que la noblesse théocratique, recherchant de préférence un pays riche, salubre et tempéré, a étendu sa domination sur les hauts plateaux, qui sont devenus en grande partie les fiefs des églises et des monastères.

» Dans les *kollas*, le sol est sablonneux, sec et pierreux; au lieu de l'orge et du blé, on ne verra plus maintenant que le maïs et le sorgho; le coton remplace le lin; le figuier, le sycomore et l'olivier ont disparu pour faire place aux nombreuses variétés d'acacias et de mimosas. Un des arbres caractéristiques de la région des kollas est le baobab, dont je parlerai plus loin, et qui ne se rencontre jamais dans les dégas, pas même autour du lac Tzana. Le vert des feuilles est devenu plus pâle et comme poussiéreux, le rosier et le jasmin ne parfument plus l'atmosphère, et quand, après les pluies, revient la saison sèche, les arbres, dépouillés de leurs feuilles, ne montrent plus que des branches noueuses, hérissées d'épines longues et acérées, et des troncs grisâtres dont l'écorce se détache comme la peau d'un lépreux. Il y a une compensation cependant: dans les dégas, je n'ai jamais rencontré aucun fruit, tandis que le bananier, l'oranger, le citronnier et le cédratier prospèrent dans les kollas. Les rivières, torrents fougueux pendant les pluies, n'offrent plus, pendant la saison sèche, qu'un lit sablonneux dont l'eau a complètement disparu. L'air est sec et embrasé, le vent de la montagne ne venant plus le rafraîchir. Au commencement et à la fin des pluies, se déclarent des fièvres épidémiques souvent mortelles. Çà et là sur sa route, le voyageur rencontrera des villages entiers veufs de leurs habitants, qui ont fui devant le fléau dévastateur. Le léopard et le lion pullulent dans les fourrés et les rochers ; mais le pelage de ce dernier est plus fauve, plus court, sa crinière moins abondante, et le lion noir, voisin de celui de l'Atlas, est confiné dans les montagnes. Les guenons bondissent dans les branchages, c'est du moins dans les kollas que je les ai rencontrées exclusivement, tandis que j'ai fréquemment vu les singes cynocéphales dans les dégas. Les pintades dans les kollas ont remplacé les francolins, sortes de grosses perdrix, à la chair délicate, qui habitent de préférence les dégas ; plusieurs espèces d'antilopes et de gazelles s'enfuient à travers la plaine, gracieuses et alertes. Il y a peu de mules et pas de chevaux dans les kollas ; les chèvres ont généralement pris la place des moutons, bien que, parmi ces derniers, il en existe une espèce à poils ras et sans cornes, qui se rencontre en Abyssinie dans les régions chaudes. Dans quelques parties plus basses encore vivent l'éléphant, le rhinocéros. Les insectes eux-mêmes suivent la loi générale, et l'on retrouve dans les kollas quelques espèces caractéristiques des régions sablonneuses et brûlantes de l'Afrique. Les habitants de ces plaines chaudes et malsaines sont petits, secs, nerveux, pétulants, querelleurs ; la peau a une couleur plus foncée, le visage est plus rond ; ils aiment la danse et la musique ; gais et enjoués, ils se drapent toujours dans la toge, mais n'ont plus au même degré cette majestueuse dignité des habitants des hautes terres, devant laquelle on se sent reporté aux beaux temps des Grecs et des Romains.

» ..... De Dabbatadios, admirablement situé à l'extrémité

méridionale de la grande déga du Tigré, nous jouissons d'un panorama aussi étendu que varié. A l'ouest, se dressaient les hautes montagnes du Sémen, dont l'éloignement adoucissait tous les contours ; devant nous, les kollas du Tembiène et du Sloa se déroulaient comme une peau de fauve zébrée de taches grisâtres. A l'est, enfin, les montagnes des ambas, derniers contre-forts des massifs de l'Haramat et de l'Enderta, qui courent du nord au sud sur une longueur d'une vingtaine de lieues, pour aller se relier aux montagnes du Ouodgérate et des Agaos. En face de ces fantastiques amas de rochers, c'est à renoncer à toute description, car le regard lui-même erre ébloui et perdu dans ce dédale de montagnes bizarres, où le géologue trouverait sans doute la preuve irréfragable de quelque terrible convulsion du globe. Du point culminant où nous étions placés, nous dominions cette chaîne moins élevée, qui nous apparaissait comme une vaste carte en relief. Qu'on s'imagine un effondrement subit et escarpé d'environ 800 mètres ; puis du fond de cet abîme émergent d'autres montagnes, que je ne puis comparer qu'à des amas de ruines. Ici, c'est une muraille crénelée, une tour qui se dresse fière et menaçante encore, des aiguilles qui ressemblent à de gigantesques paratonnerres ; là, des terre-pleins, avec bastions, fossés et contrescarpes, supportant plusieurs étages de citadelles superposées, diminuant de hauteur à mesure qu'elles s'élèvent, véritables forteresses avec des tours, tourelles, poivrières, mâchicoulis, tout l'agencement enfin d'un manoir destiné à subir de longs sièges. La couleur vient encore aider à l'illusion ; les parois verticales de ces montagnes sont d'un rouge ou d'un gris jaunâtre qui rappelle les teintes de la brique vieillie et effritée par le temps. Depuis longtemps d'ailleurs les Abyssiniens ont su utiliser ces forteresses naturelles. Il en est, plus vastes que les autres, dont le sommet forme un plateau recouvert de terre végétale et fertilisé par des sources, circonstance qui permet de défier tout blocus ; ce sont des dégas en miniature. Un sentier escarpé, qu'un homme ne peut gravir qu'en s'aidant des pieds et des mains, dissimulé encore dans quelque repli de la mon-

tagne, donne seul accès sur le plateau supérieur. Quelques rochers mobiles, lancés dans cet étroit passage, suffiraient pour écraser une armée : aussi, privés d'artillerie et des engins meurtriers que le raffinement de notre civilisation emploie pour faire la guerre, les Abyssiniens ne peuvent-ils assiéger ces monts-forts, qui contribuent ainsi, dans une large mesure, à éterniser les luttes intestines qui désolent l'Éthiopie, en offrant au vaincu un asile inexpugnable, où se perpétue la haine des partis. Ces singulières montagnes ne sont pas seulement des citadelles témoins de luttes mémorables ; de moindres proportions et d'un accès plus difficile encore, elles servent la vengeance du vainqueur et deviennent des prisons d'Etat. On choisit d'ordinaire, pour y déporter les chefs vaincus dont on redoute l'influence, des sommets isolés de tous côtés par des murailles à pic et sur lesquels l'homme ne peut plus arriver que hissé par des cordages, comme un mineur qui remonte du fond du puits. Comment parvint-on à escalader pour la première fois ces cimes aujourd'hui inaccessibles ? Je l'ignore ; mais on peut présumer qu'un sentier, détruit depuis, en permettait l'accès. »   Achille RAFFRAY,
*Abyssinie.*

(Paris, in-18, 1880, Plon.)

---

### 3° BIBLIOGRAPHIE

ABBADIE (A. d'). *Douze ans dans la Haute Éthiopie.* — (Paris, 1868, in-8°, avec cartes, Hachette.)

BLANC (Dr Henry). *Ma captivité en Abyssinie, avec des détails sur l'empereur Théodoros; sa vie, ses mœurs, son peuple, son pays,* trad. de l'anglais par M<sup>me</sup> Arbousse-Bastide. — (Paris, in-12, 1869.)

BRUCE (Jacques). *Voyage aux sources du Nil, en Nubie et en Abyssinie,* trad. de l'anglais, par Castéra. — (Paris, 1790, 5 vol. in-4° et atlas.)

CAILLIAUD (Frédéric). *Voyage à Méroé, au Fleuve Blanc, au delà de Fazoql, dans le midi de Sennaar, à Syouah, et dans cinq autres oasis,* 1819-1822. — (Paris, imp. royale, 1826-27, 4 vol. in-8° et atlas, in-folio.)

FERRET et GALINIER. *Voyage en Abyssinie, dans les provinces du Tigré, du Samen et de l'Amhara.* — (Paris, 1847-48, 3 vol. in-8° et atlas.)

HOLLAND et HOZIER. *Record of the Expedition to Abyssinia, compiled by order of the Secretary of state for War.* — (London, 1870, 2 vol. in-4°, 15 cartes.)

LEJEAN (Guillaume). *Voyage en Abyssinie, exécuté de 1862 à 1864.* — (Paris, Hachette, 1873, in-4° et atlas de 9 cartes.)

NIL MOYEN. MER ROUGE ET ISTHME DE SUEZ.

LEJEAN (Guillaume). *Théodore II, le nouvel empire d'Abyssinie et les intérêts français dans le sud de la mer Rouge.* — (Paris, 1865-1867, in-12.)

MARKHAM (Clément). *History of the Abyssinian expedition. With a Chapter containing an Account of the Mission and Captivity of M. Rassam and his companions.* — (London, 1868, in-8°.)

MARNO (Ernest). *Reisen in Hoch Sennaar, 1870-71.* — (Vam Gezin.)

PETERMANN (Auguste). *Der Englische Feldzug in Abyssinien. La campagne anglaise d'Abyssinie.* — (Gotha, 1868, in-4°.)

PLOWDEN. *Travels in Abyssinia and the Galla country. With an Account of a mission to Ras Ali in 1848.* — (London, 1868, in-8°.)

RAFFRAY (Ach.). *L'Abyssinie.* — (Paris, 1876, in-8°, Plon.)

RASSAM (Hormuzd). *Narrative of the British Mission to Theodore, King of Abyssinia; with maps,* plans, and illustrated. — (London, 1868, 2 in-8°.)

REVOIL (G.). *La vallée du Darror.* — (Paris, in-8°, 1881, Challamel.)

RIVOYRE (D. de). *Mer Rouge et Abyssinie.* — (Paris, in-18, 1880, Plon.)

RUPPEL (Ed.). *Reisen in Abyssinien.* — (Frankfurt, 1838-40, 2 vol. in-8°, 10 pl. in-folio.)

SECKENDORFF (G. graf von). *Meine Erlebnisse M. dem englischen Expeditionscorps in Abessinien 1867-68. — Ce que j'ai vu quand j'étais avec le corps d'expédition anglais en Abyssinie, de 1867 à 1868.* — (Potsdam, 1868, in-8°.)

STANLEY (H.-M.). *Coumassie et Magdala ; histoire des campagnes anglaises en Afrique,* en anglais. — (Londres, in-8°, 1874.)

STERN (the Rev. Henry-A.). *The captive missionary : being an Account of the Country and People of Abyssinia, Embracing a Narrative of King Theodor's Life, and his Treatment of Political and Religious Missions.* — (Cassel, 1868, in-8°.)

WALDMEIER (Theophil). *Erlebnisse in Abessinien in den J. 1858-68. Impressions de voyages en Abyssinie de 1858 à 1868.* — (Bâle, 1869, in-8°.)

WILKINS (H. Saint-Clair). *Reconnoitring in Abyssinia.* — (London, 1869, in-8°, 10 vues et cartes.)

ABBADIE (A. d'). *L'Abyssinie et le roi Théodore.* — (*Correspondant*, 25 février 1868.)

BIZEMONT (de). *De Korosko à Khartoum.* — (*Bulletin de la Société de géographie*, mars-avril 1871.)

BLANC (Dr Henry). *Les captifs de Théodoros.* — (*Tour du Monde*, 12 et 19 septembre 1869.)

BRAGARD (A. de). *L'expédition d'Abyssinie.* — (*Revue maritime et coloniale*, 1868.)

FONTANE (Marius). *L'Abyssinie et les Anglais.* — (*Contemporain*, 31 mars, 30 avril 1868.)

HENDECOURT (L. d'). *L'expédition d'Abyssinie en 1868.* — (*Revue des Deux-Mondes*, 1er avril 1869.)

LAMBERT (H.). *Voyage en Afrique, 1855-59.* — (*Tour du Monde*, 2° semestre 1862.)

LANDE (L.-L.). *Un voyageur Français dans l'Ethiopie méridionale.* — (*Revue des Deux-Mondes*, décembre 1878, janvier 1879.)

LEJEAN (Guillaume). *L'Abyssinie en 1868 ; l'expédition anglaise et le roi Théodore II.* — (*Revue des Deux-Mondes*, 1er mars 1868.)

MOHAMMED-MOKHTAR. *Notes sur le pays de Harrar.* — (*Bulletin de la Société khédiviale de géographie du Caire*, avril 1877.)

RÉGIS (Louis). *Douze ans de séjour dans la Haute Ethiopie.* — (*Correspondant*, 25 mars 1869.)

RIVOIRE (Denis de). *L'Abyssinie pittoresque et commerçante.* — (*Explorateur*, 1877.)

ROHLFS (Gerhard). *Itinéraire en Abyssinie.* — (*Bulletin de la Société de géographie*, juillet 1868.)

SCHIMPER (Guillaume). *Ma captivité en Abyssinie.* — (*Mittheilungen de Gotha*, août 1868.)

VIVIEN DE SAINT-MARTIN. *Coup d'œil sur la géographie générale de l'Abyssinie.* — (*Annales des voyages*, avril 1868.)

# CHAPITRE III

## NIL MOYEN, MER ROUGE ET ISTHME DE SUEZ

### 1° RÉSUMÉ GÉOGRAPHIQUE

1° **Soudan à droite du Nil.** — La partie de l'ancien *Soudan égyptien*, située à droite du Nil Blanc, comprend : le **Dar-Bertat**, v. pr. *Famaka* et *Fazoql*; le **Sennaar**, v. pr. *Sennaar* (10 000 hab.); *Wholed-Medineh* (12 000 hab.); *Mesalamieh* (20 000), villes du Nil Bleu; *Abou-Araz*, au confluent du Rahad. — Le **Khartoum**, ch.-l. *Khartoum*, à 1600 kilomètres du Caire (altit. 388 m.), au confluent des deux Nils (30 000 hab.), entrepôt du commerce entre le haut Nil, l'Abyssinie, le Soudan, la mer Rouge, l'Égypte et l'Europe (environ 3 millions par an, surtout en ivoire, plumes d'autruche, poudre d'or, gomme, cire, musc, peaux, etc.). Les postes de commerce ou comptoirs des traitants sont fortifiés et portent le nom de *zeribas*. Le climat de Khartoum est très insalubre. — Le **Dar-Halfeya**, ch.-l. *Halfeya* ou *Halfiych* (3 000 hab.), en aval de Khartoum sur le Nil; — le **Kassala** ou **Taka**, ch.-l. *Kassala*, sur le March, v. pr. *Tomat*, au confluent de l'Atbara et du Sétit.

2° **Nubie.** — Située dans le bassin du Nil moyen, entre le confluent de l'Atbara, la mer Rouge et Assouan, on la divise en deux parties : 1° la **Haute Nubie**, villes principales : *Chendy* (1 000 hab.), dans le Dar-Chendy (ancienne île de Meroë); *Damer*, presqu'au confluent de l'Atbara, centre d'écoles arabes de propagande pour l'islamisme; *Berber*, en aval du confluent de l'Atbara, en relation avec le port de Souakin, par une route de caravane; *Abou-Kachim*; *Abou-Hammed*, au premier grand coude du Nil, où vient aboutir la route des caravanes venant de Korosko à travers le désert; *Dongolah* ou *Marrakah*; *El-Ordeh*; — 2° la **Basse Nubie**, villes principales : *Soleb*, *Dal*, *Semneh*, *Wadi-Halfa*, près de l'avant-dernière cataracte du Nil; *Ebsamboul* et *Ibrim*, de chaque côté du fleuve; *Derr* (3 000 hab.).

3° **Mer Rouge.** — La *mer Rouge* ou golfe *Arabique* (Bahr-Hidjaz), longue de 2 250 kilomètres, large de 200 à 300 environ, s'étend du nord-ouest au sud-est; elle se termine au nord par deux golfes profonds et étroits : à l'est, celui d'*Akabah*, à l'ouest, celui de *Suez*, rattaché à la Méditerranée par le canal maritime; — au sud, par le détroit de *Bab-el-Mandeb* (porte de l'affliction). Ce détroit qui fait communiquer la mer Rouge avec le golfe d'Aden et la mer des Indes, a 26 kilomètres à son entrée; l'îlot de *Périm*, rocher aride (long. 5 500 m., larg. 1 800 m., alt. 70 m.), le partage en deux passes : celle de l'Arabie, la plus petite, 3 kilomètres un quart (*Bab-el-Menheli*); celle d'Afrique, 20 kilomètres. La côte sud-ouest possède un havre spacieux et commode. Les Anglais ont occupé l'île en 1857, y ont élevé un phare, construit des batteries, établi une garnison.

La mer Rouge est bordée de chaînes volcaniques élevées; ses rivages

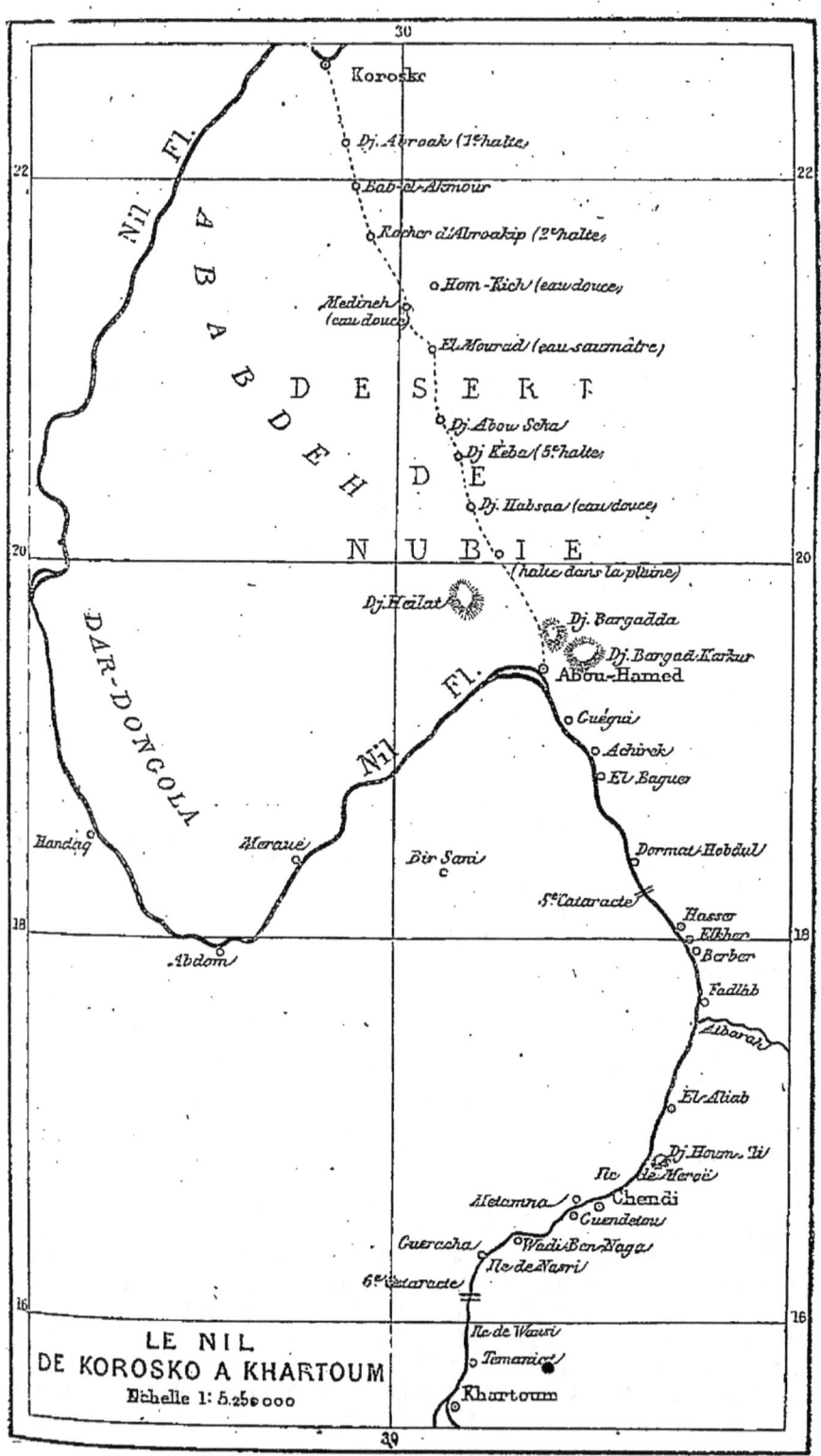

LE NIL DE KOROSKO A KHARTOUM
Échelle 1: 5.250.000

sont semés d'îlots, de récifs, de bancs de corail, mais un chenal, large et profond au centre, livre aux navires un passage facile; la chaleur y est étouffante; les vents du nord-ouest y soufflent environ huit mois; ceux du nord-est quatre mois. L'évaporation est très considérable, l'eau très salée; un courant venu du sud entretient le niveau d'eau. La mer Rouge ne recevant que des cours d'eau insignifiants, le *Chor Baraka* (Tokar), grossi de l'*Aïn-Seba*, on a calculé que si elle était sans communication avec le golfe d'Aden, elle serait desséchée en soixante ans et deviendrait un chott marécageux.

Elle renferme des îles nombreuses : l'Egypte a celles de *Schedouan*, *Massaouah*, *Havakil*; l'Angleterre a les îles *Dahlak*, *Kamaran*, *Périm*; la France,

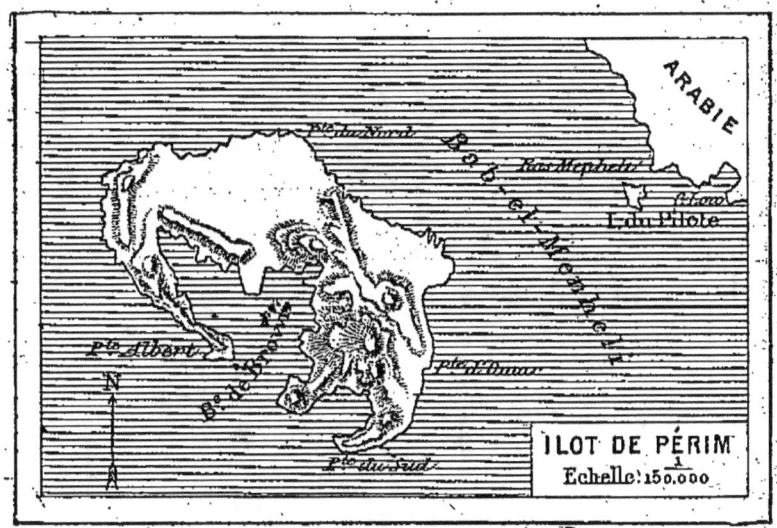

les îles *Dessi*. Plusieurs petits archipels se trouvent sur la côte asiatique, entre autres celui de *Farsan*. Les trois principaux ports sont *Kosseïr*, *Souakin*, *Massaouah* (égyptiens); les Italiens se sont établis dans la baie d'*Assab*, placée à 40 milles de Périm, à 150 d'Aden, hérissée de bancs de sable. Le territoire italien a 3 milles de diamètre; il est sans eau potable et stérile.

**Massaouah** ou Massawa, cédée par la Porte à l'Egypte en 1865, est à 440 kilomètres de Souakin, à 1890 de Suez, à 2043 du Caire. La ville est située sur une île séparée du continent par un canal large de 600 mètres, servant de mouillage aux navires. Les chaleurs y sont étouffantes. L'île n'en est pas moins le débouché des marchandises apportées par les caravanes d'Abyssinie, de Sennaar, de Gondar, du Kordofan et du Darfour. De là, elles sont dirigées sur l'Orient par Kosseïr, Suez, Djeddah, Aden. Le gouverneur de Massaouah dépendait du gouverneur général du Soudan. Un service de bateaux à vapeur égyptiens, avec trois départs par mois, dessert la côte de Suez à Massaouah.

**Souakin** est située dans une île, séparée de la côte par un chenal de 200 mètres. Elle est à 1450 kilomètres de Suez; ses abords sont gênés par les bancs de sable. Peuplée de 2000 habitants, la ville exporte surtout à Djeddah le beurre fondu, provenant de ses nombreux troupeaux. Au sud est *Tokar*. Souakin est relié à Berber par une route de caravanes.

**Bérénice**. Situé à 500 kilomètres de Kosséir, à 650 de Souakin, à 800 de Suez, ce port vaste et bien abrité a un accès difficile, à cause des bancs de corail; il était au temps des Ptolémées un des centres les plus importants du commerce égyptien. Bérénice est relié à Edfou par une route de caravanes.

**Kosséir.** Port situé à 500 kilomètres de Suez, peuplé de 2 500 habi-

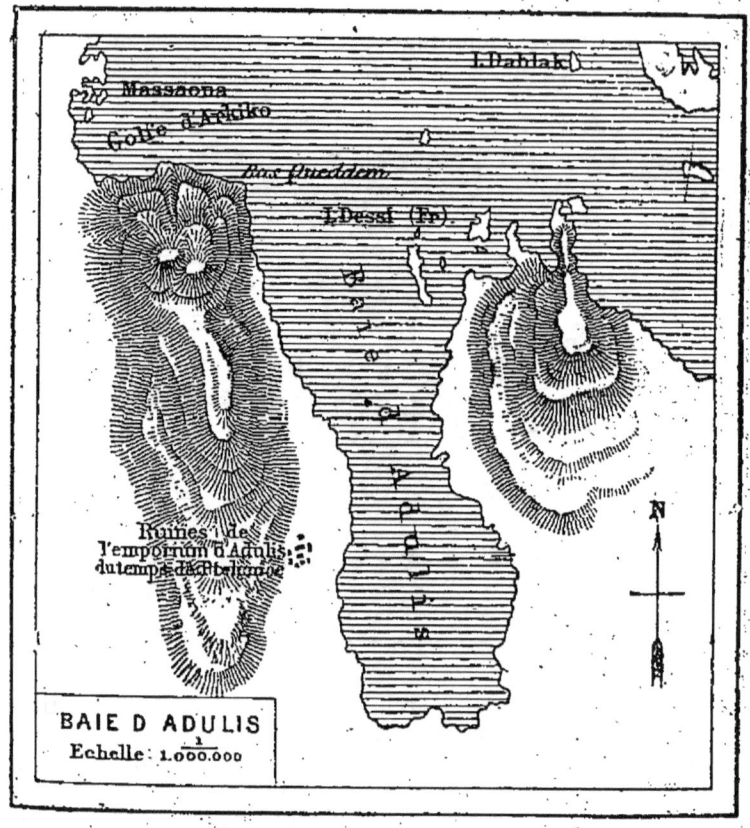

tants, salubre, quoique dépourvu d'eau potable; on recueille l'eau dans des citernes. La ville est rattachée à Keneh par une route de caravanes.

4° **Côte des Ĉomalis; mer des Indes.** — Au sud du détroit de Bab-el-Mandeb s'ouvre le golfe d'Aden. La côte africaine s'enfonce à l'ouest et forme entre le cap *Bir* et *Zeïlah*, la baie de *Tadjoura*, sur laquelle les Français ont acquis (1862) le territoire d'*Obock*, et les Anglais les îles *Moussa*, à 12 milles de Tadjoura.

**Obock**, dont l'importance avait été signalée dès 1849 par M. *Rolland*, consul de France à Massaouah, fut acheté habilement aux chefs indigènes par M. *Henry Lambert*, consul français à Aden, au moment où les Anglais occupaient Périm, et où commençait le percement de l'isthme de Suez. La convention fut ratifiée par le gouvernement en 1862[1]. « Le port d'Obock

---

1. M. Henry Lambert n'eut pas la satisfaction de prendre possession de la

» offre deux mouillages parfaitement abrités par les falaises et les bancs
» de coraux. Les profondeurs sont suffisantes pour l'établissement d'un
» port et l'accès des navires de haut tonnage. Par là, Obock a une supé-
» riorité marquée sur Aden. Aden, le port anglais, où actuellement tous
» nos navires sont forcés de se ravitailler, bâti sur un roc stérile, manque
» d'eau potable. L'eau de mer distillée s'y vend 22$^{fr}$,50 la tonne, et le
» charbon de 60 à 65 francs la tonne. La vallée d'Obock, au contraire,

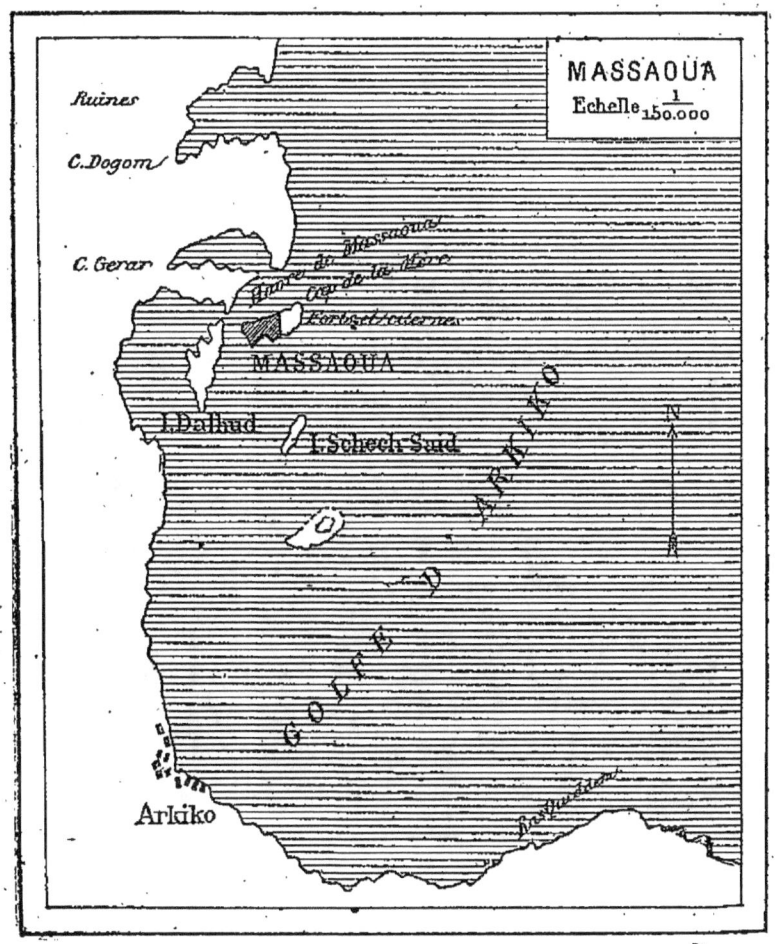

» repose la vue par son aspect verdoyant d'oasis africaines; l'eau y est
» abondante et ne coûte que la peine de la puiser. On a sous la main du
» bois, de la pierre, de la chaux, de l'argile, en un mot, tous les matériaux

nouvelle colonie au nom de la France. Tandis que se poursuivaient lentement
les négociations dont il était l'agent clairvoyant et laborieux, il fut assassiné
dans une embuscade par des bandits arabes, qui jetèrent à la mer son cadavre.
En 1863, MM. Goltdammer et Capitaine plantèrent à Obock le drapeau de la
France: en 1864, le lieutenant de vaisseau Salmon, alors commandant du *Surcouf*,
fit l'hydrographie du port et releva la côte de la baie.

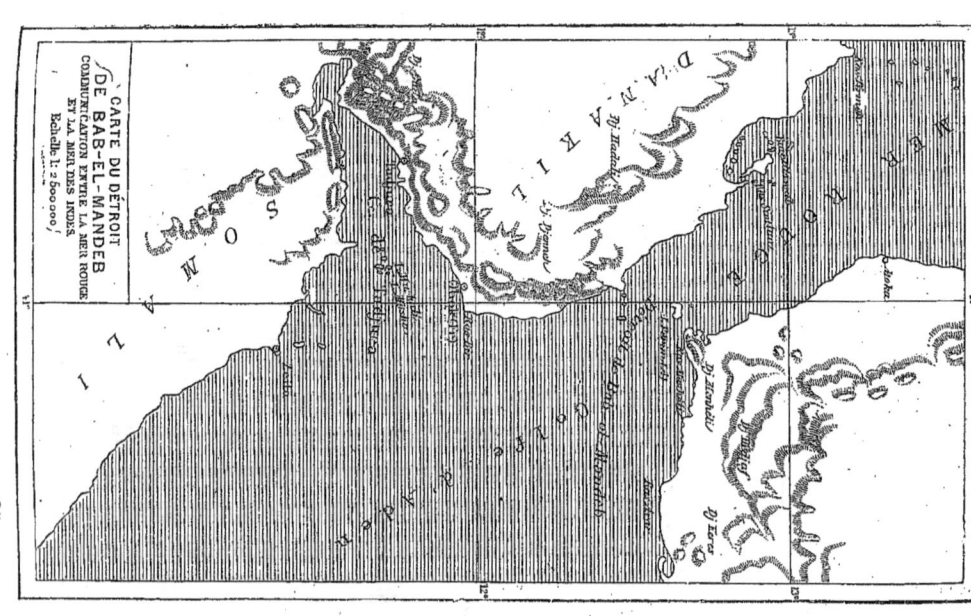

» offre deux mouillages parfaitement abrités par les falaises et les bancs
» de coraux. Les profondeurs sont suffisantes pour l'établissement d'un
» port et l'accès des navires de haut tonnage. Par là, Obock a une supé-
» riorité marquée sur Aden. Aden, le port anglais, où actuellement tous
» nos navires sont forcés de se ravitailler, bâti sur un roc stérile, manque
» d'eau potable. L'eau de mer distillée s'y vend 22$^{fr}$,50 la tonne, et le
» charbon de 60 à 65 francs la tonne. La vallée d'Obock, au contraire,

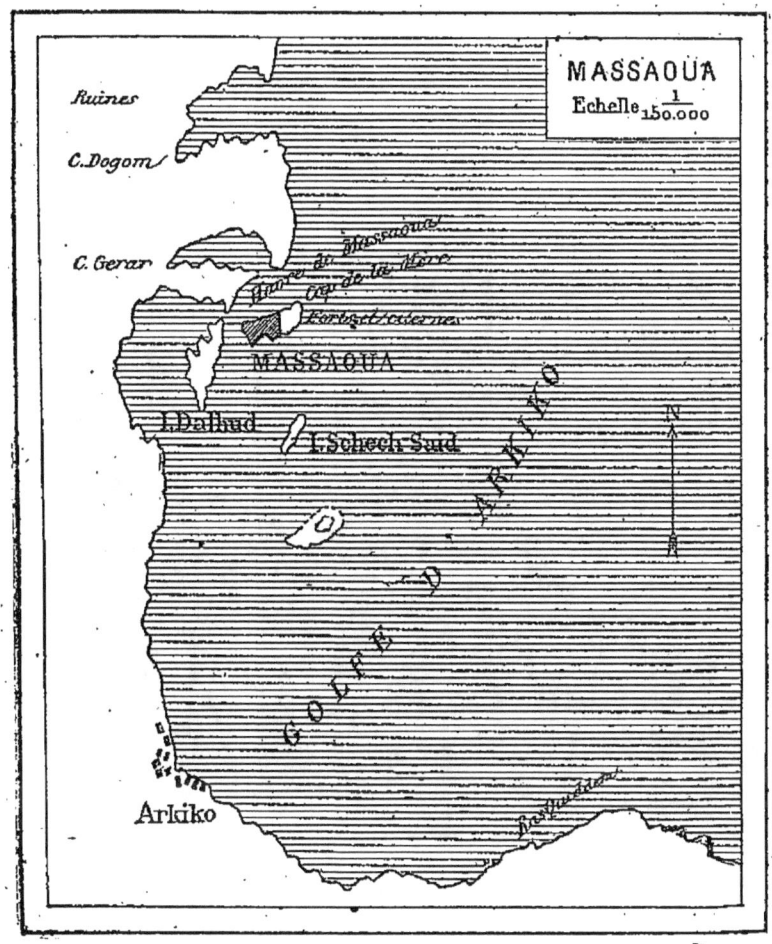

» repose la vue par son aspect verdoyant d'oasis africaines; l'eau y est
» abondante et ne coûte que la peine de la puiser. On a sous la main du
» bois, de la pierre, de la chaux, de l'argile, en un mot, tous les matériaux

nouvelle colonie au nom de la France. Tandis que se poursuivaient lentement
les négociations dont il était l'agent clairvoyant et laborieux, il fut assassiné
dans une embuscade par des bandits arabes, qui jetèrent à la mer son cadavre.
En 1863, MM. Goltdammer et Capitaine plantèrent à Obock le drapeau de la
France: en 1864, le lieutenant de vaisseau Salmon, alors commandant du *Surcouf*,
fit l'hydrographie du port et releva la côte de la baie.

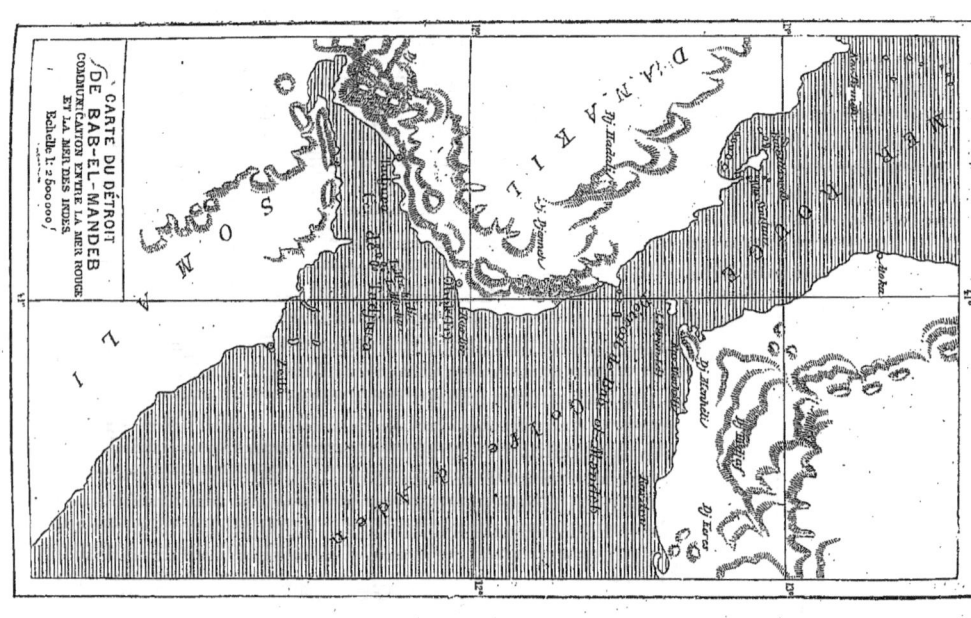

» de construction. Il suffirait d'établir un parc à charbons et un warf pour
» faire d'Obock un point de relâche et de ravitaillement supérieur à
» Aden[1]. »

Le climat d'Obock est sain, d'après les rapports du docteur Hamon, le sol propre à la culture de certaines céréales, des légumes, des arbres fruitiers tropicaux; le gibier et le poisson sont abondants; les Danakils, dans le voisinage, nourrissent des troupeaux. L'industrie du sel sur les côtes pourrait fournir la matière d'un commerce important.

Plusieurs fois déjà, la baie de Tadjoura a attiré l'attention des explorateurs, surtout pour établir entre Obock et le royaume chrétien du Choa des relations commerciales régulières. En 1874, M. *Pierre Arnoux*, négociant français de Nice, eut l'idée de renouer avec le roi *Ménélick II*, les relations commencées jadis par M. *Rochet d'Héricourt* entre la France et *Sahlé Salassi*, aïeul de Ménélick. Le roi du Choa l'accueillit bien, lui accorda toutes les garanties désirables, le chargea de lettres et de présents pour le président de la République française, pour le Pape, le roi d'Italie et la reine d'Angleterre. Les perfidies d'*Abou-Bekr*, gouverneur de Zeilah, et peut-être la rivalité des Italiens, firent échouer ses projets. M. Arnoux a été assassiné en 1880 par les Danakils, dans un nouveau voyage au Choa. M. *Lucereau* a eu le même sort la même année chez les Ittou, tribu des Galla. Tous les deux ont été surtout victimes de la trahison d'Abou-Bekr. Le roi Ménélick n'en est pas moins resté fidèle à l'alliance de la France, et en 1881, un voyageur français, M. *Brémond*, après un séjour de quatre années dans le Choa, rapportait en France des présents destinés au président de la République. Depuis deux ans enfin, MM. *Soleillet* et *Chefneux*, sous la protection de Ménélick, s'efforcent d'attirer à Obock les caravanes indigènes et les marchands français. — En 1876, la Société italienne de géographie désigna pour chef d'une mission au Choa, un naturaliste, le marquis *Horace Antinori*, l'ingénieur *Chiarini* et le capitaine *Martini*. Des souscriptions généreuses firent face aux frais de cette exploration. L'évêque italien *Massaya*, établi depuis trente ans au Choa, et conseiller intime de Ménélick, servit d'intermédiaire. La mission fut aussi en butte à la malveillance et à la rapacité d'Abou-Bekr; avant d'atteindre Ankobar, elle fut presque entièrement dépouillée. Antinori obtint du roi une concession de terrain, et fonda, sur le versant oriental des montagnes du Choa, à Leit-Marafia, près de Farré, une station scientifique et hospitalière. Il y poursuit depuis six ans avec courage ses recherches botaniques et zoologiques.

**Harar.** — De Zeila, la côte se dirige vers l'est jusqu'au promontoire de *Guardafui*; c'est le pays des *Danakils* ou *Adels*, ou *Afar*, musulmans soumis à la confrérie des Senousi, nomades, pillards et féroces; le sol bas, brûlant et aride sur la mer est montueux et escarpé à l'intérieur. Sur ce littoral s'étend le pays de *Harar*, récemment conquis par les Égyptiens, capitale *Adar* ou Harar (10 000 hab.), ville sainte dont l'accès est rigoureusement interdit aux infidèles. En 1879, une expédition italienne composée de seize personnes, et conduite par M. *Giuletti*, a tenté de pénétrer dans l'Harar; elle a été massacrée tout entière à Daddato, près de Mascoa, par les Danakils. A l'Égypte appartient encore le port de *Berberah*, excellent mouillage fréquenté par les caravanes du Harar et les petits bâtiments de la Perse, de Mascate, de l'Arabie, de l'Inde, de Zanzibar.

---

1. H. David, Obock, port français. — (*Revue scientifique*, 26 janvier 1884.)

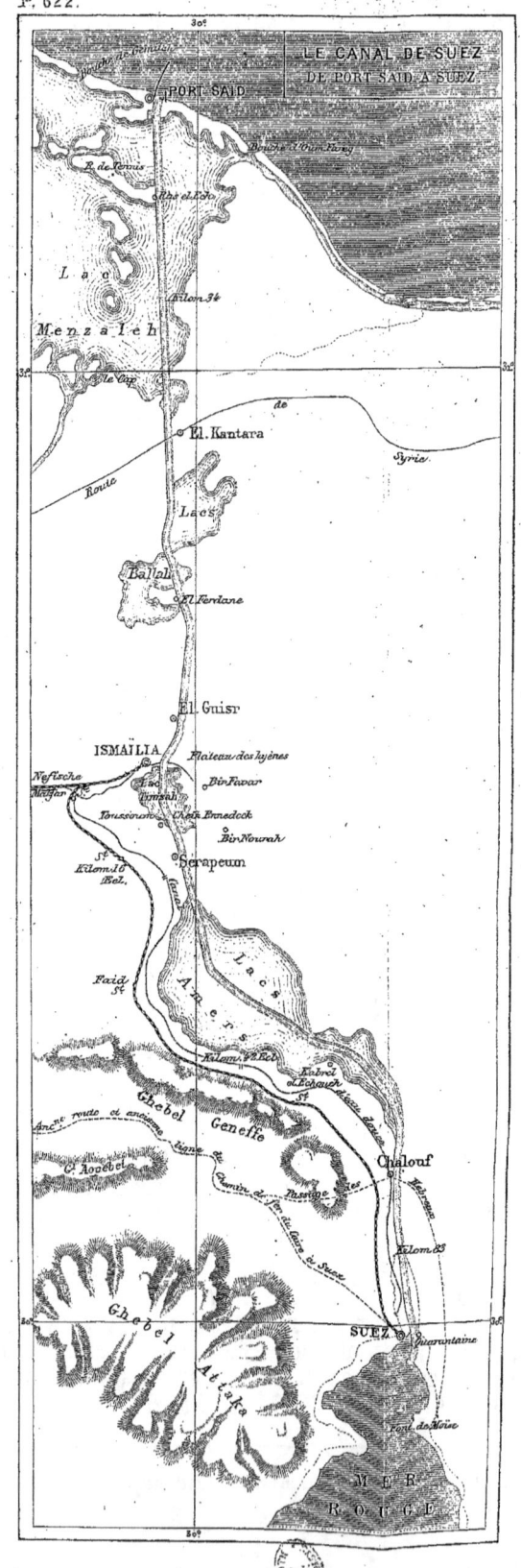

Çomalis. — Le pays des Çòmalis forme le vaste triangle qui a pour base les plateaux du *Kaffa*, et pour sommet le cap *Guardafui*. Il comprend trois régions ; le littoral où sont les villes (*bender*), les hautes montagnes qui le longent, et l'intérieur, grand plateau couronné de hautes montagnes où vivent les nomades avec leurs troupeaux. Le climat est variable ; le thermomètre, au bord de la mer, s'élève jusqu'à 34° ; sur le plateau de l'intérieur, à Karkar, il monte jusqu'à 45° et 55° au soleil, à 29° à l'ombre ; dans les hautes montagnes, il descend à 11°. Le Khamsin y souffle parfois avec fureur, ne laissant debout que les forteresses et les mosquées. Le sol porte fréquemment la trace de soulèvements volcaniques ; il est en général aride, pierreux ou argileux, couvert çà et là d'acacias, de cactus et autres arbres épineux. On y rencontre partout des silex, des tumuli et des débris de constructions antiques. Les lits des torrents qui le sillonnent sont desséchés une grande partie de l'année, et coulent à pleins bords pendant la saison des pluies ; les uns sont tributaires du golfe d'Aden, les autres de l'océan Indien. Le seul qui mérite quelque attention est le *Darror* dont la vallée a été explorée par M. Révoil en 1880.

« Le Darror descend des monts *Hadaftemo* dans la direction ouest-est.
» Il se déverse à Haffoûn dans l'océan Indien, et après avoir traversé une
» grande vallée aride, désolée, et de grands pacages où paissent de nom-
» breux troupeaux. J'ai reconnu son lit en trois stations. A sec au moment
» où nous le traversions avec ma caravane, je l'ai vu couler à pleins bords
» en moins d'une heure, après une forte pluie, entraînant impitoyable-
» ment dans sa course furibonde tout ce qui semblait s'opposer à son pas-
» sage. » — (G. Révoil, *La vallée du Darror*, p. 323.)

Les tribus Çòmalis sont : dans la région du cap Guardafui, les *Medjour-tines* ; dans les montagnes du centre (monts *Hadaftemo*, *Almedo*), les *Ouarsanguelis* et les *Guerajis* ; au sud de la vallée du Darror, les *Dolbohantes*. Elles professent un islamisme mêlé de superstitions, sont barbares, et pour la plupart nomades, vivant du produit de leurs troupeaux, ou du vol et des razzias. La population est clairsemée (30 000 hab.) ; les seules agglomérations d'habitants sont dans les ports du littoral, *Alloula*, *Meraya*, *Gasem*, *Durduri*, *Lasgore*, au nord ; *Tohen*, *Deilah*, à l'est.

La faune et la flore sont pauvres chez les Çòmalis. Le pays nourrit des *chameaux, chevaux, ânes, bœufs, chèvres et moutons domestiques* ; des *guépards, hyènes, chacals, autruches, antilopes, gazelles et chiens sauvages*. On cultive sur le littoral un peu de *riz* et quelques *dattiers*. — Le commerce est entre les mains des Arabes et Banians, et se fait sur tout par les ports de Lasgoré et Bender-Gasem où se rendent les caravanes venant du pays de Karkar et de la contrée des Ouarsanguelis. Elles apportent des *gommes*, des *plumes d'autruche*, de l'*encens*, de la *myrrhe*, des *nacres*, des *perles*. Les acheteurs expédient ces produits à Makallah, Aden, Djeddah et Bombay.

# LE CANAL DE SUEZ

#### NOTICE HISTORIQUE

**L'Isthme.** — L'Afrique et l'Asie étaient naguère rattachées l'une à l'autre par une étroite langue de terre, large d'environ 120 kilom. entre la Méditerranée et la mer Rouge, déprimée en son milieu, à l'intersection de deux plaines inégales, qui s'élèvent, l'une à l'ouest, vers l'Egypte, l'autre à l'est, vers les collines de l'Asie occidentale. Dans les temps primitifs la mer paraît avoir recouvert la vallée de cet isthme ; les deux lacs Amers, le lac Timsah, portent les traces évidentes du séjour des eaux de la mer. Une dépression étroite, longue de 40 kilom., l'ouadi Touilah, fait communiquer le lac Timsah au delta du Nil ; aujourd'hui inculte et déserte, cette vallée fut autrefois le pays fertile de Gessen, terre de pâturages où, suivant la Bible, Joseph ouvrit un asile à sa famille, et où pendant plus de quatre siècles, se multiplièrent les Hébreux.

**Les tentatives de percement avant le dix-neuvième siècle.**
— Les projets de jonction des deux mers remontent à une antiquité reculée. La tradition arabe reporte les premiers travaux au temps d'Abraham, la tradition grecque à l'époque de Sésostris. Tous les travaux entrepris dans l'antiquité avaient pour but la jonction du Nil et de la mer Rouge et non des deux mers entre elles. Le géographe *Strabon* attribue le premier canal à Sésostris (Rhamsès II Meïamoun), et un savant égyptologue moderne, *sir Gardner Wilkinson*, prétend avoir découvert dans les ruines d'Abou-Keycheid, à l'ouest des lacs amers, un monument consacré à Rhamsès, qui fut élevé durant l'exécution du canal par ce pharaon. Mais le plus ancien canal, dont les textes historiques fassent mention, fut creusé au temps de la vingt-sixième dynastie égyptienne par ordre de *Nékos II* ou *Néchao*, fils et successeur de Psammétick. L'œuvre, restée inachevée, fut continuée par *Darius*, et terminée seulement par *Ptolémée II*[1]. Au temps de Cléopâtre, la communication n'existait plus entre le Nil et la mer Rouge. Les historiens arabes s'accordent à raconter que sous le khalife Omar, vers 640 ap. J.-C., son lieutenant *Amroû*, conquérant de l'Egypte, fit rouvrir le canal : pendant cent vingt-cinq ans, il fut sillonné par les navires, jusqu'au jour (vers 767) où le khalife abbasside *Almanzor* le fit combler en partie[2]. La section située entre le Caire et le lac Timsah resta longtemps ouverte, mais toute communication fut interrompue avec la mer de Kolzoum (mer Rouge). Des vestiges de digues en maçonnerie, qui se voient encore au fond du golfe de Suez, marquent l'endroit où aboutissait le canal d'eau douce. Après la découverte du cap de Bonne-Espérance, les Portugais supprimèrent le commerce et la

---

1. « Nékos mit la première main au canal qui conduit à la mer Rouge, et que le
» Perse Darius acheva. Sa longueur est de quatre jours de navigation, et il est
» assez large pour que deux trirèmes puissent, à la rame, marcher de front. Il
» prend l'eau du Nil un peu au-dessus de la ville de Bubastis (Zagazig) et passe
» à la ville arabe de Patumos, puis il se jette dans la mer Rouge. En le creu-
» sant, 120 000 Egyptiens périrent. Nékos s'arrêta à la moitié de l'œuvre, em-
» pêché par un oracle qui lui déclara qu'il travaillait pour un barbare. »
— (Hérodote, II, CLVIII.)

« Un canal, construit à force de bras, s'étend de la bouche Pélusiaque jus-
» qu'au golfe Arabique et à la mer Rouge. Nékos, fils de Psammétik, commença
» à faire construire ce canal ; Darius, roi de Perse, le continua, mais il le laissa
» inachevé, car il avait appris que s'il perçait le détroit, il inonderait toute
» l'Egypte. On lui avait en effet démontré que le niveau de la mer Rouge est
» plus élevé que le sol d'Egypte. Plus tard, Ptolémée II y mit la dernière
» main, et fit construire une écluse dans l'endroit le plus favorable ; on l'ouvre
» quand on veut traverser le canal, et on la ferme ensuite exactement. Ce canal
» est appelé *fleuve de Ptolémée*. A son embouchure est située la ville d'Arsinoë. »
— (Diodore de Sicile, *Bibliothèque historique*, I, XXXIII.)

2. V. Maçoudi, *Les Prairies d'or*, t. IV, cité par M. Cherbonneau, *Les géographes arabes au moyen âge.* — (*Revue de géographie*, février-avril 1881.)

navigation de la mer Rouge; les guerres maritimes du seizième siècle empêchèrent tout nouveau projet de percement.

**Les projets de communication au dix-neuvième siècle.** — Au nombre des questions scientifiques proposées à l'examen de l'Institut d'Egypte par Bonaparte, figurait celle de la réunion des deux mers. L'ingénieur des ponts et chaussées Lepère fut particulièrement chargé de l'étude du terrain et de la préparation d'un projet de canal. Lepère et ses collaborateurs passèrent neuf mois dans l'isthme, sous la garde d'une centaine de soldats, exposés aux privations et aux périls de toute sorte, menacés par les indigènes, manquant d'abris, parfois d'eau; les travaux de nivellement n'eurent pas toute la précision désirable, et le rapport du chef de la mission contenait une grave erreur; il affirmait que le niveau de la mer Rouge à Suez était de $9^m,90$ supérieur au niveau de la Méditerranée, tandis qu'on a acquis depuis la certitude que le niveau des deux mers est presque le même. Lepère proposait d'ouvrir pour le commerce intérieur et de transit, un canal d'Alexandrie à Suez, composé d'une succession de biefs avec écluses, et pour le transit des navires, un canal à écluses, dérivé du Nil, aboutissant à Péluse dans la Méditerranée, et à Suez dans la mer Rouge. Le projet ne fut pas adopté. L'Egypte, par sa admirable situation géographique, à l'extrémité orientale de la Méditerranée, au débouché des trois continents de l'Ancien-Monde, était la clef du passage entre l'Occident et l'Orient, entre l'Angleterre et l'Inde. On peut s'étonner que la Grande-Bretagne, qui venait de conquérir un immense empire colonial de l'Indus au golfe de Bengale, et de Ceylan à l'Himalaya, n'ait pas la première, usé de toute son influence pour rétablir le transit entre l'Europe et l'Asie par l'Egypte. En 1823 et en 1826, le gouvernement de Bombay proposa d'établir un service de navigation entre Suez et l'Inde, mais l'offre fut rejetée. En 1829, un officier anglais, *Waghorn*, émit l'idée de faire passer par l'Egypte les dépêches de l'Angleterre destinées à l'Inde. La métropole ne l'encourageant pas, il exécuta son dessein à ses risques et périls. On le vit à plusieurs reprises, et avec une constance et une intrépidité héroïques, venir chercher à Alexandrie les courriers pour l'Inde, traverser l'Egypte et le désert à dos de chameau, la mer Rouge sur des caboteurs, et, malgré les difficultés et les imperfections de ces transports, démontrer combien cette nouvelle route postale était plus courte que celle du cap de Bonne-Espérance. Le buste de Waghorn, érigé par les soins de la Compagnie universelle du canal de Suez, s'élève aujourd'hui dans un des squares de Suez. En 1834, sur les instances du major *Chesney*, qui soutint hardiment que la vraie route de l'Inde était l'Egypte, et qu'il fallait tracer un canal entre Péluse et Suez, une enquête fut ordonnée par l'Angleterre. Trois ans après, une ligne régulière de paquebots était installée entre l'Inde et Suez, on la relia à la ligne d'Alexandrie à Londres par un service de diligences, véhicules lourds et peu confortables, vrais coffres de bois, munis de larges roues, traînés sur le sable par quatre chevaux, qu'on remplaçait de distance en distance, et qui franchissaient en quinze heures les 140 kilom. qui séparent le Caire de Suez. La traversée était fatigante, mais elle était rapide : les voyageurs affluèrent, il fallut améliorer les moyens de transport; le chemin de fer d'Alexandrie au Caire fut prolongé jusqu'à Suez (1857).

En même temps se préparaient les projets de réunion des deux mers. M. *Talabot*, ingénieur français, en 1847, proposa un canal de jonction dérivant du Nil, ayant ses deux extrémités à Alexandrie et à Suez, et coupant le Nil soit par un passage à niveau, soit par un pont-canal, jeté sur le fleuve. Deux autres ingénieurs français, MM. *Alexis* et *Emile Barrault*, firent le plan d'un canal, qui partait de Suez, se dirigeait vers le lac de Menzaleh, coupait les bouches du Nil près de la mer, pour ne pas gêner l'irrigation du Delta, et aboutissait à Alexandrie, après un trajet de 500 kilomètres. Ces deux projets, étudiés avec soin, et soumis à l'examen d'une commission d'enquête, n'eurent pas de suite.

## Projet de M. de Lesseps.

C'est alors que M. **Ferdinand de Lesseps** prit l'initiative de l'entreprise qu'il sut mener à bonne fin. M. de Lesseps n'était pas ingénieur ; il avait passé de longues années dans la diplomatie, comme son père, M. le comte *Mathieu de Lesseps*, premier représentant de la France en Egypte après la retraite de l'expédition de 1798, qui avait été l'ami de Mohammed-Ali, et avait servi la fortune du pacha révolté. Consul de France en Egypte de 1831 à 1838, M. F. de Lesseps avait gagné l'affection du vice-roi et de sa famille, et conquis une immense popularité auprès du peuple par sa droiture, sa fermeté, sa bonté, et surtout par son admirable dévouement pendant la peste de 1835, à Alexandrie. Dès son avènement à la vice-royauté d'Egypte (juillet 1854), *Mohammed-Saïd*, successeur de son neveu Abbas-Pacha, manda auprès de lui son ami M. de Lesseps. Au cours du voyage qu'ils firent ensemble pour se rendre au Caire à travers le désert de Libye, M. de Lesseps entretint le khédive du percement de l'isthme de Suez, et n'eut pas de peine à le convaincre. Il exposa ses vues dans un mémoire demandé par le vice-roi, et quelques semaines après il était autorisé par un firman à former une compagnie de capitalistes de toutes les nations.

La Compagnie avait pour objet 1° *la construction d'un canal maritime du golfe de Suez au golfe de Péluse;* 2° *la construction d'un canal de navigation fluviale et d'irrigation joignant le Nil au canal maritime, du Caire au lac Timsah;* 3° *la construction de deux canaux de dérivation, détachés du précédent, l'un vers Suez, et l'autre vers le golfe de Péluse;* 4° *l'exploitation de ces canaux;* 5° *l'exploitation de 63 000 hectares de terrains concédés*[1].

Le firman promettait à la Compagnie le concours du vice-roi, et fixait la durée de la concession à quatre-vingt-dix-neuf ans, à partir du jour de l'ouverture du canal[2]. Les études préliminaires furent confiées à deux ingénieurs français d'une haute capacité, déjà au service de l'Egypte, MM. *Linant-Bey* et *Mougel-Bey* : ce dernier était chargé de la direction des travaux du barrage du Nil. L'exploration minutieuse de l'isthme aboutit au tracé d'un canal maritime direct entre les deux mers. Les mémoires des deux ingénieurs, leurs devis, leurs conclusions furent soumis à une commission internationale composée de marins, d'hydrographes et d'ingénieurs d'élite fournis par la plupart des Etats européens, France, Angleterre, Autriche,

---

1. En 1862, la Compagnie agrandit son domaine par diverses acquisitions à Damiette, Boulak, etc., et l'achat de la propriété de l'Ouady, de 9000 hectares. Par diverses conventions signées de 1863 à 1869, la Compagnie a rétrocédé ces concessions et acquisitions au vice-roi, et n'a gardé que « l'exploitation, l'entretien et l'augmentation du canal maritime. » (23 avril 1869).
2. Le second acte de concession daté du 5 février 1856, donnait l'autorisation d'exécuter les travaux du percement, dès que la ratification de la Sublime Porte serait obtenue. La Porte ne donna son « autorisation souveraine » que le 19 mars 1866 : la Compagnie était constituée dès 1858, et les deux tiers des travaux exécutés.

Prusse, Italie, Espagne : MM. le contre-amiral *Rigault de Genouilly* et le capitaine *Jaurès* y représentaient la France : la commission fut présidée par M. *Conrad*, inspecteur du Waterstaat en Hollande. Elle adopta le projet de MM. Mougel et Linant-Bey, en le modifiant. Elle fut d'avis notamment de supprimer les écluses, d'élargir le chenal du canal, d'en éclairer les abords maritimes par des phares, elle ramena à l'ouest le point de débouché dans la Méditerranée, décida la création d'un port muni de jetées, et proposa de le nommer *Port-Saïd* en l'honneur du souverain de l'Égypte.

Le canal des deux mers, partant de Suez, devait se diriger à travers les rochers de *Chalouf*, vers les *lacs Amers*, les traverser sans berges, entre balises, percer le seuil du *Serapeum*, franchir le lac *Timsah*, couper le seuil d'*El-Guisr*, le lac *Ballah* et la partie orientale du lac *Menzaleh* pour aboutir un peu à l'ouest du golfe de *Péluse*. Au canal maritime devait être ajouté un canal d'eau douce pour l'alimentation, l'irrigation et la navigation : ce canal aurait son point de départ sur le Nil à Boulak, passerait à Belbéis, et aboutirait au lac Timsah ; deux embranchements dirigés l'un au nord, sur Port-Saïd, l'autre au sud, sur Suez, conduiraient l'eau du Nil le long du canal. Les semis et plantations, utiles pour fixer les dunes et prévenir les ensablements, étaient prévus dans ce projet grandiose. L'acte définitif de concession fut promulgué le 5 janvier 1856 : la Compagnie était autorisée à percevoir, pour les droits de navigation, 10 francs par tonne et 10 francs par passage, et un droit déterminé d'après des tarifs pour l'eau douce qui pourrait être prise dans ses réservoirs et ses conduites.

Une souscription publique de 200 millions, ouverte le 25 novembre 1858 en France et à l'étranger, fut couverte en trois semaines : sur 400 000 titres, la France en avait souscrit 220 000 [1]. Le premier coup de pioche fut donné solennellement le 25 avril 1859, en présence de M. de Lesseps, des administrateurs délégués, des ingénieurs et entrepreneurs : les travaux commencèrent immédiatement ; mais quelques mois après, le ministre des finances de Turquie, *Mouktar-Bey*, apportait au khédive l'ordre du sultan de les suspendre. L'Angleterre s'opposait au percement.

**L'opposition de l'Angleterre.** — Lorsque M. de Lesseps, en 1855, s'était rendu à Constantinople pour obtenir du sultan la ratification de l'acte du khédive, il avait trouvé l'accueil le plus favorable auprès d'*Abdul-Medjid* et de ses ministres. Mais les lenteurs ordinaires de la diplomatie ottomane furent prolongées par l'intervention malveillante de l'Angleterre : les

---

[1]. Parmi les souscripteurs français, le corps des ponts-et-chaussées avait fourni 249 souscripteurs ; la magistrature, 267 ; les banquiers et agents de change, 369 ; les médecins, 433 ; les instituteurs et professeurs, 434 ; le clergé, 480 ; les notaires, avocats et avoués, 819 ; les artisans et les mécaniciens, 910 ; l'armée et la marine, 973 ; les hauts fonctionnaires publics et administrateurs, 1 309 ; les employés, 2 195 ; les commerçants et industriels, 4 763 ; les propriétaires et rentiers, 6 929 ; les souscripteurs non classés, 1 099.

« J'ai été témoin pendant cette souscription de faits curieux. Deux personnes
» demandaient à souscrire. L'un était un vieux prêtre chauve, sans doute ancien
» militaire, qui me dit : « Ces Anglais, je suis heureux de pouvoir me venger
» d'eux en prenant des actions sur le canal de Suez. » L'autre était un homme
» bien mis. Je ne sais quelle était sa profession. « Je veux, dit-il, souscrire pour
» *le chemin de fer de l'île de Suède*. » Mais, lui fit-on observer, ce n'est pas un
» chemin de fer, c'est un canal ; ce n'est pas une île, c'est un isthme ; ce n'est
» pas en Suède, c'est à Suez. — Cela m'est égal, répliqua-t-il ; pourvu que cela
» soit contre les Anglais, je souscris. » — (F. DE LESSEPS, *Journal et documents*, 5ᵉ série, p. 380.)

instances de M. de Lesseps, les recommandations du grand vizir *Réchid-Packa* ne triomphaient pas de l'hostilité de l'ambassadeur de la Grande-Bretagne, lord *Strattford de Redcliffe*. M. de Lesseps passa outre, fit continuer les études, et partit pour l'Europe. Avant d'obtenir l'approbation des gouvernements, il se rendit maître de l'opinion publique : il sollicita et recueillit des adhésions presque universelles. La presse accueillit et discuta ses projets avec enthousiasme; les Chambres de commerce, les Sociétés savantes de tous les pays, les Compagnies de navigation, presque tous les Conseils généraux de France lui adressèrent des encouragements. En 1857, pour vaincre l'opposition anglaise, M. de Lesseps fit en Angleterre un voyage circulaire; dans des banquets et des meetings tenus à Liverpool, Manchester, Dublin, Cork, Belfast, Glasgow, Aberdeen, Edimbourg, Newcastle, Hull, Birmingham, Bristol, Londres, la propagande pour le canal de Suez, menée avec un merveilleux entrain, eut un succès général. M. de Lesseps fit un recueil de toutes les adresses votées dans les assemblées de ces grandes villes manufacturières et commerçantes, et l'adressa à chacun des membres des deux Chambres du Parlement, avec une dédicace piquante où il opposait l'opinion publique anglaise aux représentants officiels de cette opinion. Le cabinet britannique n'en persista pas moins dans son opposition passionnée et aveugle. La *Revue d'Edimbourg*, dont l'autorité est grande, avait combattu le projet de canal, comme une *question oiseuse*, comme une entreprise chimérique, inexécutable; le premier lord de la Trésorerie, lord *Palmerston*, ne voulut voir dans le percement de l'isthme qu'un danger pour les intérêts de l'Angleterre, un moyen d'isoler l'Egypte de la Turquie. Dans sa réponse à une interpellation de M. *Berkeley*, représentant de Bristol, le premier ministre, non content de présenter le projet comme « physiquement impraticable, » et « fondé sur des calculs éloignés concernant un accès plus aisé vers les possessions indiennes des Anglais », s'oublia jusqu'à dire à la tribune : « C'est une entreprise qui, je le crois,
» au point de vue commercial, peut être jugée comme étant au rang de ces
» nombreux projets d'attrape (*bubble*) qui de temps en temps sont tendus
» à la crédulité des capitalistes gobe-mouches. » Un des grands journaux de Londres, organe officieux du ministère, renchérissait sur la violence et les grossièretés du premier ministre, et après avoir prodigué les injures à M. de Lesseps, il ajoutait avec autant de clairvoyance que d'à-propos :
« Le canal est une invention des Bourbons de la branche aînée, patronnée
» par les d'Orléans, pour faciliter l'indépendance de l'Egypte et l'invasion
» des Indes par les Français[1]. »

---

1. On pourrait multiplier les témoignages, plus ou moins spirituels et légers, de la grande colère patriotique de certains journaux anglais qui prédisaient à qui mieux mieux la déconfiture des pauvres spéculateurs de Suez. Nous ne citerons que celui-ci, imprimé dans un journal de Londres fort répandu, à la suite de l'assemblée générale des actionnaires du canal du 15 mai 1860 : « L'allocution
» adressée par le grand prêtre de l'entreprise égyptienne au corps de souscrip-
» teurs le plus rempli d'abnégation et de confiance qui existe, présente, pour
» tout lecteur qui n'a pas encore noyé ses épargnes dans les sables du désert, un
» mirage aussi pittoresque et aussi attrayant que le désert lui-même peut l'offrir
» à des lèvres altérées et à des yeux éblouis. Le fameux Balbriggam, dont le
» patrimoine, hypothéqué jusqu'à la gorge, consistait en vastes marais salants
» auprès de la mer, était un enfant dans la science de l'imagination, comparé au
» grand découvreur d'une nouvelle Péluse, essayant de convaincre son audi-
» toire, à la salle Herz, que 250 Européens malades et 600 Arabes enrôlés de
» force qui constituent l'état-major du canal, sont en ce moment engagés à com-

Le langage de lord Palmerston provoqua une réprobation unanime dans la presse continentale. Les interpellations se multiplièrent dans le Parlement anglais ; M. de Lesseps y rencontra de chauds défenseurs, et parmi eux l'illustre député d'Oxford, M. *Gladstone*, qui rappela le cabinet au calme et au bon sens : « Ne faisons pas naître dans l'Europe, dit-il, l'opinion que la » possession de l'Inde par la Grande-Bretagne a besoin pour se maintenir » que l'Angleterre s'oppose à des mesures qui sont avantageuses aux inté- » rêts généraux de l'Europe[1]. »

M. de Lesseps avait publié, en réponse au ministre anglais, une protestation ferme et digne. Il fit mieux, et se vengea en homme d'esprit. Il eut avec lui une entrevue, et le remercia malicieusement de la réclame bruyante qu'il avait faite, sans le vouloir assurément, en faveur du canal de Suez. Le gouvernement français lui prêta main-forte, et sur ses représentations, le divan céda. Une commission de jurisconsultes français, consultée par Mohammed-Saïd, fit des réserves sur les droits de la Compagnie ; mais le conseil judiciaire de celle-ci leva les doutes du vice-roi, et l'éclatant succès de la souscription publique lui ôta ses derniers scrupules. Il inscrivit 177 642 actions sur les registres de la Dette égyptienne, et tint bon contre la pression de l'Angleterre. Il se rendit dans l'isthme en 1861, inspecta les opérations commencées, régla le travail des fellahs, fixa leur nombre à vingt mille, et pour le représenter officiellement, mit à leur tête un haut fonctionnaire égyptien. L'opposition de l'Angleterre durait toujours, mais les travaux ne furent pas interrompus. Sous la direction des ingénieurs Mougel et Voisin-Bey, on les avait divisés en quatre lots, et adjugés à MM. *Dussaud, Couvreux, Borel* et *Lavalley, Hiton*, entrepreneurs de travaux publics, de dragages et de terrassements. Le total des mètres cubes à extraire pour le creusement du canal avait été évalué à 75 millions.

En 1862, M. de Lesseps reçut la première récompense éclatante de sa persévérance. Le 18 novembre était le jour fixé pour l'inauguration de la première section du canal entre la mer Méditerranée et le lac Timsah. Debout sur l'estrade élevée au sommet de la tranchée, entouré des représentants de l'Europe, en présence du délégué du vice-roi, du grand muphti, des ulémas du Caire, de l'évêque catholique et de son clergé, des ingénieurs, des médecins, des chefs de chantiers et d'ateliers, et d'une multitude d'ouvriers de toutes nations, européens, fellahs et bédouins, disséminés sur les berges du canal, M. Ferdinand de Lesseps, montrant la digue que retenait les eaux : « Au nom de Son Altesse Mohammed-Saïd, s'écria-t-il, » qu'on ouvre un passage aux eaux de la Méditerranée. » Alors, au milieu d'un silence solennel, on vit par la coupure de la digue les eaux se précipiter en grondant dans le lac Timsah ; la musique joua l'air national d'Égypte, les ulémas invoquèrent Allah, et leur chef lut le procès-verbal

---

» pléter cette œuvre stupéfiante et sont assez forts pour le faire sans argent, » sans eau et sans pierre. Comment se fait-il que les meilleurs critiques français » soient toujours à se lamenter sur ce que la littérature de fiction est morte dans » un pays qui a produit un M. de Lesseps ? » — (Cité dans les *Documents du canal de Suez*, t. V.)

1. Un autre membre des Communes, M. Rœbuck, était plus énergique dans sa loyauté : « Il s'agit de l'honneur et de l'intérêt de l'Angleterre. Il me semble » qu'on sera d'avis que l'honneur de l'Angleterre a été sacrifié, que son grand » nom a été traîné dans la boue, et que nous nous sommes conduits d'une ma- » nière égoïste et basse dans la question du canal de Suez. »

qui constatait ce grand fait et dont il serait donné lecture dans toutes les mosquées d'Egypte.

Cette nouvelle, qui émut les deux mondes, ne vainquit pas entièrement la jalousie et l'égoïsme de l'Angleterre. En 1864, Mohammed-Saïd mourut. Au début du règne d'*Ismaïl-Pacha*, son successeur, de nouvelles intrigues compromirent encore une fois le succès de l'entreprise. Le gouvernement égyptien, retira l'important contingent d'ouvriers indigènes qu'il avait fourni aux termes de la concession. La Compagnie dut recourir aux engins mécaniques pour la continuation des travaux. MM. Borel et Lavalley inventèrent de grandes dragues à vapeur munies d'un couloir de 70 mètres qui pouvait transporter les déblais à 20 mètres de la berge. L'ensemble de ces puissants appareils représenta un total de dix mille chevaux-vapeur, capables de creuser en un an 18 millions de mètres cubes.

**L'inauguration du canal** (17 novembre 1869). — Enfin, après onze années d'un travail prodigieux, entravé par la diplomatie, par le choléra qui en 1865 fit dans l'isthme de nombreuses victimes, M. de Lesseps put fixer le jour de l'inauguration solennelle du canal de Suez, une des œuvres les plus grandioses du dix-neuvième siècle et de tous les temps. Elle eut lieu le 17 novembre 1869. « La presse universelle, la
» science, les arts, le commerce, l'industrie, toutes les forces intellec-
» tuelles et actives des nations avaient envoyé leurs représentants illustres
» et autorisés, et comme pour donner tout son relief à cette fête du tra-
» vail et de la conquête pacifique, les souverains, les princes, les ambas-
» sadeurs attitrés des puissances venaient la présider et conduire eux-mêmes
» cette manifestation de notre temps, inouïe dans les fastes du monde[1]. »

---

1. De Lesseps, *Journal et documents pour l'histoire du canal de Suez*, t. V, p. 318.

Toutefois l'inauguration n'eut pas lieu, au jour fixé, sans difficulté, sans de terribles émotions. M. de Lesseps en cite dans son journal quelques témoignages curieux ; nous lui emprunterons le suivant :

« Les ordres avaient été distribués pour faire partir le 17 au matin la flotte
» d'inauguration. Le soir du 16, nous avions tout organisé, quand à minuit, on
» m'annonce qu'une frégate égyptienne, le *Latif*, s'est échouée à 30 kilomètres
» de Port-Saïd, au milieu des eaux, c'est-à-dire que placée en travers, elle était
» montée sur une des berges, et barrait le passage. Aussitôt, je fis réunir les
» moyens nécessaires pour la deséchouer ; un bateau à vapeur avec des hommes
» fut expédié. Ils reviennent à deux heures et demie du matin, disant qu'il est
» impossible de faire bouger la frégate. Je ne voulus rien changer au pro-
» gramme du lendemain. Logiquement, j'avais tort, mais les faits ont prouvé
» que j'avais raison.

« A trois heures du matin, le vice-roi qui était parti pour Ismaïlia, afin d'y
» recevoir les souverains et les princes, apprenant l'échouage de la frégate, était
» revenu en toute hâte ; en passant, il avait fait faire des efforts inutiles pour
» soulever la frégate ; il m'appela à bord de son bateau, et je le trouvai dans une
» vive inquiétude, car les moments étaient comptés. Si nous avions remis l'inau-
» guration seulement au lendemain, qu'aurait-on dit ? Des dépêches commandées
» de Paris publiaient déjà que tout était perdu.

» Des secours puissants furent mis à la disposition du prince qui emmena
» avec lui un millier de marins de son escadre. Nous convînmes qu'il y avait
» trois moyens à employer : chercher d'abord à ramener le bâtiment dans le
» milieu du chenal, ou le coller sur les berges, et si ces deux moyens échouent,
» il y en a un troisième... Nous nous regardâmes en face, les yeux dans les
» yeux... « Le faire sauter ! s'écria le prince. — Oui, oui, c'est cela, ce sera
» magnifique ! » Et je l'embrassai. Mais au moins, ajouta le khédive en souriant,

A la cérémonie assistaient l'impératrice des Français, l'empereur d'Autriche, le prince royal de Prusse, le prince et la princesse des Pays-Bas, le khédive Ismaïl, l'émir Abd-el-Kader; 130 navires dont 50 vaisseaux de guerre, ayant à leur tête le grand yacht français l'*Aigle*, portant tous les pavillons de l'Europe, firent la traversée de Port-Saïd à Suez sans encombre, salués au passage par les hourrahs des indigènes.

**Les travaux du canal.** — A son entrée dans la Méditerranée, à Port-Saïd, le canal maritime a une largeur de 133 mètres; il traverse le désert presque en ligne droite du nord-ouest au sud-est, sur une longueur de 160 kilomètres; sa largeur, à la surface de l'eau, est de 68 à 100 mètres; au plafond, de 22 mètres; sa profondeur de 8 mètres, que les dragues maintiennent uniforme en tout temps. Du côté de l'Asie, les berges sont munies de poteaux surmontés de plaques où ont été gravées les distances en milles anglais; du côté de l'Afrique, les mesures sont prises en kilomètres. On compte treize gares ou stations entre Port-Saïd et Suez; les principales sont : *El-Kantara, El-Ferdane, Ismaïlia, Toussoum*. Le chenal est marqué par des balises placées de distance en distance. Le gouvernement égyptien a fait construire, pour éclairer la côte de la Méditerranée, quatre grands phares, à Rosette, au lac Bourlos, à Damiette, à Port-Saïd; ce dernier phare, d'une portée de plus de 20 milles, éclaire l'entrée du canal. C'est la Compagnie universelle qui a créé Port-Saïd. Outre le port principal, trois bassins y ont été établis, le bassin du *Commerce*, le bassin de l'*Arsenal*, le bassin *Chérif*; dans le premier, les caboteurs, les djermes arabes, les bateaux turcs, grecs, syriens, les dahabiehs égyptiennes débarquent leurs cargaisons; le deuxième, entouré par les magasins, bureaux, ateliers et chantiers de la Compagnie, renferme tout son matériel flottant, ses dragues, gabarres, remorqueurs, etc.; dans le troisième, viennent se ranger les grands navires, et en particulier ceux qui apportent d'Angleterre le charbon destiné à alimenter les vastes dépôts de Port-Saïd. En 1881, ils ont reçu 650 000 tonnes de houille; ils approvisionnent les grands transports et les paquebots des lignes de l'Inde et de la Chine. Deux jetées immenses, formées d'énormes blocs de béton, pesant chacun 20 000 kilogrammes, ferment l'avant-port, et ont résisté jusqu'à ce jour aux rudes assauts des vagues; l'une de ces jetées est longue de 2 500 mètres, l'autre de 1 900. Ces blocs artificiels, composés de sable et de chaux, extraite des carrières du Mex, près d'Alexandrie, sont fabriqués sur place, dans les chantiers de la Compagnie; plus de 25 000 ont déjà été immergés. Pour maintenir à l'entrée du chenal, et dans l'avant-port des fonds uniformes de 8 mètres, une énorme drague marine longue de 50 mètres, large de 9 et profonde de 3$^m$,50, mue par une puissante machine à vapeur, fonctionne régulièrement; et des

---

» attendrez-vous que j'aie enlevé ma frégate, et que je vous aie annoncé que le » passage est libre. » Je ne voulus pas même accorder ce répit.

» Le lendemain matin, j'arrivai à bord de l'*Aigle*, sans parler de l'accident à » personne. La flotte se mit en marche, et ce ne fut que cinq minutes avant » d'arriver à l'endroit de l'échouement, qu'un amiral égyptien monté sur un » petit bateau à vapeur, nous fit signe que le canal était dégagé. Lorsque nous « arrivâmes à Kantara, qui est à 34 kilomètres de Port-Saïd, le *Latif*, pavoisé, » nous salua de ses canons, et tout le monde fut enchanté de l'attention qu'on » avait eue de placer ainsi cette grande frégate au passage de la flotte d'inaugu- » ration. » — (F. DE LESSEPS, *Lettres, journal et documents pour servir à l'histoire du canal de Suez*, 5ᵉ série, p. 389, Paris, in-8°, 1881, Didier.)

bateaux-porteurs, construits en fer, d'une capacité de 80 à 120 mètres cubes, reçoivent les déblais, et les emportent au large.

En 1858, la commission internationale du canal de Suez avait évalué les dépenses à 160 millions; à la date du 31 décembre 1882, elles s'élevaient à la somme de 500 200 873 francs.

**Conséquences de l'ouverture du canal.** — Le canal de Suez a abrégé de moitié environ la distance qui sépare de l'Inde les ports d'Europe et d'Amérique. Le tableau suivant fera comprendre les avantages de la nouvelle route; la position de Bombay, qui se trouve au centre de l'océan Indien, a été choisie comme terme de comparaison :

| PORTS D'EUROPE et D'AMÉRIQUE | DISTANCES DE BOMBAY (en lieues) | | DIFFÉRENCE en faveur du canal de Suez |
|---|---|---|---|
| | par le Cap. | par Suez. | |
| Constantinople | 6 100 | 1 800 | 4 300 |
| Malte | 5 840 | 2 062 | 3 778 |
| Trieste | 5 960 | 2 340 | 3 620 |
| Marseille | 5 650 | 2 374 | 3 276 |
| Cadix | 5 200 | 2 224 | 2 976 |
| Lisbonne | 5 350 | 2 500 | 2 850 |
| Le Havre | 5 800 | 2 824 | 2 976 |
| Londres | 5 950 | 3 100 | 2 850 |
| Liverpool | 5 900 | 3 050 | 2 850 |
| Amsterdam | 5 950 | 3 100 | 2 850 |
| New-York | 6 200 | 3 761 | 2 439 |
| Nouvelle-Orléans | 6 450 | 3 724 | 2 726 |

Jusqu'en 1870, avant l'ouverture du canal de Suez, les transports commerciaux entre l'Europe et l'Asie, s'effectuaient, pour la plus grande partie, par des voiliers doublant le cap de Bonne-Espérance. Le reste du trafic était presque entièrement monopolisé entre les mains de la *Compagnie française des Messageries* et la *Compagnie anglaise péninsulaire et orientale*, subventionnées l'une et l'autre par leurs gouvernements. Ces deux Sociétés employaient des navires à vapeur; les cargaisons déchargées à leur arrivée en Égypte, traversaient l'isthme par chemin de fer, puis étaient rechargées sur d'autres steamers.

L'ouverture du canal de Suez eut lieu le 19 novembre 1869. Les armateurs tinrent d'abord la nouvelle voie en suspicion; mais lorsqu'il fut démontré, par l'expérience, que la navigation du canal était régulière et facile, un mouvement considérable se produisit sur les chantiers de construction de l'Angleterre et de tous les pays intéressés. Le tableau suivant indique les modifications qui se sont produites de 1870 à 1882 dans la marine à voiles et à vapeur du monde entier :

| ANNÉES | NAVIRES à voiles. | TONNAGE | ANNÉES | NAVIRES à vapeur. | TONNAGE |
|---|---|---|---|---|---|
| 1870 | 59 548 | 16 042 498 | 1870 | 4 132 | 2 793 432 |
| 1875 | 57 268 | 15 099 001 | 1875 | 5 519 | 5 364 492 |
| 1880 | 48 884 | 13 872 884 | 1880 | 6 392 | 6 475 198 |
| 1882 | 48 487 | 13 739 970 | 1882 | 7 301 | 8 404 432 |

Réduction de la marine à voiles de 1870 à 1882 : 11 031 navires et 2 302 528 tonnes, 22,80 % et 17,48 %.

Accroissement de la marine à vapeur de 1870 à 1882 : 3 169 navires et 5 611 500 tonnes, 200 %.

Le trafic du canal de Suez s'est développé avec une telle rapidité que les améliorations projetées pour trente années, avec une dépense d'un million par an, sont devenues non seulement une nécessité actuelle, mais qu'elles paraissent encore insuffisantes. Les armateurs, ceux d'Angleterre surtout, se plaignaient des retards qu'éprouvait la navigation par suite de l'encombrement des navires dans le canal, des difficultés de garage, des échouages fréquents, etc. De cette situation naquit le projet d'un second canal.

**La question du canal en 1883.** — La révolte d'Arabi-Pacha, en 1882, amena de graves complications. L'Angleterre intervint en faveur de Tewfik contre les insurgés, mais la France refusa de participer à la répression de l'insurrection égyptienne. (V. page 649.)

M. de Lesseps voulut défendre la neutralité du canal de Suez, œuvre « essentiellement française »; il se rendit à Port-Saïd, obtint sans peine d'Arabi le respect de la libre navigation du canal, et réussit d'abord à empêcher le débarquement des marins anglais. Cet acte favorisait les rebelles, dont les positions ne pouvaient être tournées; aussi le général anglais Garnet Wolseley, le 20 août, malgré les protestations de M. de Lesseps, n'hésita-t-il pas à débarquer ses troupes à Port-Saïd, à occuper militairement les établissements de la Compagnie et à fermer plusieurs jours le canal à la navigation. L'insurrection fut vite réprimée, et les Anglais occupèrent l'Egypte, tout en maintenant l'autorité du khédive. L'année suivante (1883), une agitation bruyante se manifesta en Angleterre. La presse britannique et les armateurs anglais organisèrent contre la Compagnie une campagne malveillante, où la France elle-même était peu ménagée. On contesta à la Compagnie de Suez le droit exclusif qu'elle revendiquait de toute création de canal entre les deux mers; on laissa percer les ressentiments qu'on avait conçus de la neutralité française dans les affaires d'Egypte; on menaça les actionnaires du canal d'une expropriation; on proposa la construction d'un canal latéral au canal de Suez, et qui serait exclusivement anglais.

M. de Lesseps vint à Londres et s'efforça de calmer l'effervescence d'une nation qui, après avoir tout tenté jadis pour empêcher l'établissement d'un canal de Port-Saïd à Suez, faisait mine d'en déposséder les créateurs, et menaçait d'en creuser un second.

Le gouvernement anglais, qui avait eu l'habileté d'acheter au vice-roi d'Ismaïl les 176 000 actions dont il était porteur, intervint et chercha, avec les administrateurs de la Compagnie, à concilier les droits incontestables des actionnaires et les intérêts impérieux des négociants anglais. M. de Lesseps et M. Gladstone convinrent de la construction d'un second canal par les soins de la Compagnie, et d'une réduction des tarifs. Cette convention faisait la part belle aux armateurs anglais. Ils n'en crièrent pas moins à la trahison, et le premier ministre retira le projet qu'il avait soumis au Parlement (juillet 1883). Enfin, au mois de décembre, après de

M. Ferdinand de Lesseps.

longues et pénibles négociations, le président de la Compagnie de Suez réussit à conclure avec les armateurs de la Grande-Bretagne un arrangement aux termes duquel la Compagnie s'engage à exécuter les travaux nécessaires pour assurer la rapidité du transit des navires, d'après l'examen d'une commission d'ingénieurs et d'armateurs, dont la moitié au moins seront anglais; à renoncer à la taxe de pilotage; à diminuer de 0fr,50 par tonne les droits de transit à partir du 1er janvier 1885; à les diminuer proportionnellement quand les revenus dépasseront 18 %, etc., etc.[1].

Ces énormes concessions firent encore des mécontents en Angleterre, tandis qu'elles provoquaient en France une baisse sur les valeurs de la Compagnie, et laissaient croire que le canal de Suez, comme le delta du Nil, semblaient devoir tomber un jour sous la domination absorbante de la Grande-Bretagne.

**Mouvement maritime du canal de Suez.**

| PAVILLONS | 1881 | | 1882 | | 1883 | |
|---|---|---|---|---|---|---|
| | Navires | TONNES | NAVIRES | TONNES | NAVIRES | TONNES |
| Allemand...... | 45 | 59515 | 100 | 176761 | 123 | 213066 |
| Américain..... | » | » | » | » | 1 | 1141 |
| Anglais........ | 2251 | 4792117 | 2565 | 5795584 | 2537 | 6136817 |
| Austro-Hongrois.. | 64 | 115776 | 67 | 121711 | 67 | 136586 |
| Belge.......... | 13 | 22874 | 13 | 24326 | 12 | 23450 |
| Brésilien....... | » | » | » | » | » | » |
| Chinois........ | 4 | 4901 | 4 | 5684 | 1 | 3037 |
| Danois......... | 13 | 15772 | 2 | 2786 | 2 | 2741 |
| Egyptien...... | 11 | 11061 | 21 | 13973 | 3 | 4736 |
| Espagnol...... | 46 | 103500 | 32 | 78663 | 51 | 148156 |
| Français....... | 109 | 289324 | 165 | 405816 | 272 | 782133 |
| Hellénique..... | » | » | 4 | 984 | » | » |
| Italien......... | 52 | 113252 | 61 | 153493 | 63 | 195101 |
| Japonais....... | » | » | » | » | 5 | 6172 |
| Néerlandais.... | 71 | 187910 | 103 | 254274 | 124 | 309583 |
| Norvégien..... | 10 | 17817 | 20 | 35502 | 18 | 32552 |
| Ottoman....... | 11 | 10703 | 10 | 11235 | 9 | 9722 |
| Portugais...... | 4 | 3253 | 2 | 2794 | 1 | 1333 |
| Russe......... | 20 | 42765 | 18 | 36031 | 18 | 44294 |
| Sarawak....... | 1 | 118 | » | » | » | » |
| Siamois........ | 1 | 112 | 1 | 91 | » | » |
| Suédois........ | » | » | » | » | » | » |
| Zanzibarien.... | » | » | 1 | 2314 | » | » |
| Totaux...... | 2727 | 5794401 | 3198 | 7122125 | 3307 | 8051310 |

1. Les tarifs ont subi des modifications successives : d'après l'arrangement conclu en 1876 entre la Compagnie et le gouvernement anglais, et ratifié par la Turquie en 1877, le tarif avait été ainsi fixé : Tarif par tonne nette : en 1878, 12fr,50; en 1879, 12 fr.; en 1880, 12 fr.; en 1881, 11fr,50; en 1882, 11 fr.; en 1883, 10fr,50; en 1884, 10 fr.; il sera, en 1885, de 9fr,50.

### Port-Saïd.

« Le pavillon français devrait occuper à Port-Saïd une place plus grande que celle qui lui est faite. Créé par M. de Lesseps comme tête de ligne du canal, Port-Saïd devrait être une ville française, et nous n'y avons guère d'autres privilèges qu'une poste française. C'est une piètre maisonnette, avec un auvent en planches sous lequel un guichet s'ouvre sur la rue ; et c'est de la rue que l'on parlemente pour avoir des timbres, des renseignements ou des lettres poste restante, et pour remettre son courrier.

» Près de là, sur la plage, s'élève le somptueux palais, à double étage d'arcades et de colonnades, construit par le prince Henri des Pays-Bas, et qui est la résidence du consul de Hollande. Une aile de l'édifice est occupée par le *Grand hôtel de Nederlanden*, de beaucoup le plus confortable de Port-Saïd. Derrière s'étendent de vastes bâtiments destinés à des entrepôts de charbon. Une petite anse creusée le long de ces constructions fait aux entrepôts un quai spécial pour les desservir. On est là à l'extrémité de la ville, du côté de l'entrée du canal. Le consulat de France est plus modestement installé, à l'autre extrémité, sur une plage basse, où viennent expirer les vagues écumantes de la haute mer. Lorsqu'on a visité la *Place de Lesseps*, centre commercial européen, dont plusieurs boutiques sont tenues pourtant par des indigènes, le *Marché*, toujours bien approvisionné de fruits, et quelques rues qui se coupent à angle droit, on a vu le plus beau Port-Saïd. C'est une ville plate, découverte, aux maisons de brique, de pierre, mais le plus souvent de bois, avec longues galeries à tous les étages, sur des rues larges, sablonneuses, dont le milieu seulement offre une chaussée ferme et bien battue. A chaque pas, des écussons consulaires. Une église à murs plats, crépis, bien modeste, desservie par des religieux, et une école gréco-française se trouvent encore sur notre chemin.

» Mais la grande attraction de Port-Saïd, le lieu où l'on se donne rendez-vous avant de quitter le bord, est l'*Eldorado*. C'est un café-concert dont la scène est toujours ornée d'un orchestre féminin. Les officiers et passagers de tous les navires peuvent, dans le même établissement, se livrer d'un côté aux joies du jeu de billard, de l'autre à celles d'une roulette où l'on perd toujours. Tous les plaisirs de Port-Saïd ne se bornent pas pourtant à l'*Eldorado*. Dans les rues, des bourricots que de petits Arabes viennent vous pousser dans les jambes, avec l'acharnement que mettent à vous tirer des sous les habitants de ce pays, permettent d'organiser des cavalcades pour aller au village indigène. Les constructions de bois de ce village, où six mille habitants sont entassés dans un étroit espace, sont les plus bizarres et souvent les plus sommaires que l'on puisse voir. Leurs mille détails curieux ne sauraient être décrits que par un appareil photographique, mais j'y ai noté la façade d'une maison dont les planches sont jointes par des carrés de zinc, débris de vieilles boîtes de conserves !

» Une longue rue, bordée, sur la plus grande partie de son parcours, d'une double rangée de maisons ouvrières, toutes bâties sur le même modèle, nous ramène à l'extrémité de la ville qui regarde l'entrée du canal. Nous passons les limites de la douane et la guérite d'un factionnaire indigène à la tête enturbannée, qui fume béatement sa pipe ; et, au delà d'un fortin en maçonnerie blanche, de forme circulaire et d'aspect inoffensif, nous arrivons à l'usine à gaz, car Port-Saïd, comme les villes d'Amérique ou d'Australie bâties d'hier, est déjà muni de cet éclairage perfectionné. — Le long de la petite anse qui permet aux bateaux d'amener le charbon aux portes de l'usine en longeant les grands entrepôts hollandais, et où se balancent des boutres arabes, nous remarquons la chaîne de fer fixée de loin en loin à des pilotis et à laquelle on amarre les bateaux. Les sables qui forment partout le sol ici rendent cette précaution nécessaire. » (X. Brau de Saint-Pol-Lias[1], *De France à Sumatra*. Paris 1884, in-18, Oudin.)

---

1. M. Brau de Saint-Pol-Lias, né à Seix (Ariège), en 1840, s'est fait connaître par deux voyages accomplis dans l'île de Sumatra en 1876 et 1880, l'un à Déli, chez les Battaks ; l'autre à Atché et chez les Orangs-Sackèys ; et par une exploration scientifique faite sous les auspices du ministère de l'Instruction publique, en 1880-81, en compagnie de M. de la Croix, ingénieur des mines, dans l'État de Pérak (péninsule de Malacca). M. de Saint-Pol-Lias a fondé en 1876 une *Société de colons-explorateurs* dans le but de mener de front les découvertes et la colonisation, et d'associer dans une union féconde la science au commerce. Il poursuit actuellement les mêmes projets, avec une activité et une vaillance qu'aucun obstacle ne décourage. M. Brau a été rapporteur de la section de colonisation à l'exposition d'Amsterdam en 1883. La Société de géographie de Douai a récompensé par un diplôme d'honneur ses services géographiques. M. de Saint-Pol-Lias, outre l'ouvrage cité ci-dessus, a publié à la librairie Plon les récits pleins de vie et d'originalité de ses voyages. (*Chez les Atchés, Lohong*, 1884 ; *Pérak et les Orangs-Sakèys*, 1883, 2 vol. in-18.)

# CHAPITRE IV

## ÉGYPTE

### RÉSUMÉ GÉOGRAPHIQUE

#### I. — GÉOGRAPHIE PHYSIQUE

**Limites.** — Au nord, la Méditerranée, sur une longueur de 870 kilomètres, depuis le mont Akabah jusqu'à El-Arich; au nord-est, une ligne parallèle au canal de Suez (225 kilom.); à l'est, le golfe Arabique; au sud, la cataracte d'Assouan; à l'ouest, les déserts de Libye; au nord-ouest, les régions tripolitaines.

**Situation astronomique.** — Entre 24° et 32° 40′ de lat. S., et 27° et 31° de long. orientale.

**Climat.** — Chaud et sec. Moyenne + 20° à Alexandrie, + 22° au Caire, + 26° à Keneh, + 28° à Thèbes; température extrême + 3° et + 40° au Caire à l'ombre.

**Littoral.** — La mer Rouge baigne le littoral égyptien sur 1 300 kilomètres; savoir: 500 kilomètres d'Akabah à Suez, 500 de Suez à Kosséir, 300 de Kosséir à Bérénice. Elle baigne les dépendances nubiennes de l'Egypte sur une étendue de 1 090 kilomètres; savoir: 650 kilomètres de Bérénice à Souakin et 440 de Souakin à Massaoua: en tout 2 400 kilomètres. Au nord, le littoral méditerranéen, long de 870 kilomètres, forme un arc de cercle dont la convexité est tournée vers le nord; il est bas, bordé de dunes et de lagunes, dont les principales sont les lacs *Mariout* (Mareotis), d'*Aboukir*, d'*Edkou*, de *Bourlos*, de *Menzaleh*.

**Le Nil inférieur; le Delta.** — Le Nil, père nourricier de l'Egypte, qui sans lui serait un désert, coule entre deux plateaux calcaires, les collines *Arabique* à droite, *Libyque* à gauche: par endroits, elles rétrécissent singulièrement la vallée. La Basse-Egypte a été peu à peu formée des matières limoneuses et fertilisantes que charrie le fleuve par masses énormes, descendant des montagnes abyssiniennes et des régions moins connues des grands lacs équatoriaux. Le Nil coule sur une longueur de plus de 6 000 kilomètres; au contraire de tous les autres fleuves, au débit capricieux, aux inondations imprévues, il a des crues périodiques dont le commencement, la durée et l'achèvement sont mathématiquement prévues et calculées. Le Nil entre en Egypte près d'Assouan en formant à l'île de Philœ sa dernière cataracte, haute d'environ 3 mètres. Sa vallée a de 12 à 32 kilomètres de développement; la largeur du fleuve est de 1 200 mètres à Assouan, de 600 au Caire. Le Nil monte à la fin de juin, et se retire seulement en octobre; la crue doit être de 8 mètres; on la régularise au moyen d'un barrage, sorte de pont-écluse, long de 1 000 mètres, situé sur les bras de Rosette et de Damiette. A 20 kilomètres en aval du Caire, à Batn-el-Bakara, commence le delta (200 kilom. à la base, 150 de côté, 17 000 kilom.

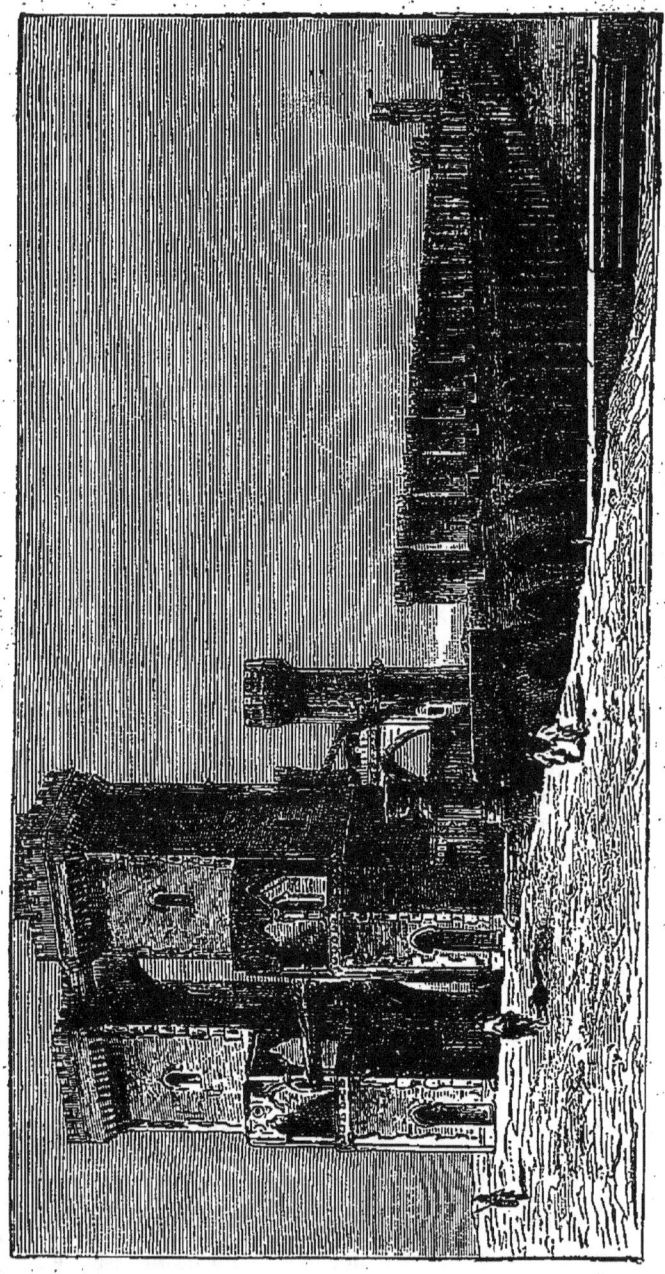

Barrage du Nil.

car.), sillonné de canaux; deux bouches seulement, celles de *Rosette* et de *Damiette*, sont navigables.

640  LECTURES ET ANALYSES DE GÉOGRAPHIE.

## II. — GÉOGRAPHIE POLITIQUE

Le gouvernement de l'Egypte est exercé par le *khédive* ou vice-roi, vassal de nom du sultan de Constantinople, à qui il doit un tribut annuel de

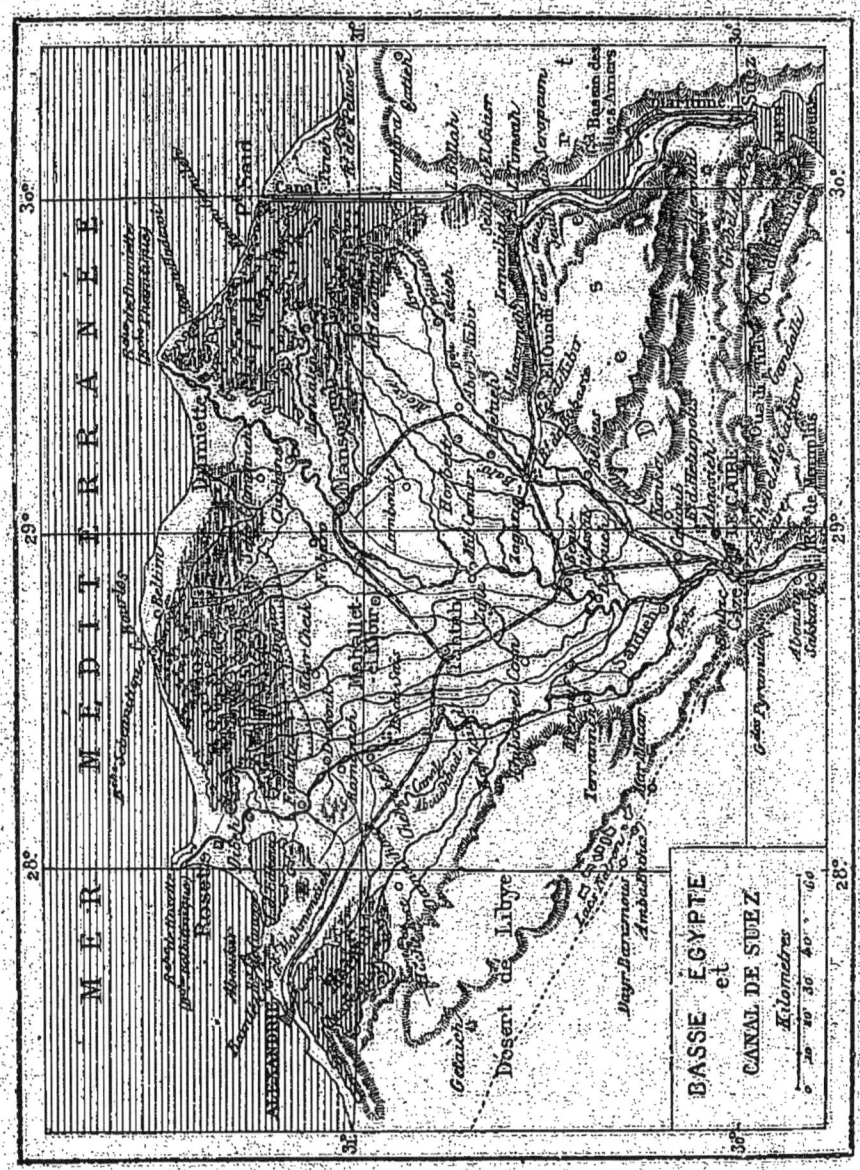

17 millions et un contingent auxiliaire de 20 000 hommes en cas de guerre. En réalité, le khédive s'était rendu indépendant, et avait obtenu en 1867 l'hérédité de la souveraineté de l'Egypte dans sa famille. Après la déposition d'*Ismaïl* en 1879, et l'avènement de son fils *Mohammed-Tewfick*,

ÉGYPTE.

l'Égypte avait été placée sous la tutelle administrative de l'Europe, et en particulier sous le contrôle commun de l'Angleterre et de la France. Depuis la révolte d'Arabi (1882), réprimée par les Anglais, le contrôle a été supprimé, et l'Angleterre dirige seule la politique et l'administration égyptiennes, en attendant qu'elle les organise à son profit.

**Dynastie de Mohammed-Ali.** — Mohammed-Ali (1804-1848); Ibrahim-ebn-Mohammed-Ali (1848-1849); Abbas-ebn-Toussoum (1849-1854); Saïd-ebn-Mohammed-Ali (1854-1863); Ismaïl-ebn-Ibrahim (1863-1879); Tewfick-ebn-Ismaïl (1879). Le khédive actuel Tewfick est né en 1852.

**Divisions administratives.** — Physiquement, on distingue trois Egyptes, la Basse (*Bahari*), la Moyenne (*Ouestanich*), la Haute (*Saïd*). — Politiquement, on n'en distingue que deux, la Haute et la Basse. Elles se divisent en gouvernements (*mohafzas*) et provinces (*moudiriehs*), subdivisées elles-mêmes en districts et villages. La capitale est le **Caire** (328 000 hab.). Il y a huit gouvernorats : **Alexandrie** (166 000 hab.); **Rosette** (16 200 hab.); **Damiette** (38 000 hab.); **Port-Saïd** (13 300 hab.); **El-Arich** (2 500 hab.); **Ismaïlia** (2 000 hab.); **Suez** (11 300 hab.); **Kosséir** (1 800 hab.).

1° Dans la Basse-Egypte, 14 moudiriehs; villes principales : *Damanhour* (25 000 hab.); *Touta* (60 000 hab.); *Mansoura* (16 200 hab.); *Zagazig* (20 000 hab.); *Mahallet-el-Kebir* (20 000 hab.); *Giseh* (10 000 hab.); *Beni-Souef*; *Medinet-el-Fayoum* (2 000 hab.); *Minieh*; *Syout* (25 000 hab.); *Akhmin* (10 000 hab.); *Kéneh* (13 000 hab.); *Esneh* (5 000 hab.).

2° En 1883, les possessions égyptiennes situées au delà de la deuxième cataracte, portaient le nom de *Soudan égyptien* (Nubie, Soudan, Kordofan, Darfour); elles étaient administrées par un gouverneur général résidant à Khartoum; elles se divisaient en six moudiriehs : *Dongola et Berber*; *Taka*; *Khartoum*; *Sennaar et Fazogl*; *Kordofan*; *Bahr-el-Abiad*; *Massaoua* (2 700 hab.) et *Souakin* (4 600 hab.), forment des gouvernorats particuliers. (V. *Nubie*.)

3° Le désert de *Libye*, peuplé surtout de Berbères, renferme les oasis d'*El-Khargeh* (3 000 hab.); de *Thèbes*, d'*El-Dakhel*, d'*El-Farafreh*, d'*Ouah-el-Bahrieh*, de *Syouah* (6 000 hab.); d'*Ammon*. Le désert *Arabique* ou de la *Thébaïde* est habité par des Arabes nomades.

### III. — GÉOGRAPHIE ÉCONOMIQUE

**Productions.** — **Minéraux** : Peu de métaux; carrières d'*albâtre* à Beni-Souef, Siout et au mont *Attaka*; *calcaires* et *pierres de taille* au mont *Mokattam*; *granit* du mont *Fatireh*; *porphyre* rouge du mont *Dokhan* dans le désert Arabique; *syénite* d'Assouan; *marbre* d'Esneh; *sel* du Djebel-Natron, de Terraneh et Hararah, dans le Bahari; *salines* de Damiette, Rosette, Souakin; *nitrières* de Denderah et du Fayoum. — **Végétaux** : l'agriculture est le plus solide fondement de la richesse égyptienne, grâce aux alluvions du Nil, et aux irrigations artificielles produites par les deux grossières machines agricoles, le *chadouf* et la *sakyeh*. « Le fellah parvient, » malgré son caractère indolent, à avoir dans l'année trois récoltes succes- » sives sur la même terre, s'il a suffisamment activé ses travaux de culture » et s'il a pu arroser pendant les cinq mois de mars à juillet. Arroser est » donc la grande affaire et la question capitale de l'agriculture égyptienne. » Ni engrais, ni pluie, ni charrue, ni herse, ni rouleau: le Nil tient lieu » de tout; son limon est le seul engrais employé. » (BAINIER, p. 128.)

L'Egypte produit des céréales, *froment, orge, dourah, maïs,* du *riz,* des légumes, du *coton* (introduit en Egypte en 1820 par le Français Jumel); du *chanvre,* du *lin, l'arachide,* la *sésame,* la *canne à sucre,* la *garance,* l'*indigo,* les *oignons,* le *tabac,* le *pavot,* les arbres fruitiers, les *dattiers.* — **Animaux :**

Chadouf des Egyptiens modernes.

chevaux, ânes, *mulets,* chameaux, moutons, *chèvres,* poules et *pigeons; poissons* abondants sur la côte du nord; les espèces sauvages sont le *chacal,* le *renard,* le *furet,* l'*ichneumon,* rat énorme; la *gazelle,* l'*antilope,* le *crocodile,* l'*épervier,* l'*ibis,* oiseau voyageur, qui joue un rôle fort utile, en servant

EGYPTE. 643

d'épurateur et de balayeur, et nettoyant les matières putrides qui s'accumulent au bord du Nil[1].

Sackieh des Egyptiens modernes.

**Industrie.** — *Fonderies de fer*, au Caire, à Boulacq, à Alexandrie; *forges*,

---

1. « Les anciens Egyptiens, par reconnaissance, avaient fait de l'épervier, du vautour, de l'ibis, autant de divinités bienfaisantes. En Amérique, la loi pro-

*fonderies de canons*, au Caire; *chaudronnerie*, au Caire; *poterie et briqueterie*, à Girgeh, Keneh, Siout; *sucreries*, à Erment, Rodah, Minieh, Samalout; *fabriques d'indigo*, à Alexandrie; *industries textiles*, à Siout; *industries cotonnières*, à Girgeh, Keneh, Alexandrie, le Caire; *lainages*, au Caire, au Fayoum, à Fouah; *soieries*, au Caire et à Damiette; *tanneries*, à Alexandrie.

**Commerce.** — **Exportations** (en 1884) : Total 1 298 250 761 piastres-tarifs à 0fr,259; — pour l'*Angleterre*, 823 457 892 piastres-tarifs; — pour la FRANCE, 115 845 051 (30 003 868 fr.); — pour la *Russie*, 168 640 619 piastres-tarifs; — pour l'*Autriche-Hongrie*, 46 593 910; — pour la *Turquie*, 40 494 592; — pour l'*Italie*, 73 308 088; — pour la *Grèce*, 10 105 129; — pour l'*Amérique*, 4 996 136; — contrées diverses, 14 986 543. — **Importations** : 693 744 209; — part de l'*Angleterre*, 364 739 769; de la FRANCE, 113 945 442 (29 511 869 fr.); — de la *Russie*, 18 388 477; — de l'*Autriche-Hongrie*, 91 946 723; — de la *Turquie*, 15 439 949; — de l'*Italie*, 29 155 243; — de la *Grèce*, 1 773 640; — de l'*Amérique*, 15 546 306; — contrées diverses, 10 648 714 piastres-tarifs.

**Chemins de fer.** — Ils sont entre les mains de l'Etat. Le réseau a (1884) une étendue de 1 518 kilomètres. Les lignes sont les suivantes : 1° Du *Caire* à *Alexandrie* (209 kilom.), avec embranchement du *Caire* à *Hélouan* (24 kilom.), de *Caliout* au *barrage*, et de *Benha* à *Mit-Berrah* (25 kilom.); — 2° d'*Alexandrie* à *Rosette* (75 kilom.) et jonction de *Mellaha* à *Sidi-Gaber* (4 kilom.); — 3° de *Teh-el-Baroud* à *Assiout* (488$^{Km}$,50), avec embranchements de *Boulak* et de *Fayoum* (69 kilom.); — 4° de *Caliout* à *Suez* (232$^{Km}$,50), avec embranchements de *Nefiche* à *Ismaïlia* (5$^{Km}$,50); — 5° de *Benha* à *Zagazig* (35$^{Km}$,50); — 6° de *Zagazig* à *Mansourah* (71 kilom.); — 7° de *Mahallet-Roh* à *Dessouk* (53$^{Km}$,25) et à *Zifta* (34$^{Km}$,25); — 8° de *Galline* à *Kafr-El-Cheikh* (18 kilom.); — 9° de *Tantah* à *Samanoud* et *Damiette* (115$^{Km}$,25); — 10° de *Tantah* à *Chibin-el-Com* (26$^{Km}$,75); — 11° d'*Abou-el-Kébir* à *Salieh* (34$^{Km}$,50). Une Compagnie américaine a sollicité du gouvernement ottoman, suzerain de l'Egypte, la concession d'un chemin de fer de Port-Saïd ou d'El-Arich à Damas, avec embranchements sur Jaffa, Jérusalem, Naplouse, Caffa et Saint-Jean d'Acre[1].

**Télégraphes.** — Les uns sont *ceux de l'Etat*, et comprenaient (en 1882)

---

» tège ces bienfaiteurs publics. L'Egypte fait plus encore pour eux : elle les
» révère et les aime; s'ils n'y ont plus leur culte antique, ils y trouvent l'amicale
» hospitalité de l'homme, comme au temps de Pharaon. Demandez au fellah
» d'Egypte pourquoi il se laisse assiéger, assourdir par les oiseaux, pourquoi il
» souffre patiemment l'insolence de la corneille perchée sur la corne du buffle,
» sur la bosse du chameau, ou par troupe s'abattant sur les dattiers dont elle
» fait tomber les fruits; il ne dira rien. Tout est permis à l'oiseau. Plus vieux que
» les Pyramides, il est l'ancien de la contrée. L'homme n'y est que par lui; il
» ne pourrait y subsister sans le persévérant travail de l'ibis, de la cigogne, de
» la corneille et du vautour. » — (MICHELET, *l'Oiseau*, chap. intitulé : *l'Epuration.*)

1. Le canal *Mahmoudieh* est une précieuse voie de communication. Il fut creusé de 1819 à 1820; il a coûté 7 500 000 francs. Il rattache Alexandrie au Caire et au Nil, et sert de voie au commerce intérieur de l'Egypte. « Alexandrie
» avait besoin d'un canal, Méhémet-Ali n'a pas hésité; des milliers de fellahs,
» conduits sous la courbache, ont dû en creuser un de leurs mains, emportant
» dans leurs tuniques bleues la terre que leurs doigts raidis avaient arrachée, et
» poussant ce douloureux travail jusqu'au bout sans avoir un instant le droit de
» s'arrêter, de se reposer ou de se plaindre. » — (G. CHARMES, *Cinq mois au Caire*, p. 29.)

ÉGYPTE.    645

3893 kilomètres de lignes et 145 bureaux en Egypte; 3943 kilomètres de lignes et 23 bureaux dans les provinces extérieures (Soudan, mer Rouge, Kordofan, Darfour); les autres sont exploités par la Compagnie anglaise *British-Indian-Submarine-Telegraph-Company limited*, d'Alexandrie au Caire et à Suez (728 kilom. et 6 bureaux).

## IV. — NOTIONS STATISTIQUES.

**Superficie.** — Dans l'Egypte proprement dite (1 021 354 kilom. car.)[1]. — **Population** : 5 517 627 habitants (5 hab. par kilom. car.). — **Races** : *Coptes* (150 000), descendants des anciens Egyptiens; *Fellahs* en majorité, cultivateurs; *Abadehs* berbères (anciens Troglodytes); *Barabras*, *Nubiens* ou *Barbarins* (130 000), habitants des oasis; *Arabes* et *Bédouins*, *Turcs* formant l'aristocratie (12 000); *Syriens*, *Juifs* (8 000); *nègres*, *Maltais*, *Grecs*, *Italiens*, *Français* (15 000); *Autrichiens* (2 500); *Anglais* (4 000), sans compter l'armée; *Espagnols* (1 000); *Allemands* (900); *Persans* (750); *Russes* (350); *Américains* (140); *Belges* (130); *Hollandais* (120). — **Justice** : *Cour de revision*, au Caire; *cours d'appel*, au Caire, à Syout; *tribunaux de première instance* à Alexandrie, au Caire, et dans les chefs-lieux de moudiriehs; *tribunaux mixtes*, à Alexandrie et au Caire pour les procès entre indigènes et étrangers; le régime des **capitulations**[2] a subsisté jusqu'en ces derniers temps.

---

1. Les possessions du khédive hors de l'Egypte étaient en 1883, avant la révolte du Mahdi : 1 965 560 kilomètres carrés, peuplées de 10 800 000 habitants (5 par kilomètre carré).

2. **Les Capitulations.** — On donne ce nom aux conventions particulières qui confèrent certains droits ou privilèges aux nations étrangères avec lesquelles la Turquie et l'Egypte entretiennent des rapports de commerce et d'amitié. Les capitulations, qui ont le sens du mot arabe *soulkh*, trêve, étaient surtout nécessaires dans le temps où le fanatisme musulman n'admettait guère d'accommodement, et restait fidèle à la lettre du Koran qui proscrit la guerre sainte contre les infidèles, défend les alliances et les amitiés entre eux et les musulmans, etc. Le Koran autorise d'ailleurs, dans plusieurs versets, les trêves ou capitulations. De là leur caractère précaire, et la nécessité de les renouveler fréquemment. Les premières capitulations signées entre la France et la Turquie datent de 1535; elles ont été signées par François I$^{er}$ et Soliman le Magnifique. Elles ont été renouvelées dix-huit fois jusqu'en 1861; à cette date, elles comprenaient dix-huit articles dont voici les plus importants :

1º *Droit pour les Français et protégés de la France, d'aller librement à Jérusalem;* 2º *droit pour les Européens, appartenant à des nations ennemies de la Turquie, d'aller à Jérusalem et dans l'empire ottoman, sous le pavillon français;* 3º *droit de lire l'Evangile dans l'hôpital de Galata;* 4º *droit aux religieux catholiques de jouir paisiblement des églises et couvents dont ils ont la possession;* 5º *liberté de culte dans les églises et couvents catholiques;* 6º *nullité de l'abjuration d'un Français qui ne serait pas faite en présence de l'interprète de l'ambassade ou du consulat de France;* 7º *obligation de restituer à l'ambassadeur ou au consul intéressé, les biens, effets et numéraire, appartenant à des tiers, et qui seraient en la possession d'un renégat;* 8º *droit de voyager, avec passeport de sa nation;* 9º *droit de s'habiller à la turque;* 10º *droit de jouir des privilèges accordés aux Vénitiens;* 11º *droit pour les Français et protégés français, de faire du vin chez eux et d'en faire venir du dehors;* 12º *droit pour les Français, de plaider, par procureur, devant les tribunaux ottomans;* 13º *droit d'importer des armes de luxe, fusils de chasse, pistolets, et une petite quantité de poudre pour l'usage privé;* 14º *inviolabilité du domicile des Français;* 15º *droit pour les*

**Cultes.** — La religion de l'Etat est la religion musulmane sunnite. Tous les cultes sont tolérés en Egypte : on y trouve établies les églises *arménienne catholique, arménienne orthodoxe, copte, grecque, latine, maronite, syrienne, évangélique allemande, anglicane, écossaise, italienne*, etc.; le culte *judaïque*.

**Instruction publique.** — On doit à Mohammed-Ali le développement de l'instruction primaire, littéraire, scientifique et professionnelle de la jeunesse égyptienne. Ses successeurs n'ont fait que continuer son œuvre. L'enseignement primaire est donné dans des *écoles primaires* et des *écoles primaires supérieures*. — L'*enseignement secondaire*, dans les *écoles du gouvernement* ou *écoles préparatoires*, à Alexandrie et au Caire, qui enseignent l'allemand, l'anglais, le français, le turc, l'arabe, les mathématiques, la physique, la chimie, l'histoire naturelle, la calligraphie, le dessin; l'*école des ouvriers*, au Caire; l'*école d'agriculture*. L'enseignement supérieur, dans une *école de médecine*, une *école de pharmacie*, une *école de la maternité*, une *école polytechnique*, une *école d'arpentage*, une *école des arts et métiers*, une *école de droit*, une *école des langues*, etc.

Avant les événements politiques de 1882, l'Egypte possédait de nombreux établissements d'instruction publique et privée pour les deux sexes, fondés et dirigés par des Européens, au Caire et à Alexandrie. Les Français avaient plusieurs établissements laïques et ecclésiastiques.

Un décret du 28 mars 1881 a institué un *Conseil supérieur de l'instruction publique* en Egypte. Une bibliothèque khédiviale a été fondée en 1869. Le gouvernement entretient annuellement à l'étranger environ 40 jeunes gens qui complètent et perfectionnent leur éducation. (En 1881, sur 40, 38 étaient en France, 1 en Angleterre, 1 en Suisse).

Il faut ajouter à ces institutions les établissements religieux, les communautés de différents ordres, et les écoles des colonies étrangères.

**L'Ecole supérieure d'El-Azhar.** — Au premier rang est l'*Université littéraire et théologique d'El-Azhar* ou *des Fleurs*, la plus célèbre école de l'islam, où se forment à la vie publique les *ulémas* qui, dans tous les pays musulmans, détiennent les pouvoirs religieux, judiciaire et politique. La mosquée d'El-Azhar, bâtie au Caire en 969, compte actuellement 11 000 étudiants et 325 professeurs, les docteurs de l'islamisme. « L'école
» supérieure d'El-Azhar a attiré à elle la vie scientifique des autres mos-
» quées de l'Egypte et des pays musulmans voisins. Ce que la Mecque et
» Médine sont pour les cérémonies du culte musulman, ce que Constanti-
» nople est pour la direction de la politique générale, la mosquée d'El-
» Azhar l'est pour la science.

» L'enseignement donné dans cette Université mahométane comprend
» tous les degrés de l'instruction. Il suffit, pour y être admis, de savoir
» lire, écrire et réciter le Koran. Dans l'intérieur de la mosquée se
» trouvent des corps de logis, destinés à offrir un asile aux pèlerins qui
» font le voyage de la Mecque. La partie consacrée aux études est divisée

---

*Français, d'être traités comme les sujets de la nation la plus favorisée pour le présent et pour l'avenir.* — Les trois premiers articles de la deuxième partie intitulée : *Droits spéciaux aux commerçants européens*, sont ainsi formulés : 1º *Droit d'aller, de venir et de commercer, par terre et par mer, en payant les taxes reconnues*; 2º *droit de faire le commerce d'importation et d'exportation, sans autre réserve que pour le sel, le tabac, la poudre et les armes de guerre*; 3º *droit de faire le commerce intérieur sans réserve*.

» en un certain nombre d'appartements ou corps de logis dont chacun est
» occupé par des étudiants du même pays ou de la même province ; chaque
» corps de logis (riwak) a sa bibliothèque particulière. Les cours com-
» prennent la grammaire, la syntaxe, la rhétorique, la versification, la
» théologie, l'explication du Koran, ses commentaires, les traditions du
» Prophète, la législation religieuse, civile et criminelle, l'arithmétique et
» l'algèbre ; on y fait des lectures publiques dans les livres des différentes
» sectes mahométanes. Aucun étudiant ne paie l'instruction qu'on lui
» donne. L'entretien des professeurs et des étudiants est assuré, en partie,
» par des dons et présents qui viennent des contrées musulmanes dont la
» jeunesse fréquente ordinairement l'Université. Le gouvernement égyptien
» consacre également des sommes importantes à la mosquée d'El-Azhar
» dont il administre les biens. Les professeurs passent des examens devant
» six cheikhs, appartenant aux différents rites. La surveillance des études
» incombe au *muphti* de la vallée du Nil, qui porte aussi le titre de recteur
» de la mosquée, et qui est l'homme le plus en évidence et le plus influent
» de la société musulmane du Caire.

» Dans les dépendances de la mosquée d'El-Azhar et à l'angle oriental
» du principal bâtiment, se trouve un hospice appelé la *Chapelle des*
» *Aveugles* (Zawiet-el-Omyan). Trois cents aveugles de tout âge y sont
» nourris et entretenus aux frais de la mosquée, et chaque jour on leur lit
» quelques pages du Koran. Ainsi la mosquée d'El-Azhar réalise encore
» aujourd'hui, comme celle de Soliman à Constantinople, cette grande et
» pieuse pensée qui, autrefois dans l'Orient, plaçait toujours auprès des
» monuments religieux, les collèges, les bibliothèques et des asiles pour
» les pauvres, les infirmes et les pèlerins[1]. »

**Armée et marine.** — Avant l'insurrection de 1882, l'armée s'élevait à 30 000 hommes de troupes régulières, armés, équipés, exercés à l'européenne, sans compter 5 000 *Kawas* ou *Moustaphazins*, chargés d'un service analogue à celui des gendarmes ou sergents de ville en France. Les troupes irrégulières comprennent les contingents des cavaliers arabes du désert, dits *Bachi-Bouzouks*, au nombre de 40 à 50 000 et de 6 000 fantassins environ, recrutés dans le Soudan. Après l'entrée des Anglais au Caire et la défaite d'Arabi-Pacha (septembre 1882), le khédive a prononcé la dissolution de l'armée égyptienne qui doit être réorganisée. — **Marine de l'État.** — 14 bâtiments à vapeur et 5 360 marins. — **Marine marchande :** 38 navires à vapeur, 555 navires à voiles, jaugeant ensemble 63 502 tonneaux.

**Poids.** — Quintal ou *kantar* divisé en 100 *rôtis* et en 36 *okes* $=44^{Kgr},545$. Les autres poids sont le *mitkal*, le *dirhem*, le *kérat*. Outre le kantar commun, le commerce emploie les kantars suivants : de 102 *rôtis* pour le poivre $=45^{Kgr},437$ ; de 108 pour le café $=48^{Kgr},110$ ; de 150 pour les gommes $=6^{Kgr},819$ ; de 300 pour le coton $=133^{Kgr},637$.

**Mesures.** — Longueur : *pik* ou coudée du Nil $=0^m,52$ ; — *pik du commerce* $=0^m,66$ ; — *pik des marchands* $=0^m,65$ ; — *pik de construction* $=0^m,75$. Superficie : *pik carré* $=0^m,56$ ; — *kassaba carré* $=12^m,60$ ; — *feddan* $=40^a,83$. Capacité : *ardeb* $=183^l,48$ ; — *ouebeh* $=30^l,58$ ; — *keleh* $=15^l,29$ ; — *roubah* $=7^l,65$ ; — *melwah* $=3^l,82$ ; — *kadah* $=1^l,91$.

---

1. B. Girard, *l'Égypte en 1882*. — (*Revue maritime*, mars 1883.)

**Monnaies.** — Le gouvernement égyptien n'a qu'une seule monnaie, invariable et obligatoire, c'est la *piastre au tarif* = 0$^{fr}$,259 ; il emploie aussi, pour les comptes de ses budgets, *la livre égyptienne* = 25$^{fr}$,923. Le commerce emploie la *piastre courante* 0$^{fr}$,143, la *bourse* (kisèh) = 500 piastres ou 129$^{fr}$,62, le *Trésor* = 100 bourses ou 12962 francs. La monnaie de cuivre indigène est le *para* ; 40 paras = une piastre courante. La monnaie en circulation varie à l'infini et n'a pas de valeur régulière. « L'Egypte,
» dit M. Girard, est le rendez-vous des monnaies du monde entier, et
» les pièces du pays même sont peut-être celles que l'on y rencontre le
» moins ; thalaris de Marie-Thérèse, colonates espagnoles, piastres mexi-
» caines, roupies indiennes, dollars américains, roubles de Russie, rixda-
» lers de Suède, sequins d'Autriche, thalers, florins zwanziger d'Allemagne,
» lires italiennes, monnaies d'Angleterre et de France, depuis la livre
» sterling jusqu'au penny et du Napoléon à la pièce de 10 centimes, rien
» n'y manque. C'est un amalgame dont les *sarrafs* (changeurs) ne savent
» que trop profiter aux dépens des étrangers et de la morale. »

**Budget.** — *Recettes* (en 1883), 8804627 livres sterling (220145675 fr.) ;
— *dépenses*, 8381948 livres sterling. — **Dette publique** : 97161220 livres sterling (2429030500 fr.).

---

# RÉSUMÉ HISTORIQUE

**Antiquité.** — « L'Egypte est l'aïeule des nations policées, l'aînée
» de la civilisation. Dès que l'on entreprend de grouper et de présenter,
» dans l'ordre même de leur développement historique, les grands peuples
» de l'antiquité, dès que l'on cherche à déterminer la part qui revient à
» chacun d'eux dans l'œuvre commune de travail et de progrès qui s'est
» continuée, par leurs efforts concertés et successifs, jusqu'à l'avènement
» du christianisme et jusqu'à la formation du monde moderne, on se sent
» comme contraint de commencer par l'Egypte. » (G. PERROT, *Histoire de l'art dans l'antiquité*, tome I$^{er}$, page 1.)

M. Mariette place vers le cinquantième siècle avant l'ère chrétienne l'avènement du premier roi historique, Ménès. Les égyptologues contemporains ont démontré que les Grecs avaient eu tort de chercher en Ethiopie le berceau de la civilisation égyptienne : c'est le contraire qui est vrai. « Ce
» sont les Egyptiens qui ont remonté le Nil pour fonder en Ethiopie des
» villes, des forteresses et des temples ; ce sont eux qui ont propagé la civili-
» sation égyptienne au milieu des tribus de nègres sauvages. L'erreur pro-
» vient de ce fait qu'à un certain moment de l'histoire d'Egypte les
» Ethiopiens y ont joué un rôle important… Les monuments les plus
» anciens, les Pyramides, se trouvent au nord, dans la Basse-Egypte, vers
» la pointe du Delta. Plus on se rapproche des cataractes de l'Ethiopie,
» plus les monuments perdent le cachet de l'antiquité, plus ils portent la
» marque de la décadence de l'art, du goût et de la beauté. Enfin l'art
» éthiopien lui-même, tel qu'il se révèle dans ses monuments encore exis-
» tants aujourd'hui, manque tout à fait d'originalité. Pour tout ce qui
» regarde les sciences et l'art, l'Ethiopie ne s'est pas élevée au-dessus
» d'une imitation superficielle et grossière de la civilisation égyptienne. »
(BRUGSCH, *Histoire de l'Egypte*, page 6.)

La civilisation a donc remonté, et non descendu le cours du Nil. « La

» race égyptienne, écrit M. Maspero (*Histoire ancienne*, page 16), se ratta-
» che aux peuples blancs de l'Asie antérieure par ses caractères ethno-
» graphiques; la langue égyptienne se rattache aux langues dites sémi-
» tiques par sa forme grammaticale. » Nous n'avons pas à retracer ici l'histoire
de l'Egypte ancienne, qui a été, suivant l'expression de M. Renan, une
« espèce de phare au milieu de la nuit profonde de la très haute antiquité. »
L'année 527 avant Jésus-Christ marque le terme de l'existence nationale de
l'Egypte. Après la conquête de Cambyse, elle servit d'enjeu aux rivalités
étrangères; tour à tour persique, grecque, romaine, byzantine, arabe et
turque; successivement païenne, chrétienne et musulmane, elle perdit dans
cette variété de servitudes tout sentiment d'indépendance, tout souvenir de
sa gloire antique. Seule, au temps des Ptolémées (332-30 av. J.-C.), Alexandrie devint un des foyers les plus brillants de la civilisation hellénique.
Plus tard, les envahisseurs et les barbares détruisirent ses monuments, et
la domination étrangère courba et abrutit les âmes des indigènes. Les fellahs misérables des bords du Nil, les Coptes avilis qui habitent aujourd'hui
les villes sont les derniers restes du peuple des Pharaons.

**L'Egypte au dix-neuvième siècle; Mohammed-Ali.** —
Au dix-neuvième siècle, l'Egypte sortit brusquement de l'obscurité où
son histoire restait comme ensevelie. L'expédition française de 1798 eut la
première gloire de cette résurrection (v. p. 675). Le gouvernement du khédive
Mohammed-Ali parvint à l'accomplir. **Mohammed-Ali** (1769-1849), né
à Kavala (en Macédoine), fils d'un surveillant des routes turques, parvint
par son courage, son habileté et sa fourberie au grade de général des
Arnautes qui servaient en Egypte, et supplanta dans la faveur du sultan
*Sélim III*, le gouverneur de l'Egypte, *Khosrew-Pacha*. Servant tour à tour
en qualité de mercenaire, tantôt les Mamelouks contre les Turcs, tantôt les
Turcs contre les Mamelouks, ruinant ses alliés comme ses ennemis, fomen-
tant ou réprimant les révoltes suivant les besoins de sa cause, l'aventurier
albanais fut créé pacha en 1805. Les Mamelouks essayèrent de le renverser;
il fit alliance avec l'un de leurs deux beys, *Osman Bardissy*, contre l'autre
*El-Elfy*, et d'un seul coup ruina leur influence. Les Anglais essayèrent de
prendre Alexandrie (1807): le général *Fraser* fut repoussé, et mille têtes
de prisonniers anglais furent exposées sur la place de Roumélieh, au Caire.
En 1811, pour en finir avec la faction des Mamelouks, dont la rapacité et
la turbulence continuaient à troubler l'Egypte, Mohammed-Ali résolut de
l'anéantir. La Porte, inquiète de voir grandir ce vassal redoutable, qu'elle
avait investi du titre de vice-roi ou *Khédive*, venait de lui envoyer l'ordre
d'aller combattre en Arabie les Ouahabites, qui s'étaient rendus
maîtres des villes saintes. Mohammed-Ali n'osa pas désobéir, mais avant
de s'engager dans une guerre lointaine et périlleuse, à travers le désert et
contre des peuplades fanatiques, il voulut ne laisser aucun ennemi derrière
ses troupes, et le massacre des janissaires fut secrètement décidé.

« Le 1ᵉʳ mai 1811, il les invita tous, au nombre de quatre cent quatre-
» vingts, à une fête dans la citadelle du Caire; ils s'y rendirent en troupe,
» montés sur leurs beaux chevaux richement équipés, parés de vêtements
» précieux et d'armes splendides. Ils avaient à peine franchi l'étroite ruelle
» ombragée de hauts murs qui conduit à la porte El-Azab de la citadelle,
» qu'un coup de canon fit trembler l'antique muraille: Mohammed-Ali
» donnait à ses soldats albanais le signal de la boucherie. Soudain, par
» toutes les fenêtres, par toutes les lucarnes, jaillirent l'éclair et le fracas
» d'une fusillade bien ajustée. C'étaient les Albanais qui ouvraient le feu,
» cachés derrière l'épaisseur du rempart. Une centaine d'hommes et de

» chevaux blessés roulent dans leur sang sur le pavé du chemin de ronde.
» De nouvelles décharges succèdent à la première, et la mort moissonne
» largement parmi les cavaliers : ceux d'entre eux que les balles meur-
» trières ont épargnés sautent à bas de cheval, tirent le sabre du fourreau
» et le pistolet de la ceinture, mais ils cherchent en vain l'ennemi sous les
» coups duquel ils succombent, ils ne voient que murailles solides qui mon-
» tent à pic, et vomissent sur eux la destruction sans relâche. Au milieu
» d'un désordre indescriptible, chevaux et cavaliers, vivants, mourants et
» morts, se tassent en un monceau. Sur quatre cents Mamelouks, un seul
» échappa ; Amin-bey, que son cheval enleva, dans un bond effroyable,
» par-dessus le parapet de la citadelle, et sauva de la sorte. Les Cairotes
» croient à la réalité de ce saut prodigieux, et montrent l'endroit où il
» s'accomplit... L'épilogue de la tragédie fut plus effroyable encore que
» la tragédie même ; après la boucherie de la citadelle, les Mamelouks
» restés dans les provinces, plus de six cents en tout, furent égorgés sur
« l'ordre de Mohammed-Ali. Les gouverneurs envoyèrent à la capitale,
» par manière d'acquit, la tête des victimes[1]. »

Après cet effroyable massacre, le pacha pressa l'expédition contre les *Ouahabites*. C'était une secte fondée par Abd-el-Ouahhab, dans le but de ramener le culte musulman à sa pureté et à sa simplicité primitives, et de combattre la dévotion aux saints de l'islam. Toute puissante en Arabie, cette secte menaçait Médine et la Mecque, les foyers de la religion musulmane. Mohammed-Ali envoya contre eux une armée commandée par son fils *Toussoum*, et par son fils adoptif, *Ibrahim-Pacha*, un des plus grands généraux de notre siècle. Après une guerre acharnée qui dura sept ans, les Ouahabites furent soumis, non sans des pertes cruelles pour l'armée égyptienne : les mutineries et les rapacités des troupes du pacha faillirent plusieurs fois compromettre le succès.

**Réformes de Mohammed-Ali.** — Plus tard, Ibrahim eut sous ses ordres une véritable armée composée de fellahs égyptiens, et non plus de mercenaires albanais : à ces soudards insolents, avides et féroces comme les soldats des *Grandes-Compagnies* du moyen âge, Mohammed-Ali avait peu à peu substitué des troupes nationales : les derniers débris des Albanais furent anéantis dans l'expédition de 1820 contre la Nubie et le Sennaar. Pendant que s'opéraient ces conquêtes, le pacha qui venait d'être élevé à la dignité de *Khan* par le sultan, s'appliquait à donner à l'Egypte une organisation européenne. Mohammed-Ali aimait la France : dans sa jeunesse il avait été l'ami d'un négociant de Marseille, *Lion*, qui lui avait rendu d'importants services, et l'avait initié aux sciences, aux arts et aux spéculations de l'Occident. Les consuls français, MM. *Mathieu de Lesseps* et *Drovetti*, encouragèrent dans la suite ces sympathies du vice-roi. C'est à la France qu'il demanda des instructeurs, des marins, des ingénieurs, des constructeurs, des mécaniciens, des chimistes, des médecins. Le premier noyau de la nouvelle armée fut composé des esclaves et gens de service de la maison du khédive ; on le grossit progressivement à l'aide de noirs enlevés violemment aux deux Nubies, au Sennaar, au Kordofan ; une fois instruits et enrégimentés à la façon européenne, ils furent envoyés à la chasse des populations, et enlevèrent en masse

---

[1]. G. Ebers, trad. de M. Maspéro, l'*Egypte*, t. II, p. 8.

la population mâle des villages qu'on enchaînait et qu'on incorporait de vive force dans les troupes[1].

Mohammed-Ali envoya à Paris une mission composée de jeunes gens pour étudier les sciences et les arts de l'Occident: le premier essai ne fut pas heureux, ils revinrent pour la plupart aussi ignorants, moins dociles, et plus présomptueux qu'ils n'étaient partis.

En Égypte même, les institutions dues aux étrangers furent plus fécondes. L'Ecole de médecine et le Conseil de santé, sous la direction du docteur *Clot-Bey*, opérèrent de grandes améliorations dans la santé et l'hygiène publiques; plusieurs hôpitaux furent créés, la vaccine introduite, des quarantaines établies. Le canal de Mahmoudieh fut ouvert; des cultures nouvelles, coton, oliviers, mûriers, furent propagées avec succès. Malheureusement le khédive écrasa les fellahs de corvées et d'impôts payés en nature, et les déposséda; toutes les propriétés passèrent entre ses mains, et les anciens possesseurs du sol furent réduits à l'état de journaliers travaillant pour le compte et au profit d'un maître; le gouvernement se réservait en outre le commerce extérieur, et exerçait le plus rigoureux des monopoles. Cette tyrannie odieuse ne cessa que le jour où l'Europe y mit un terme, fit supprimer le monopole, changer la forme de l'impôt et rendre au fellah le droit de vendre librement ses récoltes et le fruit de son travail.

En même temps Mohammed-Ali poursuivait ses conquêtes et ses guerres. De 1821 à 1823, il soumettait la Nubie et le Kordofan et fondait au confluent des deux Nils la forteresse de Khartoum. En 1824, le sultan *Mahmoud* avait imploré contre la Grèce révoltée le secours de son puissant vassal, et celui-ci lui envoya des vaisseaux et une armée. La flotte turco-égyptienne fut écrasée à Navarin (1827); le général *Maison* força *Ibrahim-Pacha*, fils du khédive, à évacuer la Morée (1828). La guerre contre les Grecs avait coûté à Mohammed-Ali trente mille hommes et 20 millions; il réclama comme salaire le pachalik de Damas pour Ibrahim : Mahmoud refusa. L'armée égyptienne envahit la Syrie et battit trois généraux turcs à Homs, à Hama, à Beylan, à Konieh (1832). Constantinople était menacée : l'Europe intervint, et imposa aux belligérants la convention de Koutaïeh (1833) qui laissait au vice-roi le gouvernement de la Syrie tout entière. Ce fut une trêve. La Porte humiliée recommença la guerre en 1838. Ibrahim écrasa de nouveau les Turcs à Nezib, et la flotte ottomane capitula et fut emmenée prisonnière à Alexandrie (1839). Les puissances européennes intervinrent

---

[1]. M. Sèves organisa l'armée de terre, et après lui, les généraux Boyer, Livron, les colonels Gaudin, Rey, Varin, d'autres encore fournirent à l'Egypte une infanterie, une cavalerie et une artillerie; M. Planat fonda une école d'état-major. Quand l'armée française était entrée à Alexandrie en 1798, elle y avait trouvé deux caravelles en construction. A Navarin, en 1827, le vice-roi mit en ligne 63 vaisseaux et 100 bâtiments de transport. Cette flotte détruite, il résolut d'en équiper une autre. Cette fois, il ne voulut pas l'acheter en pays étranger; il fonda à Alexandrie des chantiers et un arsenal. Il fit venir un constructeur de la marine de Toulon, M. de Cerisy; et en cinq ans (1828-1833), grâce à l'activité du directeur des travaux, à l'énergique volonté du vice-roi, sur la plage aride et déserte d'Alexandrie s'éleva un arsenal complet pourvu d'ateliers, de magasins, d'une corderie grande comme celle de Toulon; des chantiers sortirent 30 bâtiments, dont 10 vaisseaux de ligne de 100 canons; la population égyptienne avait fourni tout le personnel, ouvriers et matelots, nécessaire à cette flotte formidable. Une école de navigation fut instituée, et des officiers français, et parmi eux M. Besson, furent chargés de l'armement des vaisseaux égyptiens et de l'instruction de leurs équipages; l'organisation de la flotte du khédive fut exactement copiée sur celle de la France.

encore une fois; l'armée égyptienne dut rétrograder. La France conseilla à Mohammed-Ali de céder. Un traité, complété par un hatti-shérif assura la possession héréditaire de l'Egypte à Mohammed-Ali, tout en confirmant la suzeraineté de la Porte (1841). Un nouvel acte du sultan, du 8 juin 1867, agrandit encore ces concessions qui fondaient la nouvelle dynastie égyptienne. Le khédive observa loyalement le pacte, et *Abdul-Medjid*, en témoignage d'estime, lui conféra la dignité de *grand vizir honoraire*. En 1848, Mohammed-Ali, tombé en enfance, remit le gouvernement à son fils *Ibrahim* : il mourut un an après, dans son palais d'été de Choubrah, bâti au milieu de jardins splendides qui sont aujourd'hui la promenade habituelle des Cairotes et des étrangers établis dans la capitale. Son tombeau a été placé dans la mosquée qui porte son nom, qu'il avait lui-même édifiée et qui est un des plus beaux monuments du Caire. Ses réformes brusques et violentes, implantées sur un sol non préparé, et superposées à la barbarie native, n'ont guère pénétré au-dessous de la surface. Les résultats acquis ont été jusqu'à ce jour profitables surtout à la dynastie elle-même, aux spéculateurs étrangers, et il faut le dire à l'honneur de Mohammed-Ali, à la science et aux arts de l'antique Egypte.

**Les successeurs de Mohammed-Ali.** — **Ibrahim-Pacha**, fils et successeur de Mohammed-Ali, ne fit que passer sur le trône. Après quatre mois de règne (1848), il fut remplacé par **Abbas-Pacha**, son neveu, fils de Toussoum. Musulman fanatique, ennemi de la civilisation occidentale, hostile à l'influence française, docile à la voix de l'Angleterre jalouse de notre action et de nos découvertes, Abbas compromit l'œuvre de régénération commencée. — Il mourut en 1854, et son oncle, quatrième fils de Mohammed-Ali, **Saïd-Pacha**, régna. Elevé à l'européenne, et ami de la France, le nouveau vice-roi poursuivit les réformes et les étendit. C'est lui qui supprima les monopoles et rendit aux fellahs la liberté individuelle et le droit de propriété, qui acheva le barrage du Nil, et autorisa M. de Lesseps à construire le canal de Suez. — En 1863, son neveu, **Ismaïl**, lui succéda. Sous le règne de ce prince, les institutions nouvelles furent maintenues, les travaux continués, les études scientifiques encouragées. L'Egypte étendit sa domination sur le Haut-Nil, dans le Soudan égyptien, sur la mer Rouge, jusqu'aux frontières de l'Abyssinie, des grands lacs intérieurs et des territoires des Comalis et des Gallas. Mais le gaspillage financier fut énorme. Le khédive, en dix ans de règne avait emprunté à des conditions onéreuses 2 milliards et demi. Une banqueroute était imminente : Ismaïl-Pacha consentit à accepter l'intervention européenne dans la gestion des finances de l'Égypte. Deux ministres étrangers, l'un anglais, M. *Rivers Wilson*, l'autre français, M. *de Blignières*, entrèrent dans le cabinet égyptien (1879). Des conflits ne tardèrent pas à s'élever sur le service de la dette, le khédive ne voulut pas se soumettre au contrôle, et destitua les deux Européens. La France et l'Angleterre exigèrent de la Porte la déposition d'Ismaïl. — Elle fut accordée par le sultan, et le pouvoir transmis à **Tewfik-Pacha**, fils d'Ismaïl, sous le contrôle anglo-français pour tout ce qui concernait les finances égyptiennes. Alors éclata (en 1881), une émeute militaire suscitée par le parti *national* égyptien, qui entendait supprimer le contrôle. Le 9 septembre, quatre mille hommes de la garnison du Caire, commandés par le colonel *Arabi-Bey*, entourèrent le palais du khédive, demandant la destitution du cabinet, l'augmentation de l'armée, une assemblée de notables, etc. Le cabinet fut renversé, et le prétendu parti national appelé au pouvoir. A la suite de nouveaux troubles, Arabi fut nommé ministre de la

Vue d'Alexandrie.

guerre (1882) : son parti proposa la déposition de Tewfik ; les consuls généraux d'Angleterre et de France exigèrent l'éloignement d'Arabi. Une conférence se tint à Constantinople pour le règlement des affaires égyptiennes. Le 14 juin, une émeute éclata à Alexandrie, un grand nombre d'Européens furent massacrés ou blessés, sous les yeux du Khédive impuissant et des flottes anglaise et française immobiles. Un mois après, l'amiral français *Conrad*, sur l'ordre de son gouvernement, quittait les eaux d'Alexandrie, et le lendemain (11 juillet), l'amiral anglais *Seymour* bombardait la ville. Arabi entama des négociations pour gagner du temps, et tandis qu'il se retirait avec ses troupes à Kafr-Dowar, il fit ouvrir les portes du bagne. Les forçats pillèrent la ville et incendièrent les quartiers que les obus anglais n'avaient pas touchés. Le khédive déclara Arabi rebelle et autorisa l'amiral Seymour à occuper la ligne du canal de Suez et à châtier les rebelles. Des troupes anglaises, sous les ordres du général *Wolseley*, battirent les troupes d'Arabi à Ramsès, à Gassasin (25-28 août) et les écrasèrent à Tell-el-Kébir (13 septembre). Arabi et ses complices se rendirent : une cour martiale après un semblant de procès, le jugea et condamna à mort ; et pour finir cette tragi-comédie, le khédive, docile jusqu'au bout au secret verdict de l'Angleterre, commua la peine en celle de l'exil perpétuel.

A la suite de ces événements le contrôle anglo-français fut supprimé, et l'Angleterre, malgré les réclamations de la Porte, et grâce à la politique d'abandon de la France, disposa sans rivale des destinées de l'Egypte. Elle annonça le projet de réorganiser l'armée, de créer une gendarmerie, de réformer l'administration, de doter le pays d'une constitution, d'abolir l'esclavage, tout en protestant hautement de son respect pour l'indépendance de l'Egypte[1].

**La guerre du Soudan ; le Madhi.** — Les troupes anglaises étaient, dit-on, sur le point d'évacuer l'Egypte, lorsqu'arriva la nouvelle du désastre subi dans le Soudan par le général anglais *Hicks*, qui commandait les troupes égyptiennes. De 1820 à 1876, les khédives avaient étendu leur empire jusqu'à l'équateur, sur plus de 30 degrés de latitude ; ce système de conquête à outrance avait élevé à près de 3 millions de kilom. car., la superficie totale du territoire soumis à l'Egypte. Mais les prédicateurs de l'islamisme, agents infatigables des ordres religieux qui couvrent de leurs réseaux l'Afrique et l'Asie, de Samarcande à Mogador, et de Constantinople à Tombouktou, préparaient la guerre sainte ; ils avaient pour complices les marchands d'esclaves, dont les missions et les explorations européennes gênaient le libre trafic ou compromettaient les bénéfices. L'insurrection fut organisée au Soudan en 1881, en même temps que le parti national, dirigé par Arabi-Pacha, se soulevait au Caire. Les Bagaras, marchands de chair humaine, choisirent pour *maître de l'heure* un khouan nubien de Dongolah, de naissance obscure, fils d'un char-

---

1. « Il faut se rappeler, disait le premier ministre, M. Gladstone, le 5 mars 1883,
» à la Chambre des communes, que nous sommes en Egypte, *non comme maîtres*,
» mais *comme amis et conseillers du gouvernement* égyptien, et que pour plusieurs
» des objets que nous nous proposés, d'autres nations ont en Egypte
» des intérêts et des droits aussi définis et aussi incontestables que les nôtres.
» Le gouvernement ne reconnaît pas à notre pays, dans cette affaire, des intérêts
» égoïstes et particuliers, séparés des intérêts généraux des nations civilisées,
» et qui doivent être poursuivis d'une façon égoïste et étroite. » A ces déclarations
on peut opposer les menées des armateurs anglais contre la Compagnie du canal de Suez (voir p. 633).

pentier, nommé **Mohammed-Ahmed.** Depuis quinze ans affilié à la confrérie de Sidi Abd-el-Kader-el-Djilani, instruit par les derviches de Khartoum et de Berber, élevé lui-même au rang de derviche, Mohammed-Ahmed, qu'on désigne sous le nom de **Madhi**, commença sa vie d'anachorète. Il se retira dans un îlot du Nil, l'îlot d'Abba, s'y choisit une grotte dans une fente des rochers, s'adonna à une dévotion outrée, prières, jeûnes, abstinences, extases, vivant d'aumônes, parlant peu et par sentences, et passant ses jours et ses nuits à pleurer sur la corruption et les péchés des hommes. Sa réputation de sainteté s'étendit d'Assouan à Khartoum ; des fanatiques se groupèrent autour de lui, il fonda une école, et en 1881, annonça tout à coup à tous les cheiks et à tous les derviches que Mahomet lui était apparu, et lui avait confié la mission divine de réformer l'islam, d'établir l'égalité entre tous les croyants et de fonder un royaume nouveau. Le mandement se terminait par un appel aux armes.

Le gouverneur égyptien du Soudan, *Réouf-Pacha*, envoya trois mille hommes contre le prophète rebelle. Ils furent battus dans deux rencontres (7 décembre 1881). En 1882, le Mahdi détruisit successivement trois détachements égyptiens aux environs de Khartoum (janvier, juin, juillet); à la suite de chaque défaite, les soldats du khédive étaient impitoyablement massacrés. Les populations enthousiastes grossissaient de jour en jour les bandes du Mahdi ; entre Arabi, maître de la Basse-Egypte, et Mohammed-Ahmed, maître du Soudan, le khédive semblait perdu. Le bombardement d'Alexandrie et la défaite d'Arabi à Tell-el-Kébir par les Anglais arrêta un instant la marche en avant du Mahdi. Il s'empara d'El-Obeid, capitale du Kordofan, y laissa une garnison, et marcha sur Khartoum. Le khédive résolut d'envoyer une armée pour défendre cette ville, mais quand les ministres voulurent la lever, soldats et officiers égyptiens refusèrent d'aller se battre sur le Nil Blanc. Le gouvernement de la Reine se substitua alors au khédive impuissant. En y mettant le prix, il enrôla dix mille hommes ; ces troupes achetées chèrement furent commandées par le général *Hicks-Pacha*, ancien colonel de l'armée des Indes, officier d'une rare énergie, qui avait fait la campagne d'Abyssinie contre Théodoros. La colonne qu'il commandait comptait quarante-deux officiers européens. Elle s'embarqua à Suez pour Souakin à la fin de décembre 1882, traversa le désert, rejoignit le Nil à Berber et le remonta jusqu'à Khartoum, en endurant des fatigues inouïes. Le général se dirigea de là sur El-Obeid. On fut plusieurs mois sans nouvelles de l'expédition. Un renfort de cinq cents hommes lui fut envoyé au mois de novembre 1883. On apprit presque en même temps que ce renfort, surpris le 6, dans les gorges de *Tokar*, à 100 kilom. au sud de Souakin, avait été exterminé par les montagnards gagnés à la cause du Mahdi, et que le 3 novembre, à *Hashgate* ou *Kashgil*, dans un défilé inconnu du Kordofan, le général Hicks, enveloppé par les troupes des derkaoua du Mahdi, avait été massacré avec toute son armée, après une lutte désespérée qui n'avait pas duré moins de trois jours ! Tokar fut occupé par les rebelles, et Khartoum menacé. — Une nouvelle colonne partit de Souakin sous la conduite de *Baker-Pacha*, pour dégager la place de *Singat*, située à 60 kilomètres de la mer. A peine débarquée à *Trinkitat*, elle fut attaquée et mise en déroute par les rebelles (4 février 1884); Baker perdit ses munitions, canons, équipages, chameaux, et près des deux tiers de son armée. Singat fut prise, et la garnison massacrée.

Ces désastres rapides et inattendus humiliaient le prestige de l'Angleterre : le mouvement de l'opinion publique contraignit le gouvernement à une intervention directe. Déjà à la fin de janvier, le cabinet de Londres avait confié à *Gordon-Pacha*, ancien gouverneur du Soudan, la mission de se rendre à Khàrtoum par la route du Nil et d'y faire une enquête sur la situation militaire et les mesures à prendre pour assurer la sécurité de la population européenne de Khartoum. Il avait aussi l'ordre de s'opposer à la traite des esclaves. Le général arriva sain et sauf à Khartoum [1]. En même temps, un corps de troupes anglaises, sous les ordres du général *Graham* infligeait un premier échec à *Teb* au lieutenant du Mahdi, *Osman-Digma* (29 février 1884). Le 13 mars, l'infanterie anglaise divisée en deux carrés rencontra l'armée ennemie dans les environs de Souakin, à *Tamanieh*. Après un sanglant combat pendant lequel les Soudaniens, luttant avec toute la fureur du fanatisme, furent un instant maîtres d'une partie de l'artillerie anglaise, Osman-Digma fut vaincu, son camp incendié, son étendard, ses bagages pris, et cinq mille de ses soldats tués. L'amiral Hewett fit mettre à prix la tête du lieutenant du Mahdi dans une proclamation que les ministres anglais désavouèrent. Souakin était sauvé et le littoral de la mer Rouge garanti : mais Osman-Digma n'avait pas désarmé. Tandis que les troupes anglaises rentraient à Suez, les insurgés du Soudan coupaient les communications entre Berber et Khartoum et bloquaient cette ville. Une heureuse sortie de Gordon sur Halfiyeh ne réussit pas à dégager la route du Nord, et elle se referma derrière les masses grossissantes des fantassins et des cavaliers du Mahdi (avril 1884).

## 2° EXTRAITS ET ANALYSES

### Le Nil.

« En faisant du Nil le « Jupiter égyptien », les Grecs exprimaient bien la pensée craintive qui vient à l'esprit, lorsque, dans le silence lumineux des lourdes journées égyptiennes, l'homme, qu'il soit de Perse, de Grèce, de Rome ou de Byzance, voit descendre et couler, lentement, inévitablement, ce fleuve magnifique portant en soi toute la richesse d'un pays [2].

---

1. Dès son arrivée à Khartoum, Gordon proposa l'abandon du Soudan, et le même homme, qu'on avait vu jadis, comme Samuel Baker, défenseur passionné de la liberté des nègres, adressait au *peuple* de Khartoum l'étrange proclamation suivante :

« Mon désir le plus sincère est de rétablir la tranquillité publique. Ayant con-
» naissance des regrets que vous inspirent les mesures sévères prises par le
» gouvernement pour la suppression de la traite des esclaves, mesures qui, en
» vertu de décrets et conventions, impliquent la saisie et la punition de tous ceux
» qui s'occupent de ce trafic, je vous déclare que désormais personne n'inter-
» viendra dans votre droit de propriété. Quiconque a des esclaves aura plein
» droit à leurs services et plein contrôle sur leurs personnes. Cette proclamation
» est une preuve de ma bienveillance à votre égard. »

2. « L'Egyptien, par le Nil, a appris à attendre, et lorsqu'il souffre, il compte sur le *grand ami*, qui sait le consoler. » (M. FONTANE.)

» Le commencement du prodige s'accomplit non point en Egypte, mais au centre du continent africain. Les vents qui règnent généralement sur le plateau central de l'Afrique intérieure viennent de l'est, en inclinant tantôt vers le nord, tantôt vers le sud, suivant la marche du soleil. Ces vents amènent de l'océan Indien des vapeurs intenses qui se résolvent en pluie dans les vallées ou se condensent en neige sur les hauteurs. Le point central vers lequel les nuages indiens semblent se diriger ordinairement, c'est l'Ounyamouési. Ces pluies deviennent violentes en février ; elles sont comme des cyclones que la puissance des courants aériens poussent de l'Inde à l'Afrique. Ces « trombes » coïncident, dans le centre africain, avec la « venue du soleil chaud » qui fait fondre les neiges, et c'est alors que de toutes parts des torrents se précipitent, des marais s'étalent, des lacs s'emplissent, des sortes de mers intérieures se forment, immenses, mais peu visibles à cause de la végétation extraordinaire des bas-fonds.

» .... C'est de l'Abyssinie que doit venir le premier flot de la véritable crue. Là aussi des neiges sont tombées qui couvrent les hauteurs et que le soleil d'avril fondra avant que les pluies d'été n'arrivent. Le lac Tzana, qui reçoit l'eau de cette fonte, se déverse, à l'ouest, sur l'Egypte, par une rivière qui porte le nom de Nil-Bleu. Le lac Tzana, ayant une altitude de deux mille mètres, et le trajet du Nil-Bleu se rendant au Grand-Nil étant relativement court, les eaux du lac, limpides, bleues, vont en toute hâte, et charmantes, par un lit de roches et de cailloux, jusqu'à Khartoum, où passe le Nil-Blanc, venant du centre de l'Afrique, et dont les eaux, encore purement déversantes, c'est-à-dire reposées, ont une couleur opaline, quasi laiteuse. Les eaux du Nil-Blanc et du Nil-Bleu, réunies, vont au nord, ne se confondant guère définitivement qu'à Abou-Hamed, soit à cinq cents kilomètres de Khartoum.

» C'est au centre du continent africain que se prépare la grande crue. Les eaux nouvelles, descendues des hauteurs, et qui ont formé ces immenses réservoirs dont le poids va bientôt emporter toutes les retenues, vont se répandre sur les

37.

vastes marais, qui, stagnants depuis de longs mois, se sont épaissis de la moisissure des herbes, de la déjection des pachydermes, de l'entassement des insectes aimant à vivre dans ces grasses et tièdes eaux. Ces marécages de plat pays, sans bords, pour ainsi dire, lourds et gluants, comme refoulés par les eaux nouvelles, s'allègent de leurs puanteurs dans le Nil déjà grossissant, vont augmenter la crue du Nil-Bleu à Khartoum, et c'est ainsi que le premier signal de la grande crue annuelle, bienfaisante, arrive au Caire, le 6 juin, en une eau verdâtre, gélatineuse, dangereuse à boire, jusqu'au moment où le Nil-Bleu, l'emportant sur le Nil-Vert, les Égyptiens se réjouissent, célébrant la « nocta céleste », qui symbolise « le fleuve naissant ». C'est dans la nuit du 17 juin que l'ovation se manifeste.

» Le Nil-Rouge, fécondant, va succéder au Nil-Vert. Le grand flot a passé à Khartoum le 27 avril, comme un mascaret; il est à Dongola le 16 mai, à Ouadi-Halfa douze jours après, au Caire le 17 juin. La « nocta » ou « goutte » est tombée du ciel, purifiant le Nil-Vert, déposant dans son sein, qui se gonfle, le ferment précieux des fécondités. Dans le centre africain, des orages incessants ont battu les eaux des marécages, détruit les bourrelets de détritus qui obstruaient les issues des lacs, fouetté les écumes, dispersé les fermentations; les eaux, désormais libres, impatientes, vont largement vers l'Égypte, emportant des quantités de terres brunes, rougeâtres, qui se sont enrichies depuis la dernière crue par le dessèchement d'une végétation luxuriante qu'aucune humidité malsaine n'est venue polluer. Le Nil-Rouge, bienfaisant, généreux, adoré, passe au Caire le 31 juillet.

» ..... La crue, très énergique dès le début, s'accentue encore jusqu'au milieu d'août; elle atteint à son maximum, ordinairement, le 20 août à Khartoum, le 30 à Assouan, le 5 septembre à Thèbes, le 13 à Siout, le 26 au Caire. Cette lenteur dans la marche du flot définitif s'explique par les nombreuses « saignées » que les Égyptiens font au fleuve, tout le long de son cours, chacun le sollicitant pour sa terre. La hauteur de la crue varie suivant la distance; elle n'est que d'un mètre dans les lacs du centre africain ; elle est de deux mètres à Gondokoro, et de trois mètres à vingt kilomètres au nord de ce point, des affluents venant déjà au Nil. A Khartoum, malgré la vaste étendue des terres inondables, les eaux, grossies par le Nil-Bleu, atteignent jusqu'à sept mètres [1]. C'est là seulement que le Nil « inonde », dans le sens littéral du mot, la terre qu'il favorise. Le lit du fleuve n'y a pas moins de deux et trois kilomètres de largeur, et les plaines que le Nil couvre, au moment du maximum de la crue, s'étendent des deux côtés, au loin.

» L'inondation de Khartoum, après celle de Thèbes, est le plus beau spectacle qui se puisse voir. Les eaux, rouges, bronzées, très reflétantes, lumineuses par larges plaques, couvrent entièrement les vastes plaines à l'occident du Nil ; à l'orient, l'or brun des ondes entoure comme d'un cadre sévère de charmants villages, aux jardins frais, d'où s'élancent les palmes vertes, frémissantes, et les minarets blancs, un peu raides, mais sveltes et très élégants ; sur l'autre rive, l'inondation est absolue ; le flot, bruyant parfois, avec des miroitances enflammées, se heurte à des oasis de palmiers que le courant tourmente, à des groupes de mimosas ou de baobabs, très robustes et qui résistent aux tournoiements écumeux. Sur cette immensité mouvante, qui marche au nord résolument, suivent le courant, ou le remontent, les barques nubiennes aux longues voiles blanches épointées, toutes au vent, penchées, audacieuses, confiantes, le pilote sachant bien les routes et les écueils qui sont sous le flot.

» ..... Les inondations du Nil, désastreuses lorsqu'une digue se rompt et que des villages mal placés disparaissent, emportés par ses flots boueux, sont bénies par ceux-là mêmes qui en souffrent ; ses eaux, meurtrières au commencement de la crue, délicieuses ensuite, fraîches, sont une boisson recherchée. Les sultans de Constantinople, comme les princesses syriennes des Ptolémées, n'aimaient à boire que l'eau du Nil.

---

1. Le Nil monte à 8 mètres à Chendy, à 12 mètres à Semneh, à 9 mètres à Assouan. Le 26 septembre, les eaux commencent à baisser.

« L'Egypte, a dit Mariette, est un pays privilégié entre tous :
» son territoire nourrit une population docile, prompte au
» bien, facile à instruire, capable de progrès. La fertilité pro-
» verbiale du sol [1], la douceur du climat, écartent presque
» absolument d'elle le froid et la faim. » Et comment ne serait-il pas docile, cet homme d'Égypte à qui le Nil apporte,
chaque année, tout ce qui féconde, jetant une continuelle
fraîcheur dans l'air embrasé? Et comment ne serait-il pas
bon, ce fellah que le Nil enrichit ou console? Une Égyptienne
des temps antiques, morte, et parlant par son épitaphe, ne
regrette que la brise des bords du Nil : « Je pleure après la
brise au bord du courant. »         Marius FONTANE [2],

*Histoire universelle*, t. III, *les Égyptes;* chap. I et II.
(Paris, in-8°, 1882, Lemerre.)

### Le nilomètre.

« En face du Caire, l'île de Roda renferme le *mekiâs* ou
nilomètre, situé dans une chambre couverte, dont le plafond
est soutenu de minces colonnades en bois. La colonne a huit
pans ; elle est maintenue à sa partie supérieure par une
poutre, et porte sur son fût l'ancienne échelle des mesures
arabes. Le bassin quadrangulaire au milieu duquel elle se

---

1. « La fertilité de l'Egypte, écrit le même auteur, œuvre du Nil, suit chaque
» année la régularité des phases croissantes et décroissantes du fleuve. Du nord
» au sud, de la mer à Assouan, les diverses opérations agricoles varient; on
» peut dire, généralement, que l'année agricole égyptienne se divise en trois
» parties : quatre mois de semailles, novembre, décembre, janvier et février;
» quatre mois de récolte, mars, avril, mai et juin; quatre mois d'inondation,
» juillet, août, septembre et octobre. Dès le retrait du Nil, la terre reçoit la
» semence du lin, du lupin, du trèfle à fleurs blanches, du foin grec, etc. Les
» blés, les fèves et les oignons ne se sèment qu'en novembre. La germination
» est extrêmement prompte; le Nil s'est à peine retiré que déjà les plaines sont
» toutes vertes. Dans le delta, les céréales mûrissent en cent jours; en soixante-
» dix jours, le riz est fait; le coton, semé en avril, a ses premières pulpes en
» août et se récolte en décembre; le trèfle, le *bersim*, cette fortune du fellah,
» cette vie des bêtes, est prêt à couper six ou sept semaines après son ensemen-
» cement, et c'est ensuite une coupe nouvelle possible tous les vingt jours. »
— (*Les Égyptes*, chap. II, p. 31.)

2. M. Marius Fontane, secrétaire général de la Compagnie du canal de Suez, a été un des auxiliaires les plus actifs de la grande œuvre du percement de l'isthme. Il a publié un *Voyage pittoresque à travers l'isthme de Suez* (Paris, in-folio, 1870), et les trois premiers volumes d'une *Histoire universelle* qui doit en comprendre vingt (Paris. in-8°, Lemerre.)

dresse est en maçonnerie, et communique avec le Nil par un canal. Dès les temps les plus anciens, les Pharaons avaient reconnu la nécessité de connaître le moment précis où l'inondation commence à décroître : on possède quelques nilomètres qui ont été érigés assez loin, en Nubie, par des rois de l'ancien empire. Dans ce pays, où le paysan n'a ni pluies à attendre, ni gelées ou mauvais temps à redouter, l'échelle du nilomètre permettait aux prêtres de prédire en toute sécurité le bon ou le mauvais produit de la moisson future, et servait également aux officiers du roi, qui répartissaient les impôts d'après la hauteur du Nil. Dès le principe, et encore aujourd'hui, pendant le temps de la crue, on tenait le campagnard rigoureusement éloigné du pilier-échelle, et on le lui dérobait sous le couvert mystérieux d'une sainteté inabordable. Au temps des Pharaons, c'étaient les prêtres qui informaient le roi et le peuple du moment où l'inondation commençait à décroître ; aujourd'hui le droit de mesurer le Nil

Le nilomètre.

est réservé, sous la surveillance de la police du Caire, à un cheik assermenté, qui a son propre nilomètre, dont le point zéro est marqué un peu plus bas que celui de l'ancien nilomètre. Les ingénieurs de l'expédition française furent les premiers à découvrir la fraude, à l'aide de laquelle le gouvernement cherchait à s'assurer chaque année le maximum de l'impôt.

» Quand le Nil est arrivé à la hauteur de quinze vieilles coudées arabes et seize kirât, — la coudée est de $0^m,54$ et renferme vingt-kirât, — il a dépassé de plus de huit coudées, le niveau des basses eaux, et s'est élevé à l'altitude nécessaire pour arroser les hautes parties du sol : il a, comme disent les Arabes, atteint son kefâ. Le cheik du Nil annonce cette heureuse nouvelle au peuple qui attend en suspens, et l'on peut dès lors assister au percement des digues. »

G. EBERS[1],
*L'Égypte*, t. I<sup>er</sup>, p. 224, trad. de Maspéro.
(Paris, 2 vol. in-4°, ill. Didot.)

### La rue du Mousky, au Caire[2].

« En sortant de la place de Méhémet-Ali, on entre dans le Mousky, la principale rue de l'ancien quartier franc, et, comme disent les guides, la rue de Rivoli du Caire. Mais quelle étrange et charmante rue de Rivoli ! Recouverte d'un

---

1. M. Ebers (Georges), célèbre orientaliste allemand, a raconté dans ce magnifique ouvrage, dont M. Maspéro, notre savant compatriote, successeur de Mariette-Bey, et conservateur du musée du Caire, nous a donné une fidèle et élégante traduction, un voyage de deux années dans la vallée du Nil. L'auteur et le traducteur ont visité ensemble les deux Egyptes, celle du nord qui commence au delta, et renferme les cités actives et populeuses ; et celle du sud, qui n'a plus que « des villages de fellahs, perchés sur les ruines des cités d'autrefois. Abydos, » Denderah, Thèbes, Esnèh, Edfou, Ombo, écrit M. Maspéro, forment aujour-» d'hui pour le savant, comme autant de pages du grand livre de pierre où il » épelle l'histoire de civilisations éteintes, et où il découvre la trace de grandes » gloires oubliées. »

2. Après la prise d'Alexandrie, le conquérant Amrou établit d'abord sa résidence à *Fostatt* (tente) sur l'emplacement de son camp. Un autre quartier fut bâti à El-Qatayah, et leur réunion devint la ville de *Mars-El-Kahirah* (le vainqueur) dont les historiens des croisades ont fait Al-Caïro, et les occidentaux, *le Caire*.

plafond en partie effondré, les rayons du soleil y pénètrent par mille fissures, d'où ils tombent sur la foule la plus compacte, la plus bruyante, la plus bigarrée qui ait jamais grouillé dans un espace aussi restreint. Les maisons très élevées, garnies de toutes sortes de balcons et d'encorbellements, peintes de mille nuances diverses, augmentent encore la variété des colorations. Des calèches conduites par des cochers en costume oriental, des cavaliers arabes, des bourgeois montés sur des ânes, des fellahs grimpés sur des chameaux, des noirs, des blancs, des jaunes, des bronzés, des femmes, des enfants, des eunuques se mêlent, se pressent, se poussent avec une incroyable agilité. L'art avec lequel les cochers indigènes conduisent de grandes voitures dans une pareille foule tient du prodige. Jamais ils n'accrochent, même lorsqu'ils tournent à l'angle aigu dans les rues d'une étroitesse singulière, même lorsqu'ils passent sans les culbuter au milieu d'une dizaine de petits marchands étalant en plein chemin leurs nougats, leurs dattes et leurs confitures. Un cocher parisien briserait tout, d'autant mieux que le Mousky n'est pas plus pavé que les autres rues du Caire et qu'à chaque instant les voitures tombent dans de profondes ornières, d'où elles rebondissent avec des zigzags terribles pour les promeneurs. Mais les cochers indigènes ont une patience et une dextérité extraordinaires. Les piétons, d'ailleurs, y mettent du leur. On voit sans cesse les enfants filer sous le poitrail des chevaux, se tirer du dessous des roues prêtes à les écraser, éviter d'un mouvement brusque un cavalier lancé au galop. Si, par hasard, l'un d'eux est renversé, pour peu qu'il ne soit pas complètement estropié, il se relève instantanément et fuit à toutes jambes, de peur d'être roué de coups; car, en Égypte, ce n'est pas le cocher qui est responsable d'avoir écrasé un piéton, c'est le piéton qui est coupable de s'être laissé écraser. Je me rappelle un jeune gamin qui s'amusait à faire la nique à une voiture en plein Mousky; au moment où il cherchait à opérer sa retraite, cheval et voiture lui passent sur le corps; je le croyais perdu; en me retournant, je le vis qui se remettait lestement sur les pieds, faisait de nou-

Le palais du khédive.

veau la nique à la voiture et filait dans une autre direction avec une rapidité vertigineuse, fendant la foule qui s'était amassée autour du lieu de son accident.

» Jamais musée de types humains n'en a offert une collection aussi variée, aussi complète, aussi pittoresque que le Mousky. Le Turc en tarbouche, vêtu de la disgracieuse stambouline, y coudoie le fellah nu, sous une simple chemise de cotonnade bleue ; le Bédouin au turban blanc, drapé dans sa robe blanche, un grand manteau noir sur l'épaule, y croise l'Arnaute à l'air sauvage, avec sa veste rouge ou grise, ses pistolets passés à la ceinture, ses moustaches orgueilleusement retroussées ; l'Arabe du Sinaï, vêtu de haillons, composés de milliers de petits chiffons dont pas un n'est plus large que le doigt, y passe à côté de Nubiens, de nègres du Sennaar, d'Abbadieh, de Barbarins, etc. ; des Nubiennes, à peine couverte d'une loque légère qui dessine la beauté accomplie de leurs formes, y montrent leur tête hideuse placée, par un caprice de la nature, sur un corps admirable, leurs cheveux graissés et crêpelés, leurs yeux ardents, leur nez épaté et dont une narine est décorée d'un grain de corail. Toutes les couleurs, depuis le noir d'ébène jusqu'au blanc albinos ; toutes les races, tous les costumes fourmillent aux regards. Je ne parle pas des Anglais en casques enveloppés de longs voiles, des Juifs, des Français, des Italiens, des Corses, des Grecs, des Russes, des Allemands et de toutes les variétés européennes possibles et imaginables. Les femmes indigènes, pareilles à de gros paquets, courent sur des ânes : on distingue seulement leurs pantalons jaunes ou blancs terminés par une dentelle, et leurs bottines de satin gris-perle, rose ou bleu. Les fellahines, chargées de lourds fardeaux, le visage à peine voilé, la taille svelte et élancée, émaillent cette immense houle humaine, où tout est mouvement, éclat de couleur, bruit et agitation. Des arroseurs publics inondent sans crier : gare! les pieds des passants. Ils portent sur leur dos une outre immense, formée de la peau entière d'un bouc. Une légère pression en fait jaillir un long jet d'eau qui transforme en boue la poussière du Mousky. D'autres porteurs d'eau ont à la place de la peau de bouc une grande urne en terre terminée par un léger goulot. Ce sont, pour la plupart, des commissionnaires soudoyés par des âmes charitables, afin de désaltérer les passants. Moyennant une légère redevance, ils se promènent toute la journée avec leur urne et une tasse où chacun peut boire à volonté : fontaines Wallace ambulantes qui valent bien les nôtres. »

G. CHARMES[1],
*Cinq mois au Caire*, chap. VI.
(Paris, in-8°, 1880, Charpentier.)

## Les saïs.

« Rien de plus joli, de plus gracieux que ces *saïs*, espèces de coureurs qui trottent au devant des cavaliers et des voitures, armés d'un long bâton et qui crient à tue-tête : « Gare à toi ! Sauve tes pieds ! A droite ! à gauche ! Place ! place ! » La plupart sont Nubiens ou Abyssins. Leur tête noire, où brillent de grands yeux fendus en amandes, est charmante de vivacité et de finesse. Leur costume est délicieux et n'a que le défaut de ressembler à un costume d'opéra-comique ; il rappelle, paraît-il, celui des bateliers du Bosphore, mais avec plus d'élégance et de recherche. Composé d'un gilet de velours, richement brodé d'or ou garni de galons de soie dessinant les plus jolies arabesques ; d'une large ceinture, dont les bouts flottent au vent ; de culottes blanches, qui se terminent au genou et qui laissent passer une jambe noirâtre d'une fermeté et d'une souplesse nerveuse étonnantes ; d'un superbe tarbouche, posé sur le haut de la tête et d'où s'échappe un gland bleu qui retombe jusqu'au milieu du dos ; enfin, d'une chemise de gaze d'une propreté immaculée, dont les longues manches, fendues jusqu'au haut du bras et ramenées sur l'épaule, semblent être des ailes, il forme un ensemble dont la description ne saurait rendre la grâce, l'im-

---

[1]. M. Gabriel Charmes a publié dans le *Journal des Débats* le spirituel et instructif récit de ses voyages en Orient. Ces articles, à qui nous avons emprunté déjà une description de Tripoli (p. 351), ont été réunis en volumes. (*Cinq mois au Caire; Tunisie et Tripolitaine.* (Paris, 2 vol. in-18, Charpentier.)

prévu et la légèreté. Ainsi costumés, les saïs courent ou plutôt volent autour des voitures et des cavaliers avec une vitesse inconcevable. Ils ne se contentent pas d'aller droit devant eux; ils font des festons; ils s'égarent dans tous les sens; ils sautent et bondissent en poussant des cris, comme ces chiens habitués à faire deux ou trois fois la route des voitures qu'ils accompagnent. Rien ne les fatigue. J'en ai vu qui, après avoir parcouru 60 kilomètres de cette marche endiablée, paraissaient moins épuisés que les chevaux dont ils avaient sans cesse dépassé l'allure. A la vérité, presque tous les saïs meurent jeunes : à trente ans, ils sont fourbus ; à quarante, ils succombent à une maladie de poitrine ; mais durant cette courte existence, ils mènent la vie de sylphes, toujours alertes et vigilants : et lorsqu'ils tombent, harassés de fatigues, ce n'est pas sans avoir goûté jusqu'au bout le charme d'une perpétuelle agitation ; c'est à peine s'ils ont posé le pied sur la terre, pour rebondir aussitôt dans l'espace et le dévorer ! »   G. CHARMES,
*Cinq mois au Caire*, chap. v.
(Paris, in-18, 1880, Charpentier.)

### Les scribes.

« Je viens de parler des scribes ; c'est tout un peuple qui grouille dans les administrations. On les voit le matin se rendre au bureau et le soir en revenir, les plus pauvres à pied, le plus grand nombre à âne, coiffés du turban, revêtus du qouftan et du pardessus, portant fièrement leur long encrier de cuivre passé dans leur ceinture. Suivons-les sur le théâtre de leurs exploits. Peu de jours après mon arrivée au Caire, j'eus à me faire payer une somme d'argent au ministère de l'instruction publique. Dès que j'eus l'ordre du ministre, je me trouvai en face des bureaux, et c'est là que commença mon odyssée. Pendant quatre jours de suite, je dus aller passer au diwan des trois et quatre heures sans désemparer, afin de parvenir à un résultat effectif et sonnant. En entrant dans le local où fonctionnent les employés, les scribes, je fus stupéfait. Je vis une grande salle pourvue, sur trois de ses côtés, d'un diwan très bas et en assez piètre état. Sur ce diwan étaient accroupis de distance en distance les divers écrivains. Devant chacun d'eux se trouve une grande caisse en bois blanc dans laquelle ils renferment leurs paperasses qui débordent du coffre sur leurs genoux, autour d'eux, partout. Les babouches ont quitté tous les pieds, dont beaucoup ignorent l'usage des bas, et sont rangées sur le sol en avant de chaque propriétaire. J'entendais un bourdonnement de ruche. Plusieurs travaillaient deux à deux, l'un dictant à l'autre ou l'aidant à collationner des registres de comptabilité ; tout cela se fait en chantant, et rien n'est plus burlesque que tous ces noms de nombre psalmodiés sur le ton des chantres des églises. Souvent une querelle s'élève entre deux employés, ou entre un employé et quelqu'un du dehors qui réclame la prompte expédition de son affaire ; et alors les éclats de voix font résonner la vaste salle, et l'on entend rouler les « *Khanzir!* » les « *ibn al Kelb!* » « *ibn al Yaoudi!* » les « *ilàn abouk*[1] *!* » et tout le répertoire poissard de la langue arabe. Les écrivains ont leur déjeuner en poche ; ou plutôt quand ils se sentent en appétit, ils entr'ouvrent leur *qouftan* et tirent de leur sein une galette, quelques brins d'herbage, un morceau de fromage, boivent de l'eau, se font apporter une tasse de café, et se remettent à la besogne, sans trop se fatiguer. Vous leur parlez de votre affaire, ils écrivent ou calculent pour vous : survient un individu avec une autre affaire, ils interrompent la vôtre pour s'occuper de la nouvelle ; puis ils vous plantent là pour causer entre eux de balivernes à votre nez, à votre barbe. Enfin lorsque, le quatrième jour, tout fut terminé pour moi et que je n'eus plus qu'à me présenter au *seraf* (caissier), j'entrai dans un cabinet voisin, où je trouvai accroupi sur un sale diwan, avec une petite boîte de bois blanc devant lui et un grossier coffre-fort à côté, un bonhomme qui, gravement, prit connaissance de mes papiers,

---

[1]. *Khanzir* signifie cochon ; *ibn al kelb*, fils de chien ; *ibn al Yaoudi*, fils de Juif ; *ilan abouk* que ton père soit maudit !

ouvrit à triple clef le dit coffre, en tira des sacs de guinées anglaises et égyptiennes, de napoléons, de roubles, de ducats, de colonnates, etc., et de monnaie blanche égyptienne pour l'appoint, et me compta ma somme. Quand ce fut fait et que j'eus bu le café qu'il m'avait offert, je lui vis tendre la main : je fis l'aveugle ; il me demanda « *bakchich* » (cadeau, ce que nous appellerions pourboire) : je fis le sourd. Mais il insista tellement que je ne pus éviter de lui mettre une pièce dans la main. Il la porta à sa bouche et la baisa bruyamment : c'est le signe du remerciement en pareil cas. Ce n'était que le commencement : les domestiques qui m'avaient apporté le café me demandèrent « *bakchich* » ; deux des écrivains qui avaient travaillé pour moi me demandèrent « *bakchich* » ; un kawar du ministre qui avait porté mes papiers plusieurs fois en haut dans un autre bureau et les en avait rapportés me demanda « *bakchich* ». Il fallut contenter tout ce monde. Je m'en allais, quand un vieillard en haillons, avec une grande barbe blanche, m'arrêta par le bras et me demanda « *bakchich* ». — « Qui es-tu donc et qu'as-tu fait pour moi ? » lui dis-je. — « Je suis le portier du caissier ! » me répondit-il. Je lui présentai une piécette ; il trouva que ce n'était pas assez. « Tu n'en veux pas ? » m'écriai-je ; et je la remis dans mon gousset. Je sortis du ministère ; j'avais déjà fait plus de cent pas dans la rue, quand je m'entends interpeller. Je me retourne : c'était mon vénérable portier qui courait après moi et me redemandait la piécette qu'il fut trop content d'empocher. De pareilles scènes se renouvellent à tout moment dans tous les bureaux. Du bas en haut de l'administration, le bakchich monte, grossit, s'enfle à des proportions gigantesques et décide de tout. Il est peu de beys et de pachas qui le dédaignent, pourvu qu'il soit assez fort ; il a souillé, *proh pudor!* les mains de plus d'un consul européen. C'est partout un pillage et un gaspillage sans frein, sans limite et sans honte. Par suite de ce gaspillage, aucun service n'est régulièrement payé ; et, si cette fureur de mendicité peut avoir quelque excuse, c'est chez les bas employés qui restent des six, des dix, des douze mois sans toucher un *fadda* (soixantième partie de la piastre égyptienne, environ 4 centimes) et qui doivent tendre la main au public pour manger et faire manger leur famille.

» Un vieux bey, des plus âpres au bakchich, est mort il y a quelques mois. Il était *wakil* d'un ministre, c'est-à-dire lieutenant, sous-secrétaire d'Etat, et avait à s'occuper d'une grande quantité de fournitures pour des établissements du gouvernement. Il ne manquait pas de gagner dessus et se faisait nourrir par le boucher, le boulanger et l'épicier ; habiller par le tailleur, etc. Il est vrai que la maison du pauvre homme était composée de quarante personnes ! De plus, il prélevait sur chaque nouvel employé indigène le premier mois de son traitement et percevait sur d'autres une redevance perpétuelle. »

Eug. GELLION-DANGLAR,
*Lettres sur l'Égypte*, 5ᵉ lettre.
(Paris, 1876, in-18, Sandoz et Fischbacher.)

### Le retour du tapis de la Mecque ; le dosseh.

« Le jour de l'entrée du tapis, un flot immense de population se précipite vers le campement des pèlerins ; on lève les tentes ; des coups de fusils partent dans toutes les directions ; une violente clameur monte vers le ciel ; le désert disparaît sous les couleurs des milliers de costumes qui étincellent à la lumière de midi. Le cortège se met en marche. J'étais allé, pour le voir défiler, dans une maison juive de protégés français ; il n'y avait là que des femmes, toutes tremblantes dans la pensée qu'un massacre général des non-musulmans allait être le couronnement de la cérémonie. Les fenêtres à demi fermées donnaient sur une rue étroite, où se pressait une foule si compacte qu'il était difficile de comprendre comment elle pouvait y tenir. Aussi débordait-elle sur les murs, dans les maisons et jusque sur les toits. A chaque fenêtre apparaissaient des têtes de femmes noires, bronzées ou blanches, encadrées dans des coiffures multicolores. Des marchands de confitures, de nougats, de sorbets, des psylles, des montreurs de singes, des saltimbanques trouvaient le moyen de percer cette masse confuse et bigarrée, que les agents de police repoussaient sans cesse à coups de courbache. Après des heures d'attente, des salves d'artillerie éclatèrent à la citadelle et le cortège parut. Jamais procession plus variée ne s'est offerte aux regards! En tête, marchent des musiques militaires et quelques bataillons de soldats nubiens tout habillés de blanc, marquant le pas avec gravité. Vient ensuite l'interminable série des corporations religieuses du Caire; chacune d'elles est précédée d'un drapeau vert ou rouge, qu'accompagne un long groupe de personnages dévots, hurlant avec fureur des versets du Coran. Les softas, les étudiants d'El-Azhar se font remarquer par les élégants manuscrits qu'ils tiennent à la main. De temps en temps apparaît un saint, un santon qu'anime l'esprit de Dieu et qui ne marche qu'appuyé sur deux disciples; car l'ivresse religieuse dont il est saisi l'empêche de se diriger lui-même. Des derviches se donnent de grands coups sur la poitrine ou tournent sur eux-mêmes avec frénésie. Enfin arrive le tapis porté sur un magnifique dromadaire, escorté de Bachi-Bouzouks, à la physionomie de plus en plus féroce, et de pèlerins dont les haillons attestent combien le voyage a été dur pour eux. Ce tapis est une sorte de dais en velours rouge brodé d'or. Il est d'une richesse immense, et l'on met une année entière à le confectionner. A peine un tapis est-il parti, que l'on commence à fabriquer celui de l'année suivante. De longs cordons qui pendent de tous côtés sont soutenus par des imans; des musiciens frappent violemment des cymbales et des tarabouks.

» A la suite du tapis, un gros santon, hissé sur un chameau, le corps absolument nu jusqu'à la ceinture, se balance de droite à gauche en levant vers le ciel une tête énorme, garnie d'une immense barbe blanche. Ce santon garde toujours le même costume; il se promène ainsi dans les rues du Caire; il ne met rien de plus pour aller à la Mecque. On peut juger par là de la couleur de sa peau! C'est à lui qu'est confié le soin des chameaux sacrés qui portent le tapis. Cette fonction est héréditaire dans sa famille depuis la conquête d'Amrou ; il en est de même dans la famille des chameaux ; l'honneur de soutenir le tapis s'y transmet de père en fils. Aussi, depuis que l'Egypte est musulmane, la famille du santon et la famille des chameaux vivent-elles côte à côte. Le flot populaire, entrecoupé de calèches remplies d'Anglais et d'Anglaises, se referme derrière le tapis. A mesure qu'il passe, la foule se prosterne ; des balcons, des fenêtres, des toits, s'agitent des mouchoirs et des écharpes innombrables ; puis tout s'écoule bruyamment au milieu de clameurs assourdissantes et du plus éblouissant feu d'artifice de couleurs qu'on puisse rêver.

» L'entrée du tapis est le premier acte d'une série de fêtes qui se déroulent durant quinze jours jusqu'à la cérémonie du Dosseh, qui en est le dénouement.....

» ..... Dosseh signifie piétinement. J'ignore quelle est la véritable origine de cette fête. Deux versions sont en présence. On sait que Mahomet, dans les premiers temps de son apostolat, fut obligé de fuir la Mecque, où il éprouvait l'exactitude de la maxime évangélique : « Nul n'est prophète en son pays. » Il eut à traverser dans sa fuite un village peuplé de ses partisans. A son approche, ceux-ci se prosternèrent sur son passage ; mais le prophète, dont les moments étaient comptés, ne put s'arrêter, et il fit avancer son cheval sur ces pavés humains. O miracle ! aucun des fidèles ne fut blessé. Ils se relevèrent tous sains et saufs. Est-ce en commémoration de ce fait que des centaines d'hommes s'exposent tous les ans à être broyés sous les pas d'un cheval lancé au galop? Les uns le disent, mais d'autres donnent au Dosseh une origine purement égyptienne. Suivant eux, un sultan mameluk voulait obliger un santon très pieux et très illustre, nommé *Saad-Eddin* (bonheur de la religion), qui était campé aux environs du Caire, à venir habiter dans son palais. Celui-ci refusait. Le mameluk insistant, Saad-Eddin céda : « Je veux bien te suivre au Caire, lui dit-il ; mais j'y ferai un miracle éclatant, afin que les musulmans prévaricateurs écoutent ma voix et se repentent de leurs péchés qui sont en abomination aux yeux de Dieu l'unique. » Il fit donc dresser sur la route qu'il devait parcourir tous les vases de verre qu'on trouva dans la ville; il monta ensuite à cheval, et se rendit de sa tente au palais sur cette voie fragile sans briser un seul verre. Cette seconde tradition n'explique pas aussi bien que la première la cérémonie du Dosseh. De ce qu'un cheik, si saint qu'il fût, n'a pas cassé des tessons de bouteilles en les foulant sous les pieds de son cheval, il n'en résulte pas du tout qu'il eût fait aussi peu de mal à des côtes humaines s'il les avait soumises à la même épreuve. Je préfère donc la première légende, quoique n'ayant, à vrai dire, aucune raison historique pour appuyer ce choix.

» Ce qu'il y a de sûr, c'est que le dosseh est une fête extraordinaire. La voie, qui doit être pavée de corps humains, est marquée par des drapeaux rouges; elle longe la série principale des tentes à *Zikr*. Tout le Caire se précipite pour assister à la cérémonie. Un côté de la voie est absolument rempli par les voitures de harems, où l'on distingue des toilettes aux mille couleurs; les chevaux se cabrent, les saïs et les eunuques ont de la peine à les maintenir. Derrière cette première rangée, une seconde rangée de voitures est garnie de touristes grimpés sur des sièges, montés sur les épaules les uns des autres, accrochés aux roues comme dans les gravures qui représentent la course d'Epsom. Les tentes sont bondées de spectateurs, les maisons voisines en regorgent; une mer de turbans, aux flots sans cesse secoués, s'étend dans toutes les directions. Tout à coup, un mouvement général se produit: une masse d'hommes demi-nus, enivrés de *sikr*, affolés de fanatisme, fendent la multitude compacte des assistants; les uns portent des étendards, les autres se frappent la poitrine avec des instruments en fer ou se labourent les joues avec des broches finement aiguisées; tous ont l'œil hagard, la bouche en feu et poussent des hurlements inexprimables, qui se mêlent au bruit des tambourins, des tarabouks et des flûtes. C'est un véritable torrent, qui se précipite avec une rapidité et une violence inouïes. Des agents de police, armés de longs bâtons dont ils frappent à tort et à travers dans tous les sens, essaient de contenir cette vague humaine qui ondule quelque temps avant de s'arrêter. Enfin, à force de pousser et de refouler la multitude, un peu d'ordre s'établit, et l'on s'aperçoit que la plus grande partie des fidèles se sont couchés à terre, la tête tournée vers la Mecque, les épaules hermétiquement serrés les unes contre les autres. J'ai remarqué cependant quelques tricheries. Parmi les arrivants, beaucoup ne se sont pas couchés, et c'étaient, en général, ceux qui criaient le plus fort. Souvent, pour combler un vide, un agent de police saisit un spectateur hésitant et le jette sans façon au milieu des prosternés volontaires. On passe et on repasse sur ces corps humains pour les tasser, les allonger, les disposer convenablement. Il y a là quelques minutes d'une anxiété étrange. Tous les bruits ont cessé, on entend seulement le léger murmure des fidèles étendus qui adressent au ciel de ferventes prières. Ce bourdonnement à peine perceptible produit une impression profonde; on dirait un gémissement lointain. Enfin, le cheik s'avance à demi-renversé, le visage transfiguré par l'extase, sur ce chemin vivant : deux saïs retiennent son cheval, qui caracole fièrement et ne semble pas se douter de ce qu'il foule sous ses pieds. A peine le cheik est-il passé, que la foule se rue sur les malheureux suppliciés, qui sont enlevés par mille bras avec une rapidité extraordinaire; on n'a pas le temps de savoir s'ils sont blessés; ils sont du moins à moitié évanouis, leur tête tombe en arrière, leurs bras pendent inertes le long de leur corps, un râle étouffé sort de leur bouche. Tous ceux qui les touchent participent à la vertu de leur acte. Aussi sont-ils broyés autant par la main des dévots que par les pas du cheval. On est encore plus sanctifié quand on touche le cheik lui-même. Il descend avec peine de sa monture; mais j'ai été frappé de la manière rapide dont son extase disparaissait; à peine avait-il mis pied à terre, qu'il souriait aimablement et allait prendre, avec une bonne grâce charmante, une tasse de café dans la tente du vice-roi.

» Le soir du Dosseh on tire, à la place même où la fête a eu lieu et où le *Zikr* s'est prolongé quinze jours, un superbe feu d'artifice qui dure au moins deux heures. La réverbération des feux sur la foule est plus belle que les feux eux-mêmes. Des chandelles romaines, tirées sur les bords du canal du Nil, éclairent les villages arabes de lueurs délicieuses. J'ai rarement vu feu d'artifice plus parfait en lui-même ; mais je n'en ai jamais vu, à coup sûr, qui fût aussi merveilleusement réfléchi et multiplié par l'admirable décor au milieu duquel il était tiré. Le *Zikr* dure encore toute la nuit du Dosseh. Le lendemain matin, la catalepsie est générale et les plus fervents sont épuisés jusqu'à l'année suivante. »

Gabriel CHARMES,
*Cinq mois au Caire et dans la Basse-Égypte.*
(Paris, in-18, 1880, Charpentier.)

## Les antiquités égyptiennes.

**L'Institut d'Egypte.** — Sur les vaisseaux qui conduisaient en Egypte l'armée française en 1798, Bonaparte avait embarqué un corps auxiliaire de savants, de littérateurs et d'artistes, qui devaient l'aider « dans la tâche laborieuse de faire oublier par les bienfaits de la paix les misères de la conquête. » Cet état-major intellectuel groupait dans ses rangs une variété de talents brillants et utiles, archéologues et géographes, dessinateurs et imprimeurs, ingénieurs et architectes, géomètres et astronomes, chimistes, minéralogistes, botanistes, chirurgiens, mécaniciens, etc., presque tous connus, quelques-uns déjà illustres. On en comptait cent vingt-deux en tout, et parmi eux, Monge, Berthollet, Geoffroy Saint-Hilaire, Andréossy, Caffarelli, Desgenettes, Larrey, Denon.

Le secrétaire intime et confident du général en chef, Bourienne, qui fut un des collaborateurs les plus actifs de cette légion pacifique, nous a laissé de curieux mémoires sur l'œuvre de l'*Institut d'Egypte*. Après les victoires de Chébréiss et des Pyramides, Bonaparte le créa par un arrêté du 22 août et le 23, et l'installa dans l'un des plus vastes palais du Caire. Parmi les membres de cet Institut, « les uns devaient s'occuper à faire une description
» exacte du pays, et en dresser la carte la plus détaillée ; les autres en
» étudier les ruines et fournir de nouvelles lumières à l'histoire ; les autres
» en étudier les productions, faire les observations utiles à la physique, à
» l'astronomie, à l'histoire naturelle ; les autres enfin devaient s'occuper à
» rechercher les améliorations qu'on pourrait apporter à l'existence des ha-
» bitants par des machines, des canaux, des travaux sur le Nil, des pro-
» cédés adaptés à ce sol si singulier et si différent de l'Europe. Si la fortune
» devait nous enlever un jour cette belle contrée, du moins elle ne pouvait
» nous enlever les conquêtes que la science y allait faire ; un monument se
» préparait qui devait honorer le génie et la constance de nos savants
» autant que l'expédition honorait l'héroïsme de nos soldats[1]. »

---

1. Thiers, *Révolution française*, liv. XXXIX.

Vue de Boulaq

L'Institut fut divisé en quatre sections : *mathématiques; physique; économie politique; littérature et beaux-arts*. Rechercher la meilleure construction des moulins à eau et à vent; déterminer les lieux propres à la culture de la vigne ; approvisionner d'eau la citadelle du Caire; creuser des puits dans le désert; clarifier et rafraîchir les eaux du Nil; fabriquer de la poudre, améliorer l'hygiène publique, tels furent les principaux sujets d'études posés à nos savants. L'orientaliste Marcel fonda l'imprimerie du Caire ; Conté, le fondateur du Conservatoire des arts et métiers, et l'inventeur du crayon qui porte son nom, installa au Caire un télégraphe et des ateliers de tout genre, améliora la fabrication du pain, et inventa le moyen de fabriquer de la poudre; Gérard, Lepère travaillèrent à régulariser les eaux du Nil; les artistes et les archéologues firent une moisson fertile sur cette terre couverte de monuments qui étaient les témoins splendides d'une civilisation oubliée. L'âme de la commission des arts fut Denon. « Portant » son portefeuille en bandoulière, on le vit maintes fois devancer au galop » nos escadrons, s'asseoir sur le terrain qui allait devenir un champ de » bataille et achever paisiblement son croquis sous le feu de l'ennemi[1]. » Bonaparte fit lui-même une de ces expéditions archéologiques, en compagnie de Monge et Berthollet, et se rendit à Suez et au Sinaï. L'ingénieur Peyre fut chargé de lever géométriquement le cours de l'ancien canal des Pharaons. La plus célèbre excursion fut celle qui conduisit les savants français, sous la protection de la division Desaix, dans la Haute-Egypte, à Karnak, à Louqsor, à Medinet-Abou, à Gournah, au milieu des nécropoles mystérieuses : ces ruines grandioses arrachèrent des cris d'admiration et des applaudissements enthousiastes aux troupiers illettrés, vainqueurs de Mourad-Bey.

Le brusque départ de Bonaparte, que le souci de sa fortune politique entraînait loin de la terre des Pharaons après l'y avoir amené, la mort soudaine du vaillant Kleber, les capitulations nécessaires de Béliard et de Menou amenèrent la dissolution de l'Institut d'Egypte et le retour des savants en France. Le général Menou, qui était peu sensible aux découvertes de l'archéologie, avait abandonné aux Anglais les collections scientifiques si péniblement amassées par l'Institut, et le général Hutchinson en exigeait sans tarder la remise. Geoffroy Saint-Hilaire osa résister au vainqueur. Il jura que les Anglais ne s'enrichiraient pas de ces dépouilles de la science ; s'ils faisaient mine de les ravir par la violence, il était décidé à les détruire de ses mains. « Comptez sur les souvenirs de l'histoire, s'écria fièrement le grand » naturaliste; vous aussi, vous aurez brûlé une bibliothèque d'Alexandrie. » Hutchinson, étonné, annula l'article 16 de la capitulation, et l'héroïsme de Geoffroy Saint-Hilaire conserva à la France les précieux trésors qui ont servi à la rédaction des treize volumes du magnifique ouvrage : *Description de l'Egypte*. Ce fut là pour la France, la véritable conquête de l'Egypte, la plus féconde et la plus glorieuse de toutes, et dont personne, à travers toutes les révolutions politiques du siècle, n'a osé contester les titres[2].

---

1. Gaffarel, *l'Institut d'Egypte*. — (*Revue politique et littéraire*, 7 déc. 1878.)
2. « L'activité infatigable, désintéressée de ces maîtres de la science, écrit un
» Allemand, M. Georges Ebers, a conquis pour leur patrie le droit de se vanter
» d'une expédition manquée au point de vue politique, comme d'une grande œuvre
» féconde en résultats. Ils remirent en lumière, après des milliers d'années d'oubli,
» le berceau de la civilisation humaine : leur grand ouvrage nous apprit qu'il fal-
» lait allonger l'histoire de notre race et ouvrir des voies nouvelles à la science,

« N'oublions pas que, parmi les sciences historiques, il n'en est pas dont
» les conquêtes appartiennent, autant que l'égyptologie, à notre patrimoine
» national. C'est un Français, **Champollion**, qui l'a créée de toutes pièces
» (v. p. 684); ce sont des Français, *Letronne* et *Biot*, qui en ont étendu
» le domaine par l'enquête féconde ouverte sur les âges ptolémaïques et
» sur les systèmes astronomiques des peuples du Nil[1]. » MM. *de Rougé* et
*Chabas* continuèrent les travaux de Champollion, et maintinrent la supériorité de nos découvertes archéologiques, malgré les travaux des célèbres étrangers *Lepsius*, *Brugsch*, *Hinks*. Mais les vrais successeurs de Champollion ont été MM. *Mariette* et *Maspero*.

**Auguste Mariette.** — M. Mariette, né à Boulogne en 1821, fut entraîné vers l'égyptologie par le désir de déchiffrer les textes qui étaient figurés sur un cercueil de momie conservé au musée de sa ville natale. Il avait alors vingt ans et était régent de septième au collège communal. Sans guide, sans maîtres, sans encouragements d'aucune sorte, aidé seulement par les livres de Champollion, il parvint à lire aisément les hiéroglyphes, apprit la langue copte, et grâce à l'appui de quelques amis, obtint une mission en Égypte (1850). Il découvrit, dans cette première exploration, le *Serapeum* de Memphis, c'est-à-dire le lieu de sépulture de tous les Apis qui s'étaient succédé dans le temple de cette ville, et une rangée de cent trente-cinq sphinx qui gardaient l'avenue de la tombe divine. M. Mariette employa deux ans à ces fouilles délicates et périlleuses; il fut atteint d'ophthalmie, il eut à combattre les violences et les ruses des *cheik-el-beled* (chefs de village) qui s'opposaient à l'embauchage des fellahs de son escorte, faisaient envahir et piller ses tentes, empoisonner ses aliments. Le vice-roi, Abbas-Pacha, gagné à l'influence anglaise, entrava et suspendit même le travail des fouilles. Les Turcs avaient fait courir le bruit que « l'homme du désert » avait mis au jour des trésors : ordre fut donné au moudyr de vérifier le nombre et la nature des monuments découverts et de les faire transporter au Caire. Cinq cent treize monuments furent saisis; mais Mariette avait réussi à en cacher plus de deux mille au fond des chambres funéraires des tombeaux; c'est là qu'il avait organisé ses ateliers d'emballage et qu'il fit expédier secrètement, à dos d'ânes ou de chameaux, ses précieuses trouvailles pour Alexandrie et pour le Louvre. Il parvint à reprendre aux Égyptiens les cinq cent treize objets confisqués et il obtint la permission de les envoyer en France. Mais il fut entendu qu'il n'en enverrait que cinq cent treize, et que tous les monuments qui seraient exhumés à l'avenir appartiendraient au gouvernement égyptien : c'était la part de l'Angleterre. Mariette songeait avant tout à sauver le produit de ses fouilles : payées par la France, elles ne devaient profiter qu'à la France. Les Bédouins attaquèrent sa petite maison du désert : il dut soutenir un assaut en règle, essuya une fusillade nourrie et mit en fuite les agresseurs à coups de révolvers.

---

» des routes nouvelles aux nations..... La France dut renoncer à la possession de
» l'Egypte; mais son influence y est restée toute puissante. Si la culture euro-
» péenne a conquis sur les bords du Nil, plus vite qu'en aucun autre pays de
» l'Orient, les hautes régions de la société, et commence même à détourner le peuple
» de mainte coutume ancienne, les Français en ont le mérite; c'est l'œuvre, en
» partie des règlements qu'ils avaient introduits sous Bonaparte, en partie de l'ama-
» bilité propre à leur race et grâce à laquelle ils surent gagner le cœur des gouver-
» nants. » (L'*Egypte*, trad. de M. MASPERO, t. I$^{er}$, pages 3 et 5.)

1. Ernest Desjardins, *Revue des Deux-Mondes* (15 mars 1874).

Un effendi fut envoyé pour veiller à l'emballage des monuments. Mariette usa de ruse. Il commença par apprendre à l'effendi, qui était d'ailleurs un fonctionnaire aussi ignorant que courtois, qu'un monument pharaonique se distinguait de tous les autres, en ce qu'il se composait invariablement de plusieurs pièces. « Ce principe nouveau dans l'archéologie une fois admis,
» ils se mirent en devoir, lui et l'effendi, qu'il trouva piquant d'employer à
» cette besogne en qualité d'auxiliaire, de bourrer littéralement les vases
» creux ou canopes d'une foule de menus objets, puis de superposer quatre
» ou cinq de ces vases ainsi remplis, en les fixant les uns aux autres, et
» en ayant soin de retourner tous les couvercles, excepté celui du haut.
» Anubis, dressant ses oreilles, dominait l'édifice, et cet ensemble factice
» était soigneusement enregistré par l'effendi pour *un* monument, de sorte
» que les deux mille cinq cents objets nouveaux, provenant du souterrain
» et expédiés au Louvre, ne formaient que cinq cent treize colis[1]. »

A ce subterfuge vraiment *monumental*, l'ingénieux savant en ajouta un autre. Pour sauver tous les autres trésors que recélaient encore les galeries et les chambres, il imagina de dessiner à la main, avec du noir de fumée, d'après les textes authentiques, sur des stèles en blanc qu'il avait en grand nombre, des figures d'Apis et des caractères hiéroglyphiques : tandis que les pièces historiques, secrètement emballées et expédiées à Alexandrie, étaient embarquées pour la France, on conduisait au Caire, avec mille précautions, pour la galerie du vice-roi, les compositions fort habiles de Mariette. Abbas-Pacha voulut les voir ; des courtisans trop zélés « pour
» les rendre plus dignes de comparaître devant Son Altesse, se mirent en
» devoir de leur faire une sorte de toilette : on les lava même avec tant
» de soin que les inscriptions disparurent, et que le gouvernement égyptien
» se trouva ainsi privé des autographes hiéroglyphiques de M. Auguste
» Mariette. » Cette première mission de l'illustre et intrépide orientaliste (1850-54), subventionnée par les crédits du gouvernement français, avait opéré le déblaiement complet du Serapeum, et enrichi de sept mille monuments le musée du Louvre. Une deuxième expédition, entreprise en 1858, aux frais du gouvernement égyptien, a ouvert trente-cinq chantiers, a eu pour résultat la fondation du musée de Boulaq et la découverte des vingt-cinq mille monuments qui y sont catalogués et classés. M. Mariette en fut nommé le directeur (1863) et, jusqu'à sa mort, durant près de trente années, devenu le familier d'Ammon et de Ramsès, interrogeant la terre des Pharaons, forçant les portes du sanctuaire, « il a vu face à face Osiris à Abydos, Apis au Sérapéum, Horus à Edfou, Hathor à Dendérah ». (E. Desjardins.) M. Mariette, membre de l'Institut et commandeur de la Légion d'honneur, est mort en 1881 ; ses compatriotes lui ont élevé une statue à Boulogne. Le khédive Ismaïl, malgré les compétitions étrangères, a donné sa succession au savant le plus digne de le remplacer, M. Gaston Maspero (né en 1846), professeur d'archéologie égyptienne au Collège de France. Malgré les ressources très médiocres du budget dont il dispose, M. Maspero a pu, en quelques années, par l'habile direction de ses fouilles, sa science consommée et l'énergie d'un travail infatigable, ajouter des milliers de monuments nouveaux, sarcophages, momies, papyrus, objets divers, aux découvertes de Mariette, ouvrir à Saqqarah cinq pyramides nouvelles, et parmi celles-ci, la fameuse pyramide de Meïdoum, enfin, à Gournah, faire arrêter un Arabe recéleur d'antiquités royales qui pillait les tombeaux. Le jeune directeur des musées du Caire a été élu récemment (1883) membre de l'Institut.

---

1. Ernest Desjardins, *Revue des Deux-Mondes* (15 mars 1874).

## La pierre de Rosette.

« En sortant de Rosette par la porte du nord, on rencontre quelques ouvrages de défense, entre autres le fort Saint-Julien.

Pierre de Rosette.

C'est là que, en 1799, le capitaine du génie Bouchard reçut

l'ordre d'élever une redoute : pendant les travaux, ses ouvriers trouvèrent une pierre qui devait rendre son nom immortel et donner au nom de Rosette un nouvel éclat. La pierre de Rosette a permis aux savants européens d'ouvrir la bouche au sphinx égyptien, fermée depuis des milliers d'années. Le hasard des batailles a fait tomber cette stèle inappréciable aux mains des Anglais, qui l'ont placée, avec le respect qu'elle méritait, dans le Musée britannique.....

» ..... La pierre de Rosette porte trois inscriptions : deux rédigées en langue et écriture égyptiennes, la troisième en langue et écriture grecques. Cette dernière contient un décret, rendu par les prêtres, en l'honneur du cinquième Ptolémée, Ptolémée Epiphane Ier, qui régnait de 204 à 181 avant Jésus-Christ. Il se termine par l'ordre de graver la décision sacerdotale sur une tablette en pierre dure, en écritures hiéroglyphique, démotique et grecque et de la placer dans tous les temples importants. Cette phrase nous apprenait donc qu'on devait trouver sur la tablette conservée, à côté de la partie grecque, une partie hiéroglyphique et une partie démotique : elles s'y trouvèrent en effet l'une et l'autre. Les signes hiéroglyphiques consistaient en images d'objets concrets de toute nature et de toutes formes ; le démotique, en lettres d'aspect bizarre, dont on ne pouvait plus reconnaître les types primitifs.

» Deux grands hommes, l'Anglais Thomas Young et François Champollion en France, se mirent au travail en même temps, mais indépendamment l'un de l'autre. Le succès couronna leurs efforts ; mais Champollion mérite, à meilleur droit que son rival, le titre de déchiffreur des hiéroglyphes : ce que Young conquit par instinct, il le gagna par des procédés méthodiques, et le poursuivit avec tant de bonheur qu'à sa mort, en 1832, il pouvait laisser une grammaire et un dictionnaire fort riches de l'ancien égyptien. « Ses admirables travaux, dit Cha-
» teaubriand, auront la durée des monuments qu'il nous a fait
» connaître[1]. » (G. Ebers, *L'Égypte*, trad. de M. Maspéro, t. Ier, p. 87 ; t. II, p. 47.)

---

1. Champollion le Jeune (Jean-François), frère de Champollion-Figeac, est né en 1790 à Figeac, et mort à Paris en 1832. Dès sa jeunesse, il apprit en même temps que le latin et le grec, l'hébreu, le chaldéen, le syriaque, l'arabe, le copte. La protection du préfet de Grenoble, Fourier, celle de Fourcroy, de Silvestre de Sacy, lui permirent de continuer à Paris ses études orientales. Il fut nommé ensuite professeur d'histoire à la Faculté de Grenoble, y amassa les matériaux de ses

## Les Pyramides; le Sphinx.

« Notre caravane étant arrivée au pied de la Pyramide de Chéops, beaucoup des nôtres ont voulu y monter, et bien que cet exercice soit extrêmement fatigant, il est aujourd'hui possible, grâce aux saillies des assises qui, ayant perdu leur revêtement, forment des gradins [1]. Quand le revêtement existait, l'ascension des Pyramides était si difficile et si périlleuse qu'aucun voyageur n'osait la tenter. Pline raconte que, de son temps, les paysans d'un village nommé Busiris étaient seuls en possession d'accomplir ce tour de force auquel ils s'étaient exercés dès l'enfance. On en est quitte aujourd'hui pour une courbature, même lorsqu'on est hissé par deux Arabes et garanti contre une chute par un troisième qui monte derrière vous. Quant à la descente, elle est horriblement dangereuse pour qui est sujet au vertige.

» Il faut aussi une certaine intrépidité pour entrer dans la grande Pyramide, où l'on ne pénètre que par un canal descen-

---

ouvrages, et s'y prépara à la découverte qui a fait la gloire de son nom. C'est en 1822, après quinze ans de recherches, qu'il déchiffra la pierre de Rosette et trouva la clef des hiéroglyphes. En 1828, il fit un voyage en Egypte, à la tête d'une mission scientifique officielle pour laquelle un bâtiment de la flotte royale fut mis à sa disposition. Il mourut deux ans après, laissant cette *Grammaire* et ce *Dictionnaire* qui résument ses prodigieux travaux et ont été les guides de tous les égyptologues de ce siècle.

1. « D'après les calculs de Letronne, la grande pyramide, lors de son achève-
» ment, aurait eu, si l'on suppose qu'elle se terminât par une pierre pointue,
» 144$^m$,60. En 1799, elle n'avait plus que 136$^m$,95. Elle a donc baissé, en dix-huit
» siècles, de 7$^m$,65. C'est la disparition du revêtement qui a facilité et accéléré
» cette destruction graduelle du sommet. Depuis que les parements ont disparu,
» les Arabes, pour faire plaisir aux voyageurs, s'amusent souvent à détacher un
» des blocs qui bordent la plate-forme et à le faire rouler jusqu'en bas; aucune
» enveloppe lisse ne défend plus la maçonnerie d'en haut contre ce genre de
» dégradation. La pyramide de Chéops n'a donc aucun droit à passer, comme le
» croient encore certaines personnes, pour le monument le plus haut du globe,
» même si on y ajoute par la pensée ce qu'elle a perdu depuis le temps de
» Chéops. Voici par ordre, les hauteurs comparatives des principaux monuments
» du globe : Tours de Cologne, 160 m.; flèche de la cathédrale de Rouen, 150 m.;
» tours de Saint-Nicolas, à Hambourg, 144$^m$,20; coupole de Saint-Pierre de Rome,
» 143 m.; clocher de Strasbourg, 142 m.; pyramide de Chéops, 137 m.; tour de
» Saint-Etienne, à Vienne (Autriche), 135$^m$,30; tour de Saint-Martin, à Landshut
» (Bavière), 133 m.; clocher de Fribourg en Brisgau (Bade), 125 m.; flèche de la
» cathédrale d'Anvers, 122$^m$,40; dôme de Sainte-Marie des Fleurs, à Florence,
» 119 m.; cathédrale de Saint-Pierre de Londres, 111$^m$,30; dôme de Milan, 109 m.;
» tour de la cathédrale de Magdebourg, 103$^m$,60; tour du Rathhaus, à Berlin,
» 88 m.; clocher de la Trinité, à New-York, 86 m.; le Panthéon, à Paris, 80 m.;
» tours de Notre-Dame de Paris, 68 m. » — (G. Perrot et Ch. Chipiez, *Histoire
» de l'art dans l'antiquité*, t. I$^{er}$, p. 231.)

Pyramide de Sakkarah.

dant, ouvert sur la face nord, au niveau de la quinzième assise, et qui n'a qu'un mètre de hauteur. Engagé dans ce tuyau rectangulaire et incliné, ténébreux et glissant, où l'on a fait dans le sol quelques entailles rustiques pour rendre la descente un peu praticable, je me suis vu, après cinquante pas d'une marche étouffante, à la lueur et à la fumée des flambeaux, obligé de remonter vers la lumière du jour et de regagner l'air respirable. J'ai su par mes compagnons que ce couloir, d'environ cent mètres de longueur, aboutit à une chambre creusée dans le roc, trente mètres plus bas que la base de la Pyramide. En remontant le canal qu'on a si péniblement descendu, on trouve un autre corridor, celui-là également oblique, mais ascendant, qui conduit à une galerie horizontale à l'extrémité de laquelle s'ouvre une petite chambre en granit, dite de la Reine, dont le plafond est formé de blocs inclinés l'un sur l'autre comme les deux versants d'un toit. En retournant sur ses pas, le visiteur reprend le couloir ascendant et il entre dans une galerie plus large qui, suivant la même ligne, le conduit à la chambre dite du Roi.

» ..... Quelle était la destination des Pyramides? Faut-il y voir autre chose que des tombeaux? Ne sont-elles pas, au moins la plus grande, un dépôt des connaissances astronomiques et géométriques que possédaient les Égyptiens il y a six mille ans. Ont-elles un rapport voulu ou fortuit avec la grandeur du degré terrestre propre à l'Egypte? Est-ce par hasard que la base de la Pyramide de Chéops est juste la vingt-sept millionième partie du rayon de l'équateur? Sur ces questions, notre guide n'hésite point: « Les
» grandes Pyramides, dit Mariette, sont des tombeaux massifs,
» pleins, bouchés partout, sans fenêtre, sans porte, sans ouver-
» ture extérieure; elles sont l'enveloppe gigantesque d'une mo-
» mie, et leur masse immense ne saurait être un argument
» contre leur destination funéraire, puisqu'on en trouve qui
» n'ont pas six mètres de hauteur. Notons d'ailleurs qu'il n'est
» pas en Égypte une pyramide qui ne soit le centre d'une né-
» cropole et que le caractère de ces monuments est par là am-
» plement certifié. » Franchement, il est bien difficile de ne pas adopter cette opinion quand on a vécu, ne fût-ce que six semaines, dans ce pays où la mort est, de tous les cultes, le plus sacré! En se reportant par la pensée aux hypogées de Biban-el-Molouk, l'on conçoit que, dans les plaines de Memphis comme dans les souterrains de Thèbes, la grande préoccupation des rois

ait été de se bâtir ou de se creuser une demeure éternelle, et de la rendre inaccessible, impénétrable, de manière que leur corps embaumé fût conservé intact jusqu'au jour de la résurrection. De là, ces couloirs descendants dont on ne trouve pas la fin, ces galeries obstruées par des blocs, ces trois chambres, si éloignées l'une de l'autre; de là, ces échappées en forme de puits pour donner issue aux ouvriers qui en bouchant les canaux se seraient emprisonnés eux-mêmes; de là, sans doute, ces herses de granit, placées à l'entrée de la chambre sépulcrale. De là, enfin (comme à Thèbes), tous les soins qu'a pris l'architecte pour dérouter les profanateurs et les décourager par des obstacles que l'on pouvait croire impossibles à surmonter.

» Tandis que nos compagnons exploraient l'intérieur de la grande Pyramide ou descendaient de la plate-forme, au risque de se rompre les os, nous étions allés avec Fromentin voir un temple récemment découvert sous les sables par Mariette-Bey, dans le voisinage du Sphinx. Je ne saurais exprimer l'étonnement que nous causa cet édifice unique, tout en albâtre et en granit, et dont la majesté consiste dans la construction pure, dans la simple mise en œuvre des matériaux, sans ornement, sans dessin, sans couleurs, sans sculpture, sans écriture.

» Mais à quelle époque remonte l'art égyptien? Combien devait être ancienne une civilisation qui, au siècle de la première Pyramide, avait déjà produit le grand Sphinx! Longtemps on a cru que ce colosse majestueux et fin représentait le roi Thoutmès IV (de la dix-huitième dynastie); il est constaté aujourd'hui, par une inscription déposée au musée du Caire, que le Sphinx représente le dieu Armachis; qu'il existait déjà lorsque Chéops devint roi, puisque ce pharaon fit *restaurer* le monument! Voilà donc une statue, ou pour mieux dire un rocher transformé en statue, bien antérieurement à la grande Pyramide! N'est-ce pas à confondre l'imagination! car enfin, tout colossal qu'il est, le Sphinx n'est rien moins qu'une œuvre grossière et primitive. Les parties conservées de la tête, le front, les sourcils, le coin des yeux, le passage des tempes aux pommettes et des pommettes à la joue, les restes de la bouche et du menton, tout cela témoigne d'une finesse de ciseau d'autant plus extraordinaire que les proportions de la figure sont énormes, la bouche ayant $2^m,32$, l'oreille $1^m,80$ de haut et le nez tout près de 2 mètres. Ceux qui virent le Sphinx avant les barbares mutilations qu'il a subies (entre autres le célèbre historien arabe Abd-el-Latyf) vantaient la

Dans l'intérieur de la pyramide.

beauté du type, la grâce de l'expression et la perfection du travail. Le fait est que la bouche semble encore sourire, et que toute la figure respire une sérénité solennelle et une souveraine bonté.

» Tout ce qui provient de ces monuments funéraires et, en particulier, de ceux que Mariette a fouillés dans la vaste nécropole de Saqqarah, est maintenant conservé au musée de Boulaq, fondé par ce savant et infatigable égyptologue. Là sont rassemblés et mis en ordre des morceaux dont les pareils ne se rencontrent dans aucun musée de l'Europe. » (Charles BLANC[1], *Souvenirs d'Égypte. Temps*, novembre 1874.)

**Monuments de la Haute-Egypte.** — Pour visiter les monuments et les villes du Haut-Nil égyptien, on peut choisir aujourd'hui entre trois moyens de transport différents; le bateau à vapeur qui, en trois semaines, conduit le voyageur avec tout le confort désirable du Caire à Philœ; le chemin de fer, qui va jusqu'à Siout, d'où on gagne Thèbes, soit en bateau, soit à dos d'âne; enfin les *dahabiyehs*, petites barques, plus ou moins confortables, suivant le prix, qu'on loue au port de Boulaq, et dont le voyageur dispose suivant son caprice ou ses goûts.

Au sud du Caire, en face d'*Héloudn*, célèbre par ses eaux sulfureuses, station recherchée des malades pour la fraîcheur et la pureté de l'air, se trouvent les ruines de *Memphis*, plus loin la pyramide à degrés de *Sakkarah*, la pyramide tronquée de *Dahshour* et la curieuse construction à étages de *Meidoum*, que Mariette et M. Maspero regardent comme la plus ancienne tombe de Pharaon qui existe. Quand on remonte le Nil, au sud du Caire, on rencontre le village de *Ouasta*, où s'embranche la ligne de chemin de fer qui conduit au *Fayoum*. Le Fayoum est une grande oasis qui nourrit encore cent cinquante mille hommes. Elle est arrosée par un bras dérivé du Nil près de Siout, et maintenu par un barrage dans un lit artificiel, le *Bahr-Yousouf*, ou canal de Joseph, dont le peuple attribue la création au fils de Jacob. Le Bahr-Yousouf féconde le désert de son limon, et va se perdre dans le lac salé de la Corne, *Birket-el-Kouroun*. L'ancien lac Mœris, qui dans l'antiquité, arrosait toute cette contrée, est aujourd'hui à sec; à la place s'étendent des jardins et des champs fertiles, des vergers, des bois de citronniers et d'orangers, des plantations de cannes à sucre et de coton, toutes les céréales de l'Egypte. Ce canton, dans lequel s'élevait jadis la fameuse *Crocodilopolis*, et où Lepsius a retrouvé, près de l'ancien lac Mœris, les ruines du *Labyrinthe*, est encore un des plus admirablement féconds de l'Egypte.

Plus loin, sur la rive droite, les fameuses grottes de *Beni-Hassan*, qui

---

1. M. Charles Blanc, né en 1813, mort en 1882, membre de l'Institut, était parmi les 900 personnes qui avaient assisté, sur l'invitation du vice-roi Ismaïl, à l'inauguration somptueuse du canal de Suez, et parmi les cent qui eurent l'avantage d'être conviés au voyage de la Haute-Egypte. On doit à M. Charles Blanc une *Histoire des peintres* (Paris, 14 vol. in-18), une *Grammaire des arts du dessin* (Paris, 1867) et un grand nombre d'excellents travaux d'esthétique.

Dans le désert, entre Assouan et Philœ.

ÉGYPTE.

retinrent Champollion quatorze jours, vaste nécropole dont les colonnes, les tombeaux, les chambres creusées dans le roc remontent aux pharaons de la douzième dynastie (2 300 av. J.-C.). Les cryptes de *Siout* sont plus anciennes; les murs en sont çà et là couverts d'inscriptions ciselées avec soin; quant aux niches où étaient jadis rangées les momies, les statues, les objets d'offrandes, elles ont été depuis longtemps pillées ou détruites.

Près du village d'*Arabât-el-Madfounch* sont les ruines des anciennes cités de *Thinis* et d'*Abydos*, exhumées par M. Mariette. La plus belle de ces ruines est celle du temple d'*Abydos*, construit par Séti I<sup>er</sup>, et qui était enfoui sous le sable d'une colline de la chaîne Libyque. *Kéneh*, la plus grande et la plus jolie ville de la Haute-Égypte, est l'une des stations de pèlerins du Soudan et de la Nubie qui se rendent à la Mecque. Sa principale industrie est celle des poteries; dans les villages fellahs d'alentour, souvent les toits, les murailles, les colombiers sont bâtis avec des pots; là se forment, sur le Nil, les convois de flottage qui transportent les poteries de Kéneh au Caire. Sur la rive opposée du Nil, à *Denderah*, s'élève le temple d'*Hathor*, tour à tour construit, réédifié et embelli par les Pharaons, les Ptolémées et les Césars; « Il est à peu près impossible, dit M. Ebers, » de se retrouver dans les centaines de mille figures et colonnes d'hiéro- » glyphes qui couvrent cet édifice, au dedans et au dehors, comme un » filet étendu sur chaque pierre. »

C'est surtout à Thèbes qu'il faut chercher la splendeur de l'antique Égypte. Tout est ruines dans cette contrée, de Gournah à Medinet-Abou et de Karnak à Louqsor; les villages n'ont guère d'autres maisons que des débris de constructions, de vieilles tombes fermées par des portes en bois; devant la tombe s'étend un espace aplani et entouré d'une barrière, où vivent pêle-mêle enfants nus, ânes, chèvres, brebis, volailles. Dans de grands vases cylindriques faits en limon du Nil, le fellah enferme ses provisions, céréales, pois, lentilles, vrais garde-manger que surveillent des chiens hérissés et hargneux.

## La salle de Karnak; les colosses de Memnon.

« Imaginez que Paris, dans trente siècles, devienne un désert; qu'il n'en subsiste plus rien que les ruines de quelques monuments et un petit village bâti avec de la terre. Trois mille ans se sont écoulés. Des voyageurs, remontant la Seine comme nous remontons le Nil, vont à la recherche du Paris d'autrefois. Ils trouvent à leur gauche, sur la rive droite du fleuve les vestiges du Louvre, les colonnes de la Bourse à demi enterrées sous les détritus de la cité antique; puis en aval à quelque distance, une colonnade à moitié renversée, un temple dont le comble aura disparu, et en descendant plus loin, les piédroits, encore debout, de l'Arc de Triomphe. Sur la rive gauche ils apercevront les ruines du dôme des Invalides, du Panthéon, du Val-de-Grâce, de l'Observatoire, et par delà ces ruines de vastes nécropoles... Voilà qui peut donner une idée de la situation géo-

Vue de Philœ.

graphique de l'ancienne Thèbes sur le Nil. A la place du Louvre, mettez Louqsor. A l'Arc de triomphe serait Karnak. Sur l'autre rive, les Invalides, le Panthéon, l'Observatoire représentent à peu près les temples de Qournah, de Deir-el-Bâhri, le Ramesseum, le temple et les palais de Médinet-Abou. Mais en supposant les débris de nos monuments poétisés par la solitude et rehaussés par la majesté naturelle aux nobles ruines, les décombres de Paris ne seraient que de bien petits morceaux, comparés aux colosses de Louqsor et aux restes sublimes de Karnak[1].

» Le chemin qui mène à Karnak, distant de deux kilomètres, traverse des champs de paturin et passe par un petit bois de palmiers. Une allée de sphinx à tête de bélier, dont beaucoup ont disparu, emportés ou enfouis, conduisait du temple de Louqsor à Karnak, et nous conduit encore aux grandes ruines. Du plus loin qu'on peut les embrasser du regard, on est saisi par le spectacle d'un vaste bouleversement de temples détruits et de palais abattus. On se figure un combat de géants contre Jupiter Ammon qui, dans sa divine colère, les aurait écrasés en leur jetant des colosses rompus, d'immenses tambours de colonnes, des fragments d'obélisques, des montagnes d'architecture. « Je me gar-
» derai bien de rien décrire, dit Champollion, car ou mes ex-
» pressions ne vaudraient que la millième partie de ce qu'on doit
» dire en parlant de tels objets, ou bien si j'en traçais une
» faible esquisse, même fort décolorée, on me prendrait pour un
» enthousiaste, peut-être pour un fou. Il suffira d'ajouter qu'au-
» cun peuple ancien ni moderne n'a conçu l'art de l'architecture
» sur une échelle aussi sublime, aussi grandiose que le firent les
» vieux Egyptiens ; ils concevaient un homme de cent pieds de
» haut, et l'imagination qui, en Europe, s'élance bien au-dessus
» de nos portiques, s'arrête et tombe impuissante au pied des
» cent quarante colonnes de la salle hypostyle de Karnak. »

Pour se reconnaître dans ce chaos, pour y retrouver le plan primitif et le retenir dans sa mémoire, il faut y entrer par la porte occidentale, celle qui regarde le Nil, de manière à se trouver dans le grand axe des constructions qui se dirige de l'ouest à l'est. On arrivait à cette porte entre deux rangées de sphinx, terminée

---

1. La colonnade de Louqsor conduit au pylône de Ramsés II (Sésostris) devant lequel se dressaient les deux obélisques en granit rose dont l'un est maintenant sur la place de la Concorde, à Paris. Ces deux monolithes, hauts de 24 mètres, étaient placés à droite et à gauche en avant du pylône.

Ruines du Rhamesseum, à Thèbes.

par deux statues colossales, maintenant abattues et mutilées. Les deux massifs du pylone annoncent une demeure de Titans. Ils présentent, quoique inachevés, une surface de quarante-quatre mètres de hauteur sur cent treize de large. Il faut faire vingt pas pour mesurer la profondeur de la porte, ou, si l'on veut, l'épaisseur du mur, et l'on entre dans une cour immense, divisée en deux par une avenue de colonnes, dont une seule est debout, les autres ayant été renversées par un tremblement de terre. Cette cour, beaucoup plus grande en surface que Notre-Dame de Paris, est bordée de deux colonnades parallèles à l'avenue centrale et bien conservées. Du côté du sud un petit temple, bâti par Ramsès III, avance dans la cour et y forme une enclave; mais ce petit temple, qui a l'air d'une chapelle, serait ailleurs un grand temple.

» En avant du second pylone s'élevaient deux colosses de granit, ayant quatre ou cinq fois la hauteur d'un homme, et dont l'un est sur pied, l'autre gisant dans les décombres. Après avoir monté un escalier de sept marches et traversé un vestibule grandiose, bâti par Sésostris et décoré de reliefs peints jusqu'à une hauteur de trente mètres, nous pénétrons dans la fameuse salle hypostyle. Ici le voyageur n'ayant plus au-dessus de sa tête les espaces de l'air et du ciel qui dévorent et rapetissent les plus grandes choses terrestres se sent étonné, opprimé, accablé par les proportions gigantesques des 134 colonnes qui portent le plafond, et dont les plus grandes le sont tellement que sur la plate-forme de leur chapiteau cent hommes pouraient aisément se tenir debout. Les entre-colonnements n'étant pas beaucoup plus larges que le diamètre de ces prodigieuses colonnes, il en résulte une demi-obscurité qui ajoute le prestige du mystère à la puissance cyclopéenne des constructions. On est comme perdu dans une épaisse forêt; le monde des figures qui sont peintes en vives couleurs et qui tournent sur la convexité des colonnes vous donne le vertige. Combien devaient être imposantes les cérémonies civiles ou religieuses qui s'observaient dans un lieu pareil, où le plus grand des arts, l'architecture, enveloppait de sa majestueuse unité les œuvres du sculpteur et du peintre incorporées à la pierre, et prêtait ses échos aux sonorités d'une musique lente, authentique et solennelle! Quelle idée formidable devaient concevoir de la magnificence et de la puissance des Pharaons, les envoyés du pays de Chanaan, de la Syrie, de la Mésopotamie, ou bien ceux des Éthiopiens au visage brûlé, lorsqu'ils étaient admis en présence d'un conquérant tel que Séti ou d'un héros tel que Sésostris, dans cet assemblage de monuments, où les palais étaient les temples d'un homme, comme les temples étaient les palais d'un dieu !

Il nous faut un peu de temps pour revenir de la stupeur où nous ont jetés ces colonnades étonnantes qui, même au milieu de tant de ruines, procurent la notion d'une éternelle durée.

« Celui qui a tracé notre itinéraire, Mariette Bey, nous a donné trois jours francs pour visiter toutes les ruines de Thèbes. La rive occidentale en est couverte. Les temples et le palais de Médinet-Abou, le Ramesseum, le temple de Qournah et celui d'Isis fourniraient assez de pierres pour bâtir une grande ville. Je ne parle pas des Colosses de Memnon, dont nous ne pouvons approcher à cause de l'inondation. Mais qu'ils sont beaux à voir, à quelque distance, profilant leur silhouette formidable sur un ciel éclatant et baignant leurs pieds dans le Nil, qui leur fait comme un tapis de lumière ! Bien qu'ils soient assis sur un trône, les Colosses avec leurs piédestaux s'élèvent à la hauteur de vingt mètres ; leurs épaules ont plus de six mètres de largeur et la longeur moyenne des doigts de leurs mains dépasse un mètre. Pour augmenter encore la grandeur apparente de ces monolithes, on a sculpté en avant du trône, de chaque côté des jambes, des figures d'Isis, qui, n'étant hautes que de cinq mètres, font paraître le colosse encore plus colossal.

» Aucun monument n'a été plus célèbre dans l'antiquité, pendant les deux premiers siècles de la domination romaine en Égypte, que ces colosses depuis longtemps dégradés, qui représentent l'un et l'autre, non pas Memnon, mais le Pharaon Aménophis III, assis dans la pose hiératique, les mains étendues sur les genoux. Les Grecs avaient voulu confondre ce prince glorieux avec le Memnon homérique, le neveu de Priam, celui qui étant venu au secours de son oncle avec dix mille Éthiopiens, avait péri de la main d'Achille, sous les murs de Troie. Mais le nom de colosse de Memnon ne fut donné qu'à celle des deux statues qui est au nord, et dont la partie supérieure, depuis le coude jusqu'au dessus de la tête, a été rebâtie par assises, au temps de Septime Sévère. Comment fut abattue cette partie de la statue du nord si mal restaurée ? Les uns disent, d'après Strabon, que ce fut par un tremblement de terre, les autres, d'après Pausanias, que Cambyse fit couper en deux le colosse. Quoi qu'il en soit, il arriva que la statue, ainsi tronquée, produisit des vibrations sonores aux premiers rayons du soleil. Plusieurs ont cru, et Strabon tout le premier, que ce son étrange écouté comme une voix humaine et plaintive, et facilement regardé comme miraculeux, était le résultat d'une pieuse fraude : ils soupçonnaient que le son ne venait point de la statue elle-même, et que les prêtres, par un conduit souterrain, avaient pu faire entendre des sons imitant une voix mystérieuse ; mais il est parfaitement établi que de pareilles vibrations, constatées par les membres de la commission d'Égypte dans les ruines de Karnak, sont l'effet, purement physique, de la pierre humide, brusquement frappée par le soleil, par un soleil d'Afrique. Toujours est-il que le colosse mutilé et sonore devint beaucoup plus célèbre que ne l'était la statue entière. Mais en revanche, du jour où il eut recouvré les membres qu'il avait perdus, sa voix, qu'on espérait avoir rendue plus harmonieuse et plus belle, cessa de se faire entendre, et son silence le fit tomber dans l'oubli. » (Charles BLANC, *Voyage dans la Haute Égypte, id.*)

## 3° BIBLIOGRAPHIE

### (Égypte et Canal de Suez.)

ABOUT (Edmond). *Le Fellah.* — (Paris, in-8°, 1869. — 3° édition, in-18, 1873, Hachette.)
ADAMS (Andrew-L.). *Notes of a Naturalist in the Nile Valley, and Malta*, etc. — (Edimburgh and London, 1870, in-8°.)
AMPÈRE (J.-J.). *Voyage en Égypte et en Nubie.* — (Paris, 1868, in-18, M. Lévy.)
BAILLIÈRE (H.). *En Égypte; Alexandrie, Port-Saïd*, etc. — (Paris, 1868, in-8°, J.-B. Baillière.)
BERNARD et TISSOT. *Itinéraire pour l'isthme de Suez et les grandes villes de l'Égypte.* — (Paris, 1869. in-18, Maisonneuve.)
BLANC (Charles). *Voyage dans la Haute-Égypte.* — (Paris, 1876, in-8°.)
BORDE (P.). *L'isthme de Suez.* — (Paris, 1871, in-8°.)
CAILLIAUD (Fr.). *Voyage à l'oasis de Thèbes et dans les déserts situés à l'orient et à l'occident de la Thébaïde, fait pendant les années 1815 à 1818, publié par Jomard.* — (Paris, 1822, in-folio, imprimerie royale.)
CHARMES. (G.). *Cinq mois au Caire.* — (Paris, 1880, in-18, Charpentier.)
CHAMPOLLION (le jeune). *Lettres écrites d'Égypte et de Nubie en 1828-29.* — (Paris, 1868, nouvelle édition, in-8°.)
DU CAMP (M.). *Le Nil, ou Lettres sur l'Égypte et la Nubie.* — (Paris, 1877, in-18, Hachette, 4° édition.)
DU CAMP (M.). *Égypte, Nubie, Palestine et Syrie*, dessins photographiés, recueillis pendant les années 1849, 1850, 1851, accompagnés d'un texte explicatif. — (Paris, 1852-54, 2 vol. in-folio, Gide.)
ÉBERS (G.). *L'Égypte*, trad. de Maspero. — (Paris, 1881, 2 vol. in-folio, ill. Didot.)
EDMOND (Ch.) *L'Égypte à l'Exposition universelle.* — (Paris, 1867, in-8°, Dentu.)

Fontane (Marius). *Le canal maritime de Suez*, illustré; *Histoire du canal et des travaux*. — (Paris, 1869, in-8°, avec gravures.)

Gellion-Danglar. *Lettres sur l'Égypte contemporaine*. — (Paris, 1876, in-18, Sandoz.)

Hamont (P.-N.). *L'Egypte sous Méhémet-Ali, populations, gouvernement, institutions publiques, industrie*, etc. — (Paris, 1843, 2 vol. in-8°.)

Isambert (E.). *Itinéraire descriptif, historique et archéologique de l'Orient*. — (2° partie, avec 6 cartes, 19 plans et 4 gravures, 2° édition, in-18, Paris, 1878.)

La Bédollière (T. Girault de). *De Paris à Suez, souvenirs d'un voyage en Egypte*. — (Paris, 1870, in-12,)

Lacour (Raoul). *L'Égypte d'Alexandrie à la seconde cataracte*. — (Paris, 1871, in-8°, avec cartes et gravures.)

Lesseps (F. de). *Le percement de l'isthme de Suez*. — (Paris, 1856-1868, 5 vol. in-8°, Didier.)

Mariette-Bey. *Itinéraire de la Haute-Egypte, avec une description des monuments antiques, situés sur les rives du Nil, entre le Caire et la première cataracte*. — (Paris, in-8°, avec 2 planches.)

Mariette-Bey. *Abydos, description des fouilles exécutées sur l'emplacement de cette ville*. — (Paris, 1870, in-folio.)

Mariette-Bey (Aug.-Ed.). *Description des fouilles exécutées en Egypte, en Nubie et au Soudan en 1850-54*. — (Paris, 1863 à 1867, in-folio, cartes et plans.)

Marmier (X.). *Du Rhin au Nil*. — (Bruxelles, 1852, 3 vol. in-18.)

Masson (G.). *De Suez à Port-Saïd*. — (Paris, 1864, in-8°. Masson.)

Merruau (Paul). *L'Egypte contemporaine de Méhémet-Ali à Saïd-Pacha, de 1840-1857*, nouvelle édition augmentée d'une étude sur l'itshme de Suez, par M. F. de Lesseps. — (Paris, 1869, in-8°.)

Mouriez (P.). *Vie de Méhémet-Ali*. — (Paris, 1854-58, 5 vol. in-8°.)

Meignan (Victor). *Souvenirs de la Haute-Égypte et de la Nubie*. — (Paris, in-8°, 1873.)

Nerval (G. de). *Voyage en Orient*. — (Paris, 1875, 2 vol., 8° édition, in-18, Charpentier.)

Paris (vice-amiral). *Notice jointe au plan en relief du canal maritime de Suez*. — (Paris, Chaix.)

Poitou (Eug.-Louis). *Un hiver en Égypte*. — (Tours, 1859, in-8°, avec figures, Mame.)

Ritt (Olivier). *Histoire de l'isthme de Suez*. — (Paris, 1869, in-8°, avec plans et tableau.)

Rousseau (J.). *Notice sur la viticulture en Égypte*. — (Paris, 1874, in-8°, Donnaud.)

Saint-Hilaire (Barth.). *Lettres sur l'Egypte*. — (Paris, 1856, 2 vol. in-8°.)

Silvestre (Henri). *L'isthme de Suez, 1854-1869*, avec cartes et pièces justificatives. — (Paris et Marseille, in-12, 1869.)

Sorin (Elie). *Suez; histoire de la jonction des deux mers*. — (Paris, 1870, in-12, avec cartes et plan.)

X... *Description ou Recueil des observations et des recherches qui ont été faites en Egypte pendant l'expédition de l'armée française*, publié sous la direction de Jomard, de l'Institut. — (Paris, imprimerie royale, 1809-1828, 10 vol. in-folio de texte et 12 vol. in-folio de planches.)

X... *Voyage au Levant, la Grèce, l'Egypte et la Nubie*. — (Paris, 1878, 4° édition, in-18, C. Lévy.)

---

Desjardins (E.) *Les découvertes de l'égyptologie française, les missions et les travaux de M. Mariette*. — (*Revue des Deux-Mondes*, 15 mars 1874.)

Gautier (Théophile). *Egypte*. — (*Journal officiel*, 17 février, 16-19 mars, 28 avril, 7-8 mai 1870.)

Girard (B.). *L'Égypte en 1882*. — (*Revue maritime et coloniale* 1882-83 — Paris, 1883, in-8°, Berger-Levrault.)

Lee Childe (Mme Blanche). *Impressions de voyage; Alexandrie, Le Caire, la Haute-Égypte.* — (*Revue des Deux-Mondes*, juillet-août 1882.)

Reclus (E.). *Voyage au Caire et dans la Haute-Égypte.* — (*Revue de philosophie positive*, 1870.)

Renan (E.). *Les antiquités et les fouilles de l'Égypte.* — (*Revue des Deux-Mondes*, 1ᵉʳ avril 1865.)

Rhoné (A.). *L'Égypte à petites journées.* — (*Gazette des beaux-arts*, septembre 1881, avec un catalogue des ouvrages de Mariette.)

# DEUXIÈME PARTIE

# L'AFRIQUE AU SUD DE L'ÉQUATEUR

## LIVRE PREMIER

### LE PLATEAU CENTRAL AFRICAIN

De l'Angola au Mozambique et au Zanguebar, et des grands lacs au Zambèze, l'Afrique est un haut plateau ayant la forme d'un trapèze, sillonné de fissures latérales par où les fleuves s'échappent vers les océans. Livingstone compare l'Afrique équatoriale « à un chapeau de feutre dont
» la forme serait un peu déprimée au centre et les bords bossués ; car si,
» par endroits, le bourrelet du bassin a une altitude considérable, en
» d'autres, par exemple à Tété ou après les cataractes Murchison,
» il s'abaisse presque au niveau de la mer. La bande extérieure
» est fort irrégulière ; quelquefois elle s'incline doucement comme le
» pourtour d'une assiette renversée ; ailleurs, une rampe élevée surgit près
» de la plage, et à cette chaîne côtière succède une région basse qui la
» sépare du plateau central ; il est des endroits où la zone maritime a jus-
» qu'à 500 kilom. de large. Dans tous les cas, sa largeur détermine l'éten-
» due de la navigation fluviale, à partir de la mer. Tant que les rivières
» africaines ne font que la traverser, elles ne présentent aucun obstacle à
» la navigation ; mais dès qu'elles émergent de la partie haute, elles offrent
» des rapides et des cataractes qui en diminuent l'utilité. » (*Explorations dans l'Afrique australe*, chap. x.)

Cette immense région, encore mal connue, arrosée par d'innombrables cours d'eau, semée de lacs de toutes grandeurs, est bien le lieu de séparation des versants, la contrée difficilement accessible d'où rayonne l'inextricable réseau des rivières équatoriales : au nord, le Nil et ses sources les plus reculées ; — au nord-ouest, les tributaires du lac Tsad ; — à l'ouest, le Congo ou Livingstone, le Couanza ; — au sud-est, le Zambèze et ses grands affluents ; — à l'est, la Rovouma, le Loufidji, etc. — Cette contrée, considérée naguère comme un désert, possède une flore et une faune d'une richesse merveilleuse et d'une variété infinie : au cœur du continent, qu'on croyait inhabité, s'étendent de grands empires et de vastes fédérations de tribus, qui comptent leurs sujets, leurs vassaux ou leurs alliés par millions.

# CHAPITRE PREMIER

## COTE ORIENTALE. — BASSIN DU ZAMBÈZE

### 1° RÉSUMÉ GÉOGRAPHIQUE

#### Côte Orientale.

**I. Zanguebar.** — La côte orientale d'Afrique, connue sous le nom de *Zanguebar*, est presque tout entière soumise au sultan de l'île de Zanzibar. Elle s'étend de l'embouchure du *Djoub* au cap *Delgado* (1700 kilom.), entre le pays Comali et le Mozambique. La frontière de l'ouest est indéterminée ; la superficie et la population exactes sont inconnues.

**Cours d'eau.** — Du sud au nord : la *Rovouma*, le *Loufidji*, le *Kingani*, ou *Roufou*, le *Wami*, le *Pangani*, descendus du Kilima-N'djaro ; le *Sabaki*, le *Dana*, l'*Ozy*, le *Djoub*, venus des pays Gallas et Comalis. — **Iles :** *Quiloa*, *Monfia*, *Zanzibar*, *Pemba*. Le littoral est hérissé de récifs et de coraux qui rendent la navigation périlleuse. — **Climat** humide, brûlant et malsain dans la zone maritime.

Les ports principaux sont : *Mongao*, *Lindy*, *Quiloa* (10 000 hab.) ; *Dar-es-Salam* ; *Bagamoyo*, point de départ des caravanes, où se trouve une mission catholique française ; *Sadani* ; *Pangani* ; *Monfia* ; **Zanzibar** (90 000 hab.) ; *Pemba* ; *Mombaza* (15 000 hab.) ; *Mélinde* (5 000 hab.) ; *Lamoo* (6 000 hab.) ; *Kismayou*, près de l'embouchure du Djoub ; *Marka* et *Magadoxo*, récemment conquis par le sultan de Zanzibar.

On peut partager la côte en trois régions : **Quiloa, Zanguebar, Mélinde.**

**Populations :** *Soudhélis*, noirs du littoral, race mêlée d'Arabes et de Cafres (*Zangues*, *Ouanika*, *Ousambara*, *Ouasegua*, *Ouzaramo*, *Makonda*, *Makouas*, etc.) ; — *Arabes* ; — *Beloutchis* ; — *Banians* de l'Inde ; — quelques *Européens*.

**Zanzibar.** — Le centre principal, le grand marché du Zanguebar est *l'île de Zanzibar*, basse, traversée par quelques collines d'origine volcanique, longue de 83 kilomètres, large de 30, séparée du continent par un canal de 30 à 40 kilomètres. — **Climat :** — Très malsain ; chaleur toujours accablante ; sol humide et marécageux qui engendre les fièvres paludéennes, les épidémies de variole et de choléra, les maladies de foie. Les insolations sont souvent foudroyantes pour les Européens non acclimatés. En 1869, le choléra a enlevé 35000 personnes dans l'île ; la ville a perdu 20000 habitants sur 80000. — **Productions**. — Sol riche et propre à la plupart des cultures tropicales : *canne à sucre, indigotier, giroflier, riz, millet, sésame, moutama, manioc, maïs, patate; orangers, citronniers, manguiers, bananiers, cocotiers* groupés en forêts épaisses ; le pays est trop humide pour la culture du *coton*. — **Industrie** presque nulle ; *fabrication de bijoux* et *armes* médiocres, de *vases* et *poteries* d'argile ; *tannage* des peaux et *fabrication d'huiles* de sésame et de coco. — **Commerce**. Le commerce extérieur a pour articles principaux : les *esclaves, peaux* et *cuirs, cornes de rhinocéros, cire, gomme, sésame, cocos, girofle* et surtout l'*ivoire*, exporté de l'intérieur par les esclaves.—Exportations : en 1880, 21 750 000 fr.—Importations : 17 725 000 fr. Mouvement du port en 1882 : entrés 85 navires de 90 000 tonnes, dont 41 anglais, 10 américains, 10 allemands, 4 français, 15 arabes.

**Superficie** : 1600 kilom. car. — **Population** : 1 200 000 habitants. — Colonie européenne évaluée à 50 personnes environ (agents consulaires, médecins, missionnaires, représentants et courtiers de commerce, personnel de l'hôpital). Les races indigènes sont diverses et très mêlées. Les principales sont les *Mohadimous*, premiers habitants de l'île, laboureurs ou pêcheurs, dont le chef paie un tribut de 12 000 piastres au sultan de Zanzibar ; les *Souhahili*, descendants d'une colonie arabe, doux et amis des plaisirs ; les *Mehehiris*, venus de la côte d'Aden, portefaix, cultivateurs, soldats, fabricants de sacs et de nattes ; les *Anguzias* (émigrés de la Grande-Comore), hardis pêcheurs, bons marins, mais querelleurs et perfides ; les *Indiens*, musulmans ; et les *Banians*, adorateurs de Brahma, qui ont accaparé tout le commerce (environ 3000), tous sujets anglais ; les *Arabes* venus de Mascate, formant la classe dominante, l'aristocratie du pays, nonchalants, paresseux, livrés à l'ivrognerie et à la débauche, menteurs, vantards et cupides (5000 environ). Depuis 1875, le sultan Saïd-Bargasch a aboli l'esclavage et la traite dans ses États. — **Religion**. La majorité professe l'islamisme ; les Banians adorent Brahma ; les indigènes pratiquent en général les plus bizarres superstitions. — **Armée**. — Une trentaine d'artilleurs, Persans mercenaires ; autant de Turcs et d'Egyptiens ; 900 Bélouchis ; 600 Hadramis, disséminés dans les places ; 50 à 60 cipayes ; tous armés de longs fusils, la plupart à mèches, « vieux restes des fabriques d'Angleterre ». — **Marine** : 2 frégates de 40 et 21 canons, une corvette de 16, un transport de 6, 2 vapeurs. — **Budget**.—Les douanes sont affermées pour 310 000 piastres (1 674 000 fr.) ; les tributs et les plantations de girofle produisent un revenu d'environ 2 millions. Cette liste civile est en même temps le budget de l'État : « Il en résulte, dit M. Germain, que rien ne se fait dans l'intérêt public ; que les gouverneurs des
» villes, qui paient souvent au lieu d'être payés, pressurent les riches,
» lesquels pressurent les pauvres ; que les villes tombent en ruine ; que,
» sur la côte, le vol et le pillage sont à l'ordre du jour, et que l'autorité du
» sultan est subordonnée, partout au dehors de l'île, aux besoins du mo-
» ment, aux intérêts et aux caprices des chefs et surtout à leurs rivalités. »
Le sultan actuel de Zanzibar, aujourd'hui indépendant de l'iman de Mascate, est *Bergasch-ben-Saïd*, depuis 1870 ; souverain éclairé et philanthrope, favorable aux explorateurs et missionnaires, il combat de toute son influence la traite des nègres sur la côte orientale soumise à son influence ; mais il est impuissant à la réprimer dans le centre de l'Afrique.

**II. Mozambique.** (*Possession portugaise.*) — La capitainerie de Mozambique s'étend entre le cap *Delgado* et la baie *Delagoa*. Le **littoral** est bas, plat, marécageux, insalubre, bordé de récifs. — Le **climat** chaud et malsain sur les côtes, est tempéré et sain sur les plateaux intérieurs. Deux saisons : *sèche* de mai à octobre, *chaude* ou des pluies, de novembre à avril ; pluies torrentielles et climat excessif sur les côtes. Maladies redoutables, dysenterie, hépatite, choléra, fièvres, angine.

**Cours d'eau.** — Au sud de la Rovouma, le *Lori* ; puis le *Zambèze* (voir page 701) ; le *Bousi*, le *Gorongosi*, le *Lounde* ou *Sabi* et le grand fleuve *Limpopo* (1 700 kilom.), navigable sur 80 kilomètres pour les petits navires, malgré les barres dangereuses qui gênent l'entrée ; — le *Manice*, l'*Umziti* finissent dans la baie Delagoa.

**Divisions politiques.** — Les possessions portugaises comprennent 5 districts, dirigés par des gouverneurs militaires : *Cap Delgado* avec l'archipel de *Quirimea*, chef-lieu *Ibo* (2 500 hab.) ; — **Mozambique**, résidence du gouverneur général (7 000 hab.), bon port, dans une île insalubre, longue de 500 mètres du nord au sud, large de 610 mètres, dépourvue d'eau potable, principal centre ou entrepôt du commerce de la colonie ; — *Quilimane*, port insalubre au nord du delta du Zambèze (3 000 hab.) ; — *Sofala*, port sans importance ; — *Inhambane*, port d'exportation ; — *Lorenzo-Marqués*[1], dans la baie Delagoa, port important pour son commerce avec Natal et le Transvaal, mais ville malsaine, entourée de marais insalubres ; — dans l'intérieur sont les districts de *Séna* et *Tété* (4 500 hab.) sur le Zambèze.

Le gouvernement colonial est confié à un *gouverneur général*, assisté d'un conseil de trois personnes : l'*évêque*, le *chef de la justice*, le *commandant des troupes* ; les districts ont des *gouverneurs* particuliers. La colonie est divisée en 2 *circonscriptions électorales* qui envoient 2 *députés* aux Cortès de Lisbonne.

**Superficie** : 992 000 kilom. car. — **Population** : 350 000 habitants soumis aux Portugais (0,4 par kilom. car.). Les autres tribus sont indépendantes. Les indigènes appartiennent à la race cafre et à la race nègre proprement dite. Les peuplades principales sont : les *Banyeti* ou *Banyais* et les *Marutse*, sur le Haut-Zambèze ; les *Makalaka*, *Batoka*, *Manica*, *Basounga*, sur la rive gauche du Zambèze ; les *Matébélés*, sur la rive droite ; les *Makoua*, entre le Bas-Zambèze et la Rovouma ; les *Oumzila*, entre le Bas-Zambèze et le Limpopo, les *Amatonga*, autour de la baie Delagoa.

**Productions.** — **Minéraux** : Métaux précieux : *fer* de Tété et de Chicova ; *charbon* de Muatué, Inhavu, Macara, de la baie Delagoa ; *or* de Sofala et Manica. — **Végétaux** : L'agriculture et l'industrie sont méprisées par les colons, qui préfèrent s'enrichir par le commerce des esclaves ; le pays produit du *riz*, du *maïs*, du *sorgho*, du *millet*, des *arachides*, des *graines oléagineuses*, du *coton*, *café*, *tabac*, *caoutchouc*, de la *canne à sucre*, du *manioc*, des *patates ;* forêts de *palmiers*, *baobabs*, *orangers*, *citronniers*, *indigotiers*, *figuiers*, bois d'*ébène*, de *fer*, de *teck*, d'*acajou*. — **Animaux** : Les animaux domestiques prospèrent partout où la mouche *tsétsé* n'exerce

---

1. Un litige s'était élevé entre le Portugal et l'Angleterre au sujet du droit de possession de la baie Delagoa. En 1875, le maréchal de Mac-Mahon, président de la République française, choisi pour arbitre, rendit un jugement arbitral qui déboutait la Grande-Bretagne de ses prétentions.

pas ses ravages[1]; *buffles, éléphants, rhinocéros, hippopotames, lions, léopards* en grand nombre, *antilopes, élans ;* les *poissons* abondent dans les lacs et les rivières. — **Industrie**, presque nulle. — **Commerce**. Avec l'intérieur de l'Afrique, il est gêné par le manque de routes, et les Portugais redoutent la concurrence anglaise ; toutefois un chemin de fer est en construction de Lorenzo-Marqués à la frontière du Transvaal (70 kilom.). La valeur des *exportations* (ivoire, écailles de tortues, cire, peaux, cuirs, gomme, bois, graines, huile, riz, etc.) est d'environ 7 millions ; celle des *importations* (verroterie, laiton, tissus, armes, charbon, pétrole, fer, quincaillerie, vin, thé, eau-de-vie), de 9 millions. Le Mozambique est mis en relations avec Aden et le Cap par deux compagnies anglaises.

## Bassin du Zambèze.

### 1° RÉSUMÉ GÉOGRAPHIQUE

Au nord-ouest, la ligne de *partage* entre le Zambèze et le Zaïre ou Congo n'est marquée que par une longue suite de plaines qui sont inondées pendant les saisons des pluies ; entre le Zambèze et le Couanza, elle est formée par la chaîne des collines de *Mossamba* (Cameron) ; — au sud, le mont *Matoppo* isole le bassin du Zambèze du Limpopo, et les *plateaux de Sofala* resserrent son cours inférieur ; — au nord, le *Monakadze* le sépare des affluents du lac Lohemba ; les chaînes de *Lokinga,* de *Lobisa,* de *Tchitane,* contournent la région lacustre du Loualaba ; — les chaînes de *Kondi* ou de *Livingstone* (2682 mètres, suivant Elton et Cotterill), au nord et à l'est du lac Nyassa ; le *Tchambi* (1682 mètres) et les monts *de Kirk* à l'ouest de la rivière Chiré, enferment son bassin dans la partie inférieure de la rive gauche.

Le *Zambèze* (3100 kilom.) est par excellence le fleuve de Livingstone,

---

1. La mouche *tsetsé* est un des plus épouvantables fléaux de l'Afrique australe et équatoriale, un des obstacles les plus dangereux à la colonisation. Elle exerce particulièrement ses ravages dans le bassin du Zambèze, dans la colonie du Cap, dans la région du Tanganyka, et sur la côte orientale. Bruce la signalait déjà en 1770, en Abyssinie ; Burton, Baker, Livingstone, Cameron, Stanley, Baines, Baldwin, Serpa Pinto, etc., ont tous eu à souffrir de ses atteintes. Elle se tient dans les roseaux et les broussailles au bord des marais. Sa couleur est pareille à celle de l'abeille, ses ailes plus longues que son corps ; elle a le ventre rayé de quatre raies jaunes ; une trompe une fois plus longue que son corps, divisée en trois parties ; sa piqûre venimeuse est toujours mortelle pour le chien, le bœuf et le cheval, qui succombent au bout de quelques jours ou de quelques semaines. L'homme, les animaux sauvages, et les animaux domestiques, tant qu'ils sont à la mamelle, sont indemnes ; l'âne, la chèvre et le mulet jouissent du même privilège. Livingstone a perdu dans son voyage chez les Banajoas 43 bœufs piqués par une vingtaine de tsetsés ; Philippe Broyon en a vu périr 36 de la même façon entre Kiora et Mpouapoua ; en 1863, dans les seules possessions portugaises du Congo, 20000 têtes de bétail moururent de la tsetsé. On n'a pu trouver jusqu'à ce jour aucun remède à ce mal. (V. sur la *tsetsé* une intéressante notice de M. Bainier, dans le *Bulletin de la Société de géographie de Marseille,* mai-juin 1878.)

et devrait en porter le nom. Il est formé par la *Liambaye* et la *Liba*, grossie de la *Lotemmboua*, issue du lac *Dilolo*, qui est en communication avec le *Cassabi* ou *Zaïre*. Plus bas, le Zambèze reçoit, à droite, le *Couando* ou *Tchobe* (600 kilom.), franchit dans le pays des Barozès et des Makalaka une montagne de basalte, et forme les chutes de *Gogna*, de *Câlé*, de *Bomboué*, de *Lousso*, et les splendides cataractes de *Mosioatounya* ou Victoria ; les autres cataractes principales, sans parler des rapides innombrables, sont celles de *Kebrabasa* et de *Lupata*. Le fleuve reçoit encore à droite : le *Guayé*, le *Tchangani*, le *Sanjati*, le *Mouazi* ; — à gauche : la *Loamba*, la *Mudschita*, la *Cafoué*, la *Loangua*, et le plus important de ses affluents, la *Chiré*, émissaire du *Nyassa*. Ce lac, découvert par Livingstone (1859-1861), a été entièrement exploré par Young (1875), Elton et Cotterill (1876), Stewart (1878-1882), il a une forme allongée du nord au sud, et se termine par deux golfes (longueur 560 kilom., largeur 30 à 117, profondeur plus de 92 mètres) ; il reçoit un grand nombre de rivières non navigables, entre autres la *Tchombaka*, au nord ; il a des tempêtes subites et d'une incroyable fureur. Au sortir du lac, la Chiré forme le lac *Pamalombé*, puis est coupée par cinq principales cataractes nommées *Murchison*. Un plateau de 50 kilomètres la sépare du lac *Chiroua*, découvert par Livingstone (1859) et visité en 1883 par O'Neill, qui a exploré la région comprise entre Mozambique et le lac Nyassa. — Le Zambèze, qui a 1600 mètres de large en amont du Couando, 3000 en aval des gorges de Lupata, se divise à Mazaro en plusieurs bras : le *Moutou*, le *Milambé*, le *Congone*, le *Louabo*, le *Timboué* ; tous sont entravés par des barres.

Le Zambèze traverse le royaume de *Mata-Yamvo*, les territoires des *Banyais*, des *Marutse* ou *Makololos* (v. pr. : Libonta, Nariélé, Mamélé ou Linyanti, Seschéké), des *Matébélé* ; arrose *Soumbo*, *Tété*, *Sena*, *Choupanga*, *Mazaro*, *Quilimane*, possessions portugaises.

Au sud du Zambèze, dans la région des *Bamangouato*, s'étend le lac *Ngami*, grossi du *Coubango*, grande rivière parallèle au Couando, et qui descend comme lui des hauts plateaux du pays de Bihé.

## 2° EXTRAITS ET ANALYSES

### Les explorations de Livingstone.

Les marchands d'ivoire et les chasseurs d'esclaves portugais ont pénétré durant trois siècles plus ou moins avant dans la vallée du Zambèze ; mais aucun n'a laissé de vestiges scientifiques de ses expéditions intéressées. Le premier explorateur qui ait découvert le Zambèze est **David Livingstone**. C'est par le bassin de ce grand fleuve que l'intrépide explorateur de l'Afrique australe, le philanthrope infatigable, l'ardent apôtre de l'émancipation des noirs, a commencé ses admirables voyages. « Livingstone a une
» place à part entre tous les explorateurs qui l'ont précédé et suivi. C'était
» un missionnaire dans la plus ample et la plus noble acception de ce
» terme ; il apparut aux noirs comme un messager de la bonne nouvelle,
» comme une espèce de Messie bienfaisant, médecin du corps et de l'âme,

» leur prêchant la douceur et la paix, leur enseignant le respect de la vie
» humaine, et l'amour du travail. Dans ces villages perdus au cœur de
» l'Afrique, hommes et femmes venaient sans défiance à sa rencontre,
» criant : « Viens à nous, toi qui nous apportes le sommeil, toi qui enfin
» nous feras dormir. » Partout où il vit le nègre à l'état de nature, il le
» connut bon, naïf, facile aux généreux enthousiasmes, sensible à la recon-
» naissance; il ne le connut méchant, rusé et cruel que lorsqu'il était déjà
» vicié par le contact des trafiquants de la côte[1]. »

En 1849, Livingstone était sur les bords du *Colobeng*, chez les Betjouanas, où il avait fondé une mission. L'hostilité des Boërs du Transvaal, et les sécheresses persistantes de la contrée, le forcèrent à chercher une station plus habitable. En suivant les rives de la *Zouga* ou *Botletlé*, et de son affluent, le *Tamaloucan*, il atteignit, le 1er août 1849, l'extrémité nord-est du lac **N'gami**, grande nappe d'eau peu profonde, sorte de chott vaseux perdu au nord du désert de Kalahari. Ce lac, qui reçoit au nord la rivière *Tiogé*, ou *Coubango*, a environ 150 kilomètres de circonférence. Le lac N'gami, à l'époque des crues, paraît communiquer par les marécages du Botletlé avec les affluents du Limpopo et ceux du Zambèze[2].

Livingstone parvint en 1851 sur la *Tchobé* (Couando), où habitaient les Makololos, sujets du roi *Sébitouané*. Ce chef puissant, l'un des plus remarquables et des meilleurs de l'Afrique australe, avait étendu au loin sa domination; il accueillit généreusement les missionnaires, et mourut malheureusement quelque temps après leur arrivée. Sa fille, qui lui succéda, laissa Livingstone et ses compagnons parcourir librement la contrée, et au mois de juin 1851, après un voyage de 200 kilomètres vers le nord, ils découvrirent à Séchéké le fleuve Zambèze, au cœur même du continent africain. C'était l'époque des basses eaux, et la rivière avait encore en cet endroit de 300 à 600 mètres de largeur. Livingstone revint au Cap. L'année suivante, une nouvelle expédition le conduisit à Linyanti. Il y fut reçu au milieu des cris de joie de la population, et le fils de Sébitouané, *Sékélétou*, qui avait succédé à sa sœur, lui fit un accueil royal, tandis que les Mambarès, venus à Linyanti pour recommencer la traite des nègres, s'enfuyaient de la ville, en menaçant de détrôner Sékélétou. Le roi africain remonta avec Livingstone le Zambèze, qui en amont du Tiogé prend le nom de *Liambaye*, atteignit Nariélé et le confluent de la *Liba*, et tous deux revinrent à Linyanti.

Quelques mois plus tard (novembre 1853), le docteur repartait avec le projet d'ouvrir une route entre Séchéké et Saint-Paul de Loanda. Une escorte de Makololos consentit à l'accompagner. Ils suivirent de nouveau la Liambaye, large de 300 mètres, dont la vallée fertile, regardée jusque-là par les géographes comme une mer de sable, pourrait nourrir des millions d'habitants; puis la *Liba*, rivière plus paisible et gracieuse, dont les eaux sombres serpentent au milieu de prairies délicieuses et de massifs d'arbres majestueux. A *Chicondo*, le chef leur offrit des paniers pleins de manioc, et en retour Livingstone donna à ses deux femmes « une quantité suffisante de beurre

---

1. Am. Gasquet, *Géographie générale*, p. 600.
2. Le voyageur anglais T. Baines, qui se proposait d'ouvrir une route de commerce entre l'océan Atlantique et la mer des Indes, et qui se rendit à cet effet de la baie Valfich aux chutes Victoria par le lac Ngami, a complété sur ce parcours les découvertes du docteur Livingstone ; ses observations sur le lac Ngami et ses affluents du Nord concordent avec celles de Livingstone.

pour s'oindre de la tête aux pieds; » chez les Londas, le roi Chinté, portant sur la tête un casque formé de colliers de verroterie et surmonté d'une touffe de plumes d'oie; à son cou, à ses bras et à ses jambes, de nombreux anneaux de cuivre et de fer, accueillit magnifiquement les étrangers, au milieu de ses cent femmes, dont la première en dignité était coiffée d'un bonnet rouge; en récompense, le docteur leur montra les tableaux de sa lanterne magique. Après avoir traversé le village du chef Catéma et les plaines humides et presque horizontales de la Haute-Liba, la caravane arriva à la pointe du lac Dilolo, nappe d'eau, longue de 9 à 12 kilomètres, large de 1 à 3, où se mêlent et se séparent les eaux qui s'écoulent au sud vers le Zambèze, au nord vers le Cassaï ou Loké, affluent du Congo. Des pluies diluviennes tombaient sans relâche. On franchit le Cassaï, qui coule large de 100 mètres entre des coteaux boisés hauts de 500 [1]. Les indigènes devinrent moins hospitaliers, et chez les Chiboques, il fallut toute la patience et l'inaltérable douceur de Livingstone pour éviter un conflit. Enfin au mois de mai 1854, de la haute plaine qui domine Saint-Paul de Loanda, on aperçut l'Océan.

Livingstone séjourna à Saint-Paul pendant plus d'un mois, jusqu'à son complet rétablissement. Ses Zambéziens furent profondément étonnés de tout ce qu'ils virent; les navires surtout et les maisons à plusieurs étages les stupéfiaient. Il les ramena dans leur pays, presque par le même chemin, non sans avoir encore à subir de rudes fatigues et de graves dangers. Ils firent à Litonba, à Nariélé, à Linyanti, une rentrée triomphale (1855); depuis un an, des paquets étaient arrivés pour Livingstone de la part de M. Moffat; il les trouva intacts dans une île du Zambèze, sous une hutte élevée par les Makololos pour les abriter contre le soleil et la pluie. On distribua les présents apportés de la côte de Guinée; le roi Sékélétou reçut pour sa part un brillant costume de colonel, et « le dimanche suivant, dit » Livingstone, lorsqu'il apparut à l'église en uniforme, on lui accorda plus » d'attention qu'à mon prône. Ils sont du reste si bons, si touchants à » mon égard, ajoute l'excellent missionnaire, que je ferme un peu les yeux » sur les distractions qu'ils se permettent à l'office. »

Livingstone songea alors à s'ouvrir une route vers la côte orientale. Un grand nombre de Makololos demandèrent à être du voyage. Sékélétou lui

---

1. Le docteur, malade de la fièvre, courut parfois, en traversant les rivières, les plus sérieux dangers. Il raconte le fait suivant, qui fait grand honneur et à la fidélité de ses compagnons zambéziens, et aux vertus du chef qui avait su en si peu de temps s'en faire des amis si parfaitement dévoués: « Au passage d'une » branche de la Loké, le bœuf sur lequel je me trouvais et d'où je voulais des- » cendre, se précipite dans l'eau et plonge si profondément que je me décide à » me mettre à la nage. Mes pauvres Zambéziens sont tellement effrayés en me » voyant lâcher ma monture, qu'une vingtaine d'entre eux, déjà parvenus sur » l'autre bord, se jettent dans l'eau tous à la fois pour venir à mon secours; au » moment où j'aborde sur la rive opposée, l'un me saisit par le bras, l'autre me » jette le sien autour du corps; ils s'approchent tous, ils se pressent contre moi » de la manière la plus touchante; quelques-uns ont perdu leur manteau, qui » est entraîné par le courant; ils l'oublient dans leur joie de me retrouver sain » et sauf, et, quand ils m'ont témoigné leur affection, exprimé leur bonheur de » ce qu'il ne m'est rien arrivé, ils se replongent dans l'eau pour aller chercher » une partie de mes bagages que, dans leur effroi, ils avaient abandonnés. Com- » bien j'éprouve de reconnaissance pour ces pauvres païens! » — (*Explorations dans l'Afrique centrale*, ch. III.)

fournit de copieuses provisions, et voulut descendre avec lui le Zambèze jusqu'aux fameuses chutes de *Chougoué* (endroit de l'arc-en-ciel) ou *Mosioa-Tounya* (fumée tonnante). Le roi des Makololos les visita en sa compagnie et lui fit ses adieux, lui laissant une escorte de 114 hommes. Livingstone donna à ces chutes le nom de Victoria ; débarqué dans l'île qui est au milieu de la cascade, il y planta une centaine de noyaux de pêche et d'abricot et une quantité de grains de café, chargea un indigène de soigner la plantation et de l'entourer d'une haie, et grava sur un arbre ses initiales et la date 1855. Cinq ans après, le docteur vint revoir et étudier de plus près les chutes Victoria. Les hippopotames avaient ravagé le verger de l'*île du Jardin*. Voici comment le voyageur décrit cette merveille de l'Afrique, *le spectacle le plus saisissant qu'il ait contemplé* :

## Les chutes Victoria

« Le seul aspect de ces effroyables écueils, leur voix rugissante, ne peut manquer de produire quelque malaise sur ceux qui ne les ont jamais vus. C'est seulement quand la rivière est très basse, comme aujourd'hui, qu'on peut se hasarder à gagner l'île vers laquelle nous nous dirigeons. Si l'on y abordait au moment de l'inondation, en supposant que la chose fût praticable, il faudrait y rester jusqu'à ce que les eaux se fussent complètement retirées. On a vu des éléphants et des hippopotames être lancés dans l'abîme et réduits à l'état de pâte. Nous abordons sains et saufs à l'île du Jardin qui est située au milieu du fleuve et qui s'étend jusqu'au bord du gouffre. Nous en gagnons l'extrémité, nous nous penchons au-dessus de l'abîme d'une profondeur vertigineuse ; et le caractère unique et merveilleux de la cascade apparaît à nos regards. Il n'est pas de paroles qui puissent donner l'idée d'un pareil spectacle, un peintre accompli n'y parviendrait pas, même avec une série de tableaux.....

» ..... Les chutes de Victoria ont été formées par une déchirure transversale du basalte qui constitue le lit du Zambèze. Les bords de la faille sont toujours à vive arête, si ce n'est du côté où l'eau se précipite, et où la rampe est rongée sur l'espace d'un mètre. La falaise est perpendiculaire et descend jusqu'au fond de l'abîme sans présenter de saillie, sans offrir de stratification, sans paraître disloquée. Le puissant effort qui, en produisant cette fissure, a déchiré le lit du fleuve, n'en a pas dérangé le niveau. Il en résulte qu'arrivé à l'extrémité de l'île du Jardin, le Zambèze disparaît tout à coup, laissant voir de l'autre côté de la crevasse les arbres qui s'élèvent à l'endroit où il coulait jadis, et qui croissent sur le même plan que celui où nous avons navigué.

» La crevasse dépasse de quelques mètres de largeur le fleuve, qui est ici d'un peu plus de 1650 mètres. En amont de l'abîme le courant principal va directement du nord au sud ; la crevasse qui le traverse se dirige à peu près de l'est à l'ouest. Nous en avons mesuré la profondeur au moyen d'une ligne à laquelle nous avions attaché quelques balles, plus un bout de calicot d'une longueur de plus de 0$^m$,30. L'un de nous a posé la tête sur un rocher, qui se projette au-dessus du gouffre, et a suivi du regard la descente du calicot. Quatre-vingt-treize mètres de corde avaient été fournis par celui qui tenait la ligne, quand les balles rencontrèrent un plan incliné de la falaise, et s'y arrêtèrent ; elles avaient encore, selon toute probabilité, 45 mètres à descendre pour gagner la surface de l'eau. Le morceau de cotonnade blanche ne paraissait plus que de la dimension d'une pièce de cinq francs. Mesurée de l'île du Jardin, au moyen du sextant, la crevasse nous a présenté une ouverture de 73 mètres ; c'est là son minimum : ailleurs elle a quelques mètres de plus. Dans cette faille, deux fois plus profonde que la cascade du Niagara n'a de hauteur, se précipite, avec un fracas étourdissant, une rivière de plus de 1600 mètres de large : voilà ce qu'on appelle la *Fumée Tonnante,* ou les *chutes de Victoria.*

» Toujours placé dans l'île du Jardin, si vous regardez au fond de l'abîme, vous voyez la nappe d'eau qui tombe à votre droite, c'est-à-dire au couchant, nappe d'eau d'une largeur de 800 mètres, recueillie par un canal ayant tout au plus une ouverture de 18 à 27 mètres, où elle fuit exactement à angle droit de son cours primitif. Elle se dirige donc au levant, tandis que la portion orientale du fleuve tombe dans ce même gouffre, et se précipite au couchant. Ces deux masses tumultueuses se réunissent à moitié chemin dans un tourbillon effroyable, et s'échappent en bouillonnant par une crevasse, qui forme à son tour un angle droit avec la fissure des chutes. Cette crevasse est à peu près à 1070 mètres du bout occidental de l'abîme, et à 548 mètres de l'extrémité orientale. C'est à son entrée que les deux torrents se rejoignent et forment le tourbillon. Réduit maintenant à une largeur apparente de 18 à 27 mètres, le Zambèse se rue vers le sud en suivant ce canal étroit sur un espace de 119 mètres. Arrivé là, il se trouve en présence d'une seconde crevasse plus profonde, et presque parallèle à la première. Abandonnant alors la partie orientale de ce nouveau gouffre à de grands arbres qui en tapissent le fond, il se détourne brusquement pour courir à l'ouest, et découpe ainsi un promontoire de 1070 mètres de longueur, sur une base qui en a 365.

» Après avoir entièrement descendu le second côté de ce triangle, les eaux doublent tout à coup la pointe d'un autre cap, et vont se jeter à l'est dans un troisième abîme. Elles glissent autour d'un nouveau promontoire, beaucoup plus étroit que les autres, reviennent au couchant, où elles se versent dans un quatrième gouffre; et nous les voyons au loin décrire un nouvel angle, puis se diriger à l'est vers un nouvel abîme. Dans ce prodigieux zigzag, les parois sont si nettement tranchés, les saillies et les pointes des angles sont tellement vives, que l'on ne peut s'empêcher de croire que le trapp basaltique, dont cette auge immense est formée, a été fendu subitement, et disposé ainsi par une force souterraine, sans doute à l'époque où les anciennes mers intérieures se sont écoulées par des fissures analogues, plus rapprochées de l'Océan.....

» Quand la rivière est basse et qu'on peut y arriver, c'est de l'Ile du Jardin qu'on a la meilleure vue du gouffre, ainsi que du bord opposé, avec ses grands arbres verts et ses brillants arcs-en-ciel, décrivant trois quarts de cercle. Parfois au nombre de quatre, ces arcs lumineux reposent sur la face de cette grande muraille, que de minces filets d'eau descendent sans cesse pour remonter toujours, balayés qu'ils sont par les tourbillons de vapeur qui s'échappent de l'abîme.

» La totalité des eaux roule dans l'abîme en nappe unie et

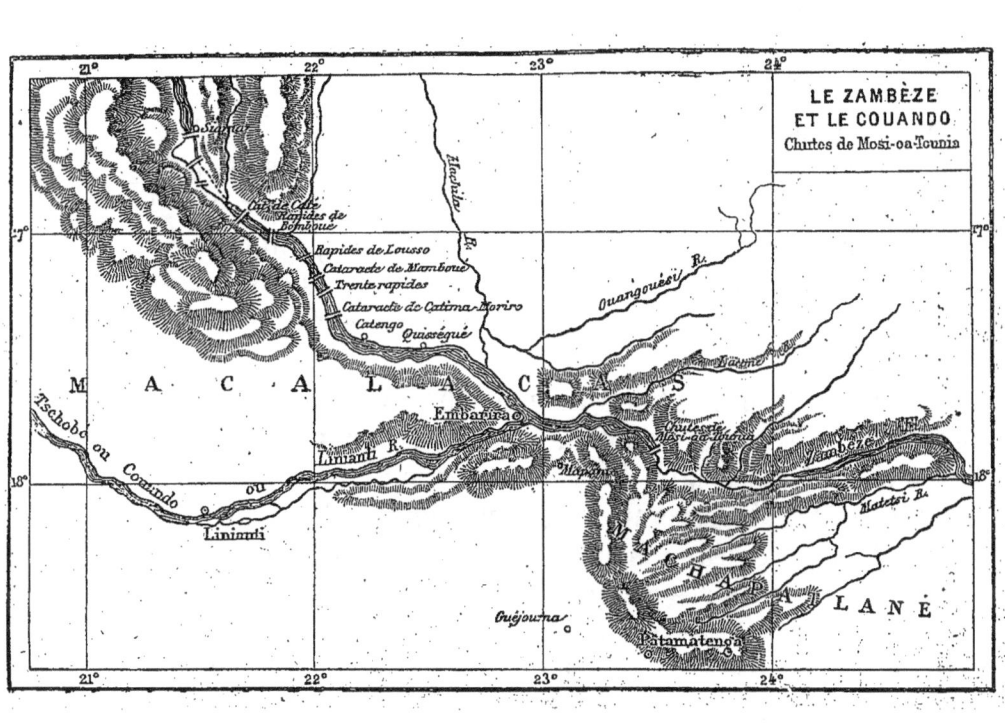

transparente; mais, après une chute de 3 à 3$^m$,60, cette nappe cristalline se transforme tout à coup en une masse de neige ; des éclats s'en détachent sous la forme de comètes échevelées ; puis l'amas neigeux se dissout en des myriades de ces comètes liquides et bondissantes, dont les chevelures ruissellent.....

» En se précipitant dans le gouffre, où nous la voyons tomber, cette nappe d'eau entraîne nécessairement un volume d'air considérable, qui arrive à une profondeur inconnue, rebondit, chargé d'une masse de vapeur, et forme au-dessus de l'abîme les colonnes que nous avons aperçues d'une distance de 32 kilomètres. Parvenue à 90 mètres au-dessus du niveau du fleuve, cette vapeur se condense et retombe en une pluie fine et perpétuelle. Une grande partie du nuage qui s'élève à l'ouest de l'Ile du Jardin arrose le massif d'arbres verts, situé vis-à-vis des chutes. La pluie coule sur les feuilles, d'où elle glisse en larges gouttes, et forme ces ruisseaux, qui toujours descendent et toujours remontent leur lit perpendiculaire, refoulés ou aspirés qu'ils sont par les colonnes vaporeuses d'où ils proviennent.

» Le soleil du matin revêt ces panaches humides des riches couleurs d'un triple arc-en-ciel. Les rayons du soir, émanant d'un ciel tout ruisselant d'or, leur communiquent une teinte sulfureuse qui fait ressembler ce gouffre béant à la gueule de l'enfer. Pas un oiseau ne perche dans le sombre massif où retombe la pluie de ces colonnes, pas un n'y chante, pas un n'y fait son nid. Nous avons vu des calaos et des bandes de tisserins noirs passer de la terre ferme dans les îles, et retourner à la pointe des caps ; mais tous évitaient la région des pluies perpétuelles, où sont les arbres verts. Le soleil même, qui partout ailleurs est si accablant, ne pénètre jamais sous cette voûte ténébreuse. En présence de cette ombre épaisse, de ce déchirement du sol, de ce fleuve qui s'engouffre et rejaillit en fumée, nous comprenons les êtres qui, dans l'enfance du globe, peuplaient l'air, la terre et les eaux ; réunion de formes étranges, où celle de l'homme n'existait pas. »

Voici des extraits des récits de deux autres voyageurs qui ont aussi visité les chutes Victoria. L'un, M. Baines, y fut conduit par Zanjuillah, le vieux batelier des rapides qui avait fait passer, dans son esquif, Livingstone en 1855 :

« Ici (dans l'île du Jardin) l'on peut se tenir sur le bord même du précipice, comme sur un balcon solidement établi, d'où l'on cherche à reconnaître les objets lointains à travers la nuée brumeuse, qui les voile et permet à peine de les distinguer. On domine l'eau qui tombe, blanche comme la neige lorsqu'elle est chassée par les vents, le brouillard qui monte gris comme la fumée, et les rocs éternellement noirs ; devant, s'étend le voile, aux teintes douces et délicates, que composent les particules humides, étincelantes, dont l'air est chargé ; un arc-en-ciel plein de charme et d'éclat encadre le spectateur, et forme un cercle parfait, que redouble un autre arc-en-ciel aux couleurs renversées, moins ardentes et s'effaçant lentement sur les bords ou dans les espaces les moins épais du brouillard ; de là vous plongez le regard dans l'abîme qui se creuse à vos pieds ; votre ombre est marquée à cent mètres de distance sur les eaux troubles qui tourbillonnent au fond..... » (*Voyage dans le sud-ouest de l'Afrique* (1861-52), trad. par Belin de Launay, chap. XI, p. 288.)

« Vous entendez rugir la cataracte à la distance de 16 kilomètres, et bientôt vous apercevez d'immenses colonnes de vapeur, dont la masse blanche est couronnée de l'arc-en-ciel. Le fleuve qui, au-dessus de la chute, a 1600 mètres de large, se verse tout entier dans une crevasse énorme, tellement profonde que j'ai compté jusqu'à dix-huit, avant qu'une pierre d'au moins 9 kilos eût fini de descendre..... Les divers courants se rejoignent, tourbillonnent, s'entrechoquent et se ruent avec furie au travers de la passe. Vue d'en haut, à l'endroit de cette formidable rencontre, la gorge présente le plus magnifique tableau. Ce sont des torrents de flammes sulfureuses qui montent de l'abîme jusqu'aux nuages ; une pluie incessante arrose la hauteur qui domine l'autre bord ; les rochers y sont glissants ; la terre détrempée y est revêtue d'une herbe toujours verte, où viennent pâturer l'hippopotame, le buffle et l'éléphant. » (W. C. BALDWIN, *Excursions dans le sud-est de l'Afrique*, trad. par M<sup>me</sup> Loreau, chap. VI, page 278.)

Le docteur Livingstone descendit le Zambèze jusqu'à son embouchure, vit en passant les confluents de la *Losito* et de la *Cafoué*, passa par la ville portugaise en ruines de *Sumbo*, par *Tété* et *Séna*, reconnut l'embouchure du *Zangoué* à droite, et celle de la *Chiré* à gauche, et sortant des montagnes, il entra dans les plaines immenses où le fleuve, large de 300 mètres, se divise. Là commence son delta, immense bas-fond couvert d'herbes et de roseaux

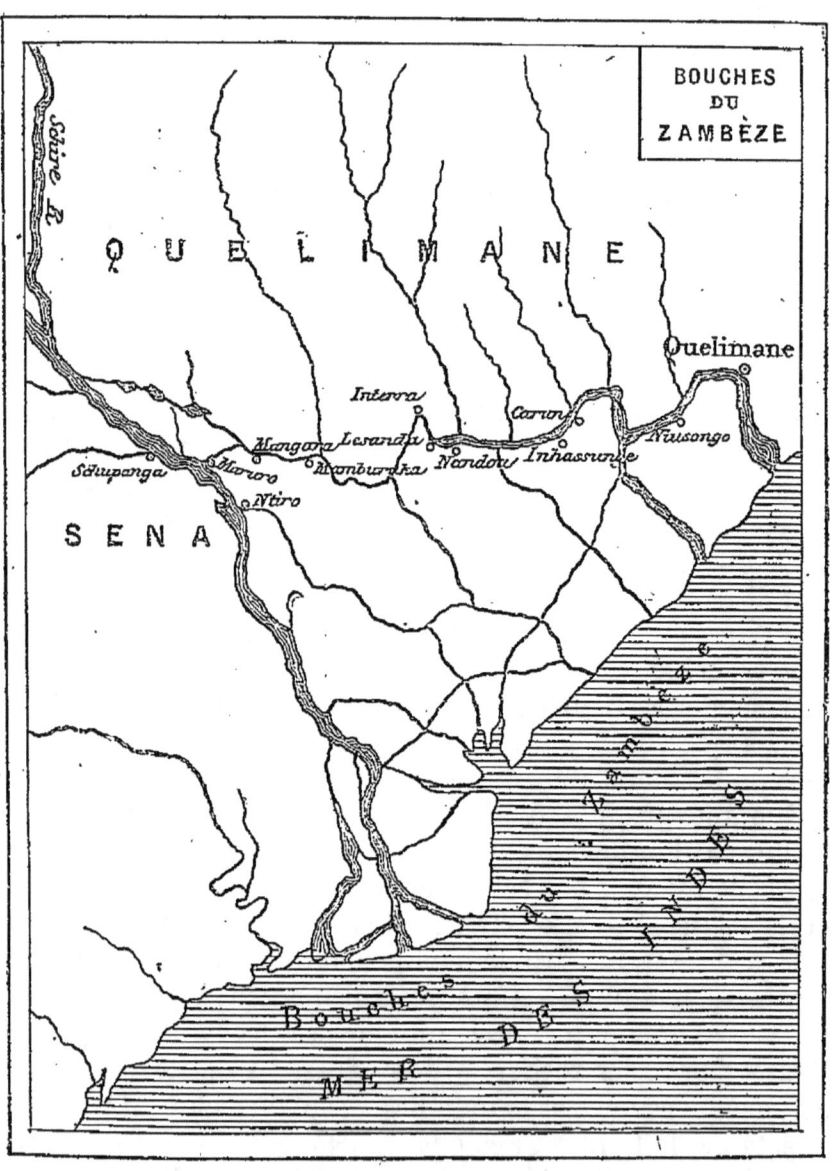

parmi lesquels s'élèvent çà et là des cocotiers et des mangoustans. Livingstone arriva sain et sauf à Quilimane ; c'était la première fois qu'un blanc accomplissait la grande traversée de l'Atlantique à la mer des Indes à travers le continent africain. Au mois de décembre 1856, il rentrait à

Londres. Les souffrances qu'il avait endurées n'avaient pas plus altéré sa patience et sa bonté, que les ovations de ses compatriotes n'ébranlèrent sa modestie. « Quelle que soit la valeur des découvertes que j'ai faites jus-
» qu'ici, disait-il au retour, celle que je considère comme la plus précieuse
» est d'avoir constaté le grand nombre d'excellentes gens qu'il y a sur la
» terre. »

Il ne séjourna en Angleterre que le temps d'organiser une expédition pour continuer et compléter son œuvre scientifique et humanitaire : installer de nouvelles missions sur le Zambèze, supprimer la traite, substituer le commerce et le travail libres à l'esclavage et à la guerre, vérifier l'existence du *lac des Maravis* mentionné sur les vieilles cartes portugaises, tel était son programme. Il emmena avec lui son frère *Charles*, les docteurs Kirk et *Thornton*; il emportait dans ses bagages un petit navire à vapeur démonté, le *Ma-Robert*[1]. Les voyageurs remontèrent une des branches du Zambèze, le *Congone*, entre des rives bordées d'impénétrables fourrés de mangliers, de palmiers, de goyaviers et de fougères, puis le Zambèze lui-même en amont de Mazaro, où les indigènes, serfs portugais, passionnés pour le commerce, les poursuivaient sur les rives, criant à tue-tête : « *Malonda! Malonda!* Objets à vendre ! » A Tété, ils durent abandonner le *Ma-Robert*, qui faisait eau de toutes parts, et visitèrent par terre les magnifiques cascades de *Kebrabasa*, où le Zambèze, large de 1000 mètres en amont, se resserre dans un canal sinueux de 40 mètres, et se précipite en tourbillonnant à travers des gorges surplombées de roches noirâtres hautes de plus de 900 mètres.

L'expédition redescendit le fleuve jusqu'au confluent de la *Chiré*, qui tombe dans le Zambèze sur la rive gauche, à 160 kilom. de la mer des Indes. On remonta cette rivière resserrée d'abord entre deux hautes chaînes de montagnes abruptes et boisées (à gauche, la *Morambala*, 1200 m.). A cent milles au nord, le *Ma-Robert* fut arrêté par de superbes cataractes qui furent baptisées du nom de *Murchison*. Livingstone se rendit à pied au lac *Chiroua*, et découvrit, le 13 avril 1859, cette belle nappe d'eau environnée de montagnes de 2500 mètres, aux eaux profondes semées d'îlots, peuplées de crocodiles et d'hippopotames, aux rives verdoyantes, ombragées de roseaux et de papyrus. Sur les bords de la Chiré, en aval du village de Chibisa, il reconnut le *Grand marais des Éléphants*, qui nourrit des troupeaux énormes de ces pachydermes, sans parler d'une quantité prodigieuse d'oiseaux aquatiques de toutes les espèces.

« De charmants tisserins jaunes et rouges voltigent comme
» des papillons parmi les grandes herbes ; un joli héron, qui
» est d'une teinte jaune au repos et d'un blanc pur au vol,
» prend son essor, rase l'herbe verte et va se percher sur le dos
» d'un éléphant ou d'un buffle ; des légions de canards méditent

---

1. C'est ainsi que les Makololos désignaient la femme du docteur Livingstone, la *mère* de Robert. Ce petit bateau fait de plaques d'acier, ne rendit presque aucun service à l'expédition ; il avait été mal construit, était lourd et lent, et consommait d'effrayantes quantités de bois. Aussi ne tarda-t-on pas à changer son nom de *Ma-Robert* en celui d'*Asthmatique*.

» paisiblement au bord des lagunes ; près du bord, des plotus
» allongent tant qu'ils peuvent leur cou de serpent, tournent un
» œil après l'autre vers le *Ma-Robert*, puis s'envolent et plon-
» gent ou se contentent de déployer leurs ailes et de se disposer
» au départ ; les pélicans, en train de pêcher, glissent à la sur-
» face de l'eau ; les graves marabouts explorent d'un pas solen-
» nel les canaux où l'eau séjourne, afin de se régaler d'un
» poisson mort ou d'un cadavre humain. Plus loin, des groupes
» d'hommes arrachent des racines de lotus qui, grillées, ont le
» goût de la châtaigne. D'autres, debout dans leurs canots, au
» milieu des étangs remplis d'herbes, pêchent à la lance, pen-
» dant que leurs camarades, poussant leurs pirogues sur les
» petits cours qui sillonnent le marécage, vont examiner les pa-
» niers qui leur servent de filets. Enfin, l'extrémité nord-est de
» ces marais est fermée par une forêt de palmiers, à la cime
» verdoyante, aux troncs droits comme de grises colonnes, et
» qui sert de repoussoir à une chaîne de montagnes dont la ver-
» dure est tendre, les roches cristallines et anguleuses, et dont
» les pointes aiguës ressemblent à du verre brisé. » (David Livingstone, *Explorations dans l'Afrique australe*, trad. de M<sup>me</sup> Loreau, chap. vi.)

Ces marais sont situés sur le territoire des Manganjas, « race active et laborieuse, qui cultive les champs, extrait du sel, fait des paniers et des nattes,
travaille le fer et le coton, et habite des villages bâtis sur le bord des ruisseaux, à l'ombre d'arbres épais. » Au-dessus des cataractes Murchison,
l'expédition rencontra le lac *Pamalombé*, formé par la Chiré, et rempli
d'excellent poisson ; enfin le 16 septembre 1859, elle apercevait la rive
méridionale du fameux lac ou *Nyassa des Maravis*, deux mois avant le
docteur allemand *Roscher*, qui s'y rendit la même année en partant de la
côte de Quiloa. Livingstone y séjourna peu : en attendant l'arrivée du nouveau bateau, le *Pionnier* qu'il avait demandé en Angleterre, il revint à
Tété, et fit une nouvelle visite à Linyanti au roi des Makololos (1860). Au
mois de janvier 1861, le *Pionnier* arrivait à la barre du Zambèze avec
l'évêque Mackensie et plusieurs missionnaires envoyés d'Oxford et de
Cambridge aux riverains du lac Nyassa. Après un retard de plusieurs mois
causé par l'opposition du gouvernement portugais, le *Pionnier* navigua sur
la Chiré. Sur la route, Livingstone et ses compagnons rendirent plusieurs
fois à la liberté des troupeaux d'esclaves que des escortes de noirs, agents
des négriers portugais, emmenaient à Tété, à coups de fouet, le carcan au
cou. Le lourd bateau, porté par terre à dos d'hommes, fut mis à flot au-
delà des cataractes, et suivit la Chiré jusqu'au Nyassa. Ce lac, un des plus
beaux de l'Afrique, est entouré de hautes montagnes de 3 000 à 3 600 mètres ;
ses rives fertiles, quand Livingstone les explora, étaient habitées par une

714  LECTURES ET ANALYSES DE GÉOGRAPHIE.

population dense; mais les légions dévastatrices des négriers blancs ne tardèrent pas à transformer ce beau pays en un désert[1].

Construction des cases chez les Makololos.

L'année suivante (1862), le navire anglais, la *Gorgone*, amena au Congone Mme Livingstone avec un nouveau brick en fer, la *Lady-Nyassa*, ou D me du

---

1. En 1875, le Comité écossais des Missions confia à M. Young, officier de marine, ancien compagnon de Livingstone, le soin de fonder un établissement sur

Lac. On s'embarqua sur la Chiré pour se rendre à Magomero et à Blantyre, où des missions étaient installées, mais Livingstone apprit à Chibisa la mort de l'évêque *Mackensie* et du missionnaire *Burrup*; M^me *Livingstone* mourut elle-même de la fièvre à Choupanga, sur le Zambèze, et le docteur *Thornton* succomba à Chibiza au retour d'une exploration qu'il venait d'accomplir sur la Rovouma en compagnie de Livingstone. Ses malheurs n'avaient pas abattu le docteur : rappelé à Londres en 1864, il allait y faire les préparatifs de son dernier voyage [1].

## La station de Panda ma Tenka; les lions de l'Afrique australe.

Quand on quitte, par le nord, le territoire du Transvaal, en franchissant le fleuve Limpopo qui lui sert de limite, on entre dans la région habitée par les tribus Betchouanas. La haute chaîne des monts Matoppo sépare les rivières qui descendent au Limpopo, vers le sud, de celles qui se jettent, au nord, dans le Zambèse. Le premier versant est occupé par les tribus *Makalakas* et *Bamangouatos* le second par les tribus *Matebelés* et *Bengoulas*; plus loin au nord, sur la rive gauche du haut Zambèse, s'étend le royaume des *Marutsés*. C'est là que le docteur **Holub** [2] a, pendant sept ans, dirigé,

---

le Nyassa. M. Young réussit à monter sur le lac le petit vapeur en acier, l'*Ilala*, fonda au cap Mbana ou Maclear, au sud du lac, la mission *Livingstonia*, et croisa sur le Nyassa, pour faire connaître aux tribus riveraines la nouvelle station fondée par l'Angleterre. « Les rivages du lac, écrit-il, ne sont plus aussi peuplés
» qu'autrefois, car le plus grand nombre des habitants ont été emmenés en escla-
» vage. J'ai visité tous les établissements des négriers arabes, et la vue seule du
» bateau à vapeur a répandu la terreur au milieu d'eux ; il y a cinq *dhaous*
» (bâtiments) qui servent à transporter les esclaves d'un rivage à l'autre. D'après
» ce que j'ai pu apprendre de ce trafic, je croirais volontiers qu'on n'en trans-
» porte pas moins de 20 000 par an. Au sud et à l'ouest, la population est groupée
» autour des chefs que les Arabes emploient à faire la guerre aux tribus de l'in-
» térieur du côté de l'ouest, et tous leurs prisonniers sont réduits en esclavage
» et emmenés par les marchands arabes... Dans quelques parties du lac, on voit
» des quantités de villages bâtis dans l'eau sur pilotis; en d'autres endroits,
» beaucoup d'habitants vivent sur des rochers nus. Ce sont les rares qui ont
» échappé dans leurs canots aux négriers. Pauvres infortunés ! ils traînent une
» existence bien misérable. Nous avons visité quelques sites délicieux, et les
» emplacements de nombreux villages où le sol était couvert de milliers de sque-
» lettes, restes de pauvres êtres qui avaient été tués en essayant d'échapper aux
» chasseurs d'esclaves. » — (*Mission du lac Nyassa.*)

1. Ces coûteuses expéditions, jointes à la faillite d'un banquier de Bombay, qui tenait en dépôt une partie de sa fortune, avaient presque complètement ruiné le grand voyageur. A son retour à Londres, le comte Russell lui envoya un conseiller de la reine pour le consulter sur le genre et l'étendue de la récompense et des dédommagements qu'il pouvait désirer. Livingstone fit à l'envoyé cette réponse admirable d'abnégation et de générosité : « Je n'ai besoin de rien pour moi ; arrêtez seulement le trafic des esclaves, et vous comblerez mes vœux au delà de toute mesure. »

2. Le docteur Emile Holub, né à Prague, a parcouru pendant sept ans (1872-79) la région de l'Afrique australe qui s'étend du Griqualand au Zambèse. En visitant ces districts qui avaient été, trente ans plus tôt, le théâtre des premières explorations du grand Livingstone, M. Holub en a étudié de près la faune et la flore ; naturaliste sagace et chasseur intrépide, il a rapporté de ses trois

au milieu de mille dangers, ses explorations, ses études d'histoire naturelle et ses chasses. Parti de Dutoitspan sur un chariot attelé de dix bœufs, il a gagné le Zambèse en traversant, à gauche des monts Matoppo, une région lacustre qu'il appelle le bassin des grands Lacs-Salés (lacs *Tsitani, Karri-Kard, Soa,* lagunes salées du *Nata* et de *l'Onguai*) « *pays des mille étangs* » alimentés par les pluies ; la plupart petits, très herbeux, ayant de l'eau en abondance une partie de l'année. Quelques-uns seulement, formés par des sources, ne tarissent jamais. « C'est là que l'on commence à
» retrouver en grand nombre les gros mammifères tels que l'éléphant, le
» rhinocéros et la girafe. Dans la saison sèche, la traversée de cette
» région ne laisse pas que d'être extrêmement pénible ; parfois aussi,
» d'octobre à décembre, le passage est très dommageable aux bœufs, à
» cause de la présence d'une plante vénéneuse qui foisonne dans les her-
» bages locaux. Aussi les trafiquants d'ivoire choisissent-ils souvent de
» préférence le chemin qui passe par l'est, par le territoire des Matébélés
» et des Makalakas, bien qu'il offre également ses inconvénients, vu l'humeur
» rapace et félonne des tribus qui habitent par là. » — (Dr Emile HOLUB.)

..... » Je traversai la petite rivière Deikha, puis plusieurs
» vallons arrosés par des tributaires de ce cours d'eau ; et
» franchissant des intermittences boisées où alternaient la
» roche et le sable, je débouchai le soir dans la vallée supé-
» rieure de Panda ma Tenka, qui, après avoir coulé au
» nord, puis au nord-ouest, et reçu de nombreux *spruits* et tor-
» rents, va se jeter dans le Zambèze en aval des chutes Victoria.
» Sur la pente à droite se trouvaient un certain nombre de cha-
» riots, car depuis que les trafiquants anglais sont entrés en
» relation avec les peuplades du Zambèze, cet endroit est de-
» venu leur rendez-vous, ainsi que celui des chasseurs d'élé-
» phants. Un de ces marchands, M. Westbeech, y avait installé
» un comptoir dans un enclos renfermant une hutte et un petit
» magasin carré. Il y résidait quelque temps chaque année, et,
» en son absence, ses affaires étaient gérées par ses agents.....
» Comme je m'étonnais de la hauteur des clôtures qu'on avait
» élevées autour des chariots, on me dit que les lions pullulent
» dans le district.....

..... » Parmi les lions de l'Afrique australe, je distinguerai
» trois espèces : le lion commun à longue crinière, tel qu'il
» existe sur le littoral nord, le lion sans crinière, et le lion à

---

voyages de magnifiques collections scientifiques dont il a enrichi le musée de sa ville natale. La géographie lui doit aussi de curieuses révélations sur les mœurs et coutumes des tribus Marutsés, et sur le régime du Haut-Zambèse et de ses affluents. Le récit des voyages du docteur Holub a été publié à Vienne en 1881 (2 vol. in-8°, ill.), sous ce titre : *Sieben Jahre in süd-Afrika.*

» poil lisse et à crinière courte, que les Boers nomment *kracht-
» manetje*. Le premier est le plus rare, et ne se rencontre que
» par-ci par-là ; le second, très fréquent autrefois sur le Molopo,
» se retrouve encore dans la vallée médiane du Zambèze et dans
» celle du bas Tchobé ; sa robe a des teintes remarquablement
» vives. La troisième variété, la plus répandue, hante les
» rives du Limpopo, au-dessous de l'embouchure du Notuany,
» et, de deux à quatre ans, il est particulièrement hardi et
» dangereux.

» Somme toute, le lion de ces parages africains est un animal
» avisé et prudent qui ne manque presque jamais de réfléchir.
» Qu'il soit ou non l'agresseur, il étudie d'abord son adversaire,
» et, s'il le croit supérieur à lui, deux blessures même ne le dé-
» cident point à poursuivre la lutte. Il cherche d'ordinaire à
» imposer, à faire peur, afin de s'assurer une proie plus facile ;
» pour cela, tantôt il vient en rugissant, tantôt il s'avance len-
» tement, la tête haute et grinçant des dents ; d'autres fois, il
» fait d'énormes bonds, ou bien il arrive au grand trot en pous-
» sant de sourds grondements. De quelque façon qu'il procède,
» comme il ne perd jamais de l'œil son ennemi, aucun mouve-
» ment de celui-ci ne lui échappe ; le mieux, dans ce cas, est
» de ne pas bouger ; un simple geste de la main suffit parfois,
» surtout s'il est jeune, pour le déterminer à prendre l'offen-
» sive. La même humeur agressive se rencontre chez les lionnes
» qui ont des petits, chez les individus qui ont longtemps
» jeûné ou qui sont traqués par une bande nombreuse de chas-
» seurs.

» L'essentiel, pour l'homme, est de s'arranger de manière à
» apercevoir le fauve avant que celui-ci le découvre ; il est ur-
» gent surtout que le novice s'habitue, ne fût-ce que quelques
» minutes, à son aspect, avant le moment de la confrontation
» ou de la lutte. Même pour un chasseur expérimenté, il est sou-
» vent fâcheux que la bête et l'homme se dévisagent en même
» temps ; il devient alors difficile à celui-ci d'user de son pou-
» voir de fascination ; au lieu que, s'il a pris le premier posi-
» tion, il peut épier l'occasion de blesser mortellement l'animal.
» Le pire cas est celui d'un chercheur de coléoptères ou d'un
» botaniste en quête de liliacées, qui, plongé dans son étude
» favorite, ne s'aperçoit pas qu'il est observé par un fauve, et
» l'entend soudain rugir sur ses talons. S'il arrive parfois que
» des indigènes, surpris près de leur feu, réussissent néanmoins

» à se sauver indemnes, il n'y a point d'exemple qu'un homme
» isolé, fuyant devant un lion, n'ait point perdu la vie.

» Les fauves habitués à l'éclair et à la détonation des armes
» à feu, comme ceux qui sont fréquemment chassés et qui ne
» trouvent point, aux lieux qu'ils habitent, suffisance de gibier
» à se mettre sous la dent, sont toujours plus hardis et plus re-
» doutables que ceux qui hantent des districts giboyeux et ne
» rencontrent que rarement un visage humain. C'est ainsi que
» les lions du pays des Matabélés, comme ceux qui vivent aux
» bords des rivières Maretsané et Setlagolé, ont le renom d'être
» très agressifs. Nul carnassier, sauf le renard, ne déploie du
» reste autant d'astuce que le lion pour s'emparer d'une proie
» difficile à attraper. Une troupe de ces fauves est-elle sur une
» piste, elle s'essaie à organiser une battue; souvent aussi la
» bande se sépare; une partie, se guidant sur un point de re-
» père, s'approche tout doucement du gibier, et, au moment
» voulu, se montre à lui pour le chasser du côté où le reste de
» la bande se tient à l'affût. C'est un procédé qu'ils appliquent
» notamment à l'égard des animaux qui, grâce à leur vélocité
» (chevaux et zèbres), peuvent se dérober aisément au péril,
» comme à ceux à qui la hauteur de leur taille (girafes) permet
» de voir par-dessus les grandes herbes, ou dont la chair leur
» est un régal tout spécial.

» C'est ainsi que, peu de temps après mon arrivée à Panda
» ma Tenka, deux zèbres se trouvèrent égorgés dans un des pe-
» tits vallons latéraux. Une troupe de ces animaux paissait dans
» le fond; survinrent des lions qui considérèrent un instant
» les zèbres; après quoi, deux d'entre eux, se détachant du groupe,
» filèrent en aval le long de la pente boisée de la vallée. Les
» autres s'accroupirent à terre. Les deux traqueurs dépassèrent
» l'endroit où étaient les zèbres; puis, à 200 pas de là envi-
» ron, ils se faufilèrent de leur côté. Comme ils se trouvaient
» sous le vent, les zèbres les dépistèrent avant qu'ils les eussent
» approchés, et se mirent à remonter au pas le vallon, non
» sans regarder fréquemment derrière eux. Les deux lions qui
» les suivaient levaient, eux aussi, de temps en temps la tête
» par-dessus les herbes, de sorte que les zèbres finirent par
» prendre le galop. Ils allèrent ainsi, sans se douter de rien, se
» jeter juste dans la gueule des fauves, qui, blottis contre terre,
» bondirent tout à coup au passage. Deux des pauvres bêtes
» restèrent sur la place, ayant chacune un lion en croupe, et

» tandis que le reste se dispersait à droite et à gauche, pour
» ne se reformer que plus loin en peloton et continuer la fuite
» commencée, la vallée retentissait du rugissement de triomphe
» des fauves.

» Au temps où les autruches abondaient dans les plaines
» entre le Molopo et le Hart, les chasseurs qui y poursuivaient
» ce gibier à courre perdirent ainsi nombre de chevaux sans
» pouvoir arriver à châtier les lions. On avait beau tenir les
» bêtes tout près des chariots, les carnassiers s'entendaient d'or-
» dinaire à choisir, pour exécuter leur coup, l'heure où le silence
» le plus profond régnait au campement. Tandis que plusieurs
» d'entre eux se cachaient parmi les herbes, dans un rayon de
» 2 à 3 milles anglais, un individu s'occupait de pousser
» les chevaux du côté des siens. Rarement les chiens l'éven-
» taient ; presque toujours il revenait sans encombre avec son
» butin. Rampant ainsi qu'un reptile, il s'avançait jusqu'au
» chariot et se glissait entre deux des ruminants de manière à
» faire peur à l'un ou à l'autre. La bête se sauvait la plupart
» du temps dans la direction opposée à celle où se trouvait le
» lion, c'est-à-dire justement du côté où l'attendait la bande
» carnassière. » (Dr E. HOLUB, *Au pays des Marutsés*, trad. de
l'allemand par Jules Gourdault. — *Tour du Monde*. 11 août
1883.)

### 3º BIBLIOGRAPHIE

BERLIOUX. *La traite orientale ; histoire des chasses à l'homme, organisées en Afrique depuis quinze ans pour les marchés de l'Orient.* — (Paris, 1870, in-8º, avec carte.)

BURTON (Richard). *Zanzibar, city, island and coast.* — (Londres, 1872, 2 vol. in-8º.)

CAMBIER (lieutenant). *Rapport sur l'expédition de l'Association internationale africaine.* — (Bulletin de la Société belge de géographie, 1878.)

CHAPMAN (James-F.-R.-S.-G.). *Travels in the interior of south Africa.* — (1868, 2 in-8º.)

COOPER (Joseph). *Un continent perdu, ou l'esclavage et la traite en Afrique*, 1875, trad. de l'anglais. — (Paris, 2º éd., 1876, in-8º, Hachette.)

DECKEN (von der). *Reisen in Ost-Afrika in den Jahren 1859 bis 1865.* — (Leipzig, 1869, 4 vol. in-8º.)

ELTON (Fréd.). *Exploration de la rivière Limpopo*, en anglais. — (Journal de la Société de géographie de Londres, 1870.)

FLEURIOT DE LANGLE. *La traite des esclaves à la côte orientale d'Afrique.* — (Paris, 1873, in-8º.)

GERMAIN (Ad.). *Notes sur Zanzibar.* — (Bulletin de la Société de géographie, 1868, t. II.)

GREFFULHE (H.). *Voyage de Lamoo à Zanzibar.* — (Bulletin de la Société de géographie de Marseille, nº 7 et 11, 1878.)

GUILLAIN (Ch.). *Documents sur l'histoire, la géographie et le commerce de l'Afrique orientale*, recueillis et rédigés par ordre du gouvernement. La deuxième partie de l'ouvrage contient la *Relation du voyage d'exploration à la côte d'Afrique*, exécuté par le brick le *Du Couédic*. — (Paris, 1856-57, 3 vol. in-8°, avec un atlas in-folio.)

HILDEBRANDT (J.-M.). *Meine zweite Reise in Ost-Afrika*. — (*Globus*, t. XXXIII, 1878.)

HORNER (R. P.). *Voyage à la côte orientale d'Afrique.* — (Paris, 1872, in-12.)

KIRK (John). *Notes on two expeditions up the river Rovouma East Africa.* — (*Journal de la Société royale de géographie*, vol. xxxv.)

JABLONSKI. *Notes sur la géographie de l'île de Zanzibar.* — (*Bulletin de la Société de géographie*, 1866, t. II.)

MARNO (Ernest). *Bericht über Mozambique eine Excursion von Zanzibar nach kwa kiora.* — (Mittheilungen de Vienne, 1878.)

MARRAS (L.). *Bagamoyo. — Mozambique.* — (*Bulletin de la Société de géographie de Marseille*, 1883-1884.)

MASSAYA (Mgr). *Les Gallas.* — (*Annales de la propagation de la foi*, janvier 1865.)

MAUCH (Karl). *Reisen im Inneren von Sud-Afrika*, 1868-1871. — (Mittheilungen de Petermann, 1869-1870.)

O'NEILL (Th.). *Sketches of African scenery, from Zanzibar to the Victoria Nyanza.* — (Londres, in-4°, 1878.)

RAFFRAY (Ach.). *Voyage chez les Ouanika, sur la côte du Zanguebar.* — (*Tour du Monde*, 1878.)

RÉVOIL (G.). *Voyages au cap des Aromates*, Afrique orientale. — (Paris, in-18, 1880, Dentu.)

VIENNE (Ch. de). *De Zanzibar à l'Oukami, route des lacs.* — (*Bulletin de la Société de géographie*, 1872, t. II.)

X... *Traite des esclaves à la côte orientale.* — (*Revue maritime*, xxviii, 1873.)

---

ANDERSSON (Ch.-John). *Lake Ngami, or explorations.* — (London, 2° éd., 1856, in-8°, carte et ill.)

BAINES (Th.). *Voyages dans le sud-ouest de l'Afrique, depuis la baie Valfich jusqu'aux chutes Victoria*, trad. et abr. par Belin de Launay. — (Paris, 1868, in-18, Hachette.)

BALDWIN (W.-C.). *Du Natal au Zambèze*, 1855-56 ; *récits de chasses*, trad. par Mᵐᵉ Henriette Loreau. — (Paris, 1868, in-8°, Hachette.)

CHAPMAN (J.). *Travels in the interior of South Africa; du Natal à la baie Walwich, et excursion au lac Ngami et aux cataractes Victoria.* — (Londres, 1868, 2 vol. in-8°).

COILLARD et APPIA. *La mission du Zambèze.* — (Paris, 2° éd., in-8°, Bonhoure. — *Journal des missions évangéliques*, juillet 1877.)

HOLUB (Dʳ E.). *Reisen in Sud-Afrika.* — (Mittheilungen, 1876, n° 5. — *Tour du Monde*, 1883.)

KUSS (H.). *Notes sur la géographie de quelques régions voisines du Zambèze.* — (*Bulletin de la Société de géographie*, 2ᵐᵉ trimestre 1882.)

LANEN. *Notes sur les Matabelés.* — (*Bulletin de la Société de géographie*, décembre 1875.)

LIVINGSTONE (D. et C.). *Explorations du Zambèze et de ses affluents*, trad. de l'anglais, par Mᵐᵉ Loreau. — (Paris, 1866, in-8°, ill. et carte, Hachette. — *Tour du Monde*, 1866.)

MOHR (Ed.). *De Brême aux cataractes de Mosioatounya*, en allemand. — (Leipzig, 1872, in-8°.)

OSWELL (W.). *Les lacs Ngami et les pays voisins; les mouches tsetsé.* — (*Bulletin de la Société de géographie*, 1852, t. II.)

WAUTERS (A.-J.). *Le Zambèze.* — (*Bulletin de la Société belge de géographie*, 1878, nᵒˢ 1, 2, 4, 6.)

YOUNG (G.-D.). *Lake Nyassa mission.* — (*Recueil de la Société de géographie de Londres*, t. XX, n° 6. — *Explorateur*, 1876, nᵒˢ 49, 51, 59, 69, 70, 72, 76.)

# CHAPITRE II

## LE LAC TANGANYKA ET LE BASSIN DU LIVINGSTONE OU CONGO

### 1° RÉSUMÉ GÉOGRAPHIQUE

On est encore incertain sur la ligne de séparation qui peut exister entre les lacs du Nil et la région du lac Tanganyka et du grand fleuve auquel Stanley a donné le nom de *Livingstone*. (Voir le résumé géographique, pages 561 et 774). Le lac Tanganyka, long de 600 kilom., large de 40 à 45, seize fois grand comme le lac de Genève, découvert en 1858 par Burton et Speke, exploré par Livingstone, Cameron, Stanley (1872-76), a été regardé jusqu'en 1874, tantôt comme un réservoir du Nil, tantôt comme un bassin hydrographique indépendant, vu sa ceinture de montagnes en apparence ininterrompue, et malgré la douceur de ses eaux. Un grand nombre de rivières l'alimentent : au nord, la *Louannda*; à l'est, la *Lioutché*, le *Malagarazi*; au sud, le *Lofou* ou *Roufouvou*, etc. Le 3 mai 1874, Cameron découvrit sur la côte occidentale le *Loukouga*, qu'il déclara être le canal de décharge des eaux du lac. En 1876, Stanley confirma cette découverte avec quelque réserve. Tous deux naviguant sur le Loukouga, large de 360 à 550 mètres, trouvèrent son lit encombré par un fourré impénétrable de hauts papyrus. Le *Loukouga* sous le nom de *Louindi* va se réunir au fleuve *Loualaba*[1] qui vient du sud.

Le *Loualaba* de Livingstone ou rivière de *Webb* a pour origine première le *Tchambési*, originaire du pays d'Ouroungou au midi du Tanganyka. Le *Tchambési* entre à Kasenga dans le grand lac *Bangouélo* (22 000 kilom. car.) et en sort sous le nom de *Louapoula*; cette rivière alimente les lacs *Moero* et *Oulendjé* (4 662 kilom. car.), prend le nom de *Loua*, et se réunit au *Loualaba* qui vient du sud-ouest, draine, suivant Cameron, toutes les eaux du Kassongo, et forme plusieurs lacs, le *Lohemba*, le *Kassali* ou *Kikondja*, le *Kowamba*, le *Kahando*, le *Siwambo*, etc. Au Loua et au Loualaba réunis Stanley donna le nom de *Livingstone*, et le descendit jusqu'à la mer. Le fleuve a un lit large de 3 000 à 16 000 mètres, et reçoit d'énormes affluents; à droite, l'*Arouhouimi*, exploré par Stanley en 1883, l'*Oukeré*; à gauche, le *Loumami*, le *Sankorra*, issu d'un grand lac, l'*Ikelemba* ou *Cassabi* ou *Zaïre*, aux eaux couleur de thé, le *Couango*, etc. Il a 4 235 kilom. de longueur, presque quatre fois l'étendue du Rhin; il est plus grand que l'*Amour*, l'*Euphrate* et le *Gange*, et sujet à des crues périodiques; son bassin a une superficie de 2 700 000 kilom. car. (quatorze fois celle du bassin du Rhin); sa profondeur est de 400 mètres à l'embouchure; il verse dans l'Océan l'ef-

---

1. Le mot *Loualaba* est un nom commun qui désigne dans ces contrées toute rivière large, peu profonde, au courant très faible; comme le mot *nyanza* ou *nyassa* signifie *grande eau, nappe d'eau, lac*.

frayant volume de 762675 mètres cubes par seconde. Le cours inférieur et le cours moyen paraissent navigables presque sans interruption : le cours inférieur est coupé par soixante-deux rapides ou cataractes ; on verra par quels efforts nouveaux Stanley tente de faire disparaitre ces obstacles.

Cette région renferme toutes les richesses de l'Afrique ; coton, caoutchouc, graines de toute espèce, gomme, palmiers, etc. : tous les légumes, tous les fruits, toutes les céréales pourraient y croître. Les mines d'or et de cuivre y sont abondantes ; des gisements de houille y ont été découverts. On sait que l'Afrique centrale est le pays producteur par excellence de l'ivoire. Le bassin du Livingstone attend donc les entreprises des nations européennes et américaines. « Quant aux moyens d'action pour répandre la civilisation,
» Stanley est d'avis qu'ils ne devront pas être les mêmes dans la partie est
» et dans la partie ouest de cette vaste région. A l'est, où des populations
» nombreuses se sont déjà constituées en Etats réguliers, où l'Ouganda
» avec ses 5 millions d'habitants, le Rouanda, avec le même nombre,
» l'Ouroundi, qui en compte 3, où les autres royaumes populeux d'Ousagara,
» d'Ousoui oriental et d'Ousoui occidental, d'Ounyoro, de Karagoué, d'Ou-
» sougara et d'Oukerewé, sont régis par des gouvernements despotiques,
» les missionnaires chrétiens qui procèdent par la douceur, et prêchent par
» l'exemple de leur vie, réussiraient mieux que des commerçants, lesquels
» se trouveraient faire concurrence aux marchands musulmans qui exploi-
» tent déjà ces contrées. — Par contre, à l'ouest de la région des lacs, le
» long du cours du Livingstone, on ne trouve plus de grands Etats, et par
» cela même peut-être, le commerce ne s'est pas encore manifesté sous
» une forme aussi perfectionnée. Mais en raison des aptitudes prononcées
» de toutes les races africaines pour le négoce, les commerçants seraient là
» les meilleurs et les plus utiles avant-coureurs de la civilisation. »
(MAUNOIR et DUVEYRIER, *Année géographique*, 1877, page 399.)

## 2° EXTRAITS ET ANALYSES

**Dernières découvertes de Livingstone** (*région du Tanganyka*).
— La dernière expédition organisée par Livingstone aux frais du gouvernement britannique, de la Société de géographie de Londres et de généreux donateurs, fut prête en 1865. A Bombay, Livingstone enrôla des Cipayes et des esclaves africains libérés. Au mois de mars 1866, il partait de Zanzibar, et s'engageait dans la région de la Rovouma, avec une escorte de trente hommes, Indiens, nègres et Anjouanais : six chameaux, trois buffles, trois ânes, deux mules portaient les balles d'étoffe, les sacs de verroterie, les caisses de médicaments, les instruments scientifiques. Les Cipayes et les Anjouanais ne tardèrent pas à trouver la route pénible, et voulurent contraindre Livingstone à renoncer à son voyage. Ils s'arrêtaient, jetaient les bagages, se disaient épuisés, et rouaient de coups les bêtes de somme, si bien qu'elles succombèrent toutes. Ils s'avisèrent d'ameuter les indigènes, en faisant passer l'homme blanc pour un sorcier : Livingstone endura tout, mais ne céda pas. Il congédia les cipayes en leur fournissant les ressources nécessaires pour regagner la côte. Quelques jours après, les Anjouanais, effrayés par les Mazitous, désertèrent ; il les remplaça par des indigènes de bonne volonté qu'il sut gagner à ses projets. Il traversa ainsi

le Bobisa, le Bobemba, le Baroungou. Le roi du Lounda, *Cazembé*, le reçut pompeusement, et donna des ordres pour que le voyageur blanc, qu'il appelait son ami, pût circuler dans tous ses États sans être inquiété. C'est ainsi que le docteur, traversant le Mérounngou, découvrit le lac *Moero*, et en remontant la rivière *Louapoula*, qui s'y déversait au sud, trouva le lac *Bangouélo*, aussi vaste que le Tanganyka lui-même. Après un séjour à Oujiji, d'où il écrivit en Europe, et démentit le bruit de sa mort que ses Anjouanais déserteurs avaient répandu, il continua ses explorations dans l'ouest, et acquit la certitude que les eaux qu'il voyait appartenaient à un autre bassin que celui du Zambèze. En descendant le Loualaba, émissaire du Moero, il découvrit le lac *Kémolondo*, puis au sud-ouest un autre lac qu'il appela *Lincoln* : parvenu au 4º degré de latitude, il fut arrêté et revint du pays des Manyéma à Oujiji (1872).

En Europe, on était sans nouvelles de lui depuis quatre ans; des trente-quatre lettres qu'il avait écrites depuis 1868, aucune n'était parvenue à destination. La Société de géographie de Londres se décida à la fin de 1871 à envoyer une expédition à sa recherche. Elle mit dans ses préparatifs une lenteur incroyable, et aboutit à un piteux échec. Elle était encore à Zanzibar, qu'on apprenait à Londres avec une joie mêlée de dépit que Livingstone venait d'être retrouvé vivant au cœur de l'Afrique... par un journaliste américain. L'illustre reporter du *New-York Herald*, **Henri Stanley**, après deux cent trente-six jours d'un pénible voyage, pendant lequel il fit le rude apprentissage du métier d'explorateur africain, atteignait Oujiji sur le lac Tanganyka[1].

---

1. Voici en quels termes Stanley lui-même raconte la résolution soudaine prise par le directeur du *New-York Herald*, et l'adhésion non moins prompte qu'il donna à ce projet d'une audace toute américaine :

« Le 16 octobre de l'an du Seigneur 1869, j'étais à Madrid, rue de la Croix ;
» j'arrivais du carnage de Valence. A dix heures du matin, Jacopo m'apporte
» une dépêche; j'y trouve les mots suivants : « Rendez-vous à Paris; affaire
» importante. » Le télégramme est de James-Gordon Bennett fils, directeur du
» *New-York Herald*. A trois heures, j'étais en route. Obligé de m'arrêter à
» Bayonne, je n'arrivai à Paris que dans la nuit suivante. J'allai directement au
» Grand-Hôtel et frappant à la porte de M. Bennett. — « Entrez », dit une voix.
» — Je trouvai M. Bennett au lit. — « Qui êtes-vous ? » demanda-t-il. — Stanley.
» — « Ah ! oui. Prenez un siège ; j'ai pour vous une mission importante. » — Il
» jeta sa robe de chambre sur ses épaules, et me dit vivement : — « Où pensez-
» vous que soit Livingstone ? » — Je n'en sais vraiment rien, monsieur. — « Croyez-
» vous qu'il soit mort ? » — Possible que oui, possible que non. — « Moi je
» pense qu'il est vivant, qu'on peut le trouver, et je vous envoie à sa recherche. »
» — Avez-vous réfléchi à la dépense qu'occasionnera ce voyage ? — « Vous
» prendrez d'abord 25 000 francs. Quand ils seront épuisés, vous ferez une traite
» d'autant, puis une troisième, et ainsi de suite; mais retrouvez Livingstone. —
» Dois-je aller directement à la recherche de Livingstone ? — « Non ; vous assis-
» terez à l'inauguration du canal de Suez. De là, vous remonterez le Nil. J'ai
» entendu dire que Baker allait partir pour la Haute-Égypte ; informez-vous le
» plus possible de son expédition. En remontant le fleuve, vous décrirez tout ce
» qu'il y a d'intéressant pour les touristes et vous nous ferez un guide, — un
» guide pratique; — vous direz tout ce qui mérite d'être vu et de quelle manière
» on peut le voir. Vous ferez bien, après cela, d'aller à Jérusalem ; le capitaine
» Warren fait, dit-on, là-bas, des découvertes importantes ; puis à Constantinople,
» où vous vous renseignerez sur les dissentiments qui existent entre le khédive
» et le sultan. Après... voyons un peu. Vous passerez par la Crimée et vous visi-
» terez les champs de bataille ; puis vous suivrez le Caucase jusqu'à la mer Cas-
» pienne ; on dit qu'il y a là une expédition russe en partance pour Khiva.

## Rencontre de Livingstone et de Stanley sur le Tanganyka.

« ..... Le 3 novembre, une caravane composée de quatre-vingts natifs du pays de Gouhha, province située à l'ouest du Tanganyka, est arrivée du pays d'Oujiji. J'ai demandé les nouvelles. « Un homme blanc est là-bas depuis trois semaines; » m'a-t-on répondu. Cette réponse m'a fait tressaillir. « Un homme blanc? ai-je repris. — Oui, un homme blanc... — Comment est-il habillé? — Comme le maître (c'était moi qu'on désignait). — Est-il jeune? — Non, il est vieux; il a du poil blanc sur la figure. Et puis il est malade. — D'où vient-il?—D'un pays qui est de l'autre côté du Gouhha, très loin, très loin, et qu'on appelle Manyéma. — Vraiment! Et il est bien à Oujiji? — Nous l'avons vu il n'y a pas huit jours. — Pensez-vous qu'il y soit encore lorsque nous y arriverons. — Je ne sais pas. — Y est-il déjà venu? — Oui, mais il y a longtemps. » Hourrah! C'est Livingstone! C'est Livingstone! ce ne peut être que lui. J'ai donc dit à mes hommes que, s'ils voulaient gagner le pays d'Oujiji, sans faire de halte, je leur donnerais à chacun 8 mètres d'étoffe. Tous ont accepté; leur joie était presque aussi grande que la mienne; et j'étais d'une joie folle. » ..... Je rentre dans ma tente pour écrire les faits du jour. En prenant la plume j'ai dit à Sélim : « Tirez de la caisse des habits neufs, graissez mes bottes, passez au blanc mon casque de liège, mettez-lui un voile neuf, afin que je paraisse en tenue convenable devant l'homme que nous verrons demain, et devant les Arabes d'Oujiji; car les épines ne m'ont laissé que des haillons. »

---

» Ensuite vous gagnerez l'Inde, en traversant la Perse; vous pouvez écrire de » Persépolis une lettre intéressante. Bagdad sera sur votre passage, adressez-nous » quelque chose sur le chemin de fer de la vallée de l'Euphrate; et, quand vous » serez dans l'Inde, embarquez-vous pour rejoindre Livingstone. A cette époque, » vous apprendrez probablement qu'il est en route pour Zanzibar; sinon, allez » dans l'intérieur, et cherchez-le jusqu'à ce que vous l'ayez trouvé. Informez-» vous de ses découvertes. Enfin, s'il est mort, rapportez-en des preuves cer-» taines. Maintenant bonsoir; et que Dieu soit avec vous. »

» — Bonsoir, monsieur. Tout ce que l'humaine nature a le pouvoir de faire, je » le ferai, ajoutai-je; et, dans la mission que je vais accomplir, veuille Dieu être » avec moi. »

» Le lendemain nous partons avec une vigueur renouvelée. Enfin là-bas, une lueur, un miroitement entre les arbres. En face de nous, une chaîne de l'autre rivage du Tanganyka, une muraille d'un noir lavé d'azur. Puis l'immense nappe d'argent bruni, sous un vaste dais d'un bleu limpide. Pour draperies, de hautes montagnes ; pour crépines, des forêts de palmiers. Hourrah ! Tanganyka ! Toute la bande répète ce cri de joie de l'Anglo-Saxon ! des hourrahs de Stentor ; et forêts et collines partagent nos triomphes. « Est-ce de là que Burton et Spéke l'ont découvert ? demandai-je à Bombay. — Je ne me rappelle pas, maître ; dans tous les cas c'est aux environs. » Pauvres éprouvés ! L'un était à demi paralysé, l'autre à peu près aveugle, quand ils arrivèrent. Et moi ? J'étais si heureux, qu'aveugle et paralytique tout à fait, je crois qu'à ce moment suprême j'aurais recouvré la vue, pris mon lit et marché. Mais je me porte à merveille ; je n'ai pas été malade un jour depuis que j'ai quitté Couihara. Nous reprenons haleine au bord d'un petit ruisseau ; et nous escaladons le versant d'une chaîne, dont le roc est nu, — la dernière des myriades de ses pareilles que nous avons eu à gravir, — chaînette qui nous empêchait de voir le lac dans son immensité. Nous voilà au sommet ; nous gagnons la pente occidentale. Arrêtons-nous : le port d'Oujiji est à moins de 500 mètres, dans un bouquet de verdure. La distance, les forêts, les montagnes sans nombre, les épines qui nous ont mis en sang, les plaines arides qui ont brûlé nos pieds, le ciel en feu, les marais, les déserts, la faim, la soif, la fièvre, ont été vaincus. Notre rêve est réalisé !

« Déployez les drapeaux et chargez les armes. — Oui par Allah ! Oui par Allah ! maître ! répondent des voix ardentes — Un, deux, trois !.... » Près de cinquante fusils rugissent. Leur tonnerre, pareil à celui du canon, produit son effet dans le village. « Kirangozi, portez haut la bannière de l'homme blanc ! Qu'à l'arrière-garde flotte le drapeau de Zanzibar ! Serrez la file, et que les décharges continuent jusque devant la maison de l'homme blanc ! »

» Nous n'avions pas fait 200 mètres que la foule se

pressait à notre rencontre. La vue de nos drapeaux faisait comprendre qu'il s'agissait d'une caravane ; mais la bannière étoilée qu'agitait fièrement Asmani, dont le visage n'était plus qu'un immense sourire, produisit dans la foule un moment d'incertitude : c'était la première fois qu'elle paraissait dans le pays. ..... « Je vois le docteur, monsieur, me dit Sélim. Comme il est vieux ! » Que n'aurais-je pas donné pour avoir un petit coin de désert où, sans être vu, j'aurais pu me livrer à quelque folie : me mordre les mains, faire une culbute, fouetter les arbres ; enfin donner cours à la joie qui m'étouffait ! Mon cœur battait à se rompre ; mais je ne laissais pas mon visage trahir l'émotion, de peur de nuire à la dignité de ma race. Prenant alors le parti qui me parut le plus digne, j'écartai la foule, et me dirigeai, entre deux haies de curieux, vers le demi-cercle d'Arabes devant lequel se tenait l'homme à barbe grise.

» Tandis que j'avançais lentement, je remarquai sa pâleur et son air de fatigue. Il avait un pantalon gris, un veston rouge et une casquette bleue, à galon d'or fané. J'aurais voulu courir à lui ; mais j'étais lâche en présence de cette foule. J'aurais voulu l'embrasser ; mais il était Anglais, et je ne savais pas comment je serais accueilli. Je fis donc ce que m'inspirait la couardise et le faux orgueil ; j'approchai d'un pas délibéré et dis en ôtant mon chapeau : « Le docteur Livingstone, je présume ? — Oui, » répondit-il avec un bienveillant sourire. Nos têtes furent recouvertes, et nos mains se serrèrent. « Je remercie Dieu, repris-je, de ce qu'il m'a permis de vous rencontrer. — Je suis heureux, dit-il, d'être ici pour vous recevoir. » Je me tournai ensuite vers les Arabes, qui m'adressaient leurs *yambos,* et que le docteur me présenta, chacun par son nom. Puis, oubliant la foule, oubliant ceux qui avaient partagé mes périls, je suivis Livingstone. » Il me fit entrer sous sa véranda, simple prolongation de la toiture et m'invita de la main à prendre le siège dont son expérience du climat d'Afrique lui avait suggéré l'idée : un paillasson posé sur la banquette de terre qui représentait le divan ; une peau de chèvre pour paillasson ; et pour dossier, une autre peau de chèvre, clouée à la muraille, afin de se préserver du froid contact du pisé. Je protestai contre l'invitation ; mais il ne voulut pas céder ; et il fallut obéir.

» Nous étions assis tous les deux. Les Arabes se placèrent à notre gauche. En face de nous plus de mille indigènes se pressaient pour nous voir, et commentaient ce fait bizarre de deux hommes blancs se rencontrant à Oujiji, l'un arrivant du Manyéma, ou du couchant ; l'autre de l'Ounyanyembé, c'est-à-dire de l'est. L'entretien commença. Quelles furent nos paroles ? Je déclare n'en rien savoir. Des questions réciproques sans aucun doute. « Quel chemin avez-vous pris ? — Où avez-vous été depuis vos dernières lettres ? » Oui, ce fut notre début, je me le rappelle ; mais je ne saurais dire mes réponses, ni les siennes ; j'étais trop absorbé. Je me surprenais regardant cet homme merveilleux, le regardant fixement, l'étudiant et l'apprenant par cœur. Chacun des poils de sa barbe grise, chacune de ses rides, la pâleur de ses traits et son air fatigué, empreint d'un léger ennui, m'enseignaient ce que j'avais soif de connaître depuis le jour où l'on m'avait dit de le retrouver. Que de choses dans ces muets témoignages ! Que d'intérêt dans cette lecture ! Je l'écoutais en même temps ! Ah ! si vous aviez pu le voir et l'entendre ! Ses lèvres qui n'ont jamais menti me donnaient des détails ! Je ne peux pas répéter ses paroles, j'étais trop ému pour les sténographier. Il avait tant de choses à dire qu'il commençait par la fin, oubliant qu'il avait à rendre compte de cinq ou six années. Mais le récit débordait, s'élargissait toujours et devenait une merveilleuse histoire.....

» ..... Je donnai des ordres pour que mes gens fussent approvisionnés ; puis je fis appeler Keif Halek, et le présentai au docteur en lui disant que c'était l'un des soldats de sa caravane, restée à Couihara, soldat que j'avais amené pour qu'il remît en mains propres les dépêches dont il était chargé. » C'était le fameux sac, daté du 1er novembre 1870 et qui arrivait trois cent soixante-cinq jours après sa remise au porteur. Combien de temps serait-il resté à Tabora, si je n'avais pas été envoyé en Afrique ? Livingstone ouvrit le sac, regarda les lettres qui s'y trouvaient, en prit deux qui étaient de ses enfants, et son visage s'illumina. Puis il me demanda les nouvelles. « D'abord vos lettres, docteur; vous devez être impatient de les lire. — Ah! dit-il, j'ai attendu des lettres pendant des années, maintenant j'ai de la patience ; quelques heures de plus ne sont rien. Dites-moi les nouvelles générales ; que se passe-t-il dans le monde ? — Vous êtes sans doute au courant de certains faits? Vous savez, par exemple, que le canal de Suez est ouvert, et que le transit y est régulier entre l'Europe et l'Asie ? — J'ignorais qu'il fût achevé. C'est une grande nouvelle. Après ? » Et me voilà transformé en *Annuaire du Globe*, sans avoir besoin ni d'exagération, ni de remplissage à deux sous la ligne; le monde a tant vu de choses surprenantes dans ces dernières années ! Le chemin de fer du Pacifique, Grant président des Etats-Unis, l'Egypte inondée de savants, la révolte des Crétois, Isabelle chassée du trône, Prim assassiné, la liberté des cultes en Espagne, le Danemark démembré, l'armée prussienne à Paris, la France vaincue.....

» Quelle avalanche de faits pour un homme qui sort des forêts vierges du Manyéma! En écoutant ce récit, l'un des plus émouvants que l'histoire ait jamais permis de faire, le docteur s'était animé. Pendant notre conversation, nous nous étions mis à table, et Livingstone, qui se plaignait d'avoir perdu l'appétit, de ne pouvoir digérer au plus qu'une tasse de thé, de loin en loin, Livingstone mangeait comme moi, en homme affamé, en estomac vigoureux ; et tout en démolissant les gâteaux de viande, il répétait : « Vous m'avez rendu la vie. — Oh ! par George, quel oubli! m'écriai-je. Vite, Sélim, allez chercher la bouteille; vous savez bien. Vous prendrez les gobelets d'argent. » Sélim revint bientôt après avec une bouteille de Sillery que j'avais apportée pour la circonstance ; précaution qui m'avait souvent paru superflue. J'emplis jusqu'au bord la timbale de Livingstone, et versai dans la mienne un peu de vin égayant. « A votre santé, docteur. — A la vôtre, monsieur Stanley. » Et le champagne, que j'avais précieusement gardé pour cette heureuse rencontre, fut bu,

accompagné des vœux les plus cordiaux, les plus sincères. Nous parlions, nous parlions toujours ; les mets ne cessaient pas de venir ; toute l'après-midi, il en fut ainsi, et chaque fois l'attaque recommençait.....»   H. STANLEY,
*Comment j'ai retrouvé Livingstone*, trad. de M<sup>me</sup> Loreau, abrégée par Belin de Launay, chap. v.

(Paris, 1876, in-18, Hachette.)

**Mort de Livingstone.** — Livingstone ne considérait pas sa tâche comme terminée. Il avait la conviction que le Loualaba était un affluent du Nil, et que le Tanganyka était un des réservoirs du grand fleuve égyptien. Il était réduit à l'état de squelette, miné par la fièvre, épuisé par la souffrance ; une nourriture plus substantielle, et la société de Stanley le ranimèrent : il lui proposa d'explorer en commun la rive septentrionale du lac. Stanley accepta. Ce voyage qui dura près de quatre mois leur fit connaître définitivement l'existence d'une rivière, le *Rouzizi*, encaissée entre des montagnes, et qui verse ses eaux dans le Tanganyka. Le docteur dut renoncer à l'une de ses hypothèses, mais il continua à admettre la communication du Loualaba avec l'Albert-Nyanza, et résolut de la chercher. Stanley le quitta le 14 mars 1872, emportant son journal, et rentra en Europe.

Le docteur s'enfonça dans l'ouest, visita le pays de Katanga, riche en mines de cuivre, et revint au lac Bangouélo. Sa petite caravane s'engagea dans une région lacustre que le docteur dans son *Dernier Journal* compare à une immense éponge détrempée. On ne sortait d'un marais que pour entrer dans un autre ; les bourbiers succédaient aux rivières, le voyage n'était qu'une série de plongeons, et des torrents de pluie tombaient. Livingstone, épuisé par la fièvre, était porté tour à tour sur les épaules de ses compagnons ; quand par hasard on rencontrait un terrain sec, on était dévoré par les *sirafous*, fourmis redoutables « qui enfoncent dans la chair » leurs mandibules tranchantes, s'appuient sur leurs trois paires de pattes, » tournent sur elles-mêmes pour faire agir leurs tenailles avec la force du » levier, et emportent les morceaux. » Le 27 avril 1873, Livingstone écrivit sur son journal les dernières lignes que sa main ait pu tracer : dans la nuit du 4 mai, il expirait sous une hutte de branchage et d'herbes, au village de *Tchitambo*, à Ilala, au sud du lac Bangouélo. Ses serviteurs, *Souzi*, *Chouma*, et le nègre *Jacob Wainvright*, qui avaient partagé toutes ses misères, firent preuve du plus admirable dévouement. Ils offrirent au chef Tchitambo un présent pour n'être pas inquiétés dans leurs projets de départ, firent dessécher le corps de Livingstone au soleil, le réduisirent en momie, puis l'enveloppèrent de calicot, le placèrent dans une écorce d'arbre autour de laquelle fut cousu un morceau de toile à voile, et gagnèrent la côte avec leur précieux fardeau. Ils coururent mille dangers en route, et donnèrent à la mémoire de l'homme qu'ils avaient appris à estimer et à aimer vivant, le suprême et touchant hommage d'une fidélité que la mort n'avait pu rompre. Les restes de Livingstone, ses papiers, ses notes, ses instruments et effets furent remis intacts au consul de la Grande-Bretagne, à Zanzibar, au mois de février 1874, et aussitôt transportés en Angleterre. Des honneurs exceptionnels furent rendus à ces dépouilles ; les obsèques eurent lieu aux frais du Trésor public, et le corps fut inhumé dans l'abbaye de Westminster.

Si imposants et si sincères qu'aient pu être les hommages, ils restaient bien au-dessous de la grandeur des services rendus par le savant et l'homme de bien dont le nom restera comme le symbole de l'émancipation d'un continent.

## Deuxième traversée du continent africain; le lieutenant Cameron.

M. Cameron, lieutenant de la marine britannique, avait offert à la Société de géographie de Londres ses services pour aller à la recherche de Livingstone, mais Stanley l'avait prévenu. Cameron proposa alors de se rendre au Victoria-Nyanza par le Kilima-Ndjaro, d'explorer la région des lacs, de gagner le fleuve Loualaba et de descendre le Congo jusqu'à son embouchure. Il quitta Bagamoyo avec le chirurgien *Dillon*, le lieutenant *Murphy* et le jeune *Moffat*, neveu de Livingstone, gagna l'Ousagara, le pays d'Ougogo et l'Ounyamouézi. Robert Moffat mourut au début du voyage. C'est à *Taborah* ou *Kazeh*, ville principale de l'Ounyamouezi, que la caravane apprit la mort de Livingstone; quelques jours après, le corps du grand missionnaire, ses armes, effets, instruments et papiers étaient apportés par ses fidèles serviteurs, et dirigés sur la côte orientale par les soins de Cameron. Lui-même se décida à poursuivre son voyage, bien que sa mission fût désormais sans objet, et malgré la fièvre qui le consumait. Il traversa les pays d'Ougara et d'Ouvinnza, semés de ruines de villages. Il fait entendre dans son journal les mêmes plaintes que Livingstone, Baker, Stanley : « L'Afrique perd son sang par tous les pores.
» Un pays fertile, qui ne demande que du travail pour devenir l'un des
» plus grands producteurs du monde, voit ses habitants, déjà trop rares,
» décimés journellement par la traite de l'homme et les guerres intestines.
» Qu'on laisse prolonger cet état de choses, et tout ce pays, retombé dans
» la solitude, repris par la jungle, redeviendra impraticable au commer-
» çant et au voyageur. »

À Kahouéli, il atteignit le Tanganyka, y trouva les derniers papiers de Livingstone, équipa une barque et entreprit l'exploration du lac. Il en fit le tour dans toute la moitié méridionale, et découvrit la rivière Loukouga qui s'en échappait à l'ouest, par un émissaire d'un mille de large, fermé aux trois quarts d'un banc de sable couvert d'herbes. Il le descendit sur un espace de quatre ou cinq milles jusqu'au point où l'amas de végétation flottant l'empêcha d'aller plus loin.

Après un court séjour à Kahouéli, le voyageur s'enfonça hardiment dans les régions inconnues du nord-ouest. Il longea les montagnes de l'*Ougoma*, et pénétra dans le *Manyéma*, beau pays de plaines verdoyantes, d'eaux vives, de mamelons boisés, de cultures étendues, où les villages étaient en grand nombre. Malgré les mœurs cruelles des habitants qui sont anthropophages[1], le voyageur fut bien accueilli. Un des chefs lui parla même très

---

1. « Ils sont anthropophages et d'une anthropophagie dégoûtante. Ils ne
» mangent pas seulement les hommes tués dans le combat, mais ceux qui
» meurent de maladie. Ils font macérer leurs cadavres dans l'eau courante
» jusqu'à ce que les chairs soient presque putréfiées, et les dévorent sans plus de
» préparation. Même procédé à l'égard des animaux ; toute charogne leur fait
» pâture. » — (*A travers l'Afrique*, p. 261.)

affectueusement de Livingstone, qui était fort aimé de toute la population et dont le souvenir le protégea[1]. Il franchit un grand nombre d'affluents du Loualaba, et arriva enfin à Nyangoué, sur le Loualaba lui-même, « rivière
» puissante d'un mille de large, aux îlots troubles et jaunes, courant avec
» une vitesse de trois à quatre milles à l'heure, et contenant beaucoup d'îles
» qui ressemblent aux ilots de la Tamise. De nombreux canots et des
» bandes d'oiseaux aquatiques, cherchant pâture d'un banc de sable à
» l'autre, animaient la scène, tandis que de grandes troupes d'hippopotames
» soufflant et ronflant, et çà et là l'échine écailleuse d'un crocodile, rappe-
» laient les dangers du passage. »

A Nyangoué, Cameron entendit parler d'un grand lac Sankorra qu'il voulut atteindre en descendant le Loualaba, mais il fallait traverser le pays de *Lomami*. Le chef sollicité répondit qu'aucun étranger armé de fusils n'avait mis le pied sur son territoire, et n'entrerait chez lui qu'en s'ouvrant un passage par la force. Cameron ne voulut pas user de ce moyen. « Il
» était de mon devoir, dit-il noblement, de ne pas exposer une seule vie
» pour cet objet; le mérite d'une découverte quelconque aurait été irrépa-
» rablement terni, si une goutte de sang indigène eût été répandue en
» dehors du cas de légitime défense. »

Cameron prit alors la direction du sud à travers l'*Ouroua*, abandonnant à regret les bords du haut Zaïre. Il longea la rive orientale du Lomami, et malgré toute sa prudence et toute son humanité, dut laisser deux ou trois fois sa caravane se défendre à coups de fusils contre les attaques des indigènes. A Kilema, capitale de l'Ouroua, limite précise où se rencontrent les marchands de la côte orientale et les traitants portugais, il rencontra un Arabe de Zanzibar et un trafiquant noir portugais, du nom d'Alvez, odieux négrier qui vivait de razzias et de chasses aux nègres. Le *Kassongo* (roi) d'Ouroua ne laissa partir Cameron qu'après trois mois de séjour forcé. Il les employa à faire une excursion au petit lac *Mohrya*, au milieu duquel s'élèvent des villages de huttes bâties sur pilotis, véritables palafittes modernes analogues aux palafittes préhistoriques des lacs de la Suisse; il visita le grand lac *Kassali*, très poissonneux, couvert de végétaux sur lesquels les habitants, à l'aide de troncs d'arbres et de terre, établissent des îles flottantes, qu'ils cultivent, et qui peuvent voyager, au gré de leur maître, d'une rive à l'autre. Cameron ne put explorer le Loualaba, mais vérifia cependant certains détails géographiques de la région lacustre d'où descend le fleuve. Partout sur son chemin, il était le témoin impuissant des barbaries de la traite. Au village de *Lounga-Mandi*, il lui fallut encore s'arrêter pour donner à un noir du territoire portugais le temps de faire une chasse aux esclaves.

« Kwaroumba revint avec une file de cinquante ou soixante pauvres

---

[1]. Le pasteur Coillard attribue à l'humanité et aux vertus de Livingstone l'accueil hospitalier qu'il reçut des peuplades du Bas-Zambèze. « Tout étrangers
» que nous étions, nous avions un passeport et une lettre de recommandation, la
» meilleure que nous puissions avoir. Nous étions en pays classique, car nous
» marchions sur les traces de Livingstone. J'avais connu le grand explorateur et
» le grand missionnaire, maintenant j'apprenais à connaître l'homme. Il suffit de
» dire que pendant que tel voyageur donne son nom aux fleuves et aux mon-
» tagnes, et le grave sur les troncs des arbres et les parois des rochers, lui,
» Livingstone, ne voulait qu'on se souvînt de lui que parce qu'il avait fait, et c'est
» dans le cœur même des enfants de l'Afrique qu'il gravait son nom en caractères
» indélébiles. C'était là notre passeport ! » — (COILLARD, *Voyage au pays des Banyais*.)

» femmes chargées de gros ballots de butin, et dont quelques-unes avaient
» en outre leurs petits enfants dans les bras. Elles avaient été capturées
» dans quarante ou cinquante villages, qu'on avait détruits et ruinés ; le
» plus grand nombre des hommes avaient été tués ; les autres, chassés
» dans la jungle, y chercheront leur subsistance ou y mourront de faim.
» Je suis persuadé que ces quarante ou cinquante esclaves représentaient
» plus de cinq cents êtres humains tués en défendant leurs foyers ou morts
» de faim, sans parler d'un plus grand nombre qui sont maintenant sans
» abri. Toutes ces femmes étaient attachées ensemble par la ceinture avec
» de grosses cordes à nœuds, et si elles hésitaient dans la marche, on les
» battait sans pitié. » (CAMERON.)

Le voyageur, quittant la région du Loualaba, passa près des sources du Zambèze, et non loin du lac Dilolo qu'avait découvert Livingstone. Il fit dans cette plaine marécageuse une ample provision de poissons secs : c'est en effet la seule monnaie ayant cours dans les districts où il allait pénétrer. La vallée du *Cassabi*, dans le pays de *Kibowké*, est couverte de collines boisées et bien arrosées ; les essaims d'abeilles sont la richesse principale des habitants qui vendent d'énormes quantités de cire et de miel aux caravanes de Bihé, et se nourrissent surtout de l'hydromel qu'ils fabriquent. L'itinéraire de Cameron le conduisit à la chaîne de collines peu élevées de *Mossamba*, qui séparent les bassins du Zambèze et du Couanza, et de là à Bihé, en pays portugais, dans la capitale du roi Antonio. Il n'était plus qu'à 340 kilom. de la côte ; plusieurs comptoirs européens étaient échelonnés sur sa route. Il eut néanmoins de grandes fatigues à surmonter encore, dans la traversée de la haute chaîne de montagnes (2 000 m.) parallèle au rivage de l'Atlantique. Deux ans et huit mois après son départ de Bagamoyo, au mois de novembre 1875, il entrait à Katombela, port situé au nord de Benguela, et la première main européenne qui serra la sienne fut celle d'un négociant français, M. Cauchois, qui s'empressa de lui venir en aide. Cameron tomba malade du scorbut, et faillit mourir. Son voyage pendant lequel il avait parcouru 5 500 kilom. à pied, dont 1 900 en pays inconnus, et dépensé 187 500 francs, l'a placé au premier rang parmi les plus grands explorateurs de l'Afrique [1].

### Stanley sur le Congo ou Livingstone.

Stanley, dans un premier voyage au Tanganyka, avait fait la rencontre de Livingstone, et exploré avec lui la partie septentrionale de ce lac. En 1874, il en entreprit un second pour le compte du journal américain le *New-York Herald* et du journal anglais le *Daily Telegraph*. Nous avons vu la première partie de cette expédition aux grands lacs du Nil (p. 729).

Forcé de renoncer à l'exploration de l'Albert-Nyanza, Stanley se livra à

---

[1]. Il fut accueilli avec enthousiasme au retour, et l'Angleterre lui rendit des honneurs presque royaux. La Société de géographie de Londres lui décerna en 1876 sa grande médaille d'or ; la Société de géographie de Paris fit de même en 1877, et le ministre de l'instruction publique lui donna les palmes d'officier de l'Université. Dès 1877, Cameron, promu au grade de commandant, a repris son service dans la marine anglaise. Ce voyageur philanthrope, aussi modeste qu'intrépide, descend de l'une des plus anciennes familles de l'Écosse ; il est né en 1844.

une reconnaissance minutieuse du Tanganyka, en fit le tour, arriva à la bouche du Loukouga, et ne parvint pas à se rendre nettement compte de sa véritable direction : ses deux expériences furent contradictoires ; dans l'une le disque en bois qu'il avait placé sur la rivière fut poussé vers le lac ; dans l'autre, vers la rivière. Il supposa que les alluvions avaient exhaussé le lit du Loukouga et obstrué son embouchure, mais que le niveau du Tanganyka s'élevant balaierait l'obstacle des boues, et rendrait au Loukouga sa primitive destination.

L'énergique *reporter* fuyant l'Oujiji, où sévissait une furieuse épidémie de petite vérole, commença alors la troisième partie de son voyage, du Tanganyka à Kabinda. « L'insolente petite barge qui avait fouillé tous les
» plis du Victoria, franchi les plaines et les ravins de l'Ounyoro, vu le
» golfe de Béatrix, fait sa trouée dans les papyrus de l'Alexandra, filé
» gaiement sur les petits lacs bruns du Karagoué, passé les rivières à cro-
» codiles de l'Ouvinza et flotté sur les eaux bleues du Tanganyka » allait maintenant descendre le mystérieux Congo. En s'éloignant de Nyangoué, à l'extrémité du territoire du Manyéma, Stanley abordait une région entièrement inconnue. Le Loualaba changeant de nom à chacun de ses affluents, il l'appela désormais le *Livingstone*. La *Lady-Alice* et les autres pirogues descendirent le fleuve au milieu de populations hostiles, armées de flèches empoisonnées : les villages des Vouénya et des Oukoussou étaient ornés de crânes humains. De tous s'élevait le cri de guerre ; Stanley essaya de négocier, on lui répondit par une grêle de traits ou des attaques nocturnes. Il fallut s'ouvrir un passage à coups de carabine, et verser le sang sur les bords du fleuve ; il fallut aussi, pour tourner les six cataractes qui barrent le fleuve sur la ligne de l'équateur, tailler dans la forêt vierge un chemin de 24 kilomètres de longueur et traîner les embarcations jusqu'à l'eau navigable. Au delà, le fleuve coule à travers des montagnes boisées, des forêts splendides ou des falaises abruptes, et reçoit à droite une rivière énorme de 1800 mètres de large, l'Arouhouimi.

« A peine y sommes-nous entrés que nous voyons un grand
» nombre de canots autour des îles qui émaillent la rivière.
» Nous nous dirigeons en toute hâte vers la rive droite : une
» flottille de canots, qui par leurs dimensions dépassent tout
» ce que nous avions rencontré jusque-là, arrive sur nous. Je
» puis mettre immédiatement mes bateaux en ligne, deux par
» deux, chaque couple à neuf mètres des autres, et j'ordonne de
» jeter l'ancre. Le nombre des canots ennemis est de cinquante-
» quatre, l'un d'eux a sur chaque bord quarante rameurs qui pa-
» gayent debout, au son d'un chant barbare ; c'est lui qui conduit la
» flotte. A l'avant, est une plate-forme qui porte dix jeunes guer-
» riers, coiffés des plumes cramoisies du perroquet à queue rouge ;
» huit hommes, placés à l'arrière, gouvernent l'embarcation avec
» de longues pagaies. Entre les deux groupes, dix personnages,
» qui paraissaient être des chefs, exécutent une danse guerrière.
» Toutes les pagaies sont surmontées de boules d'ivoires ; tous

» les bras ont des anneaux, également en ivoire, que chaque
» mouvement fait briller ; toutes les têtes sont couronnées de
» plumes. Le bruit écrasant des tambours, celui de cent trompes
» d'ivoire, le chant de deux mille voix sauvages ne sont pas faits
» pour calmer nos nerfs ; mais nous n'avons pas le temps d'y
» penser. Le grand canot se précipite vers nous, les autres le
» suivent, font jaillir l'écume autour d'eux. « Enfants, tenez
» ferme ; attendez le premier coup, et après cela visez juste. »
» Le canot monstre fond vers la *Lady Alice*, qu'il semble vouloir
» couler ; puis arrivé à moins de vingt-cinq brasses, il se dé-
» tourne et lui envoie une bordée de lances. Tous les bruits sont
» couverts par la fusillade. Qu'arrive-t-il ? Nous sommes trop
» absorbés par le grand canot pour le savoir ; mais au bout de
» cinq minutes, nous voyons l'ennemi reformer ses lignes à cent
» brasses en amont. Notre sang bouillonne. Nous levons nos
» ancres, et nous les poursuivons. A un détour de la rivière,
» nous voyons leur village. Ils ont abordé, nous gagnons la
» berge, nous nous battons dans les rues, nous en chassons l'en-
» nemi ; et ce n'est qu'après l'avoir jeté dans les bois qu'on
» sonne la retraite. » (STANLEY, *A travers le continent mystérieux*, *Tour du monde* 2ᵉ sem., 1878.)

L'expédition évita autant qu'elle put tout contact avec les indigènes, en se glissant parmi les îles ; mais les vivres s'épuisaient, et il fallait gagner la terre sous peine de mourir de faim. Des engagements du même genre, plus ou moins acharnés, se renouvelèrent fréquemment dans les semaines suivantes, avec les Bangala et les Ouranghi ; Stanley ne livra pas moins de trente-deux combats ; dans l'un les indigènes avaient soixante-trois bateaux en ligne. Entre l'Arouhouimi et le village de Tchoumbiri, le Livingstone a un cours libre et majestueux. Son lit est rempli d'îles boisées ; sa largeur est très variable ; tantôt elle est restreinte à 3700 mètres (vingt-deux fois la largeur de la Seine sous le pont de la Concorde), tantôt elle dépasse 18 000 mètres (plus de la moitié du Pas-de-Calais). Au confluent du Nkoutou, dans le territoire des Batéké, le Livingstone rencontre les montagnes parallèles à la côte, le massif de la Sierra Complida ; il les franchit à travers trente-deux cataractes. Ce fut la partie la plus émouvante du voyage. Le 3 juin 1877, au passage des rapides de Massassa, Stanley eut la douleur de voir son ami Francis Pocock, le dernier survivant de ses compagnons blancs, entraîné par le courant, se noyer dans le fleuve ; lui-même, avec l'équipage d'un bateau, manqua d'être englouti dans les cataractes de Moua, et n'échappa que par miracle aux tourbillons de Mbélo, où il fut précipité avec la *Lady Alice*. Quinze de ses nègres, douze bateaux de sa flottille, une cargaison d'ivoire valant plus de 100 000 francs furent perdus dans les cataractes du fleuve. Arrivé à Issanghila, à quelques journées d'Emboma, Stanley quitta le *Livingstone*, et abandonnant sur les rochers des rapides la *Lady* qui venait de faire un voyage de 11 000 kilomètres, il gagna par terre

Emboma et Kabinda, port de l'Atlantique, à l'embouchure du grand fleuve jusqu'alors inconnu, et dont il venait, pas à pas, de suivre le cours et de relever l'étendue[1]. Le lieutenant Cameron expose ainsi son opinion sur l'avenir des contrées africaines qu'il a visitées avant Stanley :

« Presque tout le pays du Tanganyka, à la côte occidentale, est
» d'une richesse indescriptible. Parmi les métaux, on y trouve
» le fer, le cuivre, l'argent et l'or; on y trouve aussi de la
» houille. Les produits végétaux sont l'huile de palme, le coton,
» outre plusieurs espèces de poivre et de café. Les habitants
» cultivent beaucoup de plantes oléagineuses, telles que l'ara-
» chide et le seni-seni. Aussi loin que les Arabes ont pénétré,
» ils ont introduit le riz, le froment, l'oignon, et quelques
» arbres fruitiers qui paraissent assez bien réussir. Les contrées
» de Bihé et Bailounda sont assez élevées pour comporter une
» occupation européenne ; elles produiraient tout ce qui peut
» être cultivé dans le midi de l'Europe. Les orangers que Jenhor
» Gonçalves a plantés à Bihé où il a passé plus de trente ans,
» étaient plus beaux qu'aucun de ceux que j'ai vus en Europe ou
» en Italie. Les rosiers et les vignes avaient poussé d'une ma-
» nière exubérante ; mais, comme il était resté trois années ab-
» sent, il avait perdu beaucoup de végétaux, tels que la pomme
» de terre et des plantes d'agrément. Il m'assura que lorsqu'il
» prenait lui-même soin de son jardin, elles avaient parfaitement
» réussi....

» Le centre de l'Afrique présente un système hydrographique
» susceptible d'être utilisé pour le commerce, et tel qu'on n'en
» trouve de pareil nulle part ailleurs. En creusant un canal de
» 37 à 56 kilomètres de longueur dans la plaine sablonneuse et
» unie qui sépare les affluents du Zaïre des hauts affluents du
» Zambèze, on établirait un lien entre les deux systèmes fluvia-
» tiles, et d'autre part, la rivière Tchambézi, qui doit être con-
» sidérée comme la première partie du cours du Zaïre, est navi-
» gable jusqu'à une distance de 370 kilomètres de l'extrémité
» nord du Nyassa. A l'est du pays de Lovalé, il existe des quan-
» tités étonnantes d'ivoire; chez les marchands musulmans de

---

1. Malgré ses souffrances, Stanley ne voulut revenir en Europe qu'après avoir rapatrié ses compagnons de voyage; il en ramena 111 à Zanzibar le 28 novembre 1877, au lieu de 347 qui étaient partis avec lui le 17 novembre 1874. A son retour en France et en Angleterre, la presse, les Sociétés savantes et le public lui firent un accueil enthousiaste et le comblèrent d'honneurs et récompenses.

» Nyangoué, le prix était de 215 milligrammes de verroterie,
» ou 143 milligrammes de coquillages marins appelés *Cyprea*
» *moneta*, par kilogramme d'ivoire ; les caravanes qui partaient
» de ce point, en quête d'ivoire, achetaient une dent d'éléphant,
» quel que fût son poids, pour un vieux couteau, un bracelet de
» cuivre ou pour tout autre objet inutile qui pouvait séduire les
» indigènes. La tache honteuse de ce beau pays, c'est que la
» traite des esclaves y persiste, qu'elle est même la base d'af-
» faires considérables, activée par la nécessité de combler les
» vides des pays dépeuplés par l'ancien commerce des esclaves
» sur la côte..... Le seul moyen de la faire disparaître, c'est
» d'ouvrir l'Afrique à un commerce régulier, et, dans ce but, le
» mieux serait d'utiliser le magnifique réseau des fleuves et des
» rivières de l'intérieur. » (Werney-Lowett CAMERON[1], *Procce-
dings of the Royal geographical Society*, t. XX, n° 4, trad. de
MM. Maunoir et Duveyrier ; *Année géographique*, 1876, p. 275.)

---

[1]. Jusqu'à ce jour, aucun voyageur français n'a encore accompli la traversée de l'Afrique entre les deux Océans. Nous nous empressons d'ajouter que plusieurs tentatives ont été faites : un jeune officier de notre marine nationale, M. **Girard**, explore actuellement (1884) la région du lac Bangouélo et du Haut-Zambèze, et se propose de descendre le Congo depuis ses sources jusqu'à l'Océan.

**L'abbé Debaize.** — En 1878, le Parlement vota une somme de 100 000 francs pour un voyage d'exploration géographique et scientifique à travers l'Afrique centrale. La mission fut confiée à l'abbé Michel-Alexandre **Debaize**, né à Clazais (Deux-Sèvres) en 1845, que recommandaient la vigueur de son tempérament, de longues et sérieuses études, son ardeur passionnée pour les découvertes, et un enthousiasme et une fougue qui avaient surtout besoin d'être contenus. Debaize manquait un peu de ce calme, de ce sang-froid, de cette prudence qui sont les qualités maîtresses de tout explorateur, et qui sont indispensables en Afrique. Il quitta Marseille le 21 avril, plein de confiance et d'entrain. A Aden, il faillit mourir d'une insolation. A Zanzibar, il organisa sa caravane avec un soin extrême, une intelligence parfaite, et une merveilleuse promptitude. Le 17 octobre, il était à Kouihara, près de Taborah, dans l'Ounyamouézi. Là commencèrent les désertions, les déboires, les dangers ; dans ses lettres, Debaize cachait autant qu'il le pouvait toutes les mauvaises nouvelles. Au mois de mai 1879, il arrivait à Oujiji, d'où il se préparait à faire une excursion vers le nord, et d'où il datait ses dernières lettres. Le 29 janvier 1880, M. Hore, agent de la Société des missions anglaises d'Oujiji, annonçait au consul de France à Zanzibar la mort de l'abbé Debaize. Il avait succombé le 14 décembre 1879 à Oujiji, à une insolation, compliquée de fièvre et de dysenterie. Tel était le dénouement prématuré d'une entreprise abordée avec tant de résolution, conduite avec tant d'énergie par cet homme de cœur qui ne savait pas maîtriser ses emportements. Le ministre de l'instruction publique mit à la disposition du Comité français de l'Association internationale africaine, toutes les armes et instruments de l'abbé Debaize. On les confia au capitaine Bloyet, nommé chef de la station française de Condoa, dans l'Ousagara.

# CHAPITRE III

## COTE OCCIDENTALE, RÉGIONS DU GABON ET DE L'OGOOUÉ. (*Possessions françaises.*)

### 1° RÉSUMÉ GÉOGRAPHIQUE

**A. Gabon et Ogooué.** — Le fleuve *Gabon* (M'pongo) forme à son embouchure un magnifique estuaire long de 60 kilomètres, large de 12 à 15; il fournit aux navires un abri commode et sûr. Il reçoit les eaux de plusieurs rivières; les principales sont le *Como*, grossi du *Bogoé*, et le *Rhamboé*. Le Como est navigable jusqu'au mouillage de *Ningue-Oingué*.

A la France appartiennent également deux autres cours d'eau importants : au nord, à 23 milles du Gabon, le *Moundah*, qui finit près du cap *Esterias*, cédé par le traité du 1er avril 1844; — au sud, l'*Ogooué* ou *Ogowaï*, qui se jette dans la mer un peu au-dessous du cap Lopez, à 60 milles du Gabon. L'Ogooué est large et profond, dans la partie inférieure (delta, 120 kilomètres), mais son cours est coupé de nombreux rapides; il ne naît pas au cœur de l'Afrique; il est grossi de la *Passa*, de l'*Okanda*, du *N'Gounié*.

La capitale des possessions françaises de la Guinée inférieure est *Libreville*. A droite du Gabon, les autres comptoirs sont *Louis*, *Glass-town*, factorerie anglaise; à gauche du fleuve, *Port-Denis*.

**Population.** — Il est presque impossible de l'évaluer, vu l'instabilité des tribus nomades indigènes. Il n'y a guère que 200 habitants sur le littoral européen. Les principales tribus indépendantes sont : les *M'Pongwé*, demi-civilisés, les *Oroungou*, les *N'Rami*, les *Ajoumba*, les *Inlenga*, les *Sekiani*, les *Bakalais*, et surtout les *Fans ou Pahouins*, les *Osyebas* et les *Apfourous*, maîtres des affluents du Gabon, de la rivière Mondah, du haut Ogooué et du Congo de la rive droite. Ces dernières tribus sont les plus sauvages et les plus dangereuses de toutes. Il faut signaler à part les *Batéké*, que M. de Brazza a placés sous le protectorat de la France.

**Gouvernement. Administration.** — A la tête de la colonie est un *commandant*, assisté d'un *chef du service de l'intérieur* et d'un *chef du service judiciaire*; le premier dirige la comptabilité et l'intendance. A côté du commandant siège un conseil, composé des chefs de service et de deux notables; ce conseil a voix consultative. — **Justice** : *Tribunal de première instance*, composé d'un juge président. Les crimes sont jugés par la cour de Saint-Louis du Sénégal. — **Instruction publique.** Elle a été jusqu'à ce jour confiée à des missionnaires. L'école des garçons a 206 élèves, l'école des filles 83; on apprend aux enfants les éléments de la langue française et l'exercice de métiers divers. Des missionnaires protestants américains ont récemment fondé des écoles; l'enseignement du français est obligatoire, par décret du 9 avril 1883. — **Cultes.** Le culte catholique est exercé par les prêtres des missions, qui reçoivent de l'État une subvention annuelle de 20,000 francs. — **Productions.** La culture principale est celle du *manioc*; il y a quelques *rizières* et du *maïs*. On a fait à Sibange des essais de plantation de *café*. Les *palmiers* sont abondants et donnent d'excellente huile. Les eucalyptus introduits au Gabon y prospèrent. Les travailleurs

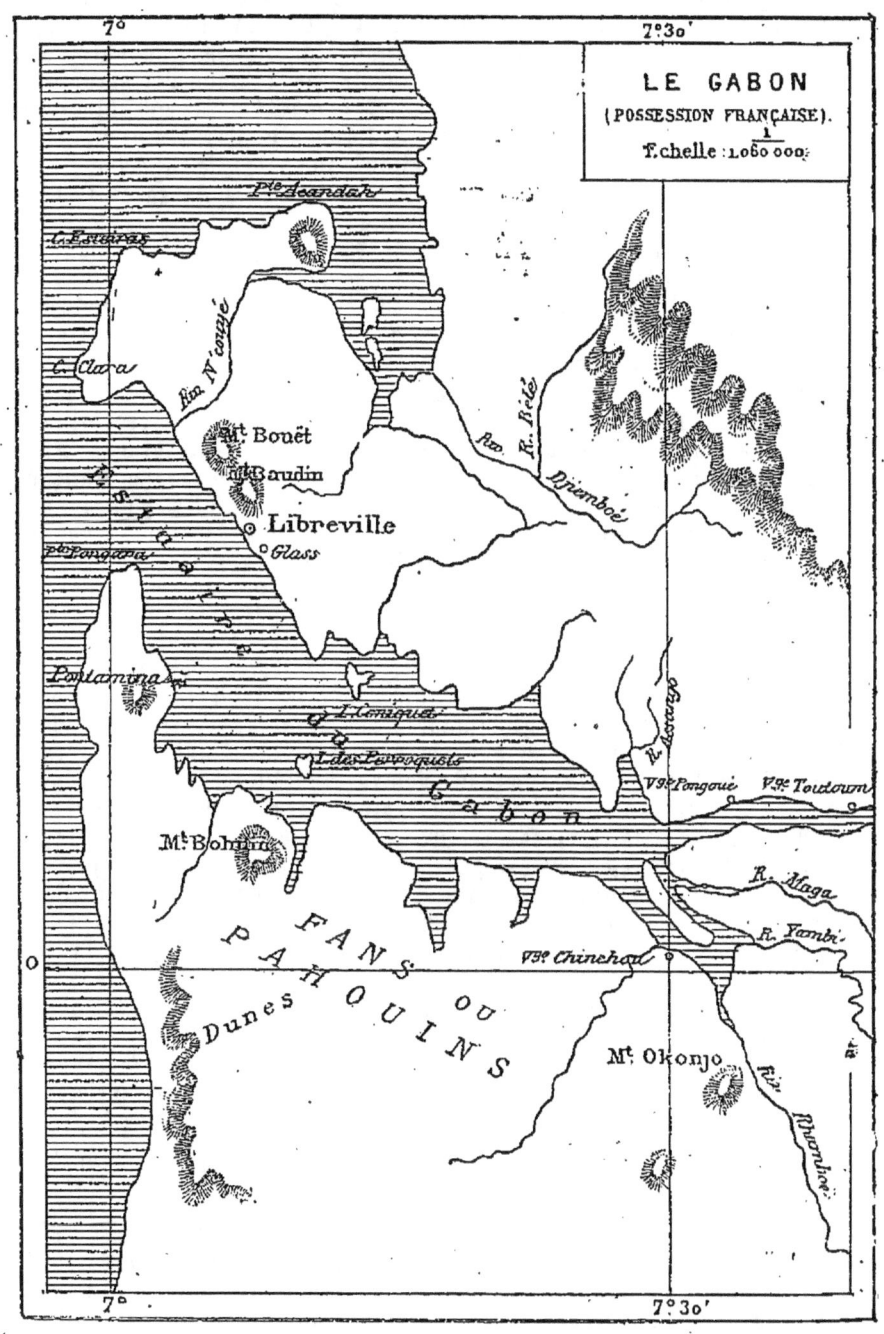

étrangers de la colonie viennent du Congo et du Kroumen; ils s'engagent pour un an ou deux et sont rapatriés. Sous le climat torride du Gabon, le travail manuel est impossible pour les Européens. Les Gabonais sont impropres à toute besogne suivie et régulière. Au Gabon, l'industrie est nulle.

**L'Ogooué.** — Du Gabon dépend le territoire arrosé par un autre beau fleuve, l'*Ogooué*, dont l'embouchure est à 170 kilomètres au sud de Libreville. L'Ogooué a été exploré depuis vingt-cinq ans par plusieurs voyageurs français (v. p. 744). M. Savorgnan de Brazza a fondé des stations au *Cap Lopez*, à l'embouchure de l'Ogooué; à *Lambaréné*, à 250 kilomètres en amont; au *pied des rapides* de l'Ogooué, à 100 kilomètres plus haut; à *Boué*, à 90 kilomètres de la précédente station; sur l'*Ogooué* supérieur, à 100 kilomètres de Boué; à *Franceville*, au confluent de la Passa et de l'Ogooué; à *Brazzaville*, sur la rive droite du Congo, à 500 kilomètres de la mer, au sommet des rapides qui, au nombre de 32, s'échelonnent jusqu'à Vivi; et deux autres postes sur le *Quillou* et à *Loango*.

**Commerce et communications.** — On évalue à 3 millions environ par an le trafic actuel de la France au Gabon. C'est par les paquebots anglais et portugais que le Gabon et l'Ogooué communiquent avec la métropole; les deux services sont mensuels. On emploie de préférence la voie portugaise qui aboutit à l'île San-Thomé, où un navire de l'État va recueillir les dépêches. — **Budget colonial** : 140 000 francs; la colonie reçoit de la métropole une subvention de 62 050 francs. — **Monnaies** : Les monnaies françaises ont seules cours légal. Les Anglais établis au comptoir de *Glass* emploient aussi des monnaies anglaises portugaises et espagnoles. — **Armée** : Se compose d'une section de tirailleurs sénégalais et des marins des équipages de la station.

**B. Guinée méridionale.** (*Possessions portugaises.*) — La Guinée méridionale ou inférieure, ou pays du Congo, s'étend du cap Lopez au cap Frio; entre 1° et 18° lat. S. (longueur, 2 200 kilomètres; largeur, 400 à 500). Côte chaude, basse, malsaine, découpée par de nombreuses criques où débouchent les rivières. Le sol s'élève graduellement à l'est, et forme le talus du plateau central africain; talus escarpé, composé de plusieurs gradins ou terrasses dirigés du nord au sud (sierra *Complida*, de *Tamba*, de *Talla*, de *Mossamba*, de *Frio*, de *Chella*; ces dernières, hautes de 2,000 mètres, suivant Cameron). — **Cours d'eau** : Au nord du fleuve Congo ou Livingstone : la *Cama*, la *Sette*, la *Banha*, la *Kilonga*, le *Quillou*, le *Louemba*, le *Loango*; — au sud du Congo : l'*Ambriz*, le *Logué*, la *Couanza* (1,000 kilom.), le *Katoumbéla*, le *Counéné* (2,000 kilom.).

**Divisions politiques.** — Les six principaux pays baignés par l'océan sont, du nord au sud : le **Loango**, état indépendant, capitale *Bouali* ou *Loango*; villes principales *Ponta-Negra*, *Landana*, factoreries françaises; — le **Cacongo**, indépendant, capitale *Kinguélé*, ville principale *Molemba*, bon port; — le **N'goyo**, indépendant, capitale *Cabinda*, port (3,000 hab.); — le **Congo**, indépendant, capitale *San-Salvador*, villes principales *Batta*, *Bamba*, *Ambrizette*. Le meilleur port de la région est celui d'*Ambriz*, qui appartient aux Portugais.

Au sud d'Ambriz commencent les territoires portugais (*Superficie*, 809 400 kilom. car. — *Population*, 2 millions d'hab., dont 1 500 blancs, 32 000 mulâtres : 2,5 par kilom. car.) : **Angola**, entre le Dandé et la Couanza, chef-lieu *Saint-Paul de Loanda*, port de commerce (8 000 hab.). Elle est située au fond d'une gracieuse baie devant laquelle s'étend une étroite barre de sable qui arrête complètement les grandes vagues de l'Océan. Cette barre, couverte de cocotiers plantés par les Portugais, ne présente qu'une unique et étroite ouverture; aussi les navires doivent-ils rester en dehors. De nombreux paquebots de Lisbonne et Liverpool y arrivent chaque mois. Les rues de la ville sont grandes et spacieuses, ombragées par des figuiers; les maisons larges et commodes, construites en pierres et couvertes de tuiles rouges; malheureusement, l'eau potable y est en quantité insuffisante. (D'après Monteiro.) Les autres villes principales de l'Angola sont : *Massagano, Golungo-Alto, Cassange*, station portugaise à 120 kilomètres de la mer. — **Benguéla**, capitale *Saint-Philippe*, à l'embouchure du Katoumbéla; villes principales *Caconda, Bihé, Baïloundo*, dans l'intérieur. — **Mossamédès**, ville principale Mossamédès, port.

Il y a deux *gouverneurs*, à Saint-Paul et à Saint-Philippe; des sous-gouverneurs à Ambriz et Mossamédès; un évêque, une cour d'appel à Loanda; deux députés aux Cortès de Lisbonne; une armée forte de 5 000 soldats et une escadre de 4 vaisseaux de guerre.

**Productions et commerce.** — Les produits de la côte de Guinée se limitent actuellement aux *coconotes*, aux *arachides*, à *l'huile de palme*, au *caoutchouc*, à l'*ivoire*, au *café*, à l'*orseille*. On peut y joindre, en moindre quantité, de la *cire*, de la *gomme copal*, du *minerai de cuivre*, de *l'écorce de baobab*, très employée pour les câbles et le papier. Les centres principaux d'exportation sont N'boma, Ambrizette, Kissembo, Ambriz. Les objets d'importation sont les *tissus légers*, les *liquides, faïences, verrerie, coutellerie, armes à feu, poudre, bijouterie, quincaillerie, sel, objets de confection*, etc. Le commerce est entre les mains d'une vingtaine de maisons, anglaises, françaises, portugaises, hollandaises, américaines.

Au sud de Benguéla s'étend, jusqu'au fleuve Orange, une côte sablonneuse, aride, inhospitalière, brûlée du soleil. On y rencontre la baie de **Walfish** ou **des Baleines**. C'est l'immense territoire habité par les *Ovampo*, les *Herero, Damara, Namaqua* et autres tribus hottentotes. (V. Afrique australe.)

**C. Iles du golfe de Guinée.** — 1° **Iles de l'Equateur**. On en compte quatre principales, situées toutes au nord de l'Equateur : à l'**Espagne** appartiennent **Fernando-Po** (golfe de Biafra), à 60 kilomètres ouest de la côte (longueur du nord au sud, 60 kilom.; largeur, 12; superficie, 2 081 kilom. car.; population, 20 000 hab., 10 par kilom. car.). Elle est montueuse, boisée, chaude, fertile et malsaine, traversée par trois chaînes de collines (pic de Clarence, 2 886 mètres). La végétation est luxuriante, mais les colons manquent. La capitale est *Santa-Isabel*; — **Annobon** (*année bonne*, découverte le 1er janvier 1471. *Superficie*, 17 kilom. car.; *population*, 3 000 hab.) haute terre fertile; chef-lieu *Annobon*. — **Corisco** (14 kilom. car.) et **Elobey** (2 kilom. car.), 5 000 habitants (237 par kilom. car.), sont aussi à l'Espagne.

Au **Portugal** appartiennent : l'**Ile du Prince** (par 1° 4' de lat. N. et 50° 7' de long. E.; 12 kilom. sur 8; 151 kilom. car.; 1 455 hab.). L'île est montueuse, boisée, fertile; le climat humide, brûlant, malsain. Les ruisseaux sont nombreux. Chef-lieu, *San-Antonio* (1 000 hab.), port insalubre. — **San-Thomé**, à 180 kilomètres du cap Lopez. (48 kilom. sur 28; 929 kilom. car.; 30 000 hab. dont 1 000 Européens). Climat brûlant et malsain; sol montueux et fertile en cacao, sucre, café. Capitale *Saint-Thomas* (6 000 hab.), port de mer.

2° **Iles situées au sud de l'Equateur.** (*Possessions anglaises.*)

**Ascension**. Ile volcanique (88 kilom. car.; 12 kilom. sur 9; 500 hab.) située à 1 400 kilomètres de la côte, à mi-chemin du Brésil et de l'Afrique;

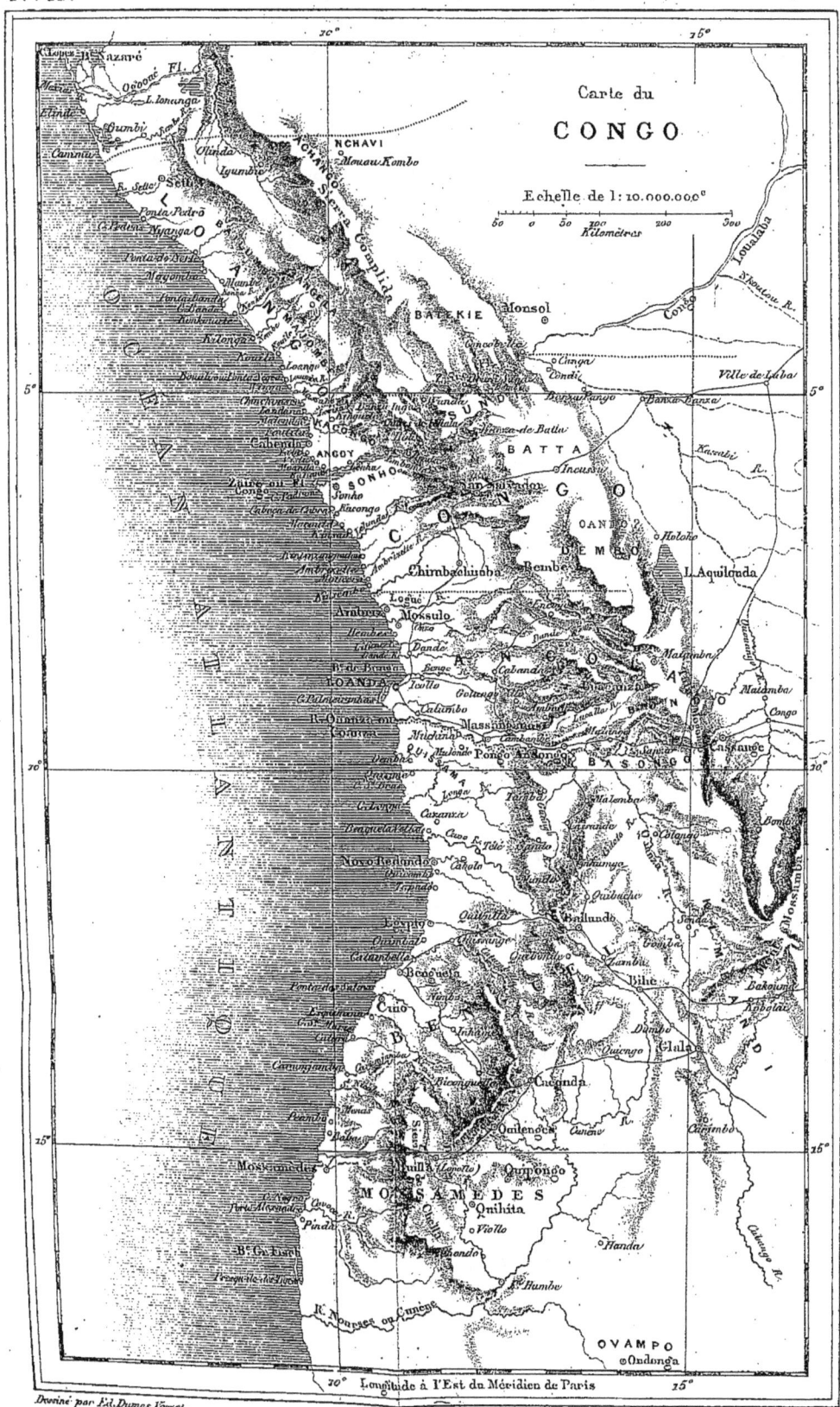

par 7° 56' de lat. S. et par 16° 75' de long. O.; découverte par le Portugais Jean de Noya, le 20 mai 1501, jour de l'Ascension. Cette île, rocheuse et aride, a un climat sain; elle sert de relâche aux vaisseaux anglais: elle a un hôpital. Sa principale richesse est celle des oiseaux de mer innombrables et des *tortues vertes*, qui déposent leurs œufs dans le sable du rivage. On en prend 3 000 environ par an; quelques-unes pèsent 200 et 400 kilogrammes. La pêche est fructueuse autour de l'île. Le chef-lieu est *George-Town*, bon port de relâche et de ravitaillement, à 3 833 milles de Liverpool.

**Sainte-Hélène.** Ile montueuse et volcanique, située à 1 200 kilomètres sud-est de l'Ascension, à 1 700 de la côte d'Afrique, par 16° de lat. S., découverte en 1502 par les Portugais, le jour de la Sainte-Hélène, prise par les Anglais en 1673. (122 kilom. car.; 36 kilom. de tour; 6 250 hab.; 51 par kilom. car.; moitié nègres et malais, moitié blancs.) Elle est divisée en deux plaines par une chaîne rocheuse; au sud-est est située celle de *Longwood*, où fut interné Napoléon I<sup>er</sup>, au pied du *pic de Diane* (875 mètres). La maison où il mourut, devenue une ferme, a été acquise en 1858, avec le terrain de l'ancien tombeau, restaurée et mise sous la garde d'un sous-officier français. — **Climat** tempéré et salubre. On cultive des *légumes*, des *céréales*, des *caféiers*, du *quinquina*; sur les sommets, les bois de *pins* alternent avec les *prairies*. Quand *Darwin* la visita, dans l'expédition du *Beagle*, il signala la curiosité de sa flore, et compta 746 espèces de plantes, dont 52 seulement étaient des espèces indigènes. La capitale est *James-Town*, port du nord-ouest (4,000 hab.), relâche fréquentée jadis par 11 000 ou 12 000 navires, avant l'ouverture du canal de Suez, aujourd'hui par 700 ou 800. Les Anglais y ont bâti le fort de *Ladderhill*, et ont fait de l'île entière, entourée de rochers à pic et accessible en un seul point, une citadelle imprenable.

A 2 500 kilomètres sud-ouest de Sainte-Hélène se trouvent les trois petites îles volcaniques de **Tristan da Cunha**, par 37° de lat. S. Les Anglais y ont fondé, en 1817, un poste de ravitaillement. (Superficie, 117 kilom. car.; population, 85 hab.; de race mêlée. Ces îles sont sous la suzeraineté de l'Angleterre. L'île principale, fertile et très salubre, bien arrosée, renferme un volcan éteint, haut de 2 500 mètres.

## 2° EXTRAITS ET ANALYSES

### Les explorations de M. de Brazza

**Les premières explorations.** — Le Gabon et l'Ogooué étaient à peu près inconnus, lorsque *Paul du Chaillu* (1856) alla chasser le gorille dans leurs forêts, et que MM. *Griffon du Bellay*, chirurgien de marine, et *Serval*, lieutenant de vaisseau, explorèrent pour la première fois le second de ces fleuves dans son cours inférieur (1862). En même temps, le capitaine *Burton*, l'ancien compagnon de Speke, pénétrait chez les Fans anthropophages, et son compatriote *Reade* parcourait les basses plaines de l'Ogooué et du Fernand-Vaz. En 1866, un négociant anglais, M. *Walker*, et, en 1867, le lieutenant de vaisseau français, M. *Aymés*, pénétrèrent chez les Inengas,

Vue de Saint-Paul de Loanda.

dans l'Okanda, et les précieux renseignements fournis par M. Aymès attirèrent l'attention des voyageurs sur cette région.

De 1872 à 1874, MM. **Marche** et de **Compiègne**, en qualité de naturalistes, firent sur le Gabon, l'Ogooué, chez les Fans et les Pahouins, des excursions périlleuses qui enrichirent l'histoire naturelle, l'anthropologie et la géographie : ils purent remonter l'Ogooué jusqu'au confluent de l'Ivindo. En 1873, l'amiral *du Quilio* faisait flotter le pavillon français jusqu'à 300 kilom. dans l'intérieur, et le roi N'Combé déposant devant lui son bâton de commandement, se déclarait le vassal de la France. Peu après, le docteur *Oscar Lenz*, sous les auspices de la Société africaine d'Allemagne, pénétrait chez les Osyéba et les Asimba, et sa pirogue ne s'arrêtait que devant les rapides de l'Ofoué, affluent de l'Ogooué. Il fut rejoint chez les Okanda par une expédition française, investie d'une mission officielle, que commandait un des officiers les plus instruits et les plus énergiques de notre marine nationale, l'enseigne de vaisseau **Savorgnan de Brazza**, d'origine italienne, naturalisé français à l'époque de la guerre franco allemande de 1870. M. *Marche*, le docteur *Ballay*, et le quartier-maître *Hamon* l'accompagnaient.

**Premier voyage de M. de Brazza.** — Le premier obstacle qui arrêta les voyageurs fut la difficulté des transports. Point de bêtes de somme chez les peuples de l'Afrique équatoriale; là, tous les transports se font à dos d'homme ou en bateau, à l'aide de pagayeurs; et comme les peuplades sont fort nombreuses, il faut constamment changer de bateliers. Les *Gallois*, les *Tuengas*, les *Bakalaïs* exigeaient des prix exorbitants; les *Okotas* conseillaient aux pagayeurs de déserter. On alla tant bien que mal de Lambaréné à Samquita; là il fallut laisser plusieurs caisses de bagages. Les désertions des équipages continuèrent; les fugitifs emportaient avec eux les marchandises volées; les voyageurs étaient épuisés par la fièvre. Chez les *Apindji* (février 1876), les pirogues chavirèrent au milieu des rapides, les caisses furent jetées sur les rochers ou emportées à la dérive, les baromètres, chronomètres et autres instruments presque tous brisés ou avariés, les papiers, livres et notes engloutis, une troupe d'indigènes pillards se rua sur les marchandises échappées au naufrage. A Lopé, de nouvelles caisses furent envoyées des factoreries de Samquita, et M. de Brazza y installa des magasins de ravitaillement en cas d'accident. Au mois de juillet l'expédition remontait l'Ogooué jusqu'à 668 kilom. de la mer, et M. Marche, dans une reconnaissance de son affluent l'Ofoué, rencontrait à Obongo une colonie de nains, déjà vus et nommés par du Chaillu. « La taille des nègres Obongo varie de 1$^m$,50 à 1$^m$,52; leur chef, un vieillard, l'homme le plus grand de sa tribu a une taille de 1$^m$,61. Les femmes sont, comme chez tous les autres peuples, plus petites que les hommes; elles n'ont que 1$^m$,42 ou 1$^m$,43 de hauteur[1]. » A la chute de *Benoué*, les eaux étant très basses, il fallut traîner les vingt-trois grandes pirogues de roche en roche sur une longueur de 1 800 mètres; au confluent de l'*Ivindo*, les indigènes voulaient en venir aux mains; on réussit, à force de cadeaux, à gagner l'amitié des chefs. M. Marche visita seul le pays montueux et boisé des *Obamba*, reconnut la rivière *Kaïléi* (ou *Lékélé*), et rejoignit ses compagnons aux cataractes de Doumé. Le pays des *Adouma* où ils s'avancèrent n'avait jamais été vu par un Européen. M. de Brazza s'opposa énergiquement au départ d'une flottille des Adouma qui s'apprêtait à aller chercher des

---

1. Sur les nains africains, voir les Akkas, page 600.

esclaves chez les Obamba, et déclara qu'il bloquerait l'Ogooué tant qu'on ne l'aurait pas conduit, avec toutes ses marchandises, sous les chutes de Poubara : il offrait d'ailleurs un fort payement aux pagayeurs (juin 1877). Les Adouma obéirent : la mission traversa plusieurs pays inconnus, ceux des *Okota*, des *Chébo*, des *Obamba*, des *Atziana*, des *Aboma*, virent le confluent de la Passa, et l'Ogooué, tantôt calme et navigable, tantôt large et marécageux, le plus souvent étroit, semé de bancs, de rochers et de rapides. La maladie força M. Marche à rentrer en France.

MM. de Brazza et Ballay marchèrent en avant : leur quartier général fut transporté de *Doumé*, chez les Adouma, sur le cours supérieur de l'Ogooué, aux chutes de *Poubara*, en pays complètement inconnu. Les voyageurs n'avançaient qu'à travers mille obstacles et mille dangers : tantôt c'était le grand féticheur dont il fallait satisfaire à prix d'or les superstitions cupides : tantôt, dans une épidémie de petite vérole, on les accusait d'avoir apporté une provision de maladies dans leurs caisses. Enfin ils arrachèrent à l'Ogooué son secret. Cette rivière, divisée en deux branches, près de ses sources, ne pouvait servir de voie de communication intérieure. Ils cherchèrent alors à pénétrer dans la région qui les séparait de l'Afrique centrale et du Tanganyka. Ils traversèrent les territoires des Oumbété et des Batéké, sans cesse menacés et trahis, sans chaussures, et pendant sept mois réduits à marcher pieds nus. Ils découvrirent l'Alima, rivière qui coulait vers l'est, la descendirent hardiment sur des pirogues, mais furent reçus à coups de fusils par les indigènes Apfourous, et durent après un sanglant combat, changer de route. Cinq jours de marche en avant, et ils touchaient au Congo ! Les explorateurs se rabattirent vers le nord, découvrirent la *Licona*, autre affluent du grand fleuve, et n'ayant plus de provisions, malades, couverts de plaies, menacés par les inondations qui allaient leur couper la retraite, regagnèrent l'Ogooué et la côte occidentale. Ils rentrèrent en Europe après trois ans d'absence : sauf les tribus des Apfourous, M. de Brazza avait gagné par son habileté, sa douceur et son humanité, toutes les populations à sa cause. — La Société de géographie de Paris et celle de Rome récompensèrent de leurs grandes médailles d'or la sagesse et la ténacité du jeune chef de l'expédition (1879).

**Deuxième voyage de M. de Brazza.** — En France, M. de Brazza apprit les importantes découvertes que venait de faire Stanley. Le Congo ne coulait pas directement à la mer de l'est à l'ouest, comme on l'avait cru, il décrivait un immense détour vers le nord, puis se rejetait au sud-ouest ; son cours, entre Stanley-Pool et Vivi (480 kilom.), était encombré de trente-deux cataractes, obstacles insurmontables pour la navigation. Ces obstacles ne décourageaient pas Stanley, dont le plan excessivement simple, écrit M. de Brazza, n'exigeait que des millions. Il les avait trouvés et il était parti (1879). M. de Brazza eut alors la conviction que l'Alima et la Licona étaient des affluents de droite du Congo, et comme à 100 kilom. de l'Ogoué, l'Alima était large de 100 mètres et profond de 5, il en conclut que là était la vraie voie commerciale, la plus directe et la plus sûre entre l'Atlantique et le moyen Congo.

M. de Brazza intéressa les Sociétés savantes et l'opinion publique à ses projets. Les Chambres, sur la proposition du ministère de l'Instruction publique, accordèrent une nouvelle subvention à MM. de Brazza et Ballay. Deux chaloupes à vapeur démontables furent construites afin de descendre l'Alima et de naviguer sur le Congo ; le ministère de la marine fournit deux mécaniciens et quelques matelots sénégalais.

M. de Brazza impatient partit le premier et laissa à son compagnon le

CARTE DE L'OGOOUÉ
ET DU CONGO INFÉRIEUR
(TERRITOIRE DES BATÉKÉ).
d'après les découvertes de M. de Brazza.

soin d'achever les préparatifs. Il devait choisir l'emplacement des deux stations hospitalières que le comité français de l'Association internationale africaine désirait fonder sur l'Ogoué et le Congo. Remontant le premier de ces fleuves jusqu'au confluent de la Passa, il y établit en janvier 1880, à Nghimi, la station de *Franceville*, située environ à 815 kilom. du Gabon. Tandis qu'il envoyait à Lambaréné un de ses hommes, M. Michaux, pour aller chercher le docteur Ballay et M. Mizon, enseigne de vaisseau, désigné pour être le chef de la première station, il se dirigea vers le Congo, avec l'intention de fonder la seconde station, en amont des cataractes. Malade et épuisé, il traversa les plateaux du *M'Paka*, des *Aboma*, découvrit de nouveaux affluents du Congo, et pénétra sur le territoire des peuples *Batéké*, soumis à la domination du roi *Makoko*. Ces populations pacifiques firent au voyageur un accueil sympathique : sa réputation l'avait précédé parmi eux, il put librement descendre la rivière *Léfini* et se rendre à Bolobo, chez les *Oubendji Apfourous*, nation belliqueuse qui avait reçu Stanley à coups de fusils, et dont les chefs sont maîtres de la navigation du Congo, de l'Alima, de la Licona et de l'Ikelemba, entre Ntamo et le pays des Mangalas. Stanley avait semé la terreur parmi ces populations, et n'avait « laissé de son passage que le souvenir des trente-deux » combats qu'il avait livrés. »

## M. de Brazza chez le roi Makoko et chez les Oubendji.

« Nous suivions depuis peu la rivière Léfini (*Lawson*), et nous venions de construire un radeau, lorsqu'un chef, portant le collier distinctif des vassaux de Makoko, se présente à moi. — « Makoko, me dit-il, connaît depuis longtemps le grand chef blanc de l'Ogoué ; il sait que ses terribles fusils n'ont jamais servi à l'attaque et que la paix et l'abondance accompagnent ses pas. Il me charge de te porter la parole de paix et de guider son ami. » — Rarement j'éprouvai une joie plus vive, et déjà j'aurais voulu être auprès de cet excellent Makoko ; toutefois, ne me rendant pas bien compte de la position de sa résidence, et craignant de faire un trop long détour, je continuai à descendre le Léfini en radeau, accompagné de l'envoyé de Makoko qui partageait généralement avec nous les provisions qu'on lui apportait de tous côtés.

» Arrivés à Ngampo, nous laissons notre radeau et marchons pendant deux jours sur un plateau inhabité. Brûlé par le soleil, plusieurs fois égaré et me croyant perdu, je commençais à menacer mon guide, lorsqu'à onze heures du soir, après une dernière marche forcée, notre vue s'étendit sur une immense nappe d'eau dont l'éclat argenté allait se fondre dans l'ombre des plus hautes montagnes. Le Congo venant du nord-est où il apparaissait comme l'horizon d'une mer, coulait majestueusement à nos pieds sans que le sommeil de la nature fût troublé par le bruit de son faible courant. C'était là un de ces spectacles qui imposent au voyageur un religieux silence, et dans ce silence, un cœur de Français battait plus fort en songeant qu'ici allait se décider le sort de sa mission.

» Mon but était de faire la paix avec les Oubendji, connus sous les différents noms d'Apfourou, Bafourou, Achialoums, Agnougnou, etc., dont la signification se rapporte à leur situation géographique, leur métier, leur costume, etc. Le nom de *Caluci-d'Abhialoumo* (marins du Congo) est bien mérité par ces Oubendji qui naissent, vivent et meurent avec leurs familles dans les belles pirogues sur lesquelles ils font seuls les transports d'ivoire et de marchandises entre le haut Alima et Stanley-Pool ; c'est avec leurs chefs, pour ainsi dire maîtres de la navigation, qu'il fallait traiter. Le chef de Ngampo montra de bienveillantes dispositions et se chargea de transmettre aux chefs Oubendji mes propositions : « Choisissez, leur faisais-je dire, entre la cartouche et le pavillon que je vous envoie ; l'une sera le signal d'une guerre sans merci, l'autre le symbole d'une paix aussi profitable à vos intérêts qu'aux nôtres. »

» En arrivant près des Tuileries de Makoko — composées d'un certain nombre de grandes cases qu'une palissade défend contre la curiosité du public — nous fûmes prévenus que le roi désirait nous recevoir immédiatement. Après avoir procédé à un astiquage général et revêtu nos meilleures loques, nous ne faisions, ma foi, pas trop mauvaise figure et tandis qu'Ossia (l'interprète) allait frapper sur les doubles cloches de la porte du palais pour prévenir de l'achèvement de nos préparatifs, je fis faire la haie à mes hommes qui, suivant l'usage du pays, portaient les armes le canon incliné vers la terre. Aussitôt la porte s'ouvrit. De nombreux serviteurs étendirent devant mes ballots plusieurs tapis et la peau de lion, attribut de la royauté ; on apporta aussi un beau plat en cuivre de fabrication portugaise et datant du deuxième ou du troisième siècle, sur lequel Makoko devait poser les pieds ; puis un grand dais de couleur rouge ayant été disposé au-dessus de ce trône, le roi s'avança, précédé de son grand féticheur, entouré de ses femmes et de ses principaux officiers. Makoko s'étendit sur sa peau de lion, accoudé sur des coussins ; ses femmes et ses enfants s'accroupirent à ses côtés. Alors le grand féticheur s'avança gravement vers le roi et se

précipita à ses genoux en plaçant ses mains dans les siennes, puis, se relevant, il en fit autant avec moi, assis sur mes ballots, en face de Makoko. Le mouvement de génuflexion ayant été imité successivement par les assistants, les présentations étaient accomplies. Elles furent suivies d'un court entretien dont voici à peu près le résumé : « Makoko est heureux de recevoir le fils
» du grand chef blanc de l'Occident dont les actes sont ceux d'un
» homme sage. Il le reçoit en conséquence, et il veut que
» lorsqu'il quittera ses Etats, il puisse dire à ceux qui l'ont en-
» voyé que Makoko sait bien recevoir les blancs qui vien-
» nent chez lui non en guerriers, mais en hommes de paix. »

» Je suis resté vingt-cinq jours chez Makoko, et plus longtemps dans ses Etats; on n'y aurait pas mieux traité ses enfants que nous ne l'avons été. Je vous ferai grâce de tous les entretiens familiers que j'eus presque chaque jour avec Makoko, dont la curiosité était insatiable. Ne connaissant les blancs que par la traite des noirs et l'écho des coups de fusils tirés sur le Congo, il était resté longtemps incrédule aux récits que ses sujets lui faisaient de notre conduite. « Sans redouter la guerre plus que les blancs, me disait-il, nous préférons la paix. J'ai interrogé l'âme d'un grand sage — de mon quatrième ancêtre — et convaincu que nous n'aurions pas à lutter contre deux partis, j'ai résolu d'assurer complètement la paix en devenant l'ami de celui qui m'inspirait confiance. » Accueillies comme elles devaient l'être, ces ouvertures nous conduisirent à la conclusion d'un traité aux termes duquel le roi plaçait ses Etats sous la protection de la France et nous accordait une concession de territoire à notre choix sur les rives du Congo. Tels sont les traits principaux de ce traité qui fut ratifié, une vingtaine de jours après mon arrivée, dans une assemblée solennelle de tous les chefs immédiats et vassaux de Makoko. L'acte étant signé, le roi et les chefs mirent un peu de terre dans une petite boîte, et, en me la présentant, le grand féticheur me dit : « Prends cette terre et porte-la au grand chef des blancs; elle lui rappellera que nous lui appartenons. » Et moi — plantant notre pavillon devant la case de Makoko : — « Voici, leur dis-je, le signe d'amitié et de protection que je vous laisse. La France est partout où flotte cet emblème de paix, et elle fait respecter tous ceux qui s'en couvrent. » J'ajoute que, depuis cette époque, Makoko ne manque pas, matin et soir, de faire amener et hisser le pavillon sur sa case, comme il m'avait vu le faire. Il fallut, non sans regret, nous séparer de lui pour aller, avec Nganchouno, sur le grand fleuve, où devait avoir lieu l'assemblée des chefs Oubendji. Il semblait que les négociations au-devant desquelles nous allions dussent aboutir aussi facilement que celles dont l'initiative avait été prise par Makoko. Toutefois, il fallait compter, ici comme ailleurs, avec l'imprévu ; et l'imprévu se montra tout d'abord défavorable.

» Je ne tardai pas à constater la mauvaise volonté de Nganchouno. Une dizaine de jours après notre arrivée, plusieurs grandes pirogues, montées par des chefs Oubendji s'arrêtèrent devant le village, et je voulus profiter de l'occasion pour les disposer en faveur de mes projets. Un palabre eut lieu. M'apercevant que Nganchouno s'occupait beaucoup plus de ses propres intérêts que de la traduction de mon discours, je demandai qu'Ossia portât directement ma parole aux Oubendji. Aussitôt opposition formelle de Nganchouno qui veut lever la séance. En vain j'essaye de calmer ses susceptibilités et ses craintes ; le palabre est rompu, les Oubendji se retirent. Je ne pouvais rester sous le coup de cet échec. A mon tour, je menace Nganchouno qui trahit les intérêts de son souverain pour des avantages privés que son imagination lui fait croire en danger. A ce péril imaginaire j'oppose l'autorité de Makoko ; et Nganchouno s'élance au dehors, rappelle les Oubendji, et s'excuse devant eux de n'avoir pas compris les ordres de Makoko et mes intentions. Mon interprète Ossia les leur explique, et ils partent alors en nous donnant l'assurance qu'ils porteront à leurs frères mes paroles de paix et les engageront à y répondre suivant mes désirs.

» Quelques jours plus tard, toute une flottille de magnifiques pirogues, creusées chacune dans un seul tronc d'arbre, et portant jusqu'à cent hommes, descendait le fleuve et venait aborder en face de Ngombila. Toutes les tribus Oubendji du bassin occidental du Congo, entre l'équateur et Makoko, avaient tenu à être représentées à ce palabre d'où sortirait la paix ou la guerre. La réunion de ces quarante chefs revêtus de leurs plus beaux costumes était véritablement un spectacle imposant. Ce fut au milieu d'un profond silence que je pris la parole. Tous savaient que dans le haut Alima nous ne nous étions servis de nos armes que pour notre défense. Nous eussions pu continuer : en nous retirant devant leur défense d'avancer, en vivant en paix partout où nous allions, nous avions donné des gages de nos bonnes intentions. Aujourd'hui, nous désirions installer un village dans le haut Alima et un autre à Ntamo, dans le but d'y échanger les produits européens et africains. Leur intérêt comme le nôtre était donc de conclure la paix nécessaire à ces relations. La discussion fut longue, car bien des intérêts divers étaient en jeu. Mais la plus forte appréhension des Oubendji, contenue jusqu'alors, allait se faire jour. L'un d'eux s'avança vers moi avec autant de fierté que de gravité et, me montrant un îlot voisin :

« Regarde, me dit-il, cet îlot. Il semble placé là pour nous
» mettre en garde contre les promesses des blancs, car il nous
» rappellera toujours qu'ici le sang oubendji a été versé par le
» premier blanc que nous avons vu. Un des siens, qui l'a aban-
» donné, te donnera à Ntamo le nombre de ses morts et de ses
» blessés ; mais je te dirai que nos ennemis ont pu échapper à
» notre vengeance en descendant le fleuve comme le vent ; mais
» qu'ils essayent de remonter ! »

» Tout en m'attendant à rencontrer ces sentiments parmi les riverains du Congo, j'avoue que la façon hardie dont ils furent exprimés ne laissa pas que de me causer une certaine impression. Je dus employer toutes les ressources de ma diplomatie pour dégager notre responsabilité des faits auxquels nous n'avions pris aucune part, et les bien convaincre que nos relations, loin de servir à les exploiter, assureraient contre toute éventualité leur tranquillité et leur bonheur.

» La paix fut conclue — et d'abord, on enterra la guerre. — En face de ce malencontreux îlot, qui avait failli nous jouer un si vilain tour, on fit un grand trou ; puis chaque chef y déposa l'un une balle, l'autre une pierre à feu, un troisième y vida sa poire à poudre, etc., et lorsque moi et mes hommes y eûmes jeté des cartouches, on y planta le tronc d'un arbre qui croît très rapidement. La terre fut rejetée sur le tout, et un des chefs prononça ces paroles : « Nous enterrons la guerre si profondément que ni nous ni nos enfants ne pourrons la déterrer, et l'arbre qui poussera ici témoignera de l'alliance entre les blancs et les noirs. » — « Et nous aussi, ajoutai-je, nous enterrons la guerre ; puisse la paix, durer tant que l'arbre ne produira pas des balles, des cartouches ou de la poudre. » On me remit ensuite une poire à poudre vide en signe de paix et je leur donnai mon pavillon. Mais alors, tous les chefs voulurent en avoir un qu'ils frottèrent contre le premier ; et bientôt toute la flottille oubendji fut pavoisée de nos couleurs. La fondation de notre station du Congo était désormais assurée. »

M. de Brazza descendit en pirogue le Congo jusqu'au lac Ncouna, formé par le fleuve, lac aujourd'hui appelé Stanley-Pool, et sur la rive droite duquel se trouve Ntamo, le village le plus rapproché des rapides. Ntamo est la clef du Congo inférieur. Les Français y reçurent un excellent accueil, et y fondèrent, sur la rive droite du Congo, entre la rivière Djoué et Nupila, cette seconde station à laquelle la Société de géographie de Paris reconnaissante a voulu donner le nom de *Brazzaville*. M. de Brazza laissa le sergent sénégalais Malamine et trois hommes à la garde de ce poste, et partit avec les autres pour Libreville, où il arriva le 15 décembre sans y trouver ni la chaloupe promise, ni le personnel des stations.

M. de Brazza, déçu mais non découragé[1], repartit immédiatement pour l'Ogooué; il faillit se noyer dans les rapides de la rivière, où sa pirogue
» chavira. « Il fallut travailler longtemps dans l'eau pour sauver son char-
» gement, et j'y gagnai la dysenterie. Par dessus le marché, je m'étais
» blessé au pied gauche sur une roche. Un charlatan de l'endroit appliqua
» sur la plaie un onguent qui me fit enfler le pied gros comme la jambe.
» Privé de médicaments et de ma trousse que j'avais laissée aux officiers
» belges de la mission Stanley, je pris mon couteau et taillai dans le morceau
» jusqu'à un centimètre de profondeur, supprimant tout ce qui n'avait pas
» une jolie couleur de chair fraîche. J'en fus quitte pour deux mois d'inac-
» tion, et, en arrivant à Franceville, en février 1881, je fus le premier
» voyageur à qui notre station hospitalière ait rendu service.
» Noguez (directeur de la station de Franceville) n'avait pas perdu son
» temps. Je trouvai là réunis une centaine d'indigènes, hommes, femmes,
» enfants, déjà habitués au travail. Il ne restait qu'à achever ce qu'il
» avait si bien commencé. On fit de nouveaux magasins, de nouvelles
» caves et on prépara de jolies chambres. Nos légumes, nos plantations
» de goyaviers, d'orangers, de café, notre bétail, cabris, moutons,
» porcs, etc., tout était soigné et prospérait; et déjà la station vivait
» uniquement sur ses revenus. J'allais oublier notre âne et notre ânesse,
» belles et bonnes bêtes qui, en voyageant, n'avaient rien perdu de leur
» entêtement; mais c'était bon là-bas de les entendre braire, et encore
» meilleur de parcourir, monté sur leur dos, notre charmant domaine,
» tout comme si nous eussions été à Montmorency. »
Mais il ne s'agissait pas de « s'endormir dans les délices de Franceville ». La troupe ouvrit à travers les forêts une route praticable jusqu'au confluent de l'Obia et la Sékiba, tributaires de l'Alima, point choisi pour le

---

1. La mission qui devait durer huit mois, se prolongea ainsi deux ans et demi. « N'ayant pas le droit de mettre à la charge du Comité le surcroît de dépenses
» occasionné par l'entretien des stations pendant dix-huit mois, puisque je
» n'avais pas mission de les diriger, je ne pouvais non plus mettre à la charge
» du ministère de l'instruction publique, les dépenses relatives à la mission dont
» ce ministère m'avait chargé après mon départ, puisque j'ignorais la solution
» donnée aux démarches entreprises et ne disposais pas des fonds attribués à
» l'expédition projetée; mais il s'agissait d'intérêts considérables auxquels me
» liait une responsabilité dont je ne pouvais m'affranchir, je n'hésitai donc pas à
» accepter personnellement la lourde charge de la situation. » — (S. DE BRAZZA, *Rapport au ministre de la marine*, août 1882.)

lancement du vapeur : M. de Brazza réunit dans un palabre les tribus riveraines de ce dernier fleuve, et obtint de leurs chefs toutes les facilités nécessaires à l'installation d'un poste sur l'Alima. Il envoya ensuite à Franceville un de ses hommes, chargé de prévenir que tout était prêt pour l'exploration de l'Alima ; c'était en septembre 1881. Le messager ne trouva à Franceville ni le bateau, ni les auxiliaires attendus. M. de Brazza dut abandonner son projet et franchit les montagnes qui le séparaient de l'Atlantique. Il découvrit sur sa route, le 8 février 1882, les sources de l'Ogooué, et, un mois après, arriva sur les bords du Niari, jolie rivière de 80 à 90 mètres de largeur qui va se jeter à l'Océan sous le nom de rivière de Quillou.

« La vallée, assez large, plate et semée çà et là de petites cultures iso-
» lées, se prolonge à peu près droit à l'ouest entre deux plateaux de nature
» et de hauteur différentes. Elle est comme une large taille en travers
» d'énormes terrasses parallèles à l'Océan ; mais tandis que le Congo les
» traverse à la façon d'un escalier, le Niari, jusqu'à son confluent avec la
» Nali, coule sans un rapide sur un sol uniforme, fertile, dont la popula-
» tion, plus dense que celle de la France, nous fit partout bon accueil. »

En avançant vers l'ouest, les peuplades, prévenues contre les blancs, les reçurent à coups de fusil. M. de Brazza quitta au plus vite cette contrée hostile, et arriva au mois d'avril à Lendana, d'où il repartit pour la France.

M. de Brazza allait rencontrer un adversaire inattendu dans l'explorateur intrépide, son rival de gloire, auquel il avait en toute occasion rendu hommage avec une loyauté et une courtoisie parfaites. Le 22 juillet 1881, tandis que de Brazza était sur l'Ogooué, Stanley, descendant le Congo, arrivait à Ncouna, accompagné de 4 Européens, dont 2 officiers belges, et de 70 Zanhibariens[1]. Il avait été envoyé par le *Comité d'études du Haut-Congo* de Bruxelles pour s'assurer s'il existait un moyen pratique d'établir une communication régulière entre le bas-Congo et le cours supérieur de ce fleuve, et s'il serait possible un jour de nouer des relations commerciales avec les peuples de l'intérieur, et d'échanger avec les produits de leur sol les objets manufacturés de l'Europe. Un million avait été souscrit pour cette entreprise. De 1879 à 1882, Stanley, en remontant le Congo, établit cinq stations : à *Vivi*, à 180 kilomètres de la côte, à *Issanghila*, à *Manyanga*, à *Léopoldville* ou *Stanley-Pool*, à *Gobila*, au confluent du Congo et du Couango. Mais M. de Brazza avait atteint Stanley-Pool plusieurs mois avant son concurrent américain. Celui-ci trouva la route barrée par le sergent français Malamine, escorté de deux hommes, qui gardaient le poste surmonté du drapeau tricolore. Ce « morceau d'étoffe bleu, blanc et rouge » fit sourire l'Américain. Malamine lui offrit deux moutons et des vivres ; Stanley accueillit de mauvaise grâce ces présents, puis tenta de suborner le chef du poste. Le Français ne savait pas trahir. Les indigènes, de leur côté, restaient fidèles

---

1. Les missionnaires anglais avaient précédé Stanley. « Trois mois après mon
» départ, deux missionnaires évangéliques, MM. Crudington et Bentley, suivant
» la même route que moi, mais à l'inverse, arrivèrent à Ncouna, où surpris de
» voir flotter notre pavillon, ils demandèrent avec instance aux indigènes s'ils
» comprenaient l'engagement qu'ils avaient contracté en donnant leur pays à la
» France. Les indigènes à leur tour, leur ayant demandé s'ils étaient Français,
» ils mirent peut-être trop d'empressement à afficher « qu'ils n'avaient rien de
» commun avec les Français, qu'ils étaient Anglais, *une tout autre nation*. » —
(S. DE BRAZZA, *Rapport au ministre de la marine*, août 1882.)

aux engagements pris envers de Brazza; retranchés derrière une immense barricade, avec leurs fusils et leurs sagaies, ils se tinrent prêts à défendre les droits de la France. Stanley, bloqué dans un bas-fond de vingt mètres carrés, enfermé entre le fleuve et la forêt, sans vivres, dut repasser sur la rive gauche du fleuve. Vainement, un missionnaire français, le P. Augouard, avait-il essayé, par une inspiration malheureuse, d'intéresser le roi Makoko au sort de Stanley : « Il eut tort de faire trop peu de cas de » Malamine, trop d'avances au voyageur illustre, mais suspect, ce qui » l'obligea à déguerpir beaucoup plus vite qu'il n'avait pensé. » Le roi interdit à Stanley de bâtir aucune case sans l'autorisation de M. de Brazza, qu'il attendait depuis plus de six mois. Stanley, étonné et irrité, entama avec Itsi-Ngaliémé, chef rival de Makoko, des intrigues qui n'aboutirent pas; il l'excitait à renverser Makoko, à abattre le pavillon français, et lui promettait son appui. Makoko força Stanley et ses Zanzibariens à quitter la contrée. Stanley devait renouer plus tard les fils de cette politique perfide. En attendant, il partit pour l'Europe.

Les découvertes et les succès de Brazza sur le bas Congo ont excité le violent dépit de l'explorateur américain. Il vint remplir la Belgique de ses doléances. A Bruxelles, ses récriminations trouvèrent de l'écho. Stanley, dont l'audace est la première vertu, vint aussi à Paris pour porter un coup mortel à son adversaire. Des Américains et des Anglais lui offrirent, à l'Hôtel continental, un banquet : il y lut un long discours, tout plein d'assertions téméraires, de colères peu dissimulées et d'inconvenante ironie. Il ne sut pas dominer ses ressentiments et lança les sarcasmes et les invectives « contre le gentleman italien au service de la France, dont les manœuvres l'avaient enveloppé dans un nuage de mystifications....

« Lorsque je l'ai vu pour la première fois sur le Congo, en 1880, a-t-il » dit, il se présenta à mes yeux sous la figure d'un pauvre va-nu-pieds, » qui n'avait de remarquable que son uniforme en loques et un grand » chapeau déformé. Une petite escorte le suivait avec 125 livres de bagages. » Cela n'avait rien d'imposant. Il n'avait pas même l'air d'un personnage » illustre déguisé en vagabond, tant sa mine était piteuse. J'étais loin de » me douter que j'avais devant moi le phénomène de l'année, le nouvel » apôtre de l'Afrique, un grand stratégiste, un grand diplomate et un fai- » seur d'annexions. La Sorbonne le reçoit, la France l'applaudit. Que » dis-je? le monde, y compris l'Angleterre, l'admire[1]. » M. de Brazza,

---

1. G. Valbert (M. Victor Cherbuliez) a spirituellement vengé M. de Brazza de ces brocards injurieux et déplacés. « Quiconque, écrit-il, a rencontré M. Savorgnan » de Brazza, accordera sans peine à M. Stanley qu'il n'a pas l'air florissant, que » ses joues sont creuses, que son visage est ravagé, qu'on reconnaît facilement » en lui l'un de ces hommes qui ont abusé de leurs forces et beaucoup pâti. » Quand on a eu la dysenterie en Afrique, et qu'on a pensé en mourir, quand » on n'a ménagé ni ses jambes, ni ses poumons, ni sa vie pour mener à bonne » fin une entreprise à laquelle on s'est voué corps et âme, quand on a l'inquié- » tude de l'inconnu et une idée qui vous tient, qui vous possède, qui vous ronge, » qui vous ravage, cela paraît quelquefois sur votre figure, et les passants disent » de vous : « Quel est ce grand maigre à la taille voûtée ? » Nous sommes de » l'avis de M. Stanley; la première fois que nous avons eu le plaisir de voir » M. de Brazza, nous avons trouvé qu'il était aussi sec que don Quichotte, quoiqu'il » prenne rarement des moulins pour des géants. On nous donnerait toutes les » défenses d'éléphants, toutes les forêts de caoutchouc du Congo que nous ne

introduit plus tard dans la salle du banquet, y prit à son tour la parole, et au milieu des applaudissements unanimes, tendant la main à celui qui l'avait si violemment attaqué, il déclara avec fermeté qu'il « voyait dans « M. Stanley non pas un antagoniste, mais simplement un travailleur dans » le même champ », et il but à la civilisation de l'Afrique par les efforts simultanés de toutes les nations sous tous les drapeaux.

Tandis que Stanley, disposant de ressources illimitées, repartait pour le Congo prendre la direction supérieure de l'*Association internationale africaine* (V. p. 770), Brazza obtenait du Parlement français avec la ratification du traité signé par le roi des Batéké une somme de 1 275 000 francs pour le développement de son entreprise. Le Gouvernement, la ville de Paris, la Société de Géographie, la Chambre de Commerce, la presse française, et la France entière par d'imposantes manifestations, témoignèrent à M. de Brazza leurs ardentes sympathies. Il entreprit son troisième voyage au mois d'avril 1883. Il occupa les positions de *Loango* et *Punta-Negra*, sur la côte de Guinée au nord du Congo, avant de se rendre chez son allié Makoko, et de renouer des négociations avec les chefs Apfourous dans le but d'ouvrir à nos comptoirs de l'Ogooué la route de l'Afrique intérieure.

### La factorerie d'Adanlinanlango et N'Combé, le roi-soleil.

« Nous avions choisi pour notre quartier-général Adanlinanlango, résidence de N'Combé, le roi-soleil, au confluent de l'Ogooué avec le N'Gounié..... Le 11 juin, après de grandes difficultés, car la force du courant augmentait à mesure qu'on remontait le fleuve, nous débarquions à la factorerie que M. Walker a fait construire à Adanlinanlango, sur les rives mêmes de l'Ogooué. Le gérant vint aussitôt à notre rencontre. En ce lieu sauvage, où nos plus hardis explorateurs ont, pour la première fois, pénétré en 1867, et où il faut rester sept ou huit mois sans lettre et sans communication aucune avec le monde civilisé, qui pouvait être ce blanc, vivant là, seul, toute l'année, dans sa case de bambous infec-

---

» pourrions nous décider à classer M. de Brazza parmi les hommes gras. Mais
» plus encore que sa maigreur, M. Stanley lui reproche avec une amère et infa-
» tigable ironie, le délabrement de son costume et surtout l'état pitoyable de sa
» chaussure. Sans dot ! s'écriait Harpagon. Sans chaussures ! répète sur tous les
» tons M. Stanley. Vous l'entendez, M. de Brazza s'est promené sans chaussures
» sur les bords du Congo, et après une telle inconvenance, il vient se faire
» acclamer dans la grande salle de la Sorbonne, il est admiré des Anglais, et ce
» va-nu-pieds se flatte d'avoir signé un traité en bonne forme avec le roi Makoko !
» Il nous paraît, quant à nous, que si M. de Brazza a laissé ses souliers en Afrique,
» M. Stanley y a laissé une bonne partie de son tact et de son esprit. C'est une
» perte moins facile à réparer. » — (*Revue des Deux Mondes.*)

tée de moustiques, ne voyant jamais d'autres visages que ceux des sauvages gallois ou bakalais? Sans doute, direz-vous, c'est quelque coureur des bois, quelque misanthrope qui est venu se plonger dans un exil volontaire, ou bien quelque désespéré que la société a rejeté de son sein. Eh bien, non ; c'était un jeune « grocery dealer » (épicier), à la figure placide, qui vint au-devant de nous, les pieds dans des pantoufles en tapisserie, une calotte de velours brodé sur la tête et la plume à l'oreille. Il est là à sa factorerie, dont il ne sort jamais, du reste, pesant son caoutchouc ou son ivoire, pliant et dépliant ses étoffes avec la sérénité d'un chef de rayon de la *Redingote grise*. Il n'a jamais tiré un coup de fusil, jamais été à un kilomètre de son magasin, et ne soupçonne pas les mœurs des gens qui l'entourent. Dans trois ans, quand son temps sera fini au Gabon, la maison Hatton et Cookson [1] l'enverra à ses comptoirs des Indes ; des Indes, il ira en Chine et reviendra en Angleterre sans avoir vu autre chose que le prix des denrées coloniales ; et il y en a des milliers comme cela dans la Grande-Bretagne ! La factorerie qu'il gère est à quelques pas de l'Ogooué, tandis que le village d'Adanlinanlango s'étale à quelques centaines de mètres plus loin sur une colline, au sommet de laquelle sont les cases du roi, de ses femmes, et de quelques-uns de ses esclaves. C'est là que se trouvait notre future résidence : une grande case en bambous appartenant à M. Walker, et mise par lui à notre disposition.

» Nous devions déjeuner à la factorerie, et j'étais tranquillement assis sur un baril de caoutchouc, écrivant quelques notes, lorsque je me sentis frapper lourdement sur l'épaule. En me retournant, je me trouvai face à face avec N'Combé, le roi-soleil : c'était un homme d'une taille énorme et d'une figure toute joviale ; il était revêtu d'une immense robe de chambre de popeline écossaise à brandebourgs noirs,

---

1. La maison Hatton et Cookson, à qui appartiennent ces factoreries, possède des établissements dans le monde entier ; M. Walker était son représentant dans l'Afrique équatoriale.

entièrement déboutonnée, afin de laisser voir sa chemise

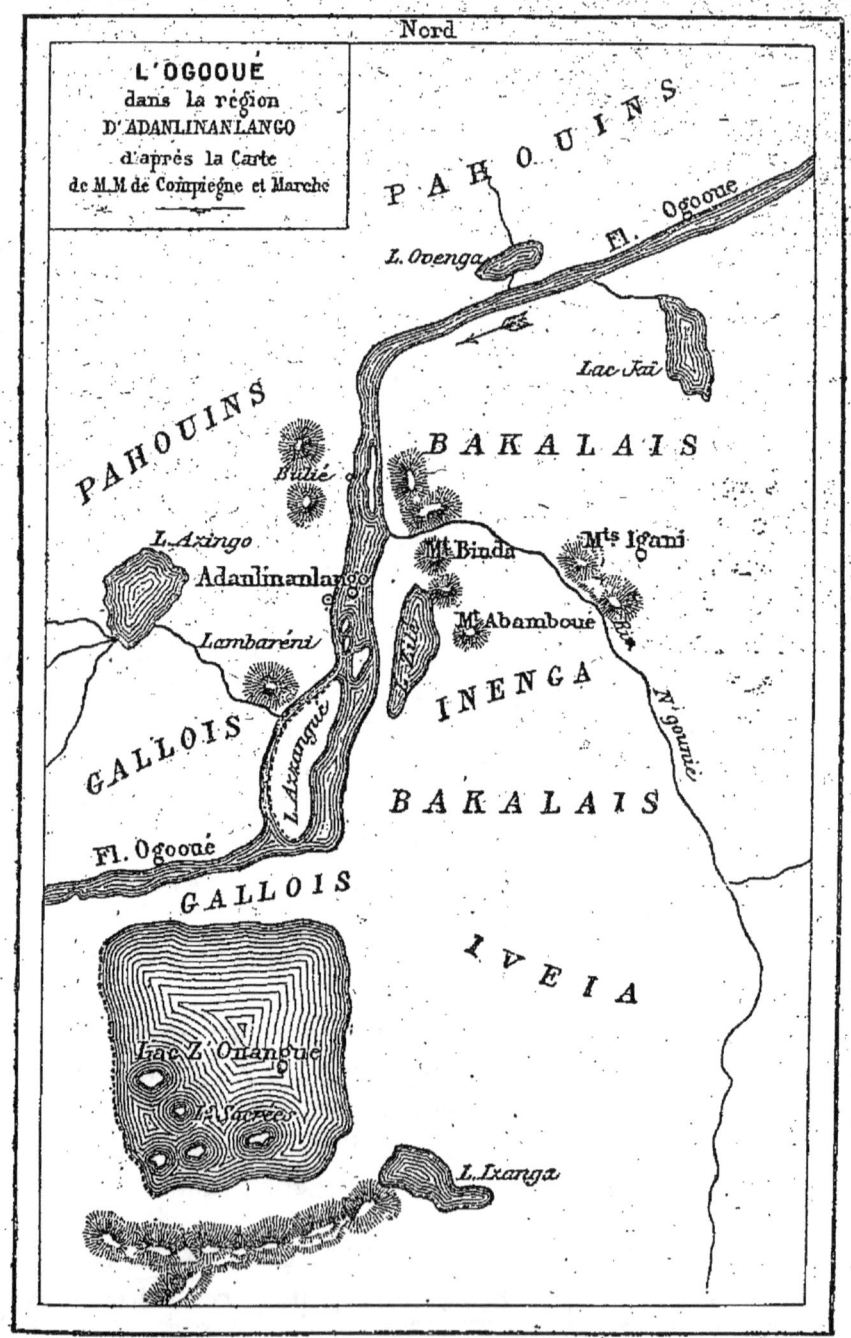

blanche sur laquelle brillaient une broche et trois gros diamants fabriqués à Hambourg à deux pour un sou. Son pagne, d'un rouge éclatant, était un peu plus court que la décence ne l'aurait voulu. Autour de son cou, flottait une ample cravate taillée dans un vieux rideau. Il tenait à la main une canne de tambour-major, et son chef était orné d'un chapeau dit *tuyau de poêle*, orné d'un gros galon d'or, au milieu duquel étincelait un magnifique soleil en or. Cette allusion délicate au nom du roi était due à la munificence de la maison allemande, toujours à l'affût de tout ce qui pouvait flatter le maître de ces parages. Le possesseur de tant de merveilles se tenait debout devant moi, se rengorgeant comme un paon. Il répétait sans cesse : *Miaré* (c'est moi qui suis) *N'Combé, rey pass todos, rey sobre todos*, roi, *king king, kingman* [1]. Jamais l'autre roi-soleil, Louis XIV, ne dut paraître aussi fier de sa personne. Tout en me déclinant son nom et ses attributs, N'Combé me serrait les deux mains en riant aux éclats, car N'Combé rit toujours, même et surtout quand il coupe le cou d'un Bakalais, ou entaille le dos de ses femmes. Il se fit ensuite lire la lettre du commandant, et, après l'avoir entendue, déclara qu'il donnait, lui, toutes ses terres et toutes ses femmes à la France, mais qu'en revanche nous devions obliger beaucoup de Français à venir séjourner dans son pays. Il se retira ensuite, ayant obtenu de nous la promesse que nous irions nous installer chez lui aussitôt après notre déjeuner, ce qui fut fait.....

» Nous prîmes possession de notre nouvelle demeure au milieu des acclamations frénétiques du village mis en belle humeur par des distributions répétées de rhum. Nous avions pour logement une case en bambous, spacieuse, à deux compartiments, et située à ravir au sommet d'une colline très élevée. A nos pieds se déroulait l'Ogooué, dont la vue pouvait suivre le cours tortueux pendant plus d'une lieue, depuis le premier village bakalais jusqu'à la pointe Fétiche. D'abord le fleuve était étroit et resserré, mais il s'élargissait tout à

---

1. Roi passé tous, roi sur tous, roi des rois.

coup et formait une immense nappe d'eau de plus d'un mille de largeur : on pouvait voir, de notre case, plusieurs hippopotames prenant leurs ébats dans ses ondes limpides. Devant nous, l'horizon était borné par les montagnes qui longent le lac Zielé, tandis que derrière nous prenaient naissance des forêts immenses. Le roi nous voyait avec joie admirer ce magnifique paysage : « Aussi loin, disait-il, que la vue s'étend, c'est mon royaume. » Il mentait impudemment, mais nous fîmes semblant de le croire. Nous lui offrîmes notre cadeau de bienvenue ; il consistait en un veston de velours qui avait vu des jours meilleurs, deux barils de poudre, des étoffes, des perles, du tabac et surtout de l'alougou [1]..... Il se mit ensuite à déguster notre rhum, en faisant mille pasquinades. En contemplant ce joyeux monarque, qui, du matin au soir, riait aux éclats, et répétait sans cesse, comme un perroquet : *N'Combé be king, kingman, rey pass todos*, ou ôtant son chapeau devant le rhum et déclarant que le rhum était le seul roi *pass todos* (par-dessus tout) [2]. »

Quelques mois après avoir quitté Adanlinanlango, MM. de Compiègne et Marche, à leur retour, retrouvèrent le roi-soleil mourant. Il avait, dans une expédition, brûlé un village et fait exécuter la

---

1. L'*alougou* est l'eau-de-vie de traite. « Aussitôt qu'un bateau vient d'en » apporter une charge, écrit M. de Compiègne, les noirs, monarque en tête, se » précipitent en foule dans la factorerie, les danses s'organisent, des bandes » arrivent de l'intérieur, et tant que l'eau-de-vie dure, l'établissement regorge » d'une multitude qui en fait un véritable enfer. L'alougou est une marchandise » aussi lucrative que désagréable à vendre. »
2. Chaque village mpongoué est gouverné par un chef qui prend le titre de roi (òga). Ces òga sont aujourd'hui sans prestige et sans puissance, ivrognes pour la plupart, réduits à voler les négociants qui les emploient, et à mendier sans vergogne du rhum et du tabac à leurs visiteurs. Jadis, quelques-uns de ces rois jouissaient d'une assez grande autorité; tels furent le roi Georges et le roi Denis, qui mourut centenaire. Denis, roi des Gabonais, avait pris une part active aux négociations qui ont amené la cession du Gabon à la France, et s'était montré constamment notre ami dévoué. Le gouvernement l'avait décoré de la Légion d'honneur. Le pape le nomma chevalier de l'ordre de Saint-Grégoire, pour la protection accordée aux missionnaires; la reine d'Angleterre lui envoya une énorme couronne d'or, en récompense des services rendus à des naufragés anglais; toutes les nations contribuèrent à enrichir sa garde-robe d'uniformes aussi splendides que variés. M. Griffon du Bellay raconte qu'on put le voir pendant près de six semaines apparaitre à ses sujets émerveillés, chaque jour dans un costume nouveau, et chaque jour plus brillant que la veille; aujourd'hui en général français, demain en marquis de Molière, plus tard en amiral anglais, et toujours la tête ornée d'une perruque.

plupart des habitants. Un des survivants lui ayant apporté une bouline de vin de palme, il la but d'un trait, et sans la faire goûter à l'avance par ses femmes, sage précaution dont l'oubli lui coûta cher. Le vin était empoisonné. Les Européens essayèrent

Un comptoir au Gabon.

de le guérir; mais les femmes et les sujets de N'Combé exigèrent qu'il fût traité à la manière du pays et avalât les remèdes effroyables que préparait le féticheur. Le roi-soleil mourut au milieu de souffrances atroces et d'épouvantables hallucinations.

..... » On avait assis N'Combé dans son grand fauteuil et coiffé d'un bonnet orné de grelots, fait jadis pour quelque rôle de folie au théâtre ; il était revêtu du gilet d'argent qu'il tenait de notre munificence, et de ses plus beaux pagnes ; entre ses jambes étaient sept ou huit cannes et au-dessus de sa tête se déployait tout grand ouvert cet énorme parapluie dont le défunt était autrefois si fier. Ses deux femmes favorites avaient chacune une de ses mains dans leurs mains et, de temps à autre, lui secouaient les bras ; ses fils se tenaient debout à ses côtés et pleuraient. Tout cela présentait un incroyable mélange de sinistre et de grotesque. Tous les hommes du village étaient assis autour de la case, leur fusil à la main ; de temps en temps, ils tiraient une salve funèbre.

..... » A onze heures, selon le vœu exprimé par le roi-soleil mourant, on a promené son cadavre dans un hamac autour des factoreries et du village. Le cortège, précédé d'un accordéon, de deux tambours et d'une petite musique de marchand de robinets, était très nombreux et faisait un tapage infernal. D'après l'ordre de M. Walker, Sinclair a donné une barrique de rhum, deux cents livres de poudre et pas mal d'étoffes, pour qu'on pût célébrer d'une manière tout à fait exceptionnelle les obsèques de ce chef illustre. Vers trois heures, on a fait sortir les femmes de la case pour mettre le corps dans son cercueil. La factorerie avait donné une caisse immense ; on la remplit à moitié des plus beaux effets du défunt, que l'on coucha sur ce lit précieux, puis on continua à mettre dans la caisse des objets donnés par la factorerie ou ayant appartenu à N'Combé, tels que son grand chapeau à claque, son chapeau à soleil d'or, ses cannes, ses parapluies, ses gobelets, ses flacons d'eau de lavande et une quantité d'étoffes de toute espèce. On répandit sur le tout le contenu de quatre bouteilles de gin, après quoi le menuisier de la factorerie ferma le cercueil au moyen de clous énormes. Toutes

les femmes rentrèrent, et alors éclata une explosion de désespoir plus tapageuse, si c'est possible, que celles qui avaient précédé. »
Marquis de COMPIÈGNE[1],<br>
*L'Afrique équatoriale.*<br>
(Paris, 2 vol. in-18, 1876-1878, Plon.)

## Superstition des nègres du Gabon.

« L'aviso à vapeur l'*Espadon* était, il y a deux ans, en station sur la côte d'Afrique, au Gabon. C'était un petit navire de dix chevaux, commandé par un lieutenant de vaisseau et n'ayant pour tout équipage qu'un second maître et onze noirs. Ce service de station n'est pas gai. Il s'agit le plus souvent de surveiller la côte à l'embouchure d'une rivière. Or, la côte est nue et sablonneuse, et les rivières sont habitées par les fièvres et les crocodiles. Aussi les moindres incidents de la vie de bord prennent-ils une grande importance. On regarde les caïmans qui s'agitent dans les roseaux ou se traînent dans le limon du fleuve, et, si l'on est en mer, on suit de l'œil l'aileron des requins qui, par les temps calmes, sort de l'eau comme un fer de lance.

..... » Ces matelots noirs, aux membres luisants, aux dents blanches, dont la vivacité d'impressions et de sensations est extrême, ont des superstitions robustes et naïves, avec une souplesse et une logique d'argumentation vraiment comiques. Sous un ciel qui leur verse le feu à torrents, en face de l'océan sans limites, entourés d'animaux bizarres, hideux ou gigantesques, de végétaux presque animés, tant la sève en est exubérante et vivace, ils ont le respect et le culte de la matière. Elle leur apparaît plus grande qu'eux, redoutable dans son immobilité ou dans ses bruits. Ils ne sont pas

---

1. M. le marquis de Compiègne et son ami M. Marche, qui a exploré plus tard le Congo en compagnie de MM. de Brazza et Ballay, ont les premiers reconnu le cours de l'Ogooué sur une longueur de 200 kilomètres, de la pointe Fétiche à la rivière Ivindo. M. de Compiègne s'était distingué pendant la guerre de 1870; il joua un rôle actif dans le Congrès international de géographie de Paris, en 1875. Il fut nommé secrétaire général de la Société khédiviale du Caire. Il fut tué en duel dans cette ville en 1877.

Vue du village Denis au Gabon.

éloignés de se croire avec les animaux des liens de parenté occulte. Mais les uns leur sont amis, les autres hostiles. Aucun ne leur est indifférent. Ils ont un vague effroi du perroquet. Cette créature digne et falote qui a le plumage éclatant, l'œil rond et fixe, la voix humaine, leur apparaît imposante et mystérieuse. Les nègres considèrent comme des frères d'une race maudite les orangs-outangs qui les rossent à coups de branches d'arbre, et se croient volontiers les cousins germains des autres singes. Ils n'ont point peur des serpents, qu'ils apprivoisent avec une extrême facilité, et vivent en assez bonne intelligence avec les crocodiles. Mais leur ennemi mortel est le requin. En revanche, le requin adore le nègre, pour le manger.

» Pour en revenir à l'*Espadon,* on venait un matin de terminer la propreté du navire. Le pont était lavé de bout en bout et les noirs passaient de la toilette du bâtiment à la leur. Deux d'entre eux étaient descendus dans la roue de bâbord. L'un, assis sur une des pales, laissait tremper ses pieds à la mer. L'autre nageait à deux ou trois brasses de distance. Tout à coup, un requin vint à passer, flaira le nageur, en fit le tour, ne l'attaqua point; mais, plongeant quelque peu pour se chavirer à l'aise sur le côté, happa par les jambes le noir qui était assis sur la pale. L'eau se rougit de sang, et ce fut tout. Seulement, du bord, les autres noirs avaient tout vu, et quand leur camarade, qui avait si étrangement échappé à la mort, monta sur le pont, on l'entoura et on l'examina avec une défiance extrême. Les soupçons se formulèrent et bientôt les injures les suivirent. Le capitaine sortit au bruit, et le malheureux noir, tout tremblant, se réfugia vers lui. L'officier, s'apprêtant à rendre la justice, se fit expliquer les faits. « — Vois-tu, capitaine, dit en terminant l'orateur de la troupe, li qui nageait près requin, pas avoir été mangé, cela pas naturel, li être de la famille à requin. » — « Oui, s'écrièrent les autres en chœur, li être de la famille à requin. » Il fallut mettre aux fers deux ou trois des plus convaincus ou plutôt des plus démonstratifs dans leur conviction. Mais ce matin-là, la besogne se fit mal, et la journée fut morne. Le noir, que ses camarades croyaient de la famille à requin, resta à l'index, et une sourde hostilité le menaçait. Il le savait et s'éloignait le moins possible du bord, où il était à portée de la protection du capitaine. Une après-midi, l'on envoya une pirogue à terre avec deux hommes. Il était désigné, mais il céda son tour. Aller à terre, même en service, est à la fois une distraction et un plaisir. Malheureusement la traversée ne fut pas favorable. Il y avait à franchir la barre de la rivière et, à la troisième lame, la pirogue chavira. Un requin se rencontra là encore, qui coupa le remplaçant en deux. L'autre noir fut sauvé.

» Ce second incident porta à son comble l'exaspération des nègres. — C'était le requin qui avait prévenu son parent de céder son tour ce jour-là. — Ils ne se bornèrent pas aux injures, et en vinrent aux coups avant que le capitaine fût sorti de sa chambre. Le parent à requin dût être porté à l'hôpital à terre. Il en sortit au bout de trois semaines, et, à son retour, on lui fit moins mauvais visage. Le capitaine, qui l'aimait beaucoup, car c'était un bon matelot, avait vigoureusement sévi contre les persécuteurs ; sentant toutefois que ce n'était pas assez, il voulut lui donner l'occasion de se réhabiliter et le chargea de surveiller les lignes à crocs de fer que l'on tendait le long du bord pour prendre les requins. Les noirs riaient d'un petit air capable. « — Jamais li prendre requin, capitaine, » disaient-ils en se poussant le coude. Mais voilà qu'un requin avale gloutonnement le morceau de lard passé dans l'hameçon et s'enferre. Parent à requin tire la corde, appelle à l'aide et l'on amène le monstre sur le pont. Aussitôt on lui passe un nœud coulant à la tête, un à la queue et l'on roidit des deux côtés. Puis on lui tranche la queue d'un coup de hache, et, avec un couteau bien affilé, on détache circulairement la tête du tronc. La tête, pleine de vie, mord et tord un balai qu'on lui met entre les dents, et le corps, tout en muscles, s'agite convulsivement.

« — Eh bien, dit aux noirs le capitaine triomphant en leur montrant leur camarade, direz-vous encore qu'il est de la famille à requin ? » Il y eut un moment d'hésitation, mais de courte durée. « — Oh! reprirent les nègres d'un ton sentencieux et en hochant la tête, li brouillé avec sa famille. »

Henri RIVIÈRE[1],
*Une station au Gabon.*

(*Moniteur du Soir*, 26 avril 1866.)

### Explorations de Serpa Pinto.

En 1877, le gouvernement portugais projeta d'envoyer une expédition scientifique au centre de l'Afrique méridionale. Les Chambres votèrent un crédit de trente contos (165,000 fr.), et un jeune officier qui avait fait une campagne sur le Zambèze et parcouru les possessions portugaises de l'Afrique orientale, en reçut la direction. C'était le major **Alberto Serpa Pinto**. Il s'associa deux officiers de la marine royale, MM. *Brito Capelo* et *Roberto Ivens*.

L'expédition quitta Benguéla le 12 novembre 1877. Elle laissa au nord la route suivie par Cameron et la grande route de commerce qui lui était fermée par le débordement des rivières, et s'avança par Dombé-Grande, Quillengues et Caconda. Là, Serpa Pinto fut abandonné par ses deux compagnons qui choisirent un itinéraire différent, et continua sa route par le *Nano*, le *Huambo*, le *Sambo*, le *Moma*, le *Caquingué*, le *Bihé*, régions placées sous l'autorité nominale des Portugais, et, de loin en loin, visitées par les marchands, mais encore fort peu connues pour la plupart.

« De Benguéla au Bihé il y a trois zones parfaitement distinctes : la *zone maritime*, qui est marécageuse, stérile, insalubre ; la *zone montagneuse*, qui est boisée, féconde, saine, riche en métaux et prend fin à 100 milles de la côte ; le *haut plateau*, qui est sain, riche en fer, d'une végétation relativement pauvre, à l'altitude de 1500 mètres, et s'étend jusqu'à 270 milles de Benguéla. M. Serpa Pinto a déterminé les lignes de faîte qui séparent le Cunéné du Cubango et le Cubango du Cuanza.

» Le pays est généralement beau, fertile, très peuplé. *Caconda*, *Pessangé*, *Bihé*, par exemple, offrent des perspectives ravissantes, des chasses superbes, des rivières poissonneuses. Mais le crocodile et l'hippopotame hantent les rivières ; à tout instant on peut mettre le pied sur un serpent dont la morsure est mortelle ; au moment où l'on est distrait par le ramage des oiseaux, on peut se trouver face à face avec un buffle. M. Serpa Pinto eut de ces dangereuses surprises.

» Quillengues, Caconda et Bihé furent autrefois des stations commerciales importantes. Elles sont aujourd'hui en pleine décadence, comme toutes les colonies portugaises de l'intérieur de l'Afrique. Les naturels paraissent n'avoir pris aux blancs qu'un amour désordonné de boissons

---

1. L'auteur de cet extrait est l'intrépide capitaine de vaisseau qui commandait les troupes expéditionnaires du Tonkin au commencement de la campagne de 1883, et qui a été tué en avant de la place d'Hanoï, dans un combat contre les Pavillons Noirs. M. Henri Rivière était un des écrivains les plus distingués de notre temps. Il a laissé plusieurs romans, publiés pour la plupart dans la *Revue des Deux-Mondes*. Un de ses derniers ouvrages a été les *Souvenirs de la Nouvelle-Calédonie*. — (Paris, in-8º, 1880.)

alcooliques, ou, comme le dit Serpa Pinto, de *l'agua ardente*. Leurs croyances et leurs mœurs n'ont pas varié. Ils pratiquent un fétichisme grossier. La mort et la maladie n'ont jamais de causes naturelles. Elles sont constamment l'œuvre d'une « âme de l'autre monde » ou d'un sorcier. Le devin, par ses incantations, prétend découvrir le vrai coupable, et quand celui qu'il désigne est un sorcier, ce prétendu sorcier est mis à mort. Il est dangereux d'être mal avec les devins. M. Serpa Pinto en séduisit un par ses formes respectueuses, plus encore par ses présents, et s'en trouva bien[1]. »

« Les *Gonzélos*, ou les *Ganguélas* du Caquingué, écrit M. Serpa
» Pinto, cultivent la terre et font le commerce. De tous les
» peuples du sud de l'Afrique centrale, ce sont eux qui se rap-
» prochent le plus des Bihénos pour les entreprises commer-
» ciales. Une de leurs principales occupations est de travailler
» le fer, et cette branche d'industrie établit entre eux et les
» autres tribus des relations très actives. Pendant les mois les
» plus froids, c'est-à-dire juin et juillet, les mineurs gonzélos
» abandonnent leurs demeures et vont établir de vastes campe-
» ments au voisinage des gisements de fer qui abondent dans
» le pays. Pour extraire le minerai, ils creusent des trous circu-
» laires ou puits dont le diamètre a trois ou quatre mètres sur
» deux environ de profondeur; c'est probablement parce qu'ils
» manquent des moyens mécaniques pour élever davantage le
» minerai. Tous les puits que j'ai pu examiner aux environs de
» la Coubango avaient le même caractère. Aussitôt que la
» quantité extraite de minerai leur paraît suffire au travail de
» l'année, ils commencent à séparer le fer. Ils y parviennent au
» moyen de trous peu profonds, où ils mêlent le minerai au
» charbon et dont la température est élevée à l'aide de soufflets
» primitifs.
» Un travail incessant, continué jour et nuit, transforme la
» quantité entière du métal, par les procédés ordinaires, en
» bêches, haches, hachettes de guerre, têtes de flèches, assa-
» gaies, clous, couteaux, balles de fusil, et même, de temps à
» autre, en armes à feu, dont le fer est trempé avec de la
» graisse de bœuf et du sel. J'ai vu bon nombre de ces fusils
» porter aussi loin que les meilleurs canons faits d'acier fondu.
» Pendant toute la durée de ces travaux, on n'admet aux envi-

---

1. Gabriel Gravier, *Rapport sur le Concours annuel de la Société de géographie de Paris pour la médaille d'or.*

» rons du camp des mineurs aucune femme, sous aucun prétexte. Dès que le métal a été converti en articles de commerce, les mineurs retournent chez eux, chargés des outils ou des armes qu'ils ont fabriqués. Ils mettent de côté ce dont ils ont besoin et disposent peu à peu du reste sur le marché[1]. »

Les Ganguêlas ne sont pas précisément anthropophages; ils se contentent volontiers de viandes en putréfaction et se disputent des morceaux de lion, de chacal, d'hyène, de crocodile, de chien. Cependant, de temps à autre, une tranche de chair humaine leur fait plaisir. Les *sovas* ou rois donnent souvent des fêtes appelées *quissongos*. Dans chacune de ces fêtes on mange cinq personnes : un homme et quatre femmes. On peut dire, sans métaphore, que les rois du Bihé dévorent leurs peuples.

Le voyageur courut les mêmes périls que tous les autres explorateurs de l'Afrique centrale; il eut à châtier les trahisons de ses porteurs et les attaques des indigènes; il fut vingt fois sur le point de succomber à la fièvre ou aux insolations; il faillit se noyer dans une cataracte de la Couchi, affluent du Coubango, qu'il traversait. Chez les *Quimbandès*, le sova (roi) *Mavanda*, l'homme le plus extraordinairement grand et gros que Serpa Pinto ait rencontré en Afrique, lui demanda un *médecin* pour conserver son gros bétail qui s'égarait dans les forêts et y devenait la proie des voleurs ou des bêtes féroces; comme remède, le Portugais recommanda l'emploi des bergers, idée toute nouvelle qui séduisit le monarque, non moins que les chemises dont on lui avait fait présent. Chez les *Louchazès*, Serpa Pinto mesura le marais d'où sort le *Couando* (la rivière mère), qui est le plus grand affluent du Zambèze, probablement le *Chobe* de Livingstone, et détermina la ligne de partage des eaux de la Couanza et de la Coubango. Il suivit la rivière *Coubangui* chez les Ambouélas et les Mucassequerès, franchit plusieurs autres affluents de la Couando et pénétra, à travers un véritable labyrinthe de petits étangs, dans le royaume des Barozès, à Lialoui, capitale du roi *Lobossi*, sur la Liemba, principale tête du Zambèze. Lobossi rédigea des programmes pour les réceptions et les entrevues, avec l'aide de ses ministres de la guerre et des affaires étrangères, Gambéla et Matagja, et donna audience à l'Européen, assis sur un escabeau, vêtu d'une chemise de couleur, d'un manteau et de pantalons de cachemire coloré, portant des bas de tissu écossais parfaitement blancs, une paire d'escarpins vernis, sur la tête un chapeau mou gris qu'ornaient deux grandes plumes d'autruche, et à la main un chasse-mouches composé d'un manche en bois sculpté et d'une touffe de crins de cheval. Serpa Pinto lui offrit un chapeau galonné et un bel uniforme, riche livrée que tout Lisbonne avait pu voir sur le dos des laquais assis dans les antichambres du marquis de Peñafiel. Lobossi, charmé, avait signé avec le Portugais un traité de commerce, et promis d'envoyer une ambassade à Benguéla. En descendant la Liemba (Zambèze supérieur), le major rencontra plusieurs cataractes et rapides, dont les plus célèbres sont les

---

1. SERPA PINTO, *Comment j'ai traversé l'Afrique, de l'océan Atlantique à l'océan Indien* (traduit par J. Belin de Launay, *Tour du Monde*, 1881, 1er semestre.)

chutes de *Calé* et de *Lousso* et surtout celle de *Gogna* d'un accès facile « où
» la végétation de la forêt se mêle aux roches et aux jeux d'eau, de telle
» façon qu'il en résulte un ensemble harmonieux, comme si la main d'un
» grand artiste avait préparé l'aspect propre à chaque détail.... Quelle
» différence, ajoute le voyageur, entre les cataractes de Gogna et celles
» de Mosi-oa-Tounia! A Gogna, tout sourit et charme; à Mosi-oa-Tounia,
» tout repousse et effraye. »

A Embarira, au confluent du Zambèze et du Couando, il rencontra deux explorateurs anglais et, à quelques milles plus bas, à Louchouma, le missionnaire Coillard et sa femme « qui l'accueillirent comme un fils[1] ». Bien qu'épuisé et succombant à la fièvre, il voulut visiter les cataractes de Mosi-oa-Tounia, et il en mesura audacieusement la profondeur. « Dans les premières
» mesures, écrit-il, j'avais pour base le côté des cent mètres que j'avais trou-
» vés à la largeur supérieure de la faille; mais ici, il m'était indispensable
» de voir le pied de la muraille, et pour y parvenir il fallait y risquer ma
» vie. Catraïo et Aogousto ôtèrent leurs vêtements, faits d'une toile de coton
» rayée qui avait déjà beaucoup servi et ne présentait pas toute la sécu-
» rité désirable; je les liai les uns aux autres et j'attachai ce cordage im-
» provisé autour de mon corps, sous les aisselles, afin de laisser mes
» mains libres; puis, prenant mon sextant, je m'aventurai au-dessus du
» précipice. Les deux bouts étaient tenus par Aogousto et par un Macalaca
» qui demeurait au voisinage des chutes. Ils tremblaient de peur pendant
» toute l'opération et, par suite, me faisaient trembler, ce qui fût cause
» que je mis beaucoup plus de temps qu'il ne m'en eût fallu pour mesurer
» l'angle. Lorsqu'ils m'eurent retiré sur mon ordre, et que je me retrouvai
» sur le roc, il me sembla que je venais de me réveiller d'un horrible
» cauchemar..... Je fus saisi d'horreur à l'idée de ce que je venais de
» faire. »

Serpa Pinto et la famille Coillard, s'éloignant du Zambèze vers le sud, dans ces lourds wagons de voyage de l'Afrique australe traînés par 24 ou 30 bœufs, franchirent à l'est le désert de *Kalahari*, auquel le major donna le nom de *Désert de Baines*, par reconnaissance pour le voyageur qui a, le premier, fait connaître ces pays inhospitaliers. Dans le *Mangouato*, le major dut encore une fois la vie aux bons soins de M. et de Mme Coillard; il put se reposer et s'approvisionner à la mission anglaise de Chochon, dans la capitale du Mangouato, et continuer sa route vers la région du Limpopo, à

---

1. Il y a environ cinquante ans (vers 1833) que des missionnaires français protestants, *Casalis* et *Arbousset*, s'établirent dans le pays des Basoutos, voisin des colonies du Cap et de Natal, et de la république d'Orange. « Le nombre de ces
» missionnaires s'accrut d'année en année; ils réussirent, dit M. Serpa Pinto,
» à dompter, pour ainsi dire, les hordes de cannibales indigènes, et les élevèrent
» à un degré de culture et de moralisation que n'avait jamais atteint aucune des
» tribus de l'Afrique méridionale. » Leurs écoles comptent des milliers d'élèves. Les missions se sont étendues au Transvaal. Un missionnaire français, doué d'une énergie peu commune, d'une patience et d'une bonté admirables, M. *François Coillard*, directeur de la mission de Léribé, sur le Calédon, fut envoyé chez les Banyais, pour fonder une station. Il s'y rendit avec sa femme et sa nièce, fut bien reçu par les indigènes, mais fut attaqué et maltraité par les Matabélés, dont le chef l'expulsa du pays. Il revint à Chochon, et entreprit une nouvelle mission, sans plus de succès, chez les Barutze ou Barôzés. C'est sur le Zambèze que Serpa Pinto eut le bonheur de rencontrer la famille Coillard, à qui il dut peut-être la vie. — (Voir la relation de Serpa Pinto, et le *Bulletin de la Société de géographie*, 1880.)

travers les grandes plaines, où il fit la chasse aux ongiris et aux autruches, et tua même deux lions qui avaient une nuit envahi son camp. Il arriva à Prétoria le 12 février 1879, y reçut une hospitalité magnifique et, après un court séjour, traversa les défilés des Drakenberg pour se rendre à Durban, dans la colonie de Natal, où il s'embarqua pour Lisbonne. Les médailles d'or des Sociétés de géographie de Lisbonne, de Pernambouc et de Paris ont récompensé le hardi voyageur qui avait réussi, lui quatrième, à traverser l'Afrique entre les deux Océans, par une route en partie inconnue[1].

### Chasse aux éléphants.

M. de Compiègne raconte par quels procédés sauvages les Pahouins chassent l'éléphant. C'est le roi Bounda, maître du territoire que les Pahouins ont envahi, qui lui en a révélé le secret :

« Autrefois, nous disait-il, cette forêt était pleine d'éléphants ; ces brigands-là sont venus ; ils les ont détruits en un mois ; les femelles, les petits qui n'avaient pas encore de dents, ils ont tout tué ! Savez-vous comment ils font, les Pahouins ? Dès qu'ils arrivent dans un pays où il y a un troupeau d'éléphants, ils mettent sur leurs traces vingt ou vingt-cinq chasseurs qui suivent ce troupeau nuit et jour et le perdent le moins possible de vue. Les éléphants vont toujours à peu près ensemble et circulent beaucoup ; quand ils sont entrés dans un bouquet d'arbres ou dans un coin de la forêt facile à cerner et dans lequel il n'y a pas d'eau, les chasseurs qui les guettent se portent autour de cette enceinte, tirent des coups de fusil en l'air et font un tapage épouvantable. Les éléphants n'osent naturellement pas bouger de place et se tiennent cois au milieu de leur retraite.

---

[1]. Livingstone a fait le premier la grande traversée de l'océan Atlantique à la mer des Indes (1855) ; Cameron est venu après lui (1873), puis Stanley (1875), tous les trois en suivant des itinéraires différents. En 1880, les Allemands Pogge et Wismann, membres de l'*Association internationale africaine*, partis de Loanda, pénétrèrent dans les Etats du Mouata Yamvo, explorèrent le Kassaï, affluent du Congo, découvrirent sur la rivière Louloua le grand lac Moukamba, et gagnèrent Nyangoué. Pogge revint fonder la station de Moukendji, tandis que Wismann traversait le continent jusqu'à Zanzibar. M. Rohlfs a traversé l'Afrique de Tripoli à Lagos en 1865, entre la Méditerranée et le golfe de Guinée, et MM. Mateucci et Massari, en 1880, de Souakin à l'embouchure du Niger, par El-Obeid et le Bornou, entre la mer Rouge et le golfe de Guinée.

Pendant ce temps, deux ou trois hommes courent à toutes jambes pour avertir la tribu. Hommes, femmes, enfants, tous arrivent ; quelquefois ils sont cinq ou six cents. Chacun se met à l'œuvre, on hurle, on tire des coups de fusil et l'on travaille. La nuit, on établit un cordon de feux autour de l'enceinte assiégée. Bientôt, en abattant des arbres de toute grandeur, en enchevêtrant les unes dans les autres d'énormes lianes, on construit une vraie palissade, absolument infranchissable, qui a souvent près d'un kilomètre de tour et tient tout le troupeau prisonnier. Alors des cases sont construites pour les veilleurs ; puis ceux qui ne sont pas désignés pour ce service se retirent et attendent quelquefois quinze jours, quelquefois trois semaines, quelquefois plus. L'éléphant a constamment besoin d'eau ; après en avoir été privé pendant un temps aussi long, il est donc épuisé par la soif et d'une faiblesse extrême. Après avoir célébré une grande cérémonie en l'honneur des fétiches, les veilleurs passent dans l'enceinte, par une entrée ménagée à cet effet, deux petites pirogues pleines d'une eau empoisonnée. Ce jour-là, toute la tribu est revenue. Durant la nuit, les éléphants boivent tout le contenu des pirogues et, le lendemain, ils sont stupéfiés et aux trois quarts morts. C'est alors que commence la boucherie. A un signal donné, les chasseurs se glissent près de leurs victimes, et on commence le feu, qui se prolonge bien après que le dernier éléphant est tué. Les coups de fusils pleuvent encore sur les cadavres et on s'acharne dessus jusqu'à ce que leur peau soit percée comme une cible. Tu comprends, nous disait Bounda, qu'on ne trouve pas longtemps d'éléphants dans un pays où ces sauvages sont venus s'établir. »

Marquis de COMPIÈGNE,
*L'Afrique équatoriale : Gabonais, Pahouins, Gallois.*

(3º éd. 1878, in-18, Paris, Plon.)

L'éléphant a disparu déjà d'un grand nombre de régions de l'Afrique équatoriale et australe. En 1849, Livingstone vit sur la rive méridionale du lac N'gami des troupeaux d'éléphants. Le roi Léchoulatébé donnait alors dix énormes défenses pour un fusil de 16$^{fr}$,25. Souvent les naturels aban-

donnaient les dents d'éléphant avec le squelette de l'animal. Deux ans après la découverte du lac, pas un d'eux n'ignorait la valeur de l'ivoire. Les chasseurs se multiplièrent, les abreuvoirs furent entourés de pièges, l'affût devint général ; on tua tant d'éléphants que dix ans après l'intrépide chasseur Baldwin ne trouvait plus dans la région d'autre gibier que des oiseaux.
— En 1855, en descendant le Zambèze, Livingstone rencontra dans l'île de Calaï, en aval du confluent du Tchobé, une étrange sépulture : « Le tom-
» beau de l'ancien chef est entouré de soixante-dix énormes défenses d'élé-
» phants plantées dans le sol, et dont les pointes sont tournées vers l'in-
» térieur du cercle ; la tombe elle-même est couverte d'une pile de trente
» dents pareilles qu'y a déposées la famille du défunt ; le soleil et la pluie
» ont profondément altéré celles qui en ont subi l'influence, mais les autres
» sont assez bien conservées. » (*Explorations dans l'Afrique australe*, ch. v.)

## L'Association internationale Africaine.

La traite des nègres est la plaie de l'Afrique. Cet abominable trafic, organisé depuis trois siècles, continue à prospérer sur un continent voisin du nôtre ; il a ses marchés réguliers d'approvisionnement et de vente ; il fait chaque année plus de cent mille victimes ; tous les explorateurs de l'Afrique en ont été les témoins indignés et à peu près impuissants. Dans un ouvrage composé à l'aide des documents les plus sûrs, et écrit avec autant de conscience que de cœur, M. Berlioux, le savant professeur de la Faculté de Lyon, a dressé l'acte d'accusation des négriers africains et de la *Traite orientale* (1870) ; et après lui, un philanthrope anglais, *Joseph Cooper*, a dénoncé énergiquement les dévastations et les massacres du *Continent perdu* (1875). M. Berlioux a montré que la chasse à l'homme était organisée dans trois grandes régions de l'Afrique : le *Soudan*, le *Haut-Nil*, le *plateau central*. — Au Soudan, Kouka est le principal marché ; et les sultans indigènes se font eux-mêmes les pourvoyeurs des marchands d'esclaves [1]. Sujettes ou non, les populations païennes deviennent la proie de ces sectateurs de l'islam. Les razzias enlèvent annuellement 15 000 individus et en détruisent deux fois autant. Par Mourzouk et le Fezzan, les caravanes s'acheminent vers les oasis de l'est, et gagnent le Caire, où elles écoulent leur marchandise. — La vallée du Haut-Nil est le second théâtre de la traite, et le pays producteur par excellence est la région très peuplée du Bahr-el-Ghazal. Là, sous prétexte de faire le com-

---

1. Voir page 473, notre chapitre du Soudan.

merce de l'ivoire, se rendent les traitants égyptiens et arabes, ou autres aventuriers de tous les pays. Ils construisent des camps retranchés, appelés *zeribas*, font des battues et ramènent en lieu sûr les troupeaux volés et le bétail humain [1]. Le quartier-général de la traite est Khartoum ; les esclaves sont conduits à Massaoua, enchaînés et entassés sur d'infectes embarcations, et conduits par la mer Rouge sur les marchés de l'Orient. On estime à 30 000 têtes le nombre annuel des captifs, sans compter ceux, au moins aussi nombreux, qui sont massacrés dans les combats, ou meurent de misère, de mauvais traitements, de faim ou de maladie pendant le trajet.

Le troisième théâtre de la traite est le plateau central africain : Livingstone, Cameron, Stanley, Speke, Baker, etc., ont successivement dénoncé ses ravages dans le plus splendide pays du monde, jusqu'au cœur du continent, à Nyangoué et à Cazembé. L'entrepôt général des marchands arabes est Kaseh ou Tabora. Ils ont dépeuplé des contrées entières ; celle du Nyassa, par exemple, où le port de Quiloa est leur débouché préféré. On a évalué sans exagération à 80 000 ou 90 000 hommes le nombre de nègres arrachés chaque année à l'Afrique. Mais ce n'est qu'une partie du mal. Livingstone assure que les esclaves qui atteignent la côte ne représentent que le cinquième, et par endroits le dixième des victimes de la traite. Il faut porter à 400 000 le chiffre des vies humaines détruites ; sir Bartle Frere l'élève à un million. Ce flot d'esclaves est absorbé par l'Egypte, l'Arabie, la Turquie d'Europe et d'Asie, la Perse, c'est-à-dire par les pays musulmans.

Ce commerce infâme avait ému déjà, il y a cent ans, l'opinion en Europe : en 1788, un groupe de savants, de philanthropes, de commerçants et d'hommes d'Etat formèrent à Londres l'*African Association*, dans le but d'activer les découvertes en Afrique et d'y propager la civilisation. Ce mouvement porta ses fruits. Les gouvernements à leur tour s'émurent, et les plénipotentiaires des grandes puissances européennes, réunis à Vienne en 1815, et à Vérone en 1822, se prononcèrent solennellement pour l'abolition universelle et définitive de la traite des nègres, et « proclamèrent, au nom de leurs souverains, le

---

1. Voir le récit saisissant de Schweinfurth, *Au cœur de l'Afrique*, t. II, ch. XXIII.

» vœu de mettre un terme à un fléau qui a si longtemps désolé
» l'Afrique, dégradé l'Europe et affligé l'humanité. »

Ce vœu ne fut pas purement platonique, et l'on vit les états maritimes organiser des croisières sur les côtes et poursuivre les négriers. Mais la plupart échappaient à une surveillance intermittente et trop limitée. Nous avons dit ailleurs (page 630) les résultats dus à l'action de Mohammed-Ali. Le zèle religieux seconda l'ardeur scientifique. Des missions catholiques se fondèrent à Khartoum (1848), Gondokoro (1851), Sainte-Croix (1855) pour convertir les nègres et émanciper les esclaves : mais la famine, la fièvre, les traitants rendirent vain l'héroïsme des missionnaires. — En 1848 et 1849, les missions protestantes établies sur la côte orientale attirèrent de ce côté l'attention des explorateurs. La découverte des mont Kenia et Kilima-Ndjaro par Rebmann et Krapf suscita les voyages de Burton, Speke, Grant et de leurs continuateurs. Enfin d'autres missions et expéditions furent dirigées par le sud et par l'ouest; dans l'Afrique australe, le grand nom de Livingstone domine tous les autres, plus encore par l'incomparable exemple d'une vie toute remplie de bienfaits et d'actes d'humanité que par les grandes découvertes scientifiques qui ont illustré sa mémoire.

Au récit des barbaries africaines, dont chacun des explorateurs enrichissait à son tour le dossier de l'esclavage, les nations civilisées ne pouvaient rester indifférentes. Il ne manquait qu'un lien puissant pour coordonner les efforts, pour ne laisser aucune bonne volonté stérile. De là l'idée de l'*Association internationale africaine*, dont le roi des Belges prit l'initiative et assura l'existence.

Au mois de septembre 1876, Léopold II convoqua à Bruxelles, dans son palais, une conférence internationale où sept nations européennes se firent immédiatement représenter. Le roi la présida, et, dans le discours d'ouverture, exposa en ces termes le but de l'œuvre et les questions à résoudre pour mener à bonne fin « une croisade digne de ce siècle de progrès » :

« 1º Désignation précise des bases d'opération à acquérir, entre autres sur la côte de Zanzibar et près de l'embouchure du Congo, soit par conventions avec les chefs, soit par achats ou locations à règler avec les particuliers;

» 2º Désignation des routes à ouvrir successivement vers l'intérieur, et des stations hospitalières, scientifiques et pacificatrices à organiser comme moyen d'abolir l'esclavage, d'établir la concorde entre les chefs, de leur procurer des arbitres justes, désintéressés, etc. ;

» 3° Création, l'œuvre étant bien définie, d'un comité international et central et de comités nationaux pour en poursuivre l'exécution, chacun en ce qui le concerne, en exposer le but au public de tous les pays, et faire au sentiment charitable un appel qu'aucune bonne cause ne lui a jamais adressé en vain... »

La conférence décida d'organiser l'exploration des parties inconnues de l'Afrique limitées au sud par le bassin du Zambèze, au nord par le Soudan et d'établir, comme bases de ces explorations, des stations scientifiques et hospitalières, qui seraient confiées à la garde d'Européens y résidant, et seraient des entrepôts destinés à fournir aux voyageurs des moyens d'existence et d'exploration.

L'*Association internationale* forma un *Comité central belge*, sous la présidence du comte de Flandre, et dix comités nationaux : *français*, sous la présidence de M. de Lesseps ; *allemand*, *autrichien*, *hongrois*, *néerlandais*, *italien*, *portugais*, *suisse*, *russe*, *américain*. L'Angleterre et l'Espagne s'associèrent à la pensée et aux efforts des autres Etats, mais réservèrent leur entière liberté d'action et fondèrent, dans un but plus directement anglais ou espagnol, l'une, l'*Institut d'exploration africaine*, sous la présidence du prince de Galles ; l'autre, la *Société d'exploration de l'Afrique*, sous la présidence du roi François d'Assise [1].

L'appel de l'Association fut partout entendu, et les dons et souscriptions lui furent adressés de toutes parts. Les souscriptions annuelles assurées formaient, en juin 1877, un revenu de plus de 100,000 francs. Les expéditions envoyées dans l'Afrique équatoriale, sous la direction de Stanley et de sir Frédérick Goldsmith, ont eu des millions à dépenser. Le sultan de Zanzibar offrit sa protection aux missionnaires de l'Association; un Suisse, M. *Philippe Broyon Mirambo*, qui a épousé la fille du roi de l'Ounyamouézi, promit de les guider jusqu'à leur première station.

En 1877, la première expédition, composée du capitaine *Crespel*, des lieutenants *Cambier* et *Maës*, Belges, s'avança dans l'Ousagara, sous la conduite de M. Broyon. Mais Crespel et Maës succombèrent à la fièvre au commencement de l'année 1878. Deux de leurs compatriotes, MM. le lieutenant *Wautier* et le docteur *Dutrieux*, les remplacèrent. La caravane fut rançonnée et pillée par les porteurs; elle perdit M. Wautier qui mourut au pays d'Ougogo. Ses deux compagnons arrivèrent à Tabora, chef-lieu de l'Ounianyembé. Une deuxième expédition, celle de MM. *Popelin*, *Dutalis*,

---

1. Le Comité allemand est présidé par le prince de Reuss; l'autrichien par le prince Rodolphe ; le hongrois par le prince Philippe de Saxe-Cobourg et Gotha; le néerlandais par le prince Henri ; l'italien par le prince Humbert, aujourd'hui roi ; le portugais par le vicomte San Januario; le russe par le grand-duc Constantin ; l'américain (Etats-Unis) par le juge Daly.

*Van den Heuvel*, vint à leur aide. Pour remplacer les porteurs indigènes, le roi des Belges fit venir de l'Inde quatre éléphants qu'on eut les plus grandes peines à débarquer sur la côte de Dar-es-Salam (1879). L'un d'eux succomba à Mpouapoua. Les trois autres, chargés chacun de 545 kilogrammes, et conduits par MM. *Carter* et *Cadenhead*, tous deux Anglais, purent gravir les montagnes, traverser les rivières, les marais, les ravins, mais périrent à leur tour. Les Belges fondèrent une première station à Karéma, sur le Tanganyka (rive orientale). Sur huit explorateurs envoyés par l'Association belge, trois étaient morts; deux, malades, revinrent en Belgique et, à leur place, on nomma MM. *Burdo* et *Roger*. Dans une attaque du roi Mirambo sur Karéma, *Carter* et *Cadenhead* furent tués, et les autres membres de l'Association durent se replier sur Taborah où ils furent rejoints par une troisième expédition, partie de Zanzibar sous les ordres du capitaine *Ramœkers*. MM. Roger et Popelin revinrent à Karéma; le second mourut de la fièvre à Mtoah, sur le Tanganyka, et son compagnon alla recruter à Zanzibar 135 indigènes qu'il conduisit à Stanley, sur les bords du Congo (octobre 1881)[1]. Celui-ci installa un poste à Equateur-Station, et essaya d'en fonder un autre à Stanley-Falls, point extrême de la navigation du Haut-Congo[2]. (1883.)

---

1. L'*Institut national de géographie*, de Bruxelles, a confié, en 1884, à un géographe distingué de Vienne, le docteur Joseph Chavanne, d'origine belge, le soin d'aller résoudre, dans l'Afrique centrale, le plus important des grands problèmes géographiques restés sans solution; celui du partage des eaux du Nil, du Congo, du lac Tsad, et de la Benoué. Schweinfurth, qui voyait l'Ouellé près de ses sources en 1870, pensait qu'il ne pouvait appartenir qu'au bassin du Chari (lac Tsad).— En 1877, Stanley rencontrant l'*Arouhouimi*, magnifique rivière qui se jette sur la rive droite du Congo, ou Livingstone, au nord de l'Equateur, n'hésita pas à déclarer que c'était l'Ouellé de Schweinfurth. — Dans une récente expédition accomplie à la fin de 1883, Stanley remontant le Congo avec trois embarcations à vapeur, traversa de nouveau les territoires où il s'était ouvert un passage de vive force en 1877. Cette fois, il réussit à traiter avec les indigènes, et s'aventura hardiment sur le fleuve Arouhouimi, à 315 kilomètres environ de son confluent avec le Congo. Il ne s'arrêta qu'au pied de rapides infranchissables, au village de Yambouya. Pour la première fois, la ligne de partage des eaux entre le Congo et le Nil se trouvait délimitée. L'Arouhouimi est bien l'Ouellé du D$^r$ Schweinfurth. Ses rives sont fort peuplées; à chaque pas la flottille rencontrait de grands villages riches en ivoire, et les indigènes étaient ahuris de voir des hommes blancs et des bateaux à vapeur.

2. Malheureusement des difficultés survinrent; les questions de nationalité, les conflits de possession, les mesquines querelles d'intérêt privé ou d'amour-propre froissé, des jalousies et des rancunes déplorables entravèrent et compromirent une œuvre vraiment grandiose dans ses principes. On a vu plus haut les malentendus fâcheux survenus entre MM. de Brazza et Stanley, et l'explosion de dépit regrettable que le célèbre explorateur américain ne sut ni réprimer, ni dissimuler. Cet antagonisme, si nuisible à l'action des Européens en Afrique, est loin de s'être calmé, si l'on en juge par les renseignements contradictoires, les récriminations de toute nature, et les polémiques irritantes qui nous arrivent journellement du Congo, et sont encore envenimées par les nouvellistes européens. Le Portugal a protesté de son côté contre la prétention de l'*Association*, qui propose d'établir un protectorat international sur le Bas-Congo, inconciliable, dit-on, avec la souveraineté portugaise. L'Association nie cette souveraineté, invoque le droit des gens, et oppose aux revendications portugaises le caractère tout désintéressé, scientifique et humanitaire, de l'œuvre de civilisation, de liberté et de paix qu'elle poursuit au Congo. En attendant, l'Angleterre substitue peu à peu son influence à celle des premiers organisateurs des stations, signe avec le Portugal des traités,

Les autres nations rivalisèrent de zèle avec la Belgique dans cette croisade qui compte déjà tant de martyrs. Nous ne ferons qu'indiquer ici les principales entreprises.

Le *Comité français* de l'Association africaine, subventionné par le gouvernement, a fondé une station à Condoa (Ousagara), en 1884, par les soins de M. *Bloyet* de Nantes, ancien capitaine au long cours, et cinq stations sur l'Ogooué, l'Alima et le Congo, par les soins de MM. *de Brazza* et *Ballay* (v. p. 739). De son côté, l'archevêque d'Alger dirigeait quatre missions religieuses pour fonder des vicariats apostoliques dans l'Ouroua, dans la région du Tanganyka, sur le Nyassa et sur le Congo. Trois missionnaires furent massacrés sur les bords du Tanganyka (en 1881). Le pasteur Coillard s'efforce, lui aussi, d'établir des stations chez les Banyais du Zambèze. — La *Société des missions anglaises* a fondé, entre la côte orientale et la région des lacs, les stations de Mambsia, de Mpouapoua, de Nyanguira, d'Ougoné; sur le lac Nyassa a été établie la mission *Livingstonia*, qu'on s'efforce de rattacher par une route au Tanganyka. Enfin les missionnaires anglicans sont répandus en grand nombre sur le Bas-Congo.

Le *Comité allemand* de l'Association a organisé une station au sud du Tanganyka, et chargé le docteur *Pogge* et le lieutenant *Wissmann* de créer un établissement du même genre dans la capitale du Lounda, à Moussoumba, capitale du Mouata-Yamvo. Pogge l'établit à Moukendjé, sur la Louloua. Wissmann traversa toute l'Afrique en passant par Nyangoué, le lac Tanganyka et Taborah, et atteignit la côte orientale à Sadani (1880-82). Ce voyage hardi peut être cité à côté de ceux de Livingstone, Cameron, Stanley et Serpa Pinto. Une exploration, sous les ordres de MM. *Bœhm* et *Reichard* est partie en 1883 pour le lac Moëro.

En résumé, les stations de *Bagamoyo* et *Condoa* (françaises), de *Mpouapoua* (anglaise), de *Taborah* (dépôt international), de *Kakoma* ou *Gounda* (allemand), de *Karema* et *Mpara* (belges) permettent d'accomplir dès aujourd'hui, avec plus de sécurité, le voyage de la côte au lac Tanganyka. Cameron avait mis onze mois à le faire, Cambier quatorze, Popelin et Ramækers cinq; Storms a mis soixante-huit jours, et Cambier, au retour, cinquante seulement.

Dans une lettre adressée de Karéma, le 24 janvier 1884, au colonel belge Strauch, notre compatriote, M. l'enseigne de vaisseau **Giraud**, qui a entrepris la traversée de l'Afrique, de Zanzibar à l'embouchure du Congo, parle avec enthousiasme de l'hospitalité franche et cordiale qu'il a reçue à

---

et l'on peut craindre de voir sombrer, dans cette mêlée d'ambitions ou de ressentiments, les généreuses entreprises si bien définies à Bruxelles, et qu'un des géographes les plus distingués de la Belgique, M. Wauters, exposait naguère en excellents termes : « L'*Association internationale* n'a pas d'ambitions nationales, elle ne
» vise que des conquêtes pacifiques, elle ne veut d'autres droits que ceux qui
» garantissent son indépendance et qui lui sont indispensables pour accomplir
» sa mission philanthropique. Est-elle trop exigeante lorsqu'elle demande qu'on
» respecte ces droits et qu'on ne lui suscite pas de difficultés? Ouvrir l'Afrique
» par le Congo est une entreprise assez vaste pour satisfaire toutes les ambitions.
» Elle est entourée de trop de difficultés pour que l'*Association* puisse vouloir
» la monopoliser. Il n'est dans l'intérêt de personne qu'elle soit dans une seule
» main. Laissons donc les efforts de tous s'y employer et épargnons avant tout à
» l'Afrique et à nous-mêmes les compétitions, les querelles et les guerres qui ont
» marqué l'expansion coloniale des peuples d'Europe dans les siècles passés. »
(On peut voir quelques pièces de ce procès dans la *Revue de géographie*, mars et juillet 1883, février 1884, polémique entre MM. Delavaud et Wauters.)

Karéma des agents belges. M. Giraud venait d'explorer les lacs Bengouélo, Moëro, Tanganyka et la rivière Louapoula. « J'avais bien souffert, écrit-il, mais à Karéma on se guérit de tout. Cette station vous a coûté bien des sacrifices, mais vous pouvez en être fiers à juste titre : si l'Association avait là un officier en permanence, nul doute qu'avant vingt ans Karéma n'ait entièrement remplacé l'Oujiji et l'Ounianiembé..... »

## 3° BIBLIOGRAPHIE

Allain (Em.). *Saint-Paul de Loanda et le pays d'Angola.* — (Bulletin de la Société de géographie, août 1879, octobre 1870.)

Aymès (A.). *Résumé du voyage d'exploration de l'Ogôoué.* — (Bulletin de la Société de géographie, juin 1869. — Revue maritime et coloniale, avril-mai 1870.)

Ballay (N.-S.). *L'Ogôoué.* — (Mayenne, in-8°, 1882, Paris, Derenne.)

Banning (Emile). *L'Afrique et la conférence géographique de Bruxelles.* — (Bruxelles, in-8° et carte, 1877.)

Bouet-Willaumez. *Commerce et traite des noirs aux côtes occidentales d'Afrique.* — (Paris, in-8°, 1848.)

Bizemont (de). *Le cours de l'Ogôoué.* — (Exploration, 10-17 janvier 1877.)

Braouezec. *Notes sur les peuplades riveraines du Gabon et du fleuve Ogo-Owaï.* — (Bulletin de la Société de géographie, mai 1861.)

Brucker (R. P.). *Découverte des grands lacs de l'Afrique centrale, et des sources du Nil et du Zaïre au seizième siècle.* — (Lyon, 1878, broch. in-8°.)

Brucker (R. P.). *Découvreurs et missionnaires dans l'Afrique centrale au seizième et au dix-septième siècle.* — (Lyon, in-8°, 1878.)

Burton (R.). *Voyage aux grands lacs de l'Afrique orientale.* — (Paris, in-8°, ill. et carte, 1862, Hachette, trad. de M<sup>me</sup> Loreau.)

Cameron (W.-L.). *A travers l'Afrique. Voyage de Zanzibar à Benguela,* trad. de l'anglais, par M<sup>me</sup> Loreau, in-8°, av. grav. et cartes. — (Paris, 1878, Hachette.)

Chaillu (Paul du). *Voyages et aventures dans l'Afrique équatoriale,* ill. et carte. — (Paris, éd. française, 1863, in-8°, M. Lévy.)

Chaillu (Paul du). *L'Afrique sauvage; nouvelles excursions au pays des Ashangos,* éd. française. — (Paris, carte et ill., 1868, in-8°.)

Compiègne (de). *L'Afrique équatoriale, Gabonais, Pahouins, Gallois, O'Kanda, Bangouens, Osyéba.* — (Paris, 2 vol. in-12, ill. et carte, Plon.)

Duparquet (R. P.). *Voyage dans la Guinée méridionale.* — (Missions catholiques, juillet 1868. — Explorateur, 1876, n° 62. — Bulletin de la Société de géographie, octobre 1876.)

Fouret (Em.). *Voyage au Gabon et dans l'Ogôoué.* — (Bulletin de la Société de géographie de Marseille, n° 3, 1878.)

Girard de Rialle. *L'Afrique australe; le pays d'Angola.* — (Revue scientifique, 1876, n° 13.)

Green (H.). *Le fleuve Cunéné.* — (Bulletin de la Société de géographie, décembre 1866.)

Griffon du Bellay (M. T.). *Exploration du fleuve Ogo-waï.* — (Revue maritime et coloniale, septembre-octobre 1863.)

Hahn (Josaphat). *Das Land der Ovaheréro.* — (Berlin, 1868.)

Jeannest (Ch.). *Quatre années au Congo.* — (Paris, 1883, in-18, Charpentier.)

Lenz (D<sup>r</sup> Oscar). *Reisen im Ogowe Gebiet,* Verhandlungen der Gesellschaft für Erdkunde). — (Berlin, 1877, n<sup>os</sup> 2 et 3.)

Lenz (D<sup>r</sup> Oscar). *Ueber Zwergvolker in West Afrika.* — (Mittheilungen de Vienne, 1878, n° 1.)

Livingstone (D.). *Dernier journal,* éd. abrégée par M. Belin de Launay. — (Paris, in-18, 1878, Hachette.)

Marche (A.). *Notes sur le voyage de l'Ogôoué.* — (Bulletin de la Société de *géographie*, octobre 1877. — *Exploration*, nᵒˢ 12 et 21 février. — *Revue géographique internationale*, novembre 1877.)

Marche (A.). *Trois voyages dans l'Afrique occidentale; Gabon-Ogôoué.* — (Paris, 2ᵉ éd., 1882, in-18, gravures et carte, Hachette. — *Tour du Monde*, t. XXXVI, 1878.)

Monteiro. *On the Quissama tribes of Angola.* — (*Journal de l'Institut anthropologique de Grande-Bretagne et d'Irlande*, t. V, nᵒ 2.)

Neuville (D.) et Bréard (Ch.). *Les voyages de Savorgnan de Brazza, Ogôoué et Congo*, 1875-82. — (Paris, in-8ᵒ, 1884, Berger-Levrault.)

Nogueira. *Les explorations au Counéné.* — (*Bulletin de la Société de géographie*, 1879, t. Iᵉʳ.)

Ricard. *Notes sur le Gabon.* — (*Revue coloniale*, t. XIV, 1855.)

Rouillet. *Les Pahouins, leur origine, leurs mœurs*, etc. — (*Annales des voyages*, août 1867.)

Savorgnan de Brazza. *Voyages d'exploration; Ogôoué et Congo.* — (*Revue maritime et coloniale*, juillet, août, septembre, octobre, novembre 1883. — *Bulletin de la Société de géographie de Paris*, janvier, juillet, octobre 1877; juin 1878. — *Bulletin de la Société de géographie de Marseille*, avril 1881.)

Serpa Pinto. *Comment j'ai traversé l'Afrique depuis l'Atlantique jusqu'à l'océan Indien, de Benguela à Durban*, trad. du portugais par M. Belin de Launay, 2 vol. in 8ᵒ, ill. et cartes, Paris, 1882, Hachette.)

Serval (P.-A.). *Description de la rivière Rhamboë et de ses affluents.* — (*Revue maritime et coloniale*, novembre 1861.)

Stanley (Henry-Moreland). *Comment j'ai retrouvé Livingstone*, trad. de l'anglais. — (Paris, in-8ᵒ, cartes et ill., 1876, Hachette.)

Stanley (H.-M.). *A travers le continent mystérieux*, trad. de l'anglais par Mᵐᵉ Loreau, ill. et cartes. — (Paris, 1878, 2 vol. in-8ᵒ, Hachette.)

Touchard. *Notice sur le Gabon.* — (*Revue maritime et coloniale*, octobre 1861.)

Vignon. *Le comptoir français du Gabon.* — (*Nouvelles annales des voyages*, décembre 1856.)

X... *Le pays d'Angola.* — (*Revue scientifique*, 23 septembre 1876.)

---

# LIVRE II

## AFRIQUE AUSTRALE

### A. — LE CAP DE BONNE-ESPÉRANCE[1]

#### 1ᵒ RÉSUMÉ GÉOGRAPHIQUE

##### I. — GÉOGRAPHIE PHYSIQUE

**Limites.** — La colonie du Cap est baignée à l'ouest par l'océan Atlantique, au sud et à l'est par l'*océan Indien*, bornée au nord par la rivière d'*Orange* ou *Kei-Gariep*, qui la sépare du pays des *Hottentots* et des *Buschmans*; par le *Nu-Gariep* et son affluent le *Calédon*, et par la chaîne

---

[1]. Pour ce chapitre, nous avons fait de fréquents emprunts à la savante *Notice sur les colonies anglaises*, de M. Avalle. — (*Revue maritime*, octobre 1882.)

du *Drakenberg* qui la limitent du côté de l'Etat libre d'*Orange* à l'ouest, et du côté du *Natal* à l'est. Ces limites enferment la colonie vraiment organisée ; mais depuis 1871, des annexions considérables ont reculé ces limites : au nord, une ligne qui part de l'Orange à *Kheis* enveloppe tout le pays des *Griquas* occidentaux et les terrains diamantifères jusqu'au 28° 30' de lat.; entre 20° et 23° de long. O. La même année (1871), le territoire des *Basoutos*, entre le *Calédon* et la chaîne du *Stormberge*, a été annexé. En 1875, ce fut le tour de la *Cafrerie* indépendante, entre le *Stormberge* à l'ouest, la rivière *Kei* au sud, et l'*Umzim* au nord. En 1876, l'immense contrée qui s'étend de l'embouchure de l'Orange jusqu'à la baie de *Walfisch* (pays des Namaquas) fut rattachée à la colonie, ce qui reporte la frontière au 23° de lat. S., les Anglais ont même entamé des négociations avec les *Damaras*. Le *Natal* leur appartient; ils ont des résidents dans le *Zoulouland* et dans le *Transvaal*.

**Situation astronomique** : 28° et 34° 51' de lat. E. = 14° 5' et 26° 40' de long. E.

**Climat.** — Doux, salubre, extrêmement sec ; température peu variable. Au Cap, les moyennes d'hiver et d'été varient de 7 à 8 degrés. Température moyenne de l'été + 16° ; températures extrêmes constatées à l'observatoire du Cap + 37° et — 3° 8'. Les pluies tombent en été, sauf dans la partie occidentale, ou l'hiver est la saison pluvieuse. La neige se montre parfois sur le plateau du Grand-Karrou. Le missionnaire et botaniste John Brown, qui a observé pendant les longues années de son séjour au cap (1844-1875) l'hydrographie et la météorologie de la contrée, a constaté le dessèchement progressif de cette partie du continent africain : d'année en année, les lacs diminuent de profondeur, les rivières tarissent, les sources disparaissent, et les habitants émigrent avec leurs troupeaux.

**Littoral.** — Le développement des côtes dépasse 2000 kilom.; à l'ouest, peu connues et peu fréquentées, elles sont plates, sablonneuses, couvertes de broussailles ; au sud et au sud-est, elles sont découpées en baies nombreuses et promontoires escarpés (baies de *Sainte-Hélène*, de *Saldanha*, de la *Table*, de *False*, de *Simon*, de *Mossel*, d'*Algoa*, la plupart peu abritées; caps de *Bonne-Espérance* ou des *Tourmentes*, des *Aiguilles*, le plus méridional du continent, *Bull*, *Saint-Blaise*, *Saint-François*, *Recife*, *Morgan*, etc.).

**Relief du sol.** — Parallèles à la mer du côté du sud, trois chaînes de montagnes s'élèvent adossées les unes aux autres, supportant des plateaux larges, arides et nus. La première et la moins haute, éloignée de la mer de 25 à 80 kilom. (monts *Karadouw*, *Lange Kloof*, *Outeniqua*, *Lange Berge*, etc.), renferme un plateau ou *Karrou* large de 40 à 50 kilom.; — La deuxième, *Zwarte Berge*, *Witte Berge* (montagnes Noires et montagnes Blanches), porte le *Grand-Karrou*, haut de 8 à 900 mètres, plaine stérile et aride, appuyé sur la troisième chaîne, ligne de partage des eaux entre les deux Océans; (monts *Bokkeveld*, *Nieuweveld*, *Sneeuwberg*, *Zuurberg*, *Stormberge*). La cime dominante est le *Comapss-Berg* (2600 m.) dans le Sneeuwberg. A l'ouest des Witte-Berge se détache un important contrefort du nord au sud, jusqu'à l'Atlantique (*Drakensteenberg*, *Cardon*, *Olifant*, *Cedar*, le principal sommet est le *Winterhoek* (2220 m.); après lui vient le mont de la *Table*, au sud de la ville du Cap, 1089 mètres.

**Cours d'eau.** — Deux versants : 1° **Versant de l'Atlantique**, le fleuve *Orange* (1700 kilom.) ainsi appelé de la couleur de ses eaux, est formé du *Kei-Gariep*, ou *Vaal*, et du *Nu-Gariep* venus des monts *Drakenberg*, le premier grossi à droite du *Hart*, et à gauche de la *Modder* ; le second

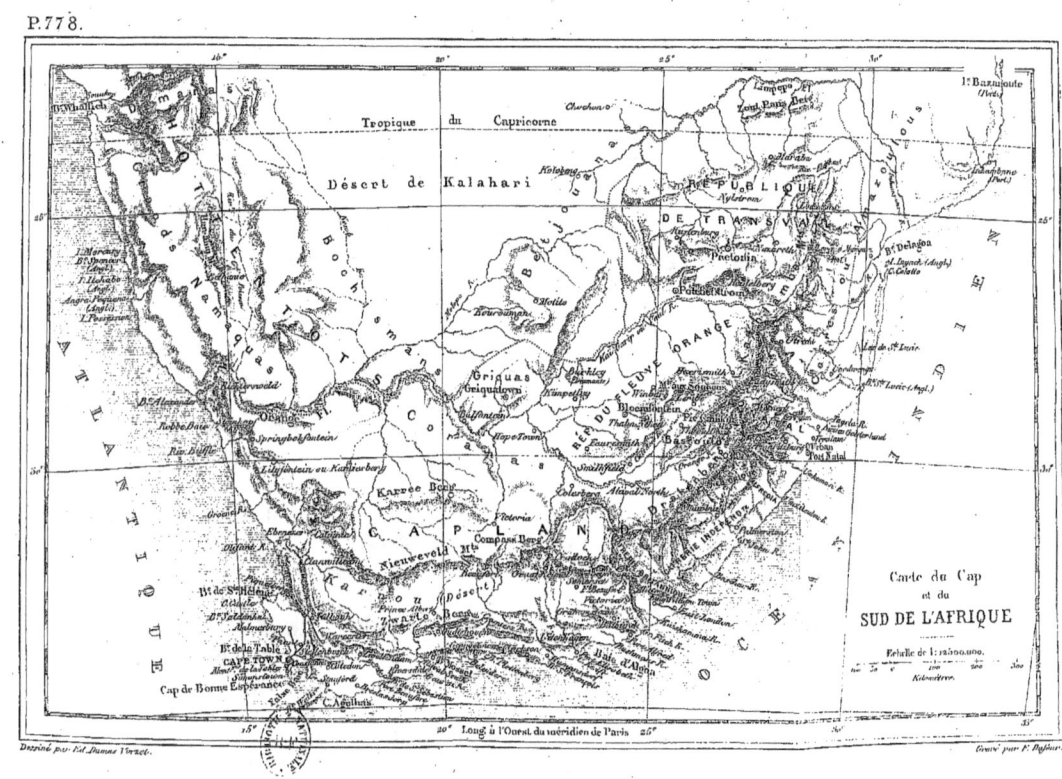

grossi à droite du *Calédon* et à gauche de la *Zeekoe*. L'Orange reçoit encore à droite le *Malapo* et ses affluents descendus des plaines de Kalahari, le *Keikaab*, le *Great-Fisch-River*; dans l'Atlantique se jette l'*Olifant* occidental, grossi du *Doorn*. — 2° **Versant de la mer des Indes** : la *Breede*, la *Gauritz*, formée de l'*Olifant* oriental et du *Groote*, le *Gamtoos*, le *Zoudag*, le *Buschmans River*, le *Great Fisch River*, la *Keikamma*, la *Kei*, etc. — La *Breede* est seule navigable; l'*Orange*, très large, n'a pas de profondeur.

## II. — GÉOGRAPHIE POLITIQUE

**Constitution.** — Par des ordonnances de 1850, 1852, 1872, le gouvernement *représentatif* a été établi au Cap. Le *pouvoir exécutif* est confié au *gouverneur* nommé par la reine d'Angleterre, assisté d'un *conseil exécutif* de six membres et de cinq *ministres responsables* (*secrétaire colonial, trésorier général, procureur général chef du cabinet, commissaire des terres domaniales et des travaux publics, secrétaire des affaires indigènes*). Le *pouvoir législatif* est exercé par deux Chambres : la première dite *Conseil législatif* ou *Chambre haute*, se compose de vingt-deux membres élus par les provinces (dix pour dix ans et douze pour cinq ans); la deuxième, appelée l'*Assemblée*, ou *Chambre basse*, comprend soixante-douze membres élus pour cinq ans. — Le *corps électoral* comprend, pour les deux Chambres, tous les citoyens ayant un revenu annuel de 50 liv. sterling. La langue hollandaise est la langue parlementaire.

En 1874, la colonie a été divisée en sept provinces électorales nommant chacune trois membres du Conseil législatif. — La province du Griqualand occidental, annexée en 1880, n'en envoie qu'un. Pour être éligible, il faut posséder une propriété immobilière de 2 000 liv. sterling (50 000 fr.) ou une fortune mobilière de 4 000.

**Divisions administratives.** — I. *Province de l'ouest;* quatre districts : villes principales : le **Cap** (40 000 hab.), Stellenbosch, Wellington. — II. *Province du nord-ouest;* sept districts : villes principales : Worcester, Malmesbury, Piquetberg. — III. *Province du sud-ouest;* neuf districts : villes principales : Calédon, Mosselbay, Robertson. — IV. *Province centrale;* huit districts : villes principales : Beaufort, Hopetown. — V. *Province du sud-est;* huit districts : villes principales : Albany, Bathurst, Port-Elisabeth (15 000 hab.), Uitenhage, Peddie. — VI. *Province du nord-est;* huit districts : villes principales : Beaufort, Bedford, Colesberg. — VII. *Province de l'est;* six districts : villes principales East-London, King William'Stown. — VIII. *Griqualand;* districts indigènes annexés, v. pr. Kimberley, Pniel, Klipdrift.

## III. — GÉOGRAPHIE ÉCONOMIQUE.

**Productions; Minéraux.** — Les mines se trouvent dans les districts nouvellement annexés, et sont fort riches. Le Namaqualand a d'abondantes mines de *cuivre;* la principale est celle d'Ookiep, à 93 milles de Port-Nolloth (côté ouest), auquel elle est reliée par un chemin de fer (exportation en 1880, 151 310 tonnes); *or* de Queenstown et de Tatin, près des monts Kolobeng; *manganèse* découvert en 1878 sur les monts Drakenstein, près de Paarl (181 tonnes en 1879); *houille* dans les districts intérieurs, encore peu exploitée; *salines de Coëga*, près de Uitenhagen (expor-

tation en 1874, 600000 livres). — Les mines les plus importantes sont celles de **diamants**, découvertes en 1867, dans le Griqualand occidental, sur les bords du Vaal, autour de Kimberley ; les quatre mines principales, divisées en plus de 1200 *claims* ou lots sont celles de Kimberley ou New-Rush, de Old de Beers, de Dutoit's Pan, de Bultfontein. Plus de quatre cents machines y sont en activité. Les *Diamond-Fields* ont produit depuis dix ans plus de 300 millions de francs en diamants ; les gisements de Kimberley ont longtemps donné plus de 25 millions par an. La production s'est ralentie. La valeur déclarée en 1880 à la poste, qui est le mode de transport des diamants, a été de 3367897 liv. sterling (95197425 francs).
— **Végétaux**. Malgré la sécheresse et l'âpreté des vents, l'agriculture progresse et les procédés s'améliorent. Les cultures couvrent une superficie de plus de 275000 morgens (le morgen = 85 ares 65 centiares), en *blé, orge, seigle, avoine, maïs, millet, légumes divers et pommes de terre, fruits, tabac, chanvre, coton et vignes* (4500000 gallons de vin, 1 million de spiritueux). — Les vignes sont dans un rayon de 60 ou 80 kilom. autour du Cap : les vins rouges et blancs de *Constance*, le *frontignac* blanc, le *haupot* et le *stein*, le *pontac*, le *muscadel*, le *geropica* étaient jadis renommés : mais l'oïdium a fortement éprouvé les vignobles, et la négligence extrême de la fabrication, les fraudes sur les vins les ont frappés à l'étranger de discrédit. L'exportation de 45000 hectolitres en 1859 était tombée en 1876 à 2768. — Les *forêts* sont considérables dans les districts de l'est : on y trouve soixante-dix espèces de bois de construction. Les arbustes et arbrisseaux sont très variés. — **Animaux** : Les vastes pâturages permettent l'élevage du bétail, qui est une source de grandes richesses dans le pays. Les *moutons* à grosse queue, dont la race a été améliorée par l'introduction de mérinos français, due au colonel Gordon, en 1790, et par le croisement avec les races anglaises, fournissent de belles laines (plus de 12 millions de moutons) ; la *chèvre angora* a été acclimatée au Cap ; les autres animaux sont les *bœufs, zébus, buffles, vaches, mules, ânes, chevaux, porcs*, etc. — La domestication des *autruches* s'est beaucoup développée dans les fermes : On n'en comptait que 80 en 1865 ; en 1875, 21751 ont produit 7143 livres de plumes. L'exploitation, en 1880, s'est élevée à 153065 livres, d'une valeur de 883632 liv. sterling. — Parmi les espèces sauvages, l'antilope dite *canna*, le *dauw* ou zèbre, l'éléphant et le *rhinocéros* devenus plus rares, à cause des battues : le *poisson* abonde sur les côtes.
**Industrie**. — Elle est surtout agricole : les manufactures sont rares, *moulins à blé, scieries mécaniques, machines à laver la laine, machines à tan*, des *distilleries* et *brasseries* : la préparation des fourrures est assez développée.
**Commerce**. — En 1870, le commerce total ne s'élevait qu'à 5105254 liv. sterling ; en 1880, il a été : à l'*exportation* de 4488872 liv. sterling (*laine*, 2429366 liv. sterling, *plumes d'autruches* (883632 liv. sterl.) ; *minerai de cuivre* (806790 liv. sterl.) ; *peaux, poisson, ivoire, vins*. La valeur des *diamants* exportés (3367897 liv. sterl.) ne figure pas dans la statistique des douanes. — A l'*importation*, 8078048 liv. sterling (*tissus de coton, mercerie, modes, quincailleries, vêtements, cuir ouvré, sucre, café*, etc.). — **Chemins de fer** (en 1881) : 1º Du *Cap à Beaufort ouest* (565 kilom.) avec embranchement de *Wynberg* (10) ; 2º *ligne de Malmesbury* (68) ; 3º *Port-Elisabeth à Graham'stown* (145) ; 4º *Buschmans-River à Cradock* (202) ; 5º *Zwartkops à Graaf-Reynet* (283) ; 6º *East-London à Queenstown* (232) ; avec embranchement de *Blaney à King William's-Town* (16) ; 7º De *Port-Nolloth à Ookiep*, 153 kilom. Total, 1597 kilom. qui ont coûté 232 millions de francs, soit environ 140000 francs par kilom., 1000 kilom. de nouvelles lignes

sont votés, notamment de *Beaufort à Hope-Town* sur l'Orange. Les transports par terre se font au moyen de chariots attelés de bœufs. Les rivières ne sont pas navigables. — Un service hebdomadaire de paquebots de l'*Union Steamship Company* met le *Cap* en communication avec l'*Angleterre* (5900 milles et 22 jours de traversée). D'autres paquebots relient le Cap à *Natal*, en touchant à *Mossel-Bay*, *Port-Elisabeth*, *East-London*, et la baie *Delagoa*. — **Lignes télégraphiques** (en 1881); 3797 milles ; télégraphe sous-marin de Natal à Aden. — **Bureaux de poste**, 585. — Ports principaux de commerce : *Port-Elisabeth*, le *Cap*, *East-London*, *Mossel-Bay*, *Port-Alfred*, *Port-Nolloth*. — **Marine marchande** (en 1880, 4180 navires et 4475435 tonneaux (dont 3332 bâtiments anglais, 215 allemands, 60 américains, 24 français, 78 italiens, 59 autrichiens, 152 suédois, 61 divers).

## IV. — NOTIONS STATISTIQUES

**Superficie**, 613797 kilom. car. (dont 507317 pour le Cap; 84593 pour le Griqualand occidental et la Cafrerie britannique; 21887 pour le Basutoland). — **Population** : 1249824 habitants; 2 par kilom. car.; (dont 811450 pour le Cap; divisés en 269725 Européens et 541725 indigènes; — 49101 pour le Griqualand, divisés en 16927 Européens et 32174 indigènes; — 121176 pour le Basutoland, 469 Européens et 32174 indigènes). Les blancs sont les Hollandais ou *Boërs*, descendants des premiers colons, et les *Anglais*; les *Hottentots*, employés comme laboureurs et bergers; les *Cafres* à l'est; des *Malais*, des *Fingos*, etc. Emigrants d'Angleterre en 1879 : 7665. — **Langues** : Les plus usitées sont le hollandais et l'anglais, et les dialectes variés des indigènes. — **Instruction publique** : donnée dans 843 écoles primaires, industrielles, normales et collèges, à 68000 élèves ; instruction non gratuite : dépenses annuelles 151094 livres sterling. — Université fondée au Cap en 1872. — **Justice**. Plusieurs degrés de juridiction. 1° Une *Cour d'appel* au Cap; 2° une *Cour suprême* qui tient des sessions dans les principales villes ; 3° des *tribunaux de districts*; 4° *quatorze justices de paix*; 5° un tribunal de *justice maritime*; un de *police*; un *tribunal des mariages*; un criminel ou juge d'après la loi anglaise; un civil, d'après l'ancien code hollandais corrigé. — Le jury fonctionne à tous les degrés de juridiction. — **Cultes**. Environ 360000 protestants, 10000 catholiques, 600 juifs, 12000 musulmans, plus de 350000 indigènes dont la religion est inconnue. — **Armée**. Le Cap est le quartier général des troupes de l'Angleterre dans l'Afrique du Sud; leur nombre varie suivant les besoins : 8400 en 1880; 5300 en 1881; 3454 en 1882; *Dépenses militaires* en 1882-1883, 338668 liv. sterling (8466800 fr.) Outre les soldats européens, il existe des régiments de miliciens indigènes, et des corps volontaires, environ 4000 hommes. — **Marine militaire** : La station navale du Cap se compose de cinq bâtiments armés de 48 canons et montés par 785 marins (dépense, 104800 liv. sterl.). — **Monnaies**; **Poids et mesures**. — Les mêmes que ceux de l'Angleterre depuis 1848; le commerce use encore des mesures hollandaises. — **Budget annuel** (1880) : dépenses, 3762665 liv. sterling (82968625 fr.); recettes, 3541720 (88543000 fr.). — **Dette publique** : en 1864, 715050 liv. sterling; en 1871, 1546937; en 1877, 5493009; en 1880 11074709 (276867725 fr.).

## B. — DÉPENDANCES DU CAP : NATAL ; ZOULOULAND
(possessions anglaises).

En 1840, les Anglais ont annexé le pays de **Natal** et en ont fait en 1856 une colonie distincte. En 1864, à Natal fut annexé un grand territoire, situé entre la rivière d'*Oumtantouma* et celle d'*Oumzikoulou*, et connu sous le nom de *No-Man's-Land* (terre sans maître). — **Superficie** de Natal, 48 500 kilom. car. — **Population** (en 1880), 428 269 hab., dont 27 000 Européens, 19 000 Indiens, 382 000 indigènes Cafres-Zoulous. — **Climat :** dans l'intérieur, à *Pietermaritzbourg*, température la plus haute, + 37° à l'ombre ; la plus basse — 6°.

Le pays comprend trois régions distinctes, suivant le sens des longitudes : la première zone, large de 30 à 40 milles, est celle du littoral ou des terres basses, des cultures tropicales ; — la deuxième, large de 20 à 25 milles, est celle des plateaux, d'une altitude de 700 mètres environ, la région des cultures européennes ; — la troisième, celle des montagnes et des pâturages, hauts de 1000 à 1500. En arrière de celle-ci s'élève la chaine des *Drakenberg* ou *Kathlamba*, qui fournit de nombreux torrents, dont les principaux sont : l'*Oumzimkoulou* au sud, la *Tougela* au nord, grossi de la *Buffalo*.

Les villes principales sont : **Pietermaritzbourg**, capitale, sur le Bushman, à 80 kilomètres de Port-Natal ; **Port d'Urban** (6000 hab.), excellent mouillage et centre principal de la colonie ; *Grey-Town* ; *Weenen* ; *Ipolela*.

Le **Zoulouland**, annexé en 1881, s'étend entre la *Tougela* et la rivière *Mapoutou*. Il est arrosé par l'*Oumvolosi* qui se jette dans la baie de Sainte-Lucie ; l'*Oumkousi*, etc. Villes principales : *Ulundi*, *Unodwengu*. — **Superficie** : 40 000 kilom. car. — **Population** : 300 000 hab.

## RÉSUMÉ HISTORIQUE.

C'est en 1652 que la Compagnie hollandaise des Indes Orientales se décida à créer un premier établissement au cap de Bonne-Espérance. La ville du Cap fut fondée dans la position qu'elle occupe encore, au pied de la montagne de la Table ; des reconnaissances eurent lieu, des cartes furent dressées. On ne sait pas assez que la colonisation du Cap, qui est un des faits les plus importants de l'histoire de l'Afrique, est aussi un des témoignages les plus frappants de l'expansion française à l'étranger.

Au premier rang des colonisateurs du Cap, il convient de citer les calvinistes français persécutés en 1685. « Il est difficile de faire un voyage » dans l'Afrique du Sud sans rencontrer à chaque pas des *Du Toit*, des » *Hugo*, des *de Villiers*, etc., dont le nom indique l'origine française, et qui » sont les descendants de huguenots qui ont quitté leur pays à l'époque » de la révocation de l'édit de Nantes. Mêlés depuis deux cents ans aux » colons hollandais, ils en ont adopté le langage et les mœurs[1]. De

---

1. « Combien de fois, écrit M. F. Féraud, à plusieurs centaines de milles de » tout centre de population, ne m'est-il pas arrivé de recevoir l'hospitalité chez » les Boërs, ces colons sud-Africains : hospitalité empressée que je devais à ma

» ce mélange est sortie la fière race de paysans africains qu'on appelle
» les Boërs, race colonisatrice par excellence, qui jusqu'à ce jour a
» servi d'avant-garde à la civilisation européenne, qui a colonisé le pays de
» Natal, l'État Libre, le
» Transvaal, qui erre au-
» jourd'hui sur les bords
» du lac N'Gami, et qui
» arrivera la première au
» cœur de l'Afrique. Sem-
» blables aux enfants
» d'Israël dans le désert,
» auxquels les Boërs se
» comparent volontiers,
» ils sont encore à la re-
» cherche d'une patrie. Ils
» fuient le joug de celui
» qu'ils considèrent
» comme leur oppresseur,
» l'Anglais, dont ils af-
» fectent de ne pas com-
» prendre le langage et
» qu'ils désignent par
» l'énergique expression
» de *verdoemde Engelsch-*
» *man* (Anglais maudit). »
(Fabius FERAUD, *Le Temps*,
9 janvier 1880).

Les Hollandais firent
d'abord aux émigrés fran-
çais un excellent accueil :
on leur distribua de l'argent, des vivres et du
bétail; on leur assigna
comme résidence, Stellen-
bosh, la Vallée de la Perle,
et celle des Éléphants,
aujourd'hui appelée le *Coin Français*[1] (Fransh Hoek). Ce sont encore aujourd'hui les régions les plus riches de la colonie. Mais la tyrannie de la

---

» seule qualité de Français ! Un soir, sur les confins du Great Buschman Land,
» par un de ces orages terrifiants comme on en voit dans ces pays, j'allai frapper
» à la porte d'un fermier Boër. Par malheur, au lieu de saluer le paysan en langue
» hollandaise, j'eus l'idée de m'exprimer en anglais. A mon grand étonnement,
» le Boër me regarde, tire quelques bouffées de sa pipe et ne me répond pas. Ma
» situation devenait pénible. Tout à coup, à l'intérieur, une voix de femme s'élève,
» s'informant de ce qui arrivait. « Oh ! répond le Boër candidement, ce n'est rien,
» ce n'est qu'un Anglais ! » Aussitôt, je proteste, je me réclame de ma qualité
» de Français. Le brave homme ouvre des yeux étonnés, me tend sa large main ;
» il appelle sa femme : « Le café, le cognac ! » et me dit, avec un sentiment
» d'orgueil et de joie : « *Ik bin ooch een Franschman !* » « Moi aussi je suis un
» Français ! » Ce fermier s'appelait Visage. J'étais le premier de ma nation qu'il
» voyait. »

1. « Ce fut avec recueillement que je visitai cette vallée du « Coin Français ; »

Compagnie ne tarda pas à se faire sentir; le gouverneur se défia de ces étrangers qui, malgré leur industrie, leur intelligence et leurs malheurs, avaient à ses yeux le tort d'être d'origine française. *Van der Stell* se plaignit de leur insolence, de leur esprit d'indépendance, de leurs prétentions insoutenables. Ils demandaient la permission d'élever des églises, d'élire leurs pasteurs, d'administrer les fonds de leurs pauvres, de vivre en commun, de tenir des assemblées de paroisses. Après mûre délibération, le Conseil de la Compagnie résolut unanimement « de rabattre leur impertinence fran» çaise, de renverser leurs complots à temps, de les mettre très sérieuse» ment en garde sur leurs devoirs et, par des punitions appliquées à propos, » de dévoiler leurs mauvais desseins à toute la communauté. »

Simon Van der Stell donna, en 1699, sa démission de gouverneur. Cet administrateur énergique et dur, aveuglément dévoué aux ordres de la Compagnie, avait fondé la puissance néerlandaise au Cap : c'est à lui que sont dus les travaux d'embellissement de la ville, la création des magnifiques jardins du gouvernement, le boisement de la montagne de la Table, l'introduction de la vigne au Cap, qui fut développée par les huguenots français. Les deux célèbres vignobles de Constance ont été plantés par des mains françaises[1]. *Adrian Van der Stell* succéda à son père. La Chambre d'Amsterdam, d'après ses rapports, se montra de plus en plus hostile à l'influence française. Elle craignait que « les Français, avec l'esprit remuant » propre à leur nation, ne vinssent, s'ils se voyaient en nombre, à créer » des difficultés et à mettre la nouvelle colonie en péril ». La langue française fut interdite en 1709 pour les communications officielles, et en 1724, pour le service divin. Peu à peu disparut l'usage de notre idiome dans la colonie. En 1752, l'astronome La Caille n'y trouvait « aucune personne » au-dessous de quarante ans qui parlât françois, à moins qu'elle ne fût » arrivée de France[2]. » Ayant ainsi perdu leur langue, leurs usages, leur

---

» j'avais choisi le mois de septembre pour l'époque de ma visite; je n'ai pas ren» contré en Afrique de lieu plus charmant. Les haies de rosiers sauvages à larges » pétales blanches qui bordent les routes et les jardins potagers, les innombrables » fleurs d'oranger qui jonchaient le sol, le *velt* ou terrain en friche qui foisonne » de fleurs aux vives couleurs, toutes ces plantes bulbeuses, les vignes plantées » très serrées, et taillées fort basses, dont les feuilles à teinte vert-jaune se déta» chent violemment sur la couleur d'ocre rouge du terrain, et tout cet ensemble » borné par un cercle de montagnes qu'éclairait à demi le soleil couchant, don» nant à leurs cimes une couleur pourpre, toutes ces choses me causèrent une » impression de plaisir infini. » — (L. Péringuey, *Bulletin de la Société de géographie commerciale de Bordeaux*, août 1878.)

1. « Ce fut en 1685 que le gouvernement colonial accorda aux bourgeois du » Cap les premières concessions de terrain mentionnées dans les registres des » domaines; et c'est à titre de concessionnaire, et d'après la maxime que « cha» rité bien ordonnée commence par soi-même, » que le gouverneur Simon Van » der Stell se trouva propriétaire d'un terrain de 2000 acres d'étendue parfaite» ment choisi. Ce domaine porte aujourd'hui le nom de Constance; et ce nom » était celui de la femme dudit Van der Stell. Quelque réfugié huguenot avait-il « désigné cette localité à Son Excellence, comme favorable à la culture de la » vigne? Quoi qu'il en soit, il est probable que Van der Stell eut recours aux » conseils et à l'expérience de quelque réfugié, et surtout aux boutures et aux » ceps apportés par eux du midi de la France, pour créer ce vignoble dont les » produits sont devenus célèbres dans le monde entier. Bien que la culture de la » vigne existât déjà au Cap avant l'arrivée des réfugiés, ce sont eux, incontesta» blement, qui l'ont développée, améliorée, et qui l'ont faite ce qu'elle est aujour» d'hui. » — (Haussmann, ex-consul de France au Cap, *Souvenirs du Cap*.)

2. *Journal de voyage au Cap de Bonne-Espérance*. — (Paris, in-12, 1852.)

confession particulière, les Français du Cap fusionnèrent avec les Néerlandais ; mais, de ce mélange naquit un peuple nouveau, le peuple Boër. Il a emprunté aux français réfugiés cet esprit d'indépendance et ce caractère aventureux qui frappent aujourd'hui le voyageur, et lui font dire que le Boër n'est ni un Hollandais ni un Français, mais un *Afrikander*, ainsi qu'il aime à se nommer lui-même.

Le gouverneur Van der Stell le jeune, tout en défendant les intérêts de la Compagnie, ne négligeait pas les siens propres, au détriment des colons français ou hollandais. Il alla jusqu'à accaparer les blés. Les colons envoyèrent en secret un cahier de doléances, en double exemplaire, à la Chambre des Dix-sept, à Amsterdam. Ils y dénonçaient la scandaleuse fortune du gouverneur, et les mesures illégales et violentes dont ils étaient victimes. Une des deux dépêches fut saisie : Van der Stell fit arrêter les signataires et déporta les uns à Maurice, les autres à Batavia ou à Robben-Island. Quelques-uns furent renvoyés en Hollande ; d'autres, et parmi eux le vénérable *Jacques de Savoye* et son gendre, le dauphinois *Meyer*, furent enfermés dans des oubliettes.

Les vexations et cruautés de Van der Stell le jeune, qui confisquait les biens des colons provoquèrent un grand mouvement d'émigration. Beaucoup de colons allèrent chercher dans les solitudes du nord un asile sûr et la liberté. Des Français étaient à la tête de ce premier exode, *Guillaume et François du Toit, Hercule du Pré* ; l'émigration ne s'arrêta plus. « Elle de-
» vint chez les Boërs, dit encore M. Féraud, une vraie habitude nationale.
» Il leur a fallu un mot propre, ayant sa signification particulière, pour
» le désigner. Dans l'Afrique australe, quitter sa ferme et son champ, em-
» mener son bétail et sa famille, et aller droit devant soi dans des pays in-
» connus, pour fuir l'oppresseur, s'exprime d'un mot, *trekken, faire un trek*.
» Ces émigrations ont développé chez les Boërs l'amour exagéré de la vie
» nomade : ils ne peuvent s'habituer au séjour des villes et, quoique de
» mœurs sociables et hospitalières, la présence continue d'un voisin les
» gêne. Dans leur désir d'isolement et de liberté, ils ne craignent pas
» de se déplacer avec leur famille, leurs troupeaux et leurs vagons qui con-
» tiennent toutes leurs richesses, pour des voyages de plusieurs semaines. »

Jusqu'en 1793, les Hollandais conservèrent la tranquille possession du Cap. Mais, à cette époque, les idées d'indépendance qui commençaient à remuer le monde, se répandirent dans la colonie : une révolte éclata ; le gouverneur fut expulsé, on arbora le bonnet de la liberté. L'Angleterre, qui guettait l'occasion de mettre la main sur un territoire dès longtemps convoité, intervint au nom du stathouder de Hollande, alors renversé du pouvoir par les armées de la République française et réfugié à Londres. Une escadre, sous les ordres de l'amiral *Elphinston*, s'empara de la ville du Cap, malgré l'héroïque défense des habitants. Un descendant d'une famille française réfugiée, *du Plessis*, fut cité dans les annales de la colonie, pour la valeur dont il fit preuve en disputant à l'ennemi, avec une poignée d'hommes, le défilé de Muizembert. Le général anglais vainqueur rendit hommage à sa bravoure en lui offrant un fusil d'honneur[1].

La Hollande, devenue la République batave, recouvra le Cap en 1802, au traité d'Amiens. Mais, en 1806, l'armée de *sir David Bairds* dispersa les faibles troupes du gouverneur Janssen, et la colonie fut définitivement

---

1. Haussmann, *Souvenirs du Cap*. — (Paris, 1866.)

occupée par les Anglais. Les traités de 1815 ont légitimé cette conquête.

**Le Cap sous la domination anglaise.** — Depuis 1815, l'histoire de la colonie anglaise du Cap est remplie, d'un côté, par les mesures administratives de la métropole, de l'autre par les luttes incessantes engagées contre l'antipathie des colons hollandais et la résistance des peuples Cafres orientaux. Les Boërs, détestant leurs nouveaux maîtres, et entêtés dans leurs vieilles coutumes, refusèrent systématiquement toute réforme. Le gouvernement et le peuple entrèrent tout de suite en désaccord sur l'institution de l'esclavage et les relations avec les tribus africaines. L'avarice des Boërs s'accommodait fort bien des conditions économiques du travail servile. « Ils semblent l'avoir pratiqué en toute » naïveté, comme chose naturelle et allant de soi, avec une pleine tran-» quillité de conscience et un égoïsme exempt de cruauté[1]. » En 1811, le gouvernement promulga des lois pour la protection des esclaves : une révolte éclata, cinq des rebelles furent pendus et, par un raffinement de cruauté, leurs proches parents furent condamnés à assister à l'exécution. « Ils furent pendus non une seule fois, mais deux, la potence s'étant brisée » sous leur poids avant que l'agonie eût commencé. » Les haines s'envenimèrent. En 1834, lorsque l'Angleterre décida l'abolition de l'esclavage dans toutes ses colonies, les Boërs impuissants résolurent de se soustraire, par la fuite, à des lois qui leur paraissaient odieuses.

Alors commença cette émigration extraordinaire connue sous le nom de *grand exode*, qui rappelle les âges primitifs et qui faillit dépeupler la colonie. Les Boërs vendirent ou abandonnèrent leurs champs et leurs fermes : chargeant leurs femmes, leurs enfants, leur mobilier sur des wagons, poussant devant eux leurs immenses troupeaux, ils s'enfoncèrent dans les solitudes du nord. Plusieurs de ces bandes errantes, indisciplinées et sans direction, épuisées par la fatigue, décimées par des guerres continuelles, périrent de maladies, de faim et de soif dans les plaines stériles ; les autres durent livrer d'effroyables combats aux lions et aux fauves de ces déserts. La plus nombreuse était dirigée par un colon d'origine française, l'intrépide *Pieter Retief*. Tandis que certains groupes d'émigrants s'établissaient au nord du fleuve Orange, et après une lutte féroce contre Mazulekatze, chef de la tribu des Matabélés, fondaient *l'Etat libre* qui subsiste encore, les autres franchissaient les monts Drakenberg et saluaient de leurs acclamations enthousiastes le territoire splendide qui s'étendait sous leurs yeux jusqu'à la mer. Cette terre promise était la riche contrée de Natal : mais elle était au pouvoir des Zoulous, et il fallait la conquérir. Le roi *Dingaan* eut avec Pieter Rétief une entrevue amicale et lui promit des terres. Il l'invita à se rendre dans son camp pour y signer un traité définitif. Retief et soixante-neuf de ses compagnons, se fiant à la parole de ce chef perfide et féroce, vinrent au Kraal royal, près d'Est-Court, sur le torrent de la Couronne-Bleue (*Blaukranz-Spruit*). Deux jours de suite ce ne furent que fêtes et danses ; le troisième jour, au moment où les Boërs, joyeux, prenaient congé de leur hôte, des milliers de Zoulous embusqués sur l'ordre de Dingaan, massacrèrent Retief et ses compagnons, se jetèrent sur le camp des blancs qui, en attendant leurs chefs, s'étaient imprudemment dispersés, et égorgèrent 610 personnes, femmes et enfants, blancs et hot-

---

1. E. Montégut, *les Boërs et le gouvernement colonial anglais*. — (*Revue des Deux-Mondes.*)

tentots. Le torrent de la Couronne-Bleue en a gardé le nom de *Mord-Spruit* (ruisseau du meurtre) (1838).

Les Boërs, à cette nouvelle, se réunirent et repoussèrent une première fois les Zoulous. Une expédition fut décidée : 350 Boërs attaquèrent le Kraal de Dingaan. Cernés par 20 000 Cafres, ils firent une trouée à travers les masses de ces sauvages, leur tuant 1 000 hommes et n'en perdant que 10, parmi lesquels un de leurs chefs les plus vaillants, *Pieter Uys* et son jeune fils. Six mois après, 900 Boërs, munis d'un canon et conduits par *Pretorius*, livrèrent aux Zoulous une sanglante bataille sur les bords du *Bloed-River* (Rivière du sang). *Dingaan* fut vaincu, 3 000 Cafres tués, le Kraal royal pris ; les squelettes de *Retief* et de ses compagnons furent retrouvés. *Retief* fut reconnu à un lambeau de ses vêtements, son portefeuille était encore intact ; on y retrouva l'acte de cession de Natal aux émigrés (décembre 1858). L'année suivante, *Dingaan* fut de nouveau battu. Son frère *Panda* l'égorgea, prit sa place, et se reconnut vassal des Boërs.

Mais alors les Boërs retrouvent devant eux les Anglais. Le pays de Natal dépeuplé par les tueries du terrible roi Zoulou *Chaka* (v. p. 790) avait été placé nominalement en 1824 sous le protectorat de l'Angleterre. Deux officiers anglais, *King* et *Farewell*, y avaient fondé, à cette date, un établissement que Chaka toléra. C'était la station de Durban (Port-Natal). Mais la colonie fut ravagée en 1832 par Dingaan, successeur de Chaka, et les colons réduits à chercher un refuge, les uns dans une île voisine, les autres sur le bâtiment anglais *la Comète*. En 1840, après les victoires des Boërs, le gouverneur du Cap, *Napier*, intervint, sous l'étrange prétexte de protéger les Zoulous contre les Boërs, et prit possession du pays. Une garnison anglaise de 250 hommes, sous les ordres du capitaine Smith, éleva des retranchements à Durban et tenta d'enlever le camp des Boërs, à Conguela. Les Anglais furent battus et perdirent leurs deux pièces de canon. Une nouvelle armée envoyée du Cap eut raison de la résistance des Boërs, mal armés et indisciplinés ; ils durent capituler (5 juillet 1840). Le district de Natal fut annexé en 1843 à la colonie du Cap, attendu *que tout pays habité par des sujets anglais est pays britannique*. En 1845, un décret du gouvernement l'érigea en gouvernement particulier, dépendant du Cap ; enfin, en 1856, Natal forma une colonie tout à fait indépendante par son administration.

## C. — ÉTATS INDÉPENDANTS

1º **Transvaal.** — La république du Transvaal s'étend entre le *Limpopo* au nord, les monts Drakenberg ou Kathlamba à l'est et au sud-est, le *Vaal* au sud : entre 22º et 2º de lat. S. (longueur, 800 kilom., largeur 600). — **Superficie**, 296 000 kilom. car. — **Population**, 305 000 habitants, *Boërs* (40 000), *Basoutos*, *Betchouanes*, *Matabélés*. — **Climat** : très varié, sain sur les hauteurs, insalubre dans le bassin du Limpopo ; tantôt tropical, tantôt tempéré, sec ou froid (moyenne, + 18º 33' à 22º l'été ; + 15 à 18º l'hiver). — **Montagnes** : Trois chaînes principales : le *Magaliesberg*, la chaîne des *Dwars*, celle de *Blauberg* et *Zoutpansberg*, le *Drakenberg*. — **Cours d'eau** : Le *Vaal*, grossi du *Klipp* et du *Moi*, non navigable, va se jeter dans l'*Orange* ou *Gariep* (océan Atlantique). — Le *Limpopo*, ou rivière des crocodiles

(1400 kilom.), décrit un vaste demi-cercle autour des monts Magaliesberg, Hauglip, Zoutpansberg, reçoit à gauche le *Marico*, le *Notuany*; à droite, le *Matlabas*, le *Pangola* et surtout la grande rivière des *Eléphants* ou *Olifant*. Le Limpopo finit à Inhampoura, dans la mer des Indes, au nord de la baie Delagoa, en territoire portugais, où il pénètre en aval de *Makuleka*.

La *République* est fédérative et comprend quatre districts : **Mouioiverdop**; **Magaliesberg**; **Lydenbourg**; **Zoutpansberg** :. Les villes principales sont : **Pretoria**, capitale; *Potchefstroom* (1500 hab.); *Rustenburg*; *Reynosport*; *Middelbourg*; *Heidelberg*; *Lydenbourg*. — Le pouvoir est exercé par le *Président de la République* élu pour cinq ans; et par la Chambre du *Volskraad*, élu au suffrage universel.

**Productions.** — Les mines de *houille*, d'*or*, *fer*, *cuivre*, *étain*, *plomb*, *cobalt* (Lydenbourg, Zoutpansberg, Waterberg, Tatin ou Tati, paraissent excessivement riches. — Toutes les céréales et tous les fruits et produits tropicaux croissent dans le pays. Les *prairies* et *pâturages* sont immenses et nourrissent de magnifiques troupeaux de bœufs, chevaux et moutons : les forêts abondent. Les Boërs sont grands chasseurs; le gros gibier sauvage (*lions, tigres, éléphants, élans, loups, chacals, rhinocéros, girafes, zèbres*) se retire vers l'intérieur et devient plus rare. — On trouve dans la haute vallée du Limpopo l'arbre merveilleux ou *wonderbaum*. « Les branches, après s'être
» élevées à une certaine hauteur, se recourbent vers la terre, et viennent y
» reprendre racine, donnant ainsi naissance à d'autres rejetons rattachés
» au tronc principal par la branche génératrice. Cet arbre, dit reproducteur,
» dans le tronc duquel vingt personnes peuvent se tenir à l'aise, est entouré
» de onze à douze rejetons à sève vigoureuse et à feuillage épais qui, dans
» les chaudes journées, offrent une ombre délicieuse au voyageur fatigué. »
(BAINIER, page 665.)

**Industrie.** — L'industrie est peu développée et les exportations presque nulles. Le pays manque de voies de communication; il y a une route de Durban à Prétoria; une autre de Lydenbourg à la baie Delagoa; un chemin de fer doit rattacher Pretoria à la mer. « Le Transvaal, dit encore M. Bainier,
» qui pourrait nourrir 10 millions d'habitants, et qui peut être le grenier de
» l'Afrique du Sud, ne produit pas actuellement les grains en quantité suffi-
» sante pour nourrir ses 300 000 habitants; il est obligé d'importer des
» farines d'Australie. Il ne manque à cette contrée pour en faire une des
» plus riches du monde entier qu'une population plus nombreuse de tra-
» vailleurs, des capitaux et des voies de communication, routes et chemins
» de fer. »

2° **Etat libre d'Orange.** — Fondé en 1834 par les Boërs fugitifs, cet Etat est borné par le *Vaal* au nord, le *Nu-Gariep* au sud; les monts *Drakenberg* à l'est. — **Superficie,** 110000 kilom. car. — **Population,** 57000 habitants (37000 blancs, 20000 indigènes).

(Pour la géographie physique et les productions, voir les pages précéd.)

Les villes principales sont : **Bloemfontem** (fontaine des fleurs) capitale, sur le *Modder* (1200 hab.) à 1100 kilom. du Cap; *Smithfield*; *Winbourg*; *Harrysmith*. — Le pouvoir *exécutif* est exercé par le président de la République élu pour cinq ans, et assisté d'un *conseil*; le pouvoir *législatif* appartient au *Volskraad*, composé de quarante-deux membres élus par le suffrage universel. Le pays est divisé en treize districts.

3° **Cafrerie indépendante : Hottentotie : Ovampie.** — La vaste contrée qui s'étend au nord des possessions anglaises du Cap et des Etats libres d'Orange et du Transvaal est encore mal connue. Elle est habitée par les tribus appelées Cafres (infidèles, de *Kafir*, nom donné autrefois par les Arabes), de couleur bronzée plutôt que noirs, habitant des *Kraals* ou villages fortifiés, ignorants, superstitieux, fétichistes, chasseurs et pasteurs, vivant isolément sous des chefs. — Les principales de ces peuplades, qui ne paraissent pas avoir des origines communes sont : à l'est : 1° les nombreuses tribus de la nation des **Betjouanas,** chez lesquels les missionnaires ont fondé les établissements de *Kourouman,* de *Motito, Litakou, Kolobeng; Shoshong;* les *Makololos, Barotsé, Banyaïs,* sur le Zambèze, etc.; — 2° les nations **Hottentotes,** ou *Quaïqua,* divisées en *Namaquas, Koronas, Boschimans* ou *Bushmen, Griquas;* leur pays renferme du fer et du cuivre ; — 3° les **Ovampiens** ou **Cimbébasiens** établis sur le littoral, au sud de la Guinée portugaise, *Ovampos, Ova-Hereros, Damaras, Namaquas,* — tribus pastorales et peu sédentaires. Les Anglais se sont établis sur cette côte dans la baie *Walfisch,* dans l'île *Itschabo,* à *Angra-Pequenna.*

Le Père Duparquet évalue l'ensemble de tous ces territoires à 1 million 248 000 âmes, ainsi réparties : *Damaraland* et *Kalahari,* 118 000 ; — *Namaqualand* et *Betjouanas,* 170 000 ; — *Ovampos, Bakoubas, Barotsés, Nanos,* 960 000 âmes.

---

## RÉSUMÉ HISTORIQUE

### LE TRANSVAAL

Tous les Boërs ne se résignèrent pas aux conditions imposées par l'Angleterre après l'annexion de Natal. Un grand nombre résolurent de fuir de nouveau au désert. L'émigration recommença sous la conduite d'**Andreas Pretorius,** irréconciliable ennemi de la Grande-Bretagne. Les Boërs fondèrent au nord du Vaal Potchefstrom et Klerksdorp. L'Angleterre les y poursuivit, vainquit Pretorius à Boom-Plaats, mit sa tête à prix, mais ne l'empêcha pas d'organiser l'*Etat libre du Fleuve-Orange* (1848), et la *République de Transvaal* dont il fut le premier président. — A sa mort, son fils **Prétorius II,** fut élu à sa place, et bâtit sur le versant de la mer des Indes une nouvelle capitale qui reçut le nom de *Prétoria,* en l'honneur du fondateur de la République. Pendant les années qui suivirent, des guerres atroces éclatèrent entre les Boërs et les indigènes : Prétorius II, qui n'avait ni les passions étroites, ni l'intolérance fougueuse de son père, tenta de réunir l'Etat d'Orange au Transvaal. Il échoua, et se démit de ses fonctions. — Son successeur, le clergyman **Burgers,** essaya par des réformes utiles et coûteuses d'assurer l'indépendance de ses concitoyens. Mais il maintint l'esclavage, et continua à faire aux indigènes une guerre implacable. — Le gouvernement anglais saisit cette double occasion pour intervenir dans la République du Transvaal.

Un commissaire anglais, sir **Theophilus Shepstone,** se rendit à Prétoria, sur l'ordre de son gouvernement, avec un faible corps de cavalerie. Les instructions données à *Shepstone* ne lui enjoignaient pas de prendre possession du pays; mais elles étaient conçues de façon à justifier l'annexion, si elle était consommée. Le diplomate armé séjourna deux mois à Prétoria, et proposa l'annexion au *Volksraad.* Quelques pétitions des habitants l'appuyèrent; mais l'assemblée protesta. Sir Theophilus passa outre, et dans une proclamation datée de Prétoria, 12 avril 1877, déclara que « le terri-

toire précédemment connu sous le nom de *République africaine du Sud* ferait partie du territoire britannique. » Le commissaire avait dépassé ses instructions ; mais le cabinet anglais se garda de le désavouer. « Je doute, écrit
» M. Trollope, qu'il y ait dans l'histoire d'Angleterre un précédent à un
» pareil coup de force. C'est absolument comme si l'empire d'Allemagne
» s'annexait le territoire de la Suisse, sous prétexte que, comme République, la Suisse est un danger pour l'Europe... »

Toutes les réclamations des Boërs contre cette iniquité furent inutiles. La Hollande et la Belgique s'émurent : une adresse, rédigée par le professeur Harting, de la Haye, et signée des plus grands noms des Pays-Bas, et un manifeste adressé « à la nation anglaise » par toutes les Sociétés flamandes du *Willems-Fonds* firent vainement appel « à l'esprit de justice » de l'Angleterre. Le cabinet que présidait lord Beaconsfield envoya du Transvaal des troupes de renfort pour rendre l'occupation définitive. Les Boërs prirent les armes, sous les ordres de *Joubert*. Les troupes coloniales furent battues dans plusieurs rencontres ; le 27 février 1881, une colonne anglaise, commandée par le gouverneur de Natal, général *Colley*, fut presque anéantie au mont Majuba. Colley périt, et sur les sept cents hommes de sa colonne deux cent soixante-six furent tués ou pris. Les Anglais signèrent la paix, le 24 mars, avec le triumvirat **Krüger**, **Joubert** et **Prétorius** : la convention de Prétoria du 3 août restitua le Transvaal aux Boërs, sous la suzeraineté de l'Angleterre[1]. On leur laissa leur indépendance et la direction de leur gouvernement intérieur, mais les affaires extérieures durent être soumises au résident anglais, nommé par la métropole, et payé sur les fonds du budget métropolitain. Le pouvoir exécutif est exercé par un président élu pour cinq ans par le peuple ; le pouvoir législatif confié à la Chambre (Wolksraad), composé de quarante-trois membres élus.

**Les Zoulous.** — La tentative d'annexion du Transvaal a eu pour conséquence la guerre des Anglais contre les Zoulous.

La monarchie militaire du Zoulouland a été fondé au commencement du dix-neuvième siècle par un des plus féroces chefs de tribus cafres dont l'histoire de l'Afrique australe ait gardé le souvenir. Il se nommait **Chaka**. Fils d'un chef militaire cafre, lui-même guerrier redoutable et capitaine éprouvé, il fut élu roi de toute la nation Zoulou, après la mort de *Dingiswayo*, qui l'avait désigné comme son successeur le plus digne. Son ambition était sans bornes, et pour la satisfaire, il ne recula devant aucun crime. Dingiswayo lui laissait une armée déjà organisée et aguerrie ; il la rendit formidable. « Il commença, écrit M. de Weber (page 304), par faire
» de ses Zoulous de véritables spartiates endurcis à tout, et défendit à
» ses soldats de se marier. Il partagea l'armée en régiments de mille
» cinq cents hommes ; chaque régiment comprit trois subdivisions : les
» vétérans, sorte de vieille garde constituant la réserve, les jeunes gens
» chargés d'attaquer, et le train, composé des porteurs de bagages et de
» provisions et des conducteurs de bétail. La couleur des plumes formant
» le panache, et celle des peaux lombaires distinguaient les uns des autres
» les régiments. Tous furent cantonnés dans des Kraals fortifiés, et, dès
» qu'un enfant paraissait dans un Kraal, on le tuait sans pitié. L'ensemble
» de cette force armée s'élevait, au besoin, à soixante mille hommes

---

1. Dans sa séance du 15 avril 1881, le *Volksraad* formula cette déclaration énergique, que « ses membres se feraient tous tuer, plutôt que de consentir à la cession d'un pouce de terrain. »

» environ. Chaka introduisit en outre une nouvelle façon de combattre,
» jusqu'alors inconnue parmi les indigènes de l'Afrique australe, savoir
» l'ordre de bataille en phalange serrée et l'emploi de la lance-estoc (*irua*),
» au lieu de l'ordre épars en usage de tout temps, et de l'arme de jet
» (*incusa*), peu efficace, puisque chaque soldat ne pouvait guère porter sur
» lui plus de cinq de ces engins, et que, ces traits une fois lancés à la
» distance de 90 pieds, l'homme demeurait désarmé. »

Chaka dompta l'une après l'autre toutes les tribus nègres depuis le Limpopo jusqu'au Cap : le Transvaal, Natal, le Basoutoland, l'État d'Orange subirent le joug; il fallait choisir entre la servitude ou la mort. Le féroce roi Zoulou tombait à l'improviste sur les tribus, faisait égorger les chefs ennemis, et massacrer des peuplades entières, au moindre signe de résistance. Dans toutes les fêtes et cérémonies, on versait à flot le sang : telle était la terreur ou tel l'enthousiasme inspirés par ce tyran, que sur un ordre de lui, ses soldats se frappaient et mouraient en célébrant sa grandeur. C'était le Dahomey transporté dans l'Afrique australe. Chaka fit périr tous ses enfants en bas âge; les peuples voisins fuyaient devant ses cruautés : c'est ainsi que les Fingos (ou Cafres chiens), abandonnant les plaines et les montagnes du Natal, cherchèrent un asile au pays des Galekas, qui les accueillirent, mais en firent leurs esclaves, jusqu'au jour où les Anglais les délivrèrent (1834). La dernière armée de Chaka fut enfin anéantie en 1838 par la peste et par les Boërs. Chaka lui-même fut tué par son frère Dingaan, dans son village royal sur le bord de la rivière Umvoti.

**Dingaan** fut un monstre du même genre, avec moins d'éclat et plus encore de perfidie. On a vu plus haut le massacre de Retief et de ses compagnons d'armes près d'Estcourt. (Voir p. 786.) En 1839, son frère *Panda*, soutenu par *Prétorius* et les Boërs, le renversa; il s'enfuit chez les Amazouazis où il fut assassiné par un de ses officiers. Les Boërs proclamèrent roi **Panda**, d'humeur moins belliqueuse, et de mœurs plus tolérantes. Il n'empêcha pas néanmoins ses deux fils *Cettiwayo* et *Umbalazi* de se livrer des combats acharnés. En 1872, *Panda* mourut, et **Cettiwayo**, avec l'appui des Anglais, fut proclamé roi. Le gouvernement britannique comptait sur les Zoulous pour tenir en échec les Boërs, et favorisait même le développement des institutions militaires chez ce peuple belliqueux. En 1873, en présence de tout son peuple, Cettiwayo se fit couronner solennellement roi des Zoulous par sir Shepstone, secrétaire des affaires indigènes de la colonie de Natal.

Les relations d'amitié cessèrent brusquement en 1878, lorsque l'Angleterre annexa le Transvaal à la colonie du Cap. On accorda, il est vrai, à Cettiwayo une rectification de frontières avantageuses, mais on prétendit lui imposer un résident Anglais, l'obliger à réduire son armée et à renoncer au vieux système de service militaire obligatoire en usage dans ses États, et qui faisait de son peuple une nation de guerriers redoutables. Cettiwayo refusa d'obéir aux ordres de l'Angleterre : il se montrait d'ailleurs fort peu sympathique aux missionnaires anglicans dont les enseignements lui semblaient dangereux. Le gouverneur du Cap, sir *Bartle Frere*, malgré ses tentatives de conciliation, ne put éviter la guerre. A la fin de janvier 1879, quatre colonnes anglaises envahirent par trois côtés le territoire de Cettiwayo. Les Zoulous, armés de fusils de modèle européen, furent d'abord partout vainqueurs. Le 4 février, un détachement de mille Anglais, était anéanti à Isandhlawana[1]; le 12 et le 28 mars, deux autres furent taillés

---

[1]. Ces quatre colonnes étaient commandées en chef par lord Chelmsford, et en

en pièces. Les Anglais battirent en retraite et attendirent des renforts. Ils arrivèrent en mars, en tout sept mille hommes et seize cents chevaux. Les Zoulous furent vaincus à leur tour à *Kambula* (29 mars) et à *Ekowé* (3 avril). Au mois de mai, de nouvelles troupes auxiliaires furent envoyées du Natal ; l'armée anglaise compta vingt-deux mille cinq cents hommes, sans parler des contingents indigènes ; les opérations n'en furent pas moins poussées avec une extrême lenteur, à cause des difficultés des transports[1].

**Sir Garnet Wolseley**, le vainqueur des Achantis, fut alors chargé du commandement en chef de l'armée sud-africaine. La marche sur Ulundi fut ordonnée à la fin de juin. Le 4 juillet, lord *Chelmsford* livrait à Cettiwayo la bataille décisive qui porta le dernier coup à la puissance du roi nègre, puis il résigna ses fonctions entre les mains de Wolseley qui n'eut qu'à recueillir les fruits de cette rude campagne. Le 10 juillet, Ulundi fut occupée ; le 27 août seulement, Cettiwayo, traqué dans les gorges et les forêts de ses montagnes fut enfin saisi avec une poignée de ses fidèles. Il demanda à être fusillé sur-le-champ. On le conduisit à Ulundi, puis à Port-d'Urban, d'où on l'embarqua pour le Cap. Sa dynastie fut déclarée déchue, et le Zoulouland divisé en treize districts sous des chefs indépendants nommés par le gouvernement britannique, et soumis à la surveillance et à la direction d'un résident anglais. Ce pacte ne fit qu'entretenir l'anarchie entre les tribus. Pour faire cesser la guerre civile, les Anglais rendirent à Cettiwayo la liberté et son titre de roi. On l'amena à Londres, où il prêta serment de fidélité à la reine, et jura d'obéir aux ordres du résident anglais installé à Ulundi. Cette restauration déchaîna contre Cettiwayo les colères des chefs du Zoulouland, à qui le gouverneur du Cap avait jadis distribué ses dépouilles. La guerre durait encore, lorsque Cettiwayo mourut (1883)[2].

---

second, par les généraux Pearson et Wood, les colonels Glyn et Durnford. C'est la troisième colonne, sous Glyn, qui attaquée à l'improviste par 20 000 Zoulous, fut détruite jusqu'au dernier homme. Lorsque Chelmsford se porta à son secours, du détachement entier il ne restait plus âme vivante. « La place était jonchée
» de milliers de cadavres d'hommes, de chevaux et de bœufs. On voyait encore
» debout une partie des tentes anglaises ; mais, des cent chariots lourdement
» chargés, les uns étaient en pièces ou pillés, les autres avaient disparu. Des sacs
» de grains éventrés, des caisses de munitions vides, et des débris de toute sorte
» ajoutaient leur effroyable pêle-mêle à cette vaste hécatombe d'hommes et d'ani-
» maux. Tous les approvisionnements et tout le parc d'équipages de la colonne
» n° 3 étaient devenus la proie des Zoulous. » — (E. de WEBER, p. 357.) Les seuls survivants de la catastrophe d'Isandhlawana furent les chiens qui accompagnaient le détachement anglais, et qui, guidés par leur flair, rejoignirent à la fin le corps d'armée, éreintés, efflanqués, mourant de faim, et le corps criblé de coups de zagaies.

1. C'est dans cette période préliminaire de la seconde campagne du Zoulouland que périt le prince Louis Bonaparte, fils de l'ex-empereur Napoléon III. Attaché à la division du général Newdigate, il entreprit le 1er juin avec un lieutenant du 98e régiment, six blancs et un noir, une reconnaissance vers quelques Kraals ennemis. La petite troupe avait fait halte, quand elle fut surprise au repos par une cinquantaine de Zoulous qui avaient rampé sans bruit à travers les hautes herbes. Le détachement, fusillé à bout portant, s'enfuit, mais le prince ne put enfourcher son cheval épouvanté, qui le désarçonna ; abandonné de son escorte, il resta seul, en face des Zoulous, qui le transpercèrent de leurs zagaies. Il se défendit à coups de revolver, et mourut en soldat. Son corps, retrouvé le lendemain, fut transporté à Pietermaritzburg, et ramené en Angleterre.

2. La triple guerre faite par l'Angleterre aux Zoulous, aux Basoutos et aux Cafres, de 1878 à 1881, lui a coûté plus de 200 millions.

## 2° EXTRAITS ET ANALYSES

### Les mines de diamants.

Les mines de diamants de l'Afrique méridionale dépassent aujourd'hui en importance toutes les autres mines du monde. Les fameux gisements de *Golconde*, dans la province d'*Haïdérabad* (Hindoustan), d'où on a tiré la plupart des grands diamants historiques, ne suffisent plus à payer les frais d'exploitation. Sur les indications d'Alexandre de Humboldt, des traces de diamants furent découvertes, en 1828, dans les alluvions de l'*Oural*; mais la production en est encore fort restreinte. Au commencement du treizième siècle, le portugais *Sebastian de Prado*, visitant le Brésil, reconnut pour des diamants les cristaux éclatants dont se servaient les nègres comme marques au jeu de cartes. Alors s'ouvrirent les mines de la province de *Minas Geraës*[1], et en cent cinquante ans, le total des pierres brésiliennes livrées au commerce s'éleva, suivant *Schraf*, à treize millions de carats[2]. Mais le Brésil ne soutient pas la concurrence avec l'Afrique australe.

L'existence des diamants dans les régions qu'arrosent le Vaal et l'Orange paraît avoir été connue depuis longtemps, si l'on en juge par une carte de missions, dressée vers 1750, où la contrée actuelle du Griqualand occidental est marquée par ces mots : *Ici sont des diamants*. Mais c'est en 1867 seulement qu'on songea à les exploiter. On ne s'accorde pas sur la découverte : les uns l'attribuent à des chasseurs d'éléphants, les autres à un fermier qui, ayant enduit sa cabane de boue, vit apparaître des points brillants qui étaient des diamants; la version la plus répandue est celle-ci : un marchand hollandais, nommé *Niekerk*, et un chasseur d'autruches, *O'Reilly*, passant par l'habitation du Boër Jacobs, remarquèrent entre les mains d'un enfant du fermier, un petit caillou très brillant, Niekerk proposa de l'acheter; la pierre lui fut abandonnée comme une chose sans valeur. Elle fut emportée au Cap, passa en diverses mains, et fut vendue enfin au gouverneur de la colonie, *sir Philip Wodehouse*, pour la somme de 500 livres sterling (12 500 francs). Alléché par sa découverte, Van Niekerk fit de nouvelles recherches; un berger hottentot lui céda une autre pierre en échange de plusieurs chevaux et moutons : cette pierre pesait quatre-vingt-trois carats; Niekerk l'avait payée environ 400 livres, il la revendit

---

1. Voir sur les *diamants du Brésil*, notre volume de *Lectures sur l'Amérique*, p. 524.
2. Le mot *carat*, mesure conventionnelle adoptée pour les objets précieux, désigne tantôt un simple degré de pureté (*carat de fin*), tantôt un poids réel (*carat de poids*). Quand il s'agit de déterminer le poids des diamants, perles, etc., le carat pèse 4 grains, c'est-à-dire 20 centigrammes environ (0gr,20275). *Carat* vient de l'arabe *kirat*, petit poids qui est le vingt-quatrième d'un denier. Selon d'autres, *carat* viendrait de *kuara*, nom de la fève de l'*érythrima*, arbre d'Abyssinie. Les semences sèches de *kuara* sont toujours à peu près du même poids. De toute antiquité, les habitants s'en sont servis pour peser l'or. Ces fèves, transportées dans l'Inde, ont été employées dans les premiers temps à peser les diamants.
— (O. Sachot, *Revue britannique*, mars 1881.)

aux joailliers de la couronne, à Londres, 11 200 livres (280 000 francs). C'est le fameux diamant connu sous le nom d'*Étoile de l'Afrique méridionale.*

Les premières fouilles commencèrent à *Pniel*, en 1868, près du fleuve

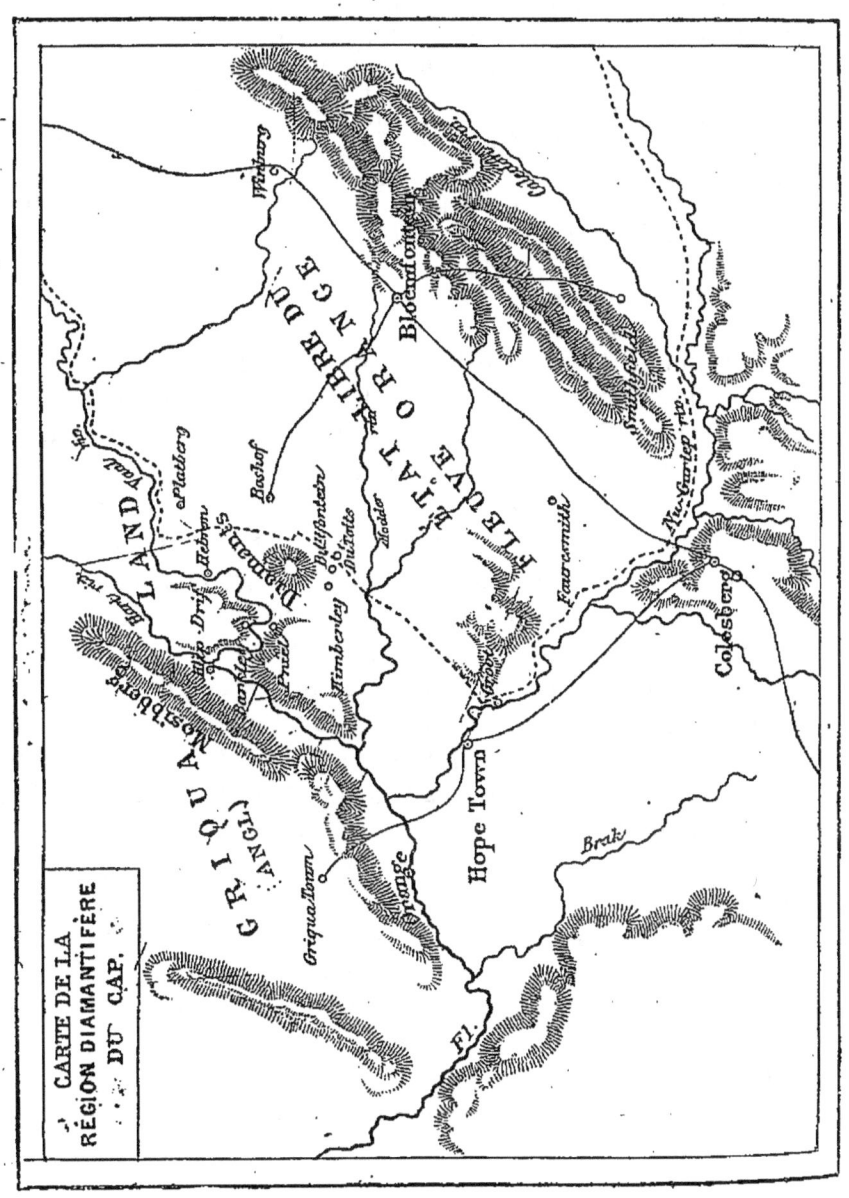

CARTE DE LA RÉGION DIAMANTIFÈRE DU CAP.

Vaal; l'établissement de *Klipdrift* comptait, en 1870, une population blanche de 10 000 personnes. Un ancien marin, M. Stafford Parker, fut nommé président de la République des *Diggers*; mais à la fin de 1870, le gouverneur du Cap, M. Campbell, vint avec une troupe de policemans planter à Klipdrift le drapeau britannique. L'annexion fut consommée pacifiquement: Pniel, située sur la rive sud du Vaal, resta au pouvoir de l'Etat libre d'Orange.

La même année, un *digger*, M. Robinson, découvrit des diamants à onze lieues au sud-est de Pniel, près de la ferme de *Du Toit's Pan*. Les chercheurs malheureux de Pniel et Klipdrift s'y portèrent en foule ; quelques mois après, en mars et en juillet 1871, d'autres découvertes de diamants furent faites à Bultfontein et à Voornitzicht. C'est près de cette dernière ferme que se porta le courant des *diggers*, et là fut fondé le camp de New-Rush (nouvelle affluence) qui compta jusqu'à 12 000 ouvriers. Ces *diggings* étant situés sur le territoire d'Orange, le président de l'Etat libre leur donna pour gouverneur M. Truter, un ancien chercheur d'or d'Australie. Quand l'Angleterre s'en fut emparée, New-Rush et Klipdrift changèrent de noms : on appela la première *Kimberley*, du nom du ministre des colonies en Angleterre, et l'autre *Barkly*.

« Les champs diamantifères du Cap sont situés sur la limite de la colonie du Cap de Bonne-Espérance et de l'Etat libre du fleuve Orange, à environ 1 200 kilomètres de Cape-Town, par 29 degrés de latitude sud et 23 degrés de longitude est, à une altitude moyenne de 1 800 mètres. Ils appartenaient d'abord à la république de l'Orange ; mais, dès que la richesse extraordinaire de ces gisements fut bien établie, le gouvernement anglais se rappela tout à coup qu'il était cessionnaire des droits d'un ancien chef cafre dont ces terrains devaient faire partie. Il s'en empara en dépit des protestations énergiques de la république hollandaise, qui, en 1871, offrait loyalement de soumettre la question à l'arbitrage de l'empereur d'Allemagne. Le gouvernement du Cap s'y refusa et garda les mines, malgré le résultat des arpentages, qui ne lui était pas favorable.

» Il y a trois routes principales conduisant aux *placers* diamantifères [1]. Celle de la colonie de Natal, plus courte comme distance, est peu fréquentée à cause de l'éloignement des ports auxquels doivent se rendre les personnes arrivant de l'extérieur ; il ne s'y trouve aucun service de transport établi ; le voyageur est dans la nécessité d'organiser lui-même tout son matériel et de se charger de ses vivres et des rations de ses chevaux, car il ne serait pas sûr de s'en procurer en chemin. Par le fait, on met

---

[1]. Depuis que ces lignes ont été écrites, les transports sont devenus plus faciles et la durée du voyage moins longue. Les chemins de fer déjà construits de Natal à Pietermaritzburg ; — de Port-Elizabeth à Graaf-Reynet ; — du Cap à Beaufort, abrègent les distances. Bientôt la locomotive ira de Beaufort à Hope-Town, au seuil des régions diamantifères.

plus de temps pour arriver de ce côté, et le voyage est plus coûteux; la seule chose qui pourrait certes compenser les ennuis de ce pénible trajet, c'est le passage du Draken's Berg (Montagne du Dragon), d'où le panorama est si beau, si grand, que les personnes les moins sensibles aux spectacles de la nature ne peuvent se défendre d'une admiration profonde en contemplant ce paysage vaste et riche, si digne d'inspirer un artiste[1].

» La route de Port-Elisabeth est assez fréquentée et desservie par des voitures américaines qui font chaque semaine un voyage d'aller et un de retour qui durent cinq jours chacun. Enfin pour la troisième route, celle du Cap, on trouve deux lignes de diligences rivales, qui ont chacune deux départs d'aller et deux de retour par semaine, et qui font le trajet en six jours environ. Ces voitures voyagent nuit et jour, et ne s'arrêtent que pour changer de relais aux fermes et dans les villages, où les voyageurs pendant ce temps prennent un repas quelquefois copieux, mais rarement appétissant. Quoique cette ligne soit plus longue que les autres, elle est plus suivie en raison des nombreuses stations où le voyageur peut non seulement se ravitailler et trouver gîte pour lui et ses chevaux, quand il se sert de ses propres moyens de transport, mais aussi, en cas d'accident, recevoir assistance de tous ceux qui parcourent cette route. Lors de mon séjour au Cap, il y a trois ans, le prix du passage par la diligence de Cape-Town aux mines était de 300 francs par personne, et les frais de nourriture et de coucher, quand on avait ce dernier luxe pendant quelques heures, pouvaient bien s'élever à 100 fr. En somme, ce ne serait pas trop cher, si l'on était un

---

1. **Le col de Beers.** — La haute chaîne des Drakenberg sépare l'état d'Orange de la colonie du Natal. Une route qui vient de Colesberg et de Bloemfontein la traverse à l'est de la ville d'Harrysmith, par le col de Beers. « ... J'atteignis le point culminant de la passe de *Beers*, (à 5400 pieds d'altitude), » et je faillis pousser un cri de ravissement à la vue du merveilleux panorama » qui s'offrait à mes yeux. C'était comme une carte qu'on eût étalée devant moi : » la terre promise, le splendide Natal se déroulait dans une buée transparente » et azurine, avec son écheveau de montagnes estampées de violet, ses vallées » ombreuses et touffues, ses prairies verdoyantes et ses innombrables cours d'eau » argentés; ce tableau magique, tout plein des chaudes couleurs du midi, me rappelait le premier aspect des plaines d'Italie aperçue de la cime des Alpes. Vers » le ciel montaient des colonnes de fumée blanchâtre émanant des herbes que » brûlaient les Cafres pour rajeunir et épurer les pâtis, et sur cette vaste scène » imposante planaient doucement le repos et la paix. Il ne manquait à l'ensemble » que le bruit charmant des clochettes rustiques, pour qu'on se crût au revers » sud des monts de l'Helvétie. » (E. d. WEBER, *Quatre ans au pays des Boërs*, trad. de M. Gourdault, ch. XV, p. 281.)

peu mieux nourri et mieux assis. Les diligences qui font ce service contiennent quatorze passagers, un conducteur, un cocher et un porte-fouet, profession peu connue en Europe, mais justifiée dans la colonie par le nombre de chevaux ou de bœufs qui constituent un attelage. On concevra en effet qu'un cocher chargé de conduire quelquefois jusqu'à douze chevaux ait besoin d'un fouet trop long pour être manié d'une main ; il a donc un aide armé d'une formidable gaule en bambou, comme un pêcheur à la ligne, avec une lanière proportionnée, dont il se sert avec une adresse surprenante qu'on aurait envie d'admirer, si l'on pouvait oublier qu'il excelle à faire claquer cet abominable engin ; outre ce fouet modèle, l'aide en a un autre plus court, en nerf de bœuf, pour les limoniers. Les dix-sept personnes qui s'embarquent dans ces diligences sont entassées, trois de front, sur des banquettes transversales pouvant à peine les contenir ; le dessous, fermé en caissons, pour les colis et les diamants, dont la valeur atteint quelquefois plusieurs centaines de mille francs, empêche de remuer les jambes et contribue à rendre la position encore plus incommode. Ces lourds véhicules, destinés à rouler sans repos sur des routes remplies de fondrières, sont munis d'énormes ressorts rouillés par leur passage fréquent dans les ruisseaux et les rivières, et les malheureux voyageurs, encombrés de bagages, cahotés en tous sens, heurtés au plafond et aux boutons de la voiture, privés de sommeil, souffrant de la chaleur l'été, du froid l'hiver, arrivent souvent à leur destination avec les jambes enflées par le manque de circulation, et dans tous les cas rompus de fatigue. Pour éviter ces inconvénients, beaucoup de voyageurs préfèrent acheter quatre ou six chevaux et une carriole à deux roues où ils empilent tous leurs bagages, tentes, meubles, etc., et sous laquelle ils suspendent les ustensiles de cuisine dont ils se servent en route, — ce qui leur donne assez l'apparence de marchands forains ou de saltimbanque en déménagement.

» ..... Nous voici arrivés à Boshof, la dernière station ; nous ne sommes plus qu'à une petite distance du premier *placer* diamantifère, et nous touchons au terme de notre long et pénible voyage. Déjà l'on aperçoit au loin les premières tentes de *Bult-Fontein*, et nous foulons enfin cette terre promise où tant de richesses sont accumulées, dont la vue seule fait battre nos cœurs d'espérance et d'émotion.

» Quelle chose étrange qu'une ville sans maisons, où les hureaux de l'administration, les études de notaires, les cabinets des avoués et des avocats, les hôtels, les magasins, les cantines sont sous des tentes, où les marchandises sont laissées nuit et jour dans les rues sans nulle surveillance, où, d'un simple coup de canif donné le soir dans la toile d'une tente, un malfaiteur pourrait enlever tout ce qu'il convoite! Et cependant il n'en est rien, car dans toutes les mines du monde règne la loi de Lynch, et l'on se fait justice soi-même avec son revolver, chacun prêtant main-forte à ses voisins. Aux mines de diamants toutefois les choses ne se passent plus ainsi depuis l'installation de tribunaux et d'une police régulière.

» J'ai dit l'impression que l'on ressent à l'arrivée au camp : mais comment parler du bizarre assemblage que présentent les repas d'hôtels? La première table d'hôte à laquelle je me suis assis en arrivant au *placer* de *Du Toit's Pan* réunissait des échantillons de toutes les nations, mais n'offrait qu'un seul et unique sujet de conversation : les mines et leurs produits. Voyageurs, marchands de diamants, commerçants de toute catégorie, mineurs, ne parlaient que de ces pierres, objets de leur ardente convoitise et l'on se passait de mains en mains des poignées de diamants pour la plupart très gros, — car les petits ne valent pas la peine d'être montrés, — sans avoir l'air de croire à la possibilité d'une soustraction. Le mineur qui venait ainsi de vider ses poches sur la table, et qui voyait ses pierres distribuées entre des convives que souvent il ne connaissait pas même de vue, attendait tranquillement que chacun eût fini son examen et lui eût renvoyé son trésor, qu'il rattrapait en détail sans qu'il y manquât jamais rien. Les choses ont bien changé depuis : la civilisation y a porté ses fruits sous la forme d'aventuriers toujours disposés à se tromper de poches. C'est la conséquence de toutes les grandes agglomérations d'hommes de faire le mal plus facile en en rendant la répression moins aisée. J'ai pu voir ce même soir un magnifique diamant de 115 carats extrait dans la journée par un mineur arrivé la semaine précédente, et qui venait d'acheter pour la modique somme de 625 fr. un *claim*[1] jusque-là stérile. Le premier propriétaire y avait travaillé trois mois sans rien trouver; découragé, il s'était défait de son ter-

---

1. Le *claim* est un lot de terrain acheté par le mineur; on donne à celui-ci le nom de *digger*, qui creuse; la mine est désignée sous le nom de *digging*.

rain, dont la stérilité devait cesser au moment même. Des faits de cette nature se représentent presque tous les jours; on m'a cité un Irlandais qui avait acheté 25 fr. un mauvais *claim*, et qui après quelques heures de recherches trouvait un diamant qu'il vendait 75 000 fr. Ces gains inespérés racontés de bouche en bouche n'ont pas tardé d'attirer aux mines une population considérable qu'on a estimée à 40 000 âmes pour le *New-Rush* seulement, avec beaucoup d'exagération sans doute; mais il est sûr que le nombre des personnes qui vivent aux mines est très

Vue intérieure des mines de Kimberley.

élevé. On y construit maintenant des magasins en bois ou en tôle, et même de petites maisons qui coûtent fort cher à cause du transport, qui revient à environ $0^{fr},65$ par livre pesant, car on ne trouve absolument rien sur les lieux et il faut faire venir tous les matériaux de Cape-Town ou de Port-Elisabeth. Une planche de sapin coûte 20 fr., une solive 80 fr., et le reste à l'avenant; la main-d'œuvre se ressent aussi du manque d'ouvriers, et l'on ne peut se procurer un homme se disant charpentier parce qu'il sait enfoncer un clou pour moins de 25 fr.

par jour : aussi n'y a-t-il guère que les mineurs riches qui puissent se passer le luxe d'une maison. Ceux-là vivent d'une manière assez agréable, ayant bonne table, piano, chevaux et voitures, terrain de crocket, allant aux concerts, aux courses, aux bals, aux représentations théâtrales, car il y a maintenant tout cela, même une table de roulette. Avec le sens pratique qui caractérise les races saxonnes, les Anglais des mines ont trouvé deux moyens nouveaux d'attirer le monde à la roulette et au théâtre. Dans la salle de jeu, il y a toujours à la disposition des

Vue générale des mines de Kimberley.

joueurs des cigares, des biscuits assortis et des rafraîchissements variés et de premier choix, même du vin de Champagne, le tout à discrétion et absolument gratuit ; on ne se fait pas faute d'en user, sans indiscrétion cependant. Quant aux théâtres, afin qu'il soit possible d'en jouir sans trouble, les enfants en sont exclus par une mesure qui fixe le prix de leur place à 125 francs. Il est probable que les membres du comité qui a pris ces mesures devaient être des célibataires ; mais il faut reconnaître qu'ils ont agi dans l'intérêt public, et personne ne s'en plaint.

Les femmes trouvent aux mines des modistes et des bijoutiers, les enfants des écoles, les hommes des cercles avec tous les journaux de l'Europe ; mais il ne faut pas juger de l'existence de la masse par ces exceptions et croire que les plaisirs fassent partie de la vie des mineurs, car la plupart gagnent péniblement ce qu'ils ont, quand toutefois ils arrivent à le gagner, et en dehors des heures de travail, la fatigue et les exigences du climat ne laissent guère penser au plaisir.

» La terre diamantifère que les charrettes ont transportée

Triage des terres diamantifères à Kimberley.

sur les lieux où elle doit être triée est d'abord écrasée grossièrement par les hommes qui s'accroupissent en rond, armés de bûches et qui la battent à mesure qu'elle est jetée par pelletées au milieu d'eux ; cette première opération a pour but de la séparer des pierres. On la passe ensuite à travers un tamis à mailles d'environ 15 millimètres de côté qui retient les coraux, que l'on rejette malgré les diamants qui peuvent s'y trouver, car la peine qu'il faudrait se donner pour briser ces pierres ne compenserait pas la perte de temps et d'argent occasionnée par ce travail. La terre est passée dans un second tamis à petites

45.

mailles de 2 à 3 millimètres pour la débarrasser de la poussière et la mettre en état d'être triée. On la verse alors sur des tables autour desquelles les hommes sont rangés avec des espèces de racloirs faits de morceaux de fer-blanc ou de débris de vieux seaux ; chacun plonge son racloir dans la masse et attire à lui une certaine quantité de terre, une bonne poignée à peu près, que du même mouvement il étale de manière à voir d'un seul regard s'il s'y trouve des diamants. La sûreté de coup d'œil qu'on acquiert avec l'habitude finit par rendre ce travail beau-

Route des mines de Kimberley.

coup moins minutieux qu'il ne paraît au premier abord, à ce point que les nouveaux venus en voyant le mouvement de va-et-vient continuel du bras, ne peuvent croire à la possibilité d'un triage fait aussi vite. Cependant il est difficile de laisser passer un diamant à moins qu'il ne soit très petit, car ce cristal, quoique ne jetant aucun feu à l'état brut et n'ayant aucune couleur, saute aux yeux d'une manière étonnante au milieu des terres et des graviers, et, chose remarquable, il est toujours pur, même dans la poussière, qui ne s'y attache jamais et semble le respecter. Malgré ces conditions favorables, les terres rejetées après le triage contiennent encore beaucoup de diamants, par la raison que les Cafres employés à ce travail sont plus occupés à bavarder qu'à regarder la table, et, par paresse ou par besoin naturel de mal faire, trient en couches tellement épaisses que les diamants sont enfouis au milieu des autres matériaux et échappent à la vue. Pour donner une idée de la négligence avec laquelle ces hommes s'acquittent de ce devoir, je dirai qu'un de mes associés, étonné de voir que nos trois *claims* réunis, travaillés ensemble par tous nos Cafres, nous donnaient à peine huit ou dix diamants par jour, quand nous pouvions en attendre vingt-cinq ou trente, puisque chacun de nos *claims* fournissait une moyenne d'environ huit diamants chaque jour quand nous les travaillions nous-mêmes, eut l'idée de cacher parmi les terres qui se trouvaient sur la table un diamant de 36 carats, c'est-à-dire plus gros que la plus belle noisette. Son but était de voir s'il fallait accuser la fidélité des ouvriers : quoiqu'il les surveillât attentivement, toute la terre fut triée devant lui sans que le diamant fût aperçu ; il avait été rejeté sous la table, où il fut retrouvé après des recherches. Cette même négligence nous fut confirmée du reste dans une autre circonstance : en déplaçant la table pour la transporter dans un endroit moins encombré, on trouva, parmi les sables qui avaient été triés, un diamant de 13 carats 1/2, gros comme la première phalange du doigt, et qui aurait été perdu pour nous comme tant d'autres. C'est même devenu une industrie nouvelle aux mines, pour ceux qui ne peuvent acheter un *claim*, de repasser les terres abandonnées, ce qui est quelquefois très productif. Un de mes amis se faisait ainsi, sans avoir risqué aucun capital, un revenu de 250 fr. par semaine, car, outre les diamants qui peuvent échapper à la vue pendant le triage, il s'en rencontre dans les coraux et les terres dures qui restent dans le premier tamis, et ces terres, après avoir été exposées quelque temps à la pluie et au soleil, se désagrègent d'elles-mêmes et abandonnent leur trésor à celui qui a eu la patience de chercher et d'attendre. Beaucoup d'enfants et de jeunes Hollandaises passent ainsi leurs journées à fouiller à l'aventure dans les sables, et sont quelquefois largement récompensés. Dans la rue où je travaillais, un enfant trouva, parmi des terres déjà triées, un diamant de 73 carats. Quoique des hasards aussi favorables soient une exception, il n'est point rare de rencontrer dans les rues de petits diamants d'un carat et au-dessous, tombés avec la terre pendant le transport, qui s'effectue dans des charrettes à peine jointes, ou provenant des sables dont on se sert comme de gravier dans les tentes et ailleurs.

» Les champs diamantifères sont divisés en deux catégories : les mines de rivières et les mines sèches (*dry diggings*). Aux mines de rivières, les diamants se trouvent sur les bords et dans le lit des cours d'eau au milieu de pierres d'une grande variété : calcédoines, agates, olivines, grenats rouges et verts, granits, feldspaths micacés décomposés, tufs, schistes alumineux contenant des pyrites de fer, micas, aragonites. Ces pierres, aux couleurs vives quelquefois, égaient la vue et empêchent la monotonie du travail. Aux mines sèches, les diamants gisent au milieu des sables et des terres d'alluvion, parmi des calcaires de toute sorte, des grenats, péridots, schistes, micas, etc.

» Toutes les mines sèches sont situées au milieu de vastes plaines incultes, si plates et si unies que la vue peut s'étendre dans toutes les directions sans rencontrer autre chose qu'un horizon qui par sa régularité tranche sur le ciel absolument comme celui de la mer ; c'est à peine si de loin en loin on y aperçoit quelques arbres isolés appartenant invariablement à la famille des mimosas ; pas d'eau, pas de terre végétale, rien en un mot qui puisse donner à penser que ces régions, privées de toute condition d'existence, soient faites pour être habitées par l'homme. La terre végétale, — terre à briques, rouge et fine, sans pierres, — a une épaisseur qui varie de $0^m,10$ à 3 mètres, mais ce dernier chiffre est une exception. Quoique les diamants ne se montrent en abondance que dans quelques bassins, il est reconnu qu'il en existe dans toute la région située aux environs du fleuve Vaal. » (DESDEMAINES-HUGON, *Les mines de diamants du Cap*. — *Revue des Deux-Mondes*, 1<sup>er</sup> juin 1874.)

Au temps de la domination hollandaise, tous les minéraux précieux appartenaient à l'Etat ; ils étaient placés sous sa tutelle directe. Aujourd'hui la même loi existe, mais l'Etat accorde, moyennant un droit de patente, l'autorisation de chercher des diamants (*to prospect*). Le gouvernement du Cap a divisé la zone diamantifère en carrés formant des concessions ou *claims*, de 31 pieds anglais de côté ou 961 pieds carrés pour la surface totale. Les premiers possesseurs firent assez rapidement fortune et revendirent leurs claims, soit en entier, soit par parcelles. Les nouveaux acquéreurs creusèrent des tranchées de plus en plus profondes, entamant les terres dans tous les sens sans les étayer, et causant d'effroyables éboulements qui bouleversaient les concessions voisines. L'exploitation par claims devint de plus en plus difficile ; les propriétaires de ces claims se réunirent et formèrent des associations. Sous la direction de M. Jules

Porgès, une puissante compagnie française s'est formée sous le nom de *Compagnie française des diamants du Cap*. Elle a englobé environ le quart des concessions diamantifères, dont la valeur, matériel compris, est estimée environ treize millions. La Compagnie tente d'obtenir le monopole de l'exploitation diamantifère qui fixerait en France un commerce annuel de cinquante millions.

## Les autruches au Cap.

« Il faut ajouter à cette faune nombreuse et variée les autruches appartenant à des fermiers, mais vivant à l'état sauvage, que le voyageur rencontre aussi quelquefois sur sa route. Cet intéressant échassier fournit l'un des produits les plus recherchés du commerce du Cap. Les fermes à autruches sont entourées, comme les lignes des chemins de fer, d'un barrage en gros fil métallique ayant pour but d'empêcher ces précieux oiseaux de s'échapper, — ce qui n'est pas difficile, du reste, puisqu'ils ne peuvent ni voler ni enjamber, — et leur permettant cependant de vivre à leur guise, de choisir leurs pâturages et de faire leurs nids dans les vallées qui leur conviennent le mieux sans être inquiétés par le voisinage de l'homme. Tous les ans, vers l'époque de la mue, le fermier et ses aides vont à la recherche des autruches, qu'ils chassent devant eux jusqu'à un enclos de plus en plus resserré d'où elles sont obligées d'entrer dans un endroit où on les saisit et les dépouille, pour leur rendre la liberté ensuite jusqu'à l'année suivante. Une autruche rapporte en moyenne 1250 francs par an sans aucun frais d'entretien et sans autre débours que l'acquisition de la ferme; les belles plumes des mâles, atteignant près de 1 mètre en longueur et assez flexibles pour s'enrouler en spirale lorsqu'on les agite, se vendent jusqu'à 75 francs pièce dans l'intérieur, et les petites plumes fines, qui servent d'ordinaire à l'ornement des chapeaux d'enfant, valent à peine 1 sou. Ces plumes, assorties convenablement et expédiées en Angleterre, trouvent sur le marché des prix allant en gros jusqu'à plus de 2000 francs la livre pour les belles qualités, et constituent maintenant un commerce assez étendu et fort lucratif. Aussi le gouvernement, après avoir longtemps négligé cette branche importante, s'est enfin décidé à promulguer des lois sévères contre ceux qui se livrent à la destruction de l'espèce, et tout homme tuant un de ces oiseaux ou pillant un nid est condamné à une amende de 1 250 francs, — mesure fort prévoyante, car, outre les chasseurs qui tuaient les autruches, tant pour le plaisir et l'émotion d'une chasse à courre d'un gibier rare que pour l'avantage de se procurer des plumes à peu de frais, il se trouvait bon nombre de fermiers qui visitaient les nids pour en enlever les œufs et les manger.

» On s'imaginerait difficilement, en voyant ces oiseaux massifs et lourds, qu'ils puissent courir assez vite et assez longtemps pour fatiguer un cheval ; la rapidité d'allures est cependant le seul moyen que la nature leur ait fourni pour se dérober aux poursuites acharnées dont ils sont l'objet, et c'est par un instinct naturel de prudence que les autruches se tiennent, à l'état sauvage, dans des plaines, d'où leur vue perçante leur permet de voir arriver l'homme de loin et de commencer la fuite avec une avance assez considérable pour avoir quelque chance d'échapper. On les chasse avec des carabines à longue portée et du plus gros calibre, car elles ont la vie très dure et ne se laissent pas souvent arrêter par une balle seule ; alors même qu'elles sont abattues, il n'est pas aisé de s'en rendre maître en raison de la force extrême dont elles jouissent et de l'acharnement désespéré avec lequel elles font usage de leurs pieds et de leurs ailes comme moyen de défense ; un coup de pied d'une autruche peut fort bien briser la jambe d'un homme, et beaucoup de chasseurs inexpérimentés ou trop ardents ont payé cher l'imprudence de s'approcher de ces victimes qu'ils croyaient en leur pouvoir.

» Pour l'élève des autruches comme pour toutes les autres branches de l'industrie, le progrès s'est fait avec le temps, et les propriétaires commencent à comprendre qu'il est de leur intérêt de soigner ces animaux utiles et de les apprivoiser, afin de rendre plus facile la récolte des plumes, qu'autrefois on n'obtenait qu'après des luttes acharnées contre les autruches absolument sauvages..... »   DESDEMAINES-HUGON.

(*Id., ibid.*)

Les fermes possèdent en général cent cinquante à deux cents autruches ; deux mâles et deux femelles sont réservées pour la reproduction ; toutes les autres fournissent des plumes. On ne laisse pas les autruches couver leurs œufs ; on emploie à cet effet des couveuses artificielles, qui donnent d'excellents résultats. L'incubation a lieu au mois de juin et juillet, et dure quarante-trois jours. On nourrit les petits à l'aide d'un gazon très tendre ; presque dès leur éclosion ils avalent des menus cailloux qui sont nécessaires à leur digestion. « La nuit, écrit M. de Weber,
» (*Quatre ans au pays des Boërs*, p. 221) on les rentre, et les plus
» délicats sont tenus bien au chaud ; puis quand ils ont quel-
» ques mois, on les parque dans un enclos où on leur sert une pro-
» vende régulière d'herbe fine et de trèfle. Dans un parc voisin
» sont les individus plus âgés, qui ont déjà un ou deux ans.
» Quant aux reproducteurs, on les met à part, attendu que ce
» sont souvent de mauvais camarades. Chaque enclos est pourvu
» d'un petit hangar d'abri, en cas de pluie ou de grêle, et le sol
» y est semé de sable et de menus cailloux, pour que les pension-
» naires empennés puissent en ingurgiter à leur fantaisie. Ce
» sont les mâles, soit dit en passant, qui fournissent les plumes
» les plus belles et les plus chères. » On ne compte pas moins de soixante sortes de plumes, de nuances et de prix différents. Chaque autruche fournit quarante plumes aux ailes et cent à la queue. Les plus recherchées sont celles des autruches sauvages.

### 3º BIBLIOGRAPHIE

AYLWARD (capitaine). *The Transvaal of to day*. — (Londres, 1878.)

BOYLE (Fr.). *To the Cape for diamonds. A story of digging experiences in south Africa, with comments and criticisms political, social and miscellaneous, upon the present state and future prospects of the diamont fields*. — (London, 1873, in-8º.)

BROOKS. *Natal ; histoire et description de la colonie, productions, industries*, etc., en anglais, avec cartes. — (Londres, in-8º, 1876.)

BROWN (J.-C.). *Hydrology of South Africa, or details of the former hydrographic condition of the Cape of Good Hope, and the causes of its present aridity, with suggestions of appropriate remedies for this aridity*. — (Londres, in-8º, 1875.)

CASALIS (Eug.). *Les Bassoutos, ou vingt-trois années de séjour et d'observations au sud de l'Afrique*. — (Paris, 1860, in-8º, figures et carte, Meyrueis.)

CHAPER. *Note sur la région diamantifère de l'Afrique australe*. — (Paris, 1880, Masson.)

DELEGORGUE (Adolphe). *Voyages dans l'Afrique australe, notamment dans le* territoire de Natal, dans celui des Cafres Amazoulous, années 1838-44. — (Paris, 1847, 2 vol. in-8°, avec figures.)

Durand (l'abbé). *De Fort Nolloth à Spring bock.* — (Paris, broch. in-8°, 1876.)

Ernouf (baron). *Du Natal au Zambèze.* — (Paris, in-18, 1879, Charpentier.)

Fernandes das Nevès. *A Hunting Expedition to the Transvaal*, trad. du portugais. — (Londres, 1879.)

Haussmann (A.). *Souvenirs du cap de Bonne-Espérance.* — (Paris, 1866, in-8°.)

Hutchinson (MM.). *In Tents in the Transvaal.* — (Londres, 1879.)

Jannetaz, Fontenay, Van der Heyne et Coutance. *Diamants et pierres précieuses.* — (Paris, 1881, in-8°, Rothschild.)

Jeppe (Fréd.). *La République du Transvaal ou de l'Afrique du sud, avec un appendice sur le voyage du D<sup>r</sup> Wangemann dans le sud de l'Afrique en 1866-67.* — (Mittheilungen, octobre 1868.)

Levaillant (François). *Premier et second voyages dans l'intérieur de l'Afrique par le cap de Bonne-Espérance.* — (Paris, 1803, 5 vol. in-8°, avec figures.)

Levaillant (F.). *Voyage en Afrique, chez les Cafres et les Hottentots.* — (Paris, 1875, 2 vol. in-8°, Le Clerc.)

Mackenzie (John.) *The years north of the Orange River: a Story of Every day life and work among of south African Tribes from 1859 to 1869.* — (Edinburgh and London, 1871.)

Malan (C.-A.). *La mission française du sud de l'Afrique*, trad. de l'anglais, par M<sup>me</sup> Mallet. — (Paris, 1878, in-18, Bouhoure.)

Moffat (Robert). *Vingt-trois ans de séjour dans le sud de l'Afrique*, trad. de l'anglais, par Horace Monod. — (Paris, 1845, in-8°.)

Schrumpf (Christian). *Souvenirs de l'Afrique méridionale.* — (Genève, 1860, in-12, Sandoz.)

Serpa Pinto (le major). *Comment j'ai traversé l'Afrique depuis l'Atlantique jusqu'à l'océan Indien*, trad. du portugais, par M. Belin de Launay. — (Paris, 2 vol. in-8°, ill. et cartes, 1882, Hachette.)

Trollope (Antony). *South Africa.* — (Londres, 2° éd., 1878, 2 vol. in-8°.)

Wangemann (D<sup>r</sup>). *Ein Reise Jahr in süd Afrika* (Une année de voyages dans le sud de l'Afrique), en allemand. — (Berlin, 1868, in-8°.)

Weber (von E.). *Aus dem Lande der Diamanten; Vier Jahre in Afrika.* — (Leipzig, 1878, 2 vol. in-8°, avec gravure et carte.)

Weber (von E.). *Quatre ans au pays des Boërs*, trad. et abr. par Jules Gourdault. — (Paris, 1882, ill., in-18, Hachette.)

Wilmot (A.) et Chase (John). *History of the colony of the Cape of Good Hope from its discovery to 1868.* — (London, 1869, in-8°.)

---

Allain (A.). *Baie de Delagoa.* — (*Bulletin de la Société de géographie*, 1873.)

Bartle Frere. *The Transvaal.* — (Nineteenth Century, 4° 48, 1880.)

Blerzy. *Les colonies de l'Afrique australe.* — (*Revue des Deux-Mondes*, 15 janvier 1878.)

Chambeyron. *Un mois à Cape-Town, Mossel Bay*, etc. — (*Revue maritime et coloniale*, décembre 1875.)

Desdemaines-Hugon. *Les mines du diamant du Cap.* — (*Revue des Deux-Mondes*, 1<sup>er</sup> juin 1874.)

Durand (abbé). *Voyages du P. Duparquet dans l'Afrique australe.* — (*Bulletin de la Société de géographie*, 1880)

Fournier de Flaix. *Levaillant et la colonie du Cap.* — (*Revue scientifique*, 17 novembre 1883.)

Fontpertuis (de). *L'Afrique australe; ses terrains, sa colonisation et ses populations.*

Guillet. *Excursion dans la colonie du Cap.* — (*Bulletin de la Société de géographie de Lyon*, t. I<sup>er</sup>, n° 3, 26 mars 1881.)

Léonard. *Du cap de Bonne-Espérance.* — (*Revue maritime et coloniale*, XLIX, 1876.)

P... (M^me). *Voyage aux mines de diamants dans le sud de l'Afrique.* — (*Tour du Monde*, 2^me semestre 1878.)
Puaux (Frank). *Les Bassoutos; une mission française au sud de l'Afrique.* — (*Revue politique et littéraire*, 1^er janvier 1881.)
Roquette (de la). *Expéditions dans l'Afrique centrale.* — (*Bulletin de la Société de géographie*, 1850-1851-1852.)
Rouire (D^r). *Les Betchouanas.* — (*Revue de géographie*, sept.-octobre 1881.)
Valbert (G.). *Les Boërs et la politique anglaise.* — (*Revue des Deux-Mondes*, 1^er avril 1881.)
Van den Berg. *Les Zoulous et les colonies anglaises.* — (*Revue scientifique*, 22 mars 1879.)

# LIVRE III

## ILES AFRICAINES DE L'OCÉAN INDIEN

### CHAPITRE PREMIER

#### A. — MADAGASCAR

**Situation astronomique.** — Entre 12° et 25° 30' de lat. S.; — entre 41° 20' et 48° 10' de long. E., à 600 kilom. à l'ouest de la Réunion, à 400 kilom., à l'est de la côte d'Afrique dont le canal de Mozambique la sépare.

**Littoral.** — L'île de Madagascar, nommée successivement île *Saint-Laurent*, île *Dauphine*, *France orientale*, est appelée par les indigènes la *Grande-Terre* (*Hiéra-Bé*). Au nord, l'île allongée en pointe se termine par le cap *d'Ambre*. Sur la **côte orientale**, sont : la baie de *Diego-Suarez*, longue de 10 kilom., large de 7, profonde de 25 à 30 mètres, semée de petites îles (*Aigrette*, *Sépulcre*, *Pain-de-Sucre*, *Lune*) ; la baie d'*Ambavaranou* ou de *Rigny* ; le port *Louquez* ; le port *Leven* ; la baie de *Vohémare*, la presqu'île et le cap *Masouala* qui ferme à l'est la profonde baie d'*Antongil*, dans laquelle est *Marancette* ou *Port-Choiseul*, colonisé par Benyowski, au sud du cap *Bellone*, la côte est droite, basse, semée de lacs et d'étangs formés par la barre qui obstrue les bouches des rivières, (lacs *Rassouabé* (55 kilom. de tour), *Nossi-Bé*, (20 kilom. sur 9), *Nossi-Malaza*, *Nossi-Massay*) ; les ports sont rares, *Tintingue* en face de l'île Sainte-Marie, *Fénérife*, *Foule-Pointe*, *Tamatave*, où aboutit la route de Tananarive, *Yvondrou*, *Andévourante*, *Mahéla*, *Masindranou*, *Mutatam*, etc. A l'extrémité méridionale s'ouvre la baie de *Sainte-Luce*, et au sud de la pointe *Itapérine*, *Fort-Dauphin* et la baie *Ranoufoutsy* ou *anse aux Galions*. — Le cap le plus méridional de l'île est le cap *Sainte-Marie*. Le littoral devient nu, sans abris et souvent dangereux ; en allant au nord, sur la **Côte occidentale**, sont la pointe *Barlow*, les comptoirs d'*Ampalaze*, de *Masikoura*, d'*Itampoule*, le grand lac *Manampétsoutse* ; les baies de *Saint-Augustin*, *Tulléar*, *Ranoubé*, le cap *Saint-Vincent*, l'archipel des *Assassins*, où le brick français, la *Grenouille*, a été pillé et son équipage massacré en 1852 ; — les baies de *Matsérouké*, de

*Mouroundava*, ou *Amboudrou*, de *Mahétiram*; cette côte change brusquement de direction au cap *Saint-André*. — **La côte nord-ouest**, est la plus saine, la plus hospitalière, la plus riche en havres, la plus favorable à la colonisation ; c'est la côte des provinces d'*Ankara*, de *Bouéni*, d'*Ambongou*. Les baies sont commodes et spacieuses ; baies de *Baly*, de *Morambitsé*, de *Bouéni*, la rade superbe de *Bombétok*, (long de 33 kilom., large de 4 à 12), qui renferme celle de *Mazangaye* ou *Majunga* (lieu d'élection); les baies de *Narinda* avec l'île *Nossi-Lava*; de *Raminitok* et *Saumalaza* avec les îles *Radama*; les baies de *Mourousang*, de *Kakamba*, la presqu'île et la baie de *Bavatoubé* où fut assassiné M. d'Arvay (1856), la grande baie de *Passandava*, au nord de laquelle sont les îles françaises de *Nossi-Bé*, *Nossi-Faly*, etc., puis la baie d'*Ambarou* et le cap *Saint-Sébastien*.

**Relief du sol.** — L'île, orientée du nord-nord-est au sud-sud-ouest, est traversée dans toute sa longueur par une série de chaînes parallèles à la côte orientale : la plus épaisse et la plus haute de ces chaînes, interrompue au centre de l'île près du confluent du Mangourou et de l'Ounivé, court du cap d'Ambre au cap Sainte-Marie, sous le nom de plateaux d'*Ankara* et des *Betsileos*; à l'ouest de cette chaîne s'étend le large plateau de *Bougouhava*, sillonné de chaînons secondaires dont quelques-uns atteignent 2 500 mètres; ce plateau tombe à pic sur la grande plaine occidentale, que rident trois bourrelets de formation secondaire : 1° entre l'Anoulahine et le Mangouké est le mont *Saloubé*; au nord du Mangouké, le pic *Makaye*; 2° du cap Saint-André au 22ᵉ degré s'étend la chaîne de *Bémaraha*; 3° une chaîne côtière court parallèlement au littoral du sud-ouest.

**Cours d'eau.** — Deux versants : **Le versant occidental** ou *canal de Mozambique* reçoit : le *Mañangarivou*, la *Louza*, en partie navigable, la *Soufia*; le *Betsibouké* grossi de l'*Ikoupa*, rivière de Tananarive (400 kilom.), le *Mandzaraï*, l'*Ambongou*, l'*Ounara*, le *Manemboule*, le *Tridsoubou*, le *Mangouke*, l'*Oughe-Lahé*, ou *Anoulahine*. — **Le versant oriental** reçoit : le *Tingbale*, le *Manahar*, le *Manangourou*, le *Mangourou*, les deux plus grandes rivières de l'île (4 à 500 kilom.) descendues du même massif dans un sens opposé; le *Mananzari*, le *Manunghare* (450 kilom.), le *Mandréré*, etc. Aucun de ces cours d'eau n'est navigable, si ce n'est pour des pirogues, et à 8 ou 10 milles de l'embouchure. Plusieurs sont réunis ensemble par des canaux naturels. Les sources, les fontaines, les eaux en général abondent à Madagascar.

**Climat.** — Les fièvres sont à craindre sur le littoral et la chaleur y est étouffante : la côte orientale a été surnommée le cimetière des Européens. La température est fraîche, et le climat sain sur les plateaux et dans les hautes vallées de l'intérieur. Deux saisons : la saison *sèche*, d'avril à novembre ; celle des *pluies*, de novembre à avril. Le climat varie suivant les localités.

**Divisions politiques.** — Les Hovas, qui ont la prétention de dominer l'île entière, l'ont divisée arbitrairement en vingt-deux provinces, dont il est impossible d'indiquer la délimitation précise. Nous les indiquerons, en y ajoutant la division ethnographique, d'après les travaux de MM. Grandidier et d'Escamps :

| | PROVINCES | VILLES | PEUPLES |
|---|---|---|---|
| CÔTE OCCIDENTALE | BOUÉNI | Mazangaye ou Mazunga (6000 hab.), poste français; Bouéni, id.; Bombétok, id. | Sakalaves. |
| | AMBONGOU | Baly; Vola-Masa (port hova). | Sakalaves. |
| | MÉNABÉ | Mahétirane; Tsimanandrafousa; Mouroundava (poste français). | Sakalaves. |
| | FÉÉRÉGNE | Mouroumbé; Ranoubé; Tulléar. | Sakalaves et Andraivoulas. |
| | MAHAFALY | Itampoulé; Langrano; Ampalaze (comptoirs français). | Mahafales. |
| | VOHIMARINA | Vohémare (poste français); Port-Louquez; Passandava (poste français); Mourousang. | Antankares et Hovas. |
| | MAROA | | |
| | IVONGO | Tintingue; Fénérife; Foulepointe (4000 hab.); | Betsimsaracs. |
| CÔTE ORIENTALE | MAHAVELOÑA | | |
| | TAMATAVE | Tamatave (7000 hab.); Yvondrou; Andévourante. | Bétanimènes. |
| | BETANIMENA | Vatoumandry; Mahanourou; Mahéla. | Bétanimènes. |
| | ANTEVA | Masindranou; Mananzarine; Siatouche (poste hova). | Antatchimes. |
| | MATITANANA | Matitane (poste hova). | Antaïmours. |
| | VANGAÏDRANO | Ambahé (fort hova). | Antaray. |
| | ANOSSI | Fort-Dauphin (poste français); Ranoufoutsy; Andrahoumbé (poste hova). | Antanosses asservis par les Hovas. |
| | ANKAYE | Port-Leven; Port-Louquez; Port-Liverpool. | Antankaranas, Bétanimènes et Betsimsaracs. |
| RÉGION DU CENTRE | ANKOVA et IMERINA ou EMIRNE | TANANARIVE (80000 hab.), capitale des Hovas; Morafena; Miakotzy. | Hovas conquérants. |
| | BETSILEO | Anamboarina. Fianarantsoa (10000 hab.); | Betsiléos. |
| | IBARA | Besikitsua; Ikosy. | Vourimes ou Bares. |
| | TSIENIMBALALA | | Machicores. |
| | ANDROY | | Androuis. |

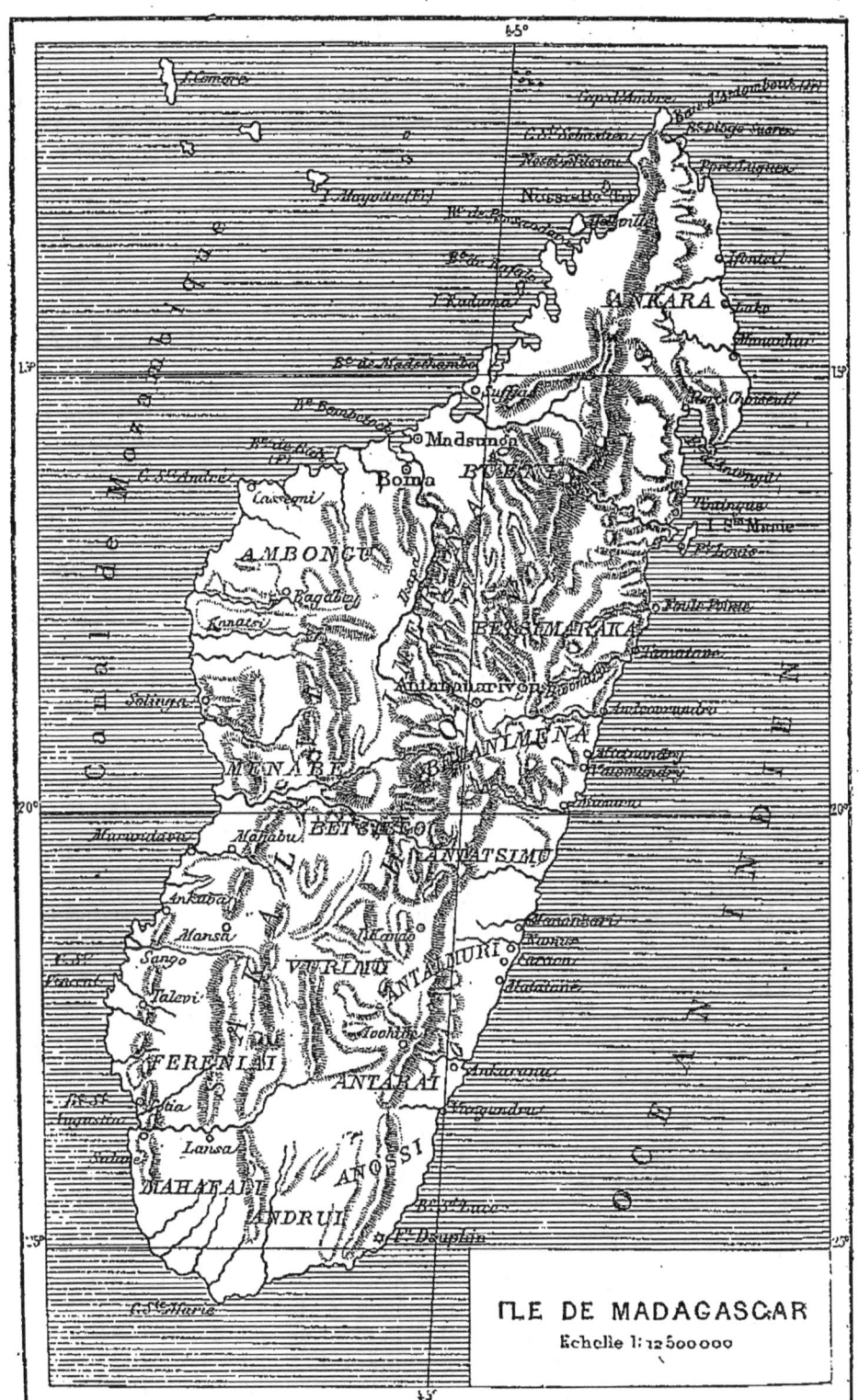

ÎLE DE MADAGASCAR
Echelle 1:12500000

**Aspect de Tananarive.** — « Tananarive est bâtie sur le sommet et les flancs d'une montagne de granit; l'arête supérieure, quoique un peu arrondie en dos d'âne, n'offre pas une large surface; les flancs sont à peine abruptes. De loin l'aspect est grandiose et original; on ne voit d'abord à une assez grande distance que le grand palais de couleur grise qui domine tout; peu à peu les autres palais du sommet se dégagent ainsi que les clochers des temples méthodistes. Il y en a déjà plusieurs dont les flèches s'aperçoivent distinctement de loin. A mesure qu'on approche, on aperçoit les cases qui envahissent la montagne dans tous les sens; ces cases, bâties en terre glaise en général, ont une couleur sombre et sont recouvertes en paille. Quand on arrive par la route de l'est, on a en face de soi la partie la moins peuplée et la moins bien habitée de Tananarive. Sur le versant opposé, les habitations sont plus serrées et de plus bel aspect; à partir du grand palais jusqu'à la place d'Andohalo sont les demeures des grands, des ministres, des commandants. De la place d'Andohalo, en descendant on rencontre quelques jolies demeures, des maisons en bois, un petit palais en granit et bois, à colonnes anguleuses dans le genre vénitien, des églises, des temples jusqu'au Champ de Mars. — Toutes les maisons sont entassées les unes à côté des autres, sans ordre; il y a entre elles souvent des passages très difficiles plutôt que des rues... La plupart des maisons sont couvertes en paille, les palais sont en bois recouverts en bardeaux; quelques-uns ont leur toit en tôle galvanisée. Partout s'élèvent des flèches et paratonnerres pour les protéger contre la foudre qui tombe fréquemment dans la saison d'été. C'est à M. Laborde qu'on doit cette importation nécessaire dans ce pays. Cette montagne de fer et de granit possède une attraction électrique très puissante. L'eau y est très rare : un filet qui sort à travers les fissures granitiques est une richesse dont on se dispute la possession.

» ..... Du haut de la ville on a une vue magnifique; c'est un immense panorama avec des lacs et des rivières qui s'étendent autant que la vue, et à l'horizon, des montagnes d'une teinte bleue. Tout le pays est complètement déboisé... En somme, une montagne escarpée avec des palais d'une assez belle architecture au sommet; sur les flancs, des aspérités et des anfractuosités irrégulières, des cases de toutes formes, entassées les unes sur les autres, séparées par des espaces étroits qui ne peuvent avoir aucun nom; la malpropreté et l'aridité à peu près partout; dans ces rues et ces maisons, une population qui a toujours l'air de se promener, de ne rien faire; la plupart des hommes et femmes, vêtus de blanc, nu-pieds, marchant solennellement ou accroupis le long des murailles; quelques-uns portés par des esclaves sur leurs filanzanes; des peaux jaunes, noires, cuivrées; rien n'indiquant la souffrance, le malaise; des figures d'un aspect peu gracieux en général; les uns avec des airs d'autorité, les autres plus humbles, à l'air doux, passif; du sommet de la ville et de tous côtés, mais surtout vers le sud un spectacle magnifique et une des plus belles vues qu'on puisse rêver, tel est le tableau offert par Tananarive. » (D$^r$ LACAZE, *Souvenirs de Madagascar.* — *Revue maritime et coloniale*, mai 1881.)

**Gouvernement.** — Depuis l'usurpation des Hovas, l'île est presque en entier sous leur domination. Le gouvernement est absolu, et exercé par le *premier ministre*, sous le règne des femmes. Le premier ministre et ses collègues se réunissent en conseil chez la reine chaque matin. Ces *kabars* ou assemblées ont lieu aussi entre les grands; on y noue les intrigues, on y forme les complots, on y prend les résolutions politiques. — Des courriers

transmettent les ordres de la reine et des ministres aux gouverneurs des provinces qui cumulent les fonctions militaires, civiles, judiciaires, financières. Quant aux titres et aux rangs, ils sont répartis d'après une hiérarchie bizarre, sous le nom d'*honneurs*. « Les grades se nomment *vouninahitra*,
» (fleur d'herbe), et se distinguent par leurs numéros. Les étrangers, on ne
» sait pourquoi, ont traduit ce mot par celui d'honneur. Radama Ier avait
» institué douze grades, y compris celui de simple soldat qui était premier
» honneur. Ranavalo en a ajouté deux; le treizième et le quatorzième.
» Radama II a avancé tout le monde de deux grades à son avènement, les
» quatorzièmes sont devenus seizièmes; le commandant en chef a été
» nommé dix-septième honneur. Les princes de la famille royale sont géné-
» ralement quinzième honneur et voici la raison qui m'en a été donnée.
» Toutes les missions et députations sont confiées à un certain nombre
» d'officiers de haut rang; au retour, c'est le plus élevé en grade qui est
» chargé de faire le rapport au roi; afin d'éviter le travail aux princes, on
» laisse un grade au-dessus d'eux. » (Commandant DUPRÉ.)

### III. — GÉOGRAPHIE ÉCONOMIQUE

**Productions; Minéraux.** — M. Grandidier signale des mines de *cuivre* et *plomb* à 20 lieues au S.-O. de Tananarive, des mines de *manganèse* et des gisements de *plombagine* dans l'Imerina. Les montagnes renferment beaucoup de minerai de *fer*; il y a du *marbre* au centre de l'île et à Salar; de l'*asphalte* à Baly, plusieurs variétés de *houille* dans les baies de Bavatoubé et Passandava (environ 3 000 kilom. car.) des pépites d'*or* dans un affluent de l'Ikioupa; des *pierres précieuses*, et surtout des massifs de *cristal de roche* très éclatant dans les montagnes de Béfourne et à Vohémar, où on l'exploite malgré la loi d'interdiction des Hovas. — **Végétaux** : Tous les naturalistes, et en particulier le dernier grand explorateur, M. Alfred Grandidier, vantent la richesse, l'abondance et l'originalité de la flore et de la faune de Madagascar. Toutefois la moitié du sol est impropre à la culture. L'île est enveloppée d'une ceinture de bois presque continue, large de 10 à 20 milles : les essences sont d'une infinie variété; huit espèces de *bois de charpente et construction; bois pour l'ébénisterie* (d'*ébène*, de *rose*, de *palissandre*, de *camphrier*, de *teck*, d'*acajou*, d'*andromène*), *bois résineux, bois de teinture; ravenala* ou arbre du voyageur; le *tanguin*, l'arbre sinistre de Madagascar, qui porte un fruit de forme oblongue rouge, et gros comme une pêche, dont le suc a la propriété de coaguler le sang, occasionnant d'affreuses convulsions et d'abominables souffrances. Les autres productions sont le *riz*, le *manioc*, le *café*, le *coton*, la *canne à sucre*, les *épices* de toute sorte (poivre, cannelle, gingembre, orseille), le *tabac*, les *fruits* et *légumes* de toute espèce. — **Animaux** : Des *bœufs zébus* en abondance, remarquables par leurs longues cornes et la loupe graisseuse qu'ils ont entre les épaules, et dont la graisse est très estimée des gourmets malgaches; *moutons* à grosse queue; *onagres* ou ânes sauvages; *volailles, abeilles, vers à soie, poissons* d'eau douce et *poissons* de mer très variés et abondants; point de *chevaux*. La faune sauvage ne renferme pas de grands carnivores (ni lions, ni tigres, ni hyènes, ni panthères, ni éléphants, ni rhinocéros, ni hippopotames, ni antilopes, ni gazelles, ni girafes, aucun de ces animaux qui parcourent les plaines de l'Afrique). La faune de Madagascar lui est particulière : *sangliers* nombreux, *chats-sauvages*, petits *loups; makis* ou *lémurs* à queue fourrée (sorte de singes); *aye-aye* de la famille des écureuils; *tenrecs* (semblables aux hérissons); oiseaux très nombreux; (on peut en voir la nomenclature et la représentation dans la splendide collection ornithologique du grand ouvrage de M. Grandidier), *ibis, ramiers, huppes, pintades, coucou, martins-pêcheurs* de toutes nuances, gibiers innombrables : — reptiles non venimeux, crocodiles très communs et dangereux.

**Industrie.** — Peu développée : étoffes, chapeaux de fibres, ustensiles et armes; les arts industriels créés et développés par l'énergie de M. Laborde sont retombés dans l'enfance après son exil en 1857; à son retour en 1861, tous ses établissements étaient détruits.

**Commerce.** — La statistique est fort incomplète; on l'évalue à 25 millions par an. Maurice seul a importé en 1880 pour 2 607 000 francs à Madagascar, et a exporté pour 3 333 000; les Etats-Unis ont importé pour 2 millions et exporté environ pour 2 700 000 francs; l'Angleterre, tout compris, n'échange que 1 500 000 francs. Voici le mouvement des ports de Tamatave du 31 mai 1881 au 30 juin (non compris les navires de guerre). —**Exportation** *France*, 77 navires, 18 990 tonnes; — *Etats-Unis*, 5 navires, 2 779 tonnes; —*Angleterre*, 101 navires, 7 334 tonnes;—*Allemagne*, 14 navires, 3 050 tonnes; — *Hova*, 3 navires, 2 250 tonnes; — *Norvège*, 1 navire, 310 tonnes. — **Importation** : *France*, 79 navires, 20 090 tonnes; — *Etats-Unis*, 5 navires, 2 779 tonnes; — *Angleterre*, 103 navires, 7 684 tonnes; — *Allemagne*, 12 navires, 3 056 tonnes; — *Hova*, 4 navires, 3 000 tonnes; — *Norvège*, 1 navire, 301 tonnes.

On remarquera que le pavillon français entre à lui seul pour plus de 50 % dans le mouvement du port de Tamatave, et que les Anglais qui parlent si fièrement de leurs intérêts à Madagascar, y comptent environ pour 20 %. — Madagascar ne possède presque pas de navires; d'après les traditions des Hovas, aucun habitant ne devrait même voir la mer.

**Voies de communication.** — Les routes, non entretenues, sont de simples sentiers où deux personnes ne peuvent marcher de front. La route la plus courte de la côte orientale à Tananarive part d'Andavourante; le voyage dure de 6 à 12 jours. Il y a dans l'île trois modes de locomotion; la marche à pied, le *lakana* ou bateau, le *filanzana* ou palanquin. Les Malgaches se privent systématiquement de routes, dans la crainte de faciliter les invasions européennes. On raconte que Radama Iᵉʳ répondait, quand on lui parlait du génie militaire de l'armée française : « J'ai à mon service deux officiers, le général Forêt et le général Fièvre (*Hazo et Fazo*), que j'opposerais volontiers à n'importe quel chef européen. »

## IV. — NOTIONS STATISTIQUES

**Superficie** : 590 000 kilom. car. suivant Grandidier (48 000 de plus que la France); longueur du nord au sud, 1 600 kilom., 4 000 kilom. de rivages). —**Population** : 4 millions, suivant Grandidier; d'autres l'évaluent à 2 millions, 4 et même 6. (*Hovas* 1 million, *Betsiléos* 600 000; *Sakalaves* et *Bares*, etc.; 1 million). — **Races** : trois principales : 1º *Malaise :* ce sont les *Hovas*, les plus intelligents, les plus énergiques, les plus disciplinés et aussi les plus fourbes, les plus cruels, les plus vicieux et les plus intempérants; 2º *nègre :* les *Sakalaves*, agriculteurs, superstitieux, turbulents, vaniteux, agiles, en général hospitaliers. Ils sont aussi des marchands cupides et d'audacieux voleurs. Cette race est souvent désignée sous le nom de Malgache. Les Sakalaves sont les premiers et les légitimes possesseurs de l'île; 3º race *blanche mêlée*, représentée par les *Arabes Antalaots* du

nord-ouest et du sud-est. Ces différents peuples ont des mœurs extrêmement relachées. — **Religion** : La reine et les hauts personnages sont aujourd'hui convertis au protestantisme de la secte indépendante. La masse de la population reste attachée à ses croyances superstitieuses, à ses prêtres, *ombiènes* (sorciers), *sikidys* (interprètes des oracles). — **Justice** : Le code Hova est très rigoureux. Les causes civiles ou criminelles sont jugées en *Kabar* (assemblée), par un jury de notables pris dans la classe même de l'accusé. Les épreuves judiciaires par l'eau, le fer, le poison sont en usage. — **Armée** : M. Grandidier la porte à trente-cinq mille hommes : ni soldats, ni officiers ne sont payés, ils s'entretiennent à leurs frais. « L'armée, dit-
» il, serait d'autant moins capable de résister à un corps d'expédition
» européen, que malgré la discipline sévère à laquelle elle est soumise et
» qui a été cause de sa supériorité incontestée à Madagascar, la plupart
» des soldats, las de l'oppression tyrannique sous laquelle ils sont courbés,
» seraient heureux, au premier échec, de déserter et de se joindre aux
» ennemis. » (*Bulletin de la Société de géographie*, avril 1872.)

**Monnaie**. — La seule monnaie actuelle en circulation est la pièce française de 5 francs, dont l'introduction est due à M. Lambert. « Dans le com-
» merce en détail, pour remplacer la petite monnaie, on coupe la pièce de
» 5 francs en un nombre indéfini de fragments, dont la valeur est déter-
» minée au poids. Les changeurs coupent les pièces d'argent par moitiés,
» quarts ou fractions plus petites, en plaçant la pièce à plat sur un bloc de
» pierre ou en la partageant avec un gros couteau, sur le dos duquel ils
» frappent avec un marteau. Le Malgache un peu commerçant a toujours
» avec lui les poids et la balance. » (BAINIER, page 775.) Dans le sud et le sud-ouest, la monnaie est remplacée par des marchandises d'échange, fusils, poudre, balles, marmites, toiles, verroteries, miroirs, rhum, dés, clous dorés, etc. — **Impôts et douanes** : Les chefs de villages perçoivent l'impôt et le remettent aux officiers Hovas; ces impôts sont écrasants, sauf pour les Hovas. Les douanes sont perçues par les gouverneurs, qui gardent pour eux une partie des produits, en envoient discrètement une autre à leurs protecteurs puissants, et font entrer ce qui reste dans le trésor de la reine. Les bœufs exportés paient 15 francs par tête; les porcs 6 francs, les autres produits du pays 20 %; les objets importés paient 10 %, sauf les spiritueux et liqueurs qui paient 33 %.

---

## B. — ILE SAINTE-MARIE DE MADAGASCAR

*(possession française).*

**Situation**. — Sainte-Marie, en malgache *Nossi-Bourahé* ou *Nossi-Ibrahim*, est une étroite bande de terre dirigée obliquement du nord-nord-est au sud-sud-ouest, parallèle à la côte de Madagascar, dont elle est séparée par un étroit canal de 6 à 8 milles. (Entre 16° 40' et 17° 8' de lat. S. — 47° 55' de long. E. et 47° 32' de long. E.) Longueur 50 kilom.; largeur 3 kilom., superficie 15 500 hectares. Partout sur son pourtour, sauf au nord, elle est enveloppée par une ceinture de bancs de coraux, qui rendent la navigation très dangereuse.

**Relief du sol**. — Sainte-Marie jadis rattachée à Madagascar est de la même nature géologique ; son sol se compose de plusieurs séries de mornes réunies par des chaines secondaires, d'une altitude maximum de 50 mètres.

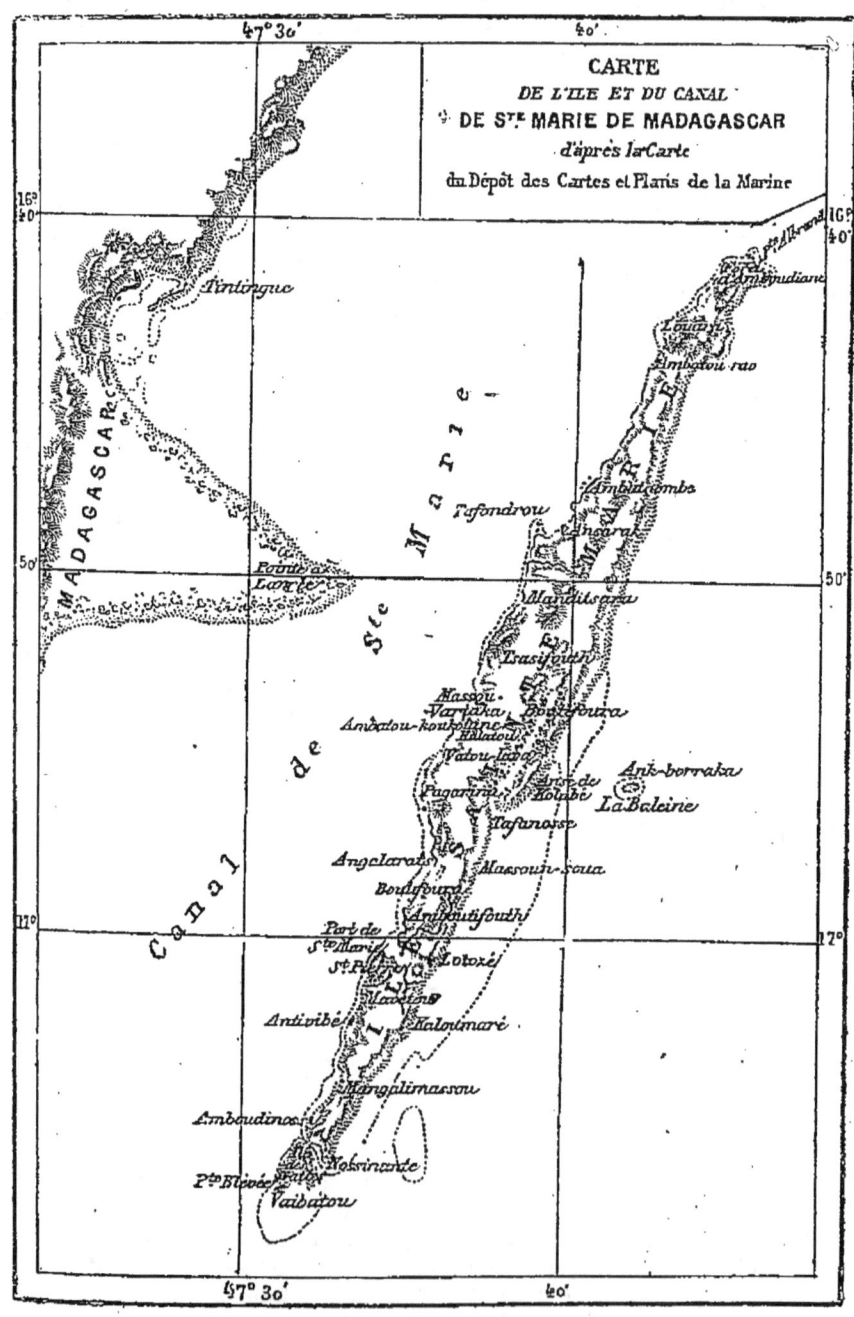

Les flancs de ces mornes sont ardus, et les espaces étroits qui les séparent servent d'écoulement aux eaux fluviales, et forment des lits de ruisseau ou des marais. Les sources sont abondantes et les eaux de bonne qualité. La principale rivière, est la rivière *du Port*.

**Climat.** — Le même que celui de la côte orientale de Madagascar (+ 21° à + 37° centigrades en janvier et février). Deux saisons, *pluvieuse* de novembre à avril, *sèche* d'avril à novembre. La chaleur et l'humidité sont favorables à toutes les cultures coloniales. « La France a, dans la
» possession de Sainte-Marie, le plus joli petit établissement que l'on puisse
» voir et la position militaire la plus heureuse, à l'égard de la côte orientale
» de Madagascar. C'est la forteresse naturelle qui commande toute cette
» plage. Un port se creuse au centre même de cette petite île dans sa
» partie occidentale. L'intérieur du bassin présente un riant paysage ; des
» plans inclinés, chargés d'une végétation tropicale, descendent dans une
» mer bleue et calme, emprisonnés par des collines ; deux petites îles,
» jetées çà et là sur ses bords, ressemblent à des pyramides de verdure.
» L'eau dort dans cette enceinte tranquille en réfléchissant les bois et les
» rochers d'alentour : on dirait un décor d'opéra. Ici, une jetée en corail
» blanc s'avance vers l'îlot Madame et permettrait, à l'aide d'un pont-levis
» ou tournant, de fermer totalement l'entrée du port. Sur le rivage de la
» baie qui précède le port se déploie le village allongé d'Amboudéfout,
» avec ses haies de natchoulis et une longue avenue de manguiers. Une
» aiguade, alimentée par un ruisseau, y verse sans cesse une eau limpide
» et pure. » (Dr VINSON, *Voyage à Madagascar*, page 480.)

**Historique.** — Le 5 juillet 1750, la Compagnie française des Indes obtint de Béti, fille du roi de l'île, Ratzimilao, la concession de Sainte-Marie. Elle fut négligée jusqu'en octobre 1821, où une expédition, chargée de tenter un essai de culture par les indigènes, y débarqua et en reprit possession. Depuis ce temps, la France ne l'a pas abandonnée.

La principale baie de l'île est *Port-Louis*. A l'entrée se trouve l'îlot **Madame** ou *Louquez*, long de 300 mètres, large de 125, siège de l'administration, défendu par des batteries et des forts. Une jetée en pierres sèches réunit à la côte de Sainte-Marie l'île aux *Forbans*.

**Gouvernement et administration.** — Par décret du 27 octobre 1876, Sainte-Marie de Madagascar a été rattachée à la Réunion ; elle est administrée par un *résident* placé sous l'autorité du gouverneur. Le résident est *juge civil, juge de simple police* et *juge correctionnel*. Pour les crimes et délits, l'île dépend de la Cour d'assises de Saint-Denis.

**Instruction publique.** — Deux écoles, l'une de garçons, l'autre de filles ; (dépenses annuelles 8 250 fr.). — **Culte** : Le service, fait jadis par la mission de Madagascar, est actuellement confié à des prêtres séculiers envoyés par la métropole. — **Productions** : Quelques forêts (20 à 30 000 hectares) contenant de bons bois de construction ; plaines couvertes de ravenalles. — On a introduit à Sainte-Marie la *canne à sucre*, le *cacao*, le *girofle*, le *café*, des *légumes* et *fruits* très variés, qui se sont vite acclimatés. La *ramée*, récemment introduite, pourrait être substituée au raphia pour la confection des tissus à l'usage des indigènes. — **Population** : 7 177 individus (3 492 hommes, 3 685 femmes) ; population flottante 25 personnes. En 1879, 200 naissances et 126 décès ; en 1880, 191 naissances et 255 décès (suite d'une épidémie de coqueluche). — **Commerce** (en 1882) : *Importations*, 181 602 francs. *Exportations*, 110 000 francs. — Entrés 326 navires français jaugeant 9 300 tonneaux, et 117 navires étrangers de 737 tonneaux. — Sortis, 308 navires français de 9 400 tonneaux, et 160 navires étrangers de 654 tonneaux. — **Budget**, 62 050 francs fournis par la métropole ; 16 000 francs d'impôts locaux.

## C. — LES SATELLITES DE MADAGASCAR : Mayotte, Nossi-Bé, etc. (*possessions françaises*).

En 1841, le souverain de l'île de Mayotte, *Andrian Souli*, ancien roi des Sakalaves, fit cession de ses droits de souveraineté à la France, par un traité conclu avec le capitaine Passot. La même année, l'amiral de Hell signait un traité analogue avec *Tsiouméka*, reine des Sakalaves, pour la cession des îles de *Nossi-Bé*, *Nossi-Cumba*, et de la côte occidentale de Madagascar, dont ces îles sont des dépendances. — **Nossi-Bé** a 22 kilom. de long sur 15 de large. Elle est à 240 kilom. de Mayotte, sur la côte nord-ouest de Madagascar. Son point culminant est à 600 mètres d'altitude (mont *Loucoubé*). Ce sommet est couvert d'une forêt aux arbres magnifiques. Le sol de l'île est d'origine volcanique, et en général dénudé. — L'île est arrosée par des ruisseaux dont le principal est le *Djabola* qui traverse une plaine fertile, un marais de palétuviers, et finit à Hellville.

La capitale est **Hellville**, ainsi nommée en l'honneur de l'amiral de Hell. La rade est excellente, le commandant Page dit qu'elle est un *camp retranché naturel*. — Le *climat*, plus salubre qu'à Mayotte, est celui de la côte voisine de Madagascar. — **Population** : 8455 habitants, presque tous groupés autour d'Hellville. Les planteurs emploient aux cultures des *Macoas* ou des *Cafres*. — L'île est administrée par un *commandant* et des chefs de service, auxquels on adjoint deux notables élus au suffrage universel. — Il y a à Nossi-Bé un tribunal de 1re instance ; deux écoles congréganistes (160 garçons et 110 filles). — **Budget de l'État**, 241 900 fr. **budget local** 240 000 francs. — **Productions** : *Riz, maïs, patates, bananes, manioc, vanille* (8 000 hectares cultivés sur 29 300) ; plantations de *cannes à sucre* ; en 1838, elles ont produit 1 515 000 kilogr., 300 000 litres de rhum. — Les cultures de *café* ont donné 8 300 kilogr., celles de riz 210 000 kilogr. — **Importations** en 1880, 2 300 000 francs ; **Exportations** 6 400 000. — Depuis 1880, un service postal concédé à une Compagnie française relie Nossi-Bé à la Réunion.

De Nossi-Bé dépendent : **Nossi-Cumba**, îlot montueux séparé de la première par un chenal d'un demi mille ; — **Nossi-Mitsiou** (île du milieu) ; **Nossi-Fali**, à 8 milles dans l'est, moins élevée, mais plus fertile.

**Les Comores.** — Îles volcaniques, montueuses, boisées, fertiles, malsaines, au nombre de quatre, très voisines les unes des autres, à 60 lieues de la côte d'Afrique, à 100 du cap d'Ambre ; au nord, la *Grande-Comore* (Angaziga) ; *Mohéli* ou *Mouali* au sud-ouest ; *Anjouan* ou *Joanna* à l'est ; *Mayotte* au sud-est. — **Superficie**, 2 734 kilom. car. — **Population**, 64 960 habitants (24 par kilom. car.), formée du mélange des nègres et des Arabes, les *Antalaots*, apathiques, pusillanimes, fourbes, doux et hospitaliers. — Tous sont *musulmans*.

Dans la Grande-Comore fume un volcan, le *Kartale* (2 600 m.). L'île (6 000 hab.) renferme vingt villages et trois petites villes entourées de murs. *Mouchamoudi, Morony, Itzanda*, soumises à des sultans indépendants. — Dans *Mohéli*, la capitale est *Douény*. — Dans l'île d'*Anjouan*, le seul mouillage est *Moushamoudou*, ville fortifiée. Ces îles ont des productions et une température analogues à celles de la grande île voisine.

**Mayotte** (*possession française*) — L'île Mayotte, située à 54 lieues au nord-ouest de Nossi-Bé et à 300 de la Réunion, de formation volcanique

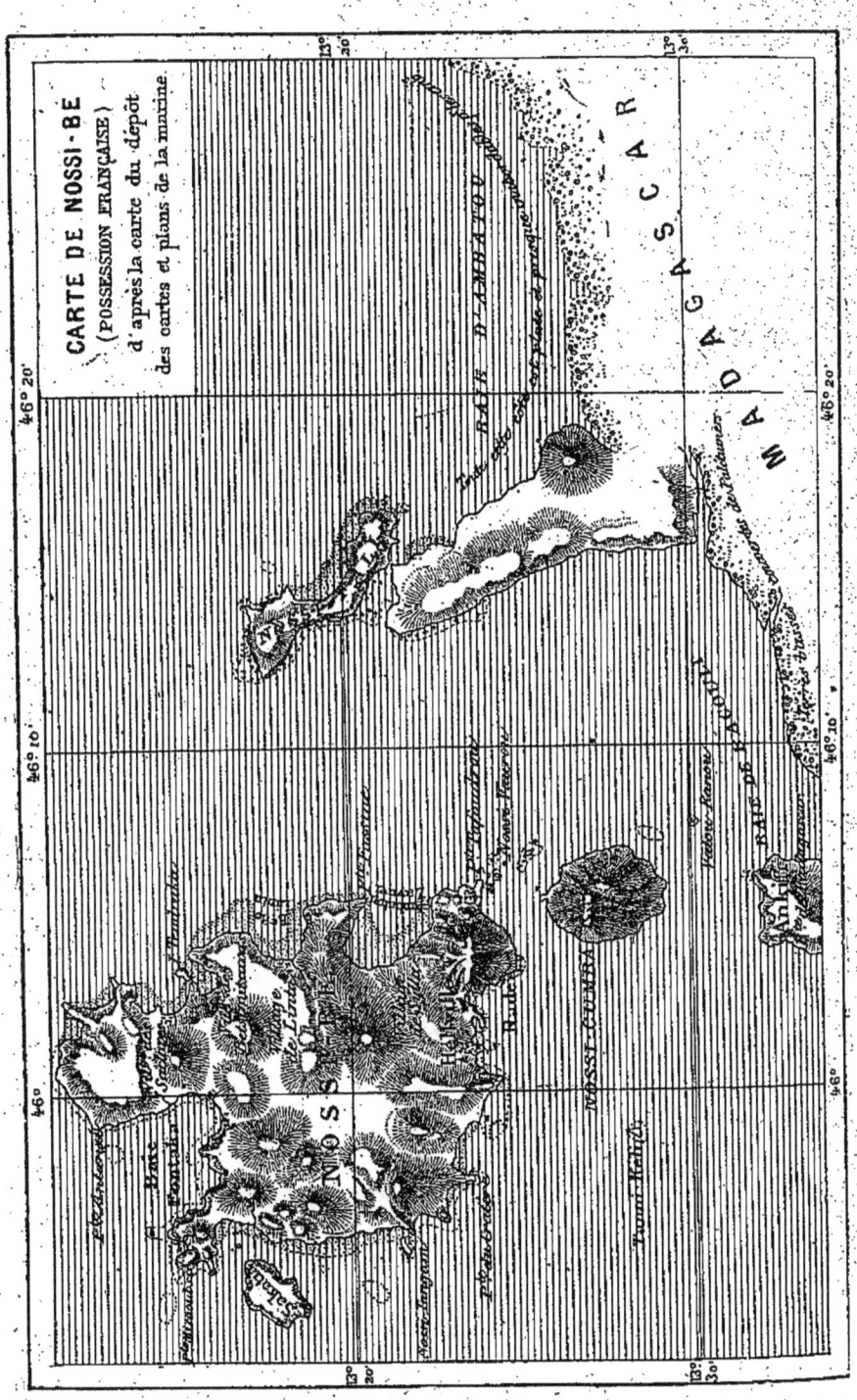

(superficie, 356 kilom. car.), est traversée par une chaîne haute de 600 mètres (mont Manéguani). Le littoral est marécageux, et couvert d'une épaisse végétation. L'île est bien boisée, plusieurs essences sont propres aux constructions maritimes. — Le climat est insalubre.

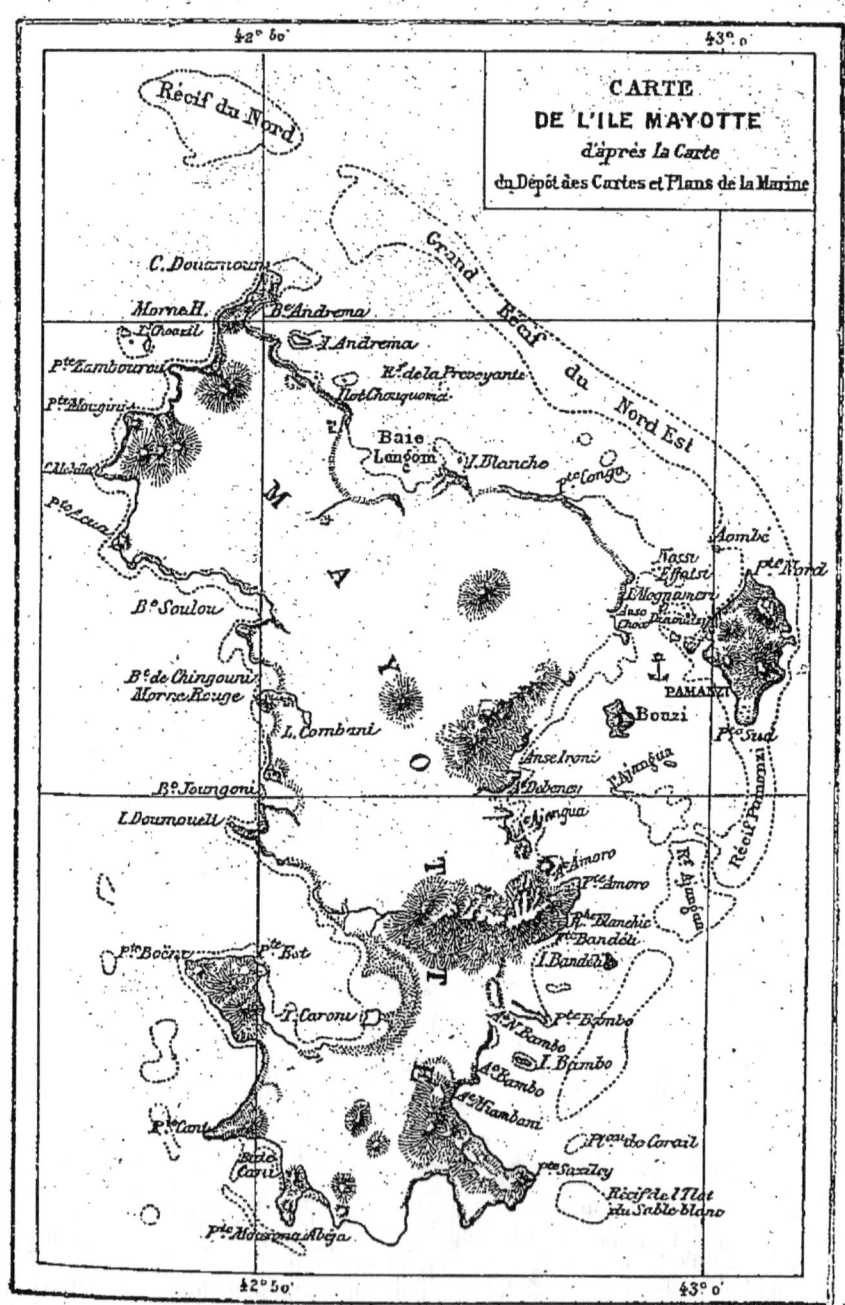

Les villages principaux de l'île sont: *Choa* et *Chingouni*, *Boëni*, etc. Une ceinture de récifs entoure Mayotte, et ne laisse par intervalles que d'étroites ouvertures au passage des bâtiments. — **Population** : 10 158 hab.

En 1880, la colonie a produit 3 790 000 kilog. de *sucre*, 100 000 litres de rhum, 5 300 kilog. de *café*, 870 000 kilog. de *riz*, 20 000 litres d'huile de cocotier, 4 500 kilog. de tabac, 100 000 de maïs, 130 000 de manioc,

Vue de Mayotte.

560 de vanille, 21 000 de légumes secs. Entrés à Mayotte en 1880, 73 navires français de 10 000 tonnes, et 89 étrangers de 8 000 tonnes. — **Budget**, 228 742 francs.

Entre la ceinture des récifs et l'île Mayotte sont les petites îles de

Pamanzi, Zaoudzi, Bouzi et Zambourou. *Zaoudzi* a reçu la plus grande partie de la population Européenne de Mayotte. L'administration française y a construit des bâtiments et un hôpital.

## NOTICE HISTORIQUE[1]

**Les Portugais.** — Aux Portugais revient l'honneur de la découverte de Madagascar, qu'on l'attribue à *Laurent d'Almeida*, ou au capitaine *Fernando Suarez* (1506). *Tristan da Cunha* en releva le premier les rivages dans la plus ancienne carte qu'on ait tracée de l'île. Les premiers colons et missionnaires qui débarquèrent en 1548 dans la baie de Ranoufoutsy furent massacrés par les Antanosses. Cet essai malheureux découragea les Portugais qui renoncèrent à leurs projets sur l'île.

**Premier établissement des Français** (1644-1664). — La France prit la place restée vacante. Dès les premières années du dix-septième siècle, de hardis marins normands, et parmi eux, **François Cauche**, de Dieppe (1638), fréquentèrent isolément la Grande-Terre. Richelieu gouvernait alors la France au nom de Louis XIII. Le grand cardinal avait démontré avec force la nécessité de donner au royaume une puissance maritime de premier ordre, et « l'indispensable utilité de favoriser le commerce, de créer de bons établissements coloniaux. » C'est pour exécuter le programme grandiose, exposé par le garde des sceaux Marillac devant l'assemblée des Notables de Paris, en 1626, que le cardinal fit signer par le roi les lettres patentes qui octroyaient au capitaine *Rigault* de Dieppe, et à ses associés, la concession durant dix années de l'île de Madagascar et des îles adjacentes « pour y ériger colonies et commerce et en prendre possession au nom de Sa Majesté très chrétienne, » avec le monopole exclusif du commerce pour le même temps.

Cette Compagnie prit le nom de *Société de l'Orient*. Ses deux agents, **Pronis** et **Fouquembourg**, partirent de France avec douze hommes seulement, sur un vaisseau commandé par le sieur *Cocquet*, et reçurent, à peine arrivés à Madagascar, un renfort de soixante-dix hommes. Leur premier établissement fut le village de *Manghafia*, qu'ils nommèrent la baie *Sainte-Luce*, lieu malsain, où la fièvre enleva le tiers des colons. Pronis porta le siège de la colonie sur la presqu'île de Tholangare; il y bâtit un port qui fut plus tard agrandi et appelé Fort-Dauphin (1644). En même temps il s'emparait de *Sainte-Marie*, à la baie d'*Antongil*, et créait des postes à *Fénériffe* et à *Manahar*. Malheureusement, Pronis fut un administrateur détestable; sans scrupule et sans énergie, il laissa ses compagnons

---

[1]. Nous ne pouvons que donner un résumé rapide de l'histoire de la grande île dans ses rapports avec l'Occident et avec la France en particulier. On trouvera tous les détails sur ce sujet dans le consciencieux ouvrage, très complet et très français, de M. Henri d'Escamps (Paris, in-8°, 2º éd., 1884, Didot), qui ne laisse aucune question inexpliquée; dans les travaux remarquables de M. Emile Blanchard (*Revue des Deux-Mondes*, juillet, août, septembre, décembre 1872), et dans les deux articles solides où M. Gabriel Marcel démontre historiquement *nos droits sur Madagascar* (7-14 avril 1883) et met en lumière le rôle joué par le célèbre Fouquet et son père dans nos premières tentatives de colonisation.

livrer sans raison des combats aux indigènes, gaspiller l'argent de la Compagnie; il donna lui-même l'exemple des dilapidations, des violences et de l'immoralité. Les Malgaches, qui étaient hospitaliers et doux, et qui avaient accueilli les blancs avec une sorte de vénération superstitieuse, apprirent à les haïr et à les mépriser[1]. Les Européens en vinrent à tourner leurs fureurs les uns contre les autres. Dans une sédition, Pronis fut mis aux fers par les révoltés pendant six mois. Délivré, il fit saisir les douze plus mutins, et les déporta à la *grande Mascareigne*, plus tard île Bourbon, dont ils devinrent ainsi les premiers colons.

Le 4 décembre 1648, **Etienne de Flacourt**, un des directeurs de la Compagnie, arriva au Fort-Dauphin, en remplacement de Pronis, avec le titre de commandant général de l'île de Madagascar. Energique et éclairé, prudent et sage, Flacourt ramena l'ordre dans la colonie; il rappela les exilés, amnistia les coupables, apaisa les mécontents, explora plusieurs provinces, occupa l'île Mascareigne qu'il appela Bourbon, mais n'employa pas la douceur et la mansuétude pour ramener les habitants : à leurs attaques, il répondit par des razzias, des incendies et des supplices. Ce système de terreur réussit un certain temps; en 1652, trois cents villages se soumirent, jurèrent obéissance au roi de France, et s'engagèrent à payer tribut; le commandant leur promit en échange protection, aide et assistance, avec la libre possession et disposition de leurs biens. Mais les efforts de Flacourt ne furent pas secondés; la métropole était en pleine Fronde, et les intrigues des princes, les remontrances du Parlement détournaient des pays lointains l'attention de Mazarin et de la Régente. Les colons de Madagascar furent sept ans sans nouvelles de la France. Flacourt se suffit à lui-même, et ranima le courage de ses compagnons. En 1655, il put rentrer en France pour y chercher des secours; on le nomma directeur général de la *Société de l'Orient*; il repartit pour la grande île, mais se noya pendant la traversée[2].

---

1. On trouvera dans l'ouvrage de M. d'Escamps, qui les emprunte aux chroniqueur Dubois et à Flacourt, plusieurs témoignages de la cruauté, des iniquités et des débauches de ces singuliers représentants de la civilisation. Nous en citerons quelques-uns : Pronis, à peine débarqué, fait assassiner Rahoulou, chef Malgache, qui accusait le commandant français de lui avoir volé ses bœufs, ce qui était vrai. — Le même Pronis, en échange d'un don de mille bœufs, aidait une tribu à en massacrer une autre. — Un jour qu'il s'était engagé à livrer un convoi d'esclaves à un traitant hollandais, celui-ci le pressant de fournir au plus tôt la marchandise qu'il avait vendue avant de la posséder, Pronis fit ramasser dans les environs, par un détachement, soixante-treize individus libres, et les livra au négrier. — Pronis eut, il en coûte de l'avouer, des successeurs dignes de lui. Delaforest-Desnoyers, commandant deux vaisseaux pour le duc de la Meilleraie, remonte en chaloupe une des rivières de la côte et somme les indigènes de lui donner du cristal de roche. Les Malgaches, alors occupés à récolter leur riz, le prient d'attendre la fin de la cueillette, sans quoi, le riz s'égrènera, et la récolte sera perdue. Delaforest furieux descend de son embarcation, poursuit les habitants, saisit, enchaîne, massacre les chefs et leurs femmes. La vengeance d'ailleurs ne se fit pas attendre : le capitaine français, attiré dans une embuscade avec cinq de ses hommes, y fut égorgé à son tour. M. d'Escamps cite d'autres épisodes. (Voir pages 56 et 57.)

2. Le très curieux et très véridique récit des voyages et observations de Flacourt fut publié à Paris en 1658. Le tableau est si fidèle qu'il est encore ressemblant de nos jours, et les récentes explorations de M. Alfred Grandidier n'ont fait que le compléter en beaucoup de points. Flacourt dépeint la nature de l'île, ses ressources, plantes, cultures, forêts, animaux, rivières, montagnes,

Après le départ de Flacourt, **Pronis** reprit le commandement de la colonie, dont le maréchal de la Meilleraie venait d'obtenir la concession pour dix ans. Ce fut une ère nouvelle de misères et de désordres ; le Fort-Dauphin brûla ; Pronis mourut, ses lieutenants multiplièrent les razzias et les scènes de carnage. Les milices, cernées par les indigènes, manquant de vivres, allaient périr sans l'intervention d'un Français, *La Case*, qui avait épousé la fille du chef de la vallée d'Amboule, et qui vint fort à propos délivrer ses compatriotes et rétablir la paix. La situation s'aggrava encore par le zèle excessif d'un missionnaire, le Père *Etienne*, qui pour convertir au christianisme le chef de la région du Mandréré, le dernier partisan des Français parmi les Malgaches, lui adressa des sommations et des menaces, et paya son audace de la vie. Le commandant **Champmargou** usa de représailles, et la lamentable histoire de ce premier établissement colonial ne cessa qu'en 1664, lorsque la *Société de l'Orient* fut dissoute.

**Deuxième établissement des Français** (1664-1672). — Colbert venait de fonder la Compagnie des Indes-Orientales avec un capital de 15 millions, auquel le roi, les reines, le dauphin, les princes, les cours de justice, les officiers de finances, les villes, les corporations des marchands avaient apporté leurs souscriptions, les uns de bonne grâce, les autres par obéissance[1]. L'édit de concession de l'île de Madagascar à la Compagnie nouvelle, prescrivit de lui donner le nom d'*Ile Dauphine*; c'est là que la Compagnie devait avoir son siège principal. Le sceau royal, confié au gouverneur général, M. de **Beausse**, désignait l'île sous le nom de *France orientale*. En 1669, à de Beausse succéda le comte de **Mondevergue**, dont tous les efforts de conciliation furent vains. La Compagnie royale dirigea mal ses opérations, choisit mal ses postes et ses agents ; les désordres et les dilapidations recommencèrent : aventuriers sans pudeur ou gentilshommes ruinés pour la plupart, les administrateurs se partagèrent les millions du roi. Mondevergue, dégoûté, rentra en France ; bientôt, calomnié par son successeur, il fut emprisonné au château de Saumur et y mourut de chagrin. Ce successeur, de la **Haye**, préoccupé surtout de questions d'étiquette, échoua ; après lui, **Champmargou**, puis de la **Bretesche**, cherchèrent à sauver les débris de la colonie. En 1672, pendant la nuit de Noël, les Français, assaillis à l'improviste dans l'église par les Malgaches, furent presque tous massacrés. C'en était fait du second établissement

---

habitants avec une honnête naïveté, tels qu'il les a vus, sans étonnement, ni enthousiasme, et comme le remarque M. Blanchard, « animé par le désir de » donner tous les renseignements capables d'éclairer ceux qui voudront tra- » vailler pour l'avenir de la colonie. » Etant en relations continuelles avec les Antanosses, Flacourt a particulièrement étudié les mœurs, les coutumes et le caractère de ce peuple.

1. La souscription fut en général assez froidement accueillie, malgré les lettres officielles et les recommandations pressantes du ministre, malgré le bon exemple donné par le roi qui y figurait pour 3 millions à lui seul. Quand le chancelier Séguier invita, au nom du roi, la Chambre de justice à souscrire, quelques conseillers s'étant permis des observations, il les *regarda de travers ;* et l'un d'eux n'ayant signé que pour 1 000 livres, Colbert s'en moqua, et l'obligea à mettre 3 000 livres. Pour échauffer le zèle du public, le ministre chargea un habile académicien du temps, Charpentier, d'exposer l'affaire dans une brochure, d'en faire voir les précieux avantages, et d'expliquer les mécomptes des précédentes entreprises.

de la France à Madagascar. L'île Bourbon reçut de nouveau, comme en 1654 et en 1665, les Français échappés du Fort-Dauphin.

La Grande-Terre devint alors le rendez-vous et la proie des négriers, forbans et pirates de toutes les nations; mais le gouvernement français, en aucun moment, ne renonça à ses droits. Des arrêts du Conseil de juin 1686, mai 1719, juillet 1720, juin 1721, rappelèrent formellement que l'île de Madagascar était une possession française, et au temps de la Régence, la Compagnie des Indes acquit le privilège exclusif du commerce dans ce pays[1].

**Troisième établissement des Français (1773-1786).** — Jusqu'en 1774, l'île ne fut abordée que par des explorateurs pacifiques et isolés; en 1702, des Anglais y furent jetés par la tempête, et l'un d'eux, *Robert Drury*, à son retour, a raconté les romanesques aventures de ses quinze années de captivité. Les ingénieurs français *Robert* et de *Cossigny* (1733), y firent des observations, *Mahé de la Bourdonnais* y répara et ravitailla ses navires; en 1750, *Beti*, fille du roi de Foulepointe, fit don à la Compagnie française des Indes de l'île Sainte-Marie; mais les brutalités de l'agent colonial, le sieur *Gosse*, amenèrent le massacre des Français et l'abandon de l'île (1761). Le comte de **Maudave**, officier de marine, entreprit, en 1768, de relever le Fort-Dauphin; en 1769, le gouverneur de l'île de France, l'illustre **Poivre**, fit explorer la côte de Madagascar par le chevalier *Grenier* et l'astronome *Rochon*. L'année suivante, le naturaliste *Commerson* étudia les environs du Fort-Dauphin; c'est de là qu'il écrivait à son ami, l'astronome Lalande (1771) : « Quel admirable pays que Madagascar ! c'est
» à Madagascar que je puis annoncer aux naturalistes qu'est la terre de
» promission pour eux. C'est là que la nature semble s'être retirée comme
» dans un sanctuaire particulier pour y travailler sur d'autres modèles
» que sur ceux où elle s'est asservie ailleurs; les formes les plus inso-
» lites, les plus merveilleuses, s'y rencontrent à chaque pas. » En 1774, un autre naturaliste, *Sonnerat*, décrit le premier le fameux arbre du voyageur, le *ravenala*, une des merveilles de l'île, rapporte l'*aye-aye*, un des plus singuliers mammifères du globe, et signale trois races d'homme distinctes dans le pays; la première, très noire, avec des cheveux courts et crépus; la deuxième, au teint basané, avec les cheveux longs et plats, et semblable aux Malais; la troisième, descendant des Arabes.

En 1773, le gouvernement de Louis XV confia à un étranger la mission, que tant d'autres officiers généraux français auraient remplie plus honorablement, d'aller relever à Madagascar le drapeau de la France. Le choix du roi tomba sur le comte hongrois **Maurice Benyowski**, dont nous n'avons pas ici à raconter les étranges prouesses. Tour à tour combattant dans les armées autrichiennes, exilé en Pologne, défenseur de Cracovie contre les Russes, interné à Kazan, déporté par Catherine II au Kamtchatka, puis fugitif au Japon, à Formose, à Macao, conduit par le hasard à l'île de France, au Fort-Dauphin, puis à Lorient, et devenu à Paris, grâce à l'attrait de ses incroyables aventures, l'idole d'une société frivole, ce héros de roman

---

1. Une curieuse carte manuscrite de Grossin (1731) conservée à la Bibliothèque nationale et publiée par M. Gabriel Marcel dans la *Revue de géographie* (novembre 1883), et dans la *Revue scientifique* (7 avril 1883) indique l'étendue du territoire soumis à notre influence pendant les trente années que nous avions passées à Madagascar. La carte est accompagnée d'un intéressant mémoire également inédit.

reçut du duc d'Aiguillon le commandement de trois cents hommes et débarqua dans la baie d'Antongil. Il se mit aussitôt à construire une ligne de forts et de postes le long de la côte orientale, parcourut le pays, perça des routes et des canaux, noua des alliances avec les chefs indigènes de l'est, et avec leur aide, tint tête aux attaques des Sakalaves du nord. Il acquit pendant trois ans sur ces populations un ascendant prodigieux, et fut proclamé roi. Mais les colons des îles Mascareignes lui firent une opposition acharnée. Benyówski s'embarqua pour la France et vint à Paris se justifier (1776) et réclamer l'approbation de ses actes. Il fut récompensé de ses services par le don d'une épée d'honneur, mais ses projets de traité ne furent pas ratifiés et il abandonna le service de la France. Après dix ans d'absence, le *roi* de Madagascar, à la tête d'une poignée d'aventuriers recrutés aux États-Unis, reparut à Antongil : ses sujets l'accueillirent avec enthousiasme (1785). Le 28 mai 1786, un navire de guerre, expédié par le gouverneur de l'île de France, M. *de Souillac*, sur l'ordre du gouvernement français, mouilla dans la baie d'Antongil. Benyowski, enfermé dans le fort de Mauritina avec deux blancs et trente indigènes, essaya de résister. Tandis qu'il mettait le feu à un canon pointé contre les Français, une balle l'atteignit au sein droit et l'étendit raide. Telle fut la fin misérable de ce vaillant magnat hongrois auquel la postérité n'a peut-être pas assez rendu justice ; il avait su discipliner les Malgaches, qui vénèrent encore sa mémoire. « Les hommes compétents s'accordent à dire, écrit M. d'Escamps, que ses
» vues d'administration, appropriées au pays, sont destinées à servir un
» jour de guide à qui voudra fonder à Madagascar un établissement sérieux
» et durable. »

**Quatrième établissement des Français** (1792-1810). — Madagascar fut une troisième fois abandonné de fait. En 1792, sous l'Assemblée législative, un commissaire de la marine, **Daniel Lescallier,** y fut envoyé en qualité de commissaire civil ; la Convention l'y maintint ; il en revint en 1796 sans avoir rien pu fonder ; il attribua l'insuccès des tentatives antérieures au mauvais esprit qui y avait présidé, et combattit avec énergie, dans un mémoire à l'Institut, le préjugé de l'insalubrité de Madagascar. En 1801, **Bory de Saint-Vincent,** reçut du gouvernement de l'île de France la mission d'explorer l'île ; et en 1804, sur l'ordre du premier consul, le général **Decaen,** gouverneur de nos possessions de la mer des Indes, essaya de les réorganiser. Tamatave fut choisi pour chef-lieu de nos établissements malgaches ; **Sylvain Roux,** nommé agent général, y fixa sa résidence. Déjà une milice était exercée, des forts et des batteries s'élevaient, un canal d'eau douce était creusé dans l'intérieur, lorsque les Anglais occupèrent Bourbon et l'île de France. Sylvain Roux dut capituler dans Tamatave et remettre la place au capitaine *Linne* (1811).

Le traité de Paris (30 mai 1814) rendit à la France toutes ses colonies, à l'exception de certains territoires, au nombre desquels Madagascar ne figurait pas. D'autre part, l'article 8 déclarait la cession à la Grande-Bretagne de l'île de France *et de ses dépendances*. Le gouverneur de la nouvelle île anglaise, appelée désormais Maurice, **sir Robert Farquhar,** fit savoir au gouverneur français de Bourbon, que l'ordre lui avait été donné de considérer Madagascar comme une *dépendance* de Maurice. Comme le dit M. Gabriel Marcel, « la plaisanterie était un peu forte ! Madagascar une dépendance de l'île de France ; autant dire que l'Angleterre est une dépendance de l'île de Man ! » Après un échange considérable de dépêches qui dura cinq mois, la prétention exorbitante du trop zélé gouverneur fut repoussée. Mais il n'abandonna pas pour autant ses projets.

La perte de l'île Maurice obligeait la France à occuper à l'est du Cap un point de relâche où, en temps de guerre, nos vaisseaux pourraient trouver un abri et se ravitailler. En 1817, le vicomte *Dubouchage*, ministre de la marine, chargea le conseiller d'Etat *Forestier*, de chercher, à l'aide des documents conservés dans les archives, le parti que l'on pouvait tirer de Madagascar. Le rapport proposa la création d'une colonie sur la côte orientale; mais les dépenses prévues firent ajourner l'entreprise. Toutefois une commission, sous les ordres de Sylvain Roux, reprit possession dès 1818 de Sainte-Marie et de Tintingue, en présence des principaux habitants du pays réunis en *kabar* ou assemblée générale. Le roi de Tamatave, *Jean Réné*, mulâtre d'origine française, et le roi de Tintingue, *Tsifanin*, avaient fait le meilleur accueil aux explorateurs, et confièrent, l'un son neveu, l'autre son petit-fils au capitaine de *Mackau*, pour être élevés dans un des collèges de Paris. Après une nouvelle exploration scientifique de MM. *Schneider* et *Albrand*, qui proposèrent le rétablissement de Fort-Dauphin, le commandement d'une expédition fut confiée à Sylvain Roux (1821).

**Les plans de sir Robert Farquhar.** — Pendant ce temps, l'influence anglaise s'étendait dans l'île. Sir Robert Farquhar ayant vu rejeter ses interprétations diplomatiques, « inventa un système plus ou moins
» nouveau qui consistait à considérer l'île de Madagascar comme un pays
» indépendant, voulant vivre de la vie des peuples libres. Dans ce but, il
» considérait que l'Angleterre était parfaitement autorisée à contracter des
» alliances avec les différentes tribus de l'île, particulièrement avec les
» Hovas, et à leur fournir, au besoin, des instructeurs, des officiers, des
» armes, pour résister à leurs ennemis. Il va sans dire que ces ennemis,
» c'était nous. » (D'Escamps, p. 76.) Un changement politique profond avait eu lieu récemment dans l'île et devait favoriser les visées anglaises. On rencontre dans Madagascar trois races principales : les *Cafres*, les *Arabes*, et les *Hovas*; ces derniers, d'origine malaise, arrivés dans l'île, il y a environ six siècles, se distinguent des Malgaches par la nuance jaune de la peau, leurs cheveux lisses, leur esprit d'ordre et de discipline, leur caractère rusé et sournois, et en général par leur intelligence et leur vigueur corporelle. Au commencement du dix-neuvième siècle, les Hovas, autrefois relégués dans l'intérieur et inconnus à nos anciens colons de Fort-Dauphin, avaient soumis progressivement le nord, l'est et le sud-est de l'île; le sud-ouest seul, qu'habitent les Sakalaves, grâce à l'insalubrité de son climat, avait échappé à ces envahisseurs.

**Le roi Radama I**er (1810-1828). — Le roi des Hovas était, depuis 1810, le fils du grand chef de Tananarive, *Dianampouine*, l'ambitieux et fourbe **Radama**. Farquhar résolut de gagner ses bonnes grâces en éveillant en lui la soif des conquêtes, en le poussant à l'occupation de l'île entière, en le reconnaissant pour roi de Madagascar. « Pour mieux masquer
» son projet, écrit M. Albrand, il le rattacha habilement à une œuvre
» éminemment philanthropique, l'abolition de la traite des nègres, devant
» laquelle la question politique s'effaçait aux yeux des personnes peu
» versées dans les affaires de ces contrées lointaines. » En 1816, le gouverneur de Maurice envoya à Tananarive, capitale des Hovas, son aide de camp *Lesage*, porteur de riches présents. Il n'arriva au but de son voyage qu'au milieu de difficultés énormes, à travers un pays sans routes, semé de fondrières, de torrents débordés, de terrains détrempés. L'excellent accueil fait à cette première ambassade encouragea Farquhar à en envoyer une seconde. Celle-ci était sous les ordres de *James Hastie*, sergent anglais

qui avait commencé l'éducation des deux frères de Radama, et les ramenait à Tananarive, avec des chevaux anglais d'un grand prix (1817). Le roi lui fit une réception éclatante où il parut pour la première fois aux yeux de ses soldats ébahis en uniforme rouge, en chapeau galonné, avec un pantalon bleu et des bottes vertes. Cet accoutrement était sorti tout entier de la boutique d'un fripier anglais. Hastie réussit à faire signer à Radama deux traités en 1817 et 1820; moyennant 2 000 dollars, 100 barils de poudre, 100 fusils, des habits rouges, chapeaux, souliers, pièces de toile, etc., Radama s'engageait à rester l'allié fidèle des Anglais et à prohiber la vente des esclaves dans son royaume.

James Hastie fit un nouveau voyage à Tananarive en 1820, en compagnie des révérends docteurs *Jones* et *Evan*, de la Société des missions de Londres. Tous deux s'installèrent à la cour d'Imerne. Le diplomate triompha des résistances des conseillers hovas qui refusaient de consentir à l'abolition de la traite, dont ils tiraient de gros bénéfices; les missionnaires fondèrent une école, bientôt suivie de plusieurs autres. Radama, ne voulant pas se brouiller tout à fait avec la France, fit adopter, dans l'alphabet malgache, les consonnes anglaises et les voyelles françaises. En 1828, on comptait déjà dans l'île, trente-deux écoles et quatre mille élèves. « Sir Farquhar
» adjoignit à ses missionnaires, à titre d'auxiliaires pratiques, toute une
» colonie d'ouvriers très habiles dans les métiers, tels que la charpenterie,
» la tannerie, le tissage, etc. Il leur envoya aussi des typographes pour
» la propagation des Bibles, des grammaires anglaises, des journaux
» anglais. De 1822 à 1826, ces immigrations, où figuraient en plus des
» missionnaires-médecins, continuèrent, sous la direction du pasteur Jones;
» Vêtus de la peau de l'agneau, ces loups dévorants se trouvèrent introduits petit à petit dans la bergerie. Ainsi se développait la politique à
» outrance de sir Farquhar, sous ses trois aspects : organisation militaire
» des Hovas; propagation religieuse par les missionnaires; colonisation
» industrielle par les ouvriers anglais. » — (H. D'ESCAMPS, p. 147.)

Pendant ce temps, l'expédition française de Sylvain Roux, bien accueillie des indigènes, mais décimée par des maladies de toute espèce, s'installait dans l'île Sainte-Marie et à l'îlot Madame. Un bâtiment anglais vint demander des explications sur nos projets, et déclara que l'île étant indépendante, l'Angleterre ne pouvait reconnaître à aucune nation des droits de propriété sur tout ou partie de cette île. Des chefs Betsimisaracs étant venus faire acte de soumission à la France (mars 1828), une proclamation du roi des Hovas déclara nulle toute cession de territoire qu'il n'aurait pas ratifiée; et un corps de 3 000 Hovas, sous les ordres d'officiers anglais, s'empara de Foulepointe (juin). Le gouverneur de Bourbon, surpris et impuissant, fit révoquer Sylvain Roux, que le capitaine *Blévec* remplaça. Le nouvel agent fit entendre des protestations inutiles. Toujours excités par les Anglais, 4 000 Hovas vinrent sommer les six Français qui gardaient les ruines de Fort-Dauphin d'évacuer ce poste (1825). La garnison obtint une trêve de deux mois pour demander des ordres au gouverneur de Bourbon; mais on n'attendit pas ce délai et les six assiégés furent saisis et enchaînés, le pavillon français arraché. Le gouverneur n'avait pas les moyens de venger cette insulte! Deux révoltes éclatèrent près de Foulepointe et du Fort-Dauphin; le commandant de *Sainte-Marie* soutint la première qui fut réprimée par les troupes de Radama, transportées sur un bâtiment anglais, sous les ordres du résident anglais; M. *de Freycinet* lui adressa un blâme, et facilita lui-même la répression de la seconde révolte! Tandis que les vexations exercées contre nos traitants redoublaient, Radama permettait l'entrée de tous les navires anglais dans les ports de Madagascar, moyennant un droit de 5 %, et il autorisait les Anglais à résider dans l'île, à y commercer, à y construire des navires, à y bâtir des maisons, à y cultiver des terres (18 juin 1825).

**La reine Ranavalo I**ʳᵉ (1828-1861). — Radama mourut le 24 juillet 1828, la même année que le fameux James Hastie. Le parti des vieux Hovas et les prêtres des idoles, désireux de ressaisir le pouvoir, firent proclamer reine sa femme **Ranavalo**; les partisans de Radama, sa mère, sa sœur, le mari de sa sœur et leur fils furent égorgés. Les traités avec les Anglais furent déchirés; et le résident *Lyall*, accablé de mauvais traitements, et chassé de la capitale par une multitude furieuse, devint fou, et alla mourir à Maurice. Le gouvernement de Charles X résolut alors d'intervenir. Une flottille française, commandée par l'amiral *Gourbeyre*, jeta l'ancre devant Tamatave, et notifia à Ranavalo les prétentions de la France. On lui accordait vingt jours pour répondre. La mission de M. Gourbeyre était d'ailleurs toute pacifique, et il apportait à la nouvelle reine de beaux présents. En attendant, l'amiral rebâtit Tintingue et y mit garnison. La reine ne répondant pas à la sommation, Tamatave fut bombardé; malgré un léger échec, nos troupes battirent deux fois les Hovas, la reine demanda la paix. Les négociations n'étaient pas achevées quand éclata la Révolution de 1830.

Le gouvernement de Juillet abandonna toute politique offensive, renonça à tout projet d'établissement sur l'île, et rappela les bâtiments et les troupes; Tintingue fut évacué et les fortifications démolies; mais nos droits sur Madagascar furent maintenus; Sainte-Marie continua d'être occupée; et en 1832, le ministre de la marine, *M. de Rigny*, fit exécuter par les officiers de la corvette la *Nièvre*, l'exploration de la baie Diégo-Suárez. L'occupation en fut d'ailleurs ajournée. Pendant ce temps, la reine Ranavalo, passionnément attachée au culte des idoles, et pressée par les grands chefs de l'Imerina, les prêtres et les *ombiaches* (sorciers), interdit aux missionnaires anglais de baptiser ses sujets et de leur faire célébrer le dimanche, et somma, sous peine de mort, les Malgaches convertis de se dénoncer eux-mêmes. Ils obéirent en foule, abjurèrent, et livrèrent leurs Bibles; les missionnaires anglais, menacés, quittèrent Tananarive (18 juin 1835). Ce fut un échec terrible pour la politique anglaise, et la ruine de vingt ans d'efforts. Le départ des missionnaires fut d'ailleurs chez les Hovas le signal des plus impitoyables cruautés contre le parti vaincu; sur le littoral, les négociants européens furent en butte à des vexations de toute sorte.

Les Sakalaves, qui forment à Madagascar un peuple plus considérable que celui des Hovas, s'étaient réfugiés en grand nombre à Nossi-Bé et dans les îles voisines, pour échapper aux persécutions des Hovas. Ils offrirent à l'amiral **de Hell**, alors gouverneur de Bourbon, de céder à la France le territoire qu'ils possédaient. L'amiral s'empressa de signer avec les chefs sakalaves des conventions où il revendiquait nettement les droits de souveraineté de la France sur l'île de Madagascar tout entière (1841). Le gouvernement eut la sagesse de les ratifier; les îles de Mayotte, Nossi-Bé, Nossi-Mitsiou, Nossi-Cumba furent déclarées possessions françaises. La présence des Français dans le canal de Mozambique accrut les fureurs des Hovas. Un ordre de la reine du 13 mai 1845 enjoignit à tous les commerçants de se soumettre sans délai à la loi malgache. Douze traitants anglais et onze français furent chassés de Tamatave, leurs marchandises pillées et leurs propriétés dévastées. Le commandant **Romain**

Desfossés et le capitaine anglais *Kelly*, après avoir épuisé de nouveau toutes les tentatives de conciliation, ouvrirent le feu sur les forts de Tamatave, et les réduisirent au silence. Mais le manque de munitions ne leur permit pas d'occuper la place ; cette inutile démonstration leur avait coûté vingt morts et cinquante-cinq blessés, et Ranavalo, en voyant les navires s'éloigner, fit exposer les têtes des marins tués le long des côtes, et se vanta fièrement *d'avoir vaincu ensemble les Français et les Anglais coalisés*. A Paris, la Chambre des députés, tout en constatant la légitimité de nos droits, se montra hostile aux expéditions lointaines, et l'adresse du Conseil colonial de Bourbon, adressée à Louis-Philippe, ne fut pas prise en considération. Dans l'île, les atrocités continuèrent. C'est ainsi qu'en 1856, dans la nuit du 19 octobre, deux mille Hovas envahirent, à la baie de Bavatoubé, le domicile d'un colon français, M. *d'Arvoy*, qui exploitait une mine de houille pour le compte d'un négociant de l'île Maurice, M. *Lambert*. M. d'Arvoy fut égorgé, ainsi que plusieurs Français et un grand nombre de Sakalaves ; quatre-vingt-dix-huit travailleurs furent emmenés prisonniers et l'établissement livré au pillage. A cette nouvelle, Ranavalo fit tirer sept coups de canon en réjouissance de la victoire *remportée par ses troupes sur les Français*, et l'annonça officiellement au gouverneur de Maurice ; celui-ci s'empressa de féliciter la reine des Hovas de la *victoire de Bavatoubé*[1] ! Quant au gouvernement français, il laissa ce nouvel outrage impuni.

Le régime de terreur organisé à Madagascar par Ranavalo et le conseiller *Rainizouare* n'avait pourtant pas étouffé entièrement l'influence française dans l'île. Elle avait été entretenue, grâce à des miracles de patience, d'habileté et de sang-froid, par quelques-uns de nos compatriotes. Sous Radama Ier, un Français, **M. Legros**, construisit les principaux édifices et jardins de la capitale des Hovas ; un autre, **M. Arnoux**, avait pu fonder une sucrerie à Mahéla, et il avait fait agréer par Ranavalo **M. de Lastelle** comme son successeur. Celui-ci sut garder auprès de la reine tout son crédit ; elle le chargea même en 1839 de se rendre en France et d'y acheter pour son compte des objets de luxe. M. de Lastelle introduisit à Madagascar le blé, l'avoine, l'orge et plusieurs arbres fruitiers de France, et séjourna vingt ans dans l'île. Les entreprises de **M. Laborde** furent plus importantes encore, et son influence plus considérable. Jeté par une tempête sur la côte de l'île, **M. Jean Laborde**, fils d'un maître forgeron et sellier d'Auch, fut recueilli par un commandant hova. Il émerveilla les barbares par sa vivacité, sa gaîté, son intelligence, son énergie, son esprit d'invention, la douceur et la droiture de son caractère. Ranavalo le fit venir à Tananarive ; il réussit à gagner les sympathies de cette reine capricieuse et féroce ; elle consentit à l'établissement de manufactures de toute sorte dont notre compatriote lui suggéra l'idée, et dont il prit la direction. M. Laborde n'eut pas d'autre guide que son génie persévérant, son activité infatigable, et d'autre secours qu'une collection des *Manuels encyclopédiques Roret*. Voici en quels termes M. le docteur Vinson décrit l'œuvre extraordinaire de ce grand homme ignoré, dont le souvenir fait honneur à la nation française :

---

1. D'Escamps, page 179.

## L'œuvre de Jean Laborde.

« A Mantasoua (près de Tananarive), nous étions chez
» M. Laborde, et chez lui, on est en France. Il y a là une cour
» spacieuse, une vaste maison, une salle immense, des varan-
» gues partout, les chambres les plus commodes du monde.
» Un gigantesque paratonnerre va se perdre dans le puits. Ce
» palais a été nommé par M. Laborde, *Soatsimananapiouvanana*
» (mot composé qui veut dire, en malgache, *lieu charmant qui*
» *ne changera jamais*). Nous allâmes visiter sa fonderie de
» canons, sa tuilerie, sa verrerie, sa magnanerie, qui sont des
» monuments, et où se fabrique ce que l'industrie et les méca-
» niques offrent de plus utile aux peuples; la menuiserie, la
» charpenterie, la serrurerie, le charronnage, les puissants
» travaux de forge étaient alors en pleine activité et portés à
» leur dernière perfection au milieu de ce peuple demi-sauvage.
» C'était dans cette ville, fondée par lui sur un site choisi et
» pourvu de riches cours d'eau, que M. Laborde avait fait sor-
» tir de son cerveau, comme une Minerve armée, ces mille ate-
» liers fonctionnant et tout un peuple d'artisans; il était
» parvenu à mettre en mouvement tous ces ressorts divers
» d'industrie et à étonner Ranavalo elle-même. Quelle prodi-
» gieuse idée une telle visite donne de l'homme qui a été l'âme
» de ces œuvres merveilleuses! Tout y est colossal et artis-
» tique; de vastes bâtiments en pierre, grands comme des
» palais, soutenus par des colonnes octogones de granit rose;
» des roues hydrauliques, faites sur des modèles, exactement
» pareilles, et ce qu'il y a de plus touchant, un tombeau monu-
» mental, qui est un chef-d'œuvre de solidité, élevé par
» M. Laborde à la mémoire de son frère mort sur cette terre
» étrangère. En faisant de Mantasoua, le centre de tant de
» merveilleuses industries inconnues des Hovas, il recevait sou-
» vent la visite de la reine Ranavalo et de sa cour. Elle y eut
» bientôt une demeure, entourée de pavillons pour son fils,
» pour sa famille et ses officiers, et même un trône en plein air
» et construit en pierre, sur lequel elle montait pour présider
» les assemblées et les fêtes qui avaient lieu dans cette enceinte.
» Elle oubliait dans ces lieux les atrocités qui ensanglantèrent
» son règne et le joug de sa pesante couronne de sagayes.
» M. Laborde avait le talent de l'intéresser, en l'initiant au

» secret des arts français dont elle redoutait la magie pour son
» peuple. On peut dire qu'il châtiait la barbarie en la char-
» mant. Quand M. Laborde quitta le pays momentanément,
» aussitôt les ouvriers chômèrent, les ateliers furent silencieux;
» la jolie ville si bien percée devint veuve d'habitants. Les
» quinze cents familles employées par le fait d'un seul homme
» se dispersèrent. Alors la ville fut un tombeau, et ces ateliers
» magnifiques demeurèrent comme des ruines colossales qui
» parleront longtemps encore de l'effort gigantesque qu'un seul
» de nos compatriotes a pu faire, par une ferme volonté, pour
» inaugurer les arts de la civilisation au milieu d'une nation
» barbare[1]. » (A. VINSON, *Voyage à Madagascar*, page 215.)

Un autre négociant français, établi à l'île Maurice, M. **Lambert** (de Redon), intelligent, actif, plein de cœur et d'ardeur, avait conquis la faveur de Ranavalo, en lui rendant un service politique. Il se lia surtout avec le fils de la reine, le prince *Rakout*, héritier présomptif, qui professait la plus vive admiration pour les nations de l'Europe, et se proposait un jour de soustraire ses sujets à un régime sanguinaire et abrutissant. Dès 1854, il avait écrit à Napoléon III pour lui demander des troupes et des ingénieurs, et un missionnaire catholique avait été admis à Tananarive. M. Lambert devint le plénipotentiaire de Rakout auprès du gouvernement français, et se rendit à Paris en 1856. Mais l'Angleterre veillait, et le missionnaire Ellis reçut de lord *Clarendon* une mission secrète pour Madagascar. Ellis révéla à Ranavalo les menées de Lambert, le dénonça comme espion, et parla d'une armée française qui était en route pour venir la détrôner au profit de son fils. Les défiances de la cour d'Imerne s'accrurent, et les exécutions furent plus fréquentes que jamais[2]. L'ami de Rakout échoua dans sa mission. Les missionnaires anglais résolurent alors de frapper un grand coup. Ils répandirent de nouveau le bruit d'une grande conjuration préparée contre Ranavalo et gagnèrent les *ombiaches* et les *sikidys* (charlatans,

---

1. « Cet industriel philosophe, ce Franklin pratique, égaré parmi les sauvages, dont il ne redoutait rien, parce qu'il leur était utile et même indispensable », avait épousé une Malgache et vivait heureux au milieu des grandes entreprises dont il était l'âme. Il occupa jusqu'à 10 000 ouvriers qui fabriquaient eux-mêmes les instruments et outils nécessaires à l'installation et au fonctionnement de ses manufactures. Lorsque M. Laborde mourut, le 27 décembre 1878, l'inventaire de ses biens dans l'île en porta la valeur à la somme de 248 000 piastres, soit 1 088 000 francs.

2. A son retour à Madagascar, M. Lambert, porteur de riches cadeaux pour la reine et son fils, amena avec lui à Tananarive la célèbre voyageuse autrichienne, Mme Ida Pfeiffer, qui fut reçue à la cour, et qui a laissé de son voyage une très curieuse relation. Elle fait le plus saisissant tableau des misères du peuple; « en moyenne, dit-elle, il périt à Madagascar, tous les ans, de 20 à
» 30 000 personnes, soit par les exécutions et les empoisonnements, soit par les
» corvées et les guerres. »

tireurs d'horoscopes). La reine consulta ses sorciers, et, sur leur avis, exila tous les Français amis de Rakout, MM. Laborde, Lambert et leur famille, au grand désespoir de Rakout (1857).

**Le roi Radama II (1861-1862).** — La mort de Ranavalo, survenue le 18 août 1861, amena la disgrâce du vieux parti hova; son fils Rakout, proclamé roi, sous le nom de **Radama II**, aux applaudissements du peuple, rouvrit l'île aux étrangers, rappela ses amis proscrits, abolit les douanes, et envoya M. Lambert comme ambassadeur en France. Le gouvernement impérial, tout en réservant expressément les droits de la France, commit l'imprudence de reconnaître, comme roi de Madagascar, Radama II. Le commandant **Dupré** représenta l'empire au couronnement du nouveau souverain, qui donna des fêtes somptueuses aux Européens. Sous la tente où fut célébré le festin, on voyait suspendus les drapeaux réunis de Madagascar, de France et d'Angleterre, au-dessus d'écussons de feuillages portant les initiales N. R. V., Napoléon, Radama, Victoria. Un traité fut signé par Radama qui accordait la liberté de conscience, la juridiction des consuls de chaque pays, la libre circulation aux étrangers, et donnait aux Français la faculté d'acheter, de vendre, prendre à bail, d'exploiter les terres, maisons et magasins (art. 4). M. Laborde fut nommé consul de France à Tananarive, M. Lambert créé duc d'Imerne. La grande île, par la volonté de son jeune roi, allait enfin s'ouvrir pacifiquement à notre commerce et à notre industrie. A Paris, sur les instances de M. Lambert, fut constituée, sous le patronage du gouvernement, une *Compagnie de Madagascar*, au capital de 50 millions, avec un gouverneur, *M. de Richemont*, un résident, *M. Lambert*, un conseil d'administration; sans parler d'un *Institut* composé d'ingénieurs, négociants, savants, mécaniciens, agriculteurs, etc., chargé de recueillir toutes les notions utiles à la colonisation projetée. Quand la mission arriva à Tamatave (1er août 1865), elle apprit qu'une révolution venait d'éclater à Tananarive : après un règne de huit mois, Radama II, victime d'une conspiration tramée par les méthodistes anglais coalisés avec le parti des sikidys et des vieux Hovas, avait été étranglé, et ses partisans emprisonnés ou massacrés. Les traités furent déchirés, la *Compagnie de Madagascar* dissoute. Toutefois le gouvernement impérial exigea de la nouvelle reine des Hovas, **Rasoaherina**, une indemnité de 900,000 francs, qui ne fut payée qu'à grand'peine en 1866.

**La reine Ranavalo II (1869-1884).** — La veuve de Radama II mourut en 1869. Elle fut remplacée par sa cousine *Ramoma*, qui régna sous le nom de **Ranavalo II**. Le traité français, laissé en suspens par la feue reine, fut enfin signé le 4 août 1868. *Il accordait aux Français la faculté de pratiquer librement et d'enseigner leur religion (art. III); il leur assurait une complète protection pour leurs personnes et leurs propriétés, la faculté, comme aux sujets de la nation la plus favorisée, et en se conformant aux lois et aux règlements du pays, de s'établir partout où ils le jugeront convenable, de prendre à bail ou acquérir toute espèce de biens, meubles et immeubles, et de se livrer à toutes les opérations commerciales et industrielles qui ne sont pas interdites par la législation intérieure*, etc. Ce traité ne fut pas respecté.

*Ranavalo II* épousa son premier ministre, *Raïnilaiarivoni*, et tous deux se convertirent au protestantisme (1869). Alors la mission anglaise de Tananarive enveloppa l'île entière d'un réseau de propagande : une chapelle royale fut construite dans la capitale, et sur l'instigation des missionnaires, les fétiches, les idoles, les *sampys* (dieux lares), furent partout livrés aux flammes. Cinq sectes méthodistes se disputent depuis quinze ans, à Madagascar, la conversion des naturels, et l'opèrent par la persuasion, par la corruption et, au besoin, à coups de fouet[1]. La mission catholique y a fondé, de son côté, 316 stations et 224 églises ou chapelles. Mais aux missionnaires les Anglais ont adjoint des médecins, qui opèrent *gratis*, des pharmaciens, des architectes, des imprimeurs, des photographes « qui encombrent, dit M. d'Escamps, Tananarive et ses environs[2]. » Ainsi s'exécute la troisième partie du programme politique si habilement conçu en 1816 par sir Robert Farquhar.

En 1881, le consul de France à Tananarive, **M. Baudais**, signala au gouvernememt de la République certains projets menaçants des Hovas contre nos établissements du canal de Mozambique. Le ministre des affaires étrangères de Ranavalo II refusait en outre de régler la succession de notre ancien consul, l'illustre Laborde, décédé en 1878, et osait prétendre, malgré le traité de 1868, que *les François, M. Laborde pas plus qu'un autre, n'avaient pas le droit de posséder des terres à Madagascar*. Les héritiers de M. Laborde offrirent de transiger; le gouvernement malgache refusa tout engagement et se moqua de leurs plaintes. La République française avait donc le devoir de défendre l'intérêt lésé de ses nationaux et, en même temps, l'intérêt supérieur du pavillon et des droits de la France. Une nouvelle tentative d'intimidation et des vexations exercées sur nos alliés sakalaves du nord-ouest, les menaces dirigées contre M. Baudais, notre consul à Tananarive, l'assassinat du directeur d'une plantation française, l'occupation, par les Hovas, de notre poste de Mazangaye ou Mazunga, décidèrent le gouvernement à agir. Le commandant **Le Timbre** reçut l'ordre d'enlever le drapeau hova qui flottait sur le poste de Mazangaye, mais sans brûler une amorce. Il obéit à sa consigne et fit abattre le pavillon ennemi, en veston de coutil, une canne à la main. L'irritation fut grande à Tananarive, mais elle se calma peu à peu, et les diplomates hovas, bien conseillés, pour gagner du temps, envoyèrent une ambassade à Paris et à Londres (août 1882). A Paris, son insuccès fut complet. L'Angleterre ayant offert à la France *ses bons offices* pour régler les différends avec les Hovas, le ministre des affaires étrangères, M. Duclerc, déclina cette médiation.

A Paris, la comédie n'eut pas d'autre suite; à Madagascar, la tragédie s'ouvrit par le bombardement et l'occupation de Mazangaye et de Tamatave, que l'amiral **Pierre** enleva avec une promptitude et une vigueur merveilleuses, sans se laisser intimider par les protestations hautaines du commandant anglais *Johnstone*. Les Français quittèrent encore une fois Tananarive où leur vie était en danger, et la guerre continua. L'amiral Pierre étant venu à mourir, son successeur, l'amiral **Galiber**, reçut l'ordre de poursuivre les opérations commencées; tous les forts et les postes du nord-ouest, du nord-est et du sud-est de l'île furent successivement détruits ou occupés, notamment ceux de Vohemare, Mouroundava, Fort-Dauphin, Foulepointe. Cette action militaire énergique força les Hovas à entamer de

---

1. Alfred Grandidier, *Bulletin de la Société de géographie*, avril 1872.
2. « Nous ne nous arrêterons pas sur le rôle, plus humble, mais non moins
» ardent, que jouent les pharmaciens. Répandus dans les villes secondaires, ces
» disciples de Purgon sont des auxiliaires non moins dévoués des méthodistes;
» ils se distinguent surtout par les façons insinuantes et surtout hardies dont ils
» administrent leurs bienfaisants ou maléficieux remèdes. La notoriété acquise
» en ce genre par M. le méthodiste Shaw nous dispense d'insister sur l'habileté
» de ces pasteurs pharmacopoles à introduire la religion et les toxiques dans les
» rouages actifs de la politique britannique. » — (Henry d'Escamps, p. 316.)

nouvelles négociations. Elles se rouvrirent sans succès, le 1er février 1884 dans des termes qui réservaient tous les droits historiques de la France. Dans la séance de la Chambre des députés du 27 mars, M. *Jules Ferry*, président du conseil des ministres, s'exprimait en ces termes : « Nous avons chargé
» l'amiral Galiber de continuer la mission de l'amiral Pierre, mission de
» négociation et de paix, s'il est possible, et d'action énergique, en cas de
» nécessité... Si les négociations échouent, il est de notre devoir de n'écar-
» ter aucun moyen pour terminer cette affaire et réduire à la raison le
» peuple hova. Il ne faut pas que ce peuple, d'une obstination particulière,
» puisse croire qu'il pourra indéfiniment, dans son nid d'aigle de Tananarive,
» braver la volonté et les armes de la France !... Nous ne repoussons
» qu'une politique, la politique des velléités et des abandons. »

---

## 2° EXTRAITS ET ANALYSES

### Une excursion à Tamatave.

« Tamatave est le siège le plus important du gouvernement hova sur la côte est de Madagascar... La rue principale fut le but de notre première excursion. C'est une longue et étroite avenue, bordée de minces piquets de bois, servant d'enclos aux maisonnettes éparses sur ses deux côtés. Nous allons, tantôt brûlés par le soleil et tantôt abrités par les bananiers aux larges feuilles, ou par des mûriers aux baies rouges. A droite, se déploie le pavillon anglais, c'est le consulat d'Angleterre ; plus loin, du même côté, s'élève une haute bâtisse en bois ; c'est la demeure du Rothschild malgache, Redington, courtier des Hovas pour la vente des bœufs. Quelques cases de traitants bordent encore la rue, et nous pénétrons dans le quartier malgache.

» Les cases changent alors de structure et de dimension ; le ravenal[1], côtes et feuilles, en fait tous les frais, mais l'aspect

---

1. « Le ravenal ou arbre du voyageur, écrit plus loin M. Charnay, est un des
» végétaux les plus utiles au Malgache ; ses feuilles dépouillées des côtes servent
» de nappes pour étaler le riz, de cuiller pour le manger, de coupe pour boire le
» ranapang et la betsa-betsa, et même d'écope pour vider les pirogues. Fendues,
» elles forment la toiture des maisons qu'elles abritent admirablement ; les côtes
» reliées entre elles composent les parois des cases, et le tronc de l'arbre fournit
» les poteaux qui soutiennent le petit édifice. » Les feuilles du ravenal ou ravenala ont des pétioles de 2 mètres à 2m,50 de longueur ; la pluie qui tombe sur ces feuilles s'écoule en partie dans les pédoncules qui, par leur forme large à la base et recourbée, deviennent des tubes où l'eau se conserve jusqu'à la fin des mois de

en est propre, l'intérieur coquet; et des jeunes filles nous sourient, montrant leurs dents blanches, tandis que les hommes nous crient : *Marmites, marmites ?*... ce qui veut dire : Voilà des porteurs, voulez-vous des porteurs ? De temps à autre, des Hovas, à la démarche hésitante, à l'œil oblique, au sourire méchant, vous accueillent d'un : Bonjour, *mousiou !*

» De modestes boutiques étalent sur les seuils leurs produits hétéroclites; ce sont de vastes paniers pleins de sauterelles desséchées, des bouteilles vides, quelques cotonnades anglaises, de grossières rabanes, de microscopiques poissons, des perruches à tête bleue, des makis, de grands perroquets noirs, d'énormes paquets de feuilles de ravenal servant de nappes, quelques fruits des tropiques, des nattes, et l'éternelle barrique de *betsa-betsa*. La betsa-betsa est une liqueur de jus de canne fermentée, mélangée de plantes amères; c'est une boisson détestable, à notre avis, mais dont les Malgaches font leurs délices.

» Nous avançons; la rue, de plus en plus animée, nous annonce le bazar ou marché. Un affreux Chinois nous adresse la parole dans un français impossible, et nous force par d'irrésistibles agaceries à pénétrer dans sa boutique. C'est un pandémonium où règne le plus étrange désordre et dont le maître de céans représente l'article le plus curieux. Nous atteignons le bazar; là, sous des auvents de l'aspect le plus sale et de quelques pieds à peine élevés au-dessus du sol, gisent des boutiques aristocratiques des braves des braves ; en effet, presque tous les marchands sont Hovas; ils président, couchés à l'orientale, à la vente des menus objets étalés devant eux ; ce sont : du sel, des balances, des étoffes, de la vieille coutellerie, des viandes et des poissons; l'atmosphère empestée par les émanations du sang des bœufs qu'on tue sur place, rend ce séjour dangereux ; des nuages de mouches fondent sur vous, noires et bourdonnantes, et vous abandonnez ce foyer de pestilence, le cœur affadi, l'imagination frappée de malaise, plein de dégoût pour cette race abâtardie des Hovas qu'on vous avait dépeinte sous de si belles couleurs.

» ... Le lendemain, M. Clément Laborde nous attendait à sa campagne, située à 12 kilomètres environ de Tamatave. Le *tacon* est le seul véhicule usité à Madagascar; sa construction

---

sécheresse ; il suffit d'entailler la paroi du tuyau avec une pointe de fer pour voir s'échapper une gerbe liquide. — (BAINIER, p. 767.)

est des plus simples : figurez-vous une chaise ou un fauteuil placé sur un brancard. L'appareil est léger, quatre hommes le soulèvent sans effort, lorsque toutefois le voyageur n'est pas d'un embonpoint exagéré. Si le tacon est le seul véhicule connu, c'est qu'il est le seul possible. Madagascar n'a de chemin d'aucune sorte, et les voitures ne sauraient pénétrer dans l'intérieur; les bœufs ne sont pour les Malgaches qu'un objet de commerce, et le cheval un animal de haute curiosité.

» ... La plaine s'étend au loin devant nous, onduleuse, coupée de ruisseaux et de marais ; nos *marmites* passent, faisant jaillir l'eau, poussant des cris sauvages ; le tacon semble léger pour leurs épaules robustes ; ils se hâtent et luttent de vitesse. Nous atteignons alors la première limite des bois ; l'étroit sentier court au milieu d'une végétation vigoureuse où se mêlent les *copaliers* à l'écorce blanchâtre, le *nath*, couleur d'acajou, et l'*indraména*, au bois rouge. Le *vacoa* pyramidal élève sa tête conique au-dessus des palmiers nains, et d'immenses touffes de bambous viennent, en se recourbant, entraver notre course et nous fouetter au visage. Le bois est désert, les oiseaux rares, et le cri désolé du coucou solitaire se mêle seul au bruit de nos voix.

» La plaine s'ouvre de nouveau, couverte d'une herbe haute et serrée où nos porteurs disparaissent ; plus nous avançons et plus les marais deviennent larges et profonds ; les *marmites* s'y engagent néanmoins, et ce n'est pas sans appréhension que du haut de nos sièges mobiles, nous les voyons s'enfermer dans la fange liquide ; ils en ont parfois jusqu'aux épaules, et ce n'est qu'à force d'adresse, sondant le terrain et nous soulevant au-dessus de leurs têtes, qu'ils nous déposent à l'autre bord pour recommencer plus loin.

» Les premières collines nous apparaissent enfin, et, vers midi, nous arrivons à la maison de M. Laborde. Du sommet de ce petit plateau, comme d'un observatoire, nous avons de la contrée environnante un aperçu plus complet ; devant nous, une large bande de forêts, puis la plaine sablonneuse de Tamatave ; au loin, la mer. Du côté de Tananarive, une suite de collines ou mamelons dénudés, semblables à d'énormes huttes de castor, s'élèvent progressivement jusqu'à la grande chaîne centrale. Ces mamelons isolés les uns des autres par de petits cours d'eau et des marécages, ne présentent à l'œil que le vert uniforme de leur surface en dôme ; quelques arbres échappés à l'incendie des bois, dressent çà et là leurs squelettes noircis ; ils semblent protester contre cette dévastation sacrilège et jettent sur la campagne un air de mortelle tristesse. » (D. CHARNAY[1], *Excursion à Madagascar*. — *Bulletin de la Société de géographie de Paris*, juin 1864.)

### Une excursion chez les Antanosses; le famake.

M. Alfred Grandidier entreprit, en 1858, la traversée de l'île de Madagascar, de Tulléar à Yaviboule. Un des chefs de la province d'Anossi, Rabénafer, un des rois sakalaves que les Hovas ont dépossédés, lui servit de guide, moyennant de riches cadeaux, fusil, poudre, grains de corail, pièces de percale et d'indienne, bouteilles de rhum. Ce dernier article surtout fut accueilli avec enthousiasme par Rabénafer et son entourage. Le voyageur fut conduit de Tulléar à Saloubé chez le roi Zoumaner, chef des Antanosses émigrés où il espérait trouver les guides nécessaires pour son long et périlleux voyage.

« Le 29 septembre, j'étais prêt à partir. Ma petite troupe se composait du fidèle Cravate, mon serviteur favori, d'un chasseur, Bouéza, et des douze Antanosses que j'avais empruntés à mon ami Rabénafer. Cravate était un Betsimisarake actif et intelligent; quelques leçons de taxidermie lui avaient suffi pour devenir mon empailleur attitré, et je lui avais en outre délégué mes pouvoirs sur tous mes gens. Son nom lui venait d'un foulard de soie rouge qu'il aimait à enrouler autour de son cou. Quant à Bouéza ou le perroquet, c'était un gros Cafre robuste, mais paresseux comme tous les esclaves africains. Je n'ai pas toujours eu à me louer de son service, et ses exploits cynégétiques n'ont jamais été bien remarquables; je le soupçonne fort d'avoir pris l'habitude, lorsque je l'envoyais à la chasse, de se coucher au pied du premier arbre dont les branches touffues pouvaient lui offrir un frais ombrage, et de s'y endormir jusqu'à l'heure du retour. Est-ce à sa grosse voix stridente qu'il devait son surnom, c'est ce que je ne saurais dire. Brave homme du reste, doux et serviable, pourvu qu'on ne lui rappelât pas son origine africaine, dont il rougissait. Nul n'eût été plus heureux ici-bas, s'il n'avait porté au front la trace indélébile des incisions distinctives de la tribu des Macouas.

---

1. Sur M. Désiré Charnay, v. notre volume de *Lectures géographiques sur l'Amérique* (p. 14).

» Les douze Antanosses étaient laids et noirs comme de vrais Malgaches de la côte est; leurs cheveux touffus et crêpés qui étaient, suivant la coutume de leur peuplade, divisés en une cinquantaine de petites tresses toutes luisantes d'huile, n'avantageaient pas leur grosse figure plate à lèvres épaisses et à nez épaté. Au demeurant, assez forts, durs à la fatigue, dociles et insouciants, mais très âpres au gain comme tous les habitants de l'île.

» ... Je quittai Tulléar dans une de ces élégantes et rapides pirogues à balancier dont se servent les Sakalaves sur la côte ouest. Creusées dans un bois tendre et léger, ces embarcations sont si étroites et si allongées qu'elles ne pourraient tenir en équilibre sans le contrepoids d'un tronc d'arbre auquel les relient deux longues perches transversales. Une voile immense, tendue à l'avant de la barque, prit aussitôt le vent, et nous fendîmes avec rapidité les lames que commençait à soulever une brise fraîche du sud-ouest, et qui blanchissaient déjà la mer au loin. Pour qui n'est pas habitué à ce mode étrange de navigation, il est impossible de ne pas ressentir une certaine émotion à la vue de cette voile énorme de 16 mètres carrés, qui, dressée à l'avant d'une barque si frêle, lui imprime une vitesse réellement effrayante. Il n'est pas du reste rare de chavirer. La traversée fut rapide; moins de deux heures après le départ, je mettais pied à terre sur la petite presqu'île de Tsaroundrane. »

Le voyageur franchit le plateau qui domine la baie de Saint-Augustin et pénétra dans la vallée de l'Anoulahine, qui coule entre deux montagnes calcaires, torrent furieux pendant la saison des pluies, lit de sable presque desséché pendant la saison sèche. Il traversa les villages de Saint-Augustin et de Manansoufy, pénétra sur le Tahéza, affluent de l'Anoulahine, dont les eaux servent à l'irrigation de belles rizières, et il arriva à Salaravatte, capitale du roi Rabéfaner.

« Le prince m'attendait, assis sur le seuil de sa porte. Je lui tendis la main et me mis à ses côtés. Tout aussitôt, mes gens qui, suivant les règles de la politesse malgache, s'étaient d'abord accroupis, sans mot dire, devant leur maître, s'approchèrent; Cravate et Bouéza, grâce à leur position d'hommes libres, eurent l'insigne honneur de frotter leur grosse figure sur le pied de Béfaner et de lui lécher les talons. Les autres, simples esclaves du prince, se contentèrent de s'agenouiller un à un devant lui et de le saluer, en s'inclinant jusqu'à terre, des simples mots : Andriane, Andriane ! Seigneur, Seigneur !

» ...... Je me remis en route en compagnie du prince ; nous n'arrivâmes chez Zoumaner qu'à neuf heures du soir. En approchant du village, j'aperçois à la clarté de la lune, auprès de la porte de l'Ouest, un piquet qui supporte une tête encore toute sanglante. C'était celle d'un Bare qui, s'étant introduit la nuit précédente dans l'enceinte pour voler des bœufs, avait été pris et mis à mort sur-le-champ. Zoumaner me reçut en vieil ami ; il se rappelait les présents dont je l'avais comblé à mon voyage précédent. Pendant les premiers jours de ma résidence à Saloubé, capitale des Antanosses, je fis plusieurs ascensions sur les montagnes qui enferment le vaste plateau aride où se sont établis les Antanosses émigrés, et que coupe l'Anoulahine ; je continuais mes travaux de géodésie, espérant que la guerre des Bares ne durerait pas et qu'avant peu je pourrais poursuivre mon voyage.

» C'est dans cette espérance que je donnai mon assentiment au projet dont Zoumaner ne cessait de m'entretenir depuis mon arrivée. Il ne s'agissait de rien moins que de célébrer le *famake*, de nous faire frères par le sang. Je n'ignorais pas que ce roi voulait avant tout m'extorquer un cadeau, mais j'avais trop d'intérêt à rester en bons termes avec lui pour ne pas accéder à sa proposition. Les devins consultés tirèrent le *sikidy* et fixèrent le mardi suivant comme le jour propice à la cérémonie ; nous étions au jeudi. Au jour marqué, les chefs et le peuple se rassemblèrent dans l'est de la maison du roi. Zoumaner et moi, nous nous asseyons sur une natte neuve. Un bœuf est amené et jeté à terre ; on lui lie les quatre pieds. Un prince de la famille des Zafi Raminia égorge la victime en récitant quelques prières et reçoit le premier sang dans une calebasse pleine d'eau ; après y avoir ajouté une pincée de sel, un peu de noir de fumée, une balle de plomb, une grosse manille d'or, il la dépose devant nous. Je prends la baguette de mon fusil et Zoumaner se saisit de sa sagaie; nous en plongeons les extrémités dans le liquide sacré. Le chef principal du village, tout en frappant avec un couteau les armes que nous tenons chacun de la main droite, prononce un discours où, après avoir célébré les louanges des hautes parties contractantes, il énumère les obligations qu'impose le serment du sang, et appelle sur nous les plus grands malheurs si nous venons à nous parjurer. Mon serviteur Cravate, pendant ce temps, ne cesse d'arroser le fer de la lance du liquide sanglant. Zoumaner, remplissant alors une cuiller de bois du breuvage sacré, me la porte à la bouche et m'en fait boire le contenu, puis me frappe sur les deux épaules, dans le dos et sur la poitrine, avec la cuiller vide. Je répète la même cérémonie, et nous sommes frères de sang, le famake est consommé. Ma nouvelle famille m'adresse ses félicitations, et une nuée de princes et de princesses, les uns m'appelant leur fils, les autres me donnant le nom de père ou de frère, viennent me serrer la main.

» Sur ces entrefaites, je tombai malade; une fièvre tenace me força à m'aliter. Ce n'était qu'avec peine que je pouvais me traîner auprès de mes instruments de météorologie pour en faire les lectures quotidiennes. Zoumaner voulut entreprendre ma guérison; je le laissai faire par curiosité. Dès qu'il me vit en proie à un accès chaud, il envoya Béfaner chercher un de ses talismans; c'était un mauvais bout de corne de bœuf, orné de perles de verre, et rempli d'une boue noirâtre, mélange de feuilles d'arbre carbonisées, de piment pilé et d'huile de ricin; dans cette boue nageaient divers *grisgris*, tels que vis brisées, vieux ciseaux, aiguilles rouillées. Le précieux remède fut religieusement apporté par Béfaner sur un *sahafe* ou petit plateau de jonc. Le roi, après avoir adressé une prière à Dieu, me toucha le front et la poitrine avec cette corne; puis il retira une des aiguilles qui étaient plongées dans la mixture et la passa sept fois sur sa langue en comptant à haute voix et replongeant à chaque fois le fer dans la corne. Ce fut ensuite à mon tour de subir la même épreuve. Dès la première fois, je fis une singulière grimace : le piment me brûlait la gorge et l'huile de ricin me donnait des nausées; cependant, je subis courageusement les attouchements cabalistiques et je vous laisse à penser si je fus aise de voir la septième épreuve finie. Mais je n'en étais pas quitte pour si peu; le roi se mit à me pousser la même aiguille dans le nez aussi loin qu'il le put. Du coup, je me débattis, mais j'étais faible, et il me fallut en passer par où il voulait. Éternuant, les narines en feu, je demandais grâce; le bourreau ne me lâcha que lorsqu'il eut encore introduit son doigt, tout huilé de son remède maudit, dans mes oreilles. Après avoir suspendu sa corne à la tête de ma natte, il allait se retirer, et j'en bénissais le ciel, lorsque s'avisant d'un oubli, il défit rapidement son *sadiha* (lambeau de toile dont les Malgaches se ceignent les reins), et en trempant le bout dans une calebasse pleine d'eau, il m'en frappa à plusieurs reprises sur la tête, au dos, sur la poitrine, me mouillant jusqu'aux os au plus fort de l'accès.

» Le lendemain, de grand matin, il accourut prendre de mes nouvelles. Je l'assurai que j'allais beaucoup mieux, espérant éviter un nouveau martyre. Vain espoir! Il eût trop craint de perdre la poule aux œufs d'or. Aussi une nouvelle cérémonie recommença, cérémonie que cette fois j'acceptai d'assez mauvaise grâce.

Dès que je me fus convaincu de l'impossibilité matérielle de mettre mon projet de voyage à exécution, tant que durerait la guerre des Bares, et que, d'autre part, j'eus acquis la certitude que cette guerre malencontreuse n'était pas près de finir, je pris immédiatement la décision de revenir à Tulléar et de tenter la traversée de l'île sous un autre parallèle. Mes jambes me refusant tout service, je fis construire un tacon, sorte de litière, et j'engageai des porteurs. Ce fut le 30 octobre au matin que je me mis en route, non sans avoir été obligé de faire des largesses à ces rois mendiants. »

Alfred GRANDIDIER[1],
*Une excursion chez les Antanosses émigrés.*
(*Bulletin de la Société de géographie*, février 1872.)

---

1. M. Alfred Grandidier entreprit en 1865, sous les auspices du gouvernement

## 3° BIBLIOGRAPHIE

Albrand. *Notes sur Madagascar.* — (Paris, 1844.)
Barbié du Bocage. *Madagascar, possession française depuis 1642, mœurs, coutumes, géographie, histoire, conquête et colonisation,* avec carte. — (Paris, 1862, in-8°, Bertrand.)
Beniowski (Maurice-Aug.). *Voyages et memoires.* — (Paris, 1791, 2 vol. in-8°.)
Brossard de Corbigny. *Un voyage à Madagascar, janvier 1862.* — (Paris, in-8°, Challamel.)
Buet (Ch.). *Madagascar, histoire, mœurs, religion, flore et produits naturels.* — (Paris, in-8°, ill., Palmé.)
Bordier (A.). *Instructions pour l'île de Madagascar.* — (Paris, in-8°, 1878, Masson.)
Carayon. *Histoire de l'établissement français de Madagascar pendant la Restauration.* — (Paris, 1845, in-8°, Gide.)
Cauche (Fr.). *Relations véritables et curieuses de l'île de Madagascar, isles adjacentes et costes d'Afrique.* — (Paris, 1651, in-4°, Courbé.)
D'Escamps (Henry). *Histoire et géographie de Madagascar.* — (Paris, in-8°, 1884, Didot.)
Dubois. *Les voyages faits par le sieur D. B..., aux îles Dauphin ou Madagascar, et de Bourbon ou Mascarennes, depuis 1669 jusqu'en 1672, dans lesquels il est traité du cap Vert, de Surate, des îles de Sainte-Hélène et de l'Ascension.* — (Paris, 1674, in-12.)
Dupré (commandant). *Trois mois de séjour à Madagascar.* — (Paris, 1863, in-12.)
Ellis (W.). *Three visits to Madagascar during the years 1853, 1854, 1856, including a journey to the country,* etc. — (London, in-8°, 1858.)
Finaz (R.-P.). *Album malgache, villes et villages betsiléos.* — (*Missions catholiques,* Paris, 1876.)
Flacourt (Etienne de). *Histoire de la grande île de Madagascar.* — (Paris, 1661.)
Germain. *La côte orientale de Madagascar.* — (Paris, 1865, in-8°.)
Grandidier (A.). *Histoire physique, naturelle et politique de Madagascar.* — (Paris, 1876-84, 16 vol. in-4°, parus sur 25 à 30, Hachette.)
Guillain (capitaine). *Documents sur l'histoire de Madagascar.* — (Paris, 1845.)
Lacaille (L.). *Connaissance de Madagascar.* — (Paris, 1862, in-8°.)
Lacaze (H.). *L'île Bourbon, l'île de France, Madagascar.* — (Paris, 1881, in-8°, Parent.)
Laillet (E.). *Renseignements utiles sur Madagascar.* — (Epinal, in-8°, 1877.)
Leguevel de Combe. *Voyage à Madagascar et aux îles Comores.* — (1823-1830.)
Leroy (Louis). *Les Français à Madagascar,* avec carte et cartouches. — (Paris, in-12, 1884, Delagrave.)

---

français, l'exploration géographique, scientifique, ethnographique de Madagascar. Ce ne fut qu'au bout de cinq ans de difficultés et d'obstacles de toute nature qu'il put enfin traverser l'île de l'ouest à l'est dans toute sa largeur. Il a visité 2 000 kilomètres de côtes, et malgré les stupides défiances du gouvernement, les superstitions des indigènes, relevé toutes les routes à la boussole, tracé des itinéraires de 5,500 kilomètres, et dressé la première grande carte exacte de l'île. En histoire naturelle, il a découvert plus de cinquante espèces de vertébrés, et enrichi le Muséum d'histoire naturelle d'une magnifique collection de mammifères, oiseaux, insectes, mollusques, plantes, minéraux. Cette encyclopédie admirable de nos connaissances sur Madagascar a été condensée par le voyageur dans un grand ouvrage qui est en cours de publication, et qui est orné d'une collection de planches en couleurs. Il est regrettable que le haut prix et le petit nombre d'exemplaires de cet ouvrage en rendent la lecture peu accessible.

M. de V... *Voyage de Madagascar*. — (Paris, 1722, in-12, Nyon.)
Morisot. *Relation du voyage fait à Madagascar, îles adjacentes et côtes d'Afrique*, par F. Cauche, de Rouen. — (1651.)
Pfeiffer (M<sup>me</sup>). *Voyage à Madagascar*, trad. de l'allemand, par W. de Suckau, avec une introduction de M. Francis Riaux. — (Paris, 1881, in-18, Hachette.)
Régnon (R. P. de). *Madagascar et le roi Radama II*. — (Paris, 1863, in-18.)
Richemont (P. de). *Documents sur la Compagnie de Madagascar*. — (Paris, 1868, in-8º.)
Rochon (Alexis). *Voyage à Madagascar et aux Indes orientales*. — (Paris, 1791, in-8º, 2º édit., 1802, 3 vol. in-8º, et cartes.)
Sibree (J.). *Madagascar et ses habitants*, trad. de l'anglais, par H. Monod. — (Paris, 1873, in-8º, Sandoz, 40 grav. et 1 carte.)
Simonin (Louis). *Les pays lointains, notes de voyages, Maurice, Aden, Madagascar*. — (Paris, 1867, in-12, Challamel.)
Vaissière (le P. de). *Histoire de Madagascar, ses habitants et ses missionnaires*, (Paris, 2 vol. in-8º, Lecoffre).
Vinson (Aug.). *Voyage à Madagascar, au couronnement de Radama II*. — (Paris, 1865.)
X... *Documents sur la Compagnie de Madagascar*. — (Paris, in-8º, 1867.)
X... *Livre jaune sur Madagascar*, publié par le ministère des affaires étrangères. — (Paris, in-4º, 1884.)

---

Abinal (P.-A.). *Les fêtes du premier de l'an à Madagascar*. — (*Etudes religieuses*, 15 janvier 1868.)
Andrieu (P.). *L'île Sainte-Marie de Madagascar*. — (*Revue maritime et coloniale*, février 1878.)
Barbié du Bocage. *Notice géographique sur l'île de Madagascar*. — (*Bulletin de la Société de géographie*, 1858, t. II.)
Barbié du Bocage. *Une ambassade anglaise à Tananarivou*. — (*Bulletin de la Société de géographie*, 1862, t. I<sup>er</sup>.)
Blanchard (Em.). *L'île de Madagascar*. — (*Revue des Deux-Mondes*, 1872.)
Borius (D<sup>r</sup> A.). *Etude sur le climat de Sainte-Marie de Madagascar*. — (*Archives de médecine navale*, t. XIV, 1870.)
Brossard de Corbigny. *Un voyage à Madagascar*. — (*Revue maritime*, juillet-août 1862.)
Capitaine (H.). *Sainte-Marie de Madagascar, Nossi-Bé et Mayotte*. — (*Exploration*, 1878, n<sup>os</sup> 59, 66, 88.)
Cave (P.). *Notes sur Madagascar et les Comores*. — (*Revue maritime et coloniale*, juin, juillet, août 1867.)
Charnay (D.). *Excursion à Madagascar*. — (*Bulletin de la Société de géographie*, juin 1864.)
Charnay (D.). *Madagascar à vol d'oiseau*. — (*Tour du Monde*, t. X, n<sup>os</sup> 247-249.)
Coignet (F.). *Excursion sur la côte nord-est de l'île de Madagascar*. — (*Bulletin de la Société de géographie*, septembre-octobre 1867.)
Fontpertuis (A.-F. de). *Madagascar, ressources, population*, etc. — (*Economiste français*, 8 avril 1883.)
Grandidier (A). *Notes sur Madagascar*. — (*Archives des missions scientifiques*, t. IV, 3º livr., 1868. — *Bulletin de la Société de géographie*, octobre 1867, novembre 1869, août 1871, avril 1872.)
Grandidier (A.). *Excursion chez les Antanosses émigrés*. — (*Bulletin de la Société de géographie*, février 1872.)
Grandidier (A.). *Notes sur les recherches géographiques faites à Madagascar de 1865 à 1870*. — (*Comptes rendus de l'Académie des sciences*, 28 août 1871.)
Grandidier (A). *Deux rapports sur une mission à Madagascar*. — (*Archives des missions scientifiques*. VII, 1872. — *Revue scientifique*, mai 1872.)
Grandidier (A.). *L'affranchissement des nègres africains à Madagascar*. — (*Bulletin de la Société de géographie de Marseille*, 1877, n<sup>os</sup> 11, 12.)

Hallez (Th.). *Etude ethnographique sur l'île de Madagascar.* — (*L'Investigateur*, 4ᵉ série, t. VII, décembre 1867.)

Jacobs (A.). *La France et l'Angleterre à Madagascar.* — (*Revue des Deux-Mondes*, 15 novembre 1852.)

Jouan (H.). *Les satellites de Madagascar : Comore et les Séchelles.* — (*Revue scientifique*, 11 mai 1878.)

Lacaze. *Souvenirs de Madagascar.* — (*Revue maritime et coloniale*, mars, avril, mai, juillet 1881; Paris, 1881, in-8°, Berger-Levrault.)

Laurent Crémazy. *Notes sur Madagascar.* — (*Revue maritime et coloniale*, octobre 1882.)

Lavollée (C.). *Madagascar et le roi Radama II.* — (*Revue des Deux-Mondes*, 1ᵉʳ octobre 1862.)

Maigrot (Dʳ). *Madagascar; état actuel et avenir du commerce de cette île avec l'Europe.* — (*Revue de géographie internationale*, mai 1880.)

Marcel (Gabriel). *Les droits de la France sur Madagascar.* — (*Revue scientifique*, 7-14 avril 1883.) — *Le mémoire inédit de Grossin sur Madagascar.* — (*Revue de Gie*, nov. 1883.)

Milhet-Fontarabie (Dʳ). *Relation sur Madagascar.* — (*Revue algérienne*, 1860.)

Mullens (Joseph). *Recent journeys in Madagascar.* — (*Proceedings of the Royal geographical Society*, Londres, t. XXI, 1877.)

Rosiers. *Notes sur Madagascar.* — (*Revue maritime*, XL, 1874.)

Simonin (L.). *La mission de Madagascar.* — (*Revue des Deux-Mondes*, 1ᵉʳ avril 1864.)

X... *Rapport de la mission anglaise envoyée à Madagascar en 1861.* — (*Revue maritime et coloniale*, janvier 1862.)

X... *Renseignements inédits sur les flibustiers de Madagascar au dix-septième siècle.* — (*Revue maritime*, XXXIII, 1872.)

# CHAPITRE II

## LES ILES MASCAREIGNES

### A. — LA RÉUNION (*possession française*).

#### 1° RÉSUMÉ GÉOGRAPHIQUE

##### I. — GÉOGRAPHIE PHYSIQUE

**Situation.** — L'île de la Réunion, qui fait partie du groupe des *Mascareignes* (ainsi appelé du nom du navigateur portugais don Pedro de Mascareñhas qui les découvrit en 1505), est située dans la mer des Indes, à 400 milles à l'est de Madagascar et à 100 milles au sud-ouest de Maurice, entre 52° 55′ et 53° 12′ de longitude orientale; et entre 20° 50′ et 21° 20′ de latitude australe. Le grand axe de l'île, long de 74 kilom., entre la pointe Ango et celle des Galets, est dirigé du nord-ouest au sud-est; le petit axe, de 50 kilom., va de Saint-Pierre à Sainte-Suzanne. — **Relief du sol.** L'île est divisée en deux parties par deux groupes de montagnes distincts, reliés par un plateau haut de 1600 mètres, la *plaine des Cafres*; les deux parties sont appelées *Partie du vent* et *Partie sous le vent*. Le point culminant est, dans le massif occidental, le *Piton-des-Neiges*, 3069 mètres, ancien volcan éteint, riche en sources thermales. Dans l'autre massif, toujours en éruption est le cratère *Bory* (2625 m.), dont les laves s'écoulent dans un cirque nommé l'*Inclos*, et dont le versant maritime est appelé le *Grand-Bénard* (2892 m.), le *Morne-Langevin* (2391 m.), le *Limandef* (2226 m.). — Le *Brûlé* et la *Montagne*, à Saint-Denis, ont 650 et 425 m. — Les principaux plateaux ou plaines sont celles des *Palmistes*, des *Cafres* et des *Lianes*. — **Cours d'eau**. Trois grandes vallées

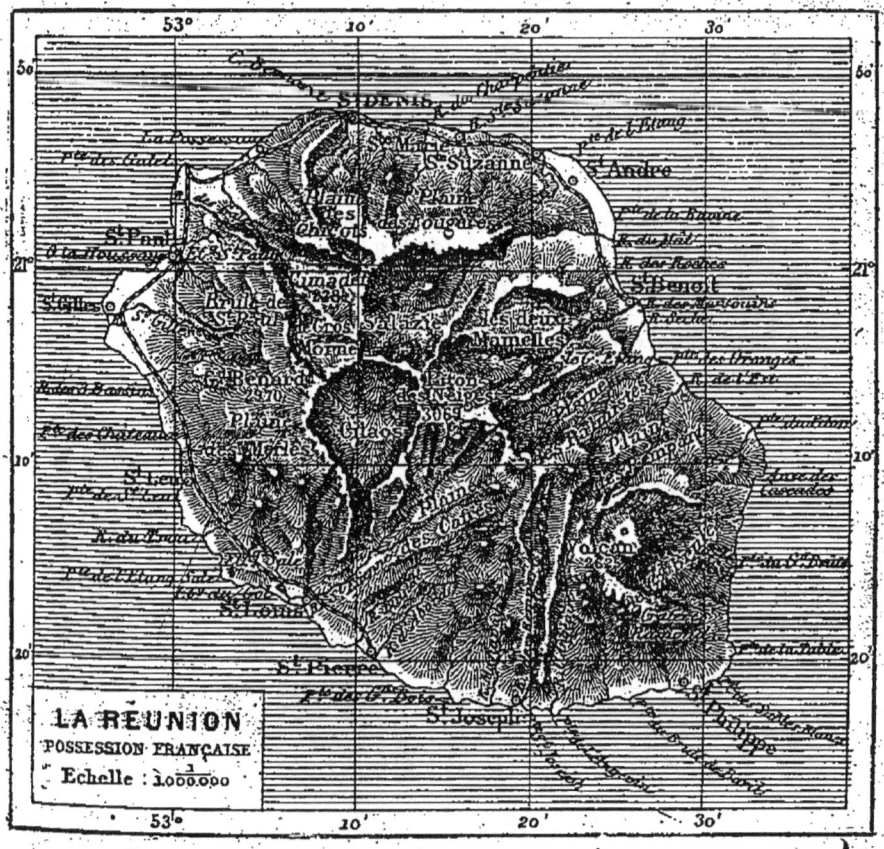

s'ouvrent autour du Piton-des-Neiges; de là s'échappent dans des gorges très encaissées : la rivière *Dumas*, venue de Salazie, la rivière des *Galets*, venue de Mafate, et le *Saint-Etienne*, descendu de Cilaos. — La rivière des *Marsouins* descend de la plaine des *Salazes*. Citons encore les rivières de *Saint-Denis*, des *Pluies*, de *Sainte-Suzanne*, de *Saint-Jean*, des *Rochers*, des *Marsouins*, de l'*Est*, dans la partie du vent; — la ravine des *Trois-Bassins*, la *Grande-Ravine*, celle des *Avirons*, celles des *Remparts*, de *Langevin*, de *Manapany*, etc., dans la partie sous le vent. Les principaux étangs sont ceux du *Champ-Borne*, de *Saint-Paul*, du *Gol*; l'*Etang-Salé*, le *Grand-Etang*, etc. — Les sources minérales sont abondantes : celles de *Salazie* (altitude 872 m., température 32°, débit 1000 litres par heure); celles de *Cilaos*

(altitude 1114 m., température 38°, débit très considérable); de *Mafate* (altitude 682 m., température 31°, débit 900 litres). Sources ferrugineuses froides de *Gonnefroy, Laferrière* et *Saint-François*, etc. — **Littoral.** Fait de laves, de falaises, de galets ou de sables. Les côtes n'offrent aucune crique, aucun abri. Elles ne présentent non plus aucun écueil, sauf les rochers le *Cousin* et la *Marianne*, à Sainte-Suzanne, signalés par le phare du Bel-Air. — Caps principaux : cap *Bernard* et pointe des *Jardins* à Saint-Denis; pointe du *Champ-Borne* à Saint-André; cap de la *Possession*; pointe des *Galets* à Saint-Paul, où la Compagnie Lavalley, sous la garantie d'un intérêt annuel de 2 millions accordés par l'État, a entrepris la construction d'un port intérieur (loi du 25 juin 1877).
— **Climat.** Grâce à sa configuration, l'île a des climats variés. Il y a deux saisons : la *saison chaude* ou *hivernage* (novembre à avril), saison des pluies et ouragans; *belle saison* ou *hiver* (mai à octobre), où règnent les vents alizés du sud-est, toujours secs. Température moyenne + 24° à 25°; minimum + 12°; maximum + 36°. L'époque des *cyclones* ou vents tourbillonnants est en janvier, février et mars; les *ras de marée* ont lieu pendant la belle saison.

## II. — GÉOGRAPHIE POLITIQUE

**Historique.** — Découverte en 1505 par le Portugais don Pedro de Mascareñhas, qui n'y forma aucun établissement, l'île fut visitée en 1598 par les Hollandais, en 1613 par les Anglais. En 1638, les Français l'occupèrent, et en 1649, elle changea son nom de Mascareigne contre celui de Bourbon. Elle fut concédée en 1664 à la Compagnie des Indes orientales, comme dépendance de Madagascar, et en 1735, réunie à Maurice ou Ile de France qui fut le siège du gouvernement. En 1764, une ordonnance royale les rétrocéda au gouvernement du roi. Elles furent prises en 1810 par les Anglais qui ne nous restituèrent le 6 avril 1815 que Bourbon. L'île appelée *Bourbon* sous la monarchie, *Bonaparte* sous l'empire, a pris le nom de *Réunion* sous la République.
**Gouvernement et administration.** — La Réunion est représentée dans le Parlement par un sénateur et deux députés élus conformément à la législation de la métropole. — Le commandement et la haute administration sont confiés à un *gouverneur*[1], qui a sous ses ordres un directeur de l'*intérieur*,

---

1. LISTE CHRONOLOGIQUE DES COMMANDANTS ET GOUVERNEURS DE L'ILE DE LA RÉUNION (Bourbon), DE 1665 A 1884. — MM. Regnault, commandant (1665-71); Lahure (1671); Justamont (1672); Orgeret (1673); Jacob de la Haye (1673); Drouillart, gouverneur royal (1686); Habert de Vauboulon, gouverneur (1686); Drouillart, gouverneur (1690); de Prades, commandant (1693); Firelin, commandant (1696); Bastide, commandant (1696); de la Cour de la Saulais, gouverneur (1698); de Villers, gouverneur (1701); Desbordes de Charanville, gouverneur (1709); Parat de Chaillenett, gouverneur (1710); Justamont, gouverneur par intérim (1715); de Beauvollier de Courchant, gouverneur (1718); Desforges-Boucher, gouverneur (1723); Dumas, directeur général, puis gouverneur (1725); Mahé de la Bourdonnais, gouverneur général des îles de France et Bourbon (1735); Didier de Saint-Martin, commandant et gouverneur général par intérim (1740); Mahé de la Bourdonnais (1742); Didier de Saint-Martin, commandant et gouverneur général par intérim (1746); Barthélemy David (1746); de Lozier-Bouvet (1753); Magon (1756); Desforges-Boucher (1759); Dumas, gouverneur général des deux îles (1767); Steinauer, brigadier général et gouverneur (1767);

ILES MASCAREIGNES.

un chef du *service judiciaire*, un *vice-recteur*, un chef du *service administratif*, un chef du *service de santé*, un inspecteur des *services administratifs*.

Le gouverneur est assisté d'un *conseil privé*, composé des chefs d'administration et de deux habitants notables nommés, soit par le chef de l'État, soit par le gouverneur. Le conseil privé juge les questions contentieuses. — Un *conseil général*, composé de trente-six membres élus par le suffrage universel, est investi des mêmes attributions que les conseils généraux de France. — La Réunion comprend seize *communes* organisées, et deux *arrondissements* du *Vent* et *sous le Vent*. 1° Quatre villes importantes : **Saint-Denis**, capitale de l'île, siège du gouvernement au nord-ouest, sur la mer, chef-lieu de l'arrondissement du *Vent* (40 000 hab.) ; **Saint-Pierre**, port du sud-ouest, à 107 kilom. de Saint-Denis, chef-lieu de l'arrondissement *Sous le Vent* (30 000 hab.) ; *Saint-Paul* (25 000 hab.) ; *Saint-Benoît* (20 000 hab.) sont des ports dans le même arrondissement. — Les autres communes organisées sont : *Salazie*, dans l'intérieur, connu pour ses eaux thermales et son hôpital ; *Sainte-Marie*, *Sainte-Suzanne*, *Saint-André*, *Palmistes*, *Sainte-Rose*, *Saint-Paul*, *Saint-Leu*, *Saint-Louis*, *Saint-Joseph*, *Saint-Philippe*, *Entre-Deux* et *Bras-Panon*.

### III. — GÉOGRAPHIE ÉCONOMIQUE

**Productions** (en 1880) ; **Minéraux**. — *Sources minérales* et incrustantes de Salazie (température 32°, 1 000 litres à l'heure) ; *sources minérales* de Cilaos ; *sources sulfureuses* de Mafate ; *sources ferrugineuses* de Saint-Gilles et Saint-Denis ; — *sel* de Saint-Louis, *natron* de Saint-Paul. — **Végétaux**. — *Canne à sucre* (48 066 hectares ; 29 300 000 kilog. de sucre = 8 200 000 fr. ;

---

Chevalier des Roches, chef d'escadre et gouverneur (1769) ; Steinauer, gouverneur par intérim (1770) ; chevalier d'Arzac de Ternoy (1772) ; Guiron de la Brillane (1776) ; vicomte de Souillac, gouverneur par intérim (1779) ; de Souillac, gouverneur général (1781) ; le chevalier de Fresne, par intérim (1785) ; le chevalier de Fleury, par intérim (1785) ; vicomte de Souillac (1785) ; vicomte de Conway, maréchal de camp, démissionnaire le 27 juillet 1790 (1789) ; Cossigny de Palma (1790) ; comte de Malartic, lieutenant général (1792) ; Roubaud, gouverneur par intérim (1794) ; Jacob de Cordemoy, général, gouverneur (1795) ; Magallon de Larmolière, général, gouverneur par intérim (1800) ; Decaen, général, gouverneur (1803) ; des Brulys, général, gouverneur (1806) ; Sainte-Suzanne, colonel, gouverneur, signe la capitulation de 1810 (1809). *L'occupation anglaise dure de 1810 à 1815 sous les gouverneurs Farquhar* (1810) ; *Keating* (1810) ; *Farquhar* (1811) ; *Keating* (1811) ; *Picton* (1811) ; *Keating* (1811-1815). Après le retour à la France, sont gouverneurs généraux : Bouvet de Lozier, maréchal de camp (1815) ; Laffitte de Courteil, maréchal de camp (1817) ; baron Milius, capitaine de vaisseau (1818) ; Desaulses de Freycinet, capitaine de vaisseau (1821) ; comte de Cheffontaines, capitaine de vaisseau (1826) ; Duval d'Ailly, capitaine de vaisseau (1830) ; Cuvellier, contre-amiral (1832) ; de Hell, contre-amiral (1838) ; Bazoche, contre-amiral (1841) ; Graeb, capitaine de vaisseau (1846) ; Sarda Garriga, commissaire général de la République (1848) ; Barolet de Puligny, colonel, gouverneur par intérim (1850) ; Doret, capitaine de vaisseau (1850) ; Hubert-Delisle (1852) ; Lefèvre, commissaire de la marine par intérim (1858) ; baron Darricau, contre-amiral (1858) ; Gaudin de Lagrange, directeur de l'intérieur par intérim (1864) ; Marbot, commissaire de la marine par intérim (1864) ; Dupré, contre-amiral (1865) ; La Borde, commissaire de la marine par intérim (1869) ; de Lormel (1869) ; La Borde, par intérim (1872) ; de Lormel (1873) ; La Borde, par intérim (1875) ; Faron, commissaire général de la marine (1875) ; Cuinier, commissaire général de la marine, (1878) ; — *en fonction en 1884*.)

2 500 000 litres de rhum = 10 millions; 3 200 000 litres de sirops = 1 300 000 francs. La France a importé en 1880, 21 millions de kilog. de sucre de la Réunion. — *Café*, originaire de Moka, introduit dans la colonie en 1817 par M. Duforgerais-Grenier; culture d'abord très développée, puis ralentie par les ouragans, les ravages des insectes, l'épuisement de la terre. En 1832, récolte de 1 129 750 kilog.; en 1835, de 921 930; en 1875, elle descend à 974 000 kilog., en 1877, à 83 000. Elle se relève en 1878, à 534 000; en 1880, sur 4 464 hectares, à 545 000 = 980 000 francs. *Cacao* (155 hectares, 51 000 kilog. = 18 000 francs. *Tabac* (479 hectares). En 1835, 82 000 kilog.; en 1875, 484 000 kilog.; en 1879, 463 000 kilog.; en 1880, 657 000 kilog. = 284 000 francs. — *Girofle*. Introduit en 1770 par Poivre, il donnait en 1835, 869 000 kilog.; il est descendu en 1880, à 246 hectares donnant 28 000 kilog. = 87 000 francs. — *Vanille*, 4 391 hectares; *cultures rivières*, 5 946 hectares; *maïs, manioc, choux, patates, légumes secs, blé, riz; jardinage, fruits, ananas, banane, datte, figue, fraise, mangoustan, orange, raisin, pêche, melon,* etc. — Les *bois* de la Réunion sont variés et magnifiques; *jacquier, bambou, takamaka, ébène, millepertuis; bois jaune, bois noir, bancoulier, bois de fer, tamarinier, thuya*; l'incendie et le déboisement ont dépeuplé les forêts. — **Animaux** : Peu de *chevaux, bœufs, mulets, ânes, moutons, chèvres, porcs*. La Réunion possède parmi les oiseaux, le *martin* et le *gobe-mouche* huppé, qui détruisent les insectes. En revanche, la chenille du *borer perce-canne*, importée de Ceylan, est un véritable fléau pour l'industrie sucrière. — **Industrie**. Presque bornée à la fabrication du sucre; *moulins à vapeur* pour la manipulation de la canne, *distilleries* et *guildiveries*, au nombre de 38.

**Commerce.** — Les droits de douane ont été supprimés à la Réunion par décret du 4 juillet 1873. On leur a substitué l'octroi de mer qui porte sur toutes les marchandises sans distinction de nationalité. Il profite aux communes et constitue une partie de leurs recettes. — **Importations** en 1880 : de France, 9 198 643 francs. — **Exportations**: pour la France, 15 727 007 francs. — Entrés 201 navires français de 79 000 tonnes; sortis 208 navires français de 81 000 tonnes, et 29 étrangers de 17 000 tonnes.

**Travaux publics et chemins de fer.** — Route carrossable de ceinture autour de l'île (232 kilom.), route transversale de Saint-Pierre à Saint-Benoît. On vient de terminer à Saint-Denis un pont-débarcadère en fer, qui ne le cède en rien en élégance, dimensions et solidité à celui de Madras. — Le port de la *Pointe des Galets*, d'une superficie de 16 hectares et d'une profondeur de 8 mètres a été inauguré en 1884. — Une loi du 23 juin 1877 a concédé le chemin de fer de la Réunion, pour une somme de 34 millions, y compris les frais de creusement du port des Galets. Le chemin de fer a été mis en exploitation en février 1882. Longueur totale 69$^{Km}$,500 entre la Pointe des Galets et Saint-Pierre du nord au sud; — et 54$^{Km}$,411 entre les Galets et Saint-Benoît, de l'ouest à l'est. — La Réunion est reliée à la métropole par la grande ligne des Messageries maritimes, qui fait le service entre la France et la Nouvelle-Calédonie. Service mensuel depuis le 16 janvier 1883; départ de Marseille; escale à Saint-Denis; correspondance avec Mayotte et Nossi-Bé.

## IV. — NOTIONS STATISTIQUES

**Superficie** 2 511 kilom. car.. — **Population** (en 1882), 180 814 individus (72 par kilom. car.). Chiffre des décès : en 1879, 5 875; en 1880, 6 148;

des naissances : en 1879, 4382 ; en 1880, 4529. — Immigrants 64411 (dont 42519 d'origine indienne, 21284 africains, 608 Chinois. En 1880, il est arrivé 1690 Indiens, et la même année 2221 ont été rapatriés). — **Justice.** D'après le décret du 16 août 1854, une *Cour d'appel* à Saint-Denis ; deux *Tribunaux civils* à Saint-Denis et Saint-Pierre ; deux *Cours d'assises* à Saint-Denis et Saint-Pierre. — **Instruction publique** : Par décret du 2 mars 1880, un *vice-recteur* relevant du gouverneur dirige l'instruction publique. Il n'y a aucun établissement d'*enseignement supérieur*. — L'*enseignement secondaire* est donné complet au lycée de Saint-Denis (50 professeurs, 500 élèves) et dans sept autres établissements. — L'enseignement primaire est donné dans 157 écoles, dont 110 publiques subventionnées, et 47 libres, soit laïques, soit congréganistes (350 instituteurs et institutrices, 11500 enfants). A Saint-Denis, a été créée le 16 novembre 1881 une école normale primaire d'instituteurs. — **Cultes.** Un évêché à Saint-Denis, un petit séminaire, cinquante-deux paroisses. — **Budget** : Le ministère de la marine et des colonies affecte à la Réunion 2615902 francs. — Le budget local de la colonie s'élève en *recettes*, à 4913256 francs ; en *dépenses*, à 4885170 francs. — **Monnaies.** Jadis elles avaient toutes libre cours ; on employait les piastres, roupies et une monnaie de billon spéciale appelée *kerveguen*. Aujourd'hui la monnaie française a seul cours légal. — **Armée** : Garnison de quatre compagnies d'infanterie de marine, d'une demi-batterie d'artillerie, une compagnie de gendarmerie, hôpitaux militaires à Salazie, et à Saint-Denis.

## 2° EXTRAITS ET ANALYSES

### La terre et la mer à La Réunion.

« A La Réunion, le trait saillant de la condition faite à l'homme par la nature est le contraste des éléments ; le sol le plus généreux y est entouré de la mer la plus dangereuse, deux caractères principaux et bien tranchés. Située sous le tropique du Capricorne, entre Maurice, éloigné de 35 lieues, et Madagascar, distant de 140, l'île est formée tout entière par les laves qu'ont vomies deux volcans, l'un depuis longtemps éteint, l'autre brûlant encore. Elle est peu étendue, 232000 hectares, à peine le tiers d'un département français, mais admirablement variée et fertile. L'ellipse qu'elle décrit offre un contour de 213 kilomètres sur une longueur de 62 kilomètres et une largeur de 44. Elle est coupée en deux, du nord-ouest au sud-est, par une chaîne de montagnes dont les deux versants rappellent, l'un l'Asie avec ses chaudes et enivrantes harmonies, l'autre l'Afrique avec sa luxuriante parure et son ciel de feu. Cette diversité d'exposition a déterminé la division administrative de l'île en deux arrondissements, l'un *du vent*, l'autre *sous-le-vent;* elle exerce une sensible influence sur les produits naturels, les cultures, la santé, les habitudes et jusque sur le caractère et les idées des habitants.

» La base volcanique du sol tantôt montre à nu son noir glacis, tantôt se brise en blocs rugueux et épars, le plus souvent se recouvre d'alluvions entraînées des montagnes par les pluies et enrichies d'humus par les détritus des végétaux. Ces matières fermentent au soleil du tropique avec une prodigieuse énergie. Le territoire est baigné par une multitude de ruisseaux et de rivières qui coulent des montagnes, comme d'une vasque d'où l'eau déborde, et sont utilisés comme forces motrices et comme moyens d'irrigation. Le palmiste, le dattier, le cocotier, avec leurs troncs élevés et leurs élégants panaches, le latanier avec ses éventails rayonnants, les spirales hérissées du *vacoa* donnent au paysage un aspect oriental. Les divers centres de population, composés de maisons qui se perdent au milieu des arbres, sont distribués tout autour de l'île à peu près régulièrement, comme les anneaux d'une chaîne. Les habitations avancent vers l'intérieur à mesure que s'étendent les cultures. De la base de l'île, le terrain s'élève en un amphithéâtre dont les gradins sont séparés par des coupures; les unes forment de sauvages et abrupts escarpements, les autres s'élargissent en vallées et sont tapissées d'une riante végétation. Çà et là séparée de la mer par les savanes sèches et des sables, la zone inférieure, royaume de la canne à sucre, se déploie sur une largeur d'environ 6 kilomètres : ceinture verdoyante qui entoure la colonie entière, et recèle dans ses plis d'incalculables trésors. Au-dessus d'elle, la zone moyenne se pare de ces bouquets d'arbustes qui font de l'île, vue en pleine mer, une corbeille de fleurs et de fruits aux pénétrants aromes. Là sont bâties de charmantes retraites où mènent d'étroits et secrets sentiers, bordés de haies de jamrose, au sein d'une fraîche atmosphère, tandis que les sucreries de la zone inférieure sont livrées aux noirs tourbillons de fumée et à la fièvre industrielle. Plus haut enfin, un entablement de plateaux aux croupes ondulées sépare les versants de l'est et de l'ouest et les groupes montagneux du nord et du sud, à 12 et 1500 mètres d'élévation au-dessus du niveau de la mer, dans un climat favorable à tous les produits de l'Europe et aux dons de la nature tropicale. Çà et là, de ces plateaux se détachent, à plus de 3000 mètres d'altitude, des mornes crevassés et des pitons aigus, dont la cime est couverte de neige, et qui rendent de précieux services à l'agriculture

Les cannes à sucre.

par les intarissables réservoirs de leurs sources. Dans la région septentrionale, entre les principaux groupes se déploient trois vastes cirques formés dans l'âge moderne par l'affaissement des assises inférieures du sol qu'avaient rongées les feux souterrains[1]. Dans quelques parties de l'île, comme à

---

[1]. Les deux grands cirques de Salasie et Cilaos sont séparés entre eux par un cap de montagnes, haut de 3069 mètres, à pentes abruptes, qu'on appelle le Piton des Neiges. Une autre montagne, à peu près de même hauteur, le Gros-Morne, domine aussi le cirque de Salasie. Le 26 novembre 1875, à six heures du soir, sans qu'on eût ressenti le moindre tremblement de terre précurseur, une partie du Piton des Neiges et du Gros-Morne s'écroulèrent dans le cirque de Salasie, recouvrant 150 hectares de terre de leurs décombres, accumulés sur une

Orère, l'homme a créé de ravissantes oasis de verdure; ailleurs, comme à Salasie et à Cilaos, jaillissent des eaux thermales douées de propriétés analogues à celles de Vichy, et où les malades accourent, même de Maurice : la beauté du pays, la douceur d'une température de dix degrés inférieure à celle de Saint-Denis, y ont fixé une population sédentaire qui a reçu de l'Etat des parcelles de terrain. Au sud de l'île les sommets alpestres sont dominés par le *Piton de Fournaise*, cratère du volcan qui de nos jours encore, à des intervalles fréquents, allume ses incendies sur l'horizon.

» Par un concours de bienfaits rare dans les contrées chaudes, ce pays, si fertile et si pittoresque, est en même temps un des plus salubres du globe. Les premiers explorateurs qu'y porta le courant des aventures au seizième siècle furent émerveillés d'y trouver réunis sous un ciel tropical un air pur et balsamique, une chaleur modérée, des pluies rafraîchissantes, une agréable alternance de brises de terre et de mer. En observant que les plaies s'y guérissaient promptement, que les fièvres et les maladies endémiques y étaient inconnues, non moins que les serpents, les reptiles venimeux et les bêtes féroces, l'essaim de Français envoyés de Madagascar en découverte célébra comme un Eden l'île Mascareñas, ainsi nommée du navigateur portugais qui le premier l'avait signalée. La Compagnie de Madagascar en fit son hôpital; les navigateurs de toute nation y déposèrent leurs malades ; une population humaine s'y établit dans les conditions les plus douces d'existence, même pour la race blanche. Autour de ces nouveaux hôtes se multiplièrent par leurs soins ou d'elles-mêmes les plantes utiles, et les animaux domestiques pullulèrent avec une merveilleuse fécondité.

---

hauteur qui varie de 40 à 60 mètres. Le village du Grand-Sable, placé au bord du torrent de la Fleur-Jaune, et plusieurs autres villages furent ensevelis, avec soixante victimes, sous les débris qui barrèrent une rivière large de 150 mètres, et comblèrent des ravins de 100 mètres de profondeur. La commotion fut telle, qu'à 800 mètres de distance, des couches de terre végétale, portant des plantations, des arbres et des maisons glissèrent sur les rochers, et s'arrêtèrent au bord de l'abime. Cette catastrophe n'était pas due à une secousse volcanique, mais à l'action séculaire des eaux pluviales et de l'air sur des roches perméables et mal équilibrées.

» Voilà la terre, — un trésor pour la richesse, un paradis pour le charme. Quel contraste avec l'Océan, qui étreint de ses lames furieuses la base de l'île ! Point de ports ni de baies ; pour tout mouillage, des rades foraines toujours fatiguées par une mer houleuse dont la violence implacable lance sur le rivage des bancs de sable et de galets qui s'entrechoquent avec fracas. Pendant tout l'hivernage, c'est-à-dire, en langage africain, au temps des grandes chaleurs et des pluies, de novembre à avril, l'agitation tempêtueuse des vagues sème de dangers les abords de l'île : souvent des raz de marée, soulevant la masse liquide jusqu'en ses abîmes, la roulent et la déroulent en nappes immenses qui se brisent contre la plage. Parfois des ouragans, qu'à raison de leur mouvement circulaire la science appelle des cyclones, brisent et engloutissent les navires, et, enveloppant la terre dans leurs fureurs, renversent les maisons, dévastent les cultures, déracinent les arbres, dispersent le sol lui-même à tous les vents. Pendant six mois de l'année, sur les rades, l'inquiétude règne à bord de tous les navires : chaque capitaine étudie le vent, l'œil tour à tour fixé sur le baromètre et sur le ciel, l'oreille attentive au canon d'alarme de la sentinelle qui à terre veille aussi sur le temps. Au premier signal, tout navire prend le large pour échapper au naufrage ou au boulet qui le forcerait de fuir, s'il voulait jouer dans un défi imprudent la vie de l'équipage et la marchandise des armateurs. »

JULES DUVAL[1],
*La colonie de La Réunion.*

(*Revue des Deux-Mondes*, 15 avril 1860.)

## Les travaux publics, (port et chemin de fer[2]).

« Dans cette île montagneuse comme une pyramide abrupte, le tracé du chemin de fer ne pouvait que suivre les côtes. On l'a

---

1. Sur M. Duval, V. nos *Lectures sur l'Amérique*, p. 55.
2. « Sous la Restauration, le gouverneur Milius avait fait construire à
» Saint-Denis l'amorce d'une petite jetée, bientôt emportée par un cyclone ;
» à Saint-Gilles (côte ouest), des travaux analogues eurent le même sort. Enfin

prolongé sur les trois cinquièmes environ du littoral, de Saint-Benoît à l'est à Saint-Pierre au sud-ouest, en passant par le nord, la partie la plus cultivée et surtout la plus peuplée de l'île. Le port occupe à peu près le milieu de cette ligne de 126 kilomètres, qui a rencontré des obstacles difficiles à franchir. C'est d'abord la rivière du Mât, exutoire du cirque de Salazie, sur laquelle il a fallu jeter un pont métallique de 100 mètres de portée; puis le cap Bernard, entre Saint-Denis et le port, longue falaise de 12 kilomètres, interrompue seulement en son milieu par deux fissures jumelles. On la traverse par un tunnel de 10226 mètres, qui vient tout de suite après le mont Cenis[1] pour la longueur, mais dont l'exécution a été singulièrement facilitée par les galeries latérales qu'on a pu ouvrir sur la mer et qui ont fourni autant de points d'attaque qu'on a voulu. La ligne rencontre ensuite la rivière des Galets, qu'on franchit sur un pont métallique de 400 mètres, divisé en huit travées de 50 mètres; puis la Grande et la Petite-Ravine, sur lesquelles on a jeté des viaducs en maçonnerie de 35 à 40 mètres de hauteur; enfin la rivière Saint-Etienne, exutoire du cirque de Cilaos, laquelle a exigé un pont métallique de 518 mètres.

» L'exécution de ces travaux a duré moins de cinq années, et, le 12 février 1882, on pouvait livrer aux voyageurs qui affluaient immédiatement de tous côtés, prenant la compagnie au dépourvu pour le nombre de voitures et surtout de machines nécessaire à un trafic décuple de ce qu'on avait prévu. Malheureusement la ligne est à voie étroite, d'un mètre de largeur, avec des rails de 14 kilos, des courbes réduites jusqu'à 80 mètres de rayon, des rampes fréquentes de 15 à 20 millimètres, ce qui oblige à ne pas dépasser la vitesse de 20 kilomètres à l'heure et à ne pas composer les trains de plus de douze voitures; c'est parfois insuffisant, car des besoins de locomotion imprévus se sont brusquement révélés parmi cette population

---

» la commune de Saint-Pierre profitait de l'embouchure entourée de récifs, d'un
» torrent pour y jeter les fondations d'un petit havre, lorsque deux ingénieurs
» européens, MM. Pallu de la Barrière et Lavalley, obtinrent du Conseil général,
» en 1874, la concession d'un port à creuser à l'extrémité méridionale de la
» pointe des Galets. Dix-huit mois plus tard, en 1875, une voie ferrée était
» ajoutée à la concession primitive, afin d'apporter un aliment au port à créer,
» lequel se serait trouvé sans cela isolé à un bout de la colonie. » — (*Note de l'auteur.*)

1. Il faut dire aujourd'hui après le Saint-Gothard et le mont Cenis.

agglomérée autour de l'océan. Jusque-là les grandes rivières et les coulées de laves, qui plongent directement dans la mer leurs gigantesques falaises, rendaient longues, parfois périlleuses et toujours extrêmement difficiles les communications entre les divers quartiers de l'île de Saint-Paul à Saint-Denis, il fallait passer par mer, et sur une mer toujours furieuse. Parfois les bateaux, surpris par un coup de vent, allaient aborder à Madagascar, et l'on pleurait pendant des semaines et des mois les voyageurs que l'on croyait naufragés.

» L'endroit choisi pour creuser le port est assez étrange et ne se justifie guère que par la nécessité d'échapper aux rivalités locales en se plaçant sur un point désert, de manière à n'accorder de préférence à personne. C'est le seul port, si je ne me trompe, qu'on ait eu l'idée de construire à l'extrémité du cône de déjection d'un torrent. Choisir un tel endroit, c'était d'abord se priver volontairement de toute rade, puisque, à une ou deux encâblures des jetées, on trouve déjà des fonds de 70 mètres; en outre, cette pointe, sans cesse remaniée par les flots, se trouve juste au point de jonction des deux courants marins qui embrassent l'île ; leurs remous y produisent des ras de marée formidables et presque continuels ; enfin le courant occidental porte juste devant l'entrée du port tous les troubles de la Rivière des Galets, sans compter les divagations probables de ce torrent à travers l'immense plaine que ces apports ont successivement formée.

» L'ingénieur en chef, M. Blondel, et l'ingénieur ordinaire, M. Joubert, ont eu à lutter contre des difficultés très grandes. Les deux jetées, de 150 mètres de longueur, dont les musoirs s'avancent par des fonds de 15 mètres, sont construites en blocs appareillés de 60 mètres cubes chacun. Une grue puissante, appelée le Titan, mettait successivement en place les énormes moellons de ces murailles de géants. Mais l'état de la mer, qui battait ce promontoire avancé, ne permettait parfois que deux ou trois jours de travail par mois. Le dernier bloc a été posé en décembre 1882, et les dragues ont pu creuser la passe qui conduit dans l'avant-port par un chenal de 100 mètres de largeur entre les jetées. Pendant ce temps, des machines spéciales, qu'on appelle excavateurs, creusaient les bassins ; mais la grosseur des galets qu'on rencontre sans cesse mêlés avec les graviers du sous-sol ralentit et disloque les appareils. » (E. PÉLAGAUD, *L'île de la Réunion.* — *Nouvelle Revue*, 1ᵉʳ septembre 1883.)

## B. — MAURICE (*possession anglaise*).

### I. — GÉOGRAPHIE PHYSIQUE

L'île Maurice, ancienne *Ile de France*, est située dans l'océan Indien, à 800 kilomètres à l'est de Madagascar, à 180 de la Réunion, et fait partie du groupe des Mascareignes (par 20° et 20° 30' de lat. S.; et par 57° 17' de long. E.). Les côtes sont escarpées et exposées aux ouragans; mais l'île possède des ports de refuge; de là sa supériorité sur la Réunion, qui est plus grande et plus fertile. — **Relief du sol.** Montueuse en général et volcanique, l'île est plate au nord. Les montagnes tantôt arrondies (*mornes*), tantôt coniques (*pitons*), ont des formes tourmentées. Les volcans sont tous éteints; pas d'eaux thermales. Les sommets principaux sont : le *Pouce*, les *Trois-Mamelles* à l'ouest; le *Piton du milieu*, le *Mont de la Terre rouge* et les *Monts des Créoles*, au centre et à l'est. Les **cours d'eau** sont nombreux; ce sont des torrents qui roulent, encaissés dans des ravins aux flancs boisés ou rocailleux, et forment fréquemment des cascades; à l'est, la *Rivière du Rempart*, la *Rivière Profonde*, la *Rivière des Créoles*; au sud, la *Rivière du Poste*; à l'ouest, la *Rivière du Tamarin* et celle du *Tombeau*. — **Climat.** Deux saisons : saison *chaude*, de décembre à avril; *hivernage*, d'avril à décembre. La température varie de 15° à 30° centigrades à l'ombre; dans les hautes terres de l'intérieur, elle est toujours inférieure de plusieurs degrés à celle des villes du littoral.

### II. — GÉOGRAPHIE POLITIQUE

**Administration et gouvernement.** — La colonie est divisée en 9 districts : **Port-Louis, Pamplemousses, Rivière-du-Rempart, Flacq, Grand-Port, Savanne, Moka, Plaine-Wilhems** et **Rivière-Noire**. La capitale de l'île, siège du gouvernement, est **Port-Louis**, sur la côte nord-ouest, peuplée de 70 000 habitants, et défendue par les deux forts de Saint-George et Adélaïde. Elle est avec *Mahébourg*, sur la côte est, le meilleur port de l'île. Port-Louis se compose de trois villes : la ville créole, la ville noire et la ville malabare. Elle est une des places maritimes les plus fréquentées de l'océan Indien et presque le seul lieu de refuge pour les vaisseaux si fréquemment assaillis dans ces parages par des cyclones.

**Historique.** — L'île Maurice fut découverte, en 1507, par don Pedro Mascareñhas, qui en prit possession au nom du gouvernement portugais et l'appela *Cerné*. Les Portugais ne s'y établirent pas. En 1598, les Hollandais s'en emparèrent et lui donnèrent le nom de *Maurice*, en l'honneur de Maurice de Nassau. Abandonnée par eux, elle fut occupée en 1712 par les Français, déjà maîtres de l'île Bourbon, et reçut le nom d'Ile-de-France. En 1722, elle fut donnée par le roi à la Compagnie des Indes-Orientales qui en garda la possession jusqu'en 1767; elle eut des gouverneurs dès 1729; le plus illustre fut Mahé de la Bourdonnais, qui, de 1734 à 1740, développa ses ressources et en fit une des stations les plus importantes de la route maritime des Indes. En 1764, elle fut administrée directement par le roi et continua à être la résidence des gouverneurs jusqu'aux guerres de l'empire. En 1810, une armée de 12 000 Anglais, sous les ordres du général

Abercromby, s'en empara. Les traités de 1814 et 1815 ont laissé à l'Angleterre la souveraineté de l'île, et garanti aux habitants leur religion, leur langue, leurs lois et leurs coutumes.

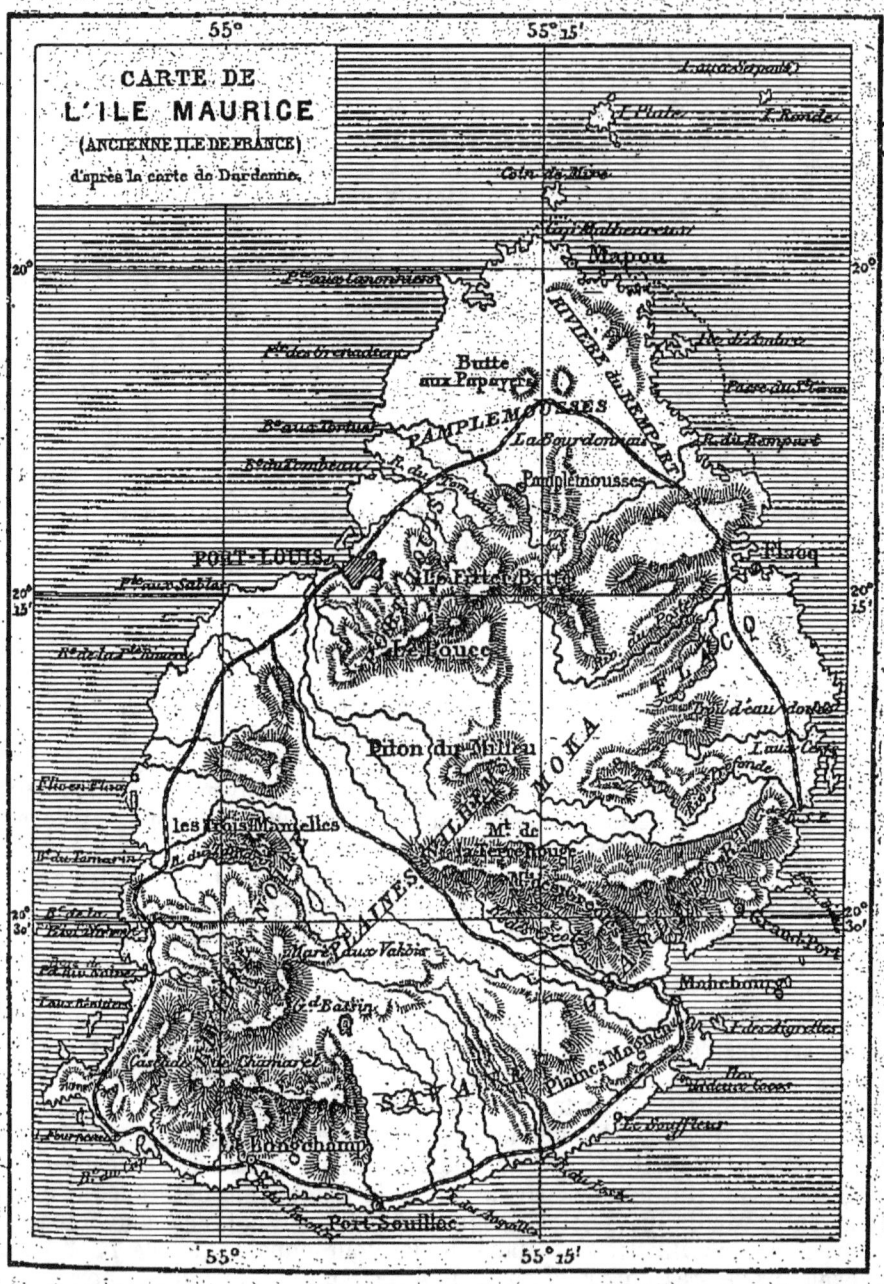

L'île Maurice est soumise, comme les autres colonies de la Couronne, aux ordres de la reine rendus en conseil. Le *pouvoir exécutif* est confié à un *gouverneur* (traitement, 150 000 fr.) assisté d'un *conseil privé* composé du commandant militaire, du secrétaire colonial, du procureur général, du receveur général et du contrôleur général. Le *pouvoir législatif* est exercé par un *conseil de gouvernement* de 17 membres, les uns officiels (les 6 membres du conseil privé, le receveur des douanes, le protecteur des immigrants et l'ingénieur en chef); les autres nommés par le gouverneur et pris parmi les habitants de l'île. Ce conseil vote le budget et discute les questions que lui soumet le gouverneur; les ordonnances rendues dans l'île ne deviennent lois que lorsqu'elles ont été approuvées par le gouvernement de la métropole. Maurice n'a qu'une assemblée élective, c'est la *corporation municipale* de Port-Louis, composée d'un maire, un adjoint et 16 conseillers. Les électeurs sont soumis à des conditions d'origine, de cens, d'âge, de fonctions. La corporation est réélue tous les ans par tiers; le maire et l'adjoint sont choisis tous les ans par le gouverneur, sur une liste de six noms présentée par le conseil municipal. Le maire reçoit un traitement de 500 livres sterling (12 500 fr.).

### III. — GÉOGRAPHIE ÉCONOMIQUE

**Productions.** — La principale est le *sucre*. En 1812, Maurice en exportait 969 264 livres; en 1822, 23 403 644 livres; en 1832, année qui précéda l'abolition de l'esclavage, 73 594 778 livres; en 1844, grâce à l'immigration indienne, la production du sucre n'avait pas diminué. La production actuelle, comparée à celle de 1832, a triplé. Maurice fabrique du *rhum*, et exporte aussi de l'*huile de noix de coco* et de la *vanille*. L'île possède de belles *forêts* sur les hauteurs; les essences sont les mêmes qu'à la Réunion. L'élevage des *bestiaux* est très négligé; l'île tire du dehors presque tous les aliments nécessaires à son alimentation.

**Chemins de fer.** — Deux lignes existent : celle du *Nord* (38 milles), entre Port-Louis et la Grande-Rivière; celle du *Centre* (35 milles), de Port-Louis à Mahébourg, avec embranchement à la Savanne et à Moka. Longueur totale en exploitation (en 1881), 87 milles. — **Paquebots** : Les paquebots de la Compagnie française des Messageries maritimes font un service mensuel entre Marseille et Maurice par la voie de Suez, avec escale aux Seychelles et à la Réunion; durée du voyage, 26 jours. La colonie paie à la Compagnie une subvention de 4 000 livres sterling pour le service postal.

**Commerce.** — Depuis 1852, Maurice jouit d'une liberté commerciale complète; elle admet, à deux ou trois exceptions près, les produits de tous les pays; aucune surtaxe de pavillon n'est imposée aux bâtiments étrangers. — **Importations** : (en 1879) 2 385 870 livres sterling (part de la Grande-Bretagne, 378 438 liv. st.). — **Exportations** : 3 256 464 livres sterling (part de la Grande-Bretagne, 336 764 liv. st.). Les autres pays viennent dans l'ordre suivant : Australie, Inde anglaise, France. — La colonie importe de l'*Inde*, le riz et les céréales; de l'*Angleterre*, les tissus, machines, objets en cuivre, quincaillerie, coutellerie; de la *France*, les vins, la mercerie et les modes; du *Pérou*, le guano. Maurice exporte surtout du sucre. Mouvement des ports, en 1879 : 528 880 tonneaux, dont 324 632 sous pavillon anglais (cabotage non compris).

---

1. L'ordonnance a été publiée dans la *Revue maritime et coloniale* de 1879, t. LXI et LXII.

Une cascade à l'île Maurice.

## IV. — NOTIONS STATISTIQUES

**Superficie.** — 1.914 kilomètres carrés (180 kilom. de tour, 44 dans la plus grande longueur). **Population.** — En 1881, 377373 habitants (196 par kilom. car.). On les divise en deux catégories : 1° population générale, *Européens, créoles, anciens esclaves* ou *affranchis, Chinois* (environ 117.000 individus); 2° population *indienne* (260 000 individus). En 1832, la population s'élevait à 89610 habitants, dont 63500 esclaves. L'esclavage a été aboli en 1834; depuis cette époque, Maurice tire de l'Inde le plus grand nombre de ses travailleurs. Une ordonnance du 22 octobre 1878 a modifié et codifié toutes les lois sur l'immigration et le travail à Maurice. Ce service est surveillé par une administration vigilante qui est sous la direction du *protecteur des immigrants*; celui-ci inspecte les navires, surveille les contrats, tarife les gages et les rations, etc.[1]. La moyenne des immigrants indiens a été, par an, de 1834 à 1842, de 5000 environ; de 1851 à 1860, 17000; de 1861 à 1870, 7000; de 1871 à 1880, 3700. La proportion de la mortalité, dans la population générale, est de 3,13 pour 1000, et seulement de 2,88 dans la population indienne. — **Justice.** Cour suprême, cour d'amirauté, dix tribunaux de district et cinq tribunaux stipendiaires, ces derniers chargés spécialement des contestations entre engagistes et engagés. Jugement par le jury. Le code civil français et la plupart des autres codes usités en France ont été conservés par l'acte de capitulation de 1810. La langue anglaise est obligatoire devant les cours supérieures. — **Instruction publique.** Obligatoire pour la population générale ; les immigrants indiens en sont affranchis. Enseignement secondaire donné dans un collège royal; enseignement primaire dans 92 écoles primaires (10 000 élèves), les unes entretenues, les autres subventionnées par le gouvernement (16500 liv. st.). — **Cultes.** La population blanche de race latine et les gens de couleur qui en descendent sont *catholiques*; les individus de race anglaise *protestants*; les Indiens suivent l'*islamisme* ou le *brahmanisme*. Sur les 10 000 écoliers de Maurice, il y a 73 % de catholiques, 8 % de protestants, 14 % attachés au brahmanisme, 5 % à l'islamisme. Il y a à Maurice un évêché catholique et un anglican. — **Armée.** Les 9 postes militaires de l'île comptent 356 hommes (226 d'infanterie, 98 d'artillerie, 9 du génie); dépenses annuelles, 40 323 livres sterling. Il n'y a pas de milice dans l'île. — **Budget.** En 1880 : recettes, 782 408 livres sterling; dépenses, 757 396 livres sterling. Dette de la colonie, 799 100 livres sterling. — **Monnaies, poids et mesures.** L'unité monétaire est la roupie = 2 shillings ou 2$^{fr}$,50. Depuis le 1$^{er}$ avril 1878, le système métrique français est appliqué dans la colonie.

## C. — LES SATELLITES DE MAURICE
### (possessions anglaises).

Le gouvernement colonial de Maurice s'étend sur *Rodrigue, les Seychelles, les Amirantes* et les *îles Chagos*.

**1° Rodrigues.** — L'île Rodrigues est située, sous le 19° 40′ de lat. S. et 61° 4′ de long. E., à 300 milles à l'est de Maurice. Elle a 26 milles de longueur sur 14 de largeur. Sa population, au 31 décembre 1880, était de 1422 habitants, dont 475 employés à la culture et 162 à la pêche. Le montant des importations, pendant l'année 1880, a été de 8986 livres sterling, et celui des exportations de 5550 livres sterling. L'île nourrit beaucoup de tortues.

2° **Seychelles**. — Ces îles ont été ainsi nommées en l'honneur de M. de Seychelles, contrôleur général des finances sous Louis XV. Les Français les colonisèrent au dix-huitième siècle. Elles sont à 1500 kilomètres au nord de Maurice, à 600 de Madagascar. Elles forment un groupe de 30 îlots granitiques et volcaniques, entourés de récifs de coraux. Le climat est doux et salubre, les orages sont rares. — **Population** (1880). 14035 habitants, dont 2029 Africains libérés. L'île principale est *Mahé*, longue de 18 kilomètres, et renfermant une montagne haute de 1920 mètres. La capitale, bâtie par les Français sous le nom de l'*Etablissement*, s'appelle actuellement *Port-Victoria* (8000 hab.) : la baie est large et sûre. Les autres îles sont : *Silhouette, Praslin, les Palmiers, Curieuse, Denis, l'Ile aux Frégates*, noms tout français. Le commissaire civil des îles Seychelles, nommé par la Couronne, dépend du gouverneur de Maurice, dont il reçoit les instructions. Il est assisté d'un conseil et peut faire des règlements qui sont soumis à l'approbation du gouverneur de Maurice.
— **Productions**. Coton, canne à sucre, *café, riz, manioc, maïs, blé, cannelle, cacao, vanille, ananas, palmier*; produisant le *ccoo de mer*, des *bois variés*, comme à la Réunion. Les îles Seychelles possèdent seules le *vacoua marron*, qui atteint une hauteur de 12 à 13 mètres, et dont la fibre sert à fabriquer des sacs à sucre pour Maurice.
— *Revenus* (en 1880), 15309 livres sterling. — *Dépenses* 15654, livres sterling.
— **Importations** (1880) : 44466 livres sterling. — **Exportations** : 41238 livres sterling. (Huile de noix de coco, 304016

Le cocotier.

gallons; fibres de coco, sacs de vacoa, écaille de tortue, chapeaux de paille, fruits, bois de construction.)

3° **Autres dépendances de Maurice**. — Parmi les autres dépendances de Maurice, nous citerons : l'archipel de *Saint-Brandon*, à 246 milles de Port-Louis; l'île *Diego-Garcia*, à 1176 milles, remarquable par sa vaste baie; les *Six-Iles*, à 1188 milles; les *Trois-Frères*, à 1209 milles; les îles *Salomon*, au nombre de onze, à 1275 milles; les îles *Perlos-Banhos* (22), à 1260 milles au nord-est; l'île *Agalega*, à 561 milles au nord-nord-ouest; l'île *Coetivi*, à 768 milles au nord; les îles *Farquhar*, à 300 kilomètres nord-est de Madagascar; les *Amirantes*, au nombre de sept, jointes entre elles par un banc de corail et de sable, et couvertes de cocotiers. Toutes ces îles sont peuplées; les habitants pêchent ou fabriquent de l'huile de coco; quelques-unes sont en la possession des habitants de Maurice, qui les ont achetées et les exploitent. Chaque année, un inspecteur de Maurice les visite et s'assure que les règlements sur le travail y sont observés.

4° **Socotora**. — Située à 200 kilomètres nord-est du cap Guardafui, par 13° de lat. N. Cette île montueuse, aride, sans végétation (1 600 kilom. car.), produit de l'*aloès* et des *dattes*. On trouve sur les côtes du *corail* et de *l'ambre* gris. — **Population** : 4 à 5 000 Arabes et Souahèlis ; ville principale, *Tamarida*, sur la côte septentrionale. Les Anglais y ont fondé une station depuis 1835.

A 2 500 kilomètres au sud-est de la Réunion, par 38° de lat. S., sur la route du Cap, vers l'Australie, sont les deux îles montueuses et volcaniques, froides et inhabitées, de **Saint-Paul** et de la **Nouvelle-Amsterdam**. Les baleiniers pêchent les phoques et les baleines aux environs. Depuis 1844, des pêcheurs français se sont établis à Saint-Paul pour la pêche de la morue. On considère ces îles comme des dépendances de la France.

A 3 000 kilomètres sud-est de la Réunion est l'**Ile de la Désolation** ou **Terre de Kerguelen**, qui fait partie des terres antarctiques plutôt que de l'Afrique (160 kilom. sur 80) ; ni habitants, ni végétation, elle est le rendez-vous des veaux marins, des canards, pétrels, albatros et mouettes. — Plus loin encore, vers le pôle, par 66° de lat. S., est la terre d'**Enderby**.

---

### 3° BIBLIOGRAPHIE

AZEMA. *Histoire de l'île Bourbon depuis 1643 jusqu'en 1848.* — (Paris, 1862.)
CHARLIER. *Madagascar, Bourbon et Maurice.* — (*Univers pittoresque*, Didot.)
DEJEAN DE LA BATIE. *Notice sur l'île Bourbon.* — (Paris, 1847.)
DRASCHE (von). *Die insel Reunioun in indischen Ocean.* (Vienne, in-f° ill. 1879.)
DUVAL (Jules). *Les colonies et la politique coloniale de la France.* — (Paris, 1861, in-8°.)
GAFFAREL (P.). *Les colonies françaises.* — (Paris, in-8°, 1880, G. Baillière).
GEVREY. *Essai sur les Comores.* — (Paris, 1870.)
GUILLON. *Les colonies françaises.* — (Paris, in-18, 1881, Librairie des publications populaires.)
JOUAN. *Notes sur les archipels des Comores et des Séchelles.* — (Paris, 1870.)
MAILLARD. *Notes sur l'île de la Réunion.* — (Paris, 1862.)
MARINE (ministre de la). *Notions statistiques sur les colonies françaises.* — (Paris, 1883, in-8°, Berger-Levrault.)
RAMBOSSON. *Les colonies françaises.* — (Paris, in-8°, 1881, Delagrave.)
ROUSSIN. *Album de l'île de la Réunion.* — (Paris, 1867-1869.)
THOMAS. *Essai de statistique de l'île Bourbon.* — (Paris, 1828.)
VÉLAIN (Ch.). *Description géologique d'Aden, la Réunion, des îles Saint-Paul et Amsterdam.* — (Paris, 1878, in-4°, Hennuyer.)
X... *Bulletin officiel de l'île Nossi-Bé.* — (Paris, in-8°, imprimerie nationale, 1882.)

---

AVRAINVILLE (d'). *Résumé de la statistique agricole et commerciale de la Réunion.* — (*Revue maritime*, avril 1875, avril 1876.)
CAPITAINE (H.). *Les îles Sechelles*, avec carte. — (*Explorateur*, 1876, n° 72.)
CAPITAINE (H.). *Nossi-Bé et ses dépendances.* — (*Explorateur*, mars 1878.)
CAPITAINE (H.). *L'île Mayotte.* — (*Explorateur*, septembre 1878.)
CAPITAINE (H). *Une excursion au volcan de l'île de la Réunion.* — (*Explorateur*, 1876, n° 54.)

Chasteau (P.). *L'île Maurice*, avec carte. — (*Exploration*, 1878.)
Delteil (A). *Organisation de la station agronomique de la Réunion.* — (*Revue maritime et coloniale*, janvier, février, mars 1882.)
Doublet (E.). *Quelques notes sur Nossi-Bé.* — (*Bulletin de la Société des sciences et arts de la Réunion*, 1870.)
Duval (Jules). *La Réunion.* — (*Revue des Deux-Mondes*, 15 avril 1860.)
Erny (A.). *Séjour à l'île Maurice, 1860-61.* — (*Tour du Monde*, vol. VII, 1863.)
Hervé (Ed.). *La Réunion.* — (*Revue des Deux-Mondes*, 1er février 1879.)
Fontpertuis (de). *L'île de la Réunion; passé et situation actuelle.* — (*Economiste français*, 15 novembre 1872.)
Gaffarel (P.). *La Réunion.* — (*Revue de géographie*, septembre 1879.)
Imhaus. *L'île de la Réunion.* — (*Revue coloniale*, 1858.)
Jehenne. *Renseignements nautiques sur Nossi-Bé, Nossi-Mitsiou et Mayotte.* — (*Annales maritimes et coloniales*, mars 1842.)
L. Q... *Le patois de l'île Maurice.* — (*Revue politique et littéraire*, 8 octobre 1881.)
Malte-Brun (d'après le capitaine Bonfils). *Géographie de l'île Mayotte.* — (*Bulletin de la Société de géographie*, 1853, t. Ier.)
Page (Th.). *L'île Bourbon.* — (*Revue des Deux-Mondes*, 15 avril, 1er septembre 1872.)
Page (Th.). *Bourbon, Madagascar, Nossi-Bé, Mayotte.* — (*Revue des Deux-Mondes*, 15 novembre 1849.)
Pavie (Th.). *Une chasse aux nègres marrons à Bourbon.* — (*Revue des Deux-Mondes*, 1er avril 1845.)
Pavie (Th.). *L'île Bourbon.* — (*Revue des Deux-Mondes*, 1er février 1844.)
Simonin (L.). *Voyage dans l'île de la Réunion.* — (*Tour du Monde*, 1862, 2e semestre.)
Simonin (L.). *L'île Maurice.* — (*Revue des Deux-Mondes*, 1er novembre 1861.)
Vélain (Ch.). *L'île de la Réunion.* — (*Explorateur*, 1876, n° 52.)

# ERRATA

(La plupart des noms propres employés dans la géographie de l'Afrique sont soumis à une orthographe aussi capricieuse que peut l'être leur prononciation. Tel mot est écrit de deux, trois et même de cinq et six façons différentes : les géographes de Londres, de Gotha, de Paris, Turin ou Genève ne s'accordent pas plus dans leurs cartes que les explorateurs anglais, allemands, français, italiens ou suisses dans leurs relations de voyage. On pourrait en citer de nombreux exemples : on trouve Massaouah, Massowah, Mouçawa, Massua ; — In-Çalah, In-Salah ; Aïn-Salah ; — Choa, Schoa, Scioa, Chowa ; — Cha'anba, Cha'amba, Chambaa ; — Souakim, Souakin, Sawakin ; — Harar, Harrar, Herer ; — Fouls, Foulah, Foula, Foulbé, Peuls, Peuhls ; — Mequinez, Meknès, Meknâs ; — Coanza, Quanza, Koanza, Couanza ; — Bammakou et Bamako ; — M'zab et Mezab, etc., etc. Nous ne considérons donc pas comme des *errata* les mots qui dans le cours de l'ouvrage pourraient avoir été orthographiés avec des variantes, suivant les auteurs cités. En attendant qu'un congrès géographique international ait réussi à fixer scientifiquement les lois de cette nomenclature souvent arbitraire, nous adoptons les formes les plus connues et les plus simples.)

Page 178, légende de la vignette, lire *Ch. Farine* au lieu de *Farim*.
— 243, ligne 37, au lieu de *Gardaïa*, lire *Ghardaïa*.
— 426, — 32, au lieu de *Kaukan*, lire *Kankan*.
— 483 (note), au lieu de *Valière*, lire *Vallière*.
— 491, ligne 31, au lieu de *Mediné*, lire *Medine*.
— 537, — 9, au lieu de *Accara*, lire *Acra*.
— 539, — 6, au lieu de *Pabou*, lire *Dabou*.
— 545, — 38, au lieu de *Mayor*, lire *Major*.
— 546, — 20, au lieu de *Porta-Praya*, lire *Porto-Praya*.
— 589, — 5, au lieu de *Akanyara*, lire *Akenyara*.
— 593, — 21, au lieu de *où il est*, lire *ou il est*.
— 600, — 6, au lieu de *Monata-Yanvo*, lire *Mouata-Yamvo*.
— 599 et 600 (titre), au lieu de *Abyssinie*, lire *Région du Nil*.
— 608, ligne 47, au lieu de *Hamara*, lire *Amhara*.
— 615 (titre), au lieu de *Nil moyen*, lire *Abyssinie*.
— 736, ligne 20 (note), au lieu de *Girard*, lire *Giraud*.
— 788, — 45, au lieu de *Bloemfontem*, lire *Bloemfontein*.
— 815, — 30, au lieu d'*Andavourante*, lire *Andevourante*.

# TABLE ALPHABÉTIQUE

DES NOMS D'ÉTATS, DE VILLES, FLEUVES, RIVIÈRES, LACS, ETC.

## A

Abaï, 17, 32, 603.
Abbas-Yared, 602.
Abderasoul, 609.
Abéokouta, 545.
Abdi, 90, 230.
Abéchi, 949, 432, 434.
Abeokouta, 527.
Abioud, 90.
Abid (el), 49.
Aboh, 535.
Aborney, 25, 527, 539.
Abouan-er-Bissani, 49.
Abou - Hammed, 616, 657.
Abou-Haraz, 33, 56?.
Abou-Keycheid, 624.
Abou-Kachim, 616.
Aboukir, 88, 111.
Abou-Naïm, 248.
Abyssinie, 4, 7, 9, 14, 18, 29, 30, 32, 33, 185, 565, 602-615, 657.
Accra, 531, 532, 533, 534, 535.
Achéou, 87.
Açores, 1, 4, 546, 551, 554, 555, 564.
Açoual, 171.
Adamoua, 424, 431.
Adanlinantango, 753, 754.
Addah, 531.
Addar (ras), 282.
Addigherat, 606, 608.
Adel, 603.

Aden, 8, 18, 605, 622. 701.
Adiabo, 608.
Adisa (dj), 36.
Adghagh, 392.
Adjeroud, 44, 50, 86.
Adouah, 7, 32, 608.
Adrar, 364, 367, 509, 526.
Adulis, 1, 14, 604.
Afafi, 365.
Afar, 602, 622.
Agably, 367.
Agadès, 349, 368, 369, 371, 372, 403.
Agadir, 2, 44, 49, 56.
Agalgo, 368.
Agamé, 608.
Agâto, 36.
Agoué, 538.
Agram, 369.
Agrioun, 89, 168.
Aguilou, 49.
Ahaggar, 4, 392, 402, 445.
Ahmar (dj.), 282.
Aiguilles (cap des), 1, 87, 778.
Aïn-Barbar, 95.
Aïn-Beida, 93, 286.
Aïn-Ben-Merouan, 95.
Aïn-bou-Becker, 132.
Aïn-Chair, 132.
Aïn-Défalid, 134.
Aïn-Djerob, 141.
Aïn-Draham, 286.
Aïn-Dahla, 141.
Aïn-el-Baroud, 141.

Aïn-el-Hammam, 141.
Aïn-el-Hamza, 141.
Aïn-el-Kerma, 417.
Aïn-Madhi, 94.
Aïn-Merân, 128.
Aïn-Mokra, 93, 95, 149.
Aïn-Seba, 618.
Aïn-Sedma, 95.
Aïn-Sefra, 134.
Aïn-Sennour, 141.
Aïn-Taïba, 408.
Aïn-Tebalbalet, 408.
Aïn-Tekbalet, 95, 155.
Aïn - Temouchent, 95, 104, 129.
Aïn-Tinn, 253, 257.
Aïr 2, 7, 14, 35, 364, 368, 371, 392, 403, 412, 434.
Aïssa, 230.
Aït-Ameur, 99,
Aït-el-Arba, 131.
Aït-Yousef, 54.
Ajuda, 6.
Akabah, 616, 638.
Akaraba, 16.
Akak-Rous (dj.), 367.
Akenyara, 566, 589.
Akhdar (djebel), 346.
Alantika, 3, 425.
Alaota-Kiou (mont), 365.
Albany, 779.
Albert (lac), 2, 3, 9, 576, 581, 601, 729, 732.
Albreda, 492, 499, 501, 528,
Alegranza, 549.

867

Alexandrie, 7, 8, 12, 15, 32, 33, 107, 344, 563, 644.
Alger, 8, 92, 93, 94, 95, 96, 97, 98, 99, 100, 101, 102, 103, 104, 108, 109, 111, 112, 113, 114, 121, 202, 205, 209, 229, 231, 236, 251, 253, 256, 257, 273, 274, 276, 277, 280, 284, 293, 296, 308, 340, 342, 372, 403, 404, 405.
Algérie, 2, 3, 4, 5, 7, 8, 34, 42, 45, 46, 62, 86 à 281.
Algoa, 1.
Alhucemas, 49.
Alima, 744, 749, 751.
Alioun-Sal, 509.
Allelah (oued), 95.
Allemagne, 46, 50, 98, 434, 536.
Alloula, 623.
Allyre (Saint-), 139.
Alsace-Lorraine, 251.
Amadghor, 34, 370, 411, 412, 423.
Amar-Khaddou, 88.
Amatonga, 700.
Amazigh, 358.
Amazones (fleuve des), 3.
Ambavaranou, 809.
Ambongou, 810, 811.
Amboudrou, 810.
Ambre, 809.
Ambriz, 739.
Ambrizette, 739.
Amélie-les-Bains, 141.
Amérique, 25, 41, 152, 184.
Amers (lacs), 14, 339, 624, 627.
Amguid, 411, 418, 417.
Amhara, 605, 608, 610, 614.
Amirantes (îles), 2, 4, 5, 862, 863.
Ammon-Siwah, 17, 644.
Amoaful, 535.
Amokou, 537.

Amour (djebel), 16, 88, 89, 90, 103, 132, 133.
Amoura, 103.
Ampalatze, 811.
Amsterdam, 29, 632.
Anahef, 2.
Anaï, 369.
Anamaboe, 531, 532.
Ancobra, 533.
Andévourante, 809, 815.
Angad, 132, 262.
Angleterre, 35, 36, 46, 61, 93, 110, 128, 141, 148, 152, 284, 285, 286, 287, 289, 297, 349, 492, 536, 538, 644, 627.
Angola, 3, 6, 28, 32, 39, 697, 730, 776, 789.
Angra, 546.
Anikoumma, 369.
Anjouan, 819.
Ankara, 810.
Ankaye, 811.
Ankober, 602, 609, 622.
Ankova, 811.
Anna (djebel), 45.
Annobon, 6, 526, 740.
Announa, 103.
Anoum, 533.
Antalo, 605, 608, 609.
Antilles, 184, 185, 546, 564.
Antongil, 809, 823, 827.
Aouaoucha, 285.
Aoura, 87.
Apollonie, 347.
Arabie, 6, 7, 11, 41, 266, 345.
Araouan, 369, 445, 449.
Arazlia, 99.
Arbat, 370.
Arcades (cap des), 87.
Arcas, 550.
Ardra, 537.
Arecife, 548.
Arguin (golfe), 1, 15, 364, 371, 491, 496, 500, 501, 564.
Arib, 99.
Arin, 49.

Arkiko, 609.
Arko, 95.
Ama-Borkou, 370.
Aroudj, 108.
Arouhouimi, 721, 733, 734.
Arsinoë, 14.
Arzew, 87, 93, 95, 98, 104, 118, 121, 155, 273.
Asben, 7, 349.
Ascension (île de l'), 1, 4, 5.
Aschenoumma, 369.
Asebuta, 365.
Asie, 1, 7, 10, 42, 43, 345.
Asie-Mineure, 15, 43.
Asiou, 349, 412, 413.
Asla, 94.
Asloudj, 90, 283, 339.
Asoua, 566, 567.
Assab, 618.
Assassins (baie des), 87.
Assinie, 526, 531, 538.
Assiout, 644.
Assouan, 3, 589, 638, 658, 688.
Assoudi, 368.
Assua, 3.
Astaboras, 17, 569.
Astapui, 17.
Astasoba, 17, 569.
Atbara, 3, 14, 17, 32, 567, 602, 603.
Athènes, 43.
Atlantide (l'), 43.
Atlantique, 1, 2, 3, 4, 8, 10, 13, 15, 46, 17, 43, 44, 45, 77, 104, 345, 363, 402, 487.
Atlantis, 41, 43, 275.
Atlas, 2, 11, 13, 16, 41, 42, 43, 45, 61, 70, 104, 105, 187, 188, 236, 275, 282, 320, 345, 346, 363.
Audjelah, 7, 12, 19, 18, 346, 347, 348, 349, 363.
Auk-Djemel (chott), 89.
Auer, 388.
Aumale, 94, 103.

## TABLE ALPHABÉTIQUE. 869

Aurès (monts), 16, 88, 99, 130, 133, 239, 240, 277, 282, 339, 382.
Australie, 142, 143, 144, 146, 184, 860.
Autriche, 46, 98, 289.
Auzia, 106.
Avalitique (golfe), 18.
Axim, 531.
Axoum, 12, 14, 18, 603, 608.
Azamour, 49.
Azan, 524.
Azaouad, 369, 371, 417, 445.
Azben, 392.
Azeffoun, 104, 173.
Azib-Zamoun, 253, 254, 256, 257, 258.
Azrou, 132.

## B

Bab-El-Mandeb (détroit de), 1, 616.
Bab-el-Menhéli, 616.
Babor, 88, 167.
Badagry, 36, 535, 536.
Badoumbé, 428, 491, 512.
Baelé, 366.
Bafing, 487, 489, 510.
Bafoulabé, 428, 487, 489, 491, 493, 509, 511, 512.
Bagamoyo, 33, 37, 585, 698, 720, 730, 732, 775.
Baghirmi, 350, 425, 431, 432, 457, 459, 467, 472, 473.
Bagla, 338.
Bagradas, 282.
Bahari, 644.
Bahr-el-Abiad, 3, 32, 644.
Bahr-el-Arab, 425, 565, 566.
Bahr-el-Azrek, 3, 17, 30, 567, 571, 602, 603.
Bahr-el-Ersegat, 2.
Bahr-el-Ghazal, 3, 33,

366, 389, 565, 590, 591, 592, 770.
Bahr-el-Gebel, 566.
Baïlounda, 735, 740.
Bakel, 37, 445, 488, 489, 491, 493, 494, 502, 503, 508, 525.
Bakhounou, 429.
Bakhoy, 428, 429, 453, 487, 489, 510, 511,
Baleya, 429, 512.
Ballah, 627.
Balloul-Basso, 365.
Bamako, 35, 425, 426, 427, 429, 433, 476, 485, 487, 491, 493, 510, 511, 513.
Bambougou, 428.
Bambiré, 566, 586, 588.
Bambouk, 491, 492, 499, 502, 503, 509, 525.
Banandougou, 430.
Bandingho, 487.
Bangouelo (lac), 3, 38, 721, 723, 729, 736.
Baniakadougou, 428.
Baninko, 430.
Bansouncolo, 440.
Baol, 491, 494.
Baoulé, 428, 429, 453, 479, 480, 511.
Bar, 528.
Baraka, 618.
Barce, 347.
Bardaï, 366, 369.
Bardéra, 38.
Bardo (le), 158, 285, 287, 289, 291, 308, 331.
Barika, 89.
Barinta, 452.
Barka, 2, 4, 346, 347, 363, 402.
Baroungou, 723.
Barracounda, 528.
Baschilo, 603, 606.
Basikounnou, 452.
Basso, 36.
Basoutoland, 5.
Bastion-de-France, 110, 157.
Batédougou, 429.
Batha, 425, 432.

Bathurst, 779.
Batna, 94, 96, 102, 103, 148, 149, 237.
Batoka, 700.
Bauchi, 431.
Béatrix (lac), 566.
Beaufort, 779, 780, 781, 796.
Bedjeloud, 283.
Beers, 796.
Beghamider, 14, 608.
Beïdo (lac), 189.
Beja, 286, 289, 291.
Bel-Akhmesa, 282.
Bélédougou, 429, 477, 478, 479, 480, 484, 511, 513.
Béléris, 511.
Belgique, 98, 289.
Belfort, 251, 257.
Bélimana, 429.
Bender-Gasem, 623.
Bendougou, 430.
Benghazi, 7, 267, 345, 348, 349, 363.
Benguela, 2, 3, 28, 732, 740, 764.
Benha, 644.
Beni-Aïcha (col des), 98.
Beni-Amrous, 95.
Beni-Aquil, 95.
Beni-Caïd, 95.
Bénin, 36, 434, 526, 527, 535, 538.
Beni-Saf, 95.
Beni-Salat (mont), 88.
Beni-Souef, 644.
Bénoué (la), 2, 3, 36, 425, 426, 431, 434, 458, 485, 774.
Benty, 491, 492, 493.
Berasga, 413.
Berber, 33, 589, 567, 603, 616, 644.
Berbera, 37, 622.
Berbérie, 4, 42.
Bérénice, 24, 347, 619, 638.
Brezina, 94.
Berobero, 38.
Besseriani, 281.
Bétéadougou, 428, 452.
Betencuria, 548.

Bethencourt, 548.
Biafra, 3, 526, 527.
Bibans, 87, 141, 278, 281.
Bida, 431.
Bidis, 70.
Bihé, 28, 29, 702, 732, 735, 740, 764.
Bijougas, 550, 551.
Bikari, 35.
Bilma, 7, 12, 35, 349, 365, 369, 370, 371, 389, 390.
Binder, 431.
Bintan, 501.
Bir, 603, 619.
Bir-beni-Salah, 95.
Birgo, 428, 430, 475, 511.
Birimba, 440.
Birni, 35, 431.
Biskra, 62, 90, 94, 93, 130, 141, 175, 229, 236, 241, 242, 243, 278, 280, 319, 337, 339, 383, 388, 403, 407.
Bissadougou, 512.
Bissagos, 1, 550, 551.
Bissao, 6, 492, 499, 501.
Bizerte, 281, 284, 286, 288, 289, 291, 293.
Blanc (cap), 1, 44, 282, 364, 491, 496, 500, 524.
Blantyre, 715.
Bleues (montagnes), 2, 565.
Blida, 88, 93, 96, 101, 102, 124, 140, 155, 212, 277, 380.
Bloemfontein, 788, 797.
Boavista, 549, 550.
Bobemba, 723.
Bohisa, 723.
Bodelé, 366.
Boghar, 87, 93, 127.
Boghari, 89, 93.
Boghé, 430.
Boghni, 176, 180.
Bogos (monts), 33.
Bojador (cap), 1, 17, 364, 549.

Bokalta, 290.
Boké, 491.
Bokkeveld, 778.
Bolama, 6.
Bolébané, 491.
Bombétot, 811.
Bomboué, 702.
Bomo-Emi, 365.
Bon (cap), 1, 281, 282.
Bondou, 491, 494, 503.
Bône, 7, 8, 87, 88, 92, 93, 94, 95, 96, 98, 101, 102, 103, 113, 115, 122, 145, 150, 151, 152, 153, 154, 157, 273, 287.
Bonga, 567.
Bonne-Espérance (cap de), 1, 145, 570.
Bonny, 26, 526.
Bordj-Bou-Arreridj, 133.
Bordj-Djedid, 284, 285.
Bordj-Djerib, 290.
Bordj-Kheiroun, 86.
Borgou, 36, 270, 431, 432.
Borkou, 366, 369, 467.
Bornou, 7, 35, 348, 349, 350, 353, 361, 365, 370, 371, 425, 431, 432, 433, 435, 459, 466, 467, 468, 472, 475.
Borou, 425.
Boshof, 797.
Botlelé, 703.
Bouali, 739.
Bouandar, 88.
Bouba, 538.
Bouddouma, 459.
Bou-Derga, 88.
Boudjima, 89.
Boudouaou, 89.
Boué, 739.
Bouéni, 811.
Boufarik, 93, 273, 277.
Bougdoura, 89.
Bougie, 34, 87, 92, 93, 96, 102, 103, 108, 111, 115, 116, 167, 168, 177, 220, 273.
Bou-Hadjar, 86, 284.
Bou-Hamra, 95.

Boujarone (cap), 87.
Boukaria, 489.
Bou-Khaïl, 88.
Boukhalfa, 257, 258.
Bou-Kournein, 295.
Boulama, 492.
Boulacq, 266, 643, 644.
Boulombel, 536.
Bou-Merzoug (oued), 89.
Bourbon, 848, 858.
Bouré, 428, 432.
Bourlos, 631, 638.
Bou-Regrag (le), 45.
Bou-Rouba, 413.
Bou-Saâda, 93, 94.
Bou-Sellam, 89.
Bou-Semroun, 86.
Boussa ou Rousa, 35, 36, 425, 426, 427, 431, 433.
Bou-Thaleb, 133, 146.
Bouzarea, 95, 114, 141, 154.
Bouzizi, 88.
Brakna, 367, 493, 502, 509.
Branco, 549.
Brandebourg, 500.
Bras-Panon, 849.
Brass-River, 36, 526.
Brava, 549, 572.
Brazzaville, 739, 750.
Breede, 779.
Bréga, 349.
Brésil, 184, 536, 546, 549.
Brisgan, 281.
Broto, 468.
Buivo, 547.
Burrup, 715.
Byrsa, 283, 293, 329, 332.

C

Cabinda, 733, 735, 739.
Cabras, 548.
Cachéo, 6, 491, 492, 550.
Caconda, 740, 764.
Cafoué, 702, 710.
Cafrerie, 5, 778.
Caire, 3, 7, 32, 33, 35.

353, 534, 641, 643, 646, 647, 662 à 675, 687.
Calabar, 526, 527.
Calama, 135.
Calédon, 777, 779.
Caliout, 644.
Camerata, 95.
Cameroun (pic), 3, 36, 425, 526, 527.
Camp-du-Maréchal, 253, 257, 258.
Canaries (les îles), 1, 4, 6, 17, 46, 493, 547, 548, 563.
Candie (Ile), 8, 547.
Cantini, 1, 49.
Cap (colonie du), 2, 4, 5, 7, 39, 97, 549, 632, 701, 777 à 809.
Cap - Coast, 527, 531, 532, 535.
Cap-de-Fer, 151.
Capsa, 105.
Cap-San-Juan, 6.
Cap-Vert (îles du), 1, 4, 6, 549, 564.
Caquingué, 764.
Carabane, 491.
Carbon (cap), 87.
Carlsbad, 141.
Carthage, 12, 15, 42, 43, 105, 107, 283, 284, 296, 304, 305, 329, 330, 331, 332, 341, 346, 347.
Carashe, 550.
Casablanca, 48.
Casamance, 491, 492, 499, 527.
Cascine (cap), 87.
Casegut, 551.
Cassabi, 704, 732.
Cassaï, 704.
Cassange, 740.
Cathkin (monts), 2.
Canterets, 141.
Cavallo, 87, 95.
Cayor, 488, 491, 493, 494, 497, 498, 499, 501, 502, 503, 508, 510, 525, 526.
Cazembé, 723, 771.

Cerné, 15, 43.
Césarée, 106.
Ceuta, 45, 49, 70, 72, 73, 85.
Chabet-el-Akra, 167, 168.
Chabet-el-Amour, 258.
Chagos, 862.
Chaila, 88.
Chair, 134.
Chalouf, 627.
Chaouïa, 48, 85, 99.
Chari, 425, 431, 459, 467, 468, 593.
Charra (cap), 345.
Chechar (dj.), 88.
Chedakra, 137, 138.
Chegga, 336, 388, 568.
Cheliah, 2, 88.
Chéliff (le), 3, 87, 89, 93, 127.
Chellala, 134.
Chellata, 82, 237.
Chemtou, 291.
Chendi, 32, 571, 616, 659.
Cherbro, 17.
Cherchell, 70, 87, 93, 99, 104, 108, 124.
Chergui (mont), 88.
Cheurfa, 133, 327, 328.
Chiâdma, 41.
Chibin-el-Com, 644.
Chibisa, 712, 715.
Chicova, 700.
Chiffa, 87, 89, 155.
Chimiyou, 566, 585.
Chiré, 32, 38, 39, 702, 711, 715.
Chirwa, 38, 702, 712.
Choâ, 33, 39, 567, 570, 602, 605, 606, 608, 609, 610, 622.
Chott-el-Gharbi, 44.
Choupanga, 39, 702.
Christel, 155.
Cilaos, 847, 853, 856.
Cirta, 105, 106.
Clisma, 14.
Coanza, 3, 39.
Coculi, 549.
Coetivi, 863.
Colatto (cap), 1.

Colesberg, 779.
Colima, 487.
Collo, 93, 110, 153, 273, 286.
Colobeng, 703, 789.
Coloe (lac), 17.
Colombi (îles), 87).
Colonnes d'Hercule, 106.
Colzoum, 14.
Combo, 528.
Commendah, 532.
Comores (îles), 2, 4.
Company, 491.
Compas (monts du), 2.
Complida, 3, 739.
Condoa, 736, 775.
Congo, 3, 4, 8, 9, 39, 565, 585, 698, 701, 721, 730, 745, 772, 774, 775.
Congone, 702, 712.
Constantine, 86, 87, 88, 92, 105, 108, 113, 116, 119, 121, 122, 135, 137, 148, 169, 193, 194, 196, 197, 234, 235, 236, 269, 276, 277, 282, 284, 285, 298, 331, 348, 351, 383, 405.
Corbelha, 550.
Corbelin (cap), 87.
Corisco, 6, 740.
Cormentin, 357.
Corrientes (cap), 1.
Corvo, 89.
Cortima, 492.
Corvo, 546.
Côte d'Or, 5, 36, 526, 527, 531, 533, 536, 537, 539, 545.
Couando, 3, 702, 703, 766.
Couango, 821, 751.
Couanza, 698, 701, 732, 739.
Coubango, 702, 703, 766.
Couchi, 766.
Counéné, 3, 39, 739, 776.
Coumassie, 25, 527, 532, 533, 534, 535, 545, 615.
Cransac, 140,

Cyrénaïque, 12, 13, 14, 18, 34, 266, 267, 346, 347.
Cyrène, 347, 362.

## D

Daba, 429, 479, 483. 513.
Dabaroa, 608.
Dabbatadios, 612.
Dabou, 538, 539.
Daboitier, 538.
Dahomey, 20, 527, 535, 539, 541, 542, 545, 546,
Dagana, 491, 502.
Dahlak, 609, 618.
Dahra, 128, 277, 279.
Dakar, 491, 492, 493, 495, 501, 510, 520.
Dakhela, 282.
Damanhour, 644,
Damer, 32, 603, 616.
Damerghou, 35, 365, 369, 431.
Damga, 491, 494, 508.
Damiette, 3, 631, 639, 641, 644.
Damot, 608, 609,
Damoussa, 429.
Dar-Bertat, 616.
Dar-es-Salam, 698.
Dar-Fertit, 566, 569, 600.
Darfour, 7, 17, 35, 363, 425, 432, 459, 468, 565, 568, 571, 601.
Dar-Halfeya, 616.
Darror, 615, 623.
Dashour, 687.
Dauphine (ile), 809, 825.
Daya, 87, 94, 148,
Debra-Mariam, 608,
Debra-Tabor, 608.
Debou, 446.
Delagoa, 1, 700, 788.
Delgado (cap), 1, 698, 700.
Dellys, 87, 93, 104, 131, 155, 253, 273.
Dembea, 17, 603.
Denderah, 641, 689.

Dendina, 431,
Dents (côtes des), 526.
Dernah, 345, 347, 351.
Derr, 615.
Dessi, 2, 618.
Deboë, 427.
Débrimcu, 538.
Désolation, 864.
Detjen, 602,
Derna, 267,
Dessi, 609.
Deurdeur, 89.
Dhalac, 2.
Dhialakel, 499.
Diabédougou, 428.
Diafarabé, 427.
Diaka, 427.
Diakourou, 429.
Diala, 430.
Diallonkadougou, 428, 430.
Diamba, 426.
Diancadape, 489.
Diander, 491, 508.
Diego-Garcia, 863.
Dieppe, 495, 496, 532,
Dietta, 550.
Digornani, 369.
Dikoua, 431, 433.
Dilolo, 702, 704, 732.
Dimar, 491, 503.
Dinguiray, 428, 430.
Dio, 423, 479, 511.
Dioumo, 429.
Dir, 281.
Dira, 88.
Dirki, 369.
Discove, 531, 532.
Djallonkès, 487.
Djalo, 348, 363.
Djanet, 367.
Djebado, 369.
Djenné, 431, 433, 446, 448.
Djer, 89.
Djerba, 1, 250, 282, 291, 301, 323, 324.
Djeddah, 7, 623.
Djerid, 90, 281, 283, 290, 301, 322, 326, 328, 336, 337, 338, 339.
Djeddi, 16, 90, 338.

Djedida, 176.
Djelfa, 94, 95.
Djidjelli, 87, 93, 103, 108, 110, 273, 286.
Djidonia, 273.
Dhioliba, 3, 425, 429, 444, 445, 513.
Djolof, 491, 497, 502, 510.
Djouba (le), 38, 567, 698.
Djouggar, 306.
Djoumen (oued), 282.
Djurjura, 88, 132, 277, 278, 279.
Dabarek, 608.
Doka, 32.
Dongolah, 7, 375, 570, 616, 644, 658.
Dongourou, 429.
Douény, 819.
Dougassou, 430.
Douïrat, 281, 364.
Doukkala, 49.
Drâa, 16, 44, 45, 49, 449.
Drakenberg, 2, 768, 778, 782, 797.
Duggero, 366.
Dunquah, 534.
Durban, 767, 787.
Dutoitspan, 716, 780, 795.

## E

East-London, 779, 780, 782.
Ebrie, 538.
Ebsamboul, 616,
Echkheul (lac), 282.
Edkou, 638.
Edough, 88, 107, 151, 154.
Efraïm (lac), 89.
Egba, 535.
Eguei, 366.
Eguiré, 365.
Egypte, 3 à 18, 24, 26, 35, 42, 43, 107, 111, 112, 184, 186, 266, 267, 269, 270, 322, 340, 347, 354, 404,

423, 433, 446, 448, 638 à 697, 728.
El-Abiod, ou El-Biod, 94, 130, 134, 259, 260, 263, 408.
El-Benout, 90.
El-Affroun, 140.
El-Aïacha, 286.
El-Aïoun, 345.
El Ar'b, 367.
El-Arba, 93.
El-Arich, 1, 638, 641.
El-Alef ou Aleuf, 245, 248, 250.
El-Bahariat, 132.
El-Beïda, 132.
El-Chargeh, 600, 641.
El-Chergui (chott), 89.
El-Djefara, 281.
El-Djem, 333, 354, 335, 336, 343.
El-Djerba, 290.
Eléphantine, 11.
Eléphant (île de l'), 528.
El-Fatak, 499.
El-Farafreh, 641.
El-Ferdane, 631.
El-Guelif, 89.
El-Guettar, 324.
El-Guisr, 627.
El-Hadjadj, 408.
El-Hébiar, 499.
El-Hillé, 445.
El-Hodh, 367.
El-Hout, 89.
Elkada (cap), 87.
El-Kantara, 94, 95, 194, 236, 238, 239, 240, 383, 631.
Elkantour, 88.
El-Kebir (chott), 12.
El-Kebir (oued), 282.
El-Kseur, 286.
El-Kebrita, 95.
El-Kef, 289.
El-Keroum, 281.
Elleboë, 370.
El-Maghreb-El-Aksa, 44.
El-Marsel (chott), 89.
El-Melah, 283.
El-Messeguem, 419, 422.
Elmina, 531, 533.
El-Obeïd, 568, 569, 604,

654, 655.
Elobey, 6, 740.
El-Ordeh, 616.
El-Oubeira, 89.
El Oued, 7.
El-Outaia, 230.
El-Rharbi, 89.
El-Rharsa, 90, 281.
Embarira, 267.
Emboma, 734.
Emirne, 811.
Enarea, 567, 609.
Enchir-Rouhaïa, 286.
Enderby, 864.
Enderta, 14, 608, 613.
Enfida, 285.
Enghien, 141.
Engwa, 36.
Ennedi, 268, 270, 365.
Entchetkab, 608.
Equateur, 42.
Erment, 644.
Erythrée (mer), 11, 12, 14, 16, 17.
Esclaves (côte des), 526, 545.
Esneh, 644.
Espagne, 42, 45, 46, 49, 50, 62, 70, 78, 98, 105, 108, 110, 115, 148, 154, 273, 275, 278.
Esrack (oued), 307.
Est-Court, 786.
Etats barbaresques, 42, 98.
Etats-Unis, 406.
Ethiopie, 11, 12, 13, 14, 32, 33, 525.
Europe, 1, 8, 28, 31, 42, 43, 45, 46, 75, 74, 109, 110, 140, 174, 186, 208, 273, 274, 281, 286, 309, 312, 323, 446, 481, 546, 729.

**F**

Fabar, 277.
Fachoda, 567, 589.
Fadamla, 426.
Fagona, 431.

Faluba, 34, 436, 443, 486.
Falbe, 341.
Falcon (cap.), 87.
Falémé, 3, 425, 487, 498, 499, 524.
Falico, 426, 436, 440.
False, 1.
Famaka, 616.
Famara, 547.
Fandoubé, 426.
Farannah, 425, 429.
Faraoun, 325, 326.
Farsan, 618.
Farimboula, 428.
Farina, 282.
Faro, 426.
Fascher, 568.
Fatafi, 428.
Fatagran, 487.
Fatico, 580, 584, 585.
Fayal, 545, 551, 514.
Fayoum (le), 7, 644, 641, 687.
Fazogl, 603, 614, 616, 641.
Feddala, 90, 237, 238.
Fedjej, 283.
Fekarine, 134.
Félou, 488, 489, 498, 502, 503.
Fénérife, 809, 823.
Feriana, 290, 291,
Fernando-Po, 6, 36, 526, 564, 740.
Fernand-Vaz, 741.
Ferrat (cap), 87.
Fez, 45, 48, 49, 50, 51, 52, 54, 55, 59, 60, 61, 62, 107, 108, 134, 372, 449, 457.
Fezzan, 2, 4, 7, 12, 17, 18, 30, 34, 35, 107, 270, 324, 345, 346, 347, 349, 362, 365, 374, 375, 396, 404, 434, 435, 779.
Fezzara (lac), 89, 151.
Fianarantsoa, 811.
Figalo (cap), 87.
Figuig, 44, 49, 86, 133,
Filfila, 87, 88, 95, 155.
Fillaousen, 95.

49.

Fittri, 425, 432.
Flacq, 858.
Floride, 33.
Florès, 546.
Fogo, 549, 564.
Folfelli (îles), 345.
Fomana, 534, 535.
Fondouk (le), 93, 124, 209.
Foria, 442.
Formose, 526, 550.
Fortaventura, 547, 548.
Fort-Georges, 442.
Fort-James, 492.
Fort-National, 94, 96, 173, 253, 273.
Fortunées (îles), 563, 564.
Fouah, 644.
Foueira, 585.
Fougal, 88.
Fouladougou, 428, 453.
Foulepointe, 809.
Fouta-Djallon, 3, 424, 425, 446, 487, 491, 494, 503, 508, 510, 513, 524, 525, 528.
Foulbé, 459.
Français (baie des), 529.
France (île de), 858.
France, 41, 42, 46, 50, 61, 98, 110, 111, 112, 115, 119, 132, 152, 157, 158, 166, 205, 250, 270, 271, 274, 284, 285, 287, 291, 293, 294, 288, 289, 299, 325, 349, 403, 422, 485, 491, 493, 495, 500, 501, 511, 512, 529, 536, 537, 538, 618, 644, 728, 864.
Franceville, 745.
Freetown, 493, 526, 527, 529, 530, 531.
Frendah, 134.
Fresco, 536.
Frio (cap), 1, 739.
Fumbina, 431.
Funchal, 547, 556, 557.
Fusi-Yama, 175.

## G

Gabès, 90, 103, 281, 282, 290, 291, 313, 323, 336, 338, 339, 342, 343, 538, 539.
Gabon, 1, 3, 4, 5, 9, 20, 36, 526, 737, 777.
Gadès, 13, 16.
Gadiaga, 491.
Gadougou, 428.
Gafsa, 286, 290, 291, 322, 323, 324, 325.
Gagho, 431, 432.
Gagué, 428.
Galam, 491, 493.
Galatzo, 111.
Galets (pointe des), 846, 847, 850, 856, 857.
Gambaragara, 566, 588.
Gambarou, 459.
Gambie, 3, 5, 37, 425, 487, 491, 492, 496, 499, 525, 527, 550.
Gandiole, 491, 508.
Gando, 431, 433.
Gangaran, 428.
Gao, 434.
Garachico, 548.
Garagorfou, 602.
Gardaïa, 94.
Garde (cap de), 87.
Garera, 549.
Gariep, 3.
Gar-Rouban, 95.
Gasem, 623.
Gassassin, 654.
Gatroun, 435.
Gazelles (fleuve des), 3, 27.
Geba, 491, 492, 550.
Ger, 13, 16.
Géryville, 94, 132, 133, 236, 279, 403.
Gessen, 624.
Gétulie, 16, 44, 45.
Ghadamès, 7, 34, 35, 107, 345, 346, 347, 348, 349, 350, 353, 358, 359, 360, 361, 362, 363, 367, 371, 404, 405, 411, 423, 433, 434, 445.
Ghaghaï, 282.
Gharb, 70.
Gharbi (mont), 88.
Ghardaïa, 243, 244, 245, 248, 250.
Ghardimaou, 285, 291.
Ghàrian (monts), 346, 347, 356, 364.
Ghat, 7, 362, 365, 371, 372, 403, 409, 411, 412, 433, 434.
Ghorra (dj.), 86, 88, 284.
Gibraltar, 1, 42, 45, 72, 75, 84, 404.
Gir, 16, 45, 338.
Girgeh, 644.
Giseh, 641.
Gobila, 751.
Godjam, 202, 608.
Gober, 391.
Gogna, 702, 767.
Goléa, 94, 131, 250, 251, 260, 277, 278, 280, 358, 373, 405, 407, 411, 413, 422.
Gomera, 547, 548, 563.
Gomou, 428.
Gondar, 7, 570, 605, 608, 610.
Gondokoro, 7, 32, 33, 566, 571, 575, 580, 581, 772.
Gongola, 426.
Goniokori, 428.
Gordo (mont), 549.
Gorée, 1, 446, 491, 492, 493, 495, 496, 501, 508, 520, 521, 523, 525, 531.
Goro, 428.
Goubanko, 428, 512.
Gouina, 488.
Goulette (la), 284, 285, 287, 289, 291, 293, 294, 296, 331.
Goumbou, 452.
Goundi, 494.
Gourara, 50, 260, 367, 404, 426.
Gournah, 689, 694.

## TABLE ALPHABÉTIQUE.

Gouro, 365.
Graciosa, 546, 547.
Graines (côte des) 526.
Grand-Bassam, 538, 539.
Grande (Rio), 487, 491, 550, 554.
Grande-Bretagne, 49, 533.
Grands-Butteaux, 537.
Grand-Popo, 538.
Grand-Port, 858.
Great-Fisch-River, 779.
Grèce, 42, 43, 273, 347.
Guayé, 702.
Gridjil, 527.
Griqualand, 5, 779, 784.
Gross-River, 526.
Guardafui (cap), 1, 14, 622, 864.
Guari, 431.
Guelbah, 325.
Guélidi, 38.
Guelma, 92, 93, 95, 98, 102, 103, 135, 141.
Guéniékalari, 430.
Guémou, 508.
Guergour, 88.
Guerrara, 94, 250.
Guesmir, 89.
Guetchoula, 99.
Guetna, 327.
Guidimakka, 493.
Guinée (golfe de), 1, 3, 35, 36.
Guinée, 3, 4, 6, 8, 20, 25, 36, 424, 495, 496, 526 à 546, 776.
Guinina, 429.
Guiorel, 497.
Guir, 259, 276.
Gule, Gulé, ou Guli, (montagne de), 24.
Gulf-Stream, 546.
Gummer, 365.
Gurin, 431.
Guyane, 546.

### H

Habibas (îles), 87.
Habra, 88, 96, 99, 118, 118, 273.
Habraoual, 14.
Hachem, 99.
Hadoftémo, 623.
Hadrumète, 105, 334.
Haha, 49.
Hakouin, 89.
Halfiyeh, 656, 616.
Hali-el-Ouad, 289.
Hamada, 346, 348, 363.
Hamaroua, 431.
Hamasen, 608.
Hamimate, 95.
Hamis, 89.
Hamiz, 273.
Hamma (le), 89, 181.
Hammada, 282.
Hammadan, 2.
Hammama, 286.
Hammam-Beurda, 141.
Hammam-Bou-Hadjar, 141.
Hammam-Bou-Hanéfia, 140.
Hammam-bou-Sellam, 141.
Hammam-bou-Thaleb, 141.
Hammman-el-Enf, 290.
Hammam-el-Salahin, 141.
Hammam-Foukhani, 49.
Hammam-Guergour, 140.
Hammam-Korbès, 290.
Hammamat, 290.
Hammamet, 291, 331, 332.
Hammam-Fougani, 133.
Hammam-Mélouane, 140
Hammam-Meskhoutine, 89, 95, 135, 138, 139, 140.
Hammam-N'-Bails, 45.
Hammam-Righa, 103, 140, 141.
Hammam-Sidi-Abdeli, 140.
Hammam-Siane, 141.
Hammam-sidi-Cheikh, 141.
Hammam-Sidi-Mecid, 142
Hammam-Sieders, 141.
Hammam-Tahtani, 44.

Hammam-Tassa, 141.
Hamra, 90.
Haoussa, 35, 349, 350, 353, 361, 368, 370, 390, 412, 425, 431, 432, 433, 434, 531, 534.
Hamoudah, 289.
Haracta, 99.
Haramat, 609, 619.
Harai, 99, 608, 622.
Hararah, 641.
Haroudj, 346, 348, 363.
Harper, 527.
Harrach, 89, 143.
Harrysmith, 788.
Hart, 778.
Hashgate, 654.
Hassa (cap), 87.
Hassi-Inifel, 411,
Hassi-Messeguem, 411.
Haussonviller, 258.
Havakil, 618.
Hawasch, 602.
Heidelberg, 788.
Hellet-Idris, 24.
Hellville, 819.
Hélouan, 644, 687,
Hercule (colonnes d'), 15, 43, 84, 347.
Hergla (tribu), 290.
Herné, 573.
Hesperis, 347.
Hierro, 547, 549.
Hippone, 105, 106.
Hobart-Town, 144.
Hodna, 88, 89, 130, 278, 383, 423.
Hofret-en-Nahas, 482, 568.
Hogghar ou Hoggar, 34, 189, 364, 365, 367, 370, 391, 392, 404, 406, 410, 411, 412, 422.
Hollande, 533.
Hopetown, 779, 795.
Horta, 546, 554, 555.
Hottentotie, 1, 4.
Houach, 87.
Houmet-es-Souk, 290.
Houmet-Sedrien, 290.
Huambo, 704.

# TABLE ALPHABÉTIQUE.

Hussein-dey (village), 95, 143.

## I

Ibrim, 616.
Ichériden, 132.
Idelès, 367, 371.
Idrar-N'Deren (l'), 45.
Idris, 569.
Ifren, 48.
Igharghar, 365, 408, 412.
Ighidi, 16.
Ijah, 535.
Ijil, 370.
Ikelemba, 721, 745.
Ikoupa, 810.
Ilala, 729.
Imerina, 729.
In-Calah, 7, 49, 61, 131, 367, 348, 367, 368, 372, 403, 445, 449.
Indjezi, 566.
Inhambane, 700.
Inhavu, 700.
Inzelman-Tikhsin, 411, 412, 416.
Isly (l'), 45, 46, 86, 88, 89, 428.
Ismaïlia, 580, 631, 634, 641, 644.
Issanghila, 734, 751.
Issel, 279.
Isser, 88, 89, 119, 169.
Italie, 42, 46, 98, 158, 186, 273, 276, 286, 287.
Itapérine, 809.
Ivi, 87, 440.
Ivica, 111.
Ivindo, 743.
Ivoire (côte d'), 526.

## J

James-Town, 741.
Jarda, 370.
Jebu, 535.
Jemmapes, 286.
Jin, 370.
Joal, 495, 491, 501, 508.
Joaru, 431.
Juahin, 533, 535.
Jurjura, 171, 173, 174, 219. (V. Djurjura.)

## K

Kaarta, 367, 429, 430, 452, 482, 487, 491, 494, 502, 503, 513.
Kabeleya, 428.
Kabra ou Kabara, 425, 427, 431, 433, 434, 446, 447, 513.
Kabylie, 93, 95, 97, 98, 103, 107, 130, 131, 167, 171, 172, 175, 176, 179, 192, 212, 220, 225, 226, 227, 228, 275, 277, 278, 279, 282.
Kacongo, 739.
Kacundy, 37, 416, 491.
Kaddera, 426.
Kaddour - ben - Hamza, 262.
Kadjera, 566, 574, 589.
Kaduna, 426.
Kaffa, 565-567, 609, 622.
Kafour, 566, 579, 685.
Kafr-Dowar, 654.
Kagehyi, 585, 588.
Kaïrouan, 107, 235, 236, 282, 283, 286, 290, 313, 315, 316, 317, 321, 333, 335, 338, 343.
Kakhtia, 571.
Kakoma, 775.
Kalaa, 176, 178, 180, 290.
Kalahari, 2.
Kalam, 431.
Kale, 428.
Kalibiya, 290.
Kama, 428.
Kamaran, 618.
Kambé ou Kard-Hadeth, 105.
Kamolondo (lac), 38.
Kamtchatka, 345.
Kanabak, 550.

Kanem, 35, 270, 350, 431, 435, 467.
Kangaba, 428, 430.
Kankan, 426, 429.
Kankaré, 430.
Kano, 7, 36, 349, 362, 371, 391, 431, 433, 434, 465, 619.
Kanouri, 431.
Kaolakh, 491, 508.
Kaouar, 270, 365, 369, 403.
Kaoub ou Kouazin, 290.
Karagoué, 566, 588, 722.
Karema, 38, 39, 775, 776.
Karesas, 95, 154.
Karkar, 623.
Kariatou, 472.
Karnak, 889, 694.
Karouma, 566, 579.
Karrou, 2, 778.
Kasbah-Nuchaïla, 48
Kasenga, 721.
Kashgil, 654, 655.
Kaskar, 88.
Kasr-el-Saïd, 286, 289.
Kasr-Mesdja, 345.
Kassai, 768.
Kassala, 616.
Kassali, 721, 731.
Kassama, 428.
Kassambara, 367.
Kasso, 491, 494, 503.
Kassongo, 721.
Kataéré, 538.
Katagoum, 431.
Katanga, 729.
Katoumbéla, 732, 739.
Katounga, 729, 588.
Katsena, 431.
Kayes, 489, 493, 512.
Kazeh, 573, 574, 730, 777.
Kebabo, 370.
Kebbi, 431.
Kebir (oued), 95.
Kebrabasa, 702, 712.
Kef, 282, 286, 291.
Kef-el-Akdar, 88.
Kef-el-Ausour, 88.
Kef-Oum-Theboul, 95.
Keilak, 3, 425, 766.

## TABLE ALPHABÉTIQUE.

Kei-Gariep, 777, 778.
Keikamma, 779.
Kelbia, (lac), 283, 333.
Keléyadougou, 430.
Kelibia, 291.
Kembita, 95.
Kemolondo, 723.
Kéneh, 7, 614, 641, 646.
Kénia (mont), 2, 565, 572.
Kéniéba, 491.
Kéniémako, 487.
Kéniéra, 430, 512.
Kéniéradougou, 430.
Kerkena, 1, 282, 290, 291, 342.
Kerouma, 575.
Kersanté, 341.
Khaled (oued), 282.
Khamis (cap), 87.
Khardjeh, 7.
Khartoum, 7, 27, 32, 33, 35, 350, 434, 566, 571, 581, 589, 603, 610, 616, 641, 655, 657-659, 772.
Khasso, 37.
Khemis, (le), 50.
Khoms, 351.
Khouan, 277.
Khoutou, 573.
Kidi, 566, 575.
Kilaouéa, 561.
Kilimandjaro, 2, 38, 565, 572, 698, 730.
Kimberley, 779, 780, 795.
Kimré, 468.
Kinebo, 568.
Kingani, 698.
Kinguelé, 739.
Kinnaird, 29.
Kippes, 488.
Kiratsu, 608.
Kirdi, 370.
Kis, 44, 45.
Kiss (oued), 86.
Kissi, 437.
Kissingen, 141.
Kita, 428, 430, 476, 477, 510, 511, 512, 513.
Kitangoulé, 566, 574.

Kivou, 566, 589.
Klipdrift, 777, 794.
Koba, 426.
Kobe, 432, 433, 568, 569.
Kokoro, 487.
Koléa, 93.
Kodosa, 426.
Koghé, 430.
Koléa, 104.
Kollou, 428.
Komeissang, 487.
Kondi, 701.
Kong, 3, 424, 425, 526, 538.
Kono, 438.
Kora (djebel), 282.
Koranko, 436, 437, 438.
Kordofan 7, 12, 32, 35, 363, 425, 432, 486, 567, 568, 571, 601, 641.
Korosko, 589.
Kosanga, 33.
Kosséir, 7, 14, 618, 619, 638, 641.
Kotonou, 538.
Kouara, 36, 425, 434, 605.
Koubbi, 431.
Koudiat-Aty, 122, 193.
Koudiat-el-Halfa, 286.
Koubeur Roumia, 103.
Koufarah, 345, 349, 370.
Kouka, 35, 36, 349, 403, 425, 431, 433, 434, 435, 456, 459, 462, 466, 467, 473, 475, 770.
Koukadougou, 428.
Koula, 437.
Koulako, 437, 440, 441.
Koulikoro, 427.
Koulou, 428, 429, 487.
Koumaléra, 430.
Koundian, 37, 428.
Koundou, 428, 491.
Kouniakary, 429, 430, 452.
Kourbaridougou, 512.
Kourou, 566.
Kourzia, 283.
Kous (oued), 45.

Koussi (emi), 365, 366.
Kowamba, 721.
Krachna, 99.
Kralfallah, 98.
Kralik, 325.
Kreider (le), 98, 134.
Kris, 325, 339.
Kroubs, 98.
Ksab, 89.
Ksel, 86, 88, 130.
Kubly, 431.
Kseria, 89.
Kteuf, 88.

## L

Labé. 528.
La Calle, 87, 93, 110, 113, 157, 158, 166, 273, 285.
Lado, 581, 585.
Laghouat, 34, 90, 94, 98, 130, 134, 236, 268, 278, 338, 367, 404, 407, 410. 411.
Lagos, 5, 423, 526, 527, 531, 534.
Laguna, 548.
Lalibela, 608, 610.
Lalla-Maghrnia, 46, 95, 141.
Lambaréné, 739, 745.
Lambèse, 94, 103, 106.
La Mecque, 7, 25, 117, 266, 503.
Lamoo, 698, 719.
Landana, 739, 751.
La Mine, 537.
Lange (monts), 2, 778.
Lanzarote, 547, 548.
Langara, 437.
Langrano, 811.
Larache, 46, 48, 50, 83, 234.
Larba, 99.
Lasgore, 623.
Lasta. 602, 603, 609, 610.
Latouka, 567, 575.
Leckie, 535, 536.
Lefini, 745.
Lékélé, 743.

Lella-Kredidja, 88, 171, 174, 278.
Leit-Marafia, 622.
Leptis, 105, 331, 346.
Léopoldville, 751.
Léven, 809.
Liah, 436.
Lialoui, 766.
Liambaye, 702, 703.
Liba, 3, 702, 703.
Liben, 602.
Liberia, 527, 535.
Libonta, 702.
Libreville, 737, 750.
Licona, 744, 745.
Liemba (lac), 38.
Lillo, 388.
Limandef, 847.
Limpopo, 3, 39, 700, 701, 717, 719, 787.
Linyanti, 39, 702-704, 713.
Lincoln, 723.
Lindlès (cap), 87.
Livingstone (rivière), 3, 701, 721, 722.
Livoumbou, 585.
Loamba, 702.
Loango, 3, 739, 753.
Lobisa, 2, 38, 701.
Lobos, 547.
Logo, 489.
Logone, 425, 431, 467.
Logué, 739.
Lohemba, 701, 721.
Loké, 704.
Lokinga, 701.
Lolemmo (oued), 396.
Loma, 34, 425.
Lomani, 721, 731.
Longwood, 744.
Lontou, 439.
Loos, 530, 550, 554, 564.
Lopez (cap), 1, 496, 526, 737, 739.
Lorenzo-Marquès, 700, 701.
Losito, 710.
Lotemmboua, 702.
Loua, 724.
Loualaba, 38, 721, 723, 729-732.

Louapoula, 38, 721, 723.
Louchouma, 769.
Loucos, 83.
Louquez, 809, 818.
Lousidji, 37, 525, 574, 698.
Loukouga, 3, 721, 730.
Louindi, 621.
Louloua, 768.
Lounda, 723.
Louqsor, 689, 691.
Lousso, 702, 767.
Louta-Nsigé, 566, 575, 588.
Lune (m$^{ts}$ de la), 17, 750.
Lupata, 702.
Lydenbourg, 788.

**M**

Machico, 557.
Macina, 367, 426, 427, 431, 508.
Maclah, 88, 118.
Madagascar (île de), 1, 4, 5, 8, 809 à 846.
Madaure, 107.
Madère (île), 1, 4, 241, 534, 546, 547, 555, 556, 558, 559, 563, 564.
Madjer, 290.
Madjoura (dj.), 282.
Madouâri, 85.
Mafate, 847, 849.
Mafrag, 89.
Magadoxo, 698.
Magaliesberg, 787.
Magdala, 605, 606, 608, 615.
Maghreb, 4, 6, 7, 42, 45, 107, 108, 155, 281, 282, 345, 372.
Magomero (rivière), 39, 715.
Magoungo, 566, 579, 583.
Mahafaly, 811.
Mahallet-el-Kébir, 644.
Mahdiya, 290.
Mahé, 863.
Mahébourg, 858, 860.

Mahel-Balével, 426, 430.
Mahéla, 809.
Mahmel, 88.
Mahouna (dj.), 88.
Mahrez, 290.
Mahrir, 89.
Maïz (el), 49.
Majunga, 810, 811.
Makadiambougou, 428, 491.
Makadougou, 428.
Makallah, 623.
Makonda, 698.
Malabi, 4.
Malagarazi, 721.
Malandjé, 39.
Malapo, 779.
Malbrouk, 369.
Malindi, 38.
Malmeshury, 775.
Malouïa, 86.
Malte, 8, 111, 404.
Mamelé, 702.
Mananzarine, 811.
Manangarinou, 810.
Mandara, 35, 425, 431.
Manding, 425, 428, 429, 452, 453, 476, 482, 511.
Mandréré, 810.
Manfez (Oued), 283, 338.
Manghafia, 823.
Mangouato, 767.
Mangouké, 880.
Manica, 700.
Manouba, 290.
Mansourah, 122, 641.
Mansouriah, 48.
Mansu, 534.
Manteri, 550.
Manuel (cap), 520.
Manyanga, 534.
Manyéma, 723, 730.
Manzouna, 283.
Mao, 431.
Maradi, 431.
Marancette, 809.
Mareb, 602, 603, 616.
Marengo, 96.
Marghi, 431.
Marguelil (oued), 283, 338.

# TABLE ALPHABÉTIQUE. 879

Mariout, 638.
Marka, 698.
Markonna, 103.
Marmar, 35.
Marmarique, 14.
Maroc, 1, 2, 3, 4, 7, 34, 37, 42, 44, 45, 46, 49, 51, 52, 61, 62, 63, 64, 69, 98, 104, 106, 108, 113, 129, 134, 179, 234, 266, 269, 270, 278, 348, 367, 371, 381, 404, 447, 448, 449, 546.
Maroc (ville), 48, 49, 51, 52, 61, 81.
Marra, 432, 568.
Marsa, 291.
Marsa-Aghir, 290.
Marsa-es-Souk, 290.
Marseille, 7, 8, 111, 157, 166, 167, 257, 405, 860.
Martola, 608.
Maryland, 527.
Mascara, 88, 92, 94, 96, 102, 117, 118, 122, 127, 140, 141, 275.
Mascareignes (îles), 2, 3, 4, 846 à 863.
Masena ou Masina, 431, 450, 468.
Masindi, 584.
Massaouah, 7, 33, 434, 602, 605, 609, 610, 618, 638, 641, 771.
Massassa, 734.
Massenja, 431.
Matacong, 492.
Matam, 491, 502.
Matamba, 436.
Matatam, 809.
Mata-Yamvo, 702.
Mater, 289.
Matifou (cap), 87.
Matitane, 811.
Matoppo, 2, 701, 716.
Matouya (tribu), 290.
Maudits (bains des), 135.
Maurice (île), 5, 7, 846, 848, 851, 854, 858, 859-864.

Mauritanie, 13, 14, 18, 43, 44, 45, 85, 103, 106, 107, 493.
Mayo, 549.
Mayo-Beli, 426.
Mayotte, 5, 819, 821, 850.
Mazafran, 89, 97, 121, 124, 125, 126.
Mazagan, 49, 50.
Mazangaye, 840.
Mazaro, 39, 702.
Mazitous, 722.
Mbiguem, 37, 491.
M'boro, 491.
Mboulou, 459.
Méchéria, 98, 134, 406.
Méchouar (le), 121.
Médéa, 94, 96, 101, 115, 122, 124, 250, 380.
Medina-Kouta, 428.
Médine, 37, 452, 488, 489, 491, 493, 502, 503, 504, 505, 506, 507, 510, 514.
Medinet-Abou, 689.
Medinet-el-Fayoum, 641.
Mediouha, 48.
Méditerranée, 1, 2, 3, 9, 10, 13, 15, 42, 43, 44, 45, 49, 72, 77, 86, 90, 104, 105, 95, 98, 273.
Medjana, 133, 176.
Medjaz-el-Bab, 290.
Medjerdah, 3, 89, 282, 291.
Medjez-Hamar, 135.
Medrama, 95.
Megara, 283.
Mégoub, 133.
Méhédia, 48, 282, 291, 293, 333, 352.
Meidoum, 687.
Mel, 550.
Melah, 89, 128, 339.
Melghigh, 279.
Meliana, 283, 304.
Melika, 244, 248.
Mélinde, 698.
Mellacorée, 429, 436, 487, 491.

Mellaha, 95, 644.
Melilla, 70, 708.
Mellègue (oued), 86, 89, 282.
Mekkaïdon (monts), 87.
Mellita, 290.
Melrir, 90, 336, 337, 338, 339, 365.
Menabé, 811.
Mendif ou Mindif, 424, 425.
Menghough, 408.
Menzaleh, 627, 628.
Méquinez, 48, 61, 85, 230, 449, 456.
Méraoui, 11.
Merdj, 34.
Merdja (oued), 95.
Merkenah (dj.), 282.
Meridja, 291.
Mérinaghen, 491.
Meroë, 14, 17, 18, 569, 570, 614.
Meroungou, 723.
Mer Rouge, 616, 637.
Mersa (la), 118.
Mers-el-Kébir, 87, 93, 95, 98, 108, 273.
Mers-el-Falun, 87.
Mers-el-Zeitoun, 87.
Meschija, 351, 355.
Mésopotamie, 269, 270.
Mesrhouna, 327.
Mesurado, 526.
Mesurata, 347.
Metlili, 250, 413.
Mfumbiro (mont), 2, 566.
Mharza, 49.
Mbkiseh (dj.), 86.
Mia (oued), 90, 411.
Middelbourg, 788.
Milah, 93, 103.
Miliana, 92, 94, 96, 101, 122, 141, 230, 380.
Milo, 426, 429.
Milonia, 49, 87.
Miltsin, 2, 45.
Mina, 89.
Mini, 365.
Miniankala, 430.
Minich, 641, 644.
Misrata, 345, 351.
Miserghin, 97, 102.

Miski (enneri), 366.
Miskin, 467.
Missisi, 566.
Mitidja, 89, 96, 104, 115, 121, 124, 133, 175, 209.
Mleta, 141.
Moammo (Oued), 366.
Modared, 348.
Modder, 778.
Modzbah, 98.
Moëro (lac), 3, 38,
Mogador, 7, 34, 44, 45, 46, 48, 49, 50, 55, 56, 58, 59, 60, 61, 62, 75, 86, 128, 176, 509, 525, 654.
Moghar, 130, 133.
Mograd (dj.), 282.
Mohammedia, 290, 304.
Mohéli, 819.
Mohrya, 731.
Mokra, 151, 153, 154.
Mokta-el-Hadid, 151, 154.
Mombaz, 38, 572, 698.
Monakadzé, 701.
Monastir, 282, 284, 290, 291, 293, 352.
Monfia, 698.
Mongao, 698.
Monrovia, 5, 27.
Montana Clara, 547.
Moptit, 425, 427.
Morambala, 712.
Morébélédougou, 429.
Morfil, 488, 491.
Mornakia, 290.
Morony, 819.
Mossamba, 2, 3, 701, 732, 739.
Mosi-oa-tounya, 702, 705, 720, 767.
Mossamedès, 740.
Mosselbay, 779, 781.
Mostaganem, 92, 93, 101, 102, 108, 115, 118, 121, 124, 125, 126, 265, 273.
Mouadhi, 413.
Mouata Yamvo, 768.
Mouï-Soultan, 281.
Mouilah (oued), 86, 88.

Mouilala, 38.
Moukamba, 768.
Moulouïa, 44, 45.
Moundah, 737.
Moura, 537.
Mourgoula, 428, 430, 491, 513.
Mourzouk, 7, 34, 35, 345, 348, 349, 361, 362, 369, 370, 371, 398, 404, 423, 434, 435, 737, 770.
Mousgou, 35, 431.
Mouska, 369.
Moussala, 489.
Mouvari, 566.
Mouydir, 16, 365.
Mouzaïa, 88, 93, 95, 99, 115, 141, 279.
Mozambique, 6, 9, 697, 698, 700, 702, 720.
M'Pal, 493, 510.
Mpororo, 588.
Mpouapoua, 585, 775.
M'sila, 93.
Msisda, 99.
Muatué, 700.
Murchison, 566, 579, 586, 697, 702, 712.
Murdo, 366.
Mustapha, 93, 101, 181, 289.
Musteïer, 90.
Muxinga, 2.
M'woutan Nsigé, 3.
Myos-Hormos, 14.
Mzab, 90, 94, 242, 243, 244, 249, 250, 277, 278, 279.
Mzaïa, 99.

## N

Nabel, 290, 291.
Nabou, 428.
Nador, 89,
Nahr Ouassel, 89.
Nali, 731.
Nalous, 550.
Nanagamma, 365.
Nango, 425, 430, 511.
Napata, 11, 13.
Naples, 114, 166, 167.

Nariélé, 702, 703.
Natal, 5, 7, 38, 39, 720, 778, 782, 795.
Natiaga, 452.
Ncouna, 751.
Ndédjé, 37.
Neca, 90.
Nedroma, 50, 94, 141.
Nefousa, 250, 364.
Nefta, 260, 281, 286, 290, 322, 323, 325, 328, 329.
Nefzaoua, 281, 290, 291, 337, 339.
Negrin, 281.
Negro (cap), 1.
Nélia, 443.
Nemencha, 99.
Nemours, 44, 93, 273.
Nefiche, 644.
New-Rusch, 779.
Nezliona, 99.
Ngâla, 35.
N'gami (lac), 3, 4, 38, 39, 782, 720, 769.
Ngampo, 746.
Ngornou, 431.
Ngounié, 737.
Ngouroutoua, 35, 434.
Ngourr, 370.
Niama, 426.
Niando, 426.
Niari, 751.
Niederbronn, 141.
Nieuweveld, 2, 778.
Niffé, 433.
Niger, 2, 3, 8, 9, 16, 17, 26, 29, 30, 34, 35, 36, 362, 363, 565, 391, 398, 402, 403, 407, 409, 422, 424, 425, 426, 427, 429, 430, 431, 433, 434, 436, 443, 445, 446, 447, 451, 475, 476, 484, 485, 499, 503, 509, 511, 513, 526, 532, 538, 569.
Nigritie, 4, 8, 16, 267, 362, 424, 486, 493, 494.
Nil, 2, 3, 7, 10, 11, 12, 13, 14, 17, 18,

23, 27, 30, 32, 33, 34, 105, 363, 345, 378, 409, 425, 488, 452, 565, 601, 607, 638, 640, 657, 723, 721, 729.
Nili (oued), 242.
Nioro, 429, 430, 462, 493,
Nolli, 549.
Noo (lac), 3, 566, 570.
Norvège, 98.
Nossi-Bé, 5, 819, 350.
Nossi-Cumba, 819,
Nossi-Fali, 819.
Notsi-Mitsiou, 819.
Nou (Rivière), 36.
Noumerat, 250,
Noun (cap), 1, 44.
Noun (oued), 9, 45, 85, 345, 363, 274, 526.
Noun (ville), 49.
Noupe, 35, 431.
Nouveau-Calabar, 526.
Nouvelle - Amsterdam, 864.
Ntamo, 745, 750.
Nubie, 4, 9, 29, 30, 32, 33, 448, 565, 570, 616.
Nu-Gariep, 3.
Numidie, 12, 14, 103, 106, 140, 322, 346.
Nunez (rio) 446, 487, 491.
Nupila, 750.
Nyamina, 427.
Nyangoué, 731, 733, 736, 768. 771.
Nyassa (lac), 2, 3, 38, 39, 702, 713, 715, 720, 771, 775.

## O

Obok, 33, 610, 619, 620.
Odzi (fleuve d'), 27, 698.
OEa, 346.
Ogooué, 3, 8, 33, 737 à 777.
Ommer'-er-Bia, 3, 45.
Oran, 44, 50, 61, 87, 92 à 102, 104. 108, 115, 118, 121, 140, 148, 236, 273, 277, 279, 407, 422.
Orange, 2, 3.
Orange (états d'), 4, 7. 788.
Orango, 550, 551.
Orléansville, 89, 92, 93, 102.
Oro, 370.
Orotava, 548, 563.
Ouaday ou Ouadaï, 7, 17, 35, 347, 348, 349, 350, 363, 366, 425, 431, 432, 433, 434, 459, 462, 467, 468, 476, 568.
Ouâdan, 365.
Ouadi-Halfa, 567, 658.
Oualata, 367, 371.
Oualid, 341.
Oualo, 491, 494, 497, 498, 502, 503, 508, 524.
Ouando, 593,
Ouanika, 698, 720.
Ouara, 432, 433.
Ouarabelly, 38.
Ouaran, 89,
Ouaré, 526.
Ouarensenis, 87, 127
Ouarez-Eddin, 131.
Ouargla, 7, 83, 94, 97, 130, 131, 132, 245, 250, 266, 268, 278, 279, 280, 358, 368, 383, 403, 407, 409, 410, 411, 412, 413, 416, 417, 418, 433.
Ouasagara, 573.
Ouasegué, 698.
Ouassoulou, 425, 429, 432, 475.
Ouasta, 687.
Ouâtellen, 365.
Ouchda, 45, 52, 86.
Oudarigh (el), 49.
Ouddeno (enneri), 966.
Oudje-Mabani, 431.
Ouellé, 565, 592, 593, 774.
Ouennougha, 88.
Ouezzan, 48.
Ouganda, 33, 566, 567, 574, 581, 583, 584, 585, 722.
Ougara, 730.
Ouginngo, 566.
Oughlâna, 34.
Ougogo, 585. 730, 773.
Ougoma, 730.
Oujiji, 38, 724, 725, 727, 733, 736.
Ouhimba (lac), 566.
Oukafou, 585.
Oukami, 720.
Oukara, 566.
Oukerewé, 38, 566, 575, 585, 588, 722.
Oul, 550.
Oulagalla, 588.
Oum-mada, 328.
Oumzikoulou, 782.
Oumzila, 700.
Ouniamouési, 565, 573, 657, 730, 773.
Ounyoro, 566, 567, 575, 584, 585, 722. 733.
Ounyanyembé, 727.
Ouro (rio do), 15,
Ouroua, 731, 735.
Ouroundi, 565, 722.
Ourouri, 567.
Ousar (dj.), 282.
Ousagara, 567, 585, 722, 730, 736.
Ousambara, 698.
Ousoga, 567.
Ousoui, 567.
Ousongourou, 566.
Oussoua, 327.
Outatourou, 565.
Outeniqua (mont), 2.
Ouvinnza, 730.
Ouzaramo, 698.
Ovampie, 788.
Owaherero, 2,

## P

Pakao, 494.
Palestro, 133, 169.
Palma, 527, 535, 536, 547, 549, 561.

Palmas, 1, 36, 526, 548.
Palmistes, 847, 849.
Pamalombé, 38, 702, 713.
Pamanzi, 823.
Pambouk-Kalassi, 139.
Pamplemousses, 858.
Panda Ma Tenka, 715, 716.
Pangani, 33, 38, 572, 573, 698.
Panié-Foul, 488.
Pao-de-Assucar, 549.
Paris, 31, 100, 140, 348, 405, 501, 696.
Passa, 737, 745.
Passandava, 811.
Peddie, 779.
Pelinier (ville), 96.
Pellat (mont), 487.
Péluse, 625.
Pemba (ile), 2, 14, 698.
Peñon, 71.
Peñon-d'Argel, 108.
Peñon de Alhucemas, 70,
Peñon de Velez, 49, 70.
Pentapole, 347.
Perim, 616, 618, 620.
Pescade, 87.
Perlos-Banhos, 863.
Pessange, 764.
Petit-Dieppe, 532, 536.
Petit-Paris, 532, 536.
Petit-Popo, 538.
Philippeville, 87, 88, 92, 95, 96, 97, 98, 101, 102, 103, 151, 153, 155, 199, 242, 273.
Philippines, 548.
Philœ, 688, 690.
Picis, 550.
Pico, 546, 551, 552, 554.
Pietermaritsbourg, 782.
Pigeons (îles des), 87.
Piquetberg, 779.
Pisan, 87.
Piton de Fournaise, 854.
Piton des Neiges, 847, 853.
Plane (ou Korsu), 87, 295.

Plaine-Willems, 858.
Plombières, 140.
Pniel, 779.
Podor, 491, 501, 502.
Poivre (côte du), 526.
Pola, 333.
Pologne, 110.
Pongo (Rio), 487, 491.
Pont-Albin, 95.
Pont de l'Isser, 155.
Ponta-Negra, 753, 778.
Pontins (marais), 340.
Ponta-Delgado, 546.
Popos, 527.
Port-Choiseul, 809.
Port-Denis, 737.
Port-d'Urban, 782.
Port - Elisabeth, 779, 781.
Portendick, 364, 491.
Portes-de-Fer, 89, 124, 276, 278.
Port-Leven, 811.
Port-Lokko, 436, 444, 529.
Port-Louis, 858, 860, 863.
Port-Nolloth, 784.
Porto-Farina, 284, 289.
Porto-Grande, 549.
Port-Nao, 548.
Porto-Novo, 36, 527, 538.
Porto-Praya, 546, 549.
Port-Saïd, 627, 631, 636, 641, 696.
Porto-Santo, 546.
Porto-Seguro, 527, 538.
Portudal, 491, 509.
Portugal, 46, 50, 501.
Port-Victoria, 863.
Poubara, 746.
Pougues, 140.
Pouna, 14, 17.
Pouzzoles, 334.
Prah, 36, 526, 533.
Prasum, 14, 17.
Pretoria, 788.
Prince (île du), 6, 526, 740.
Puerto de la Paz, 548.
Puerto-Rico, 548.

Q

Queenstown, 779.
Quilimane, 700, 702, 711.
Quillengues, 764.
Quillou, 732, 759, 751.
Quiloa, 698, 771,
Quirimea, 700.

R

Rabat, 48, 49, 50, 52.
Rabbaï M'pia, 372.
Rachgoun, 82, 118, 119, 121, 273.
Rambleta, 561.
Ramna, 49.
Ranoubé, 811.
Ranoufoutsy, 809.
Ras-Addar, 295.
Ras-el-Aïn Breian (djebel), 326.
Ras-el-ma, 95.
Ras-el-Tin, 345.
Ras-Sidi-Ali-el-Mekki, 295.
Razo, 549.
Regaf, 585.
Rehenneko, 38.
Relizane, 93.
Remada, 281.
Rèq (îles des), 33.
Regahia, 89.
Ressas (dj.), 291.
Réunion, (île de la), 5, 7, 38, 184, 846 à 864.
Rhadès, 285.
Rhamboë, 737.
Rharb (el), 48.
Rharsa, 283, 336, 339.
Rhât, 7, 34, 35, 267, 345, 348, 349, 367, 401, 404.
Ribera-Brava, 549.
Richard-Toll, 491, 502.
Riff, 45, 48, 49, 70, 71, 73, 75.
Reina, 3, 426, 431.
Rio-Grande, 3.
Rio-Nunez, 37.
Ripon, 568, 575.

# TABLE ALPHABÉTIQUE. 883

Rirha, 368, 380.
Rir ou Righ (oued), 97, 246, 278, 279, 280, 324, 338, 383, 386, 388, 389.
Robaggo, 37.
Robertson, 779.
Roda, 644, 660.
Rodrigues, 862.
Roggeweld, 2.
Rokellé, 436, 526, 529, 550.
Rome, 13, 42, 105, 106, 107, 333.
Rondogani, 575.
Rose (cap), 87, 110.
Rosette, 3, 631, 639, 641, 654, 680, 681.
Rotombo, 436.
Rouara, 99.
Roumélia, 88.
Rouanda, 567, 722.
Rouhého, 573.
Roufou, 698.
Roux (cap), 86, 87, 281, 282.
Rovouma (la), 38, 572, 698, 700, 715, 722.
Rouge (mer), 1, 2, 4, 7, 9, 12, 13, 14, 32, 33, 104, 520.
Roumât, 567.
Roum-el-Souk, 285.
Rouvouhou, 566.
Rouzizi, 566, 729.
Rufisque, 491, 492, 493, 495, 499, 509, 510, 520.
Rummel, 122, 169, 171, 193, 201.
Ruscicada, 105.
Ruscinara, 105.
Rusibis, 105.

## S

Sabaki, 698.
Sabeur, 89.
Sabi, 700.
Sabrata, 346.
Sadani, 698, 775.

Safioun, 90.
Safra (dj.), 282.
Sables-d'Olonne, 444.
Sagara, 573.
Safy, 49, 500.
Sahara, 1, 7, 8, 9, 16, 18, 30, 31, 32, 34, 42, 44, 45, 51, 68, 86, 88, 89, 99, 104, 105, 122, 130, 131, 134, 142, 192, 237, 266, 269, 270, 273, 277, 279, 310, 319, 323, 327, 343, 345, 346, 363 à 424, 511, 525.
Sahel, 8, 70, 89, 187, 214, 277, 290.
Saïda, 87, 94, 98, 122, 134, 148.
Saint-André, 848, 849.
Saint-Charles, 102.
Sainte-Barbe-du-Tlélat, 98.
Saint-Benoist, 849, 850, 856.
Saint-Denis, 38, 855, 857.
Saint-Denis-du-Sig, 93.
Saint-Etienne, 251, 856.
Saint-François, 848.
Saint-Georges, 546, 858.
Saint-Gilles, 849.
Sainte-Hélène (île), 1, 4, 5, 564, 741.
Sainte-Hélène (baie de), 1.
Saint-James, 528.
Saint-Joseph, 501, 849.
Saint-Leu, 849.
Saint-Louis (Sénégal), 371, 737.
Sainte-Lucie, 549.
Sainte-Marie (Açores), 546.
Sainte-Marie (Gambie), 528.
Sainte-Marie-de-Bathurst, 492, 527, 528, 531.
Sainte-Marie de Madagascar, 5, 816, 819.

Saint-Nicolas, 526, 549.
Saint-Paul-de-Loanda, 37, 704, 739, 776.
Saint-Paul, 526, 849, 857.
Saint-Paul (île), 864.
Saint-Pierre, 501, 849, 851, 856.
Saint-Philippe, 840, 849.
Saint-Sauveur, 141.
Saint-Sébastien, 548.
Sainte-Suzanne, 846, 848, 849.
Saint-Thomas, 526.
Saint-Vincent, 549.
Saka, 567.
Sakatou, 7.
Sakkarah, 683.
Salado (rio), 88.
Salaga, 533.
Salazie, 847, 849, 850, 851, 853.
Saldé, 493.
Saldé, 488, 491, 502.
Salé, 46, 48, 50.
Salomon (îles), 863.
Saloubé, 810, 841.
Saloum, 491, 499, 508, 524, 526.
Samalout, 644.
Sambo-Kontaï, 37.
Sambara, 83, 602.
Samquita, 743.
San-Antonio, 549.
Sanendja, 09.
Sangomar, 491.
Sankaran, 429.
Sankorra, 721, 731.
San-Miguel, 546, 555.
Sansandig, 427, 430, 433.
Santa-Croce, 32, 33.
Santa-Cruz, 548.
Santa-Cruz-de-Marperquenna, 46.
Santa-Cruz-de-Teneriffe, 548.
Santa-Isabel, 740.
San-Thomé, 6, 740.
Santiago, 549.
Saréani, 487.
Sbeah, 99.

Scarcies, 491, 526.
Schombi (dj.), 282.
Schedouan, 618.
Scherbro, 15, 430.
Schimmedrou, 369.
Schneeberg, 2.
Schoho, 610.
Scyllax, 338.
Sdana, 99.
Sebaou, 50, 89, 173.
Sebdou (oued), 88, 94, 122, 141.
Sebkha (d'Oran), 89.
Sebou (le), 45, 53, 54, 62, 63.
Secondee, 531, 532.
Sedhiou, 491.
Sedjnan (oued), 282.
Sedouikech, 290.
Segala, 513.
Seggueur, 90, 413.
Ségou, 367, 426, 429, 430, 433, 453, 493, 508, 510, 514.
Sel (île de), 549, 550.
Selagmi, 606, 607.
Seldjelmassa, 49.
Seliman, 290.
Selimeh, 7.
Sellem, 90, 283, 336, 337.
Selcki, 436.
Seltz, 141.
Semen, 14, 608, 614.
Semmema (dj.), 282.
Semneh, 616, 659, 667.
Séna, 702, 711.
Sénafé, 606.
Sendasin, 290.
Sénégal, 5, 20, 30, 37, 363, 364, 422, 425, 445, 453, 477, 479, 487 à 526.
Sénégambie, 4, 6, 8, 424, 425, 487 à 526.
Sennaar, 24, 29, 30, 32, 33, 570, 603, 616, 641, 650.
Senousi, 369.
Senoudébou, 491.
Serbenel, 431.
Serapeum, 627.
Serdegaï, 369.

Sere, 487.
Seroka, 130.
Serradougou, 442.
Serrat (cap.), 281.
Sescheké, 702, 703.
Sessé, 566.
Sestos, 537.
Sétif, 87, 88, 92, 94, 98, 101, 102, 103, 106, 124, 132, 140, 141, 146, 167, 168.
Sétiguia, 428.
Sétit, 567, 569, 602, 603.
Seybouse (la), 3, 89, 93, 135, 137.
Seychelles (îles), 2, 4, 5, 860, 862, 863.
Sfakès ou Sfax, 282, 290, 291, 293, 294, 333, 342, 383.
Sfa, 230.
Sfissifa, 130, 134.
Si-Abdallah-ben-Djemel, 86, 236.
Sibi, 483.
Sidi-Ali-Mekki (cap.), 282.
Sidi-bel-Abbès, 92, 96, 98, 102, 149, 273.
Sidi-ben-Aïssa (ouled), 49.
Sidi-bou-Saïd, 284, 289.
Sidi-Ferruch, 87, 113, 114.
Sidi-Gaber, 644.
Sidi-Hassi, 283.
Sidi-Hescham, 49.
Sidi-Mecid, 170, 171.
Sidi-Okba, 107.
Sidi-Rached, 169.
Sidi-Radouan, 283.
Sidi-Yousef, 86.
Sidi-Yousef-Marusali, 102.
Sidjilmassa, 85.
Sidre (golfe de la), 1, 345.
Sierra-Leone, 5, 15, 17, 34, 36, 37, 429, 446, 455, 496, 499, 524, 526, 527, 529, 532, 533, 534, 535, 536.

Sig (oued), 88, 96, 118, 140, 272, 273, 274.
Sigala (cap), 38, 87.
Sigli (cap), 87.
Sikkah (oued), 88.
Si-Hala, 132.
Sinder, 391, 431, 433, 434.
Sine, 491, 494, 508, 527.
Singat, 580, 655.
Singes (montagne des), 77.
Siouah, 7, 18, 32, 35, 345.
Siout, 35, 608, 658.
Sirba, 3, 426, 434.
Si-Sliman, 132.
Sissi, 426.
Sitifis, 105.
Smendou (oued), 89.
Sobât, 3, 33, 566, 567, 569, 575.
Socora, 437.
Socotora (île), 2, 864.
Sofala, 1.
Sokkauvo, 431.
Sokna, 348, 349, 350.
Sokota, 608, 609.
Sokoto (pays de), 8, 36, 349, 365, 426, 431, 433, 434, 452, 456.
Soleb, 616.
Sombrun, 343.
Somerset, 566, 575, 579, 584.
Songoya, 443.
Sonrhay, 131, 432, 434.
Sotuba, 426, 327.
Souakin, 7, 32, 35, 589, 618, 619, 638, 641.
Souasa, 290.
Souchy, 424.
Soudan, 3, 4, 6, 7, 8, 9, 16, 17, 26, 27, 29, 30, 32, 33, 65, 100, 104, 131, 191, 195, 301, 341, 345, 348, 349, 350, 351, 357, 361, 362, 368, 395, 405, 407, 425 à 487, 499, 509, 513, 525, 565, 569,

580, 600, 616, 641, 770.
Soueïra, 525.
Souékéya, 34.
Souf, 338, 347, 367, 371, 383.
Soufia, 810.
Sougra, 369.
Soukahrras, 88, 93, 98, 286, 291.
Souk, 328.
Souk-el-Arba, 132, 286.
Soukoutaly, 428.
Soulloun, 428.
Soulzmatt, 141.
Soumah, 95.
Soumata, 99.
Soumbo, 702.
Souna, 585.
Sources (monts des), 2.
Sour-Djouat, 105.
Sous, 45, 49, 449.
Sousse, 285, 286, 288, 290, 291, 293, 294, 308, 309, 310, 311, 312, 313, 315, 317, 321, 333, 343, 352.
Spartel (cap), 1, 44.
Srigina (cap), 87.
Stanley-Pool, 744, 746, 750, 751.
Staoüeli, 114.
Stillten, 132.
Stora, 87, 98, 151, 273.
Stormberg, 2, 778.
Suez (isthme de), 1, 7, 8, 14, 339, 616, 623 à 635, 638, 641, 696, 723, 728, 860.
Sultan-Kalassi, 114.
Sungo, 426.
Susfana (le), 45.
Sutah, 544.
Sveett (rivière), 534.
Syène, 11, 13, 14, 18.
Syouah, 614, 641.
Syout, 7, 433, 569, 641, 687.
Syrie, 7, 43, 141, 186, 354.
Syrtes, 1, 13, 15, 42, 105, 106, 338, 343, 345, 247, 364.

## T

Tababor, 88.
Tabarka, 1, 157, 166, 281, 286, 289, 291.
Tabayoudt, 86.
Table, 1, 778.
Taborah, 39, 727, 771, 773, 775.
Tacazzé, 3, 567, 569, 570, 606, 608.
Tacoronte, 560.
Tadent, 367.
Tadergount, 95.
Tadgemout, 90, 94.
Tadiana, 430.
Tadjera, 88.
Tadjoura, 345, 608, 619.
Tafasasset, 365.
Tadla, 48.
Tafaroni, 88.
Taffilès (oued), 95.
Tafilelt, 7, 46, 49, 61, 85, 371, 447, 448.
Tafna (la), 45, 88, 118, 119, 121.
Tafrent, 88.
Tagant, 367, 371.
Tagdempt, 122, 127.
Taghelel, 369, 431.
Tagoubah, 95.
Taguelsa, 87.
Taguemount, 95.
Taguious, 290, 325.
Taguin, 89, 94.
Tahir-Pacha, 113.
Taiara, 568.
Taka, 616, 641.
Takianous, 325.
Takitount, 167.
Takkeda, 403.
Takleat, 95.
Takoray, 537.
Takoutcht, 88.
Takrour, 424.
Talent, 49.
Tamanieh, 656.
Tamarida, 864.
Tamatave, 809, 811, 836.
Tamba, 428.
Tambaoura, 492.

Tambo-Kanè, 489.
Tamellalt, 171, 388.
Tamerna, 388.
Tamesguida, 88.
Tamerza (tribu), 290.
Tamgout, 278.
Tamincono, 436.
Tananarive, 811, 813, 815, 832.
Tanganyka (lac), 2, 3, 4, 36, 38, 565, 566, 573, 574, 585, 589, 721, 722, 723, 724, 725, 729, 730, 733, 735, 774, 775.
Tanger, 7, 34, 44, 45, 46, 48, 50, 56, 59, 70, 75, 76, 77, 78, 79, 83, 84, 85, 128, 234, 260, 278, 382, 440, 442, 449.
Tantah, 644.
Tao (oued), 306.
Taoudény, 369, 370, 432, 447, 450.
Taourga, 131, 258.
Taquah, 36.
Tarenta, 602.
Tarf, 89, 285.
Tarfaoni, 282.
Tarhouna, 364.
Tarifa, 45.
Tarla, 49.
Taroudant, 49, 449.
Tarso (mont), 365.
Tartara, 280.
Tassili, 34, 365, 392, 412.
Tasmanie, 141, 143.
Tasserterri, 365.
Tastour, 290.
Tatin, 779.
Tatta, 49.
Tchad (v. Tsad).
Tchadda, 426.
Tchambési, 721, 735.
Tchambi, 701.
Tchangani, 702.
Tchélikot, 608.
Tchibisa, 38.
Tchitane, 701.
Tchobé, 702, 703, 770.
Tchombaka, 702.

Tchir (île des), 33.
Teb, 656.
Tebessa, 86, 93, 94, 103, 107, 282, 286, 338.
Tebi, 366.
Tebou, 390.
Tebourba, 290.
Teboursouk, 282, 290, 291.
Teda, 369.
Teddert (baie), 87.
Tedjant, 16.
Tedjedjeria d'Aïn Mahdi, 102.
Tedjehi-Mellen, 416.
Tedlès (cap), 87.
Tedsi, 49.
Teghazert, 16.
Teguise, 548.
Tekna, 85.
Tejones (cap), 345.
Teliouim-Iselan, 95.
Tell, 45, 87, 88, 90, 99, 108, 115, 132, 184, 192, 216, 218, 259, 277, 339, 404.
Tell-el-Kebir, 654.
Temassinin, 7, 345, 367, 368, 408.
Tembi-Koundou, 3, 425, 436, 437, 438, 442, 443.
Temsna, 48.
Tendelti, 35.
Tendouf, 449.
Tenenkou, 431.
Ténériffe, 547, 559, 560, 561, 563, 564.
Tenez, 70, 87, 93, 95, 99, 108, 128, 154, 273.
Tenès (cap), 95.
Teniet-el-Haad, 87, 93, 95, 141.
Tensift (le), 45.
Terceira, 546, 551.
Terraneh, 644.
Tessala (massif), 88.
Tessaoua, 391.
Tété, 697, 700, 702, 711, 712, 713.
Tétouan, 46, 48, 50, 70, 75, 85, 449.

Teucyre, 347.
Teufikia, 566.
Texeira, 547.
Teyde, 547, 561, 564.
Thabbourt, 171.
Thala-Rena, 174.
Thalelath, 174.
Thaly, 525.
Thamgad, 107.
Thapsus, 105, 106.
Thaya, 88.
Thaza, 127.
Thèbes, 641, 684, 693, 695.
Théra, 347.
Thysdrus, 105, 333, 334, 335, 336, 543.
Tiakadougou, 430.
Tiaret, 87, 93, 96.
Tibbous, 365, 371.
Tibesti, 2, 4, 267, 270, 362, 364, 365, 366, 369.
Tibili, 135.
Tichit, 367, 371.
Tidikelt, 260, 278, 367.
Tidjoudjelt, 408.
Tifikount, 224.
Tiggi, 370.
Tigré, 14, 33, 605, 606, 608, 609, 610, 613, 614.
Tiguibiri, 429.
Tigzirt, 104.
Timbo, 37, 429, 487, 513.
Timbouktou, 7, 34, 37, 353, 367, 368, 371, 398, 403, 406, 423, 425, 431, 433, 434, 444, 445, 446, 447, 448, 449, 450, 451, 452, 456, 486, 503, 509, 513, 654.
Timé, 446.
Timgad, 103.
Timi, 365.
Timimoun, 367, 372, 404.
Timné, 436.
Timsah, 624, 627.
Tin (oued), 282.
Tin-Alkoum, 396.

Tindja, 282.
Tinéat, 568.
Tinghert, 365.
Tinkisso, 426, 428, 429.
Tin-Telloust, 368.
Tintingue, 811.
Tioghé ou Tiogué, 4, 39, 709.
Tiout, 130, 407.
Tipasa, 104, 273.
Tirchert, 16, 365.
Tiris, 364.
Tittery, 87, 109, 114, 115.
Tizgui, 449.
Tizibert, 88.
Tizi-Boulma, 171.
Tizi-Takherrat, 171.
Tizi-Ougoulmin, 88.
Tizi-Ouzou, 92, 96, 102, 253, 257, 277.
Tiznit, 49.
Tlélat (le), 118, 273.
Tlemcen, 50, 60, 87, 91, 92, 94, 95, 96, 98, 102, 104, 108, 118, 119, 121, 127, 140, 149, 155, 276, 280, 372, 403.
Toadé, 365.
Tobna, 103.
Tobrouk, 345, 347.
Tofellat, 90, 283.
Tokar, 619, 654, 655.
Tombali, 426.
Tombé, 428.
Toqra, 267.
Toro, 491, 508.
Tortues (lac des), 338.
Toto, 431.
Tou, 369.
Touat, 40, 51, 324, 348, 353, 362, 367, 371, 397, 403, 404, 422, 447.
Touazin (tribu), 290.
Toubou, 267, 353, 365, 369, 370.
Toudja, 99.
Touggourt, 88, 95, 116, 266, 368, 383, 388, 406, 423.
Tougué (enneri), 369.

Touila, 88, 282, 624.
Toumat, 603, 616.
Toumzaït, 86, 87.
Tourmentes (cap des), 778.
Toussidde (emi), 365.
Tozer, 286, 290, 291, 323, 325, 326, 327, 328, 337, 339.
Trafis, 133.
Transvaal, 4, 5, 7, 701, 787, 789.
Traras (massif des), 88, 99.
Trarza, 363.
Tres-Forcas (cap), 44.
Trinkitat, 655.
Tripoli, 4, 7, 34, 42, 106, 112, 113, 280, 331, 342, 345, 346, 347, 348, 350, 351, 352, 353, 354, 363, 372, 404, 409, 422, 433, 434.
Tripolitaine, 4, 32, 34, 134, 250, 266, 267, 269, 281, 283, 345, 371, 404.
Tristan-da-Cùnha, 5, 741.
Trois-Pointes (cap), 526.
Triton (lac), 12, 43, 283, 338.
Tsad ou Tchad (lac), 2, 4, 7, 29, 34, 35, 363, 366, 369, 403, 407, 425, 434, 435, 459, 465, 565, 574.
Tukki (enneri), 366.
Tulléar, 809, 811, 839.
Tummo, 365.
Tunis, 2, 7, 86, 107, 108, 112, 113, 157, 166, 167, 186, 276, 278, 282, 283, 284, 286, 288, 289, 291, 292, 293, 294, 295, 313, 315, 324, 325, 331, 341, 342, 343, 347, 348, 351, 354, 357, 372, 375, 404.
Tunisie, 1, 3, 4, 5, 7, 42, 86, 90, 105, 106, 148, 179, 236, 269,
270, 275, 278, 281, 352, 357, 362, 371.
Turquie, 98, 287, 288, 346.
Tusca, 282.
Tyout, 94.
Tzana, 17, 603, 606, 609, 611, 657.

## U

Ukérewé (lac). (V. Ourewé.)
Ulaba, 3.
Uitenhagen, 779.
Ulundi, 782, 742.
Umziti, 700.
Umzim, 778.
Usargala, 16.
Utaba, 426.
Utique, 105, 342.

## V

Vaal, 3, 39, 778, 787, 789.
Vals, 140.
Valverde, 548.
Vécovia, 575 à 578.
Verga, 550.
Vert (cap), 1, 493, 495, 496, 501, 520, 521.
Vichy, 140.
Victoria (chutes), 702, 705 à 709.
Victoria (lac), 2, 3, 38, 566, 567, 574, 579, 584, 585, 720, 730.
Vieux-Kalabar, 35, 526.
Vivi, 744, 751.
Vohémare, 809, 811.
Volta, 526, 531, 533.
Vouavouma, 588.
Voulik, 474.

## W

Wabi, 39.
Wadi-Halfa, 616.
Walbabba, 440.
Walwich (baie de), 720, 778, 789.
Wami, 698.

Wanjanga, 365.
Webb, 564, 567, 721.
Wellington, 779.
Wholed-Medineh, 589.
Whydah, 25, 527, 537, 538, 539, 540, 541.
Winbourg, 788.
Windermere, 566.
Winterhoek, 778.
Witte-Berge, 778.
Worcester, 779.
Woun, 370.
Wourno, 431.

## Y

Yakoba, 431.
Yamina, 430, 513.
Yaouri, 135, 431, 433.
Yanga, 36.
Yao, 432.
Ya'-Quoub, 32.
Yaya, 45.
Yambouya, 774.
Yedina, 459.
Yenkina, 437.
Yéou, 4, 425, 459.
Yola, 431.
Yorouba, 527.

## Z

Zaatcha, 130.
Zab, 229, 383.
Zaccar, 230.
Zaffarines ou Chafarines (îles), 1, 44, 49.
Zagazig, 774.
Zaghouan, 282, 283, 290, 291, 295, 304, 305, 306, 307, 320, 333, 342.
Zahrey (sebkha), 89.
Zaïan, 89.
Zaïre, 30, 38, 38, 701, 702, 731.
Zakkar, 88.
Zama, 105.
Zambèze, 2, 3, 4, 48, 39, 697 à 720, 723, 731, 732, 770, 773.
Zana, 103.
Zanfara, 431.

Zangomero, 573.
Zangoüé, 711.
Zanguebar, 572, 697, 698, 720.
Zanzibar (île), 2, 4, 9, 14, 17, 24, 38, 250, 698, 699, 719 à 724, 729, 731, 772.
Zaoudzi, 823.
Zaouïa-Sidi-Abid, 327.
Zaouiet-el-Debabsa, 327.
Zaouiet-Gueddilah, 328.
Zaouiet-Sidi-Salem, 328.
Zaoura, 367.
Zaramo, 573.

Zaria, 431.
Zarzis, 290, 351.
Zebda, 327, 328.
Zeekoe, 779.
Zeghrouat, 89.
Zeilah, 609, 619.
Zella, 348.
Zenaga, 49.
Zenakra, 99.
Zeraïa, 103.
Zeramna, 89.
Zeremdine, 291.
Zehoum (djebel), 45.
Zeriba-Biselli, 34.
Zeroud, 283.
Zerguin, 89.

Zergoun, 90.
Zeugitane, 282.
Ziban, 107, 130, 237, 323, 383.
Zifta, 644.
Zighinchor, 492.
Ziz (le), 45.
Zouï, 369.
Zouar, 366.
Zouga, 703.
Zoullah, 606, 608, 609.
Zoulouland, 778, 782.
Zoutpansberg, 787, 788.
Zuurberg, 778.
Zwarte (monts), 2.

# TABLE ALPHABÉTIQUE

### DES NOMS D'HOMMES ET DE PEUPLES

*(Les noms des auteurs cités dans les extraits sont imprimés en caractères gras.)*

---

## A

Abadehs, 645.
Abantu, 9.
Abbadie (d'), 603, 614.
Abbas Pacha, 266, 652.
Abbas Toussoum, 641.
Abdallah, 45, 107.
Abd-el-Aziz, 177.
Abd-el-Djelil, 404.
Abd-el-Kader, 46, 117, 118, 119, 120, 121, 122, 124, 126, 127, 128, 129, 130, 131, 266, 275, 276, 503.
Abd-el-Moumen, 108.
Abd-er-Rhaman, 128.
Abder-Sammat, 28.
Abinal, 845.
Abou Bekr, 622.
Abou-Farez, 346.
About, 695.
Abyssins, 8, 9, 17, 23.
Achantis, 8, 20, 36, 527, 531, 532, 545.
Accardo, 276.
Adams, 695.
Adherbal, 105,
Adjimi, 290
Adouma, 744.
Agaos, 609, 613.
Agatharchide, 12, 15,
Agisymba, 14.
Aglabites, 107, 283, 316.
Agoult (d'), 36.
Ahitarben, 410, 411, 412, 413, 415.

Ahmadou, 428, 429, 430, 452, 509, 510, 511.
Ahmed, 284, 289, 347.
Ahmed-ben-Salem, 130.
Ahmed-bey, 121, 331, 334.
Aissaouas, 102, 230, 234, 235, 280.
Ajoumba, 737.
Akkas, 449, 565, 600, 601, 743.
Albrand, 821, 844.
Alcaforado, 563.
Ali-Bey, 289.
Alides ou Hosieni, 46.
Ali-dey, 112.
Alioun-Sal, 371
Ali-pacha, 111, 289.
Allain, 776, 808.
Almohades, 45, 108, 283, 346.
Almoravides, 45, 107, 108.
Alsaciens-Lorrains, 254, 257, 258.
Alvarez, 570.
Amady-Ngoué Fall, 510.
Amazoulous, 8, 7, 39.
Ameur-Raraba, 99.
**Amicis** (de), 60, 69, 75, 77, 85, 200, 234, 281, 282.
Ampère, 695.
Amrou, 624.
**Ancelle**, 495, 502, 509.
Anderson, 36.
Andraivoulas, 811,

Andreossy, 675.
Andrien, 845.
Angel, 342.
Anglais, 8, 41, 46, 72, 93, 101, 113, 149, 157, 297, 349, 404, 499, 528, 532, 535, 536, 538, 550, 557, 645, 752, 782, 848, 858.
Anjouanais, 722, 723.
Anouna, 135.
Antalaots, 816.
Antaïmours, 811.
Antanosses, 811, 839, 840, 843.
**Antichan**, 550, 551, 564, 566, 571, 575.
Antinori, 33, 622.
Anville (d'), 29, 490, 570.
Aoueliemmiden, 392.
Apfourous, 737, 744, 745, 746.
Arabes, 7, 8, 14, 17, 21, 27, 40, 42, 51, 63, 70, 77, 95, 99, 100, 105, 107, 108, 109, 111, 114, 115, 116, 118, 119, 120, 121, 124, 125, 127, 137, 147, 186, 187, 208, 214, 216, 219, 231, 232, 247, 255, 267, 277, 278, 284, 285, 291, 297, 302, 305, 312, 315, 316, 323, 330, 335, 346,

## TABLE ALPHABÉTIQUE.

350, 351, 354, 355, 357, 367, 369, 391, 401, 417, 421, 432, 525, 588, 645, 698, 864.
Arabi-bey, 633, 652, 654.
Arago, 111.
Arbois de Jubainville, (d'), 43.
Arbousse-Bastide (M<sup>me</sup>), 614.
Arbousset, 767.
Ardouin du Mazet, 44, 86, 277, 280.
Arène, 342.
Arlanges (d'), 118.
Armand (Paul), 343.
Armandy (d'), 114.
Arnaud, 571.
Arnoux, 33, 622, 831.
Artémidore, 12, 15.
Arvoy (d'), 831.
Ashangos, 776.
Assim-Pacha, 285.
Atkinson, 36.
Atlantes, 40, 43, 105, 225.
Aube, 513, 524, 545, 564.
Aucapitaine, 276.
Augier, 35.
Augouard, 752.
Auguste, 13, 106, 283.
Aumale (duc d'), 93, 127, 128, 129, 130.
Aumont, 514.
Avezac (d'), 532, 545.
Avizard, 93.
Avrainville (d'), 864.
Aylward, 807.
Aymès, 710, 743, 776.
Azdjer, 392, 396, 409, 410, 412.
Azema, 864.

### B

Baba-Aroudj, 177.
Baba-Mohammed, 112.
Babor (tribus des), 99.
Bacri, 112.

Baggaras - Risegates, 568, 600.
Baghirmiens, 470.
Baikie, 36, 434.
Baillière, 695.
Bailli, 407.
**Baines**, 703, 709, 720.
**Bainier**, 6, 40, 46, 88, 97, 371, 372, 433, 533, 547, 602, 609, 641, 701.
Bakalais, 737, 743.
**Baker** (S.), 2, 577, 579, 580, 584, 590, 601, 723, 730.
Baker (colonel), 579, 655.
Balansa, 85.
**Baldwin**, 710, 720, 770.
Ballay, 743, 744, 745, 775, 776.
Bairds, 785.
Bambaras, 367, 478, 479, 481, 483, 429, 430, 450, 487, 491, 494, 512, 515.
Bamangouato, 702, 715.
Bangala, 734.
Banyais ou Banyeti, 700, 702, 731, 716.
Banians, 7.
Banières (de), 133.
Banning (Emile), 2, 40.
Baol, 497, 503, 508.
Barabras, 645.
Barber, 550.
Barbié du Bocage, 85.
Barbier, 276.
Barbedienne, 95.
Barberousse, 108.
Baris, 8, 32, 566, 567, 571, 580.
Bares, 811, 815.
**Bargès**, 60, 108, 155, 276, 422.
Barbarins, 645.
Barker, 585, 588.
Barket, 367.
Barnim (Von), 33, 571, 600, 775.
Barozès ou Barutze, 702, 767.

Barrail (du), 125, 126.
Barrault, 625.
Barter, 36.
**Barth**, 2, 35, 41, 348, 361, 362, 366, 369, 370, 389, 391, 425, 433, 434, 447, 449, 458, 459, 485.
Barth-Harmating, 39.
Barthélemy, 524.
Barthélemy Saint-Hilaire, 288.
Bartle Frere, 771, 808.
Bary, 34, 362.
Basoutos, 767, 778, 787.
Bastide, 276.
Batékés, 735, 737, 766, 753.
Battus, 347.
Baudais, 835.
Baudicour (de), 275.
Baudin, 514.
Baumgoerther, 32.
Bayol, 486, 510, 513, 524.
Bayot, 343.
Beaconsfield, 287.
Beaufort (duc de), 110.
Beaumier, 48, 84, 85, 486.
Beauprétre, 132.
Beausse (de), 825.
Bedeau, 128, 132.
Bedjas, 8, 9, 23, 24.
Bédouins, 9, 91, 101, 645.
Beecroft, 36.
Behm, 41, 291.
Belcastel, 563.
Belges, 99, 101, 645.
**Belin de Launay**, 579, 710, 729.
Bélisaire, 107, 283.
Belkacem-ben-Zebla, 419, 420, 421.
Bell, 605.
Belle, 85.
Bellemare, 275.
Belloc (M<sup>me</sup> Louise), 84, 234, 485.
Bellout, 88.
Beloutchis, 27, 698.
Beltram, 32.

## TABLE ALPHABÉTIQUE.

Belzoni, 36.
Ben Driss, 368.
Benedetti, 564.
Bengoulas, 715.
Beni-Abbas, 132.
Beni-Abbès, 99.
Beni-Aïdel, 99.
Ben-Aïssa, 122.
Beni-Aly, 328.
Beni-Ameur, 99, 346.
Beni-Djaad, 99.
Beni-Guil, 132, 133.
Beni-Hassen, 48, 62, 63, 99.
Beni-Krelifa, 99.
Beni-Mehenna, 99.
Beni-Menguillet, 132.
Beni - Merin Senata, 108.
Beni-Mérinides, 45.
Beni-Moussa, 99.
Beni-Mzab, 94, 97, 99, 358, 371. (V. Mzab.)
Beni-Ourar, 99.
Beni-Sgen, 244, 246, 248, 250.
Beni-Sliman, 99.
Beni-Snous, 99.
Beni-Tifout, 99.
Beni-Iraten, 132.
Beni-Zian, 108.
Beni-Zid (tribu), 290.
Bennett J. Gordon, 723.
Berabras, 8, 9, 26, 27.
Béranger, 34.
Bentley, 751.
Benyouski, 826, 827, 864.
Béraud, 543.
Berbères, 8, 9. 13, 25, 40, 43, 45, 51, 55, 99, 100, 104, 105, 107, 108, 216, 276, 277, 294, 347, 351, 355, 367, 525, 569.
Berbères Zénaga, 493.
Berbrugger (L.-A.), 44, 84, 275, 383.
**Berenger-Féraud,** 520, 524, 525.
Béringer, 407, 410, 412, 416.

Berkeley, 628.
**Berlioux,** 17, 40, 41, 43, 105, 275, 495, 496, 497, 499, 501, 524, 550, 719, 770.
Bernard, 407, 417, 421, 422, 423, 695.
Berneval, 549.
Berrian, 250.
Berthelot, 559, 560, 563, 564.
Bertheraud, 140, 276.
Berthezène, 93, 115, 275.
Berthollet, 811, 815.
Bertholon, 309, 311, 313, 342, 525.
Bertin du Château, 514.
Besson, 651.
Betsiléos, 801, 815.
Betchouanas, 8, 9, 26, 703, 715, 787.
Béthencourt, 548, 549, 563.
**Beulé,** 283, 320, 330, 332, 341, 362.
Beurmann (de), 35, 434, 435.
Bibesco, 279.
Biot, 678.
Bildoumas, 425.
Bilharz (Dr), 33.
Bird-Allen, 36.
Bisellis, 28.
Biskris, 99, 109, 229, 296.
Bizemont (de), 40, 41, 525, 580, 615, 776.
Blaize, 564.
**Blanc** (Charles), 687, 695.
**Blanc** (Louis), 121.
Blanc (Dr), 605, 606, 614.
Blanchard, 823, 845.
Blemyes, 12.
Blerzy, 808.
Blésus, 106.
Blignières (de), 652.
Blondel, 857.
**Bloyet,** 736, 775.
Blyden, 436, 486.
Bocchus, 106.

Boconi, 479.
Boers, 703, 781, 782 à 792.
Boilat, 524.
Boissière, 275.
Bologne, 601.
Bolognesi, 566, 571, 604.
Bonaparte, 114, 625, 675.
Bonaparte Wyse, 342.
Bondivenne, 34.
Bongos, 8, 27, 565, 566, 567, 590, 591, 592.
Bonnat, 96, 533, 545.
Bonnemain, 404.
Bonnet, 117.
Borde, 695.
Borel, 629.
Borgnis-Desbordes, 476, 511, 512, 513.
Borius, 524, 845.
Bory de Saint-Vincent, 463, 827.
Boschimans, 8.
Bosquet, 132.
Bou-Amama, 133, 134, 125, 259, 263.
Bou-Bagla, 132.
Bou-Beker-es-Saddik, 260.
Bouchard, 680.
Bouche, 545.
Bou-derba, 404.
Bou-el-Moghdad, 509, 510, 525.
Bouët-Willaumez, 502, 514, 537, 538.
Boufflers (de), 525.
Bougainville, 15.
Boulan, 89.
Bou-Maza, 128.
Bou-Mezrag, 133.
Bou-Noura, 244, 245.
Boyle, 807.
**Bourde,** 155, 169, 188, 209, 215, 225, 230, 242, 276, 486.
Bourdiaux, 514.
Bourdial, 564.
Bourdon, 277, 279.
Bourdon de Gramont, 514.

Bourguignat, 341.
Bourienne, 675.
Bourmont (de), 93, 113, 114, 115, 116.
Bourotte, 388.
Bourquelot, 277.
Bourrel, 509, 525.
Boutin, 111, 113, 277.
Bouzet (du), 93.
Bou-Zian, 130.
Bowdich, 532.
Boyer, 115, 118, 651.
Bragard, 615.
Brakna, 445, 525.
Brame, 418.
Brandin, 341.
Braouezec, 776.
Brascewitz, 114.
**Brau de Saint-Pol-Lias,** 637.
**Brazza (Savorgnan de),** 739, 741, 743, 744, 745, 750, 751, 752, 753, 775, 777.
Bréart, 286, 777.
Brémond, 622.
Bretesche, (de la), 825.
Bretonnière (de la), 113.
Brevedent, 570.
Bricard, 341.
Brière de l'Isle, 509, 514.
Briggs, 36.
Bringard, 134.
Brito-Capelo, 764.
Brocchi, 32.
Broilliard, 147.
Brooke, 535.
Brooks, 807.
Brossard de Corbigny, 844.
**Brosselard,** 277, 396, 407, 408, 409, 422.
Brown, 568, 807.
Broyon-Mirambo, 773.
Bruce (James), 29, 30, 185, 570, 609, 614.
Brucker, 776.
Brüe (André), 495, 496, 497, 498, 499, 501, 524, 550.
Brugsch, 648, 678.
Brun-Rollet, 32, 566, 571, 601.

Brunialti, 343.
Buch, 563.
Buet, 844.
Bugeaud, 46, 86, 98, 96, 119, 120, 121, 126, 127, 128, 129, 131, 257, 276, 277.
Bulwer, 608.
Burckhard, 17.
Burckhard de Kirschgarten, 32.
Burdo, 485.
Burgers, 789.
Burin, 404.
Burrup, 39.
**Burton,** 37, 572, 573, 574, 575, 601, 749, 721, 725, 744, 776.
Burzet, 277.
Buschmans, 9.
Busnach, 112.

## C

Cabaillot, 407.
Cabral, 29, 546.
Cadéot, 514.
Caffarelli, 675.
Cafres, 8, 9, 26, 781, 792, 803, 828.
**Caillé,** 370, 425, 434, 444, 445, 447, 448, 449, 486, 514.
Caillol, 368.
Cailliaud, 13, 17, 570, 571, 614, 695.
Cambier, 719, 773.
Cambon, 293.
Campbell, 37.
**Cameron,** 30, 38, 532, 721, 726, 730, 731, 732, 736, 768, 776.
Camou, 132.
Canrobert, 130.
Capdepont, 168.
Capellen (M^me Van), 33.
Capitaine, 564, 622, 845, 864.
Caramanlis, 347.
Carayon, 844.
Carbuccia, 130.

Carlus, 525.
Carrey, 275.
Carrière, 97, 524.
Carthaginois, 25, 45, 70, 105.
Casalis, 767, 807.
Cassini, 491, 550.
Castries (de), 133.
Cat, 342.
Cauche, 823, 844.
Cavaignac, 93, 119, 130.
Cavalho, 550.
Cavally, 526.
Cave, 845.
Cavelier de Cuverville, 279.
Cavelier de la Salle, 495.
Cecchi, 37.
Cérez, 133.
Cerisy (de) 651.
Certeux, 145.
César, 12, 13, 104, 106, 283.
Cettiwayo, 791.
Chaamba, 34, 99, 131, 251, 368, 406, 407, 410, 413, 415, 416, 417, 422.
Chabas, 678.
Chaillé-Long, 581, 601.
Chaillu (du), 741, 776.
Chaka, 787, 790.
Chambeyron, 808.
Champmargou, 825.
Champollion, 678, 684, 691, 695.
Changallas, 610.
Changarnier, 93, 122, 124, 128.
Chanzy, 93, 232, 271, 274.
Chaper, 807.
Chapman, 719.
Charencey (de) 342.
Charles VI, 284, 548.
Charles IX, 110, 537.
Charles X, 113, 114.
Charles-Quint, 104, 108, 284, 297, 331, 346.
Charlier, 864.
Charmasson, 514.
**Charmes,** 234, 351,

358, 644, 666, 675, 695,
**Charnay** (D), 836, 839, 845.
Charon, 93.
Charton, 40.
Chateaubriand, 331.
Chateldon, 141.
Chauvey, 342.
Chavane, 774.
Chavenard, 407.
Chefneux, 622.
Chemma, 290.
**Cherbonneau**, 40, 195, 275, 277, 279, 342, 362, 401, 402, 423, 624.
Chesney, 625.
Chevarrier, 342.
Chilin (tribu), 290.
Chebika, 290.
Cheraga, 263.
**Cherbuliez**, 485, 753.
Chevalier, 95, 308.
Chiarini, 39, 622.
Chiboques, 704.
Chillouks, 104, 567, 571, 589.
**Choisy,** 277, 373, 407, 422.
Chouma, 729.
Cibot, 277.
Circassiens, 355.
**Clamageran**, 171, 186, 228, 277, 381.
Clapperton, 35, 36, 422, 434.
Clarin de la Rive, 341.
Clauzel, 93, 115, 116, 118, 121, 122, 126, 135, 157.
Clot-Bey, 651.
Cochut, 279.
Codine, 532, 545.
Coignet, 845.
Coillard, 720, 731, 767, 775.
Colin, 306, 494.
Colman, 36.
Colomb, 16, 377, 423.
Colonieu, 279, 404, 422.
Comalis, 37, 38, 39, 610, 619, 622, 698.

Combes, 122, 482.
Commerell, 533.
Commerson, 826.
Compagnon, 499.
**Compiègne** (de) 33, 743, 757, 760, 769, 776.
Conrad, 624, 654.
Conté, 677.
Cooper (Jos), 41, 719, 770.
Coptes, 8, 9, 27, 645, 649.
Cordier, 143, 145.
Coronas, 8.
Cornut, 61.
Cortambert, 462.
Cosson, 85, 325, 334, 343.
**Cotte,** 75, 82, 85.
Cotterill, 593, 702.
Coudreau, 279.
Coulourlis, 109, 110.
Couturier, 34.
Cowdrey, 37.
**Coyne,** 277, 413.
Craig, 85.
Crapelet, 342.
Crauch, 39.
Crémazy (Laurent), 846.
Crespel, 38, 773.
**Crozals** (de), 10, 41, 293, 303, 342, 485, 495, 525.
Crudington, 751.
Cubisol, 285, 291, 341.
Cuny, 35, 40, 601.
Curling, 36.
Cuvillier, 40.

**D**

Daguerre, 524.
Dalles, 277.
Damaras, 9, 740, 778, 789.
Damas (de), 112, 113.
Damrémont, 93, 114, 121, 122.
Danakils, 9, 33, 609, 622.
Dastugue, 85, 279.
Daubrée, 340, 344.

**Daumas,** 90, 488, 192, 277, 341, 397, 422.
Daux, 341, 342.
David, 622.
Davidson, 34.
Debaize, 38, 736.
Debeaux, 173.
Decaen, 827.
Decken (von), 38, 565, 572, 719.
**Décugis,** 55, 85.
Degàch (tribu), 290.
Delamarre 277.
Delaporte, 449.
Delavaud, 775.
Delebecque, 286.
Delegorgue, 807.
Delestre, 343.
Deleu, 39.
Deligny, 132.
Delord, 276.
Delteil, 865.
Denham, 35, 36, 422, 434, 459.
Deniaud, 35.
Dennery, 34, 410, 415.
Denon, 675, 677.
Depping, 342.
Derid (tribu), 289.
Derkaouas, 102, 266.
Derrécagaix, 279, 423.
Derrien, 422, 512.
Desborough-Cooley, 40.
**Desdemaines - Hugon,** 804, 806, 808.
Desfontaines, 325, 341.
Desfossés, 342, 830.
Desgenettes, 675.
Deshayes, 277.
Desjardins, 678, 679, 696.
Desmaisons, 168.
Desmichels, 118.
Desnouy, 545.
Desor, 340, 344, 363, 423.
Desportes, 85.
**Desprez** (Ch.), 101, 188, 205, 229, 231, 234, 277, 486.
Desvaux, 388.
Détrie, 134.
Deval, 112, 113.

Devaux, 277.
Diallonkés, 428.
Dianous (de), 34, 410, 415, 417, 418.
Dibos, 179.
**Dick de Lonlay**, 235, 236.
Dickson, 38.
Didier (Ch.), 85, 157.
Dieppois, 536, 537.
Dillon, 38, 730.
Dingaan, 786, 787, 791.
Dinkas, 8, 27, 567, 571, 589, 590.
Diour, 567, 589, 590.
Diulas, 494.
Djellabas, 509.
Djemal (tribu), 290.
Djolof, 494.
Djelidat, (tribu), 290.
Doineau, 91.
Dolbohantes, 623.
Dolbin, 36.
Dollfus, 257.
Dolomites, 62.
Dombrowski, 95.
Douaïch, 367, 493, 502.
Douairs, 188.
Doublet, 865.
Dournaux-Dupéré (Norbert), 34, 406, 525.
Drakeford, 36.
Drapeyron, 486.
Drasche, 864.
Drouet-d'Erlon, 93, 117, 118.
Drovetti, 650.
**Drummond - Hay**, 83, 84, 192, 234.
Drury, 826.
Dubocq, 337.
Dubois, 844.
Dubois-Thainville, 111.
Dubouchage, 828.
Du Camp, 695.
Duclerc, 835.
Dutoit, 782, 785.
Dugas, 277.
Duhousset, 279.
Duloup, 342.
Dumas, 340.
Dumont, 93, 114, 277.
Dunant, 291, 344.

Duncan-Caméron, 605.
Dunléary, 36.
Duparquet, 776.
Duperré, 113.
Du Plessis, 785.
Duponchel, 406, 422, 423.
Dupré, 510, 834, 844.
Duquesne, 110.
Durand, 808.
Duranton, 37.
Dureau de la Malle, 330.
Durrieu, 93, 132.
Dussaud, 629.
Dutalis, 773, 855, 864, 865.
**Duval** (Jules), 41, 277, 279, 371, 388, 493, 496, 855, 864, 865.
Duvergier du Hauranne, 122.
**Duveyrier**, 2, 18, 31, 85, 265, 266, 270, 279, 281, 291, 337, 338, 340, 341, 343, 361, 365, 397, 398, 403, 414, 418, 422, 423, 593.
Duvivier, 98, 124.
Dyafer-Pacha, 589.

**E**

Ebers, 234, 650, 662, 677, 684, 695.
Elbée (d'), 537.
Edmond, 695.
Edris, 45.
Edrisi, 40, 330.
Edrissites, 45, 107.
Egyptiens, 8, 9, 9, 11, 13, 21, 23, 28, 580, 603.
El-Aarad, 290.
El-Akkara, 290.
El-Amri, 133.
El-Arab, 290.
El-Bekri, 40, 276, 281, 316, 325, 327.
El-Guëttar, 290.
El-Hadj-Bahout, 264.
El-Hadj-el-Arbi, 262.

El-Hadj-Omar, 430, 494, 502, 505, 507, 508, 509, 511.
El-Hadj-Mustapha, 124.
El-Hamma, 290.
El-Kis, 290.
Ellis, 844.
El-Maya, 290.
El-Menzel, 290.
El-Mokrani, 133.
Elton, 38, 593, 702, 719.
Entrecasteaux (d'), 141.
Ernouf, 808.
**Escamps (d')**, 840, 823, 824, 829, 835, 844.
Escayrac de Lauture, 423, 485, 486.
Espagnols, 8, 44, 70, 74, 73, 74, 98, 99, 100, 108, 134, 161, 166, 346, 548, 645.
Es-Senousi, 348, 349.
Es-Solaa (tribu), 290.
Estrées (d'), 111.
Ethiopiens, 9, 11, 14.
Etienne, 286, 321.
Eudoxe, 15, 16, 40.
Eulma, 99.
Européens, 21, 27, 40, 46, 67, 98, 99, 100, 105, 241, 291, 311, 391, 494, 495, 505, 506, 515, 519, 528, 698.
Exmouth, 112.
Eyre, 29.
Eyriès, 422,

**F**

Fabry (de), 111.
**Faidherbe**, 41, 105, 276, 277, 406, 423, 477, 486, 493, 494, 495, 496, 498, 501, 502, 503, 506, 509, 514, 524, 525, 560.
Fallet, 89.
**Fallot**, 495, 511, 525.
Fans, 9, 737, 741, 743.
Fantis, 8, 531, 532.

# TABLE ALPHABÉTIQUE.

**Farine,** 177, 181, 277, 492.
Farqhar, 827, 828.
Faron, 508.
Fatime, 45.
Fatimites, 45, 283, 316.
Faucheux, 368.
Favé, 340, 344.
Fellahs, 645.
Fellatahs, 398, 485, 494.
Ferachich (tribu), 289.
**Féraud,** 276, 277, 279, 342, 351, 362, 410, 411, 422.
**Féraud** (Fabius), 782, 783.
Ferdjiona (tribu du), 99.
**Féris,** 544, 545.
Ferret, 603, 614.
Ferry (Jules), 836.
Fezzanis, 348.
Fillias, 84, 145, 167, 277.
Fingos, 781.
Flacourt (de), 824, 825, 844.
Flad, 606.
**Flatters,** 34, 349, 354, 396, 397, 401, 406 à 421, 509.
Flaux (de), 341.
Fleuriot de Langle, 530, 538, 515, 719.
Flitta, 99, 131, 132.
Foëx, 96.
**Foncin,** 100, 173, 292, 293, 294, 317, 321, 342, 525.
**Fontane,** 615, 656, 660, 696.
Fontpertuis, 343, 362, 564, 808, 845, 865.
Forbes, 545.
Forestier, 828.
Forgemol de Bostquenard, 286.
Forgues, 40.
Foucher de Careil, 423.
Foulahs, 437, 467, 495, 525, 569.
Foulbé, 35.
Fouls, 8, 497.
**Fouqué,** 555, 564.

Fouquembourg, 823.
Fouquier, 342.
Fourchault, 133.
Fouret, 776.
Fournel, 277.
Fournier de Flaix, 808.
Fourreau, 368.
Fraichiches (trihus), 286.
Français, 99, 100, 101, 119, 121, 124, 125, 251, 275, 349, 367, 383, 404, 423, 446, 495, 496, 528, 532, 548, 550, 645, 848, 854, 858, 863.
Franchetti, 95.
Frank, 341.
Fraser, 649.
Frédéric-Guillaume, 496.
Frédériksbourg, 496.
Fresnel, 486.
Freycinet (de), 829.
Freycinet (de), 407, 509.
Fritsch, 564.
**Fromentin,** 214, 215, 277, 422.
Fuchs, 340, 341, 343.
Fumechon, 498.
Funjes, 8, 24.

## G

Gadifer de la Sale, 548, 549.
**Gaffarel,** 15, 16, 40, 41, 43, 104, 111, 119, 126, 275, 277, 495, 508, 677, 864, 865.
Galiber, 835.
Galinier, 603, 614.
Gallas, 8, 9, 33, 365, 567, 602, 610, 698.
**Gallieni,** 425, 427, 451, 453, 456, 462, 479, 486, 487, 489, 494, 510, 511, 513, 525.
Gallifet (de), 134, 405.
Gallois, 743, 769.
Ganguelas, 765, 766.
Gasparin (de), 122.
Gasquet, 703.
Garamantes, 12, 17.

Gassanides, 283.
Gatell, 85.
Gaudin, 654.
Gautier, 696.
Gavoy, 277.
Gay, 41, 341.
**Gellion - Danglar,** 670, 696.
Genvot, 388.
Geoffroy-Saint-Hilaire, 675, 677.
Gérard, 36, 84, 677.
Germain, 699, 719, 844.
Geslin, 34.
Gessi, 33, 566, 577, 588, 601.
Gétules, 12, 13, 43, 104, 105.
Ghattas, 28.
Ghorib (tribu), 290.
Ghorin (tribu), 290.
Gilbert, 85.
**Girard,** 342, 647, 648, 696.
**Girard de Rialle,** 41, 343, 776.
Giraud, 736, 775, 776.
Giuletti, 33, 622.
Gladstone, 287, 629, 634, 654.
Glover, 534, 535.
Gober, 431.
**Goblet d'Alviella,** 242, 422.
Godard, 84.
Godins de Souhesmes, 289, 341.
Goldsmith, 773.
Golos, 567.
Gonzélos, 765.
Goltdammer, 84, 622.
Gordon-Bennett, 588.
Gordon-Laing, 367.
Gordon-Pacha, 579, 581, 601, 656.
Gouasem (tribu), 290.
Goumel, 497.
Gourheyre, 830.
**Gourdault,** 354, 362, 378, 472, 748.
**Gourgeot,** 265, 277.
Grad, 423, 486.
Graham, 656.

**Grandidier**, 810, 814, 815, 835, 839, 843, 844, 845.
Grandpré (de), 346.
Grant, 41, 566, 574, 728.
Granet, 101.
**Gravier (G.)**, 40, 532, 545, 563, 765.
Grecs, 11, 12, 17, 294, 346, 645.
Green, 776.
Greffulhe, 719.
Grévy (Albert), 93, 134.
Griffet de la Baume, 362.
Griffon du Bellay, 741, 757, 776.
Griquas, 778, 789.
Gros, 533, 545.
Grossin, 826.
Grout de Beaufort, 87.
Gruve, 32.
Guanches, 548, 559, 560.
Guerajis, 623.
Guergour (tribu de), 99.
**Guérin**, 316, 329, 333, 341, 343.
Guest, 287.
Gueydon (de), 93, 101.
Guiard (Dr), 34, 407, 410, 413, 415.
Guillain, 720, 844.
Guillaume, 435.
Guillet, 514, 808.
Guillevin, 545.
Guillon, 41, 864.
Guimet, 278.
Guiraud, 15.
Guizot, 126.
Guy, 271, 278.
Guy de Maupassant, 279.
Guyon, 341.

**H**

Hachem, 117.
Hadjoutes, 99, 115, 119.
Haëdo, 109.
Hafsides, 108, 283.
Hahn, 776.
Haikel, 564.
Halévy, 41.
Hallez, 846.
Hamian, 50, 99, 134, 262.
Hammama (tribus), 290.
Hammema, 324.
Hamont, 696.
Hamouda-bey, 284.
Hanencha, 99.
**Hanoteau**, 173, 227.
Hanrigot, 525.
Hansal, 581.
Hardy, 143.
Harnier (Von), 33.
Harrar, 135.
Harrar-Gharaba, 134.
Harries, 36.
**Hartmann**, 9, 10, 29, 41, 571.
Hassan, 108, 283, 289.
Hassan-ben-Ali, 284.
Hassenides, 284.
Hastie, 838, 829.
Haussonville (d'), 251, 253.
Haussez (d'), 113.
Hautpoul (d'), 93.
**Haussmann**, 784, 785, 808.
Haye (de la), 827.
Heckel, 457.
Hecquard, 494, 528.
Heeren, 15, 40.
Heidel, 530.
Hell (de), 819, 830.
Helmore, 39.
Hemprich, 32.
Henri (don), 570.
Herbert, 278.
Herbillon, 130.
Herero, 740.
Héricourt, 279.
Hérodote, 11, 12, 13, 14, 15, 338, 347, 569, 624.
Hendelot, 37.
Heuglin, 32, 38, 434, 485, 566, 571.
Hewett, 656.
Hicks, 654.
Hiempsal, 12, 105, 106.
Hildebrandt, 720.
Hill, 36.
Himly, 46.
Hinks, 678.
Hitzmann, 38.
Hœfer, 84.
Hoeckel, 8, 41.
Hœpfner, 36.
Holl, 503, 505, 506, 507.
Holland, 614.
Hollandais, 8, 496, 501, 528, 592, 645, 848, 858.
Holle, 524.
Holley, 545.
**Holub**, 715, 716, 720.
Hooker, 85.
Hornemann, 30, 35, 362.
Horner, 720.
Horton, 494.
Hottentots, 9, 26, 777, 784.
Houbé, 514.
Houtson, 36.
Houyvet, 339.
Hova-Herrero, 9.
Hovas, 8, 811, 813, 814, 815, 816, 828, 836.
Hozier, 614.
Huart, 37.
Huber, 144.
Huder, 113.
Hugues de Moncade, 108.
Hugueteau de Chaillé, 75.
Humboldt, 15, 43, 562.
Hussein, 289.
Hussein-bey, 158.
Hussein-dey, 112, 113.
Hutchinson, 677.

**I**

Iazzaben, 248.
Ibdoun, 83.
Ibn-Haucal, 40.
Ibn-Khaldoun, 40, 105, 276, 401, 403.
Ibrahim, 114, 284, 580, 581, 641, 650.
Ifoghas, 396.
Ikbenouken, 398, 409, 410, 411, 412.
Imbert, 444, 445.
Imhaus, 865.
Imochagh, 8, 9, 16, 391.

Inengas, 741.
Innocenti, 134.
Isambert, 696.
Ismaïl-Pacha, 570, 571, 630, 652.
Italiens, 8, 98, 99, 100, 153, 166, 293, 294, 296, 297, 349, 352, 618, 645.
Ithier, 348, 362, 391, 485.
Ittou, 622.
Ivens, 764.

### J

Jablonski, 720.
Jackson (James), 41.
Jacobi, 605.
Jacobis (de) 32.
Jannetaz, 808.
Jacobs, 846.
Jaubert, 278, 627.
Jauréguiberry, 509, 514.
Jeannest, 776.
Jedina (dr), 41.
Jeppe, 808.
Joanne, 40.
Joinville (prince de), 46, 86, 128.
Jouan, 846, 864.
Joubert, 40, 406, 857, 790.
Jolivet, 132,
Jomard, 486.
Jourdan, 84.
Journault, 283, 343.
Juba, 11, 12, 13, 16, 104, 106.
Jugurtha, 12, 64, 104, 105, 322.
Juifs, 8, 51, 50, 100, 109, 114, 167, 291, 302, 311, 316, 351, 645.
Juillet-Saint-Lager, 341.
Jumel, 642.
Junker, 572.
Jurien de la Gravière, 340.
Jus, 149, 278, 388.
Jussieu (de) 158.
Justinien, 45, 107, 283, 284.

### K

Kabyles, ou Kébaïls, 8, 95, 99, 100, 101, 103, 104, 109, 114, 116, 129, 131, 132, 133, 177, 179, 219, 225, 226, 227, 276, 277, 278, 279, 302, 560.
Kader-Dey, 110.
Kahina, 335.
Kalkalli, 534, 535.
Kaltbrunner, 278.
Kanouri, 24.
Kanter, 38.
Karter, 38.
Kassaï, 605, 608.
Kassonkais, 462, 514, 515, 518.
Kehrallet, 564.
Keith-Johnston, 38.
Kel-Owi, 3, 4, 391, 392, 412, 413.
Keratas, 168.
Kessar (tribu), 290.
Khaïr-Eddin, 108, 157, 284, 330.
Khérédine-Pacha, 285, 292.
Krosrew-Pacha, 649.
Khouans, 234, 278.
Kinzelbach, 38.
Kirk (dr), 712, 720.
Kirk-Patrick, 39.
Kleber, 677.
Knoblecher, 571.
Kœler, 26.
Korally, 38.
Koronas, 789.
Koussas, 8.
Kowan, 39.
Koulouglis, 99, 291, 351, 355.
Kourdes, 355.
Kraft (baron de), 362.
Krapf, 567, 572, 772.
Kroumirs, 280, 282, 285, 342, 343.
Krédis, 566, 567, 569, 600.
Kriz (tribu), 290.
Kruger, 790.

Kuhne, 533, 534.
Kummer, 37.
Kuss, 720.

### L

La Barre Daparcq (Ed. de), 40.
Labat, 497, 524.
La Berge (de), 341.
Labillardière, 141.
Laborde, 831, 832, 833, 834, 835, 838.
Laborel, 514.
La Caille, 784, 844.
Lacaze (dr), 813, 844, 846.
Lacaze - Duthiers, 158, 166, 278.
Lacombe (de), 279, 499.
Lacour, 276, 698.
Lacroix (de), 131, 133, 405.
Lafargue, 33.
Laferrière, 848.
Laffitte, 545.
Laffon de Ladébat, 564.
Laghouatis, 99.
Lagides, 12.
Laidet, 120.
Laillet, 844.
Laing, 34, 366, 430, 444, 445.
Lambert, 85, 93, 278, 509, 525, 528, 615, 619, 816, 831, 833, 834.
Lala (tribu), 290.
Lamoricière, 104, 116, 122, 124, 127, 129.
Lancelot Maloisel, 548.
Lande (L.), 251, 257, 258, 279, 615.
Lander (Richard), 36, 434, 485.
Lander (Jean), 36.
Landolphe, 538.
Lanen, 720.
Lanneau (de), 514.
Lanoye (de), 86.
Laobés, 494.

La Pérouse, 141.
**Largeau**, 278, 362, 368, 380, 406, 423.
Larrey, 675.
Lastelle, 831.
Lasteyrie, 564.
Lat-dior, 510.
La Tour d'Auvergne (général), 250.
Laurence, 117.
Laurens, 39.
Laurent, 423.
Laval (Dr), 34.
Lavalley, 848, 856.
Lavigerie (Mgr), 293.
Lavigne, 279.
Lebourgeois (H.), 100.
Lebourgeois (St.), 100.
Lécard, 36.
Le Chatelier, 343, 407.
Leclerc, 278.
**Leclercq** (Jules), 62, 79, 84, 85, 174, 175, 278, 562, 564.
Ledru, 564.
Lee Childe (Mme), 697.
Lehout, 34, 388.
Lefebvre, 603.
Lefèvre, 32.
Legoyt, 280.
Legrand, 341.
Legros, 509, 831.
Leguevel de Combe, 844.
Leingre, 280.
Lelièvre, 125.
Lejean, 486, 566, 568, 571, 593, 606, 614, 615.
Le Maître, 499.
Lemay, 830, 351.
Lempriere, 84, 86.
Léonard, 808.
Léopold II, 772.
Lepère, 625, 677.
**Lenz**, 86, 445, 449, 451, 743, 776.
Leroy-Beaulieu, 280.
Leroy, 844.
Le Saint, 33.
Lescallier, 827.
**Lesseps**, (F. de), 158, 339, 340, 344, 626, 627, 628, 629, 630, 631, 633, 634, 636, 650, 696, 773.
Lesseps (Mathieu de), 626.
Le Timbre, 835.
Letourneau, 41.
**Letourneux**, 173, 227, 228.
Letronne, 362, 678.
Levacher, 110, 111.
Levaillant, 808.
Leverrier, 563.
Lévrier, 364.
Leyden, 40.
**Linand de Bellefonds**, 33, 581, 582, 584, 585, 586, 601.
Linchès (Thomas), 157.
Lion, 650.
Livet de Barville, 341.
**Livingstone** (David), 2, 30, 37, 38, 702 à 732, 698, 769.
Livingstone (Charles), 38.
Livingstone (Madame), 39, 714, 715.
Logerot, 236.
Lombart, 496.
Londas, 704.
**Loreau** (Mme), 587, 600, 710, 720, 729.
Lorral (de), 280.
Lotophages, 12, 288.
Louis XIV, 46, 110, 177, 331, 495, 537.
Louis XV, 284, 863.
Louis-Philippe, 116, 118, 121, 283, 404.
Lubomirski, 423.
Lucas, 277.
Lucereau, 83, 622.
Luynes (duc de), 329.

## M

Mac-Carthy, 36, 278, 528, 532.
Maccio, 287.
Macguin, 34.
Machicores, 811.
Machuel, 293.
Mackau (de), 828.
Mackenzie, 39, 713, 715, 808.
Mac-Mahon (de), 93, 132.
Macouas, 3, 68, 698, 700, 889.
Macoudi, 624.
Mademba, 512, 513.
Madi, 566, 567.
Maës, 38, 773.
Mage, 425, 486, 494, 509, 524, 525.
Magnien, 124.
Magrebins, 23.
Mahafales, 811.
Mahar, 39.
Mahdi, 569, 579, 645, 654, 655, 656.
Mahmoud, 113, 284, 289.
Mahomet, 45, 46, 313, 317, 332.
Maillard, 864.
Maizan, 37, 572.
Major (Henri), 532, 545.
Makhlyes, 42.
Makalaka, 700, 702, 715.
Makoko, 745.
Makololos, 702, 703, 712, 713, 789.
Malais, 784.
Malamine, 750, 752.
Malavois, 514.
Maleggas, 593.
Malgaches, 8, 824, 830.
Malinké, 428, 430, 487, 491, 494, 510, 513.
Malzac (de), 33.
Maltais, 99, 100, 153, 166, 297, 330, 351, 352, 355, 357, 645.
Malte-Brun, 362, 486, 865.
Maltzan (de), 333, 341.
Mambarès, 703.
Mandingues, 8, 22, 437, 446, 483, 494, 498, 501, 512.
Mangalas, 745.
Manganjas, 713.
Mangin, 343.
Mannert, 341.
Manouvrier, 280.
Mantegazza, 564.

Manuel, 406, 486.
Maoggous, 593.
Maravi, 8.
Marboath, 45.
Marcel, 403, 532, 545.
Marcel (Gabriel), 532, 545, 823, 826, 827, 846.
**Marche,** 530, 743, 757, 760, 776, 777.
Mardochée-Aby-Serour, 85, 449, 487.
Marès (Paul), 173, 337.
Marey-Monge, 93.
Marguerite, 278.
Mariette, 648, 660, 678, 679, 689, 694.
Marin, 14, 17.
Marius, 106.
Marmol, 331.
Marno, 581, 615, 720.
Marocains, 46, 62.
Maronites, 129.
Marras, 720.
Marshall, 36.
Marsy (de), 341.
Martimprey (de), 93.
Martin (F), 278.
Martin (H. E.), 278.
Martin (T. H.), 43.
Martin de Moussy, 381.
Martini, 622.
Martin Raget, 278.
Martins (Ch.), 41, 340, 344, 363, 423.
Martyn, 36.
Marutsés, 700, 702, 713.
Mascarênhas, 846, 848, 858.
Masferrer, 564.
Mas-Latrie, 40.
Maspero, 649, 658, 662, 678, 679, 681, 695.
**Masqueray,** 249, 280.
Massari, 35, 768.
Massaya, 605, 622.
Massinissa, 105.
Masson, 34, 407, 410, 412, 413, 415, 416, 696.
**Massoutier,** 421.
Massaya, 720.
Matebelès ou Matabelés,
700, 702, 713, 718, 720, 787.
Mauch, 720.
Maudave, 826.
Mateucci, 35, 768.
**Maunoir,** 18, 337, 349, 403, 593, 722.
Maures, 51, 56, 62, 67, 73, 99, 100, 105, 108, 109, 114, 135, 278, 291, 296, 302, 351, 534, 404, 433, 444, 445, 498, 497, 501, 514, 520.
Mauresques, 179.
Maury, 41.
Mazigh, 7, 16.
M'bantous, 2.
M'bingas, 8.
Mehareth (tribu des), 290.
Medjourtines, 623.
Meignan, 696.
Ménager, 545.
Ménélik, 606, 508, 622.
Menou, 677.
Merazig (tribu des), 290.
Mercier, 86, 91, 100, 103, 278.
Mérinides, 45, 283.
Merruau, 696.
Mesaken (tribu des), 290.
Metellus, 106.
Methalith (tribu des), 290.
**Metz-Noblat** (de), 146, 147, 280.
Mezzomorte, 110.
Miani, 83, 600.
Michaux, 745.
Michel, 341.
Michelet, 644.
Midas (tribu), 290.
Milius, 855.
Millar, 36.
Milhet-Fontarabie, 846.
Miniscalchi, 600, 601.
Minuotli, 43.
Mirambo, 38.
Mircher, 361, 403.
Mittous, 591.
Mitchell, 36.
Mizon, 745.
Moffat, 38, 704, 730, 808.
Mohadimous, 699. Mohammed, 45, 284, 289.
Mohammed-Ali, 17, 32, 113, 570, 571, 641, 646, 649, 650, 651, 652, 696.
Mohammed-ben-Abdallah, 130.
Mohammed-ben-Abderrahman, 102.
Mohammed-es-Sadok, 284, 286, 288, 289, 292. Mohammed-Saïd, 626, 629, 641.
Mohr, 39, 720. Moll, 99.
Mollien, 524, 528.
Momboùttous, 8, 9, 33, 565, 567, 593, 594, 595, 599, 600, 601.
Mondevergue, 825.
Monge, 675, 677.
Monin, 280, 545.
Momvous, 567.
Monck d'Uzer, 116.
Monségur, 512.
Montagniès de la Roque, 514, 537.
Montauban (colonel), 129.
Montaignac (de), 129.
Montégut, 786.
Monteiro, 777.
Morat, 34.
Morel, 514.
Morisot, 845.
Morris, 93, 127.
Morrison, 36.
Mosgan, 32.
Monchez, 343.
Morton, 38.
Mouça-ebn-Nocaïr, 45.
Mougel-bey, 626, 629.
Mouley-Abd-er-Rhaman, 46.
Mouley-Ali, 46.
Mouley-Hassan, 46, 108, 284.
Mouley-Ismaïl, 46.
Mouley-Mohammed, 128.
Mouley-Soliman, 46.
Mouley-Taieb, 102.
Moullin, 235, 143.

Mounza, 593, 594, 596, 600.
Monrad-bey, 677.
**Moustier**, 426, 436, 441, 443, 444.
Mozabites, 244, 249, 280.
M'pongoués, 8, 9, 737.
M'tésa, 33, 574, 581, 582, 584, 585, 586.
Mucasséquércs 706.
Mueller, 142, 143.
Mugdul, 61.
**Muirond'Arcenant**, 520, 525.
Muller, 12, 15, 41, 276.
Mungo-Park, 35, 423, 426, 433, 445.
Munzinger. 33, 38.
Murphy, 730.
Murray, 40.
Mustapha-bon-Ismaël, 118.
Mustapha-ben-Mezrag, 114, 115.
Mustapha-Nedjil-Pacha, 346.
Mustellier, 499.

**N**

**Nachtigal**, 2, 267, 353, 354, 355, 357, 362, 364, 365, 366, 369, 370, 378, 398, 423, 431, 435, 458, 459, 467, 472, 475, 486, 508, 601.
Namaqua, 740, 778, 789.
Napier, 606, 607, 787.
Napoléon Ier, 46, 115.
Napoléon III, 91, 129, 238, 422.
Napoléon (prince), 91.
Napolitains, 162.
Nasamons, 12.
Naudin, 339, 344.
N'combé, 753, 756, 758, 759.
Neale, 112.
Nechao ou Nekos, 14, 15, 624.
Nefath (tribu), 290.

Négrier, 93, 134.
Neimans (von), 32.
Nelson, 37.
Nemlat (tribu), 290.
Néron, 13, 14, 569.
**Nettement**, 104, 127, 276.
Nerval, 696.
Neveu-Dérotrie, 273.
**Neveu** (de), 263, 264, 278.
Niam-Niam, 8, 27, 33, 565, 566, 567, 569, 581, 591, 592, 593.
Nicaise, 173.
Nicholls, 35.
Niekerk, 793.
Niel, 278.
Niemann, 41.
Nightingale, 36.
Nigritiens, 9, 23, 25, 28.
Nobah, 9.
Nodier, 276.
Noëltat, 278.
Nogueira, 777.
Noguez, 750.
Normands, 537.
Noubas, 8, 12.
Nouers, 8, 570, 589, 590.
Nubiens, 9, 27.
Numides, 12, 64, 105, 315.

**O**

Obambas, 8, 743, 744.
Obbo, 567, 575.
Okandas, 8, 741.
Okba, 283, 313, 319, 335.
Okotas, 743, 744.
Oliboni, 32.
Ollivier, 514.
Omar, 112, 467.
O'Neill, 38, 702, 720.
Oppermann, 564.
Orma, 9, 567.
Ori (Dr), 33.
Orléans (duc d'), 118, 122, 124, 276.
Oroungou, 737.

Osmont, 133.
Osimba, 743.
Osman-Digma, 579, 656.
Osyebas, 8, 737, 743.
Oswell, 720.
Othman, 46, 289.
Ouanseris (tribus), 90.
Ouahabites, 650.
Ouars anguelis, 623.
Oubendji, 745, 746, 748, 749.
Ouchteta, 285.
Oudarna (tribu), 290.
Ouderef (tribu), 290.
Oudney (Dr), 34, 36, 422, 434.
Oudot, 278.
Ouffia (tribu), 115.
Ouled-Aïrsi, 177.
Ouled-Ali-ben-Sabor, 90.
Ouled-Alouch, 452.
Ouled-Aou, 290.
Ouled-Ayar, 289.
Ouled-Bou-Ghamin, 289.
Ouled-Chaïb, 99.
Ouled-Cherif, 328.
Ouled-Chonarikh, 177.
Ouled-Daoud, 95.
Ouled-Delim, 367.
Ouled-el-Halif, 327.
Ouled-Hamadouch, 177, 180.
Ouled-Iddir, 290.
Ouled-Khalifa, 290.
Ouled-Krouidem, 99.
Ouled-Kseir, 99.
Ouled-Madjenr, 286.
Ourghamma (tribu), 290.
Ouled-Mouktar, 98.
Ouled-Moulat, 99.
Ouled-Naïl, 99, 415, 418.
Ouled-Riad, 129.
Ouled-Saad, 286.
Ouled-Saïah, 99.
Ouled-Saïd-ben-Waar, 290.
Oaled-Sellem, 90.
Ouled-sidi-Abd-el-Hakem, 263.
Ouled-sidi-Abied, 289, 290.
Ouled-sidi-ben-Aïssa, 263.

Ouled-sidi-ben-Eddim, 263.
Ouled-sidi-Brahim, 263.
Ouled-sidi-Cheikh, 86, 94, 99, 130, 132, 133, 135, 189, 250, 258, 259, 265, 280, 404, 407, 412, 413.
Ouled-sidi-Ahmed-el-Telily, 290.
Ouled-sidi-el-Arbi, 263.
Ouled-sidi-el-Azerem, 263.
Ouled-sidi-el-Hadj-Ahmed, 263.
Ouled-sidi-Mohammed-Abd-Allah, 263.
Ouled-sidi-Mamar, 263.
Ouled-sidi-el-Nasseur, 134.
Ouled-sidi-Sliman, 263.
Ouled-sidi-Tadj, 263.
Ouled-sidi-Tahar, 263.
Ouled-Sultan, 99.
Ouled-Yagoub, 289.
Ouled-si-Yahaïa-ben-Taleb, 99.
Ouled-Yaga-ben-Daoud, 177.
Oulad-Yahiya, 290.
Ouled-Zehri, 99.
Ouled-Zian, 134.
Oumbeté, 744.
Oumselas, 88.
Ounnif (beni), 49.
Ouolof, 494.
Ourangi, 734.
Ourghamma, 290.
Ourouma, 32.
Ovampo, 740, 789.
Overweg, 35, 366, 434, 459.

P

Paëz, 570.
Page, 865.
Pageot des Noutières, 514.
Pahouins, 737, 743, 768, 769.
Païva (de), 590.
Palmerston, 628.
Panagiotes Potagos, 572.
Panda, 791.
Panet, 525.
Parisot, 280.
Pardo, 564.
Pasca, 423.
Pascal, 37, 499, 509, 525.
Pasqua, 363, 486.
Passot, 819.
Pavie, 343, 865.
Payen, 177, 278.
Pearce, 36.
Peddie, 37.
Pein, 276.
**Pélagaud**, 857.
Pélissier, 91, 93, 128, 129, 130, 132, 405.
Pellissier de Reynaud, 104, 110, 116, 128, 276, 277, 341, 343, 363.
Peney, 33, 486, 487, 571, 593, 601.
Périer (Casimir), 115.
Péringuey, 784.
Peron, 173.
Péronne (de), 537.
Perrégaux, 122.
Perrier (capitaine), 34.
Perron, 601.
Perrot, 648, 682.
Perroud, 313, 341, 343.
Persans, 645.
Perses, 105.
Petherick, 571, 574.
Petit (Antoine), 32.
Peuls, 428, 429, 430, 462, 485, 487, 494, 495, 512, 525.
Peyre-Ferry, 37.
Peyssonnel, 158, 341.
Pfeiffer (Mme), 833, 845.
Pfund, 601.
Phéniciens, 15, 105, 297.
Piaggia, 33, 566, 592.
Picard, 37, 280, 483.
Pichard, 525.
Picquet, 157.
Picquié, 564.
Pierre, 835.
Piesse, 103, 168, 177, 278, 342.
Pietri, 427, 477, 480, 510, 513.
Pinet-Laprade, 37, 514, 525.
Pingaud, 216, 525.
Pinsonnière (de la), 117.
Pisans, 330.
Piscatory, 117.
Planat, 651.
**Planchon**, 143, 144, 145, 280.
**Plauchut**, 527, 533, 534, 545.
Playfair, 305.
Plée, 216.
Pline, 12, 13, 14, 15, 338.
Plowden, 605, 615.
Pobéguin, 34, 410, 416, 417, 418, 419, 420, 421.
Pocock, 585, 734.
Pogge, 768, 775.
Poivre, 826, 850.
Polignac (de), 113, 358, 360, 363, 405.
Polybe, 12, 13.
Pomel, 173, 280, 330, 344, 363, 423.
Pomponius Mela, 13.
Poncet (Ambroise), 33, 571, 601.
Poncet (Jules), 33.
Popelin, 39, 773, 775.
Portendick, 492, 501.
Portugais, 8, 15, 45, 70, 496, 499, 528, 532, 536, 537, 546, 556, 700, 858.
Pouls, 8, 501.
Pouplart, 34.
Ponyanne, 173, 407.
Pretorius, 789, 790.
Prideaux, 605, 606.
Primaudaie (de la), 86, 363.
Pronis, 823, 825.
Protet, 514.
Pruyssenaere (de), 33.
Psylles, 12, 424.
Ptolémée, 37, 106, 338, 347, 570.
Ptolémées, 12, 13, 14, 15, 16, 17, 624.

**Puaux,** 234, 280, 809.
Pujol, 514.

## Q

Quartin-Dillon, 32.
Quernel, 514.
Quesnel, 525, 559.
Quilio (du), 743.
Quimbangés, 766.
Quintin, 50, 486, 509.

## R

Raban, 206.
Rabourdin, 407.
Racfana (tribu), 290.
Radama Ier, 814, 828, 829, 830.
Radama II, 834.
Radau, 280.
Raffenel, 37, 524.
**Raffray,** 610, 614, 615, 720.
Ragha (tribu), 289.
Rainilaiarivoni, 834.
Rakout, 833.
Rambosson, 41, 864.
Ramœkers, 391, 775.
Ramel, 142, 143, 144, 146.
Ramseyer, 533.
Ranavalo Ier, 830, 831.
Ranavalo II, 834.
Randon 93, 100, 132, 173.
Rasilly (de), 496.
Rassam, 605, 606, 615.
Ravoisier, 277.
Reade, 331, 443, 444, 430, 545, 546, 741.
Réaumur, 158.
**Rebatel,** 325, 333, 343.
Rebmann, 572, 771.
Rechid, 628.
Reclus, 343, 697.
Régis, 278, 538, 539, 615.
Réguon, 845.
Reichard, 775.
Reinach, 343.
Reise, 564.
Reitz, 32.

Rémusat, 277.
Renan, 280, 649, 697.
Renard, 117.
Renaud, 525.
Renaudière (de la), 422.
Renault de Saint-Germain, 514.
Renault, 93, 130, 132.
Rendu, 277.
Renou, 85.
Renier (Léon), 103, 276.
Reouf-Pacha, 654, 655.
Répin, 546.
Retief, 786.
Retus, 9.
Révoil, 615, 623, 720.
Rey, 525, 650.
Reybaud, 280.
Reynar, 278.
Rézaïna, 134.
Rhoné, 697.
Ricard, 524, 777.
Richard, 34.
Richardson, 35, 61, 85, 86, 361, 423, 434, 459.
Richebourg, 499.
Richet, 280, 389.
Riche, 141.
Richelieu, 110, 157, 496.
Richemont (de), 834, 844.
Ricoux, 100.
Rider, 39.
Riffains Berbères, 44, 51, 70, 71.
Rigaud, 122.
Rigault de Genouilly 627.
Rigny (de), 830.
Riou, 89.
Ritt, 696.
Ritter, 9.
**Rivière** (Henri), 764.
Rivoyre (de), 41, 280, 615.
Robert, 524.
Robertville, 98.
Robin, 514.
Robiou (F.), 40.
Rocca, 342.
Roche, 34, 407, 410, 412, 413, 415, 416.

Rocher (Léon), 330.
Rochet d'Héricourt, 603, 622.
Rochon, 845.
Roentgen, 34.
Rohlfs, 2, 85, 86, 275, 348, 349, 363, 367, 369, 370, 435, 459, 486, 615, 768.
Rolland, 278, 424, 619.
Romains, 11, 12, 13, 44, 45, 103, 105, 106, 107, 135, 346, 347, 360.
Rondelet, 95.
Roscher, 37, 713.
Roudaire, 90, 336, 335, 338, 339, 340, 343, 344.
Rougé (de), 678.
Rouget (Jules), 32.
**Rouire,** 333, 336, 338, 343, 809.
Rousseau (Mme), 41.
Rousseau, 342, 696.
Roussel, 280.
Rousset (G.), 111, 276.
Roussin, 864.
Roustan, 285, 286.
Roux, 827, 829.
Rouzé, 37.
Rovigo (duc de), 93.
Ruppel, 17, 603, 615.
Rusegger, 17.
Ryllo, 82.

## S

Sabatier, 571.
Sacconi, 39.
Sahlé Salassi, 622.
Saïd, 641, 652.
Saïd-Bargasch, 699.
Saint-Arnaud, 128, 129, 132.
Sainte-Claire-Deville, 564.
Saint-Louis (roi), 330, 331.
Saint-Marc-Girardin, 280.
Sainte-Marie (de), 343.
Sakalaves, 8, 811, 815.

Salah-Bey, 140.
Salisbury (marquis de), 287.
Salluste, 12, 43, 64, 104, 105.
Salmon, 822.
Salt, 603.
Sambala, 505, 506, 507.
Samba-Laobe, 510.
Samory, 429, 512, 513.
Sanderval, (de) 524.
Sanson-Napollon, 110, 157.
Santarem (de), 532, 545.
Santin, 34, 410, 416.
Sarracolets ou Sarracolais, 493, 494, 498, 501, 514, 518.
Sarrhaoui, 135, 325.
Sarsides, 45.
Saudehs, 8.
Saussier, 133, 286.
Savary, 115, 117.
Savary de Brèves, 157, 276.
Savignac de Balaguer, 110.
Say (ville), 431, 434.
Say (Louis), 97, 280, 358, 406, 423.
Schikler, 86.
Schillouks, 8, 51.
Schimper, 615.
Schneider, 274.
Schœfner (Jules), 32.
Schubert, 33.
Schwab, 342, 525.
**Schweinfurth** (D$^r$), 3, 566, 589 à 601, 771, 774.
Scott (Alexandre), 36.
Scyllax, 15.
Sébastien (Dom), 46.
Sedada (tribu), 290.
Séghié, 606.
Seignac, 514.
Sekiani, 737.
Selassié, 606.
Sémites, 11, 610.
Sénèque, 569, 570.
Senousi, 268, 269, 622.
Septime-Sévère, 107.
Septimius-Flaccus, 14.

Sérères, 8, 494, 525.
Seriziat, 280.
**Serpa Pinto**, 764, 765, 766, 767, 777, 808.
Sersou (tribus du), 99.
Serval, 539, 540, 741, 777.
Servatius, 510, 514.
Seurre, 284.
Sèves, 654.
Sévestre, 280.
Seychelles (de), 863.
Seymour, 654.
Shaw, 338, 342..
Shepstone, 789.
Si-Ahmed-Amokrane, 177.
Si-Bou-Becker, 132.
Sibrée, 845.
Sidi-Abd-el-Kader-Djilani, 102, 278.
Sidi-Abder-Rhaman, 282.
Sidi-Abd-er-Rhaman-Moul-es-Souhoul, 259, 260, 264.
Sidi-Ahmed-Ben-Dris, 200.
Sidi-Ali, 289, 346.
Sidi-Brahim-ben-Tadj, 133.
Sidi-el-Hadj-el-Mahed-din, 117, 118.
Sidi-Mansour, 282, 298.
Sidi-Mohammed, 46, 61.
Sidi-Mustapha-Khasnadar, 330.
Sidi-es-Senousi, 265, 266, 267, 423.
Sidi-Yacoub, 119.
Si-Hamza, 131, 132, 135.
Silvestre, 696.
Si-Kadour-ben-Hamza, 133, 135.
Si-Lala, 133.
Simonin, 845, 846, 865.
Si-Mohammed-ben-Hamza, 132.
Si-Sliman, 135.
Si-Sliman-ben-Kaddour, 134, 135, 259, 260.
Simon, 525.

Slane (de), 40, 105, 276.
Smélas, 118.
Smith, 38, 39.
Smyth, 564.
Sœltner, 32.
Soho, 9.
Solimania, 436.
Soleillet, 278, 367, 406, 423, 513.
soliman, 108.
Somâlis, 8, 9, 14, 33. (V. Comalis.)
Soninkés, 424, 428, 491.
Sonnerat, 826.
Sonrays, 447, 450, 468.
Soret, 514.
Sorin, 696.
Souahéli, 9, 24, 573, 698, 864.
Souillac, 827.
Souli, 819.
Soussous, 337.
Souzi, 729.
Speke, 30, 566, 572, 573, 574, 585, 601, 721, 725.
**Stanley**, 30, 38, 39, 566, 577, 585, 586, 587, 588, 589, 601, 615, 721 à 732, 736, 745, 752, 753, 768, 774, 777.
Stein (de), 41.
Stell (van der) 784, 785.
Stenhouse, 36.
Stéphan, 514.
Stern, 615.
Steudner, 33.
Stewart, 702.
Storms, 775.
Strabon, 12, 13, 14, 15, 624, 769.
Strauch, 41, 775.
Stroyan, 37, 573.
Suarez, 823.
Suétonius Paulinus, 13, 16.
Sutil, 404.

## T

Tacfarinas, 106.
Taché (Henri), 41.

Talabot, 285, 625.
Tarik, 45.
Tattals, 609.
**Tchihatchef**(de) 139, 149, 154, 169, 236, 271, 273, 275, 278, 285, 287, 308.
Tchitambo, 729.
Tedas, 9.
Tedjini, 122.
Tempoure, 128.
Terabelnya (tribu), 289.
Tertullien, 107.
Teufik, 633, 640, 641, 652, 654.
Théodoros, 329, 603, 605, 606, 607, 608, 609.
Thierry-Mieg, 278.
Thibaut, 33.
**Thiers**, 675.
Thomas, 514, 864.
Thomassin, 134, 135.
Thomassy, 85.
Thompson, 37.
Thornton, 37, 572, 712, 715.
Thrasamond, 331.
Tibbous, 8, 12, 431, 433, 485.
Tibère, 106.
Tidjani, 410.
Tinné (Mme), 32, 34, 398, 435, 566, 571, 590.
Tirman, 93, 167.
**Tirant**, 325, 333, 343.
Tissot, 85, 173, 287, 337, 343, 424, 695.
Touareg, 8, 34, 51, 94, 97, 104, 347, 348, 349, 353, 361, 368, 391, 403, 405, 409, 410, 411, 416, 422, 445, 450, 560.
Touchard, 777.
Toucouleurs, 428, 429, 494, 503, 508, 510, 511, 514, 518, 545, 546.
Tournafond, 545, 546.
Tourville, 111.
Toussoun, 631, 650.

Toutain, 510.
Trafi, 50.
Trarza, 367, 493, 499, 502.
Trémaux, 436, 487, 571.
Trépied, 280.
Trenn, 38.
Trézel, 115, 116, 418.
Tripolitains, 346.
Tristan da Cunha, 823.
Troglodytes, 12.
Trollope, 790, 808.
Trottier, 143, 145.
Trumelet, 276, 423.
Turcs, 27, 99, 108, 109, 157, 210, 284, 291, 335, 346, 351, 355, 404, 580, 645.
Tyrwhit, 35.

# V

Vacherot, 280.
Vaissière, 845.
Valbert, 485, 752, 809.
Valée, 41.
Vallat (de), 325.
Vallée, 41, 96, 122, 126.
Valière, 514.
**Vallière**, 475, 483, 510, 511, 514.
Vallon, 514, 525, 546.
Valmy, 96.
Vandales, 45, 107, 108, 135, 283, 329.
Van den Berg, 809.
Vasco de Gama, 16, 29, 570.
Van den Heuvel, 773.
Vaudey (Alexandre), 32.
Variot, 343.
Varin, 651.
Vatonne, 405.
Vaudreuil (de), 537.
Vayssière, 32.
Velain, 280, 865.
Verme (le comte Ferdinand de), 33.
Vérand, 514.
Verminck, 436, 444.
Vernes d'Arlande, 278.
Verne, 280.
Vialla, 34.

Vienne (de), 720.
Vierthaler, 32.
Vigneral (de), 278.
Vignon, 777.
Vilbort, 278.
Villars (de), 337.
Villault de Bellefond, 536.
Ville, 178, 337, 423.
Villiers (de), 782.
Villot, 279.
Vincent, 320, 424, 509, 526.
Vinco, 32.
**Vinson**, 818, 831, 833, 845.
Virlet d'Aoust, 279, 337.
Vivaldi, 548.
Vivensang, 283.
**Vivien de Saint-Martin**, 11, 12, 14, 15, 16, 18, 19, 40, 41, 89, 276, 338, 363, 403, 571, 572, 615.
**Vogel** (Edouard), 34, 35, 36, 434, 435, 459, 462.
Voisin-bey, 629.
Voirol, 93, 116.
**Voisins** (Mme de), 312, 343.
Vourimes, 811.
Vuillemot, 337.

# W

Waddington, 287.
Wahlberg, 39.
Waitz, 9, 41.
Waghorn, 625.
Wahl (Suédois), 325.
**Wahl** (Maurice), 104, 106, 107, 110, 115, 122, 126, 218, 279.
Wainwright, 729.
Waldmeier, 615.
Walkenaer (baron Ch.), 40, 486.
Walker, 741, 753, 754.
Warren, 723.
Wanyanga, 267, 270.
Wartan (tribu), 289.
Waterloo (rivière), 529.

Wattemare, 601.
Wauters, 720, 775.
Wautier, 773.
**Weber** (de), 792, 796, 807, 808.
Weinbrenner, 133.
Wellington, 143.
Wendling, 510.
Werne, 571.
Werne (Joseph), 32.
Wiet, 363.
Wilke, 33.
Wilkins, 615.
Wilkinson, 624.
Wilmot, 808.
Wilson, 652.
Wimpfen (de), 16, 132, 259, 276.
Winwood, 36.
Wismann, 768, 775.

Wolseley, 533, 534, 535, 633, 654, 791.
Woodhouse, 36.
Wrede, 39.

## Y

Yebous, 567.
Yolofs, 8, 20, 514, 518.
Young, 684, 702, 714, 720.
Youssef-ben-Taschefin, 108.
Yousouf, 31, 115, 121, 122, 127, 130, 132.
Yriarte, 85.
Yvon-Villarceau, 340, 344.

## Z

Zaccone, 342.
Zelas, 290.
Zerdeza (tribu du), 99.
Zeyher, 39.
Ziber-Bahama, 569.
Zickel, 388.
Zibanais, 99.
Zoghawa (tribu), 366.
Zorgan, 290.
Zouaoua, 99, 116, 132, 282.
Zouara, 99.
Zoulous, 24, 782, 790, 791, 809.
Zurco, 547.
**Zweifel**, 426, 414, 443, 444.

# TABLE ANALYTIQUE DES MATIÈRES

## AFRIQUE (Géographie générale)

| | |
|---|---|
| 1° Résumé géographique | 1 |
| I. Géographie physique | 1 |
| II. Géographie politique | 4 |
| Colonies européennes d'Afrique | 5 |
| Grandes voies de communication africaines | 6 |
| Les races; distribution ethnographique | 8 |
| 2° Extraits et analyses | 10 |
| L'Afrique dans l'antiquité (Vivien de Saint-Martin) | 10 |
| Les nègres (Girard de Rialle) | 19 |
| Les foires et les marchés; l'organisation commerciale chez les peuples africains (Robert Hartmann) | 23 |
| L'Afrique nécrologique | 29 |
| 3° Bibliographie | 40 |

## PREMIÈRE PARTIE

### L'AFRIQUE AU NORD DE L'ÉQUATEUR

#### LIVRE PREMIER

##### EL-MAGHREB OU BERBÉRIE; L'ATLANTIS

#### CHAPITRE PREMIER

##### MAROC (EL-MAGHREB-EL-AKSA)

| | |
|---|---|
| 1° Résumé géographique | 44 |
| I. Géographie physique | 44 |
| II. Géographie politique | 45 |
| III. Géographie économique | 49 |
| IV. Notions statistiques | 51 |
| 2° Extraits et analyses | 52 |

Fez (**D' Decugis**)............................................. 52
Mogador (**Jules Leclercq**)................................... 55
Les Beni-Hassen; description d'un douar (**E. de Amicis**). 62
Le Riff et les Riffains (**Narcisse Cotte**)................. 70
Tanger (**Jules Leclercq**).................................... 75
Le gouvernement et l'administration (**Narcisse Cotte**)... 80
   —   —   (**Drummond-Hay**)... 83
3° BIBLIOGRAPHIE.............................................. 84

# CHAPITRE II
## ALGÉRIE

1° RÉSUMÉ GÉOGRAPHIQUE......................................... 86
  I. Géographie physique..................................... 86
  II. Géographie politique................................... 90
  III. Géographie économique................................. 95
  IV. Notions statistiques................................... 98
Archéologie algérienne........................................ 103
Résumé historique............................................. 104
Entrevue de la Tafna (**Louis Blanc**)........................ 119
La défense de Mazagran (**Paul Gaffarel**).................... 124
2° EXTRAITS ET ANALYSES....................................... 135
Les bains maudits ou de Hammam-Meskhoutine (**X.**).......... 135
L'eucalyptus globulus (**J.-E. Planchon**).................... 141
Les forêts de l'Algérie (**de Metz-Noblat**).................. 146
Les mines d'Aïn-Mokra (**P. de Tchihatchef**)................. 149
Les mines et les carrières.................................... 154
La pêche du corail (**Lacaze-Duthiers**)...................... 157
Beautés naturelles de l'Algérie; le Châbet-el-Akra (**Paul Bourde**)................................................... 167
Les cascades du Rummel (**J.-J. Clamageran**)................. 169
Le Jurjura; Lella Kredidja (**Jules Leclercq**)............... 171
Le rocher et la ville de Kalaa (**Ch. Farine**)............... 176
Le jardin d'essai du Hamma à Alger (**J.-J. Clamageran**). 181
Le vent du sud en Algérie, sirocco ou simoun (**Ch. Desprez**)................................................... 186
Les maharas ou chameaux coureurs (**général Daumas**).. 188
Constantine (**Paul Bourde**)................................. 193
Une fête indigène à Alger; les sacrifices de Bab-el-Oued (**Ch. Desprez**)........................................... 202
Alger; la ville française et la ville arabe; le peuple arabe (**E. Fromentin**).......................................... 205
Les Arabes nomades (**Maurice Wahl**)......................... 214
Les Kabyles; habitations, costumes, aliments (**Hanoteau et Letourneux**)............................................. 219

Les anciennes institutions kabyles .................... 227
Les Biskris (**P. Bourde**) ......................... 229
Les Aïssaouas (**Franck Puaux**) .................... 230
— (**Ch. Desprez**. — **Dick de Lonlay**) .... 234
La gorge et l'oasis d'El-Kantara (**Goblet d'Alviella**) .... 236
Le Mezab (**E. Masqueray**) ......................... 242
Les immigrants d'Alsace-Lorraine en Algérie (**L. Lande**) . 251
Les Ouled-sidi-Cheikh (**F. Gourgeot**) ............... 258
La confrérie de Sidi-es-Senousi (**H. Duveyrier**) ........ 265
L'œuvre de la France en Algérie (**de Tchihatchef**) ..... 270
3º Bibliographie ...................................... 275

## CHAPITRE III
### TUNISIE

1º Résumé géographique ............................. 281
I. Géographie physique ............................... 281
II. Géographie politique ............................... 283
III. Géographie économique ........................... 291
IV. Notions statistiques ............................... 291
2º Extraits et analyses ............................... 295
Tunis (**J. de Crozals**) ............................. 295
L'aqueduc de Zaghouan et les travaux hydrauliques (**de Tchihatchef**) ....................................... 305
La ville de Sousse (**M<sup>me</sup> Anna de Voisins**) ............ 308
Kairouan (**Victor Guérin**) ......................... 313
— (**P. Foncin**) ................................. 317
L'oasis de Gafsa (**D<sup>rs</sup> Rebatel et Tirant**) ............ 322
Belad-el-Djerid; Tozeur et Nefta (**V. Guérin**) .......... 325
Antiquités tunisiennes; les ruines de Carthage (**Beulé**) ... 329
Les ruines de Thysdrus, à El-Djem (**D<sup>r</sup> Rouire**) ....... 333
La mer intérieure .................................... 336
3º Bibliographie ..................................... 341

# LIVRE II
## RÉGION TRIPOLITAINE ET SAHARIENNE

### CHAPITRE PREMIER
#### TRIPOLITAINE

1º Résumé géographique ............................. 344
I. Géographie physique ............................... 344

II. Géographie politique.................................... 346
III. Géographie économique et statistique................ 349
2° EXTRAITS ET ANALYSES................................. 351
Tripoli **(Gabriel Charmes)**............................... 351
Ghadamès **(A. Cherbonneau)**............................ 358
3° BIBLIOGRAPHIE........................................... 362

## CHAPITRE II

### LE SAHARA

1° RÉSUMÉ GÉOGRAPHIQUE.................................. 363
I. Géographie physique...................................... 363
II. Géographie politique..................................... 366
III. Géographie économique.................................. 370
2° EXTRAITS ET ANALYSES................................... 372
Aspect du Sahara **(Aug. Choisy)**.......................... 372
Le dattier ; le lakbi **(D&lt;sup&gt;r&lt;/sup&gt; G. Nachtigal)**........... 374
Les sauterelles du Sahara **(V. Largeau)**.................. 378
— **(J.-J. Clamageran. — E. de Amicis)**................. 381
Les oasis et les puits artésiens **(Jules Duval)**........... 382
La caravane au sel de Bilma; l'aïri **(D&lt;sup&gt;r&lt;/sup&gt; Barth)**..... 389
Les Touareg du Hogghar **(H. Duveyrier)**................. 391
Notice historique sur les rapports de la France et du Sahara. 403
Les projets de chemins de fer trans-sahariens.............. 406
La première mission Flatters............................... 407
Le lac Menghough **(H. Brosselard)**...................... 408
La deuxième mission Flatters **(Duveyrier, Massoutier et Bernard)**............................................. 409
3° BIBLIOGRAPHIE............................................ 422

## LIVRE III

### RÉGION DE LA NIGRITIE

### CHAPITRE PREMIER

### SOUDAN

1° RÉSUMÉ GÉOGRAPHIQUE.................................. 425
I. Géographie physique...................................... 425
Navigabilité du Niger **(Galliéni)**......................... 426

II. Géographie politique...................................... 428
III. Géographie économique.................................. 432
Explorations du Soudan....................................... 433
2° EXTRAITS ET ANALYSES...................................... 436
La découverte des sources du Niger........................... 436
Séjour à Koulako; le Tembi-Coundou (**J. Zweifel et M. Moustier**).................................................. 437
Timbouktou : voyages de **René Caillé** et d'**Oscar Lenz**.. 444
Les forêts du Soudan; l'arbre à beurre (**Galliéni**)........ 453
Le kola africain (**Edouard Heckel**)......................... 454
Les fourmis et les termites du Soudan (**D<sup>r</sup> Barth. — Nachtigal**)...................................................... 457
Le lac Tchad ou Tsad (**D<sup>r</sup> Vogel**).................. 459
Kouka, capitale du Bornou (**D<sup>r</sup> Nachtigal**)....... 462
Scènes de guerre civile; un siège aérien (**D<sup>r</sup> Nachtigal**).. 468
Les esclaves dans le Baghirmi (**D<sup>r</sup> Nachtigal**)... 473
Un épisode de la dernière campagne française au Soudan (**Victor Cherbuliez**)........................................ 476
3° BIBLIOGRAPHIE............................................. 485

## CHAPITRE II

### SÉNÉGAMBIE

1° RÉSUMÉ GÉOGRAPHIQUE....................................... 487
I. Géographie physique....................................... 487
Navigabilité du Sénégal (**Galliéni**)........................ 488
II. Géographie politique..................................... 491
III. Géographie économique................................... 492
IV. Notions statistiques..................................... 493
Résumé historique............................................ 495
Défense de Médine : Paul Holl (**P. Gaffarel**).............. 503
2° EXTRAITS ET ANALYSES...................................... 514
Les peuplades du Sénégal (**L. Muiron d'Arcenant**).......... 514
L'île de Gorée (**Bérenger-Féraud**).......................... 520
3° BIBLIOGRAPHIE............................................. 524

## CHAPITRE III

### GUINÉE SEPTENTRIONALE (OUANKARAH)

1° RÉSUMÉ GÉOGRAPHIQUE....................................... 526
**A.** *Colonies anglaises.* 1° Etablissements de la côte occidentale d'Afrique : Gambie; géographie physique........... 527
Géographie politique et historique........................... 528

TABLE ANALYTIQUE. 911

Notions statistiques............................................ 529
Sierra Leone................................................... 529
2° Etablissements de la Côte d'Or : géographie physique... 531
Notice historique.............................................. 532
Lagos.......................................................... 535
**B.** *Colonies françaises.* Notice historique.................. 536
2° EXTRAITS ET ANALYSES........................................ 539
Les indigènes et le gouvernement du Dahomey **(Serval)**... 539
Dahomey ; les massacres de la Grande-Coutume **(X.)**...... 541
3° BIBLIOGRAPHIE............................................... 545

# LIVRE IV

## ILES DE L'OCÉAN ATLANTIQUE
### (au nord de l'équateur)

1° RÉSUMÉ GÉOGRAPHIQUE......................................... 546
**A.** Iles Açores............................................. 546
**B.** Iles Madère............................................. 546
**C.** Archipel des Canaries ; notice historique............... 547
**D.** Iles du Cap-Vert........................................ 549
**E.** Archipel de Bissagos et îles Loos....................... 550
2° EXTRAITS ET ANALYSES........................................ 552
Les Açores ; Pico, Fayal **(F. Fouqué)**....................... 552
L'île de Madère **(L. Quesnel)**.............................. 555
Ascension du pic de Ténériffe **(J. Leclercq)**............... 559
3° BIBLIOGRAPHIE............................................... 563

# LIVRE V
## RÉGION DU NIL

### CHAPITRE PREMIER
#### LE NIL SUPÉRIEUR ET LES GRANDS LACS

1° RÉSUMÉ GÉOGRAPHIQUE......................................... 565
Tribus du haut Nil............................................ 567
Territoire des Gallas......................................... 567
Kordofan...................................................... 567
Darfour....................................................... 568

Fertit..................................................... 569
2° EXTRAITS ET ANALYSES................................... 569
Les sources du Nil; les explorations....................... 569
Le lac Victoria (**Burton**)............................... 572
Le lac Albert (**S.-W. Baker**)............................ 575
Deuxième voyage de Samuel Baker............................ 580
Gordon-Pacha; Chaillé-Long................................. 581
M. Linant de Bellefonds chez le roi M'tésa (**Linant de Bellefonds**)................................................. 582
Stanley sur le lac Victoria................................ 585
Stanley dans l'île Bambiré (**Stanley**)................... 586
Le Bahr-el-Ghazal; explorations de **Schweinfurth**........ 589
Les Niams-Niams............................................ 591
Les Mombouttous............................................ 593
Une visite chez Mounza, roi des Mombouttous (**D<sup>r</sup> Schweinfurth**.................................................. 594
3° BIBLIOGRAPHIE........................................... 601

## CHAPITRE II

### ABYSSINIE (HABESCH)

1° RÉSUMÉ GÉOGRAPHIQUE...................................... 602
I. Géographie physique..................................... 602
II. Géographie politique................................... 603
Notions historiques : le négous Théodoros.................. 603
III. Géographie économique................................. 609
2° EXTRAITS ET ANALYSES.................................... 610
Les deux régions de l'Abyssinie; les productions, les ambas (**A. Raffray**)........................................... 610
3° BIBLIOGRAPHIE........................................... 614

## CHAPITRE III

### NIL MOYEN, MER ROUGE ET ISTHME DE SUEZ

1° RÉSUMÉ GÉOGRAPHIQUE...................................... 616
Soudan à droite du Nil..................................... 616
Nubie...................................................... 616
Mer Rouge.................................................. 616
Côte des Çomalis; Harar.................................... 619
2° EXTRAITS ET ANALYSES.................................... 623
Le canal de Suez; notice historique........................ 623
Mouvement maritime du canal de Suez........................ 635
Port-Saïd (**Brau de Saint-Pol-Lias**)..................... 636

# CHAPITRE IV.
## ÉGYPTE

| | |
|---|---:|
| 1° Résumé géographique. | 638 |
| I. Géographie physique. | 638 |
| II. Géographie politique. | 640 |
| III. Géographie économique. | 641 |
| IV. Notions statistiques. | 645 |
| Les capitulations. | 645 |
| Résumé historique. | 648 |
| 2° Extraits et analyses. | 656 |
| Le Nil **(Marius Fontane)**. | 656 |
| Le Nilomètre **(G. Ebers)**. | 660 |
| La rue du Mousky, au Caire **(G. Charmes)**. | 662 |
| Les saïs **(G. Charmes)**. | 666 |
| Les scribes **(Gellion-Danglar)**. | 667 |
| Le retour du tapis de la Mecque; le dosseh **(G. Charmes)**. | 670 |
| Les antiquités égyptiennes. | 675 |
| L'Institut d'Egypte. | 675 |
| Auguste Mariette. | 678 |
| La pierre de Rosette **(G. Ebers)**. | 680 |
| Les Pyramides; le Sphinx **(Ch. Blanc)**. | 682 |
| Monuments de la Haute-Egypte. | 687 |
| La salle de Karnak; les colosses de Memnon **(Ch. Blanc)**. | 689 |
| 3° Bibliographie (Egypte et canal de Suez). | 695 |

# DEUXIÈME PARTIE
## L'AFRIQUE AU SUD DE L'ÉQUATEUR

### LIVRE PREMIER
#### LE PLATEAU CENTRAL AFRICAIN

## CHAPITRE PREMIER
### COTE ORIENTALE. BASSIN DU ZAMBÈZE

| | |
|---|---:|
| 1° Résumé géographique. | 698 |
| Côte orientale. | 698 |

I Zanguebar . . . . . . . . . . . . . . . 698
Zanzibar . . . . . . . . . . . . . . . . 698
II. Mozambique . . . . . . . . . . . . . 700
Bassin du Zambèze . . . . . . . . . . . . 701
1º Résumé géographique . . . . . . . . . . 701
Les explorations de Livingstone . . . . . . . 702
2º Extraits et analyses . . . . . . . . . . . 702
Les chutes Victoria **(D. Livingstone)** . . . . . 705
La station de Panda Ma Tenka; les lions de l'Afrique australe **(Em. Holub)** . . . . . . . . . . . 715
3º Bibliographie . . . . . . . . . . . . . 719

## CHAPITRE II

### LE LAC TANGANYKA ET LE BASSIN DU LIVINGSTONE OU CONGO

1º Résumé géographique . . . . . . . . . . 721
2º Extraits et analyses . . . . . . . . . . . 722
Dernières découvertes de Livingstone . . . . . 722
Rencontre de Livingstone et de Stanley sur le Tanganyka **(H. Stanley)** . . . . . . . . . . . . . 724
Mort de Livingstone . . . . . . . . . . . . 729
Deuxième traversée du continent africain; le lieutenant Cameron . . . . . . . . . . . . . . . 730
Stanley sur le Congo ou Livingstone **(H. Stanley)** . 732
Avenir de l'Afrique centrale **(W.-L. Cameron)** . . 735
L'abbé Debaize . . . . . . . . . . . . . 736

## CHAPITRE III

### COTE OCCIDENTALE. RÉGIONS DU GABON ET DE L'OGOOUÉ

1º Résumé géographique . . . . . . . . . . 737
**A.** Gabon et Ogooué . . . . . . . . . . . 737
**B.** Guinée méridionale . . . . . . . . . . 739
**C.** Iles du golfe de Guinée . . . . . . . . . 740
2º Extraits et analyses . . . . . . . . . . . 741
Les explorations de M. de Brazza . . . . . . . 741
M. de Brazza chez le roi Makoko et chez les Oubendji **(S. de Brazza)** . . . . . . . . . . . . . . 745
La factorerie d'Adanlinanlango et N'Combé, le roi-soleil **(marquis de Compiègne)** . . . . . . . . 753
Superstition des nègres au Gabon **(H. Rivière)** . .

Explorations de Serpa Pinto. . . . . . . . . 764
Les Gonzélos du Caquingué **(Serpa Pinto)**. . . . . 765
Chasse aux éléphants **(marquis de Compiègne)**. . . 768
L'Association internationale africaine. . . . . . . 770
3° Bibliographie. . . . . . . . . . . . 776

# LIVRE II

## AFRIQUE AUSTRALE

**A.** Le cap de Bonne-Espérance. . . . . . . . 777
1° Résumé géographique. . . . . . . . . . 777
I. Géographie physique. . . . . . . . . . 777
II. Géographie politique. . . . . . . . . . 779
III. Géographie économique . . . . . . . . 779
IV. Notions statistiques. . . . . . . . . . 781
Résumé historique . . . . . . . . . . . 782
**B.** Dépendances du Cap : Natal ; Zoulouland. . . . . 782
**C.** Etats indépendants : Transvaal ; Etat d'Orange ; Cafrerie ;
  Hottentotie ; Ovampie. . . . . . . . . . 787
Résumé historique : le Transvaal, les Zoulous . . . . 789
2° Extraits et analyses. . . . . . . . . . 793
Les mines de diamants **(Desdemaines-Hugon)**. . . . 793
Les autruches au Cap **(Desdemaines-Hugon)**. . . . 805
3° Bibliographie. . . . . . . . . . . . 807

# LIVRE III

## CHAPITRE PREMIER

### MADAGASCAR

1° Résumé géographique. . . . . . . . . . 809
I. Géographie physique. . . . . . . . . . 809
II. Géographie politique. . . . . . . . . . 810
Aspect de Tananarive **(Dr La Caze)**. . . . . . . 813
III. Géographie économique. . . . . . . . . 814
IV. Notions statistiques. . . . . . . . . . 815
**B.** Ile Sainte-Marie de Madagascar. . . . . . . 816
**C.** Les satellites de Madagascar : Mayotte, Nossi-Bé, etc. . 819

Notice historique. . . . . . . . . . . . 823
L'œuvre de Jean Laborde **(D<sup>r</sup> Vinson)** . . . . . . 832
2° EXTRAITS ET ANALYSES. . . . . . . . . . 836
Une excursion à Tamatave. **(D<sup>r</sup> Charnay)**. . . . . 836
Une excursion chez les Antanosses émigrés; le famake
  **(A. Grandidier)**. . . . . . . . . . . . 839
3° BIBLIOGRAPHIE. . . . . . . . . . . . 844

# CHAPITRE II

## LES ILES MASCAREIGNES

**A**. La Réunion . . . . . . . . . . . . 846
1° RÉSUMÉ GÉOGRAPHIQUE . . . . . . . . . 846
I. Géographie physique. . . . . . . . . . 846
II. Géographie politique. . . . . . . . . . 848
III. Géographie économique . . . . . . . . 849
2° EXTRAITS ET ANALYSES. . . . . . . . . . 851
La terre et la mer à la Réunion **(J. Duval)**. . . . . 851
Les travaux publics, port et chemin de fer **(E. Pélagaud)**. 855
**B**. Maurice. . . . . . . . . . . . . 858
I. Géographie physique. . . . . . . . . . 858
II. Géographie politique. . . . . . . . . . 858
III. Géographie économique . . . . . . . . 860
IV. Notions statistiques. . . . . . . . . . 862
**C**. Les satellites de Maurice : Rodrigue, Seychelles, Socotora,
  etc., etc. . . . . . . . . . . . . . 862
3° BIBLIOGRAPHIE. . . . . . . . . . . . 864

# TABLE DES CARTES

Détroit de Gibraltar; Tanger, Ceuta, Tétouan. . . . . . . 72
Carte routière de l'Algérie (hors texte). . . . . . . . . 99
Littoral de la province d'Oran. . . . . . . . . . . . . 123
Bône, Guelma, Soukarras. . . . . . . . . . . . . . . 150
La Grande-Kabylie. . . . . . . . . . . . . . . . . . 172
La région de Constantine à Philippeville. . . . . . . . 197
Plan du port de Philippeville. . . . . . . . . . . . . 199
Alger et la Métidja. . . . . . . . . . . . . . . . . . 209
Plan d'Alger (carte en couleurs). . . . . . . . . . . . 205
Tunis et ses environs (carte en couleurs). . . . . . . . 295
Région des chotts; Tunisie et Algérie méridionales (carte en couleurs). . . . . . . . . . . . . . . . . . . . . 337
Le Sahara central. . . . . . . . . . . . . . . . . . 414
Région des sources du Dhioliba ou Niger. . . . . . . . 439
Région du lac Tsad. . . . . . . . . . . . . . . . . 461
Cours inférieur du Sénégal. . . . . . . . . . . . . . 490
Littoral de la Sénégambie : le Cap-Vert, le Saloum et la Gambie. . . . . . . . . . . . . . . . . . . . . . 522
Sénégambie et Guinée supérieure (carte en couleurs) . . 495
Côte des esclaves (carte en couleurs). . . . . . . . . . 531
Les grands lacs de l'Afrique centrale (carte en couleurs). . 575
Abyssinie. . . . . . . . . . . . . . . . . . . . . . 607
Le Nil de Korosko à Khartoum . . . . . . . . . . . . 617
Ilot de Périm. . . . . . . . . . . . . . . . . . . . 618
Baie d'Adulis. . . . . . . . . . . . . . . . . . . . 619
Massaoua. . . . . . . . . . . . . . . . . . . . . . 620
Le détroit de Bab-el-Mandeb. . . . . . . . . . . . . . 621
Le canal de Suez (carte en couleurs). . . . . . . . . . 622
Basse-Egypte et canal de Suez. . . . . . . . . . . . . 640
Le Zambèze et le Couando. . . . . . . . . . . . . . 708
Bouches du Zambèze. . . . . . . . . . . . . . . . . 711
Le Gabon. . . . . . . . . . . . . . . . . . . . . . 738
Guinée inférieure et Congo (carte en couleurs) . . . . . 741
Ogooué et Congo inférieur (carte en couleurs). . . . . . 745
L'Ogooué à Adanlinanlango. . . . . . . . . . . . . . 755
Afrique australe (carte en couleurs). . . . . . . . . . 778
Le Cap et ses environs. . . . . . . . . . . . . . . . 783
Région diamantifère du Cap . . . . . . . . . . . . . 794
Ile de Madagascar. . . . . . . . . . . . . . . . . . 812

Ile Sainte-Marie de Madagascar. . . . . . . . . . 817
Nossi-Bé. . . . . . . . . . . . . . . . . 820
Ile Mayotte. . . . . . . . . . . . . . . . 821
Ile de la Réunion. . . . . . . . . . . . . . 847
Ile Maurice. . . . . . . . . . . . . . . . 859

# TABLE DES VIGNETTES

Vue de la ville de Maroc . . . . . . . . . . . . . 47
Vue de Tanger . . . . . . . . . . . . . . . . . . 76
Bains des Maudits en Algérie. . . . . . . . . . . 136
Vue de Tlemcen. . . . . . . . . . . . . . . . . . 156
Vue de la Calle . . . . . . . . . . . . . . . . . 159
Cascades de Sidi-Mecid. . . . . . . . . . . . . . 170
Vue de Kalaa. . . . . . . . . . . . . . . . . . . 178
Allée des palmiers au jardin du Hamma (Alger). . . 183
Vue de Constantine. . . . . . . . . . . . . . . . 194
Philippeville, port de Constantine. . . . . . . . 201
Vue panoramique d'Alger et de la rade. . . . . . . 207
Blidah et ses environs . . . . . . . . . . . . . . 211
Vue de Bougie (Kabylie). . . . . . . . . . . . . . 220
Le berger kabyle. . . . . . . . . . . . . . . . . 222
Femmes kabyles ; le moulin à olives. . . . . . . . 223
La gorge d'El-Kantara, à la sortie de l'Aurès. . . 240
Type d'une maison d'Alsaciens-Lorrains en Algérie. 254
L'oasis d'Ouargla. . . . . . . . . . . . . . . . . 268
Plaine du Sig. . . . . . . . . . . . . . . . . . . 272
Vue de Kairouan. . . . . . . . . . . . . . . . . . 314
Mosquée d'Okba, à Kairouan. . . . . . . . . . . . 318
Vue des monts Gharian (Tripoli). . . . . . . . . . 356
Cueillette des dattes. . . . . . . . . . . . . . . 376
Puits artésien d'Ourlana . . . . . . . . . . . . . 385
Un Touareg . . . . . . . . . . . . . . . . . . . . 394
Un guerrier touareg. . . . . . . . . . . . . . . . 399
Vue de Saint-Louis (Sénégal). . . . . . . . . . . 500
Vue de Médine . . . . . . . . . . . . . . . . . . 504
Sacrifices humains au Dahomey. . . . . . . . . . . 542
Vue de la capitale de l'Ouganda. . . . . . . . . . 582
Obélisques d'Axoum. . . . . . . . . . . . . . . . 604
Portrait de M. Ferdinand de Lesseps . . . . . . . 634
Barrage du Nil . . . . . . . . . . . . . . . . . . 639
Chadouf des Égyptiens modernes. . . . . . . . . . 642
Sackieh des Egyptiens modernes. . . . . . . . . . 643
Vue d'Alexandrie. . . . . . . . . . . . . . . . . 653
Le nilomètre . . . . . . . . . . . . . . . . . . . 661
Le palais du khédive. . . . . . . . . . . . . . . 664
Vue de Boulaq. . . . . . . . . . . . . . . . . . . 676

| | |
|---|---|
| La pierre de Rosette. | 680 |
| La pyramide de Sakkarah. | 683 |
| Dans l'intérieur de la pyramide. | 686 |
| Dans le désert, entre Assouan et Philœ. | 688 |
| Vue de Philœ. | 690 |
| Ruines du Rhamesséum, à Thèbes. | 692 |
| Construction des cases chez les Makololos. | 714 |
| Vue de Saint-Paul de Loanda. | 742 |
| Comptoir du Gabon. | 758 |
| Vue du village Denis au Gabon. | 761 |
| Vue intérieure des mines de diamants de Kimberley | 799 |
| Vue générale des mines de Kimberley. | 800 |
| Triage des terres diamantifères à Kimberley. | 801 |
| Route des mines de Kimberley. | 802 |
| Vue de Mayotte. | 822 |
| Les cannes à sucre. | 853 |
| Cascade à Maurice. | 861 |
| Le cocotier. | 863 |

www.ingramcontent.com/pod-product-compliance
Lightning Source LLC
Chambersburg PA
CBHW071225300426
44116CB00008B/918